2014ANTIQUES AUCTION RECORDS

拍卖年鉴 全彩版

2013.1.1～2013.12.31

欣弘 主编

cns | 湖南美术出版社

图书在版编目（CIP）数据

2014古董拍卖年鉴·杂项 / 欣弘主编.—长沙：湖南美术出版社，2014.1
ISBN 978-7-5356-6787-8

I. ①2… II. ①欣… III. ①历史文物－拍卖－价格－中国－2014－年鉴 IV. ①F724.787-54

中国版本图书馆CIP数据核字（2014）第017718号

2014古董拍卖年鉴·杂项

主　　编：欣　弘
策　　划：李志文　易兴宏
责任编辑：李　坚

湖南美术出版社出版发行（长沙市东二环一段622号）
湖南省新华书店经销
雅昌文化（集团）有限公司制版、印刷
（本书采用CTP工艺制版、印刷）
开本：787×1092　1/16　印张：25
2014年2月第1版　2014年2月第1次印刷
ISBN 978-7-5356-6787-8
定价：158.00元

邮购联系：0731-84787105　邮编：410016　网址：http://www.arts-press.com/
电子邮箱：market@arts-press.com
如有倒装、破损、少页等印装质量问题，请与印刷厂联系斢换。

目　　录

凡　例

1.《2014古董拍卖年鉴》分瓷器卷、玉器卷、杂项卷、书画卷共四册。收录了纽约、伦敦、香港、澳门、台北、北京、上海、广州、昆明、天津、重庆、成都、安徽、云南、南京、西安、沈阳、济南等城市或地区的几十家拍卖公司几百个专场的2013年度拍卖成交记录与拍品图片。

2.本书内文条目原则上保留了原拍卖记录，按拍品号、朝代、品名、估价、成交价、尺寸、拍卖公司名称、拍卖日期等排序，部分原内容缺或不详的，即不注明，书画卷内文条目还有作者姓名、作品形式、创作年代等内容。

3.因境外拍卖公司宿地不同，本书拍品中有多种币种：RMB人民币，USD美元，EUR欧元，GBP英磅，HKD港币，TWD台币。但本书所有拍品成交价均采用按汇率转换成RMB(人民币)币种。

4.需查看更多图片资料，请登陆“www.artron.net”进入“中国艺搜”栏目，输入要查看拍品的完整名称或名称的关键词语点击搜索即可。

竹 雕

111 17世纪/18世纪 竹根雕采芝仙人像
估 价：HKD 350,000~450,000
成交价：RMB 601,500
高10.8cm 香港苏富比 2013.04.08

168 清中期 竹雕韩愈至蓝关像
估 价：RMB 600,000~700,000
成交价：RMB 690,000
高14cm 北京东正 2013.11.16

3456 清早期 竹雕弥勒坐像
估 价：RMB 200,000~300,000
成交价：RMB 391,000
长11.5cm 中国嘉德 2013.11.19

552 清早期 竹雕观音像
估 价：RMB 500,000~600,000
成交价：RMB 667,000
高20cm 北京保利 2013.04.27

6081 清中期 竹雕群仙祝寿山子
估 价：RMB 300,000~500,000
成交价：RMB 345,000
高30.2cm 中国嘉德 2013.09.16

7528 清 施天章济公白竹皓像
估　价：RMB 3,000,000～5,000,000
成交价：RMB 3,450,000
高10cm 北京保利 2013.06.04

2004 清 竹雕刘海戏金蟾
估　价：RMB 350,000～500,000
成交价：RMB 402,500
高4.6cm 北京匡时 2013.06.04

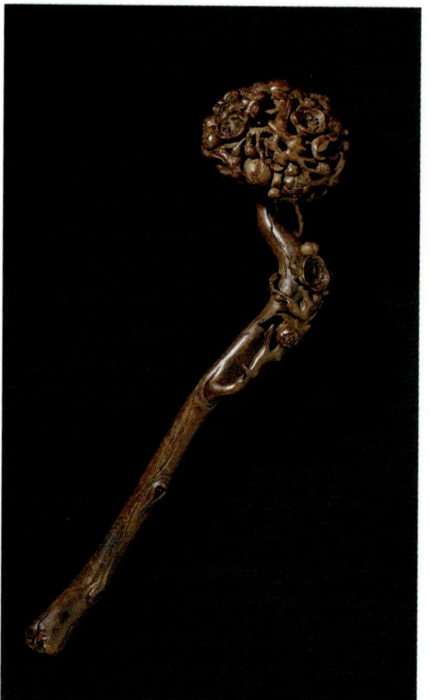

878 清中期 竹根雕梅段如意
估　价：RMB 60,000～80,000
成交价：RMB 101,200
长42cm 北京诚轩 2013.05.11

1314 18世纪/19世纪 竹雕群贤雅集山子
成交价：RMB 248,840
高27.7cm 纽约佳士得 2013.03.21

2035 清 竹雕鸟笼
估 价：RMB 450,000～550,000
成交价：RMB 517,500
高44cm 北京匡时 2013.06.04

2001 明 竹雕鹿杯
估 价：RMB 150,000
成交价：RMB 172,500
高6.5cm；长9.5cm
北京匡时 2013.06.04

2345 清 竹雕盘螭方爵杯
估 价：RMB 60,000～90,000
成交价：RMB 103,500
高12.5cm 上海嘉泰 2013.07.05

2559 清乾隆 竹贴簧暗刻云龙纹盒
估 价：RMB 120,000～150,000
成交价：RMB 138,000
28.5cm×16cm×6.5cm
北京匡时 2013.06.05

7624 清乾隆 竹黄斋戒牌
估 价：RMB 200,000～300,000
成交价：RMB 253,000
长6.5cm 北京保利 2013.06.04

6829 清中期 竹根雕香盒
估 价：RMB 200,000~300,000
成交价：RMB 230,000
高7cm 北京保利 2013.12.05

586 清 朱石梅刻锡巧改竹螭纹香熏
“绡帐春浓，湘帘云密。甲午八月石梅制。” 款
估 价：RMB 350,000~550,000
成交价：RMB 782,000
高19cm 远方拍卖 2013.06.06

136 清初 竹雕锦地盘螭兽面纹双龙耳三足炉
估 价：RMB 1,200,000~1,300,000
成交价：RMB 1,437,500
高19.2cm 北京东正 2013.11.16

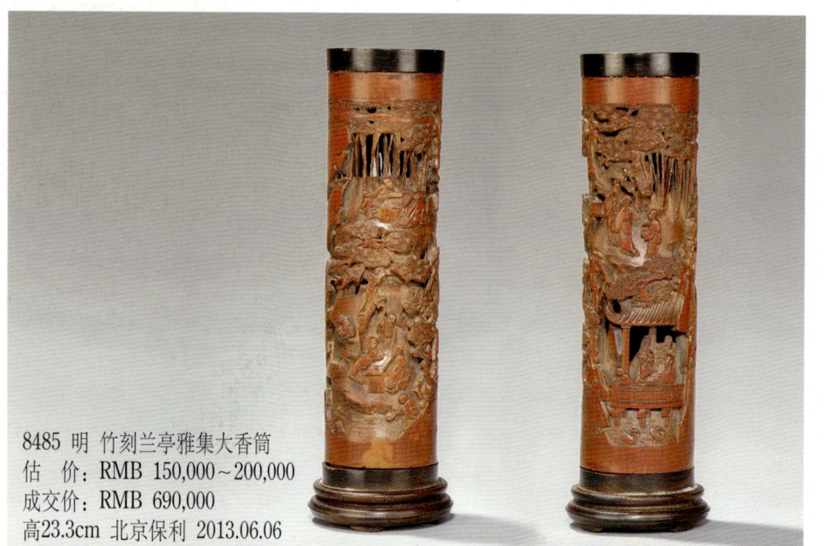

8485 明 竹刻兰亭雅集大香筒
估 价：RMB 150,000~200,000
成交价：RMB 690,000
高23.3cm 北京保利 2013.06.06

4242 清早期 竹雕人物香筒
成交价：RMB 345,000
高22cm 中国嘉德 2013.05.11

879 清中期 竹雕西园雅集小香筒
估 价：RMB 90,000～120,000
成交价：RMB 460,000
高11.5cm 北京诚轩 2013.05.11

6741 清早期 竹雕西图雅集笔筒
估 价：RMB 1,200,000～2,200,000
成交价：RMB 1,610,000
直径5cm；高11cm 北京保利 2013.12.05

248 清乾隆 竹雕人物故事纹笔筒“云樵制”款
估 价：RMB 2,800,000
成交价：RMB 3,080,000
高15.5cm 中艺香港 2013.12.19

2299-1 谭维德 竹刻钱币扇骨
估 价：RMB 15,000～25,000
成交价：RMB 184,000
高32cm 北京保利 2013.12.04

4246 清早期 周芷岩仿元四家山水图意竹雕笔筒
估 价：RMB 800,000～1,200,000
成交价：RMB 920,000
直径9.5cm；高13.5cm 中国嘉德 2013.05.11

418 清早期 竹雕射雁图笔筒“吴之璠制”款
估　价：RMB 500,000～800,000
成交价：RMB 1,035,000
高14.5cm 北京保利 2013.10.26

3475 清中期 容园铭竹雕书卷形笔筒
估　价：RMB 2,000,000～3,200,000
成交价：RMB 3,737,500
高17cm 中国嘉德 2013.11.19

7531 清 赤壁夜游园竹笔筒
估　价：RMB 5,000,000～8,000,000
成交价：RMB 5,865,000
高17.4cm 北京保利 2013.06.04

516 清乾隆 王圮制竹雕山水人物笔筒
估　价：RMB 750,000～800,000
成交价：RMB 862,500
高15.8cm 西泠拍卖 2013.07.12

7530 清 顾珏制杜牧诗意园竹笔筒
估 价：RMB 1,500,000～2,200,000
成交价：RMB 1,725,000
高13.1cm 北京保利 2013.06.04

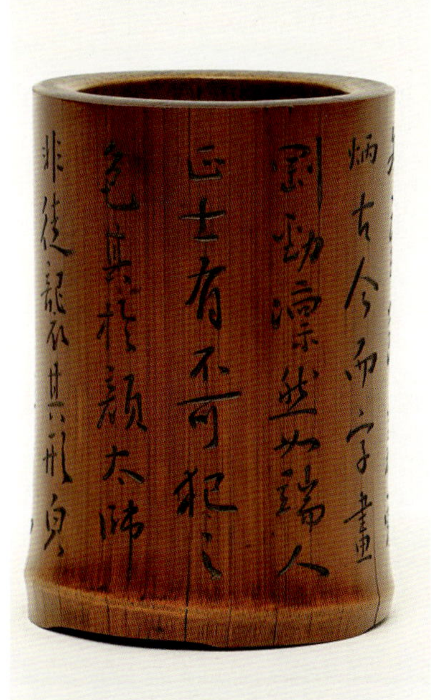

679 清 钱大昕书黄道周赞诗文竹笔筒
估 价：RMB 280,000～320,000
成交价：RMB 552,000
高14.2cm 西泠拍卖 2013.07.12

1146 清 周芷岩制竹雕秋江渔隐图笔筒
“芷岩制”款
估 价：RMB 800,000～1,100,000
成交价：RMB 1,725,000
直径9.1cm；高14.4cm 翰风国际 2013.04.20

1952 清 竹刻山水人物笔筒
估 价：RMB 30,000～50,000
成交价：RMB 862,500
高12.5cm 朵云轩 2013.07.07

6081 清乾隆 御制黄玉鸠首方竹刻御制诗文杖
估　价：RMB 3,000,000～5,000,000
成交价：RMB 3,910,000
长119cm 北京保利 2013.12.04

3233 18世纪 竹雕祥云九龙图椭圆笔筒
估　价：HKD 350,000～450,000
成交价：RMB 641,063
高15.5cm 香港苏富比 2013.10.08

3892 清康熙 张伯驹旧藏周子和刻药山看经竹臂搁
估　价：RMB 130,000～150,000
成交价：RMB 149,500
长20.5cm；宽6.4cm 北京匡时 2013.12.05

7526 清 改七乡铭 湘竹臂搁
估　价：RMB 200,000～300,000
成交价：RMB 517,500
宽3.9cm；长19.5cm 北京保利 2013.06.04

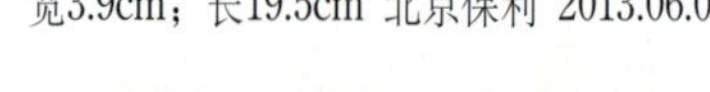

4122 清 竹制鸟笼带铜错金提钩等（一套）
估　价：RMB 160,000～260,000
成交价：RMB 437,000
23.5cm×23.5cm×44cm 中国嘉德 2013.05.11

3225 18世纪/19世纪 竹雕兰亭修禊图题诗笔筒 "松岩山人"款
估 价：HKD 150,000～250,000
成交价：RMB 789,000
高12.9cm 香港苏富比 2013.10.08

3478 清 朱三松款竹雕双竹图笔筒
估 价：RMB 550,000～600,000
成交价：RMB 632,500
高14.3cm 北京匡时 2013.12.04

木 雕

3074 12世纪/13世纪 木雕加彩观音菩萨半身像
估 价：HKD 7,000,000～10,000,000
成交价：RMB 10,919,760
135cm × 24cm × 41cm
香港苏富比 2013.10.08

113 宋/金 木雕彩绘菩萨头像
成交价：RMB 3,166,489
高95cm 纽约苏富比 2013.03.19

89 金/元 木雕彩绘水月观音坐像
成交价：RMB 4,377,300
124cm 伦敦苏富比 2013.05.15

629 元 木雕漆彩自在观音像
估　价：RMB 500,000～600,000
成交价：RMB 575,000
高71cm 西泠拍卖 2013.07.12

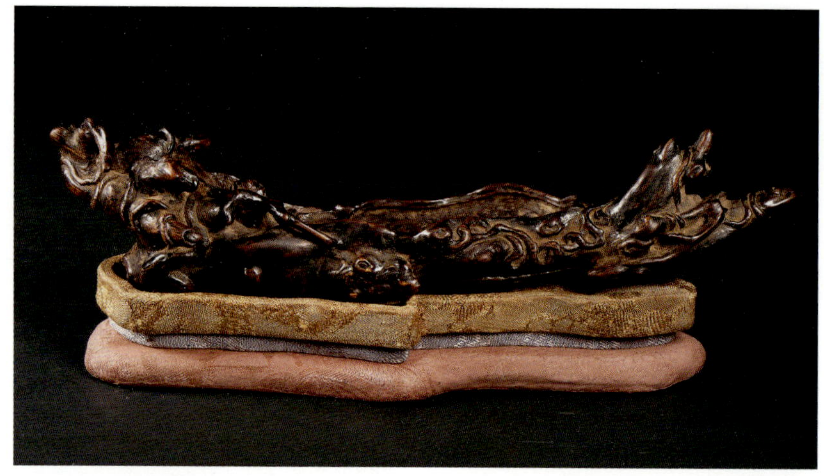

2033 明 沉香仙槎摆件
估　价：RMB 450,000～600,000
成交价：RMB 506,000
高17cm 北京九歌 2013.06.28

1196 明 木雕文殊坐像
成交价：RMB 1,143,109
高108cm 纽约佳士得 2013.03.21

2034 明 根雕达摩
估　价：RMB 150,000～250,000
成交价：RMB 322,000
高28cm 北京匡时 2013.06.04

3012 明 木雕关羽立像
估　价：RMB 1,600,000～2,000,000
成交价：RMB 1,725,000
高122cm 古天一 2013.12.05

2022 明 木漆金男相观音
估 价：RMB 600,000～800,000
成交价：RMB 690,000
高97cm 古天一 2013.06.04

1183 明永乐 木雕漆金无量佛
估 价：RMB 600,000～800,000
成交价：RMB 1,725,000
高49.5cm 翰风国际 2013.04.20

1070 明晚期 紫檀加彩观音立像
估 价：RMB 400,000～600,000
成交价：RMB 1,610,000
高93cm 北京保利 2013.10.27

119 17世纪/18世纪 沉香木雕凤凰牡丹图摆件
估 价：HKD 350,000～450,000
成交价：RMB 751,875
高4.7cm 香港苏富比 2013.04.08

3229 18世纪/19世纪 黄杨木雕仕女乘槎
估 价：HKD 1,000,000～1,500,000
成交价：RMB 978,360
长33cm 香港苏富比 2013.10.08

3033 明以前 木雕胁侍菩萨立像
估　价：RMB 2,600,000～3,600,000
成交价：RMB 2,875,000
高145cm 古天一 2013.12.05

3032 清乾隆 金髹木雕十一面观音
估　价：RMB 120,000～160,000
成交价：RMB 483,000
13cm×9.2cm×27.7cm 中国嘉德 2013.11.17

439 清中期 黄杨木雕雪山大士坐像
估　价：RMB 400,000～650,000
成交价：RMB 747,500
高20cm 北京传是 2013.06.15

4116 清早期 乌木嵌竹雕松荫仕女摆件
估　价：RMB 200,000～260,000
成交价：RMB 230,000
10cm×3cm×13cm 中国嘉德 2013.05.11

3327 清 黄杨木雕铁拐李像
估　价：RMB 70,000～120,000
成交价：RMB 105,800
22cm×21.5cm×22cm 中国嘉德 2013.11.19

3467 清 紫檀雕和合二仙摆件
估 价：RMB 700,000～800,000
成交价：RMB 805,000
高42cm；高38cm 北京匡时 2013.12.04

640 奇楠王
估 价：RMB 26,000,000～38,000,000
成交价：RMB 29,900,000
重3460克
上海嘉禾 2013.12.21

822 加里曼丹沉香三十三观音摆件
估 价：RMB 500,000～800,000
成交价：RMB 713,000
净高154cm 北京传是 2013.12.11

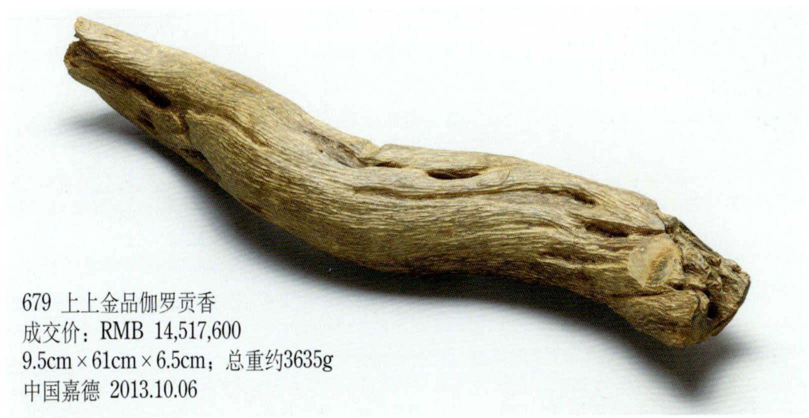

679 上上金品伽罗贡香
成交价：RMB 14,517,600
9.5cm×61cm×6.5cm；总重约3635g
中国嘉德 2013.10.06

6591 童永全 黄杨木五方佛
估 价：RMB 900,000～1,200,000
成交价：RMB 1,035,000
86.5cm×39.5cm×4.7cm 北京保利 2013.12.05

4691 故宫太和殿模型
成交价：RMB 598,000
143cm×101cm×73cm 中国嘉德 2013.09.14

4267 清 沉香雕山水人物山子
估　价：RMB 270,000~300,000
成交价：RMB 333,500
长20cm；高7.5cm 北京匡时 2013.12.05

333 清乾隆 沉香木雕人物故事图如意
估　价：RMB 700,000
成交价：RMB 1,782,500
长56.5cm 苏州东方 2013.09.28

1739 沉香大山子
估　价：RMB 200,000~300,000
成交价：RMB 1,000,500
高143cm 上海嘉泰 2013.07.05

3302 清初 沉香雕群仙祝寿如意
估　价：RMB 580,000~660,000
成交价：RMB 747,500
长56cm 北京翰海 2013.06.02

2694 清乾隆 紫檀嵌银丝镶白芙蓉松鼠葡萄纹御制诗文如意
估　价：RMB 1,500,000～1,800,000
成交价：RMB 1,725,000
长42.8cm 北京匡时 2013.06.05

3492 清乾隆 沉香木和合二仙坠
估　价：RMB 120,000～220,000
成交价：RMB 253,000
高5cm 中国嘉德 2013.05.13

135 清乾隆 沉香镶金团寿纹十八子执珠
估　价：RMB 1,300,000～1,500,000
成交价：RMB 1,840,000
长16cm 北京东正 2013.11.16

4418 清 嵌檀香紫檀雕福寿斋戒牌
估　价：RMB 70,000～80,000
成交价：RMB 80,500
长8.8cm 北京匡时 2013.12.05

3467 清中期 伽南香朝珠串（108粒）
估　价：RMB 500,000～700,000
成交价：RMB 3,162,500
北京翰海 2013.06.02

3467 清 伽楠香木镶金粟寿字手串
估 价：RMB 150,000~250,000
成交价：RMB 3,105,000
长30cm 中国嘉德 2013.05.13

2045 明 沉香搜山图人物杯
估 价：RMB 1,500,000~2,000,000
成交价：RMB 1,840,000
口径16.5cm；高11cm 北京匡时 2013.06.04

701 清中期 紫檀莲花座
估 价：HKD 80,000~100,000
成交价：RMB 636,571
24cm×14cm×24cm 保利香港 2013.04.07

4262 清 迦南香梵文扳指
估 价：RMB 140,000~150,000
成交价：RMB 172,500
高2.9cm 北京匡时 2013.12.05

8257 明末清初 沉香雕松石山水杯
“江春波制”款
估 价：RMB 160,000~260,000
成交价：RMB 414,000
高7.5cm 北京保利 2013.06.05

3993 清初 黄杨木雕佛手仿犀角杯
估 价：RMB 200,000～300,000
成交价：RMB 287,500
高8cm 北京翰海 2013.12.08

4095 清乾隆 紫檀雕花卉纹嵌八宝菊花盖盒（一对）
估 价：RMB 150,000～180,000
成交价：RMB 713,000
21cm×21cm×8.5cm×2
北京匡时 2013.12.05

203 清康熙 沉香木杯四件一套连木箱
成交价：RMB 1,856,892
尺寸不一 伦敦苏富比 2013.05.15

4091 清乾隆 紫檀雕福寿纹大供盘
估 价：RMB 30,000～50,000
成交价：RMB 425,500
42cm×38.5cm×11.2cm 北京匡时 2013.12.05

145 明嘉靖 紫檀嵌玉石苏武放羊图盖盒
估 价：HKD 300,000～400,000
成交价：RMB 1,090,720
香港苏富比 2013.04.08

6205 明末清初 黄花梨大提盒
估　价：RMB 500,000～800,000
成交价：RMB 575,000
长47cm；宽29cm；高48cm
北京保利 2013.12.04

4101 清乾隆 紫檀雕龙纹册页盒
估　价：RMB 180,000～250,000
成交价：RMB 2,127,500
31.5cm×18.2cm×14.2cm 北京匡时 2013.12.05

1001 清 沉香雕松枝花插
估　价：RMB 150,000～200,000
成交价：RMB 437,000
高12.5cm；高73.8g　古天一 2013.06.04

2561 清乾隆 紫檀雕龙纹宝玺盒
估　价：RMB 450,000～550,000
成交价：RMB 828,000
17cm×17cm×21.5cm 北京匡时 2013.06.05

1538 清中期 沉香木雕鱼形花插
估　价：RMB 260,000～360,000
成交价：RMB 322,000
高20cm 北京翰海 2013.12.06

3013 17世纪 黄花梨浮雕卷云夔龙纹官皮箱
估 价：HKD 1,500,000～2,000,000
成交价：RMB 1,925,160
49.8cm×49.5cm×37.6cm
香港苏富比 2013.10.08

1441 清乾隆 紫檀嵌瓷粉彩花卉多宝箱
估 价：RMB 800,000～1,200,000
成交价：RMB 920,000
高32cm 北京保利 2013.04.28

866 清中期 硬木雕螭游三友纹香插
估 价：RMB 20,000～30,000
成交价：RMB 184,000
高11.6cm 北京诚轩 2013.05.11

3012 17世纪 黄花梨提箱
估 价：HKD 1,000,000～1,500,000
成交价：RMB 2,114,520
70cm×73cm×33cm 香港苏富比 2013.10.08

2182 明末/清初 黄花梨衣箱（一对）
估 价：HKD 600,000～800,000
成交价：RMB 974,160
76.5cm×54.2cm×44.8cm 香港佳士得 2013.05.29

664 明晚期 黄花梨喜上眉梢纹官皮箱
估　价：HKD 450,000～700,000
成交价：RMB 453,675
30cm×33cm×28.3cm 中国嘉德 2013.10.06

4090 清乾隆 紫檀雕变体回纹磬架
估　价：RMB 80,000～100,000
成交价：RMB 977,500
44.5cm×23cm×61cm 北京匡时 2013.12.05

3264 清初 沉香木雕喜鹊登梅笔筒
估　价：RMB 700,000～820,000
成交价：RMB 920,000
高20.2cm 北京翰海 2013.06.02

1528 清初 沉香木雕夜宴图笔筒
估　价：RMB 800,000～1,200,000
成交价：RMB 1,035,000
高20cm 北京翰海 2013.12.06

3157 明中晚期 紫檀雕山水人物大笔筒
估　价：RMB 1,300,000～1,800,000
成交价：RMB 1,610,000
高19cm；直径20.5cm 中国嘉德 2013.11.17

4165 清早期 汪士慎款梅花图紫檀大笔筒
估 价：RMB 1,200,000～1,500,000
成交价：RMB 1,380,000
直径20cm；高20.7cm 中国嘉德 2013.05.11

3217 清早期 黄花梨树瘤大笔筒
估 价：RMB 150,000～240,000
成交价：RMB 402,500
直径14cm；高1.3cm 中国嘉德 2013.11.17

4245 清早期 黄花梨玉兰花纹笔筒
估 价：RMB 360,000～600,000
成交价：RMB 977,500
直径19cm；高18cm 中国嘉德 2013.05.11

384 清早期 岳余三刻紫檀木雕柳如是笔筒
估 价：RMB 400,000～600,000
成交价：RMB 690,000
高14.4cm 西泠拍卖 2013.07.12

4125 清早期 紫檀嵌百宝人物故事笔筒
估 价：RMB 1,650,000～2,200,000
成交价：RMB 1,955,000
直径17.5cm；高15.3cm
中国嘉德 2013.05.11

159 19世纪 黄杨木浮雕云龙逐珠图扇骨
“行有恒堂制”款
估 价：HKD 300,000～400,000
成交价：RMB 946,360
长41cm 香港苏富比 2013.04.08

牙 雕

1156 商 长毛象牙雕龙纹饰、骨雕饕餮纹饰各一
成交价：RMB 171,078
长13cm；长19.8cm 纽约佳士得 2013.03.21

3161 15世纪初 象牙镂雕杏圆赶珠云龙图带饰
估 价：HKD 70,000～90,000
成交价：RMB 216,975
6.4cm 香港苏富比 2013.10.08

90 明中期 牙雕福禄寿三星高照摆件
“大明中年”款
估 价：RMB 380,000～780,000
成交价：RMB 1,344,000
高26.3cm 香港嘉德利 2013.09.01

1179 清中期 象牙茜色花卉如意
估 价：RMB 1,500,000～2,000,000
成交价：RMB 1,495,000
长41cm 古天一 2013.12.05

126 明末清初 象牙雕贤士坐像
估 价：HKD 500,000～700,000
成交价：RMB 751,875
10cm 香港苏富比 2013.04.08

1176 清 象牙染色人物春色宝盒
估 价：RMB 250,000～300,000
成交价：RMB 356,500
19cm×15.5cm 古天一 2013.12.05

4149 清 象牙象棋（一副）
估 价：RMB 180,000～280,000
成交价：RMB 322,000
直径3.6cm 北京翰海 2013.12.08

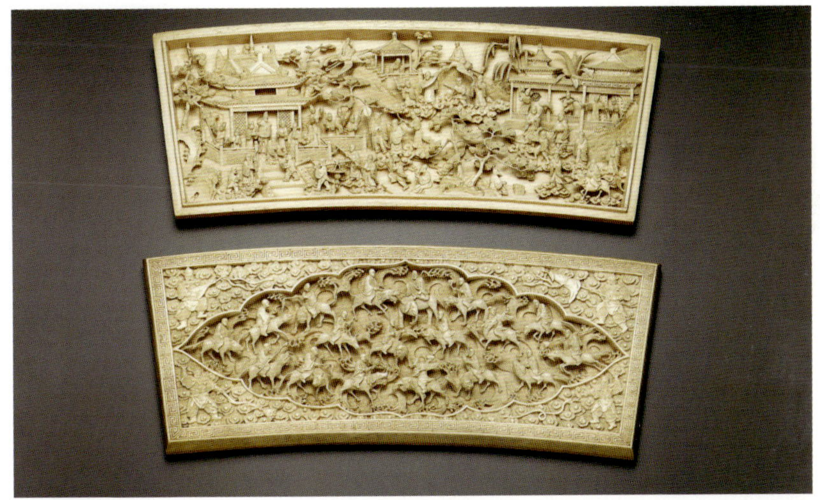

3172 19世纪 牙雕十八罗汉人物图扇形盖盒
“大清乾隆年制”仿款
估 价：HKD 600,000～800,000
成交价：RMB 701,750
直径31.5cm 香港苏富比 2013.04.08

365 清晚期 象牙雕墨彩西厢记人物图碗
成交价：RMB 77,763
直径9.5cm 纽约苏富比 2013.03.19

175 民国 象牙庭院人物图刻字随形牌
“在甲子仲秋于硕”“于硕刻”款
估　价：HKD 80,000～100,000
成交价：RMB 220,550
长15.2cm 香港苏富比 2013.04.08

392 民国 象牙皇帝皇后坐罗伞龙凤椅（一对）
估　价：HKD 130,000～150,000
成交价：RMB 127,190
高30cm×2 香港富得 2013.08.24

351 19世纪初 象牙雕船
成交价：RMB 286,410
长45cm 伦敦苏富比 2013.05.15

角雕

141 明末 犀角雕仿古饕餮纹海棠口杯
估　价：HKD 300,000～400,000
成交价：RMB 1,571,920
直径8.2cm 香港苏富比 2013.04.08

3153 明末/清初 犀角雕山水图杯
“盛辅功”款 “文枢藏”印
估　价：HKD 2,000,000～3,000,000
成交价：RMB 3,629,400
宽15.3cm 香港苏富比 2013.10.08

3150 清 犀角莱菔尊
“康熙御制”仿款
估　价：HKD 3,000,000～4,000,000
成交价：RMB 4,008,120
高15.5cm 香港苏富比 2013.10.08

3238 清初 犀角雕梅树花开图杯
“直生”“尤侃”款
估　价：HKD 1,500,000～2,000,000
成交价：RMB 4,008,120
宽17.5cm 香港苏富比 2013.10.08

529 清 雕龙纹岁岁平安犀牛角挂牌
估　价：HKD 280,000
成交价：RMB 254,380
高5.8cm×6cm 澳门中信 2013.06.23

3171 17世纪 犀角雕海水龙纹嵌白玉带钩
估　价：HKD 250,000～350,000
成交价：RMB 701,750
长6.2cm 香港苏富比 2013.04.08

3239 17世纪 犀角雕张骞乘槎器
估　价：HKD 3,000,000～4,000,000
成交价：RMB 7,132,560
长22.5cm 香港苏富比 2013.10.08

3243 17世纪/18世纪 犀角雕群仙祝寿图杯
估　价：HKD 600,000～800,000
成交价：RMB 5,238,960
直径20cm 香港苏富比 2013.10.08

134 18世纪 犀牛角雕荷叶杯
“商铭”款
估　价：HKD 500,000～700,000
成交价：RMB 1,956,880
直径10.4cm 香港苏富比 2013.04.08

360 17世纪/18世纪 犀角雕仿古龙凤纹杯
“胡星岳制”款
成交价：RMB 1,524,145
长13cm 纽约苏富比 2013.03.19

石 雕

68 战国 错金镶石龙首饰件
估　价：HKD 300,000
成交价：RMB 409,860
长10.5cm 大唐香港 2013.05.28

14 北魏 砂岩雕头像
成交价：RMB 311,050
高23.8cm 纽约苏富比 2013.03.19

1256 唐 泥塑彩绘佛像龛碑
成交价：RMB 124,420
高26cm 纽约佳士得 2013.03.21

7516 明/清 英石青云峰
估 价：RMB 500,000～800,000
成交价：RMB 2,300,000
高39.5cm 北京保利 2013.06.04

477 林观博 青田蓝星石-山青水秀
估 价：RMB 1,450,000
成交价：RMB 2,016,000
25cm×12cm×31cm 浙江佳宝 2013.07.14

473 戴春平 周村龙蛋石-中国神兽（组雕）
估 价：RMB 550,000
成交价：RMB 1,232,000
67cm×14cm×22cm 浙江佳宝 2013.07.14

1260 元末/明初 漆金脱胎佛陀坐像
成交价：RMB 295,498
高32.2cm 纽约佳士得 2013.03.21

480 倪东方 青田封门红花石–锦上添花
估　价：RMB 1,450,000
成交价：RMB 3,920,000
26cm×12cm×21cm 浙江佳宝 2013.07.14

1084 青田蓝星山子摆件
估　价：RMB 2,800,000～3,800,000
成交价：RMB 2,990,000
高30cm 荣宝斋(上海) 2013.06.30

479 张爱廷 青田封门三彩石–和平之春
估　价：RMB 1,500,000
成交价：RMB 1,680,000
27cm×7cm×22cm 浙江佳宝 2013.07.14

其他雕刻

3454 清早期 核雕十八籽罗汉念珠
估 价：RMB 70,000～120,000
成交价：RMB 82,800
直径1.1cm×18 中国嘉德 2013.11.19

2527 近代 鹤顶红雕度母摆件
估 价：RMB 20,000～50,000
成交价：RMB 28,750
长15.5cm；高9cm 北京传是 2013.12.12

4202 清中期 乌木及象骨说诗牌（一套）
估 价：RMB 200,000～300,000
成交价：RMB 517,500
31cm×28cm×14cm 中国嘉德 2013.05.11

3510 清 果核108子雕人物佛珠
估 价：RMB 220,000～320,000
成交价：RMB 322,000
长83.5cm 中国嘉德 2013.05.13

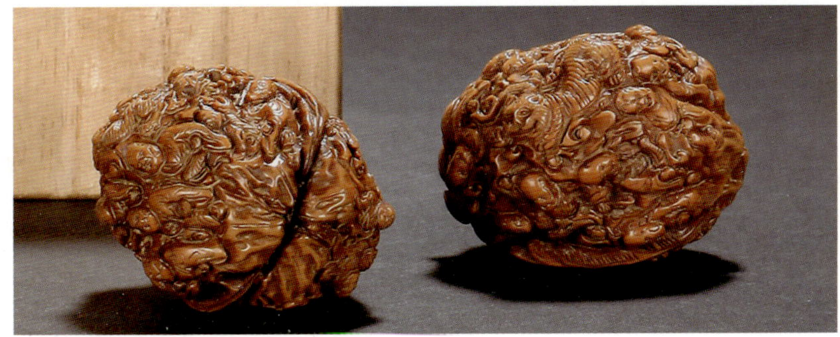

3099 清 核雕十八罗汉（一对）
估 价：RMB 20,000～30,000
成交价：RMB 23,000
长4.5cm 北京保利 2013.10.28

钟 表

2542 百达翡丽“喜鹊聚宝鸟巢” 2079型号 博物馆等级 黄金及银镶彩色玛瑙、钻石、红宝石、蓝宝石、坦桑石、粉水晶、紫水晶、珠母贝及水晶座台钟，年份1992，机芯编号8479，外壳编号2984969。

估　价：HKD 3,000,000～5,000,000

成交价：RMB 14,468,080

高52cm；宽34cm；深27cm 香港苏富比 2013.04.07

6210 百达翡丽 979/2型号 18K白金 18K黄金表冠上弦怀表 三问 万年历功能 月相 24小时 闰年显示 全球唯一 文莱王子JEFFRI特别定制款 约1995年制
成交价：RMB 5,232,500
表架16.5cm×13.5cm 北京保利 2013.06.04

2540 百达翡丽“金贝与珍珠” 2055型号博物馆等级 22K及18K黄金及银、珠母贝、钻石、祖母绿、红宝石、海水蓝宝及水晶座台钟，年份1991，机芯编号8457，外壳编号2914655。
估　价：HKD 3,500,000~5,500,000
成交价：RMB 9,174,880
高18cm；宽31cm 香港苏富比 2013.04.07

2535 卡地亚“火鹤与莲花” 黄金镶钻石、黄钻、蓝宝石、红宝石、祖母绿、珠母贝、软玉、粉红色硬石、青金石、黑玛瑙及硬石机械装置活动座台钟，年份约1990，机芯编号81，外壳编号WK900014。
估　价：HKD 1,500,000~2,500,000
成交价：RMB 7,731,280
高25cm；宽24.5cm 香港苏富比 2013.04.07

473 江诗丹顿 白金镶方形钻石炼带腕表
估　价：HKD 3,000,000~5,000,000
成交价：RMB 4,593,600
香港苏富比 2013.05.28

2527 DANIEL ROTH “神秘钟1号” 黄金镶钻石，红宝石，水晶及青金石神秘座钟备温度计，动力储存及月相显示，年份约1990。
估　价：HKD 1,000,000~1,500,000
成交价：RMB 5,806,480
高42cm 香港苏富比 2013.04.07

2921 百达翡丽 型号5004 铂金腕表，配万年历、追针计时功能、黑色钻石表盘、月相、24小时及闰年显示，附证书、底盖及盒子，约2007年制
估 价：HKD 2,200,000～3,200,000
成交价：RMB 3,730,320
香港佳士得 2013.05.29

2320 百达翡丽 3974G型号 白金三问万年历自动上链腕表 备月相及闰年显示，年份1991，机芯编号1906061，表壳编号2915324。
估 价：HKD 2,000,000～2,800,000
成交价：RMB 4,362,880
香港苏富比 2013.04.07

2534 GERALD GENTA"八方呈祥" G00018型号 黄金镶钻石，乳白色石，蛋白石及透明绿色珐琅宝盒备三问及万年历功能时钟，年份约1990，机芯编号21342，外壳编号49370
估 价：HKD 600,000～800,000
成交价：RMB 2,630,560
香港苏富比 2013.04.07

6167 宝玑 950铂金 手动上弦腕表 三问 陀飞轮 万年历 逆跳小时 飞返日期功能 全球限量3支 为庆祝阿伯拉罕·刘易斯 宝玑250周年诞辰 约1997年制
估 价：RMB 2,200,000～3,200,000
成交价：RMB 2,783,000
北京保利 2013.06.04

2762 高珀富斯 18K白金腕表 配两地时间、世界时间、25度倾斜24秒陀飞轮、动力储存及3D立体地球仪，“GMT”，约2012年制
估 价：HKD 1,600,000～2,400,000
成交价：RMB 2,399,760
香港佳士得 2013.05.29

6 商 饕餮纹壶
估 价：HKD 3,500,000
成交价：RMB 7,104,240
高33cm 大唐香港 2013.05.28

72 商 饕餮纹三足鼎
估 价：HKD 1,800,000
成交价：RMB 3,278,880
高24cm；口径18.5cm 大唐香港 2013.05.28

铜 器

1120 商 青铜饕餮纹方彝
成交价：RMB 7,115,269
高22.8cm 纽约佳士得 2013.03.21

6162 商 仲夷尊
铭 文：仲夷作旅车尊彝
估 价：RMB 4,000,000～6,000,000
成交价：RMB 5,980,000
高21cm 北京保利 2013.12.04

2171 商晚期 青铜兽面纹羊首尊
估 价：HKD 5,000,000～8,000,000
成交价：RMB 17,637,840
高37.4cm 香港佳士得 2013.05.29

3104 商代 犬父丙鼎
估 价：RMB 3,500,000～4,500,000
成交价：RMB 5,060,000
高21cm 中国嘉德 2013.05.12

64 商晚期 夔龙乳钉纹簋
估 价：HKD 1,800,000
成交价：RMB 3,187,800
高18cm；口径25.5cm 大唐香港 2013.05.28

769 商晚期 青铜双羊提梁卣
估 价：HKD 3,000,000～5,000,000
成交价：RMB 2,859,130
高29.1cm 保利香港 2013.04.07

2172 商晚期 青铜兽面纹“耳丁”卣
估 价：HKD 9,000,000～12,000,000
成交价：RMB 90,056,400
高32.3cm 香港佳士得 2013.05.20

17 商晚期 青铜饕餮夔龙纹觥
成交价：RMB 11,779,075
高18.7cm 纽约苏富比 2013.09.17

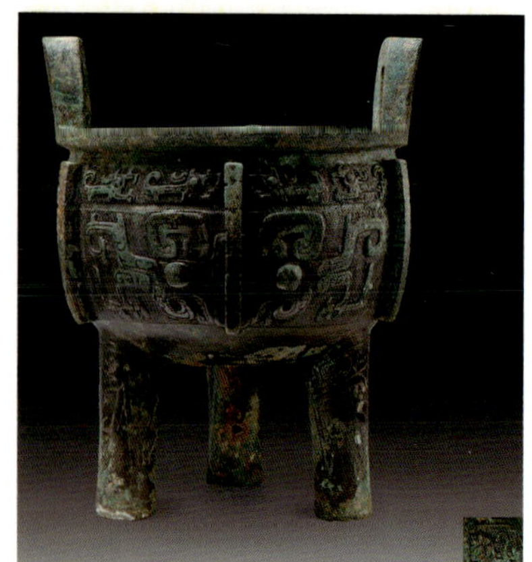

228 商晚期 青铜饕餮纹鼎
估　价：HKD 5,000,000～8,000,000
成交价：RMB 9,490,950
高27cm；口径20.5cm 大唐香港 2013.11.28

1220 商晚期 青铜鸮卣
成交价：RMB 7,115,269
高25.5cm；直径20.3cm
纽约佳士得 2013.03.21

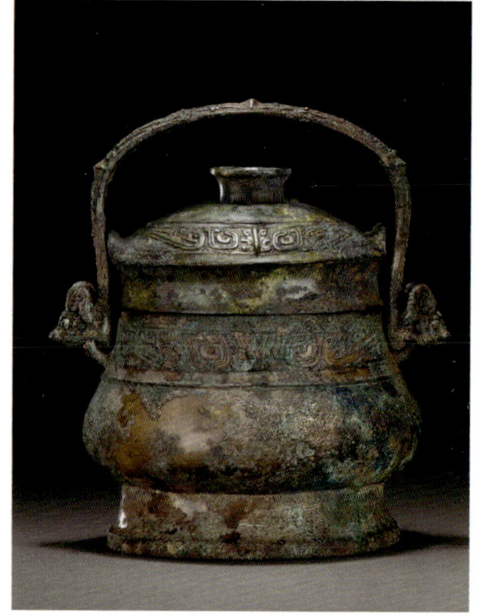

5165 西周 刘体智小校经阁旧藏遗卣
估　价：RMB 3,800,000～4,800,000
成交价：RMB 5,750,000
高21.7cm 中国嘉德 2013.11.16

75 西周 牛首乳钉纹簋
估　价：HKD 6,000,000
成交价：RMB 9,108,000
高20cm；口径25cm 大唐香港 2013.05.28

7582 西周 青铜鱼尊
铭　文：鱼作父庚宝尊彝(宝尊二字倒，错位丁鱼字下)
估　价：RMB 3,200,000～5,200,000
成交价：RMB 5,750,000
高22.5cm 北京保利 2013.06.04

347 西周 青铜夔龙纹方座簋
成交价：RMB 22,597,500
高27cm；长38cm；宽24cm 大唐香港 2013.11.28

6163 西周 史颂簋
铭　文：“隹”“唯”三年五月丁子“巳”，王才“在”宗周，令史颂省苏，荐“存”友里君、百生“姓”，帅隅盩于成周。休又成事，苏宾章“傧璋”、马四匹、吉金，用乍“作”彝，颂其万年无强“疆”，日扬天子“景”令“命”，“子子孙孙永宝用”
估　价：RMB 12,000,000～22,000,000
成交价：RMB 28,175,000
宽40cm 北京保利 2013.12.04

6164 西周早期 伯作厥罍
铭　文：“伯作厥宝尊彝”
估　价：RMB 3,500,000～5,500,000
成交价：RMB 4,830,000
高45.5cm 北京保利 2013.12.04

71 西周 饕餮纹大爵杯
估 价：HKD 1,500,000
成交价：RMB 1,366,200
通高28.5cm 大唐香港 2013.05.28

7 西周早期 父丙爵（一对）
成交价：RMB 8,841,955
左高18.2cm；右高18.6cm 纽约苏富比 2013.09.17

1248 西周晚期/东周早期 青铜饕餮纹方彝
成交价：RMB 2,262,889
高19.7cm 纽约佳士得 2013.03.21

2170 西周早期 青铜兽面纹“先”鬲
估 价：HKD 3,000,000～4,000,000
成交价：RMB 5,726,160
高19.5cm 香港佳士得 2013.05.29

8 西周早期 作册睘卣
成交价：RMB 18,828,163
高24.5cm 纽约苏富比 2013.09.17

5 西周早期 母辛尊
成交价：RMB 13,247,635
高25.5cm 纽约苏富比 2013.09.17

4012 西周 铜神鸟双龙耳簋
估 价：RMB 2,000,000~3,000,000
成交价：RMB 3,220,000
高15cm 北京翰海 2013.12.08

227 春秋 青铜鱼鳞纹壶（一对）
估 价：HKD 1,500,000~2,500,000
成交价：RMB 2,350,140
高40.5cm×2 大唐香港 2013.11.28

3 西周早期 作宝彝簋
成交价：RMB 40,758,659
高25cm 纽约苏富比 2013.09.17

5 春秋 铜鎏金四兽纹盖瓶
估 价：HKD 800,000～1,000,000
成交价：RMB 1,267,200
28.5cm×22.5cm 中信国际 2013.05.28

3 秦 青铜人马（一套）
估 价：HKD 600,000
成交价：RMB 774,180
人高14.5cm；马高10.5cm；长15.5cm
大唐香港 2013.05.28

7 春秋 鹰把龙钮乳钉蟠螭纹镈钟
估 价：HKD 1,800,000
成交价：RMB 2,368,080
高33cm 大唐香港 2013.05.28

1234 春秋晚期/战国早期 铜错金剑
成交价：RMB 1,143,109
长49.3cm 纽约佳士得 2013.03.21

1137 战国 人擎灯
成交价：RMB 4,129,189
高25.5cm 纽约佳士得 2013.03.21

12 北魏太和8年(484年) 铜鎏金持莲观音立像
成交价：RMB 1,822,753
高15.6cm 纽约苏富比 2013.03.19

1149 隋 光流素月铭寳相花纹铜镜
成交价：RMB 233,288
直径18.7cm 纽约佳士得 2013.03.21

1238 西汉 铜鎏金错银鸟纹甗、蒜头壶及鉴各一
成交价：RMB 1,068,457
高30.5cm；高26cm；直径[illegible]cm
纽约佳士得 2013.03.21

517 汉 错金银天禄辟邪（一对）
估 价：HKD 6,800,000
成交价：RMB 6,177,800
高11cm；长11.5cm 澳门中信 2013.06.23

525 汉 汉代四兽纹铜镜
估 价：HKD 3,800,000
成交价：RMB 3,452,300
直径38cm 澳门中信 2013.06.23

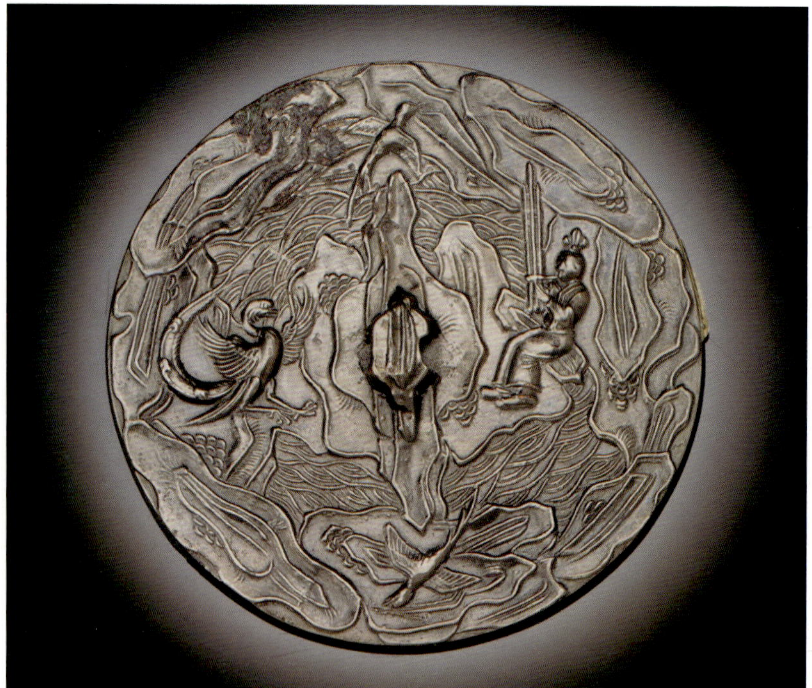

1152 唐 王子乔吹笙引凤铜镜
成交价：RMB 1,143,109
直径12.7cm 纽约佳士得 2013.03.21

1151 唐 月宫图铜镜
成交价：RMB 583,219
直径14cm 纽约佳士得 2013.03.21

766 唐 双凤纹铜镜
估　价：HKD 1,000,000～1,500,000
成交价：RMB 1,014,530
直径32cm 保利香港 2013.04.07

123 宋 仿铜簋
估　价：HKD 80,000
成交价：RMB 77,418
高18cm；口径21cm 大唐香港 2013.05.28

85 宋 铜镶银人马刀枪甲骨文带盖双耳八棱尊
估　价：RMB 2,800,000～3,980,000
成交价：RMB 6,272,000
高36cm 香港嘉德利 2013.09.01

308 元 铜莲塘水禽图菱口大盘
成交价：RMB 202,183
直径51.7cm 纽约苏富比 2013.03.19

2909 明 “介山清玩”款戟耳炉
估　价：RMB 1,800,000～2,200,000
成交价：RMB 4,600,000
高7.3cm；口径9.5cm 北京翰海 2013.06.02

84 元 铜雕刻龙百兽图四头熏香炉
估　价：RMB 800,000～1,680,000
成交价：RMB 4,032,000
高50.8cm 香港嘉德利 2013.09.01

7536 明 伯章家玩冲耳炉
估　价：RMB 1,500,000～2,200,000
成交价：RMB 2,530,000
口径14.3cm；高9.4cm
北京保利 2013.06.04

4022 金-元 铜“金火之精”日月镜
估　价：RMB 2,000,000～4,000,000
成交价：RMB 4,715,000
直径11cm 北京翰海 2013.12.08

8285 明 胡文明制铜鎏金瑞兽笔筒
估　价：RMB 400,000～600,000
成交价：RMB 1,127,000
高15.3cm 北京保利 2013.06.05

1383 明 铜兽面纹兕觥
估　价：RMB 1,600,000～1,800,000
成交价：RMB 1,840,000
高24cm 北京翰海 2013.12.06

4338 明 明正德年铜质阿文瓶
估　价：RMB 600,000～800,000
成交价：RMB 3,622,500
高17cm 北京匡时 2013.12.05

622 明 铜鎏金螭龙花鸟纹直径瓶（一对）
估　价：RMB 1,600,000～2,600,000
成交价：RMB 2,990,000
高27cm 远方拍卖 2013.12.01

7927 明晚期 鬲式炉
估　价：RMB 1,500,000~1,800,000
成交价：RMB 3,565,000
宽23.5cm 北京保利 2013.06.05

815 清康熙 御制鎏金铜交龙钮八卦纹“倍无射”编钟
“康熙五十二年制”款
估　价：HKD 6,000,000~8,000,000
成交价：RMB 9,306,240
罗芙奥 2013.11.24

888 明 铜错金银仿古铜壶
估　价：HKD 1,600,000~2,600,000
成交价：RMB 1,475,080
高46.5cm 保利香港 2013.04.07

2915 明正德 阿拉伯文法桶炉
估　价：RMB 1,000,000~1,200,000
成交价：RMB 2,875,000
高12cm 北京翰海 2013.06.02

171 明 铜贴金银兽形带盖牺尊
估 价：HKD 1,200,000～1,800,000
成交价：RMB 1,186,960
高16.5cm 香港苏富比 2013.04.08

7627 清 铜鎏金百宝嵌神兽香熏
估 价：RMB 800,000～1,200,000
成交价：RMB 2,070,000
高20.5cm 北京保利 2013.12.06

7626 清 铜鎏金珍珠碧玉盆景
估 价：RMB 600,000～800,000
成交价：RMB 828,000
高59cm 北京保利 2013.06.04

4240 清乾隆 钵式大铜香炉
估 价：RMB 1,500,000～2,000,000
成交价：RMB 2,530,000
直径49.5cm；高30cm 中国嘉德 2013.05.11

136 清康熙 铜鎏金燃灯童子
估　价：HKD 600,000
成交价：RMB 546,480
高19cm 大唐香港 2013.05.28

7910 清早期 蚰耳簋式炉
估　价：RMB 800,000～1,000,000
成交价：RMB 920,000
宽23cm 北京保利 2013.06.05

11393 民国 菱花形鸟兽花枝镜
估　价：RMB 550,000～700,000
成交价：RMB 805,000
直径23cm 北京保利 2013.12.04

3493 清中期 铜鎏金兽形礼器
估　价：RMB 1,800,000～3,000,000
成交价：RMB 2,185,000
21.5cm × 12.3cm × 8.5cm 中国嘉德 2013.11.19

3111 清乾隆 铜云纹二龙戏珠双耳三足炉
估　价：RMB 3,000,000～3,600,000
成交价：RMB 4,025,000
高77.5cm 北京翰海 2013.06.02

铁 器

106 明成化二十三年 铸铁伏虎罗汉坐像
成交价：RMB 388,813
高73.6cm 纽约苏富比 2013.03.19

3173 明珍宗道作铁打出龙纹香炉
估　价：RMB 720,000～800,000
成交价：RMB 828,000
高7.4cm 北京匡时 2013.12.04

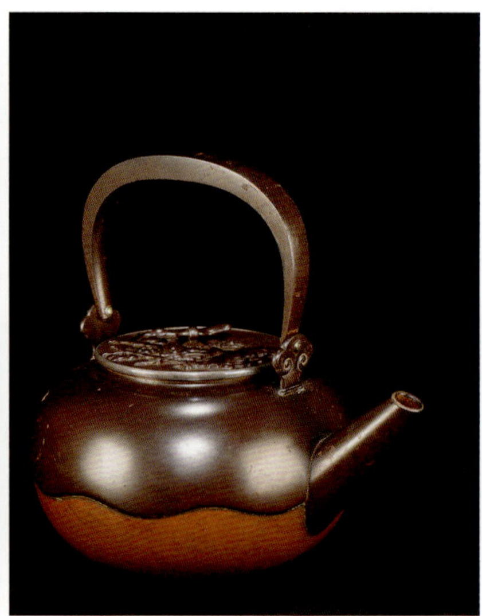

8236 19世纪 明弥纪宗春作铁包铜镶银口梅花盖提梁壶
估　价：RMB 80,000～120,000
成交价：RMB 161,000
高19.8cm 北京保利 2013.06.05

8237 19世纪 墨龙堂制错金鸡纹大铁壶
估　价：RMB 250,000～300,000
成交价：RMB 287,500
高30cm 北京保利 2013.06.05

276 清乾隆 御制局部鎏金梵文兽面缨络铁盔
成交价：RMB 477,350
高25cm 伦敦苏富比 2013.05.15

锡器

6846 清 瞿子冶制 梅花诗文提梁锡壶
估 价：RMB 220,000~320,000
成交价：RMB 391,000
高16.5cm 北京保利 2013.12.05

8179 清道光 朱石梅制红蘗生、埜鹤道人刻字“飞鸿延年”秦权形锡包壶
估 价：RMB 150,000~180,000
成交价：RMB 253,000
长14.3cm 北京保利 2013.06.05

2154 清康熙 沈存周制 山水诗文锡茶叶罐
估 价：RMB 250,000~350,000
成交价：RMB 299,000
高7cm 北京保利 2013.04.28

7532 清康熙四十六年 沈存周制松岳铭锡香盒
估 价：RMB 200,000~300,000
成交价：RMB 402,500
直径9.8cm 北京保利 2013.06.04

紫砂

7237 曹亚麟 溪趣套壶
估　价：RMB 1,600,000~1,800,000
成交价：RMB 1,955,000
尺寸不一　北京保利 2013.06.04

7260 顾景舟 僧帽壶
估　价：RMB 2,200,000~2,500,000
成交价：RMB 5,865,000
长15cm 北京保利 2013.06.04

5032 高振宇 神鬲壶（一对）
估　价：RMB 800,000~1,000,000
成交价：RMB 1,725,000
高12cm；高11cm 中国嘉德 2013.05.14

949 顾景舟 仿古如意壶
估　价：RMB 2,800,000~3,200,000
成交价：RMB 4,600,000
高9cm；宽17cm 北京翰海 2013.05.31

948 顾景舟 供春壶
估　价：RMB 3,200,000~3,500,000
成交价：RMB 5,175,000
高9cm；宽16.5cm 北京翰海 2013.05.31

5161 顾景舟 均玉壶
估　价：RMB 2,600,000~3,600,000
成交价：RMB 5,175,000
高8.5cm 中国嘉德 2013.05.14

213 顾景舟 六方壶
估　价：RMB 8,000,000～9,000,000
成交价：RMB 17,825,000
高9.5cm 北京艺融 2013.11.28

2661 顾景舟 笑罂壶
估　价：RMB 3,500,000～4,500,000
成交价：RMB 4,427,500
长19.5cm；高10cm 北京匡时 2013.12.03

1980 顾景舟 矮井栏壶
估　价：RMB 1,800,000～2,200,000
成交价：RMB 3,967,500
容量380ml 上海春秋堂 2013.04.28

5164 顾景舟、韩美林 此乐提梁壶
估 价：RMB 6,000,000~8,000,000
成交价：RMB 8,280,000
高15cm 中国嘉德 2013.05.14

5047 何道洪 五头洪梅茶具（一组）
估 价：RMB 1,200,000~2,000,000
成交价：RMB 3,680,000
高9cm 中国嘉德 2013.05.14

7259 顾景舟 子冶石瓢壶
估 价：RMB 1,800,000~2,200,000
成交价：RMB 3,910,000
长16.5cm 北京保利 2013.06.04

7251 何道洪 圣珠提梁壶
估 价：RMB 1,600,000~1,800,000
成交价：RMB 2,070,000
长14.5cm 北京保利 2013.06.04

2658 何道洪 十六竹壶
估 价：RMB 2,400,000~2,800,000
成交价：RMB 3,565,000
长21cm；高12cm 北京匡时 2013.12.03

546 何道洪 五竹壶
估 价：RMB 1,800,000~2,200,000
成交价：RMB 3,335,000
长18cm 长风拍卖 2013.06.17

2490 何道洪 歪嘴梅桩套壶
估　价：RMB 3,000,000～3,500,000
成交价：RMB 12,650,000
高18.5cm；宽21cm 北京翰海 2013.12.07

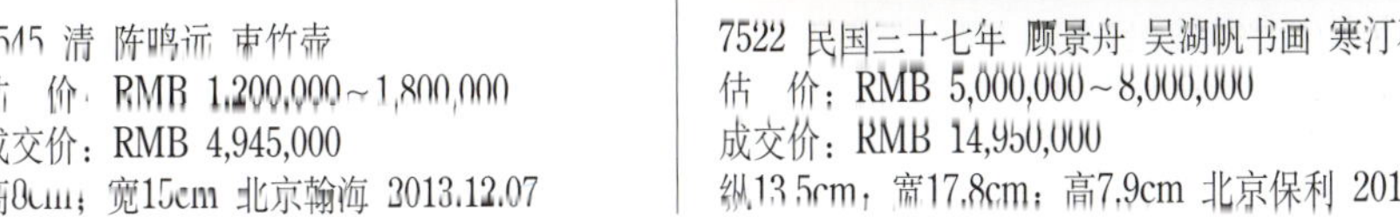

2545 清 陈鸣远 束竹壶
估　价：RMB 1,200,000～1,800,000
成交价：RMB 4,945,000
高8cm；宽15cm 北京翰海 2013.12.07

7522 民国三十七年 顾景舟 吴湖帆书画 寒汀石瓢壶
估　价：RMB 5,000,000～8,000,000
成交价：RMB 14,950,000
纵13.5cm，宽17.8cm；高7.9cm 北京保利 2013.06.04

951 蒋蓉 牡丹壶
估 价：RMB 600,000～800,000
成交价：RMB 690,000
高11cm；宽19cm 北京翰海 2013.05.31

7525 清 陈曼青生铭 郭频迦书画 石瓢壶
估 价：RMB 5,000,000～8,000,000
成交价：RMB 7,590,000
纵12.2cm；宽16.6cm；高7.3cm
北京保利 2013.06.04

7524 清 瞿子冶铭 惜抱轩梅花壶
估 价：RMB 500,000～800,000
成交价：RMB 3,220,000
纵11.8cm；宽14.9cm；高7.4cm
北京保利 2013.06.04

214 清 四脚龙鼎壶
估 价：RMB 3,000,000～3,500,000
成交价：RMB 5,750,000
高13cm 北京艺融 2013.11.28

6023 清康熙 陈鸣远 廉斋铭乌泥束腰壶
估 价：RMB 3,000,000～5,000,000
成交价：RMB 9,890,000
长11.5cm 北京保利 2013.12.04

7293 清 祯祥款 御制堆泥诗文山水壶
估 价：RMB 2,300,000～3,000,000
成交价：RMB 2,645,000
长16cm 北京保利 2013.06.04

3892 清道光 申锡制瞿应绍铭 白泥梅桩壶
估 价：RMB 220,000～250,000
成交价：RMB 253,000
高7.5cm；宽19cm 中国嘉德 2013.05.14

6017 清光绪 王东石制徐三庚铭 玉成窑一边鼓一壶
估 价：RMB 2,000,000～3,000,000
成交价：RMB 1,600,000
长16cm 北京保利 2013.12.04

3935 清嘉庆 杨彭年制江听香铭 井栏壶
估 价：RMB 3,000,000～3,500,000
成交价：RMB 3,910,000
高8.2cm；宽21cm 中国嘉德 2013.05.14

5498 清道光 何心舟制、胡公寿刻 秦权壶、水洗套组
估 价：RMB 1,200,000～1,500,000
成交价：RMB 1,725,000
长13cm 北京保利 2013.12.04

7519 清 月下独酌园紫砂笔筒
"杨季初制"款
估 价：RMB 3,000,000～5,000,000
成交价：RMB 5,865,000
直径17.8cm；高14.3cm 北京保利 2013.06.04

3925 清乾隆 彩泥堆绘花鸟虫鱼四方笔筒
“大清乾隆年制”款
估 价：RMB 1,500,000～2,000,000
成交价：RMB 2,300,000
高15.3cm 中国嘉德 2013.05.14

7520 清乾隆御制 水村园紫砂笔筒
估 价：RMB 3,000,000～5,000,000
成交价：RMB 4,370,000
直径17.9cm；高14.3cm 北京保利 2013.06.04

5500 清乾隆 御制描金紫砂山水诗文茶具
估 价：RMB 2,800,000～3,200,000
成交价：RMB 4,025,000
长15cm 北京保利 2013.12.04

3998 清乾隆 御制紫泥髹漆描金花卉纹方壶
估 价：RMB 600,000～800,000
成交价：RMB 4,485,000
宽17cm 中国嘉德 2013.05.14

3924 清乾隆 杨履康制泥绘山水图如意圆灯壶
估 价：RMB 1,500,000～1,800,000
成交价：RMB 1,955,000
高12.7cm；宽18.3cm 中国嘉德 2013.05.14

954 朱可心 松竹梅壶
估　价：RMB 1,200,000～1,500,000
成交价：RMB 7,475,000
高8.5cm；宽19.5cm 北京翰海 2013.05.31

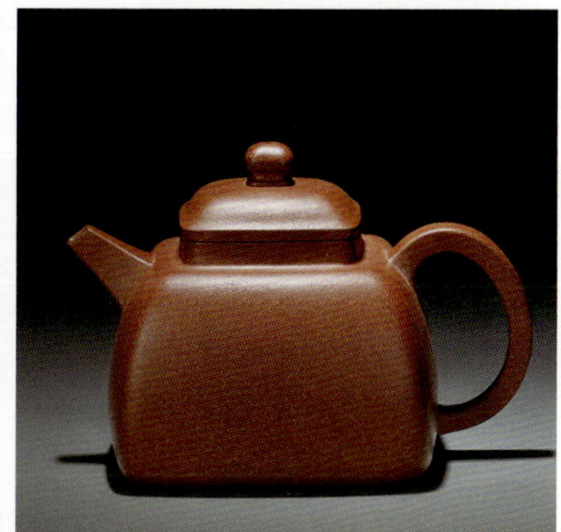

2164 清早期 郑荆玉 坦然壶
估　价：RMB 800,000～1,000,000
成交价：RMB 2,300,000
长17.5cm；高12cm 北京匡时 2013.06.04

2148 清雍正 臣辉阁制双线贴花紫砂大碗
估　价：RMB 400,000～500,000
成交价：RMB 1,035,000
直径17cm 北京匡时 2013.06.04

5104 汪寅仙 五代同堂提梁壶
估　价：RMB 3,200,000～4,200,000
成交价：RMB 3,680,000
高28cm 中国嘉德 2013.05.14

2243 汪寅仙 蝉衣斑竹壶
估　价：RMB 1,500,000～1,800,000
成交价：RMB 3,415,000
长20cm；高12cm 北京匡时 2013.06.04

漆 器

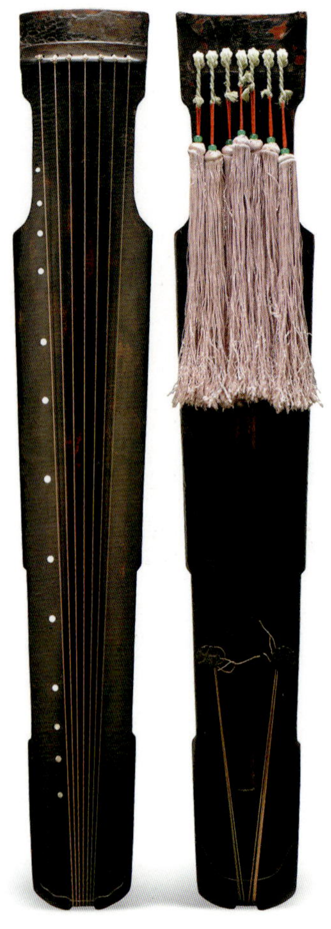

2714 宋 仲尼古琴
估　价：RMB 3,600,000～4,200,000
成交价：RMB 4,140,000
长116.8cm 北京匡时 2013.06.05

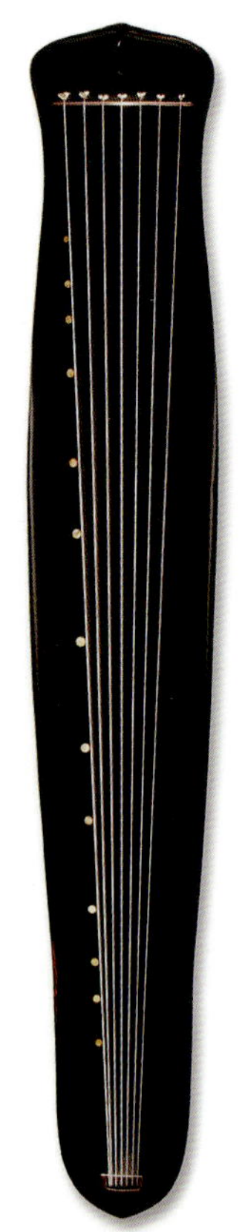

3382 青云 创意蕉叶式古琴
估　价：RMB 700,000～1,000,000
成交价：RMB 2,415,000
琴长128cm；肩宽20cm；尾宽14cm；额宽19.5cm 中国嘉德 2013.11.19

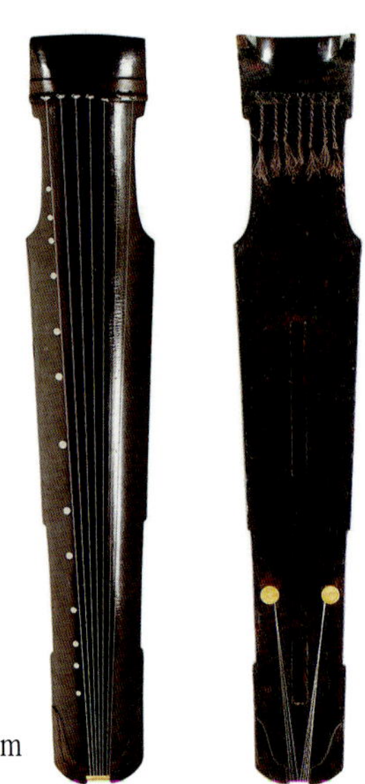

553 明 王福厂旧藏明代仲尼式古琴
估　价：RMB 800,000～1,500,000
成交价：RMB 2,300,000
琴长129cm；额宽19.5cm；肩宽21.5cm；尾宽15cm
西泠拍卖 2013.07.12

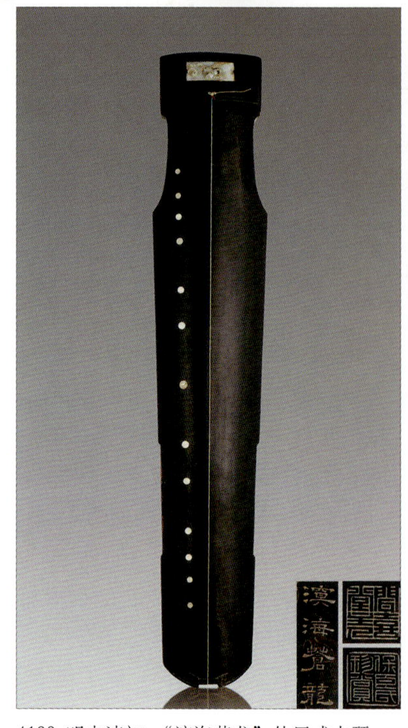

4188 明末清初 “滨海苍龙”仲尼式古琴
估　价：RMB 650,000～950,000
成交价：RMB 1,207,500
长127cm 中国嘉德 2013.05.11

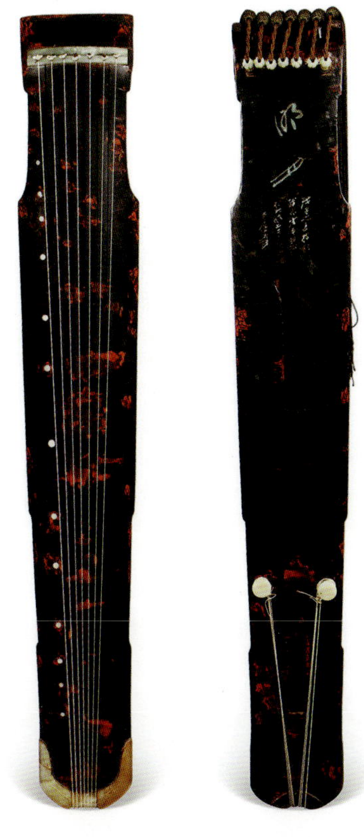

6210 明 “明月”琴
估 价：RMB 2,600,000～3,600,000
成交价：RMB 2,990,000
琴长119cm；额宽16cm；肩宽17cm；尾宽13cm 北京保利 2013.12.04

142 宋 黑漆六瓣葵花盘
“陆氏民本”款
估 价：HKD 600,000～800,000
成交价：RMB 1,451,760
直径17.7cm 香港苏富比 2013.10.08

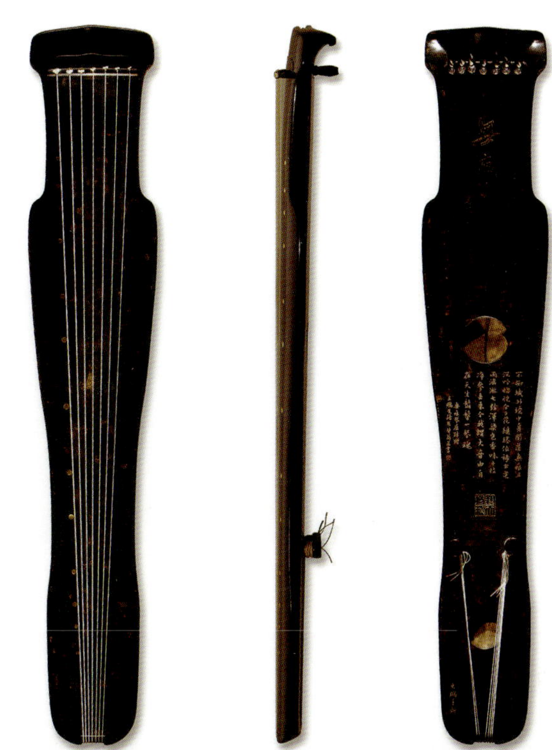

3383 无痕 倚道琴剑式
估 价：RMB 800,000～1,200,000
成交价：RMB 3,450,000
琴长122cm；肩宽21.5cm；尾宽14cm；额宽20cm
中国嘉德 2013.11.19

1311 宋 剔红花卉纹盏托
估 价：HKD 700,000～900,000
成交价：RMB 635,145
直径17.3cm 保利香港 2013.10.07

150 宋 剔黑雕漆牡丹图长方盘
估 价：HKD 300,000～400,000
成交价：RMB 1,735,800
直径22.7cm 香港苏富比 2013.10.08

151 宋 剔黑雕漆双凤穿花图长方盆
估 价：HKD 400,000~600,000
成交价：RMB 3,440,040
直径24.1cm 香港苏富比 2013.10.08

145 宋 剔犀团花纹长方盖盒
估 价：HKD 1,500,000~2,000,000
成交价：RMB 5,712,360
长16.5cm 香港苏富比 2013.10.08

726 元 剔红荔枝纹圆盘
估 价：HKD 1,500,000~1,800,000
成交价：RMB 2,449,845
高3.5cm；直径24.8cm 中国嘉德 2013.10.06

746 元 剔红葵口过枝牡丹香盒
估 价：HKD 1,500,000~1,800,000
成交价：RMB 1,361,025
高4cm；直径11cm 中国嘉德 2013.10.06

210 明 剔红雕漆花卉纹杯盏
成交价：RMB 1,054,944
高16.2cm 伦敦苏富比 2013.05.15

155 明成化 赭地剔彩穿莲翼龙图长方盆
估 价：HKD 2,000,000~3,000,000
成交价：RMB 6,659,160
长32.1cm 香港苏富比 2013.10.08

8292 明弘治 剔黑花鸟大盘
“弘治年滇南尹禄造”款
估　价：RMB 1,300,000～2,300,000
成交价：RMB 3,450,000
直径41cm 北京保利 2013.06.05

3484 明晚期 木胎观音大士像
估　价：RMB 800,000～1,400,000
成交价：RMB 1,058,000
高86cm 中国嘉德 2013.11.19

3557 明嘉靖 多彩龙纹漆箱
估　价：HKD 2,000,000～3,000,000
成交价：RMB 5,690,640
25.3cm×26.7cm×20.5cm 香港佳士得 2013.11.27

160 明万历 剔彩海水游龙纹长方盖盒
“大明万历壬辰年制”款
估　价：HKD 2,500,000～3,000,000
成交价：RMB 3,818,760
32.5cm 香港苏富比 2013.10.08

3320 明永乐 大明永乐年制铭剔红牡丹纹圆盒
估 价RMB 460,000~600,000
成交价：RMB 2,070,000
直径27cm；高8cm 中国嘉德 2013.11.19

137 清乾隆 剔红雕“春”字双龙纹寿桃形宝盒
估 价：RMB 1,600,000~2,000,000
成交价：RMB 2,070,000
长38cm 北京东正 2013.11.16

807 明早期 剔红紫萼花纹盘
估 价：RMB 1,200,000
成交价：RMB 1,344,000
直径29.5cm 天津文物 2013.11.22

7636 清乾隆 剔彩松鹤博古提箱
估 价：RMB 1,000,000~1,500,000
成交价：RMB 1,150,000
36.5cm×19cm×26cm 北京保利 2013.06.04

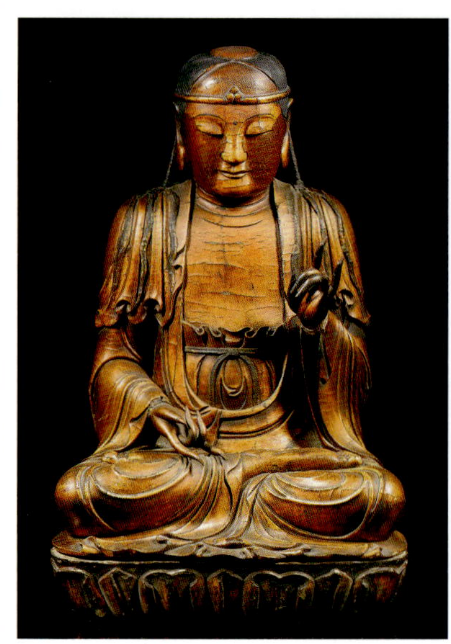

154 16世纪 漆金木菩萨坐像
成交价：RMB 1,284,072
直径98.2cm 伦敦苏富比 2013.05.15

1107 清 漆器玳瑁开光葫芦瓶
估　价：RMB 300,000
成交价：RMB 565,000
高34.5cm 辽宁建投 2013.11.24

757 清乾隆 剔红琴棋书画海棠式瓶（一对）
估　价：HKD 3,500,000～5,500,000
成交价：RMB 3,228,050
高31.4cm；高31.5cm 保利香港 2013.04.07

3323 清乾隆 大漆描金六角佛龛
估　价：RMB 460,000～600,000
成交价：RMB 552,000
直径43cm；高57cm 中国嘉德 2013.11.19

1319 清乾隆 御制剔彩八仙庆寿桃式套盒
成交价：RMB 4,353,145
宽46.1cm 纽约佳士得 2013.03.21

1405 清乾隆 剔红吉祥富贵八宝纹供盘
估　价：RMB 500,000～650,000
成交价：RMB 747,500
直径34.5cm 北京翰海 2013.12.06

2715 近代 雕漆龙纹盖盒
估　价：RMB 1,000,000～1,200,000
成交价：RMB 1,150,000
直径16.7cm 北京匡时 2013.06.05

匏器

4602 匏器摆件带紫檀盖座
成交价：RMB 28,750
直径10cm；高11.5cm 中国嘉德 2013.09.14

3070 清末至民国 “鸣”字深紫漆大葫芦鸽哨
估　价：RMB 50,000～100,000
成交价：RMB 80,500
直径10.3cm；高8.3cm 中国嘉德 2013.11.17

160 清康熙 御制模印葫芦团寿莲纹碗
“康熙赏玩”款
估　价：HKD 500,000～700,000
成交价：RMB 501,250
直径10.8cm 香港苏富比 2013.04.08

874 清中期 安肃模万福流云纹蝈蝈葫芦
估 价：RMB 8,000～12,000
成交价：RMB 161,000
高12cm 北京诚轩 2013.05.11

135 民国 押花葫芦山水图蟋蟀罐
估 价：HKD 80,000～100,000
成交价：RMB 150,375
高13.3cm 香港苏富比 2013.04.08

3080 清道光 官模子蝈蝈葫芦（三具）
估 价：RMB 300,000～500,000
成交价：RMB 1,035,000
高17.5cm；高14.8cm×2 中国嘉德 2013.11.17

3062 民国 “鸿”字葫芦两对及截口（三对）
估 价：RMB 500,000～800,000
成交价：RMB 782,000
尺寸不一 中国嘉德 2013.11.17

3086 清咸丰 三河刘和尚头式油壶鲁葫芦（两具）
估 价：RMB 320,000～450,000
成交价：RMB 667,000
高9.5cm；高10.8cm 中国嘉德 2013.11.17

织 绣

3024 明 青碧斋顾绣关公周仓像
估 价：RMB 600,000～900,000
成交价：RMB 690,000
高130cm；宽57cm 中国嘉德 2013.05.12

3045 明万历 满绣江山万代龙纹圆补
估 价：RMB 300,000～500,000
成交价：RMB 598,000
高34.5cm；宽37cm 中国嘉德 2013.05.12

3058 明末清初 闻香寺刺绣佛教故事袈裟
估 价：RMB 700,000～900,000
成交价：RMB 1,127,000
高113cm；宽290cm 中国嘉德 2013.05.12

3087 清康熙 御制石青缎绣彩云杂宝金龙纹吉服袍
估 价：HKD 1,200,000～1,800,000
成交价：RMB 1,167,720
香港苏富比 2013.10.08

3062 清乾隆 戳纱绣寿山福海帏帐
估 价：RMB 1,800,000～2,800,000
成交价：RMB 3,450,000
高85cm；宽271cm 中国嘉德 2013.05.12

3085 清乾隆 御制蓝缎绣锦地五彩云蝠暗八仙金龙纹吉服袍
估 价：HKD 1,200,000～1,800,000
成交价：RMB 2,777,280
香港苏富比 2013.10.08

982 清乾隆 缂丝花鸟
估 价：HKD 1,700,000～2,700,000
成交价：RMB 1,383,450
长69cm；高248cm 保利香港 2013.04.07

3055 清早期 黄地织九龙壁挂
估 价：RMB 900,000～1,500,000
成交价：RMB 1,380,000
高170cm；宽150cm 中国嘉德 2013.05.12

4400 清嘉庆/道光 明黄缎绣彩云金龙纹吉服袍料
估 价：RMB 200,000～300,000
成交价：RMB 897,000
298cm×149cm 中国嘉德 2013.03.24

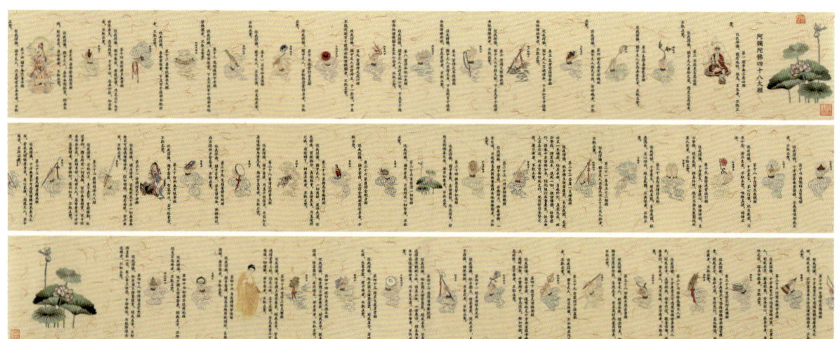

1316 四十八大愿佛手图（长卷）
估　价：HKD 3,180,000
成交价：RMB 3,796,380
30cm×580cm 澳门新亚太 2013.11.24

1305 清乾隆/嘉庆 石青缎绣彩云龙纹甲
成交价：RMB 1,441,717
长80.6cm；长98.4cm
纽约佳士得 2013.03.21

3047 清乾隆 彩绣翠鸟鸭憩图
估　价：RMB 600,000～800,000
成交价：RMB 862,500
高177cm；宽51cm
中国嘉德 2013.05.12

32 杨应修 周金秀 蔡静溪等 狼狗单面绣挂屏
估　价：RMB 1,000,000～1,500,000
成交价：RMB 1,150,000
94cm×141cm 保利香港 2013.06.20

1011 佚名 八仙人物
估　价：RMB 500,000～800,000
成交价：RMB 1,035,000
165cm×97cm 上海嘉泰 2013.07.04

玻璃器

1423 清乾隆 御制涅白地套红料拐子龙纹尊
成交价：RMB 2,337,541
高18.8cm 纽约佳士得 2013.03.21

3420 清康熙 白料如意纹杯
估 价：RMB 720,000～820,000
成交价：RMB 1,334,000
直径5.5cm 北京翰海 2013.06.02

311 清乾隆 料胎画珐琅花开富贵长颈瓶
估 价：RMB 480,000～600,000
成交价：RMB 862,500
高10.8cm 西泠拍卖 2013.07.12

112 18世纪 仿雄黄料六方瓶
估 价：HKD 200,000～300,000
成交价：RMB 850,120
高16.7cm 香港苏富比 2013.04.08

2310 清乾隆 松绿料三足炉
估　价：HKD 600,000～800,000
成交价：RMB 594,000
高11.2cm 香港佳士得 2013.05.29

1422 清乾隆 御制粉红、涅白双色搅料莲瓣纹罐
成交价：RMB 186,630
高12.4cm 纽约佳士得 2013.03.21

2311 清乾隆 涅白地套蓝料云凤纹双陆尊
估　价：HKD 300,000～400,000
成交价：RMB 495,000
高19cm 香港佳士得 2013.05.29

4129 清乾隆 蓝料直颈瓶
估　价：RMB 120,000～220,000
成交价：RMB 264,500
高23cm 北京翰海 2013.12.08

金银器

66 西汉 错金银粉盒
估　价：HKD 50,000
成交价：RMB 72,864
直径5.3cm 大唐香港 2013.05.28

518 战国/汉 错金银鸟纹鼎
估　价：HKD 6,000,000
成交价：RMB 5,451,000
高11.5cm；直径10cm 澳门中信 2013.06.23

61 宋 银莲花形刻花碟（一对）
估　价：HKD 500,000
成交价：RMB 819,720
直径29.5cm 大唐香港 2013.05.28

88 唐 银雕刻花鸟鎏金莲花碗
估　价：RMB 1,200,000～1,800,000
成交价：RMB 2,912,000
高5.2cm；口径12.8cm
香港嘉德利 2013.09.01

3179 藏六造玉摘饕餮纹纯金金壶
估　价：RMB 1,300,000～1,500,000
成交价：RMB 1,495,000
长12.2cm；高14cm；重476.3g
北京匡时 2013.12.04

510 辽 蕾丝金凤冠
估　价：HKD 8,800,000
成交价：RMB 7,994,800
高30.4cm；长21cm 澳门中信 2013.06.23

62 辽 纯银镶汉白玉、水晶舍利塔
估 价：HKD 800,000
成交价：RMB 728,640
通高39cm；长51cm；宽41cm 大唐香港 2013.05.28

875 明 花丝嵌宝镶金玉带板
估 价：RMB 800,000～1,200,000
成交价：RMB 2,300,000
方形5.5cm×4.3cm；三角形4cm×4cm；长方形7.5cm×4cm；桃形4cm×2.5cm
凤凰拍卖 2013.07.21

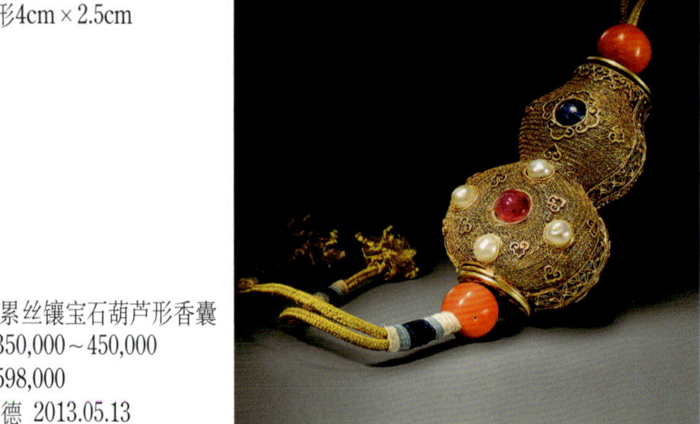

3481 清乾隆 金累丝镶宝石葫芦形香囊
估 价：RMB 350,000～450,000
成交价：RMB 598,000
高4.7cm 中国嘉德 2013.05.13

302 明 纯金镶红宝石缠花头冠
估 价：HKD 1,000,000～1,800,000
成交价：RMB 903,900
高7cm 大唐香港 2013.11.28

3522 明 金宝相花耳杯、银托（一组）
估 价：RMB 600,000～800,000
成交价：RMB 690,000
直径15.5cm；宽9cm 中国嘉德 2013.05.13

876 明 金镶宝石白玉镂空云龙冠顶
估 价：RMB 700,000～1,000,000
成交价：RMB 1,472,000
高7cm 凤凰拍卖 2013.07.21

珐琅器

147 清乾隆 掐丝珐琅夔龙莲纹兽耳衔环云钮盖瓶
成交价：RMB 7,808,253
伦敦佳士得 2013.05.14

143 清乾隆 掐丝珐琅瑞象（一对）
成交价：RMB 4,829,589
伦敦佳士得 2013.05.14

2058 清乾隆 掐丝珐琅兽面纹方鼎
估　价：HKD 4,000,000～6,000,000
成交价：RMB 2,874,960
高53cm 香港佳士得 2013.05.29

2061 清乾隆 掐丝珐琅双龙捧寿夔耳方觚（一对）
估　价：HKD 5,000,000～7,000,000
成交价：RMB 4,395,600
高32cm×2 香港佳士得 2013.05.29

5820 清乾隆 掐丝珐琅云龙纹香亭
估　价：RMB 200,000～300,000
成交价：RMB 1,150,000
高93cm 中国嘉德 2013.03.25

2157 清雍正 铜胎画珐琅黄地莲寿纹杯连托
估　价：HKD 600,000～800,000
成交价：RMB 974,160
直径15.2cm 香港佳士得 2013.05.29

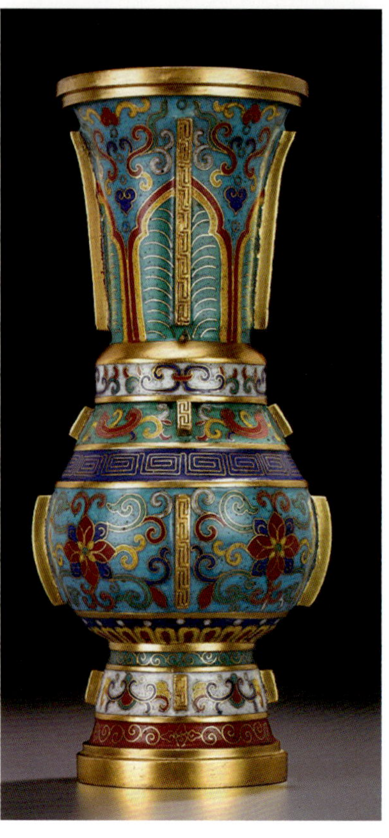

2052 清乾隆 掐丝珐琅缠枝花卉出戟尊
估　价：HKD 800,000～1,500,000
成交价：RMB 2,114,640
高26.3cm 香港佳士得 2013.05.29

3468 清乾隆 掐丝珐琅龙纹盖盒
估　价：HKD 4,000,000～6,000,000
成交价：RMB 14,619,600
高15.9cm；长21.1cm；宽17.1cm
香港佳士得 2013.11.27

8806 清中期 铜鎏金錾胎内填珐琅百寿飞龙耳大瓶（一对）
估　价：RMB 1,200,000～2,200,000
成交价：RMB 1,667,500
高74cm×2 北京保利 2013.06.06

7176 清乾隆 铜胎掐丝珐琅御制“四藏书屋”双龙耳象足大方炉
估　价：RMB 1,000,000~1,500,000
成交价：RMB 2,875,000
高66cm；宽51cm 北京保利 2013.12.05

2705 清乾隆 铜胎掐丝珐琅宫廷人物图屏心
估　价：RMB 2,500,000~2,800,000
成交价：RMB 2,875,000
44.8cm×32.4cm 北京匡时 2013.06.05

7166 清乾隆 铜胎掐丝珐琅缠枝莲纹戟耳炉及座
估　价：RMB 1,200,000~2,200,000
成交价：RMB 4,657,500
宽16.5cm 北京保利 2013.12.05

2068 清乾隆 錾胎填珐琅兽面纹活环耳壶
估　价：HKD 2,500,000~3,500,000
成交价：RMB 2,494,800
高39.3cm 香港佳士得 2013.05.29

3473 清乾隆 景泰蓝长柄勺
估　价：HKD 1,200,000~1,800,000
成交价：RMB 1,917,840
长42.5cm 香港佳士得 2013.11.27

7169 清乾隆 铜胎掐丝珐琅春寿宝盒
估 价：RMB 3,000,000～5,000,000
成交价：RMB 6,497,500
直径20.5cm 北京保利 2013.12.05

5816 清乾隆 瓷胎料彩云龙纹烟壶
估 价：RMB 600,000～800,000
成交价：RMB 690,000
高6.5cm 中国嘉德 2013.11.16

3343 清乾隆 铜胎掐丝珐琅缠枝莲纹花插
估 价：RMB 1,300,000～1,500,000
成交价：RMB 1,495,000
高13.5cm 北京匡时 2013.12.04

鼻烟壶

268 18世纪末/19世纪初 粉彩描金人物立像鼻烟壶（二件）
估 价：HKD 1,200,000～1,500,000
成交价：RMB 1,647,360
高7.2cm 香港苏富比 2013.05.27

5832 清乾隆 御制粉彩福禄万代烟壶
估 价：RMB 700,000～920,000
成交价：RMB 805,000
高8cm 中国嘉德 2013.11.16

3375 清乾隆 白玉石榴形烟壶
估 价：RMB 800,000～1,400,000
成交价：RMB 1,265,000
高7.4cm 中国嘉德 2013.05.13

3421 清 苏作玛瑙俏色雕皇者之风图烟壶 玛瑙巧雕三阳开泰烟壶 玛瑙春江水暖鸭先知图烟壶 玛瑙巧雕马上封侯图烟壶 玛瑙巧雕刘海戏金蟾图烟壶 玛瑙巧雕浴马图烟壶 玛瑙俏色巧雕人物烟壶（七件）
估 价：RMB 3,500,000～6,000,000
成交价：RMB 4,025,000
高5.5cm；高6cm；高6.2cm；高6.5cm；高5.7cm；高5.9cm；高5.6cm
中国嘉德 2013.05.13

3355 清乾隆 白玉宝相花纹梅瓶形烟壶
估 价：RMB 400,000～650,000
成交价：RMB 920,000
高6cm 中国嘉德 2013.05.13

1107 1760-1799年 御制红绿双色碧玺连年富贵螭龙纹鼻烟壶
成交价：RMB 1,068,457
高5.2cm 纽约佳士得 2013.03.21

128 18世纪初/19世纪中叶 巧色玛瑙浅浮雕松下采芝图鼻烟壶
估 价：HKD 280,000～380,000
成交价：RMB 693,000
高5cm 香港苏富比 2013.05.27

4102 清乾隆 珊瑚红地洒金开光山水人物鼻烟壶
“乾隆年制”楷书款
估 价：RMB 400,000～600,000
成交价：RMB 575,000
高6.4cm 北京翰海 2013.12.08

305 清中期 苏作三色玉雕刘海戏金蟾鼻烟壶
估 价：RMB 600,000～800,000
成交价：RMB 1,265,000
高8.7cm 北京东正 2013.11.16

138 清乾隆/嘉庆 御制白玉玉兰花蕾鼻烟壶（一组六件）
估 价：HKD 1,200,000～1,500,000
成交价：RMB 1,647,360
高6.4cm 香港苏富比 2013.05.27

1320 清乾隆 白玉青花料马上封侯鼻烟壶
估 价：RMB 720,000～950,000
成交价：RMB 828,000
高9cm 北京九歌 2013.06.28

175 1730-1830年 苏作玛瑙人物图佩
成交价：RMB 344,194
高5.3cm 纽约苏富比 2013.09.17

1597 清 丁二仲内画山水图烟壶
估 价：RMB 60,000～80,000
成交价：RMB 368,000
高7cm 北京华辰 2013.11.17

1566 清 翡翠雕素身酒坛式烟壶
估 价：RMB 80,000～120,000
成交价：RMB 402,500
高6cm 北京华辰 2013.11.17

211 1899-1909年（画） 水晶内画人物图题诗鼻烟壶
“少宣弟马光甲”款
估 价：HKD 450,000～600,000
成交价：RMB 445,500
高6.2cm 香港苏富比 2013.05.27

1342 王习三内画人物鼻烟壶
估 价：RMB 180,000～250,000
成交价：RMB 207,000
高9cm 北京九歌 2013.06.28

2739 清乾隆 料胎画珐琅苍鹰图鼻烟壶
估 价：RMB 450,000～650,000
成交价：RMB 517,500
高6.9cm 北京匡时 2013.06.05

1411 1770-1799年 御制涅白料浮雕粉彩丹凤朝阳图鼻烟壶
矾红“古月轩”楷书款
成交价：RMB 1,516,369
高6.4cm 纽约佳士得 2013.03.21

1065 1932-1963年 叶菶祺作料胎画珐琅花鸟图鼻烟壶
成交价：RMB 202,183
高5.4cm 纽约佳士得 2013.03.21

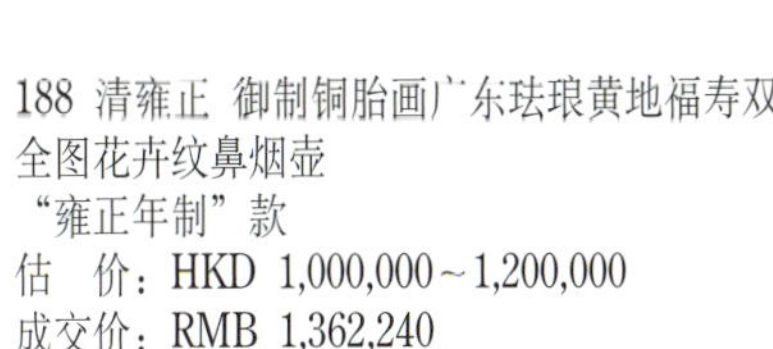

188 清雍正 御制铜胎画广东珐琅黄地福寿双全图花卉纹鼻烟壶
“雍正年制”款
估 价：HKD 1,000,000～1,200,000
成交价：RMB 1,362,240
高4.6cm 香港苏富比 2013.05.27

238 清乾隆 御制料胎画珐琅花篮式鼻烟壶 “御制”款
估 价：HKD 2,200,000~2,800,000
成交价：RMB 2,122,560
高5.9cm 香港苏富比 2013.05.27

1379 冰种俏色翡翠龙宝宝
估 价：RMB 5,800,000~7,800,000
成交价：RMB 6,670,000
4.9cm×4.2cm×7.4cm 北京传是 2013.06.15

228 清乾隆 御制料胎画北京珐琅菊竹鹌鹑安居图鼻烟壶
“古月轩”款
估 价：HKD 350,000~450,000
成交价：RMB 346,500
高5.7cm 香港苏富比 2013.05.27

翡翠珠宝

1534 翡翠摆件
估 价：RMB 2,500,000~3,200,000
成交价：RMB 2,875,000
15.63cm×6.62cm×2.5cm 北京九歌 2013.06.28

6062 清光绪 翡翠、碧玺雕国泰民安摆件
估　价：RMB 3,000,000～5,000,000
成交价：RMB 3,450,000
长6cm；长6.8cm 北京保利 2013.12.04

102 翡翠老子出山摆件
估　价：HKD 2,300,000
成交价：RMB 2,268,375
澳门中信 2013.10.27

1704 天然紫翡翠观音摆件
估　价：HKD 680,000～1,000,000
成交价：RMB 1,641,120
32.5cm×25cm×10cm 香港苏富比 2013.10.07

1860 天然紫翡翠及翡翠丰收年年摆件
估　价：HKD 1,200,000～1,500,000
成交价：RMB 1,120,380
22cm×27.5cm×12cm 香港苏富比 2013.10.07

353 清 翡翠雕“持莲观音”立像
估　价：RMB 2,200,000～3,200,000
成交价：RMB 4,715,000
高31cm 远方拍卖 2013.06.06

621 清 翡翠雕观音像
估　价：RMB 1,800,000
成交价：RMB 3,136,000
高39cm 天津文物 2013.05.24

1024 冰种三彩翡翠雕山水人物纹山子
估　价：HKD 1,200,000～1,500,000
成交价：RMB 1,425,600
17cm×28cm 中信国际 2013.05.28

2196 清晚期 翠玉雕麻姑献寿立像
估　价：HKD 3,000,000～5,000,000
成交价：RMB 2,874,960
高30cm 香港佳士得 2013.05.29

1361 清 翡翠白菜花插
估 价：RMB 800,000～1,000,000
成交价：RMB 943,000
高20cm 北京翰海 2013.12.06

1378 三彩翡翠龙鱼如意观音佩
估 价：RMB 800,000～1,000,000
成交价：RMB 977,500
7.8cm×5.3cm×1.8cm 北京传是 2013.06.15

382 翡翠观音立像
估 价：RMB 8,000,000～10,000,000
成交价：RMB 6,900,000
高230cm 北京艺融 2013.11.28

1341 玻璃种翡翠绿水战龙珮
估 价：RMB 2,600,000~3,800,000
成交价：RMB 3,105,000
7.3cm×3.7cm 北京传是 2013.06.15

1342 玛瑙种翡翠必福珮
估 价：RMB 800,000~1,200,000
成交价：RMB 1,092,500
5.5cm×3.6cm×1.2cm 北京传是 2013.06.15

2208 近代 翠雕弥勒白金框嵌钻坠
成交价：RMB 20,700
高4.5cm 北京保利 2013.10.28

7023 天然翡翠叶形挂件
估 价：RMB 4,500,000~5,500,000
成交价：RMB 5,175,000
5.9cm×2.9cm 北京保利 2013.06.05

151 翡翠叶挂坠
估 价：RMB 1,480,000~1,680,000
成交价：RMB 1,657,600
迦南国拍 2013.06.11

162 翡翠香囊
估　价：RMB 3,200,000～4,000,000
成交价：RMB 3,584,000
迦南国拍 2013.06.11

1517 老坑玻璃种观音
成交价：RMB 24,150,000
北京九歌 2013.06.28

5 翡翠弥勒佛摆件
估　价：RMB 500,000～800,000
成交价：RMB 6,622,500
上海佳士得 2013.09.26

1388 三彩翡翠螭虎龙戏珠
估　价：RMB 950,000～1,500,000
成交价：RMB 1,322,500
6.8cm×3.5cm×1.6cm 北京传是 2013.06.15

747 翡翠福豆挂件
成交价：RMB 7,820,000
福建东南 2013.10.28

859 翡翠节节高挂坠
估　价：RMB 1,200,000～1,800,000
成交价：RMB 1,840,000
高5.4cm 北京传是 2013.12.11

98 翡翠挂件
估　价：HKD 25,000,000
成交价：RMB 26,313,150
澳门中信 2013.10.27

95 翡翠挂件
估　价：HKD 25,000,000
成交价：RMB 22,683,750
澳门中信 2013.10.27

8820 王俊懿 天然玻璃种翡翠药师琉璃光宝宝佛珮
成交价：RMB 13,800,000
9.42cm × 4.67cm × 1.85cm
北京保利 2013.12.05

93 翡翠挂件
估　价：HKD 13,000,000
成交价：RMB 14,517,600
澳门中信 2013.10.27

1561 天然冰种阳绿翡翠佛手吊坠
估　价：RMB 3,500,000～4,500,000
成交价：RMB 4,025,000
5.5cm×2.4cm 银座国际 2013.12.02

1899 天然翡翠雕万寿桃配钻石吊坠
估　价：HKD 3,300,000～3,800,000
成交价：RMB 3,629,400
香港苏富比 2013.10.07

383 翡翠龙凤圆牌
估　价：RMB 4,000,000～5,000,000
成交价：RMB 3,450,000
直径9.4cm　北京艺融 2013.11.28

1521 玻璃种翡翠吊坠
估　价：RMB 7,500,000～10,000,000
成交价：RMB 10,350,000
1.70cm×1.48cm×1.04cm；2.37cm×2.66cm×1.38cm
北京九歌 2013.06.28

1519 紫罗兰翡翠吊坠
估　价：RMB 7,000,000～8,000,000
成交价：RMB 8,050,000
北京九歌 2013.06.28

1817 天然翡翠雕佛手果配钻石吊坠
估　价：HKD 9,000,000～12,000,000
成交价：RMB 7,250,080
佛手5.51cm×3.19cm×1.40cm
香港苏富比 2013.04.08

1636 天然翡翠配钻石发财吊坠项链
估　价：HKD 1,000,000～1,300,000
成交价：RMB 2,149,360
2.80cm×1.73cm×0.51cm
香港苏富比 2013.04.08

1525 翡翠吊坠、耳饰（一套）
估　价：RMB 5,800,000～7,500,000
成交价：RMB 6,670,000
北京九歌 2013.06.28

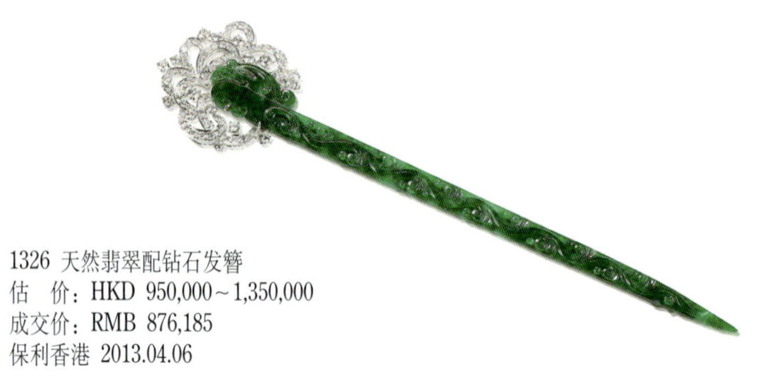

1326 天然翡翠配钻石发簪
估　价：HKD 950,000～1,350,000
成交价：RMB 876,185
保利香港 2013.04.06

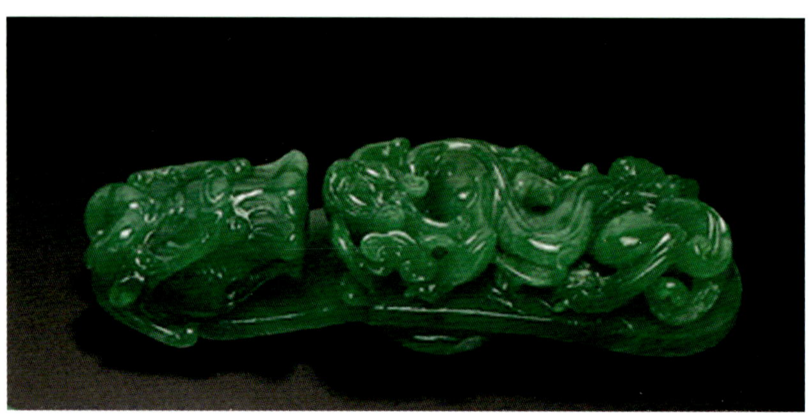

2345 翠玉螭龙衔灵芝带扣
估　价：HKD 600,000～800,000
成交价：RMB 784,080
长9.5cm 香港佳士得 2013.05.29

1531 约30.00克拉枕形斯里兰卡天然蓝宝石吊坠
估　价：HKD 1,500,000～2,500,000
成交价：RMB 1,829,520
香港佳士得 2013.05.28

1502 玻璃种翡翠吊坠式戒指两用
估　价：RMB 1,700,000～2,200,000
成交价：RMB 1,955,000
北京九歌 2013.06.28

3204 19世纪末 翠玉浮雕饕餮纹双龙耳瓶
估　价：HKD 2,200,000～2,800,000
成交价：RMB 2,114,520
高15.8cm 香港苏富比 2013.10.08

3091 19世纪末/20世纪 翡翠瓜棱式双龙耳活环三足狮钮盖炉
估　价：HKD 2,000,000～3,000,000
成交价：RMB 8,212,480
宽16.5cm 香港苏富比 2013.04.08

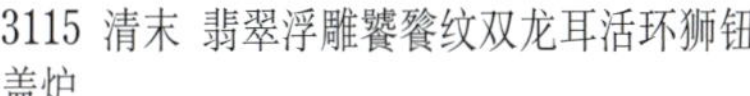

3115 清末 翡翠浮雕饕餮纹双龙耳活环狮钮盖炉
估　价：HKD 4,800,000～5,800,000
成交价：RMB 4,651,600
高21.5cm 香港苏富比 2013.04.08

2584 清乾隆 翡翠镂雕花卉纹狮钮双联瓶
估 价：RMB 2,000,000～2,500,000
成交价：RMB 2,530,000
高10.6cm 北京匡时 2013.06.05

4216 清 翡翠代代平安花插瓶
估 价：RMB 1,000,000～1,200,000
成交价：RMB 1,150,000
高9.3cm 北京匡时 2013.12.05

6194 清中期 翡翠巧雕寿桃草虫盖盒
估 价：RMB 1,200,000～2,200,000
成交价：RMB 1,380,000
长13.5cm 北京保利 2013.12.04

1360 清乾隆 翡翠碗（两件）
“乾隆年制”楷书款
估 价：RMB 350,000～400,000
成交价：RMB 448,500
直径14cm×2 北京翰海 2013.12.06

861 翡翠冰种满绿手镯
估　价：RMB 15,000,000～20,000,000
成交价：RMB 23,000,000
内径5.8cm 北京传是 2013.12.11

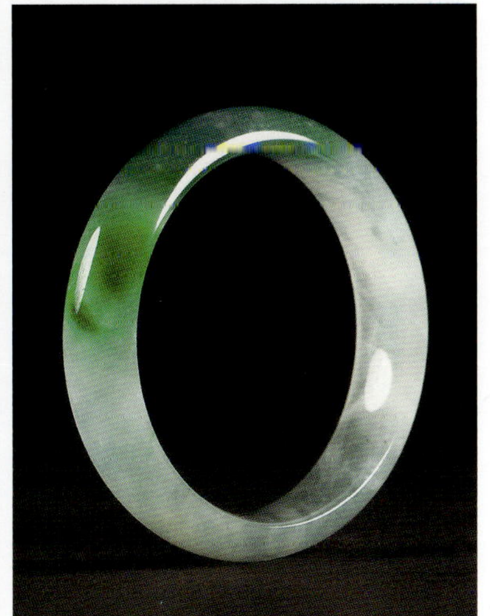

1556 翡翠手镯
估　价：RMB 1,600,000～2,000,000
成交价：RMB 2,070,000
直径6.8cm 北京九歌 2013.06.28

1358 清中期 翡翠朝天耳三足鼎
估　价：RMB 800,000～900,000
成交价：RMB 1,012,000
高17cm 北京翰海 2013.12.06

7556 清 翡翠婴戏炉
估　价：RMB 600,000～800,000
成交价：RMB 690,000
高19.5cm 北京保利 2013.12.06

6901 1.16克拉梨形鲜彩蓝色IF内无暇钻石戒指
估　价：RMB 7,200,000～8,200,000
成交价：RMB 8,222,500
北京保利 2013.06.05

1628A 缅甸天然翡翠蛋面戒指
估　价：HKD 4,000,000～6,000,000
成交价：RMB 15,863,760
蛋面2.35cm×1.90cm×1.17cm 香港佳士得 2013.05.28

1804 鲜彩黄色钻石13.10卡拉VVS1净度配粉红色钻石及钻石戒指
估　价：HKD 7,200,000～9,000,000
成交价：RMB 6,576,400
香港苏富比 2013.04.08

1811 圆形钻石21.54卡拉F色(IF)净度戒指
估　价：HKD 17,500,000～20,000,000
成交价：RMB 16,713,680
香港苏富比 2013.04.08

1814 足色全美钻石10.27卡拉D色(IF)净度戒指
估　价：HKD 10,500,000～12,000,000
成交价：RMB 9,848,560
香港苏富比 2013.04.08

1832 浓彩蓝色钻石3.04卡拉VS1净度配粉红色钻石及钻石戒指
估 价：HKD 16,000,000～20,000,000
成交价：RMB 13,505,680
香港苏富比 2013.04.08

2107 钻石戒指
估 价：HKD 22,500,000～28,000,000
成交价：RMB 22,102,320
香港佳士得 2013.11.26

1790 约8.88克拉椭圆形缅甸天然鸽血红红宝石戒指
估 价：HKD 18,800,000～28,800,000
成交价：RMB 17,637,840
香港佳士得 2013.05.28

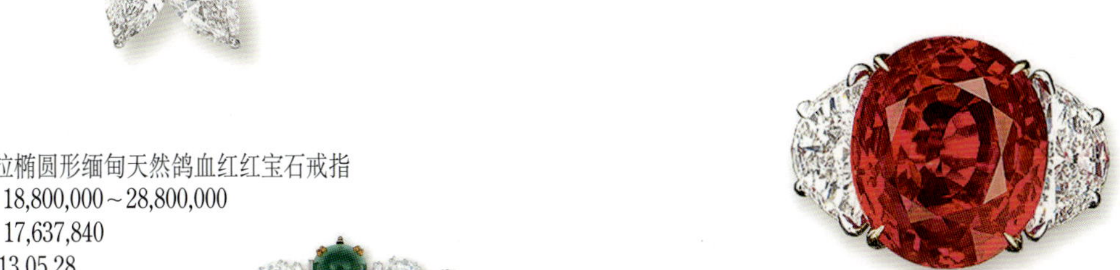

2075 红宝石钻石戒指
估 价：HKD 38,000,000～58,000,000
成交价：RMB 36,187,440
香港佳士得 2013.11.26

1655 哥伦比亚祖母绿及钻石项链
估 价：HKD 24,000,000～40,000,000
成交价：RMB 34,935,120
香港佳士得 2013.05.28

2063 彩色钻石戒指
估 价：HKD 33,000,000～50,000,000
成交价：RMB 30,025,200
香港佳士得 2013.11.26

2628 7.00克拉天然鸽血红红宝石配钻石戒指-未经热处理
估 价：HKD 9,000,000～15,000,000
成交价：RMB 8,166,150
保利香港 2013.10.06

1519 “阿盖尔”顶级克拉粉钻窗花对戒
估 价：RMB 8,000,000～15,000,000
成交价：RMB 10,695,000
银座国际 2013.12.02

1917 鲜彩黄色钻石配钻石戒指
估 价：HKD 6,500,000～8,000,000
成交价：RMB 6,848,520
香港苏富比 2013.10.07

1915 蓝宝石配钻石戒指
估 价：HKD 13,000,000～15,000,000
成交价：RMB 11,393,160
香港苏富比 2013.10.07

2103 钻石项链
估　价：HKD 56,000,000～72,000,000
成交价：RMB 49,392,240
香港佳士得 2013.11.26

1706 75.36克拉水滴形D/IF Type IIa(极优打磨)钻石吊坠项链
估　价：HKD 66,800,000～98,000,000
成交价：RMB 68,199,120
香港佳士得 2013.05.28

1760 天然珍珠项链
估　价：HKD 12,000,000～18,000,000
成交价：RMB 14,976,720
长47.6cm 香港佳士得 2013.05.28

92 翡翠项链
估　价：HKD 35,000,000
成交价：RMB 40,830,750
1.48cm×36粒　澳门中信 2013.10.27

328 满绿镶钻翡翠项链
成交价：RMB 40,250,000
北京艺融 2013.11.28

381 玻璃种翡翠蛋面项链
成交价：RMB 36,800,000
北京艺融 2013.11.28

1761 民国时期 天然翡翠珠项链（两条）
估　价：HKD 22,000,000～30,000,000
成交价：RMB 33,674,520
香港苏富比 2013.10.07

109 玻璃种翡翠朝珠
估　价：HKD 5,800,000
成交价：RMB 5,262,630
澳门中信 2013.10.27

2109 红宝石钻石项链
估　价：HKD 38,000,000～58,000,000
成交价：RMB 38,828,400
香港佳士得 2013.11.26

1702 浓彩粉红或紫粉红色VS1-SI1钻石手链
估　价：HKD 1,600,000～2,800,000
成交价：RMB 1,734,480
香港佳士得 2013.05.28

1820 红宝石配钻石手链
估　价：HKD 6,500,000～7,500,000
成交价：RMB 5,325,280
香港苏富比 2013.04.08

1526 玻璃种翡翠耳饰
估　价：RMB 12,000,000～18,000,000
成交价：RMB 16,100,000
北京九歌 2013.06.28

1613 19世纪末 天然珍珠配红宝石及钻石“蝴蝶”别针
估　价：HKD 1,200,000～1,500,000
成交价：RMB 1,186,960
香港苏富比 2013.04.08

1924 红宝石配钻石孔雀别针，卡地亚 (CARTIER)
估　价：HKD 3,200,000～4,000,000
成交价：RMB 5,333,640
香港苏富比 2013.10.07

1828 足色全美钻石吊耳环（一对）
估　价：HKD 19,000,000～22,000,000
成交价：RMB 17,611,920
香港苏富比 2013.04.08

1791 约6.03及5.00克拉缅甸天然鸽血红红宝石耳坠
估　价：HKD 22,000,000～35,000,000
成交价：RMB 23,847,120
香港佳士得 2013.05.28

1759 约6.43及6.23克拉枕形戈尔康达D/IF Type IIa钻石耳坠
估　价：HKD 13,800,000～18,000,000
成交价：RMB 14,089,680
香港佳士得 2013.05.28

1763 足色全美钻石吊耳环（一对）
估　价：IIKD 25,000,000～30,000,000
成交价：RMB 24,837,720
香港苏富比 2013.10.07

2095 天然珍珠钻石耳坠
估　价：HKD 18,000,000～28,000,000
成交价：RMB 20,341,680
香港佳士得 2013.11.26

1760 天然翡翠配钻石耳环（一对）
估　价：HKD 11,000,000～13,000,000
成交价：RMB 11,393,160
香港苏富比 2013.10.07

2110 红宝石钻石耳坠（一对）
估　价：HKD 15,000,000～25,000,000
成交价：RMB 11,349,840
香港佳士得 2013.11.26

9858 4.02克拉及3.92克拉梨形鲜彩黄色钻石耳环
估　价：RMB 3,500,000～4,500,000
成交价：RMB 4,025,000
北京保利 2013.11.30

1920 天然翡翠配钻石耳环（一对）
估　价：HKD 5,200,000～6,200,000
成交价：RMB 6,659,160
香港苏富比 2013.10.07

1909 粉红色钻石配钻石吊耳环（一对）
估　价：HKD 2,000,000～2,500,000
成交价：RMB 2,114,520
香港苏富比 2013.10.07

1818 天然翡翠配钻石戒指及耳环套装
估　价：HKD 12,000,000～15,000,000
成交价：RMB 10,137,280
香港苏富比 2013.04.08

1748 天然珍珠项链及耳坠套装
估　价：HKD 6,650,000～8,500,000
成交价：RMB 6,011,280
香港佳士得 2013.05.28

1759 红宝石配钻石项链及耳环套装
估　价：HKD 14,000,000~16,000,000
成交价：RMB 11,582,520
香港苏富比 2013.10.07

1782 红宝石配钻石及黄色钻石袖扣（一对）
估　价：HKD 550,000~650,000
成交价：RMB 551,375
香港苏富比 2013.04.08

1394 天然祖母绿配钻石珠宝套组
估　价：HKD 8,000,000~12,000,000
成交价：RMB 7,839,550
保利香港 2013.04.06

6 翡翠蛋面戒指及耳环套装
估　价：RMB 2,000,000~3,000,000
成交价：RMB 4,942,500
上海佳士得 2013.09.26

1390 TYPE LLA 6.28克拉及6.25克拉无瑕圆形D色全美钻石（一对）
估　价：HKD 13,000,000～16,500,000
成交价：RMB 11,528,750
保利香港 2013.04.06

1780 约45.82克拉枕形斯里兰卡天然蓝宝石项链/胸针
估　价：HKD 8,000,000～12,000,000
成交价：RMB 7,246,800
香港佳士得 2013.05.28

1659 28.86克拉D色无瑕(Flawless)净度圆形足色全美钻石
估　价：HKD 38,000,000～45,000,000
成交价：RMB 43,211,760
香港苏富比 2013.04.08

1535 十全十美10.10克拉方形彩粉钻
估　价：RMB 30,000,000～36,000,000
成交价：RMB 39,100,000
银座国际 2013.12.02

1932 显赫夺目的足色全美118.28卡拉巨钻 D色无瑕(Flawless)净度
成交价：RMB 188,318,520
香港苏富比 2013.10.07

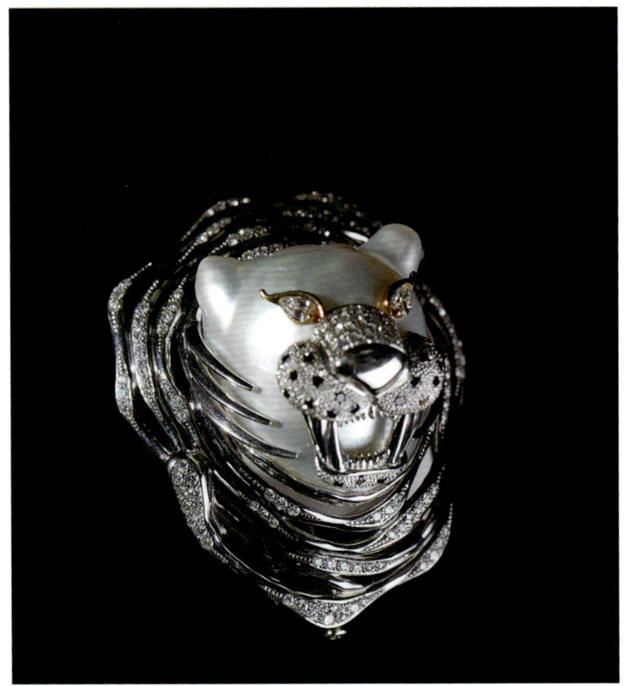

357 天然南洋珍珠虎头首饰
估　价：RMB 880,000～980,000
成交价：RMB 1,380,000
北京艺融 2013.11.28

6195 清中期 翡翠螭龙带扣（一对）
估　价：RMB 1,000,000～1,500,000
成交价：RMB 1,150,000
长9.5cm；长10cm 北京保利 2013.12.04

古典家具

4311 清早期 黄花梨有束腰三弯腿螭龙纹六柱式架子床
估 价：RMB 3,800,000~5,000,000
成交价：RMB 4,370,000
226.7cm×157cm×223.7cm
中国嘉德 2013.05.11

4338 清中期 紫檀及黄杨嵌五彩花卉图瓷板罗汉床
估 价：RMB 4,600,000~6,000,000
成交价：RMB 5,290,000
176cm×77.5cm×95cm 中国嘉德 2013.05.11

514 清中期 紫檀有束腰马蹄腿三屏风式罗汉床
估 价：HKD 4,500,000~8,000,000
成交价：RMB 3,810,870
中国嘉德 2013.10.05

6208 清乾隆 紫檀松寿齐天架子床
估 价：RMB 8,000,000~12,000,000
成交价：RMB 9,200,000
213cm×149cm×235cm 北京保利 2013.12.04

4358 2013年 大叶紫檀七屏风式罗汉床 “家青制器”款
估　价：RMB 2,600,000～3,000,000
成交价：RMB 2,990,000
213cm×121cm×95cm 中国嘉德 2013.05.11

4322 明末清初 黄花梨龙凤纹上格券口带栏杆亮格柜
估　价：RMB 3,800,000～6,000,000
成交价：RMB 8,280,000
100cm×63cm×192cm 中国嘉德 2013.05.11

648 清 红木博古纹美人榻
估　价：RMB 280,000～380,000
成交价：RMB 322,000
194cm×88cm×98cm 南京经典 2013.07.28

208 明17世纪 楠木嵌黄花梨黄杨木四件柜(一对)
成交价：RMB 1,939,723
124.5cm×62cm×277cm 纽约苏富比 2013.09.17

3916 当代 明式楠木有束腰三弯腿攒斗双月洞门架子床
估 价：RMB 3,600,000～4,800,000
成交价：RMB 5,060,000
237cm×171cm×237cm 中国嘉德 2013.11.17

542 明末清初 黄花梨嵌百宝花鸟纹方角柜
估 价：HKD 2,900,000～4,000,000
成交价：RMB 2,766,900
130cm×82.5cm×50.5cm
中国嘉德 2013.04.05

7588 清乾隆 紫檀高浮雕九龙西番莲纹顶箱式大四件柜
成交价：RMB 93,150,000
长174cm；宽74cm；高325cm 北京保利 2013.06.04

3915 当代 明式楠木大四件柜成对
估 价：RMB 4,800,000～6,000,000
成交价：RMB 5,520,000
132cm×60cm×258cm 中国嘉德 2013.11.17

3219 清中期 红木大四件柜成对

估 价：RMB 4,000,000～7,000,000
成交价：RMB 4,370,000
170.5cm×68.5cm×296.5cm
中国嘉德 2013.11.17

355 黄花梨螭龙独板圆角柜
估 价：RMB 1,500,000～2,000,000
成交价：RMB 2,645,000
84cm×45cm×165cm 北京传是 2013.06.15

4331 清早期 黄花梨小方角柜成对
估 价：RMB 4,600,000～6,000,000
成交价：RMB 5,520,000
77cm×42cm×101.5cm 中国嘉德 2013.05.11

53 清早期 黄花梨书格（一对）
估 价：RMB 6,000,000～10,000,000
成交价：RMB 8,050,000
94.5cm×41.5cm×189cm 北京宝笈轩 2013.03.10

4312 清早期 黄花梨联三闷户橱
估 价：RMB 1,200,000～2,000,000
成交价：RMB 2,185,000
163cm×52.7cm×89.5cm 中国嘉德 2013.05.11

2401 近代 黄花梨菱花纹小顶箱柜（一对）
估 价：RMB 2,000,000～3,000,000
成交价：RMB 2,300,000
110cm×48cm×198cm×2
北京传是 2013.12.12

4365 2003年 大叶紫檀书格成对
"家青制器"款
估 价：RMB 1,600,000～2,000,000
成交价：RMB 1,840,000
100cm×45cm×194cm 中国嘉德 2013.05.11

356 18世纪 黄花梨霸王枨螭龙方桌
估 价：RMB 200,000～400,000
成交价：RMB 828,000
98.5cm×97.5cm×88cm 北京传是 2013.06.15

52 清 黄花梨方桌+黄花梨方凳四张
估 价：RMB 3,000,000～6,000,000
成交价：RMB 4,140,000
83cm×83cm×50cm；43cm×43cm×84cm
北京宝笈轩 2013.03.10

251 清 小叶紫檀百宝阁（一对）
估 价：RMB 1,200,000～1,500,000
成交价：RMB 1,380,000
高180cm；宽82cm×2 北京艺融 2013.11.28

670 清 黄花梨雕祥云纹画桌
估 价：HKD 1,200,000～1,500,000
成交价：RMB 2,534,400
84.5cm×167cm 中信国际 2013.05.28

802 明 黄花梨展腿八仙桌
估 价：RMB 1,800,000～2,600,000
成交价：RMB 2,898,000
98cm×98cm×83.5cm 翰风国际 2013.04.20

555 明晚期 黄花梨折腿方桌
估 价：HKD 1,800,000～2,800,000
成交价：RMB 2,582,440
87.7cm×97.2cm×97.2cm 中国嘉德 2013.04.05

1952 清乾隆/嘉庆 御制紫檀雕兽面龙纹条桌（一对）
估　价：HKD 8,000,000～10,000,000
成交价：RMB 30,056,400
270cm×54cm×90cm 香港佳士得 2013.05.29

517 清乾隆 紫檀有束腰莲纹条桌
估　价：HKD 2,600,000～3,600,000
成交价：RMB 2,951,360
90cm×191cm×44cm
中国嘉德 2013.04.05

1953 清中期 紫檀卷草纹八仙桌（一对）
估　价：HKD 5,000,000～8,000,000
成交价：RMB 7,151,760
高87cm；高87.5cm 香港佳士得 2013.05.29

6207 清乾隆 黄花梨拐子龙画桌
估 价：RMB 2,000,000～3,000,000
成交价：RMB 2,990,000
173cm×55.5cm×87cm 北京保利 2013.12.04

3156 清乾隆 紫檀有束腰带管脚枨雕龙纹六方桌
估 价：RMB 1,600,000～2,400,000
成交价：RMB 2,990,000
89cm×89cm×83cm
中国嘉德 2013.11.17

810 清乾隆 清紫檀万字纹斗料面心条桌
估 价：HKD 3,000,000～4,000,000
成交价：RMB 4,338,720
82cm×133cm×37cm
罗芙奥 2013.11.24

3164 清中期 紫檀圆裹腿带矮老方桌
估 价：RMB 1,200,000～1,800,000
成交价：RMB 2,300,000
88cm×88cm×82.5cm
中国嘉德 2013.11.17

4340 清早期 黄花梨有束腰马蹄腿罗锅枨四屉方桌
估 价：RMB 1,800,000～3,000,000
成交价：RMB 2,760,000
90.5cm×90.5cm×86cm
中国嘉德 2013.05.11

3209 清早期 黄花梨有束腰罗锅枨马蹄腿长条桌
估　价：RMB 1,500,000~1,900,000
成交价：RMB 1,725,000
179cm×51cm×86.5cm 中国嘉德 2013.11.17

4306 清早期 黄花梨五屏式镜台
估　价：RMB 680,000~850,000
成交价：RMB 782,000
54cm×33cm×67cm 中国嘉德 2013.05.11

6749 明晚期 黄花梨圆包圆画桌
估　价：RMB 1,800,000~280,000
成交价：RMB 2,242,500
150cm×66cm×80cm
北京保利 2013.12.05

3228 清早期 黄花梨五屏式云龙纹镜台
估　价：RMB 600,000~800,000
成交价：RMB 690,000
56cm×32cm×63.5cm 中国嘉德 2013.11.17

484 17世纪 黄花梨圈椅（一对）
成交价：RMB 1,449,493
高92.7cm；宽61cm；径43.2cm
纽约苏富比 2013.03.19

46 明 紫檀梳背椅（一对）
估　价：RMB 2,000,000～4,000,000
成交价：RMB 3,220,000
59cm×46cm×99cm×2 北京宝笈轩 2013.03.10

4366 1998年制 小叶紫檀罗锅枨扇面扶手椅“家青制器”款
估　价：RMB 1,600,000～2,000,000
成交价：RMB 1,840,000
77cm×62cm×109cm 中国嘉德 2013.05.11

512 明末清初 黄花梨四出头官帽椅成对
估　价：HKD 2,600,000～3,600,000
成交价：RMB 2,397,980
95cm×52.5cm×45.5cm 中国嘉德 2013.04.05

515 清乾隆 紫檀有束腰三弯腿带托泥西番莲纹大扶手椅
估　价：HKD 3,000,000～5,000,000
成交价：RMB 2,766,900
112cm×67cm×51cm 中国嘉德 2013.04.05

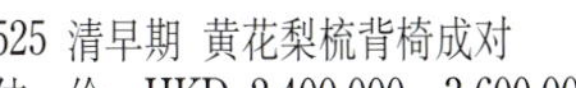

525 清早期 黄花梨梳背椅成对
估　价：HKD 2,400,000～3,600,000
成交价：RMB 2,582,440
85.5cm×55cm×42.5cm 中国嘉德 2013.04.05

673 清 黄花梨玫瑰椅
估　价：RMB 1,000,000～1,500,000
成交价：RMB 1,150,000
55cm×41cm×88cm 南京经典 2013.01.25

608 清早期 黄花梨四出头官帽椅（一对）
成交价：RMB 1,092,500
59cm×51cm×117cm 北京保利 2013.07.27

693 明晚期 黄花梨南官帽椅成对
估　价：HKD 4,200,000～5,200,000
成交价：RMB 3,810,870
118.1cm×55.8cm×48.9cm
中国嘉德 2013.10.06

492 明末 黄花梨南官帽椅（一对）
成交价：RMB 852,277
63.5cm×48cm×115cm
纽约苏富比 2013.03.19

4108 清乾隆 紫檀雕福寿纹椅（一对）
估　价：RMB 1,200,000～1,500,000
成交价：RMB 2,415,000
65.8cm×51.3cm×108.3cm 北京匡时 2013.12.05

659 清早期 黄花梨圈椅
估　价：HKD 900,000～1,200,000
成交价：RMB 1,179,555
98cm×62cm×62cm 中国嘉德 2013.10.06

526 明末清初 黄花梨圆裹腿大禅凳成对
估　价：HKD 650,000～1,200,000
成交价：RMB 1,198,990
52.5cm×63cm×63cm 中国嘉德 2013.04.05

6746 明晚期 黄花梨灯挂椅
估　价：RMB 500,000～800,000
成交价：RMB 632,500
49cm×37cm×91cm 北京保利 2013.12.05

1954 清乾隆/嘉庆 紫檀雕夔纹方凳（一对）
估　价：HKD 500,000～800,000
成交价：RMB 1,259,280
高60cm；高51cm 香港佳士得 2013.05.29

869 清 紫檀双面交兀
估　价：RMB 5,000,000～8,000,000
成交价：RMB 8,855,000
64.5cm×60cm×61cm 翰风国际 2013.04.20

3160 19世纪 胡桃木雕“灵芝游龙” 图宝座
估　价：HKD 400,000～600,000
成交价：RMB 401,000
111cm×102.5cm×68.5cm 香港苏富比 2013.04.08

2366 明 紫檀禅凳
估　价：RMB 100,000～200,000
成交价：RMB 264,500
56cm×45cm×45cm 北京传是 2013.12.12

681 清 黄花梨龙纹宝座
估　价：RMB 1,600,000～2,000,000
成交价：RMB 1,840,000
81cm×62cm×106cm 南京经典 2013.01.25

466 17世纪/18世纪 黄花梨平头案
成交价：RMB 2,457,295
170.18cm × 58.5cm × 81.3cm 纽约苏富比 2013.03.19

3910 当代 明式楠木无束腰带倭角挖缺作琴桌及楠木有束腰马蹄足琴凳
估 价：RMB 360,000～500,000
成交价：RMB 483,000
128cm × 43cm × 74cm；40cm × 40cm × 50cm
中国嘉德 2013.11.17

527 明末清初 黄花梨翘头大画案
估 价：HKD 3,000,000～4,800,000
成交价：RMB 3,320,280
81cm × 165cm × 60cm 中国嘉德 2013.04.05

4361 2009年 架墩式雕回纹架几案
“家青制器”款
估 价：RMB 2,000,000～2,600,000
成交价：RMB 2,415,000
353cm × 55cm × 84cm 中国嘉德 2013.05.11

7646 明 黄花梨灵芝纹翘头案
估 价：RMB 1,500,000～2,500,000
成交价：RMB 2,185,000
222cm × 49cm × 85cm 北京保利 2013.06.04

1529 明 金丝楠架几案
估　价：RMB 28,000,000
成交价：RMB 31,360,000
318cm×76cm×87cm 北京中嘉 2013.07.07

1323 明末/18世纪 黄花梨架几案
成交价：RMB 56,510,009
452.8cm×55.9cm×92.7cm 纽约佳士得 2013.03.21

3052 明末清初 黄花梨琴案
估　价：RMB 1,600,000~2,600,000
成交价：RMB 5,175,000
159cm×60.5cm×72cm 中国嘉德 2013.11.17

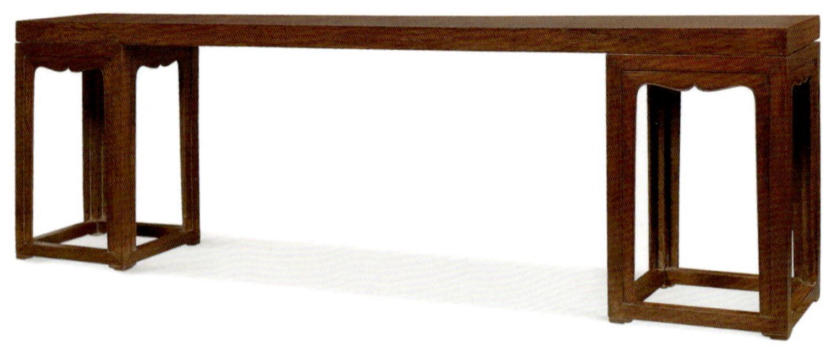

552 清康熙 黄花梨独板架几案
估　价：HKD 12,000,000~22,000,000
成交价：RMB 18,907,150
90cm×305.2cm×48.5cm 中国嘉德 2013.04.05

4319 清早期 鸡翅木螭龙纹独板翘头案
估　价：RMB 2,800,000~5,000,000
成交价：RMB 3,220,000
179.3cm×43cm×88.7cm 中国嘉德 2013.05.11

667 清中期 紫檀拐子龙纹大翘头案
估　价：RMB 3,500,000~4,500,000
成交价：RMB 4,830,000
200cm×42cm×91cm 南京经典 2013.01.25

6750 明中期 黄花梨“活拆”云纹平头案
估　价：RMB 1,500,000~2,500,000
成交价：RMB 1,725,000
158cm×55cm×87cm 北京保利 2013.12.05

3083 清乾隆 紫檀木卷草牡丹纹平头案（一对）
估　价：HKD 15,000,000～20,000,000
成交价：RMB 14,233,560
89.3cm×231cm×49.3cm 香港苏富比 2013.10.08

3053 近代 花梨木独板大画案、脚踏及桌上小案
成交价：RMB 12,650,000
270cm×91cm×82cm，100cm×30cm×16cm，68.3cm×24cm×5.9cm
中国嘉德 2013.11.17

3912 当代 明式楠木夹头榫香炉腿大画案
估　价：RMB 2,200,000～2,800,000
成交价：RMB 2,760,000
236cm×95cm×80cm 中国嘉德 2013.11.17

161 明嘉靖/万历 黑漆嵌螺钿盆花图条案
估 价：HKD 300,000~400,000
成交价：RMB 1,546,440
51cm×158.8cm×64.8cm 香港苏富比 2013.10.08

7515 清乾隆 曹秋舫铭 紫檀香几
估 价：RMB 3,000,000~5,000,000
成交价：RMB 3,795,000
56.4c×52.8cm×81.9cm 北京保利 2013.06.04

4105 清乾隆 紫檀雕蕉叶纹小条案
估 价：RMB 600,000~800,000
成交价：RMB 1,380,000
129cm×33.7cm×85cm 北京匡时 2013.12.05

2488 清早期 黄花梨雕卷草纹花几
估 价：RMB 450,000~480,000
成交价：RMB 690,000
35.3cm×35cm×79.5cm 北京匡时 2013.06.05

3154 清乾隆 紫檀有束腰展腿雕龙纹带托泥方几
估 价：RMB 2,800,000~3,600,000
成交价：RMB 3,220,000
43cm×43cm×85cm 中国嘉德 2013.11.17

3160 清乾隆 紫檀展腿式特高束腰雕拐子纹带托泥香几
估 价：RMB 2,200,000~3,000,000
成交价：RMB 2,300,000
43.5cm×43.5cm×90cm 中国嘉德 2013.11.17

8255 明 黑漆嵌螺钿群仙贺寿四足几
估 价：RMB 100,000~150,000
成交价：RMB 230,000
63.5cm×38cm×20.5cm 北京保利 2013.06.05

4355 2001年 小叶紫檀板足琴几
“家青制器”款
估 价：RMB 1,800,000~2,600,000
成交价：RMB 2,070,000
162cm×50cm×68cm 中国嘉德 2013.05.11

1612 明末 黄花梨有束腰炕几
估 价：HKD 1,800,000~2,500,000
成交价：RMB 2,177,640
95.5cm×64.1cm×28cm 保利香港 2013.10.07

42 清 紫檀花几(一对)
估　价：RMB 160,000～300,000
成交价：RMB 322,000
21cm×21cm×42cm×2 北京宝笈轩 2013.03.10

159 明万历 绘漆花鸟龙纹高束腰香几
“大明万历庚戌年制”款
估　价：HKD 600,000～800,000
成交价：RMB 931,020
高54cm 香港苏富比 2013.10.08

3046 清早期 黄花梨小几
估　价：RMB 160,000～200,000
成交价：RMB 1,127,000
40.5cm×21.5cm×10.5cm 中国嘉德 2013.11.17

811 清雍正/乾隆 御制黑漆描金莲纹四足花几(一对)
估　价：HKD 2,000,000～3,000,000
成交价：RMB 1,603,440
高78.7cm；直径39.4 cm.
罗芙奥 2013.11.24

50 明 黄花梨六足高面盆架
估　价：RMB 1,800,000～3,600,000
成交价：RMB 2,760,000
宽59cm；高183cm 北京宝笈轩 2013.03.10

8854 明末清初 黄花梨云头纹盆架
估 价：RMB 10,000~20,000
成交价：RMB 184,000
高176cm 北京保利 2013.06.06

3222 明末清初 黄花梨贴架
估 价：RMB 50,000~90,000
成交价：RMB 195,500
47cm×42.6cm×37.2cm 中国嘉德 2013.11.17

8858 清乾隆 花梨木云蝠纹大储箱
估 价：RMB 300,000~500,000
成交价：RMB 920,000
长178.5cm 北京保利 2013.06.06

2754 清 黄花梨轿箱
估 价：RMB 250,000~280,000
成交价：RMB 529,000
75.7cm×17.7cm×14cm 北京匡时 2013.06.05

3472 紫檀嵌百宝博古架
估 价：RMB 700,000~800,000
成交价：RMB 805,000
39cm×20cm×27cm 北京匡时 2013.12.04

804 清乾隆 高浮雕红木龙纹箱（一对）
估　价：HKD 2,000,000～3,000,000
成交价：RMB 1,603,440
51cm×29cm×28.5cm 罗芙奥 2013.11.24

1313 南宋 朱漆戗金刻凤凰莲花纹大经箱
估　价：HKD 3,000,000～5,000,000
成交价：RMB 4,446,015
84cm×52cm×64cm 保利香港 2013.10.07

663 明末清初 黄花梨双门药箱
估　价：HKD 600,000～950,000
成交价：RMB 1,361,025
58.5cm×55cm×35cm 中国嘉德 2013.10.06

263 17世纪 黄花梨提盒
成交价：RMB 152,975
纽约苏富比 2013.09.17

3220 清乾隆 紫檀浮雕九龙图提箱
估　价：HKD 800,000～1,000,000
成交价：RMB 1,073,040
20.3cm×46.5cm×24cm 香港苏富比 2013.10.08

2895 当代 金丝楠木四季挂屏
估　价：RMB 4,500,000~5,000,000
成交价：RMB 6,900,000
长106cm；宽53cm 北京翰海 2013.06.02

33 黄淬锋 罗利香 黄淬锋 西施双面全异绣摆件
估　价：RMB 800,000~1,000,000
成交价：RMB 920,000
直径40cm 保利香港 2013.06.20

2425 民国 何许人 粉彩五伦图座屏（一套）
估　价：RMB 1,500,000~1,700,000
成交价：RMB 2,300,000
38cm×25.5cm；38cm×11.5cm×2　北京匡时 2013.06.05

2012 18世纪 黑漆地嵌白瓷书法挂屏（一对）
估　价：HKD 1,800,000～2,500,000
成交价：RMB 4,775,760
161cm×44cm×2 香港佳士得 2013.05.29

24 李艳 熊正炎 畲利纯 山兽之君双面绣座屏
估　价：RMB 2,200,000～3,000,000
成交价：RMB 2,530,000
103cm×90cm 保利香港 2013.06.20

26 李艳 陈爱华 陶小艳 鹤影潋滟双面绣座屏
估　价：RMB 450,000～650,000
成交价：RMB 517,500
121cm×81cm 保利香港 2013.06.20

342 清康熙 群仙祝寿图十二扇屏风
成交价：RMB 358,013
280cm×540cm 伦敦苏富比 2013.05.15

3107 清乾隆 青白玉雕仙人祝寿纹圆插屏
估 价：RMB 3,500,000~4,500,000
成交价：RMB 4,025,000
直径21.8cm 中国嘉德 2013.05.12

7581 清乾隆 御制白玉十六应真罗汉插屏
估 价：RMB 5,000,000~8,000,000
成交价：RMB 9,085,000
长21.7cm 北京保利 2013.06.04

7651 清乾隆 剔彩渔樵耕读大挂屏
估 价：RMB 1,500,000~2,500,000
成交价：RMB 1,725,000
长90cm；高61cm 北京保利 2013.06.04

3010 清乾隆 御制紫檀木嵌后刻御制诗古玉璧插屏
估 价：HKD 8,000,000~12,000,000
成交价：RMB 7,250,080
高29cm 香港苏富比 2013.04.08

7655 清乾隆 红木框漆地角雕嵌玉山水人物大挂屏
估 价：RMB 1,200,000~2,200,000
成交价：RMB 1,840,000
长119cm；宽80cm 北京保利 2013.06.04

2142 清雍正 黑漆泥金贴鸡翅木玻璃炕屏
估 价：HKD 6,000,000~8,000,000
成交价：RMB 9,052,560
高144.7cm；宽215.2cm 香港佳士得 2013.05.29

7650 清乾隆 紫檀百宝嵌御题诗吉庆有余、太平有象座屏
估 价：RMB 1,200,000~2,200,000
成交价：RMB 1,897,500
高71.2cm；长63cm 北京保利 2013.06.04

2693 清乾隆 紫檀座黄花梨框嵌乌木山水人物御制诗文插屏
估 价：RMB 4,800,000~5,500,000
成交价：RMB 5,520,000
32.9cm×23.7cm 北京匡时 2013.06.05

971 清早期 黄花梨雕螭龙庆寿纹十二扇屏风（一组）
估 价：HKD 6,000,000～8,000,000
成交价：RMB 5,533,800
长56cm；高331cm×12 保利香港 2013.04.07

87 戴荣华 "四美图"粉彩双面釉瓷板屏风
估 价：RMB 8,000,000～11,000,000
成交价：RMB 12,320,000
高91cm；宽26cm×4 景德镇华艺 2013.10.20

3158 清乾隆 紫檀万寿锦地嵌百宝大挂屏
成交价：RMB 10,925,000
高79.5cm；宽141cm 中国嘉德 2013.11.17

6076 清乾隆 御制白玉“三星赞”御制诗文紫檀插屏
估　价：RMB 2,300,000～3,500,000
成交价：RMB 4,370,000
29cm×12cm×27.5cm 北京保利 2013.12.04

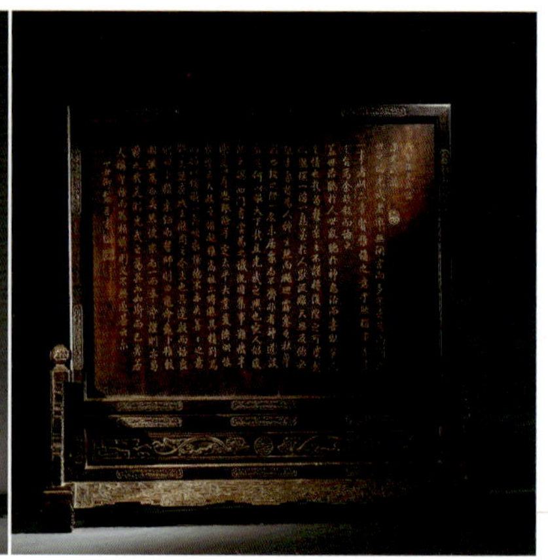

6085 清乾隆 御制松花石三多九如御制诗文插屏
估　价：RMB 2,800,000～3,800,000
成交价：RMB 3,450,000
75cm×26.5cm×74cm 北京保利 2013.12.04

536 清中期 紫檀嵌牙山水人物大地屏
估　价：HKD 4,500,000～6,000,000
成交价：RMB 5,257,110
201cm×95.5cm×48.8cm
中国嘉德 2013.04.05

1766 清乾隆 青白玉御题诗纹山水插屏
估　价：RMB 2,500,000～3,500,000
成交价：RMB 2,875,000
长15cm 北京华辰 2013.11.17

3399 民国 汪野亭仿白石笔山水大中堂挂屏
估 价：RMB 1,800,000～2,200,000
成交价：RMB 2,070,000
高75.5cm；宽42.1cm 北京匡时 2013.12.04

3161 清乾隆 紫檀嵌理石大座屏
成交价：RMB 8,970,000
108cm×37cm×93cm 中国嘉德 2013.11.17

8243 清 香妃竹茶
估 价：RMB 35,000～55,000
成交价：RMB 105,800
40.8cm×27cm×45.6cm 北京保利 2013.06.05

3287 明 黑漆嵌螺钿题诗庭园高士图插屏
估 价：HKD 150,000～200,000
成交价：RMB 493,125
47.5cm×72cm 香港苏富比 2013.10.08

7587 清乾隆 清宫花梨木雕花鸟纹落地罩
成交价：RMB 39,100,000
宽403cm；高360cm；直径45.5cm
北京保利 2013.06.04

2155 清乾隆 缂丝御笔“观妙”匾额
估 价：HKD 800,000~1,000,000
成交价：RMB 1,259,280
129.5cm×63cm 香港佳士得 2013.05.29

4343 清早期 黄花梨无束腰马蹄腿无束腰脚踏
估 价：RMB 120,000～220,000
成交价：RMB 230,000
61cm×7cm×8cm 中国嘉德 2013.05.11

6531 明永乐 文殊菩萨像
“大明永乐年施”款
估 价：RMB 5,500,000～8,500,000
成交价：RMB 9,085,000
高25cm 北京保利 2013.12.05

611 清 香妃竹门帘
成交价：RMB 276,000
长114cm 北京保利 2013.04.27

佛教文物

54 宋/元 木雕彩塑目连尊者坐像
成交价：RMB 5,537,695
高140cm 纽约苏富比 2013.09.17

3075 明永乐 鎏金铜释迦牟尼佛坐像
"大明永乐年施"款
成交价：RMB 186,551,160
高54.5cm 香港苏富比 2013.10.08

7829 明永乐 弥勒菩萨佛像
“大明永乐年施”款
估 价：RMB 3,000,000～5,000,000
成交价：RMB 5,750,000
高21cm 北京保利 2013.06.05

3613 宋/元 注荼半托迦尊者像
估 价：RMB 9,000,000～10,000,000
成交价：RMB 11,500,000
高80cm 北京翰海 2013.12.08

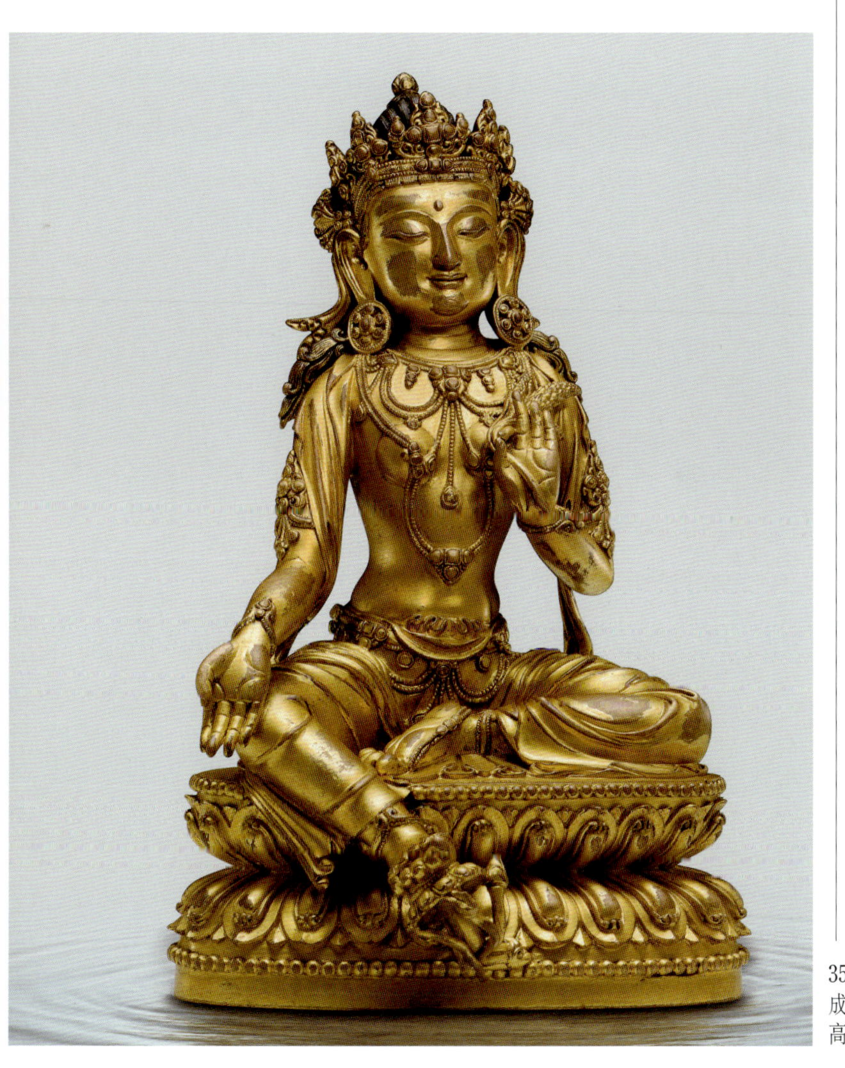

3575 明永乐 增禄佛母像
成交价：RMB 14,260,000
高18.2cm 北京翰海 2013.12.08

3265 明宣德 铜鎏金绿度母像
估　价：RMB 5,000,000～7,000,000
成交价：RMB 5,750,000
高25cm 北京匡时 2013.12.04

828 清雍正/乾隆 铜泥金白度母坐像
估　价：HKD 8,000,000～12,000,000
成交价：RMB 6,602,400
56cm×45cm×73cm 罗芙奥 2013.11.24

3264 明永乐 铜鎏金金刚萨菩萨像
估　价：RMB 5,800,000～7,800,000
成交价：RMB 8,625,000
高21.5cm 北京匡时 2013.12.04

3557 清康熙 弥勒菩萨像
估　价：RMB 5,800,000～6,800,000
成交价：RMB 6,670,000
高50cm 北京翰海 2013.12.08

6119 清康熙 铜鎏金嵌宝无量寿佛像
“七十三”铭
估　价：RMB 5,600,000~8,600,000
成交价：RMB 6,440,000
高43cm 北京保利 2013.12.04

5514 清康熙 铜鎏金四臂观音像
估　价：RMB 1,200,000~1,800,000
成交价：RMB 5,175,000
高34.5cm 中国嘉德 2013.11.16

1323 “大清乾隆年敬造”金刚铃、金刚杵
(一套)
估　价：RMB 900,000~1,200,000
成交价：RMB 1,035,000
铃高15.3cm；杵长10.3cm
北京保利 2013.12.05

7145 明晚期 钵式炉
“然轩”款
估　价：RMB 600,000~800,000
成交价：RMB 1,035,000
宽13cm 北京保利 2013.12.05

1615 13世纪/14世纪 上乐金刚坛城唐卡
估 价：RMB 3,500,000～5,500,000
成交价：RMB 5,750,000
72cm×59cm 远方拍卖 2013.12.02

6640 14世纪/15世纪 喜金刚坛城
估 价：RMB 1,500,000～2,000,000
成交价：RMB 2,070,000
85cm×67.5cm 北京保利 2013.12.05

3910 清中期 大漆单坡顶四柱式佛龛
成交价：RMB 82,800
110cm×69.5cm×147cm
中国嘉德 2013.03.23

2422 清早期 铜鎏金佛像背光
估 价：RMB 150,000～200,000
成交价：RMB 207,000
高49cm 上海嘉泰 2013.07.05

3829 14世纪/15世纪 西藏木质护经板
估 价：RMB 198,000～250,000
成交价：RMB 230,000
高72.2cm×28.4cm 中国嘉德 2013.05.13

文房用品

2038 清 剔红笔（两支）
估　价：RMB 80,000～100,000
成交价：RMB 132,250
尺寸不一　北京匡时 2013.06.04

1119 清 犀角雕渔樵图笔架
估　价：HKD 230,000～350,000
成交价：RMB 207,897
长19cm，重量190g　澳门新亚太 2013.11.24

1356 清 张燕昌铭竹根笔掭
估　价：RMB 40,000～50,000
成交价：RMB 149,500
21.3cm×19.8cm×1.2cm 西泠拍卖 2013.07.12

1630 清末 翡翠毛笔、小碟（两件）
估　价：HKD 18,000～25,000
成交价：RMB 635,145
刷子长34cm；盘子直径8.5cm
保利香港 2013.10.07

3309 明 铜书卷形臂搁
估　价：RMB 450,000～500,000
成交价：RMB 575,000
长13cm；宽5cm 北京匡时 2013.12.04

7514 清乾隆 浮雕紫檀文具盒
估 价：RMB 500,000～800,000
成交价：RMB 1,437,500
23cm×12cm×7.4cm 北京保利 2013.06.04

4114 清 天保九如御墨
估 价：RMB 10,000～20,000
成交价：RMB 71,300
11.5cm×11.5cm×2cm 中国嘉德 2013.05.11

4203 清乾隆 御制文津阁诗墨
估 价：RMB 50,000～70,000
成交价：RMB 138,000
13.6cm×6cm×0.9cm 中国嘉德 2013.05.11

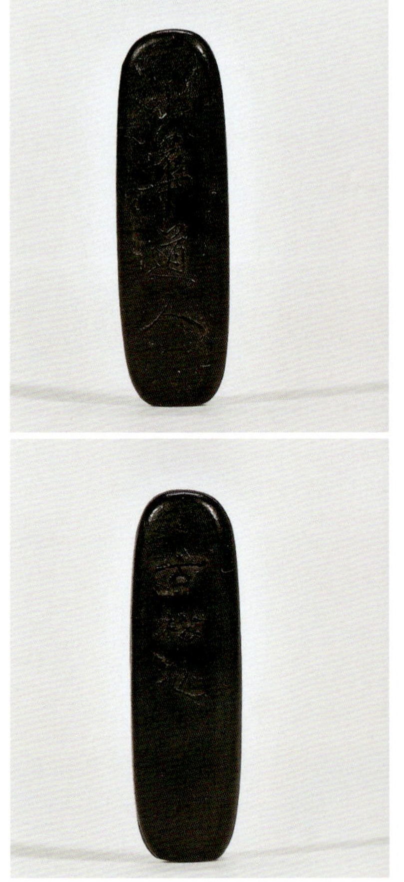

3205 明晚期 罗小华制古松心墨
估 价：RMB 50,000～80,000
成交价：RMB 172,500
长5.5cm 中国嘉德 2013.06.16

6797 清 紫檀刻松干墨床
估 价：RMB 120,000～150,000
成交价：RMB 138,000
14.5cm×6cm 北京保利 2013.12.05

2165 百爵图墨
估 价：RMB 220,000～250,000
成交价：RMB 253,000
直径12.5 中国嘉德 2013.11.18

6830 清早期 施天章制竹刻留青砚屏
估 价：RMB 600,000～800,000
成交价：RMB 690,000
高27.5cm 北京保利 2013.12.05

752 清早期 黑漆嵌百宝砚屏（一对）
估 价：HKD 1,600,000～2,600,000
成交价：RMB 1,475,680
高27cm×2 保利香港 2013.04.07

3977 清 陈鸣远款段泥点彩笋形水滴
估　价：RMB 320,000～380,000
成交价：RMB 1,150,000
长11cm 中国嘉德 2013.05.14

2014 清乾隆 釉里红宝相花纹水丞
估　价：HKD 600,000～800,000
成交价：RMB 1,259,280
长7cm 香港佳士得 2013.05.29

8139 清早期 陈鸣远制紫砂
"携子提孙"水丞
估　价：RMB 500,000～800,000
成交价：RMB 920,000
宽10cm 北京保利 2013.06.05

3461 明早期 青铜瑞兽形砚滴
估　价：RMB 250,000～360,000
成交价：RMB 414,000
17cm×7.5cm×6.5cm
中国嘉德 2013.11.19

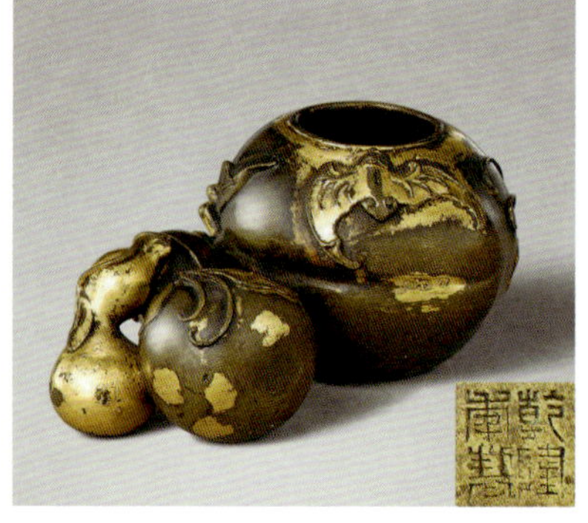

139 清乾隆 局部鎏金铜桃蝠葫芦水丞
"乾隆年制"款
估　价：HKD 600,000～800,000
成交价：RMB 601,500
长7cm 香港苏富比 2013.04.08

3959 清早期 沈存周锡制鹅形水盂
估 价：RMB 220,000～250,000
成交价：RMB 402,500
宽11.5cm 中国嘉德 2013.05.14

59 商晚期 公元前13至11世纪 青铜夔龙乳钉纹盂
成交价：RMB 466,575
高15.9cm；径24.8cm
纽约苏富比 2013.03.19

1252 汉 鎏金铜弦纹折沿洗
成交价：RMB 38,881
直径16.8cm 纽约佳士得 2013.03.21

488 明 錾花鎏金龙族海瑞纹洗
“云间胡文明制”款
估 价：RMB 800,000～1,200,000
成交价：RMB 1,725,000
直径60cm 远方拍卖 2013.06.06

2493 清早期 沉香雕荷塘春曲笔洗连紫檀随形座
估 价：RMB 320,000～350,000
成交价：RMB 701,500
长13.1cm 北京匡时 2013.06.05

19 清乾隆 珐琅彩描金花卉龙纹高足水洗（一双）
“大清乾隆年制”款
估 价：RMB 900,000～1,800,000
成交价：RMB 1,792,000
高14.3cm；口径9.4cm 香港嘉德利 2013.09.01

740 清 铜珐琅九龙玺
估 价：HKD 600,000～800,000
成交价：RMB 1,188,000
23cm×17cm 中信国际 2013.05.28

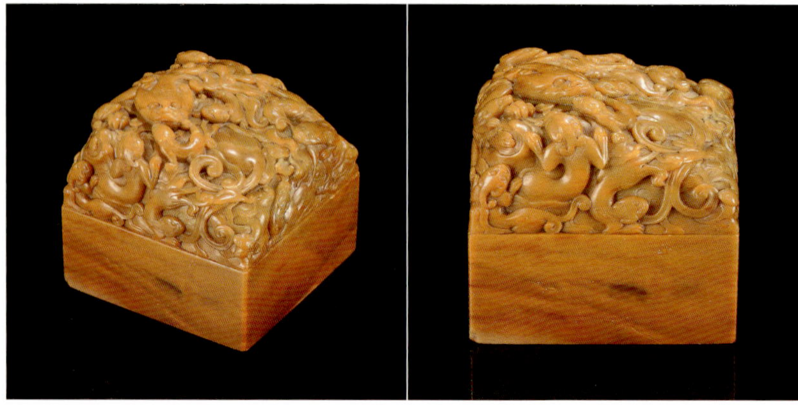

7634 清雍正 寿山石雕螭龙纹方玺
“和硕怡亲王章”款
估 价：RMB 6,000,000～8,000,000
成交价：RMB 6,900,000
9.9cm×9.9cm×9.5cm 北京保利 2013.06.04

79 唐 三彩砚
估 价：HKD 300,000
成交价：RMB 291,456
长13.5cm；宽11cm 大唐香港 2013.05.28

6116 清乾隆 翡翠雕双龙捧寿蝠耳菊花洗
估 价：RMB 2,200,000～3,200,000
成交价：RMB 5,980,000
长22cm 北京保利 2013.12.04

3255 宋/明 洮河石兰亭修禊图砚
估　价：HKD 400,000～500,000
成交价：RMB 736,875
长21cm 香港佳士得 2013.11.27

1378 汉 圆形石砚
估　价：RMB 18,000～25,000
成交价：RMB 20,700
直径10cm 西泠拍卖 2013.07.12

3257 宋 端石兰亭修禊图砚
估　价：HKD 500,000～600,000
成交价：RMB 491,250
长28cm 香港佳士得 2013.11.27

7083 明早期 剔红人物故事芙蓉花砚屏
估　价：RMB 1,000,000～1,500,000
成交价：RMB 1,437,500
30.5cm×13.5cm×30cm
北京保利 2013.12.05

100 辽 三彩龙纹砚台及海棠形笔洗
成交价：RMB 171,078
砚台长17.8cm；笔洗长14cm 纽约苏富比 2013.03.19

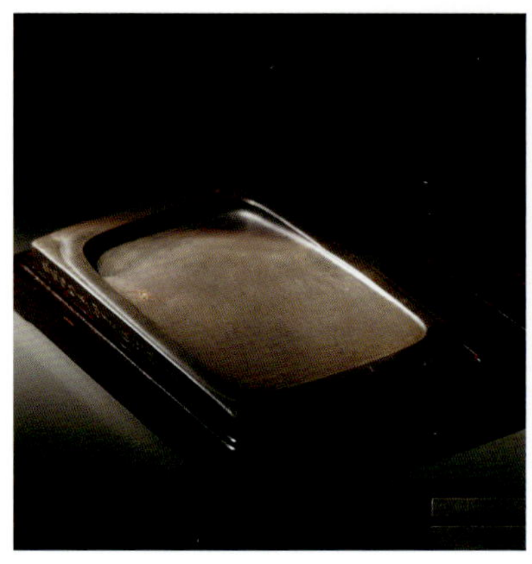

7508 清 伊秉绶铭 南雪齐砚
估 价：RMB 1,500,000～2,200,000
成交价：RMB 3,680,000
16.5cm×10.8cm×2.1cm
北京保利 2013.06.04

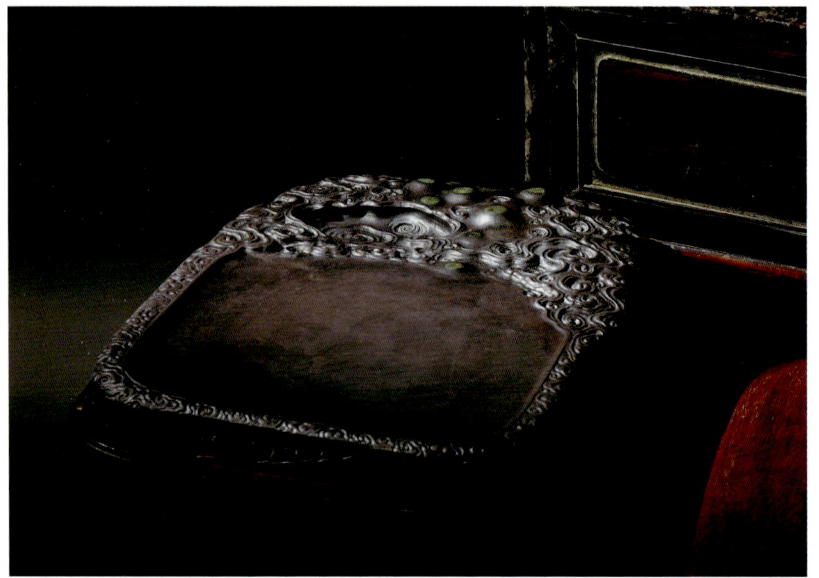

7509 清 六舟铭 十八应真砚
估 价：RMB 800,000～1,200,000
成交价：RMB 1,725,000
21cm×17.1cm×4cm
北京保利 2013.06.04

1343 清康熙 御铭鸾凤献寿松花石砚
估 价：RMB 250,000～350,000
成交价：RMB 667,000
12.7cm×8.7cm×1.3cm
西泠拍卖 2013.07.12

2023 清 吴昌硕铭如铁如潮瓦砚
估 价：RMB 600,000～800,000
成交价：RMB 805,000
长16.5cm；宽9.5cm 北京匡时 2013.06.04

3263 清康熙 端石北斗七星砚
估　价：HKD 800,000～1,200,000
成交价：RMB 1,351,920
长17.7cm 香港佳士得 2013.11.27

3447 清 御铭云龙纹端砚
估　价：RMB 800,000～900,000
成交价：RMB 920,000
17.5cm×10.5cm×2.8cm 北京匡时 2013.12.04

4239 清乾隆 乾隆御铭紫砂仿宋德寿犀纹砚
估　价：RMB 80,000～120,000
成交价：RMB 805,000
长13.5cm 中国嘉德 2013.03.24

3008 清乾隆 御制题诗八方“仿唐观象砚”
估　价：HKD 600,000～800,000
成交价：RMB 1,090,720
14.7cm 香港苏富比 2013.04.08

6221 清乾隆 松花石如意宝瓶砚
估　价：RMB 650,000～850,000
成交价：RMB 1,058,000
长13.5cm 北京保利 2013.12.04

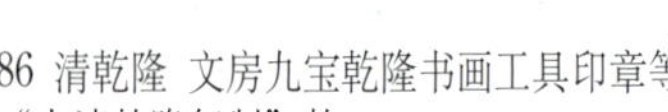

86 清乾隆 文房九宝乾隆书画工具印章等
“大清乾隆年制”款
估　价：RMB 5,880,000～7,980,000
成交价：RMB 14,336,000
香港嘉德利 2013.09.01

1220 明 徐世章藏黄金黄田黄素章
估　价：RMB 4,000,000～4,300,000
成交价：RMB 5,060,000
重99g　翰风国际 2013.04.21

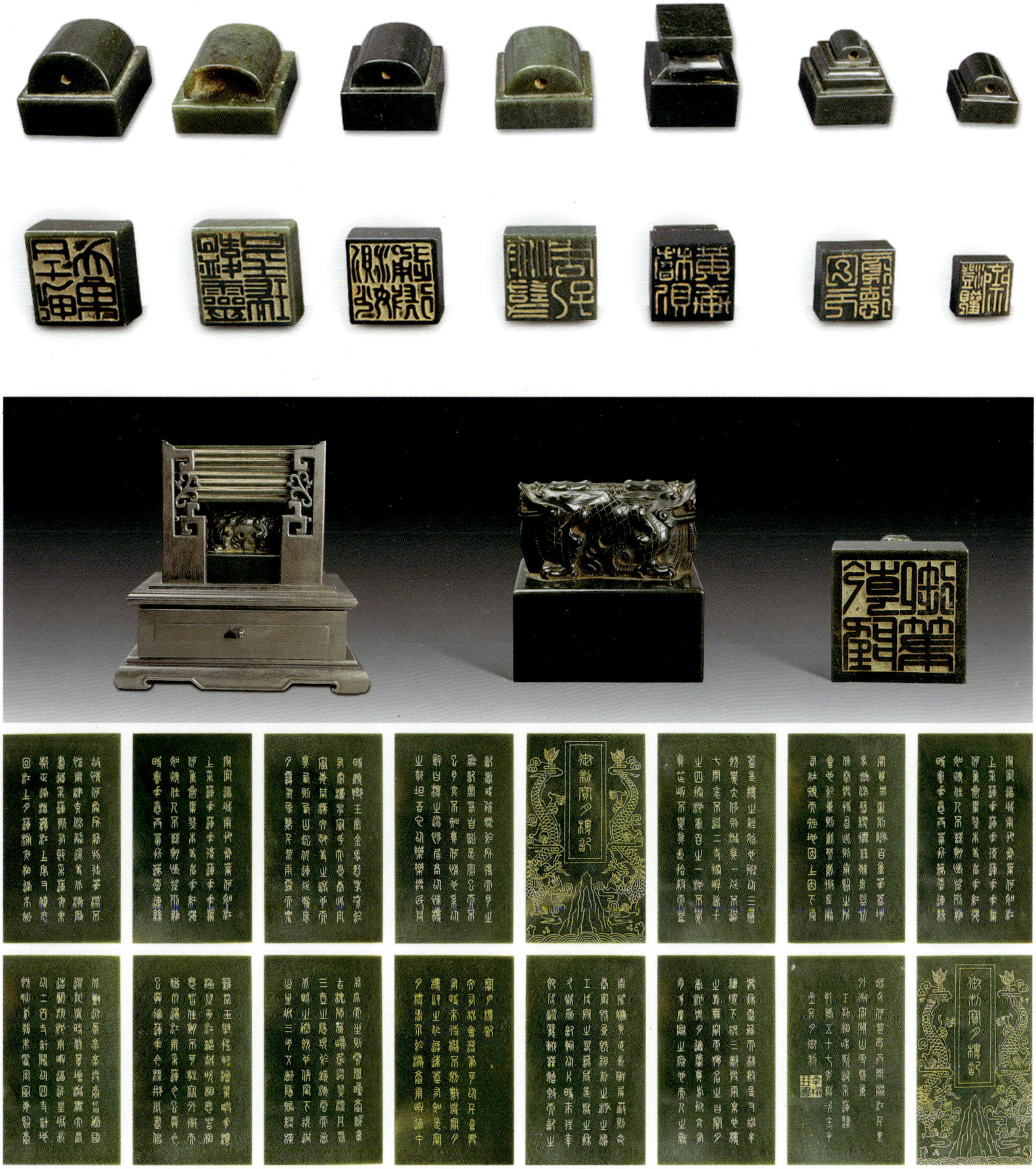

448 清乾隆 乾隆御笔太子书八册八印
估 价：HKD 9,000,000
成交价：RMB 11,810,500
澳门中信 2013.06.23

3375 现代 藏息铭瓦形歙砚
估　价：RMB 650,000～900,000
成交价：RMB 2,415,000
30cm×15.5cm×5cm 中国嘉德 2013.11.19

3117 白田薄意印
估　价：RMB 1,200,000～1,500,000
成交价：RMB 9,430,000
11.5cm×3cm×3cm 河南豫呈祥 2013.01.22

1855 昌化大红袍鸡血石方章
估　价：RMB 3,500,000～5,000,000
成交价：RMB 3,680,000
2cm×2cm×9.8cm 北京九歌 2013.06.28

3774 傅抱石刻 寿山高山石薄意方章
估　价：RMB 250,000～350,000
成交价：RMB 2,645,000
1.9cm×1.9cm×4.9cm 中国嘉德 2013.11.19

3741 黄金黄田黄石太狮少狮钮方章
估 价：RMB 5,000,000～6,000,000
成交价：RMB 11,155,000
2.8cm×2.8cm×5.2cm 中国嘉德 2013.11.19

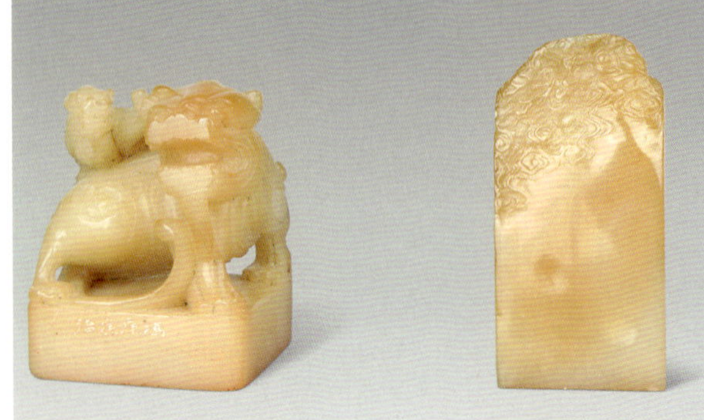

615 近代 双雨山馆藏印（一套二十六方）
估　价：RMB 200,000～300,000
成交价：RMB 6,210,000
尺寸不一　朵云轩 2013.07.06

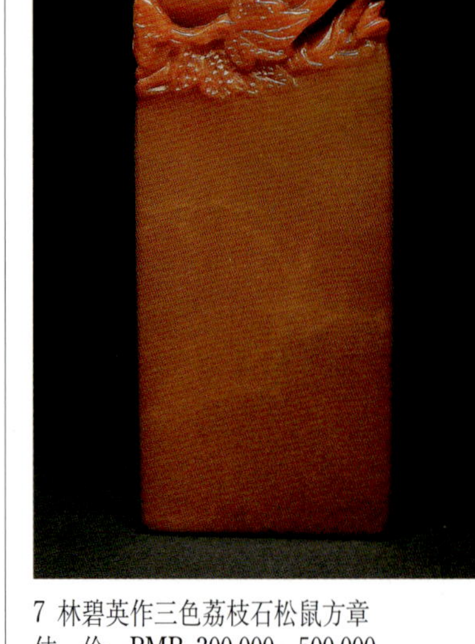

7 林碧英作三色荔枝石松鼠方章
估　价：RMB 300,000～500,000
成交价：RMB 2,070,000
3cm×3cm×10cm 都市联盟 2013.11.19

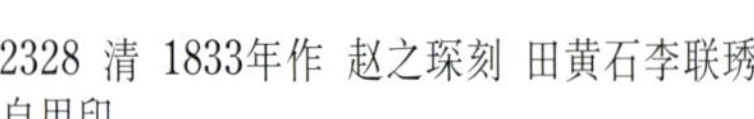

2328 清 1833年作 赵之琛刻 田黄石李联琇自用印
估　价：RMB 680,000～800,000
成交价：RMB 977,500
1.9cm×1.9cm×3.1cm 西泠拍卖 2013.07.13

3720 齐白石款 寿山田黄石狮钮方章
估　价：RMB 1,600,000～1,800,000
成交价：RMB 4,600,000
2.6cm×2.6cm×4.2cm 中国嘉德 2013.11.19

7517 清 吴昌硕刻 来修齐田黄章
估 价：RMB 3,000,000～5,000,000
成交价：RMB 13,800,000
3cm×3.3cm×10.4cm 北京保利 2013.06.04

7632 清 韩天衡刻 瑞兽纽田黄方章
估 价：RMB 1,500,000～2,500,000
成交价：RMB 4,025,000
3.8cm×3.8cm×5.3cm 北京保利 2013.06.04

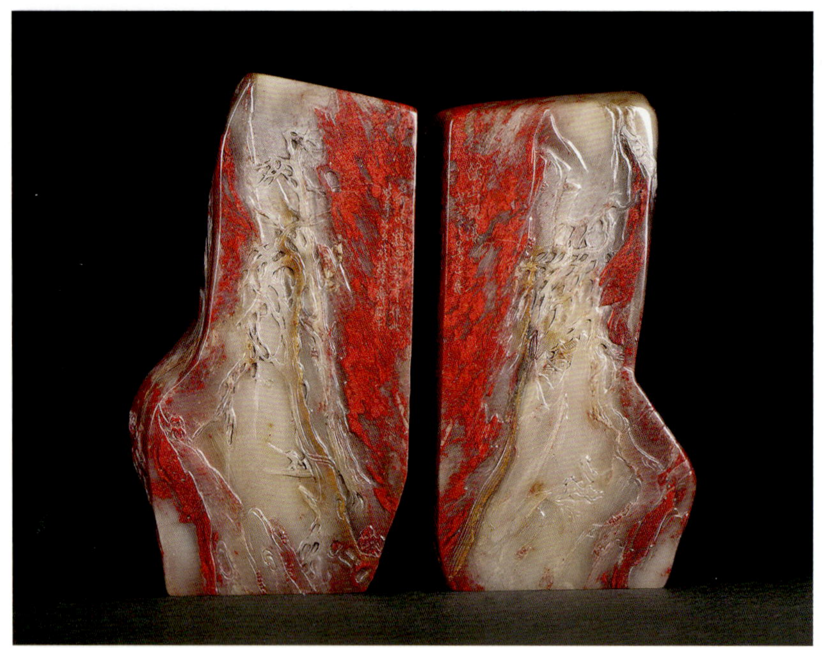

1981 石卿刻 昌化羊脂冻地鸡血石薄意随形章（一对）
估 价：RMB 7,500,000～10,000,000
成交价：RMB 8,970,000
5.9cm×11.7cm×2.6cm；5.9cm×11.2cm×2.8cm
北京九歌 2013.06.28

3803 奚冈刻 青田石平钮印章
估 价：RMB 300,000～400,000
成交价：RMB 3,105,000
2.5cm×2.5cm×3cm
中国嘉德 2013.11.19

2329 清 吴文征刻 田黄石素方章
估 价：RMB 680,000～800,000
成交价：RMB 1,782,500
1.6x2.5x2.8cm 西泠拍卖 2013.07.13

34 清 钱松刻 青田石方章
估 价：RMB 600,000～800,000
成交价：RMB 1,265,000
2.3cm×2.3cm×5cm 北京匡时 2013.06.04

3740 寿山田黄石平钮方章
估　价：RMB 7,000,000～8,000,000
成交价：RMB 8,050,000
2.7cm×2.7cm×7.7cm 中国嘉德 2013.11.19

4979 寿山田黄石方章
估　价：RMB 9,800,000～12,000,000
成交价：RMB 13,225,000
3cm×3cm×5.5cm 中国嘉德 2013.05.11

33 吴让之刻 寿山石双面自用印
估　价：RMB 800,000～1,200,000
成交价：RMB 1,782,500
2.4cm×2.4cm×3.2cm 北京匡时 2013.06.04

3737 笑弥勒 寿山白荔枝石方章
估　价：RMB 380,000～480,000
成交价：RMB 9,890,000
9.4cm×9.4cm×13.2cm
中国嘉德 2013.11.19

3739 杨玉璇刻 寿山田黄石兽钮方章
估　价：RMB 6,000,000～7,000,000
成交价：RMB 6,900,000
3cm×3cm×5.7cm 中国嘉德 2013.11.19

4251 清乾隆 松枝铜纸镇
估　价：RMB 480,000～680,000
成交价：RMB 552,000
长6.5cm；宽3cm 中国嘉德 2013.05.11

1276 汉 铜貔貅镇纸
估　价：HKD 200,000～300,000
成交价：RMB 181,470
高5.8cm 保利香港 2013.10.07

4238 明早期 铜鎏金辟邪纸镇
估　价：RMB 250,000～350,000
成交价：RMB 460,000
长6.5cm；高5.6cm 中国嘉德 2013.05.11

168 明 鎏金铜卧兽镇纸
估 价：HKD 350,000～450,000
成交价：RMB 830,872
高7.1cm 香港苏富比 2013.04.08

40 1984年红星龟纹净皮宣纸（十刀）
估 价：RMB 150,000～200,000
成交价：RMB 207,000
上海嘉泰 2013.07.04

2661 清 五色描金笺纸 箱(约 千张)
估 价：RMB 180,000～250,000
成交价：RMB 207,000
53cm×40cm 北京保利 2013.04.28

3357 清乾隆 红地金彩绘龙纹宫纸（一百张）
估 价：RMB 1,600,000～1,900,000
成交价：RMB 2,070,000
长65cm 北京翰海 2013.06.02

钱币邮品

209 春秋·王畿 “官市”小型平肩弧裆空首布
估 价：RMB 50,000～100,000
成交价：RMB 112,700
通长7.2cm 中国嘉德 2013.05.17

295 战国·魏 “虞半釿”桥裆布
估 价：RMB 250,000～400,000
成交价：RMB 552,000
通长4.72cm 中国嘉德 2013.05.17

288 战国·赵 小型“五陉”背“十二朱”三孔布
估 价：RMB 700,000～1,000,000
成交价：RMB 1,437,500
通长5.52cm；重量8.23g
中国嘉德 2013.11.23

2280 战国 “鄗”背“廿一·十二朱”三孔布
估 价：RMB 800,000～1,000,000
成交价：RMB 1,495,000
高5.3cm；宽2.8cm；重6.92g
北京诚轩 2013.05.18

2069 战国 “成”、“伐”、“智”、“共”平肩弧足空首布一组四枚
估 价：RMB 50,000～80,000
成交价：RMB 212,750
高9.5cm；高9.5cm；高8.9cm；高9.5cm 北京诚轩 2013.05.18

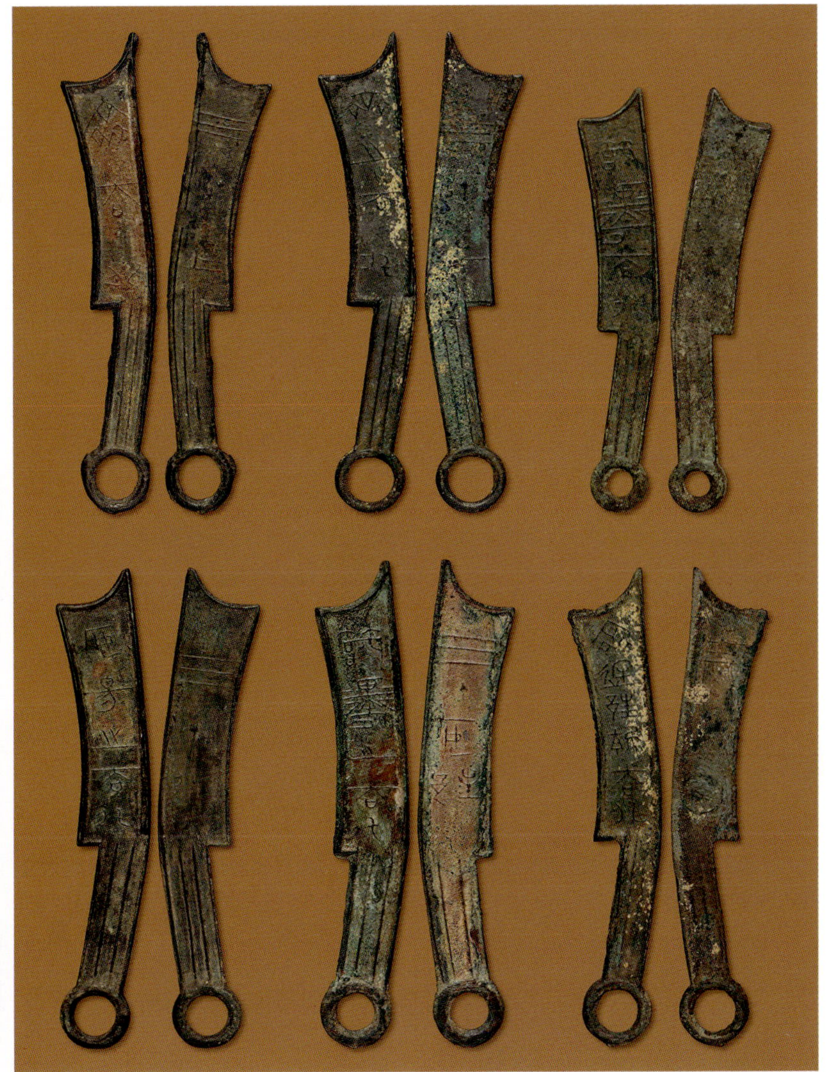

2212 战国 齐国“齐法化”背“上”三字刀、“齐之法化”背“上”四字刀、“节墨法化”小型四字刀、“安阳之法化”背“化”五字刀、“节墨之法化”背“安邦”五字刀、“齐返邦长法化”背“日”六字刀各一枚
估　价：RMB 700,000～1,000,000
成交价：RMB 1,058,000
高15.5-18.7cm 北京诚轩 2013.05.18

46 汉 “日入千金”背“长勿相忘”挂钱
估　价：RMB 2,000～10,000
成交价：RMB 14,950
通长4.66cm 中国嘉德 2013.05.17

1261 秦，“两甾”圆钱
估　价：RMB 32,000
成交价：RMB 36,800
直径3.1cm 北京翰海 2013.06.22

914 唐 金陵女钱
估　价：RMB 42,000～55,000
成交价：RMB 48,300
直径5cm 西泠拍卖 2013.07.12

50 隋唐 “日入千万”背龙虎花钱
估 价：RMB 50,000~70,000
成交价：RMB 103,500
直径4.54cm 中国嘉德 2013.11.23

439 北宋 “崇宁通宝”大系
估 价：RMB 1,500,000~2,200,000
成交价：RMB 1,725,000
中国嘉德 2013.05.17

430 北宋 折三“政和重宝”铁母
估 价：RMB 90,000~120,000
成交价：RMB 218,500
直径3.16cm 中国嘉德 2013.11.23

117 宋 “长命富贵”背星月大型花钱
估 价：RMB 15,000~30,000
成交价：RMB 69,000
直径7.35cm 中国嘉德 2013.05.17

397 新莽 “小泉直一”、“幺泉一十”、“幼泉二十”、“中泉三十”、“壮泉四十”、“大泉五十”一组六枚
估 价：RMB 150,000~200,000
成交价：RMB 333,500
直径1.49cm；直径1.64cm；直径1.85cm；直径2.3cm；直径2.8cm；直径2.16cm
中国嘉德 2013.05.17

465 辽 “天赞通宝”背上仰月
估　价：RMB 30,000～80,000
成交价：RMB 48,300
直径2.4cm 中国嘉德 2013.05.17

504 元 “至正之宝”背“吉 权钞 贰钱伍分”
估　价：RMB 45,000～60,000
成交价：RMB 97,750
直径6.85cm 中国嘉德 2013.05.17

11601 宣和通宝行书折二式样母钱一枚
估　价：RMB 1,200,000～2,000,000
成交价：RMB 1,380,000
直径3cm 北京保利 2013.12.04

495 金 真书折二型“天眷通宝”
估　价：RMB 1,900,000～2,500,000
成交价：RMB 2,415,000
直径3cm 中国嘉德 2013.05.17

11493 斜肩弧足空首布“官考”一枚
估　价：RMB 130,000～150,000
成交价：RMB 207,000
高7.1cm 北京保利 2013.12.04

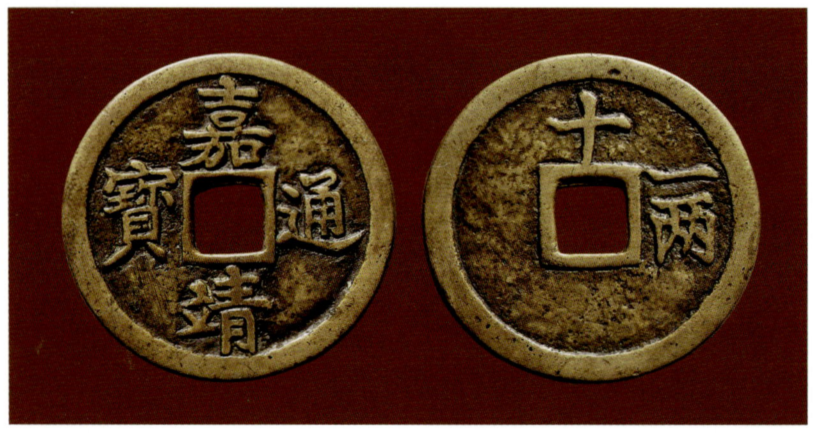

524 明 “嘉靖通宝”背“十一两”小字版
估　价：RMB 160,000～220,000
成交价：RMB 345,000
直径4.43cm 中国嘉德 2013.05.17

422 五代十国·南唐 “永通泉货”
估　价：RMB 30,000～50,000
成交价：RMB 105,800
直径3.97cm 中国嘉德 2013.05.17

1387 清早期·“福寿康宁”背“吉祥如意”特大吉语花钱
估　价：RMB 400,000
成交价：RMB 460,000
直径122mm 北京翰海 2013.06.22

468 西夏 折二型“元德重宝”
估　价：RMB 800,000～1,900,000
成交价：RMB 920,000
直径2.74cm 中国嘉德 2013.05.17

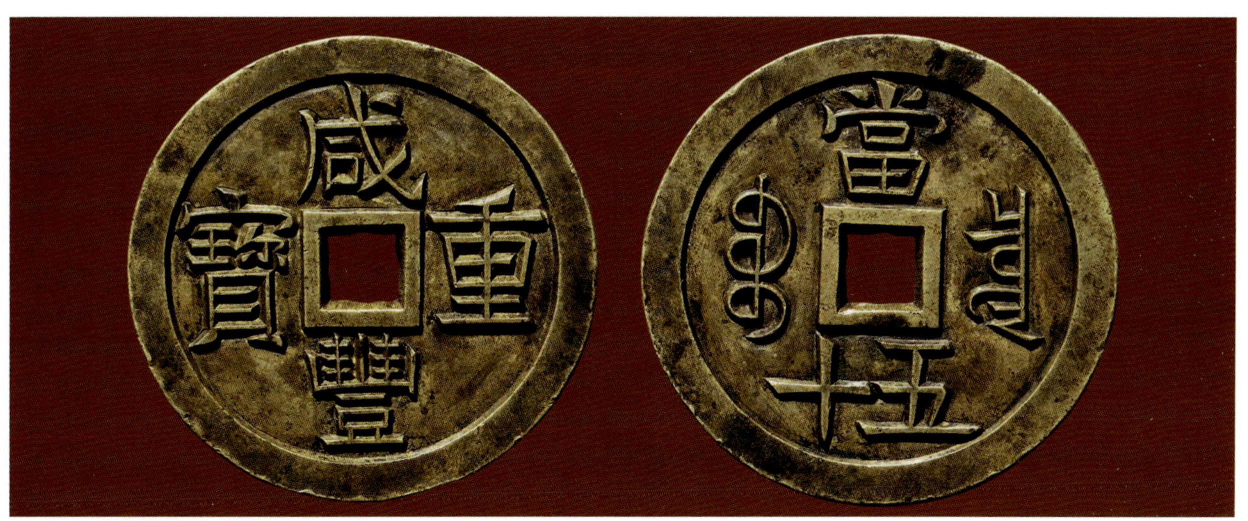

550 清 “咸丰重宝”背“宝泉当五十”雕母
估　价：RMB 380,000～450,000
成交价：RMB 805,000
直径5.85cm 中国嘉德 2013.11.23

504 清 “大清镇库”背“祺祥重宝”一枚
估　价：HKD 5,000,000
成交价：RMB 4,542,500
直径10.1cm 澳门中信 2013.06.23

505 清 “咸丰重宝”背“大清宝福一百”铜币
估　价：HKD 2,800,000
成交价：RMB 2,543,800
直径6.66cm 澳门中信 2013.06.23

1371 清 宝泉局“咸丰元宝”星月当千母钱
估　价：RMB 280,000
成交价：RMB 437,000
北京翰海 2013.06.22

1528 民国二十五年 蒋介石正面像背古布宪政纪念币一枚
估 价：RMB 500,000～500,000
成交价：RMB 570,000
直径3.9cm 上海崇源 2013.06.07

1651 汉“V”字金饼
估 价：RMB 90,000
成交价：RMB 103,500
重247.8g 北京翰海 2013.06.22

2678 1897年无纪年江南省造光绪元宝库平七钱二分银币铜质样币一枚
估 价：RMB 500,000～600,000
成交价：RMB 747,500
北京诚轩 2013.05.17

1752 民国二十五年广东省造五羊图壹仙铜币样币一枚
估 价：RMB 200,000～250,000
成交价：RMB 460,000
直径2.4cm 北京诚轩 2013.11.20

151 清 “宝源局造”背“镇库”
估　价：RMB 2,200,000～2,600,000
成交价：RMB 2,530,000
直径11.52cm；重837.3g
中国嘉德 2013.05.17

948 南宋 “相五郎 重贰拾伍两 十分金”二十五两金铤
估　价：RMB 1,500,000～2,000,000
成交价：RMB 2,127,500
长8.1cm 西泠拍卖 2013.07.12

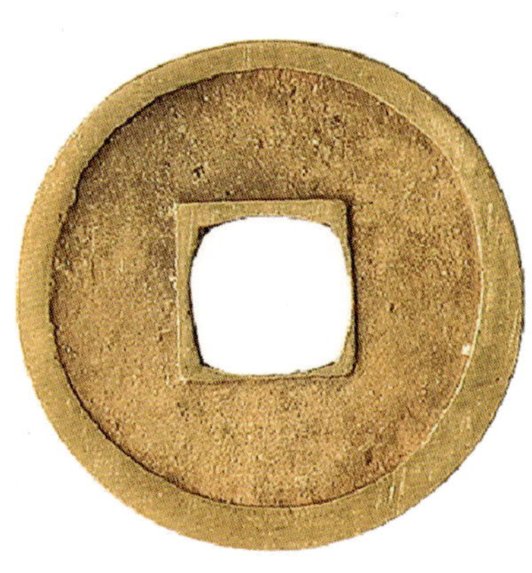

2892 唐 “开元通宝”金质赏钱一枚
估　价：RMB 40,000
成交价：RMB 46,000
直径2.4cm 朵云轩 2013.07.08

92 北宋 “淳化元宝”金质供养钱
估　价：RMB 100,000～150,000
成交价：RMB 115,000
直径2.34cm 中国嘉德 2013.05.17

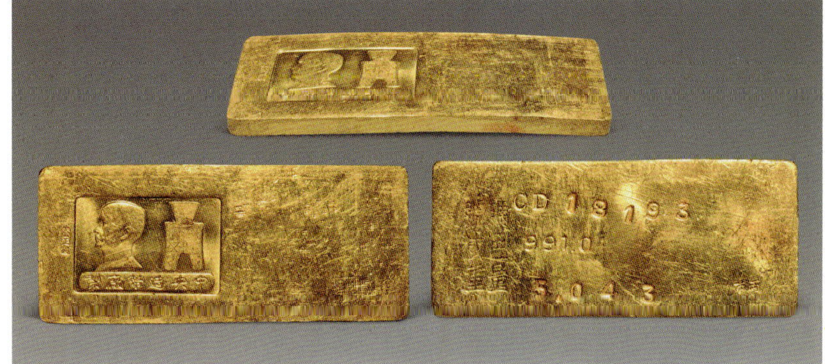

860 民国 中央造币厂制五两金条
估　价：RMB 110,000～120,000
成交价：RMB 230,000
重157.8g　中国嘉德 2013.05.18

1674 民国 “中央造币厂制”十两金条
估　价：RMB 220,000～240,000
成交价：RMB 253,000
重315g　中国嘉德 2013.11.24

1133 清 山东“黄金万两 招财童子至 利市仙官来”五十两吉语锭一枚
估　价：RMB 280,000～350,000
成交价：RMB 322,000
重1858.6g　北京诚轩 2013.11.20

3243 光绪丙午年造大清金币库平一两样币一枚
估　价：RMB 550,000～650,000
成交价：RMB 736,000
重37.41g　北京诚轩 2013.05.17

12991 光绪丙午年造大清金币库平一两金币一枚
估　价：RMB 1,000,000～1,200,000
成交价：RMB 1,150,000
北京保利 2013.12.04

1483 元“张千八记”十二两半银铤
估　价：RMB 20,000
成交价：RMB 23,000
重523.6g　北京翰海 2013.06.22

1033 1990年20盎司龙凤纪念金币
估　价：RMB 900,000~1,150,000
成交价：RMB 1,092,500
直径9cm 西泠拍卖 2013.07.12

1450 1903年四川省造光绪像一卢比金质样币一枚
估　价：RMB 50,000~60,000
成交价：RMB 253,000
北京诚轩 2013.11.20

1627 南宋 “京销铤银”四排戳二十五两银铤
估　价：RMB 30,000~50,000
成交价：RMB 69,000
重1046g　中国嘉德 2013.11.24

954 金 贰拾肆两壹钱中型银铤
估　价：RMB 850,000~1,300,000
成交价：RMB 1,150,000
长11.7cm 西泠拍卖 2013.07.12

841 南宋 “武冈军经总银”五十两银铤
估　价：RMB 400,000～600,000
成交价：RMB 460,000
重2000g　中国嘉德 2013.05.18

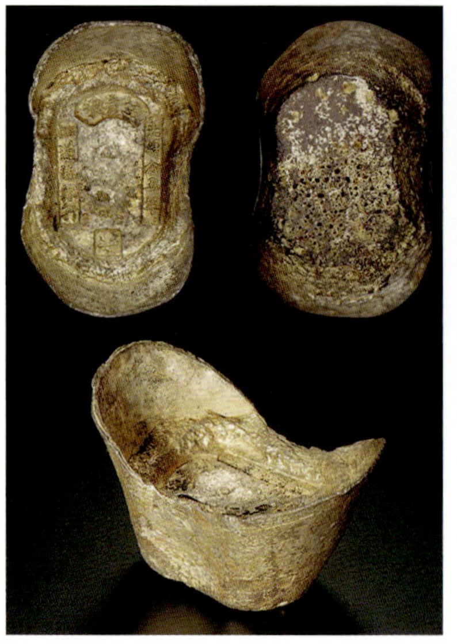

998 清 上海“光绪念五年 俄国道胜银行 生源”五十两银锭
估　价：RMB 350,000～420,000
成交价：RMB 402,500
重1866g　西泠拍卖 2013.07.12

1463 清 山东“临淄县”五两、十两、五十两银锭一组
估　价：RMB 500,000
成交价：RMB 598,000
重203.5g；重377g；重1886.5g
北京翰海 2013.06.22

1459 明 山东“章丘县”五十两银锭
估　价：RMB 280,000
成交价：RMB 356,500
重1848g　北京翰海 2013.06.22

1690 清 湖北宣统贰角银币
估 价：RMB 400,000
成交价：RMB 552,000
北京翰海 2013.06.22

1147 清 江苏“咸丰七年 江海关 江海关”五十两银锭一枚
估 价：RMB 500,000～700,000
成交价：RMB 1,012,000
重1867.7g 北京诚轩 2013.11.20

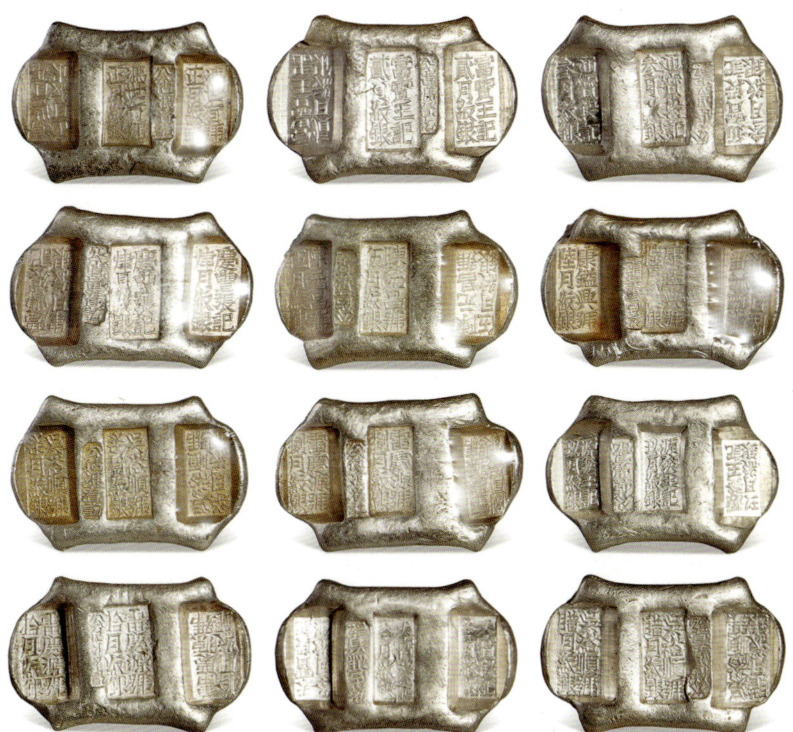

1587 清 云南记月牌坊锭一组十二枚
估 价：RMB 300,000
成交价：RMB 345,000
北京翰海 2013.06.22

1155 宣统三年(1911年)大清银币伍角银质样币 (LM39)
估 价：RMB 300,000～600,000
成交价：RMB 989,000
中国嘉德 2013.05.18

10492 宣统三年 大清银币“反龙”版壹圆银币样币一枚
估 价：RMB 500,000～600,000
成交价：RMB 575,000
北京保利 2013.06.02

3692 民国十六年 孙中山像陵墓壹圆银币样币一枚
估 价：RMB 300,000～400,000
成交价：RMB 437,000
北京诚轩 2013.05.17

506 民国 “天宝炉匠全佐”五十两银锭
估 价：HKD 2,000,000
成交价：RMB 1,817,000
高4.18cm；长10.2cm；宽8.85cm
澳门中信 2013.06.23

2198 民国二十五年 孙中山像背帆船中圆小型银币样币一枚
估 价：RMB 200,000～300,000
成交价：RMB 690,000
直径2.5cm 北京诚轩 2013.11.20

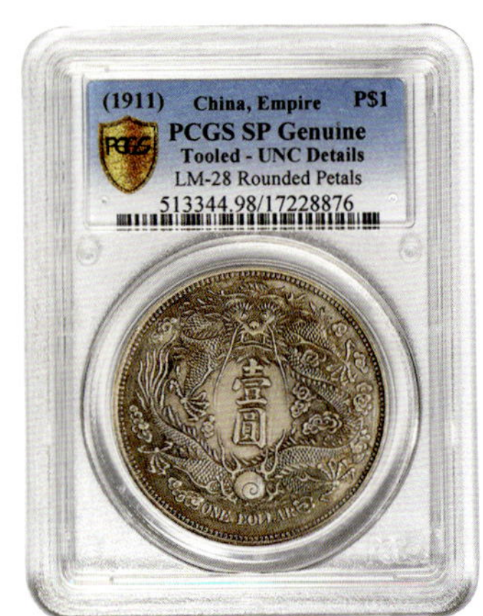

1958 宣统三年 大清银币壹圆长须龙版样币一枚
估 价：RMB 350,000～450,000
成交价：RMB 425,500
北京诚轩 2013.11.20

1501 元 至元通行宝钞贰贯
估 价：RMB 20,000～100,000
成交价：RMB 425,500
20.1cm×28.0cm
中国嘉德 2013.05.17

528 “大明通行宝钞叁拾文”铜钞版
估 价：RMB 200,000～800,000
成交价：RMB 3,910,000
长2.15cm；宽1.18cm；厚0.18cm；重3860g
中国嘉德 2013.05.17

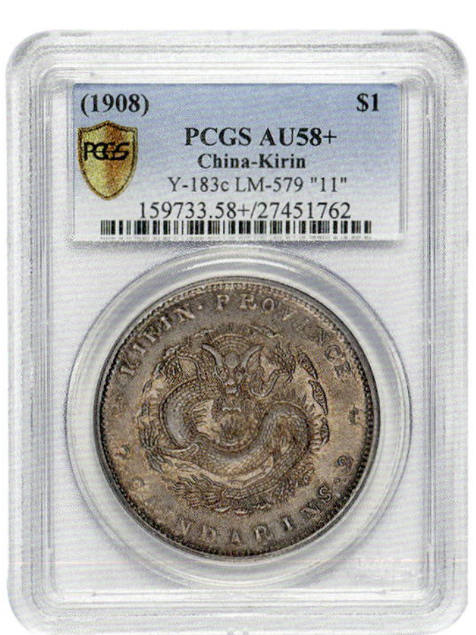

2965 1908年 戊申吉林造光绪元宝中心“11”库平七钱二分银币一枚
估 价：RMB 200,000～300,000
成交价：RMB 862,500
北京诚轩 2013.05.17

2670 1909年 湖北省造宣统元宝库平一钱四分四厘银币一枚
估 价：RMB 680,000～880,000
成交价：RMB 782,000
北京诚轩 2013.05.17

2235 民国十七年 张作霖像大元帅纪念银币样币一枚
估 价：RMB 1,050,000～1,500,000
成交价：RMB 1,495,000
北京诚轩 2013.11.20

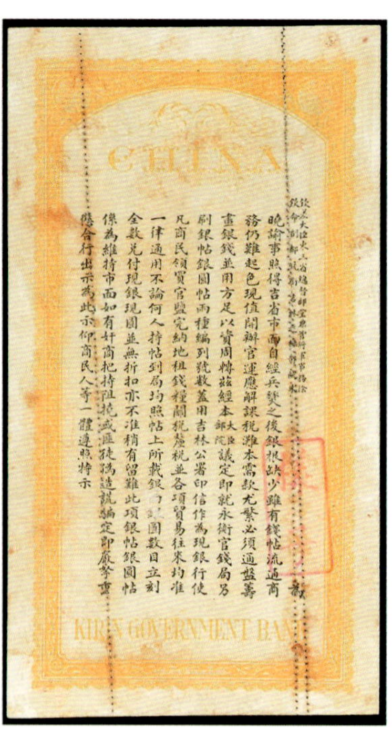

11857 光绪年间 吉林官钱局银元票龙洋壹圆一枚
估　价：RMB 500,000～800,000
成交价：RMB 701,500
北京保利 2013.12.03

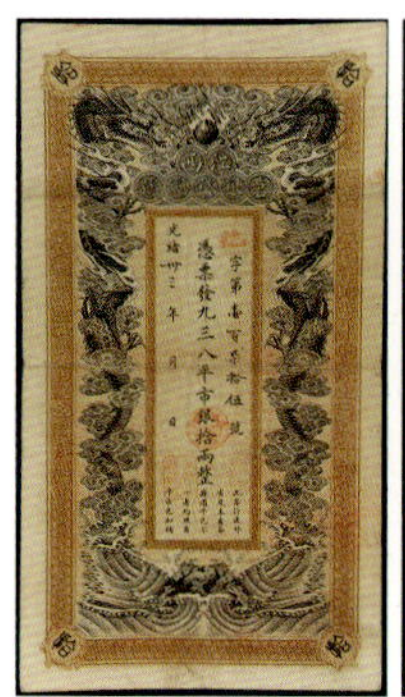

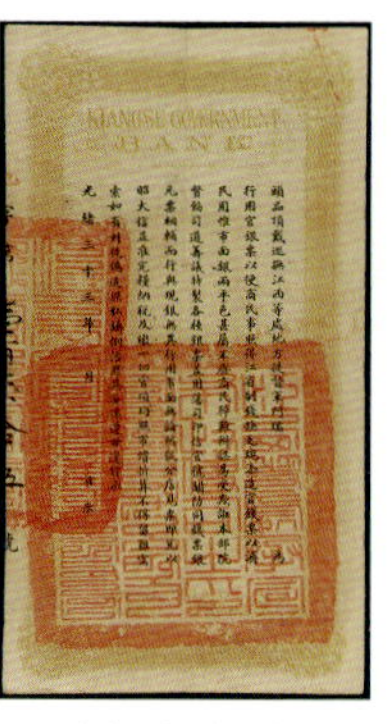

10241 光绪三十三年 江西官银钱总号银两票拾两一枚
估　价：RMB 150,000～200,000
成交价：RMB 322,000
北京保利 2013.06.02

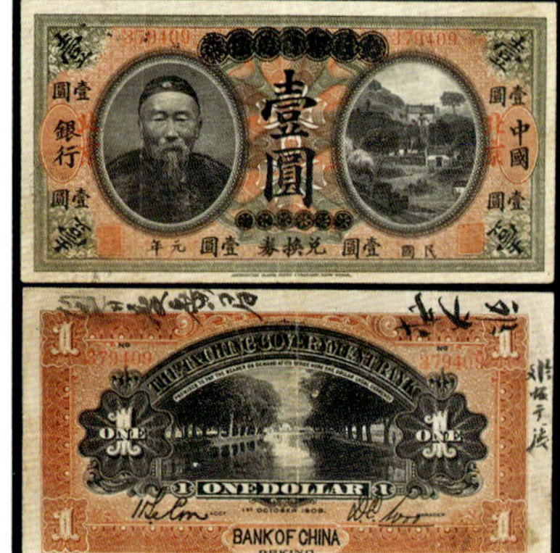

1716 民国元年 大清银行兑换券改中国银行北京壹圆
估　价：RMB 150,000～300,000
成交价：RMB 299,000
中国嘉德 2013.05.17

857 光绪三十二年 大清户部银行兑换券
张家口改云南拾圆
估　价：RMB 200,000～300,000
成交价：RMB 230,000
中国嘉德 2013.11.23

1983 1951年 第一版人民币壹万圆“牧马”正、反单面印刷样票各一枚
估　价：RMB 210,000～250,000
成交价：RMB 241,500
北京诚轩 2013.05.16

3217 1953年 第二版人民币拾圆一枚
估 价：RMB 230,000～260,000
成交价：RMB 264,500
北京诚轩 2013.11.21

3174 1951年 第一版人民币伍仟圆“牧羊”一枚
估 价：RMB 100,000～120,000
成交价：RMB 115,000
北京诚轩 2013.11.21

1729 1969年 第二版人民币未采用稿试铸样币1分、2分、5分硬分币各一枚
估 价：RMB 150,000～250,000
成交价：RMB 460,000
北京诚轩 2013.11.20

1347 大同元年 满洲中央银行改造券拾圆
估 价：RMB 100,000～150,000
成交价：RMB 966,000
中国嘉德 2013.11.23

2033 1981—1997年不同种类国库券样票
七十八枚大全套
估 价：RMB 380,000～450,000
成交价：RMB 483,000
北京诚轩 2013.05.16

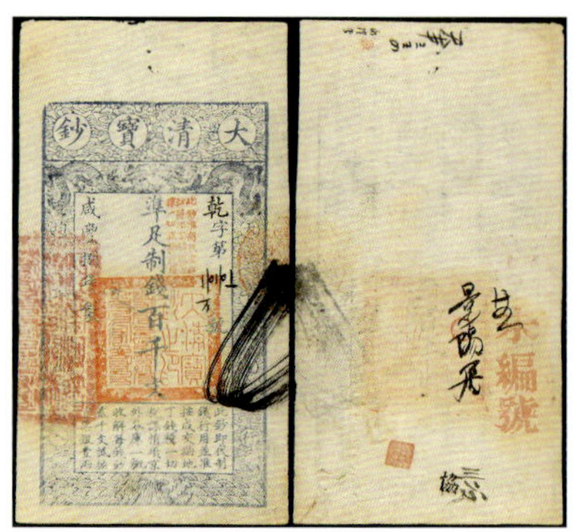

2333 咸丰八年 大清宝钞百千文一枚
估 价：RMB 120,000～180,000
成交价：RMB 172,500
北京诚轩 2013.11.21

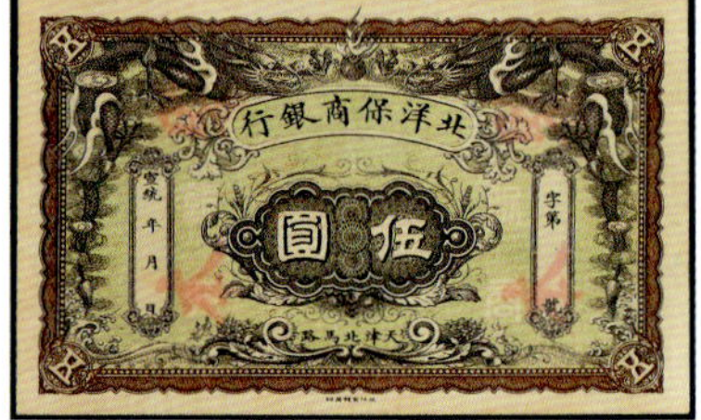

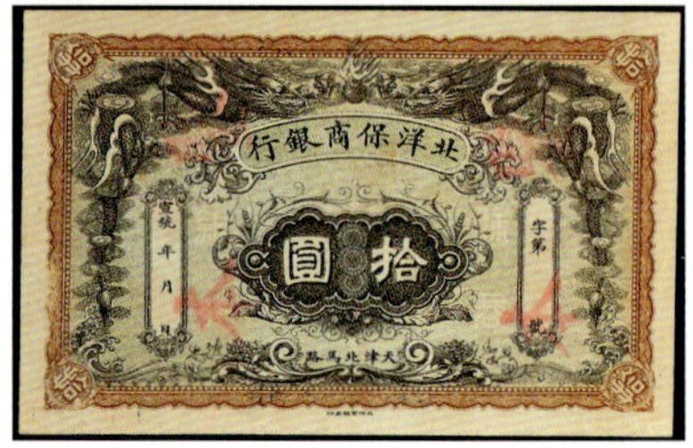

1623 宣统年 北洋保商银行壹圆、伍圆、拾圆样票各一枚
估 价：RMB 250,000～300,000
成交价：RMB 287,500
中国嘉德 2013.05.17

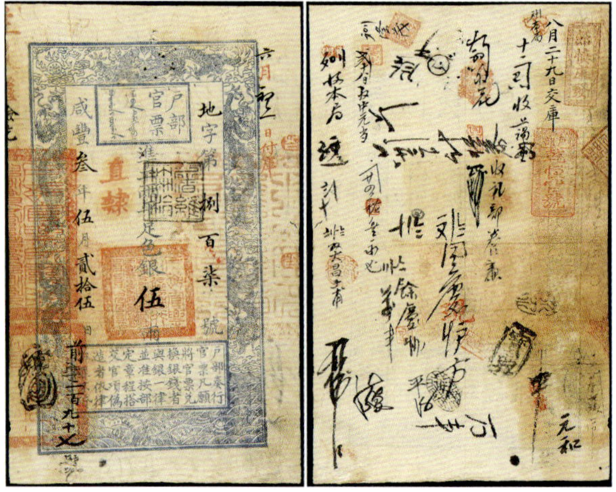

2342 咸丰三年 户部官票手写伍两一枚
估 价：RMB 480,000～680,000
成交价：RMB 713,000
北京诚轩 2013.11.21

1200 伪满洲国一等柱国勋章
估　价：RMB 200,000～300,000
成交价：RMB 230,000
中国嘉德 2013.05.18

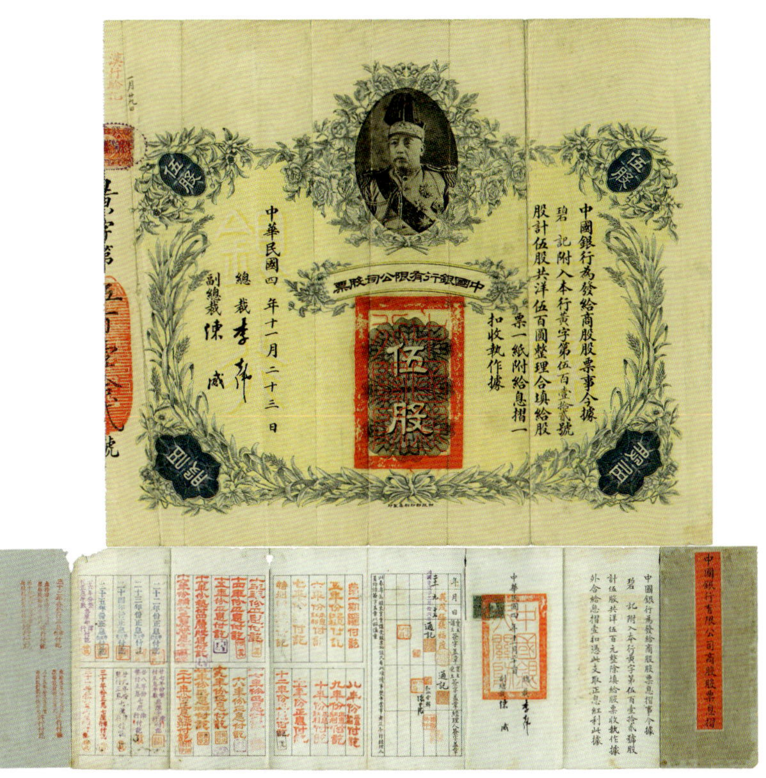

中國銀行有限公司股票

中國銀行為發給商股股票事今據
碧　記附入本行黃字第伍百壹拾貳號
股計伍股共洋伍百圓整理合填給股
票一紙附給息摺一
扣收執作據

伍股

中華民國四年十一月二十三日
總　裁　李
副總裁　陳　威

2470 民国四年十一月二十三日（1915年）中国银行有限公司股票，伍股共洋伍百圆
估　价：RMB 400,000
成交价：RMB 552,000
上海泓盛 2013.09.10

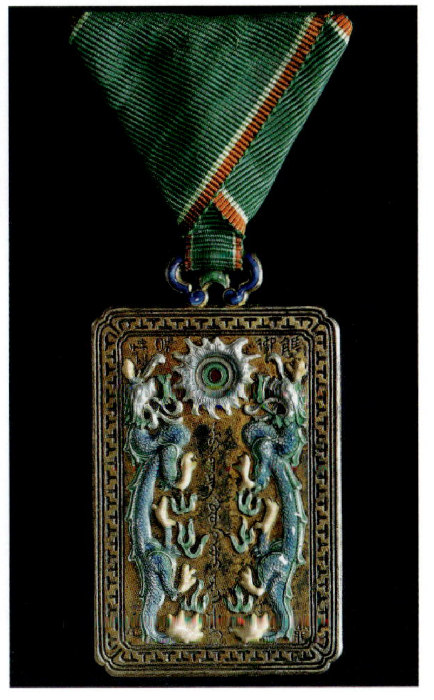

1186 第一版一等三级“御赐双龙宝星”勋章
估　价：RMB 200,000～500,000
成交价：RMB 230,000
中国嘉德 2013.05.18

2262 民国 倪嗣冲像安武军纪念铜章一枚
估　价：RMB 80,000～100,000
成交价：RMB 161,000
北京诚轩 2013.11.20

3030 汉 “货泉”六枚铜钱范一件
估　价：RMB 45,000
成交价：RMB 132,250
直径7.9cm 朵云轩 2013.07.08

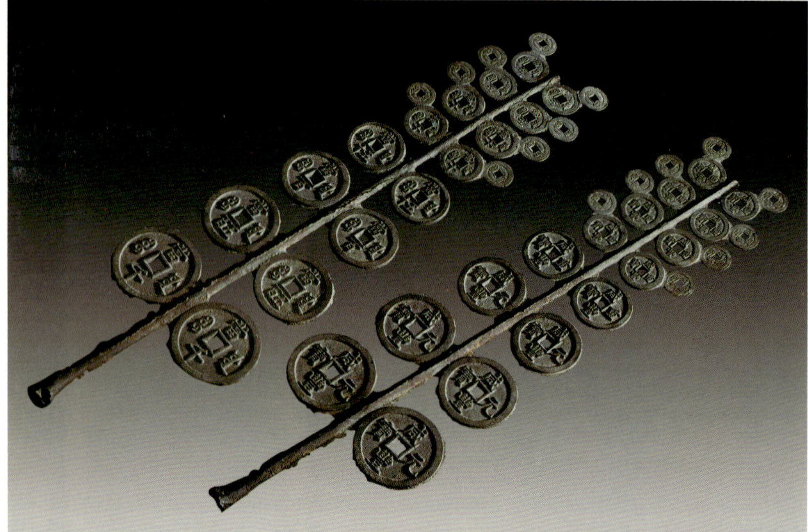

548 清 钱树一枝
估　价：RMB 80,000～400,000
成交价：RMB 695,750
通长50.5cm
中国嘉德 2013.05.17

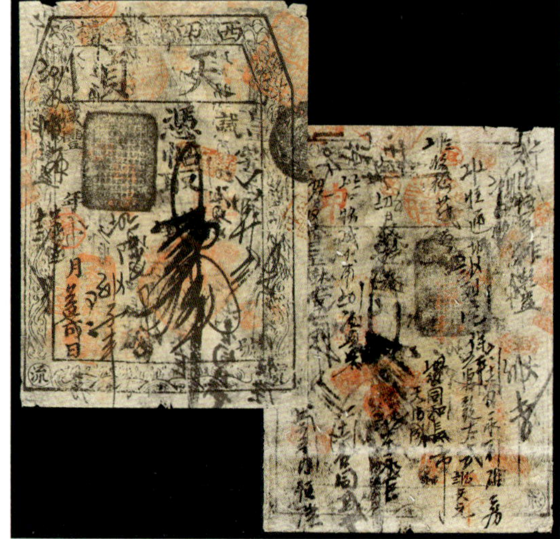

1532 清 咸丰年天贞银号钱帖
估　价：RMB 200,000～400,000
成交价：RMB 460,000
12.1cm×17.8cm
中国嘉德 2013.05.17

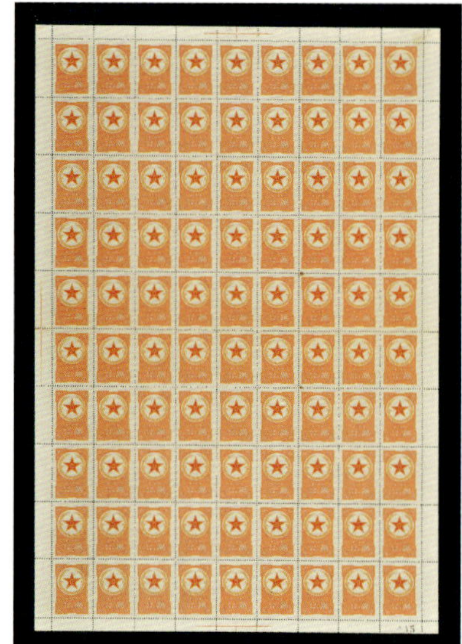

2629 ★ 1953年 黄军邮九十枚全张
估　价：RMB 250,000～300,000
成交价：RMB 667,000
中国嘉德 2013.05.18

3061 ★ 全国山河一片红（撤销发行）邮票直双连
估　价：RMB 2,000,000～3,000,000
成交价：RMB 2,300,000
中国嘉德 2013.05.18

385 新莽 “货泉”铜母范
估 价：RMB 60,000～100,000
成交价：RMB 195,500
通长11.5cm 中国嘉德 2013.05.17

3062 ★ 无产阶级文化大革命的全面胜利万岁（未发行）邮票四方连
估 价：RMB 5,800,000～8,000,000
成交价：RMB 6,670,000
中国嘉德 2013.05.18

3708 T46第一轮生肖猴新票80套整版
估 价：RMB 800,000
成交价：RMB 966,000
朵云轩 2013.07.09

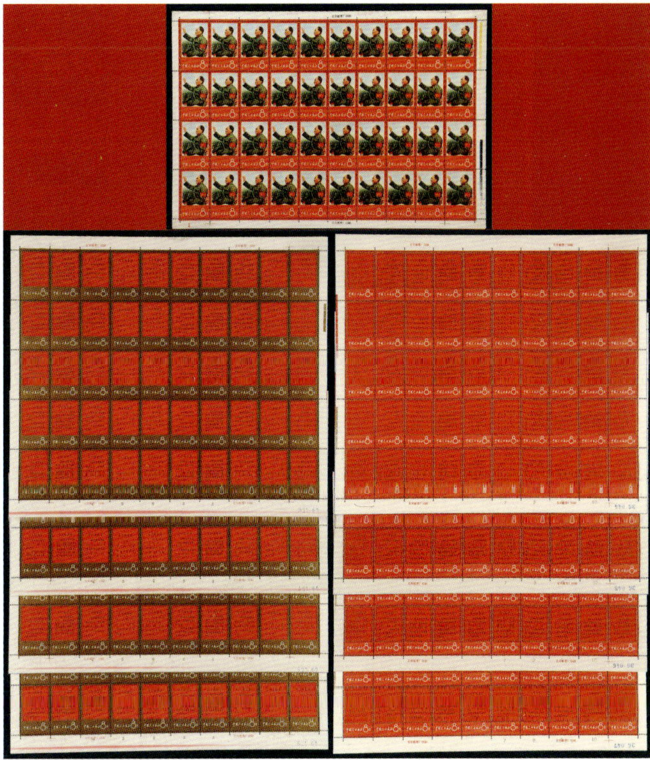

3116 ★ 文1毛主席万岁邮票十套全张四件连号
估 价：RMB 1,500,000～2,600,000
成交价：RMB 1,805,500
中国嘉德 2013.11.24

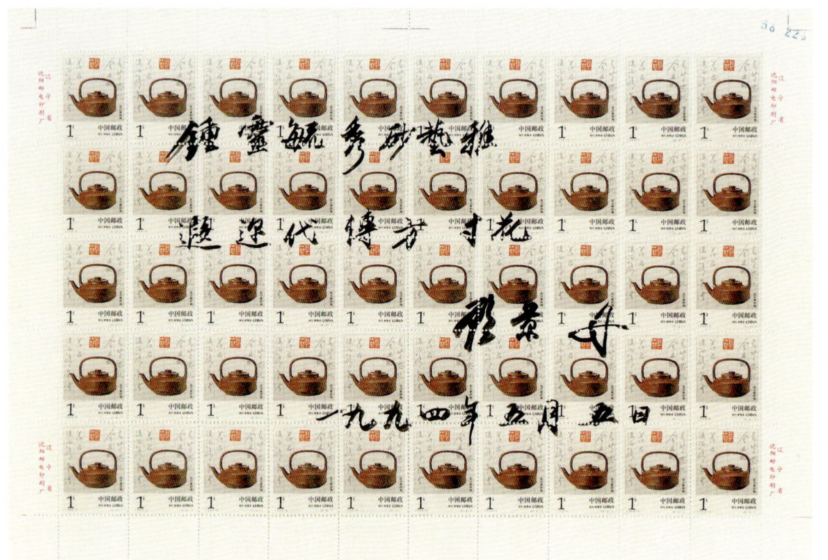

2245 现代 四方联“顾景舟提璧壶”邮票一版（五十枚）
成交价：RMB 241,500
4cm×2.8cm×50 北京匡时 2013.06.04

3573 S 1912年中华民国共和纪念“大中华民国地图”玉版宣纸无齿试印样票十三枚全
估 价：RMB 580,000～800,000
成交价：RMB 667,000
北京诚轩 2013.11.22

10073 1897年红印花3分新票一枚
估 价：RMB 250,000～500,000
成交价：RMB 287,500
北京保利 2013.12.03

10206 1945年伪满“飞机献纳”未发行邮票新票全套四枚双连
估 价：RMB 500,000～800,000
成交价：RMB 575,000
北京保利 2013.12.03

1051 ★★ 1897年红印花加盖暂作邮票小字当壹圆新票（Scott #83）
成交价：RMB 5,773,000
东方大观 2013.05.15

10339 1953年紫军邮新票四方连
估 价：RMB 150,000～200,000
成交价：RMB 172,500
北京保利 2013.12.03

3552 ★1913年伦敦版帆船邮票十九枚全四方连
估 价：RMB 150,000～200,000
成交价：RMB 172,500
北京诚轩 2013.11.22

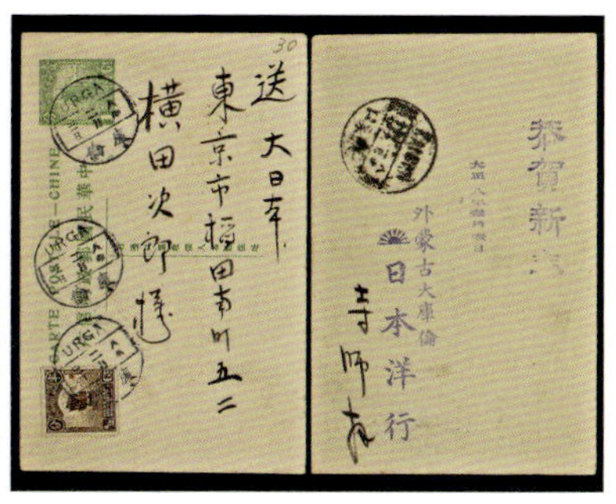

2660 PS 1919年蒙古库伦寄日本明信片
估 价：RMB 220,000～300,000
成交价：RMB 1,357,000
中国嘉德 2013.05.18

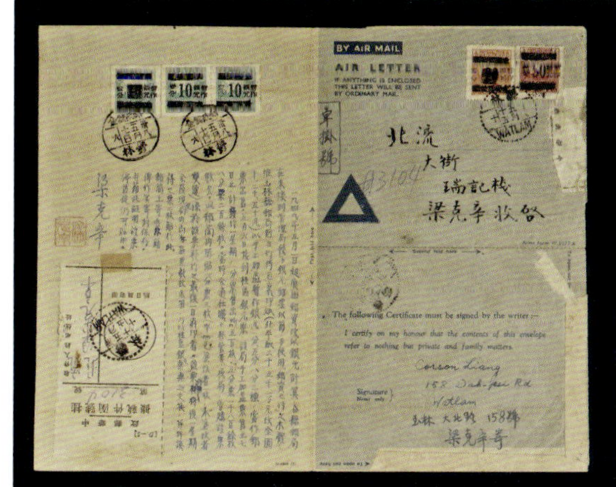

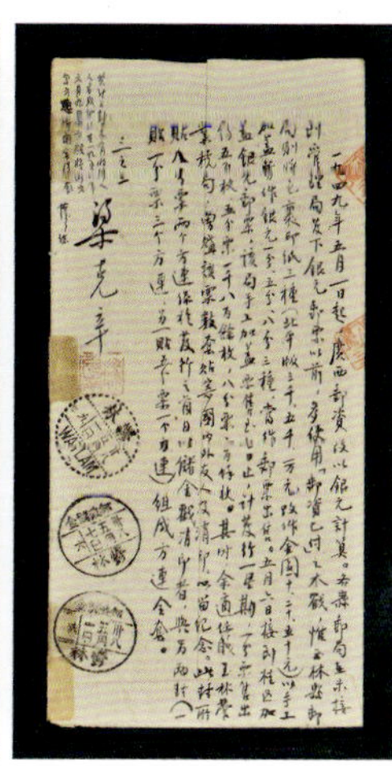

2692 C 1949年广西郁林本埠挂号航空邮简
估 价：RMB 400,000～800,000
成交价：RMB 460,000
中国嘉德 2013.05.18

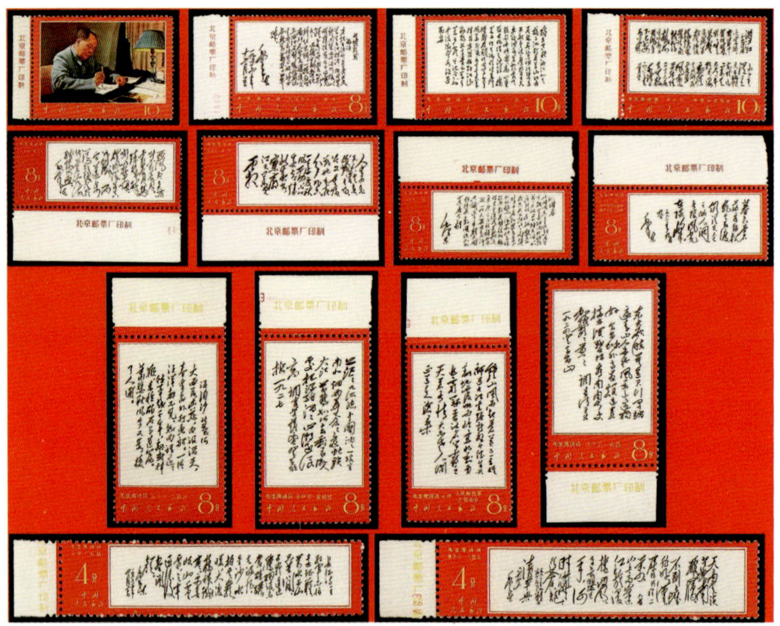

10356 1967年文7毛主席诗词新票全套十四枚
估　价：RMB 120,000～150,000
成交价：RMB 149,500
北京保利 2013.12.03

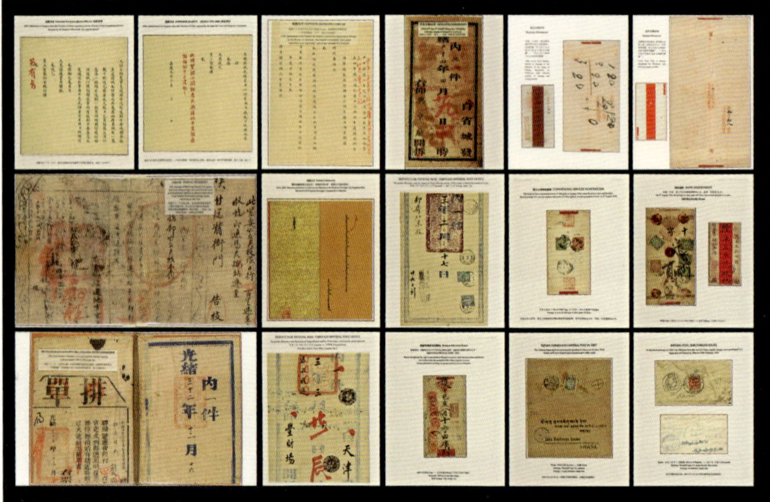

2479 COL"大清邮驿"邮集一部
估　价：RMB 800,000～1,000,000
成交价：RMB 943,000
中国嘉德 2013.05.18

2805 法兰西第一帝国皇帝拿破仑·波拿巴(Napoléon Bonap) 1806年给其子尤金王子亲信
估　价：RMB 65,000～100,000
成交价：RMB 3,047,500
中国嘉德 2013.05.18

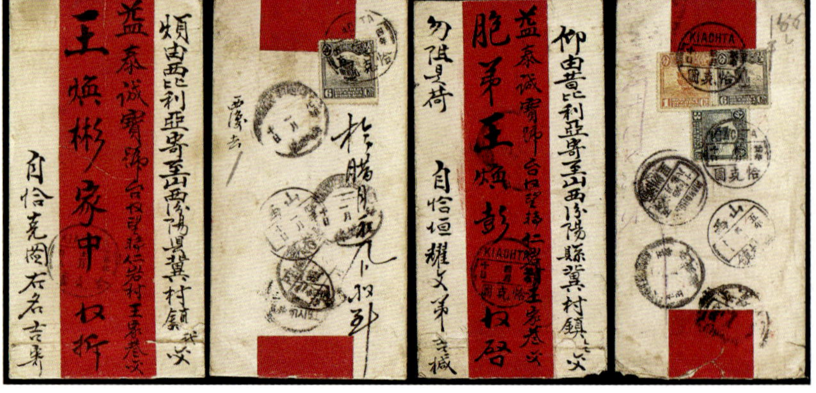

10573 洪宪元年时期，外蒙恰克图寄山西红条封两件
估　价：RMB 300,000～1,000,000
成交价：RMB 2,242,500
北京保利 2013.12.04

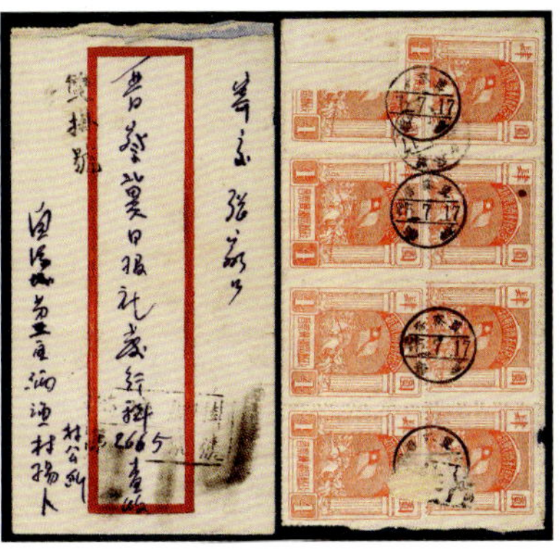

2687 C 1946年晋察冀满城寄张家口双挂号封
估 价：RMB 10,000～100,000
成交价：RMB 322,000
中国嘉德 2013.11.24

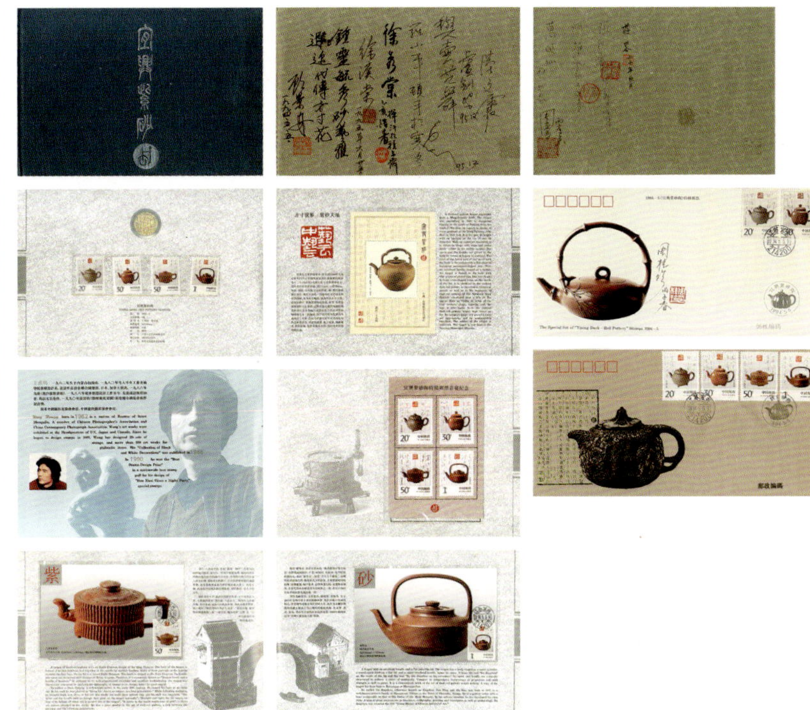

2246 当代 宜兴紫砂首日封邮票纪念册一套
成交价：RMB 368,000
北京匡时 2013.06.04

2994 FDC 中国集邮公司为日本邮趣协会制作纪、特邮票首日封大全套
估 价：RMB 700,000～900,000
成交价：RMB 805,000
中国嘉德 2013.05.18

古籍善本

186 十三经注疏三百八十四卷
估　价：RMB 2,200,000
成交价：RMB 2,771,500
上海工美 2013.07.08

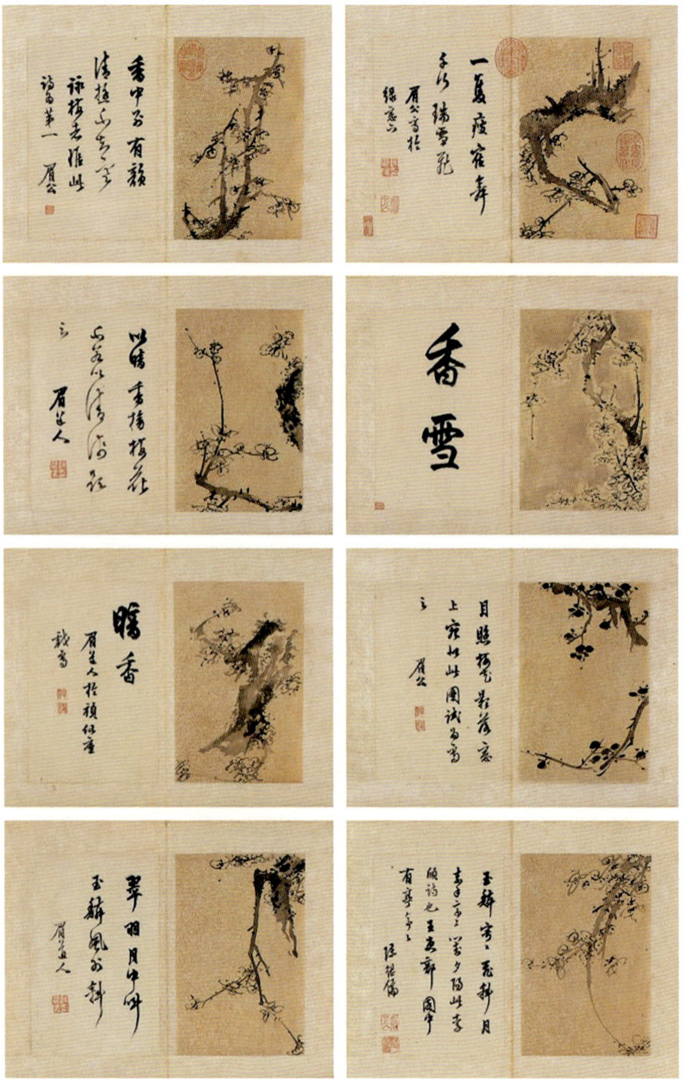

3084 陈继儒 梅花册（十六页）
估　价：RMB 20,000,000～28,000,000
成交价：RMB 28,980,000
西泠拍卖 2013.07.14

273 黄兴致孙中山总理述革命计划书
成交价：RMB 16,000,000
上海驰翰 2013.04.25

1982 顾炎武书　五台山记
估　价：RMB 180,000~220,000
成交价：RMB 31,625,000
中国嘉德 2013.05.10

3076 1627年作 张瑞图 行书·节录山栖志、寻山志（二十七页）
估　价：RMB 5,000,000　7,000,000
成交价：RMB 6,670,000
西泠拍卖 2013.07.14

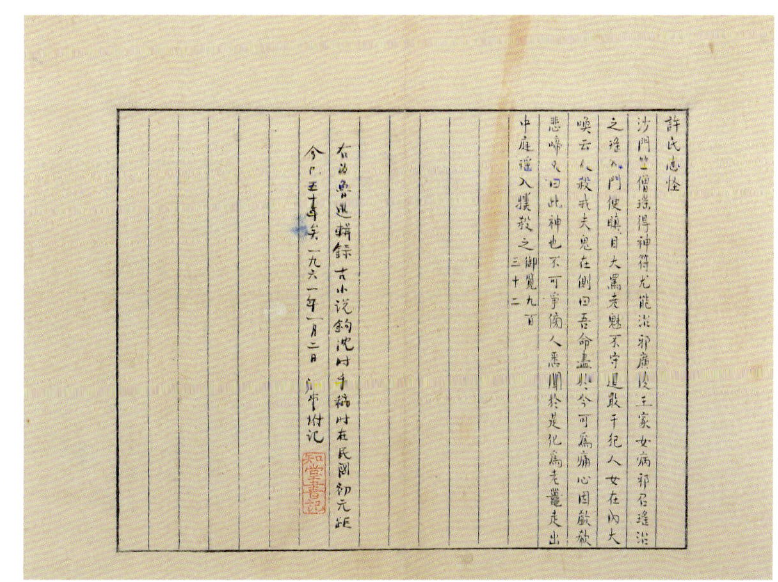

許氏志怪

沙門竺僧瑤得神符尤能治邪廣陵王家女病邪召瑤治之瑤入門便瞋目大罵老魅不守道敢干犯人女在內大喚云人殺我夫鬼在側曰吾命盡於今可爲痛心因歔欷悲啼又曰此神也不可爭衡人悉聞於是化爲老鼉走出中庭瑤令人撲殺之御覽九百三十二

右為魯迅輯錄古小說鈎沈時手稿時在民國初元距今已五十年矣　一九六一年一月二日　作人附记

1838 鲁迅书“古小说钩沈”手稿
估　价：RMB 600,000~650,000
成交价：RMB 6,900,000
中国嘉德 2013.05.10

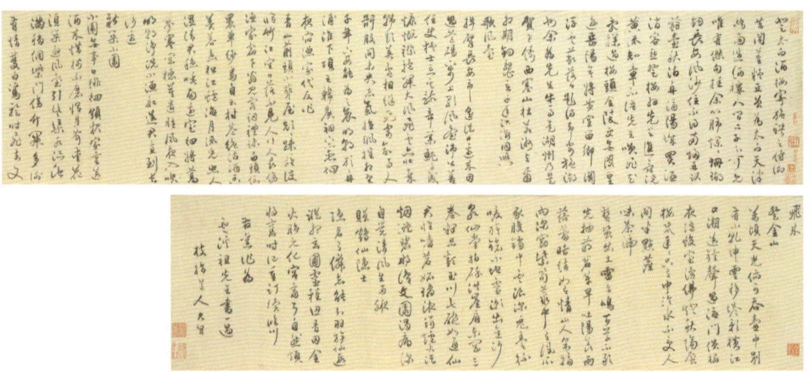

724 祝允明行草文章、诗稿
成交价：RMB 5,170,555
纽约苏富比 2013.09.19

1820 唐 释道世 集“法苑珠林”卷第五十二
估　价：RMB 600,000～1,200,000
成交价：RMB 1,207,500
中国嘉德 2013.05.10

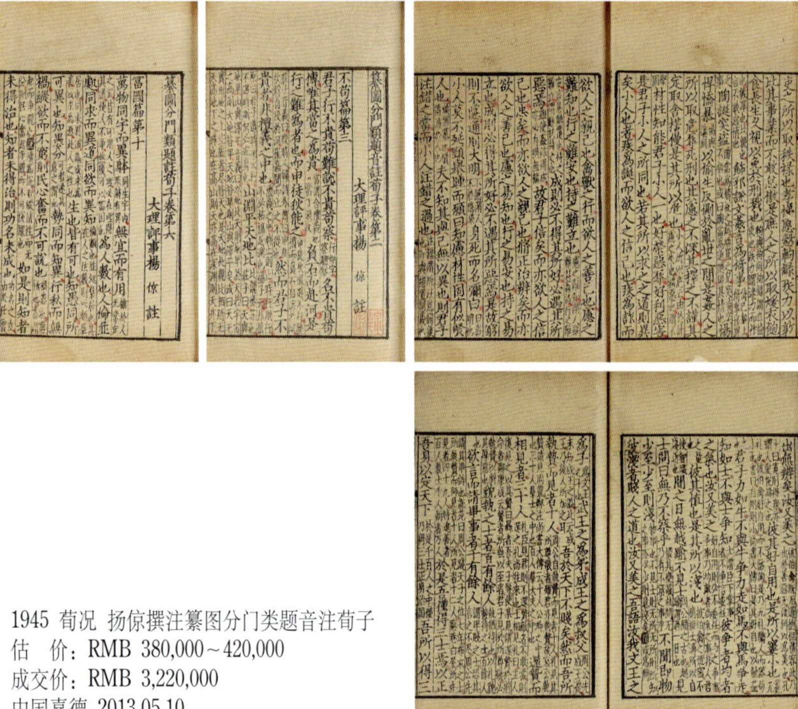

1945 荀况 扬倞撰注纂图分门类题音注荀子
估　价：RMB 380,000～420,000
成交价：RMB 3,220,000
中国嘉德 2013.05.10

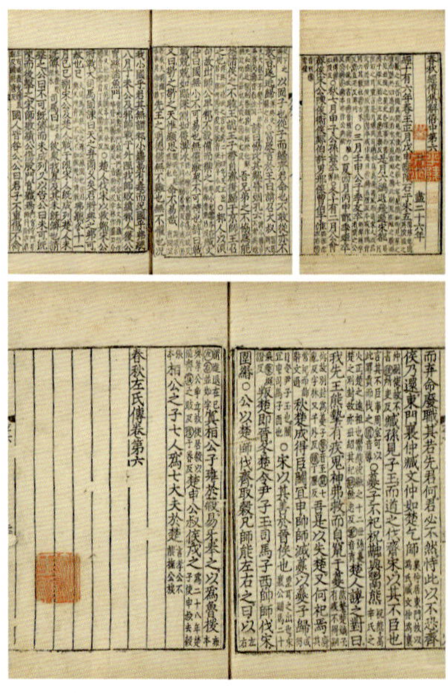

1927 春秋经传集解卷第六
估　价：RMB 3,000,000～3,500,000
成交价：RMB 3,450,000
中国嘉德 2013.05.10

3079 恽寿平 十万图册（十页）
估　价：RMB 5,000,000～7,000,000
成交价：RMB 6,670,000
西泠拍卖 2013.07.14

1180 丁度等 奉敕撰"礼部韵略"五卷
估 价：RMB 8,000,000～10,000,000
成交价：RMB 29,900,000
北京匡时 2013.12.04

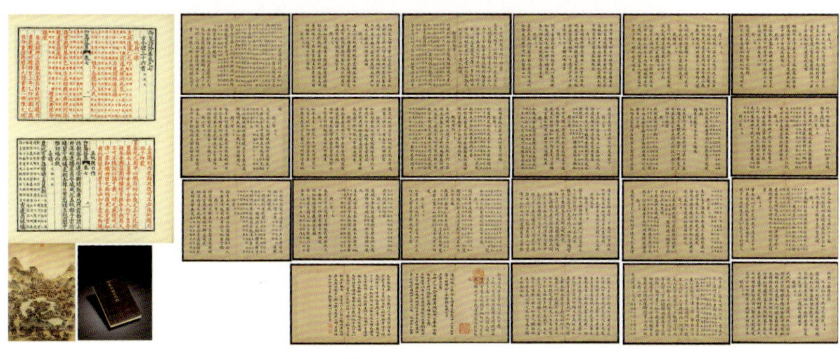

817 清乾隆 董诰〈御制山庄荷花诗〉册
估 价：HKD 3,000,000～5,000,000
成交价：RMB 6,602,400
罗芙奥 2013.11.24

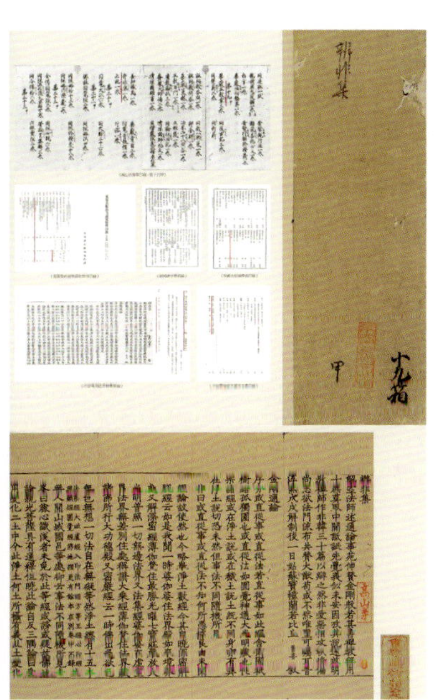

157 高山寺旧藏"辩非集"(宋) 善喜叙
估 价：RMB 600,000～800,000
成交价：RMB 4,772,500
西泠拍卖 2013.07.12

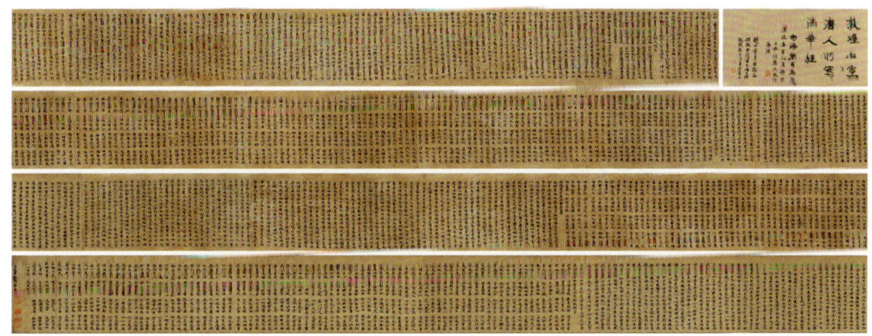

4018 敦煌石经唐人写法华经
估 价：RMB 750,000～850,000
成交价：RMB 1,265,000
北京保利 2013.12.03

2997 佛说随求即得大自在罗尼神咒经
估 价：RMB 1,000,000～2,000,000
成交价：RMB 1,380,000
北京翰海 2013.12.07

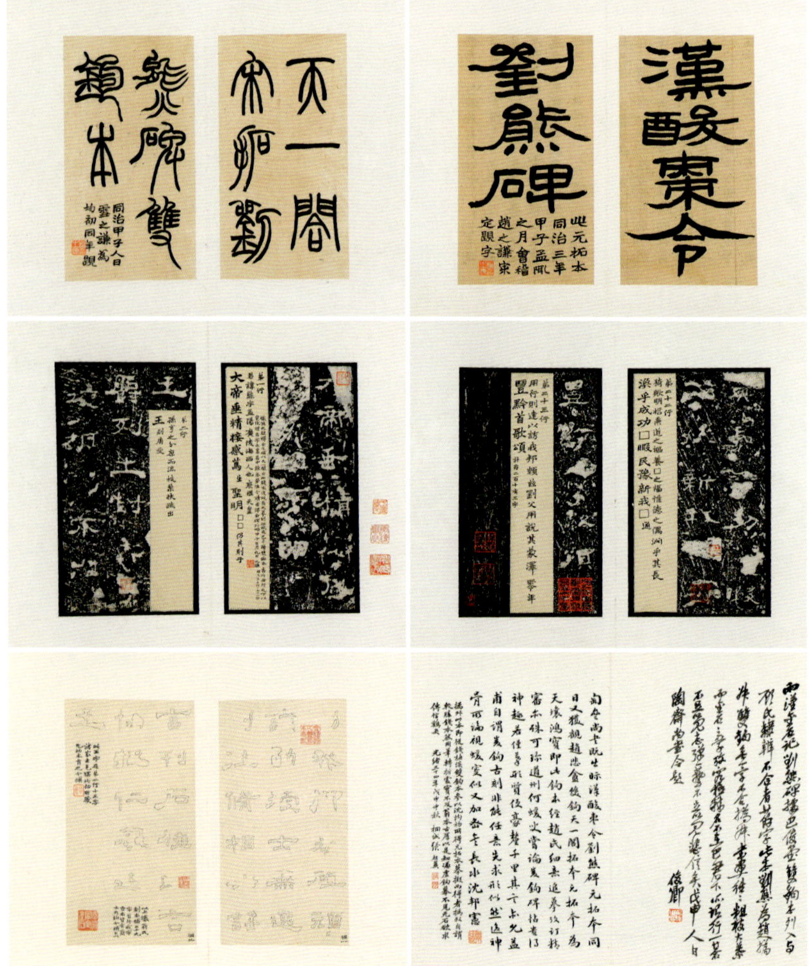

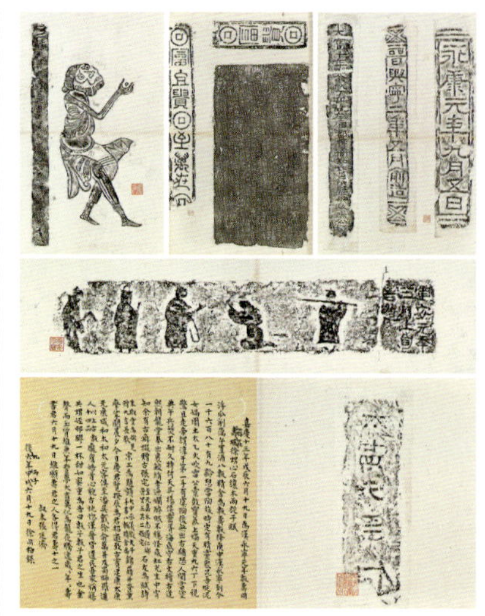

834 清 墨拓隋唐砖铭
估 价：HKD 200,000～300,000
成交价：RMB 2,874,960
香港佳士得 2013.05.27

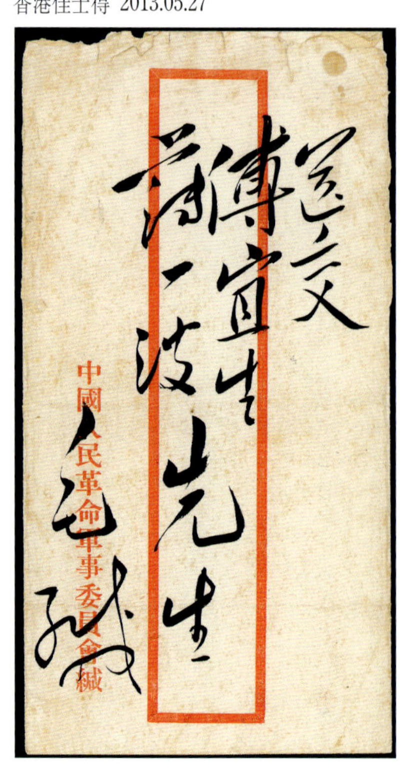

2799 毛泽东亲笔致傅宜生(傅作义)、薄一波手递中式公函封
成交价：RMB 6,555,000
中国嘉德 2013.11.24

613 汉刘熊碑
估 价：RMB 500,000～800,000
成交价：RMB 3,680,000
朵云轩 2013.07.06

1698 王铎 诗稿册
估　价：RMB 800,000～1,500,000
成交价：RMB 8,740,000
中国嘉德 2013.11.19

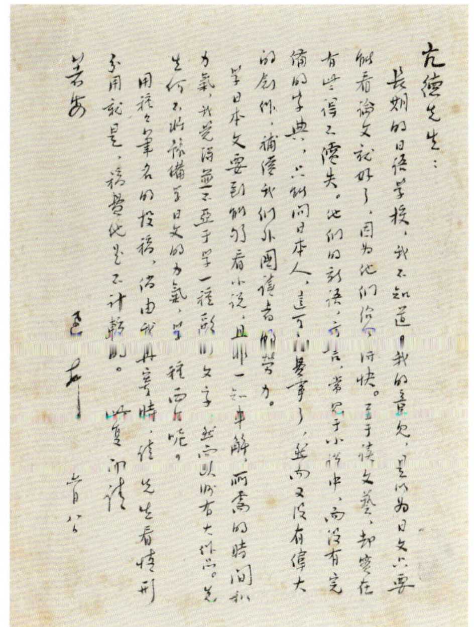

亢德先生：

長期的日語學校，我不知道；我的意見，是以為日文只要能看論文就好了，因為他們的論[illegible]行快。至于讀文藝，卻實在有些得不償失。他們的新語，方言，常見于小說中，而沒有完備的字典，只好問日本人，這可就麻煩了，然而又沒有偉大的創作，補償我們外國讀者的勞力。學日本文要到能夠看小說，且非一知半解，所需的時間和力氣，我覺得並不亞于學一種歐洲的文字，然而歐洲有大作品。先生何不將豫備學日文的力氣，學一種西文呢？

用種種筆名的投稿，誠由我再寄時，仍先生看情形，不用就是，稿費也不計較的。此復，即請

著安

迅 頓首 廿五

2257 鲁迅 致陶亢德信札
估　价：RMB 1,800,000～2,200,000
成交价：RMB 6,555,000
中国嘉德 2013.11.18

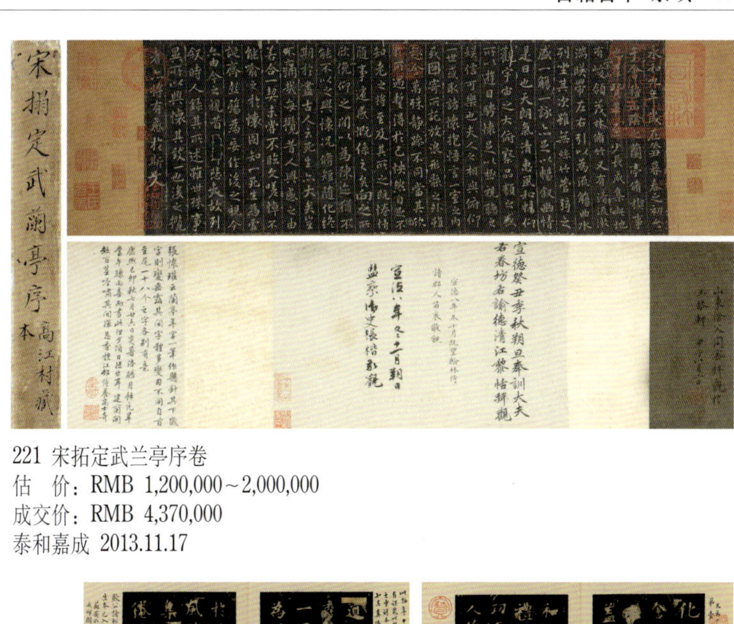

221 宋拓定武兰亭序卷
估　价：RMB 1,200,000～2,000,000
成交价：RMB 4,370,000
泰和嘉成 2013.11.17

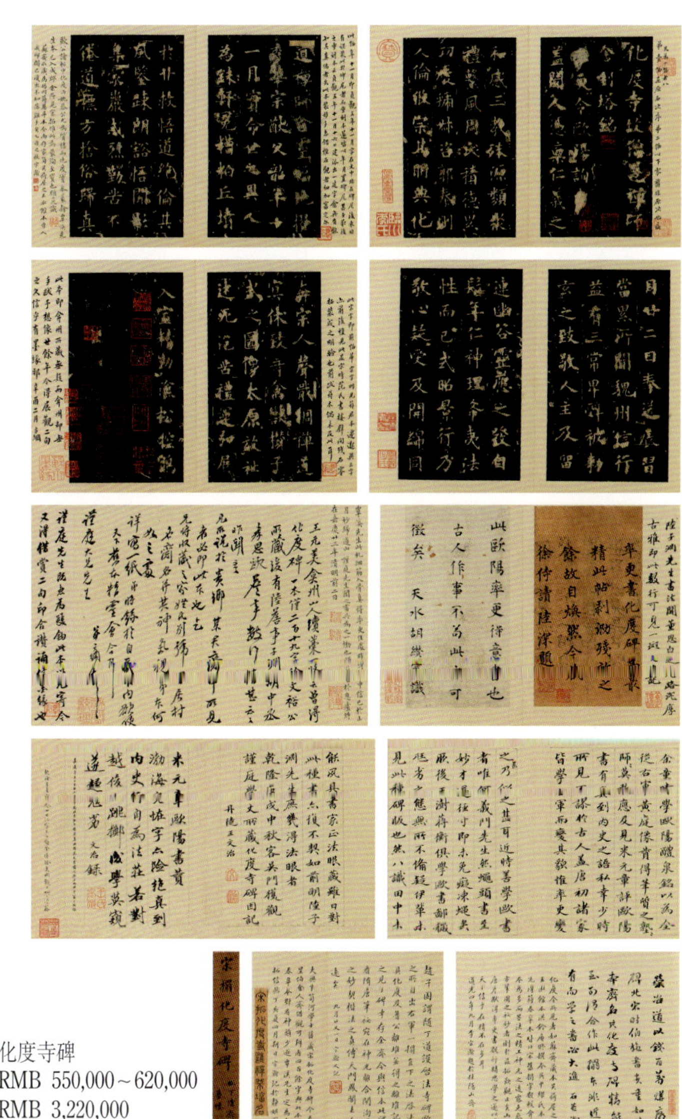

287 宋拓化度寺碑
估　价：RMB 550,000～620,000
成交价：RMB 3,220,000
北京匡时 2013.06.04

2385 李大钊 致吴若男(章士钊夫人)书札
估　价：RMB 1,500,000~1,800,000
成交价：RMB 4,140,000
中国嘉德 2013.11.18

2056 日清战况写真
估　价：RMB 350,000~400,000
成交价：RMB 402,500
中国嘉德 2013.05.10

4027 1873年-1874年作 CHINA AND ITS PEOPLE“中国及它的臣民”
估　价：RMB 190,000~200,000
成交价：RMB 287,500
北京保利 2013.06.03

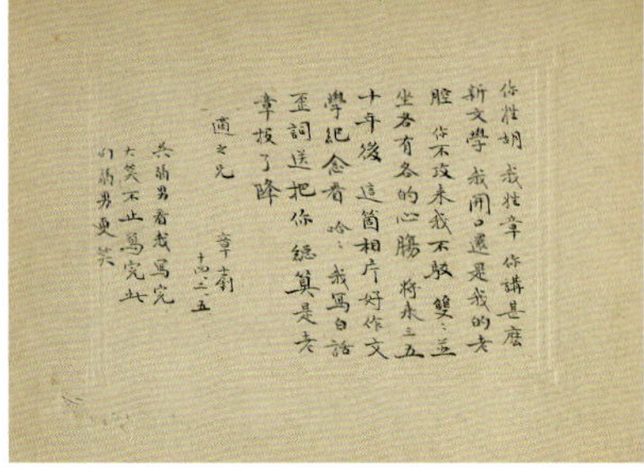

441 胡适、章士钊 银盐题跋照片 一张
估　价：RMB 50,000~100,000
成交价：RMB 690,000
北京传是 2013.12.11

600 恽向、恽寿平 信札
成交价：RMB 2,967,715
纽约苏富比 2013.09.19

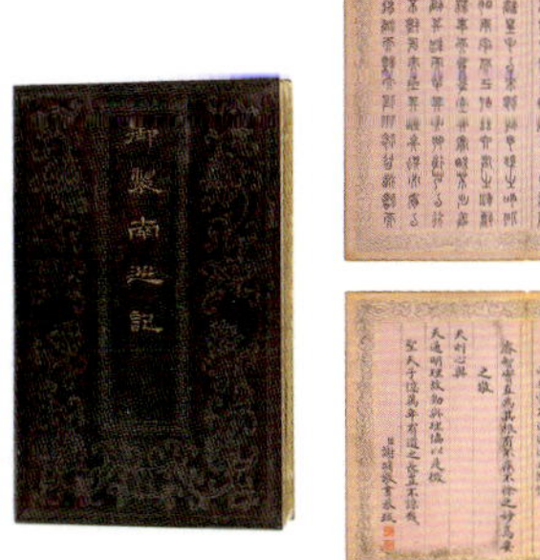
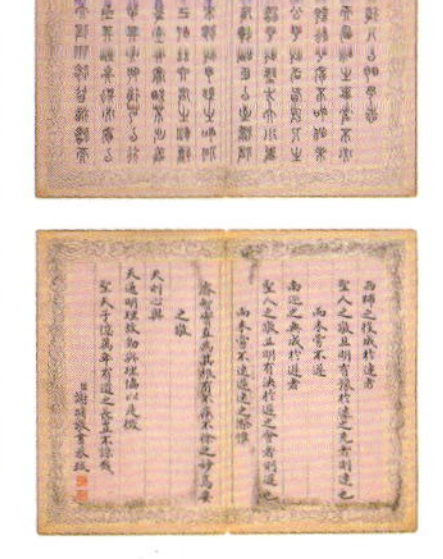

94 清乾隆 御制南巡记（选三）
成交价：RMB 1,106,259
伦敦佳士得 2013.05.14

乐 器

67 战国 错金镶嵌宝石琴扭（一套）
估　价：HKD 350,000
成交价：RMB 346,104
高5cm 大唐香港 2013.05.28

8452 1840年至1845年 英国 布洛德伍德（J．BROADWOOD） 豪华镶嵌三角钢琴 英王维多利亚御用 全球唯一
估　价：RMB 4,500,000～6,500,000
成交价：RMB 5,520,000
钢琴长度253cm 北京保利 2013.12.05

藏 酒

3656 1979年八大名酒套装 (8瓶)
估　价：RMB 1,500,000～1,800,000
成交价：RMB 2,990,000
540ml/瓶；500ml/瓶　北京翰海 2013.06.02

2628 90年代初产优质牌铁盖五粮液 (60瓶)
估　价：RMB 250,000～280,000
成交价：RMB 460,000
500ml/瓶 北京翰海 2013.12.07

2819 1985年9月28日产原箱五星牌黑酱茅台酒 (12瓶)
估　价：RMB 500,000～800,000
成交价：RMB 1,150,000
540 ml　北京翰海 2013.12.07

3632 1959年五星牌茅台 (1瓶)
估　价：RMB 200,000～250,000
成交价：RMB 494,500
540ml/瓶　北京翰海 2013.06.02

2601 1972年产红旗牌五粮液 (1瓶)
估　价：RMB 120,000～150,000
成交价：RMB 322,000
500 ml　北京翰海 2013.12.07

3662 2004年青铜器茅台酒（一套10瓶）
估　价：RMB 750,000～800,000
成交价：RMB 897,000
北京翰海 2013.06.02

811 贵州茅台世博大全套酒
估　价：RMB 1,000,000～2,000,000
成交价：RMB 4,025,000
500ml cm×81　北京传是 2013.12.11

401 60年代产陈年茅台（1瓶）
估　价：RMB 100,000～200,000
成交价：RMB 218,500
长风拍卖 2013.06.17

2762 1966年产飞天牌茅台酒（4瓶）
估　价：RMB 400,000～480,000
成交价：RMB 805,000
540 ml/瓶　北京翰海 2013.12.07

1658 1979年原坛古井贡酒老酒（一坛）
估　价：RMB 1,296,000
成交价：RMB 13,570,000
863.9L　北京歌德 2013.06.02

茶 品

1740 勐海熟饼(1993年)（一饼）
估　价：RMB 22,000～32,000
成交价：RMB 24,640
357.4g　北京荣宝 2013.03.31

4297 1958年作 花砖茶
估　价：RMB 600,000～700,000
成交价：RMB 690,000
约2000g　北京翰海 2013.06.02

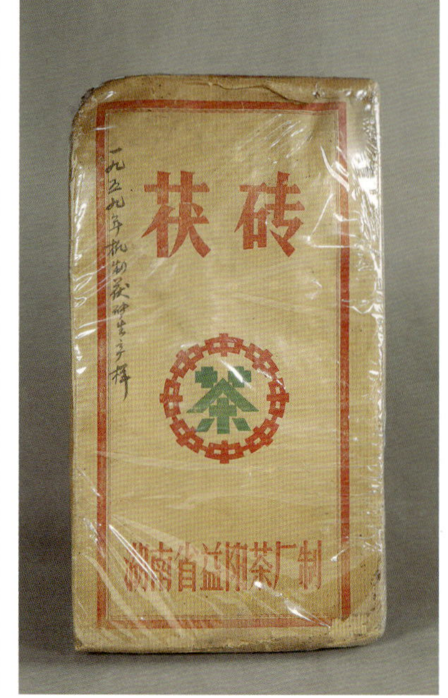

4298 1959年作 机压茯砖（第一片）
估　价：RMB 1,000,000～1,200,000
成交价：RMB 1,265,000
约2000g　北京翰海 2013.06.02

3370 福元昌圆茶（一桶）
估　价：RMB 9,000,000～12,000,000
成交价：RMB 10,350,000
直径20.5cm×7　中国嘉德　2013.11.19

3180 上世纪90年代 云南金瓜贡茶（一组五件）
估　价：RMB 22,000～25,000
成交价：RMB 264,500
重4751.2g　北京匡时　2013.12.04

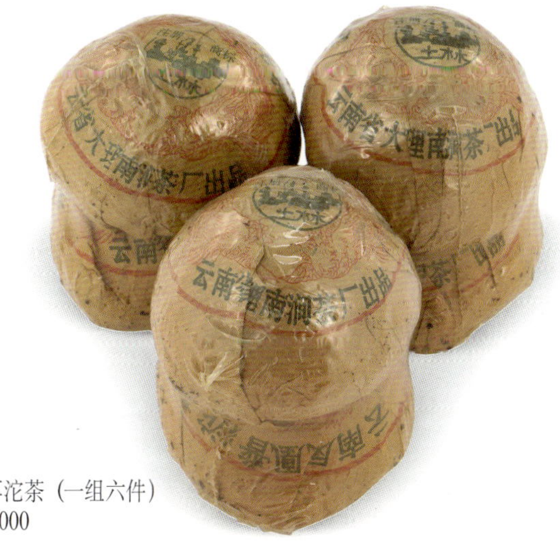

3181 1989年 云南凤凰普洱沱茶（一组六件）
估　价：RMB 10,000～12,000
成交价：RMB 172,500
重597g　北京匡时　2013.12.04

兵 器

3101 清乾隆 御用鎏金嵌宝石腰刀
估　价：RMB 800,000~1,200,000
成交价：RMB 1,012,000
长28cm 中国嘉德 2013.05.12

摄影器材

5166 红旗20相机
估　价：RMB 75,000~125,000
成交价：RMB 195,500
北京保利 2013.06.04

5152 M6光学技术纪念白金机
估　价：RMB 330,000~370,000
成交价：RMB 345,000
北京保利 2013.06.04

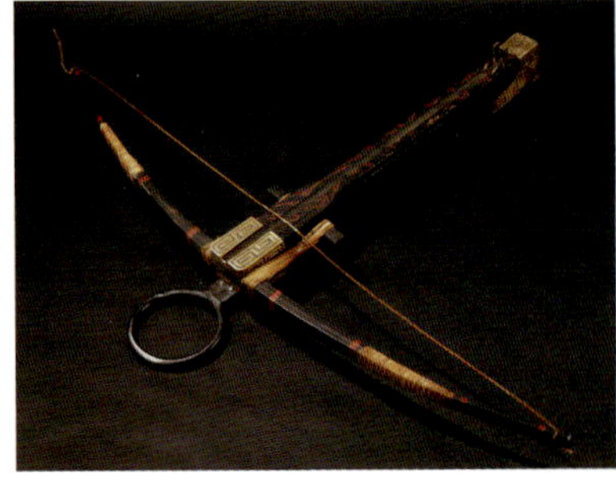

33 弩机
成交价：RMB 20,000
北京保利 2013.01.20

5164 徕卡IIIg 瑞典三冠版及瑞典IIIf（一套）
估　价：RMB 550,000~950,000
成交价：RMB 632,500
北京保利 2013.06.04

5167 东风20相机
估 价：RMB 500,000～1,000,000
成交价：RMB 862,500
北京保利 2013.06.04

5154 美国陆军军用“KE-7A”
估 价：RMB 240,000～270,000
成交价：RMB 253,000
北京保利 2013.06.04

5143 全新爱马仕三头M9P限量版套机
估 价：RMB 450,000～650,000
成交价：RMB 575,000
北京保利 2013.06.04

其他艺术品

2536 JEAN & PIERRE BELLIN， PARIS“魔幻音乐宝盒” 法国珠宝大师精致特别罕有博物馆级别黄金镶钻石，红宝石，祖母绿，蓝宝石，珠母贝，粉红石英，彩色硬石及珐琅八音盒备六个人偶，年份约1990。
估 价：HKD 2,000,000~3,000,000
成交价：RMB 6,576,400
高32.5cm 香港苏富比 2013.04.07

8417 约1915年 美国 REGINA STYLE 33自动换盘大型盘片式音乐盒
估 价：RMB 350,000~450,000
成交价：RMB 402,500
97cm×60cm×170cm 北京保利 2013.12.05

468 盆景树-大阪松
估 价：RMB 80,000~100,000
成交价：RMB 130,000
80cm×90cm 上海驰翰 2013.04.25

922 纤维玉雕 圣观音
估 价：RMB 450,000~1,000,000
成交价：RMB 3,680,000
209cm×136cm 广东保利 2013.06.23

2013杂项拍卖成交汇总

(成交价RMB：1万元以上)

拍品名称	物品尺寸	成交价RMB	拍卖公司	拍卖日期
竹雕				
摆件				
明 东方朔偷桃竹雕摆件	高24.4cm	276,000	翰风国际	2013.04.20
17世纪/18世纪 竹根雕“采芝仙人”像	高10.8cm	601,500	香港苏富比	2013.04.08
清早期 黄兆款竹雕童子浴牛图摆件	高6.3cm	69,000	中国嘉德	2013.05.11
清早期 竹雕东方朔偷桃摆件	高20cm	109,250	北京保利	2013.06.06
清早期 竹雕观音像	高20cm	667,000	北京保利	2013.04.27
清早期 竹雕弥勒坐像	高11.5cm	391,000	中国嘉德	2013.11.19
清早期 竹根雕摆件	高15cm	138,000	北京保利	2013.06.06
清早期 竹根雕高士小山子	高7cm	172,500	北京保利	2013.06.06
清早期 竹根雕刘海戏金蟾	高15cm	132,250	北京翰海	2013.12.06
清早期 竹根雕刘海戏金蟾	高11cm	104,650	北京翰海	2013.12.06
清早期 竹根圆雕东方朔偷桃摆件	高23.5cm	483,000	上海中汉	2013.10.17
清中期 竹雕韩愈至蓝关像	高14cm	690,000	北京东正	2013.11.16
清中期 竹雕灵芝如意	长22cm	92,230	保利香港	2013.04.07
清中期 竹雕群仙祝寿乘槎摆件	长36cm	230,000	北京保利	2013.06.06
清中期 竹雕群仙祝寿山子	高30.2cm	345,000	中国嘉德	2013.09.16
清中期 竹雕寿星	高9.3cm	23,000	中国嘉德	2013.11.19
清中期 竹雕太狮少狮	长8.6cm	23,000	北京翰海	2013.06.02
清中期 竹根雕曹国舅坐像	高11cm	138,000	北京诚轩	2013.11.17
清中期 竹根雕刘海戏金蟾	高4.8cm	109,250	中国嘉德	2013.05.11
清中期 竹根雕梅段如意	长42cm	101,200	北京诚轩	2013.05.11
清中期 竹根雕松亭赏图纹山子	长9.8cm	138,000	北京东正	2013.05.10
清中期 竹刻搔耳罗汉	高23.5cm	78,200	北京保利	2013.06.06
清雍正 施天章款竹根雕伏虎罗汉摆件	长8.5cm	184,000	翰风国际	2013.04.20
18世纪/19世纪 竹雕羣贤雅集山子	高27.7cm	248,840	纽约佳士得	2013.03.21
18世纪/19世纪 竹根雕“寿老童子”立像	高36cm	180,450	香港苏富比	2013.04.08
19世纪 竹根雕山水人物图大山子	高32.4cm	178,200	香港佳士得	2013.05.29
清 施天章济公白竹腈像	高10cm	3,450,000	北京保利	2013.06.04
清 竹雕螭龙纹如意	长37cm	92,000	北京翰海	2013.12.06
清 竹雕东方朔	高13cm	40,250	北京保利	2013.07.27
清 竹雕东方朔偷桃摆件	高10.5cm	40,250	西泠拍卖	2013.07.12
清 竹雕东方朔偷桃像	高6.3cm	10,350	中国嘉德	2013.09.16
清 竹雕抚狮罗汉像	高23.5cm	20,700	中国嘉德	2013.09.16
清 竹雕高士	高13.5cm	230,000	北京匡时	2013.06.04
清 竹雕高士像	高22cm	17,250	中国嘉德	2013.12.14
清 竹雕和合二仙	高6.6cm	206,567	易拍好台北	2013.04.14
清 竹雕和合二仙摆件	高20cm	218,500	上海中汉	2013.10.17
清 竹雕老僧坐像	高17.5cm	322,000	北京匡时	2013.06.05
清 竹雕刘海戏金蟾	高4.6cm	402,500	北京匡时	2013.06.04
清 竹雕刘海戏金蟾	高27cm	23,000	北京保利	2013.10.26
清 竹雕刘海戏金蟾摆件	高33cm	310,500	北京匡时	2013.12.01
清 竹雕刘海戏金蟾摆件	高10cm	36,800	北京传是	2013.12.12
清 竹雕罗汉	高18cm	11,500	北京保利	2013.10.26
清 竹雕罗汉摆件	高10cm	13,800	北京匡时	2013.09.12
清 竹雕罗汉摆件	高22.5cm	13,800	北京匡时	2013.09.12
清 竹雕罗汉像	高19cm	11,500	北京保利	2013.04.27
清 竹雕麻姑献寿	高13cm	57,500	北京翰海	2013.06.02
清 竹雕麻姑献寿像	高41.5cm	34,500	中国嘉德	2013.09.16
清 竹雕鸟笼	高44cm	517,500	北京匡时	2013.06.04
清 竹雕人物故事如意	长44cm	23,000	北京传是	2013.12.12
清 竹雕人物山子	长19cm	23,000	北京保利	2013.04.28
清 竹雕寿星	高46cm	17,250	北京翰海	2013.07.14
清 竹雕寿星摆件	高20cm	97,750	北京保利	2013.10.26
清 竹雕太狮少狮摆件	长33cm	40,831	保利香港	2013.10.07
清 竹雕铁拐李站像	高19cm	17,250	北京传是	2013.06.15
清 竹雕童子牧牛	高20cm	207,000	北京翰海	2013.12.06
清 竹雕童子骑牛摆件	长9cm	28,750	西泠拍卖	2013.07.12
清 竹雕小灵芝如意	长21.2cm	17,250	中国嘉德	2013.09.16
清 竹雕钟馗打趣图山子	高7cm	46,000	西泠拍卖	2013.07.12
清 竹根雕弥勒摆件	高12.5cm	32,200	北京传是	2013.06.15
清 竹根雕弥勒摆件	高10cm	17,250	北京传是	2013.06.15
清 竹根雕狮戏图摆件	高17cm	92,000	北京翰海	2013.12.06
清 竹根雕太师少师摆件	高15.5cm	20,700	北京传是	2013.06.15
清光绪 竹黄刻铭人物翎筒	长38.6cm	138,000	中国嘉德	2013.11.19
朱小华刻留青钟馗	长29cm	20,700	中国嘉德	2013.05.11
竹根雕罗汉	高19.8cm	22,400	北京荣宝	2013.03.31
佩玩件				
清 竹雕留青西厢记挂件	高10.2cm	36,800	西泠拍卖	2013.07.12
清 竹雕卧牛挂件	长6cm	51,750	西泠拍卖	2013.07.12
清 竹黄花卉牌	长7.3cm	17,250	北京传是	2013.06.15
清乾隆 竹黄“斋戒”牌	长6.5cm	253,000	北京保利	2013.06.04
1959年 支慈庵作留青雕三多图挂件	长30cm	146,900	广东省拍	2013.11.17
生活用具				
明 竹雕鹿杯	长9.5cm	172,500	北京匡时	2013.06.04
清早期 竹根雕太狮少狮杯	长12cm	74,750	北京保利	2013.06.06
清 竹雕盘螭方爵杯	高12.5cm	103,500	上海嘉泰	2013.07.05
清 竹雕海棠花纹杯	高11.4cm	55,200	西泠拍卖	2013.07.12
清早期 竹雕松树杯	高9cm	40,250	西泠拍卖	2013.07.12
清 竹雕灵芝丛竹杯	高6.2cm	32,200	西泠拍卖	2013.07.12
清 竹雕松下双鹿杯	宽10cm	69,000	北京保利	2013.12.06
清 竹雕玉兰花杯	高8.5cm	18,078	香港淳浩	2013.11.30
清 湘妃竹制方形香盘	长42.5cm	69,000	西泠拍卖	2013.07.12
清 竹雕人物盖盒 (一对)	高16cm	11,500	北京保利	2013.04.28
清乾隆 竹贴簧暗刻云龙纹盒	长28.5cm	138,000	北京匡时	2013.06.05
清 贴竹黄雕秘戏图八方盒	高11cm	23,000	西泠拍卖	2013.07.12
明 竹雕“太师少师”香薰	长14.5cm	195,500	远方拍卖	2013.06.06
清 朱石梅刻锡巧改竹螭纹香薰	高19cm	782,000	远方拍卖	2013.06.06
清 竹雕赤壁夜游香囊	高10.6cm	36,800	西泠拍卖	2013.07.12
清 竹黄云龙纹柜	高56.6cm	48,300	中国嘉德	2013.06.15
清 贴竹黄刻西番莲经书柜	高32cm	92,000	西泠拍卖	2013.07.12
清中期 竹根香盒	高7cm	230,000	北京保利	2013.12.05
清 蕉石高士图竹香盒	直径5.5cm	103,752	罗芙奥	2013.11.26
清 湘妃竹香盒	高35cm	40,250	北京保利	2013.10.26
清早期 竹簧花卉盖盒	长10cm	23,000	北京传是	2013.12.12
清初 竹雕锦地盘螭兽面纹双龙耳三足炉	高19.2cm	1,437,500	北京东正	2013.11.16
清 竹雕簋式香炉	宽14cm	108,882	保利香港	2013.10.07
清 贴竹黄兽面纹花觚 (两件)	高21cm	78,200	北京翰海	2013.12.06
清 竹雕壶	长13.5cm	11,500	中国嘉德	2013.09.16
清 竹簧花卉柜箱	长31cm	11,500	北京保利	2013.10.28
晚清 [illegible]妃竹[illegible]	高37.3cm	113,184	罗芙奥	2013.11.26
湘妃竹制香具提篮	高38cm	28,750	北京匡时	2013.09.12
明 竹刻镶嵌花卉题诗香筒	长34.5cm	80,500	北京保利	2013.12.05
明 竹刻兰亭雅集大香筒	高23.3cm	690,000	北京保利	2013.06.06
明末清初 竹雕五螭纹香筒	高19.5cm	103,500	北京诚轩	2013.11.17
清早期 竹刻人物香筒	高22.1cm	17,250	北京保利	2013.06.06
清早期 竹雕婴戏图香筒	高23.7cm	155,250	北京匡时	2013.06.05
清早期 竹雕庭院仕女香筒	高24.8cm	254,058	保利香港	2013.10.07
清早期 竹雕人物香筒	高22cm	345,000	中国嘉德	2013.05.11
清早期 竹雕螭龙香筒	高17cm	48,300	北京保利	2013.10.26
清乾隆 竹雕仕女图香筒	高24.3cm	97,750	中国嘉德	2013.09.15
清中期 竹雕西园雅集小香筒	高11.5cm	460,000	北京诚轩	2013.05.11
清中期 竹雕西厢记人物故事图香筒	高20cm	195,500	中国嘉德	2013.03.25
清中期 竹雕透雕庭院仕女香筒	高24cm	181,470	保利香港	2013.10.07
清中期 竹雕百子婴戏小香筒	高11.5cm	40,250	北京保利	2013.06.06
清道光 俞樾书诗文香筒	高27cm	32,200	北京匡时	2013.12.05
清 竹雕狩猎图香筒	高18.5cm	63,250	北京保利	2013.04.28
清 竹雕山水人物香筒	长10.2cm	43,700	北京翰海	2013.06.02
清 竹雕山水八仙香筒	高23cm	184,000	翰风国际	2013.04.20

*查看图片请参照凡例4方法

2013杂项拍卖成交汇总

(成交价RMB：1万元以上)

拍品名称	物品尺寸	成交价RMB	拍卖公司	拍卖日期
清 竹雕荣归清乐图香筒	高11.8cm	115,000	北京诚轩	2013.11.17
清 竹雕人物香筒 (一对)	高23.3cm×2	172,500	南京经典	2013.01.25
清 竹雕人物香筒	长37cm	10,350	北京保利	2013.04.27
清 竹雕人物香筒	长33cm	23,000	北京保利	2013.10.28
清 竹雕“松下高士”香筒	长34.3cm	51,750	北京翰海	2013.06.02
清 竹雕“十八罗汉”香筒	长40.5cm	43,700	北京翰海	2013.06.02
18世纪 竹雕竹林七贤图香筒	高23.8cm	91,785	纽约苏富比	2013.09.17
近代 竹刻山水人物香筒	高18cm	11,500	北京保利	2013.10.26
清 蒯增 岱山款竹刻金文扇骨各一把	长34.2cm；长31cm	36,800	中国嘉德	2013.06.16
清 湘妃竹扇骨	长35cm	92,000	西泠拍卖	2013.07.12
清 湘妃竹扇骨 (两把)	长29.5cm；长28.5cm	25,300	中国嘉德	2013.09.17
清 湘妃竹扇骨1把14格	长40.2cm	23,000	北京匡时	2013.06.05
清 湘妃竹扇骨1把16格	长38.8cm	23,000	北京匡时	2013.06.05
清 仲嘉款竹刻诗文扇骨 朱漆扇骨 犀皮漆扇骨各一把	尺寸不一	11,500	中国嘉德	2013.09.16
清 竹刻山水人物纹扇骨	长31cm	10,350	中国嘉德	2013.03.25
清同治 棕竹柄花卉折扇	长30.5cm	57,500	北京保利	2013.12.04
清晚期 于子安刻四君子诗文扇骨	长32cm	20,700	北京传是	2013.06.15
清晚期 朱紫泉大清十帝钱扇骨	长31cm	17,250	北京传是	2013.06.15
清早期 竹雕十八罗汉扇骨	长33cm	23,000	北京传是	2013.06.15
清中期 竹斋浅薄意刻人物扇骨	长34cm	20,700	北京传是	2013.06.15
蔡容庄 任熊 竹刻书画扇骨	高30cm	23,000	北京保利	2013.12.04
蔡容庄 竹刻书法扇骨	高32cm	23,000	北京保利	2013.12.04
陈春熙 竹刻婴戏图古金文扇骨	高33.5cm	40,250	北京保利	2013.12.04
陈澹如 竹刻留青金文扇骨	高31cm	161,000	北京保利	2013.12.04
丁二仲 竹刻留青钱币扇骨	高33cm	17,250	北京保利	2013.12.04
费丹旭、高奇峰等画 佚名刻扇骨(五把)	长31cm	18,400	长风拍卖	2013.06.17
冯超然、齐白石画 佚名刻扇骨 (两把)	长31cm	16,100	长风拍卖	2013.06.17
高式熊 阮性山 竹刻山水书法扇骨	高31cm	20,700	北京保利	2013.12.04
高振霄 竹刻隶书扇骨	高32cm	17,250	北京保利	2013.12.04
顾鹤逸 竹刻钱币扇骨	高35cm	34,500	北京保利	2013.12.04
郭余庭 花鸟书法扇骨	高31cm	23,000	北京保利	2013.12.04
郭余庭 竹刻仕女书法扇骨	高31cm	25,300	北京保利	2013.12.04
胡匊邻 竹刻人物诗文扇骨	高32cm	172,500	北京保利	2013.12.04
花剑南 花劼庵 竹刻人物书法扇骨	高32cm	51,750	北京保利	2013.12.04
黄山泉 竹刻人物书法扇骨	高32cm	55,200	北京保利	2013.12.04
蒋仁 竹刻青铜铭文 人物扇骨	高32cm	71,300	北京保利	2013.12.04
金农 竹刻梅花书法扇骨	高33cm	40,250	北京保利	2013.12.04
金西厓刊 朱疆邨诗扇骨	高31cm	138,000	泰和嘉成	2013.05.26
近代 金西厓竹刻人物书法扇骨	长31.6cm	103,500	苏州东方	2013.09.28
林介侯 陈摩 竹刻兰花扇骨	高31cm	23,000	北京保利	2013.12.04
马根仙 竹刻耄耋富贵扇骨	高32cm	89,700	北京保利	2013.12.04
民国 蔡铣 谭一民款竹刻花虫纹 花鸟诗文扇骨各一把	长32.5cm；长32.3cm	59,800	中国嘉德	2013.06.16
民国 陈半丁、冯耘合璧扇骨	长28.5cm	17,250	北京匡时	2013.12.05
民国 丁二仲刻汉砖古瓦扇骨	长33cm	17,250	北京传是	2013.06.15
民国 马晋 张志鱼款竹刻花虫纹扇骨	长31cm	10,350	中国嘉德	2013.06.16
民国 名家款刻竹扇		13,800	北京翰海	2013.12.07
民国 名家款刻竹扇		13,800	北京翰海	2013.12.07
民国 名家款刻竹扇		13,800	北京翰海	2013.12.07
民国 名家款刻竹扇		11,500	北京翰海	2013.12.07
民国 名家款刻竹扇		11,500	北京翰海	2013.12.07
民国玉竹刻郑午昌书法 萧逊书画扇骨	长31cm	10,080	北京荣宝	2013.09.08
民国 竹刻诗词瓦铭扇骨 (三把)	尺寸不一	43,700	西泠拍卖	2013.07.12
齐白石 张大千 赵之谦 江寒汀 黄葆戊 张渔款乌木 竹刻扇骨 (三把)	尺寸不一	20,700	中国嘉德	2013.06.16
任熊 林介侯 竹刻花卉书法扇骨	高32cm	17,250	北京保利	2013.12.04
盛丙云 江寒汀 竹刻虾蝶扇骨	高32cm	63,250	北京保利	2013.12.04
宋子元 竹刻行草扇骨	高33cm	20,700	北京保利	2013.12.04
谭维德 竹刻钱币扇骨	高32cm	184,000	北京保利	2013.12.04
唐云 来楚生 竹刻草虫书法扇骨	高31cm	23,000	北京保利	2013.12.04
王雪涛画 佚名刻扇骨 (五把)	长31cm	11,500	长风拍卖	2013.06.17
王云 竹刻小楷秋声赋扇骨	高34cm	51,750	北京保利	2013.12.04
香妃竹扇骨	高33cm	23,000	北京保利	2013.12.04
湘妃扇骨 (一把)	长36cm	17,250	北京保利	2013.04.28
湘妃竹刻洞石花卉纹扇骨	高33cm	16,100	北京保利	2013.12.04
徐翰清 任薰 竹刻人物书法扇骨	高32cm	23,000	北京保利	2013.12.04
徐家东　湘妃竹九五折扇	长31cm	89,600	北京荣宝	2013.06.23
徐世泽 竹刻书法扇骨	高31cm	46,000	北京保利	2013.12.04
徐素白 竹刻扇骨	高31cm	51,750	北京保利	2013.12.04
徐孝穆 竹刻花卉扇骨	高30cm	23,000	北京保利	2013.12.04
徐义林　玉竹琴方九五折扇	长32cm	11,200	北京荣宝	2013.06.23
于子安 竹刻钱币扇骨	高31cm	17,250	北京保利	2013.12.04
余伯雨 竹刻人物扇骨	高31cm	17,250	北京保利	2013.12.04
余仲嘉 竹刻人物书法扇骨	高31cm	57,500	北京保利	2013.12.04
俞剑华 蒋忠杰 竹刻书法扇骨	高33cm	46,000	北京保利	2013.12.04
袁寒云 书法 梅花扇骨	长31.5cm	109,250	泰和嘉成	2013.11.18
张大千、吴昌硕、于硕合璧诗书画扇骨	31.2cm	69,000	北京匡时	2013.12.05
张大千画 佚名刻扇骨 (三把)	长31cm	11,500	长风拍卖	2013.06.17
张友石 竹刻石鼓文扇骨	高32cm	36,800	北京保利	2013.12.04
章桂三 竹刻摹行书兰亭序扇骨	高30cm	43,700	北京保利	2013.12.04
章桂三 竹刻人物扇骨	高32cm	23,000	北京保利	2013.12.04
赵云壑 竹刻山水书法扇骨	高32cm	23,000	北京保利	2013.12.04
朱丙良 竹刻钱币扇骨	高32cm	13,800	北京保利	2013.12.04
竹雕百子图扇骨	高32cm	126,500	北京保利	2013.12.04
文房用品				
明 东坡泛舟竹雕笔筒	高14.5cm	126,500	翰风国际	2013.04.20
明 竹雕羲之爱鹅笔筒	高15.2cm	207,000	翰风国际	2013.04.20
晚明 竹雕笔筒	高14.4cm	358,416	罗芙奥	2013.11.26
清初“文右”款高士笔筒	高16cm	218,500	远方拍卖	2013.06.06
清初 竹刻松下高士图笔筒	直径10.6cm	161,000	苏州东方	2013.09.28
清早期 山水人物纹笔筒 竹刻诗文笔筒 章各一件	尺寸不一	11,500	中国嘉德	2013.09.16
清早期 吴昌硕刻棕竹笔筒	高17.5cm	57,500	北京传是	2013.06.15
清早期 张希黄竹雕留青山水楼阁笔筒	高13.7cm	345,000	北京保利	2013.12.04
清早期 周芷岩仿元四家山水图意竹雕笔筒	高13.5cm	920,000	中国嘉德	2013.05.11
清早期 周芷岩款竹雕人物故事笔筒	高11.4cm	138,000	北京匡时	2013.12.04
清早期 竹雕“西图雅集”笔筒	高11cm	1,610,000	北京保利	2013.12.05
清早期 竹雕八仙笔筒	高17cm	437,000	中国嘉德	2013.11.19
清早期 竹雕伯牙鼓琴图小笔筒	高11.6cm	57,500	中国嘉德	2013.05.11
清早期 竹雕米芾题石图笔筒	高14.3cm	138,000	中国嘉德	2013.05.11
清早期 竹雕射雁图笔筒	高14.5cm	1,035,000	北京保利	2013.10.26
清早期 竹雕松下高士笔筒	高14cm	115,000	北京保利	2013.10.26
清早期 竹雕踏雪寻梅笔筒	高11.5cm	34,500	北京保利	2013.10.26
清早期 竹雕太白醉酒笔筒	高15.3cm	184,000	西泠拍卖	2013.07.12
清早期 竹雕陶渊明爱菊图笔筒	高13.5cm	287,500	北京翰海	2013.12.06
清早期 竹雕庭院仕女笔筒	高15.5cm	172,500	北京保利	2013.10.26
清早期 竹雕童子牧牛笔筒	高12.9cm	230,000	中国嘉德	2013.11.19
清早期 竹雕文王访贤笔筒	高14.8cm	138,000	中国嘉德	2013.11.19
清早期 竹雕携琴访友图笔筒	高16cm	105,800	中国嘉德	2013.09.16
清早期 竹雕夜游赤壁笔筒	高15.4cm	345,000	上海中汉	2013.10.17
清早期 竹雕竹林七贤笔筒	高14.8cm	230,000	北京保利	2013.06.06
清早期 竹刻山水泛舟图诗文笔筒	高14.5cm	46,000	北京翰海	2013.12.08
清早期 竹透雕松下对弈笔筒	高14.5cm	575,000	北京保利	2013.10.26
清早期 竹透雕松下人物故事笔筒	高15cm	149,500	北京保利	2013.10.26

拍品名称	物品尺寸	成交价RMB	拍卖公司	拍卖日期
清早期 竹透雕渔家乐笔筒	高15cm	115,000	北京保利	2013.10.26
清中期 “容园”铭竹雕书卷形笔筒	高17cm	3,737,500	中国嘉德	2013.11.19
清中期 “少溪”款竹雕花鸟纹笔筒	高11.8cm	40,250	中国嘉德	2013.05.11
清中期 周芷岩制竹雕竹石笔筒	高13.7cm	345,000	西泠拍卖	2013.07.12
清中期 竹雕采药老人笔筒	高14.4cm	149,500	西泠拍卖	2013.07.12
清中期 竹雕赤壁赋图笔筒	高15.4cm	48,300	中国嘉德	2013.03.25
清中期 竹雕三老图笔筒	高15cm	195,500	西泠拍卖	2013.07.12
清中期 竹雕山水人物笔筒	高11.5cm	82,800	北京翰海	2013.06.02
清中期 竹雕松鹤延年诗文笔筒	高21.5cm	230,000	中国嘉德	2013.09.16
清中期 竹雕松下人物笔筒	高13.3cm	89,700	北京翰海	2013.06.02
清中期 竹雕松下人物笔筒	高15.3cm	66,700	北京翰海	2013.06.02
清中期 竹雕松下诗文笔筒	高12cm	63,250	北京保利	2013.10.26
清中期 竹雕松荫煮茗图笔筒	高12.7cm	149,500	上海中汉	2013.10.17
清中期 竹雕踏雪寻梅笔筒	高11.8cm	13,800	北京翰海	2013.06.02
清中期 竹雕桃源图笔筒	高18.2cm	57,500	北京诚轩	2013.11.17
清中期 竹雕西山放鹤图笔筒	高12.5cm	230,000	北京翰海	2013.12.06
清中期 竹雕羲之赏鹅图笔筒	高8.7cm	138,000	中国嘉德	2013.11.19
清中期 竹雕知音图笔筒	高12.3cm	80,500	北京诚轩	2013.11.17
清中期 竹雕竹林七贤图笔筒	高12.9cm	483,000	上海中汉	2013.10.17
清中期 竹节随形錾图刻诗文笔筒	高13cm	69,000	北京保利	2013.06.06
清乾隆 “板桥道人”款竹雕幽篁灵石图笔筒	高12cm	322,000	上海中汉	2013.10.17
清乾隆 王圯制竹雕山水人物笔筒	高15.8cm	862,500	西泠拍卖	2013.07.12
清乾隆 小松款(黄易)随形竹刻笔筒	高11.5cm	34,500	西泠拍卖	2013.07.12
清乾隆 竹刻赤壁夜游笔筒	高14.8cm	230,000	上海道明	2013.10.18
清乾隆 竹刻东山报捷笔筒	高12.5cm	184,000	上海道明	2013.10.18
清乾隆 竹刻竹林七贤笔筒	高12.2cm	287,500	上海道明	2013.10.18
清嘉庆甲子年(1804) 竹雕题诗花卉纹笔筒	高14cm	143,205	伦敦苏富比	2013.05.15
清道光 王晋绅旧藏盛德基制竹雕四时读书乐文字笔筒	高11cm	276,000	西泠拍卖	2013.07.12
清道光 王梅邻瓦当纹小竹笔筒	高12.3cm	172,500	北京保利	2013.06.06
清道光 竹雕《兰亭集序》诗文笔筒	高14cm	138,000	上海中汉	2013.10.17
清 “芸谷”款竹雕花卉草虫笔筒	高13cm	276,000	古天一	2013.12.05
清 蔡时敏竹雕商山五皓笔筒	高14.5cm	276,000	上海嘉泰	2013.07.05
清 赤壁泛舟园竹笔筒	高12.2cm	368,000	北京保利	2013.06.04
清 赤壁夜游园竹笔筒	高17.4cm	5,865,000	北京保利	2013.06.04
清 邓孚嘉款竹雕百鹿图笔筒	高17.5cm	20,700	中国嘉德	2013.09.14
清 邓渭款竹雕白菜笔筒	高12.5cm	69,000	北京保利	2013.12.06
清 方洁竹雕香山九老笔筒	高15cm	109,250	上海嘉泰	2013.07.05
清 佛肚竹笔筒	高11.5cm	13,000	北京传是	2013.12.12
清 顾珏款竹雕山水纹笔筒	高14.3cm	11,500	中国嘉德	2013.09.16
清 顾珏款竹雕渔樵耕读图笔筒	高15.5cm	20,700	中国嘉德	2013.06.15
清 顾珏制 杜牧诗意园竹笔筒	高13.1cm	1,725,000	北京保利	2013.06.04
清 鸿寿款竹制梅寿纹笔筒	高14.5cm	80,500	北京匡时	2013.12.04
清 老桐款竹雕梅花随形笔筒	高12cm	57,500	西泠拍卖	2013.07.12
清 钱大昕书黄道周赞诗文竹笔筒	高14.2cm	552,000	西泠拍卖	2013.07.12
清 晚期 竹刻笔筒	高16cm	47,362	大唐香港	2013.05.28
清 吴之璠款竹雕二乔并读诗文笔筒	高14.5cm	13,800	中国嘉德	2013.06.15
清 吴之璠款竹雕刘海戏金蟾图笔筒	高17.1cm	40,250	中国嘉德	2013.09.17
清 杨谦款竹雕山水人物纹笔筒	高17.2cm	126,500	中国嘉德	2013.03.24
清 张照款刻“后赤壁赋”诗文竹笔筒	高14.5cm	92,000	北京保利	2013.06.06
清 芝山制竹雕花卉诗文图笔筒	高10cm	11,500	北京保利	2013.06.06
清 芷岩铭竹雕竹石图笔筒	高18.3cm	483,000	中国嘉德	2013.11.19
清 周芷岩留青浅浮雕秋江垂钓竹笔筒	高14.6cm	690,000	翰风国际	2013.04.20
清 周芷岩制竹雕秋江渔隐图笔筒	高14.4cm	1,725,000	翰风国际	2013.04.20
清 朱三松款竹雕双竹图笔筒	高14.3cm	632,500	北京匡时	2013.12.04
清 竹雕“南田居士”款笔筒	高14.2cm	36,800	北京匡时	2013.06.05
清 竹雕“清白为象”笔筒	高13cm	80,500	北京传是	2013.12.12
清 竹雕八仙笔筒	高12cm	23,000	北京保利	2013.10.26

拍品名称	物品尺寸	成交价RMB	拍卖公司	拍卖日期
清 竹雕八仙过海笔筒	高12cm	23,000	北京保利	2013.04.27
清 竹雕笔筒 (四件)	尺寸不一	17,250	北京保利	2013.07.27
清 竹雕东山报捷小笔筒	高9.5cm	11,500	北京保利	2013.04.27
清 竹雕二乔笔筒	高14cm	13,800	北京保利	2013.10.26
清 竹雕福山寿海诗文笔筒	高17cm	10,350	北京保利	2013.04.27
清 竹雕高士图笔筒	高13cm	46,807	保利香港	2013.04.07
清 竹雕睢阳五老会笔筒	高15.5cm	377,280	罗芙奥	2013.11.26
清 竹雕兰亭雅集图笔筒	高15.6cm	13,800	中国嘉德	2013.06.15
清 竹雕兰亭雅集图笔筒 竹雕瓶花图笔筒各一件	高17.1cm；高15.6cm	23,000	中国嘉德	2013.09.17
清 竹雕乐梅图笔筒	高15.5cm	20,700	北京九歌	2013.06.28
清 竹雕龙纹笔筒	高15cm	13,800	北京保利	2013.07.27
清 竹雕牧马图笔筒	高11.7cm	80,500	北京匡时	2013.06.05
清 竹雕牧马图笔筒	高14.5cm	23,000	北京保利	2013.04.28
清 竹雕人物笔筒	高15cm	188,935	易拍好台北	2013.04.14
清 竹雕人物笔筒	高15cm	23,000	北京保利	2013.07.27
清 竹雕人物笔筒	高15cm	14,950	北京保利	2013.04.27
清 竹雕人物笔筒	高14cm	11,500	北京保利	2013.07.27
清 竹雕人物笔筒	高16cm	11,500	北京翰海	2013.07.14
清 竹雕人物笔筒	高17.5cm	46,000	北京保利	2013.10.28
清 竹雕人物笔筒	高15.5cm	25,300	北京保利	2013.10.28
清 竹雕人物笔筒	高14.5cm	13,800	北京保利	2013.10.28
清 竹雕人物故事笔筒	高15cm	13,800	北京传是	2013.06.15
清 竹雕人物故事笔筒	高16cm	11,500	北京保利	2013.10.28
清 竹雕山水人物笔筒	高13.7cm	230,000	北京翰海	2013.06.02
清 竹雕山水人物纹 五老图笔筒各一件	高16cm；高11.4cm	34,500	中国嘉德	2013.12.14
清 竹雕山水人物纹笔筒	高15cm	66,700	中国嘉德	2013.03.24
清 竹雕山水人物纹笔筒	高16cm	40,250	中国嘉德	2013.12.14
清 竹雕山水人物纹笔筒 (两件)	高14.5cm；高13.3cm	28,750	中国嘉德	2013.12.14
清 竹雕山水诗文笔筒	高14cm	28,750	北京保利	2013.04.28
清 竹雕山水诗文笔筒	高12cm	69,000	北京保利	2013.10.26
清 竹雕山水小笔筒	高14.5cm	184,000	翰风国际	2013.04.20
清 竹雕诗文笔筒	高15cm	13,800	北京保利	2013.04.27
清 竹雕诗文笔筒	高16cm	17,250	北京保利	2013.10.26
清 竹雕松下高士诗文笔筒	高16cm	115,000	北京保利	2013.10.26
清 竹雕松下高士图笔筒	高15cm	34,500	中国嘉德	2013.12.14
清 竹雕松下人物笔筒	高15.2cm	46,000	北京翰海	2013.12.08
清 竹雕松下逸士图笔筒	高14.2cm	161,000	翰风国际	2013.04.20
清 竹雕送别图笔筒	高14.5cm	28,750	北京传是	2013.06.15
清 竹雕随形山水楼台笔筒	高13cm	69,000	西泠拍卖	2013.07.12
清 竹雕题诗“刘海戏蟾”图笔筒	高15.3cm	200,500	香港苏富比	2013.04.08
清 竹雕五老观画笔筒	高15cm	36,800	北京保利	2013.04.28
清 竹雕西园雅集图笔筒	高16.5cm	11,500	中国嘉德	2013.12.14
清 竹雕香山九老图笔筒	高16.2cm	46,000	中国嘉德	2013.09.16
清 竹雕夜游赤壁笔筒	高16cm	20,700	北京保利	2013.04.28
清 竹雕浴马图笔筒	高15cm	13,800	中国嘉德	2013.06.15
清 竹雕浴马图笔筒	高14.7cm	40,250	中国嘉德	2013.12.14
清 竹雕指日高升笔筒	高14.5cm	105,800	翰风国际	2013.04.20
清 竹雕竹林七贤笔筒	高15.3cm	184,000	北京保利	2013.06.06
清 竹雕竹林七贤纹三足笔筒	长14.cm	241,500	北京艺融	2013.11.28
清 竹刻山水人物笔筒	高12.5cm	862,500	朵云轩	2013.07.07
清 竹刻山水人物笔筒	高16cm	310,500	翰风国际	2013.04.20
清 竹刻山水人物笔筒	直径16cm	161,000	苏州东方	2013.09.28
清 竹刻山水诗文笔筒	高13.1cm	189,750	北京翰海	2013.06.02
清 竹刻庭院人物笔筒	高17cm	103,500	北京保利	2013.10.27
清 竹留青竹纹笔筒	高24cm	13,800	中国嘉德	2013.09.17
清 竹镂雕夜游赤壁笔筒	高11.7cm	156,791	中国嘉德	2013.04.05
17世纪 竹雕“高士赏游”图笔筒	高14cm	119,338	伦敦苏富比	2013.05.15

2013杂项拍卖成交汇总

(成交价RMB：1万元以上)

拍品名称	物品尺寸	成交价RMB	拍卖公司	拍卖日期
18世纪 竹雕"灵芝松鹤"图随形笔筒	高11.2cm	320,800	香港苏富比	2013.04.08
18世纪 竹雕"祥云九龙"图椭圆笔筒	高15.5cm	641,063	香港苏富比	2013.10.08
18世纪 竹雕人物纹笔筒	高15.5cm	76,488	纽约苏富比	2013.09.17
18世纪/19世纪 竹雕"兰亭修褉"图题诗笔筒	高12.9cm	789,000	香港苏富比	2013.10.08
18世纪/19世纪 竹雕"山水亭阁"图题诗笔筒	高12.2cm	187,388	香港苏富比	2013.10.08
19世纪 竹雕题字"苏轼游赤壁"图笔筒	高13.9cm	170,425	香港苏富比	2013.04.08
19世纪 竹刻题诗笔筒	高10.9cm	160,400	香港苏富比	2013.04.08
竹雕山水人物纹笔筒 木嵌螺钿花卉纹笔筒各一件	高18.5cm；高16.2cm	10,350	中国嘉德	2013.12.14
清 改七乡铭 湘竹秘阁	高1.8cm	517,500	北京保利	2013.06.04
清 竹刻"竹韵图"题诗臂搁	长20.1cm	50,125	香港苏富比	2013.04.08
清康熙 张伯驹旧藏周子和刻"药山看经"竹臂搁	长20.5cm	149,500	北京匡时	2013.12.05
清 张伯驹旧藏桂馥诗文竹臂搁	长28.6cm	69,000	北京匡时	2013.12.05
清 竹雕刻金文书刀	长35.3cm	32,200	北京保利	2013.12.05
清 松鹤图 白竹诗筒	高8.8cm	299,000	北京保利	2013.06.04
清 竹根雕松下高士章料 (一对)	高10.5cm	46,000	西泠拍卖	2013.07.12
其他用品				
清乾隆 御制黄玉鸠首方竹刻御制诗文杖	长119cm	3,910,000	北京保利	2013.12.04
清 竹编鸟笼	长41cm	218,500	中国嘉德	2013.11.19
清 竹雕福寿纹围棋罐 (一对)	直径13.8cm	28,750	中国嘉德	2013.09.17
清 竹雕人物茶叶筒	高14cm	11,500	北京保利	2013.04.28
清 竹制鸟笼带铜错金提钩等 (一套)	长44cm	437,000	中国嘉德	2013.05.11
民国 徐钟明制竹雕锦地花鸟纹雀笼	高24.5cm	261,050	华艺国际	2013.01.04
竹绣眼鸟笼	高36.2cm	11,500	中国嘉德	2013.12.14
木雕				
摆件				
12世纪/13世纪 木雕加彩观音菩萨半身像	高135cm	10,919,760	香港苏富比	2013.10.08
宋/金 木雕彩绘菩萨头像	高95cm	3,166,489	纽约苏富比	2013.03.19
金/元 木雕彩绘"水月观音"坐像	长124cm	4,377,300	伦敦苏富比	2013.05.15
元 木雕漆彩自在观音像	高71cm	575,000	西泠拍卖	2013.07.12
元代 木雕彩绘观音坐像	高32cm	414,000	古天一	2013.12.05
元末 木雕彩绘自在观音坐像	高30cm	230,000	古天一	2013.06.04
明 沉香木雕观音	高14.7cm	345,000	北京翰海	2013.12.06
明 沉香仙槎摆件	高17cm	506,000	北京九歌	2013.06.28
明 根雕达摩	高28cm	322,000	北京匡时	2013.06.04
明 黄杨木雕观音像	高18.5cm	69,000	西泠拍卖	2013.07.12
明 金漆沉香十六罗汉供舍利子佛龛	高13cm	207,000	上海嘉泰	2013.10.25
明 木雕八臂观音立像	高76cm	276,000	古天一	2013.12.05
明 木雕彩绘关帝坐像	高47cm	161,000	古天一	2013.06.04
明 木雕彩绘罗汉立像	高46cm	115,000	古天一	2013.12.05
明 木雕彩绘罗汉坐像	高43cm	322,000	古天一	2013.12.05
明 木雕彩绘罗汉坐像	高68cm	299,000	古天一	2013.06.04
明 木雕彩绘善财童子立像	高68cm	138,000	古天一	2013.06.04
明 木雕彩绘睡梦罗汉立像	高71cm	115,000	古天一	2013.06.04
明 木雕彩绘玄天上帝坐像	高116.8cm	311,050	纽约苏富比	2013.03.19
明 木雕彩绘自在观音坐像	高45cm	184,000	古天一	2013.12.05
明 木雕关羽立像	高122cm	1,725,000	古天一	2013.12.05
明 木雕关羽描绘坐像	高75cm	897,000	古天一	2013.12.05
明 木雕弥勒佛坐像	高47cm	253,000	古天一	2013.12.05
明 木雕描金加彩菩萨坐像	高14.5cm	230,000	古天一	2013.12.05
明 木雕描漆水月观音坐像	高88cm	1,782,500	古天一	2013.06.04
明 木雕漆金男相观音	高25cm	126,500	古天一	2013.06.04
明 木雕水月观音坐像	高28cm	207,000	古天一	2013.12.05
明 木雕文殊坐像	高108cm	1,143,109	纽约佳士得	2013.03.21

拍品名称	物品尺寸	成交价RMB	拍卖公司	拍卖日期
明 木雕自在观音 金童玉女 (一组)	高60cm	402,500	古天一	2013.12.05
明 木漆金观音坐像	高32cm	172,500	古天一	2013.06.04
明 木漆金男相观音	高97cm	690,000	古天一	2013.06.04
明 楠木高士立像	高30cm	109,250	远方拍卖	2013.06.06
明 奇楠人物摆件	带座高10.5cm	138,000	北京翰海	2013.06.02
明 檀香木雕观音	高32cm	124,300	远方拍卖	2013.06.06
明 檀香木佛坐像	高25cm	195,500	远方拍卖	2013.06.06
明 檀香如来佛	高32cm	207,000	北京匡时	2013.06.04
明 紫檀雕释迦牟尼佛像	高20cm	299,000	北京保利	2013.07.27
明 紫檀四臂观音	高6cm	32,200	北京保利	2013.04.27
明崇祯 鱼形木鱼	长16cm	51,750	北京保利	2013.06.06
明或更早 木雕普贤菩萨像	高46cm	17,250	中国嘉德	2013.09.16
明末 木雕漆金南海观音立像	高75cm	299,000	古天一	2013.06.04
明末清初 沉香木雕雪山大士像	高12cm	287,500	云南典藏	2013.10.26
明末清初 木漆金自在观音坐像	高59.3cm	862,500	古天一	2013.06.04
明晚期 紫檀加彩观音立像	高93cm	1,610,000	北京保利	2013.10.27
明以前 木雕胁侍菩萨立像	高145cm	2,875,000	古天一	2013.12.05
明永乐 木雕漆金无量佛	高49.5cm	1,725,000	翰风国际	2013.04.20
明早期 木雕彩绘观音坐像	高69cm	345,000	古天一	2013.12.05
16世纪/17世纪 莲花手菩萨	高5.2cm	10,350	北京翰海	2013.03.24
16世纪/清初 木雕罗汉像	高86.5cm	233,288	纽约佳士得	2013.03.21
17世纪/18世纪 沉香木雕"凤凰牡丹"图摆件	高4.7cm	751,875	香港苏富比	2013.04.08
18世纪/19世纪 黄杨木雕仕女乘槎	高33cm	978,360	香港苏富比	2013.10.08
清初 沉香木雕观音	高26cm	166,750	北京翰海	2013.06.02
清早期 沉香雕仙人乘槎摆件	长13.8cm	230,000	苏州东方	2013.09.28
清早期 黄杨抱狮观音	高50cm	161,000	北京宝笈轩	2013.03.10
清早期 黄杨木雕罗汉像	高16cm	69,000	北京保利	2013.12.05
清早期 黄杨木雕释迦牟尼佛像	高43.2cm	230,000	北京保利	2013.06.04
清早期 乌木嵌竹雕松荫仕女摆件	高13cm	230,000	中国嘉德	2013.05.11
清乾隆 黄杨木观音	高28cm	478,632	易拍好台北	2013.04.14
清乾隆 黄杨坐观音	高24.5cm	368,000	北京宝笈轩	2013.03.10
清乾隆 金髹木雕十一面观音	高27.7cm	483,000	中国嘉德	2013.11.17
清乾隆 紫檀 鸡翅庭院雕件各一件	长32.5cm；长24.6cm	80,500	中国嘉德	2013.09.16
清乾隆 紫檀 硬木雕件 (六件)	尺寸不一	10,350	中国嘉德	2013.09.16
清乾隆 紫檀庭院雕件	长31cm	57,500	中国嘉德	2013.09.16
清乾隆 紫檀庭院雕件	长33.5cm	23,000	中国嘉德	2013.09.16
清中期 黄杨木雕"太师少师"摆件 (一对)	高9.5cm×2	138,000	北京匡时	2013.06.05
清中期 黄杨木雕雪山大士坐像	高20cm	747,500	北京传是	2013.06.15
清中期 黄杨木雕渔翁	高11cm	115,000	北京翰海	2013.06.02
清 沉香雕螭虎戏钱把件	长10cm	16,100	北京九歌	2013.06.28
清 沉香雕佛手	长11.5cm	287,500	古天一	2013.06.04
清 沉香雕观音	高19cm	13,800	北京保利	2013.04.28
清 沉香雕秋趣摆件	长27.3cm	32,200	北京匡时	2013.12.05
清 沉香雕仙人乘槎摆件	长28.3cm	92,000	北京匡时	2013.12.05
清 沉香木雕搔背罗汉	高7cm	28,750	北京传是	2013.06.15
清 沉香木雕岁岁平安摆件	长10.3cm	128,800	北京翰海	2013.12.06
清 沉香木观音	高21cm	13,800	北京保利	2013.01.11
清 沉香木猴桃摆件	长6cm	13,800	中国嘉德	2013.09.17
清 沉香木普贤菩萨像	高17.5cm	46,000	中国嘉德	2013.12.14
清 沉香瑞鹿把件	长8cm	17,250	北京传是	2013.06.15
清 沉香三羊开泰摆件	长11cm	17,250	北京保利	2013.10.28
清 沉香铁拐李	高20cm	28,750	北京保利	2013.04.27
清 根雕老仙人像	高34cm	138,000	北京歌德	2013.06.02
清 根雕随形摆件	宽32.5cm	57,500	北京保利	2013.06.06
清 红木罗汉	高70cm	17,250	北京翰海	2013.11.17
清 桦瘿木贴皮童子牧牛摆件	高17.5cm	920,000	古天一	2013.06.04
清 黄炳勋制龙眼木关公夜读坐像	高28cm	230,000	远方拍卖	2013.06.06

拍品名称	物品尺寸	成交价RMB	拍卖公司	拍卖日期
清 黄花梨雕松树摆件	长15cm	27,117	大唐香港	2013.11.28
清 黄杨高士骑牛摆件	高30cm	13,800	北京保利	2013.07.27
清 黄杨木雕达摩	高13.5cm	36,800	北京翰海	2013.06.02
清 黄杨木雕大鸡摆件	高43cm	10,350	北京保利	2013.01.11
清 黄杨木雕佛手	长24cm	17,250	北京保利	2013.07.27
清 黄杨木雕伏虎罗汉	高11.5cm	402,500	北京翰海	2013.12.08
清 黄杨木雕观音座像	高30cm	34,500	北京保利	2013.04.28
清 黄杨木雕济公	高10cm	17,250	北京保利	2013.04.27
清 黄杨木雕刘海戏金蟾	长18cm	34,500	北京保利	2013.04.28
清 黄杨木雕罗汉像	高20cm	36,800	北京保利	2013.10.26
清 黄杨木雕弥勒像	高21cm	20,700	北京保利	2013.04.27
清 黄杨木雕男相观音像	高14cm	28,750	西泠拍卖	2013.07.12
清 黄杨木雕释迦立像	高39cm	138,000	北京保利	2013.04.27
清 黄杨木雕寿星	高12.8cm	172,500	北京翰海	2013.12.08
清 黄杨木雕铁拐李像	高22cm	105,800	中国嘉德	2013.11.19
清 黄杨木雕渔翁得利摆件	高18.5cm	23,000	西泠拍卖	2013.07.12
清 黄杨木老渔翁摆件	高30cm	115,000	南京经典	2013.07.28
清 黄杨木老子出关摆件	长10cm	17,250	北京传是	2013.06.15
清 黄杨木老子出关雕件	高34cm	115,000	上海嘉泰	2013.07.05
清 黄杨木罗汉像	长11.5cm	32,200	中国嘉德	2013.09.17
清 黄杨木麻姑献寿像	高21.7cm	11,500	中国嘉德	2013.06.16
清 黄杨木漆金雕书卷观音像	高16.5cm	23,000	西泠拍卖	2013.07.12
清 黄杨木铁拐李摆件	高19cm	11,500	北京传是	2013.12.12
清 黄杨木童子站像	高10cm	20,700	北京传是	2013.06.15
清 金漆木雕善财童子	高82cm	23,000	北京翰海	2013.07.14
清 龙眼木辈辈得利人物(一对)	高43cm	10,350	北京保利	2013.04.27
清 龙眼木雕罗汉	高48cm	17,250	北京保利	2013.07.27
清 木雕布袋和尚	高21.2cm	59,800	北京翰海	2013.06.02
清 木雕观音	高31cm	23,000	北京保利	2013.07.27
清 木雕观音像 黄杨木佛手如意各一件	长30cm	13,800	中国嘉德	2013.03.25
清 木雕弥勒像	宽27cm	25,300	北京保利	2013.04.28
清 奇楠摆件带紫檀座	高12cm	59,800	中国嘉德	2013.09.14
清 乾隆 白檀木胎漆金罗汉坐像 白檀木胎漆金释迦牟尼像	高9cm；高9cm	207,504	罗芙奥	2013.11.24
清 树根随风摆件	高40cm	23,000	北京传是	2013.06.15
清 树瘤寿字摆件	高49cm	36,800	北京传是	2013.06.15
清 树瘤天然“云起”雕件	宽105cm	97,750	北京保利	2013.12.05
清 檀香木雕和合二仙摆件	高23.7cm	63,250	西泠拍卖	2013.07.12
清 檀香木雕释迦像	高37cm	149,500	北京保利	2013.10.26
清 檀香木观音像	高30cm	25,300	中国嘉德	2013.06.16
清 细叶紫檀观音像	高70.5cm	100,780	大唐香港	2013.11.28
清 瘿木罗汉像	高106.7cm	207,000	中国嘉德	2013.03.25
清 梓檀雕讲经图	高17cm	32,200	北京翰海	2013.07.14
清 紫檀雕和合二仙摆件	高42cm；高38cm	805,000	北京匡时	2013.12.04
清 紫檀雕雪山大士像	高8.8cm	48,300	北京九歌	2013.06.28
清 紫檀佛手摆件	长10cm	103,500	远方拍卖	2013.12.01
清 紫檀观音像	高12.5cm	12,650	中国嘉德	2013.06.15
清 紫檀荷叶螃蟹摆件	长26cm	11,500	北京保利	2013.04.28
清 紫檀葫芦壁挂(一对)	高20cm	138,000	北京宝笈轩	2013.03.10
清 紫檀金漆佛塔残件(两件)	直径12.4cm；直径9.7cm	13,800	中国嘉德	2013.09.16
清 紫檀刘海戏金蟾	长15cm；高29cm	184,000	北京宝笈轩	2013.03.10
清 紫檀木雕灵芝形摆件	高6cm	55,200	西泠拍卖	2013.07.12
清 紫檀木描金黄财神坐像	高17cm	80,500	北京匡时	2013.12.05
清 紫檀童子闹佛	长19cm；高59cm	230,000	北京宝笈轩	2013.03.10
民国 沉香山小摆件	宽18cm	115,000	北京保利	2013.10.28
民国 红木佛龛	高49cm	20,700	中国嘉德	2013.09.17

拍品名称	物品尺寸	成交价RMB	拍卖公司	拍卖日期
民国 花梨木雕大黑天摆件	高35cm	17,250	北京传是	2013.12.12
民国 黄杨木雕鉴真像	高17.5cm	97,750	北京保利	2013.06.06
民国 黄杨木雕松下人物摆件	高18.5cm	13,800	北京保利	2013.04.28
民国 龙眼木人物像	高80cm	115,000	北京保利	2013.10.26
民国 龙眼木寿星	高170cm	23,000	北京保利	2013.07.27
民国 瘿木鹅(两件)	高42cm	11,500	北京保利	2013.07.27
民国 瘿木天鹅(两件)	高33cm	17,250	北京保利	2013.07.27
民国 紫檀黄财神像	高34cm	25,300	北京传是	2013.06.15
民国葡萄树雕十八罗汉(共十八件)	高16.5cm	110,676	香港富得	2013.03.16
1978年作 朱铭 牧牛	高57cm	364,198	台北中诚	2013.06.09
1979年作 萧一 释迦牟尼	高64cm	48,560	台北中诚	2013.06.09
1996年作 朱铭 太极系列-拱门	高43cm	704,115	台北中诚	2013.06.09
a.1977-1982 年作 b.1981年作 朱铭 母子情深	高13.6cm；高43.2cm	364,198	台北中诚	2013.06.09
财宝天王	长109.1cm	552,000	北京保利	2013.12.05
沉香摆件	重206g	207,000	北京翰海	2013.06.02
沉香摆件	重159g	126,500	北京翰海	2013.06.02
沉香摆件	重66g	55,200	北京翰海	2013.06.02
沉香东方朔	高12cm	20,700	北京保利	2013.04.28
沉香和谐摆件	长21cm	253,000	北京传是	2013.06.15
沉香荷塘情趣摆件		28,750	北京传是	2013.06.15
沉香老料		2,300,000	上海嘉禾	2013.10.31
沉香龙纹把件	长4cm	41,400	北京传是	2013.06.15
沉香木摆件(三件)	尺寸不一	23,000	中国嘉德	2013.09.14
沉香木大吉摆件	高83cm	25,300	中国嘉德	2013.09.17
沉香木雕山水人物摆件	长13cm	44,800	北京荣宝	2013.03.31
沉香木雕山水人物纹摆件	长17.5cm	56,000	北京荣宝	2013.09.08
沉香木雕山形摆件	高12.8cm	89,600	北京荣宝	2013.03.31
沉香木雕松下高仕摆件	长15cm	33,600	北京荣宝	2013.06.23
沉香木嵌花蝶摆件	长67cm	34,500	中国嘉德	2013.06.15
沉香木嵌花蝶摆件	高75cm	11,500	中国嘉德	2013.06.15
沉香木随形摆件	重1045g	25,300	中国嘉德	2013.09.14
沉香木随形摆件	高23.5cm	16,800	北京荣宝	2013.03.31
沉香貔貅摆件	长13cm	10,350	北京传是	2013.06.15
沉香树形摆件	高73cm	138,000	北京传是	2013.06.15
沉香随形把件	长8cm	69,000	北京传是	2013.06.15
沉香随形摆件	长50cm	48,300	北京传是	2013.06.15
沉香随型摆件	高39cm	103,500	北京传是	2013.06.15
当代 清式楠木云纹带须弥座佛龛	长54cm	126,500	中国嘉德	2013.11.17
故宫保和殿模型	长113cm	287,500	中国嘉德	2013.09.14
故宫畅音阁楠木模型	长100cm	287,500	中国嘉德	2013.09.14
故宫太和殿模型	长143cm	598,000	中国嘉德	2013.09.14
故宫中和殿模型	长77cm	322,000	中国嘉德	2013.09.14
黄花梨摆件	长148cm	172,500	中国嘉德	2013.06.15
黄花梨观音像	高34.5cm	10,350	中国嘉德	2013.09.17
黄花梨原木摆件	长189cm	264,500	中国嘉德	2013.09.17
黄花梨原木摆件	长208cm	253,000	中国嘉德	2013.09.17
黄花梨原木摆件	长186cm	230,000	中国嘉德	2013.09.17
黄花梨原木摆件	长185cm	28,750	北京保利	2013.07.28
黄花梨原木摆件	长255cm	13,800	北京保利	2013.07.28
加里曼丹沉香三十三观音摆件	高154cm	713,000	北京传是	2013.12.11
江晓《捕鱼图》沉香摆件	长51cm	172,500	福建东南	2013.05.26
江晓《卧石观云》沉香摆件	长25.5cm	207,000	福建东南	2013.05.26
金丝楠木	长200cm	86,250	中国嘉德	2013.12.14
近代 加里曼丹沉香观音摆件	长58cm	69,000	北京传是	2013.12.12
近代 沉香摆件		57,500	北京传是	2013.12.12
近代 沉香雕净瓶观音摆件	高30.2cm	218,500	北京匡时	2013.12.05
近代 沉香雕龙凤呈祥摆件	高39cm	138,000	北京传是	2013.12.12
近代 沉香福禄寿摆件	长65cm	86,250	北京传是	2013.12.12
近代 沉香天公摆件	高38cm	97,750	北京传是	2013.12.12

2013杂项拍卖成交汇总

(成交价RMB：1万元以上)

拍品名称	物品尺寸	成交价RMB	拍卖公司	拍卖日期
近代 沉香观音摆件	高33cm	13,800	北京保利	2013.10.28
近代 沉香随形摆件	长13.5cm	74,750	西泠拍卖	2013.07.12
近代 达拉干沉香雕灵芝摆件		40,250	北京传是	2013.12.12
近代 加里曼丹沉香树形摆件	长118cm	63,250	北京传是	2013.12.12
近代 加里曼丹沉香树形摆件	长66cm	23,000	北京传是	2013.12.12
近代 加里曼丹沉香雄鸡摆件	长46cm	40,250	北京传是	2013.12.12
近代 越南安汶沉香百财摆件	重70.4g	57,500	北京传是	2013.12.12
近代 越南芽庄沉香莲蓬摆件	重138.5g	172,500	北京传是	2013.12.12
老沉香寿星摆件	高19cm	138,000	南京经典	2013.07.28
林建军 黄杨木雕"漫步悠游"人物造像	长18cm	29,120	北京荣宝	2013.09.08
祁俊杰 沉香木雕达摩造像	长40cm	44,800	北京荣宝	2013.09.08
祁俊杰 沉香木雕自在观音菩萨造像	高50cm	84,000	北京荣宝	2013.09.08
祁俊杰 沉香木雕渡海达摩摆件	长36cm	100,800	北京荣宝	2013.03.31
祁俊杰 沉香木雕三世佛像	高68cm	168,000	北京荣宝	2013.06.23
祁俊杰 沉香木雕童子拜观音摆件	高60cm	168,000	北京荣宝	2013.03.31
祁俊杰 沉香木雕自在观音坐像	高34cm	95,200	北京荣宝	2013.06.23
祁俊杰 印尼沉香雕一路连升摆件		246,400	北京荣宝	2013.06.23
祁俊杰 印尼水沉香雕伯牙鼓琴摆件	高21cm	201,600	北京荣宝	2013.06.23
奇楠香雕寿星立像	高20.2cm	414,000	北京匡时	2013.12.04
上上金品伽罗贡香	高61cm	14,517,600	中国嘉德	2013.10.06
五方佛	高86.5cm	1,035,000	北京保利	2013.12.05
金丝楠金蟾送宝	高45cm	14,950	北京九歌	2013.09.04
现代 沉香木雕达摩	高22.5cm	46,000	北京翰海	2013.12.06
现代 沉香木雕夜游赤壁摆件	长36.5cm	23,000	北京翰海	2013.12.06
香木雕山水摆件	高37cm	113,120	日本童梦	2013.12.03
小叶紫檀关公	高80cm	103,500	广东古今	2013.07.28
芽庄沉香摆件	重77g	32,200	北京翰海	2013.06.02
药师佛	高70.3cm	218,500	北京保利	2013.12.05
野原邦彦 花开之夜	长170cm	145,679	台北中诚	2013.06.09
印度尼西亚达拉干水沉香随形摆件	长50.3cm	32,200	北京匡时	2013.12.04
印度尼西亚加里曼丹 水沉巧雕荷花摆件	长27cm	57,500	北京匡时	2013.12.04
朱铭 双鸡	尺寸不一	145,679	台北中诚	2013.06.09
紫檀雕梅桩文房摆件	长21cm	13,800	北京匡时	2013.09.12
紫檀佛龛	高50cm	13,800	北京保利	2013.07.28
紫檀留皮巧雕芭蕉蝙蝠纹文案摆件	长25cm	41,400	北京匡时	2013.09.12
山子				
明末清初 沉香雕山水人物山子	长13cm	690,000	古天一	2013.06.04
明晚期 紫檀木山子	高23cm	112,700	中国嘉德	2013.11.17
清 沉香雕"十六罗汉"山子	高13cm	437,000	远方拍卖	2013.12.01
清 沉香雕山水人物山子	长20cm	333,500	北京匡时	2013.12.05
清 沉香雕山水小山子	宽14.5cm	17,250	北京保利	2013.04.28
清 沉香木山水山子	长24cm	13,800	中国嘉德	2013.06.15
清 沉香木深山访友图山子	高16.8cm	71,300	中国嘉德	2013.03.24
清 沉香人物诗文山子	高11cm	32,200	北京保利	2013.10.28
清 沉香山水人物山子摆件	高19cm	57,500	北京传是	2013.12.12
清 沉香溪山行旅山子摆件	长13.5cm	28,750	北京传是	2013.06.15
清 沉香香山九老山子	高18.5cm	287,500	上海嘉泰	2013.07.05
清 沉香小山子	长11cm	71,300	中国嘉德	2013.09.16
清 金樟木山子摆件	高210cm	69,000	北京传是	2013.12.12
清 木仿太湖石山子	高103cm	11,500	北京传是	2013.12.12
清 木仿太湖石山子	高85cm	10,350	北京传是	2013.12.12
清 木仿太湖石形山子	高100cm	18,400	北京传是	2013.06.15
清 木山子摆件	高67cm	13,800	中国嘉德	2013.03.24
清 紫檀随形小山子	高24.2cm	23,000	北京保利	2013.12.05
民国 沉香山子摆件	高6cm	23,000	北京翰海	2013.06.02
沉香大山子	高143cm	1,000,500	上海嘉泰	2013.07.05
沉香木雕山水人物山子	长17cm	100,800	北京荣宝	2013.06.23
沉香木观音山子	高36.2cm	10,350	中国嘉德	2013.06.15
沉香木罗汉山子	高36.5cm	11,500	中国嘉德	2013.06.15
沉香木山子	高151cm	138,000	中国嘉德	2013.03.24
沉香木山子	高94.5cm	25,300	中国嘉德	2013.06.15
沉香木随形山子	长34cm	78,400	北京荣宝	2013.03.31
沉香山水山子	高31cm	13,800	中国嘉德	2013.12.14
沉香随形山子	高21cm	25,300	北京传是	2013.06.15
红土水沉山子	高6.5cm	299,000	福建东南	2013.10.28
近代 沉香木山子摆件	高96cm	36,800	西泠拍卖	2013.07.12
木仿太湖石形山子	高88cm	17,250	北京传是	2013.06.15
如意				
17世纪 沉香木雕"祝寿图"如意	长42cm	493,125	香港苏富比	2013.10.08
清初 沉香雕群仙祝寿如意	长56cm	747,500	北京翰海	2013.06.02
清初 沉香雕松鹤延年如意	长50cm	172,500	北京翰海	2013.06.02
清初 沉香雕婴戏图如意	长50.8cm	402,500	北京翰海	2013.06.02
清初 沉香木雕佛手如意	长48.2cm	368,000	北京翰海	2013.12.06
清初 沉香木雕葫芦万代如意	长46.7cm	172,500	北京翰海	2013.12.06
清早期 沉香雕如意	长33.5cm	1,725,000	古天一	2013.06.04
清早期 黄杨木灵芝如意	长22cm	20,700	北京传是	2013.12.12
清乾隆 沉香木雕人物故事图如意	长56.5cm	1,782,500	苏州东方	2013.09.28
清乾隆 黄杨木雕古木云蝠如意	长30.4cm	138,000	西泠拍卖	2013.07.12
清乾隆 紫檀"乙"字款如意足圆器座	直径7cm	20,700	北京匡时	2013.06.05
清乾隆 紫檀雕群仙祝寿嵌松石绿釉瓷片三镶如意	长49.5cm	517,500	北京保利	2013.06.04
清乾隆 紫檀雕竹蝉纹如意	长38cm	287,500	中国嘉德	2013.05.11
清乾隆 紫檀刻鹤鹿同春纹三镶镂雕白玉诗句如意	长44.5cm	699,863	纽约苏富比	2013.03.19
清乾隆 紫檀嵌银丝镶白芙蓉松鼠葡萄纹御制诗文如意	长42.8cm	1,725,000	北京匡时	2013.06.05
清乾隆 紫檀御题诗灵芝如意	长33.5cm	264,500	北京保利	2013.06.04
清中期 沉香雕梅花如意	长33.3cm	299,000	北京翰海	2013.06.02
清中期 黄杨木雕灵芝如意	长28.5cm	322,000	中国嘉德	2013.05.11
清中期 黄杨木雕如意	长30cm	299,000	古天一	2013.12.05
清中期 紫檀嵌珊瑚三镶如意	长21cm	402,500	北京保利	2013.06.04
清中期 紫檀如意	长49cm	713,000	中国嘉德	2013.11.17
清中期 紫檀如意	长47.5cm	345,000	中国嘉德	2013.11.17
清中期 紫檀如意	长40cm	161,000	北京翰海	2013.12.06
清晚期 硬木三镶玉如意	长48.5cm	28,750	北京保利	2013.12.06
清 沉香木雕"八仙人物"如意	长51cm	241,500	太平洋	2013.09.16
清 沉香木雕佛手如意	长38.5cm	460,000	北京保利	2013.06.06
清 沉香木雕云龙纹如意	长53cm	115,000	苏州东方	2013.09.28
清 沉香木荷莲如意(两件)	长36cm; 长35.5cm	36,800	中国嘉德	2013.03.24
清 沉香木灵芝如意	长31.2cm	23,000	中国嘉德	2013.06.15
清 沉香木群仙祝寿图如意	长46cm	13,800	中国嘉德	2013.12.14
清 沉香木如意(两件)	长40cm; 长39cm	20,700	中国嘉德	2013.06.15
清 沉香一品当朝如意	长56cm	701,500	北京保利	2013.10.27
清 红木嵌青白玉如意	长48cm	92,000	北京匡时	2013.09.12
清 黄花梨三镶套料如意	长43cm	46,000	北京翰海	2013.12.06
清 黄花梨镶绿松石如意	长42cm	112,700	北京艺融	2013.11.28
清 黄扬木如意	长42.5cm	31,637	香港淳浩	2013.11.30
清 黄杨百宝嵌福寿纹灵芝如意	长41.3cm	138,000	翰风国际	2013.04.21
清 黄杨木雕海浪纹如意	长35cm	17,250	北京保利	2013.04.28
清 黄杨木雕灵芝纹如意	长35cm	28,750	北京保利	2013.04.28
清 黄杨木雕如意摆件	长17.5cm	57,500	西泠拍卖	2013.07.12
清 黄杨木灵芝如意	长57cm	161,000	北京翰海	2013.12.06
清 黄杨木灵芝如意	长36.5cm	23,000	中国嘉德	2013.03.25
清 黄杨如意	长39cm	336,000	迦南国拍	2013.06.12
清 木雕如意	长51cm	11,500	北京保利	2013.07.27
清 木雕三星如意	长43cm	11,500	中国嘉德	2013.09.15

拍品名称	物品尺寸	成交价RMB	拍卖公司	拍卖日期
清 楠木雕双龙戏珠纹如意	长42cm	86,250	北京永乐	2013.05.12
清 奇楠香雕灵芝如意	长38cm	494,500	北京匡时	2013.12.04
清 嵌黄杨银丝紫檀木制如意	长39.3cm	172,500	西泠拍卖	2013.07.12
清 三镶如意	长53cm	322,000	远方拍卖	2013.12.01
清 紫檀螭龙灵芝纹如意	长38cm	74,750	中国嘉德	2013.12.14
清 紫檀海水龙纹如意	长43cm	32,200	中国嘉德	2013.03.24
清 紫檀花卉如意	长33cm	25,300	中国嘉德	2013.03.24
清 紫檀木雕三镶玉如意	长49cm	149,500	西泠拍卖	2013.07.12
清 紫檀嵌白玉三多纹如意	长41cm	97,750	北京传是	2013.06.15
清 紫檀嵌百宝如意	长40.5cm	46,000	中国嘉德	2013.03.24
清 紫檀嵌金星石三多如意	长50cm	11,500	北京保利	2013.10.28
清 紫檀三镶如意	长44cm	195,500	远方拍卖	2013.12.01
清 紫檀云龙纹如意	长48.3cm	17,250	中国嘉德	2013.09.17
清 紫檀竹节如意	长33cm	17,250	中国嘉德	2013.06.15
18世纪 黄杨如意	长36.5cm	47,160	罗芙奥	2013.11.26
17世纪/18世纪 黄杨木镂雕“灵芝”如意	长40.5cm	200,500	香港苏富比	2013.04.08
18世纪 黄杨木群仙祝寿纹如意	长38.2cm	76,488	纽约苏富比	2013.09.17
沉香雕如意摆件	长39.8cm	310,500	北京匡时	2013.12.04
沉香木雕灵芝如意	长31cm	33,600	北京荣宝	2013.03.31
沉香木群仙祝寿如意	长45cm	13,800	中国嘉德	2013.09.17
沉香木如意(两件)	长39cm；长39cm	46,000	中国嘉德	2013.09.17
沉香人生如意摆件	长67cm	43,700	北京传是	2013.06.15
近代 沉香木灵芝如意	长46cm	36,800	北京保利	2013.10.28
民国 紫檀嵌百宝高士图如意	长47.5cm	11,500	中国嘉德	2013.09.17
俞挺 硬木镶和田玉佛家八宝纹饰如意	长8.2cm	32,200	北京博观	2013.09.15
紫檀嵌白玉如意	长39.3cm	17,250	中国嘉德	2013.09.15
紫檀嵌百宝三羊开泰图如意	长39.5cm	11,500	中国嘉德	2013.06.15
紫檀嵌玉嵌百宝山水人物纹如意	长41.7cm	13,800	中国嘉德	2013.12.14
紫檀山水人物纹如意	长47cm	11,500	中国嘉德	2013.09.17
佩玩件				
清乾隆 黄杨木镂雕文宫饰件	高14cm	161,000	六朝艺宴	2013.07.07
清乾隆 沉香木和合二仙坠	高5cm	253,000	中国嘉德	2013.05.13
清19世纪 沉香木雕“青松楼阁”图珮	长5.8cm	78,900	香港苏富比	2013.10.08
清 嵌檀香紫檀雕福寿斋戒牌	长8.8cm	80,500	北京匡时	2013.12.05
清 沉香木雕耕读牌	长6.3cm	230,000	古天一	2013.12.05
清 沉香榴开百子坠	长4cm	11,500	中国嘉德	2013.06.15
清 沉香雕福寿斋戒牌	长5.5cm	40,250	北京匡时	2013.06.05
沉香木雕鹅如意暖手	长11.5cm	42,560	北京荣宝	2013.03.31
近代 印尼沉香团龙把件		55,200	北京传是	2013.12.12
近代 达拉干沉香雕佛手把件		10,350	北京传是	2013.12.12
清 迦南香梵文扳指	高2.9cm	172,500	北京匡时	2013.12.05
清 合香刻诗句扳指	高2.6cm	20,160	北京荣宝	2013.09.08
清中期 木扳指	内径2cm	23,000	北京翰海	2013.06.02
清 黄杨木雕十八罗汉香囊	长6.5cm	13,800	北京保利	2013.04.28
清 黄杨木雕戏曲人物香囊	高8cm	23,000	西泠拍卖	2013.07.12
印度尼西亚加布拉沉水香手串连太鼓形莳绘香盒(一组两件)	尺寸不一	184,000	北京匡时	2013.12.04
清中期 伽南香朝珠串		3,162,500	北京翰海	2013.06.02
清中期 沉香木手串		92,000	北京翰海	2013.12.06
清中期 沉香粉印寿字朝珠	长130cm	40,250	北京保利	2013.12.06
清乾隆 伽楠香朝珠串		2,300,000	北京翰海	2013.12.06
清乾隆 沉香镶金团寿纹十八子执珠	长16cm	1,840,000	北京东正	2013.11.16
清乾隆 沉香嵌金寿字纹手念珠及顶上紫油伽楠贡香	直径1.5cm	460,000	中国嘉德	2013.11.19
清 木串		63,250	北京翰海	2013.09.15
清 伽楠香珠串(一百零八颗)		94,300	北京翰海	2013.12.06
清 伽楠香珠串(十八颗)		86,250	北京翰海	2013.12.06
清 伽楠香十八子捻珠	长30.5cm	517,500	北京匡时	2013.06.05

拍品名称	物品尺寸	成交价RMB	拍卖公司	拍卖日期
清 伽楠香木镶金粟寿字手串	长30cm	3,105,000	中国嘉德	2013.05.13
清 沉香一百零八颗佛珠	长46cm	43,700	北京保利	2013.10.28
清 沉香手串	长13cm	55,200	北京保利	2013.07.28
清 沉香手串		138,000	北京翰海	2013.06.02
清 沉香手串		425,600	天津文物	2013.11.22
清 沉香手串	长14cm	36,800	中国嘉德	2013.12.14
清 沉香十八子寿字手串	直径14cm	36,800	北京保利	2013.04.27
清 沉香十八子手串	长28cm	103,500	远方拍卖	2013.12.01
清 沉香木手串(两件)	长13cm；长12cm	40,250	北京保利	2013.10.28
清 沉香木手串		402,500	北京翰海	2013.09.15
清 沉香木十八子手串	长28.5cm	92,000	中国嘉德	2013.05.13
清 沉香木嵌珠手串	长15cm	17,250	北京保利	2013.01.11
清 沉香木佛珠	长43cm	13,800	北京华辰	2013.11.17
清 沉香木雕罗汉朝珠	长83cm	322,000	中国嘉德	2013.05.13
清 沉香木朝珠(一串)	长108cm	253,092	香港淳浩	2013.11.30
清 沉香木朝珠	长105cm	230,000	北京保利	2013.12.06
清 沉香佛珠(两件)	长52cm；长54cm	25,300	北京保利	2013.04.28
18世纪 沉香木绿松石数珠	长34cm	394,500	香港苏富比	2013.10.08
民国 木串		63,250	北京翰海	2013.09.15
民国 沉香手串(一件共二十粒)	高16.5cm	36,156	香港富得	2013.11.29
民国 沉香手串		11,500	北京传是	2013.12.12
近代 沉香手串	长12cm	10,350	北京保利	2013.10.26
近代 沉香木手捻	长34cm	13,800	北京保利	2013.10.28
近代 沉香木十三粒手串	直径9.5cm	34,500	北京保利	2013.10.28
金星紫檀手串 沉香木手串各一串	直径2cm	13,800	中国嘉德	2013.12.14
迦南香佛珠	长36cm	59,800	中国嘉德	2013.06.15
迦南香佛珠	直径0.6cm	20,700	中国嘉德	2013.09.17
黄花梨佛珠	直径1.2cm	11,500	中国嘉德	2013.12.14
官帽 沉香木朝珠(一套)	尺寸不一	143,750	中国嘉德	2013.09.17
沉香手串	长33cm	20,700	北京保利	2013.04.28
沉香手串	直径1.4cm	138,000	福建东南	2013.05.26
沉香手串	长11.7cm	32,200	中国嘉德	2013.06.15
沉香手串	直径0.8cm	10,350	中国嘉德	2013.09.17
沉香木手串(两串)	直径1.5cm	13,800	中国嘉德	2013.12.14
沉香木手串	长14cm	17,250	中国嘉德	2013.03.24
沉香木手串	直径1.2cm	11,500	中国嘉德	2013.12.14
沉香木朝珠	直径1.5cm	23,000	中国嘉德	2013.09.17
沉香木朝珠	直径1.4cm	10,350	中国嘉德	2013.12.14
沉香柱珠	直径0.8cm	138,000	福建东南	2013.10.28
沉香佛珠(两件)	长83cm；长42cm	10,350	北京保利	2013.01.11
沉香佛珠	直径1.6cm	126,500	福建东南	2013.10.28
沉香朝珠	长70cm	28,750	北京保利	2013.04.28
沉香朝珠	长90cm	17,250	北京保利	2013.01.11
沉香朝珠	长93cm	11,500	中国嘉德	2013.03.24
20世纪 沉香手串(两件)	长42cm；长15cm	25,300	北京保利	2013.07.28
“寻禅”沉香108粒佛珠		16,800	北京荣宝	2013.03.31
芽庄黑土水沉提珠		207,000	福建东南	2013.10.28
现代 沉香朝珠		10,350	北京翰海	2013.06.23
器座				
明 御制紫檀“同气连根”式底座	高8.8cm	25,300	北京匡时	2013.12.05
明 黄花梨菱花式底座	宽36.5cm	207,000	北京保利	2013.12.05
清早期 黄花梨仿古云雷纹香薰座	宽48cm	172,500	北京保利	2013.12.05
清中期 紫檀起线长方座	高11.5cm	28,750	北京传是	2013.06.15
清中期 紫檀六足座	长49cm	552,000	中国嘉德	2013.11.17
清中期 紫檀莲花座	长24cm	636,571	保利香港	2013.04.07
清中期 明归昌世造龙纹八格铁梨底座	长[illegible]	20,700	中国嘉德	2013.11.17

2013杂项拍卖成交汇总

(成交价RMB：1万元以上)

拍品名称	物品尺寸	成交价RMB	拍卖公司	拍卖日期
清乾隆 紫檀圆形器座	长16.8cm	63,250	北京匡时	2013.12.05
清乾隆 紫檀三如意足镂雕花卉器座	长24cm	155,250	北京匡时	2013.12.05
清乾隆 紫檀三联座托	长38cm	207,000	远方拍卖	2013.12.01
清乾隆 紫檀嵌银丝四足花形器座(一对)	长17cm×2	161,000	北京匡时	2013.12.05
清乾隆 紫檀嵌银丝底座	宽20cm	11,500	北京保利	2013.10.28
清乾隆 紫檀描金云龙器座	直径13cm	230,000	上海道明	2013.04.29
清乾隆 紫檀镂雕回纹大圆器座	长25.5cm	253,000	北京匡时	2013.12.05
清乾隆 紫檀镂雕回纹笔筒座	长16.3cm	57,500	北京匡时	2013.12.05
清乾隆 紫檀镂雕花卉纹五足器座	长15cm	207,000	北京匡时	2013.12.05
清乾隆 紫檀镂雕花卉纹菱花形器座	长21.5cm	92,000	北京匡时	2013.12.05
清乾隆 紫檀镂雕花卉如意器座	长17.3cm	218,500	北京匡时	2013.12.05
清乾隆 紫檀灵芝竹石随形座	长25cm	59,800	中国嘉德	2013.12.14
清乾隆 紫檀雕西番莲佛像座	长12cm	82,800	北京匡时	2013.06.05
清乾隆 紫檀雕双龙纹抱月瓶器座	长21cm	287,500	北京匡时	2013.06.05
清乾隆 紫檀雕双龙佛像座	长22cm	138,000	北京匡时	2013.06.05
清乾隆 紫檀雕如意纹佛像座	长13.2cm	34,500	北京匡时	2013.06.05
清乾隆 紫檀雕莲纹小圆插屏座	长13.5cm	36,800	北京匡时	2013.06.05
清乾隆 紫檀雕莲纹寿字圆器座	直径14cm	195,500	北京匡时	2013.06.05
清乾隆 紫檀雕莲纹佛像座	长28cm	138,000	北京匡时	2013.06.05
清乾隆 紫檀雕莲纹方佛像座	长23cm	149,500	北京匡时	2013.06.05
清乾隆 紫檀雕莲花座	直径11cm×2	184,000	北京匡时	2013.06.05
清乾隆 紫檀雕卷草纹长方佛像座(一对)	长31cm×2	230,000	北京匡时	2013.12.05
清乾隆 紫檀雕卷草纹双层炉瓶三式座	长39cm	333,500	北京匡时	2013.12.05
清乾隆 紫檀雕回纹如意座	长53cm	276,000	北京匡时	2013.12.05
清乾隆 紫檀雕花卉纹四长倭角器座(一对)	长20.5cm	264,500	北京匡时	2013.12.05
清乾隆 紫檀雕福寿纹菊瓣圆形器座(一对)	长27cm×2	425,500	北京匡时	2013.12.05
清乾隆 紫檀雕对凤纹寿字圆器座	直径16.5cm	195,500	北京匡时	2013.06.05
清乾隆 紫檀雕对凤纹大圆器座	长27cm	184,000	北京匡时	2013.12.05
清乾隆 紫檀雕缠枝莲纹插屏座	长32cm	149,500	北京匡时	2013.06.05
清乾隆 紫檀雕缠枝莲托八宝纹方座	长30cm	172,500	北京东正	2013.05.10
清乾隆 紫檀雕变体龙纹插屏座	长28.5cm	276,000	北京匡时	2013.06.05
清乾隆 紫檀雕宝相花纹六足器座	长24.2cm	172,500	北京匡时	2013.12.05
清乾隆 紫檀雕宝相花纹花形器座	长21.5cm	212,750	北京匡时	2013.12.05
清乾隆 紫檀雕“周螭耳佛龛”座	长19cm	299,000	北京匡时	2013.06.05
清乾隆 紫檀雕“五福捧寿”六足器座	直径15cm	299,000	北京匡时	2013.06.05
清乾隆 紫檀雕“汉盘云鼎”座	长21cm	40,250	北京匡时	2013.06.05
清乾隆 紫檀雕“丙”字款龙纹圆器座	直径21cm	172,500	北京匡时	2013.06.05
清乾隆 紫檀丙字款笔筒座	长19cm	13,800	北京匡时	2013.12.05
清乾隆 紫檀“周瞿鼎”座	长16.5cm	51,750	北京匡时	2013.12.05
清乾隆 紫檀“乙”字款抱月瓶座	高10cm	161,000	北京匡时	2013.06.05
清乾隆 紫檀“唐角公瑞砚滴”座	长18cm	71,300	北京匡时	2013.06.05
清乾隆 紫檀“宋定窑荷叶碟”五足器座	长14.2cm	184,000	北京匡时	2013.12.05
清乾隆 紫檀“汉兽环瓶”四足器座(一对)	长18cm×2	345,000	北京匡时	2013.12.05
清乾隆 紫檀“汉兽环壶”器座	长18cm	80,500	北京匡时	2013.12.05
清乾隆 紫檀“汉蟠虺鼎”座	长26cm	36,800	北京匡时	2013.12.05
清乾隆 紫檀“汉带纹壶”雕卷草纹器座	长17cm	276,000	北京匡时	2013.06.05
清乾隆 硬木嵌银丝方器座	长16.5cm	13,800	北京匡时	2013.06.05
清乾隆 硬木八鸟足洗座	长24.2cm	40,250	北京匡时	2013.12.05
清乾隆 乌木雕莲纹五孔器座	直径18.5cm	59,800	北京匡时	2013.06.05
清乾隆 乌木雕卷草纹方形倭角器座	长18.2cm	109,250	北京匡时	2013.12.05
清乾隆 花梨木三如意器座	长28cm	34,500	北京匡时	2013.12.05
清 紫檀座	长13cm	20,700	北京保利	2013.04.28
清 紫檀整挖器座(两件)	直径10cm	23,000	北京保利	2013.04.28

拍品名称	物品尺寸	成交价RMB	拍卖公司	拍卖日期
清 紫檀云蝠纹方座	长15.4cm	25,300	北京传是	2013.06.15
清 紫檀如意纹座	长17.5cm	69,000	北京保利	2013.07.27
清 紫檀嵌银丝座	直径10.2cm	25,300	中国嘉德	2013.03.25
清 紫檀器座	长19cm	46,000	北京保利	2013.10.26
清 紫檀器座	宽21cm	17,250	北京保利	2013.10.26
清 紫檀雕龙纹座	长19.5cm	23,000	西泠拍卖	2013.07.12
清 紫檀、红木器座(两件)	长17cm;长21cm	27,600	北京保利	2013.10.26
清 瘿木吕字形炉座	长34.5cm	11,500	中国嘉德	2013.03.24
清 黄杨木随形座	长33cm	50,727	保利香港	2013.04.07
清 花梨木四平式展腿小座	长19.7cm	59,800	中国嘉德	2013.11.17
清 红木嵌黄杨烛座(一对)	高49cm	109,250	远方拍卖	2013.06.06
清 红木器座	高39.1cm	17,250	北京中汉	2013.03.27
清 各式器座(四件)	尺寸不一	11,500	北京保利	2013.10.26
清 白玉雕提梁瓶连紫檀木座	高17.5cm	162,702	大唐香港	2013.11.28
18世纪/19世纪 红木嵌黄杨木镂空花篮式座	高10.8cm	45,113	香港苏富比	2013.04.08
18世纪 紫檀雕荷叶蛙图座	长47.4cm	260,650	香港苏富比	2013.04.08
18世纪 红木雕“和合二仙”座	高18cm	90,225	香港苏富比	2013.04.08
生活用品				
明 沉香雕松鹤杯	长18.5cm	109,250	北京翰海	2013.07.14
明 沉香搜山图人物杯	高11cm	1,840,000	北京匡时	2013.06.04
明 黄花梨玉兰杯	高6.5cm	13,800	北京传是	2013.12.12
明末清初 沉香雕松石山水杯	高7.5cm	414,000	北京保利	2013.06.05
明晚期 紫檀雕花卉纹双耳杯(四只)	直径7cm	57,500	中国嘉德	2013.05.11
清初 沉香木雕松竹梅杯	高10cm	69,000	北京翰海	2013.12.06
清初 黄杨木雕佛手仿犀角杯	高8cm	287,500	北京翰海	2013.12.08
清康熙 沉香木杯四件一套连木箱	长7cm	1,856,892	伦敦苏富比	2013.05.15
清早期 沉香木雕人物花卉纹小斗杯	长5.7cm	46,000	中国嘉德	2013.05.11
清中期 沉香木雕螭龙纹杯	高51.8cm	132,250	北京翰海	2013.12.06
清中期 沉香木雕仙人图斗杯成对	高6.7cm;高6.5cm	92,000	中国嘉德	2013.11.19
青木木米作白釉牡丹纹茶杯(一组五件)	直径6.7cm×5	20,700	北京匡时	2013.12.04
清 沉香杯(一组六只)	高5.9cm×6	207,000	北京匡时	2013.12.05
清 沉香雕花卉纹杯	高9.2cm	218,500	北京匡时	2013.12.05
清 沉香雕喜鹊登梅杯	高11cm	598,000	古天一	2013.12.05
清 沉香梅花杯	长13cm	28,750	中国嘉德	2013.03.24
清 沉香木松纹杯	高14cm	20,700	北京保利	2013.07.28
清 沉香山水人物纹杯	长8.3cm	23,000	中国嘉德	2013.03.24
清 沉香双龙杯	宽12.5cm	17,250	北京保利	2013.07.27
清 黄花梨荷塘清趣杯	宽9cm	23,000	北京保利	2013.04.27
清 黄杨木雕梅花螭龙杯	高8.5cm	10,350	北京保利	2013.04.28
清 迦南雕花卉纹沉香杯	高6cm	161,000	北京匡时	2013.12.05
清 紫檀雕仿犀角莲花杯	高15cm	16,100	北京保利	2013.04.28
清 紫檀雕竹纹杯	高6cm	17,250	云南典藏	2013.10.26
印度尼西亚加布拉 水沉‘灵猴’闻香杯	高6.5cm	36,800	北京匡时	2013.12.04
紫檀雕梅花过枝杯	高7.5cm	20,160	北京荣宝	2013.09.08
沉香木雕过枝杯	长9cm	22,400	北京荣宝	2013.03.31
沉香木雕梅花过枝杯	长12.5cm	89,600	北京荣宝	2013.06.23
沉香木仿犀角杯(两只)	长20.2cm;长18cm	43,700	中国嘉德	2013.09.17
沉香木岁寒三友杯 山水人物山子各一件	长21;长16.6cm	23,000	中国嘉德	2013.12.14
明 黄花梨净水碗	径14.8cm	43,700	北京传是	2013.12.12
清乾隆 紫檀碗	直径13.6cm	46,000	北京翰海	2013.12.08
清 紫檀镶象牙贝壳小碗	高4.2cm	18,078	大唐香港	2013.11.28
明 香盘、瓶、盒组	尺寸不一	414,000	北京保利	2013.06.04
清康熙 紫檀嵌八宝小盘(一对)	直径11cm	138,000	远方拍卖	2013.06.06

(成交价RMB：1万元以上)

拍品名称	物品尺寸	成交价RMB	拍卖公司	拍卖日期
清乾隆 紫檀雕福寿纹大供盘	长42cm	425,500	北京匡时	2013.12.05
清乾隆 紫檀雕双龙纹香盘	长38.5cm	71,300	北京匡时	2013.06.05
清乾隆 紫檀镂雕回纹方香盘	长32.3cm	172,500	北京匡时	2013.12.05
清早期 黄花梨双陆棋盘	长42.2cm	138,000	中国嘉德	2013.11.17
清早期 紫檀嵌瘿木承盘	长31cm	55,200	中国嘉德	2013.05.11
清中期 紫檀香盘及紫檀双陆棋子(两枚)	尺寸不一	11,500	中国嘉德	2013.09.14
清 陈豫钟款黄花梨刻诗文香盘	宽20.6cm	40,250	北京匡时	2013.12.04
清 大漆嵌螺钿人物故事图盘	长29cm	34,500	北京华辰	2013.11.17
清 红木茶盘(两件)	长27.5cm；长30cm	11,500	北京保利	2013.10.26
清 红木嵌楠木棋盘	长69cm	36,800	北京保利	2013.10.26
清 红木嵌瘿木茶盘(五只)	长35.7cm	20,700	中国嘉德	2013.12.14
清 红木圆形诗文盘	径29cm	13,800	北京传是	2013.06.15
清 黄花梨算盘	长42.4cm	20,700	中国嘉德	2013.12.14
清 黄花梨算盘	长35cm	13,800	中国嘉德	2013.09.17
清 黄花梨托盘	径30cm	11,500	北京传是	2013.06.15
清 瘿木雕随形多格香盘	宽33cm	11,500	西泠拍卖	2013.07.12
清 紫檀雕“荷塘”香盘	长24cm	55,200	北京翰海	2013.06.02
清 紫檀嵌瘿木托盘	长31cm	20,700	北京保利	2013.07.27
清 紫檀四方香盘(一组三件)	尺寸不一	103,500	北京匡时	2013.12.05
清 紫檀小托盘	长19cm	13,800	北京保利	2013.04.27
瘿木大茶盘	直径132cm	46,000	西泠拍卖	2013.07.12
“西番莲”紫檀都承盘	长47cm	184,000	福建东南	2013.10.28
佳人妙舞之香 越南惠安生结水沉香连佳人妙舞之香香盘	174.6g	149,500	北京匡时	2013.12.04
民国 红木托盘(十件)	宽35cm	13,800	北京保利	2013.07.27
民国 木雕蕉叶香盘	长52.5cm	13,800	北京翰海	2013.06.02
明嘉靖 紫檀嵌玉石“苏武放羊”图盖盒	长14.7cm	1,090,720	香港苏富比	2013.04.08
明末清初 黄花梨大方盒	长37cm	239,798	中国嘉德	2013.04.05
明末清初 黄花梨大提盒	高48cm	575,000	北京保利	2013.12.04
明末清初 黄花梨两撞提盒	长34.5cm	108,882	中国嘉德	2013.10.06
明末清初 黄花梨两撞小提盒	长18cm	71,939	中国嘉德	2013.04.05
明末清初 黄花梨提盒	长34cm	287,500	北京保利	2013.06.06
明末清初 紫檀盒	长34.5cm	54,441	保利香港	2013.10.07
明末清初 紫檀三撞提盒	长22cm	72,588	中国嘉德	2013.10.06
明晚期 黄花梨小香盒	长10cm	78,396	中国嘉德	2013.04.05
清初 红木云石围棋盒(二盒)	高9.2cm	97,750	北京翰海	2013.12.08
清初 木云石围棋盒(二盒)	高9cm	322,000	北京翰海	2013.12.08
清初 紫檀镂空万字纹轴盒	长41cm	707,400	罗芙奥	2013.11.24
清早期 黄花梨拜盒	长35cm	147,568	保利香港	2013.04.07
清早期 黄花梨雕龙纹香盒	直径13.8cm	112,700	六朝艺宴	2013.07.07
清早期 黄花梨两撞提盒	长34.5cm	110,676	中国嘉德	2013.04.05
清早期 黄花梨两撞提盒	长34.8cm	59,800	中国嘉德	2013.11.17
清早期 黄花梨满彻提盒	长36cm	195,500	北京传是	2013.12.12
清早期 黄花梨嵌螺钿盒游戏牌(一套)	长24.5cm	126,500	北京保利	2013.06.06
清早期 黄花梨嵌螺钿花鸟小盖盒	长12cm	43,700	北京保利	2013.04.27
清早期 黄花梨围棋盒成对	长13cm	138,345	中国嘉德	2013.04.05
清早期 黄花梨弦纹香盒	直径8cm	36,800	西泠拍卖	2013.07.12
清早期 紫檀带屉小盒	长8.5cm	23,000	北京传是	2013.12.12
清早期 紫檀堆漆嵌玉经盒	长22.7cm	897,000	北京匡时	2013.06.05
清早期 紫檀嵌百宝胡人狩猎盒	长14.4cm	1,322,500	翰风国际	2013.04.21
清早期 紫檀嵌百宝花鸟盒	长26cm	402,500	翰风国际	2013.04.21
清早期 紫檀三层提盒	长34.5cm	368,000	北京匡时	2013.06.05
清早期 紫檀提盒	长34.5cm	195,500	中国嘉德	2013.05.11
清早期 紫檀小香盒	长6cm	52,626	中国嘉德	2013.10.06
清早期 紫檀长方盒	长31.5cm	40,831	中国嘉德	2013.10.06
清康熙 [illegible]香盒	宽9cm	34,500	北京保利	2013.04.27
清乾隆 沉香木嵌百宝花卉纹盖盒	长9cm	57,500	北京匡时	2013.06.05

拍品名称	物品尺寸	成交价RMB	拍卖公司	拍卖日期
清乾隆 金丝楠木嵌白玉福寿盖盒	长15.6cm	460,000	北京匡时	2013.12.05
清乾隆 御制黄花梨“避暑山庄百韵”长方盖盒	长27.3cm	358,013	伦敦苏富比	2013.05.15
清乾隆 御制紫檀雕八宝纹金刚般若波罗蜜经盒	长26.4cm	644,000	北京保利	2013.12.04
清乾隆 紫檀“乾坤”海棠形盖盒	长13cm	115,000	北京匡时	2013.06.05
清乾隆 紫檀雕花卉纹嵌八宝菊花盖盒(一对)	长21cm×2	713,000	北京匡时	2013.12.05
清乾隆 紫檀雕龙纹“宝玺”盒	长21.5cm	828,000	北京匡时	2013.06.05
清乾隆 紫檀雕龙纹册页盒	长31.5cm	2,127,500	北京匡时	2013.12.05
清乾隆 紫檀雕云龙纹玉册盒	长26.5cm	1,437,500	华艺国际	2013.05.05
清乾隆 紫檀浮雕卷草纹盖盒	长30.3cm	690,000	北京匡时	2013.12.05
清乾隆 紫檀回纹“万寿”方盒	长9.5cm	322,000	北京匡时	2013.06.05
清乾隆 紫檀刻双龙纹方盒	长12.5cm	97,750	北京匡时	2013.06.05
清乾隆 紫檀嵌百宝圆盖盒	直径20cm	310,500	北京匡时	2013.06.05
清乾隆 紫檀嵌螺钿方盖盒	长15.5cm	253,000	北京匡时	2013.06.05
清乾隆 紫檀嵌银丝云龙纹盖盒	长19.2cm	437,000	北京匡时	2013.12.05
清乾隆 紫檀嵌玉倭角方盒	长10.2cm	89,100	香港佳士得	2013.05.29
清乾隆 紫檀嵌玉长方盒	长7.8cm	103,500	北京翰海	2013.12.08
清乾隆 紫檀兽面纹长方盒	长11cm	36,800	北京保利	2013.10.27
清乾隆 紫檀四方香盒	长5.8cm	57,500	北京匡时	2013.06.05
清乾隆 紫檀素方盒	长10.5cm	43,700	北京匡时	2013.06.05
清乾隆 紫檀小方盒	长11.5cm	78,200	北京匡时	2013.06.05
清乾隆 紫檀阴刻填金云龙纹册页盒	长24.8cm	575,000	北京匡时	2013.12.05
清雍正 紫檀描金花鸟纹奁盒	长17.5cm	138,345	中国嘉德	2013.04.05
清中期 黄花梨提盒	长21.5cm	115,000	北京翰海	2013.06.02
清中期 黄花梨香盒	直径7cm	11,500	中国嘉德	2013.03.25
清中期 黄杨木雕葫芦盖盒	高30cm	207,000	中国嘉德	2013.05.11
清中期 紫檀盒	长10.2cm	36,800	北京翰海	2013.06.02
清中期 紫檀长方盒	长32.3cm	69,000	北京翰海	2013.06.02
清中期 紫檀长方盒	长19.6cm	66,700	北京翰海	2013.06.02
清道光 省吾刻黄杨木雕诗文方盒	长11.8cm	55,200	西泠拍卖	2013.07.12
清 红木龙纹盖盒	长47cm	20,700	北京保利	2013.04.27
清 红木提盒(两件)	高39cm	23,000	北京翰海	2013.11.17
清 黄花梨八方盒	直径17.6cm	25,300	中国嘉德	2013.06.16
清 黄花梨拜盒	长25.8cm	57,500	北京传是	2013.06.15
清 黄花梨拜盒	长31.5cm	23,000	北京传是	2013.12.12
清 黄花梨藏经盒	长16cm	17,250	北京保利	2013.04.27
清 黄花梨雕方盒	高7.3cm	17,250	西泠拍卖	2013.07.12
清 黄花梨方盒	长14cm	20,700	中国嘉德	2013.06.16
清 黄花梨盖盒	长27.7cm	80,500	北京匡时	2013.06.05
清 黄花梨龙纹盖盒	宽16.5cm	23,000	北京保利	2013.07.27
清 黄花梨捧盒	长11.5cm	20,700	北京翰海	2013.07.14
清 黄花梨首饰盒	高13cm	25,300	北京保利	2013.07.27
清 黄花梨提盒	长39.5cm	112,700	远方拍卖	2013.12.01
清 黄花梨提梁盒	高20.4cm	138,000	西泠拍卖	2013.07.12
清 黄花梨围棋盒(一对)	高10cm	101,200	广东古今	2013.07.28
清 黄花梨香盒	长5.5cm	10,350	中国嘉德	2013.03.25
清 黄花梨早生贵子盒	长14.8cm	17,250	中国嘉德	2013.06.15
清 黄花梨长方盒	长32.5cm	20,700	中国嘉德	2013.06.16
清 黄花梨制梅花香盒	直径10.4cm	28,750	西泠拍卖	2013.07.12
清 木雕桃形盒	长11.5cm	11,500	中国嘉德	2013.03.24
清 楠木雕事事如意对盒	高5cm	23,000	西泠拍卖	2013.07.12
清 嵌白玉黄花梨香盒	直径7cm	80,500	西泠拍卖	2013.07.12
清 檀香木雕人物图首饰盒	长27.5cm	10,350	中国嘉德	2013.09.14
清 檀香木龙纹火镰盒	长8.5cm	28,750	北京传是	2013.12.12
清 桃形桃纹漆盒成对	长25cm	32,200	中国嘉德	2013.11.19
清 紫檀八吉祥纹盖盒	直径14cm	161,000	北京艺融	2013.11.28
清 紫檀雕“子孙万代”葫芦形盖盒	高24.5cm	437,000	古天一	2013.12.05
清 紫檀雕变形夔龙纹方盒	长10cm	46,000	西泠拍卖	2013.07.12

2013杂项拍卖成交汇总

(成交价RMB：1万元以上)

拍品名称	物品尺寸	成交价RMB	拍卖公司	拍卖日期
清 紫檀雕素围棋盒 (一对)	高10.5cm	57,500	西泠拍卖	2013.07.12
清 紫檀雕蔗段式弦纹盖盒	直径10.8cm	40,250	西泠拍卖	2013.07.12
清 紫檀仿剔犀香盒	径6cm	23,000	北京传是	2013.12.12
清 紫檀瓜棱形围棋罐 (二盒)	直径9cm	112,700	北京翰海	2013.12.06
清 紫檀海水龙纹盏托 云龙纹画盒各一件	长44cm; 长32.5cm	13,800	中国嘉德	2013.09.17
清 紫檀海棠形盒	长10.8cm	23,000	中国嘉德	2013.03.25
清 紫檀龙纹画盒	长44cm	36,800	中国嘉德	2013.03.24
清 紫檀嵌翡翠雕灵芝盖盒	长13.5cm	17,250	北京保利	2013.12.05
清 紫檀嵌漆方盒 (两件)	长9cm	92,000	北京翰海	2013.12.08
清 紫檀嵌玉福纹盖盒	长15cm	48,300	北京保利	2013.04.27
清 紫檀书卷式盖盒	长16.5cm	11,500	北京保利	2013.10.28
清 紫檀套盒	长25.9cm	40,250	西泠拍卖	2013.07.12
清 紫檀镶楠木锦地纹盒	长14.7cm	69,000	北京保利	2013.12.05
清 紫檀云龙纹盖盒	长43cm	17,250	北京九歌	2013.06.28
清 紫檀云龙纹盒	长46cm	11,500	中国嘉德	2013.09.17
清 紫檀长方盒	长16cm	57,500	北京传是	2013.06.15
清 紫檀长方盒 黄花梨笔筒各一件	长36cm; 高14.7cm	40,250	中国嘉德	2013.12.14
清 紫檀整挖小盖盒	长7.5cm	13,800	北京保利	2013.04.28
18世纪 紫檀雕夔凤西番莲大盖盒 (一对)	长28cm×2	350,474	保利香港	2013.04.07
19世纪 檀香名片盒	长10.5cm	14,950	北京保利	2013.10.28
19世纪 檀香木雕人物名片盒	长11cm	13,800	北京传是	2013.06.15
20世纪 沉香 (一盒)	尺寸不一	40,250	北京保利	2013.07.28
20世纪 沉香 (一盒)	尺寸不一	34,500	北京保利	2013.07.28
20世纪 沉香 (一盒)	尺寸不一	23,000	北京保利	2013.07.28
近代 多宝臣制紫鸾鹊谱纹雕填兼描漆长方盒	长23cm	241,500	中国嘉德	2013.11.17
近代 各式手捻七件及花梨木小盒	尺寸不一	28,750	中国嘉德	2013.11.17
近代 紫檀嵌白玉方盒	宽10cm	11,500	北京保利	2013.10.28
民国 红木泉币收藏盒 (一件)	长23cm	11,500	朵云轩	2013.07.08
民国 红木泉币珍藏盒 (一件)	长26.8cm	80,500	朵云轩	2013.07.08
民国 木胎髹漆山水屋宇双层盒	宽24.5cm	36,800	西泠拍卖	2013.07.12
硬木嵌黄杨木蝠纹盒	长26.6cm	23,000	中国嘉德	2013.06.15
约19世纪制 瑞士 手工雕刻木质音乐盒配三支棘滚	长76cm	92,000	北京保利	2013.06.04
紫檀“息心秘宝”文龙纹捧盒	长18.5cm	112,700	北京匡时	2013.06.04
紫檀缠枝莲托八宝纹盒	长26.2cm	13,800	中国嘉德	2013.06.15
紫檀龙纹手卷盒	长44cm	23,000	北京保利	2013.07.28
紫檀嵌黄花梨影子木龙纹盖盒	长23cm	23,000	北京保利	2013.04.28
明 隆庆铭紫檀树桩花插	高34cm	299,000	上海嘉泰	2013.10.25
明末清初 黄花梨、紫檀、乌木瓜棱花插各一	尺寸不一	69,000	中国嘉德	2013.05.11
清乾隆 南红花插	长10.5cm	195,500	中国嘉德	2013.11.19
清早期 紫檀整挖柳叶瓶花插	高11.3cm	59,800	中国嘉德	2013.05.11
清中期 沉香木雕鱼形花插	高20cm	322,000	北京翰海	2013.12.06
清中期 紫檀随形花插	高17cm	11,500	北京保利	2013.10.26
清 沉香雕松枝花插	高12.5cm	437,000	古天一	2013.06.04
清 沉香随形花插 (一对)	高13cm	322,000	北京保利	2013.10.27
黄花梨带倭角花插	高19cm	13,800	中国嘉德	2013.09.14
民国 木雕花插	高15.3cm	35,650	北京艺融	2013.11.28
清初 沉香木雕西园雅集香筒	高25.5cm	138,000	北京翰海	2013.12.06
清初 沉香木透雕安居乐业香筒	高23.8cm	138,000	北京翰海	2013.06.02
清中期 硬木雕螭游三友纹香插	高11.6cm	184,000	北京诚轩	2013.05.11
清 沉香木镂雕海兽香筒	高27cm	126,500	太平洋	2013.09.16
清 黄杨木雕“群仙祝寿”香筒	长34cm	43,700	北京翰海	2013.06.02
清 黄杨木雕人物香筒	高33cm	23,000	西泠拍卖	2013.07.12
清 黄杨木雕随形香插	高12cm	23,000	西泠拍卖	2013.07.12
清 紫檀透雕岁寒三友香筒	高12.5cm	51,750	北京翰海	2013.06.02

拍品名称	物品尺寸	成交价RMB	拍卖公司	拍卖日期
17世纪 黄花梨浮雕“卷云夔龙纹”官皮箱	长49.8cm	1,925,160	香港苏富比	2013.10.08
17世纪 黄花梨提箱	长70cm	2,114,520	香港苏富比	2013.10.08
明 黄花梨官皮箱	长32.5cm	57,500	北京保利	2013.06.06
明 黄花梨官皮箱	长33.5cm	126,500	苏州东方	2013.09.28
明/清初 紫檀漆包铜方箱	长36cm	848,880	罗芙奥	2013.11.24
明末/清初 黄花梨衣箱 (一对)	宽76.5cm	974,160	香港佳士得	2013.05.29
明末清初 黄花梨八屉药箱	长31.5cm	344,793	中国嘉德	2013.10.06
明末清初 黄花梨大官皮箱	长37cm	230,000	中国嘉德	2013.05.11
明末清初 黄花梨大官皮箱	长40.7cm	166,014	中国嘉德	2013.04.05
明晚期 黄花梨“喜上眉梢”纹官皮箱	长33cm	453,675	中国嘉德	2013.10.06
清早期 黄花梨双门八屉药箱	长37.7cm	287,500	中国嘉德	2013.05.11
清早期 紫檀官皮箱	高37cm	149,500	北京保利	2013.07.27
清早期 紫檀官皮箱	长30cm	295,136	中国嘉德	2013.04.05
清早期 紫檀官皮箱	长24cm	108,882	中国嘉德	2013.10.06
清乾隆 紫檀嵌瓷粉彩花卉多宝箱	高32cm	920,000	北京保利	2013.04.28
清乾隆 紫檀素盖箱	长41cm	172,500	北京匡时	2013.06.05
清中期 黄花梨带镜台官皮箱	长27cm	166,014	保利香港	2013.04.07
清 红木嵌百宝镜箱	宽40cm	20,700	北京保利	2013.04.28
清 红木小箱	长37cm	11,500	北京保利	2013.04.28
清 红木药箱	长36cm	10,350	北京保利	2013.04.27
清 黄花梨官皮箱	长33.7cm	184,000	北京匡时	2013.12.05
清 黄花梨官皮箱	长31cm	80,500	北京保利	2013.10.26
清 黄花梨官皮箱	高34.5cm	43,700	中国嘉德	2013.12.14
清 黄花梨官皮箱	高19cm	11,500	北京保利	2013.10.26
清 黄花梨箱	长38.5cm	55,200	北京保利	2013.04.27
清 黄花梨小箱	长38.5cm	57,500	北京保利	2013.04.27
清 紫檀官皮箱	长33cm	69,000	北京保利	2013.10.26
清 紫檀嵌影木箱	高37.5cm	207,000	北京翰海	2013.06.02
清 紫檀小箱	长36.5cm	28,750	北京保利	2013.04.28
黄花梨官皮箱	长31cm	97,750	北京传是	2013.06.15
黄花梨嵌百宝博古图官皮箱	长32.2cm	32,200	中国嘉德	2013.12.14
黄花梨小官皮箱 (一对)	长24cm	46,000	北京传是	2013.06.15
民国 紫檀嵌黄杨木龙凤纹箱	长43.3cm	25,300	中国嘉德	2013.03.24
清 紫檀漆金“松下对弈”图罐	高17.5cm	192,100	远方拍卖	2013.06.06
清 沉香木制锡胆香罐	高8cm	89,700	西泠拍卖	2013.07.12
清中期 黄花梨锡胎茶叶罐	高10.7cm	35,650	北京永乐	2013.05.12
清早期 黄花梨小茶壶套	高19cm	34,500	中国嘉德	2013.03.23
清早期 黄花梨炉瓶盒 (一套)	尺寸不一	115,000	北京保利	2013.06.06
民国 紫檀篮式炉	长26.5cm	13,800	中国嘉德	2013.03.24
清 沉香炉、瓶、盒三式	尺寸不一	575,000	北京翰海	2013.06.02
18世纪 黄花梨长方盒及紫檀小瓶	长14cm	23,329	纽约苏富比	2013.03.19
17世纪 白木卷缸	高24.1cm	61,190	纽约苏富比	2013.09.17
清乾隆 紫檀雕变体回纹磬架	长44.5cm	977,500	北京匡时	2013.12.05
清 紫檀西番莲纹玉挂架	长37.3cm	92,000	北京保利	2013.12.06
清 紫檀镜架	长10.5cm	17,250	北京传是	2013.12.12
文房用品				
17世纪 木根雕人物山水图笔筒	长23cm	113,371	伦敦苏富比	2013.05.15
17世纪/18世纪 黄花梨笔筒	高21.9cm	93,315	纽约苏富比	2013.03.19
18世纪 黄花梨笔筒	高16.5cm	50,546	纽约苏富比	2013.03.19
18世纪 紫檀笔筒	高16.5cm	168,273	纽约苏富比	2013.09.17
18世纪/19世纪 黄花梨及硬木笔筒 (四件)	高16.5cm	76,488	纽约苏富比	2013.09.17
明 沉香木随形笔筒	高13cm	18,400	北京保利	2013.04.27
明 黄花梨雕素身笔筒	高14.5cm	46,000	西泠拍卖	2013.07.12
明 黄花梨宽皮条线三足笔筒	高16cm	149,500	六朝艺宴	2013.07.07
明 黄花梨内翻马蹄足大书架	长40.5cm	207,000	北京传是	2013.12.12
明 黄花梨起线笔筒	高20cm	230,000	北京歌德	2013.06.02
明 黄花梨起线笔筒	高20cm	23,000	北京保利	2013.10.28

拍品名称	物品尺寸	成交价RMB	拍卖公司	拍卖日期
明 黄花梨三足笔筒	高17cm	80,500	北京翰海	2013.12.06
明 黄花梨树瘤笔筒	高20.5cm	345,000	北京歌德	2013.06.02
明 紫檀束腰笔筒	直径8.5cm	25,300	北京保利	2013.07.28
明 紫檀整挖笔筒	高17.6cm	11,500	北京传是	2013.12.12
明 紫檀整挖起线三足笔筒	高14cm	172,500	北京翰海	2013.12.06
明末/18世纪 沉香木菊石纹笔筒	高9.9cm	132,196	纽约佳士得	2013.03.21
明末清初 黄花梨笔筒	直径18cm	57,500	中国嘉德	2013.11.17
明末清初 黄花梨花菱笔筒	长16cm	154,250	中国嘉德	2013.10.06
明末清初 黄杨木根瘤大笔筒	长29.5cm	453,675	中国嘉德	2013.10.06
明末清初 瘿木树瘤笔筒及六角形鸡翅木笔筒	尺寸不一	11,500	中国嘉德	2013.09.14
明末清初 紫檀 黄花梨 黄杨等小笔筒(一组五件)	尺寸不一	34,500	中国嘉德	2013.09.14
明晚期 沈香梅花随形笔筒	高11cm	138,000	北京保利	2013.12.05
明晚期 紫檀方笔筒	高14cm	138,000	北京保利	2013.12.05
明中晚期 紫檀雕山水人物大笔筒	直径20.5cm	1,610,000	中国嘉德	2013.11.17
清初 沉香木雕观鹤图笔筒	高15cm	264,500	北京翰海	2013.06.02
清初 沉香木雕孟母教子图笔筒	高16.5cm	264,500	北京翰海	2013.06.02
清初 沉香木雕喜鹊登梅笔筒	高20.2cm	920,000	北京翰海	2013.06.02
清初 沉香木雕喜上眉梢笔筒	高18.2cm	264,500	北京翰海	2013.12.06
清初 沉香木雕夜宴图笔筒	高20cm	1,035,000	北京翰海	2013.12.06
清初 黄花梨树瘤大笔筒	直径22.5cm	287,500	远方拍卖	2013.12.01
清初 紫檀雕葵口笔筒	高13cm	46,000	北京东正	2013.11.16
清早期 "汪士慎"款梅花图紫檀大笔筒	高20.7cm	1,380,000	中国嘉德	2013.05.11
清早期 黄花梨百宝嵌花鸟诗文笔筒	高13cm	28,750	北京传是	2013.06.15
清早期 黄花梨笔筒	高16cm	17,250	北京保利	2013.04.27
清早期 黄花梨大笔筒	直径24.5cm	149,500	中国嘉德	2013.05.11
清早期 黄花梨大笔筒	径19cm	126,500	北京传是	2013.06.15
清早期 黄花梨大笔筒	长21.5cm	136,103	中国嘉德	2013.10.06
清早期 黄花梨葵口雕花笔筒	高17cm	414,000	凤凰拍卖	2013.07.21
清早期 黄花梨瘤根笔筒	直径17.4cm	230,000	北京保利	2013.12.06
清早期 黄花梨嵌银丝雕海水福寿纹笔筒	高13cm	78,200	西泠拍卖	2013.07.12
清早期 黄花梨三足笔筒	高12.1cm	40,250	中国嘉德	2013.09.16
清早期 黄花梨上下起线三足笔筒	高18cm	112,700	六朝艺宴	2013.07.07
清早期 黄花梨树瘤大笔筒	直径14cm	402,500	中国嘉德	2013.11.17
清早期 黄花梨填彩嵌宝花鸟纹大笔筒	直径17cm	138,000	中国嘉德	2013.05.11
清早期 黄花梨玉兰花纹笔筒	直径19cm	977,500	中国嘉德	2013.05.11
清早期 黄花梨整挖笔筒	高17cm	36,800	北京传是	2013.12.12
清早期 岳余三刻紫檀木雕柳如是笔筒	高14.4cm	690,000	西泠拍卖	2013.07.12
清早期 紫檀八方小笔筒	直径13cm	46,000	中国嘉德	2013.11.19
清早期 紫檀笔筒	高14cm	43,700	中国嘉德	2013.03.23
清早期 紫檀笔筒	高12.5cm	28,750	北京保利	2013.04.27
清早期 紫檀笔筒	高15cm	55,200	中国嘉德	2013.09.16
清早期 紫檀大笔筒	直径22.5cm	356,500	中国嘉德	2013.05.11
清早期 紫檀嵌百宝人物故事笔筒	直径17.5cm	1,955,000	中国嘉德	2013.05.11
清早期 紫檀素笔筒	直径20.1cm	57,500	北京中汉	2013.05.13
清早期 紫檀随形笔筒	高13.6cm	28,750	中国嘉德	2013.11.19
清早期 棕木大笔筒	高21.5cm	161,000	北京匡时	2013.12.05
清康熙 黄花梨嵌百宝十八罗汉笔筒	直径24.4cm	402,500	六朝艺宴	2013.07.07
清乾隆 "清燕堂家藏"柘榴木根形笔筒	长24cm	230,000	中国嘉德	2013.11.19
清乾隆 沉香木雕山水人物笔筒	高11.5cm	345,000	北京翰海	2013.12.06
清乾隆 紫檀嵌螺钿笔筒	高15cm	483,000	远方拍卖	2013.06.06
清乾隆 紫檀嵌玉石四方笔筒	高13cm	13,800	中国嘉德	2013.12.14
清乾隆 紫檀洗马图笔筒	高13cm	483,000	北京翰海	2013.12.06
清乾隆 紫檀[illegible]笔筒	高1[illegible]	402,500	凤凰拍卖	2013.07.21
清中期 沉香高士图笔筒	高14.7cm	138,000	中国嘉德	2013.06.16

拍品名称	物品尺寸	成交价RMB	拍卖公司	拍卖日期
清中期 桄榔木大笔筒	直径22cm	28,750	北京保利	2013.04.27
清中期 黄花梨笔筒	高16.8cm	28,750	北京翰海	2013.12.08
清中期 黄花梨起线笔筒	高17.5cm	34,500	北京保利	2013.06.06
清中期 黄花梨弦纹笔筒	高16cm	195,500	北京翰海	2013.06.02
清中期 黄花梨竹纹题诗笔筒	高14cm	23,000	北京保利	2013.04.27
清中期 黄杨木雕梅花笔筒	高13cm	40,250	北京翰海	2013.06.02
清中期 金星紫檀笔筒	高16cm	115,000	北京保利	2013.06.06
清中期 周芷岩刻秋林觅句图黄花梨笔筒	长18cm	313,600	天津文物	2013.11.22
清中期 紫檀包世臣铭"耐烦书舍"笔筒	高13.5cm	230,000	北京保利	2013.12.05
清中期 紫檀笔筒	高16.7cm	103,500	北京翰海	2013.06.02
清中期 紫檀笔筒	高18.8cm	115,000	北京翰海	2013.12.08
清中期 紫檀笔筒	高11.8cm	43,700	北京翰海	2013.12.08
清中期 紫檀瓜棱笔筒	高17.8cm	253,000	北京翰海	2013.12.08
清中期 紫檀岁寒三友图笔筒	高15cm	82,800	中国嘉德	2013.11.19
清光绪 汪谦款红木人物纹笔筒	高10.3cm	28,750	中国嘉德	2013.03.25
清 沉香雕山水人物笔筒	高14cm	43,700	北京保利	2013.04.28
清 沉香雕山水人物纹笔筒	高9.7cm	230,000	上海泓盛	2013.07.07
清 沉香雕松石小笔筒	高9cm	34,500	北京保利	2013.04.27
清 沉香雕松下高士笔筒	高13.5cm	253,000	西泠拍卖	2013.07.12
清 沉香花鸟纹笔筒	高17cm	126,500	北京艺融	2013.11.28
清 沉香木雕人物乘舟情趣图笔筒	高15.6cm	57,500	北京翰海	2013.06.02
清 沉香木雕人物故事笔筒	高12.5cm	25,300	北京保利	2013.07.28
清 沉香木雕人物故事笔筒	高14.6cm	126,500	太平洋	2013.09.16
清 沉香木雕山水人物大笔筒	高17cm	46,000	北京保利	2013.07.28
清 沉香木雕松下人物笔筒	高14cm	25,300	北京保利	2013.07.28
清 沉香木山水人物纹笔筒	高10.4cm	80,500	中国嘉德	2013.09.16
清 沉香木松下高士图笔筒	高14cm	13,800	中国嘉德	2013.06.15
清 沉香松竹梅笔筒	高19cm	356,500	北京保利	2013.04.27
清 沉香渔家乐笔筒	高16cm	92,000	北京传是	2013.12.12
清 沉香竹林七贤笔筒	高14cm	13,800	北京保利	2013.07.27
清 董其昌款紫檀诗文笔筒	高15.5cm	161,000	北京翰海	2013.12.06
清 红木笔筒	高12.5cm	10,350	北京翰海	2013.07.14
清 红木大笔筒	直径23cm	13,800	北京保利	2013.10.26
清 红木雕书画笔筒	高15.6cm	86,250	西泠拍卖	2013.07.12
清 红木梅花诗文小笔筒	高10cm	20,700	北京保利	2013.10.26
清 红木树瘤大笔筒	直径37.5cm	172,500	远方拍卖	2013.12.01
清 花梨木笔筒	高16.4cm	25,300	中国嘉德	2013.12.14
清 花梨木大笔筒	直径28cm	32,200	中国嘉德	2013.09.17
清 花梨束腰大笔筒	高19.5cm	11,500	北京保利	2013.07.28
清 黄花梨 花梨木笔筒(三件)	尺寸不一	17,250	中国嘉德	2013.12.14
清 黄花梨百宝嵌博古图笔筒	高13cm	28,750	北京传是	2013.06.15
清 黄花梨百宝嵌花鸟笔筒	高14cm	23,000	北京传是	2013.12.12
清 黄花梨笔海	直径21.5cm	138,000	远方拍卖	2013.12.01
清 黄花梨笔筒	高15.4cm	69,300	香港佳士得	2013.05.29
清 黄花梨笔筒	高18.5cm	46,000	北京保利	2013.04.28
清 黄花梨笔筒	高14.1cm	43,700	中国嘉德	2013.06.16
清 黄花梨笔筒	高16.5cm	36,800	北京保利	2013.04.28
清 黄花梨笔筒	高12cm	34,500	北京传是	2013.06.15
清 黄花梨笔筒	高15.5cm	28,750	北京翰海	2013.07.14
清 黄花梨笔筒	高16.5cm	23,000	北京保利	2013.04.28
清 黄花梨笔筒	高12cm	23,000	北京传是	2013.06.15
清 黄花梨笔筒	高13cm	17,250	北京传是	2013.06.15
清 黄花梨笔筒	直径19cm	92,000	中国嘉德	2013.11.19
清 黄花梨博古图笔筒	高11.5cm	17,250	北京传是	2013.06.15
清 黄花梨螭龙花口笔筒	高21cm	25,300	北京保利	2013.10.28
清 黄花梨大笔筒	直径24cm	188,100	香港佳士得	2013.05.29
清 黄花梨大笔筒	高22.5cm	80,500	北京保利	2013.04.28
清 黄花梨大笔筒	高19cm	74,750	北京保利	2013.04.27

拍品名称	物品尺寸	成交价RMB	拍卖公司	拍卖日期
清 黄花梨雕素身笔筒	高14.2cm	69,000	西泠拍卖	2013.07.12
清 黄花梨荷叶形笔筒	直径17cm	40,250	北京保利	2013.07.28
清 黄花梨花卉诗文小笔筒	高9cm	10,350	北京保利	2013.04.27
清 黄花梨及硬木笔筒(九件)	尺寸不一	172,500	中国嘉德	2013.03.23
清 黄花梨节节高笔筒	高13cm	23,000	北京保利	2013.10.26
清 黄花梨刻兰花笔筒	高12.3cm	63,250	北京匡时	2013.12.04
清 黄花梨留瘿笔筒	直径20.8cm	402,500	翰风国际	2013.04.20
清 黄花梨六棱笔筒	长17cm	108,488	香港苏富比	2013.10.08
清 黄花梨龙纹笔筒	高16.5cm	69,000	北京保利	2013.07.27
清 黄花梨起线笔筒	高11cm	20,700	北京保利	2013.10.28
清 黄花梨嵌百宝“松鹤延年”笔筒	高13.5cm	158,900	中拍国际	2013.06.04
清 黄花梨嵌百宝“喜鹊登梅”笔筒	高14.4cm	113,500	中拍国际	2013.06.04
清 黄花梨嵌百宝花鸟纹笔筒	高14.5cm	48,300	西泠拍卖	2013.07.12
清 黄花梨嵌百宝罗汉图笔筒	高11cm	20,700	中国嘉德	2013.09.16
清 黄花梨嵌螺钿人物笔筒	高11cm	51,750	北京保利	2013.04.27
清 黄花梨嵌银丝笔筒	高14cm	42,550	北京保利	2013.10.26
清 黄花梨三足笔筒	直径18cm	111,550	北京翰海	2013.12.06
清 黄花梨山水诗文笔筒	高15cm	36,800	北京保利	2013.07.27
清 黄花梨诗文笔筒	高15cm	11,500	北京保利	2013.04.27
清 黄花梨诗文笔筒	高15.5cm	41,400	北京保利	2013.10.26
清 黄花梨树根形大笔筒	高28.5cm	36,800	北京保利	2013.07.27
清 黄花梨随形笔筒	高17cm	86,250	北京保利	2013.07.27
清 黄花梨随形笔筒	高15.5cm	69,000	北京保利	2013.07.27
清 黄花梨喜鹊登梅笔筒	高13cm	32,200	北京传是	2013.06.15
清 黄花梨小笔筒	高15cm	20,700	北京保利	2013.04.27
清 黄花梨竹节笔筒	高14cm	115,000	中国嘉德	2013.03.24
清 黄花梨竹节笔筒	高12.5cm	23,000	中国嘉德	2013.06.16
清 黄花梨竹节笔筒	高14cm	17,250	北京传是	2013.12.12
清 黄杨根形诗文笔筒	高13cm	28,750	北京保利	2013.10.26
清 黄杨木笔筒	长12.5cm	40,250	中国嘉德	2013.11.19
清 黄杨木雕梅花诗文笔筒	高11.2cm	69,000	西泠拍卖	2013.07.12
清 黄杨木雕松树笔筒	高9cm	57,500	西泠拍卖	2013.07.12
清 黄杨木雕庭院人物笔筒	高10cm	28,750	西泠拍卖	2013.07.12
清 黄杨木随形梅花纹笔筒	高10.8cm	23,000	北京翰海	2013.06.02
清 黄杨木天然形镂雕大笔海	直径27.2cm	149,500	翰风国际	2013.04.20
清 李希乔款“乳姑不怠”黄杨木笔筒	高12.5cm	149,500	远方拍卖	2013.12.01
清 木雕牡丹诗文笔筒	高14cm	402,500	中国嘉德	2013.09.15
清 木雕山水人物纹笔筒	高13.5cm	36,800	中国嘉德	2013.06.16
清 木雕松鹿笔筒	高11.5cm	10,350	北京保利	2013.07.27
清 木雕瘿瘤诗文笔筒	高12.7cm	17,250	中国嘉德	2013.09.16
清 释明中铭诗文红木笔筒	长10.8cm	41,440	天津文物	2013.11.22
清 宋兆荣款黄花梨笔筒	高15.5cm	138,000	北京保利	2013.12.05
清 吴云款黄花梨山水诗文笔筒	高11.1cm	13,800	中国嘉德	2013.09.17
清 小叶紫檀笔筒	高30cm	253,000	北京艺融	2013.11.28
清 瘿木笔筒 木笔山各一件	长12.8cm	17,250	中国嘉德	2013.09.15
清 瘿木笔筒成对	尺寸不一	86,250	中国嘉德	2013.11.17
清 瘿木雕六方笔筒	高21cm	11,500	北京保利	2013.07.28
清 瘿木随形笔筒	高19.4cm	11,500	中国嘉德	2013.09.16
清 硬木雕游龙赶珠纹提笔	长18cm	36,714	纽约苏富比	2013.09.17
清 硬木诗文笔筒	高14cm	11,500	北京传是	2013.12.12
清 赵叔孺旧藏黄花梨雕素笔海	口径23.5cm	207,000	西泠拍卖	2013.07.12
清 紫檀白菜图笔筒	高12.6cm	11,500	中国嘉德	2013.03.24
清 紫檀笔筒	高7.5cm	54,450	香港佳士得	2013.05.29
清 紫檀笔筒	高14cm	40,250	北京保利	2013.01.11
清 紫檀笔筒	直径13.5cm	10,350	北京保利	2013.07.28
清 紫檀笔筒	直径16.4cm	92,000	中国嘉德	2013.09.15
清 紫檀笔筒	高14.5cm	69,000	北京翰海	2013.12.06
清 紫檀螭龙笔筒	高14.5cm	161,000	北京宝笈轩	2013.03.10
清 紫檀大笔筒	直径21.2cm	195,500	中国嘉德	2013.09.15
清 紫檀大笔筒	高20.7cm	109,250	中国嘉德	2013.09.15

拍品名称	物品尺寸	成交价RMB	拍卖公司	拍卖日期
清 紫檀大笔筒	高22cm	86,250	北京保利	2013.10.26
清 紫檀大笔筒	直径26cm	63,250	北京保利	2013.10.26
清 紫檀雕开光四季花卉笔筒	高12cm	34,500	北京翰海	2013.06.02
清 紫檀雕梅桩随形笔筒	高16.1cm	74,750	西泠拍卖	2013.07.12
清 紫檀雕松竹梅笔筒	高14.5cm	10,350	北京翰海	2013.07.14
清 紫檀雕岁寒三友图笔筒	高15cm	11,500	北京保利	2013.04.28
清 紫檀雕竹石图笔筒	口径9.4cm	28,750	西泠拍卖	2013.07.12
清 紫檀方形笔筒	高17cm	126,500	北京宝笈轩	2013.03.10
清 紫檀花口笔筒	高13cm	11,500	北京保利	2013.10.28
清 紫檀九老笔筒	高18cm	218,500	北京宝笈轩	2013.03.10
清 紫檀瘤根笔筒	高13cm	10,350	北京保利	2013.04.27
清 紫檀六方小笔筒	高10cm	13,800	北京保利	2013.04.27
清 紫檀木六棱笔筒	直径19cm	118,350	香港苏富比	2013.10.08
清 紫檀木竹节形笔筒	长14.9cm	98,625	香港苏富比	2013.10.08
清 紫檀起线笔筒	高16cm	20,700	北京传是	2013.06.15
清 紫檀三足笔筒	高14.5cm	287,500	北京翰海	2013.12.06
清 紫檀山水人物笔筒	长19cm	161,000	北京宝笈轩	2013.03.10
清 紫檀诗文笔筒	直径17.3cm	287,500	翰风国际	2013.04.20
清 紫檀诗文笔筒	高12.7cm	11,500	中国嘉德	2013.06.15
清 紫檀诗文方笔筒	高16cm	437,000	北京保利	2013.10.27
清 紫檀诗文小笔筒	高10.5cm	17,250	北京保利	2013.10.28
清 紫檀束腰笔筒	高12cm	11,500	北京保利	2013.01.11
清 紫檀树瘤笔筒	高10cm	57,500	北京传是	2013.06.15
清 紫檀树瘤大笔筒	高21cm	575,000	北京歌德	2013.06.02
清 紫檀树桩笔筒	高20cm	129,950	辽宁建投	2013.11.24
清 紫檀素笔筒	高15cm	40,250	北京保利	2013.07.27
清 紫檀随形笔筒	高13.5cm	20,700	北京保利	2013.10.26
清 紫檀镶象牙人物笔筒	长17.8cm	103,500	北京宝笈轩	2013.03.10
清 紫檀瘿瘤笔筒	高16.7cm	10,350	中国嘉德	2013.03.24
清 紫檀玉兰笔筒	高18.8cm	195,500	北京宝笈轩	2013.03.10
清 紫檀整挖笔筒	高13cm	20,700	北京保利	2013.04.27
清 紫檀整挖束腰起线三足笔筒	高16cm	11,500	北京保利	2013.04.28
清 紫檀竹纹笔筒	高18.5cm	23,000	北京保利	2013.10.26
清晚期 胡公寿刻黄花梨寿石诗文笔筒	高14cm	115,000	北京保利	2013.06.06
民国 沉香木雕高士笔筒	高10.5cm	11,500	北京保利	2013.04.28
民国 红木嵌螺钿花蝶诗文大笔海	直径31cm	28,750	北京保利	2013.04.27
民国 石画山水诗文笔筒	高12cm	13,800	北京保利	2013.10.26
民国 紫檀方笔筒	高15cm	11,500	北京保利	2013.10.28
民国 紫檀开光花鸟纹笔筒	高15.4cm	25,300	中国嘉德	2013.06.15
民国 紫檀嵌螺钿博古图笔筒	高10.6cm	63,250	北京保利	2013.12.05
民国 紫檀素面笔筒	高15cm	57,500	北京艺融	2013.11.28
文征明款沉香款山水笔筒	长17.2cm	322,000	上海嘉泰	2013.10.25
《梅雀争春》紫檀笔筒	直径26.4cm	115,000	福建东南	2013.05.26
沉香笔筒	高16cm	336,000	中联环球	2013.07.28
沉香木深山访友图笔筒	高16.8cm	17,250	中国嘉德	2013.12.14
沉香木竹林七贤图笔筒 沉香木观音山子各一件	高34cm	34,500	中国嘉德	2013.09.17
黄花梨笔筒(两件)	高16.7cm	28,750	中国嘉德	2013.09.17
黄花梨笔筒(一件)	高18.5cm	16,270	香港富得	2013.11.29
黄花梨螭龙纹笔筒	高21.5cm	59,800	中国嘉德	2013.09.17
黄花梨雕凤鸟花卉纹笔筒	直径17cm	71,300	中国嘉德	2013.09.14
黄花梨木笔筒(一件)	高17.8cm	17,174	香港富得	2013.11.29
黄杨雕笔筒	高14cm	120,000	琴岛荣德	2013.07.28
近代 沉香木兰亭序笔筒	宽19cm	20,700	北京保利	2013.10.28
近代 沉香人物笔筒	高10.5cm	17,250	北京保利	2013.10.28
近代 沉香山水人物笔筒	高17.5cm	25,300	北京保利	2013.10.26
近代 沉香松竹梅小笔筒	高7cm	25,300	北京保利	2013.10.28
近代 黄花梨笔筒	高14cm	11,500	北京翰海	2013.07.14
近代 紫檀芦雁笔筒	高17.5cm	11,500	北京保利	2013.10.28
香木雕婴戏图笔筒	高14.5cm	135,520	日本童梦	2013.12.03

拍品名称	物品尺寸	成交价RMB	拍卖公司	拍卖日期
硬木笔筒	直径20cm	23,000	中国嘉德	2013.12.14
齐白石款草虫沉香笔筒	高16.9cm	391,000	北京匡时	2013.12.04
张大千款诗文薄壁黄花梨笔筒	高14.4cm	69,000	北京匡时	2013.12.05
张宗苍款黄花梨山水纹笔筒	高16.4cm	46,000	中国嘉德	2013.09.14
紫檀笔筒	高16.5cm	25,300	中国嘉德	2013.12.14
紫檀螭龙海水纹笔筒	高16cm	207,000	北京匡时	2013.12.04
紫檀雕山水笔筒	高17.5cm	112,560	日本童梦	2013.12.03
紫檀葵口笔筒	高16.2cm	13,800	中国嘉德	2013.12.14
紫檀随形笔筒	宽30cm	25,300	北京保利	2013.01.11
紫檀瘿瘤笔筒	高15cm	13,800	中国嘉德	2013.09.17
紫檀渔樵耕读人物故事图笔筒	高17.7cm	57,500	中国嘉德	2013.09.17
其他器具				
民国 花梨木大鸟笼	高73.5cm	13,800	中国嘉德	2013.09.17
民国 紫檀嵌银丝鸟笼	高22cm	28,750	北京保利	2013.04.28
黄花梨大鸟笼	高74cm	34,500	中国嘉德	2013.12.14
黄花梨鸟笼	高70cm	34,500	北京保利	2013.07.28
近代 黄花梨鸟笼	长73cm	11,500	北京保利	2013.10.28
紫檀鸟笼	高37.5cm	32,200	中国嘉德	2013.09.17
19世纪 黄杨木浮雕“云龙逐珠”图扇骨	长41cm	946,360	香港苏富比	2013.04.08
清 檀香木透雕山水人物纹扇	长42cm	13,800	北京匡时	2013.09.12
清 于子云刻乌木梅花纹扇骨	长32cm	13,800	中国嘉德	2013.03.25
清 周义制黄杨木雕花叶扇骨	长31cm	69,000	西泠拍卖	2013.07.12
清 紫檀扇骨		23,000	北京中汉	2013.11.19
民国 檀香木刻金石铭文扇骨	长32cm	28,750	西泠拍卖	2013.07.12
于子安 紫檀刻行草诗文扇骨	高32cm	17,250	北京保利	2013.12.04
明 黄花梨禅杖	长153cm	414,000	北京匡时	2013.06.04
明晚期 紫檀盝顶小印匣	高12cm	460,000	中国嘉德	2013.11.17
清早期 黄花梨螭龙纹隔板	长49.5cm	34,500	中国嘉德	2013.09.16
清早期 黄花梨大戳子	长42.5cm	46,000	中国嘉德	2013.05.11
清早期 黄花梨及乌木戳子(六只)	尺寸不一	92,000	中国嘉德	2013.05.11
清早期 黄花梨葵口围棋罐	直径11.5cm	11,500	中国嘉德	2013.06.16
清早期 黄花梨围棋罐成对(含棋子)	直径14cm×2	368,000	中国嘉德	2013.11.19
清乾隆 紫檀雕螭龙纹框	长100cm	287,500	北京匡时	2013.06.05
清乾隆 紫檀雕福寿纹画框 (一套两件)	长101.7cm×2	862,500	北京匡时	2013.12.05
清乾隆 紫檀雕福寿纹画框 (一套两件)	长101.7cm×2	805,000	北京匡时	2013.12.05
清乾隆 紫檀宫灯	高48cm×2	460,000	北京匡时	2013.06.05
清乾隆 紫檀莲纹花板	长40.5cm	115,000	中国嘉德	2013.11.17
清雍正 紫檀系璧	直径6.8cm	23,000	北京保利	2013.12.04
清中期 沉香木诗文带扣	长6.5cm	11,500	中国嘉德	2013.03.24
清中期 紫檀兽面纹壁瓶(一对)	高21.7cm	46,000	中国嘉德	2013.09.16
清 沉香雕松下高士带扣	长8.7cm	63,250	北京匡时	2013.12.05
清 红木围棋罐(一对)	直径14.5cm	13,800	中国嘉德	2013.03.25
清 红木下卷	长46cm	20,700	北京保利	2013.04.27
清 红木镶瘿木小柜	长33cm	46,000	西泠拍卖	2013.07.12
清 花梨木宫灯(一对)	长90cm	11,500	北京保利	2013.10.28
清 黄花梨半匣	长29.5cm	25,300	北京保利	2013.04.27
清 黄花梨盖罐	高13cm	20,700	北京传是	2013.06.15
清 黄花梨料板(二块)	长219cm	690,000	北京保利	2013.06.06
清 黄杨小多宝阁	宽43cm	21,850	北京保利	2013.04.27
清 留青山水诗文信筒	长27.5cm	63,250	北京艺融	2013.11.28
清 木构件各式(十三件)	尺寸不一	25,300	中国嘉德	2013.11.17
清 阮元款红木围棋罐(一对)	高10.5cm	218,500	中国嘉德	2013.09.15
清 杉木拂尘	长61cm	23,000	中国嘉德	2013.11.17
清 沈香香叶梅藤小碟	高3cm	122,616	罗芙奥	2013.11.26
清 随形木雕画筒	高46cm	13,800	中国嘉德	2013.09.16
清 [illegible](一组)	直径30cm	115,000	南京经典	2013.07.28
清 瘿木卷筒	直径29cm	43,700	北京保利	2013.07.27
清 张熊款黄花梨刻蒲石壁筒	高16.3cm	36,800	西泠拍卖	2013.07.12
清 紫檀雕“峨嵋松”百衲供赏琴	长120cm	218,500	上海嘉泰	2013.10.25
清 紫檀镜框	长40cm	92,000	北京保利	2013.07.27
清 紫檀木棋缶(一对)	直径14cm×2	287,500	北京保利	2013.12.05
清 紫檀器物罩	长19cm	23,000	北京保利	2013.10.28
清 紫檀嵌玉寿星缠枝莲手杖	长91cm	32,200	北京保利	2013.10.28
清 紫檀铜鎏金龙纹钩子	长60cm	17,250	北京保利	2013.04.27
清 紫檀香椽(四件)	尺寸不一	17,250	中国嘉德	2013.09.17
清 紫檀象棋(一副)	直径3.9cm	17,250	中国嘉德	2013.03.24
清 紫檀有束腰带托茶台	长20cm	63,250	长风拍卖	2013.06.17
清富商 大户定制铜镶包木质“金满斗”一件		34,500	北京诚轩	2013.11.20
清嘉庆 邓石如铭“卢仝茶歌”木雕茶匙	长12.2cm	57,500	北京保利	2013.06.05
清末民初闺阁盛放金银细软所用首饰小柜一件	高25.5cm	25,300	北京诚轩	2013.11.20
18世纪/19世纪 黄花梨配红木雕镂空髹漆方形托盆	长41.5cm	85,213	香港苏富比	2013.04.08
20世纪 沉香	长15cm	25,300	北京保利	2013.07.28
当代 金丝楠顶立柱	高220cm	207,000	北京艺融	2013.11.28
顶级熟结黑土奇肉水沉	长15.5cm	184,000	福建东南	2013.10.28
红土水沉	长28.4cm	230,000	福建东南	2013.10.28
黄花梨木	长201cm	195,500	中国嘉德	2013.12.14
黄杨茶围	长43cm	16,100	北京保利	2013.04.27
加里曼丹(一组)	重366.2g	184,000	北京翰海	2013.06.02
江晓《春夏秋冬》黄杨木人物套件(四件套)	尺寸不一	207,000	福建东南	2013.05.26
金星小叶紫檀实心原材	长114cm	103,500	广东古今	2013.07.28
近代 黄花梨原木(两件)	长191cm；长157cm	63,250	北京保利	2013.10.28
老树心香料		161,000	上海嘉禾	2013.10.31
民国 沉香木金刚铃	高17cm	17,250	中国嘉德	2013.06.15
民国 紫檀麻将(一副)		20,700	北京传是	2013.06.15
奇楠香(一组)	重106.9g	552,000	北京翰海	2013.06.02
熟结红土沉	长26cm	218,500	福建东南	2013.10.28
熟结紫油绿奇楠	长12.8cm	345,000	福建东南	2013.10.28
双金星小叶紫檀实心原材	长124cm	138,000	广东古今	2013.07.28
现代 沉香串(2件)		13,800	北京翰海	2013.06.23
芽庄黑土奇肉水沉	长20.5cm	287,500	福建东南	2013.10.28
紫檀旧料	长214cm	34,500	北京保利	2013.04.28
牙雕				
商 长毛象牙雕龙纹饰、骨雕饕餮纹饰各一	长13cm，长19.8cm	171,078	纽约佳士得	2013.03.21
15世纪初 象牙镂雕杏圆“赶珠云龙”图带饰	长6.4cm	216,975	香港苏富比	2013.10.08
明 象牙雕仕女像	高24cm	299,000	苏州东方	2013.09.28
明 象牙笏板(三件)	尺寸不一	138,000	古天一	2013.12.05
明末清初 象牙雕贤士坐像	长10cm	751,875	香港苏富比	2013.04.08
明末清初 象牙瓜棱形花插	高10.1cm	115,000	古天一	2013.12.05
明中期 牙雕福禄寿三星高照摆件	高度26.3cm	1,344,000	香港嘉德利	2013.09.01
清中期 象牙茜色花卉如意	长41cm	1,495,000	古天一	2013.12.05
清 象牙雕(三件)	尺寸不一	10,847	澳门新亚太	2013.11.24
清 象牙雕击钹人物	高9.5cm	126,500	古天一	2013.06.04
清 象牙雕击鼓舞人摆件	高8cm	109,250	古天一	2013.06.04
清 象牙雕莲蓬盒	高4.5cm	109,250	古天一	2013.06.04
清 象牙雕龙纹瓶	高53.8cm	253,000	苏州东方	2013.09.28
清 象牙雕仕女抚琴	高15.3cm	230,000	古天一	2013.06.04
清 象牙雕针线盒	长21cm	138,000	古天一	2013.12.05
清 象牙浅刻山水诗文笔筒	高13.3cm	299,000	古天一	2013.12.05

2013杂项拍卖成交汇总

(成交价RMB：1万元以上)

拍品名称	物品尺寸	成交价RMB	拍卖公司	拍卖日期
清 象牙染色人物春色宝盒	长19cm	356,500	古天一	2013.12.05
清 象牙象棋(一副)	直径3.6cm	322,000	北京翰海	2013.12.08
清 象牙原支雕仕女像	高76cm	104,610	香港华辉	2013.07.26
清 象牙座几	高8cm	414,000	古天一	2013.06.04
清晚期 象牙雕墨彩西厢记人物图碗	径9.5cm	77,763	纽约苏富比	2013.03.19
19世纪 象牙雕十二生肖(一套十两件)	高11cm	183,570	纽约苏富比	2013.09.17
19世纪 牙雕“十八罗汉人物图”扇形盖盒	长31.5cm	701,750	香港苏富比	2013.04.08
19世纪初 象牙雕船	长45cm	286,410	伦敦苏富比	2013.05.15
民国 象牙“庭院人物”图刻字随形牌	长15.2cm	220,550	香港苏富比	2013.04.08
民国 象牙皇帝皇后坐罗伞龙凤椅(一对)	高30cm	127,190	香港富得	2013.08.24
民国 象牙微雕梅枝纹牌	长10.8cm	126,500	古天一	2013.06.04
象牙笔筒(一件)	高18cm	14,462	香港富得	2013.11.29
象牙雕松鹤桥(一件)	宽57cm	10,847	香港富得	2013.11.29
象牙仕女立像(一件)	高25cm	19,886	香港富得	2013.11.29
角雕				
明末 犀角雕仿古饕餮纹海棠口杯	直径8.2cm	1,571,920	香港苏富比	2013.04.08
明末/清初 犀角雕“山水图”杯	宽15.3cm	3,629,400	香港苏富比	2013.10.08
16世纪/17世纪 犀角雕“苍松”图杯	宽11cm	690,375	香港苏富比	2013.10.08
16世纪 犀角雕螭龙耳“葵花”杯	宽14cm	1,641,120	香港苏富比	2013.10.08
清初 犀角雕“梅树花开”图杯	宽17.5cm	4,008,120	香港苏富比	2013.10.08
清宫廷 雕龙纹岁岁平安犀牛角挂牌	高5.8cm	254,380	澳门中信	2013.06.23
清早期 访贤图犀角杯	高16cm	1,310,655	澳门新亚太	2013.11.24
清康熙 犀角雕“瓜瓞绵绵”杯	长16cm	2,114,520	香港苏富比	2013.10.08
清康熙 犀角雕“河崖憩舟”图杯	长15cm	1,925,160	香港苏富比	2013.10.08
清康熙 犀角雕“湖山古诗”图杯	长16cm	3,061,320	香港苏富比	2013.10.08
清康熙/雍正 犀角雕“芙蓉秋虫”图杯	长17.4cm	3,061,320	香港苏富比	2013.10.08
清中期 虬角扳指	内径1.8cm	40,250	北京翰海	2013.06.02
清中期 虬角扳指	内径2cm	11,500	北京翰海	2013.06.02
清中期 虬角圆雕玉兔小摆件	高3.7cm	23,000	北京匡时	2013.12.05
清 犀角雕伏虎罗汉座像	高15cm	768,315	澳门新亚太	2013.11.24
清 犀角雕双狮手握(一对)	高7.5cm×2	43,387	澳门新亚太	2013.11.24
清 犀角莱菔尊	长15.5cm	4,008,120	香港苏富比	2013.10.08
清17世纪 犀角雕觥式杯	长25.5cm	978,360	香港苏富比	2013.10.08
17世纪 犀角雕“海水龙纹”嵌白玉带钩	长6.2cm	701,750	香港苏富比	2013.04.08
17世纪 犀角雕“甲第连科”图荷叶形杯	长14cm	978,360	香港苏富比	2013.10.08
17世纪 犀角雕“寿菊牡丹”图杯	长17.5cm	2,493,240	香港苏富比	2013.10.08
17世纪 犀角雕“松溪高士”图杯	宽15cm	1,925,160	香港苏富比	2013.10.08
17世纪 犀角雕“饕餮”纹螭龙耳八角杯	宽14.4cm	931,020	香港苏富比	2013.10.08
17世纪 犀角雕“张骞乘槎”器	长22.5cm	7,132,560	香港苏富比	2013.10.08
17世纪 犀角雕“竹溪六逸”图杯	长18.7cm	4,008,120	香港苏富比	2013.10.08
17世纪 犀角雕荷叶形杯	宽9.2cm	1,073,040	香港苏富比	2013.10.08
17世纪/18世纪 犀角雕“羣仙祝寿”图杯	长20cm	5,238,960	香港苏富比	2013.10.08
17世纪/18世纪 犀角雕仿古龙凤纹杯	长13cm	1,524,145	纽约苏富比	2013.03.19
17世纪/18世纪 犀角雕河崖憩舟图杯	长17.5cm	466,575	纽约苏富比	2013.03.19
17世纪/18世纪 犀角雕玉兰花螭龙耳杯	长17.4cm	466,575	纽约苏富比	2013.03.19
18世纪 犀角雕“苍林骏马”图杯	宽17.1cm	3,629,400	香港苏富比	2013.10.08
18世纪 犀角雕“赤壁”图杯	长18.2cm	3,061,320	香港苏富比	2013.10.08
18世纪 犀角雕“荷叶”杯	长17.8cm	1,167,720	香港苏富比	2013.10.08
18世纪 犀角雕“梅竹牡丹”图小盖罐	高7.5cm	641,063	香港苏富比	2013.10.08
18世纪 犀角雕“亭阁高士”图杯	宽18.5cm	3,061,320	香港苏富比	2013.10.08
18世纪 犀角雕“长亭送别”图杯	长15.2cm	2,493,240	香港苏富比	2013.10.08
18世纪 犀角雕松鼠葡萄纹杯	长16.8cm	326,603	纽约苏富比	2013.03.19

拍品名称	物品尺寸	成交价RMB	拍卖公司	拍卖日期
18世纪 犀牛角雕“荷叶”杯	长10.4cm	1,956,880	香港苏富比	2013.04.08
18世纪末 犀角雕“马上封侯”图	长13.6cm	394,500	香港苏富比	2013.10.08
19世纪 犀角镂雕荷塘秋趣纹把杯(一对)	长51.4cm	622,100	纽约苏富比	2013.03.19
墨碧象牙观音牌	高6.0cm	32,200	广东保利	2013.11.29
石雕				
战国 错金镶石龙首饰件	长10.5cm	409,860	大唐香港	2013.05.28
北魏 砂岩雕头像	高23.8cm	311,050	纽约苏富比	2013.03.19
唐 泥塑彩绘佛像龛碑	高26cm	124,420	纽约佳士得	2013.03.21
元末/明初 漆金脱胎佛陀坐像	高32.2cm	295,498	纽约佳士得	2013.03.21
明-清 英石青云峰	高39.5cm	2,300,000	北京保利	2013.06.04
清 枯木立峰	高143cm	80,500	北京翰海	2013.06.02
清 阮元铭 菭岑研山	高59cm	690,000	北京保利	2013.06.04
鳌龙戏水 浙江田摆件(两件)	长8.5cm	34,500	中国嘉德	2013.05.11
把玩套件(三件套)	尺寸不一	57,500	福建东南	2013.05.26
把玩套件(四件套)	尺寸不一	13,800	福建东南	2013.05.26
戴春平 周村龙蛋石-中国神兽(组雕)	长67cm	1,232,000	浙江佳宝	2013.07.14
杜立华 西厢月色	长42cm	89,600	浙江佳宝	2013.07.14
何光速作红红火火把玩套件	尺寸不一	20,700	福建东南	2013.05.26
黄太湖山子	高136cm	100,800	北京荣宝	2013.03.31
李德 金谷飘香	长36cm	336,000	浙江佳宝	2013.07.14
荔枝洞羲之戏鹅圆雕	通高10cm	46,000	朵云轩	2013.07.07
林爱平 相依为荣	长40cm	313,600	浙江佳宝	2013.07.14
林观博 青田蓝星石-山青水秀	长31cm	2,016,000	浙江佳宝	2013.07.14
林文举 鸡母窝、荔枝冻摆件(两件)	尺寸不一	184,000	北京保利	2013.06.06
刘宙 灵寿	长21cm	72,800	浙江佳宝	2013.07.14
倪东方 青田封门红花石-锦上添花	长26cm	3,920,000	浙江佳宝	2013.07.14
青田蓝星山子摆件	高30cm	2,990,000	荣宝斋(上海)	2013.06.30
裘良军 乐在其中	长28cm	89,600	浙江佳宝	2013.07.14
三色高山镂雕踏雪高山	高14cm	18,000	上海驰翰	2013.04.25
孙洁鸣作雅鱼文玩套件(三件套)	尺寸不一	80,500	福建东南	2013.05.26
夏福仁 福寿	长30cm	224,000	浙江佳宝	2013.07.14
徐永泽 寻音	长25cm	89,600	浙江佳宝	2013.07.14
叶品勇 和谐佳话	长41cm	112,000	浙江佳宝	2013.07.14
张爱光 丹艳	长21cm	313,600	浙江佳宝	2013.07.14
张爱廷 青田封门三彩石-和平之春	长27cm	1,680,000	浙江佳宝	2013.07.14
张爱廷 珠颗	长31cm	784,000	浙江佳宝	2013.07.14
张海政 和睦相处	长22cm	134,400	浙江佳宝	2013.07.14
周金甫 再生缘	长29cm	616,000	浙江佳宝	2013.07.14
周铁建 财源滚滚	长37cm	201,600	浙江佳宝	2013.07.14
卓乃枢 南屏晚钟	长33cm	112,000	浙江佳宝	2013.07.14
其他雕刻				
17世纪/18世纪 黑漆嵌镙钿“博古图”椭圆形小盘	长12cm	90,225	香港苏富比	2013.04.08
18世纪 椰雕螭龙莲花纹盖盒	高16.8cm	61,190	纽约苏富比	2013.09.17
18世纪/19世纪 椰壳镶银碗三件及盘一件	直径20cm；直径12cm	32,660	纽约佳士得	2013.03.21
清早期 核雕人物(一组三件)	尺寸不一	126,500	苏州东方	2013.09.28
清早期 核雕十八籽罗汉念珠	直径1.1cm×18	82,800	中国嘉德	2013.11.19
清乾隆 椰壳雕海水龙纹杯(一对)	直径6.5cm	28,750	北京永乐	2013.05.12
清中期 核雕人物朝珠	长94cm	34,500	北京保利	2013.06.06
清中期 乌木及象骨说诗牌(一套)	长31cm	517,500	中国嘉德	2013.05.11
清光绪 于硕刻李白诗唐寅画扇骨	长28cm	161,000	西泠拍卖	2013.07.12
清 陈尧臣制翻簧山水八方盒	直径14.7cm	23,000	西泠拍卖	2013.07.12
清 玳瑁褫龙西洋镜	长16.6cm	17,250	北京匡时	2013.09.12
清 玳瑁蒙蝈蝈葫芦 蛐蛐葫芦各一件	高11cm；高9.5cm	17,250	中国嘉德	2013.12.14
清 玳瑁山水人物圆盒	直径8.4cm	34,500	北京翰海	2013.12.08

拍品名称	物品尺寸	成交价RMB	拍卖公司	拍卖日期
清 玳瑁山水人物长方盒	长7.7cm	11,500	北京翰海	2013.12.08
清 玳瑁团寿手镯	直径6.8cm	34,500	中国嘉德	2013.05.13
清 凤眼菩提珠串	直径1.3cm×108	32,200	北京诚轩	2013.11.17
清 橄榄核雕罗汉手串		161,000	古天一	2013.12.05
清 癸亥(1923)年作 紫檀刻百寿图扇骨	高35.5cm	23,000	北京诚轩	2013.11.15
清 果核108子雕人物佛珠	长83.5cm	322,000	中国嘉德	2013.05.13
清 果核雕诗文手串		126,500	古天一	2013.12.05
清 果核高浮雕历代名人手串		172,500	古天一	2013.12.05
清 核雕、沉香、青白玉手串(三件)	尺寸不一	11,500	北京保利	2013.07.27
清 核雕刻舟摆件	长4.5cm	11,500	北京保利	2013.04.28
清 核雕人物手串	长15cm	55,200	北京保利	2013.04.28
清 核雕十八罗汉(一对)	长4.5cm	23,000	北京保利	2013.10.28
清 核雕十二生肖手串	长12cm	57,500	北京保利	2013.10.28
清 核雕手串	长14.5cm	11,500	中国嘉德	2013.03.24
清 核雕寿星骑鹿摆件	高5.3cm	13,800	西泠拍卖	2013.07.12
清 核桃两只、刻山水纹葫芦六只	尺寸不一	10,847	香港淳浩	2013.11.30
清 鹤顶红摆件	长20cm	13,800	北京保利	2013.10.28
清 鹤顶红挂牌	长6cm	23,000	北京保利	2013.04.27
清 木盒 石雕寿星 竹雕罗汉(各一件)	长4.8cm；长19cm	152,180	香港淳浩	2013.04.05
清 椰壳雕九子婴戏压手杯	直径7cm	11,500	北京保利	2013.04.28
清 椰壳寿纹盖盒	高11cm	20,700	北京传是	2013.06.15
清末/民初 榄核雕赤壁小舟	长6.6cm	42,769	纽约苏富比	2013.03.19
民国 “祥”字竹制二筒鸽哨(八支)	尺寸不一	184,000	中国嘉德	2013.11.17
民国 核雕人物手串	长20cm	32,200	北京保利	2013.10.28
民国 核雕游船	长4cm	11,500	北京保利	2013.10.26
民国 漆嵌玳瑁葫芦瓶	高35cm	14,950	北京翰海	2013.09.15
民国 嵌螺钿龙纹大盘	直径50cm	40,250	北京保利	2013.10.28
“顶上红”鹤顶红手串		100,800	北京荣宝	2013.03.31
2010年 小西宁子 月夜	长12cm	48,300	中国嘉德	2013.11.16
2012年 朴康龙 镙钿茶具盒	长38.5cm	35,650	北京保利	2013.12.02
菠萝漆嵌银丝扇骨	高32cm	63,250	北京保利	2013.12.04
玳瑁花镜	长31cm	20,700	北京翰海	2013.03.24
玳瑁枕	长38.5cm	11,500	中国嘉德	2013.12.14
莫秀华 螺钿镶嵌九面盒	长34cm	43,700	中国嘉德	2013.11.16
郭余庭 花鸟书法扇骨	高32cm	23,000	北京保利	2013.12.04
鹤顶红佛手	长8cm	17,250	北京翰海	2013.03.24
鹤顶红手串	长1.5cm×14	46,000	北京传是	2013.06.15
鹤顶红手串		23,000	北京翰海	2013.03.24
近代 各式扇骨(五件)	尺寸不一	20,700	北京保利	2013.10.28
近代 鹤顶红雕度母摆件	长15.5cm	28,750	北京传是	2013.12.12
近代 鹤顶红释迦摩尼挂件	高8.5cm	14,950	北京传是	2013.12.12
近代 吴湖帆、大千、西崖等扇骨(五件)	尺寸不一	11,500	北京保利	2013.10.28
烙画 西湖十景	高32cm	17,250	北京保利	2013.12.04
山水诗文蛐蛐罐	高14cm	23,000	北京匡时	2013.09.12
扇骨(一组)	尺寸不一	55,200	荣宝斋(上海)	2013.06.30
盛丙云 刻丁辅之画稿扇骨	高32cm	86,250	北京诚轩	2013.11.15
唐 唐吕媛墓志	长34cm	150,080	日本童梦	2013.12.03
贴黄龙纹官箱	宽43cm	20,700	北京保利	2013.04.28
晚清、近代 勒花呼鸟葫芦及揉手勒花小葫芦成对	尺寸不一	46,000	中国嘉德	2013.11.17
晚商 骨雕虎形把件	长11.1cm	186,630	纽约佳士得	2013.03.21
王健 乌骨泥金扇	长29.5cm	56,000	北京荣宝	2013.06.23
湘妃竹扇骨	高31.5cm	32,200	北京诚轩	2013.11.15
徐素白 刻江寒汀画稿扇骨	高31.5cm	115,000	北京诚轩	2013.11.15
余仲嘉 林介侯 刻扇骨二柄(二柄)	高32cm，高32.5cm	92,000	北京诚轩	2013.11.15

拍品名称	物品尺寸	成交价RMB	拍卖公司	拍卖日期
张志鱼 刻姚华等书画稿扇骨	高31cm	126,500	北京诚轩	2013.11.15
支慈盦 刻张大千书画稿扇骨	高31.8cm	48,300	北京诚轩	2013.11.15
钟表(成交价50万元以上)				
1895年作 圆盘式八音盒“大不列颠”座钟	高65.4cm	1,427,380	日本伊斯特	2013.05.03
18世纪 金嵌珐琅西洋人物梳妆盒式小座钟	高15.2cm	2,875,000	北京保利	2013.12.04
ASPREY 白金镶钻石、蓝宝石、绿碧玺，黑白珠母贝及水晶美洲豹神秘座钟 年份约1985年。	高18cm	2,534,320	香港苏富比	2013.04.07
DANIEL ROTH 神秘钟1号 黄金镶钻石，红宝石，水晶及青金石神秘座钟 约1990年	高42cm	5,806,480	香港苏富比	2013.04.07
GERALD GENTA “八方呈祥”G00018型号 黄金镶钻石，乳白色石，蛋白石及透明绿色珐琅宝盒备三问及万年历功能时钟，年份约1990年	直径24cm	2,630,560	香港苏富比	2013.04.07
Gerald Genta 天堂鸟座钟	高41cm	1,451,760	香港苏富比	2013.10.08
Gerald Genta 西敏寺教堂钟声复杂功能对钟	高11cm	2,398,560	香港苏富比	2013.10.08
GERALD GENTA“雄狮家族”蓝色及黄色蓝宝石，珠母贝及水晶万年历座钟 年份约1990年	高13cm；宽24cm	1,379,440	香港苏富比	2013.04.07
Gerd Dor 竹林熊猫座钟	高41cm	978,360	香港苏富比	2013.10.08
Jean & Pierre Bellin 凤冠鹦鹉座钟	高39cm	2,871,960	香港苏富比	2013.10.08
Jean & Pierre Bellin 皇家礼炮座钟	宽42.5cm	3,061,320	香港苏富比	2013.10.08
爱彼 黄金猎豹珐琅座钟	高19cm	542,438	香港苏富比	2013.10.08
爱彼 黄金猎豹座钟	宽19cm	883,680	香港苏富比	2013.10.08
百达翡丽 鱼跃龙门座钟 2041/1型号 年份1990年	高21.5cm	2,919,280	香港苏富比	2013.04.07
百达翡丽 1197型号 太阳能座钟	高22cm	887,040	香港苏富比	2013.05.28
百达翡丽 碧池锦鲤座钟	高28cm	5,712,360	香港苏富比	2013.10.08
百达翡丽 碧玉拱门座钟 2083型号 年份1996年	高28cm	3,111,760	香港苏富比	2013.04.07
百达翡丽 大理石殿堂座钟	高21cm	978,360	香港苏富比	2013.10.08
百达翡丽 海龙呈祥座钟	高25cm	3,724,080	香港苏富比	2013.10.08
百达翡丽 皇家蓝－圆顶座钟 1191型号 年份1980年	高37cm	3,015,520	香港苏富比	2013.04.07
百达翡丽 金贝与珍珠台钟 2055型号 年份1991年	宽31cm	9,174,880	香港苏富比	2013.04.07
百达翡丽 金丝鸟笼台钟 2068型号 年份1992年	高31cm	8,308,720	香港苏富比	2013.04.07
百达翡丽 蓝色圆顶座钟 1324型号 年份1987年	高29cm	1,475,680	香港苏富比	2013.04.07
百达翡丽 猫头鹰座钟 1393型号 年份1993年	高22cm	1,090,720	香港苏富比	2013.04.07
百达翡丽 狮临天下座钟 2065型号 年份1992年	高24cm	4,362,880	香港苏富比	2013.04.07
百达翡丽 十九世纪环游探索座钟	高22cm	789,000	香港苏富比	2013.10.08
百达翡丽 双时区柱廊座钟	高13cm	739,688	香港苏富比	2013.10.08
百达翡丽 水晶宫殿座钟	高23cm	2,682,600	香港苏富比	2013.10.08
百达翡丽 水晶宫殿座钟 2039型号 年份1991年	高27cm	2,919,280	香港苏富比	2013.04.07
百达翡丽 天堂鸟喷水池台钟，2050型号 年份1991	高38cm	6,768,880	香港苏富比	2013.04.07
百达翡丽 铜镀金及掐丝珐琅太阳能座钟 型号703 1956年制		687,750	香港佳士得	2013.11.27
百达翡丽 喜鹊聚宝鸟巢台钟 2079型号 年份1992年	高52cm	14,468,080	香港苏富比	2013.04.07
百达翡丽 雅仕之选座钟	高19.5cm	2,082,080	香港苏富比	2013.10.08

2013杂项拍卖成交汇总

(成交价RMB：1万元以上)

拍品名称	物品尺寸	成交价RMB	拍卖公司	拍卖日期
百达翡丽 雅仕之选座钟 2042/1型号 年份1989年	高19.5cm	3,208,000	香港苏富比	2013.04.07
百达翡丽"雀鸟报喜"1353型号 铜鎏金及掐丝珐琅雀鸟图太阳能座钟 年份1990年	高22cm	1,283,200	香港苏富比	2013.04.07
法国 MOVAR 狩猎女神 帝政风格铜鎏金配大理石座钟 约1800年至1830年	高73cm	529,000	北京保利	2013.06.04
江诗丹顿 装饰艺术时期风格，中式黑漆戗金，镶青金石及玉石座钟，配8天动力及掐丝珐琅表盘，1926年制		833,160	香港佳士得	2013.11.27
卡地亚 埃及风情宫殿门廊神秘钟 约1990年	高27cm	3,881,680	香港苏富比	2013.04.07
卡地亚 粉红水晶美洲豹神秘钟	高25cm	3,724,080	香港苏富比	2013.10.08
卡地亚 火鹤与莲花台钟，约1990年	高25cm	7,731,280	香港苏富比	2013.04.07
卡地亚 美洲豹门廊神秘钟	高28cm	2,777,280	香港苏富比	2013.10.08
卡地亚 莫卧儿亭阁台钟，年份约1990	宽35cm	4,651,600	香港苏富比	2013.04.07
卡地亚 青金石与水晶神秘钟 编号192251，年份约1990年。	高34cm	2,149,360	香港苏富比	2013.04.07
卡地亚 太平有象地球仪座钟	高30cm	4,765,560	香港苏富比	2013.10.08
瑞士 金及珐琅镶珍珠及钻石竖琴形音乐时钟 为中国市场制造，约1810年制		689,040	香港佳士得	2013.05.29
约1770年 英国 乔治王时期十一铃十二槌活动人偶音乐大间钟	高81cm	517,500	北京保利	2013.12.05
约1785年 英国 EARDLEY NORTON 14铃19槌12音乐大间钟	高77cm	690,000	北京保利	2013.06.04
18K白金镶嵌24.52克拉天然缅甸鸽血红宝石及钻石腕表		2,070,000	北京保利	2013.11.30
18K白金镶嵌58.69克拉天然皇家蓝蓝宝石及钻石腕表		1,725,000	北京保利	2013.11.30
Asprey「春宫秘戏」手动上弦机械宝石机芯腕表	直径21cm	1,451,760	香港苏富比	2013.10.08
BRUNNER À TIENTSIN ET À LA CHAUX DE FONDS 黄金珐琅镶珍珠怀表，为中国市场制造，NO 1509，年份约1880。	直径5.9cm	551,375	香港苏富比	2013.04.07
Cephee 18K白金镶钻石，女装酒桶形自动上弦链带腕表，"Ether"，限量生产，约2012年制		510,900	香港佳士得	2013.11.27
Christophe Claret 18K白金及黑色PVD涂层钛金属，自动上弦腕表 型号OG007BLJ08，编号09/21，约2012年制		689,040	香港佳士得	2013.05.29
Christophe Claret 18K白金及钛金属镂空腕表 编号1/8，约2013年制		974,640	香港佳士得	2013.11.27
Daniel Roth 18K白金镶钻石，女装石英链带腕表，约1999年制		574,200	香港佳士得	2013.05.29
Daniel Roth 18K白金镶钻石石英链带腕表 约1999年制		641,520	香港佳士得	2013.05.29
Franck Muller 18K白金镶钻石酒桶形腕表 型号8880 T CH D CD，编号01，约2009年制		589,500	香港佳士得	2013.11.27
Franck Muller 手动上弦擒纵机芯FM2001-2腕表	长5.0cm	512,850	香港苏富比	2013.10.08
GREUBEL FORSEY "TOURBILLON 24 SECONDES INCLINE" 白金24秒陀飞轮手动上链腕表 备72小时动力储存显示，NO 80，年份约2009。	直径4.35cm	1,668,160	香港苏富比	2013.04.07
Jean Dunand 18K金腕表 型号101'943，约2010年制		641,520	香港佳士得	2013.05.29

拍品名称	物品尺寸	成交价RMB	拍卖公司	拍卖日期
Kari Voutilainen 18K白金腕表 配三问及动力储存，"Decimal"，约2013年制		1,544,400	香港佳士得	2013.05.29
Richard Mille 18K红金及钛金属酒桶形自动上弦镂空腕表 编号27/30，约2009年制		514,800	香港佳士得	2013.05.29
Richard Mille 18K红金酒桶形腕表 型号RM004 AH PG/210，编号02/25，约2008年制		786,000	香港佳士得	2013.11.27
Richard Mille 黑色涂层钛金属、酒桶形自动上弦镂空腕表 型号RM011 AH TI/353 编号8/30，约2009年制		544,500	香港佳士得	2013.05.29
爱彼 18K白金腕表，配三问功能及陀飞轮，"Jules Audemars Repetition Minute Tourbillon"，编号3，约2008年制		736,875	香港佳士得	2013.11.27
爱彼 铂金椭圆形半镂空腕表 编号017/150，约2007年制		831,600	香港佳士得	2013.05.29
百达翡丽1518型号18K红金腕表1945年制		3,065,040	香港佳士得	2013.05.29
百达翡丽 18K 金镶祖母绿钻石限量机械腕表		1,150,000	江苏九德	2013.08.24
百达翡丽 18K白金腕表 型号3970 1994年制		544,500	香港佳士得	2013.05.29
百达翡丽 18K白金腕表 型号3970 2000年制		687,750	香港佳士得	2013.11.27
百达翡丽 18K白金腕表 型号3970 2006年制		1,540,560	香港佳士得	2013.11.27
百达翡丽 18K白金腕表 型号3970 约1995年制		540,375	香港佳士得	2013.11.27
百达翡丽 18K白金镶钻石及蓝宝石链带腕表 型号3996/1，1989年制		1,164,240	香港佳士得	2013.05.29
百达翡丽 18K白金自动上弦链带腕表 型号5131 约2010年制		1,446,240	香港佳士得	2013.11.27
百达翡丽 18K白金自动上弦天文腕表 型号5102 约2003年制		1,540,560	香港佳士得	2013.11.27
百达翡丽 18K白金自动上弦腕表 型号5159	直径3.8cm	1,582,500	上海佳士得	2013.09.26
百达翡丽 18K白金自动上弦腕表 型号5250 约2006年制		540,375	香港佳士得	2013.11.27
百达翡丽 18K白金自动上弦腕表 型号5396 约2012年制		833,160	香港佳士得	2013.11.27
百达翡丽 18K红金怀表，配三问、万年历、追针计时及月相显示，1896年制		974,640	香港佳士得	2013.11.27
百达翡丽 18K红金腕表 型号2481	直径3.7cm	1,582,500	上海佳士得	2013.09.26
百达翡丽 18K红金腕表 型号3939	直径3.3cm	3,022,500	上海佳士得	2013.09.26
百达翡丽 18K红金腕表 型号5016	直径3.7cm	4,222,500	上海佳士得	2013.09.26
百达翡丽 18K红金腕表 型号533，1947年制		540,375	香港佳士得	2013.11.27
百达翡丽 18K红金腕表，配万年历、追针计时功能、月相、24小时、闰年显示及红宝石数字表盘	直径3.7cm	2,662,500	上海佳士得	2013.09.26
百达翡丽 18K红金枕形腕表 型号5020 约1995年制		1,446,240	香港佳士得	2013.11.27
百达翡丽 18K红金自动上弦腕表，型号3974	直径3.6cm	3,382,500	上海佳士得	2013.09.26
百达翡丽 18K金怀表 型号715/21	直径4.7cm	1,222,500	上海佳士得	2013.09.26
百达翡丽 18K金怀表 型号866/77	直径4.7cm	1,222,500	上海佳士得	2013.09.26
百达翡丽 18K金怀表，配三问功能及隐藏铰链，为波士顿零售商Shreve, Crump & Low Co. 而制 1911年制		510,900	香港佳士得	2013.11.27

拍品名称	物品尺寸	成交价RMB	拍卖公司	拍卖日期
百达翡丽 18K金腕表 型号1518，1943年制		2,200,800	香港佳士得	2013.11.27
百达翡丽 18K金腕表 型号2497，1954年制		1,351,920	香港佳士得	2013.11.27
百达翡丽 18K金腕表 型号3970 2006年制		1,634,880	香港佳士得	2013.11.27
百达翡丽 18K金镶钻石及蓝宝石枕形链带腕表 型号3625，1984年制		589,500	香港佳士得	2013.11.27
百达翡丽 18K金镶钻石腕表 型号3990，1999年制		687,750	香港佳士得	2013.11.27
百达翡丽 18K金自动上弦天文腕表 型号5102 约2008年制		1,257,600	香港佳士得	2013.11.27
百达翡丽 18K金自动上弦腕表 型号5050 约2010年制		687,750	香港佳士得	2013.11.27
百达翡丽 18K金自动上弦腕表 型号5131 约2013年制		736,875	香港佳士得	2013.11.27
百达翡丽 2003年制 型号5075G 18K白金自动上弦腕表(一套)	表径3.6cm	1,840,000	北京保利	2013.12.05
百达翡丽 3448/19型号 18K金自动上弦链带腕表 1976年制		670,032	香港佳士得	2013.05.29
百达翡丽 3939型号 铂金腕表 993年制		2,304,720	香港佳士得	2013.05.29
百达翡丽 3939型号 陀飞轮手动上弦腕表		2,951,360	保利香港	2013.04.06
百达翡丽 3970/2型号 黄金万年历计时手动上链炼带腕表 年份1992年	直径3.6cm	521,300	香港苏富比	2013.04.07
百达翡丽 3970EP型号 铂金万年历计时手动上链腕表 年份2004年	直径3.6cm	850,120	香港苏富比	2013.04.07
百达翡丽 3970EP型号 铂金万年历计时腕表	直径3.6cm	742,500	香港苏富比	2013.05.28
百达翡丽 3974G型号 白金三问万年历自动上链腕表 年份1991	直径3.6cm	4,362,880	香港苏富比	2013.04.07
百达翡丽 3990P型号 铂金镶钻万年历计时腕表	直径3.6cm	1,571,920	香港苏富比	2013.04.07
百达翡丽 4487/1型号 黄金镶钻及蓝宝石手动上链炼带腕表 年份1978年	宽3.1cm	994,480	香港苏富比	2013.04.07
百达翡丽 5004J型号 黄金万年历手动上链追针计时腕表 年份2007年	直径3.6cm	1,090,720	香港苏富比	2013.04.07
百达翡丽 5004P型号 铂金万年历追针计时腕表	直径3.7cm	1,599,840	香港苏富比	2013.05.28
百达翡丽 5004型号 18K白金腕表 约2007年制		2,779,920	香港佳士得	2013.05.29
百达翡丽 5004型号 18K金腕表 约2007年制		2,019,600	香港佳士得	2013.05.29
百达翡丽 5004型号 铂金腕表 约2008年制		2,114,640	香港佳士得	2013.05.29
百达翡丽 5004型号18K红金腕表 约2007年制		3,445,200	香港佳士得	2013.05.29
百达翡丽 5074型号 18K金自动上弦腕表 约2002年制		2,399,760	香港佳士得	2013.05.29
百达翡丽 5074型号 黄金三问万年历自动上链腕表 年份2000年	直径4.2cm	2,630,560	香港苏富比	2013.04.07
百达翡丽 5079型号 18K金自动上弦腕表 2002年制		2,114,640	香港佳士得	2013.05.29
百达翡丽 5101P型号 铂金手动上链陀飞轮腕表 年份约2006。	直径5.1cm	1,379,440	香港苏富比	2013.04.07
百达翡丽 5101型号 18K红金长方形腕表 约2010年制		1,829,520	香港佳士得	2013.05.29
百达翡丽 5102PR型号“CELESTIAL”铂金及粉红金自动上链天文腕表	直径4.3cm	1,362,240	香港苏富比	2013.05.28
百达翡丽 5104P型号 铂金及粉红金[illegible]问镶宝万年历自动上链腕表 约2011年。	直径4.3cm	4,170,400	香港苏富比	2013.04.07
百达翡丽 5131J型号 黄金自动上链世界时腕表 年份约2012	直径3.95cm	1,090,720	香港苏富比	2013.04.07
百达翡丽 5270G型号 白金万年历手动上链计时腕表 年份约2011。	直径4.1cm	1,090,720	香港苏富比	2013.04.07
百达翡丽 5950型号 不锈钢枕形腕表 约2010年制		2,684,880	香港佳士得	2013.05.29
百达翡丽 5970P型号 铂金手动上链万年历计时腕表 年份2010，	直径4.0cm	1,077,120	香港苏富比	2013.05.28
百达翡丽 5970P型号 铂金万年历手动上链计时腕表 年份2010年	直径4.0cm	1,090,720	香港苏富比	2013.04.07
百达翡丽 5970R型号 粉红金万年历手动上链计时腕表 年份2006年	直径4.0cm	751,875	香港苏富比	2013.04.07
百达翡丽 5970型号铂金腕表 约2010年制		1,354,320	香港佳士得	2013.05.29
百达翡丽 5971P型号 铂金镶蓝宝石万年历计时手动上链腕表 年份2010年	直径4.0cm	2,534,320	香港苏富比	2013.04.07
百达翡丽 5971P型号 铂金镶钻万年历计时腕表 年份约2009年	直径4cm	1,812,520	香港苏富比	2013.04.07
百达翡丽 802/1型号 黄金镂空手动上链二十美元金币表 年份1984年	直径3.5cm	521,300	香港苏富比	2013.04.07
百达翡丽 8K金长方形腕表 型号5101 约2010年制		1,351,920	香港佳士得	2013.11.27
百达翡丽 979/2型号 18K白金 18K黄金表冠上弦怀表 约1995年制	表架长16.5cm	5,232,500	北京保利	2013.06.04
百达翡丽 Celestial系列 型号5102PR 全新 950铂金 18K玫瑰金自动上弦腕表 2009年制		1,322,500	北京保利	2013.01.20
百达翡丽 铂金酒桶形自动上弦腕表 型号5033 约2007年制		2,483,760	香港佳士得	2013.11.27
百达翡丽 铂金腕表 型号3970 2006年制		2,059,320	香港佳士得	2013.11.27
百达翡丽 铂金腕表 型号5004 约1998年制		1,540,560	香港佳士得	2013.11.27
百达翡丽 铂金腕表 型号5016，1994年制		3,332,640	香港佳士得	2013.11.27
百达翡丽 铂金腕表 型号5070 约2009年制		687,750	香港佳士得	2013.11.27
百达翡丽 铂金腕表 型号5959 约2006年制		1,729,200	香港佳士得	2013.11.27
百达翡丽 铂金腕表 型号5970 约2010年制		1,068,960	香港佳士得	2013.11.27
百达翡丽 铂金镶钻石腕表 型号5971 约2007年制		1,540,560	香港佳士得	2013.11.27
百达翡丽 铂金长方形腕表，型号5105 约2006年制		589,500	香港佳士得	2013.11.27
百达翡丽 铂金自动上弦腕表 型号5077 约2011年制		786,000	香港佳士得	2013.11.27
百达翡丽 不锈钢腕表 型号5004 约2012年制		2,483,760	香港佳士得	2013.11.27
百达翡丽 手动上弦擒纵机芯28-20腕表	长5.1cm	2,398,560	香港苏富比	2013.10.08
百达翡丽 型号5004 铂金腕表 约2007年制		3,730,320	香港佳士得	2013.05.29
百达翡丽 型号5016铂金腕表 1999年制		3,540,240	香港佳士得	2013.05.29
百达翡丽 型号5070 18K金腕表 1999年制		641,520	香港佳士得	2013.05.29
百达翡丽 型号5070G 18K白金 手动上弦腕表 计时功能		506,000	北京保利	2013.06.04
百达翡丽 型号5102 18K白金自动上弦天文腕表 约2004年制		1,259,280	香港佳士得	2013.05.29
百达翡丽 型号5104铂金及18K红金自动上弦[illegible]腕表 约2007年制		3,350,160	香港佳士得	2013.05.29

2013杂项拍卖成交汇总

(成交价RMB：1万元以上)

拍品名称	物品尺寸	成交价RMB	拍卖公司	拍卖日期
百达翡丽 型号5131 18K白金手绘世界地图珐琅表盘、世界时、自动上弦腕表 2010年制		737,840	保利香港	2013.04.06
百达翡丽 型号5131 18K黄金，手绘世界地图珐琅表盘，世界时，自动上弦腕表，2010年制		691,725	保利香港	2013.04.06
百达翡丽 型号5160 18K白金自动上弦腕表		1,106,760	保利香港	2013.04.06
百达翡丽 型号5339R 18k玫瑰金手动上链三问陀飞轮腕表	表径3.5cm	3,447,930	保利香港	2013.10.06
百达翡丽 型号5960P 950铂金 自动上弦腕表(全新)	表径4.0cm	575,000	北京保利	2013.12.05
百达翡丽 型号5970P 950铂金 手动上弦腕表 (全新)	表径4.0cm	1,265,000	北京保利	2013.06.04
百达翡丽 型号5971P万年历计时码腕表	口径4cm	3,220,000	中国嘉德	2013.05.12
百达翡丽 型号699 18K金怀表，配三问、万年历及月相显示，1929年制		784,080	香港佳士得	2013.05.29
百达翡丽 一套七枚长方形腕表，"Pagoda"，限量生产，约1997年制		974,640	香港佳士得	2013.11.27
百达翡丽 950铂金手动上弦腕表 型号5076P 约2005年制	表径3. 6cm	2,070,000	北京保利	2013.12.05
百达翡丽18K白金自动上弦腕表 型号5150 约2001年制		510,900	香港佳士得	2013.11.27
百达翡丽18K红金猎壳怀表 1894年制		1,259,280	香港佳士得	2013.05.29
百达翡丽Patek Philippe年历计时码腕表		943,000	中国嘉德	2013.11.18
百达翡丽铂金酒桶形自动上弦腕表 型号5013，1999年制		2,295,120	香港佳士得	2013.11.27
百德翡丽 5971P型号 铂金镶钻石万年历计时腕表	直径4cm	2,027,520	香港苏富比	2013.05.28
宝铂Blancpain钻石陀飞轮腕表	直径4.0cm	632,500	中国嘉德	2013.05.12
宝玑 18K白金半猎壳腕表 型号1801，约2001年制		589,500	香港佳士得	2013.11.27
宝玑 18k白金镶钻手动上链陀飞轮腕表 年份2009		1,451,760	保利香港	2013.10.06
宝玑 18K红金半猎壳腕表 型号1801，约2002年制		638,625	香港佳士得	2013.11.27
宝玑 3755PR型号 铂金镂空万年历陀飞轮手动上链腕表 年份约2008。	直径4.0cm	850,120	香港苏富比	2013.04.07
宝玑 950铂金 手动上弦腕表 三问 陀飞轮 万年历 逆跳小时 飞返日期功能 全球限量3支 为庆祝阿伯拉罕·刘易斯·宝玑250周年诞辰 约1997年制		2,783,000	北京保利	2013.06.04
宝玑 铂金镂空腕表 型号3755 约2007年制		1,116,120	香港佳士得	2013.11.27
宝玑 铂金腕表 型号5447，约2007年制		786,000	香港佳士得	2013.11.27
宝玑 铂金镶钻石及蓝宝石自动上链计时怀表	配炼全长41.5cm	1,077,120	香港苏富比	2013.05.28
宝玑 型号3577 18K玫瑰金手动上弦腕表(2003年制)	表径3.7cm	575,000	北京保利	2013.12.05
宝珀 18K红金自动上弦腕表，配万年历、追针飞返计时功能、陀飞轮及闰年显示，"Tourbillon Quattro"，约2004年制		638,625	香港佳士得	2013.11.27
播威 18K白金镂空自动上弦腕表 型号CP493-PU，约2011年制		880,320	香港佳士得	2013.11.27
播威 钛金属及DLC涂层不锈钢半镂空自动上弦三用时计，配陀飞轮、日历显示及动力储存腕表，型号TPIN001-18 编号18/80，约2011年制		687,750	香港佳士得	2013.11.27
伯爵 18K 金镶钻石高级腕表		575,000	江苏九德	2013.08.24
伯爵 18K白金镶钻石酒桶形女装腕表 型号GOA18263，1994年制		594,000	香港佳士得	2013.05.29
伯爵 18K白金镶钻石长方形镂空腕表 型号P10298，2005年制		589,500	香港佳士得	2013.11.27
伯爵 18K白金镶钻石枕形石英链带腕表，型号77'280，1989年制		833,160	香港佳士得	2013.11.27
伯爵 8K白金镶钻石十角形链带腕表 型号12382 A6 约1980年制		560,025	香港佳士得	2013.11.27
法兰穆勒 18k红金手动上链腕表		517,190	保利香港	2013.10.06
高珀富斯 18K白金腕表 配24秒倾斜陀飞轮及72小时动力储存，"T24SI"，约2009年制		1,259,280	香港佳士得	2013.05.29
高珀富斯 18K白金腕表 配两地时间、世界时间，25度倾斜24秒陀飞轮、动力储存及3D立体地球仪，"GMT"，约2012年制		2,399,760	香港佳士得	2013.05.29
海瑞·温斯顿 18K白金 自动上弦镶钻腕表 陀飞轮装置 110小时动力储存 全球限量15只，编号第09		1,619,200	北京保利	2013.06.04
积家 白金可翻转大表盘陀飞轮同步万年历手动上链腕表 NO 2/3，年份约2012年。		2,149,360	香港苏富比	2013.04.07
江诗丹顿 "PAGODA KALLA" 女装黄金镶钻手动上链炼带腕表 年份约1990年	宽2.2cm	1,090,720	香港苏富比	2013.04.07
江诗丹顿 18K白金镶钻石长方形链带腕表，"Lord Kalla"，约1990年制		1,164,240	香港佳士得	2013.05.29
江诗丹顿 30066型号 "MALTE TOURBILLON SQUELETTE" 铂金镂空陀飞轮手动上链腕表 年份约2002年		701,750	香港苏富比	2013.04.07
江诗丹顿 白金镶方形钻石炼带腕表	长18.5cm	4,593,600	香港苏富比	2013.05.28
江诗丹顿 铂金镶钻石八角形链带腕表 约2000年制		831,600	香港佳士得	2013.05.29
江诗丹顿 铂金镶钻石及蓝宝石镂空腕表 型号30050/1，编号1/1，2000年制		1,540,560	香港佳士得	2013.11.27
江诗丹顿 铂金镶钻石链带腕表，"Sovereign I"，型号39548/988，1990年制		510,900	香港佳士得	2013.11.27
江诗丹顿 1997年制 麦卡托系列 1997年香港回归纪念款 18K黄金 自动上弦腕表 限量30只	表径3.6cm	575,000	北京保利	2013.12.05
江诗丹顿，Verger Freres 及Ostertag，瑰丽，装饰艺术时期，铂金镶绿宝石及钻石项链及表，由Verger Freres 设计，巴黎Ostertag 销售，1927年制		1,163,280	香港佳士得	2013.11.27
卡地亚 18K白金镶钻石、黑色蓝宝石及绿宝石石英腕表 型号3060K 编号40/50，约2009年制		594,000	香港佳士得	2013.05.29
昆仑 18K白金镶钻石，正方形链带腕表	带宽3.9cm	500,000	上海佳士得	2013.09.26
昆仑 18K红金半镂空腕表 编号C09/12，约2010年制		1,069,200	香港佳士得	2013.05.29
昆仑 TI-BRIDGE TOURBILLON系列 18K白金 手动上弦超豪华镶钻腕表 2013年制	表径4.6cm	2,277,000	北京保利	2013.06.04

拍品名称	物品尺寸	成交价RMB	拍卖公司	拍卖日期
朗格 18K白金及一枚18K红金腕表 编号60/101，2003年制		879,120	香港佳士得	2013.05.29
朗格 18K玫瑰金、陀飞轮、日历、动能显示、手动上弦腕表		654,833	保利香港	2013.04.06
朗格 18K蜜糖金腕表，配陀飞轮、动力储存及停秒功能腕表 编号 4/150，约2010年制		833,160	香港佳士得	2013.11.27
朗格 蜂蜜金陀飞轮手动上链腕表 年份2012。	直径4.3cm	2,341,840	香港苏富比	2013.04.07
朗格 一套两枚腕表，一枚18K白金及一枚18K红金，配双发条鼓、特大日历显示、停秒功能、动力储存及南北半球月相显示腕表， 编号98/101，2003年制		736,875	香港佳士得	2013.11.27
劳力士 116769型号 18K白金镶钻石自动上弦链带腕表 2007年制		1,544,400	香港佳士得	2013.05.29
劳力士 18K金链带腕表 型号6265/6263 约1987 年制		609,150	香港佳士得	2013.11.27
劳力士 不锈钢自动上弦链带腕表 型号6538，约1959年制		540,375	香港佳士得	2013.11.27
劳力士 不锈钢自动上弦腕表 型号5513，为英国皇家海军而制，1976年制		974,640	香港佳士得	2013.11.27
帕玛钱宁 限量版白金流线型腕表	直径5.07cm	1,552,320	香港苏富比	2013.05.28
沛纳海 PAM00340型号 限量版粉红金双时区双轴陀飞轮手动上链腕表 NO M20/30，年份2010。	直径4.7cm	521,300	香港苏富比	2013.04.07
瑞士 18K金及珐琅，镶珍珠音乐怀表约1800 年制		3,238,320	香港佳士得	2013.11.27
万国 铂金自动上弦链带腕表 型号NO. IW9270-16 编号38/50，约1993年制		632,016	香港佳士得	2013.05.29
肖邦 18K白金镶钻石石英链带腕表 “Your Hour”，约2005年制		974,160	香港佳士得	2013.05.29
肖邦 18K白金镶钻石腕表 型号17/1892 编号9/10，约2006年制		687,750	香港佳士得	2013.11.27
肖邦 4188型号 18K白金镶钻石链带腕表 编号20/25，约2004年制		1,259,280	香港佳士得	2013.05.29
肖邦 白金镶钻石英炼带腕表，年份约2005。	直径3.65cm	1,042,600	香港苏富比	2013.04.07
雅典 18K白金腕表 型号2080-115，约2011年制		613,008	香港佳士得	2013.05.29
雅典 铂金镶蓝宝石镂空腕表 型号799-81 编号52/99，约2009年制		594,000	香港佳士得	2013.05.29
雅典 铂金镶钻石腕表 型号029-80 编号32/99，约2006年制		589,500	香港佳士得	2013.11.27
雅典 马戏团系列 950铂金 手动上弦腕表 三问功能 活动人偶 全球限量30支，编号第9	表径4.2cm	1,897,500	北京保利	2013.06.04
宇舶 18K红金及钛金属半镂空腕表，配陀飞轮，“Big Bang King Power Manufacture” 编号23/30，约2012年制		569,850	香港佳士得	2013.11.27
宇舶 钛金属及陶瓷腕表 型号707. CI.1179.HR.AES12 编号1/8，约2011年制		974,640	香港佳士得	2013.11.27
真利时Zenith限量生产360º球体陀飞轮	直径4.5cm	736,000	中国嘉德	2013.11.18
芝柏 18K白金腕表 型号99810 编号3/33 约2012 年制		974,640	香港佳士得	2013.11.27
芝柏 18K白金镶钻石女装镂空腕表 型号99020，2001年制		550,200	香港佳士得	2013.11.27
芝柏 CAT’S EYE TOURBILLION CON POINTE D’ ORO系列 18K白金女款镶84颗钻石共重2.22克拉手动上弦腕表	直径3.6cm	834,900	北京保利	2013.06.04

拍品名称	物品尺寸	成交价RMB	拍卖公司	拍卖日期
芝柏Girard Perregaux三金桥陀飞轮腕表	直径3.9cm	552,000	中国嘉德	2013.11.18
尊达 18K金镶钻石及红宝石女装心形石英链带腕表，型号G3034YG，约2003年制		550,200	香港佳士得	2013.11.27
铜器				
陈设件				
北魏 铜鎏金阿难尊者立像	高6.8cm	93,315	纽约苏富比	2013.03.19
北魏太和8年(484年) 铜鎏金持莲观音立像	高15.6cm	1,822,753	纽约苏富比	2013.03.19
6世纪 铜飞天击鼓像	13cm	358,013	伦敦苏富比	2013.05.15
16世纪/17世纪 文官坐像	高16cm	69,000	北京翰海	2013.06.02
16世纪/17世纪 文人立像	高33.5cm	184,000	北京翰海	2013.06.02
明 鎏金铜佛立像		256,425	香港苏富比	2013.10.08
明 青铜双佛造像	高13.7cm	63,250	北京保利	2013.06.06
明 青铜张仙像	高50.7cm	1,150,000	中国嘉德	2013.09.16
明 铜二郎真君像	高19.5cm	89,700	中国嘉德	2013.09.16
明晚期 孔子铜坐像	高22.1cm	184,000	北京诚轩	2013.11.17
明晚期 铜僧人像	高35.6cm	42,769	纽约佳士得	2013.03.21
清 嵌银丝文官坐像	高26cm	36,800	北京保利	2013.07.28
清 铜错金老子像	高20cm	97,750	北京保利	2013.10.26
清 铜魁星点斗像	高32.5cm	28,750	中国嘉德	2013.06.16
清 铜老子出关像	高23cm	13,800	北京保利	2013.10.26
清 铜针灸人像	高17.7cm	55,200	中国嘉德	2013.03.24
清 铜针灸铜人像	高17.5cm	13,800	北京保利	2013.07.28
清 渔翁得利	长50cm	100,800	迦南国拍	2013.06.12
清中期 铜鎏金文曲星像	高16.4cm	36,800	中国嘉德	2013.09.16
铜寿星	宽33cm	10,350	北京保利	2013.07.27
现代 铜童子	高5cm	11,500	北京翰海	2013.06.23
秦 青铜人马 (一套)	尺寸不一	774,180	大唐香港	2013.05.28
东周及汉 青铜设件 (一组)	长15.5cm	69,986	纽约苏富比	2013.03.19
汉 错金银天禄辟邪 (一对)	高11cm；长11.5cm	6,177,800	澳门中信	2013.06.23
元 铜牛	通高19.5cm	54,648	大唐香港	2013.05.28
明 铜狮	长7.8cm	396,750	北京翰海	2013.06.02
明早期 铜瑞兽摆件	长15.3cm	126,500	六朝艺宴	2013.07.07
明或更早 王世襄旧藏仿汉“斑鸠”铜车	长5.8cm	36,800	北京匡时	2013.12.05
明 铜马	长10.2cm	23,000	中国嘉德	2013.09.16
16世纪/17世纪 铜错银貘 (一对)	长21.2cm	233,288	纽约苏富比	2013.03.19
16世纪 铜鎏金猪坐骑	长18cm	46,000	中国嘉德	2013.09.16
清初 铜卧犬	长5.5cm	25,300	北京翰海	2013.06.02
17世纪/18世纪 鎏金铜“燕俦莺侣”摆件	长9.4cm	150,375	香港苏富比	2013.04.08
清乾隆 铜鎏金群龙戏珠水晶球	直径18cm	713,000	远方拍卖	2013.12.01
清乾隆 铜狮子 (一对)	高21.5cm	896,000	香港嘉德利	2013.09.01
清乾隆 铜制扁豆摆件	高9cm	12,650	北京华辰	2013.11.17
清乾隆 铸铜仙人乘凤摆件	高22cm	138,000	北京保利	2013.12.04
清中期 铜“八方来财”摆件连沉香木座	长12.3cm	103,500	北京匡时	2013.06.05
清中期 铜卧马	长9.3cm	40,250	北京翰海	2013.06.02
18世纪/19世纪 青铜「昭君出塞」摆件	长18.5cm	88,763	香港苏富比	2013.10.08
18世纪 铜雕鸵鸟	高17cm	11,500	北京保利	2013.04.28
19世纪 铜鎏金狮子成对	高11.5cm	229,463	纽约苏富比	2013.09.17
19世纪 铜鎏金镶珐琅五福吉庆宝石梅花盆景	高37.5cm	68,839	纽约苏富比	2013.09.17
清光绪四年(1879年) 铜鹿摆件	长35cm	132,196	纽约佳士得	2013.03.21
清晚期 铜韩愈至蓝关摆件	高11.5cm	34,500	北京传是	2013.12.12
清 铜佛手	长45cm	32,200	中国嘉德	2013.09.17
清 铜鎏金象	高12cm	15,000	北京保利	2013.04.27

2013杂项拍卖成交汇总

(成交价RMB：1万元以上)

拍品名称	物品尺寸	成交价RMB	拍卖公司	拍卖日期
清 铜鎏金象	宽30cm	11,500	北京保利	2013.01.11
清 铜鎏金珍珠碧玉盆景	高59cm	828,000	北京保利	2013.06.04
清 铜鎏银嵌百宝大象(一对)	宽107cm	36,800	北京保利	2013.01.11
清 铜狮子摆件	长23cm	103,500	北京保利	2013.10.26
清 铜狮子绣球摆件	宽31cm	23,000	北京保利	2013.07.28
清 铜兽	高6cm	43,700	北京翰海	2013.06.23
清 铜幼狮摆件	宽22cm	17,250	北京保利	2013.07.28
清 铜张骞乘槎摆件	长20cm	11,500	中国嘉德	2013.03.24
清 铜鎏金瑞鹿	高49cm	345,000	六朝艺宴	2013.07.07
清 铜鎏金瑞兽	高11cm	69,000	北京保利	2013.06.06
清 铜鎏金双鹿金轮(一套)	尺寸不一	33,600	未来四方	2013.06.08
清 铜鎏金太平有象(一对)	高25cm	25,300	北京保利	2013.10.28
清 铜少师太师(一对)	高62cm	40,250	北京保利	2013.01.11
18世纪末/19世纪初 青铜佛教狮子(一对)	高28.3cm	1,917,840	香港佳士得	2013.11.27
三世藏六造兽面青铜花器	高24cm	20,700	北京匡时	2013.12.04
铜狮子(一对)	高64cm	55,200	中国嘉德	2013.09.15
铜仿石山子	高30.5cm	13,800	中国嘉德	2013.09.17
青铜枪形摆件	高19.5	31,154	日本伊斯特	2013.05.03
镀铜鸟笼款鸟鸣摆件	高24	19,550	中国嘉德	2013.11.18
古铜自在蟹置物	长7cm	32,200	北京匡时	2013.12.04
江户期 万古作铜打出水仙图建水	高8.5cm	34,500	北京匡时	2013.12.04
明 嵌金银铜如意	长41cm	161,000	远方拍卖	2013.06.06
明 如意	长24.5cm	46,000	北京翰海	2013.06.02
清 铜鎏金嵌表百宝如意	长46cm	57,500	中国嘉德	2013.06.15
清 铜鎏金嵌表朵花纹如意	长45.5cm	63,250	中国嘉德	2013.03.24
清 铜鎏金松竹梅纹如意	长44cm	23,000	北京保利	2013.10.28
清 铜簪暗八宝纹如意摆件	长49cm	313,600	中都国际	2013.04.21
清中期 铜鎏金錾花三镶翠玉如意	长36cm	1,127,000	中国嘉德	2013.05.13
民国 铜鎏金镂雕花卉纹如意	长55.5cm	17,250	中国嘉德	2013.06.15
铜鎏金嵌宝如意	长48cm	43,700	北京保利	2013.04.28
佩玩件				
晚商/西周早期 青铜兽面镳(一对)	长9.2cm×2	73,874	纽约佳士得	2013.03.21
西周早期 青铜旄	高7.3cm	2,674,003	纽约苏富比	2013.09.17
晚商/西周早期 青铜双兔车饰	长14.6cm	225,511	纽约佳士得	2013.03.21
西周 青铜牛纹车饰	长5.6cm	58,322	纽约佳士得	2013.03.21
西周早期 青铜兽面冠饰	宽22.9cm	2,086,579	纽约苏富比	2013.09.17
春秋 青铜凤鸟(一对)	高5.5cm	318,780	大唐香港	2013.05.28
东周 铜带钩(两件)	长21cm	54,434	纽约苏富比	2013.03.19
战国 大型猪头铜璜	宽14.5cm	13,800	中国嘉德	2013.11.23
战国 鎏金铜嵌绿松石带钩	长22cm	132,196	纽约佳士得	2013.03.21
战国 青铜车饰(一对)	长6.5cm	455,400	大唐香港	2013.05.28
战国 青铜虎形饰	宽11.1cm	388,813	纽约佳士得	2013.03.21
战国 青铜兽面纹佩饰	长6.5cm	13,610	保利香港	2013.10.07
战国 青铜铸瑞兽小型带钩(一件)	长39mm	10,350	北京诚轩	2013.05.18
战国 铜错金银带钩(五件)	长17.2cm	77,763	纽约苏富比	2013.03.19
战国 铜鱼一组十四枚		13,800	中国嘉德	2013.11.23
西汉 错金带钩	长12.5cm	163,944	大唐香港	2013.05.28
西汉 错金镶石鸟型饰件	高11.5cm	91,080	大唐香港	2013.05.28
西汉 铜鎏金镶白玉龙首带钩(一对)	长22cm	831,588	大唐香港	2013.11.28
汉 铜鎏金虎纹饰件	长3cm	13,997	纽约苏富比	2013.03.19
汉 铜鎏金龙首饰件	长15cm	90,390	大唐香港	2013.11.28
汉 铜鎏金镶玉带钩	长16cm	162,702	大唐香港	2013.11.28
北魏 铜鎏金狮形饰件	高3.2cm	116,644	纽约苏富比	2013.03.19
唐 鎏金铜人首杆饰	高11.7cm	85,539	纽约佳士得	2013.03.21
11世纪 中原铜佛牌	高14.2cm	46,000	中国嘉德	2013.11.16
明 铜彩云捧月祈寿铜牌	高8cm	115,000	北京保利	2013.06.06
明或更早 青铜饕餮纹错金银带钩	长19.6cm	80,500	北京匡时	2013.12.05
明治—大正期 西垣一瑳造饕餮纹鼎式瓶挂	高22.2cm	10,350	北京匡时	2013.12.04

拍品名称	物品尺寸	成交价RMB	拍卖公司	拍卖日期
清乾隆 御制铜鎏金乾卦云龙纹壁式挂件	直径22cm	149,500	北京保利	2013.12.04
清乾隆 御制鎏金双龙器座	宽25.5cm	333,500	北京匡时	2013.12.04
清 铺首(一对)	长15cm	86,250	北京翰海	2013.06.02
清 铜鎏金带扣	长12cm	17,250	北京保利	2013.10.26
清 铜鎏金云龙纹带扣	长7cm	34,500	中国嘉德	2013.06.16
清 铜鎏金斋戒牌 铜鎏金香囊各一件	长8.5cm	32,200	中国嘉德	2013.03.24
清 铜鸳鸯兵符	长5.5cm	57,500	北京保利	2013.10.26
清 银鎏金斋戒牌 香囊各一件	长8.3cm	13,800	中国嘉德	2013.06.15
清 铜鎏金皇贵妃珊瑚领约	直径19cm	517,500	中国嘉德	2013.05.13
清 铜鎏金嵌珊瑚发簪(一对)	长17.7cm	17,250	中国嘉德	2013.06.16
铜鎏金龙纹牌	长11cm	17,250	北京保利	2013.01.11
铜鎏金兽首带钩	长14.5cm	10,350	中国嘉德	2013.09.16
铜鎏金云龙纹令牌	长11.5cm	13,800	北京保利	2013.07.28
生活用品				
商晚期 青铜饕餮纹盂	长21.6cm	544,338	纽约佳士得	2013.03.21
春秋早期 青铜龙凤纹盉	高20cm	108,882	保利香港	2013.10.07
汉 青铜鸟纹提梁盉	直径18.5cm	62,308	日本伊斯特	2013.05.03
明 铜错金银仿古天鸡流提梁盉	宽26cm	736,000	北京保利	2013.12.05
仿青铜龙首扁盉		80,000	北京保利	2013.01.20
商 青铜饕纹三羊首瓿	高26cm	3,163,650	大唐香港	2013.11.28
明或更早 簠斋藏青铜俯首瓿	高16cm	253,000	北京匡时	2013.12.05
商 饕餮蝉纹鼎	直径14.5cm	245,916	大唐香港	2013.05.28
商 饕餮纹三足鼎	高24cm	3,278,880	大唐香港	2013.05.28
商代 犬父丙鼎	高21cm	5,060,000	中国嘉德	2013.05.12
商代晚期 青铜龙纹鼎	高16.5cm	254,058	保利香港	2013.10.07
商代晚期 青铜蛇纹鼎	高20.0cm	344,793	保利香港	2013.10.07
商代晚期 青铜兽面纹鼎	高25cm	362,940	保利香港	2013.10.07
商晚期 青铜乳钉龙纹方鼎	高22cm	2,892,480	大唐香港	2013.11.28
商晚期 青铜饕餮纹鼎	高27cm	9,490,950	大唐香港	2013.11.28
商晚期 青铜饕餮纹鼎	高20.3cm	3,701,995	纽约苏富比	2013.09.17
商晚期 青铜饕餮纹鼎	高23.5cm	2,327,360	日本童梦	2013.12.03
商晚期/西周早期 青铜饕餮纹鼎	高32cm	1,939,723	纽约苏富比	2013.09.17
晚商 青铜虺龙雷纹鼎	高15cm	844,501	纽约佳士得	2013.03.21
晚商 青铜饕餮纹鬲鼎	高26cm	427,694	纽约佳士得	2013.03.21
西周 "伯作宝彝"三足鼎	高28.8cm	2,300,000	中国嘉德	2013.11.23
西周 菱格乳钉纹青铜鼎	高17cm	907,350	中国嘉德	2013.10.06
西周 青铜鼎	宽17.5cm	10,916	香港淳浩	2013.07.27
西周时代 青铜龙纹鼎	宽17cm	218,400	日本童梦	2013.12.03
西周晚期 青铜鼎	通高19cm	180,780	大唐香港	2013.11.28
西周早期 青铜饕餮纹鼎	高20.3cm	152,975	纽约苏富比	2013.09.17
春秋 青铜几何纹鼎	直径53.6cm	1,814,977	纽约佳士得	2013.03.21
春秋 青铜夔凤纹三兽钮鼎	直径18cm	680,266	纽约佳士得	2013.03.21
春秋 青铜龙纹三环钮鼎	高33.7cm	295,498	纽约佳士得	2013.03.21
春秋 青铜龙纹三足鼎	高24.5cm	1,723,965	保利香港	2013.10.07
春秋 青铜乳丁纹鼎	高25.2cm	115,000	北京保利	2013.06.06
春秋 兽足铜盖鼎	口径28cm	255,024	大唐香港	2013.05.28
春秋时代 青铜鼎	宽25cm	150,080	日本童梦	2013.12.03
春秋晚期 青铜三环钮鼎	直径24.4cm	349,931	纽约佳士得	2013.03.21
春秋早期 青铜垂鳞纹有流鼎	长12.4cm	8,107,675	纽约苏富比	2013.09.17
战国 青铜龙纹盖鼎	高24cm	225,975	大唐香港	2013.11.28
战国 青铜兽足鼎	通高25.5cm	273,240	大唐香港	2013.05.28
战国 三足圆鼎	直径17.5cm	125,957	易拍好台北	2013.04.14
明 青铜饕餮纹鼎	高23cm	13,645	香港华辉	2013.07.26
明 铜朝天耳饕餮纹三足鼎	高17cm	51,750	北京翰海	2013.12.06
清 铜兽面三足鼎	高20cm	13,800	北京保利	2013.10.28
清 铜饕餮纹三足鼎	高30cm	11,500	北京保利	2013.10.28
18世纪/19世纪 铜错金银饕餮纹鼎	高27.5cm	38,881	纽约佳士得	2013.03.21
19世纪 铜绘金饕餮纹鼎	高11.4cm	124,420	纽约苏富比	2013.03.19
战国 春秋 青铜龙纹三环盖鼎 灰陶鼎	高25.4cm; 高25.4cm	349,931	纽约佳士得	2013.03.21

拍品名称	物品尺寸	成交价RMB	拍卖公司	拍卖日期
战国时期 青铜蟠虺纹鼎(敦)	高17cm	69,986	纽约苏富比	2013.03.19
战国 人形举鼎双环铜器	直径27cm	125,957	易拍好台北	2013.04.14
西周早期 青铜兽面纹斗	长19.7cm	171,078	纽约佳士得	2013.03.21
春秋晚期 青铜交龙纹斗	宽15cm	99,809	保利香港	2013.10.07
汉时代 青铜兽耳钫	高38.5cm	112,560	日本童梦	2013.12.03
东汉 犍阳武库青铜缶	高24.5cm	116,644	纽约苏富比	2013.03.19
春秋 青铜蟠蛇纹簠(一对)	长35cm	227,413	宝源国际	2013.07.25
清 铜八宝纹缸	直径16.5cm	69,000	中国嘉德	2013.03.24
清乾隆 铜制铺首衔环双耳缸(一对)	直径35cm	184,000	北京华辰	2013.05.09
铜鎏金兽耳衔环缸(一对)	直径39cm	82,800	中国嘉德	2013.09.15
西周早期 青铜兽面纹“先”鬲	高19.5cm	5,726,160	香港佳士得	2013.05.29
商晚期 青铜饕餮夔龙纹觥	高18.7cm	11,779,075	纽约苏富比	2013.09.17
明 铜兽面纹兕觥	高24cm	1,840,000	北京翰海	2013.12.06
清早期 铜鎏金觥	高14cm	287,500	中国嘉德	2013.05.11
明末/清初 铜牛首觥 铜饕餮纹觯各一	高20.4cm	1,516,369	纽约佳士得	2013.03.21
商 青铜饕餮纹觚	高29.2cm	373,260	纽约佳士得	2013.03.21
商 青铜饕餮纹觚	高20cm	272,169	纽约佳士得	2013.03.21
商 青铜饕餮纹觚	高21.3cm	233,288	纽约佳士得	2013.03.21
商晚期 公元前13至11世纪 青铜饕餮蕉叶纹觚	高28.3cm	1,300,189	纽约苏富比	2013.03.19
商晚期 青铜饕餮纹觚	高31cm	4,803,415	纽约苏富比	2013.09.17
商晚期 青铜饕餮纹觚	高31.3cm	1,499,155	纽约苏富比	2013.09.17
晚商 安阳时期 青铜饕餮纹觚	高21.5cm；高21.2cm	769,849	纽约佳士得	2013.03.21
晚商 青铜饕餮纹觚	高22cm	695,197	纽约佳士得	2013.03.21
明 铜雕龙生九子大花觚	高53.3cm	690,000	北京保利	2013.06.05
明 铜蕉叶纹花觚	高28cm	34,500	北京传是	2013.12.12
明或更早 簠斋藏铜觚	高17cm	184,000	北京匡时	2013.12.05
明末 局部鎏金铜仿古“饕餮”纹觚	高21.4cm	421,050	香港苏富比	2013.04.08
清 铜鎏金饕餮纹花觚	高15.5cm	11,500	北京保利	2013.04.28
清 铜制四方龙纹出戟花觚	高45.5cm	920,000	北京华辰	2013.11.17
清中期 铜鎏金兽面纹出戟花觚	高26cm	69,000	北京翰海	2013.06.02
殷墟早期 公元前14至12世纪 青铜饕餮纹觚	高23cm	155,525	纽约苏富比	2013.03.19
商晚期 青铜饕餮纹觚(一对)	高31cm	3,344,430	大唐香港	2013.11.28
清 铜花觚(一对)	高27cm	34,500	北京保利	2013.10.26
汉 青铜雷纹铺首衔环耳盖罐	宽16.5cm	46,115	香港淳浩	2013.04.05
清早期 海八怪纹铜罐	高13.2cm	126,500	六朝艺宴	2013.07.07
清中期 铜双螭耳罐	高12cm	69,000	北京翰海	2013.12.08
商 饕餮纹青铜簋	口径23cm	3,615,600	大唐香港	2013.11.28
商晚期 夔龙乳钉纹簋	口径25.5cm	3,187,800	大唐香港	2013.05.28
晚商/西周早期 青铜兽首簋	直径24.2cm	373,260	纽约佳士得	2013.03.21
西周 牛首乳钉纹簋	高20cm	9,108,000	大唐香港	2013.05.28
西周 青铜簋	长29.2cm	491,250	香港佳士得	2013.11.27
西周 青铜夔龙纹方座簋	长38cm	22,597,500	大唐香港	2013.11.28
西周 青铜郑伯作孟姜簋	直径19.5cm	1,088,820	保利香港	2013.10.07
西周 史颂簋	宽40cm	28,175,000	北京保利	2013.12.04
西周 铜神鸟双龙耳簋	高15cm	3,220,000	北京翰海	2013.12.08
西周时代 青铜簋	宽25cm	277,760	日本童梦	2013.12.03
西周早期 青铜夔龙纹簋	长29.5cm	764,875	纽约苏富比	2013.09.17
宋 仿铜簋	口径21cm	77,418	大唐香港	2013.05.28
清乾隆 青铜簋	长25cm	92,000	苏州东方	2013.09.28
唐 银鎏金宝相纹小盖盒	径4.8cm	373,260	纽约苏富比	2013.03.19
明 胡文明制铜鎏金错银梅花纹香盒	直径7cm	178,250	北京匡时	2013.09.12
明 铜鎏金灵仙祝寿纹香盒	直径6.7cm	195,500	北京匡时	2013.06.05
明 铜鎏金錾花海棠式山水人物纹盖盒	长9cm	184,000	北京匡时	2013.09.12
明 银错金凤凰香盒	长10.5cm	20,700	中国嘉德	2013.06.16
明代 鎏金铜胡文明香盒	直径7.8 cm	160,344	罗芙奥	2013.11.24
明末清初 铜鎏金折枝花卉纹香盒	直径7cm	172,500	北京保利	2013.04.28
明正德 铜回纹圆盒	直径8.3cm	218,500	北京翰海	2013.12.08

拍品名称	物品尺寸	成交价RMB	拍卖公司	拍卖日期
清 铜雕八宝龙纹盖盒	直径26cm	28,750	北京匡时	2013.09.12
清 铜刻花卉诗文四方熏香盒	长15cm	39,200	天津文物	2013.11.22
清 铜鎏金八宝纹福寿香盒	长13.8cm	1,120,000	六朝艺宴	2013.07.07
清 铜鎏金香盒	口径5.8cm	34,500	北京保利	2013.12.05
清 铜鎏金錾云蝠嵌白玉册页盒	长19cm	287,500	北京保利	2013.06.06
清 铜香盒	直径5cm	10,350	北京匡时	2013.09.12
清 铜云蝠纹捧盒	直径22.5cm	14,950	中国嘉德	2013.03.24
清乾隆 铜错银山水诗文小香盒	直径5.5cm	40,250	北京保利	2013.06.06
清乾隆 铜鎏金高浮雕花卉纹小香盒	直径6cm	48,300	北京永乐	2013.05.12
清乾隆 铜胎剔红桃花纹双桃形盒	长12cm	25,300	中国嘉德	2013.11.19
清乾隆 造办处铜鎏金喜鹊登梅香盒	长7.2cm	156,800	六朝艺宴	2013.07.07
清雍正 铜胎错金银香盒	直径7.5cm	63,250	中国嘉德	2013.11.19
清雍正 铜簪花花鸟纹扇形盖盒	长8.2cm	207,000	北京匡时	2013.06.05
清早期 铜鎏金錾花盒	直径6.6cm	126,500	古天一	2013.12.05
清中期 铜鎏金嵌白玉盖盒	高8cm	20,700	北京保利	2013.04.28
清中期 铜嵌银仕女诗文倭角方盒	长5cm	119,600	北京翰海	2013.06.02
瑞士 铜鎏金　“爱意绵长”音乐盒		32,200	北京保利	2013.12.05
清 铜错金卷草纹盖盒(一对)	高11.5cm×2	28,750	北京匡时	2013.09.12
欧洲 铜鎏金双层珠宝盒 宝石镶嵌镂空雕花工艺		23,000	北京保利	2013.12.05
18世纪 鎏金铜嵌银蝶戏牡丹纹小座屏 鎏金铜喜上眉梢小圆盒及鎏金铜六方小盖盒各一	尺寸不一	139,973	纽约佳士得	2013.03.21
清康熙 宫廷造办处铜鎏金香盒组套	高10.5cm	333,500	西泠拍卖	2013.07.12
商 饕餮纹壶	高33cm	7,104,240	大唐香港	2013.05.28
西周 波曲纹壶	高56cm	2,812,785	保利香港	2013.10.07
战国 青铜扁壶	通高33cm	683,100	大唐香港	2013.05.28
战国 青铜几何纹兽首衔环耳壶	高23.5cm	108,868	纽约佳士得	2013.03.21
战国 青铜蟠螭纹链壶	高28.9cm	153,663	大唐香港	2013.11.28
战国 铜活环提梁壶	高38.5cm；高33.8cm	90,735	保利香港	2013.10.07
战国时代 青铜兽面壶	高22cm	172,480	日本童梦	2013.12.03
战国时期 青铜兽耳铺手几何纹壶	高33.5cm	50,546	纽约苏富比	2013.03.19
汉 错金银青铜提梁壶	高16.5cm	59,885	香港拍得高	2013.10.07
汉 铜鎏金银神兽云气纹小壶	高5.6cm	911,731	纽约苏富比	2013.09.17
汉 铜双兽耳壶	高27.2cm	27,669	保利香港	2013.04.07
汉代 提梁活链青铜壶	通高50cm	54,441	中国嘉德	2013.10.06
宋 铜夔龙纹穿带壶	高35cm	235,911	保利香港	2013.10.07
明 铜错金银仿古铜壶	高46.5cm	1,475,680	保利香港	2013.04.07
明 铜仿古兽面双耳方壶	高39.5cm	34,500	北京保利	2013.06.06
明 铜鎏金九龙纹长颈执壶	高30cm	115,000	远方拍卖	2013.12.02
明 铜鎏金执壶	高32cm	115,000	远方拍卖	2013.06.06
明 铜双耳投壶	高14cm	89,700	北京翰海	2013.12.06
明晚 仿古铜壶	高37.3cm	126,500	远方拍卖	2013.06.06
明晚期 刘海立式铜投壶	高51cm	149,500	北京诚轩	2013.11.17
17世纪/18世纪 洒金铜仿古双螭龙耳壶	长20.4cm	320,800	香港苏富比	2013.04.08
清 铜桃钮竹节壶	宽11cm	10,350	北京保利	2013.04.27
清 铜桃形提梁壶	高22cm	25,300	北京传是	2013.12.12
清乾隆 铜兽面纹方壶	高16.3cm	34,500	中国嘉德	2013.12.14
清中期 铜双狮戏球提梁壶	高12.2cm	322,000	北京翰海	2013.06.02
仿青铜莲鹤方壶		80,000	北京保利	2013.01.20
玉川堂口打出藤把铜壶	长21.5cm	20,700	北京匡时	2013.12.04
中川净益八世造万字纹铜壶	高18.5cm	48,300	北京匡时	2013.12.04
春秋 青铜鱼鳞纹壶(一对)	高40.5cm	2,350,140	大唐香港	2013.11.28
明 铜鎏金天鸡花插	长10cm	230,000	远方拍卖	2013.12.02
清 铜八卦纹花插	高19cm	23,000	北京传是	2013.06.15
清 铜高士梅花花插	高21.6cm	23,000	中国嘉德	2013.03.24
清 铜太平有象花插	高17.1cm	103,500	北京翰海	2013.12.08
清乾隆 铜鎏金双鱼花插	高38cm	66,700	中国嘉德	2013.09.16
清早期 铜梅花树桩形花插	高1[illegible]cm	[illegible]	北京翰海	2013.12.06

2013杂项拍卖成交汇总

(成交价RMB：1万元以上)

拍品名称	物品尺寸	成交价RMB	拍卖公司	拍卖日期
商代晚期 青铜兽面纹斝	高34cm	589,778	保利香港	2013.10.07
商晚期/西周早期 青铜无柱斝	高24.4cm	985,159	纽约苏富比	2013.09.17
晚商 青铜饕餮纹斝	直径29cm	233,288	纽约佳士得	2013.03.21
西周 兽面纹青铜斝	高24cm	544,410	中国嘉德	2013.10.06
明晚期 铜鎏金海水龙纹斝	高8cm	13,800	北京保利	2013.12.06
商 青铜饕餮纹爵	高19.3cm	620,545	纽约佳士得	2013.03.21
商 铜兽面纹爵	高18.5cm	387,366	保利香港	2013.04.07
商晚期 公元前13至11世纪 青铜兽面纹爵	高19.5cm	155,525	纽约苏富比	2013.03.19
商晚期 哈少甫旧藏青铜爵	高21cm	598,000	西泠拍卖	2013.07.12
商晚期 青铜饕餮纹爵	高20cm	2,600,575	纽约苏富比	2013.09.17
商晚期 青铜饕餮纹爵	高18.8cm	267,706	纽约苏富比	2013.09.17
商晚期 青铜饕餮纹爵	高21cm	210,560	日本童梦	2013.12.03
商晚期 青铜饕餮纹爵	高20.3cm	122,380	纽约苏富比	2013.09.17
晚商 青铜饕餮纹爵	直径16.5cm	272,169	纽约佳士得	2013.03.21
西周早期 陈介祺旧藏青铜 父丁三足爵	高20cm	4,255,000	山东恒昌	2013.12.06
西周早期 陈介祺旧藏青铜□父丁三足爵	高20cm	1,380,000	西泠拍卖	2013.07.12
西周早期 青铜饕餮纹爵	高20.3cm	1,441,717	纽约佳士得	2013.03.21
商代晚期 青铜兽面纹爵 (一对)	高17cm	290,352	保利香港	2013.10.07
晚商 青铜爵 (一对)	高21.5cm	326,603	纽约佳士得	2013.03.21
西周早期 父丙爵 (一对)	高18.2cm；高18.6cm	8,841,955	纽约苏富比	2013.09.17
商 青铜爵杯	高22.5cm	251,914	易拍好台北	2013.04.14
西周 饕餮纹大爵杯	通高28.5cm	1,366,200	大唐香港	2013.05.28
战国 青铜千龙杯	高15cm	85,871	大唐香港	2013.11.28
明 铜鎏金双耳杯	直径6.6cm	17,250	北京匡时	2013.09.12
明 铜漆金兽面纹爵杯	高17.8cm	23,000	中国嘉德	2013.09.17
明 铜兽面纹爵杯	高20cm	17,250	中国嘉德	2013.12.14
清 仿古铜浮雕饕餮纹大爵杯	高97.6cm	149,500	北京中汉	2013.11.17
清 青铜爵杯	高20cm	142,957	香港淳浩	2013.04.05
清乾隆 铜鎏金花鸟纹杯	长6.5cm	11,500	北京传是	2013.12.12
春秋 青铜龙纹方壶	高31.7cm	311,050	纽约佳士得	2013.03.21
西周早期 伯作厥罍	高45.5cm	4,830,000	北京保利	2013.12.04
商 青铜饕餮纹铙 (一套两件)	高18.2cm；高13.8cm	723,120	大唐香港	2013.11.28
战国 青铜三足盘	宽41cm	31,757	保利香港	2013.10.07
元 铜莲塘水禽图菱口大盘	径51.7cm	202,183	纽约苏富比	2013.03.19
明早期 芙蕖纹铜香盘	直径16.5cm	149,500	中国嘉德	2013.05.11
清 蕃莲纹铜香盘	直径14.6cm	253,000	远方拍卖	2013.12.02
清 铜诗文香盘	长14cm	23,000	中国嘉德	2013.03.24
清乾隆 铜御制诗文倭角方盘	长13.9cm	57,500	北京翰海	2013.12.08
清乾隆 铜錾花卉御制诗文盘	长12.5cm	425,500	北京翰海	2013.06.02
约1900年 法国 路易十五风格铜鎏金包银配斑岩大理石盛盘 (一对)	长36cm	80,500	北京保利	2013.06.04
明 铜鎏金錾刻牡丹纹香盘成对	直径11cm	172,500	中国嘉德	2013.11.19
清中期 铜盘螭纹花觚	高18.5cm	57,500	北京翰海	2013.06.02
民国初年北洋政府委托老天利制鎏金双龙戏珠背梅花景泰蓝铜盘一件		31,050	北京诚轩	2013.11.20
春秋 铜鎏金四兽纹盖瓶	长28.5cm	1,267,200	中信国际	2013.05.28
唐 铜鎏金莲花瓶	高14.5cm	271,170	大唐香港	2013.11.28
明 明正德年铜质阿文瓶	高17cm	3,622,500	北京匡时	2013.12.05
明 铜点金夔龙耳荸荠双弦瓶	高27cm	1,150,000	北京匡时	2013.12.04
明 铜净瓶	高11cm	34,500	中国嘉德	2013.11.19
明 铜鎏金缠枝莲纹瓶	高11.3cm	149,500	中国嘉德	2013.09.16
明 铜鎏金瓶	高13.3cm	57,500	北京翰海	2013.12.08
明 铜双螭龙耳梅瓶	高29cm	138,000	北京翰海	2013.12.08
明 雪花金阿文铜瓶	高20cm	264,500	北京匡时	2013.12.04
明或更早 净水铜瓶	高22cm	474,600	六朝艺宴	2013.07.07

拍品名称	物品尺寸	成交价RMB	拍卖公司	拍卖日期
明或更早 青铜舍利瓶	高10cm	59,800	六朝艺宴	2013.07.07
明或更早 铜质旋纹蒜头瓶	高18.2cm	161,000	六朝艺宴	2013.07.07
明晚期 胡文明制铜鎏金錾刻九秋图奢瓶	高10.3cm	97,750	北京诚轩	2013.11.17
明正德 铜雕阿拉伯文瓶	高16.5cm	276,000	华艺国际	2013.08.03
16世纪/17世纪 局部鎏金铜错银百蝶纹瓶	高11cm	158,400	香港佳士得	2013.05.29
清 "石叟"款银丝小方瓶	高11cm	115,000	远方拍卖	2013.12.02
清 铜阿拉伯文瓶	高13cm	11,500	北京保利	2013.01.11
清 铜雕螭龙瓶	高20cm	11,500	北京翰海	2013.06.23
清 铜锦地龙纹瓶	高20cm	11,500	北京翰海	2013.07.14
清 铜撒金螭龙双耳瓶	高56cm	225,975	大唐香港	2013.11.28
清 铜兽面双象耳瓶	高55cm	23,000	北京保利	2013.07.27
清 铜兽面纹双耳瓶	高39cm	32,200	北京保利	2013.10.26
清 铜双象耳三足香瓶	高22cm	40,250	北京保利	2013.04.28
清乾隆 洒金铜三联小瓶	高7.2cm	879,120	香港佳士得	2013.05.29
清乾隆 铜点金如意耳盘口瓶	高26.5cm	172,500	上海道明	2013.10.18
清乾隆 铜鎏金贲巴瓶	高17.8cm	32,200	中国嘉德	2013.09.16
清乾隆 铜洒金"万事如意"双联瓶	长12.8cm	1,035,000	中国嘉德	2013.05.11
清乾隆 铜洒金双耳瓶	高37cm	460,000	北京保利	2013.10.26
清晚期 铜胎雕漆龙纹葫芦瓶	高34cm	17,250	北京保利	2013.01.11
清早期 铜双狮首琮式瓶	高23.3cm	115,000	北京中汉	2013.11.17
清早期 铜象耳瓶	高17.5cm	11,500	北京保利	2013.10.26
清中期 铜开光龙纹瓶	高13.7cm	34,500	北京翰海	2013.06.02
清中期 铜洒金兽耳瓶	高31.5cm	57,500	北京保利	2013.12.06
清中期 铜弦纹铺耳衔环瓶	高13cm	34,500	北京翰海	2013.06.02
春霞铜作山水纹铜花瓶	高22.5cm	11,500	北京匡时	2013.09.12
龙文堂安之介造青铜花瓶	高23.5cm	11,500	北京匡时	2013.12.04
铜鎏金嵌百宝盖瓶	高35cm	36,800	北京保利	2013.04.28
18世纪 铜瓶 爵杯	高7.9cm	23,000	北京翰海	2013.09.14
明 铜鎏金螭龙花鸟纹直径瓶 (一对)	高27cm	2,990,000	远方拍卖	2013.12.01
清 铜兽面纹双象耳瓶 (一对)	高62cm	34,500	北京保利	2013.07.27
清乾隆 浮雕云龙纹活环铜瓶 (一对)	高27cm	690,000	华艺国际	2013.05.05
清乾隆 铜龙凤纹瓶 (一对)	高17cm	1,322,500	远方拍卖	2013.12.01
法国 路易十五风格铜鎏金花瓶 (一对)	长82cm	28,750	北京保利	2013.10.27
民国 铜鎏金双狮耳瓶 (一对)	高40cm	25,300	北京保利	2013.10.28
铜兽面纹瓶 (一对)	高27.8cm	16,100	中国嘉德	2013.06.15
明万历 三色铜锁	长14.3cm	172,500	北京东正	2013.11.16
清乾隆 御制铜鎏金雕云龙海水江崖大锁	长28.5cm	356,500	北京保利	2013.12.04
明 铜鎏金海水龙纹碗	直径18.8cm	172,500	北京翰海	2013.12.08
清 铜错金卷草寿字纹盖碗	高10.3cm	28,750	北京匡时	2013.09.12
明代 铜胡人抬鼓形温酒器	高27cm	207,000	古天一	2013.12.05
西汉 四神兽温酒器 (一对)	高11.5cm	162,702	大唐香港	2013.11.28
清 "罗振玉"款铜香筒	高33cm	138,000	远方拍卖	2013.06.06
清乾隆 御制伽楠雕高士图香筒	高21cm	862,500	北京匡时	2013.12.04
清早期 铜鎏金花卉纹方香筒	高10.5cm	82,800	中国嘉德	2013.05.11
战国 方盨	高22.5cm	273,240	大唐香港	2013.05.28
商 青铜饕餮纹牛头甗	高54.5cm	614,652	大唐香港	2013.11.28
商晚期 火纹青铜甗	直径26cm	881,693	易拍好台北	2013.04.14
西周时代 青铜饕餮蝉纹甗	高43cm	1,501,248	日本童梦	2013.12.03
西周晚期 青铜圆涡兽泥纹甗	高44.5cm	1,769,333	保利香港	2013.10.07
明 铜错金银甗	高17.7cm	46,000	中国嘉德	2013.09.16
西汉 铜鎏金错银鸟纹甗、蒜头壶及鍪各一	尺寸不一	1,068,457	纽约佳士得	2013.03.21
晚商/西周早期 青铜兽面钖	长29.8cm	69,986	纽约佳上得	2013.03.21
东周早期 青铜龙纹匜	长30.5cm	382,438	纽约苏富比	2013.09.17
清 铜龙耳匜	长14cm	32,200	北京传是	2013.12.12
商 青铜饕餮纹方彝	高22.8cm	7,115,269	纽约佳士得	2013.03.21
商晚期 饕餮纹青铜方彝	高19.7cm	2,722,050	中国嘉德	2013.10.05

拍品名称	物品尺寸	成交价RMB	拍卖公司	拍卖日期
西周 青铜兽面凤纹云彝	高22.5cm	2,259,750	大唐香港	2013.11.28
西周晚期/东周早期 青铜饕餮纹方彝	高19.7cm	2,262,889	纽约佳士得	2013.03.21
西周早期 作宝彝簋	高25cm	40,758,659	纽约苏富比	2013.09.17
明 铜仿古“周仲驹方彝”	高26cm	920,000	北京保利	2013.06.05
商 青铜饕餮纹提梁卣	高26cm	54,579	宝源国际	2013.07.25
商晚期 青铜兽面纹“耳丁”卣	高32.3cm	30,056,400	香港佳士得	2013.05.29
商晚期 青铜饕餮纹提梁卣	高33.5cm	1,265,460	大唐香港	2013.11.28
晚商 青铜鸮卣	高21.2cm	7,115,269	纽约佳士得	2013.03.21
西周 “父庚”提梁卣	高25cm	1,905,435	中国嘉德	2013.10.06
西周 刘体智小校经阁旧藏遗卣	高21.7cm	5,750,000	中国嘉德	2013.11.16
西周早期 公元前11至10世纪 青铜兽耳凤鸟纹提梁卣	高34.3cm	373,260	纽约苏富比	2013.03.19
西周早期 青铜龙纹卣	高21.6cm	1,143,109	纽约佳士得	2013.03.21
西周早期 作册睘卣	高24.5cm	18,828,163	纽约苏富比	2013.09.17
汉 青铜三足双龙提链卣	高21.5cm	132,196	纽约佳士得	2013.03.21
清 饕餮纹提梁卣	高21.3cm	226,368	罗芙奥	2013.11.26
清 铜错金银兽面纹提梁卣	高28.5cm	43,700	中国嘉德	2013.09.16
商晚期 青铜双羊提梁卣(彭女卣)	高29.1cm	2,859,130	保利香港	2013.04.07
西周早期 青铜攸分文甲觯	高16cm	425,500	北京中汉	2013.11.17
青铜觯	高7.7cm	28,750	中国嘉德	2013.03.25
清 铜海宴河清烛台 (一对)	高27cm	115,000	北京保利	2013.06.06
清乾隆 御制盘龙鎏金烛台 (一对)	高68cm	1,725,000	北京匡时	2013.12.04
清咸丰 铜鎏金二龙戏珠烛台 (一对)	高49.5cm	1,660,140	保利香港	2013.04.07
德国 梅森风格彩绘陶瓷人偶铜鎏金手执烛台 (一对)	长18cm	17,250	北京保利	2013.10.27
法国 洛可可风格铜鎏金七头烛台 (一对)	长82cm	28,750	北京保利	2013.10.27
民国 铜太狮少狮烛台 (一对)	高27cm	11,500	北京保利	2013.10.26
约1870年至1880年 法国 塞弗勒风格铜鎏金镶嵌手绘瓷盘挂墙烛台 (一对)	长70cm	63,250	北京保利	2013.06.04
铜鎏金西洋钟 烛台 (一套三件)	尺寸不一	11,500	中国嘉德	2013.03.24
约1900年 维也纳风格铜鎏金镶嵌手绘瓷盘挂墙烛台 (一组两支)	长81cm	66,700	北京保利	2013.06.04
商 仲夷尊	高21cm	5,980,000	北京保利	2013.12.04
商末/西周初 公元前13至11世纪 青铜夔龙纹尊	高30.5cm	2,419,969	纽约苏富比	2013.03.19
商晚期 青铜兽面纹羊首尊	高37.4cm	17,637,840	香港佳士得	2013.05.29
晚商 青铜饕餮纹三羊首尊	高25.5cm	844,501	纽约佳士得	2013.03.21
西周 青铜鱼尊	高22.5cm	5,750,000	北京保利	2013.06.04
西周晚期 青铜凤鸟尊	长32cm	1,451,760	保利香港	2013.10.07
西周早期 母辛尊	高25.5cm	13,247,635	纽约苏富比	2013.09.17
西周早期 青铜饕餮纹尊	高25.4cm	305,950	纽约苏富比	2013.09.17
西周中期 青铜夔龙纹尊	高19.6cm	535,413	纽约苏富比	2013.09.17
宋代 铜镶银人马刀枪甲骨文带盖双耳八棱尊	高36cm	6,272,000	香港嘉德利	2013.09.01
明 嵌金银仿古铜方尊	高16cm	109,250	远方拍卖	2013.06.06
明 铜错金银天鸡尊	高30cm	1,955,000	北京翰海	2013.12.06
明 铜错金银牺尊	长31cm	2,127,500	北京翰海	2013.12.06
明 铜嵌银丝方尊	高11.5cm	46,000	北京翰海	2013.12.06
明 铜贴金银兽形带盖牺尊	长16.5cm	1,186,960	香港苏富比	2013.04.08
明 铜制饕餮纹出戟方尊	带座高38.7cm	25,300	西泠拍卖	2013.07.12
明或更早 铜错金银天鸡尊	高23cm	387,366	保利香港	2013.04.07
明或更早 铜仿古天鸡尊	高10.cm	218,500	北京匡时	2013.12.05
清 铜嵌金银鱼篓尊	高13cm	126,500	远方拍卖	2013.06.06
清 铜石榴尊	高31.3cm	69,000	中国嘉德	2013.03.24
清初 铜点金饕餮纹双耳尊	高27.5cm	253,000	华艺国际	2013.05.05
清乾隆 铜牺尊	宽22cm	20,700	北京保利	2013.10.28
清早期 铜嵌银丝铺首耳尊	高15cm	184,000	远方拍卖	2013.06.06
清中期 青铜铺首尊	高36.5cm	79,100	辽宁建投	2013.11.24
清中期 铜兽面纹方尊	高23cm	46,000	中国嘉德	2013.09.16

拍品名称	物品尺寸	成交价RMB	拍卖公司	拍卖日期
民国 铜天鸡车尊	高8.7cm	28,750	北京翰海	2013.06.02
西汉早期 公元前二至一世纪 铜鎏金银熊足樽配盖	高21cm	244,760	纽约苏富比	2013.09.17
清道光 铜制“韦驮殿”长方供盆	长28cm	69,000	北京保利	2013.12.06
三代琢斋造斑紫铜福牛汉诗图火钵	高28.7cm	57,500	北京匡时	2013.12.04
香炉 香薰				
汉 青铜四神兽温酒炉	长26cm	73,874	纽约苏富比	2013.03.19
汉 青铜透雕熏炉	高21cm	93,315	纽约佳士得	2013.03.21
汉 青铜透雕熏炉	高21cm	54,434	纽约佳士得	2013.03.21
汉 青铜朱雀龟座博山炉	高22cm	108,468	大唐香港	2013.11.28
东汉 青铜四神温酒炉 (一对)	长25cm	116,644	纽约佳士得	2013.03.21
宋–元 青铜火焰纹筒式炉	高17.5cm	143,750	西泠拍卖	2013.07.12
元/明初 局部鎏金铜鹿形盖炉	长21.8cm	286,410	伦敦苏富比	2013.05.15
元代 铜雕刻龙百兽图四头熏香炉	高度50.8cm	4,032,000	香港嘉德利	2013.09.01
明早期 铜鎏金缠枝海棠纹狻猊钮四方小熏炉	高6.8cm	112,700	北京诚轩	2013.05.11
明 “介山清玩”戟耳炉	口径9.5cm	4,600,000	北京翰海	2013.06.02
明 “雅赏幽香”鬲式铜炉	直径9.9cm	322,000	北京匡时	2013.06.05
明 “玉堂清玩”款冲耳炉	、直径13cm	816,500	远方拍卖	2013.06.06
明 白玉钮洒金双耳铜炉	宽34cm	51,750	北京保利	2013.10.28
明 伯章家玩冲耳炉	高9.4cm	2,530,000	北京保利	2013.06.04
明 大明宣德年制款云龙纹双象耳炉	口径10.0cm	115,000	上海泓盛	2013.07.07
明 得令加官铜熏炉	通高17.5cm	225,975	大唐香港	2013.11.28
明 点金戟耳铜香炉	直径10.5cm	575,000	翰风国际	2013.04.21
明 方侧角錾耳宣炉	高7.4cm	575,000	北京保利	2013.06.04
明 方鼎炉	高17.3cm	172,500	北京翰海	2013.06.02
明 冠耳折腹宣炉	高12.1cm	920,000	北京保利	2013.06.04
明 胡文明制鎏金花卉纹筒炉	高8cm	172,500	远方拍卖	2013.06.06
明 静学齐蚰龙炉	高6.9cm	1,437,500	北京保利	2013.06.04
明 夔龙耳炉	高8.1cm	184,000	北京翰海	2013.06.02
明 青铜仿古簋式炉	宽17cm	287,500	北京保利	2013.12.05
明 乳丁纹龙耳簋式炉	直径33cm	460,000	远方拍卖	2013.12.02
明 饕餮纹方炉	高12cm	184,000	北京翰海	2013.06.02
明 铜点金朝冠耳炉	高10.2cm	1,150,000	北京匡时	2013.12.04
明 铜点金仿古鼎式三足炉	高15.8cm	1,035,000	北京匡时	2013.12.04
明 铜点金铺首耳鼎式三足炉	高15.2cm	920,000	北京匡时	2013.12.04
明 铜点金狮首耳炉	高6.9cm	920,000	北京匡时	2013.12.04
明 铜点金索耳鬲式炉	高18cm	345,000	北京匡时	2013.12.04
明 铜雕双龙耳香炉	长26cm	115,000	云南典藏	2013.10.26
明 铜贯耳四方炉	高6cm	51,750	北京匡时	2013.12.05
明 铜贯耳筒式炉	直径8.3cm	51,750	北京匡时	2013.12.05
明 铜鎏金簋式炉	宽8cm	207,000	北京保利	2013.06.05
明 铜鎏金云龙瑞兽四方炉	高32cm	1,198,990	保利香港	2013.04.07
明 铜鎏金錾花海兽婴戏图手炉	高8.9cm	506,000	北京翰海	2013.12.06
明 铜龙纹双耳炉	高6.7cm	230,000	北京翰海	2013.12.06
明 铜平山居士款如意耳炉	长22.6cm	575,000	北京东正	2013.05.10
明 铜狮形香炉	高40cm	466,575	纽约苏富比	2013.03.19
明 铜狮形香炉	高29.2cm	76,488	纽约苏富比	2013.09.17
明 铜双狮耳炉	宽23.5cm	575,000	北京保利	2013.12.05
明 铜双蚰耳炉	宽18cm	63,250	北京保利	2013.10.26
明 铜蚰耳炉	直径16.3cm	862,500	北京匡时	2013.12.05
明 铜蚰耳炉	直径13.5cm	678,500	古天一	2013.06.04
明 铜玉堂清玩款桥耳炉	长12cm	460,000	北京东正	2013.05.10
明 铜云纹螭龙耳炉	长13.5cm	517,500	中国嘉德	2013.03.25
明 铜制兽面蝉纹三足炉	高19cm	48,300	北京华辰	2013.05.09
明/清初 洒金铜香炉	长10.5cm	651,625	香港苏富比	2013.04.08
明崇祯 铜双耳四足长方炉	高6.2cm	644,000	北京翰海	2013.12.06
明代 错银戟耳炉	口径9.1cm	805,000	北京保利	2013.12.05
明代 戟耳炉	口径10.4cm	195,500	北京保利	2013.12.05
明或更早 铜错金银觚式炉	高20cm	184,400	保利香港	2013.04.07

2013杂项拍卖成交汇总

(成交价RMB：1万元以上)

拍品名称	物品尺寸	成交价RMB	拍卖公司	拍卖日期
明或更早 王世襄旧藏赵汝珍“云雷纹”冲天耳式青铜炉	口径9.8cm	345,000	北京匡时	2013.12.05
明宣德 龙首三足炉连座	长15cm	667,000	北京匡时	2013.06.05
明嘉靖 铜蚰龙耳炉	直径12.7cm	1,322,500	北京匡时	2013.12.05
文徵明款玉磬山房款冲耳洒金铜炉	直径15cm	805,000	北京匡时	2013.12.04
明万历 朝冠耳炉	高32cm	299,000	北京翰海	2013.06.02
明正德 阿拉伯文法桶炉	高12cm	2,875,000	北京翰海	2013.06.02
明正德 阿拉伯文鬲式炉	直径10.4cm	138,000	西泠拍卖	2013.07.12
明正德 铜回纹三足炉	高8.5cm	345,000	北京翰海	2013.06.02
明晚期 冲天耳铜香炉	直径12cm	747,500	中国嘉德	2013.05.11
明晚期 鬲式炉	宽23.5cm	3,565,000	北京保利	2013.06.05
明晚期 鬲式乳炉	直径11cm	575,000	北京保利	2013.06.05
明晚期 戟耳簋式炉	宽11.5cm	345,000	北京保利	2013.12.05
明晚期 龙凤熏炉	高17.5cm	1,495,000	北京保利	2013.06.05
明晚期 桥耳乳炉	宽15cm	92,000	北京保利	2013.06.05
明晚期 石叟款铜错金银鼎式炉	高16.5cm	552,000	北京保利	2013.06.05
明晚期 台几式铜香炉	长14.5cm	1,840,000	中国嘉德	2013.05.11
明晚期 天鸡耳簋式炉	宽15.8cm	345,000	北京保利	2013.12.05
明晚期 铜鎏金瑞兽纹簋式炉	长21cm	299,000	中国嘉德	2013.11.19
明晚期 筒式炉	口径8.6cm	63,250	北京保利	2013.12.05
明晚期 洗式炉	直径13.3cm	1,012,000	北京保利	2013.06.05
明晚期 压经炉	长9.8cm	345,000	中国嘉德	2013.05.11
明晚期 蚰龙耳炉	宽14cm	230,000	北京保利	2013.12.05
明晚期 錾花“鹿鹤同春”筒式炉	直径12.5cm	402,500	北京保利	2013.06.05
明末/18世纪 鎏金铜错银饕餮纹鼎式炉	高14.4cm	93,315	纽约佳士得	2013.03.21
明末/18世纪 铜错银开光阿拉伯文钵式炉	宽18.5cm	139,973	纽约佳士得	2013.03.21
明末/18世纪 铜戟耳三足炉	直径18.5cm	77,763	纽约佳士得	2013.03.21
明末/18世纪 铜弦纹筒式三足炉	直径15.2cm	155,525	纽约佳士得	2013.03.21
明末清初 博古款冲耳式铜炉	宽10cm	207,000	北京保利	2013.12.05
明末清初 戟耳炉	口径22.6cm	2,070,000	北京保利	2013.12.05
明末清初 马槽炉	宽12.5cm	2,070,000	北京保利	2013.06.05
明末清初 洒金铜三足炉	长16.8cm	260,650	香港苏富比	2013.04.08
明末清初 天鸡耳簋式炉	宽15.3cm	115,000	北京保利	2013.06.05
明末清初 天鸡耳筒式炉	宽10cm	57,500	北京保利	2013.06.05
明末清初 铜凤眼炉	直径18.4cm	345,000	中国嘉德	2013.09.16
明末清初 铜鎏金兽面纹簋式炉	长10.8cm	80,500	中国嘉德	2013.06.16
明末清初 铜双蚰耳炉	直径12.7cm	287,500	北京匡时	2013.06.05
明末清初 蚰龙耳炉	宽19cm	345,000	北京保利	2013.06.05
明末清初 蚰龙耳炉	口径11.6cm	230,000	北京保利	2013.12.05
16世纪/17世纪 嵌金银线铜三足奁式炉	直径11.4cm	751,875	香港苏富比	2013.04.08
17世纪 洒金铜炉	长15.5cm	101,437	伦敦苏富比	2013.05.15
17世纪 铜仿古饕餮纹方盖炉	高47.3cm	73,874	纽约苏富比	2013.03.19
17世纪/18世纪 铜太平有象三足炉	高48.9cm	50,546	纽约苏富比	2013.03.19
清初 带狮钮盖海水瑞兽纹铜方炉	长25cm	150,912	罗芙奥	2013.11.24
清初 铜回纹三足炉	高8.9cm	184,000	北京翰海	2013.06.02
清初 铜夔龙纹鼎式炉	高17cm	103,500	北京翰海	2013.06.02
清初 铜铺首耳炉	高8.5cm	115,000	北京翰海	2013.12.06
清初 铜如意耳海棠式炉	直径17cm	322,000	远方拍卖	2013.12.02
清初 铜双耳炉	高4.4cm	57,500	北京翰海	2013.12.06
清初 铜狻猊耳炉	直径11cm	207,000	远方拍卖	2013.12.02
清初 铜象足鬲式炉	高16.3cm	92,000	北京翰海	2013.06.02
清初 铜雪花金带座马槽炉	宽23cm	2,760,000	远方拍卖	2013.12.01
清初 铜雪花压经炉	直径21.5cm	632,500	远方拍卖	2013.12.02
清初期 铜狮耳方炉		23,000	北京翰海	2013.09.15
清早期“玉堂清玩”款蚰耳铜炉	长18.3cm	287,500	中国嘉德	2013.11.19
清早期 钵式炉	直径23cm	598,000	中国嘉德	2013.05.11
清早期 朝冠耳方炉	宽20cm	667,000	北京保利	2013.06.05
清早期 朝冠耳炉	长16.9cm	356,500	北京保利	2013.12.05
清早期 朝冠耳折腹方炉	宽20cm	506,000	北京保利	2013.06.05

拍品名称	物品尺寸	成交价RMB	拍卖公司	拍卖日期
清早期 冲耳炉	宽26.5cm	276,000	北京保利	2013.06.05
清早期 冲天耳铜炉	直径14.3cm	51,750	北京匡时	2013.09.12
清早期 大明宣德年制铭冲天耳三足炉	直径27.5cm	2,300,000	中国嘉德	2013.11.19
清早期 丹艧堂制款鱼耳炉	长14.8cm	362,940	保利香港	2013.10.07
清早期 方耳深腹乳炉	宽16.5cm	437,000	北京保利	2013.06.05
清早期 鬲式大铜炉	宽29cm	1,265,000	北京诚轩	2013.11.17
清早期 鬲式炉	宽17cm	368,000	北京保利	2013.06.05
清早期 甪端形铜熏炉	宽9.5cm	230,000	北京诚轩	2013.05.11
清早期 内[illegible]THE郊社铭蚰耳炉	长18.6cm	25,300	中国嘉德	2013.11.19
清早期 狮首耳炉	口径17.6cm	92,000	北京保利	2013.12.05
清早期 兽钮连环原座钵式炉	直径15.5cm	2,070,000	翰风国际	2013.04.21
清早期 松月侣款天鸡耳炉	口径13cm	55,200	西泠拍卖	2013.07.12
清早期 狻猊耳炉	口径9.9cm	69,000	北京保利	2013.12.05
清早期 铜冲天耳炉	宽10cm	149,500	北京保利	2013.04.27
清早期 铜冲天耳炉	宽14cm	23,000	北京保利	2013.10.26
清早期 铜冲天耳三足炉	宽13cm	92,000	北京保利	2013.04.27
清早期 铜冲天耳三足炉	宽14cm	11,500	北京保利	2013.07.28
清早期 铜鬲式炉	直径8.5cm	66,700	北京保利	2013.12.05
清早期 铜鬲式炉	宽16.5cm	34,500	北京保利	2013.12.05
清早期 铜戟耳香炉	长12.5cm	345,000	北京永乐	2013.05.12
清早期 铜鎏金开光花卉三足炉	长17cm	57,500	中国嘉德	2013.11.19
清早期 铜马槽炉	宽14cm	230,000	北京保利	2013.04.27
清早期 铜嵌银丝云纹双耳炉	宽18cm	63,250	北京保利	2013.10.26
清早期 铜桥耳炉	宽10.5cm	460,000	北京保利	2013.12.05
清早期 铜洒金佛手香炉	宽22.5cm	115,000	北京保利	2013.04.28
清早期 铜洒金双耳炉	宽11cm	138,000	北京保利	2013.12.05
清早期 铜洒金双戟耳琴炉	宽9cm	287,500	北京保利	2013.07.27
清早期 铜洒金双蚰耳炉	宽15cm	40,250	北京保利	2013.10.26
清早期 铜狮耳炉	直径14.5cm	23,000	中国嘉德	2013.06.16
清早期 铜寿字纹竹节兽耳方炉	长22cm	230,000	北京翰海	2013.12.06
清早期 铜双耳炉	宽14cm	55,200	北京保利	2013.04.27
清早期 铜双耳四足炉	长13.1cm	25,300	中国嘉德	2013.06.16
清早期 铜双耳压经炉	宽17.6cm	460,000	北京保利	2013.12.05
清早期 铜双狮耳炉	宽15cm	40,250	北京保利	2013.04.28
清早期 铜双鱼耳炉	宽11cm	34,500	北京保利	2013.04.28
清早期 铜双鱼耳炉	宽14cm	32,200	北京保利	2013.04.27
清早期 铜双鱼耳炉	宽9.5cm	28,750	北京保利	2013.04.27
清早期 铜象足弦纹炉	直径17cm	43,700	北京保利	2013.10.26
清早期 铜雪花金龙耳三足炉	直径10.6cm	253,000	翰风国际	2013.04.21
清早期 铜蚰耳炉	19cm	71,300	中国嘉德	2013.11.19
清早期 铜蚰耳香炉	长15cm	161,000	北京永乐	2013.05.12
清早期 铜蚰龙耳簋式炉	宽16cm	345,000	北京保利	2013.12.05
清早期 弦纹筒式炉	直径7.4cm	51,750	北京保利	2013.06.05
清早期 宣德年制款双戟耳马槽炉	长16.5cm	172,500	上海泓盛	2013.07.07
清早期 雪花金压经炉	口径15.6cm	402,500	北京保利	2013.12.05
清早期 压经炉	口径12.4cm	126,500	北京保利	2013.12.05
清早期 蚰耳簋式炉	宽23cm	920,000	北京保利	2013.06.05
清早期 蚰耳铜炉	高11.6cm	170,250	中拍国际	2013.06.04
清早期 蚰耳铜香炉	长23.5cm	51,750	中国嘉德	2013.05.11
清早期 蚰耳铜香炉	长12.6cm	40,250	中国嘉德	2013.05.11
清早期 蚰龙耳炉	口径16cm	345,000	北京保利	2013.12.05
清早期 蚰龙耳炉	口径15cm	92,000	北京保利	2013.12.05
清早期 蚰龙耳炉	口径10.2cm	69,000	北京保利	2013.12.05
清早期 马槽炉，瓶(一套)	尺寸不一	414,000	北京保利	2013.12.05
清早期 狮耳四方铜香炉带原配红木座	长20.1cm	172,500	中国嘉德	2013.05.11
清康熙 狮首耳炉	宽16.5cm	230,000	北京保利	2013.06.05
清康熙 太平有象炉	宽17.5cm	517,500	北京保利	2013.06.05
清康熙 天鸡耳深腹炉	宽13cm	230,000	北京保利	2013.06.05
清康熙 铜海水龙纹三足炉	高7.1cm	195,500	北京翰海	2013.12.06
清康熙 铜莲瓣鼎式三足炉	高24cm	691,725	保利香港	2013.04.07

拍品名称	物品尺寸	成交价RMB	拍卖公司	拍卖日期
清康熙 铜双耳炉	高5.8cm	356,500	北京翰海	2013.12.06
清康熙 王世襄旧藏御制沉香压经文炉	口径4.2cm	494,500	北京匡时	2013.12.05
清康熙至乾隆 冲天耳铜炉	宽12.7cm	207,000	北京诚轩	2013.05.11
清雍正 藏金纸色戟尔彝炉	口径11.7cm	253,000	北京匡时	2013.12.05
清雍正 冲耳炉	宽17cm	862,500	北京保利	2013.06.05
清雍正—乾隆 戟耳深腹乳炉	宽18.5cm	368,000	北京保利	2013.06.05
清雍正—乾隆 錾耳押经炉	宽34.5cm	1,495,000	北京保利	2013.06.05
清乾隆 钵式大铜香炉	直径49.5cm	2,530,000	中国嘉德	2013.05.11
清乾隆 缠枝莲纹夔龙耳珐琅簋式炉	宽18.3cm	287,500	北京匡时	2013.12.04
清乾隆仿古双凤耳祥云如意足狮钮熏炉	高54.5cm	172,500	北京中汉	2013.11.17
清乾隆 官翅耳炉	直径17cm	345,000	华艺国际	2013.05.05
清乾隆 洒金宝相莲瓣钵式炉	口径7.6cm	2,242,500	北京翰海	2013.06.02
清乾隆 三足炉	口径10cm	437,000	北京翰海	2013.06.02
清乾隆 双耳三足铜炉	口径12.0cm	115,000	上海泓盛	2013.07.07
清乾隆 天鸡钮螭耳三足熏炉	长38cm	448,000	天津文物	2013.11.22
清乾隆 铜八方手炉	高8.5cm	356,500	北京翰海	2013.12.06
清乾隆 铜八吉祥鼓钉纹四足炉	高6.3cm	69,000	北京翰海	2013.12.06
清乾隆 铜冲耳雕花鸟纹炉	宽21cm	161,000	北京保利	2013.06.06
清乾隆 铜回纹铺首耳三足炉	高10.9cm	109,250	北京翰海	2013.12.06
清乾隆 铜局部鎏金螭龙纹香炉	高12.2cm	414,000	北京匡时	2013.12.04
清乾隆 铜鎏金铺首耳炉	高7.6cm	115,000	北京翰海	2013.12.06
清乾隆 铜鎏金狮子绣球熏炉	高25.5cm	402,500	古天一	2013.06.04
清乾隆 铜鎏金香炉	长16.6cm	201,600	六朝艺宴	2013.07.07
清乾隆 铜鎏金錾刻兽面纹簋式炉	长27.5cm	161,000	中国嘉德	2013.12.14
清乾隆 铜铺首耳钵式炉	高7cm	115,000	北京翰海	2013.12.06
清乾隆 铜铺首耳炉	高7cm	109,250	北京翰海	2013.12.06
清乾隆 铜虬耳炉	高7.6cm	230,000	北京翰海	2013.12.06
清乾隆 铜虬耳炉	高6.5cm	115,000	北京翰海	2013.12.06
清乾隆 铜洒金双耳三足炉	高11.5cm	172,500	北京翰海	2013.12.06
清乾隆 铜洒金压金炉	直径20.5cm	1,725,000	上海道明	2013.04.29
清乾隆 铜三桃足式炉	高7.3cm	69,000	北京翰海	2013.12.06
清乾隆 铜三足炉	高4cm	483,000	北京翰海	2013.12.06
清乾隆 铜双耳三足炉	高9.8cm	322,000	北京翰海	2013.12.06
清乾隆 铜双耳三足炉	高8cm	299,000	北京翰海	2013.12.06
清乾隆 铜双耳三足炉	高6.2cm	287,500	北京翰海	2013.06.02
清乾隆 铜双耳三足炉	高7.6cm	230,000	北京翰海	2013.12.06
清乾隆 铜双耳三足炉	高8.1cm	172,500	北京翰海	2013.12.06
清乾隆 铜双耳三足炉	高9.2cm	138,000	北京翰海	2013.06.02
清乾隆 铜双耳三足炉	高9.2cm	103,500	北京翰海	2013.12.06
清乾隆 铜双鱼耳炉	高7.7cm	69,000	北京翰海	2013.12.06
清乾隆 铜弦纹三足筒式炉	高6cm	333,500	北京翰海	2013.12.06
清乾隆 铜云龙纹兽耳三足熏炉	高36cm	230,000	北京翰海	2013.12.06
清乾隆 铜云纹二龙戏珠双耳三足炉	高77.5cm	4,025,000	北京翰海	2013.06.02
清乾隆 铜錾花鸟如意耳狮钮四足熏炉	高17.5cm	299,000	北京翰海	2013.12.06
清乾隆 铜制点金双龙宝象三足炉	高50cm	184,000	北京华辰	2013.05.09
清乾隆 铜制双龙耳炉	直径21cm	460,000	北京华辰	2013.11.17
清乾隆 乙铭铜错金银兽面纹簋式炉	直径15.2cm	126,500	中国嘉德	2013.11.19
清乾隆 铜鎏金瑞兽炉钮	长11.5cm	158,786	保利香港	2013.10.07
清同治 洒金铜双耳三足炉	长13.5cm	481,200	香港苏富比	2013.04.08
清中期 "琴书侣"款铜鬲式炉	直径9cm	172,500	古天一	2013.12.05
清中期 "太平有象"象耳三足熏炉	高22.5cm	283,750	中拍国际	2013.06.04
清中期 錾耳押经炉	宽21.5cm	333,500	北京保利	2013.06.05
清中期 铜钵式炉	宽12.5cm	36,800	北京保利	2013.04.28
清中期 铜冲天耳炉	宽15cm	28,750	北京保利	2013.07.27
清中期 铜冲天耳炉	宽6cm	11,500	北京保利	2013.07.28
清中期 铜冲天耳三足炉	宽14cm	46,000	北京保利	2013.04.28
清中期 铜冲天耳三足炉	宽12cm	25,300	北京保利	2013.10.28
清中期 铜错银丝麒麟纹双耳三足炉	高7.8cm	69,000	北京翰海	2013.06.02
清中期 铜鼎式炉	高14cm	207,000	古天一	2013.12.05
清中期 铜福寿纹鎏金熏炉	直径15cm	218,500	北京翰海	2013.12.06
清中期 铜鬲式炉	宽15cm	46,000	北京保利	2013.04.27
清中期 铜鬲式炉	直径17cm	13,800	北京保利	2013.04.27
清中期 铜鬲式三足炉	直径14.5cm	387,366	保利香港	2013.04.07
清中期 铜环耳四足炉	长11.4cm	34,500	中国嘉德	2013.09.16
清中期 铜回纹三足炉	高6.9cm	92,000	北京翰海	2013.06.02
清中期 铜回纹三足炉	高6.8cm	92,000	北京翰海	2013.06.02
清中期 铜回纹筒式三足炉	高8.2cm	172,500	北京翰海	2013.06.02
清中期 铜鎏金锦地开光松鼠葡萄纹狮钮炉	高16.5cm	80,500	中国嘉德	2013.09.16
清中期 铜鎏金双狮耳八仙炉	宽16cm	34,500	北京保利	2013.04.27
清中期 铜镂空狮耳大手炉	宽29.5cm	32,200	北京保利	2013.06.06
清中期 铜马槽炉	长11cm	161,000	北京匡时	2013.12.05
清中期 铜马槽炉	长14cm	97,750	中国嘉德	2013.06.16
清中期 铜铺首耳炉	高9.7cm	356,500	北京翰海	2013.06.02
清中期 铜铺首耳炉	高7.3cm	172,500	北京翰海	2013.06.02
清中期 铜铺首耳四足长方炉	高9.2cm	149,500	北京翰海	2013.06.02
清中期 铜嵌银丝兽面纹鼎式炉	高15.5cm	34,500	中国嘉德	2013.03.24
清中期 铜人物筒式三足炉	高8.5cm	57,500	北京翰海	2013.06.02
清中期 铜瑞兽熏炉	高27.5cm	230,000	北京翰海	2013.12.06
清中期 铜洒金冲耳三足炉	直径27cm	920,000	古天一	2013.12.05
清中期 铜洒金虬耳炉	高8cm	218,500	北京翰海	2013.06.02
清中期 铜洒金双耳三足炉	高10.5cm	46,000	北京保利	2013.04.28
清中期 铜洒金云龙纹大炉	宽27cm	230,000	北京保利	2013.12.05
清中期 铜三足鬲式炉	宽14.5cm	172,500	北京保利	2013.12.05
清中期 铜三足炉	高5.7cm	143,750	北京翰海	2013.06.02
清中期 铜三足炉	高4.8cm	57,500	北京翰海	2013.06.02
清中期 铜兽面纹仿簋式炉	直径12.5cm	126,500	北京匡时	2013.09.12
清中期 铜双螭耳炉	长20.5cm	86,250	北京传是	2013.12.12
清中期 铜双耳炉	高8.4cm	184,000	北京翰海	2013.06.02
清中期 铜双耳炉	高6cm	138,000	北京翰海	2013.06.02
清中期 铜双耳三足炉	高10.1cm	184,000	北京翰海	2013.06.02
清中期 铜双耳三足炉	径13cm	32,200	北京传是	2013.12.12
清中期 铜双耳四方炉	高16.8cm	195,500	北京保利	2013.06.06
清中期 铜双龙耳香炉	径16.5cm	50,600	北京传是	2013.12.12
清中期 铜双螭耳炉	宽19cm	36,800	北京保利	2013.07.27
清中期 铜双鱼耳炉	高8.5cm	138,000	北京翰海	2013.06.02
清中期 铜胎莲纹薰炉	高5.8cm	103,500	中国嘉德	2013.11.19
清中期 铜筒式三足炉	高9cm	23,000	北京翰海	2013.06.02
清中期 铜椭圆形炉	宽22cm	34,500	北京保利	2013.10.26
清中期 铜弦纹炉	高5.5cm	28,750	北京翰海	2013.06.02
清中期 铜宣德年制款竹节纹炉	长14cm	287,500	北京东正	2013.05.10
清中期 铜压经炉	宽20cm	287,500	北京保利	2013.12.05
清中期 铜蚰耳炉	长18cm	46,000	中国嘉德	2013.03.25
清中期 铜鱼婆形童子三足炉	高17cm	23,000	北京翰海	2013.12.06
清中期 铜制双兽耳香炉	直径8cm	48,300	北京华辰	2013.11.17
清中早期 龙纹铜薰炉	长25.5cm	138,000	中国嘉德	2013.11.19
清中期 铜鎏金三足炉(配白玉盖)	高10.5cm	172,500	华艺国际	2013.05.05
清道光 铜三足炉	高5.4cm	368,000	北京翰海	2013.12.06
清嘉庆 铜桥耳炉	宽30.3cm	368,000	北京保利	2013.06.06
17世纪 铜双耳三足炉　连座	长20.8cm	380,950	香港苏富比	2013.04.08
17世纪 铜双耳三足炉连座	长15.5cm	229,463	纽约苏富比	2013.09.17
17世纪 局部鎏金铜螭耳象足炉	高17cm	152,975	纽约苏富比	2013.09.17
18世纪 鎏金铜万寿无疆三足炉	长21.6cm	445,500	香港佳士得	2013.05.29
18世纪 洒金铜螭龙耳三足炉	宽30cm	445,500	香港佳士得	2013.05.29
18世纪 洒金铜三足香炉	直径32cm	2,114,640	香港佳士得	2013.05.29
18世纪 洒金铜长方炉	直径20.7cm	248,840	纽约佳士得	2013.03.21
18世纪 铜桥耳三足炉	直径23.2cm	85,539	纽约佳士得	2013.03.21
18世纪/19世纪 铜器炉(三件)	高14.5cm	85,539	纽约苏富比	2013.03.19
19世纪 铜鎏金嵌珊瑚孔雀绿石三足盖炉	高26cm	233,288	纽约苏富比	2013.03.19

2013杂项拍卖成交汇总

(成交价RMB：1万元以上)

拍品名称	物品尺寸	成交价RMB	拍卖公司	拍卖日期
清光绪 铜香炉连座	高19cm	38,244	纽约苏富比	2013.09.17
清"大明宣德年制"款冲耳炉	直径15cm	149,500	远方拍卖	2013.12.02
清"石叟"款鼎炉	高10.3cm	195,500	北京翰海	2013.06.02
清"宣德"款桥耳铜炉	长19.5cm	123,200	迦南国拍	2013.06.12
清"延秋清玩"款压经炉	直径12cm	310,500	远方拍卖	2013.06.06
清 八宝蚰龙耳炉	口径14cm	138,000	北京保利	2013.12.05
清 朝天耳铜香炉	长10.3cm	149,500	中国嘉德	2013.05.11
清 赤铜镂空竹节大熏炉	高31cm	24,561	香港华辉	2013.07.26
清 冲耳炉	口径15.1cm	184,000	北京保利	2013.12.05
清 冲天耳铜炉	长10cm	123,200	天津文物	2013.05.24
清 冲天耳枣红皮铜炉	直径19cm	218,500	翰风国际	2013.04.21
清 错金银鼎式炉	高19cm	126,500	远方拍卖	2013.12.02
清 大明宣德年制铭冲天耳三足炉	直径18.5cm	28,750	中国嘉德	2013.11.19
清 大明宣德年制铭铜洒金天鸡马蹄炉	直径13.5cm	71,300	中国嘉德	2013.11.19
清 大铜炉	直径50cm	69,000	北京保利	2013.04.27
清 带座铜乳足炉	直径15cm	253,000	远方拍卖	2013.12.02
清 带座压经炉	直径13cm	207,000	远方拍卖	2013.06.06
清 吉金文字镂盖人物白铜芸香炉	高13.5cm	138,000	远方拍卖	2013.06.06
清 戟耳法盏炉	口径14.3cm	86,250	北京保利	2013.12.05
清 戟耳筒式炉	口径5.2cm	57,500	西泠拍卖	2013.07.12
清 锦边天鸡耳炉	口径24.8cm	161,000	北京保利	2013.12.05
清 开光朝冠耳炉	高13.8cm	172,500	北京翰海	2013.06.02
清 鎏金鬲式炉	口径14cm	195,500	北京保利	2013.12.05
清 龙首炉	口径12cm	195,500	北京翰海	2013.06.02
清 攀龙耳铜炉	长26.5cm	212,800	天津文物	2013.05.24
清 琴书侣款冲天耳炉	直径11.5cm	147,200	凤凰拍卖	2013.07.21
清 琴书侣铭铜香炉	直径9.3cm	17,250	中国嘉德	2013.11.19
清 洒金铺首耳炉	口径12cm	1,725,000	北京翰海	2013.06.02
清 洒金桥耳三足铜炉	高13cm	35,650	北京九歌	2013.06.28
清 洒金索耳鬲炉	宽18cm	258,244	中国嘉德	2013.04.05
清 三清纹梅花形铜炉	长16.5cm	24,640	天津文物	2013.11.22
清 鳝鱼金冲耳炉	直径20.5cm	402,500	西泠拍卖	2013.07.12
清 兽耳双环点金钵式炉	长6.8cm	103,500	翰风国际	2013.04.21
清 兽耳铜炉	长15cm	162,400	天津文物	2013.05.24
清 四足方炉	高12.5cm	230,000	北京翰海	2013.06.02
清 索耳炉	高7.6cm	59,800	北京翰海	2013.06.02
清 天鸡耳炉	口径12.2cm	103,500	北京保利	2013.12.05
清 天鸡耳熏炉	高14cm	138,000	远方拍卖	2013.06.06
清 天鸡耳熏炉	高14cm	74,750	北京保利	2013.12.05
清 铜阿拉伯文炉	直径13.5cm	25,300	北京保利	2013.07.28
清 铜阿拉伯文炉	宽23cm	17,250	北京保利	2013.10.26
清 铜阿拉伯文炉瓶盒(三件)	尺寸不一	120,750	北京传是	2013.06.15
清 铜钵式炉	直径13.5cm	11,500	中国嘉德	2013.12.14
清 铜朝天耳炉	直径16cm	184,000	中国嘉德	2013.12.14
清 铜朝天耳炉	直径27.5cm	94,300	中国嘉德	2013.09.15
清 铜朝天耳炉	直径14.7cm	34,500	中国嘉德	2013.03.24
清 铜朝天耳炉	宽23cm	25,300	北京保利	2013.01.11
清 铜朝天耳炉	直径9.5cm	25,300	中国嘉德	2013.09.16
清 铜朝天耳炉	长17cm	20,700	中国嘉德	2013.06.15
清 铜朝天耳炉	直径15cm	17,250	中国嘉德	2013.06.15
清 铜朝天耳炉	宽14cm	11,500	北京保利	2013.01.11
清 铜螭龙冲天耳鼎式炉	带座高19cm	57,500	西泠拍卖	2013.07.12
清 铜冲天耳炉	宽21cm	149,500	北京保利	2013.10.26
清 铜冲天耳炉	宽18cm	21,850	北京保利	2013.07.27
清 铜冲天耳炉	直径11.2cm	19,550	北京匡时	2013.09.12
清 铜冲天耳三足炉	宽15cm	34,500	北京保利	2013.06.06
清 铜错金银簋式炉	长20cm	23,000	中国嘉德	2013.03.25
清 铜错银龙凤纹香炉	高19cm	34,500	北京保利	2013.07.27
清 铜错银双象耳炉	宽13cm	10,350	北京保利	2013.07.27
清 铜点金龙纹炉	高6.2cm	21,850	深圳市拍	2013.07.21

拍品名称	物品尺寸	成交价RMB	拍卖公司	拍卖日期
清 铜仿古双耳三足炉	直径10.5cm	36,800	北京翰海	2013.07.14
清 铜凤耳炉	直径8.5cm	92,000	北京翰海	2013.12.06
清 铜凤眼炉	长12.5cm	23,000	中国嘉德	2013.06.16
清 铜凤眼炉	直径12cm	13,800	中国嘉德	2013.09.16
清 铜凤眼炉	长17cm	10,350	中国嘉德	2013.06.15
清 铜鬲炉	直径9cm	218,500	远方拍卖	2013.12.02
清 铜鬲式炉	直径18.5cm	287,500	北京翰海	2013.12.06
清 铜鬲式炉	宽14cm	138,000	北京保利	2013.04.27
清 铜鬲式炉	直径14.5cm	78,200	中国嘉德	2013.09.16
清 铜鬲式炉	直径9.4cm	57,500	中国嘉德	2013.03.25
清 铜鬲式炉	直径10cm	46,000	北京保利	2013.10.28
清 铜鬲式炉	直径13cm	20,700	中国嘉德	2013.06.15
清 铜鬲式炉	直径11.5cm	13,800	中国嘉德	2013.03.25
清 铜鬲式炉	宽10cm	10,350	北京保利	2013.07.27
清 铜鬲香炉	直径8.2cm	28,750	北京翰海	2013.07.14
清 铜瓜棱形手炉	直径22cm	17,250	中国嘉德	2013.09.16
清 铜海八怪双狮耳炉	宽18cm	57,500	北京保利	2013.10.26
清 铜海水瑞兽纹四方熏炉	长18cm	713,000	远方拍卖	2013.12.02
清 铜海棠式炉	长13.5cm	25,300	北京翰海	2013.07.14
清 铜海棠形炉	长13.5cm	13,800	中国嘉德	2013.03.24
清 铜海棠形炉	长16.4cm	10,350	中国嘉德	2013.06.15
清 铜回纹三足炉	直径14cm	230,000	北京翰海	2013.09.15
清 铜戟耳炉	直径18.5cm	747,500	远方拍卖	2013.12.02
清 铜戟耳炉	长10.5cm	201,600	天津文物	2013.11.22
清 铜戟耳炉	长12.7cm	25,300	中国嘉德	2013.06.15
清 铜刻龙纹香炉	宽31cm	345,000	北京保利	2013.07.27
清 铜鎏金"双龙捧寿"纹冲天耳炉	直径18cm	276,000	远方拍卖	2013.12.02
清 铜鎏金缠枝莲纹炉	高8.5cm	13,800	中国嘉德	2013.12.14
清 铜鎏金朝冠耳方炉	长24cm	322,000	中国嘉德	2013.11.19
清 铜鎏金朝冠耳炉	高45cm	48,300	中国嘉德	2013.06.15
清 铜鎏金嵌宝嵌玉香炉	长20.5cm	582,400	六朝艺宴	2013.07.07
清 铜鎏金瑞兽三足炉	高18.5cm	46,000	北京保利	2013.10.28
清 铜鎏金象钮三足炉	高15cm	63,250	北京保利	2013.10.26
清 铜六方炉	高7.8cm	10,350	北京传是	2013.06.15
清 铜龙凤纹炉	高35.1cm	25,300	中国嘉德	2013.03.24
清 铜镂雕团花大手炉	宽24cm	19,550	北京保利	2013.07.28
清 铜炉	直径16.5cm	55,200	北京翰海	2013.07.14
清 铜炉	直径17cm	46,000	北京翰海	2013.06.23
清 铜马槽炉	长18cm	179,200	天津文物	2013.11.22
清 铜马槽炉	长13.7cm	17,250	中国嘉德	2013.09.15
清 铜马槽炉	宽17cm	13,800	北京保利	2013.10.28
清 铜马槽式炉	直径10.5cm	322,000	远方拍卖	2013.06.06
清 铜錾耳三足乳炉	直径20cm	195,500	北京翰海	2013.12.06
清 铜錾耳压经炉	直径19cm	207,000	北京翰海	2013.12.06
清 铜嵌银丝八卦纹炉	高8.7cm	11,500	中国嘉德	2013.03.25
清 铜嵌银丝兽面纹炉	高13.8cm	11,500	中国嘉德	2013.12.14
清 铜嵌银丝兽面纹香炉	径13cm	34,500	北京传是	2013.06.15
清 铜桥耳炉	长18cm	112,000	天津文物	2013.11.22
清 铜桥耳炉	直径13.8cm	13,800	北京翰海	2013.07.14
清 铜桥耳炉	直径14.5cm	13,800	中国嘉德	2013.12.14
清 铜桥耳三足炉	直径14cm	18,400	深圳市拍	2013.07.21
清 铜如意耳三足炉	径15cm	25,300	北京传是	2013.06.15
清 铜如意耳筒式炉	宽11cm	149,500	北京保利	2013.12.05
清 铜如意纹活环方炉	直径8.5cm	90,850	北京翰海	2013.12.06
清 铜乳足香炉	高9.5cm	13,800	北京保利	2013.10.28
清 铜洒金朝天耳炉	直径20.7cm	23,000	中国嘉德	2013.06.15
清 铜洒金兽耳炉	长15.8cm	40,250	中国嘉德	2013.03.24
清 铜洒金兽耳炉	长18cm	23,000	中国嘉德	2013.06.15
清 铜洒金双耳炉	宽20cm	23,000	北京保利	2013.10.26
清 铜洒金双耳弦纹炉	直径22.5cm	138,000	北京保利	2013.12.06

拍品名称	物品尺寸	成交价RMB	拍卖公司	拍卖日期
清 铜洒金双狮耳炉	宽16cm	184,000	北京保利	2013.10.26
清 铜洒金香炉	宽20cm	17,250	北京保利	2013.04.28
清 铜洒金银压经炉	宽13.8cm	299,000	北京保利	2013.12.05
清 铜洒金竹节炉	长11cm	28,750	中国嘉德	2013.03.24
清 铜三狮炉	宽28cm	13,800	北京保利	2013.07.27
清 铜三足炉	直径10.7cm	69,000	中国嘉德	2013.12.14
清 铜三足炉	宽12.5cm	13,800	北京保利	2013.07.27
清 铜三足炉	宽14cm	13,800	北京保利	2013.10.26
清 铜绳耳炉	直径13cm	34,500	中国嘉德	2013.06.16
清 铜狮耳炉	长22.5cm	59,800	北京翰海	2013.09.15
清 铜狮耳炉	长20cm	36,800	中国嘉德	2013.03.25
清 铜狮耳炉	长20.5cm	23,000	中国嘉德	2013.03.24
清 铜狮耳炉	长16.5cm	20,700	中国嘉德	2013.06.16
清 铜狮耳炉	长23cm	10,350	中国嘉德	2013.06.15
清 铜狮耳炉	长17.3cm	10,350	中国嘉德	2013.09.15
清 铜狮耳马槽炉	长18cm	13,800	中国嘉德	2013.03.24
清 铜手炉	长20cm	40,250	北京翰海	2013.06.23
清 铜手炉	长19cm	23,000	中国嘉德	2013.06.15
清 铜兽耳炉	长12cm	28,750	中国嘉德	2013.06.16
清 铜兽耳炉	长18cm	23,000	中国嘉德	2013.03.24
清 铜兽耳马槽炉	长19.7cm	23,000	中国嘉德	2013.12.14
清 铜兽面纹簋式炉	宽22cm	23,000	北京保利	2013.10.26
清 铜兽面纹簋式炉	长17.5cm	17,250	中国嘉德	2013.09.15
清 铜兽面纹炉	长52cm	17,250	中国嘉德	2013.06.15
清 铜双耳方炉	长15.5cm	25,300	北京保利	2013.10.28
清 铜双耳方炉	长12cm	23,000	北京保利	2013.10.26
清 铜双耳炉	宽20cm	32,200	北京保利	2013.01.11
清 铜双耳炉	直径16.5cm	23,000	北京翰海	2013.09.15
清 铜双耳炉	直径15cm	20,700	北京翰海	2013.11.17
清 铜双耳炉	直径12cm	17,250	北京保利	2013.10.28
清 铜双耳炉	宽17cm	13,800	北京保利	2013.10.28
清 铜双耳三足炉	高10.5cm	86,250	北京翰海	2013.06.02
清 铜双耳三足炉	高10cm	55,200	北京翰海	2013.06.02
清 铜双耳三足炉	宽10cm	32,200	北京保利	2013.10.26
清 铜双耳三足炉	直径12.5cm	20,700	北京翰海	2013.07.14
清 铜双耳香炉	径20cm	10,350	北京传是	2013.06.15
清 铜双耳长方炉	直径12cm	34,500	北京翰海	2013.07.14
清 铜双桥耳炉	宽14.5cm	13,800	北京保利	2013.04.28
清 铜双桥耳炉	宽12.5cm	11,500	北京保利	2013.10.26
清 铜双桥耳炉	宽11cm	11,500	北京保利	2013.10.26
清 铜双狮耳炉	宽18.5cm	23,000	北京保利	2013.10.26
清 铜双狮耳炉	宽11.5cm	13,800	北京保利	2013.04.27
清 铜双兽耳三足炉	宽24.5cm	13,800	北京保利	2013.07.28
清 铜双蚰耳炉	宽31cm	195,500	北京保利	2013.10.26
清 铜双蚰耳炉	宽25cm	51,750	北京保利	2013.10.28
清 铜双蚰耳炉	宽13.5cm	13,800	北京保利	2013.04.27
清 铜双蚰耳炉	宽17cm	11,500	北京保利	2013.10.26
清 铜双蚰耳炉	宽19.5cm	11,500	北京保利	2013.10.26
清 铜双鱼耳炉	宽17cm	11,500	北京保利	2013.04.28
清 铜四方鼎式炉	高23cm	184,000	远方拍卖	2013.12.02
清 铜狻猊耳香炉	径15.5cm	23,000	北京传是	2013.06.15
清 铜饕餮纹鼎式方炉	高12cm	40,250	西泠拍卖	2013.07.12
清 铜桃形炉	长20cm	36,800	中国嘉德	2013.03.24
清 铜天鸡耳炉	直径16cm	218,500	远方拍卖	2013.12.02
清 铜天鸡耳炉	直径13.5cm	28,750	中国嘉德	2013.03.24
清 铜天鸡耳炉	长14cm	10,350	中国嘉德	2013.06.16
清 铜筒式炉	直径9cm	40,250	中国嘉德	2013.09.16
清 铜象耳炉	长19cm	10,350	中国嘉德	2013.06.15
清 铜象耳炉	径13cm	10,350	北京传是	2013.06.15
清 铜雪花金朝天耳三足炉	直径15cm	57,500	北京翰海	2013.12.06

拍品名称	物品尺寸	成交价RMB	拍卖公司	拍卖日期
清 铜雪花金簋式炉	直径16.5cm	575,000	远方拍卖	2013.06.06
清 铜压经炉	长20cm	324,800	天津文物	2013.11.22
清 铜压经炉	长18.5cm	67,200	天津文物	2013.11.22
清 铜压经炉	宽16cm	57,500	北京保利	2013.10.26
清 铜压经炉	长19.2cm	36,800	中国嘉德	2013.12.14
清 铜压经炉	长19.5cm	28,750	中国嘉德	2013.03.24
清 铜压经炉	径14.5cm	23,000	北京传是	2013.12.12
清 铜蚰耳带座大炉	直径31cm	391,000	远方拍卖	2013.12.02
清 铜蚰耳炉	长22cm	218,500	中国嘉德	2013.03.24
清 铜蚰耳炉	长18.5cm	89,600	天津文物	2013.11.22
清 铜蚰耳炉	长19cm	36,800	中国嘉德	2013.03.24
清 铜蚰耳炉	长24.5cm	36,800	中国嘉德	2013.09.15
清 铜蚰耳炉	长17.5cm	23,000	中国嘉德	2013.06.15
清 铜蚰耳炉	长16.7cm	20,700	中国嘉德	2013.03.24
清 铜蚰龙耳炉	直径12cm	805,000	北京翰海	2013.12.06
清 铜鱼耳炉	直径8.8cm	172,500	苏州东方	2013.09.28
清 铜原座鬲式炉	直径21cm	517,500	远方拍卖	2013.06.06
清 铜云耳炉	长14.8cm	13,800	中国嘉德	2013.06.15
清 铜錾胎鎏金海兽纹炉	长28.5cm	28,750	中国嘉德	2013.06.15
清 铜制朝冠耳狮钮炉	高23cm	23,000	西泠拍卖	2013.07.12
清 铜制双桥耳炉	直径14.5cm	25,300	北京华辰	2013.05.09
清 铜制压经炉	直径18.5cm	23,000	北京华辰	2013.05.09
清 铜竹节形炉	宽21cm	17,250	北京保利	2013.01.11
清 铜竹纹八卦熏炉	长32cm	161,000	北京匡时	2013.12.05
清 弦纹筒式炉	口径10.6cm	161,000	北京匡时	2013.06.04
清 宣德款钵式炉	直径15cm	199,617	保利香港	2013.10.07
清 宣德款鬲式炉	直径13.5cm	34,500	西泠拍卖	2013.07.12
清 宣德款桥耳炉	口径15.3cm	51,750	西泠拍卖	2013.07.12
清 宣德款桥耳炉	口径13.4cm	23,000	西泠拍卖	2013.07.12
清 宣德款蚰耳炉	高8.3cm	115,000	西泠拍卖	2013.07.12
清 宣德年制款桥耳铜炉	直径27cm	414,000	北京匡时	2013.12.04
清 宣德年制款双耳铜炉	口径17.5cm	109,250	上海泓盛	2013.07.07
清 压经炉	口径12cm	517,500	北京翰海	2013.06.02
清 压经炉	口径10.8cm	138,000	北京翰海	2013.06.02
清 压经炉	长18cm	97,750	西泠拍卖	2013.07.12
清 蚰耳炉	口径12cm	713,000	北京翰海	2013.06.02
清 蚰耳炉	口径9.5cm	276,000	北京翰海	2013.06.02
清 蚰耳铜炉	长17cm	67,200	天津文物	2013.05.24
清 蚰龙耳炉	口径9cm	529,000	北京保利	2013.12.05
清 原座戟耳炉	口径15.5cm	218,500	北京保利	2013.12.05
清 竹节熏炉	口径18cm	115,000	北京保利	2013.12.05
清 铜薰炉	高8cm	13,800	北京翰海	2013.09.14
清 香炉	口径13cm	17,250	北京翰海	2013.09.14
清 铜仙鹤炉	高63cm	25,300	中国嘉德	2013.09.15
清 各式铜炉（三件）	尺寸不一	16,100	北京保利	2013.07.28
清 梅花诗文铜炉（一对）	高27cm	36,800	北京保利	2013.04.27
清 铜错银丝香炉（两件）	高14cm	20,700	北京保利	2013.10.26
清 铜鬲式炉、三足炉（两件）	宽7.5cm；宽9cm	48,300	北京保利	2013.01.11
清 铜戟耳方炉 铜兽耳炉各一件	长15cm；长13cm	10,350	中国嘉德	2013.09.15
清 铜炉（两件）	直径12.5cm	74,750	中国嘉德	2013.03.24
清 铜炉（三件）	尺寸不一	17,250	中国嘉德	2013.06.15
清 铜炉座（两件）	直径14.5cm	17,250	北京保利	2013.10.26
清 铜暖手炉（套三）	尺寸不一	55,338	香港佳富	2013.04.04
清 铜狮耳炉 铜象耳炉各一件	长17.7cm；长15.1cm	34,500	中国嘉德	2013.03.24
清 铜兽耳炉（三件）	尺寸不一	19,550	中国嘉德	2013.06.15
清 铜四方兽耳炉（一对）	高35cm	32,200	北京保利	2013.04.27
清 铜大鸡耳炉（一对）	宽10[illegible]	25,200	北京保利	2013.04.28

2013杂项拍卖成交汇总

(成交价RMB：1万元以上)

拍品名称	物品尺寸	成交价RMB	拍卖公司	拍卖日期
清 铜镶银丝香炉 (一对)	宽10cm	27,290	香港华辉	2013.07.26
清 铜小琴炉 (五件)	尺寸不一	28,750	中国嘉德	2013.09.16
清 宣德冲耳炉 (一件)		57,500	朵云轩	2013.07.08
18世纪 洒金铜双耳三足香炉连座		1,925,160	香港苏富比	2013.10.08
铜八卦纹筒式炉	直径20cm	23,000	中国嘉德	2013.09.15
铜戟耳炉	长10.5cm	11,500	中国嘉德	2013.09.15
铜洒金马槽炉	长13.5cm	13,800	中国嘉德	2013.09.15
飞云阁款三足紫檀香炉	高9.9cm	21,850	北京匡时	2013.12.04
近代 铜兽钮熏炉	高50cm	32,200	北京翰海	2013.07.14
民国 铜狮耳三足炉	直径16cm	32,200	北京翰海	2013.09.15
明治期 红铜袖炉	高6.5cm	17,250	北京匡时	2013.12.04
青铜错金银朝冠耳炉	高6cm	13,800	上海嘉泰	2013.07.05
铜嵌金银大香炉	高30.5cm	188,160	日本童梦	2013.12.03
铜洒金双耳炉	宽29cm	188,160	日本童梦	2013.12.03
铜洒金象耳炉	长21.4cm	13,800	中国嘉德	2013.06.15
铜狮耳炉	长23.5cm	10,350	中国嘉德	2013.12.14
铜兽耳炉	直径18.5cm	13,800	北京翰海	2013.03.24
铜双耳方炉	长13.5cm	34,500	北京翰海	2013.03.24
铜双耳炉	高8cm	25,300	北京翰海	2013.03.24
铜象耳宣德炉	直径10.5cm	1,495,000	北京匡时	2013.12.04
现代 铜雕夔龙纹双耳炉	长19.5cm	138,000	中投嘉艺	2013.01.26
铜鬲式炉 (两件)	直径20.5cm；直径14.6cm	11,500	中国嘉德	2013.06.15
铜香炉 (两件)	宽14cm；宽9cm	13,800	北京保利	2013.04.28
近代 文玩铜炉 (四件一组)	尺寸不一	20,700	北京保利	2013.10.28
清 铜海水江崖香插	高13.5cm	17,250	北京传是	2013.12.12
清 铜踏雪寻梅香插	高21.7cm	13,800	中国嘉德	2013.12.14
清 铜竹节香插	高12cm	23,000	中国嘉德	2013.12.14
清早期 铜太白醉酒香插	长6cm	11,500	中国嘉德	2013.09.16
明 铜甪端香薰	高17.8cm	287,500	北京匡时	2013.06.05
明末清初 铜鸭形大香薰	高49.9cm	119,899	保利香港	2013.04.07
明正德 铜鸭香薰	高38cm	805,000	北京保利	2013.12.05
清 铜雕寿星香薰	宽20cm	20,700	北京保利	2013.04.28
清 铜鎏金百宝嵌神兽香薰	高20.5cm	2,070,000	北京保利	2013.12.06
清 铜甪端香薰	高15cm	69,000	中国嘉德	2013.03.25
清 铜甪端香薰	高15cm	23,000	北京保利	2013.07.27
清 铜制南极仙翁骑鹿香薰	高15.6cm	32,200	西泠拍卖	2013.07.12
清 张鸣岐款铜制三层香薰	长13cm	23,000	西泠拍卖	2013.07.12
清中期 铜错金银麒麟香薰	长18.6cm	138,000	北京翰海	2013.06.02
清中期 铜错铜香薰	高15cm	17,250	北京保利	2013.04.27
清中期 铜海八怪纹兽耳龙钮香薰	高24cm	112,700	北京翰海	2013.12.06
清 铜狮子香薰、石头小摆件 (共两件)	宽7.5cm；高7.5cm	23,000	北京保利	2013.04.28
明 铜天禄香薰	高9cm	32,200	中国嘉德	2013.09.16
明晚期 铜麒麟香薰	长48cm	126,500	中国嘉德	2013.11.19
清 铜云蝠纹龙钮香薰	高68cm	149,500	中国嘉德	2013.09.15
清 铜错银荷花狮钮香薰	高34cm	25,300	北京保利	2013.10.28
清 铜狮球香薰	长37cm	43,700	中国嘉德	2013.12.14
清 铜兽面纹三足香薰	高15cm	32,200	北京传是	2013.12.12
清 铜卧狮香薰	长19cm	115,000	北京匡时	2013.12.05
清 铜鸭子香薰	高40cm	23,000	中国嘉德	2013.03.24
清 铜云龙纹狮钮大香薰	高127cm	172,500	中国嘉德	2013.09.15
清 铜制鸭形香薰	高29cm	69,000	北京九歌	2013.06.28
清晚期 铜如意耳狮钮大香薰	高71cm	46,000	中国嘉德	2013.09.16
清早期 铜甪端香薰	高35cm	55,200	中国嘉德	2013.12.14
清早期 铜甪端香薰	高23cm	28,750	中国嘉德	2013.09.16
银嵌玉云龙纹大香薰 (一对)	高78cm	13,800	中国嘉德	2013.09.15
铜镜				
战国 青铜蟠螭纹镜	径13.6cm	32,660	纽约苏富比	2013.03.19

拍品名称	物品尺寸	成交价RMB	拍卖公司	拍卖日期
战国 青铜四山纹镜	直径15.9cm	91,785	纽约苏富比	2013.09.17
战国 东周 四山纹铜镜 四凤纹铜镜各一 金箔(残片)	尺寸不一	93,315	纽约佳士得	2013.03.21
西汉 王氏作镜铭四灵博局纹铜镜	直径20.6cm	132,196	纽约佳士得	2013.03.21
西汉/新 神兽博局纹铜镜两面西汉 见日之光铜镜	尺寸不一	46,658	纽约佳士得	2013.03.21
东汉 青铜"宜子孙"及"五帝神"镜	径18.2cm	108,868	纽约苏富比	2013.03.19
东汉 鎏金铜神人神兽画像镜三国 上方铭三龙纹铜镜	直径14.9cm；直径11cm	46,658	纽约佳士得	2013.03.21
东汉 神人神兽纹铜镜、连弧纹铜镜各一	直径21cm；直径21.7cm	66,098	纽约佳士得	2013.03.21
东汉 战国晚期 汉 吾作明镜铭神人神兽画像镜及凤纹铜镜各一 三山纹铜镜 鎏金铜弦纹折沿洗	尺寸不一	46,658	纽约佳士得	2013.03.21
汉 青铜镜三面	尺寸不一	58,322	纽约佳士得	2013.03.21
汉 汉代四兽纹铜镜	直径38cm	3,452,300	澳门中信	2013.06.23
汉 青铜草叶纹"见日之明长乐未央"镜	径14cm	27,217	纽约苏富比	2013.03.19
汉 青铜东王公西王母纹镜	径20.6cm	46,658	纽约苏富比	2013.03.19
汉 青铜画纹神兽镜	径10.1cm	18,663	纽约苏富比	2013.03.19
汉 青铜神兽纹镜	径16.4cm	50,546	纽约苏富比	2013.03.19
汉 青铜星云纹镜	径15.7cm	18,663	纽约苏富比	2013.03.19
隋 光流素月铭宝相花纹铜镜	直径18.7cm	233,288	纽约佳士得	2013.03.21
隋 铜五兽双蛇镜	直径13.5cm	147,568	保利香港	2013.04.07
唐 抚琴引凤纹葵花铜镜 舞鸾纹葵花铜镜各一	直径16.2cm×2	326,603	纽约佳士得	2013.03.21
唐 蟠龙纹葵花铜镜 凤鸟纹铜镜各一	直径17.2cm；直径15.3cm	124,420	纽约佳士得	2013.03.21
唐 仙骑纹菱花铜镜 飞天十二生肖纹菱花铜镜 连枝花卉纹八角铜镜各一	尺寸不一	116,644	纽约佳士得	2013.03.21
唐 银背瑞兽纹八角掌中镜 银平脱四凤纹葵花掌中镜各一	直径5.2cm；直径6cm	66,098	纽约佳士得	2013.03.21
唐 银背狻猊纹葵花掌中镜 银背瑞兽葡萄纹菱花掌中镜 平脱金银花卉纹葵花掌中镜各一	尺寸不一	155,525	纽约佳士得	2013.03.21
唐 银背镶金宝相花纹掌中镜 鎏金铜饰各一	直径7.2cm；长14cm	66,098	纽约佳士得	2013.03.21
唐 圆形素面铜镜 瑞兽葡萄纹铜镜各一	直径24cm；直径25cm	171,078	纽约佳士得	2013.03.21
唐 海兽葡萄镜	直径17.3cm	216,936	大唐香港	2013.11.28
唐 海兽葡萄纹铜镜	直径17.7cm	295,498	纽约佳士得	2013.03.21
唐 海兽葡萄纹铜镜	直径11.7cm	93,315	纽约佳士得	2013.03.21
唐 海兽葡萄纹铜镜	直径15cm	37,326	纽约佳士得	2013.03.21
唐 菱花双兽双凤铜镜	直径22cm	117,507	大唐香港	2013.11.28
唐 双凤纹铜镜	直径32cm	1,014,530	保利香港	2013.04.07
唐 王子乔吹笙引凤铜镜	直径12.7cm	1,143,109	纽约佳士得	2013.03.21
唐 月宫图铜镜	直径14cm	583,219	纽约佳士得	2013.03.21
金-元 铜"金火之精"日月镜	直径11cm	4,715,000	北京翰海	2013.12.08
八乳狩猎纹龙虎镜	直径18.1cm	230,000	上海泓盛	2013.09.11
车马贵君铭规矩镜	直径17.6cm	115,000	上海泓盛	2013.09.11
孔雀海兽葡萄镜	直径19.4cm	460,000	上海泓盛	2013.09.11
民国 "杜氏"规矩镜	直径20.2cm	138,000	北京保利	2013.12.04
民国 八乳规矩镜	直径11cm	14,950	北京保利	2013.12.04
民国 草叶纹镜	直径13.8cm	48,300	北京保利	2013.12.04
民国 单龙镜	直径11.3cm	11,500	北京保利	2013.12.04
民国 规矩镜	直径16.3cm	230,000	北京保利	2013.12.04
民国 规矩镜	直径14cm	66,700	北京保利	2013.12.04
民国 规矩镜	直径18.3cm	14,950	北京保利	2013.12.04
民国 规矩镜	直径16.5cm	11,500	北京保利	2013.12.04
民国 规矩镜	直径11.8cm	10,350	北京保利	2013.12.04
民国 海兽葡萄镜	直径15.4cm	230,000	北京保利	2013.12.04

拍品名称	物品尺寸	成交价RMB	拍卖公司	拍卖日期
民国 君宜高官位置三公镜	直径11.8cm	138,000	北京保利	2013.12.04
民国 菱花形鸟兽花枝镜	直径23cm	805,000	北京保利	2013.12.04
民国 蟠螭纹镜	直径16.4cm	58,650	北京保利	2013.12.04
民国 七乳神兽镜	直径16.3cm	115,000	北京保利	2013.12.04
民国 七乳神兽镜	直径17.5cm	13,800	北京保利	2013.12.04
民国 尚方作竟规矩镜	直径13.5cm	10,350	北京保利	2013.12.04
民国 双鸾镜	直径15.8cm	23,000	北京保利	2013.12.04
民国 四乳神兽镜	直径11.5cm	13,800	北京保利	2013.12.04
民国 星云镜	直径15.7cm	28,750	中国嘉德	2013.05.17
民国 羽人龙虎画像镜	直径21.3cm	11,500	北京保利	2013.12.04
民国 羽状纹镜	直径9.2cm	17,250	北京保利	2013.12.04
民国 鸳鸯菱花镜	直径11.5cm	74,750	中国嘉德	2013.05.17
民国 重列式神兽镜	直径12.3cm	11,500	北京保利	2013.12.04
民国 "尚方御镜"规矩镜	直径13.8cm	253,000	北京保利	2013.12.04
内而光铭四灵规矩镜	直径18.7cm	287,500	上海泓盛	2013.09.11
七乳瑞兽镜	直径16.5cm	287,500	上海泓盛	2013.09.11
青岚彭氏造百子图大镜	直径44.2cm	2,530,000	上海泓盛	2013.09.11
青铜海兽葡萄镜	径20cm	23,000	上海嘉泰	2013.07.05
清乾隆 铜鎏金嵌仕女图桌镜 (一对)	高46cm	460,000	北京保利	2013.12.04
瑞兽规矩镜	直径18.3cm	115,000	上海泓盛	2013.09.11
四猴十二龙纹镜	直径22.3cm	287,500	上海泓盛	2013.09.11
四瑞兽葡萄镜	直径14.6cm	74,750	中国嘉德	2013.11.23
宜子孙铭七乳瑞兽镜	直径17.8cm	207,000	上海泓盛	2013.09.11
袁氏铭龙虎画像镜	直径17.1cm	207,000	上海泓盛	2013.09.11
约19世纪 法国 洛可可风格 铜鎏金镶嵌梅森瓷花梳妆镜		161,000	北京保利	2013.06.04
文房用品				
明 胡文明制铜鎏金瑞兽笔筒	高15.3cm	1,127,000	北京保利	2013.06.05
明 铜"三友"图笔筒	高15.5cm	437,000	远方拍卖	2013.06.06
清 铁错银八仙图笔筒	高16.2cm	34,500	中国嘉德	2013.09.16
清 铜雕龙纹笔筒	高14.2cm	34,500	深圳市拍	2013.07.21
清 铜嵌银丝松竹梅笔筒	高14cm	13,800	北京保利	2013.10.28
明 铜鎏金经文	长34cm	36,432	大唐香港	2013.05.28
清 铜太狮少狮套章	高10cm	11,500	北京保利	2013.04.28
兵器				
商/西周早期 青铜戈 (两件)	长32.5cm; 长20.9cm	132,196	纽约佳士得	2013.03.21
商及东周 青铜武器 (四件)	长59.6cm	69,986	纽约苏富比	2013.03.19
晚商 镶嵌绿松石铜内玉戈	高27.3cm	620,545	纽约佳士得	2013.03.21
战国 错金银戈及鐏 (一套两件)	戈长13.5cm; 鐏长18.5cm	180,780	大唐香港	2013.11.28
战国 铜刀 (一对)	长27.5cm	45,195	大唐香港	2013.11.28
战国早期 铜错金剑	长55.1cm	147,749	纽约佳士得	2013.03.21
春秋晚期/战国早期 铜错金剑	长49.3cm	1,143,109	纽约佳士得	2013.03.21
汉 青铜剑	长56.5cm	113,359	易拍好台北	2013.04.14
清 铜龙首剑	长65.2cm	57,500	北京翰海	2013.06.02
其他用品				
清 铜鎏金暗刻花卉匜	宽9.5cm	17,250	北京保利	2013.10.26
东周 青铜钮钟	高17.7cm	107,083	纽约苏富比	2013.09.17
春秋 鹰把龙钮乳钉蟠螭纹鎛钟	高33cm	2,368,080	大唐香港	2013.05.28
春秋晚期 青铜蟠虺纹龙钮镈钟	高61.6cm	505,456	纽约佳士得	2013.03.21
清 铜钟	高70cm	40,250	中国嘉德	2013.09.15
清 铜交龙钮钟	高49.5cm	43,700	中国嘉德	2013.03.24
清乾隆 御制铜交龙钮云龙纹编钟	高21.5cm	2,452,320	罗芙奥	2013.11.24
清早期 弦纹小铜钟	高14.7cm	28,750	北京诚轩	2013.05.11
铜鎏金龙钮钟	高30.5cm	63,250	中国嘉德	2013.06.15
铜鎏金龙钮钟	高30cm	13,800	北京保利	2013.04.28
清 康熙 御制鎏金铜交龙钮八卦纹「倍夷则」编钟《康熙五十二年制》款		9,306,240	罗芙奥	2013.11.24
战国 人擎灯	高25.5cm	4,129,189	纽约佳士得	2013.03.21

拍品名称	物品尺寸	成交价RMB	拍卖公司	拍卖日期
汉"宜子孙"铭灯	长10.2cm	186,630	纽约佳士得	2013.03.21
唐 铜鎏金莲花灯	长36.5cm	118,404	大唐香港	2013.05.28
清中期 铜鎏金螭龙纹宫灯 (一对)	高37.5cm	425,600	六朝艺宴	2013.07.07
奥地利 铜鎏金配水晶玻璃台灯 (一对)	长100cm	11,500	北京保利	2013.10.27
汉 玄龟灯铜器	长18.5cm	22,671	易拍好台北	2013.04.14
清康熙 铜鎏金燃灯童子	高19cm	546,480	大唐香港	2013.05.28
民国 阳燧	直径10.6cm	48,300	北京保利	2013.12.04
北村静香素铜丸形汤沸	宽15.8cm	20,700	上海春秋堂	2013.04.28
本间琢磨造斑紫铜荷叶建水	高9.7cm	40,250	北京匡时	2013.12.04
本间琢斋作斑紫铜'连连高升'茶托 (一组五件)	直径 10.2cm×5	17,250	北京匡时	2013.12.04
清 铜鎏金梵文幅冠	宽52cm	20,700	北京保利	2013.04.27
汉 青铜鼓	高28.5cm	198,858	大唐香港	2013.11.28
青铜鼓	径67.6cm	36,940	纽约苏富比	2013.03.19
清乾隆 铜蝈蝈葫芦	高13cm	69,000	北京翰海	2013.06.02
清 铜鎏金火镰	长9.8cm	28,750	北京传是	2013.12.12
铜鹿 (一对)	高116cm	23,000	北京保利	2013.07.27
清 铜鎏金龙柱鸟笼	高71.5cm	645,610	中国嘉德	2013.04.05
汉 铜鎏金熊形器足	高6.6cm	145,326	纽约苏富比	2013.09.17
清末民初称银砝码壹分至伍拾两全套二十七枚		32,200	北京诚轩	2013.11.20
清末民初称银方型砝码壹分至叁拾两二十六枚		25,300	北京诚轩	2013.11.20
铜狮子 (一对)	高63cm	29,900	中国嘉德	2013.06.15
欧洲 铜鎏金 古董女士梳妆套件 (一组五件)	尺寸不一	40,250	北京保利	2013.12.05
清道光乙巳年 铜天体仪		583,219	纽约苏富比	2013.03.19
清 铜金刚铃 金刚杵各一件	高20cm	13,800	中国嘉德	2013.06.15
清中期 铜鎏金兽形礼器	长21.5cm	2,185,000	中国嘉德	2013.11.19
战国 青铜错银筒形器	高15cm	764,875	纽约苏富比	2013.09.17
清 铜象棋 (一副)	直径1.7cm	23,000	北京翰海	2013.06.02
汉 铜鎏金虎座 (一套四件)	高9cm	524,262	大唐香港	2013.11.28
东汉晚期/六朝 铜错金银曲尺	长24.4cm	217,735	纽约佳士得	2013.03.21
20世纪制 Reuge 铜鎏金 机械自鸣鸟笼可活动小鸟玩偶	长30cm	43,700	北京保利	2013.12.05
二代琢斋造斑紫铜桃蛙灰铲	长15.5cm	10,925	北京匡时	2013.12.04
中国或韩国 公元前2世纪 青铜鎏金盖弓帽	高12.7cm	15,553	纽约苏富比	2013.03.19
铁 器				
明成化23年 铸铁伏虎罗汉坐像	高73.6cm	388,813	纽约苏富比	2013.03.19
明珍宗道作铁打出龙纹香炉	高7.4cm	828,000	北京匡时	2013.12.04
明治-大正时期 大国造广口型铁瓶	高20.5cm	32,200	上海春秋堂	2013.04.28
明治-大正时期 名釜师作家物铁瓶	高23.5cm	13,800	上海春秋堂	2013.04.28
明治-大正时期 紫金堂忠三郎造系目铁瓶	高21.5cm	13,800	上海春秋堂	2013.04.28
明治期 翠竹山居图初代龟文铁瓶(原共箱)	高21.4cmcm	161,000	上海春秋堂	2013.11.24
明治期 黑濑宗世造铁打出高肉金银镶嵌香炉	高17.3cm	207,000	北京匡时	2013.12.04
明治期 龙文堂安之介造平丸形铁壶	高19.5cm	43,700	北京匡时	2013.12.04
明治期 山田宗美造铁打出果子盘	直径18.6cm	34,500	北京匡时	2013.12.04
明治期 云色堂美之助造高肉金银镶嵌花开富贵丸形铁壶	高21cm	161,000	北京匡时	2013.12.04
明治时期 初代大国寿朗造阴刻文字平丸型铁瓶	高21cm	57,500	上海春秋堂	2013.04.28
明治时期 大国寿郎造镶金银铁瓶	高22.5cm	34,500	上海春秋堂	2013.04.28
明治时期 大国造雨龙纹饰满工铁瓶	高22.8cm	43,700	上海春秋堂	2013.04.28
明治时期 高木治良兵卫银摘铁瓶	高21cm	13,800	上海春秋堂	2013.04.28
明治时期 龟文堂波多野正平造宝珠形刻兰铁瓶	高22.4cm	92,000	上海春秋堂	2013.04.28

2013杂项拍卖成交汇总

(成交价RMB：1万元以上)

拍品名称	物品尺寸	成交价RMB	拍卖公司	拍卖日期
明治时期 木越三右卫门铁瓶	高19.6cm	20,700	上海春秋堂	2013.04.28
"海兽葡萄镜"铁壶	高22cm	69,000	北京翰海	2013.06.02
清 龟文堂瀹海形铁壶	高23cmcm	105,800	远方拍卖	2013.12.02
清 天铁制香薰	长21cm	287,500	六朝艺宴	2013.07.07
清 铁雕花卉纹碗套	直径13.4cm	13,800	北京匡时	2013.09.12
清 铁雕花卉纹碗套	直径13.5cm	13,800	北京匡时	2013.09.12
清 铁雕花卉纹碗套	直径13.5cm	17,250	北京匡时	2013.09.12
清末民国 龟文堂脱蜡铁壶	高22cm	17,250	长风拍卖	2013.06.17
清乾隆 御制局部鎏金梵文兽面缨络铁盔	高25cm	477,350	伦敦苏富比	2013.05.15
清中期 兽口铁壶	高22cm	36,800	长风拍卖	2013.06.17
19世纪 藏六款松月纹铁壶	宽19cm	36,800	北京保利	2013.04.28
19世纪 龟文堂制"兰花螃蟹图"铁壶	高23cm	40,250	北京保利	2013.12.04
19世纪 龙文堂款菖蒲纹铁壶	宽15cm	17,250	北京保利	2013.04.28
19世纪 龙文堂款荷蟹纹铁壶	宽19cm	23,000	北京保利	2013.04.28
19世纪 龙文堂造兽口兽面纹铁壶	高21cm	11,500	北京保利	2013.10.28
19世纪 明弥纪宗春作铁包铜镶银口梅花盖提梁壶	高19.8cm	161,000	北京保利	2013.06.05
19世纪 墨龙堂制错金鸡纹大铁壶	高30cm	287,500	北京保利	2013.06.05
19世纪 铁错金镂空釜锁挂钩	长253cm	17,250	北京保利	2013.12.04
19世纪 铁龙纹壶	宽19cm	11,500	北京保利	2013.10.28
20世纪 龙文堂款荷花纹铁壶	宽16cm	13,800	北京保利	2013.04.28
大西清右卫门造蟹眼铁瓶	高19.2cm	13,800	上海春秋堂	2013.04.28
大正时期 光宝堂造长闲型铁瓶	高23.3cm	17,250	上海春秋堂	2013.04.28
大正时期 龟文堂造镶银铁壶	高20.2cm	34,500	上海春秋堂	2013.04.28
大正时期 金龙堂造银摘手取型铁瓶	高22.3cm	23,000	上海春秋堂	2013.04.28
大正时期 金寿堂铁壶	高20.1cm	34,500	上海春秋堂	2013.04.28
大正时期 金阳堂造长闲型铁瓶	高23cm	25,300	上海春秋堂	2013.04.28
大正时期 龙文堂造四方铁瓶	高23.3cm	13,800	上海春秋堂	2013.04.28
大正时期 省铸堂铁壶	宽17.5cm	34,500	上海春秋堂	2013.04.28
大正昭和时期 三严堂平丸型铁瓶	宽19.4cm	17,250	上海春秋堂	2013.04.28
凤首兽面纹铁壶	高20cm	46,000	北京翰海	2013.06.02
光玉堂造银摘双款长闲型铁瓶	高22.3cm	17,250	上海春秋堂	2013.04.28
光重形制山水家屋铁壶	高21.5cm	258,750	北京匡时	2013.09.12
龟文堂铃木梅泉作兰梅铁壶	高21.5cm	138,000	北京匡时	2013.12.04
龟文堂铃木梅泉作梅蟹双款铁壶	长18.3cm	43,700	北京匡时	2013.12.04
龟文堂造山水家屋双龙提把铁瓶	高22.1cm	57,500	上海春秋堂	2013.04.28
龟文堂造山水家屋铁壶	高24cm	28,750	北京匡时	2013.12.04
黑濑宗世作铁打出茶托(一组五件)	直径10.5cm×5	40,250	北京匡时	2013.12.04
江户明治时期 大西清右卫门净雪造枣地型铁瓶	宽18cm	17,250	上海春秋堂	2013.04.28
江户-明治时期 宫崎寒雉造瓢型铁瓶	宽10.7cm	23,000	上海春秋堂	2013.04.28
江户-明治时期 龙文堂安之介造柏叶形铁瓶	宽17.9cm	20,700	上海春秋堂	2013.04.28
江户-明治时期 木越三右卫门造手取釜型铁瓶	宽15.1cm	11,500	上海春秋堂	2013.04.28
江户期 龙文堂二代安之介造汉诗铁壶	高22cm	10,350	北京匡时	2013.12.04
江户期 义光造铁打出金银镶嵌稻禾狐仙铁壶	高19cm	460,000	北京匡时	2013.12.04
江户期 义光造铁打出金银镶嵌紫檀侧把急须	高7.2cm	195,500	北京匡时	2013.12.04
江户时期 宫崎寒雉造宝袋型铁瓶	宽18cm	13,800	上海春秋堂	2013.04.28
江户时期 十代名弥越五郎昌晴造汉诗灵芝铁瓶	宽14.8cm	13,800	上海春秋堂	2013.04.28
金龙堂造高肉嵌银"喜上眉梢"铁壶	高20.5cm	74,750	北京匡时	2013.09.12
金龙堂造姥口铁壶	高23.7cm	11,500	北京匡时	2013.09.12
金龙堂造阴刻汉字铁壶	高18cm	20,700	北京匡时	2013.12.04
金寿堂款铁壶	宽17cm	17,250	北京保利	2013.04.28
金寿堂雨宫宗兵卫造金银镶嵌唐纹开窗长闲形铁壶	高20cm	103,500	北京匡时	2013.12.04
近代 各式铁壶(八件)	尺寸不一	11,500	北京保利	2013.10.26
近代 观音铁壶	宽16cm	17,250	北京保利	2013.10.28
近代 花卉纹铁壶	宽20cm	20,700	北京保利	2013.10.28
近代 昆虫纹铁壶	宽18cm	23,000	北京保利	2013.10.28
近代 牧童骑牛铁壶	宽20cm	17,250	北京保利	2013.10.28
近代 蜻蜓纹铁壶	宽20cm	20,700	北京保利	2013.10.28
近代 仕女犬纹铁壶	宽20cm	20,700	北京保利	2013.10.28
近代 铁错金银山水壶	宽19cm	13,800	北京保利	2013.10.28
兰蟹纹镶嵌铁壶	高20.8cm	117,691	日本伊斯特	2013.05.03
龙首错银铁壶	高18cm	115,000	北京翰海	2013.06.02
龙文堂安之介造操口铁瓶	高22.3cm	69,000	上海春秋堂	2013.04.28
龙文堂安之介造金银镶嵌凤口铁壶	高21cm	172,500	北京匡时	2013.12.04
龙文堂安之介造嵌金银铁壶	高21cm	103,500	北京匡时	2013.12.04
龙文堂尘五郎铁瓶	高22cm	43,700	上海春秋堂	2013.04.28
龙文堂大国寿郎造饕餮纹铁壶	高25.5cm	46,000	北京匡时	2013.12.04
龙文堂造错金银花卉铁壶	宽17cm	13,800	北京保利	2013.04.28
木越三右卫门造嵌银提梁铁壶	高24cm	17,250	北京匡时	2013.12.04
日本铁壶(三把)	尺寸不一	17,250	中国嘉德	2013.12.14
三德堂造高肉嵌银"群蟹图"丸形铁壶	高23.2cm	172,500	北京匡时	2013.09.12
山川孝次造铁打出花卉纹香炉	高11.7cm	32,200	北京匡时	2013.12.04
兽首夔龙纹铁壶	高18.5cm	69,000	北京翰海	2013.06.02
松荣堂造高肉金银镶嵌凤息梧桐铁壶	高22cm	172,500	北京匡时	2013.12.04
铁打出铁壶	长18cm	51,750	北京匡时	2013.12.04
铁皮裹青釉开片瓶	高43.0cm	89,600	未来四方	2013.06.16
铁制推杆	长92cm	72,800	北京荣宝	2013.06.23
铁铸火钵、龙文堂大铁壶、鱼形自在钩(一组)	尺寸不一	180,000	北京歌德	2013.12.01
云色堂造错金银花鸟纹铁壶	高19cm	74,750	北京匡时	2013.12.04
锡 器				
五世藏六造 纯锡四方茶叶罐	高9.1cm	13,800	中国嘉德	2013.09.14
大正时代 应惜有容(六件套)	尺寸不一	57,500	长风拍卖	2013.06.17
梅花诗文锡罐	高6.8cm	28,750	北京匡时	2013.12.04
明晚期 归复初制锡壶	长17.5cm	253,000	北京保利	2013.12.05
清初 "沈存周款"竹、梅茶叶罐	高11cm	138,000	北京翰海	2013.06.02
清道光 范禄曾制字画三镶玉平盖斧头形锡包壶	长17.5cm	40,250	北京保利	2013.06.06
清道光 锡包紫砂胎刻字画人物茶壶	长18.5cm	11,500	北京保利	2013.06.05
清道光 锡制茶托五客及茶叶罐	高10.5cm	43,700	中国嘉德	2013.05.14
清道光 杨彭年造竹隐造锡"素涛香溢"三镶玉锡包壶	宽15.5cm	69,000	北京保利	2013.12.04
清道光 杨彭年制仁寿刻三镶玉锡包四方壶	宽15cm	28,750	北京保利	2013.12.04
清道光 杨彭年制王治刻字三镶玉介形锡包壶	高11.5cm	40,250	北京保利	2013.12.04
清道光 杨彭年制锡包紫砂木柄壶	宽17.5cm	34,500	北京保利	2013.06.05
清道光 杨彭年制雨庭刻三镶玉锡壶	宽16cm	57,500	北京保利	2013.06.06
清道光 赵昆玉制锡茶叶罐	高8.8cm	40,250	中国嘉德	2013.05.14
清道光 芷庵铭"出入大吉"款三镶玉拱盖斧头形锡包壶	长16.4cm	46,000	北京保利	2013.06.05
清道光 朱石梅制红蕤生、埜鹤道人刻字"飞鸿延年"秦权形锡包壶	长14.3cm	253,000	北京保利	2013.06.05
清道光 朱石梅制埜隺生篆秦权"飞鸿延年"锡壶	宽14.3cm	63,250	北京保利	2013.06.05
清道光六年(1826年)作 朱石楳刻梅花诗文木嵌银丝柄锡壶	长16cm	94,300	中国嘉德	2013.09.17
清嘉庆-道光 杨彭年制锡包紫砂三镶玉刻诗文壶	长15.1cm	36,800	北京保利	2013.06.05

拍品名称	物品尺寸	成交价RMB	拍卖公司	拍卖日期
清嘉庆十一年 朱石楳制锡刻梅花纹诗句椭圆形茶叶罐	高8.8cm	57,500	中国嘉德	2013.05.14
清康熙 沈存周制山水诗文锡茶叶罐	高7cm	299,000	北京保利	2013.04.28
清康熙20年 沈存周制锡刻书法椭圆茶叶罐	高8cm	322,000	中国嘉德	2013.11.20
清康熙四十六年 沈存周制 松岳铭锡香盒	径9.8cm	402,500	北京保利	2013.06.04
清末 刻画煎茶图锡罐套组	高9.5cm	20,700	北京匡时	2013.12.04
清末 应惜刻雕 (五件套)	尺寸不一	32,200	长风拍卖	2013.06.17
清乾隆 沈郎亭制并刻锡制紫檀柄竹节壶	高16cm	51,750	北京保利	2013.06.06
清乾隆 锡浅刻人物诗文三镶壶	长17.4cm	138,000	北京翰海	2013.12.08
清乾隆 锡浅刻山水诗文三镶壶	长16.6cm	230,000	北京翰海	2013.12.08
清乾隆 周芷岩制竹雕锡胎茶叶罐 (一对)	宽10.2cm	172,500	北京保利	2013.06.05
清早期 沈存周制锡刻诗文茶叶罐	高7cm	45,368	中国嘉德	2013.10.06
清早期 沈存周制锡刻诗文茶叶罐 (一对)	高9.2cm	115,000	北京保利	2013.06.05
清早期 锡制茶叶罐	高6cm	48,300	北京保利	2013.07.27
清中期 符生确月锡包壶	高10.5cm	186,450	远方拍卖	2013.06.06
清中期 瞿子冶刻三镶玉菱方形锡壶	宽15cm	34,500	北京保利	2013.06.05
清中期 三镶兰花诗文锡壶	高15cm	103,500	北京保利	2013.04.27
清中期 三镶梅花诗文锡壶	宽17cm	48,300	北京保利	2013.04.27
清中期 三镶山水诗文锡壶	宽16cm	46,000	北京保利	2013.04.27
清中期 三镶仕女诗文锡壶	宽15cm	97,750	北京保利	2013.04.27
清中期 锡刻梅花诗文三镶壶	高10cm	71,300	北京翰海	2013.06.02
清中期 锡刻梅花诗文三镶壶	高7.7cm	69,000	北京翰海	2013.06.02
清中期 锡刻山水人物诗文三镶壶	高10.5cm	63,250	北京翰海	2013.06.02
清中期 锡刻竹石诗文三镶壶	高8.2cm	55,200	北京翰海	2013.06.02
清中期 锡制茶壶两套及锡制茶叶罐	尺寸不一	138,345	中国嘉德	2013.04.05
清中期 锡制汉方壶	宽15cm	28,750	北京保利	2013.04.27
清中期 杨彭年制锡包壶	高8cm	120,750	远方拍卖	2013.06.06
清 存周款锡制三系活环耳茶叶罐	高13.3cm	13,800	北京保利	2013.12.04
清 方型茶叶罐	高10.5cm	11,500	北京翰海	2013.06.02
清 鸡笼型茶叶罐	高10cm	57,500	北京翰海	2013.06.02
清 瞿子冶制梅花诗文提梁锡壶	高16.5cm	391,000	北京保利	2013.12.05
清 山水人物茶叶罐	高8cm	57,500	北京翰海	2013.06.02
清 沈存周款"龙团"锡茶叶罐	高6.3cm	28,750	北京保利	2013.06.05
清 沈存周款锡制诗文图茶盘	长29.8cm	34,500	北京保利	2013.06.05
清 沈存周款竹纹锡茶叶罐	高9cm	11,500	北京保利	2013.10.28
清 锡"竹梅茶经图"茶叶罐	高10cm	115,000	北京翰海	2013.06.02
清 锡刻诗文三镶壶	宽15cm	40,250	北京保利	2013.04.28
清 锡刻诗文三镶壶	宽17cm	25,300	北京保利	2013.04.28
清 锡兰花铭文壶	宽15cm	25,300	北京保利	2013.10.26
清 锡三镶诗文壶	宽15cm	23,000	北京保利	2013.10.26
清 锡诗文茶叶盒	高10cm	28,750	北京保利	2013.10.26
清 锡诗文竹节壶	高18cm	23,000	北京保利	2013.10.26
清 锡制茶壶 (一对)	高14.5cm	16,100	北京保利	2013.07.28
清 锡制茶具 (一套)	尺寸不一	36,800	北京保利	2013.07.28
清 锡制翠玉把方杯及托盘	宽9.4cm	11,500	北京保利	2013.12.04
清 锡制大茶叶罐	高14cm	13,800	北京保利	2013.07.28
清 锡制鎏金仕女茶盘	长28.9cm	32,200	北京保利	2013.06.05
清 锡制湘妃竹茶叶罐 (一对)	高8.5cm	34,500	北京保利	2013.06.05
清 锡制竹刻通景茶叶罐	宽9.5cm	36,800	北京保利	2013.06.06
清 锡竹纹题诗茶叶罐	高7cm	11,500	北京保利	2013.10.26
清 竹居款白云道人刻锡制山水诗文茶叶罐	高8.5cm	80,500	北京保利	2013.06.05
清 紫檀套锡茶叶罐	高10cm	28,750	北京保利	2013.12.05
清 锡制刻山水纹茶叶罐	长9cm	46,000	西泠拍卖	2013.07.12
沈存周款诗文锡罐	高11.5cm	28,750	北京匡时	2013.12.04

拍品名称	物品尺寸	成交价RMB	拍卖公司	拍卖日期
诗文花卉锡制茶托 (一组五件)	直径10cm×5	20,700	北京匡时	2013.12.04
昭和时代 应惜大同 (七件套)	尺寸不一	46,000	长风拍卖	2013.06.17
昭和时代 应惜花间 (七件套)	尺寸不一	25,300	长风拍卖	2013.06.17
昭和时代 应惜相合 (六件套)	尺寸不一	34,500	长风拍卖	2013.06.17
紫砂				
摆件				
清 宜兴窑弥勒像	宽17.5cm	20,700	北京保利	2013.12.04
清 紫砂满彩仿青铜篮形摆件	宽20.9cm	92,000	上海春秋堂	2013.04.28
民国 陈鸣远款仿生果品 (四件)	尺寸不一	40,250	北京诚轩	2013.05.11
民国 顾景舟制紫砂人物 (一组十件)	尺寸不一	218,500	西泠拍卖	2013.07.12
民国 裴石民制紫砂秋栗	高2.4cm	97,750	西泠拍卖	2013.07.12
民国 石民 花生瓜子杂件 (一组七件)	尺寸不一	25,300	北京匡时	2013.12.03
民国 紫砂鸭子 (一对)	长18.6cm	11,500	中国嘉德	2013.09.16
现代 蒋蓉制双狮摆件 (一对)	高3.2cm；宽4.8cm	31,757	保利香港	2013.10.07
现代 紫砂山形摆件	长12.5cm	138,000	中国嘉德	2013.11.19
白砂胎布袋和尚坐像	高8.5cm	48,000	上海驰翰	2013.04.25
陈国良 迎宾小品	宽10.5cm	92,000	北京翰海	2013.05.31
陈建平制 雕塑陕北民风(段泥)	长14cm	237,300	广东省拍	2013.11.17
蒋蓉 雕塑：牛	宽12cm	69,000	北京翰海	2013.12.07
蒋蓉 段泥对犬摆件	高7cm	51,750	中国嘉德	2013.05.14
蒋蓉 黄牛摆件	12.5cm	60,000	上海驰翰	2013.04.25
蒋蓉制各色泥料珍果 (八件)	尺寸不一	23,000	中国嘉德	2013.11.20
李爱民 刘海戏金蟾	高9cm；宽8cm	55,200	北京翰海	2013.12.07
裴石民·田螺摆件	高5cm；宽7cm	17,250	北京翰海	2013.12.07
徐秀堂制禅善、禅恒、禅空雕塑 (一组三件)	尺寸不一	759,000	上海春秋堂	2013.09.08
徐秀棠 吹毛断发雕塑		184,000	北京匡时	2013.12.03
徐秀棠 扶老携幼雕塑		287,500	北京匡时	2013.12.03
徐秀棠 蓬莱摆件	高18cm	356,500	北京匡时	2013.06.04
徐秀棠 十一面观音摆件	高67cm	747,500	北京匡时	2013.06.04
徐秀棠 始陶异僧雕塑	高52cm	805,000	北京匡时	2013.12.03
徐秀棠 探地摆件	高10.5cm	184,000	北京匡时	2013.06.04
徐秀棠 雪舟学画雕塑	长14cm	34,500	北京匡时	2013.06.04
徐秀棠 雪舟学画雕塑	高125cm	207,000	北京匡时	2013.12.03
徐秀棠 紫竹观音雕塑		287,500	北京匡时	2013.12.03
徐秀棠制 紫泥"第一个吃螃蟹的人"	宽18cm	253,000	中国嘉德	2013.11.20
徐秀棠制济公雕塑	宽55cm	172,500	上海春秋堂	2013.11.24
徐秀棠制刘海戏蟾雕塑 (一组)	宽23.3cm	184,000	上海春秋堂	2013.09.08
徐秀棠制铭心经观音塑像	高28.9cm	149,500	上海春秋堂	2013.04.28
许卫良 寿星	宽15.5cm	195,500	北京翰海	2013.05.31
朱可心 紫砂米芾拜石山子	高20.3cm	80,500	中国嘉德	2013.05.14
朱可心 紫砂太湖石山子	高7.7cm	126,500	中国嘉德	2013.05.14
邹跃君 阴阳龟摆件	长15.5cm	115,000	北京匡时	2013.12.03
生活用品				
民国 松鹤轩制菱庭款"千秋长安"三足炉	高13.4cm	34,500	北京保利	2013.06.05
民国 金鼎商标款跂陶主人刻段泥竹节活耳环香炉	长16cm	32,200	西泠拍卖	2013.07.12
清 行有恒堂款石香炉	高9.5cm	253,000	北京匡时	2013.06.04
清 墨泥绘心经香炉	高15cm	310,500	远方拍卖	2013.06.06
清 卧狮贴花三足香炉	宽17.1cm	20,700	上海春秋堂	2013.04.28
清乾隆 乾隆仿铜香炉	高8cm	230,000	北京匡时	2013.06.04
清中晚期 石泉刻紫泥茶炉	长27cm	23,000	西泠拍卖	2013.07.12
徐达明 三足兽耳玄纹香炉	高10.5cm	32,000	上海驰翰	2013.04.25
紫砂绳耳三足炉	宽11.5cm	40,250	北京保利	2013.07.28
雍正 三足雷纹兽耳香炉	高7cm	184,000	远方拍卖	2013.12.01
四方铺首鱼耳香炉	高12.6cm	18,000	上海驰翰	2013.10.22

2013杂项拍卖成交汇总

(成交价RMB：1万元以上)

拍品名称	物品尺寸	成交价RMB	拍卖公司	拍卖日期
清初 无款大熏炉(附底座)	宽24.3cm	517,500	上海春秋堂	2013.09.08
民国 利用公司款潜陶氏作满彩盘	宽31.7cm	11,500	上海春秋堂	2013.04.28
民国 生茂蕙记款 武陵逸人制供盘	长25cm	506,000	江苏聚德	2013.06.23
清乾隆 集雅款紫泥印花盘	直径21.6cm	40,250	中国嘉德	2013.05.14
清乾隆 朱泥赏盘	长22.2cm	69,000	西泠拍卖	2013.07.12
清中期 紫泥施釉海棠形高足盘	宽26cm	10,350	中国嘉德	2013.05.14
清中期 紫砂加彩花蝶图长方盘	高39.5cm	40,250	中国嘉德	2013.05.14
清中期 紫砂模印团龙盘	直径22.5cm	17,250	北京保利	2013.07.28
任淦庭 挂盘	直径36cm	80,500	北京翰海	2013.05.31
谭泉海 鹏程万里挂盘	直径25.5cm	105,800	中国嘉德	2013.05.14
袁小强 梅花周盘	宽19cm	97,750	北京翰海	2013.05.31
清 陈鸣远舍得葡萄文盘	长40cm	920,000	远方拍卖	2013.12.01
武陵逸人·供盘	宽25cm	345,000	北京翰海	2013.12.07
清乾隆 三省斋制段泥盘	宽22.2cm	115,000	上海春秋堂	2013.11.24
清中期 紫砂加彩开光花鸟海棠盘	长26cm	46,000	北京传是	2013.12.12
民国 段泥苏东坡玩砚图挂盘	直径25.3cm	46,000	中国嘉德	2013.11.20
喻慧 刻梅花诗文紫砂赏盘	直径40.5cm	17,000	上海驰翰	2013.10.22
清 紫砂加彩套盘	尺寸不一	11,500	北京传是	2013.12.12
清 陈砺成制堆泥绘盘(四件)	宽17.4cm	1,150,000	上海春秋堂	2013.09.08
雍乾 陈砺成制段泥菱花小盘(一对)	直径12.3cm	69,000	中国嘉德	2013.05.14
清晚期 艾农摹心舟刻王东石制玉成窑供盘(一对)	直径13.3cm	586,500	北京保利	2013.12.04
谭泉海刻“春·夏·秋·冬”挂盘(一组四件)	宽25.4cm×4	195,500	上海春秋堂	2013.11.24
清 紫砂加蓝彩攒盘一组	直径39.5cm	57,500	北京保利	2013.12.04
“陈国良”款花盆	高9cm	23,000	北京翰海	2013.06.02
北岩刻 绘山水葵口盆	长33cm	15,000	上海驰翰	2013.04.25
仿青铜长方抽角盆	长22cm	110,000	上海驰翰	2013.04.25
古渡 桃泥外钮云足剑木瓜式盆	长35cm	149,500	中国嘉德	2013.05.13
古渡 乌泥胴钮抚角切足长方盆	长36.8cm	138,000	中国嘉德	2013.05.13
古渡 乌泥外绿额人山図云足正方盆	长44.8cm	92,000	中国嘉德	2013.05.13
古渡 乌泥外绿下带切足长方盆	长51cm	46,000	中国嘉德	2013.05.13
古渡 乌泥圆口盆	长46.8cm	57,500	中国嘉德	2013.05.13
古渡 紫泥内绿胴带段足椭丹盆	长63cm	253,000	中国嘉德	2013.05.13
古渡 紫泥外绿上带胴钮云足丸盆	长38.8cm	25,300	中国嘉德	2013.05.13
顾绍培 一颗印花盆	长13.5cm	28,000	上海驰翰	2013.04.25
顾绍培制线圆三足盆	宽21.6cm	34,500	上海春秋堂	2013.04.28
回文贴螭龙纹水仙盆	长22cm	12,000	上海驰翰	2013.04.25
民国 戴玉屏制并刻全段泥筒形花盆	高19cm	69,000	北京保利	2013.06.05
民国 红泥六角盆	长29.3cm	23,000	中国嘉德	2013.05.13
民国 任轩庭金段泥花盆	长35cm	115,000	中国嘉德	2013.05.13
民国 冶甸制巧色佛手盆	宽13.7cm	20,700	上海春秋堂	2013.04.28
民国 戴玉屏制紫泥蒲包口椭圆盆	长28cm	13,800	西泠拍卖	2013.07.12
民国 任淦庭刻紫泥粉段泥花盆	长17.9cm	51,750	西泠拍卖	2013.07.12
民国 耀庭款紫泥长方盆	长35.4cm	20,700	西泠拍卖	2013.07.12
彭年 紫砂贴夔龙纹水仙盆	长20.9cm	65,000	上海驰翰	2013.04.25
钱子麐 紫砂长方盆	长16.5cm	11,000	上海驰翰	2013.08.31
清 白泥水仙盆	长20.6cm	69,000	北京亨申	2013.06.06
清 陈光明制哥釉紫砂花盆	直径17cm	32,200	西泠拍卖	2013.07.12
清 朱泥外绿二重胴钮下钮云足椭丹盆	长39.2cm	23,000	中国嘉德	2013.05.13
清 紫砂水仙盆	长38.5cm	11,500	中国嘉德	2013.03.25
清 陈文卿制款倭角四方盆	长18.5cm	57,500	西泠拍卖	2013.07.12
清 乌泥黑泥绘山水图圆盆	长47.5cm	80,500	西泠拍卖	2013.07.12
清 朱泥三足炉式花盆	长15.2cm	63,250	西泠拍卖	2013.07.12
清道光 朱其镇订制并刻段泥瓜瓣圆盆	长54cm	218,500	西泠拍卖	2013.07.12
清乾嘉 钱顺克记款红泥四足花口盆	长16.7cm	51,750	西泠拍卖	2013.07.12
清乾隆 紫砂倭脚花盆	长27.5cm	32,200	西泠拍卖	2013.07.12
清晚期 任伯年人物花盆	直径21.5cm	839,500	北京匡时	2013.06.04
清晚期 任伯年人物花盆	直径24cm	218,500	北京匡时	2013.06.04
清晚期 陶斋款 段泥鼓钉盆	直径20.5cm	11,500	北京匡时	2013.06.04

拍品名称	物品尺寸	成交价RMB	拍卖公司	拍卖日期
清晚期 东溪刻款紫泥粉浆方盆	长22.8cm	28,750	西泠拍卖	2013.07.12
清早期 萧绍明古渡长方盆	长36.5cm	345,000	远方拍卖	2013.06.06
山水黑泥绘长方盆	长37cm	30,000	上海驰翰	2013.04.25
顾景舟制并题徐秀棠刻梅花诗文紫砂四方筒盆	高9cm	3,220,000	北京保利	2013.12.04
朱可心制紫泥梅桩大花盆	宽51cm	747,500	中国嘉德	2013.11.20
清道光 杨彭年制梅椿三足盆	宽23cm	425,500	北京保利	2013.12.04
清 曼陀华馆古趣花盆	宽17cm	230,000	远方拍卖	2013.12.02
任淦庭制特大花盆	长16cm	214,700	广东省拍	2013.11.17
清晚期 山农刻字玉成窑撇口盆	直径18.2cm	149,500	北京保利	2013.12.04
清晚期 山农制沈德寿刻“梁辰鱼句”长方水仙盆	长18.2cm	138,000	北京保利	2013.12.04
清中期 杨氏款树桩水仙盆	宽21.7cm	138,000	上海春秋堂	2013.09.08
清末民初 裴石民松段花盆	直径12.5cm	115,000	远方拍卖	2013.12.02
民国 冯桂林仿生松树梅桩三足小盆	高7.5cm	57,500	北京保利	2013.12.04
民国 岩如款 六棱兰花盆	高21.5cm	51,750	北京匡时	2013.12.03
徐汉棠 花盆	直径9cm；高5.5cm	51,750	北京匡时	2013.12.03
清晚期 何心舟刻“洛仙”玉成窑腰带小花盆	高7.7cm	32,200	北京保利	2013.12.04
清 紫砂花盆	长36.5cm	20,700	北京传是	2013.12.12
民国 段泥挂釉花盆		17,250	北京匡时	2013.12.03
爱闲老人刻款 蒲包口椭圆形盆	高6.8cm；宽20.5cm	12,000	上海驰翰	2013.10.22
赵松亭款、泉石刻 红泥椭圆上带线刻绘盆	长29.8cm	10,000	上海驰翰	2013.10.22
泉石刻 六方粉段泥刻花卉、诗文花盆	高23.5cm	10,000	上海驰翰	2013.10.22
振新厂制 六方粉段泥刻绘盆	高20.8cm；宽36cm	10,000	上海驰翰	2013.10.22
周桂珍制紫泥小花盆(两件)	宽11.5cm	69,000	中国嘉德	2013.11.20
徐汉棠制各色泥料花盆(四件)	直径6.8cm	115,000	中国嘉德	2013.11.20
民国 戴玉屏制菱口小花盆(一对)	宽12.7cm	23,000	北京保利	2013.06.05
顾绍培制签筒花盆(一对)	高14.9cm	109,250	上海春秋堂	2013.09.08
清 何心舟制东石制玉成窑花盆及盆托	宽8cm	207,000	上海春秋堂	2013.09.08
清 紫砂挂釉大方盆景花盆	长65cm	20,700	北京保利	2013.04.27
徐汉棠制紫泥小花盆叁件	直径12.3cm	161,000	中国嘉德	2013.11.20
民国 裴石民制蒲包口小花盆与松段杯套组	尺寸不一	74,750	上海春秋堂	2013.04.28
陈士清刻 花卉、诗文海棠瓶	高20cm	16,000	上海驰翰	2013.04.25
段泥萝卜对瓶	高26cm	10,000	上海驰翰	2013.03.02
任淦庭刻书画象足赏瓶	高22.3cm	74,750	中国嘉德	2013.05.14
瘦萍款立新并刻高士诗文双铺首瓶	高17.3cm	184,000	北京保利	2013.06.05
孔良法 双耳山水对瓶	高40cm	69,000	北京翰海	2013.05.31
民国 范大生款全段泥梅桩壁瓶	高25.8cm	57,500	北京保利	2013.06.05
民国 任淦庭“和平春色”段泥瓶	高35.5cm	94,300	北京匡时	2013.06.04
民国 任淦庭刻“松鹤延年”诗文大花瓶	高47cm	494,500	北京保利	2013.06.05
民国 任淦庭孔雀瓶	高21cm	169,500	远方拍卖	2013.06.06
清乾隆 泥绘山水纹壁瓶	高15.4cm	161,000	中国嘉德	2013.05.14
清乾隆 泥绘山水纹双夔耳大赏瓶	高44cm	828,000	中国嘉德	2013.05.14
清 东溪刻赏瓶	高28cm	115,000	远方拍卖	2013.06.06
清 紫砂加彩六方瓶	高23cm	103,500	远方拍卖	2013.06.06
清光绪 玉成窑王东石制紫泥金石文字瓶	高31.2cm	195,500	中国嘉德	2013.05.14
清康熙 紫砂模印夔龙纹葫芦瓶	高19.5cm	69,000	北京保利	2013.06.05
清乾隆 紫砂泥绘壁瓶	高37cm	249,021	中国嘉德	2013.04.05
清晚期 船山款 花瓶	高17.5cm	345,000	北京匡时	2013.06.04
清雍正 紫砂描金花卉纹瓶	高48.6cm	207,000	北京东正	2013.05.10
清中期 白泥红袍点彩赏瓶	高28cm	291,200	远方拍卖	2013.06.06
清中期 紫砂加彩山水人物长颈瓶	高42cm	40,250	北京保利	2013.04.27

拍品名称	物品尺寸	成交价RMB	拍卖公司	拍卖日期
任淦庭 象足如意瓶	高21.5cm	57,500	中国嘉德	2013.05.14
清早 圣思诗文小瓶	高6cm	828,000	远方拍卖	2013.12.01
民国 韩泰 双兽耳六方诗文紫砂瓶	高53cm	402,500	北京匡时	2013.12.03
清中 白泥红袍对瓶	高23.5cm	391,000	远方拍卖	2013.12.01
清早期 紫泥盘螭龙蒜头瓶	高48.5cm	317,573	中国嘉德	2013.10.06
毛国强·鱼尾瓶	高51cm	310,500	北京翰海	2013.12.07
清初 大彬款兽耳赏瓶	高17.7cm	280,000	上海春秋堂	2013.09.08
清光绪 陈山农制何心舟刻古币诗文瓶	高18.6cm	253,000	北京保利	2013.12.04
民国 吴德盛制段泥兽耳方尊瓶	高53.1cm	230,000	上海春秋堂	2013.11.24
清 回纹灯笼瓶	高56cm	195,500	远方拍卖	2013.12.02
顾绍培制紫泥泥绘山水诗文方瓶	高22.5cm	184,000	中国嘉德	2013.11.20
清中 白泥墨绘兽耳瓶	高21.5cm	161,000	远方拍卖	2013.12.02
任淦庭制云肩纹饰对瓶	高23cm	113,000	广东省拍	2013.11.17
清中 邵传林葫芦瓶	高19cm	112,700	远方拍卖	2013.12.02
顾绍培制紫泥松鹤百寿图双耳瓶	高27.5cm	103,500	中国嘉德	2013.11.20
民国 潜陶刻山水人物诗文段泥撇口瓶	高35cm	97,750	北京保利	2013.12.04
民国 铁画轩款 兽耳瓶	高24cm	97,750	北京匡时	2013.12.03
民国 紫砂绿段泥梅桩直颈瓶	高24.8cm	92,000	北京翰海	2013.12.08
民国 任淦庭·花瓶	高24cm	78,200	北京翰海	2013.12.07
民国 任淦庭刻字画象腿瓶	高22cm	46,000	北京保利	2013.12.04
民国 任淦庭 段泥赏瓶		32,200	北京匡时	2013.12.03
民国 小岩刻振新监制紫砂双铺兽方瓶	高37.5cm	28,750	北京保利	2013.12.04
清道光 杨彭年制紫砂双色如意足壁瓶	高8.8cm	23,000	北京保利	2013.12.04
清 晓山作刻竹诗文观音瓶	高27cm	23,000	北京保利	2013.12.04
孔良法 花鸟花瓶 (一对)	高53.5cm	172,500	长风拍卖	2013.06.17
清乾隆 贴花百果葫芦瓶 (一对)	高15.2cm	66,700	中国嘉德	2013.05.14
清 四方兽耳开窗彩釉赏瓶 (一对)	尺寸不一	241,500	上海春秋堂	2013.04.28
顾绍培制紫泥松鹤双耳大瓶 (一对)	高51cm	460,000	中国嘉德	2013.11.20
清中期 无款泥绘壁瓶 (一对)	高17.6cm	200,000	上海春秋堂	2013.09.08
任淦庭 云肩纹饰对瓶》	高23cm	109,250	长风拍卖	2013.06.17
张树林、毛国强·四方花瓶对组	高29.5cm	126,500	北京翰海	2013.05.31
陈覲侯 紫砂葵口缠枝莲赏碗	口径21.6cm	250,000	上海驰翰	2013.04.25
孟臣款 朱泥大赏碗	高14.6cm	13,000	上海驰翰	2013.04.25
民国 栢寿款黄小松残本雨田自制朱泥加磁花口碗	宽19.3cm	32,200	北京保利	2013.06.05
清 曼生款"惠氏家舍"段泥挂釉盖碗	直径10.6cm	17,250	北京保利	2013.06.05
清 种德堂款段泥贴花大碗	宽19.3cm	207,000	上海春秋堂	2013.04.28
清 紫砂刻梅花诗文碗	直径12cm	12,650	北京保利	2013.07.28
清嘉庆·紫泥彩绘花口碗	长19.3cm	40,250	西泠拍卖	2013.07.12
清末民国 陈少亭刻段泥粉浆内上釉碗	长20cm	34,500	西泠拍卖	2013.07.12
清乾隆 陈覲侯 段泥团龙纹碗	直径20cm	184,000	北京匡时	2013.06.04
清乾隆 徐汝成制朱泥贴花碗	直径19.4cm	195,500	北京中汉	2013.05.13
清乾隆 有斐堂制乌泥胎团龙纹碗	直径20.1cm	310,500	北京中汉	2013.05.13
清乾隆 紫砂团龙纹碗	直径19.3cm	57,500	中国嘉德	2013.03.24
清乾隆 紫砂印花盖碗	直径11cm	62,716	中国嘉德	2013.04.05
清雍正 臣辉阁制 双线贴花紫砂大碗	直径17cm	1,035,000	北京匡时	2013.06.04
清雍正/乾隆 陈覲侯制团龙百寿纹碗	直径19.3cm	356,500	北京保利	2013.06.05
清早期 朱泥贴花碗	直径19cm	105,800	远方拍卖	2013.06.06
雍乾 陈砺成制贴花夔龙纹贡碗	宽19.2cm	287,500	中国嘉德	2013.05.14
清乾隆 泥绘山水纹宫碗	直径15.6cm	345,000	中国嘉德	2013.11.20
清乾隆 泥绘梅花"蝠寿"图紫砂盖碗	直径17cm	253,000	北京保利	2013.12.04
清初 陈覲侯制贴花葵瓣碗	宽21.4cm	218,500	上海春秋堂	2013.11.24
清 雅集款朱泥团龙寿字纹大碗	直径20cm	172,500	北京保利	2013.12.04
民国 利永公司出品 刻花卉纹对碗	直径21cm×2	69,000	北京匡时	2013.12.03
清早期 朱泥贴花盖碗		41,400	北京匡时	2013.12.03
张勇·太古碗	高9.5cm;宽22.5cm	40,250	北京翰海	2013.12.07
清 紫泥粉彩碗 (一对)	长16.4cm	34,500	西泠拍卖	2013.07.12
清嘉庆/道光 行有恒堂大红袍刻梅花碗 (一对)	直径13cm×2	943,000	北京匡时	2013.06.04

拍品名称	物品尺寸	成交价RMB	拍卖公司	拍卖日期
清末民国 少亭刻紫泥内上釉盖碗 (一对)	长10.5cm	40,250	西泠拍卖	2013.07.12
清乾隆 萧款白泥贴花盖碗 (一对)	长11.2cm	166,750	上海嘉泰	2013.07.05
清晚期 段泥墨彩人物图碗 (一对)	直径16.5cm	11,500	中国嘉德	2013.11.20
清康熙 贴花八角罐	高26cm	345,000	中国嘉德	2013.05.14
清康熙 朱泥贴花花卉纹八角罐	高26cm	105,800	中国嘉德	2013.11.20
清乾隆 陈覲侯制紫砂仿古铜花觚	高24.9cm	1,000,500	北京中汉	2013.11.17
清乾隆十三年 陈庆瀛制 蕉叶纹紫砂大泉罐	高59.7cm	920,000	北京保利	2013.06.04
清晚期 王东石制山农刻"高平檀君"玉成窑花插	高18cm	149,500	北京保利	2013.06.05
清晚期 新为氏刻 紫砂果盒	直径33cm	11,500	北京匡时	2013.06.04
清早期 紫砂铺首耳出戟尊	高19.2cm	264,500	北京中汉	2013.11.17
清早期 紫砂双环尊	高13cm	20,700	北京保利	2013.04.27
清中期 浅降彩烛台 (一对)	高37cm×2	86,250	北京匡时	2013.06.04
清 陈鸣远款紫砂仿古铜式三足鼎	高20.5cm	552,000	北京中汉	2013.05.13
清 黑泥绘高士山水花卉烛台 (一对)	高13.5cm	138,000	北京保利	2013.06.05
清 日岭山馆款胡公寿刻画小罐	高11.7cm	483,000	中国嘉德	2013.05.14
清 王南林款紫砂内挂釉外刻诗文盖盒	宽17.5cm	17,250	北京保利	2013.12.04
清 张若虚刻"春江花月夜"松月堂兰亭造白泥烘炉	高28cm	43,700	北京保利	2013.12.04
清 紫泥瑞兽香薰	高15.5cm	69,000	北京保利	2013.06.05
清 紫砂香薰	高10.5cm	10,350	北京传是	2013.12.12
清道光 紫泥蓝彩奓斗	长9.7cm	32,200	西泠拍卖	2013.07.12
清道光二十八年 杨彭年制紫泥刻诗文梅桩形花插	高22.5cm	632,500	中国嘉德	2013.05.14
陆毅 青铜时代盉	宽10.5cm	63,250	北京翰海	2013.05.31
民国 东溪刻段泥双耳盖罐	宽11.2cm	13,800	北京保利	2013.07.28
民国 跂陶主人、任淦庭刻铺首方尊	高53cm	690,000	江苏聚德	2013.06.23
民国 跂云刻字画粉红泥香筒 (一对)	高29.7cm	89,700	北京保利	2013.06.05
沈蘧华 百福百寿狮象玉鼎	长15cm	138,000	北京保利	2013.06.04
现代 紫砂石子盖香薰	直径9.5cm	184,000	中国嘉德	2013.11.19
朱勤勇 三足乳鼎	宽14.5cm	69,000	北京翰海	2013.05.31
紫砂花觚 (一对)	高19.5cm	48,000	上海驰翰	2013.04.25
紫砂壶				
明 陈用卿束腰金钱钮大壶	宽34cm	2,990,000	远方拍卖	2013.12.01
明 时鹏三足圈钮壶	高12cm	667,000	远方拍卖	2013.06.06
明末清初 陈和之款紫泥四瓣花形壶	宽14cm	920,000	中国嘉德	2013.11.20
明末清初 大彬款紫泥竹节提梁壶	高20cm	317,573	中国嘉德	2013.10.06
明晚期 酱釉紫砂螭龙钮大执壶	宽32.5cm	112,700	北京保利	2013.06.05
清初 澹然斋款铺砂汉方壶	高19cm	115,000	上海春秋堂	2013.09.08
清初 段泥五彩泥绘提梁壶	高14.8cm	149,500	上海春秋堂	2013.11.24
清初 馥远亭款大文旦朱泥壶	宽17.8cm	126,500	上海春秋堂	2013.11.24
清初 荆溪焕章款朱砂笠帽宫灯壶	宽21.5cm	368,000	上海春秋堂	2013.09.08
清初 荆溪徐显名制魁方壶	宽28cm	253,000	上海春秋堂	2013.11.24
清初 潘禹卞制平盖莲子壶	宽22.5cm	230,000	中国嘉德	2013.05.14
清初 铺砂合梅壶	高6cm	218,500	远方拍卖	2013.06.06
清初 青灰砂平盖六方壶	宽15.5cm	115,000	北京诚轩	2013.05.11
清初 若思款泥绘方壶	宽14.5cm	1,782,500	上海春秋堂	2013.09.08
清初 无款百福壶	宽18cm	437,000	上海春秋堂	2013.09.08
清初 无款圆帽壶	宽14.6cm	517,500	上海春秋堂	2013.09.08
清初 用卿款巨壶	宽36.1cm	115,000	上海春秋堂	2013.11.24
清初 朱泥龙蛋壶	高11.5cm	264,500	远方拍卖	2013.06.06
清初 朱泥镂空壶	高11cm	287,500	远方拍卖	2013.06.06
清初 朱砂鼎足三友壶	高9cm	103,500	远方拍卖	2013.06.06
清初 紫泥十五竹壶	宽15.4cm	138,000	中国嘉德	2013.05.14
清早期 伯俊铺砂六方淡然壶	宽15.5cm	253,000	远方拍卖	2013.12.01
清早期 铺砂一粒珠壶	宽19cm	115,000	远方拍卖	2013.12.02
清早期 铺砂圆壶	宽27cm	322,000	远方拍卖	2013.12.02
清早期 "辛卯仲冬日惠孟臣"款朱泥扁圆壶	直径14cm	345,000	中国嘉德	2013.11.20

2013杂项拍卖成交汇总

(成交价RMB：1万元以上)

拍品名称	物品尺寸	成交价RMB	拍卖公司	拍卖日期
清早期 大彬款紫泥刻诗文大圆壶	宽26.5cm	632,500	中国嘉德	2013.05.14
清早期 点彩腰圆壶	高14cm	105,800	远方拍卖	2013.06.06
清早期 惠孟臣款朱泥笠帽壶	宽15.7cm	92,000	中国嘉德	2013.05.14
清早期 惠逸公款 朱泥扁灯壶	长17.5cm	69,000	北京匡时	2013.06.04
清早期 介钮方敦壶	高14.5cm	339,000	远方拍卖	2013.06.06
清早期 荆水款 白泥贴龙紫砂壶	长17cm	460,000	北京匡时	2013.06.04
清早期 六方壶	长18cm	161,000	北京匡时	2013.12.03
清早期 孟俣平盖菊瓣壶	高8cm	483,000	远方拍卖	2013.06.06
清早期 邵春来 宫灯壶	长15.5cm	40,250	北京匡时	2013.06.04
清早期 邵俊杨 宫灯壶		86,250	北京匡时	2013.12.03
清早期 邵顺昌 二泉刻款执壶		172,500	北京匡时	2013.12.03
清早期 时大彬款巨壶	长26.5cm	345,000	中国嘉德	2013.03.24
清早期 贴花葡萄纹紫砂大壶	高15.5cm	126,500	华艺国际	2013.05.05
清早期 郑荆玉 坦然壶	长17.5cm	2,300,000	北京匡时	2013.06.04
清早期 郑荆玉制紫砂四方壶	宽13.8cm	345,000	北京保利	2013.06.05
清早期 朱泥镂空印花花卉纹提梁壶	宽13.5cm	172,500	中国嘉德	2013.11.20
清早期 朱泥狮纽梅花鱼龙镂空壶	长17cm	172,500	北京匡时	2013.06.04
清早期 紫泥玲珑竹壶	高12.5cm	126,500	远方拍卖	2013.06.06
清早期 紫泥龙蛋壶	长12cm	40,250	西泠拍卖	2013.07.12
清早期 紫泥梅竹双清壶	宽22cm	138,000	中国嘉德	2013.11.20
清早期 紫泥竹节形大壶	宽26cm	230,000	北京保利	2013.12.04
清早期 紫砂贴花螭龙纹多穆壶	高16.1cm	66,406	中国嘉德	2013.04.05
清早期 紫砂竹节壶	高12.8cm	10,350	中国嘉德	2013.12.14
清康熙 陈鸣远制廉斋铭乌泥束腰壶	长11.5cm	9,890,000	北京保利	2013.12.04
清康熙 龙凤纹笠帽壶	长13cm	126,500	北京匡时	2013.12.03
清康熙 俏色贴玉兰花大圆壶	宽26.5cm	138,000	中国嘉德	2013.05.14
清康熙 逸公款朱泥平盖莲子壶	宽15cm	253,000	中国嘉德	2013.05.14
清康熙 朱泥童子执莲图狮钮壶	宽15cm	195,500	中国嘉德	2013.05.14
清康熙 朱砂镂空贴花菱方壶	宽17.7cm	172,500	北京诚轩	2013.05.11
清雍正 彩绘花鸟图笠帽大壶	宽20.7cm	747,500	中国嘉德	2013.05.14
清雍正 四季如意平盖圆壶	宽15cm	563,500	远方拍卖	2013.12.02
清雍正 紫砂诗文壶	长15cm	103,500	北京翰海	2013.12.08
清雍正/乾隆 "江上清风，山中明月"款紫泥高梨壶	宽11.5cm	72,588	中国嘉德	2013.10.06
清雍正/乾隆 合菊纹紫砂壶	长19cm	92,000	西泠拍卖	2013.07.12
清雍正/乾隆 蒋觐侯制紫泥菊瓣壶	宽13cm	544,410	中国嘉德	2013.10.06
清雍正/乾隆 孟臣款紫泥笠帽壶	宽19.5cm	181,470	中国嘉德	2013.10.06
清雍正/乾隆 朱泥虚扁壶	宽11.9cm	94,300	北京诚轩	2013.05.11
清雍正/乾隆 孟臣款朱泥小圆珠壶	宽11.5cm	89,700	中国嘉德	2013.05.14
清乾隆 "吴天龙制"款朱泥君德壶	宽11.4cm	112,700	中国嘉德	2013.11.20
清乾隆 白泥印花龙凤壶	长13cm	195,500	北京匡时	2013.12.03
清乾隆 段泥红泥绘山水楼阁壶 (一对)	高13cm	207,000	北京保利	2013.06.05
清乾隆 高颈壶	长25cm	207,000	北京保利	2013.06.04
清乾隆 汉章款紫泥竹节壶	宽21.3cm	276,000	中国嘉德	2013.05.14
清乾隆 壶痴款泥绘圆壶	宽14.5cm	1,725,000	上海春秋堂	2013.11.24
清乾隆 华凤翔制如意形圆嘴汉方壶	高17.5cm	345,000	北京保利	2013.12.04
清乾隆 华艺林制紫泥四方壶	宽22cm	184,000	中国嘉德	2013.05.14
清乾隆 嘉庆 朱砂彩绘花蝶纹合菱壶	宽16.8cm	172,500	北京诚轩	2013.05.11
清乾隆 静远斋堆泥方壶	高9.5cm	368,000	远方拍卖	2013.06.06
清乾隆 炉钧釉汉方壶	高19.6cm	115,000	北京中汉	2013.05.13
清乾隆 炉钧釉汉方壶	高18.5cm	598,000	北京保利	2013.12.04
清乾隆 炉钧釉紫砂壶	高11.5cm	483,000	华艺国际	2013.05.05
清乾隆 孟臣款朱泥半月壶	长12.2cm	101,200	北京中汉	2013.11.17
清乾隆 裴永林制加彩四方壶	宽23.3cm	184,000	北京保利	2013.12.04
清乾隆 邵柏原制扁圆壶	宽13.4cm	149,500	中国嘉德	2013.05.14
清乾隆 邵瑞元制紫砂壶	长19.2cm	108,882	保利香港	2013.10.07
清乾隆 邵旭茂制"富贵基实"料彩描金大莲子壶	长33.3cm	1,265,000	北京保利	2013.06.05
清乾隆 邵旭茂制紫泥调沙圆壶	宽24.5cm	253,000	中国嘉德	2013.05.14
清乾隆 邵用修制扁圆形紫砂壶	宽18.5cm	103,500	北京保利	2013.12.04
清乾隆 邵忠佑制紫泥大莲子壶	宽21.2cm	218,500	中国嘉德	2013.05.14
清乾隆 生平爱茗御制堆泥壶	宽16.5cm	2,472,500	远方拍卖	2013.12.01
清乾隆 圣和款朱泥小壶	长10cm	138,000	北京中汉	2013.11.17
清乾隆 诗句款朱泥四方壶	宽10cm	138,000	中国嘉德	2013.05.14
清乾隆 诗句款紫泥梨形壶	宽15cm	80,500	中国嘉德	2013.05.14
清乾隆 王志源制百果壶	高12.9cm	563,500	北京中汉	2013.05.13
清乾隆 无款斗形贴花壶	宽17.4cm	322,000	上海春秋堂	2013.11.24
清乾隆 杨履康 竹段堆泥万寿荷花壶	长17.5cm	1,840,000	北京匡时	2013.06.04
清乾隆 杨履康制泥绘山水图如意圆灯壶	宽18.3cm	1,955,000	中国嘉德	2013.05.14
清乾隆 宜兴堆泥山水人物图茶壶	长16.7cm	396,000	香港佳士得	2013.05.29
清乾隆 友竹刻紫砂合欢壶	长17.5cm	57,500	中国嘉德	2013.03.24
清乾隆 御制堆泥山水纹虚扁壶	长16.4cm	1,725,000	北京保利	2013.12.04
清乾隆 御制描金壶	高8.5cm	920,000	远方拍卖	2013.06.06
清乾隆 御制紫泥髹漆描金花卉纹方壶	宽17cm	4,485,000	中国嘉德	2013.05.14
清乾隆 朱泥矮梨形壶	宽13cm	241,500	北京诚轩	2013.11.17
清乾隆 朱泥壶	长11cm	20,700	中国嘉德	2013.12.14
清乾隆 朱泥君德壶	宽10.8cm	69,000	北京诚轩	2013.05.11
清乾隆 朱泥莲子壶	长12.2cm	115,000	西泠拍卖	2013.07.12
清乾隆 紫泥炉钧釉汉方壶	宽26cm	632,500	中国嘉德	2013.05.14
清乾隆 紫泥贴花三友螭龙纹壶	宽17.8cm	43,700	中国嘉德	2013.05.14
清乾隆 紫泥印花鹤纹六方壶	宽13.8cm	34,500	中国嘉德	2013.05.14
清乾隆 紫砂白泥泥绘高灯壶	高15.4cm	69,000	中国嘉德	2013.05.14
清乾隆 紫砂风卷葵壶	宽17.8cm	212,129	中国嘉德	2013.04.05
清乾隆 紫砂瓜棱壶	长15cm	172,500	西泠拍卖	2013.07.12
清乾隆 紫砂瑞狮滚绣球长方壶	宽20.7cm	195,500	北京诚轩	2013.11.17
清乾隆 紫砂四方壶	长13.2cm	943,000	中国嘉德	2013.09.16
清中期 邵大敖制竹段壶	宽19.1cm	109,250	上海春秋堂	2013.09.08
清中期 "蓴圃督制"款朱泥梨形小壶	宽9.6cm	11,500	中国嘉德	2013.11.20
清中期 宝华款 合菱壶	长18.5cm	264,500	北京匡时	2013.06.04
清中期 陈荫千 絞竹提梁壶	高21cm	92,000	北京匡时	2013.12.03
清中期 程世华制紫泥宫灯壶	长22.5cm	138,000	西泠拍卖	2013.07.12
清中期 澹然斋款宫灯壶(汪寅仙配盖)		632,500	上海春秋堂	2013.09.08
清中期 二泉刻蒋裕泰制德钟壶	宽16.5cm	149,500	上海春秋堂	2013.09.08
清中期 二泉刻万泉制方础壶	宽17.5cm	287,500	上海春秋堂	2013.09.08
清中期 符生氏圆壶	宽15.5cm	368,000	远方拍卖	2013.12.01
清中期 姑苏留佩制诗文春圆壶	宽16.5cm	51,750	上海春秋堂	2013.04.28
清中期 汉瓦壶	长11cm	46,000	北京匡时	2013.12.03
清中期 黑堆泥鼻烟壶	高6.5cm	115,000	远方拍卖	2013.12.02
清中期 护封堆泥圆壶	宽14cm	632,500	远方拍卖	2013.12.02
清中期 黄泥梨形壶	长9.5cm	92,000	北京匡时	2013.12.03
清中期 吉壶款乔鹭洲刻杨彭年制子冶石瓢壶	宽14.5cm	1,782,500	上海春秋堂	2013.09.08
清中期 荆溪徐飞龙制炉均釉大汉方壶	宽23.2cm	908,500	上海春秋堂	2013.11.24
清中期 梨皮泥小壶及万丰顺记款刻诗文梨形壶	宽8.3cm	40,250	中国嘉德	2013.05.14
清中期 梨皮逸公款 朱泥壶	长10cm	36,800	北京匡时	2013.06.04
清中期 菱花形紫泥壶	宽15cm	115,000	北京保利	2013.06.05
清中期 留佩孟臣朱泥梨形壶	宽11.8cm	46,000	中国嘉德	2013.05.14
清中期 炉钧釉汉方壶	高23.5cm	747,500	北京匡时	2013.06.04
清中期 曼生铭杨彭年制晚香斋主人清赏合欢壶	长17.5cm	2,070,000	北京保利	2013.12.04
清中期 鸣远款朱泥笠帽壶	长8.8cm	57,500	北京保利	2013.06.05
清中期 潘富鼎 泥绘花鸟四方抽角壶	长21cm	172,500	北京匡时	2013.06.04
清中期 秋水款 朱泥壶	长12cm	28,750	北京匡时	2013.06.04
清中期 瞿子冶铭吉安制诗文竹石图石瓢壶	长15.2cm	2,990,000	北京保利	2013.12.04
清中期 邵大亨制紫泥莲子壶	长18.2cm	51,750	西泠拍卖	2013.07.12
清中期 邵景南制莲子壶	宽15.7cm	40,250	上海春秋堂	2013.04.28
清中期 邵景南制太极八卦一捆竹壶	宽18.5cm	368,000	上海春秋堂	2013.04.28

拍品名称	物品尺寸	成交价RMB	拍卖公司	拍卖日期
清中期 邵景南制太极鼓月壶	宽17cm	28,750	上海春秋堂	2013.04.28
清中期 邵顺昌制二泉铭掇球壶	高12.6cm	69,000	上海春秋堂	2013.04.28
清中期 邵旭茂 莲子壶	长26cm	345,000	北京保利	2013.06.04
清中期 邵渝明制满彩扁灯壶	宽20.2cm	48,300	上海春秋堂	2013.04.28
清中期 邵正来制紫泥粉彩花卉纹圆壶	宽14.2cm	11,500	中国嘉德	2013.05.14
清中期 石泉品定芸圃铭一双竿比玉一竹纹周盘壶	长16.3cm	230,000	北京保利	2013.12.04
清中期 四方开光加彩壶	长20cm	28,750	北京匡时	2013.06.04
清中期 无款 六方宫灯壶	宽20cm	345,000	北京翰海	2013.12.07
清中期 无款紫泥高执壶	高14.5cm	138,000	上海春秋堂	2013.09.08
清中期 许伯俊制朱泥高潘壶	宽10.7cm	402,500	上海春秋堂	2013.04.28
清中期 杨彭年制炉棱壶	宽14.5cm	1,552,500	上海春秋堂	2013.09.08
清中期 杨彭年制曼生铭却月“延年”壶	长15cm	74,750	北京保利	2013.06.05
清中期 杨彭年制四方桥顶壶	宽14.8cm	1,725,000	上海春秋堂	2013.09.08
清中期 义泉铭杨彭年制大石瓢壶	宽17.3cm	218,500	上海春秋堂	2013.11.24
清中期 逸公款 朱泥小壶	长10.5cm	27,600	北京匡时	2013.06.04
清中期 玉川款挂釉加彩诗文紫砂壶	宽22.5cm	23,000	北京保利	2013.06.05
清中期 御赏嵌金御题诗虚扁壶	高8.5cm	1,380,000	远方拍卖	2013.06.06
清中期 周昆大彬款 调砂壶	长22cm	172,500	北京匡时	2013.06.04
清中期 朱泥扁灯壶	长13cm	46,000	中国嘉德	2013.03.24
清中期 朱石梅刻字梅花图双联锡包紫砂壶	长17.5cm	28,750	北京保利	2013.12.04
清中期 朱石梅制珊林铭六逸尊兄“石鼓”锡包紫砂胎壶	宽18cm	287,500	北京保利	2013.12.04
清中期 朱石梅制用霖款凸雕篆书四方壶	高12.9cm	1,207,500	北京保利	2013.12.04
清中期 紫泥松鼠树桩壶	长15.6cm	43,700	西泠拍卖	2013.07.12
清中期 紫砂高梨形壶	宽12.3cm	57,500	北京诚轩	2013.11.17
清中期 紫砂泥绘“高士赏月”汉方壶	高19cm	149,500	北京保利	2013.06.05
清中期 紫砂岁寒三友壶	长12.5cm	10,350	中国嘉德	2013.12.14
清嘉庆 宫灯六方紫砂壶	长22cm	36,800	北京保利	2013.06.05
清嘉庆 万泉款紫泥掇球壶	长17cm	241,500	西泠拍卖	2013.07.12
清嘉庆 万泉款紫泥太湖石钮提梁壶	长18.4cm	483,000	西泠拍卖	2013.07.12
清嘉庆 味泉制全寅绘“石亦可心”描金山水楼阁渔舟图德钟壶	长18cm	1,725,000	北京保利	2013.06.05
清嘉庆 杨彭年 扁壶	长16cm	2,645,000	北京匡时	2013.12.03
清嘉庆 杨彭年 铭文竹节帽筒壶	高23.5cm	57,500	北京匡时	2013.12.03
清嘉庆 杨彭年 锡包壶	长14.5cm	115,000	北京匡时	2013.12.03
清嘉庆 杨彭年制、陈曼生刻 汉君壶	长14.5cm	2,875,000	北京保利	2013.06.04
清嘉庆 杨彭年制江听香铭井栏壶	宽21cm	3,910,000	中国嘉德	2013.05.14
清嘉庆 紫泥加彩几何纹汉方壶	宽20.5cm	57,500	中国嘉德	2013.05.14
清嘉庆/道光陈曼生制钧釉金石文字方壶	宽15.5cm	535,337	中国嘉德	2013.10.06
清嘉庆/道光 邵友兰制掇球壶	宽17.5cm	460,000	中国嘉德	2013.05.14
清嘉庆/道光・杨彭年制瞿子冶刻紫泥圆壶	长15.8cm	2,070,000	西泠拍卖	2013.07.12
清道光 二泉款双圈汲直壶	长17.5cm	55,200	北京匡时	2013.06.04
清道光 何心舟制、胡公寿刻 秦权壶、水洗套组	长13cm	1,725,000	北京保利	2013.12.04
清道光 邵大亨制紫泥八卦捆竹壶	宽17cm	920,000	中国嘉德	2013.11.20
清道光 邵景南制六方八卦竹节壶	宽16.5cm	57,500	中国嘉德	2013.05.14
清道光 申锡 汉方壶	长13.5cm	782,000	北京匡时	2013.12.03
清道光 申锡制茶熟香温款段泥方井壶	宽14cm	1,207,500	上海春秋堂	2013.04.28
清道光 申锡制瞿应绍铭白泥梅桩壶	宽19cm	253,000	中国嘉德	2013.05.14
清道光 申锡制紫砂段泥汉砖文四方壶	宽15.5cm	1,014,530	中国嘉德	2013.04.05
清道光 杨彭年制并刻兰石诗文秦权壶	长14.7cm	402,500	北京保利	2013.06.05
清道光 杨彭年制秋汀刻紫砂胎包锡三镶玉梅花诗文壶	长16.9cm	43,700	中国嘉德	2013.09.16
清道光 杨彭年制义泉铭诗文石瓢壶	[illegible]	[illegible]	北京保利	[illegible]

拍品名称	物品尺寸	成交价RMB	拍卖公司	拍卖日期
清道光 杨彭年制紫泥刻诗文扁石壶	宽15cm	2,070,000	中国嘉德	2013.11.20
清道光 宜兴紫砂墩式壶	宽16cm	689,040	香港佳士得	2013.05.29
清道光 义记款紫泥合菱壶	长17.4cm	51,750	西泠拍卖	2013.07.12
清道光 紫泥金钱钮扁圆壶	宽19.1cm	92,000	中国嘉德	2013.05.14
清道光/咸丰 邵大亨 白泥梅桩壶	长22cm	1,207,500	北京匡时	2013.06.04
清光绪 黄玉麟制并刻诗文汉君壶	宽18cm	402,500	北京保利	2013.12.04
清光绪 黄玉麟制仿供春全段泥树瘿壶	长19cm	1,265,000	北京保利	2013.06.05
清光绪 黄玉麟制磨光三叉提梁壶	高15.8cm	207,000	中国嘉德	2013.05.14
清光绪 黄玉麟制鱼化龙壶	宽19.5cm	138,000	中国嘉德	2013.05.14
清光绪 王东石制徐三庚铭玉成窑一边鼓一壶	长16cm	4,600,000	北京保利	2013.12.04
清光绪4年 金士恒制紫泥梨形小壶	宽11cm；高8.5cm	27,221	中国嘉德	2013.10.06
清光绪四年 金士恒制青灰砂刻诗句壶(一对)	宽10.3cm	69,000	中国嘉德	2013.05.14
清光绪四年 金士恒制紫泥刻菊花纹诗句壶	宽11.8cm	51,750	中国嘉德	2013.05.14
清光绪四年 金士恒制紫泥刻竹纹壶(一对)	宽9.8cm	172,500	中国嘉德	2013.05.14
清光绪四年 金士恒制紫泥刻竹纹诗句小壶	宽10.2cm	66,700	中国嘉德	2013.05.14
清光绪四年 鲤江高司制金士恒刻字紫泥小壶	宽9.6cm	17,250	中国嘉德	2013.05.14
清光绪四年 杉江寿门制金士恒刻字朱泥小壶	宽10.6cm	59,800	中国嘉德	2013.05.14
清光绪五年 王东石制并铭 石钟壶	高12.1cm	1,127,000	北京保利	2013.06.04
清 “大清乾隆年制”款梨形朱泥壶	长11cm	230,000	古天一	2013.12.05
清 “供春”款朱泥龙旦壶	宽15.3cm	69,000	北京保利	2013.12.04
清 “茂通”款白泥菱花壶	长12.2cm	287,500	古天一	2013.12.05
清 阿曼陀室款曼生作铭杨彭年制合欢壶	宽15.9cm	690,000	上海春秋堂	2013.11.24
清 阿曼陀室曼生乳钉壶	宽17cm	345,000	远方拍卖	2013.12.01
清 阿曼陀室制款曼生刻款紫泥合欢壶	长16cm	86,250	西泠拍卖	2013.07.12
清 栢原款平盖圆壶	宽12.7cm	517,500	上海春秋堂	2013.11.24
清 宝藏兴焉款朱泥壶	宽11.5cm	80,500	中国嘉德	2013.05.14
清 蔡少峰制少山刻“仙人之供”壶	宽15cm	23,000	北京保利	2013.12.04
清 曾元款朱泥诗句龙蛋壶	宽13.5cm	69,000	中国嘉德	2013.05.14
清 茶熟香温四方一捆竹壶	宽15cm	115,000	远方拍卖	2013.12.02
清 陈栢庭款紫砂竹桃壶	长16cm	18,400	中国嘉德	2013.03.24
清 陈光明款绞竹竹节提梁壶	高19cm	345,000	北京保利	2013.12.04
清 陈曼青生铭 郭频迦书画 石瓢壶	高7.3cm	7,590,000	北京保利	2013.06.04
清 陈曼生、杨彭年合作 延年壶	长13.5cm	2,875,000	北京保利	2013.12.04
清 陈鸣远・束竹壶	宽15cm	4,945,000	北京翰海	2013.12.07
清 崇卿款紫沙壶	高16cm	998,085	澳门中信	2013.10.27
清 大彬诗句款加彩宫灯壶	宽18.9cm	43,700	上海春秋堂	2013.04.28
清 大亨高德钟壶	宽18.5cm	345,000	远方拍卖	2013.12.02
清 鼎裕曼生狮球提梁壶	高13.5cm	107,350	远方拍卖	2013.06.06
清 堆泥祥云寿字纹扁圆壶	宽17.3cm	172,500	北京保利	2013.06.05
清 二泉刻永祥款汲直壶	宽20cm	207,000	江苏聚德	2013.06.23
清 二泉刻字紫泥提梁壶	高13cm	55,200	北京保利	2013.06.05
清 范章恩福寿壶	宽18.2cm	36,800	中国嘉德	2013.05.14
清 方世英款繁花印纹小壶	宽9.9cm	184,000	上海春秋堂	2013.11.24
清 葛明祥 狮钮鼓腹壶	长21.5cm	46,000	北京保利	2013.06.04
清 各色泥料小壶(四件)	尺寸不一	92,000	中国嘉德	2013.11.20
清 汉珍 腰圆竹节金蟾壶	宽24.5cm	138,000	北京翰海	2013.12.07
清 何心舟制一粒珠壶	宽14.4cm	667,000	上海春秋堂	2013.11.24
清 壶痴款 印包壶	长18.5cm	23,000	北京保利	2013.06.04
清 华凤翔制小汉方壶	宽12.7cm	115,000	上海春秋堂	2013.11.24
清 继玩款朱泥壶	宽11.8cm	230,000	上海春秋堂	2013.11.24
清 荆溪[illegible]四方开光壶	宽27.3cm	92,000	上海春秋堂	2013.04.28

2013杂项拍卖成交汇总

(成交价RMB：1万元以上)

拍品名称	物品尺寸	成交价RMB	拍卖公司	拍卖日期
清 荆溪钱彦章印加彩高身四方壶	宽15.8cm	92,000	上海春秋堂	2013.04.28
清 荆溪史维高制加彩高身四方壶	宽20.8cm	74,750	上海春秋堂	2013.04.28
清 荆溪吴文九款诗句扁灯壶	宽12.8cm	138,000	上海春秋堂	2013.04.28
清 荆溪徐茂忠制大汉方壶	宽23.2cm	632,500	上海春秋堂	2013.04.28
清 荆易弌式款朱泥壶	宽12.1cm	195,500	上海春秋堂	2013.11.24
清 荆易壹式款朱泥君德壶	宽11.7cm	115,000	上海春秋堂	2013.04.28
清 梨皮橄榄壶		86,250	北京匡时	2013.12.03
清 李玉树提梁壶	高27cm	115,000	远方拍卖	2013.06.06
清 留佩刻友兰款朱泥壶(一对)	宽13cm	28,750	北京保利	2013.12.04
清 曼生款紫泥"知味清心"井栏壶	宽16cm	138,000	中国嘉德	2013.05.14
清 曼生铭增祥制玉乳壶	宽14.5cm	1,955,000	远方拍卖	2013.12.01
清 孟臣款圆珠壶	长12.5cm	57,500	北京匡时	2013.12.03
清 鸣远款朱泥高潘壶	宽10cm	74,750	上海春秋堂	2013.04.28
清 鸣远款朱泥壶	宽12.9cm	287,500	上海春秋堂	2013.11.24
清 鸣远款朱泥壶	宽13.1cm	172,500	上海春秋堂	2013.11.24
清 鸣远朱砂松桩壶	宽16cm	322,000	远方拍卖	2013.12.02
清 潘富鼎制四方倭角大壶	宽22.3cm	105,800	上海春秋堂	2013.04.28
清 潘款 紫泥潘壶	长11.5cm	92,000	北京匡时	2013.06.04
清 彭年款太湖石钮三叉提梁壶(两件)	高13.5cm	172,500	北京保利	2013.06.05
清 钱南林制紫泥古莲子壶	宽22.6cm	40,250	上海春秋堂	2013.04.28
清 钱彭年制束带方壶	宽23.1cm	207,000	上海春秋堂	2013.04.28
清 清德堂款段泥三足乳鼎壶	宽15.4cm	161,000	上海春秋堂	2013.04.28
清 清德堂款紫泥宫灯壶	宽20.4cm	46,000	上海春秋堂	2013.04.28
清 秋水共长天一色款紫泥蓝彩莲子壶	长18.4cm	25,300	西泠拍卖	2013.07.12
清 瞿子冶铭 惜抱轩梅花壶	高7.4cm	3,220,000	北京保利	2013.06.04
清 邵观书泥绘虚扁壶	宽17.5cm	195,500	远方拍卖	2013.12.02
清 邵景南八卦一捆竹壶	高10cm	169,500	远方拍卖	2013.06.06
清 邵元祥六方壶	宽23cm	105,800	远方拍卖	2013.12.02
清 邵正来款紫砂圆壶	宽13cm	322,000	上海春秋堂	2013.11.24
清 邵制款高碗灯壶	宽16.6cm	80,500	上海春秋堂	2013.04.28
清 申锡 朱泥莲子壶	宽15cm	483,000	北京翰海	2013.12.07
清 申锡大方壶	高20cm	678,000	远方拍卖	2013.06.06
清 申锡方础壶	高8.5cm	552,000	远方拍卖	2013.06.06
清 申锡制石楳刻扁鼓壶	宽17.3cm	368,000	上海春秋堂	2013.11.24
清 申锡制石楳铭南瓜壶	宽16cm	920,000	远方拍卖	2013.12.01
清 师蠡阁款莲子壶	宽18cm	103,500	江苏聚德	2013.06.23
清 时大彬款 铺沙汲直壶	长19cm	34,500	北京匡时	2013.06.04
清 时大彬款紫泥铺砂汲直壶	长19.2cm	103,500	西泠拍卖	2013.07.12
清 史继长 四方桥鼎壶	宽20cm	207,000	北京翰海	2013.12.07
清 士衡宫灯壶	宽20.5cm	115,000	远方拍卖	2013.12.02
清 顺时听天款高身宫灯壶	宽16.9cm	46,000	上海春秋堂	2013.04.28
清 四脚龙鼎壶	高13cm	5,750,000	北京艺融	2013.11.28
清 天远堂款紫泥绘紫泥倭角四方壶	长17.6cm	57,500	西泠拍卖	2013.07.12
清 调砂圆壶	宽19cm	368,000	远方拍卖	2013.12.01
清 万宝款朱泥壶	宽13cm	195,500	上海春秋堂	2013.11.24
清 万泉款紫泥乳鼎壶	宽18.9cm	195,500	上海春秋堂	2013.04.28
清 王洽刻紫砂胎包锡三镶玉梅花诗文壶	长12.9cm	25,300	中国嘉德	2013.09.16
清 为官心存君国款棱瓣宫灯壶	宽18.3cm	43,700	上海春秋堂	2013.04.28
清 无款・四方壶	宽19cm	368,000	北京翰海	2013.12.07
清 无款铺砂六方提梁壶	高22.1cm	345,000	上海春秋堂	2013.04.28
清 息如款白泥壶	宽11.8cm	207,000	上海春秋堂	2013.11.24
清 湘妃苦竹君壶	宽16.5cm	287,500	远方拍卖	2013.12.02
清 徐恒茂 龙蛋壶		138,000	北京匡时	2013.12.03
清 徐恒茂制朱泥大龙蛋壶	宽17.8cm	287,500	上海春秋堂	2013.04.28
清 许俊仙制桂花砂明式直流壶	宽21.4cm	138,000	上海春秋堂	2013.04.28
清 杨彭年款曼生铭飞鸿延年紫砂壶	宽16cm	34,500	北京保利	2013.07.28
清 杨彭年款紫泥梅花提梁壶	宽13cm	287,500	中国嘉德	2013.11.20
清 杨彭年手制紫砂鸳鸯荷塘壶	长17.5cm	201,600	北京中嘉	2013.07.07
清 杨彭年逸闲款曼生铭井栏壶	宽15.8cm	172,500	上海春秋堂	2013.04.28

拍品名称	物品尺寸	成交价RMB	拍卖公司	拍卖日期
清 杨彭年造段泥铜提梁壶	高12cm	69,000	北京保利	2013.12.04
清 杨彭年制阿曼陀室款柱础壶	宽16.4cm	402,500	上海春秋堂	2013.04.28
清 杨氏款加彩瓜果纹竹段壶	宽18.8cm	172,500	上海春秋堂	2013.04.28
清 杨氏款十六竹壶	高11cm	135,600	远方拍卖	2013.06.06
清 逸公款段泥壶	长13.2cm	17,250	西泠拍卖	2013.07.12
清 友兰真记款江海制圆形提梁壶	宽13.3cm	40,250	上海春秋堂	2013.04.28
清 玉璜黄流款堆白泥绘提梁壶	宽17.5cm	172,500	江苏聚德	2013.06.23
清 御制郎岑 平盖莲子壶	宽17cm	920,000	北京翰海	2013.12.07
清 赵松亭制大亨款掇球壶	宽16.2cm	184,000	上海春秋堂	2013.11.24
清 祯祥款 御制堆泥诗文山水壶	长16cm	2,645,000	北京保利	2013.06.04
清 周发祥制紫泥平盖壶	宽15.3cm	253,000	上海春秋堂	2013.04.28
清 朱泥橄榄壶	宽12cm	23,000	北京保利	2013.12.04
清 朱泥菊瓣壶	宽10.7cm	11,500	北京保利	2013.07.28
清 朱泥双龙贴花平盖壶	宽13.4cm	69,000	上海春秋堂	2013.04.28
清 朱泥瓮形壶	长14.5cm	11,500	中国嘉德	2013.03.24
清 朱泥小壶(两件)	高6cm；高5.4cm	20,700	西泠拍卖	2013.07.12
清 子怡款朱泥壶	宽11.6cm	402,500	上海春秋堂	2013.11.24
清 紫泥合菊壶	长18cm	74,750	北京保利	2013.06.05
清 紫泥加彩椭圆壶	宽22.7cm	69,000	上海春秋堂	2013.04.28
清 紫泥描金山水纹壶	宽17cm	207,000	中国嘉德	2013.05.14
清 紫泥巧色兽纹贴花圆筒壶	宽17.8cm	46,000	上海春秋堂	2013.04.28
清 紫泥调砂扁灯壶	宽16.5cm	345,000	上海春秋堂	2013.04.28
清 紫砂"少峰"壶	长16.5cm	14,950	北京传是	2013.12.12
清 紫砂百果壶	宽17.8cm	17,250	北京保利	2013.12.04
清 紫砂茶壶	宽10.5cm	28,750	北京保利	2013.10.28
清 紫砂仿生壶	长17cm	23,000	北京翰海	2013.06.23
清 紫砂壶(三把)	尺寸不一	10,350	北京传是	2013.12.12
清 紫砂集锦壶(四件)	尺寸不一	17,250	北京保利	2013.07.28
清 紫砂加彩蟾钮竹节壶	长18.5cm	34,500	北京传是	2013.12.12
清 紫砂加彩瓜蝶壶	长17cm	11,500	北京翰海	2013.06.23
清 紫砂加彩山水蟾钮壶	长21.5cm	17,250	北京传是	2013.12.12
清 紫砂炉钧釉汉方壶	高22cm	57,500	北京翰海	2013.06.02
清 紫砂泥绘山水壶	高9cm	172,500	北京翰海	2013.06.02
清 紫砂书扁壶	长17.5cm	23,000	北京传是	2013.12.12
清 紫砂双联壶	长17.3cm	11,500	北京保利	2013.07.28
清 紫砂胎包锡三镶玉花卉纹竹纹诗文壶各一把	长15.7cm；高11cm	28,750	中国嘉德	2013.12.14
清晚期 安吉制云生刻字梅兰竹菊束腰壶	宽14.5cm	40,250	北京保利	2013.06.05
清晚期 白泥绘双圈壶	长22cm	17,250	北京匡时	2013.06.04
清晚期 陈光明造段泥光明式提梁壶	宽16.9cm	138,000	上海春秋堂	2013.04.28
清晚期 程寿珍制紫砂小掇球壶	长15cm	57,500	北京保利	2013.12.04
清晚期 德兴款紫泥一粒珠壶	长18cm	32,200	西泠拍卖	2013.07.12
清晚期 迪恩款牛盖扁圆壶	宽15.7cm	36,800	上海春秋堂	2013.04.28
清晚期 东溪监制款鹤颠制紫泥合欢壶	长16.8cm	55,200	西泠拍卖	2013.07.12
清晚期 冯彩霞制紫泥调砂小壶	宽11.3cm	34,500	中国嘉德	2013.05.14
清晚期 何心舟 秦权壶	高11.5cm	1,265,000	北京匡时	2013.06.04
清晚期 何心舟制光明提梁壶	高15.5cm	230,000	北京保利	2013.06.05
清晚期 何心舟制石林何氏款三叉提梁壶	宽15.4cm	690,000	上海春秋堂	2013.04.28
清晚期 黄玉麟制俊卿刻半瓢壶	宽17.1cm	897,000	上海春秋堂	2013.04.28
清晚期 黄玉麟制桃钮碗形壶	宽18.1cm	483,000	上海春秋堂	2013.11.24
清晚期 惠孟臣制紫泥刻诗文壶(一对)	宽13cm；高6.5cm	65,329	中国嘉德	2013.10.06
清晚期 江案卿制 青灰砂牛灯壶及紫泥小壶(一对)	宽10.5cm	48,300	中国嘉德	2013.05.14
清晚期 蒋贞祥制紫泥兽钮鼎式壶	宽18.8cm	34,500	中国嘉德	2013.11.20
清晚期 蒋祯祥造瓜圆壶	宽20.4cm	28,750	上海春秋堂	2013.04.28
清晚期 巨轮珠壶(一对)	尺寸不一	10,350	西泠拍卖	2013.07.12

拍品名称	物品尺寸	成交价RMB	拍卖公司	拍卖日期
清晚期 窸斋款赵松亭制并刻紫泥汉君壶	长17.5cm	138,000	西泠拍卖	2013.07.12
清晚期 兰娟精品款莲浦铭矮墩壶	宽17.3cm	977,500	上海春秋堂	2013.04.28
清晚期 李宝珍制四方传炉壶	宽21.4cm	48,300	上海春秋堂	2013.04.28
清晚期 龙印款 段泥梨形壶		32,200	北京匡时	2013.12.03
清晚期 孟臣款 朱泥合欢壶		28,750	北京匡时	2013.12.03
清晚期 孟臣款紫砂水平小壶(一对)	宽12.5cm	69,173	中国嘉德	2013.04.05
清晚期 孟臣诗句款磨光三足提梁壶	宽11.7cm	11,500	上海春秋堂	2013.04.28
清晚期 铭远款段泥四方壶	长17.8cm	80,500	西泠拍卖	2013.07.12
清晚期 杉江寿门制“爱莲说”小壶	宽10.5cm	23,000	中国嘉德	2013.11.20
清晚期 尚古堂 加彩紫砂壶茶叶罐(一对)	尺寸不一	69,000	北京匡时	2013.12.03
清晚期 邵景南制段泥石瓢壶	长16.5cm	51,750	西泠拍卖	2013.07.12
清晚期 邵友亭款紫砂扁腹壶	长19.5cm	23,000	中国嘉德	2013.03.24
清晚期 师蠡阁款东溪刻段泥升方壶	长14.3cm	92,000	西泠拍卖	2013.07.12
清晚期 师蠡阁款井栏壶	宽17.1cm	92,000	上海春秋堂	2013.04.28
清晚期 师蠡阁款赵松亭制紫泥汉君壶	长17.2cm	23,000	西泠拍卖	2013.07.12
清晚期 松鹤延年款 曼生壶	长16.5cm	115,000	北京匡时	2013.06.04
清晚期 唐树林制紫泥鱼化龙壶(一套)	宽16.8cm	34,500	中国嘉德	2013.05.14
清晚期 味泉制牛盖圆壶	长18.5cm	13,800	西泠拍卖	2013.07.12
清晚期 锡林款紫泥刻瓜果纹半瓜壶	宽17.6cm	57,500	中国嘉德	2013.05.14
清晚期 协成监制绶馥款樽节壶	宽16.5cm	23,000	上海春秋堂	2013.04.28
清晚期 许立成 石瓢壶	长17cm	34,500	北京匡时	2013.06.04
清晚期 杨彭年 周盘壶	长16cm	2,070,000	北京匡时	2013.06.04
清晚期 用霖制子冶刻方柱壶	宽16cm	218,500	上海春秋堂	2013.11.24
清晚期 友廷款紫砂诗文方壶	长19cm	34,500	中国嘉德	2013.03.24
清晚期 玉成窑、何心舟制 曼陀华馆款金石文字壶	宽14.3cm	115,000	中国嘉德	2013.11.20
清晚期 玉成窑何心舟制紫砂三足壶	长16.5cm	89,700	中国嘉德	2013.03.24
清晚期 玉成窑王东石制段泥提梁壶	宽14.5cm	1,035,000	中国嘉德	2013.11.20
清晚期 芝云款紫泥仿古壶	长19.5cm	17,250	西泠拍卖	2013.07.12
清晚期 芝云制款子冶刻款段泥石瓢壶	长17.9cm	20,700	西泠拍卖	2013.07.12
清晚期 朱泥扁圆壶	宽12.7cm	34,500	北京诚轩	2013.05.11
清晚期 朱泥莲籽壶	长11cm	17,250	中国嘉德	2013.03.24
清晚期 朱泥小壶(一对)	高27.5cm; 高15.5cm	20,700	北京匡时	2013.06.04
清晚期 朱泥竹钮三足壶	宽11cm	28,750	北京诚轩	2013.05.11
清晚期 子冶款紫砂壶(两件)	长13cm	43,700	中国嘉德	2013.03.24
清晚期 紫砂牛盖莲子壶	宽16.5cm	34,500	北京诚轩	2013.11.17
清晚期 紫砂狮球壶 掴竹壶各一把	长16.8cm; 长16.5cm	13,800	中国嘉德	2013.12.14
清晚期 紫砂松鼠葡萄提梁壶	高19cm	46,000	北京传是	2013.12.12
清晚期 鲍生泰制朱泥梨形壶	宽10.8cm	43,700	中国嘉德	2013.05.14
清晚期 黄玉麟制供春松杌紫砂壶	长17cm	287,500	广东古今	2013.07.28
清晚期 拉玛五世订制朱泥三足壶(一对)	宽12.8cm	78,200	中国嘉德	2013.05.14
18世纪 宜兴茶壶	长14cm	118,800	香港佳士得	2013.05.29
19世纪 宜兴瓜棱式茶壶	长15.5cm	126,500	北京匡时	2013.12.04
清末 黄玉麟制鱼化龙壶	宽18.7cm	138,000	上海春秋堂	2013.09.08
清末 窸斋款俞国良制觚棱提梁壶	长12.6cm	345,000	北京中汉	2013.11.17
清末民初 汪宝根制、莲生刻东坡提梁壶	高22cm	40,250	北京保利	2013.06.04
清末民初 俞国良制大红袍四方传炉壶	长17.6cm	494,500	西泠拍卖	2013.07.12
清末民初 俞国良制东溪铭段泥汉君壶	宽18.2cm	126,500	上海春秋堂	2013.04.28
清末民国 安吉款段泥升方壶	长14.8cm	32,200	西泠拍卖	2013.07.12
清末民国 范锦甫制跂陶刻柿子壶、紫砂上彩茶叶罐(各一件)	尺寸不一	36,800	西泠拍卖	2013.07.12
清末民国 范庄农家款段泥传炉壶	长20cm	32,200	西泠拍卖	2013.07.12
清末民国 范庄农家款范静安制仿陶刻紫泥粉浆圆壶	长18cm	36,800	西泠拍卖	2013.07.12

拍品名称	物品尺寸	成交价RMB	拍卖公司	拍卖日期
清末民国 范庄农家款范静安制南林刻紫泥折肩壶	长17.4cm	28,750	西泠拍卖	2013.07.12
清末民国 范庄农家款范静安制月槎氏刻紫泥粉浆汉君壶	长18cm	34,500	西泠拍卖	2013.07.12
清末民国 江案卿制段泥供春树瘿壶	长18cm	276,000	西泠拍卖	2013.07.12
清末民国 李宝珍制紫泥传炉壶(六件套)	尺寸不一	103,500	西泠拍卖	2013.07.12
清末民国 莲生彭年款竹鼓壶	长17cm	25,300	西泠拍卖	2013.07.12
清末民国 松鹤庐款跂陶氏刻紫泥高柿圆壶	长16.7cm	74,750	西泠拍卖	2013.07.12
清末民国 紫砂壶(一组)	尺寸不一	34,500	西泠拍卖	2013.07.12
安吉款 段泥砖方壶	长18.7cm	34,500	西泠拍卖	2013.07.12
半匋制 巧色佛手壶	宽14.8cm	23,000	上海春秋堂	2013.04.28
半陶 苍松壶		57,500	北京匡时	2013.12.03
半陶监制 款绿泥刻梅花纹诗句松鼠钮壶	宽19.3cm	23,000	中国嘉德	2013.05.14
宝根制 潜陶刻紫砂弧棱壶	宽16.3cm	48,300	北京保利	2013.12.04
鲍伯年 鱼化龙壶	宽19cm	23,000	北京翰海	2013.05.31
鲍峰岩 涌动壶	长17.5cm	69,000	北京匡时	2013.06.04
鲍庭博 1955年作 洒金环玉壶	长17cm	34,500	北京保利	2013.06.04
鲍庭博 恭贺新喜壶	高7.5cm	55,200	中国嘉德	2013.05.14
鲍庭博 精文鼎壶	高16cm	126,500	中国嘉德	2013.05.14
鲍庭博制、鲍仲梅题 1993年作 六方犀皮壶	长18. 5cm	32,200	北京保利	2013.12.04
鲍庭博制、鲍仲梅题 1991年作 六方井栏壶	长15cm	28,750	北京保利	2013.12.04
鲍志强 2011年作 金砂壶	长18cm	55,200	北京保利	2013.06.04
鲍志强 单圈壶	长21cm	46,000	北京保利	2013.12.04
鲍志强 福寿壶	长17cm	51,750	北京保利	2013.06.04
鲍志强 石瓢壶	高5.5cm; 宽13cm	48,300	北京翰海	2013.12.07
鲍志强 双璧叠韵对壶	高11cm; 高8.5cm	126,500	中国嘉德	2013.05.14
鲍志强 玉璧壶	长18.5cm	46,000	北京保利	2013.06.04
鲍志强 玉璧有余壶	长18.5cm	46,000	北京保利	2013.06.04
鲍志强 玉佛壶	高12.6cm	34,500	中国嘉德	2013.05.14
鲍志强制 紫泥壶(两件)	宽15.2cm	92,000	中国嘉德	2013.11.20
鲍仲梅 波浪槌壶	长12.5cm	16,100	北京保利	2013.12.04
鲍仲梅、施秀春 五福戏金钱壶	高7cm	40,250	中国嘉德	2013.05.14
鲍仲梅、施秀春制 镶银擎天壶(段泥嵌银丝)	长26cm	169,500	广东省拍	2013.11.17
苍林华 柿圆壶	宽17cm	69,000	北京翰海	2013.05.31
苍松半匋制 巧色松桩壶	宽14.4cm	20,700	上海春秋堂	2013.04.28
曹佰荣 三足狮钮壶		20,700	朵云轩	2013.09.26
曹婉芬 汉铎壶	长16cm	66,700	北京匡时	2013.06.04
曹婉芬 红云亭壶	高7cm	25,300	中国嘉德	2013.05.14
曹婉芬 锦带葫芦段泥壶	高11.2cm	28,750	中国嘉德	2013.05.14
曹婉芬 龙旦壶	长14.5cm	34,500	北京匡时	2013.12.03
曹婉芬 日月同辉壶	高10cm；宽15cm	40,250	北京翰海	2013.12.07
曹婉芬 旭茂提梁壶		170,000	上海驰翰	2013.04.25
曹婉芬制 范建军刻 大掇只壶		52,000	上海驰翰	2013.04.25
曹婉芬制、冯其庸字、方建军刻 井栏壶	长17cm	69,000	北京保利	2013.12.04
曹亚麟 溪趣套壶	尺寸不一	1,955,000	北京保利	2013.06.04
曹亚麟、曹燕萍 福到眼前壶	高10.5cm	40,250	中国嘉德	2013.05.14
曹亚麟、曹燕萍 福翁壶	高12.5cm	40,250	中国嘉德	2013.05.14
曹亚麟、何燕萍合作 鸳鸯壶	长16cm	57,500	长风拍卖	2013.06.17
臣记款第一狮球壶	宽20.6cm	23,000	上海春秋堂	2013.04.28
陈国良 1991年作 一品石瓢壶	长13.5cm	57,500	北京保利	2013.06.04

2013杂项拍卖成交汇总

(成交价RMB：1万元以上)

拍品名称	物品尺寸	成交价RMB	拍卖公司	拍卖日期
陈国良 2004年作 小树瘿壶	长11.5cm	115,000	北京保利	2013.06.04
陈国良 掇球壶	高11.5cm	71,300	中国嘉德	2013.05.14
陈国良 高潘壶	高7cm	46,000	中国嘉德	2013.05.14
陈国良 供春壶	宽13.5cm	241,500	北京翰海	2013.05.31
陈国良 供春壶	宽13cm	184,000	北京翰海	2013.12.07
陈国良 光供春壶	长17.5cm	402,500	北京匡时	2013.12.03
陈国良 合欢壶	宽21cm	299,000	北京翰海	2013.12.07
陈国良 锦鸡壶	高13cm	586,500	北京艺融	2013.11.28
陈国良 梅桩壶	长17.5cm	57,500	北京保利	2013.12.04
陈国良 佩环壶	高6.5cm	92,000	中国嘉德	2013.05.14
陈国良 天鸡壶	长19.5cm	241,500	北京匡时	2013.12.03
陈国良 宛碟壶	宽16cm	172,500	北京翰海	2013.12.07
陈国良 西瓜壶	宽16cm	368,000	北京翰海	2013.05.31
陈国良 香玉壶	长24cm	517,500	北京匡时	2013.12.03
陈国良 祥云壶	长16cm	391,000	长风拍卖	2013.06.17
陈国良 小供春壶	长13cm	172,500	长风拍卖	2013.06.17
陈国良・圣桃壶	宽18.5cm	517,500	北京翰海	2013.12.07
陈国良制 各色泥料田园情趣壶 (四件)	尺寸不一	1,495,000	中国嘉德	2013.11.20
陈国良制 天池壶		253,000	上海春秋堂	2013.09.08
陈建平制 寿者壶(段泥)	长15cm	113,000	广东省拍	2013.11.17
陈盘根制 传炉壶	长18cm	17,250	西泠拍卖	2013.07.12
陈清法 大彬如意壶	高11cm；宽15.5cm	48,300	北京翰海	2013.12.07
陈翔 闻正荣 石瓢壶		51,750	朵云轩	2013.09.26
承健 四方福禄套壶	宽17cm	115,000	北京翰海	2013.12.07
程辉 求智壶、束篱高士壶 (一组两件)	高10.5cm；高7cm	25,300	中国嘉德	2013.05.14
程世华 大宫灯壶		120,000	上海驰翰	2013.04.25
程寿珍 仿古壶	高9cm	113,000	远方拍卖	2013.06.06
程寿珍 小柿元壶		20,000	上海驰翰	2013.04.25
程寿珍 柱础壶	高8.5cm；宽18.5cm	51,750	北京翰海	2013.12.07
程寿珍 紫泥制粉浆刻字瓢瓜壶	宽16cm	23,000	中国嘉德	2013.05.14
程寿珍仿古壶	宽21cm	13,800	北京保利	2013.01.11
程寿珍制 掇球壶	宽16.7cm	46,000	上海春秋堂	2013.04.28
程寿珍制 紫泥掇球壶	宽16.3cm	82,800	中国嘉德	2013.05.14
程悬制 盛世茗陶壶		126,500	上海春秋堂	2013.09.08
储集泉 事事如意壶		28,000	上海驰翰	2013.04.25
储集泉 四君子・兰 壶	高11cm	46,000	北京翰海	2013.12.07
储集泉制 杨彦刻 绿泥调砂壶	长17cm	57,500	北京匡时	2013.06.04
储立之 立狮壶	高16cm	28,750	中国嘉德	2013.05.14
储亦斌 九头荷花壶 (一组)	高10.4cm	115,000	中国嘉德	2013.05.14
春山款 紫泥狮钮壶	宽17cm	23,000	中国嘉德	2013.11.20
崔国琴制 寓方壶、六瓣壶 (一组)	尺寸不一	28,750	上海春秋堂	2013.04.28
大生款 白釉六方壶	宽16.5cm	575,000	江苏聚德	2013.06.23
大生款 段泥窑变竹节提梁壶	长20cm	207,000	上海嘉泰	2013.07.05
大亨款 大扁腹壶	长18.5cm	1,610,000	北京匡时	2013.12.03
戴耀军 六方鼓腹壶	宽116cm	143,750	北京翰海	2013.05.31
当代 书画名家绘、刻紫砂壶一组三把及墨迹两件	尺寸不一	28,750	西泠拍卖	2013.07.12
丁洪顺 船形提梁壶	高17.5cm	36,800	中国嘉德	2013.05.14
丁洪顺 六方龙凤壶	长18cm	34,500	北京匡时	2013.12.03
丁亚平 阳羡壶	高7.7cm	17,250	中国嘉德	2013.05.14
丁亚平制 四方抽角壶		28,750	上海春秋堂	2013.04.28
董晓勇 南烛壶	宽15cm	69,000	北京翰海	2013.05.31
董永君制 松鼠葡萄壶		195,500	上海春秋堂	2013.09.08
堵江华 荷塘情趣壶	高19cm	34,500	北京匡时	2013.06.04
堵江华 六方漆皮壶	高7.5cm	23,000	中国嘉德	2013.05.14
段泥刻山水诗文瓜形壶等 (三件)	宽14.2cm	43,700	中国嘉德	2013.05.14
樊乐群 德钟对组壶	宽20cm	71,300	北京翰海	2013.12.07

拍品名称	物品尺寸	成交价RMB	拍卖公司	拍卖日期
范曾书画 新德钟壶	长15.5cm	51,750	北京匡时	2013.06.04
范大生制 合菱壶	宽19.5cm	63,250	中国嘉德	2013.05.14
范大生制 三色上合梅形壶	宽18.5cm	92,000	北京保利	2013.12.04
范大生制 竹节提梁壶	高15cm	172,500	北京保利	2013.06.05
范大生制 紫泥合菱壶	宽19.2cm	101,200	上海春秋堂	2013.04.28
范国华 大铁梅壶	高11cm；宽22cm	59,800	北京翰海	2013.12.07
范国华 乾坤葫芦壶	宽16.5cm	92,000	北京翰海	2013.05.31
范国华 寿桃壶	高11cm；宽19cm	66,700	北京翰海	2013.12.07
范国华・束竹壶	高8cm；宽15cm	28,750	北京翰海	2013.12.07
范国华制 龙凤印包壶		28,750	上海春秋堂	2013.04.28
范国华制 梅桩壶		34,500	上海春秋堂	2013.04.28
范国华制 松桩壶		17,250	上海春秋堂	2013.04.28
范洪泉 春桃提梁壶	高19cm	218,500	北京匡时	2013.06.04
范洪泉 三友仙缘壶	高7.5cm	20,700	中国嘉德	2013.05.14
范洪泉 神龙飞泉壶	长24.5cm	69,000	北京匡时	2013.06.04
范洪泉 束柴三友壶	高8cm	69,000	中国嘉德	2013.05.14
范洪泉 谭曜伟合作 大树桩壶	长62cm	345,000	北京匡时	2013.12.03
范洪泉、谭泉海 大瑰宝提梁壶	高64cm	575,000	中国嘉德	2013.05.14
范洪泉、谭泉海 井栏壶	高7.5cm	63,250	中国嘉德	2013.05.14
范洪泉、杨新、谭泉海 东坡提梁壶	高64cm	517,500	中国嘉德	2013.05.14
范洪泉、周丽萍、谭泉海 井栏壶	高7.5cm	25,300	中国嘉德	2013.05.14
范洪泉制、谭泉海刻饰《圆珠壶》	长23cm	86,250	长风拍卖	2013.06.17
范建华、范建军合作 海浪壶		14,000	上海驰翰	2013.07.07
范建华制、范建军刻 暗香壶		23,000	上海驰翰	2013.04.25
范建军 松竹梅壶	长17.5cm	69,000	北京匡时	2013.06.04
范建军 朱泥调砂刻诗画宫灯壶	长14cm	36,800	北京匡时	2013.06.04
范锦甫 垮包壶	长17.5cm	57,500	北京匡时	2013.12.03
范锦甫制 跂陶刻翻盖柿子壶	宽24.5cm	57,500	北京保利	2013.12.04
范静安制 段泥三足周盘壶	宽17.7cm	11,500	上海春秋堂	2013.04.28
范伟群 福临门壶		280,000	华夏传承	2013.01.02
范伟群制 四方竹鼎壶(紫泥)	长18cm	237,300	广东省拍	2013.11.17
范友良 松竹梅紫砂壶 (三件套)	尺寸不一	112,700	广东古今	2013.07.28
范泽锋 般若壶		63,250	北京九歌	2013.06.28
范泽锋 佛冠壶	长15cm	46,000	北京匡时	2013.12.03
范泽锋 六度之利壶	高20cm	138,000	北京匡时	2013.12.03
范泽锋 润韵壶		82,800	北京九歌	2013.06.28
范泽军 僧帽壶	长15cm	120,750	长风拍卖	2013.06.17
范泽君 僧帽壶	宽15cm	126,500	北京翰海	2013.05.31
范志中 供春壶		92,000	朵云轩	2013.09.26
范庄 农家仿曼生葫芦壶	宽17cm	17,250	北京保利	2013.07.28
范庄 农家特大传炉壶	高13.5cm	103,500	远方拍卖	2013.06.06
范祖德 喜上眉梢柿扁壶	长19.5cm	20,700	北京匡时	2013.06.04
房暗星 虚扁壶		20,700	朵云轩	2013.09.26
费盛峰 玄灯壶	高13cm；宽15cm	34,500	北京翰海	2013.12.07
冯桂林 传炉壶	长23cm	230,000	北京匡时	2013.12.03
冯桂林 高梅花壶	长22cm	172,500	北京保利	2013.06.04
冯桂林制 兽衔如意圆壶	宽17.6cm	92,000	上海春秋堂	2013.04.28
冯桂林制 松鼠葡萄梅桩壶及杯 (共三件)	壶宽18.8cm	138,000	北京保利	2013.06.05
冯桂林制 琢如刻四方传炉壶	宽18.3cm	97,750	上海春秋堂	2013.04.28
冯桂林制 紫泥线圆壶	宽17cm	59,800	北京保利	2013.12.04
冯利军 云龙壶	长25.5cm	97,750	北京匡时	2013.12.03
福亨制 紫砂胎挂苹果绿釉暗刻诗文斗方壶	长15.7cm	126,500	北京保利	2013.06.05
高峰 六方传灯壶	长19cm	138,000	北京匡时	2013.12.03
高峰 六方提梁壶	长18cm	103,500	北京保利	2013.06.04

拍品名称	物品尺寸	成交价RMB	拍卖公司	拍卖日期
高峰 随方归缘壶	长20cm	63,250	长风拍卖	2013.06.17
高峰制 不解之瑞壶		149,500	上海春秋堂	2013.09.08
高海庚 卧虎壶	长14cm	92,000	长风拍卖	2013.06.17
高海庚制 紫泥虎壶	宽13.8cm	345,000	中国嘉德	2013.11.20
高建芳制 小荸荠壶		23,000	上海春秋堂	2013.04.28
高健芳 三色菊瓣壶	高9.5cm	13,800	中国嘉德	2013.05.14
高俊峰 年轮系列二壶	宽19cm	48,300	北京翰海	2013.05.31
高俊峰 年轮系列一壶	宽15.5cm	48,300	北京翰海	2013.05.31
高俊峰 岁月之殇系列1壶	高18.5cm；宽18cm	51,750	北京翰海	2013.12.07
高俊峰 岁月之殇系列2壶	高11.5cm	46,000	北京翰海	2013.12.07
高群 紫砂云岭提梁壶	长15cm	13,440	未来四方	2013.06.08
高湘君 祥和竹壶		32,000	上海驰翰	2013.04.25
高湘君制 韩美林书 紫砂壶	长16cm	57,500	北京匡时	2013.06.04
高旭峰 2011年作 掇只壶	长18.5cm	189,750	北京保利	2013.06.04
高旭峰 高德钟壶	宽17.5cm	345,000	北京翰海	2013.05.31
高旭峰 高远壶	宽17cm	391,000	北京翰海	2013.12.07
高旭峰 汉铎壶	长16.5cm	230,000	北京匡时	2013.12.03
高旭峰 汉铎壶	宽16cm	287,500	北京翰海	2013.05.31
高旭峰制 仿鼓壶		103,500	上海春秋堂	2013.11.24
高旭峰制 竹段壶		82,800	上海春秋堂	2013.04.28
高旭峰制 子冶石瓢壶		40,250	上海春秋堂	2013.04.28
高永杰 缶庐壶	高10.5cm；宽13cm	40,250	北京翰海	2013.12.07
高永杰 亨裕式平盖直咀壶	高8cm；宽15cm	40,250	北京翰海	2013.12.07
高永杰 明式腰线壶	宽15cm	34,500	北京翰海	2013.05.31
高永杰 虚扁壶	宽17cm	32,200	北京翰海	2013.05.31
高振宇 大钟德壶	长16.5cm	517,500	北京匡时	2013.06.04
高振宇 仿鼓壶	长17cm	299,000	长风拍卖	2013.06.17
高振宇 龙蛋壶	长12.5cm	86,250	北京保利	2013.06.04
高振宇 三足兽鼎壶		402,500	北京匡时	2013.12.03
高振宇 神鬲壶(一对)	高12cm；高11cm	1,725,000	中国嘉德	2013.05.14
高振宇 唐风 元韵 清韵套壶	长19cm；高9cm	1,725,000	北京匡时	2013.06.04
高振宇 逸公款直身壶	长12.5cm	172,500	北京匡时	2013.12.03
高振宇 紫炉壶	长17cm	402,500	北京匡时	2013.12.03
高振宇制 紫泥宋韵壶(两件)	宽13.3cm；宽18cm	1,127,000	中国嘉德	2013.11.20
高振宇制李苦禅书 三脚瓜形壶	长15cm	1,495,000	北京匡时	2013.12.03
高振宇制龙蛋壶	高10cm	126,500	福建东南	2013.05.26
葛军设计 季益顺制 雄风壶		138,000	上海春秋堂	2013.09.08
葛明仙 大汉方壶	长15.5cm	63,250	北京匡时	2013.12.03
葛明仙 汉方壶	高8.5cm	28,750	中国嘉德	2013.05.14
葛明仙 三足炉鼎壶	高9.5cm	13,800	中国嘉德	2013.05.14
葛韬 宝塔壶	长17cm	92,000	北京保利	2013.06.04
葛陶中《君德》壶	长17cm	172,500	长风拍卖	2013.06.17
葛陶中《梨形》壶	长14cm	166,750	长风拍卖	2013.06.17
葛陶中 1991年制 葵瓣壶	高8cm	172,500	华艺国际	2013.05.05
葛陶中 高云琮壶	长17.5cm	460,000	北京匡时	2013.06.04
葛陶中 李慧芳 制唐云绘沈觉初刻 制张大壮绘徐孝穆刻 茄段壶(一对)	尺寸不一	345,000	北京匡时	2013.12.03
葛陶中 莲灯壶	宽15.5cm	184,000	北京翰海	2013.05.31
葛陶中 明砂壶	宽16.5cm	149,500	北京翰海	2013.05.31
葛陶中 蘑菇壶		65,000	上海驰翰	2013.04.25
葛陶中 牛盖莲子壶	宽16cm	161,000	北京翰海	2013.12.07
葛陶中 三足壶	宽16cm	138,000	北京翰海	2013.12.07
葛陶中 僧帽壶	长19cm	207,000	北京保利	2013.06.04
葛陶中 陶花壶	宽11cm	69,000	北京翰海	2013.05.31
葛陶中 陶瓮壶	宽13cm	172,500	北京翰海	2013.12.07
葛陶中 长方扁壶		149,500	上海春秋堂	2013.04.28
葛陶中 子冶石瓢壶	宽15cm	218,500	北京翰海	2013.12.07
葛陶中制 汉砖纹饰方壶	宽15.5cm	138,000	中国嘉德	2013.11.20
葛陶中制 明方壶		172,500	上海春秋堂	2013.04.28
葛陶中制 圆铚壶	高8cm	230,000	华艺国际	2013.05.05
葛武英制、汪家芳绘、裘国强刻 菱花提梁壶		25,000	上海驰翰	2013.04.25
耿春华 绞胎紫砂壶	高9cm	322,000	北京艺融	2013.11.28
顾斌武 南瓜壶	宽13cm	138,000	北京翰海	2013.05.31
顾斌武 岁寒三友壶	宽17.5cm	322,000	北京翰海	2013.05.31
顾斌武 笑樱壶	宽17cm	345,000	北京翰海	2013.12.07
顾道荣 大铁梅壶		126,500	北京匡时	2013.12.03
顾道荣 悟空献寿壶	长23cm	310,500	北京匡时	2013.12.03
顾道荣制 葡萄松鼠壶	高11.8cm	138,000	福建东南	2013.10.27
顾景舟 矮八方壶	宽18cm	1,150,000	北京翰海	2013.12.07
顾景舟 扁腹壶	长17cm	322,000	广东古今	2013.07.28
顾景舟 传炉壶	长16cm	1,955,000	北京匡时	2013.06.04
顾景舟 段泥牛盖莲子壶	长18.7cm	1,955,000	北京匡时	2013.12.03
顾景舟 仿古如意壶	宽17cm	4,600,000	北京翰海	2013.05.31
顾景舟 高腰线提梁壶	宽15cm	2,990,000	北京翰海	2013.12.07
顾景舟 供春壶	宽16.5cm	5,175,000	北京翰海	2013.05.31
顾景舟 合欢壶	宽17cm	3,680,000	北京翰海	2013.05.31
顾景舟 花鸟诗文井栏壶	高15cm	391,000	北京九歌	2013.06.28
顾景舟 均玉壶	高8.5cm	5,175,000	中国嘉德	2013.05.14
顾景舟 六方壶	高9.5cm	17,825,000	北京艺融	2013.11.28
顾景舟 僧帽壶	长15cm	5,865,000	北京保利	2013.06.04
顾景舟 石瓢壶	长17.5cm	2,875,000	北京保利	2013.12.04
顾景舟 水平壶	高5.5cm	1,380,000	中国嘉德	2013.05.14
顾景舟 小半月壶	长10.5cm	1,725,000	北京保利	2013.06.04
顾景舟 小石瓢壶	长13.5cm	920,000	北京保利	2013.06.04
顾景舟 小石瓢壶	宽14cm	3,680,000	北京翰海	2013.12.07
顾景舟 笑罂壶	长19.5cm	4,427,500	北京匡时	2013.12.03
顾景舟 玉璧提梁壶	高16cm	828,000	北京九歌	2013.06.28
顾景舟 朱泥壶	高9.8cm	152,301	日本伊斯特	2013.05.03
顾景舟 子冶石瓢壶	长16.5cm	3,910,000	北京保利	2013.06.04
顾景舟 紫砂壶	长16cm	310,500	琴岛荣德	2013.12.08
顾景舟 紫砂竹影清风诗文壶	高17cm	156,800	北京中嘉	2013.07.07
顾景舟 紫砂座有兰言仿古壶	长18cm	1,456,000	中都国际	2013.04.21
顾景舟(款)紫砂壶	高10cm	14,757	香港佳富	2013.04.04
顾景舟、韩美林 此乐提梁壶	高15cm	8,280,000	中国嘉德	2013.05.14
顾景舟款 仿古如意壶	长18cm	112,000	迦南国拍	2013.06.12
顾景舟制 矮井栏壶		3,967,500	上海春秋堂	2013.04.28
顾景舟制 汉君壶		2,875,000	上海春秋堂	2013.04.28
顾景舟制 三足乳鼎壶		2,990,000	上海春秋堂	2013.09.08
顾景舟制 吴湖帆书画 寒汀石瓢壶	高7.9cm	14,950,000	北京保利	2013.06.04
顾景舟制 紫砂提梁壶	高14.8cm	287,500	北京九歌	2013.09.04
顾景洲 朱泥倒梨壶	宽17cm	1,840,000	远方拍卖	2013.12.01
顾佩伦 供春壶	长18.5cm	34,500	北京匡时	2013.12.03
顾佩伦制 供春壶		36,800	上海春秋堂	2013.04.28
顾绍培 豹方壶	长17cm	184,000	长风拍卖	2013.06.17
顾绍培 豹方壶	宽15.5cm	172,500	北京翰海	2013.05.31
顾绍培 大供春壶		299,000	北京匡时	2013.12.03
顾绍培 段砂小源泉壶	高8cm；宽11cm	74,750	北京翰海	2013.12.07
顾绍培 福福壶	长12.5cm	57,500	北京保利	2013.12.04
顾绍培 福泉三足壶	长15cm	94,300	北京匡时	2013.06.04
顾绍培 石瓢壶	长13cm	55,200	长风拍卖	2013.06.17
顾绍培 卧轮禅师壶	宽13cm	92,000	北京翰海	2013.12.07
顾绍培 永玉刻诗文紫砂壶	高10.5cm	28,750	北京九歌	2013.09.04

2013杂项拍卖成交汇总

(成交价RMB：1万元以上)

拍品名称	物品尺寸	成交价RMB	拍卖公司	拍卖日期
顾绍培 玉韵壶	宽14.5cm	69,000	北京翰海	2013.05.31
顾绍培 圆润壶	高8.6cm	51,750	中国嘉德	2013.05.14
顾绍培 韵流壶	高9cm	103,500	中国嘉德	2013.05.14
顾绍培制 豹方壶		207,000	上海春秋堂	2013.11.24
顾绍培制 方山逸士壶		161,000	上海春秋堂	2013.11.24
顾绍培制 虎卧凤阁壶		322,000	上海春秋堂	2013.04.28
顾绍培制 牛壁壶		86,250	上海春秋堂	2013.04.28
顾绍培制 润泉壶		126,500	上海春秋堂	2013.09.08
顾绍培制 四方抽角壶		172,500	上海春秋堂	2013.11.24
顾绍培制 朱屹瞻书 豹方壶	长16cm	345,000	北京匡时	2013.06.04
顾绍培制、一粟铭 鼓腹壶	长18cm	80,500	北京保利	2013.06.04
顾绍培制紫泥大供春壶	宽82cm	1,058,000	中国嘉德	2013.11.20
顾婷 葫芦壶	宽15cm	161,000	北京翰海	2013.12.07
顾婷 三足乳鼎壶	长16cm	195,500	北京匡时	2013.12.03
顾婷 云肩如意壶	宽17cm	230,000	北京翰海	2013.05.31
管峻书画 顾绍培制 线圆石瓢壶		149,500	上海春秋堂	2013.04.28
管唯皓 周菊芳合作 紫泥大地之春壶	宽17.5cm	747,500	中国嘉德	2013.11.20
韩美林、汪寅仙合制 鱼情壶		632,500	上海春秋堂	2013.09.08
韩敏 闻正荣 如意井栏壶		28,750	朵云轩	2013.09.26
韩小虎 竹节壶	高10cm	17,250	北京九歌	2013.06.28
何道洪 1985年作 红泥六方圆口壶	长13cm	322,000	北京保利	2013.06.04
何道洪 大八角灯笼壶	宽22cm	1,610,000	北京翰海	2013.05.31
何道洪 鼎馨壶	高10.5cm	1,725,000	中国嘉德	2013.05.14
何道洪 段泥启抑壶	长16cm	310,500	琴岛荣德	2013.12.08
何道洪 掇只壶	宽15cm	1,380,000	北京翰海	2013.05.31
何道洪 合桃壶	高11.5cm	1,725,000	中国嘉德	2013.05.14
何道洪 聚丰壶	长16cm	1,322,500	北京匡时	2013.06.04
何道洪 聚丰壶	高10.5cm	1,265,000	中国嘉德	2013.05.14
何道洪 绿泥高帽掇球壶	长14cm	575,000	北京保利	2013.06.04
何道洪 嵌泥圆玉壶	长13.3cm	460,000	北京保利	2013.06.04
何道洪 嵌泥长乐壶	长14.5cm	782,000	长风拍卖	2013.06.17
何道洪 秦方壶	长15.5cm	2,530,000	北京匡时	2013.12.03
何道洪 润玉壶	长19cm	1,035,000	北京保利	2013.12.04
何道洪 圣珠提梁壶	长14.5cm	2,070,000	北京保利	2013.06.04
何道洪 十六竹壶	长21cm	3,565,000	北京匡时	2013.12.03
何道洪 松鼠葡萄壶	长19.5cm	345,000	北京匡时	2013.06.04
何道洪 五竹壶	长18cm	3,335,000	长风拍卖	2013.06.17
何道洪 洋桶壶	长15.5cm	690,000	北京匡时	2013.06.04
何道洪 紫砂壶	长17cm	159,100	琴岛荣德	2013.12.08
何道洪・歪嘴梅桩套壶	宽21cm	12,650,000	北京翰海	2013.12.07
何道洪制 本山绿泥壶	长15cm	92,000	北京保利	2013.06.05
何道洪制 牛盖洋桶壶		517,500	上海春秋堂	2013.11.24
何道洪制 秦朴紫砂壶	宽21.5cm	230,000	北京保利	2013.12.04
何道洪制 山水诗文竹顶壶	长17cm	138,000	北京保利	2013.06.05
何道洪制 松鼠葡萄紫砂壶	宽19.5cm	149,500	北京保利	2013.06.05
何道洪制 乌泥童稚壶	宽13.1cm	690,000	中国嘉德	2013.11.20
何道洪制 玄珠壶(紫泥)	高15cm	1,582,000	广东省拍	2013.11.17
何道瑛 惜立壶	高9cm	5,290,000	北京艺融	2013.11.28
何敏、毛国强 清风壶	高10cm	46,000	中国嘉德	2013.05.14
何敏制 银葵壶		17,250	上海春秋堂	2013.04.28
何忍群 竹林七贤壶		18,000	上海驰翰	2013.03.02
何挺初 枫叶壶	高12cm	17,250	中国嘉德	2013.05.14
何挺初 渔趣壶	长18.5cm	20,700	北京保利	2013.06.04
何燕萍 涤尘壶	长16.5cm	63,250	北京匡时	2013.06.04
何燕萍 花边壶	长14.5cm	28,750	北京保利	2013.12.04
何燕萍 迴纹竹壶	高10.5cm	23,000	中国嘉德	2013.05.14
何燕萍 云鼎壶	长15.5cm	69,000	北京匡时	2013.12.03
何叶 1995年作制 一粟铭 海纳壶	长17cm	69,000	北京保利	2013.06.04
何叶 润鼎壶	长17.5cm	63,250	北京匡时	2013.12.03
何叶、毛国强 玉叶壶	高10cm	43,700	中国嘉德	2013.05.14
何叶制 紫泥和鸣壶	宽17.5cm	34,500	中国嘉德	2013.11.20
何叶制 紫泥三足壶	宽15cm	57,500	中国嘉德	2013.11.20
何叶制、毛国强刻 掇圆壶		25,000	上海驰翰	2013.04.25
何震 方馨壶		15,000	上海驰翰	2013.04.25
何震 六方掇球壶		15,000	上海驰翰	2013.04.25
何震 升—四方壶		14,000	上海驰翰	2013.07.07
胡永成 青蛙荷叶壶	高17cm	103,500	北京九歌	2013.06.28
胡永成 吴鸣合制 乐陶陶对壶	长10cm; 长8.5cm	82,800	北京匡时	2013.06.04
胡永成、唐云 甘泉壶	高8cm	17,250	中国嘉德	2013.05.14
华建 传炉壶	宽16cm	103,500	北京翰海	2013.12.07
华建明 供春壶	长14cm	55,200	北京匡时	2013.06.04
华健 大彬六方壶	宽19cm	241,500	北京翰海	2013.12.07
华健 金字塔壶	长13.5cm	46,000	北京匡时	2013.12.03
华健 六方对壶	长13.5cm×2	74,750	北京匡时	2013.12.03
华健 六方壶	高8.7cm	36,800	中国嘉德	2013.05.14
华健 六方井栏壶		60,000	上海驰翰	2013.04.25
华健 六方桥顶茗壶	长15cm	86,250	长风拍卖	2013.06.17
华健 坦然壶	宽16.5cm	517,500	北京翰海	2013.05.31
华健制 华灯初放壶		149,500	上海春秋堂	2013.04.28
华健制 六角莲子壶		207,000	上海春秋堂	2013.09.08
华健制 鸣远四方壶		138,000	上海春秋堂	2013.09.08
华健制 坦然壶		126,500	上海春秋堂	2013.09.08
华健制 亚明四方壶		51,750	上海春秋堂	2013.04.28
华健制 紫泥云飞扬茗壶	宽15.3cm	57,500	中国嘉德	2013.11.20
黄霁峰 葵仿古壶	高10cm; 宽20cm	17,250	北京翰海	2013.12.07
黄云云 海棠壶	高8cm; 宽16cm	51,750	北京翰海	2013.12.07
黄云云 马年大吉壶		11,000	上海驰翰	2013.03.02
黄芸芸 寄相思壶	长17.5cm	207,000	北京匡时	2013.12.03
黄芸芸 束竹壶	宽14.5cm	207,000	北京翰海	2013.05.31
黄芸芸 问矶壶	宽15cm	97,750	北京翰海	2013.05.31
惠祥云 金丝南瓜壶	宽20cm	264,500	北京翰海	2013.12.07
季益顺 初夏少女壶	高8cm	80,500	中国嘉德	2013.05.14
季益顺 和合壶	高9cm	71,300	中国嘉德	2013.05.14
季益顺 荷塘月色壶	长15cm	23,000	北京保利	2013.12.04
季益顺 荷叶青蛙紫砂壶	长18.5cm	126,500	荣宝斋(上海)	2013.03.17
季益顺 环食奇观壶	高13cm	195,500	北京匡时	2013.06.04
季益顺 环食奇光壶	高13cm	97,750	中国嘉德	2013.05.14
季益顺 环食奇光壶	长15cm	48,300	北京保利	2013.06.04
季益顺 劲竹壶	长15cm	74,750	长风拍卖	2013.06.17
季益顺 鲤鱼跃龙门壶	高9cm	69,000	中国嘉德	2013.05.14
季益顺 寿桃壶	长16.5cm	80,500	北京保利	2013.06.04
季益顺 双竹顺提壶	长20cm	230,000	北京匡时	2013.12.03
季益顺 四方抽角壶	长17.5cm	149,500	北京匡时	2013.06.04
季益顺 天竺葵壶	宽15cm	161,000	北京翰海	2013.12.07
季益顺 同心提梁壶	高15cm	86,250	中国嘉德	2013.05.14
季益顺 万紫千红壶	长18.5cm	322,000	北京匡时	2013.12.03
季益顺 五子登科壶	长18cm	287,500	北京匡时	2013.12.03
季益顺 西施壶		25,300	北京九歌	2013.06.28
季益顺 新篁壶	长18cm	138,000	长风拍卖	2013.06.17
季益顺 鸭先知壶	高7cm	112,700	中国嘉德	2013.05.14
季益顺 应永忠合作 松鼠钮竹段壶	宽24.3cm	115,000	中国嘉德	2013.11.20
季益顺 鱼乐壶	宽14.5cm	149,500	北京翰海	2013.05.31
季益顺 智取壶	高10.5cm	184,000	中国嘉德	2013.05.14
季益顺 诸事如意紫砂壶	高6.5cm	80,500	北京九歌	2013.06.28
季益顺制 双清壶	宽17.2cm	80,500	中国嘉德	2013.11.20
季益顺制 同心提梁壶		126,500	上海春秋堂	2013.09.08

拍品名称	物品尺寸	成交价RMB	拍卖公司	拍卖日期
季益顺制 紫泥紫气东来壶	宽17.5cm	57,500	中国嘉德	2013.11.20
江案卿制 树瘿供春壶	宽18.6cm	115,000	上海春秋堂	2013.09.08
江案卿制 竹节仿古壶	宽18.1cm	34,500	上海春秋堂	2013.04.28
江建祥 1989年作 灵兽壶	长15.5cm	115,000	北京保利	2013.12.04
江建祥制 寒玉壶		345,000	上海春秋堂	2013.09.08
江建祥制 葡萄桩壶		552,000	上海春秋堂	2013.09.08
江建祥制 舒逸壶		276,000	上海春秋堂	2013.04.28
江建祥制 元子壶	高7cm	322,000	华艺国际	2013.05.05
江建祥制 芝硕壶		94,300	上海春秋堂	2013.04.28
江建翔 扁葵壶	长17cm	172,500	北京匡时	2013.06.04
江建翔 汉风壶	长11cm	69,000	长风拍卖	2013.06.17
江建翔 吉祥飘香壶	宽15cm	322,000	北京翰海	2013.12.07
江建翔 莲心壶	宽12.5cm	105,800	北京翰海	2013.12.07
江建翔 梅花石瓢壶	长17.5cm	138,000	北京匡时	2013.12.03
江建翔 盛兆提梁壶	高20cm	1,610,000	北京匡时	2013.12.03
江建翔 舒逸壶	长17cm	230,000	北京匡时	2013.06.04
江建翔 祥竹壶	宽18cm	494,500	北京翰海	2013.12.07
江建翔 小风卷葵壶	长13.5cm	126,500	北京匡时	2013.12.03
江建翔 小梅桩壶	长14cm	345,000	北京匡时	2013.12.03
江建翔 至真壶	宽13cm	483,000	北京翰海	2013.05.31
江建翔 朱泥盘壶	高6.5cm	80,500	中国嘉德	2013.05.14
江建翔 竹运香提梁套壶	长15.5cm	805,000	北京匡时	2013.06.04
江建翔 紫金玉壶	长14cm	161,000	长风拍卖	2013.06.17
江建翔・一线蛋包壶	宽19.5cm	161,000	北京翰海	2013.12.07
江建翔制 范曾绘石泉刻 童尊壶	长14.5cm	287,500	北京匡时	2013.06.04
江勤翔 芳意呈瑞壶	长14.5cm	80,500	北京匡时	2013.12.03
江勤翔 好友壶	长17.5cm	57,500	北京保利	2013.06.04
江玺 独艳壶	长15cm	74,750	北京匡时	2013.12.03
蒋平 大亨仿古壶	宽18cm	25,300	北京翰海	2013.05.31
蒋平 德钟壶	宽16cm	23,000	北京翰海	2013.05.31
蒋蓉 1997年制 牡丹蝴蝶壶	长19cm	598,000	北京保利	2013.06.04
蒋蓉 百果壶	长14cm	356,500	北京匡时	2013.12.03
蒋蓉 百寿桩壶	长17cm	483,000	长风拍卖	2013.06.17
蒋蓉 荸荠壶	长17.5cm	322,000	北京保利	2013.06.04
蒋蓉 茨菇花壶	长17cm	402,500	北京保利	2013.06.04
蒋蓉 茨菇花壶	长17cm	345,000	长风拍卖	2013.06.17
蒋蓉 佛手壶	宽19.5cm	345,000	北京翰海	2013.05.31
蒋蓉 荷叶壶	长18cm	149,500	北京保利	2013.06.04
蒋蓉 绿泥荷叶壶	长20cm	460,000	北京匡时	2013.06.04
蒋蓉 芒果壶	长16.5cm	230,000	北京保利	2013.12.04
蒋蓉 牡丹壶	宽19cm	690,000	北京翰海	2013.05.31
蒋蓉 青蛙荷花壶	高11.5cm	287,500	中国嘉德	2013.05.14
蒋蓉 寿桃酒壶	高7.5cm	36,800	中国嘉德	2013.05.14
蒋蓉 松枝青蛙纹朱泥壶	14.5cm	158,400	中信国际	2013.05.28
蒋蓉 园梦壶	长19cm	230,000	北京保利	2013.12.04
蒋蓉 紫砂壶	长18cm	545,100	澳门中信	2013.06.23
蒋蓉制 1985年作 一粟刻 松果壶	长12cm	115,000	北京保利	2013.12.04
蒋蓉制荷花壶(一套)	尺寸不一	1,380,000	中国嘉德	2013.11.20
蒋蓉制长寿碧桃壶		517,500	上海春秋堂	2013.04.28
蒋彦 汉君壶	长19cm	34,500	长风拍卖	2013.06.17
蒋彦 云彦壶	高11.5cm	25,300	中国嘉德	2013.05.14
蒋艺华 梅柏壶	长19cm	115,000	北京匡时	2013.06.04
金鼎商标 贴花壶	长14cm	80,500	北京保利	2013.12.04
金鼎商标款民生制双色高梅壶	宽20.5cm	57,500	上海春秋堂	2013.04.28
孔春华 1993年作 福寿双全壶	长16cm	115,000	北京保利	2013.12.04
孔春华 吉祥如意壶	长14.5cm	92,000	北京保利	2013.12.04
孔春华 万象更新壶	长17.5cm	80,500	北京保利	2013.06.04
孔春华 中国印壶	长14.5cm	80,500	北京保利	2013.06.04
孔春华制 福寿双全壶		126,500	上海春秋堂	2013.09.08
孔小明 八方菱云壶	长16.5cm	92,000	北京保利	2013.12.04

拍品名称	物品尺寸	成交价RMB	拍卖公司	拍卖日期
孔小明 金龟出水壶	长16.5cm	69,000	北京保利	2013.06.04
孔小明 四方银箱壶	长17cm	115,000	北京保利	2013.12.04
孔小明 云柱壶	长15cm	69,000	北京保利	2013.06.04
孔小明制 云柱壶		115,000	上海春秋堂	2013.09.08
孔新华 云龙壶	长15.5cm	46,000	北京保利	2013.06.04
孔新华 云山腾龙壶	长15cm	46,000	北京保利	2013.06.04
乐震文 申壶葛军 三足乳丁壶		17,250	朵云轩	2013.09.26
乐震文 周志高 申壶葛军 笑樱壶		20,700	朵云轩	2013.09.26
李宝珍 大传炉壶	长21cm	149,500	长风拍卖	2013.06.17
李宝珍 上合桃壶	长18.5cm	51,750	北京匡时	2013.06.04
李宝珍制 山水诗文四方传胪壶	长21cm	13,800	中国嘉德	2013.03.24
李碧芳 井栏对壶	长118.5cm;长216cm	57,500	北京匡时	2013.06.04
李碧芳 井栏壶	高10.5cm	25,300	中国嘉德	2013.05.14
李碧芳 龙头老大壶	长18cm	46,000	北京匡时	2013.12.03
李碧芳 双圈提梁壶	高17cm	80,500	北京匡时	2013.12.03
李碧芳 线圆壶	高8cm	25,300	中国嘉德	2013.05.14
李碧芳 圆竹壶	高9cm;宽18cm	32,200	北京翰海	2013.12.07
李碧芳、谭泉海 凌云壶	高11.5cm	46,000	中国嘉德	2013.05.14
李碧芳、亚明、毛国强 玉瓢壶	高10.2cm	80,500	中国嘉德	2013.05.14
李昌鸿 1990年作 唐词壶	长16cm	34,500	北京保利	2013.12.04
李昌鸿 2013年作 青玉四方壶	长19.5cm	69,000	北京保利	2013.12.04
李昌鸿 扁鼓线圆壶	长17cm	46,000	北京保利	2013.06.04
李昌鸿 高八方壶	19cm	103,500	荣宝斋(上海)	2013.03.17
李昌鸿 井栏壶	长17cm	36,800	北京保利	2013.12.04
李昌鸿 一衡壶	长17.5cm	287,500	北京匡时	2013.12.03
李昌鸿 竹段壶	长18.5cm	59,800	北京保利	2013.12.04
李涵鸣 母子情壶	宽18cm	322,000	北京翰海	2013.12.07
李涵鸣 鱼戏荷池壶	宽16cm	138,000	北京翰海	2013.12.07
李涵鸣制 风卷葵壶		126,500	上海春秋堂	2013.04.28
李涵鸣制 荷池蛙塘壶		92,000	上海春秋堂	2013.04.28
李涵鸣制 天外天壶		115,000	上海春秋堂	2013.04.28
李寒勇 扁玉壶	长13.5cm	43,700	北京保利	2013.06.04
李寒勇 禅钟壶	长15.5cm	138,000	北京保利	2013.12.04
李寒勇 古韵壶	宽15cm	109,250	北京翰海	2013.12.07
李寒勇 癸巳壶	宽16cm	287,500	北京翰海	2013.05.31
李寒勇 刻梅花子冶石瓢壶		126,500	北京匡时	2013.12.03
李寒勇 满石瓢壶	长16.5cm	115,000	北京匡时	2013.12.03
李寒勇 石瓢壶		32,000	上海驰翰	2013.04.25
李寒勇 虚扁壶		28,000	上海驰翰	2013.04.25
李寒勇 忆月壶	宽17cm	287,500	北京翰海	2013.12.07
李寒勇 子冶石瓢壶	长14cm	126,500	北京匡时	2013.12.03
李寒勇制 禅钟壶		161,000	上海春秋堂	2013.09.08
李寒勇制 镜瓦壶		55,200	上海春秋堂	2013.04.28
李寒勇制 刻梅子冶石瓢壶		138,000	上海春秋堂	2013.09.08
李寒勇制 子冶石瓢壶		115,000	上海春秋堂	2013.04.28
李慧芳 矮潘壶	长16cm	28,750	北京匡时	2013.06.04
李慧芳 宫灯壶	高9cm;宽13cm	23,000	北京翰海	2013.12.07
李慧芳制 扁鼓壶		34,500	上海春秋堂	2013.04.28
李慧芳制 德钟壶		32,200	上海春秋堂	2013.04.28
李慧芳制 三足壶		32,200	上海春秋堂	2013.04.28
李隆基 狮球壶	宽15.5cm	34,500	北京翰海	2013.05.31
李隆基 同心壶	高9cm	46,000	北京翰海	2013.12.07
李茂林 段泥图僧壶“民国初期仿明”	宽17cm	18,193	香港华辉	2013.07.26
李卫明 臧六套组壶	宽16cm	109,250	北京翰海	2013.05.31
李卫明 周盘提梁壶	高15cm	101,200	北京翰海	2013.12.07
[illegible]	长19.5cm	20,700	北京匡时	2013.12.03

2013杂项拍卖成交汇总

(成交价RMB：1万元以上)

拍品名称	物品尺寸	成交价RMB	拍卖公司	拍卖日期
林军 湘妃十三竹壶		45,000	上海驰翰	2013.04.25
刘建芳 满囤壶	宽16cm	69,000	北京翰海	2013.12.07
刘建平 晨曲茶壶	高12cm	97,750	中国嘉德	2013.05.14
刘建平 双竹并茂壶	高12cm	632,500	北京艺融	2013.11.28
刘建平制、谭泉海刻 1985年作 四方壶	长14.5cm	34,500	北京保利	2013.12.04
刘建平制、一粟铭 圆雀壶	长16.5cm	34,500	北京保利	2013.06.04
刘景 茄趣壶	宽13cm	97,750	北京翰海	2013.05.31
刘景 松趣壶	宽18cm	78,200	北京翰海	2013.12.07
卢伟强 钟菱绽放壶	宽21cm	138,000	北京翰海	2013.12.07
陆虹伟 福圆壶	长14cm	57,500	北京匡时	2013.12.03
陆虹伟 踏雪寻梅壶		92,000	北京匡时	2013.12.03
陆虹炜 静观壶	高6.5cm;宽15cm	66,700	北京翰海	2013.12.07
陆毅 井栏壶	高6.5cm;宽14cm	66,700	北京翰海	2013.12.07
陆毅 匏瓜壶	宽14.5cm	34,500	北京翰海	2013.05.31
吕俊杰 百纳壶	宽13cm	69,000	北京翰海	2013.12.07
吕俊杰 春灯壶	高9cm	126,500	中国嘉德	2013.05.14
吕俊杰 绞泥石趣壶	高9.5cm	94,300	北京匡时	2013.06.04
吕俊杰 金牛壶		50,000	上海驰翰	2013.04.25
吕俊杰 莲华套壶(共三件)	尺寸不一	1,150,000	北京保利	2013.12.04
吕俊杰 生机壶	长14.5cm	57,500	北京保利	2013.06.04
吕俊杰 树瘿壶	高13.5cm	322,000	中国嘉德	2013.05.14
吕俊杰 天波壶	长17cm	126,500	北京匡时	2013.06.04
吕俊杰制 紫气东来壶(清水调沙)	长17cm	180,800	广东省拍	2013.11.17
吕尧臣 2007年作 熊猫壶	长16cm	460,000	北京保利	2013.06.04
吕尧臣 得福壶	长16cm	977,500	北京匡时	2013.06.04
吕尧臣 贵妃出浴壶	长15.5cm	402,500	北京匡时	2013.12.03
吕尧臣 秦权壶	长15.5cm	322,000	北京匡时	2013.12.03
吕尧臣 秋禅壶	长15cm	552,000	北京匡时	2013.06.04
吕尧臣 三足石瓢壶	长17cm	115,000	北京保利	2013.12.04
吕尧臣 石瓢壶	长18cm	276,000	长风拍卖	2013.06.17
吕尧臣 天赐壶	宽14cm	345,000	北京翰海	2013.05.31
吕尧臣 天外天壶	长21cm	828,000	北京匡时	2013.06.04
吕尧臣 天外天壶	长14.5cm	264,500	北京匡时	2013.12.03
吕尧臣 听雨壶	长14cm	437,000	长风拍卖	2013.06.17
吕尧臣 相扑壶	高10cm	207,000	中国嘉德	2013.05.14
吕尧臣 小掇球壶	宽13.5cm	195,500	北京翰海	2013.12.07
吕尧臣 韵立壶	高10cm	598,000	北京艺融	2013.11.28
吕尧臣制 池趣壶		172,500	上海春秋堂	2013.11.24
吕尧臣制 天宝壶		218,500	上海春秋堂	2013.09.08
吕尧臣制 紫泥相扑壶	宽14.3cm	69,000	中国嘉德	2013.11.20
吕尧臣制金蟾玉璧壶		195,500	上海春秋堂	2013.04.28
吕尧臣制紫泥竹段壶	宽19.5cm	115,000	中国嘉德	2013.11.20
马璟辉 鸣远束腰壶	宽15cm	172,500	北京翰海	2013.12.07
马璟辉 朱泥云瑞壶	宽16.5cm	103,500	北京翰海	2013.05.31
马璟辉制 坤元壶		126,500	上海春秋堂	2013.09.08
马群东 古墩壶	长17cm	46,000	北京匡时	2013.12.03
马群东 汉扁壶	宽19.5cm	92,000	北京翰海	2013.05.31
马群东 井栏壶	宽16cm	103,500	北京翰海	2013.12.07
毛国强 至乐壶	长16cm	46,000	长风拍卖	2013.06.17
毛国强、牛惠芬 古风壶	高15cm	71,300	中国嘉德	2013.05.14
毛国强、牛慧芬合作 1987年作 通灵提梁壶	高13.5cm	55,200	北京保利	2013.12.04
毛国强刻 许艳春制 掇只壶		20,700	上海春秋堂	2013.04.28
墨缘斋意堂款 朱泥鼓腹壶	宽16cm	345,000	江苏聚德	2013.06.23
潘持平 1999年制 谭泉海刻 亚明四方壶	高11.5cm	218,500	华艺国际	2013.05.05
潘持平 晨钟壶	宽16cm	115,000	北京翰海	2013.12.07
潘持平 方钟壶	宽17cm	184,000	北京翰海	2013.05.31

拍品名称	物品尺寸	成交价RMB	拍卖公司	拍卖日期
潘持平 青狮壶	宽16cm	149,500	北京翰海	2013.12.07
潘持平 四方特奎对壶	宽15.5cm	299,000	北京翰海	2013.05.31
潘持平 五魁壶	宽16cm	115,000	北京翰海	2013.12.07
潘持平 雅方壶		110,000	上海驰翰	2013.04.25
潘持平、谭泉海 方钟壶	高12.5cm	149,500	中国嘉德	2013.05.14
潘持平制 1999年 奎方壶	高15cm	149,500	华艺国际	2013.05.05
潘持平制 黑虎壶		103,500	上海春秋堂	2013.09.08
潘持平制 魁方壶		172,500	上海春秋堂	2013.04.28
潘持平制 清趣铭熊猫图方砖壶	宽20.6cm	92,000	中国嘉德	2013.11.20
潘持平制 天乐壶		115,000	上海春秋堂	2013.09.08
潘持平制 小四方壶		103,500	上海春秋堂	2013.09.08
潘持平制 紫泥龙凤呈祥壶	宽17cm	126,500	中国嘉德	2013.11.20
潘持平制、石泉铭 黑调砂方钟壶	长17cm	161,000	北京保利	2013.06.04
潘持平制、谭泉海装饰 雅方壶	长16.5cm	184,000	长风拍卖	2013.06.17
潘持平制芳菲壶		138,000	上海春秋堂	2013.11.24
潘春芳 金方壶	长16cm	172,500	北京保利	2013.12.04
潘春芳 凌波仙子壶	长18cm	34,500	北京保利	2013.06.04
潘耀明 华硕壶	长17.5cm	80,500	北京匡时	2013.06.04
潘跃明 清韵壶	宽18cm	97,750	北京翰海	2013.05.31
裴石民 掇球壶	长14.5cm	322,000	北京保利	2013.06.04
裴石民 高身执壶		161,000	北京匡时	2013.12.03
裴石民 莲花壶	长16.5cm	299,000	北京保利	2013.06.04
裴石民 牛盖壶	长17.5cm	92,000	北京保利	2013.06.04
裴石民 三足段泥壶		32,200	朵云轩	2013.09.26
裴石民 素身围裙壶		517,500	北京匡时	2013.12.03
裴石民 鱼罩壶	长26cm	322,000	北京保利	2013.06.04
裴石民 圆形提梁壶	高18.5cm	333,500	北京匡时	2013.06.04
裴石民 紫泥盘泥条壶	高13.3cm	253,000	中国嘉德	2013.11.20
裴石民制 盘筑翁形壶		460,000	上海春秋堂	2013.09.08
裴石民制 柿扁壶	宽24cm	218,500	江苏聚德	2013.06.23
彭年莲生 汉瓦壶	高9.5cm;宽18cm	36,800	北京翰海	2013.12.07
钱行健 周尊严 双线雅趣壶		51,750	朵云轩	2013.09.26
钱玮制 范遥青刻 花卉纹紫泥鼓腹壶	宽14.5cm	13,800	中国嘉德	2013.11.20
钱玮制 范遥青刻 昆虫纹紫泥石瓢壶	宽14.5cm	17,250	中国嘉德	2013.11.20
秦岭 提璧壶	长17cm	69,000	北京保利	2013.12.04
任备安 合欢壶	长15.5cm	92,000	北京匡时	2013.12.03
任备安 怀远壶	宽16cm	230,000	北京翰海	2013.05.31
任备安 柿圆壶	宽17cm	92,000	北京翰海	2013.12.07
任备安 提梁壶	宽19cm	333,500	北京翰海	2013.12.07
任备安 小潘壶	高7cm;宽13cm	43,700	北京翰海	2013.12.07
任淦庭 花瓤壶	高31cm	126,500	远方拍卖	2013.12.02
任淦庭 刻山水传炉壶	长18.2cm	28,750	北京保利	2013.06.05
桑黎兵制 五子登科壶	长16cm	17,250	西泠拍卖	2013.07.12
僧帽壶	高6.5cm	195,500	北京艺融	2013.11.28
邵立平 五子养莲壶	宽17.5cm	23,000	北京翰海	2013.05.31
邵志峰 方炉壶	高11.5cm;宽18.5cm	40,250	北京翰海	2013.12.07
畲永锋 上合桃壶	宽17cm	103,500	北京翰海	2013.12.07
佘永峰 硕瓜壶	宽16.5cm	69,000	北京翰海	2013.05.31
沈汉生 心诚则灵壶	高11cm	23,000	中国嘉德	2013.05.14
沈汉生制、刻茗香壶		12,000	上海驰翰	2013.04.25
沈蘧华制 紫泥树桩壶	宽16cm	66,700	中国嘉德	2013.11.20
沈孝陆制 紫泥仿古壶	长17.5cm	57,500	西泠拍卖	2013.07.12
省庭 怡庭刻 木瓜壶		10,000	上海驰翰	2013.08.31
施小马 1993年作 六方石瓢壶	长15cm	161,000	北京保利	2013.06.04
施小马 禅钟壶	长17cm	264,500	长风拍卖	2013.06.17
施小马 常乐壶	长16cm	287,500	北京匡时	2013.06.04
施小马 方韵壶	宽14.5cm	161,000	北京翰海	2013.05.31

拍品名称	物品尺寸	成交价RMB	拍卖公司	拍卖日期
施小马 仿古盉形三足壶	长15cm	172,500	北京匡时	2013.12.03
施小马 负阴抱阳壶	宽18cm	172,500	北京翰海	2013.12.07
施小马 花荷魁壶	宽35cm	368,000	北京翰海	2013.12.07
施小马 骏方提梁壶	宽12.5cm	184,000	北京翰海	2013.05.31
施小马 菱花套壶	长16.5cm	299,000	北京匡时	2013.12.03
施小马 留香壶	长15cm	230,000	北京匡时	2013.06.04
施小马 六方壶	高7cm	40,250	中国嘉德	2013.05.14
施小马 六方壶	宽17.5cm	207,000	北京翰海	2013.05.31
施小马 雀提壶	高15cm	218,500	北京保利	2013.06.04
施小马 雀提壶	高15cm	230,000	北京翰海	2013.05.31
施小马 双色钰提梁壶	宽11cm	20,012	香港华辉	2013.07.26
施小马 四方鼓腹壶		110,000	上海驰翰	2013.04.25
施小马 四方鼓腹壶	长16.5cm	69,000	北京保利	2013.12.04
施小马 四方壶	宽16cm	172,500	北京翰海	2013.12.07
施小马 线圆壶	长18.5cm	34,500	北京保利	2013.12.04
施小马 玉律壶	长18cm	230,000	长风拍卖	2013.06.17
施小马款提壁壶	高9cm	100,000	琴岛荣德	2013.07.28
施小马制 魁方壶		172,500	上海春秋堂	2013.04.28
施小马制 两色泥料珏提壶	高17cm	322,000	中国嘉德	2013.11.20
施小马制 六方禅钟壶		276,000	上海春秋堂	2013.11.24
施小马制 清正壶		149,500	上海春秋堂	2013.04.28
施小马制 神韵壶		112,700	上海春秋堂	2013.11.24
施小马制 四方扁腹壶		207,000	上海春秋堂	2013.04.28
施小马制 铜跎六方壶		138,000	上海春秋堂	2013.09.08
施小马制 紫泥丰收壶	宽17.8cm	92,000	中国嘉德	2013.11.20
施小马制 紫泥天方壶	宽14cm	103,500	中国嘉德	2013.11.20
施小马制、张守智创作 智方壶		135,000	上海驰翰	2013.04.25
石禅 夏选南 汉瓦壶		10,350	朵云轩	2013.09.26
寿珍款 段泥石瓢壶	长16.7cm	40,250	西泠拍卖	2013.07.12
束旦生 雪华壶	高9cm	12,650	北京九歌	2013.06.28
束凤英 盘壶	高8cm	17,250	中国嘉德	2013.05.14
束金寿制 紫泥刻诗句提梁壶	高19.5cm	34,500	中国嘉德	2013.05.14
宋永刚 掇只壶	高11cm；宽18.5cm	28,750	北京翰海	2013.12.07
宋永刚 秦权壶	高11.5cm；宽17cm	25,300	北京翰海	2013.12.07
孙俊杰 大虚扁壶	宽16cm	40,250	北京翰海	2013.05.31
孙俊杰 高六方鼓腹壶	宽20cm	115,000	北京翰海	2013.12.07
孙俊杰 悠乐壶	宽16cm	40,250	北京翰海	2013.05.31
谈雄飞 鼎纹壶	高10cm；宽16.5cm	32,200	北京翰海	2013.12.07
谈雄飞 炎黄壶	宽17.5cm	20,700	北京翰海	2013.05.31
谈跃伟 佛顶壶		36,800	朵云轩	2013.09.26
谭泉海 橄榄壶	高17cm	20,700	中国嘉德	2013.05.14
谭泉海 乐钟壶	高9cm	287,500	北京艺融	2013.11.28
谭泉海 铭心经古灯壶		10,000	上海驰翰	2013.03.02
谭泉海、谭晓君 鼓圆壶	高9.5cm；宽15cm	23,000	北京翰海	2013.12.07
谭泉海、谭晓君 花翎壶	高9.5cm；宽17cm	36,800	北京翰海	2013.12.07
谭泉海、谭晓君·莲子	高10.5cm；宽17cm	25,300	北京翰海	2013.12.07
谭泉海、谭晓燕 古韵壶	高14cm；宽16.5cm	36,800	北京翰海	2013.12.07
谭泉海刻 何叶制 圆珠壶		46,000	上海春秋堂	2013.04.28
谭泉海刻 谭晓君制扁圆壶		20,700	上海春秋堂	2013.04.28
汤鸣皋 合欢壶		13,800	朵云轩	2013.09.26
汤鸣皋 园竹壶		11,500	朵云轩	2013.09.26
汤鸣皋 中丰韵壶		23,000	朵云轩	2013.09.26
唐彬杰 1996年作 水平壶	长16.5cm	184,000	北京保利	2013.12.04

拍品名称	物品尺寸	成交价RMB	拍卖公司	拍卖日期
唐彬杰 1997年作 圆掇壶	长15cm	172,500	北京保利	2013.12.04
唐彬杰 1999年作 文旦壶	长12cm	138,000	北京保利	2013.12.04
唐彬杰 2012年制 甜瓜壶	高10cm	230,000	华艺国际	2013.05.05
唐彬杰 扁石瓢壶	宽13.5cm	218,500	北京翰海	2013.05.31
唐彬杰 侧角四方壶	宽15cm	483,000	北京翰海	2013.12.07
唐彬杰 大仿古壶	宽18cm	230,000	北京翰海	2013.12.07
唐彬杰 律壶	宽14.5cm	483,000	北京翰海	2013.05.31
唐彬杰 蟠梁壶	长11.1cm	460,000	北京匡时	2013.12.03
唐彬杰 平盖莲子壶	宽13cm	161,000	北京翰海	2013.12.07
唐彬杰 祥瑞壶	宽14.5cm	621,000	北京翰海	2013.12.07
唐彬杰 玉钟壹式壶、玉钟贰式壶、玉钟叁式壶（三件一组）		380,000	上海驰翰	2013.04.25
唐彬杰制 八方井栏壶		218,500	上海春秋堂	2013.11.24
唐彬杰制 鹿鼎提梁壶		391,000	上海春秋堂	2013.04.28
唐彬杰制 四方传炉壶		115,000	上海春秋堂	2013.04.28
唐彬杰制 文旦壶		115,000	上海春秋堂	2013.04.28
唐彬杰制 小梅花壶		322,000	上海春秋堂	2013.09.08
唐彬杰制 月竹壶		345,000	上海春秋堂	2013.09.08
唐凤芝 柿子壶		20,700	北京匡时	2013.12.03
唐科 2013年作 雁影双飞壶（共四件）	尺寸不一	115,000	北京保利	2013.12.04
唐科 蟠桃壶	长17.5cm	74,750	北京保利	2013.06.04
唐林彬 仿古如意壶	高8.5cm；宽13cm	55,200	北京翰海	2013.12.07
唐林彬 笑樱壶	宽20cm	46,000	北京翰海	2013.05.31
唐云书并画 孝穆刻 谈菊惠制 竹节壶	长19cm	230,000	北京保利	2013.06.05
唐云书画 沈觉初刻 吕尧臣制 得福壶		713,000	上海春秋堂	2013.09.08
铁画轩制 耀庭款汉方壶	宽17cm	13,800	上海春秋堂	2013.04.28
童晏方 周尊严 低井栏壶		17,250	朵云轩	2013.09.26
万丰顺记款 段泥圆壶	长20.5cm	17,250	西泠拍卖	2013.07.12
万亚均 大圆珠壶	长19.5cm	78,200	北京匡时	2013.06.04
万亚钧 莲座壶	长17cm	86,250	北京匡时	2013.12.03
汪宝根制 葵仿鼓壶	宽18.3cm	112,700	上海春秋堂	2013.11.24
汪寅仙 1991年作 桧柏壶	长16cm	1,380,000	北京保利	2013.06.04
汪寅仙 蝉衣斑竹壶	长20cm	2,415,000	北京匡时	2013.06.04
汪寅仙 供春套壶	长20cm	1,150,000	北京匡时	2013.12.03
汪寅仙 灵芝提梁供春壶	高20.5cm	1,380,000	北京保利	2013.12.04
汪寅仙 罗汉松壶	长16cm	747,500	北京保利	2013.12.04
汪寅仙 梅桩壶	长22cm	1,035,000	长风拍卖	2013.06.17
汪寅仙 墨绿泥线圆壶		345,000	上海春秋堂	2013.04.28
汪寅仙 南瓜壶	高10.5cm	1,380,000	北京艺融	2013.11.28
汪寅仙 茄段壶	高8.5cm	92,000	中国嘉德	2013.05.14
汪寅仙 茄段壶		299,000	朵云轩	2013.09.26
汪寅仙 乳香鼎壶	长11.5cm	368,000	北京保利	2013.12.04
汪寅仙 束柴三友壶	长18cm	805,000	北京匡时	2013.06.04
汪寅仙 双色梅桩壶		805,000	上海春秋堂	2013.04.28
汪寅仙 双色梅桩壶	长17cm	920,000	北京保利	2013.12.04
汪寅仙 水利壶	高10.5cm	322,000	中国嘉德	2013.05.14
汪寅仙 松段石瓢壶	宽16cm	43,663	香港华辉	2013.07.26
汪寅仙 松梅壶	长24.5cm	1,667,500	北京匡时	2013.06.04
汪寅仙 五代同堂提梁壶	高28cm	3,680,000	中国嘉德	2013.05.14
汪寅仙 小南瓜、木瓜壶（一对）	高6cm；高5.5cm	207,000	中国嘉德	2013.05.14
汪寅仙 小松桩壶	长15cm	540,500	长风拍卖	2013.06.17
汪寅仙 小天鸡壶	长10cm	46,000	北京保利	2013.06.04
汪寅仙 一粒珠壶	高15cm	437,000	中国嘉德	2013.05.14
汪寅仙 之灵壶	长17.5cm	782,000	北京匡时	2013.12.03
汪寅仙 制松桩壶		414,000	上海春秋堂	2013.09.08
汪寅仙 制紫泥松鼠葡萄壶	宽19.3cm	1,035,000	中国嘉德	2013.11.20
汪寅仙 紫砂曲壶	长19.5cm	537,600	中都国际	2013.04.21

2013杂项拍卖成交汇总

(成交价RMB：1万元以上)

拍品名称	物品尺寸	成交价RMB	拍卖公司	拍卖日期
汪寅仙制 大供春壶		632,500	上海春秋堂	2013.09.08
汪寅仙制 金沙僧壶(紫泥调沙)	高12cm	226,000	广东省拍	2013.11.17
汪寅仙制 金砂僧壶		126,500	上海春秋堂	2013.11.24
汪寅仙制 梅椿壶	高14.5cm	437,000	福建东南	2013.10.27
汪寅仙制 弯把金梅桩壶(紫泥)	高23cm	1,695,000	广东省拍	2013.11.17
汪寅仙制、姚志源刻 紫扁南瓜壶	长16.5cm	345,000	北京保利	2013.12.04
王超鹏 王超鹏 西施壶		10,350	朵云轩	2013.09.26
王超鹏书画 王超鹏刻 笑樱壶		13,800	朵云轩	2013.09.26
王奋良 知足壶	长18.5cm	23,000	北京匡时	2013.12.03
王辉 八方石玩提梁壶	高16cm	207,000	北京翰海	2013.12.07
王辉 石玩对壶	尺寸不一	161,000	北京匡时	2013.12.03
王辉 石玩系列壶	宽11.5cm	80,500	北京翰海	2013.05.31
王铭东 双线竹鼓壶	长17cm	40,250	北京匡时	2013.06.04
王品荣 汉宫秋韵壶		17,250	朵云轩	2013.09.26
王强 梵露 珠壶	宽9.5cm	51,750	北京翰海	2013.05.31
王强 贡珠壶	长14.5cm	57,500	北京匡时	2013.12.03
王强 瓜语壶	宽12.5cm	69,000	北京翰海	2013.05.31
王强 瓜语壶	高9cm；宽18cm	63,250	北京翰海	2013.12.07
王强 颂壶	宽14cm	138,000	北京翰海	2013.12.07
王强制 云心壶		138,000	上海春秋堂	2013.09.08
王晟越 汉铎壶	高10.5cm；宽18.5cm	23,000	北京翰海	2013.12.07
王晟越 合欢壶	高9cm；宽18.6cm	23,000	北京翰海	2013.12.07
王石耕 九头鸳鸯壶	宽17cm	115,000	北京翰海	2013.12.07
王石耕 双线扁灯壶	高8.5cm	23,000	中国嘉德	2013.05.14
王涛 行智方圆壶		23,000	朵云轩	2013.09.26
王涛 君子九思壶		25,300	朵云轩	2013.09.26
王熙臣 仿古壶	高8.5cm；宽19cm	51,750	北京翰海	2013.12.07
王熙臣制 金鼎商标款 汉君壶	宽19.8cm	20,700	上海春秋堂	2013.04.28
王祥刻 华健制 觚棱壶		149,500	上海春秋堂	2013.04.28
王翔刻 高旭峰制 禅跃壶		345,000	上海春秋堂	2013.09.08
王小羚 牛盖莲子壶	宽16cm	57,500	北京翰海	2013.05.31
王亚军 禅定壶	高7.5cm；宽16cm	66,700	北京翰海	2013.12.07
王寅春 扁盘壶	长20cm	287,500	北京保利	2013.06.04
王寅春 仿古壶	长19.5cm	207,000	北京保利	2013.12.04
王寅春 汉君壶	宽20cm	218,500	北京翰海	2013.12.07
王寅春 六方菱花壶	宽15cm	575,000	北京翰海	2013.05.31
王寅春 牛盖莲子抛光壶		63,250	北京匡时	2013.12.03
王寅春 玉笠壶	宽18cm	575,000	北京翰海	2013.05.31
王寅春制 纹井壶		149,500	上海春秋堂	2013.09.08
王寅春制 朱泥梨形壶	宽14cm	154,250	中国嘉德	2013.10.06
王寅春制 紫泥梅花周盘壶	宽15.8cm	230,000	中国嘉德	2013.05.14
王寅春制 紫砂梅花周盘壶	宽16cm	207,000	北京诚轩	2013.11.17
韦钟云 井栏壶		17,250	朵云轩	2013.09.26
韦钟云 周盘壶		20,700	朵云轩	2013.09.26
魏柏柯 泽石长青壶	长16cm	20,700	长风拍卖	2013.06.17
魏志云 南瓜壶	高8cm	20,700	中国嘉德	2013.05.14
魏志云 紫砂南瓜壶、红南瓜壶 (两件)	高8cm；高8cm	28,750	中国嘉德	2013.05.14
无款 提壁壶	高9cm	600,000	琴岛荣德	2013.07.28
无款 贴螭龙纹直筒小提梁壶		48,000	上海驰翰	2013.04.25
吴才君 清逸幽香壶	宽20.5cm	69,000	北京翰海	2013.12.07
吴纯耿 高六方壶	高16.5cm	25,300	中国嘉德	2013.05.14
吴德胜 玉麟款 供春壶	长18.5cm	690,000	北京匡时	2013.12.03
吴东瑾 青秀壶	长16cm	92,000	北京匡时	2013.12.03
吴东瑾 宋韵系列之“汝”壶	宽16.5cm	69,000	北京翰海	2013.05.31

拍品名称	物品尺寸	成交价RMB	拍卖公司	拍卖日期
吴东元 慧泉提梁壶	宽14cm	172,500	北京翰海	2013.12.07
吴东元 南瓜壶	宽13cm	149,500	北京翰海	2013.05.31
吴东元 权衡壶	宽14.5cm	138,000	北京翰海	2013.05.31
吴东元 儒行壶	长15cm	48,300	长风拍卖	2013.06.17
吴东元 儒行壶	长16cm	92,000	北京匡时	2013.12.03
吴东元 思源壶	长14.5cm	55,200	北京匡时	2013.06.04
吴东元制 大地与生命壶		25,300	上海春秋堂	2013.04.28
吴东元制 鼓风壶		172,500	上海春秋堂	2013.09.08
吴东元制 缘方壶		195,500	上海春秋堂	2013.09.08
吴建林 高水仙壶	长16.5cm	34,500	北京匡时	2013.06.04
吴界明 2011年制 秋水壶	长12.5cm	46,000	北京保利	2013.06.04
吴界明 矮瓢壶		38,000	上海驰翰	2013.04.25
吴界明 大彬六方壶	长16cm	31,050	北京匡时	2013.12.03
吴界明 大亨壶	高10.8cm	43,700	中国嘉德	2013.05.14
吴界明 掇只壶	宽19cm	78,200	北京翰海	2013.12.07
吴界明 汉扁壶	宽16cm	80,500	北京翰海	2013.05.31
吴界明 金蟾四方壶	长17cm	172,500	北京匡时	2013.12.03
吴界明 六方菊瓣壶	宽17.5cm	345,000	北京翰海	2013.05.31
吴界明 鸣远四方壶	长15cm	276,000	长风拍卖	2013.06.17
吴界明 狮球壶	宽16cm	115,000	北京翰海	2013.12.07
吴界明 提璧壶	长16cm	115,000	北京匡时	2013.12.03
吴界明子冶石瓢壶	长15cm	92,000	长风拍卖	2013.06.17
吴界明制 矮竹壶		28,750	上海春秋堂	2013.04.28
吴界明制 供春壶		36,800	上海春秋堂	2013.04.28
吴界明制 寿桃壶		34,500	上海春秋堂	2013.04.28
吴界明制 提璧壶	高13cm	126,500	华艺国际	2013.05.05
吴界明制 正和壶		437,000	上海春秋堂	2013.09.08
吴界明制 柱础提梁壶		149,500	上海春秋堂	2013.09.08
吴扣华 2007年作 清香 梅桩壶	长17cm	575,000	北京保利	2013.12.04
吴扣华 2009年作 提璧壶	长17.5cm	483,000	北京保利	2013.06.04
吴扣华、范晨霞2012年作 大彬如意对壶	尺寸不一	69,000	北京保利	2013.06.04
吴扣华、范晨霞合作　2013年作　菱花对壶	长14cm×2	115,000	北京保利	2013.12.04
吴鸣制 秘戏图考壶(紫沙黑料)	长17cm	768,400	广东省拍	2013.11.17
吴鸣制 悠乐壶	长16cm	339,000	广东省拍	2013.11.17
吴培林 佛手壶式逸清壶	长26.5cm	82,800	北京匡时	2013.06.04
吴培林制 人约黄昏壶(绞泥)	高17cm	113,000	广东省拍	2013.11.17
吴培林制 石溪壶(绞泥)	长19cm	214,700	广东省拍	2013.11.17
吴奇敏 臻和壶	宽12cm	63,250	北京翰海	2013.05.31
吴群祥 1994年作 大风壶	长18cm	57,500	北京保利	2013.06.04
吴群祥 大供春壶		100,000	上海驰翰	2013.04.25
吴群祥 合欢提梁壶	宽17.5cm	161,000	北京翰海	2013.12.07
吴群祥 刻诗文大球壶	长21.5cm	92,000	北京匡时	2013.06.04
吴群祥 梨形壶	宽14cm	34,500	北京翰海	2013.05.31
吴群祥 圣王壶	长18.5cm	74,750	北京匡时	2013.12.03
吴群祥 双线竹壶	长17cm	92,000	长风拍卖	2013.06.17
吴群祥 圆珠壶	高9.7cm	36,800	中国嘉德	2013.05.14
吴群祥 圆竹壶	高8.5cm	23,000	中国嘉德	2013.05.14
吴群祥 竹报平安壶	宽14.5cm	115,000	北京翰海	2013.05.31
吴群祥 砖方壶	长16cm	46,000	北京保利	2013.12.04
吴群祥制　1990年作　寒越铭　大彬六方壶	长16cm	74,750	北京保利	2013.12.04
吴群祥制 徐勇良刻 光明提梁壶	高20cm	195,500	北京匡时	2013.06.04
吴群祥制、石泉铭 光明提梁壶	长15cm	69,000	北京保利	2013.06.04
吴群祥制、吴东元刻 石瓢壶		95,000	上海驰翰	2013.04.25
吴亚平　钱丽媛合制顾景舟书　竹节提梁壶	高19cm	437,000	北京匡时	2013.06.04
吴亚亦 竹段壶	高9cm	23,000	中国嘉德	2013.05.14
吴亚亦、韩美林 浪花壶	宽16cm	138,000	北京翰海	2013.05.31
吴月亭(款)四方传炉壶		48,000	上海驰翰	2013.04.25

拍品名称	物品尺寸	成交价RMB	拍卖公司	拍卖日期
吴云峰 方琮壶	高14cm	149,500	北京翰海	2013.12.07
吴云峰 方尊壶	宽15.5cm	126,500	北京翰海	2013.05.31
吴云峰 会文六方壶	宽16cm	138,000	北京翰海	2013.05.31
吴云峰 净竹壶	长15cm	103,500	北京匡时	2013.12.03
吴云峰 越提壶	长21.5cm	126,500	北京匡时	2013.12.03
吴云峰制 高逸壶		172,500	上海春秋堂	2013.09.08
吴云根 段泥柿子提梁壶	高17cm	322,000	北京匡时	2013.06.04
吴云根 粉绿泥小传炉壶		42,000	上海驰翰	2013.04.25
吴云根 觚棱壶	高10cm	230,000	远方拍卖	2013.06.06
吴云根 弧棱壶	高9.5cm	379,500	中国嘉德	2013.05.14
吴云根 线圆壶	高8.5cm	146,900	远方拍卖	2013.06.06
吴云根 线圆壶	高8.5cm	57,500	中国嘉德	2013.05.14
吴云根 云肩壶	宽18cm	460,000	北京翰海	2013.05.31
吴云根制 大东坡提梁壶		161,000	上海春秋堂	2013.09.08
吴云根制 东坡提梁壶	高27cm	322,000	中国嘉德	2013.05.14
吴云根制 柿子提梁壶		149,500	上海春秋堂	2013.09.08
吴云根制觚棱壶		356,500	上海春秋堂	2013.04.28
吴震 南瓜壶	高16cm；宽17cm	63,250	北京翰海	2013.12.07
吴震 盛夏的果实壶		22,000	上海驰翰	2013.04.25
夏俊伟 泥绘壶	高11.5cm	13,800	中国嘉德	2013.05.14
谢华 仁寿壶	高16cm	437,000	中国嘉德	2013.05.14
谢华 玉春壶	长16.5cm	149,500	北京保利	2013.12.04
谢曼伦 报春壶	高13.5cm	71,300	中国嘉德	2013.05.14
谢曼伦 松桩套壶	尺寸不一	69,000	北京匡时	2013.06.04
谢曼伦 竹段壶	长15cm	34,500	北京保利	2013.06.04
谢曼伦、谭泉海 源泉壶	高8cm	55,200	中国嘉德	2013.05.14
徐达明 冰凌纹石瓢壶	高8.8cm	74,750	中国嘉德	2013.05.14
徐达明 掇只壶		38,000	上海驰翰	2013.04.25
徐达明 汉韵提梁壶		140,000	上海驰翰	2013.04.25
徐达明 嵌金唐羽壶	高7.8cm	43,700	中国嘉德	2013.05.14
徐达明制龙凤印包壶		34,500	上海春秋堂	2013.04.28
徐汉棠 大满瓢壶	宽18cm	138,000	北京翰海	2013.12.07
徐汉棠 掇球壶	高11.5cm	172,500	中国嘉德	2013.05.14
徐汉棠 掇只壶	长18cm	391,000	长风拍卖	2013.06.17
徐汉棠 福禄寿三星壶	长17cm	310,500	北京保利	2013.12.04
徐汉棠 开片椭圆石瓢壶	高6.7cm	253,000	中国嘉德	2013.05.14
徐汉棠 莲子壶	高11cm	69,000	中国嘉德	2013.05.14
徐汉棠 灵芝提梁壶	高15cm	529,000	北京保利	2013.12.04
徐汉棠 裙花提梁壶	高14.5cm	345,000	北京翰海	2013.05.31
徐汉棠 石瓢壶	高8cm	172,500	凤凰拍卖	2013.07.21
徐汉棠 小掇球壶	高8cm	138,000	远方拍卖	2013.06.06
徐汉棠制 紫泥石瓢壶	宽17.5cm	109,250	中国嘉德	2013.11.20
徐维明 菊瓣方把壶	高6.2cm	13,800	中国嘉德	2013.05.14
徐维明 长方绿泥壶	长13.5cm	32,200	北京保利	2013.12.04
徐秀棠 1993年作 灵豹壶	长12.5cm	63,250	北京保利	2013.12.04
徐秀棠 草帽壶	长16cm	218,500	长风拍卖	2013.06.17
徐秀棠 黑灵豹壶		287,500	北京匡时	2013.12.03
徐秀棠 皮革壶	高9cm	46,000	中国嘉德	2013.05.14
徐秀棠 四方合斗壶		150,000	上海驰翰	2013.04.25
徐秀棠 天鸡壶	高9.5cm	34,500	中国嘉德	2013.05.14
徐秀棠 天灵壶	高13cm	63,250	北京保利	2013.12.04
徐秀棠、陈凤妹 三足鬲顶壶	高10cm	46,000	中国嘉德	2013.05.14
徐秀棠制紫泥大灵宝壶	宽14.5cm	112,700	中国嘉德	2013.11.20
徐徐 红泥柿圆壶	高7cm；宽15cm	48,300	北京翰海	2013.12.07
徐徐 紫泥莲子对壶	高10cm；高12cm	402,500	中国嘉德	2013.05.14
徐徐制 紫泥刻人物诗文鼎形壶（两件）	宽13.3cm；宽14.5cm	437,000	中国嘉德	2013.11.20
徐雪娟 古兽窥今壶	高11.5cm	13,800	中国嘉德	2013.05.14
徐有泉 诗文紫砂壶	高10.8cm	184,000	北京九歌	2013.09.04
徐元明制 圣桃提梁壶（一对）		82,800	上海春秋堂	2013.04.28
许兵 菱花对壶	尺寸不一	69,000	北京匡时	2013.12.03
许成权 报春壶	长19cm	172,500	北京保利	2013.12.04
许成权 单圈紫砂壶	长18cm	57,500	北京匡时	2013.06.04
许成权 三角竹段壶	高7.5cm	20,700	中国嘉德	2013.05.14
许成权 玉兰壶	长18.5cm	115,000	北京保利	2013.06.04
许成权 圆竹壶	长20cm	23,000	北京保利	2013.12.04
许嘉华 智竹提梁壶	高14cm	28,750	长风拍卖	2013.06.17
许立成 造段泥方壶	宽16.5cm	28,750	上海春秋堂	2013.04.28
许卫良 汉云壶	宽19.5cm	276,000	北京翰海	2013.05.31
许小权 乡思套壶	尺寸不一	55,200	北京保利	2013.06.04
许亚均制、徐秉方刻 秦权壶		28,000	上海驰翰	2013.04.25
许艳春 半月壶	长19cm	40,250	北京匡时	2013.06.04
许又峰 华影伴月壶	高6.5cm；宽14cm	57,500	北京翰海	2013.12.07
旭斋款 段泥半月壶	宽16.9cm	92,000	上海春秋堂	2013.04.28
薛卫平 松枝诗文提梁壶	高8cm	82,800	北京九歌	2013.06.28
岩如款、李万康制款 段泥高竹鼓壶	长21cm	23,000	西泠拍卖	2013.07.12
颜梅华 高砖方壶		92,000	朵云轩	2013.09.26
杨陶 金钱松壶	长16cm	92,000	北京匡时	2013.12.03
杨陶 松段壶	宽17.5cm	345,000	北京翰海	2013.05.31
姚志泉、姚志源刻 方圆壶	高9.5cm	23,000	中国嘉德	2013.05.14
姚志泉制 墨绿小南瓜壶		32,200	上海春秋堂	2013.04.28
姚志源 掇球壶		34,500	北京匡时	2013.12.03
姚志源 凤鸣提梁壶	高20cm	195,500	北京匡时	2013.12.03
姚志源 红梅提梁壶	高16.5cm	253,000	北京翰海	2013.05.31
姚志源 红圣桃壶	长15.5cm	161,000	北京匡时	2013.12.03
姚志源 鸣远小南瓜壶	高8cm	43,700	中国嘉德	2013.05.14
姚志源 南瓜壶	宽13cm	69,000	北京翰海	2013.12.07
姚志源 尚古壶		103,500	北京匡时	2013.12.03
姚志源 柿子壶	宽15cm	69,000	北京翰海	2013.12.07
姚志源 天鹏壶	高19cm	92,000	中国嘉德	2013.05.14
姚志源制 澹然壶		149,500	上海春秋堂	2013.04.28
姚志源制 积玉寒香壶		92,000	上海春秋堂	2013.04.28
姚志源制 天鹏壶	高7.5cm	138,000	福建东南	2013.10.27
冶匋 线圆壶	高7.5cm	310,500	远方拍卖	2013.06.06
叶鸿钧 海棠菱式壶	宽15cm	368,000	北京翰海	2013.05.31
叶鸿钧制六方菱花壶		287,500	上海春秋堂	2013.09.08
逸公款 朱泥小壶	宽12cm	10,916	香港华辉	2013.07.26
尹旭峰 听秋壶	宽16cm	92,000	北京翰海	2013.12.07
余立平 六方莲子壶	高10cm；宽18cm	48,300	北京翰海	2013.12.07
余立平 桑扁壶	高8cm；宽18cm	28,750	北京翰海	2013.12.07
余仲华 觚棱壶	长18.5cm	172,500	北京匡时	2013.12.03
余仲华 金印柳黄壶	宽19cm	184,000	北京翰海	2013.05.31
俞国良制 利用公司款 段泥鼓钉牛盖壶	宽21cm	71,300	上海春秋堂	2013.04.28
俞国良制 梅花周盘壶	宽18.5cm	138,000	江苏聚德	2013.06.23
俞国良制 朱泥四方传炉壶	宽17.4cm	1,610,000	中国嘉德	2013.05.14
俞国良制 紫泥刻诗文瓢瓜壶	宽15cm	48,300	中国嘉德	2013.05.14
俞国民 竹叶诗文紫砂壶	高13.5cm	18,400	北京九歌	2013.09.04
俞荣骏 独吟壶	长17cm	172,500	北京匡时	2013.12.03
俞晓夫 申壶葛军 长方壶		17,250	朵云轩	2013.09.26
袁朝舟 八方蛋包壶	宽12.5cm	74,750	北京翰海	2013.05.31
袁朝舟 德钟壶	宽13.5cm	63,250	北京翰海	2013.05.31
袁朝舟 六方瓜形壶	高16.5cm	71,300	北京翰海	2013.12.07
袁[illegible] [illegible]壶	宽18cm	103,500	北京翰海	2013.12.07

2013杂项拍卖成交汇总

(成交价RMB：1万元以上)

拍品名称	物品尺寸	成交价RMB	拍卖公司	拍卖日期
袁小强 梅花周盘壶	长17cm	80,500	北京匡时	2013.12.03
袁小强 鸣远四方壶	宽17cm	115,000	北京翰海	2013.12.07
云根款 段泥柿圆壶	宽14cm	115,000	江苏聚德	2013.06.23
恽志培、储峰 "四大名石"紫砂组合壶	尺寸不一	287,500	北京翰海	2013.05.31
詹重祥制 范遥青刻 草虫纹紫泥秦权壶	宽14.5cm	17,250	中国嘉德	2013.11.20
张春兴 莲影壶	高9cm；宽14.5cm	59,800	北京翰海	2013.12.07
张红华 四方抽角壶	高10cm	28,750	中国嘉德	2013.05.14
张红华 天乐壶	长17cm	46,000	北京匡时	2013.06.04
张红华 新梅壶	高9cm	48,300	中国嘉德	2013.05.14
张红华 玉笠壶	长17cm	69,000	北京匡时	2013.12.03
张红华 玉笠壶	高8cm；宽11cm	17,250	北京翰海	2013.12.07
张红华制 谭泉海刻 秦权壶	长16.5cm	71,300	北京匡时	2013.06.04
张红华制 杨彦刻 乳鼎壶	长14.5cm	78,200	北京匡时	2013.06.04
张红华制、汪更新画、马光书法《龙纹莲珠》壶	长17cm	69,000	长风拍卖	2013.06.17
张鸿俊 礼乐壶	宽20cm	92,000	北京翰海	2013.05.31
张鸿俊 没事-梅石之匜壶	宽18cm	161,000	北京翰海	2013.12.07
张鸿俊 清莲壶	宽18.5cm	138,000	北京翰海	2013.12.07
张鸿俊 学士壶	宽16cm	92,000	北京翰海	2013.05.31
张静 浪花壶	长15.5cm	32,200	北京匡时	2013.12.03
张菊萍 提璧套壶	尺寸不一	230,000	北京保利	2013.06.04
张庆成 玉龙壶	高11.7cm	23,000	中国嘉德	2013.05.14
张守智、周桂珍合作 汉方提梁壶	高14.5cm	172,500	中国嘉德	2013.05.14
张寅 大得果壶	宽21cm	322,000	北京翰海	2013.12.07
张寅 亘古壶	宽18cm	115,000	北京翰海	2013.05.31
张寅 提梁壶	长16.5cm	149,500	北京匡时	2013.12.03
张寅制 无华壶		115,000	上海春秋堂	2013.09.08
张正中 木易提梁壶	宽16cm	575,000	北京翰海	2013.12.07
张正中 十八罗汉壶	长19.5cm	149,500	北京匡时	2013.12.03
张正中 树桩壶套具	长23cm	632,500	北京匡时	2013.06.04
张正中 脱颖壶	宽14cm	264,500	北京翰海	2013.05.31
张正中制脱颖壶		287,500	上海春秋堂	2013.09.08
张志清 仿古泥绘壶		17,250	朵云轩	2013.09.26
张志清 石瓢壶		13,800	朵云轩	2013.09.26
赵江华 雨露天星壶	长14.5cm	57,500	北京匡时	2013.12.03
赵江华制君玉壶		34,500	上海春秋堂	2013.04.28
郑剑锋 凌寒留香壶	宽20.5cm	97,750	北京翰海	2013.12.07
郑剑锋 南瓜壶	宽15.5cm	69,000	北京翰海	2013.05.31
芝莱款 段泥牛灯壶	宽22.5cm	115,000	江苏聚德	2013.06.23
芝莱款 汉君壶	宽19.5cm	103,500	江苏聚德	2013.06.23
周波 古云山秀壶	长13.5cm	103,500	北京匡时	2013.12.03
周波 静听松风壶	长15cm	103,500	北京匡时	2013.12.03
周传 汉韵壶	高10cm；宽18cm	23,000	北京翰海	2013.12.07
周传 清风俊节壶	高10.5cm；宽17cm	28,750	北京翰海	2013.12.07
周定华 八角壶	高18cm	57,500	中国嘉德	2013.05.14
周定华 大吉大利壶	高9cm；宽12.5cm	51,750	北京翰海	2013.12.07
周定华 方钟壶	高10cm	25,300	中国嘉德	2013.05.14
周定华 制谭泉海刻 四足六方诗文壶	长15.5cm	46,000	北京匡时	2013.12.03
周定华制，石泉铭 逸趣壶	长18.5cm	23,000	北京保利	2013.06.04
周刚 供养菩萨壶	高33cm	25,300	北京翰海	2013.05.31
周桂珍 1991年作 掇只壶	长15cm	92,000	北京保利	2013.12.04
周桂珍 1992年作 一梅壶	长16cm	172,500	北京保利	2013.12.04
周桂珍 1994年作 仿古壶	长17cm	138,000	北京保利	2013.12.04
周桂珍 2011年制 德泉壶	高9.5cm	345,000	华艺国际	2013.05.05

拍品名称	物品尺寸	成交价RMB	拍卖公司	拍卖日期
周桂珍 春神提梁壶	长15cm	322,000	北京匡时	2013.12.03
周桂珍 仿古如意壶	宽17cm	138,000	北京翰海	2013.05.31
周桂珍 冯其庸 千禧壶	宽20cm	230,000	北京翰海	2013.12.07
周桂珍 韩美林 线圆壶	宽16cm	287,500	北京翰海	2013.05.31
周桂珍 韩美林合制 凤鸣壶	长17.5cm	517,500	北京匡时	2013.06.04
周桂珍 红泥僧帽壶	长13.5cm	310,500	北京匡时	2013.12.03
周桂珍 回纹双圈壶	宽20cm	218,500	北京翰海	2013.12.07
周桂珍 集玉壶	长17cm	97,750	长风拍卖	2013.06.17
周桂珍 集玉壶	宽14cm	126,500	北京翰海	2013.12.07
周桂珍 夔龙三足壶	高8.5cm	207,000	北京匡时	2013.06.04
周桂珍 浪花壶	长18cm	115,000	北京保利	2013.12.04
周桂珍 绿泥云肩壶	宽14cm	92,000	北京翰海	2013.12.07
周桂珍 瓟瓜壶	长15.5cm	287,500	北京匡时	2013.12.03
周桂珍 三线提梁壶		150,000	上海驰翰	2013.04.25
周桂珍 僧帽壶	长13.5cm	322,000	北京匡时	2013.06.04
周桂珍 双线井栏壶	宽12cm	138,000	北京翰海	2013.05.31
周桂珍 四方倭角壶	高9.5cm	149,500	北京艺融	2013.11.28
周桂珍 谭海泉合作 大仿古壶	长20cm	287,500	北京匡时	2013.12.03
周桂珍 一粒珠壶	宽17.5cm	138,000	北京翰海	2013.05.31
周桂珍 珍竹提梁壶	长17.5cm	322,000	北京匡时	2013.12.03
周桂珍、韩美林合作 1987年作 凤鸣壶	长16.5cm	414,000	北京保利	2013.12.04
周桂珍制 扁腹壶		207,000	上海春秋堂	2013.04.28
周桂珍制 扁竹提梁壶		276,000	上海春秋堂	2013.11.24
周桂珍制 仿鼓壶		115,000	上海春秋堂	2013.04.28
周桂珍制 高三线壶	高12.5cm	207,000	华艺国际	2013.05.05
周桂珍制 集玉壶		161,000	上海春秋堂	2013.04.28
周桂珍制 集玉壶		126,500	上海春秋堂	2013.11.24
周桂珍制 夔龙三足壶		138,000	上海春秋堂	2013.09.08
周桂珍制 三线提梁壶		195,500	上海春秋堂	2013.04.28
周桂珍制 双线井栏壶		149,500	上海春秋堂	2013.04.28
周桂珍制 小掇球壶		149,500	上海春秋堂	2013.11.24
周洪彬 大蕴壶	高10cm	345,000	北京翰海	2013.05.31
周洪彬 大蕴井栏壶	宽17cm	126,500	北京翰海	2013.12.07
周健春 荷花莲心壶		20,700	朵云轩	2013.09.26
周健春 如意壶		17,250	朵云轩	2013.09.26
周界 寒梅对壶	高6cm；高7.5cm	48,300	北京翰海	2013.05.31
周界 三友壶(一对)	尺寸不一	46,000	北京匡时	2013.12.03
周界 树段壶	长16.5cm	34,500	北京匡时	2013.06.04
周静洁 玉瓯清香壶	宽16.5cm	97,750	北京翰海	2013.05.31
周静洁·明风壶	高10cm；宽17.5cm	57,500	北京翰海	2013.12.07
周菊芳制 乌泥月色葫芦壶	宽15.5cm	632,500	中国嘉德	2013.11.20
周丽英 梁祝壶	高15.5cm	36,800	北京翰海	2013.05.31
周丽英 梅竹呈祥壶	高10cm；宽18cm	59,800	北京翰海	2013.12.07
周丽英 容竹壶	宽17cm	23,000	北京翰海	2013.05.31
周琴娣 龙泉壶	10cm	34,500	荣宝斋(上海)	2013.03.17
周宇杰 一叶知秋壶	高13cm	138,000	北京翰海	2013.05.31
周宇杰制 晨露壶		115,000	上海春秋堂	2013.09.08
周渊 饮月壶	宽14.5cm	48,300	北京翰海	2013.05.31
周渊 紫炉壶	宽17cm	46,000	北京翰海	2013.05.31
周志和 紫蔓壶	宽17.5cm	82,800	北京翰海	2013.05.31
周尊严 剑鞘壶		55,200	朵云轩	2013.09.26
周尊严 垒线壶		32,200	朵云轩	2013.09.26
周尊严、张红芬 刻红玉壶	高8.5cm	20,700	中国嘉德	2013.05.14
周尊严制、毛国强刻 六方井栏壶		20,000	上海驰翰	2013.04.25
朱彬 得道提梁壶	高18.5cm	264,500	北京翰海	2013.12.07

拍品名称	物品尺寸	成交价RMB	拍卖公司	拍卖日期
朱可心 大柿子壶	宽26cm	368,000	北京翰海	2013.12.07
朱可心 松鼠葡萄壶	高12cm	212,750	北京九歌	2013.06.28
朱可心 松竹梅壶	宽19.5cm	7,475,000	北京翰海	2013.05.31
朱可心 鱼化龙壶	长18cm	97,750	北京保利	2013.06.04
朱可心 竹节壶	高11.3cm	69,000	中国嘉德	2013.05.14
朱可心制 段泥翻盖柿子壶	宽21.9cm	46,000	上海春秋堂	2013.04.28
朱可心制 段泥佛手钮壶	高11.5cm	115,000	远方拍卖	2013.06.06
朱可心制 绿泥松鼠葡萄壶	宽18cm	437,000	中国嘉德	2013.11.20
朱可心制 巧色柿子壶		402,500	上海春秋堂	2013.09.08
朱可心制 一节竹段壶	宽18.5cm	920,000	中国嘉德	2013.05.14
朱勤勇 矮潘壶	高7cm；宽14cm	34,500	北京翰海	2013.12.07
朱勤勇 融古壶	宽14cm	103,500	北京翰海	2013.05.31
朱勤勇 融古壶	高9cm；宽15cm	63,250	北京翰海	2013.12.07
朱勤勇 笑樱壶	高12cm；宽20cm	66,700	北京翰海	2013.12.07
朱晓东 仿古壶	长18cm	25,300	北京匡时	2013.12.03
朱晓东 丰登壶	宽16cm	69,000	北京翰海	2013.05.31
朱晓东 龙头如意壶	宽16.5cm	115,000	北京翰海	2013.12.07
朱晓东 曼生提梁壶	高15cm	46,000	北京翰海	2013.05.31
朱泽伟 诗文合欢壶		48,300	北京九歌	2013.06.28
庄玉林 六方宫灯壶	高11cm；宽17cm	36,800	北京翰海	2013.12.07
庄玉林 六方醒辰壶	长17cm	82,800	北京匡时	2013.06.04
庄玉林 六方醒辰壶	宽16.5cm	80,500	北京翰海	2013.05.31
庄玉林 宁静致远壶	高13.5cm	36,800	中国嘉德	2013.05.14
庄玉林、谭泉海 四方壶	高10.6cm	74,750	中国嘉德	2013.05.14
紫砂茶壶(三件)	尺寸不一	11,500	北京保利	2013.04.28
紫砂斗方壶	高7cm	414,000	北京艺融	2013.11.28
紫砂佛手壶	长20.5cm	11,500	北京传是	2013.12.12
紫砂将军壶	长22cm	17,250	北京传是	2013.12.12
紫砂描金钱圆壶	宽18cm	113,120	日本童梦	2013.12.03
紫砂竹节壶	高21cm	34,500	北京保利	2013.10.28
自怡轩款 沈孝陆制 竹鼓壶	宽17.6cm	57,500	上海春秋堂	2013.04.28
邹跃君 报春壶	宽14cm	483,000	北京翰海	2013.05.31
邹跃君 河豚壶	宽15cm	333,500	北京翰海	2013.12.07
邹跃君 绞泥扁腹壶	长19.5cm	207,000	北京匡时	2013.12.03
邹跃君 金猴献瑞壶	宽17.5cm	184,000	北京翰海	2013.12.07
邹跃君 南山撷壶	宽13.5cm	460,000	北京翰海	2013.05.31
邹跃君 树桩壶	长17.5cm	138,000	北京匡时	2013.12.03
邹跃君制 犀牛望月壶		172,500	上海春秋堂	2013.09.08
邹跃君制树桩壶		59,800	上海春秋堂	2013.04.28
茶具				
清早期 宇昭款紫泥方杯	长5.4cm	43,700	西泠拍卖	2013.07.12
清早期 兽耳杯(一对)	高4.5cm	109,250	远方拍卖	2013.12.02
清乾隆 紫泥刻诗文龙柄小杯	宽6.5cm	63,250	中国嘉德	2013.11.20
清乾隆 杨季元制色泥堆绘山水纹方斗杯	宽7.5cm	667,000	中国嘉德	2013.11.20
清乾隆 杨季元制彩泥堆绘四方斗杯(一对)	尺寸不一	2,415,000	上海春秋堂	2013.04.28
清康熙 陈鸣远制仿古鹦鹉杯	高15.8cm	1,380,000	中国嘉德	2013.05.14
清嘉庆/道光 亨慎款紫泥桃钮盖杯	长11.5cm	63,250	西泠拍卖	2013.07.12
清嘉庆/道光 二泉刻款 挂松石釉紫砂杯(一对)	直径8.5cm×2	23,000	北京匡时	2013.06.04
清嘉庆 杨彭年 纹泥杯	长8cm	69,000	北京保利	2013.06.04
清嘉庆 亨慎制本山绿泥彩绘堆泥高士亭台山水杯	直径8cm	138,000	北京保利	2013.06.05
清中晚期 红泥彩绘描金题字斗方杯	长5.6cm	25,300	西泠拍卖	2013.07.12
清中期 紫泥描釉加彩双龙戏珠纹杯(一对)	直径7.6cm	23,000	北京保利	2013.12.04

拍品名称	物品尺寸	成交价RMB	拍卖公司	拍卖日期
清中期 亨慎款段泥包金敞口杯	长8.3cm	40,250	西泠拍卖	2013.07.12
清 紫砂松树杯、罐(两件)	宽13cm；宽7.5cm	19,550	北京保利	2013.07.28
清 紫砂梅花杯	径8.5cm	23,000	北京传是	2013.12.12
清 紫砂加彩小杯(一对)	高5.5cm；高6cm	10,350	北京传是	2013.12.12
清 紫砂螭龙纹杯	直径8cm	13,800	北京保利	2013.07.28
清 紫泥内上釉粉彩双龙戏珠对杯	长7.3cm	23,000	西泠拍卖	2013.07.12
清 巧色泥绘寿桃花卉纹对杯		94,300	上海春秋堂	2013.04.28
清晚期 山农刻字玉成窑挂釉杯	直径6.5cm	78,200	北京保利	2013.06.05
清晚期 段泥加彩开光八骏图对杯		40,250	上海春秋堂	2013.04.28
陈德卿置款 大宁唐白泥壶、茶杯和盏托(三组)	宽12.5cm	172,500	北京保利	2013.12.05
顾景舟 制紫泥上釉刻如意纹杯(一对)	长9.1cm	43,700	西泠拍卖	2013.07.12
顾景舟制 紫泥施釉小杯(一对)	宽9cm	138,000	中国嘉德	2013.11.20
何道洪 内施白釉竹节有把盖杯		18,000	上海驰翰	2013.05.22
倪顺生 紫砂杯(共二十件)	尺寸不一	195,500	北京保利	2013.06.04
汪寅仙 仿圣思桃杯	高7cm	850,000	上海驰翰	2013.04.25
汪寅仙 圣思桃杯	直径10.5cm	2,530,000	北京匡时	2013.12.03
汪寅仙 紫泥桃形杯	15.7cm	230,000	西泠拍卖	2013.07.12
志远制 紫砂花口杯、何道洪、心经小壶(五只、两件)	尺寸不一	32,200	北京保利	2013.12.04
紫砂绘蓝釉双龙戏珠纹对杯	高5.5cm×2	15,000	上海驰翰	2013.04.25
清 龙溪山人款双线竹鼓套组	尺寸不一	149,500	江苏聚德	2013.06.23
清乾隆 御制描金紫砂山水诗文茶具	长15cm	4,025,000	北京保利	2013.12.04
鲍仲梅制僧帽套组		112,700	上海春秋堂	2013.09.08
曹婉芬 竹锦套组(共十件)	尺寸不一	287,500	北京保利	2013.12.04
曹亚麟、曹燕萍 五头戏趣茶具(一组)	高8.5cm	69,000	中国嘉德	2013.05.14
陈国良 五头僧帽茶具(一组)	高11.5cm	529,000	中国嘉德	2013.05.14
程晓彬 傲骨寒梅套具	高10cm；宽14.5cm	57,500	北京翰海	2013.12.07
储集泉、顾顺娣 七头春茶具(一组)	高9.5cm	55,200	中国嘉德	2013.05.14
冯桂林制 白釉汉扁茶具套组	尺寸不一	149,500	上海春秋堂	2013.04.28
高建芳 五头绿泥荷花套组(共五件)	尺寸不一	28,750	北京保利	2013.12.04
葛明仙 五头瑰宝茶具(一组)	高9.8cm	46,000	中国嘉德	2013.05.14
何道洪 五头洪梅茶具(一组)	高9cm	3,680,000	中国嘉德	2013.05.14
何挺初 浪花提梁茶具套组(共五件)	尺寸不一	46,000	北京保利	2013.12.04
季益顺 福寿套组	尺寸不一	92,000	北京保利	2013.06.04
季益顺 荷塘月色(五件套)	尺寸不一	264,500	北京保利	2013.06.04
江建翔 十一头九香茶具(一组)	高12.5cm	747,500	中国嘉德	2013.05.14
蒋蓉 九头荷花茶具(共九件)	尺寸不一	402,500	北京保利	2013.12.04
李昌鸿 沈遽华 九头竹简茶具	长14.5cm	690,000	北京匡时	2013.12.03
刘建平 九头劲竹茶具	长16.5cm	172,500	北京匡时	2013.06.04
龙文制风篁天籁套组		253,000	上海春秋堂	2013.09.08
民国 俞国良·柿花套组	宽17cm	437,000	北京翰海	2013.12.07
倪顺生 1988年作 枇杷套组	尺寸不一	40,250	北京保利	2013.06.04
裴石民·莲心套组	宽16.5cm	805,000	北京翰海	2013.05.31
施小马 五头红与黑茶具(一组)	高12.5cm	253,000	中国嘉德	2013.05.14
施小马制宝菱套组		402,500	上海春秋堂	2013.09.08
施小马制构成套组	尺寸不一	195,500	上海春秋堂	2013.11.24
唐彬杰制段竹套组		460,000	上海春秋堂	2013.09.08
汪寅仙 供春套组	宽20cm	1,725,000	北京翰海	2013.05.31
汪寅仙 鱼翁茶具(共三件)	尺寸不一	483,000	北京保利	2013.12.04
王洪祯 供春套组	高9cm；宽17cm	40,250	北京翰海	2013.12.07
王亚军 虚极套组	宽14.5cm	55,200	北京翰海	2013.05.31
闻记款 段泥方砖壶茶具套组	尺寸不一	32,200	上海春秋堂	2013.04.28
吴鸣 1997年作 红樱桃五头套组	尺寸不一	138,000	北京保利	2013.06.04
贝云根 鱼化龙套组(共五件)	尺寸不一	207,000	北京保利	2013.12.04

2013杂项拍卖成交汇总

(成交价RMB：1万元以上)

拍品名称	物品尺寸	成交价RMB	拍卖公司	拍卖日期
徐达明 灵芝茶具	长12cm	57,500	北京匡时	2013.12.03
徐汉棠 提梁壶套组	尺寸不一	460,000	北京保利	2013.06.04
徐维明 秋色茶具(两件)	高8.5cm	46,000	中国嘉德	2013.05.14
许小权 清逸茶具(共十一件)	尺寸不一	97,750	北京保利	2013.12.04
许艳春、吴光荣 九头春芳茶具(一组)	高16cm	97,750	中国嘉德	2013.05.14
张红华 十五头志泉咖啡茶具(一组)	高12cm	89,700	中国嘉德	2013.05.14
朱可心制 圆竹茶具套组		402,500	上海春秋堂	2013.04.28
朱可心制绿泥云龙套组	宽18cm; 宽8.2cm	1,035,000	中国嘉德	2013.11.20
朱勤勇制玉炉香雪套组		368,000	上海春秋堂	2013.09.08
清初期 如意披肩茶叶罐	高13cm	74,750	长风拍卖	2013.06.17
清初期 橄榄型铺砂大茶叶罐	高23.2cm	92,000	长风拍卖	2013.06.17
清早期 朱泥调砂茶叶罐	长16cm	28,750	西泠拍卖	2013.07.12
清早期 朱泥四方印龙戏珠纹茶叶罐	高12.5cm	25,300	北京保利	2013.06.05
清乾隆 紫砂模印六方花卉茶叶罐(一对)	高16cm	20,700	北京保利	2013.06.05
清乾隆 堆泥绘山水人物诗文茶叶罐	高12.4cm	138,000	北京中汉	2013.05.13
清中期 董上应记款蓝彩六方茶叶罐	高17.8cm	40,250	上海春秋堂	2013.04.28
清 紫砂泥绘扇形茶叶罐	宽19.2cm	11,500	上海春秋堂	2013.04.28
清 紫砂蓝地粉彩菊花茶叶罐	高17cm	63,250	西泠拍卖	2013.07.12
清 紫砂加彩茶叶罐(一对)	高9cm;	11,500	北京传是	2013.12.12
清 紫泥云肩大茶叶罐	宽22.6cm	48,300	上海春秋堂	2013.04.28
清 紫泥茶叶罐(一对)	尺寸不一	17,250	上海春秋堂	2013.04.28
清 朱砂橄榄形茶叶罐	高15cm	23,000	北京保利	2013.12.04
清 锡茶叶罐	高10.5cm	46,000	北京匡时	2013.06.04
清 如意纹茶叶罐	宽13.8cm	34,500	上海春秋堂	2013.04.28
民国 梅兰竹菊四方紫砂茶叶罐	高9.5cm	1,242,000	北京九歌	2013.06.28
文房用品				
清雍正/乾隆 杨季初制段泥泥绘山水纹笔筒	直径17.5cm	3,162,500	中国嘉德	2013.12.14
清乾隆御制 水村园紫砂笔筒	高14.3cm	4,370,000	北京保利	2013.06.04
清乾隆 紫砂加彩山水笔筒	高10cm	25,300	北京保利	2013.06.05
清乾隆 杨季初制色泥堆绘山水人物纹笔筒	高13.6cm	1,840,000	中国嘉德	2013.05.14
清乾隆 王志源制四方开窗彩泥堆绘笔筒	宽14.5cm	540,500	上海春秋堂	2013.04.28
清乾隆 彩泥堆绘花鸟虫鱼四方笔筒	高15.3cm	2,300,000	中国嘉德	2013.05.14
清–民国 紫砂笔筒(五件)	高15.5cm	588,441	日本伊斯特	2013.05.03
清光绪 何心舟制完白山人款玉成窑笔筒	高12cm	218,500	北京保利	2013.06.05
清 紫砂泥绘山水诗文笔筒	高14cm	17,250	北京保利	2013.10.28
清 紫泥堆绘方型笔筒	高11.4cm	230,000	上海春秋堂	2013.11.24
清 杨季初紫砂湖山笔筒	高15cm	368,000	上海嘉泰	2013.07.05
清 杨季初制 月下包装独酌园紫砂笔筒	高14.3cm	5,865,000	北京保利	2013.06.04
清 邵友廷紫沙笔筒	高14cm	1,723,965	澳门中信	2013.10.27
清 绿釉紫砂撇口笔筒	直径14.8cm	11,500	北京保利	2013.12.04
清 堆泥通景山水楼阁渔舟图双弦纹笔筒	高11cm	69,000	北京保利	2013.07.28
民国 任淦庭刻俞国良制高士诗文笔筒	高22.4cm	69,000	北京保利	2013.06.05
民国 明远制松鼠葡萄梅桩笔筒	高11.2cm	20,700	北京保利	2013.06.05
华健 刻花卉笔筒	高13.8cm	32,200	北京匡时	2013.12.03
龚展刻万里行舟图紫砂笔筒(一件)	高13cm	16,800	上海国拍	2013.06.02
小印方		34,500	朵云轩	2013.09.26
清末民国 蒋燕亭制紫砂东坡赏鹅水滴(一对)	尺寸不一	13,800	西泠拍卖	2013.07.12
其他用品				
清乾隆 紫泥瑞兽连硬木托座	宽8.5cm	97,750	中国嘉德	2013.11.20
蒋蓉制、程十发书画并刻 绿泥冬瓜陶枕	长15cm	480,000	上海驰翰	2013.04.25
任淦庭、徐秀堂 纤筒(对组)	高53cm	621,000	北京翰海	2013.12.07

拍品名称	物品尺寸	成交价RMB	拍卖公司	拍卖日期
漆 器				
古琴				
宋 "无名" 琴	长116.8cm	4,140,000	北京匡时	2013.06.05
明 "明月" 琴	琴长119cm	2,990,000	北京保利	2013.12.04
明 王福厂旧藏明代仲尼式古琴	长129cm	2,300,000	西泠拍卖	2013.07.12
明末清初 "滨海苍龙" 仲尼式古琴	长127cm	1,207,500	中国嘉德	2013.05.11
清 "霜钟" 古琴	长123cm	46,000	北京保利	2013.01.11
清 古琴 "仙佩迎风"	长114.5cm	55,200	北京保利	2013.12.05
清康熙 描金花鸟纹琵琶	长86cm	57,500	北京九歌	2013.06.28
清早期 挟仙款凤势式古琴	琴长121cm	241,500	西泠拍卖	2013.07.12
洒螺钿沙古琴		51,750	中国嘉德	2013.09.14
无痕 倚道琴剑式	琴长122cm	3,450,000	中国嘉德	2013.11.19
海月清辉琴	长116cm	13,800	北京保利	2013.04.28
近代 马维衡制潞王式琴	长122cm	138,000	西泠拍卖	2013.07.12
民国 "仙机天籁" 伏羲式琴(一件)	长125cm	28,000	上海国拍	2013.06.02
民国 琴	长123cm	17,250	北京保利	2013.10.28
云表龙墩 古琴	宽123cm	1,821,600	香港吉斋	2013.05.26
青云 创意蕉叶式古琴	琴长128cm	2,415,000	中国嘉德	2013.11.19
摆件				
明 木胎漆金宝冠释迦牟尼佛像	高35cm	471,500	远方拍卖	2013.06.06
明代 木漆金观音坐像	高61cm	575,000	古天一	2013.12.05
明代 木漆金韦驮立像	高34cm	230,000	古天一	2013.12.05
明代 木漆金准提观音坐像	高33cm	207,000	古天一	2013.12.05
明 脱胎漆弥勒佛	高30cm	145,600	远方拍卖	2013.06.06
明晚期 木胎观音大士像	高86cm	1,058,000	中国嘉德	2013.11.19
清康熙 夹纻漆金无量寿佛	高27cm	565,000	远方拍卖	2013.06.06
18世纪(日本) 莳绘漆香囊配清早期弥勒佛	长29.2cm	40,250	北京保利	2013.06.06
16世纪 漆金木菩萨坐像	长98.2cm	1,284,072	伦敦苏富比	2013.05.15
18世纪 木雕漆金罗汉	高20cm	40,250	北京保利	2013.04.28
中原18世纪 木雕漆金供养菩萨	高60cm	109,250	远方拍卖	2013.12.02
中原19世纪 木胎漆金观音菩萨	高48cm	149,500	远方拍卖	2013.12.02
清 木漆金书卷观音	高23cm	17,250	北京保利	2013.07.27
清 木漆金送子观音	高28cm	46,000	北京保利	2013.07.27
清 木胎金漆关帝像	高63cm	23,000	中国嘉德	2013.09.16
清 木胎金漆观音像	高71cm	48,300	中国嘉德	2013.09.17
清 紫檀漆金释迦像	高19cm	92,000	北京保利	2013.10.28
沈绍安 寿星立像	高48cm	322,000	福建静轩	2013.06.06
沈绍安 孙中山半身像	高52cm	862,500	福建静轩	2013.06.06
佚名 渔樵耕读人物	高25cm	230,000	福建静轩	2013.06.06
佚名 观音立像	高58cm	322,000	福建静轩	2013.06.06
佚名 鎏金弥勒立像	高45cm	172,500	福建静轩	2013.06.06
佚名 铁拐李立像	高55cm	230,000	福建静轩	2013.06.06
佚名 印锦寿星立像	高56cm	230,000	福建静轩	2013.06.06
佚名 寿星、麻姑	高20cm	109,250	福建静轩	2013.06.06
摩诃迦叶	高102cm	23,000	北京翰海	2013.09.14
清乾隆 剔红暗八仙茶船	长21.3cm	90,735	中国嘉德	2013.10.06
清乾隆 剔红八仙祝寿如意	长40cm	239,798	保利香港	2013.04.07
清乾隆 剔红雕漆「太平有象」图如意	长39.8cm	493,125	香港苏富比	2013.10.08
清乾隆 剔红雕松下高士如意	长35cm	517,500	北京匡时	2013.12.05
清 金漆神仙人物纹如意	长45cm	34,500	中国嘉德	2013.09.16
生活用品				
宋 褐漆葵瓣式盘	宽17.5cm	148,500	香港佳士得	2013.05.29
宋 黑漆六瓣花口式盘	直径17.9cm	161,000	上海中汉	2013.10.17
宋 黑漆七瓣葵花盘	直径14.9cm	1,167,720	香港苏富比	2013.10.08
宋 黑漆折腰盘	直径15.3cm	394,500	香港苏富比	2013.10.08
宋 黑漆折腰撇口小盘	直径12.5cm	883,680	香港苏富比	2013.10.08
宋 剔黑雕漆牡丹图长方盘	直径22.7cm	1,735,800	香港苏富比	2013.10.08
宋 剔黑描金绶带鸟戏牡丹纹盘	直径18cm	295,498	纽约佳士得	2013.03.21
宋 朱漆葵式盘	宽17.6cm	926,640	香港佳士得	2013.05.29

(成交价RMB：1万元以上)

拍品名称	物品尺寸	成交价RMB	拍卖公司	拍卖日期
宋 朱漆梅花式盘		256,425	香港苏富比	2013.10.08
元 剔黑雕漆茶花图盘	直径16.8cm	1,451,760	香港苏富比	2013.10.08
元 剔红花鸟盘	直径18.3cm	92,000	北京保利	2013.06.05
元 剔红荔枝纹圆盘	直径24.8cm	2,449,845	中国嘉德	2013.10.06
元 剔红莲瓣纹圆盘	直径16cm	1,361,025	中国嘉德	2013.10.06
元 剔犀雕漆如意纹盘	长22.5cm	119,338	伦敦苏富比	2013.05.15
元/明初 剔红仙人纳凉图葵瓣式盘	宽19.2cm	974,160	香港佳士得	2013.05.29
元–明早期 剔黑螭龙纹四老图方盘	宽19cm	241,500	北京保利	2013.12.05
明 褐漆葵瓣式盘	直径17.8cm	517,500	中国嘉德	2013.11.19
明 黑漆嵌螺钿楼阁人物方盘	长40cm	207,000	中国嘉德	2013.11.19
明 剔黑凤穿牡丹长方盘	长40.5cm	115,000	北京保利	2013.06.06
明 剔黑花鸟长方盘	长38cm	287,500	北京保利	2013.06.05
明16世纪 剔红雕漆人物盘	长21cm	769,275	香港苏富比	2013.10.08
明弘治 剔黑花鸟大盘	直径41cm	3,450,000	北京保利	2013.06.05
明嘉靖 戗金彩漆龙凤寿字纹八棱盘	直径21.5cm	517,500	北京诚轩	2013.11.17
明末清初 黑漆嵌螺钿婴戏图盘	长22.8cm	20,700	中国嘉德	2013.09.16
明晚期 黑漆螺钿花鸟香盘	长27.3cm	57,500	北京保利	2013.12.05
明永乐 剔红花卉纹盘	直径20.7cm	747,500	中国嘉德	2013.11.19
明早期 剔红花鸟纹菱形盘	长18.5cm	483,000	中国嘉德	2013.05.11
明早期 剔红紫萼花纹盘	长29.5cm	1,344,000	天津文物	2013.11.22
16世纪 剔红雕漆“富贵锦鸡”图盘	长13.4cm	167,073	伦敦苏富比	2013.05.15
清 雕漆如意纹盘	直径25.5cm	25,300	北京保利	2013.04.28
清 黑漆嵌螺钿云龙纹大盘	直径35cm	172,500	北京亨申	2013.06.06
清 黑漆嵌五彩螺钿松下对弈图香盘	宽18.5cm	195,500	西泠拍卖	2013.07.12
清 剔黑唐狮戏牡丹托盘	长45.5cm	57,500	北京传是	2013.06.15
清 剔红福寿纹盘	直径33cm	17,250	中国嘉德	2013.09.17
清 剔红梅花诗文盘	长35.5cm	94,300	北京翰海	2013.12.06
清 剔犀如意纹轴盘	长37.8cm	23,000	北京保利	2013.06.06
清乾隆 剔红缠枝莲纹花卉盘	直径36cm	264,500	远方拍卖	2013.06.06
清乾隆 剔红吉祥富贵八宝纹供盘	直径34.5cm	747,500	北京翰海	2013.12.06
清雍正 黑漆描金龙纹长方文具盘	长46.5cm	322,000	北京保利	2013.12.05
清中期 黑漆描金山水纹篾胎都承盘	长31cm	69,000	中国嘉德	2013.11.17
雕漆诗文花口盘	长24cm	13,800	北京保利	2013.07.27
剔红花鸟纹盘	直径41.5cm	135,520	日本童梦	2013.12.03
剔犀雕漆大盘	直径33cm	188,160	日本童梦	2013.12.03
晚清 朱漆方盘	长17.5cm	56,592	罗芙奥	2013.11.26
清 黑漆嵌螺钿故事人物四方盘 (六件)	宽12cm	13,800	北京保利	2013.04.28
元末明初 剔犀盘 (一对)	宽13cm	10,350	北京保利	2013.04.27
明万历 锦地剔彩雕漆贺寿图盘	长25.7cm	978,360	香港苏富比	2013.10.08
明万历 戗金填漆赶珠云龙图盘	长20.8cm	978,360	香港苏富比	2013.10.08
宋 黑漆六瓣葵花盘	直径17.7cm	1,451,760	香港苏富比	2013.10.08
宋 黑漆六瓣盘	直径17.3cm	789,000	香港苏富比	2013.10.08
宋 黑漆六瓣盘	直径17.3cm	641,063	香港苏富比	2013.10.08
宋 黑漆六瓣梅花盘	直径15cm	1,025,700	香港苏富比	2013.10.08
宋 黑漆梅花盘	直径15cm	690,375	香港苏富比	2013.10.08
明中期 剔黑红漆花鸟纹盘成对	直径13cm	199,617	中国嘉德	2013.10.06
明万历 剔红婴戏图御制鎏金大碗	直径23cm	272,205	中国嘉德	2013.10.06
清 雕漆如意纹碗	直径13cm	25,300	北京保利	2013.07.27
清乾隆 御题套色雕漆碗	直径12.1cm	1,437,500	六朝艺宴	2013.07.07
明嘉靖 剔红雕漆锦地「荔枝」图高足杯	直径7.6cm	670,650	香港苏富比	2013.10.08
清乾隆 雕漆桃纹杯	宽11cm	23,000	北京保利	2013.10.27
清乾隆 剔红仿铜铺首纹爵杯	长8.5cm	544,410	中国嘉德	2013.10.06
清早期 剔犀小杯 (一对)	直径7cm	17,250	北京传是	2013.12.12
明15世纪 剔红雕漆花卉纹杯盏	长16.2cm	1,054,944	伦敦苏富比	2013.05.15
清康熙 黑漆嵌螺钿题诗山水纹杯盏(一对)	长15cm	131,271	伦敦苏富比	2013.05.15
清乾隆 铜胎剔红雕“汉宫春晓”图铺铜兽首衔白玉环钵	长42.5cm	1,035,000	北京东正	2013.05.10
清中期 剔红漆花卉嵌珐琅餐具	长26cm	69,000	北京翰海	2013.06.02

拍品名称	物品尺寸	成交价RMB	拍卖公司	拍卖日期
清乾隆 漆金木篮	直径29.5cm	108,868	纽约佳士得	2013.03.21
汉 大漆夹贮胎七子盒	尺寸不一	705,042	澳门新亚太	2013.11.24
宋 剔犀团花纹长方盖盒	长16.5cm	5,712,360	香港苏富比	2013.10.08
宋/元 剔犀雕漆“佛狮滚绣球”图圆盖盒	直径27cm	405,748	伦敦苏富比	2013.05.15
元 黑漆嵌螺钿菱花式盖盒	直径21.6cm；高18.2cm	287,500	北京保利	2013.06.05
元 剔红葵口过枝牡丹香盒	直径11cm	1,361,025	中国嘉德	2013.10.06
元 剔犀圆形盖盒	直径13.8cm	207,000	北京保利	2013.06.06
元/明 剔犀卷草纹盖盒	直径7.7cm	54,450	香港佳士得	2013.05.29
元代 剔红玉兰花圆盒	直径8.5cm	437,000	古天一	2013.06.04
元–明早期 剔红雕太狮图香盒	直径9.7cm	36,294	保利香港	2013.10.07
明 雕漆花卉小盖盒	直径7.5cm	34,500	北京保利	2013.04.28
明 雕漆菊花图盖盒	直径7cm	25,300	北京保利	2013.04.28
明 雕漆人物故事盖盒	长26cm	230,000	北京保利	2013.10.27
明 雕漆仕女婴戏盖盒	高8cm	92,000	北京保利	2013.10.27
明 剔红雕如意云纹香盒	直径4cm	27,221	保利香港	2013.10.07
明 剔红锦地大漆花鸟纹香盒	直径7.8cm	101,200	六朝艺宴	2013.07.07
明 剔红刻花卉纹盖盒	直径7cm	55,200	北京永乐	2013.05.12
明 剔红人物纹香盒	直径7.5cm	23,000	中国嘉德	2013.09.16
明 剔红寿星图香盒	直径5.6cm	11,500	中国嘉德	2013.09.16
明 剔红婴戏图节盒	高5.8cm	40,250	北京传是	2013.06.15
明 剔犀芝草纹香盒	直径6.5cm	36,294	保利香港	2013.10.07
明15世纪 剔红山水人物图小圆盒	直径7cm	257,400	香港佳士得	2013.05.29
明嘉靖 云龙纹剔犀葵口盒	直径45cm	103,500	翰风国际	2013.04.21
明末清初 黑漆嵌螺钿锦地纹香盒	直径4.1cm	161,000	北京保利	2013.06.06
明晚期 黑漆嵌白铜「雀屏中选」长方盒	长66cm	172,500	北京保利	2013.12.05
明晚期 黑漆嵌骨山水人物长方盒	长34cm	11,500	中国嘉德	2013.03.23
明晚期 黑漆嵌螺钿仕女图香盒	直径4.9cm	34,500	中国嘉德	2013.09.16
明晚期 剔红道教人物八角盖盒	高16.5cm	57,500	北京保利	2013.06.06
明晚期 剔红婴戏香盒	直径8.4cm	80,500	北京保利	2013.06.06
明万历 剔彩云龙戏珠纹圆盖盒	直径32.7cm	1,354,320	香港佳士得	2013.05.29
明永乐 大明永乐年制铭剔红牡丹纹圆盒	直径27cm	2,070,000	中国嘉德	2013.11.19
明永乐 剔红高士人物小盖盒	直径8.2cm	138,000	北京保利	2013.06.05
明早期 剔红荔枝纹香盒	直径7.4cm	46,000	中国嘉德	2013.09.16
明早期 剔红萱草花圆盒	直径6.2cm	251,914	易拍好台北	2013.04.14
明早期 剔犀如意纹香盒	直径6.5cm	25,300	中国嘉德	2013.03.25
明中期 黑漆嵌螺钿高士图四撞菱形套盒	高23.5cm	272,205	中国嘉德	2013.10.06
明中期 剔犀如意云纹香盒	直径11cm	290,352	中国嘉德	2013.10.06
明中期 剔犀双面如意云纹香盒	直径7.5cm	117,956	中国嘉德	2013.10.06
清 大漆戗金花鸟盖盒	高30cm	23,000	北京传是	2013.12.12
清 大漆描金彩开光人物纹博弈盒	长37.5cm	78,400	北京荣宝	2013.09.08
清 大漆剔绿人物故事方盒	长32cm	11,500	北京传是	2013.12.12
清 雕漆人物盖盒	直径19.5cm	13,800	北京保利	2013.07.27
清 雕漆如意纹盖盒	长18cm	13,800	北京保利	2013.07.27
清 黑漆嵌螺钿提盒	高28cm	10,350	北京保利	2013.07.28
清 黑漆嵌螺钿香具盒	高15cm	20,700	西泠拍卖	2013.07.12
清 井池端砚连剔红锦地纹盒	长40cm	552,000	北京匡时	2013.12.04
清 康熙 龙纹漆盒	高21cm	180,780	大唐香港	2013.11.28
清 漆器食盒	长41cm	134,400	迦南国拍	2013.06.12
清 藤编髹漆长方盒	长34.5cm	78,200	中国嘉德	2013.11.17
清 剔彩花卉盖盒	直径12cm	63,250	北京保利	2013.07.28
清 剔彩描金螭龙纹香盒	直径4.2cm	28,750	西泠拍卖	2013.07.12
清 剔红大捧盒	直径36cm	115,000	北京保利	2013.12.05
清 剔红方胜盒	长14.6cm	46,000	西泠拍卖	2013.07.12
清 剔红人物故事方盒	长36cm	80,500	北京传是	2013.12.12
清 剔红人物盒	直径7cm	51,750	北京匡时	2013.06.04

2013杂项拍卖成交汇总

(成交价RMB：1万元以上)

拍品名称	物品尺寸	成交价RMB	拍卖公司	拍卖日期
清 剔红山水楼阁图梅花形香盒	直径6.4cm	11,500	中国嘉德	2013.06.16
清初 雕填漆龙纹长方盖盒	长35.5cm	58,978	保利香港	2013.10.07
清乾隆 彩漆戗金云龙纹盒	长53cm	805,000	中国嘉德	2013.06.16
清乾隆 雕漆高士对弈海棠形盖盒	宽17cm	11,500	北京保利	2013.07.28
清乾隆 戗金填漆八吉祥连福图菊式盖盒	长45.7cm	345,188	香港苏富比	2013.10.08
清乾隆 剔红蝉纹盖盒	直径17cm	368,000	北京保利	2013.12.06
清乾隆 剔红雕“春”字双龙纹寿桃形宝盒	长38cm	2,070,000	北京东正	2013.11.16
清乾隆 剔红雕漆海水狮子图圆盖盒	长21.2cm	473,400	香港苏富比	2013.10.08
清乾隆 剔红雕漆荔枝纹盖盒	长8cm	71,603	伦敦苏富比	2013.05.15
清乾隆 剔红海堂式人物香盒	长13cm	108,882	中国嘉德	2013.10.06
清乾隆 剔红花卉四方盒	长17cm	460,000	古天一	2013.06.04
清乾隆 剔红九老图圆盒	直径24.6cm	1,265,000	古天一	2013.06.04
清乾隆 剔红人物盖盒	宽20cm	10,350	北京保利	2013.04.27
清乾隆 剔红石榴盖盒	长8cm	81,662	中国嘉德	2013.10.06
清乾隆 剔红双龙戏珠套盒	高11.4cm	589,778	保利香港	2013.10.07
清乾隆 剔红桃型三多图盒	长15.5cm	79,847	中国嘉德	2013.10.06
清乾隆 剔红仙寿宝盒	直径25cm	635,145	中国嘉德	2013.10.06
清乾隆 剔红渔家乐图盒	直径17cm	80,500	中国嘉德	2013.09.16
清乾隆 御制剔彩八仙庆寿桃式套盒	宽46.1cm	4,353,145	纽约佳士得	2013.03.21
清晚期 黑漆描金人物四方盒	长53cm	20,700	北京保利	2013.04.28
清早期 竹篾编黑漆彩绘人物故事盖盒	长40cm	89,600	北京荣宝	2013.03.31
清中期 黑漆嵌螺钿山水人物方盒	长21cm	71,300	中国嘉德	2013.11.17
清中期 剔红雕荔枝纹香盒	直径6.3cm	90,735	保利香港	2013.10.07
清中期 剔红雕云林洗桐图花式盖盒	长24.3cm	90,735	保利香港	2013.10.07
清中期 剔红团龙四季花卉捧盒	直径29cm；高17cm	920,000	北京匡时	2013.12.04
17世纪 黑漆嵌镙钿葵式盖盒	直径7.1cm	701,750	香港苏富比	2013.04.08
17世纪 黑漆嵌螺钿竹编人物图八方盖盒	宽31.5cm	345,188	香港苏富比	2013.10.08
17世纪 黑漆嵌玉石双鹤喻寿花蝶纹长方盖盒	长28cm	493,125	香港苏富比	2013.10.08
18世纪 填漆戗金云龙纹菊瓣式盒	直径45.5cm	186,630	纽约佳士得	2013.03.21
变形龙纹漆盒		10,000	北京保利	2013.01.20
近代 雕漆龙纹盖盒	直径16.7cm	1,150,000	北京匡时	2013.06.05
剔红狮子盖盒	宽24cm	225,120	日本童梦	2013.12.03
晚明 剔红瑶台祝寿图圆盒	直径28.5cm	155,525	纽约佳士得	2013.03.21
16世纪 剔红雕漆“花卉图”盖盒	长5.6cm	300,750	香港苏富比	2013.04.08
清乾隆 龙纹戗金漆盒(一对)	直径44.5cm×2	368,000	北京匡时	2013.12.05
清乾隆 戗金填漆缠枝莲纹圆盖盒(一对)	直径13cm	316,800	香港佳士得	2013.05.29
清乾隆 素朱漆“寿菊”盖盒(一对)	长26cm	711,252	伦敦苏富比	2013.05.15
清乾隆 剔红竹林七贤兰亭修禊图方盖盒(一对)		739,688	香港苏富比	2013.10.08
清乾隆 剔红高士休憩图桃形盖盒(一对)	长18cm	124,420	纽约佳士得	2013.03.21
清中期 剔红龙纹方盒(一对)	长7.5cm	230,000	北京保利	2013.12.06
几何纹方形漆盒(一对)		10,000	北京保利	2013.01.20
几何纹漆盒(一对)		10,000	北京保利	2013.01.20
清早期 黑漆螺甸五层盒(一套)	高17.2cm	322,000	翰风国际	2013.04.21
清康熙 戗金填漆「赶珠云龙」图菊式盖盒《大明万历壬辰年制》仿款	长45.8cm	493,125	香港苏富比	2013.10.08
明万历 剔彩海水游龙纹长方盖盒《大明万历壬辰年制》款	长32.5cm	3,818,760	香港苏富比	2013.10.08
清乾隆 剔红云龙宝盒《大清乾隆年制》填金楷书刻款	直径17cm	1,320,480	罗芙奥	2013.11.24
清康熙 黑漆嵌螺钿「桃源仙境」图盖盒「桃源洞」字	长45.5cm	414,225	香港苏富比	2013.10.08

拍品名称	物品尺寸	成交价RMB	拍卖公司	拍卖日期
明 剔红胡人戏狮盖盒原盒	直径8cm	1,265,000	北京匡时	2013.12.04
清 锡制三镶刻花卉诗文壶	长17cm	69,000	西泠拍卖	2013.07.12
宋 剔黑雕漆「双凤穿花」图长方盒	长24.1cm	3,440,040	香港苏富比	2013.10.08
明成化 赭地剔彩「穿莲翼龙」图长方盒	长32.1cm	6,659,160	香港苏富比	2013.10.08
清18世纪 剔红雕漆花鸟「子母鸡图」方盆	长38cm	374,775	香港苏富比	2013.10.08
民国 雕漆百宝盆景(一对)	高36cm	11,500	北京保利	2013.07.27
明 漆器丹瓶	长11cm	134,400	迦南国拍	2013.06.12
清 雕漆人物瓶	高37.5cm	11,500	北京保利	2013.07.27
清 漆器玳瑁开光葫芦瓶	高34.5cm	565,000	辽宁建投	2013.11.24
清 剔红开光人物瓶	高47cm	17,250	北京保利	2013.07.27
清 铜胎剔红花卉纹开光人物图瓶	高22.5cm	138,000	苏州东方	2013.09.28
清乾隆 剔彩人物瓶	高22cm	115,000	北京保利	2013.04.27
清中期 铜胎剔红御题诗壁瓶	高17cm	402,500	古天一	2013.12.05
清 剔红人物高士图四方瓶(一对)	高31cm	108,882	保利香港	2013.10.07
清乾隆 剔红琴棋书画海棠式瓶(一对)	高31.4cm	3,228,050	保利香港	2013.04.07
清乾隆 剔红山水人物纹瓶(一对)	长13cm×2	118,800	中信国际	2013.05.28
清乾隆 剔红山水人物香插	高43cm	287,500	北京保利	2013.12.06
宋 黑漆六瓣葵花盏托	直径16.8cm	591,750	香港苏富比	2013.10.08
宋 剔红花卉纹盏托	直径17.3cm	635,145	保利香港	2013.10.07
清 漆八宝烛台(一对)	高44cm	172,500	北京保利	2013.12.06
云纹匜(漆)		10,000	北京保利	2013.01.20
明治期 莳绘篆香炉	直径7.5cm	28,750	北京匡时	2013.12.04
家具				
漆器花瓶灯座(一对)	全高54cm	12,000	上海驰翰	2013.04.25
清 锦地开光携琴访友剔红多宝格	长35.2cm	282,960	罗芙奥	2013.11.26
清乾隆 剔红漆花卉帽架	高29.2cm	437,000	北京翰海	2013.06.02
清18世纪 黑漆嵌瓷对联屏		591,750	香港苏富比	2013.10.08
明嘉靖 多彩龙纹漆箱	长26.7cm	5,690,640	香港佳士得	2013.11.27
明万历 漆嵌螺钿龙纹箱	长36cm	172,500	北京匡时	2013.06.05
清 朱漆描金龙凤纹宝箱	长50.5cm	218,500	远方拍卖	2013.06.06
清乾隆 剔彩松鹤博古提箱	长36.5cm	1,150,000	北京保利	2013.06.04
清乾隆 剔红雕漆「瑞狮戏球」图多宝格箱	宽34.8cm	473,400	香港苏富比	2013.10.08
18世纪/19世纪 御制漆金木龙凤呈祥盝顶箱	高43.2cm	66,098	纽约佳士得	2013.03.21
清光绪 御制漆金彩绘双龙戏珠纹盝顶箱配座	高104.4cm	466,575	纽约佳士得	2013.03.21
清乾隆 御制剔红九龙纹带屉长方提匣	高26cm	505,456	纽约佳士得	2013.03.21
19世纪(日本) 莳绘漆山水楼阁小多宝阁	长39.5cm	57,500	北京保利	2013.06.06
文房用品				
清乾隆 戗金彩绘龙纹倭角笔筒	高16.7cm	28,750	北京翰海	2013.12.08
17世纪 朱漆锦地剔黑「凤凰」杂宝纹笔筒	高13.7cm	542,438	香港苏富比	2013.10.08
民国 大漆百宝嵌诗文笔筒	高19.3cm	23,000	北京传是	2013.12.12
其他用品				
民国 “鸿”字紫漆鸽哨九星(四对)	尺寸不一	402,500	中国嘉德	2013.11.17
民国 “鸿”字紫漆鸽哨七星五对、二筒一对	尺寸不一	460,000	中国嘉德	2013.11.17
民国 “鸿”字紫漆鸽哨十一眼五对及“祥”字紫漆鸽哨十五眼一对	尺寸不一	460,000	中国嘉德	2013.11.17
清乾隆 大漆描金六角佛龛	高57cm	552,000	中国嘉德	2013.11.19
18世纪 填漆戗金花卉纹如意形手镜	长43.8cm	77,763	纽约佳士得	2013.03.21
清晚期 韩小山制诗文竹漆笛萧	宽63.5cm	20,700	北京匡时	2013.12.05
清咸丰 御制红漆描金云龙纹排箫	宽37cm	230,000	北京保利	2013.12.06
18世纪 剔彩喜上眉梢唾盂	直径5.2cm	62,210	纽约佳士得	2013.03.21
19世纪(日本) 漆地莳绘嵌百宝竹林七贤大画筒(一对)	高46.5cm	69,000	北京保利	2013.06.06

拍品名称	物品尺寸	成交价RMB	拍卖公司	拍卖日期
清 混金牌(两对)	尺寸不一	17,250	中国嘉德	2013.11.17
匏器				
清康熙 御制模印葫芦团寿莲纹碗	直径10.8cm	501,250	香港苏富比	2013.04.08
清道光 官模子"介尔景福"方匏盂	直径7.1cm	94,300	中国嘉德	2013.11.17
清道光 官模子笸箩纹鱼篓式札嘴葫芦	长9.5cm	322,000	中国嘉德	2013.11.17
清道光 官模子八方篆文扎嘴葫芦	直径6.7cm	552,000	中国嘉德	2013.11.17
清道光 官模子蝈蝈葫芦(三具)	尺寸不一	1,035,000	中国嘉德	2013.11.17
清道光 官模子兰竹诗文图油壶鲁葫芦	高10.4cm	109,250	北京诚轩	2013.11.17
清道光 模印葫芦卷草纹蟋蟀罐	高10.8cm	120,300	香港苏富比	2013.04.08
清咸丰 三河刘棒子式小蝈蝈葫芦成对	尺寸不一	368,000	中国嘉德	2013.11.17
清咸丰 三河刘和尚头式油壶鲁葫芦(两具)	尺寸不一	667,000	中国嘉德	2013.11.17
清咸丰 三河刘蛐蛐葫芦	高11cm	101,200	北京诚轩	2013.05.11
清中期 安肃模万福流云纹蝈蝈葫芦	高12cm	161,000	北京诚轩	2013.05.11
清 紫红鹰水葫芦(两具)	尺寸不一	230,000	中国嘉德	2013.11.17
清 葫芦鸽子哨	长9.6cm	23,000	北京翰海	2013.06.02
清 葫芦配漆金瓢	长20cm	10,350	北京匡时	2013.09.12
清 葫芦镶宝虫罐	高14.6cm	172,500	南京经典	2013.01.25
清 匏模钟鼎插花蝈蝈葫芦	高13cm	57,500	北京翰海	2013.06.02
清 蛐蛐葫芦	高14.8cm	18,723	保利香港	2013.04.07
晚清 官模子蝈蝈葫芦(九具)	尺寸不一	805,000	中国嘉德	2013.11.17
晚清 官模子蝈蝈葫芦(九具)	尺寸不一	667,000	中国嘉德	2013.11.17
晚清 官模子蝈蝈葫芦(九具)	尺寸不一	632,500	中国嘉德	2013.11.17
晚清 官模子蝈蝈葫芦(四具)	尺寸不一	483,000	中国嘉德	2013.11.17
晚清 官模子蝈蝈葫芦(四具)	尺寸不一	460,000	中国嘉德	2013.11.17
晚清 官模子蛐蛐葫芦(四具)	尺寸不一	287,500	中国嘉德	2013.11.17
晚清 六方博古纹葫芦	直径8.1cm	92,000	中国嘉德	2013.11.17
清末至民国"鸣"字深紫漆大葫芦鸽哨	直径10.3cm	80,500	中国嘉德	2013.11.17
郝鸿仁 模制祝寿图荸荠扁黑虫葫芦	高19cm	67,200	北京荣宝	2013.06.23
花模云蝠纹鸡心蝈蝈葫芦	高13cm	22,400	北京荣宝	2013.03.31
勒脖本长鸡心瓶蝈蝈葫芦	高18cm	16,800	北京荣宝	2013.03.31
民国"鸿"字葫芦两对及截口三对	尺寸不一	782,000	中国嘉德	2013.11.17
民国"文"字葫芦四对、截口九具，及"祥"字截口一具	尺寸不一	747,500	中国嘉德	2013.11.17
民国"文"字葫芦一对及截口三对	尺寸不一	437,000	中国嘉德	2013.11.17
民国"祥"字葫芦鸽哨(六对)	尺寸不一	713,000	中国嘉德	2013.11.17
民国"祥"字火绘草虫大葫芦成对	高9.3cm	126,500	中国嘉德	2013.11.17
民国 "祥"字王世襄火绘草虫葫芦(八支)	尺寸不一	368,000	中国嘉德	2013.11.17
民国 弘一法师款葫芦	高44cm	123,200	迦南国拍	2013.06.12
民国 匏器蝈蝈葫芦	长17cm	34,500	北京传是	2013.06.15
民国 押花葫芦"凤凰牡丹"图瓶	高23.9cm	120,300	香港苏富比	2013.04.08
民国 押花葫芦"山水"图蟋蟀罐	高13.3cm	150,375	香港苏富比	2013.04.08
民国 押花葫芦"山水"图蟋蟀罐	高13.4cm	80,200	香港苏富比	2013.04.08
匏器摆件带紫檀盖座	高11.5cm	28,750	中国嘉德	2013.09.14
现代 王世襄火绘葫芦片嵌镶红木圆盒成对及王世襄火绘葫芦别针	尺寸不一	322,000	中国嘉德	2013.11.17
织绣				
明 彩绣山水人物挂屏(一对)	高116cm	402,500	中国嘉德	2013.05.12
明 顾绣群仙贺寿图	长125cm	230,000	北京保利	2013.06.05
明 红地过肩龙袍	长210cm	230,000	中国嘉德	2013.09.15
明 红地织锦仙山楼阁	宽22.5cm	92,000	中国嘉德	2013.05.12
明 缂丝福禄寿观太极	长92cm	138,000	上海嘉泰	2013.07.05
明 缂丝翎毛花卉图	高131cm	460,000	北京保利	2013.06.05
明 青碧斋顾绣关公周仓像	高130cm	690,000	中国嘉德	2013.05.12
明15世纪/16世纪 刺绣花鸟图挂屏	长94cm	46,658	纽约佳士得	2013.03.21
明初 刺绣獬豸方补	长51cm	188,100	香港佳士得	2013.05.29
明末清初 闻香寺刺绣佛教故事袈裟	高113cm	1,127,000	中国嘉德	2013.05.12
明末清初 织金蟒纹锦	宽138cm	40,250	中国嘉德	2013.11.19
明万历 满绣江山万代龙纹圆补	高34.5cm	598,000	中国嘉德	2013.05.12

拍品名称	物品尺寸	成交价RMB	拍卖公司	拍卖日期
明早期 红地绣金飞龙方补	高19cm	517,500	中国嘉德	2013.05.12
明早期 缂丝仕女图(两件)	宽37cm	57,500	中国嘉德	2013.05.12
清初 织锦文官一品丹鹤朝阳方补(两件)	长41cm	188,100	香港佳士得	2013.05.29
清初红色万字回文地纳补织锦千佛袈裟	高310cm	690,000	中国嘉德	2013.05.12
清初 顾绣狩猎图	高102cm;	69,000	中国嘉德	2013.05.12
清初 顾绣群仙祝寿图	长132cm	563,500	北京诚轩	2013.05.11
清早期 织锦妆花缎升蟒	高146cm	69,000	中国嘉德	2013.11.19
清早期 织锦妆花缎蟒纹镜心	高117cm	207,000	中国嘉德	2013.11.19
清早期 织锦仙鹤桌围	高67cm	80,500	中国嘉德	2013.11.19
清早期 织锦蟒纹镜心	高106.5cm	437,000	中国嘉德	2013.05.12
清早期 月白缎织彩云金龙纹吉服袍	长193.5cm	379,500	中国嘉德	2013.03.24
清早期 蓝缎绘花蝶纹褂	长171cm	36,800	中国嘉德	2013.03.24
清早期 黄缎绣花卉团凤纹女服	长117cm	32,200	中国嘉德	2013.03.24
清早期 黄缎绣花卉团凤纹女服	长162cm	11,500	中国嘉德	2013.03.24
清早期 黄地织九龙壁挂	高170cm	1,380,000	中国嘉德	2013.05.12
清早期 红缎织彩云金龙纹吉服袍残片	长132cm	55,200	中国嘉德	2013.09.15
清早期 红缎织彩云金龙纹吉服袍残片	长130cm	17,250	中国嘉德	2013.09.15
清早期 红缎织彩云金龙纹吉服袍	长138cm	172,500	中国嘉德	2013.09.15
清早期 红缎织彩云金龙纹吉服袍	长224cm	92,000	中国嘉德	2013.09.15
清早期 红缎织彩云金龙纹吉服褂	长182cm	78,200	中国嘉德	2013.03.24
清早期 粉红缎织彩云金龙纹吉服袍	长140cm	57,500	中国嘉德	2013.03.24
清早期 打籽绣花卉香囊	长24.5cm	40,250	中国嘉德	2013.05.12
清早期 橙红缎织彩云金龙纹吉服袍	长186cm	80,500	中国嘉德	2013.09.15
清早期 藏蓝色织锦云龙	高81cm	92,000	中国嘉德	2013.11.19
清早期 八达晕纹织锦	宽278cm	69,000	中国嘉德	2013.11.19
清康熙 御制石青缎绣彩云杂宝金龙纹吉服袍		1,167,720	香港苏富比	2013.10.08
清康熙 双龙纹织锦(一幅)	长136cm	115,000	北京保利	2013.06.06
清康熙 铺金彩绣一品团鹤纹圆补	直径33cm	138,000	中国嘉德	2013.11.19
清康熙 粉红缎绣彩云金蟒纹吉服袍		493,125	香港苏富比	2013.10.08
清康熙 刺绣文官二品锦鸡方补	长49cm	376,200	香港佳士得	2013.05.29
清康熙 彩绣五品白鹇补	高35.4cm	345,000	中国嘉德	2013.05.12
清雍正-乾隆 缂丝盘金线长寿佛真身像	高125cm	1,380,000	远方拍卖	2013.12.01
清雍正 藏青缎地织锦双升龙	宽123cm	78,200	中国嘉德	2013.11.19
清乾隆/嘉庆 石青缎绣彩云龙纹甲		1,441,717	纽约佳士得	2013.03.21
清乾隆/嘉庆 纳纱绣文官四品云雁纹方补(一对)	长28.6cm×2	85,539	纽约佳士得	2013.03.21
清乾隆 御制杏地绣松鹤长春图宝座垫套	宽80cm	544,338	纽约佳士得	2013.03.21
清乾隆 御制明黄缎缂丝十二纹章绣金龙纹吉服袍		1,830,480	香港苏富比	2013.10.08
清乾隆 御制描金云龙纹红绢(三张)	长64cm	108,900	香港佳士得	2013.05.29
清乾隆 御制蓝缎绣锦地五彩云蝠暗八仙金龙纹吉服袍		2,777,280	香港苏富比	2013.10.08
清乾隆 御制绛色地缂丝团龙三多瑞果挂帐	长318cm	2,990,000	北京保利	2013.12.04
清乾隆 杏黄色地夔龙万福吉莲锦	高144cm	230,000	中国嘉德	2013.11.19
清乾隆 香色缂丝十二章纹吉服袍		660,240	罗芙奥	2013.11.24
清乾隆 盘金绣五龙捧寿靠垫	宽74cm	184,000	中国嘉德	2013.11.19
清乾隆 明黄地云锦龙袍	长139cm	287,500	中国嘉德	2013.09.15
清乾隆 缂丝御制诗文条幅	高108.5cm	598,000	中国嘉德	2013.05.12
清乾隆 缂丝御题诗	长120cm	218,500	北京传是	2013.12.12
清乾隆 缂丝花鸟	高248cm	1,383,450	保利香港	2013.04.07
清乾隆 桔色缎地织蟒	高136cm	17,250	中国嘉德	2013.11.19
清乾隆 黄缎彩绣龙纹捧寿	高67cm	264,500	中国嘉德	2013.05.12
清乾隆 黄地龙纹织锦(一对)	长190cm	230,000	北京东正	2013.05.10
清乾隆 黄地彩绣万福如意花卉纹屏	宽126cm	172,500	中国嘉德	2013.11.19
清乾隆 红地描金龙纹宫绢(两张)	长63cm	43,700	北京华辰	2013.05.09

2013杂项拍卖成交汇总

(成交价RMB：1万元以上)

拍品名称	物品尺寸	成交价RMB	拍卖公司	拍卖日期
清乾隆 红地彩绣龙纹挂屏	高244cm	483,000	中国嘉德	2013.05.12
清乾隆 戳纱绣寿山福海帏帐	宽271cm	3,450,000	中国嘉德	2013.05.12
清乾隆 彩绣翠鸟鸭憩图	高177cm	862,500	中国嘉德	2013.05.12
清中期 石青色刺绣朝服	长148cm	230,000	中国嘉德	2013.09.15
清中期 石青缎绣团龙纹袍	长150cm	80,500	中国嘉德	2013.06.15
清中期 群仙祝寿缂丝	长158cm	109,250	北京保利	2013.10.26
清中期 明黄地御用九龙坐褥	长121cm	126,500	中国嘉德	2013.09.15
清中期 明黄地盘金绣正龙捧寿椅背垫	长73cm	138,000	中国嘉德	2013.09.15
清中期 绿纱织彩云金龙纹吉服袍料	长272cm	69,000	中国嘉德	2013.03.24
清中期 蓝色万字锦地缂丝织金龙袍	高150cm	287,500	中国嘉德	2013.11.19
清中期 蓝地彩绣玉堂富贵图	高240cm	575,000	中国嘉德	2013.05.12
清中期 桔红缎绣云蝠金龙纹吉服袍	长212cm	23,000	中国嘉德	2013.03.24
清中期 金地缂丝万字如意纹龙袍	长203cm	138,000	中国嘉德	2013.09.15
清中期 黄缎彩绣彩云金龙纹袍裙(一套)	尺寸不一	46,000	中国嘉德	2013.06.15
清中期 黄地彩绣缠枝牡丹纹坐垫	高131cm	287,500	中国嘉德	2013.11.19
清中期 红呢地太狮少狮桌围	高88cm	57,500	中国嘉德	2013.05.12
清中期 红缎绣花卉团鹤纹一品夫人袍	长184.5cm	89,700	中国嘉德	2013.03.24
清中期 红地三蓝绣花卉	高68cm	25,300	中国嘉德	2013.11.19
清中期 红地彩绣仙鹤高升一品图	宽82cm	92,000	中国嘉德	2013.05.12
清中期 褐缎织暗八仙彩云金龙纹袍	长190cm	345,000	中国嘉德	2013.03.24
清中期 大红缎地彩绣团花女吉袍	宽189cm	172,500	中国嘉德	2013.05.12
清中期 大红缎地彩绣团鹤女袍	宽199cm	172,500	中国嘉德	2013.05.12
清中期 刺绣博古图	长100cm	437,000	中国嘉德	2013.11.19
清中期 缠枝莲地缂丝文官一品仙鹤纹补(一对)	宽32cm	92,000	中国嘉德	2013.11.19
清中期 彩绣麻姑"桃源贞妙元君"	高62cm	172,500	中国嘉德	2013.05.12
清中期 彩绣博古图	高96cm	57,500	中国嘉德	2013.05.12
清嘉庆-道光 明黄缎绣彩云金龙纹吉服袍料	长298cm	897,000	中国嘉德	2013.03.24
清嘉庆 五彩满绣祥云纹团龙补	直径29.5cm	69,000	中国嘉德	2013.11.19
清嘉庆 明黄地带十二章刺绣龙袍	长197cm	345,000	中国嘉德	2013.09.15
清嘉庆 缉珍珠刺绣四品云雁补	高29cm	71,300	中国嘉德	2013.11.19
清道光八年(1828年)织锦圣旨卷轴	长314.2cm	47,735	伦敦苏富比	2013.05.15
清道光 湖水绿缎盘金绣龙纹袍	长206cm	86,250	中国嘉德	2013.06.15
清道光 刺绣麻姑献寿图挂屏	长34.3cm	77,763	纽约佳士得	2013.03.21
清道光 彩绣八仙祝寿图挂帐	高355cm	80,500	中国嘉德	2013.11.19
清光绪 蓝缎绣云蝠八吉祥金蟒纹吉服袍		256,425	香港苏富比	2013.10.08
清光绪 蓝地缎绣五蟒袍	高135.3cm	594,000	香港佳士得	2013.05.29
清 竹林仙鹤图粤绣	长221cm	23,000	中国嘉德	2013.03.24
清 朱地金丝袈裟	长260cm	253,000	中国嘉德	2013.09.15
清 织绣团龙龙袍	长145cm	63,250	北京保利	2013.10.26
清 织绣四斗方	高48cm	17,250	中国嘉德	2013.05.12
清 织绣龙袍残片(两组)	尺寸不一	11,500	中国嘉德	2013.09.15
清 织团寿纹暗花缎刺绣花卉边衬衣	高135cm	103,500	中国嘉德	2013.11.19
清 织锦寿字纹扇套	长30cm	20,700	北京传是	2013.06.15
清 织锦龙袍	长200cm	23,000	北京保利	2013.10.26
清 丈青龙袍	长143cm	20,700	北京匡时	2013.12.05
清 粤绣女服	高98cm	86,250	中国嘉德	2013.05.12
清 粤绣花鸟图(两件)	高41cm	437,000	中国嘉德	2013.05.12
清 粤绣花鸟图	高111cm	184,000	中国嘉德	2013.05.12
清 粤绣花鸟图	高122cm	82,800	中国嘉德	2013.11.19
清 约1900年 御用编丝绒掐金线龙纹地毯	长267cm	238,675	伦敦苏富比	2013.05.15
清 绣夔龙纹袍残片	长80cm	11,500	中国嘉德	2013.09.15
清 湘绣花鸟四条屏	高158cm	345,000	中国嘉德	2013.05.12
清 湘绣花鸟四斗方	宽51cm	69,000	中国嘉德	2013.05.12
清 团龙纹织锦	宽69cm	40,250	中国嘉德	2013.12.14
清 团花纹织锦	宽67cm	20,700	中国嘉德	2013.12.14

拍品名称	物品尺寸	成交价RMB	拍卖公司	拍卖日期
清 团花纹织锦	宽69cm	17,250	中国嘉德	2013.12.14
清 团凤纹 花鸟纹桌帷各一件	尺寸不一	11,500	中国嘉德	2013.09.15
清 提花黄绸氅衣	长159cm	13,800	中国嘉德	2013.03.24
清 提花白绸打籽绣花卉纹马夹	长66cm	46,000	中国嘉德	2013.03.24
清 提花白绸打籽绣花蝶纹氅衣	长152cm	23,000	中国嘉德	2013.03.24
清 苏绣婴戏图(一对)	长193cm	82,800	北京传是	2013.12.12
清 双色金彩绣白娴补子(一对)	高29cm	28,750	中国嘉德	2013.05.12
清 十二章龙袍	高157cm	172,500	远方拍卖	2013.12.01
清 山西产绿缎打籽绣花卉纹马面裙	长125cm	20,700	中国嘉德	2013.03.24
清 山水楼阁人物纹织锦	长95cm	13,800	中国嘉德	2013.09.15
清 平金霞披	长108cm	20,700	中国嘉德	2013.09.15
清 平金霞披	长106cm	13,800	中国嘉德	2013.09.15
清 平金文官补子(一对)	长27.5cm	11,500	中国嘉德	2013.09.15
清 平金龙袍	长183cm	69,000	中国嘉德	2013.09.15
清 盘金银绣孔雀三品补子(一对)	高27.5cm	40,250	中国嘉德	2013.05.12
清 盘金银彩绣云雁四品补子(一对)	高30cm	36,800	中国嘉德	2013.05.12
清 盘金绣孔雀羽灯笼图	宽104cm	23,000	中国嘉德	2013.11.19
清 盘金绣补子(一对)	长22cm	20,700	中国嘉德	2013.03.24
清 盘金彩绣灯笼纹图	宽100cm	207,000	中国嘉德	2013.11.19
清 藕荷色地彩绣团花女服	宽142cm	78,200	中国嘉德	2013.11.19
清 纳纱绣武官三品豹纹补子(一对)	宽30.5cm	23,000	中国嘉德	2013.11.19
清 纳纱绣寿字香囊(一对)	宽11cm	34,500	中国嘉德	2013.05.12
清 纳纱绣龙袍	长230cm	74,750	北京保利	2013.10.26
清 纳纱绣锦地寿字扇套	长42.5cm	17,250	中国嘉德	2013.05.12
清 纳纱寿字扇套及香囊(一对)	长48cm	40,250	中国嘉德	2013.05.12
清 明黄地刺绣网格纹十二章纹龙袍	长128cm	402,500	中国嘉德	2013.09.15
清 满族紫色"福禄万代"长袍	高140cm	115,000	远方拍卖	2013.12.01
清 绿地彩绣龙纹(一对)	高71cm	69,000	中国嘉德	2013.11.19
清 龙纹座垫	长77cm	43,700	北京保利	2013.10.26
清 蓝色甲胄	尺寸不一	92,000	中国嘉德	2013.09.15
清 蓝缎织云龙纹袍(两件)	尺寸不一	51,750	中国嘉德	2013.03.24
清 蓝缎织云鹤龙纹袍	长134cm	17,250	中国嘉德	2013.12.14
清 蓝缎织彩云金龙纹袍	长207cm	23,000	中国嘉德	2013.03.24
清 蓝缎织八宝云龙纹袍	长200cm	46,000	中国嘉德	2013.03.24
清 蓝缎织八宝云鹤金龙纹袍	长197.5cm	17,250	中国嘉德	2013.06.15
清 蓝缎绣彩云金龙纹袍服料(三片)	尺寸不一	34,500	中国嘉德	2013.06.15
清 蓝地织锦龙纹椅披	高157.5cm	101,200	中国嘉德	2013.11.19
清 蓝地织锦龙袍	长142cm	17,250	中国嘉德	2013.09.15
清 蓝地贴绣荷花梅花扇套及蓝地万寿扇套(一对)	尺寸不一	28,750	中国嘉德	2013.05.12
清 蓝地平绣龙袍	长210cm	74,750	北京保利	2013.10.26
清 蓝地缂丝龙袍	长218cm	40,250	中国嘉德	2013.09.15
清 蓝地戳纱万字纹龙袍	高143cm	115,000	中国嘉德	2013.09.15
清 蓝地彩绣荷包(两件一组)	长27c	20,700	中国嘉德	2013.05.12
清 拉锁绣花卉草虫扇套	长31cm	10,350	北京传是	2013.06.15
清 缂丝云龙纹片	长151cm	13,800	中国嘉德	2013.06.15
清 缂丝维摩图	高56cm	57,500	北京华辰	2013.11.17
清 缂丝寿星童子图	高108.5cm	69,000	中国嘉德	2013.11.19
清 缂丝十八学士四条屏	长160cm	103,500	北京传是	2013.12.12
清 缂丝山水小景(一对)	高59cm	23,000	中国嘉德	2013.05.12
清 缂丝三国故事(八屏)	长153.5cm	322,000	北京保利	2013.06.06
清 缂丝人物纹对联	尺寸不一	11,500	中国嘉德	2013.03.24
清 缂丝牡丹寿石图	长54cm	73,784	保利香港	2013.04.06
清 缂丝花蝶图	长33cm	13,800	北京保利	2013.10.26
清 缂丝海水云龙	高171cm	80,500	中国嘉德	2013.11.19
清 缂丝鹌鹑八品补子(一对)	高27.5cm	51,750	中国嘉德	2013.05.12
清 金地缂丝龙纹袍服	高143cm	460,000	中国嘉德	2013.05.12
清 吉服带(一套)	尺寸不一	23,000	中国嘉德	2013.03.24
清 黄缎绣彩云金龙纹袍	长74cm	80,500	中国嘉德	2013.03.24
清 黄地龙纹寿字云锦	宽68cm	48,300	中国嘉德	2013.06.15

拍品名称	物品尺寸	成交价RMB	拍卖公司	拍卖日期
清 黄地龙纹缂丝 (九件一组)	尺寸不一	253,000	北京保利	2013.10.26
清 黄地龙纹锦	宽68.5cm	71,300	中国嘉德	2013.09.15
清 黄地龙凤纹织锦 (一匹)	长957cm	184,000	中国嘉德	2013.11.19
清 黄地仿宋式龟背锦	宽66cm	20,700	中国嘉德	2013.12.14
清 花鸟绣片 (一对)	高130cm	57,500	北京翰海	2013.12.06
清 红木嵌百宝猎狗图缂丝	长105cm	20,700	北京保利	2013.01.11
清 红地织云龙纹霞帔 (一套)	尺寸不一	20,700	中国嘉德	2013.06.15
清 红地绣云蝠花卉纹片	长55cm	11,500	中国嘉德	2013.09.15
清 红地女龙袍	长109cm	13,800	中国嘉德	2013.09.15
清 红地纳纱福寿纹女袍	高137cm	103,500	中国嘉德	2013.11.19
清 红地龙纹织锦	宽78cm	34,500	中国嘉德	2013.05.12
清 红地龙纹袍料	宽141cm	115,000	中国嘉德	2013.11.19
清 红地彩绣群仙祝寿图帷帐	高431cm	172,500	中国嘉德	2013.11.19
清 红地彩绣蝶恋花纹氅衣	高138cm	161,000	中国嘉德	2013.11.19
清 黑地粤绣花鸟图	高59cm	92,000	中国嘉德	2013.11.19
清 黑地盘金彩绣云雁四品补子 (一对)	高28cm	40,250	中国嘉德	2013.05.12
清 黑地钉线绣孔雀三品补子 (一对)	高22.5cm	32,200	中国嘉德	2013.05.12
清 黑缎氅衣	长153cm	10,350	中国嘉德	2013.03.24
清 褐色地太狮少狮桌围	高99cm	69,000	中国嘉德	2013.05.12
清 褐缎织八宝云龙纹袍	长212cm	69,000	中国嘉德	2013.03.24
清 各式织绣扇套 (八件)	尺寸不一	11,500	中国嘉德	2013.09.15
清 各式缂丝刺绣活计 (四十九件)	尺寸不一	149,500	中国嘉德	2013.11.17
清 东方朔偷桃绣品	长172cm	333,500	北京匡时	2013.12.05
清 打籽绣云龙刺绣	长180cm	69,000	北京保利	2013.04.28
清 打籽绣文官补子 (一对)	长30cm	17,250	中国嘉德	2013.06.15
清 打籽绣博古挂件	长160cm	20,700	北京保利	2013.10.26
清 刺绣枕套 (四对)	尺寸不一	10,350	中国嘉德	2013.03.24
清 刺绣香囊	长33cm	28,750	中国嘉德	2013.03.24
清 刺绣洗象图	长100cm	50,600	北京保利	2013.10.26
清 刺绣文官补子 (一对)	直径27.2cm	11,500	中国嘉德	2013.06.15
清 刺绣文官补子 (一对)	长27.5cm	20,700	中国嘉德	2013.09.15
清 刺绣童服 (十六件)	尺寸不一	13,800	中国嘉德	2013.03.24
清 刺绣梳妆包 (十件)	尺寸不一	17,250	中国嘉德	2013.03.24
清 刺绣扇套 (一组六件)	尺寸不一	28,750	西泠拍卖	2013.07.12
清 刺绣九龙山狮子桌帷	长89cm	11,500	中国嘉德	2013.09.15
清 刺绣花鸟纹 人物纹如意 蝴蝶云肩 (五件)	尺寸不一	13,800	中国嘉德	2013.03.24
清 刺绣花卉纹如意云肩 (两件)	尺寸不一	32,200	中国嘉德	2013.03.24
清 刺绣荷包及挂饰 (六件)	尺寸不一	20,700	西泠拍卖	2013.07.12
清 刺绣荷包 香囊 眼镜盒 (十一件)	尺寸不一	43,700	中国嘉德	2013.03.24
清 刺绣荷包 梳妆包 (二十件)	尺寸不一	23,000	中国嘉德	2013.03.24
清 刺绣荷包 (一对)	长11.5cm	17,250	中国嘉德	2013.03.24
清 刺绣大威德金刚	长206cm	13,800	北京保利	2013.07.27
清 刺绣补子 (三对)	尺寸不一	23,000	中国嘉德	2013.09.15
清 刺绣 织锦佩饰 头饰 名片包 (二十两件)	尺寸不一	28,750	中国嘉德	2013.03.24
清 刺绣 织锦流苏 (十七件)	尺寸不一	46,000	中国嘉德	2013.03.24
清 刺绣 "御制西湖景诗"	长35.5cm	287,500	北京翰海	2013.12.06
清 戳纱绣龙纹朝服	高139cm	575,000	中国嘉德	2013.05.12
清 彩绣一至九品文官补子全套	高30cm	517,500	中国嘉德	2013.11.19
清 彩绣仙鹤、孔雀 (一对)	高115cm	287,500	中国嘉德	2013.05.12
清 彩绣武官三品豹纹补子 (一对)	高30cm	28,750	中国嘉德	2013.11.19
清 彩绣诗文博古图名片夹	高34.5cm	13,800	中国嘉德	2013.05.12
清 彩绣花鸟图	高78cm	69,000	中国嘉德	2013.05.12
清 彩绣花鸟四条屏	高136cm	172,500	中国嘉德	2013.11.19
清 彩绣花好月圆补子 (一对)	长26cm	23,000	中国嘉德	2013.05.12
清 补子 (四对)	尺寸不一	36,800	中国嘉德	2013.03.24
清 百鸟朝凤图粤绣	长192cm	23,000	中国嘉德	2013.03.24
清 白色甲胄	尺寸不	92,000	中国嘉德	2013.09.15
清 白地团龙纹纱	宽70cm	13,800	中国嘉德	2013.09.15

拍品名称	物品尺寸	成交价RMB	拍卖公司	拍卖日期
清晚期 提花蓝缎氅衣	长159cm	17,250	中国嘉德	2013.03.24
清晚期 提花蓝绸氅衣	长133cm	25,300	中国嘉德	2013.03.24
清晚期 提花蓝绸氅衣	长142cm	11,500	中国嘉德	2013.03.24
清晚期 提花粉红缎旗衣	长116.7cm	23,000	中国嘉德	2013.03.24
清晚期 山西产蓝缎盘金绣龙纹马面裙	长123cm	82,800	中国嘉德	2013.03.24
清晚期 蓝纱织彩云金龙纹吉服袍	长182cm	71,300	中国嘉德	2013.03.24
清晚期 蓝地纳纱龙袍	长221cm	34,500	中国嘉德	2013.09.15
清晚期 蓝地刺绣龙袍	长182cm	46,000	中国嘉德	2013.09.15
清晚期 缂丝神仙人物故事图六扇屏	长180cm	66,700	中国嘉德	2013.03.24
清晚期 缂丝麻姑献寿图立轴	长153cm	46,000	中国嘉德	2013.03.24
清晚期 缂丝麻姑献寿图及花鸟图 (两幅)	尺寸不一	63,250	中国嘉德	2013.11.19
清晚期 缂丝和合二仙图立轴	长83cm	11,500	中国嘉德	2013.09.15
清晚期 桔色地张仙送子桌围	宽96cm	69,000	中国嘉德	2013.05.12
清晚期 红地绣人物纹帐		20,700	中国嘉德	2013.09.15
清晚期 黑缎对襟褂	长142.54cm	25,300	中国嘉德	2013.03.24
清晚期 黑缎氅衣	长124cm	17,250	中国嘉德	2013.03.24
清晚期 刺绣花鸟纹八扇屏	高169cm	17,250	中国嘉德	2013.03.24
清晚期 彩绣龙纹帐	宽195cm	230,000	中国嘉德	2013.05.12
清末/民初 缂丝牡丹纹挂屏	长230.5cm	46,658	纽约佳士得	2013.03.21
清末 紫地缎绣花蝶纹旗袍	长135.3cm	77,763	纽约苏富比	2013.03.19
清末 粉红地纳纱团花暗花纹单氅衣	长136.2cm	54,434	纽约苏富比	2013.03.19
清末 刺绣净土诸佛菩萨图袈裟	高127cm	388,813	纽约苏富比	2013.03.19
宋锦	宽102cm	17,250	中国嘉德	2013.09.15
18世纪 御制绛色缂丝八吉祥绣金龙纹吉服袍		978,360	香港苏富比	2013.10.08
18世纪 盘金银绣文官六品鹭鸶方补 (一对)	长24cm	69,300	香港佳士得	2013.05.29
18世纪 石青纱地绣武官六品彪方补 (一对)	长41cm	217,800	香港佳士得	2013.05.29
18世纪 御制黄地绣五龙纹宝座垫面	宽139.7cm	535,413	纽约苏富比	2013.09.17
19世纪 刺绣文官二品锦鸡纹方补	长29.8cm	66,098	纽约佳士得	2013.03.21
19世纪 刺绣文官六品鹭鸶纹方补 (一对)	长29.5cm×2	21,774	纽约佳士得	2013.03.21
19世纪 刺绣西方极乐世界图挂屏	长120.5cm	147,749	纽约佳士得	2013.03.21
19世纪 缂丝八仙庆寿图立轴	高189.2cm	290,653	纽约苏富比	2013.09.17
19世纪 缂丝群仙贺寿图挂屏	长283.5cm	272,169	纽约佳士得	2013.03.21
19世纪 缂丝群仙贺寿图轴	高181.6cm	183,570	纽约苏富比	2013.09.17
19世纪 蓝地缂丝金龙纹吉服袍	宽195cm	415,800	香港佳士得	2013.05.29
19世纪 蓝地纳纱绣金龙纹吉服	高140.3cm	99,434	纽约苏富比	2013.09.17
19世纪 石青地缂丝蝴蝶水仙纹夹褂襕及蓝地暗花绸单氅衣 (两件)	长142.5cm	36,714	纽约苏富比	2013.09.17
19世纪 御制明黄缎绣七政八吉祥纹桌围	长132.7cm	155,525	纽约佳士得	2013.03.21
19世纪 织图六幅 设色纸本	宽54cm	155,525	纽约苏富比	2013.03.19
19世纪晚期 杏黄地缂丝龙袍	长118.2cm	174,966	纽约苏富比	2013.03.19
19世纪早期 黄地漳绒金丝牡丹龙纹炕毯		53,541	纽约苏富比	2013.09.17
20世纪早期 编丝绒掐金线翠竹灯笼纹地毯		114,731	纽约苏富比	2013.09.17
20世纪早期 编丝绒掐金线翠竹灯笼纹地毯		61,190	纽约苏富比	2013.09.17
民国 刺绣寿星图	画心长140cm	86,250	西泠拍卖	2013.07.12
民国 缂丝般若蜜心经	长85cm	25,300	北京保利	2013.04.28
民国 缂丝刀马人物图	高166cm	23,000	中国嘉德	2013.11.19
民国 缂丝福禄寿	长173cm	92,000	北京传是	2013.12.12
民国 缂丝麻姑献寿图	长154cm	103,500	北京匡时	2013.06.05
民国 缂丝仙翁祝寿图	长180cm	63,250	北京匡时	2013.06.05
民国 粤绣花鸟图	高46cm	25,300	中国嘉德	2013.11.19
民国 正和昌织帅	长163cm	32,200	中国嘉德	2013.03.24

2013杂项拍卖成交汇总

(成交价RMB：1万元以上)

拍品名称	物品尺寸	成交价RMB	拍卖公司	拍卖日期
彩色工笔绣 佛手小长卷	长208cm	198,858	澳门新亚太	2013.11.24
彩色孔雀绣	长42cm	180,780	澳门新亚太	2013.11.24
彩色山水图	长95cm	117,507	澳门新亚太	2013.11.24
彩色水墨绣 荷花舞动绣图	长83cm	117,507	澳门新亚太	2013.11.24
彩色一只天鹅图	长36cm	108,468	澳门新亚太	2013.11.24
打籽绣 拉锁绣暗八宝扇套（三支）	尺寸不一	17,250	北京保利	2013.12.04
当代 彩绣麻姑献寿图	高110cm	207,000	中国嘉德	2013.11.19
当代 周南英制赣绣张大千人马图	长90cm	448,500	北京华辰	2013.05.09
工笔绣大黄狗	长38cm	225,975	澳门新亚太	2013.11.24
工笔绣趣味狗	长32cm	497,145	澳门新亚太	2013.11.24
工笔绣上山虎	长132cm	289,248	澳门新亚太	2013.11.24
工笔绣鱼蓝观音图	长124cm	135,585	澳门新亚太	2013.11.24
黄笛 李小妹 “百合小鸟”单面绣挂屏	长58cm	69,000	保利香港	2013.06.20
黄笛 肖超群 荷塘月色 单面绣挂屏	长44cm	46,000	保利香港	2013.06.20
黄地五龙图织锦	长130cm	28,750	中国嘉德	2013.12.14
锦地八宝纳纱绣 打籽绣拉锁绣扇套（三支）	高30cm	17,250	北京保利	2013.12.04
旧绫	长488cm	57,500	中国嘉德	2013.09.15
缂丝“连帆直上”立轴	长40cm	11,500	中国嘉德	2013.09.15
缂丝罗汉图	长151cm	598,000	北京保利	2013.06.03
缂丝麻姑献寿	长150cm	16,800	上海国拍	2013.06.02
缂丝寿星	长136cm	16,800	上海国拍	2013.06.02
拉锁绣 纳纱绣万寿纹扇套（三支）	尺寸不一	23,000	北京保利	2013.12.04
李吉亚 金浩 “纵横天宇” 单面绣挂屏	长98cm	103,500	保利香港	2013.06.20
李艳 莫雪美 “情深意切”双面绣摆屏	长70cm	253,000	保利香港	2013.06.20
林加国书 顾玉纯绣 书法绣“妙悟”	长85cm	135,585	澳门新亚太	2013.11.24
柳建新 “白玉藏獒”双面绣座屏	直径50cm	184,000	保利香港	2013.06.20
卢建英 仿任薰绣品（六屏）	长61cm×6	184,000	江苏龙城	2013.06.26
毛珊 金翠娥 猫单面绣挂屏	长43cm	63,250	保利香港	2013.06.20
毛珊 肖利华 “丁香花”单面绣挂屏	长90cm	80,500	保利香港	2013.06.20
毛珊 谢艳芳 宁可伟等 “关公”单面绣挂屏	长98cm	138,000	保利香港	2013.06.20
毛珊 圆卡孔雀 单面绣挂屏	直径58cm	149,500	保利香港	2013.06.20
毛主席去安源	长99cm	1,337,772	澳门新亚太	2013.11.24
毛主席在办公	长54cm	831,588	澳门新亚太	2013.11.24
宁芙女神 单面绣挂屏	长78cm	149,500	保利香港	2013.06.20
濮凤娟 2007年作 “江南”（刺绣）	长140cm	168,000	水墨丹青	2013.07.28
青花瓷板花鸟绣品	长67cm×4	406,755	澳门新亚太	2013.11.24
青花工笔绣六度	长100cm×6	614,652	澳门新亚太	2013.11.24
青花绣图	长100cm×4	406,755	澳门新亚太	2013.11.24
人物绣虎溪三笑图	长61cm	135,585	澳门新亚太	2013.11.24
人物绣维摩演教图	长315cm	795,432	澳门新亚太	2013.11.24
四十八大愿佛手图(长卷)	长580cm	3,796,380	澳门新亚太	2013.11.24
苏获 “溪边松林”单面丝绣挂屏	长95cm	92,000	保利香港	2013.06.20
苏获 苏旅 “村口”单面丝绣挂屏	长96cm	92,000	保利香港	2013.06.20
晚清 红缎绣八团花卉鹤纹袍	高137cm	46,658	纽约佳士得	2013.03.21
晚清 绿地绣藤萝纹敞衣	长149.8cm	54,434	纽约佳士得	2013.03.21
王德水 李露 罗利香等 “鱼乐图”单面绣挂屏	长100cm	195,500	保利香港	2013.06.20
王丽华 青铜器<刺绣>	长50cm	106,400	中联环球	2013.07.28
无款 缂丝献寿图十二屏条	长193cm	129,122	香港富得	2013.04.06
无款 丝绣“八骏图”	长51.4cm	367,140	纽约苏富比	2013.09.19
吴观岱款缂丝山水人物纹立轴	长96.5cm	69,000	中国嘉德	2013.03.24
宣纸白描绣罗汉图	长850cm	2,693,622	澳门新亚太	2013.11.24
宣纸水墨画绣白莲社图卷	长580cm	2,711,700	澳门新亚太	2013.11.24
宣纸水墨画绣湖山书屋图	长128cm	2,350,140	澳门新亚太	2013.11.24
宣纸水墨画绣溪山清远图	长680cm	2,711,700	澳门新亚太	2013.11.24
杨应修 周金秀 蔡静溪等 “狼狗”单面绣挂屏	长141cm	1,150,000	保利香港	2013.06.20
佚名 八仙人物	长165cm	1,035,000	上海嘉泰	2013.07.04
佚名 刺绣龙	长252cm	74,750	北京亨申	2013.06.06
佚名 人物	长187cm	48,300	北京九歌	2013.06.28
玻璃器				
清康熙 白料如意纹杯	直径5.5cm	1,334,000	北京翰海	2013.06.02
清中期 透蓝料螭龙搬指	直径3.5cm	41,504	保利香港	2013.04.07
清中期 铜鎏金镶宝石内画仕女玻璃镜	高26cm	207,000	中国嘉德	2013.05.13
清中期 栗黄料太白尊	直径10.9cm	72,588	保利香港	2013.10.07
清中期 蓝料小天球瓶（一对）	高12cm×2	36,892	保利香港	2013.04.07
清雍正 孔雀蓝料马蹄尊	高9cm	239,798	保利香港	2013.04.07
清晚期 紫檀彩绘玻璃宫灯成对	高41cm	103,500	中国嘉德	2013.05.11
清乾隆 御制涅白地套红料拐子龙纹尊	高18.8cm	2,337,541	纽约佳士得	2013.03.21
清乾隆 御制粉红、涅白双色搅料莲瓣纹罐	高12.4cm	186,630	纽约佳士得	2013.03.21
清乾隆 松绿料三足炉	高11.2cm	594,000	香港佳士得	2013.05.29
清乾隆 柿红料双耳炉	宽10cm	276,690	保利香港	2013.04.07
清乾隆 葡萄水玻璃天球瓶	高20.5cm	258,244	中国嘉德	2013.04.05
清乾隆 涅白地套蓝料云凤纹双陆尊	高19cm	495,000	香港佳士得	2013.05.29
清乾隆 料胎画珐琅花开富贵长颈瓶	高10.8cm	862,500	西泠拍卖	2013.07.12
清乾隆 料器御制菊瓣纹盖碗	直径14.5cm	460,000	远方拍卖	2013.06.06
清乾隆 料仿水晶菱形瓶	高22.5cm	115,000	远方拍卖	2013.06.06
清乾隆 栗黄料直颈瓶	高22.5cm	230,575	保利香港	2013.04.07
清乾隆 蓝料直颈瓶	高23cm	264,500	北京翰海	2013.12.08
清乾隆 鸡油黄料碗	直径16cm	248,840	纽约佳士得	2013.03.21
清乾隆 鸡油黄地套红料岁寒三友纹长颈瓶	高20.3cm	93,315	纽约佳士得	2013.03.21
清乾隆 黄料莲花碗（两件）	直径11.9cm	402,500	北京翰海	2013.06.02
清乾隆 黄料八棱瓶	高14.5cm	333,500	北京保利	2013.06.06
清乾隆 红料长颈八方瓶		147,938	香港苏富比	2013.10.08
清乾隆 红料灵芝珮	长6cm	36,892	保利香港	2013.04.07
清乾隆 仿雄黄料酒杯	直径6.1cm	544,500	香港佳士得	2013.05.29
清乾隆 宝石红料龙凤纹盖盒	直径9.8cm	148,500	香港佳士得	2013.05.29
清乾隆 白套红荷花卧足碗	直径9.5cm	55,200	北京保利	2013.10.28
清 银镶玉龙钩柄玻璃镜	高25cm	46,000	中国嘉德	2013.05.13
清 雪花地底套绿料荷塘盖罐	高19cm	10,350	北京传是	2013.06.15
清 松石绿料盘口瓶	高39.5cm	345,000	北京保利	2013.06.06
清 料仿雄黄摇铃尊	高12.5cm	40,250	北京保利	2013.04.28
清 蓝料彩红龙纹双耳瓶	高20.8cm	460,000	北京翰海	2013.06.02
清 蓝地套料花卉盘瓶（一对）	高17cm	23,000	北京保利	2013.10.28
清 黄料太白罐	高13cm	230,000	北京保利	2013.04.28
清 黄料夔龙碗	直径15.5cm	57,500	北京保利	2013.04.28
清 豆绿料长颈弦纹瓶	高21cm	112,700	北京翰海	2013.12.06
清 白地套胭脂料花鸟纹灯笼尊	高21.5cm	90,850	北京翰海	2013.12.06
清 白地套绿料“拐子龙”料瓶（一对）	高20cm	80,500	北京保利	2013.10.28
19世纪 月白料洞石花卉纹罐（一对）	高14cm×2	37,326	纽约佳士得	2013.03.21
19世纪 天蓝色料长颈瓶（两件）	高30.3cm	50,546	纽约苏富比	2013.03.19
18世纪/19世纪 透明料搅多彩碗	高9.6cm	248,840	纽约佳士得	2013.03.21
18世纪/19世纪 桃红斑半透明料铺首耳小瓶	高7.4cm	34,993	纽约佳士得	2013.03.21
18世纪/19世纪 鸡油黄料螭龙铺首纹觚	高21cm	58,322	纽约佳士得	2013.03.21
18世纪/19世纪 霁雪地套红料螭龙灵芝纹手镯（一对）	直径7.3cm×2	46,658	纽约佳士得	2013.03.21
18世纪/19世纪 仿翠玉料螭龙纹带钩	高8.9cm	24,884	纽约佳士得	2013.03.21
18世纪/19世纪 半透明地套双色料鱼藻纹瓶	高17.2cm	62,210	纽约佳士得	2013.03.21
18世纪/19世纪 涅白料长颈瓶		59,175	香港苏富比	2013.10.08
18世纪 仿雄黄料六方瓶	高16.7cm	850,120	香港苏富比	2013.04.08
周刚 修行者	高58cm	11,500	北京保利	2013.12.02
金银器				
战国 错银马车饰（一套）	高8cm	72,864	大唐香港	2013.05.28

拍品名称	物品尺寸	成交价RMB	拍卖公司	拍卖日期
战国汉 错金银鸟纹鼎	高11.5cm	5,451,000	澳门中信	2013.06.23
西汉 错金银粉盒	直径5.3cm	72,864	大唐香港	2013.05.28
西汉 鎏金嵌水晶带钩	长21cm	108,468	大唐香港	2013.11.28
唐 银雕刻花鸟鎏金莲花碗	高度5.2cm	2,912,000	香港嘉德利	2013.09.01
唐 银鎏金戴胜鸟纹小盖盒	直径3.8cm	61,190	纽约苏富比	2013.09.17
唐 银鎏金花鸟纹小盖盒	直径4.8cm	152,975	纽约苏富比	2013.09.17
唐 银鎏金犀牛粉盒	直径4.5cm	182,160	大唐香港	2013.05.28
唐 银鎏金长方形粉盒	长6cm	54,648	大唐香港	2013.05.28
唐 狩猎纹鎏金银杯	宽23cm	199,617	中国嘉德	2013.10.06
宋 菊瓣金盏	宽10.2cm	154,250	保利香港	2013.10.07
宋 银莲花形刻花碟(一对)	直径29.5cm	819,720	大唐香港	2013.05.28
宋 金制发饰	尺寸不一	210,560	日本童梦	2013.12.03
辽 纯金缠枝纹镶绿松石饰件	长23.8cm	253,092	大唐香港	2013.11.28
辽 纯银镶汉白玉、水晶舍利塔	高39cm	728,640	大唐香港	2013.05.28
辽 蕾丝金凤冠		7,994,800	澳门中信	2013.06.23
明 纯金佛像饰件		162,702	大唐香港	2013.11.28
明 纯金人物饰件	长10cm	271,170	大唐香港	2013.11.28
明 纯金镶红宝石缠花头冠		903,900	大唐香港	2013.11.28
明 纯金镶红宝石蝉形发簪(一对)	长12cm	135,585	大唐香港	2013.11.28
明 纯金镶红宝石花蕾饰件	长6cm	108,468	大唐香港	2013.11.28
明 花丝嵌宝镶金玉带板	尺寸不一	2,300,000	凤凰拍卖	2013.07.21
明 金宝相花耳杯、银托(一组)	直径15.5cm	690,000	中国嘉德	2013.05.13
明 金丝结条发冠		451,950	大唐香港	2013.11.28
明 金镶百宝凤纹香盒	直径6cm	138,000	北京东正	2013.11.16
明 金镶宝石白玉镂空云龙冠顶	高7cm	1,472,000	凤凰拍卖	2013.07.21
明 金制灵芝耳杯(一对)	高3.5cm	276,000	六朝艺宴	2013.07.07
明 金制盏托(一套)	高6.3cm	575,000	六朝艺宴	2013.07.07
明 金质瓜棱葫芦形耳坠一对	高3.59cm	35,650	中国嘉德	2013.11.24
明 金质葫芦形耳饰		28,750	中国嘉德	2013.05.18
明 金质镂空花卉纹霞帔坠	高7cm	23,000	中国嘉德	2013.11.24
明 金质嵌宝石金饰一组五件	尺寸不一	103,500	中国嘉德	2013.11.24
明 银鎏金镂空双耳瓶	高10cm	115,000	凤凰拍卖	2013.07.21
明代镂空凤穿花纹金香囊一件	重21.1g	34,500	北京诚轩	2013.11.20
明或更早 银爵杯	高8.3cm	132,250	六朝艺宴	2013.07.07
明或更早 银鎏金珍珠地花鸟纹碗	口径10.2cm	40,250	西泠拍卖	2013.07.12
明或更早 银席纹酒壶	长21cm	454,000	中拍国际	2013.06.04
明末 纯金缠枝莲纹净水瓶(两件)	高7.5cm	126,500	北京翰海	2013.12.06
明永乐 金无量寿佛像头饰	高5.8cm	437,000	中国嘉德	2013.05.13
明珍胜治造铁包银盒	高12.3cm	32,200	中国嘉德	2013.09.14
明治-大正时期 生驹造霰纹银瓶	高12.6cm	23,000	上海春秋堂	2013.04.28
明治期 初代山川孝次作莲叶秋暝银壶	长10.5cm	48,300	北京匡时	2013.12.04
明治期 大岛如云作胧银鎏金太平有象香炉	高13cm	230,000	北京匡时	2013.12.04
明治期 河村弥三米造唐人诗意银壶	高17.5cm	322,000	北京匡时	2013.12.04
明治期 黑田造嵌金银四方铜香炉	高10cm	48,300	北京匡时	2013.12.04
明治期 花鸟图金银镶嵌花瓶	高19.5cm	28,750	北京匡时	2013.12.04
明治期 金银镶嵌花卉图花瓶	高29.5cm	149,500	北京匡时	2013.12.04
明治期 金银镶嵌花鸟图香盒	直径11.7cm	23,000	北京匡时	2013.12.04
明治期 驹井作金工香插 连18K金香具(一组八件)	尺寸不一	92,000	北京匡时	2013.12.04
明治期 胧银茶罐	高12.3cm	32,200	北京匡时	2013.12.04
明治期 水山作嵌螺钿七宝烧纯银香炉	高13cm	287,500	北京匡时	2013.12.04
清雍正 银胎错金缠枝莲纹小炉	高3.8cm	368,000	北京永乐	2013.05.12
清乾隆 银烧蓝八吉祥贲巴壶	高21cm	161,000	北京翰海	2013.06.02
清乾隆 银鎏金百宝嵌香囊	长8cm	345,000	翰风国际	2013.04.21
清乾隆 银错金五蝠捧寿图方盘	长26.5cm	322,000	中国嘉德	2013.09.16
清乾隆 金镶沉香木搬指	直径3.2cm	230,000	中国嘉德	2013.05.13
清乾隆 金累丝镶宝石葫芦形香囊		598,000	中国嘉德	2013.05.13
清中期 银鎏金簪花灵芝耳酒具(一对)	长8cm×2	73,784	保利香港	2013.04.07
清中期 银鎏金嵌百宝花卉碗(一对)	直径18.5cm	57,500	北京保利	2013.04.28
清中期 纯银石黑光南小急须	高8cm	40,250	长风拍卖	2013.06.17
清银质蚊帐钩(一对)		10,830	上海崇源	2013.06.07
清晚期缠枝纹银质茶叶罐一件	重320.4g	32,200	北京诚轩	2013.11.20
清晚期 银鎏金点翠凤冠		57,500	北京传是	2013.12.12
清晚期 花蝶纹玉柄银云鹤纹茶漏	长18cm	11,500	中国嘉德	2013.12.14
清末民国 铁平槌木纹银壶	高18cm	48,300	长风拍卖	2013.06.17
清末 "老涌泰"青浦县上海地区银香薰鼎	重370g	17,250	北京翰海	2013.06.22
清八开光戏曲人物银盒一件	重198g	23,000	北京诚轩	2013.11.20
清 云南少数民族银钵	高16cm	46,000	北京翰海	2013.06.22
清 银质人物故事龙纹竹子纹花卉纹奖杯	高25.5cm	10,350	中国嘉德	2013.11.24
清 银质龙云鱼耳壶	高26cm	437,000	六朝艺宴	2013.07.07
清 银质浮雕"竹报平安""百鸟争鸣"大型高足奖杯	高31.5cm	66,700	中国嘉德	2013.11.24
清 银质船	高61cm	172,500	中国嘉德	2013.09.15
清 银制狮形香薰	宽18cm	25,300	北京保利	2013.10.28
清 银斋戒挂牌	长6cm	13,800	北京传是	2013.06.15
清 银压花"八仙图"圆盖盒	高15.8cm	35,801	伦敦苏富比	2013.05.15
清 银胎错金山水人物笔筒	高10.8cm	48,300	西泠拍卖	2013.07.12
清 银水牛钮雕花鸟椭圆盒	宽16cm	10,916	香港华辉	2013.07.26
清 银嵌玉碧玺手镜	长26cm	11,500	北京保利	2013.04.28
清 银嵌白玉盒	长10.5cm	11,500	北京保利	2013.10.28
清 银器(一批)	尺寸不一	10,916	香港华辉	2013.07.26
清 银镂空錾刻花卉纹圆八角大型赏盘	高度3.26cm	29,900	中国嘉德	2013.11.24
清 银龙纹铡药刀	长33.5cm	46,000	北京匡时	2013.09.12
清 银龙纹五供	尺寸不一	63,250	北京保利	2013.07.27
清 银鎏金渔樵耕读香炉	直径18.5cm	57,500	北京翰海	2013.07.14
清 银鎏金凤纹香薰及床饰	高18.3cm	109,250	六朝艺宴	2013.07.07
清 银高浮雕刀马人物金龙柄马克杯	高13cm	10,350	中国嘉德	2013.11.24
清 银嘎巴拉碗	高12cm	11,500	中国嘉德	2013.09.16
清 摇头摆尾狮子银挂件		17,250	北京翰海	2013.06.22
清 霰打金壶	高17cm	494,500	远方拍卖	2013.12.02
清 五福捧寿暖手炉	高9cm	48,300	北京九歌	2013.06.28
清 铁嵌银丝鼎式炉	高13cm	17,250	北京保利	2013.04.28
清 鎏金花鸟壶	宽14cm	11,500	北京保利	2013.10.28
清 累丝龙形金质对簪		57,500	中国嘉德	2013.05.18
清 金质錾花龙纹御用酒具(一组)	壶高14cm	241,500	上海嘉泰	2013.07.05
清 金质累丝梵文"十相自在"图圆形香囊	直径5.38cm	97,750	中国嘉德	2013.11.24
清 金质累丝"五福捧寿"火焰结顶饰	高5.06cm	46,000	中国嘉德	2013.11.24
清 金质累丝"奉天诰命"亭台楼阁人物顶饰	高5.25cm	34,500	中国嘉德	2013.11.24
清 金制錾刻梅花环钮小盒	高2.5cm	224,250	西泠拍卖	2013.07.12
清 金制锁一对、耳坠一对、指套一对、手链	尺寸不一	92,000	西泠拍卖	2013.07.12
清 金制佛像亭子镂空发簪	高12.5cm	46,000	西泠拍卖	2013.07.12
清 金制佛像发簪	长12.5cm	40,250	西泠拍卖	2013.07.12
清 金制凤凰	长4.4cm	25,300	西泠拍卖	2013.07.12
清 金镶玉发簪(一组)		172,500	中国嘉德	2013.05.18
清 金镶琉璃帽顶		51,750	中国嘉德	2013.05.18
清 金镶红宝石冠顶	高12cm	207,000	西泠拍卖	2013.07.12
清 金双凤花卉簪(一对)	长13.5cm	25,300	北京保利	2013.04.28
清 金石榴纹簪(一对)	长11cm	43,700	北京保利	2013.04.28
清 金龙凤花卉簪(一对)	长12cm	34,500	北京保利	2013.04.28
清 金蝠纹簪(一对)		11,500	北京保利	2013.04.28
清 金佛手簪(一对)	长13cm	51,750	北京保利	2013.04.28
清 金凤纹花卉簪(一对)	长13cm	40,250	北京保利	2013.04.28
清 金[illegible]式簪(一对)	长15cm	32,200	北京保利	2013.04.28

2013杂项拍卖成交汇总

(成交价RMB：1万元以上)

拍品名称	物品尺寸	成交价RMB	拍卖公司	拍卖日期
清 混金龙纹斧	长61cm	101,200	中国嘉德	2013.11.17
清 纯银金翅凤凰供件	长63cm	276,000	上海嘉泰	2013.07.05
清 藏六四世银壶	高11cm	172,500	远方拍卖	2013.12.02
清 北村静香银壶	高16cm	184,000	远方拍卖	2013.12.02
18世纪 TIFFANY定制家徽纯银碗(一对)	直径19.6cm×2	20,700	北京匡时	2013.09.12
18世纪 纯银定制家徽茶具(一组九件)	重8030g	82,800	北京匡时	2013.12.04
18世纪 纯银手打浮雕花卉纹茶具(一组七件)	重11650g	149,500	北京匡时	2013.12.04
18世纪 银鎏金錾花刀叉带原装木箱(一套103把)		69,000	北京匡时	2013.12.04
18世纪 银铸麻姑乘槎摆件	高17.7cm	358,013	伦敦苏富比	2013.05.15
18世纪/19世纪 金属描金镂雕龙纹带扣	长11cm	30,595	纽约苏富比	2013.09.17
19世纪 宫本谨制寿字双兽耳银盖罐	高21cm	57,500	北京保利	2013.12.04
19世纪 金丝镶绿松石福寿纹香囊	高7.3cm	583,219	纽约苏富比	2013.03.19
19世纪 金泽源光长次郎造银质鎏金海棠形香炉	宽8cm	23,000	北京保利	2013.12.04
19世纪 净益造葫芦形藤把银壶	高15cm	46,000	北京保利	2013.06.05
19世纪 五八堂造翡翠钮提梁银壶	高18cm	40,250	北京保利	2013.06.05
19世纪 尧甫作金鱼图大提梁银壶	高28cm	57,500	北京保利	2013.06.05
19世纪 银茶具(一组五件)	尺寸不一	23,000	北京匡时	2013.09.12
19世纪 银鎏金"大吉"双龙耳瓶	高17cm	28,750	北京保利	2013.12.04
19世纪 银嵌宝石花枝发簪(两件)	长19.4cm	42,068	纽约苏富比	2013.09.17
19世纪 银制酒器	高50cm	10,350	北京翰海	2013.09.15
20世纪 纯银花卉纹壶	宽16cm	34,500	北京保利	2013.04.28
20世纪 纯银霰壶(一对)	宽11cm	23,000	北京保利	2013.10.28
20世纪 纯银制般若心经壶	宽15cm	55,200	北京保利	2013.04.28
20世纪 纯银制海水纹壶	宽14.5cm	13,800	北京保利	2013.04.28
20世纪 纯银制葫芦形茶壶	高21cm	97,750	北京保利	2013.04.28
20世纪 纯银制鹿纹壶	宽21cm	34,500	北京保利	2013.04.28
20世纪 纯银制梅花形茶叶罐	高11cm	40,250	北京保利	2013.04.28
20世纪 纯银制乳钉纹壶	宽20cm	32,200	北京保利	2013.04.28
20世纪 纯银制松鹤纹壶	宽14cm	28,750	北京保利	2013.04.28
20世纪 纯银制丸形壶	宽16cm	13,800	北京保利	2013.04.28
20世纪 尚美堂制纯银壶	宽16cm	34,500	北京保利	2013.04.28
20世纪 银制手持壶	宽8.5cm	11,500	北京保利	2013.04.28
20世纪 竹荣堂款银壶	宽17cm	43,700	北京保利	2013.04.28
20世纪初 宫本造银制镂空仿竹花囊	宽27cm	138,000	北京保利	2013.12.04
20世纪初制 人物雕花镀金首饰盒	高度9cm	10,350	北京保利	2013.04.28
一凤斋造 纯银槌目家徽纹茶托(五件)	直径12.2cm	11,500	中国嘉德	2013.09.14
一鹤斋造 小槌目宝珠形银壶	高20.2cm	74,750	中国嘉德	2013.09.14
一司作南镣瓢形茶壶 纯银制立槌目茶叶罐	尺寸不一	34,500	中国嘉德	2013.09.14
中川净益十世造 雕山水纹四方银壶	高14cm	32,200	中国嘉德	2013.09.14
中川净益十世造 南镣霰纯银茶壶	高19.5cm	105,800	中国嘉德	2013.09.14
中川净益造 纯银南镣茶壶(一对)	高15.5cm	115,000	中国嘉德	2013.09.14
中川净益造 南镣宝珠形银壶	高17cm	115,000	中国嘉德	2013.09.14
中川净益造 四方银壶(一对)	高15cm	43,700	中国嘉德	2013.09.14
18K金妆具套饰(六件一套)		230,000	上海嘉泰	2013.07.04
保久作藤把炮口银壶	长14.5cm	23,000	北京匡时	2013.09.12
北村静香作口打出翠环摘纯金金壶	高16cm	747,500	北京匡时	2013.12.04
北村静香作口打出葫芦形银壶	高20.5cm	230,000	北京匡时	2013.12.04
藏六二世银兽面纹壶	宽16cm	109,250	北京保利	2013.04.28
藏六三世造阿古陀银壶	高16.8cm	138,000	中国嘉德	2013.09.14
藏六造翠摘半兽口纯金金壶		460,000	北京匡时	2013.12.04
藏六造玉摘饕餮纹纯金金壶	高14cm	1,495,000	北京匡时	2013.12.04
藏六制 满工花鸟纹银壶	高22.5cm	322,000	华艺国际	2013.05.05
昌美堂造纯银茶托(十件)	直径11cm	13,800	中国嘉德	2013.09.14
池田制栢目纹望月形银壶	长18.2cm	63,250	北京匡时	2013.12.04
槌目纯银茶壶	高17.5cm	28,750	中国嘉德	2013.09.14

拍品名称	物品尺寸	成交价RMB	拍卖公司	拍卖日期
纯古堂加藤喜辅造纯银茶壶	高20cm	103,500	中国嘉德	2013.09.14
纯金侧把菊瓣形钮急须	长15.4cm	230,000	北京保利	2013.06.05
纯金金杯	高10cm	109,250	福建东南	2013.10.27
纯金霰雾提梁壶	高12.5cm	218,500	福建东南	2013.10.27
纯金熊带钩一只		78,200	北京保利	2013.12.04
纯银壶	宽21cm	48,300	北京保利	2013.04.28
纯银款霞目茶叶罐	高9cm	28,750	中国嘉德	2013.09.14
纯银透雕活环香薰	高31cm	32,200	北京翰海	2013.06.02
德记款 满工菊花纹银壶	高21.5cm	101,200	华艺国际	2013.05.05
镀金贴银音乐珠宝盒	长12.5cm	25,300	北京保利	2013.10.27
二代山川孝次造胧银包银嵌金对杯	直径5.4cm×2	18,400	北京匡时	2013.12.04
法国 精镀白银周年纪念首饰盒		11,500	北京保利	2013.10.27
凤纹银壶	宽15cm	27,600	北京保利	2013.07.28
各式银壶(三件)	尺寸不一	63,250	北京保利	2013.07.28
光秋造霰打银壶	高20.5cm	46,000	中国嘉德	2013.09.14
河内光明造纯银茶具(一组十两件)	尺寸不一	155,250	北京匡时	2013.12.04
鸿池造菊花纹茶叶罐	高12.2cm	34,500	上海春秋堂	2013.04.28
花卉纹银壶	宽15cm	29,900	北京保利	2013.07.28
江户-明治期 中川净益八世造望月形银壶	长15.7cm	43,700	北京匡时	2013.12.04
金寿堂造土器式刷毛目铸轻银铁瓶	高17.2cm	23,000	上海春秋堂	2013.04.28
锦绣堂造茄形银壶	长10.2cm	28,750	北京匡时	2013.12.04
近代 龟文堂造洋银制山水茅屋纹金镶嵌灵芝提梁汤沸	高21cm	17,250	北京华辰	2013.11.17
近代 柳山造纯银制纯金金箔贴付雾霰纹汤沸	高19.1cm	80,500	北京华辰	2013.11.17
近代 仁寿斋造纯银制雾散纹急须	高7.7cm	74,750	北京华辰	2013.11.17
近代 日本兽纹银壶	宽15cm	13,800	北京保利	2013.10.28
近代 森幸造瀑布山水画纯银制酒壶(一对)	口径4cm	17,250	北京华辰	2013.11.17
近代 阳信造纯银制花车百宝箱	高16.2cm	69,000	北京华辰	2013.11.17
近代 银鎏金花丝嵌宝花篮	高25cm	17,250	北京保利	2013.10.28
近代 银制茶壶	宽17cm	17,250	北京保利	2013.10.28
久进纯金霰形茶壶	高12.2cm	453,441	易拍好台北	2013.04.14
驹井作金工屏风	高29.5cm	51,750	北京匡时	2013.12.04
菊光堂造美国刻 松鹤延年嵌金银壶连青花茶杯(一组三件)	长15cm	25,300	北京匡时	2013.12.04
鎏金鹿驼(三件)	尺寸不一	115,000	上海嘉泰	2013.07.04
民国 雕银双龙寿字纹盘(一对)	直径10cm	19,550	北京华辰	2013.11.17
民国 银茶具(四件套)	重2000g	34,500	北京翰海	2013.06.22
民国 银烤蓝鎏金镶珠翠马		57,500	北京翰海	2013.06.22
民国 银烤蓝镶珠翠大象		57,500	北京翰海	2013.06.22
民国 银镂空边竹子纹吉语錾刻福禄寿三星大型果盆	高度7.34cm	29,900	中国嘉德	2013.11.24
民国 银质掐丝镂空龙纹、錾刻花鸟纹名片盒(一组两件)	尺寸不一	17,250	中国嘉德	2013.05.18
民国 银质掐丝镂空龙纹名片盒	尺寸不一	37,950	中国嘉德	2013.05.18
民国 银质錾刻龙纹烟盒(一组三件)	尺寸不一	11,500	中国嘉德	2013.05.18
民国 银质錾刻人物故事纹、牌楼纹饰烟盒(一组两件)	尺寸不一	23,000	中国嘉德	2013.05.18
民国 朱碧山款银制仙人乘槎	宽25cm	48,300	北京保利	2013.07.27
民国时期"韩珂税务司荣调总署纪念车德馨敬赠"银饰一件	重98.4g	11,500	北京诚轩	2013.11.20
民国时期贺新春舞龙仪仗摆件一件		71,300	北京诚轩	2013.11.20
民国时期天津天宝银楼制丹凤朝阳图菱口银质高足盘一对	高13.5cm	16,100	北京诚轩	2013.11.20
民国时期银质花瓶一组两对	总重734g	46,000	北京诚轩	2013.11.20
幕府期(德川定制)驹井作桐叶纹金工桌柜	高10.8cm	184,000	北京匡时	2013.12.04
青松堂造富士形银壶(一对)	尺寸不一	57,500	中国嘉德	2013.09.14

拍品名称	物品尺寸	成交价RMB	拍卖公司	拍卖日期
日本 槌目银壶	高16cm	23,000	中国嘉德	2013.06.15
日本 雨宫金寿堂造嵌银铁壶	高17.8cm	40,250	西泠拍卖	2013.07.12
日本槌目紫皮银壶	高21.8cm	17,250	中国嘉德	2013.09.17
日本花卉纹嵌金银壶	高25.4cm	34,500	中国嘉德	2013.12.14
日本菊钮霰打金壶	高12.2cm	126,500	中国嘉德	2013.09.17
日本制银兽耳活环尊	高30.5cm	40,250	北京保利	2013.06.06
荣真造纯银瓢形酒次(一对)	高15.5cm	23,000	中国嘉德	2013.09.14
三清轩作嵌银黄铜茶托 (一组五件)	直径11cm×5	11,500	北京匡时	2013.12.04
森川荣月造银制茶壶	高20.7cm	48,300	中国嘉德	2013.09.14
杉本仪助造纯银茶壶	高17.8cm	20,700	中国嘉德	2013.09.14
上彬造口打出南瓜形银壶	长18.3cm	103,500	北京匡时	2013.12.04
上海出口錾花银质围棋罐一件	口径8.4cm	32,200	北京诚轩	2013.05.17
尚美堂造六角形霞目纯银茶点盘(八件)	直径17.4cm	13,800	中国嘉德	2013.09.14
尚美堂作侧把纯银急须	高7.2cm	11,500	北京匡时	2013.09.12
石川光一造立筋纹纯金金壶	高13cm	276,000	北京匡时	2013.12.04
石黑光南造霰打急须	高9cm	32,200	中国嘉德	2013.09.14
石黑光南造霰形银壶	长13.3cm	36,800	北京匡时	2013.12.04
石黑光南制纯金乳钉纹提梁壶	高20.5cm	690,000	北京保利	2013.12.04
寿之作槌目纹纯银银壶	长17.8cm	28,750	北京匡时	2013.09.12
兽嘴银壶	宽17cm	48,300	北京保利	2013.07.28
兽嘴银壶	宽16cm	43,700	北京保利	2013.07.28
水晶面镀金雕花首饰盒	长20.5cm	17,250	北京保利	2013.10.27
四方纯银茶罐	长12.8cm	25,300	北京匡时	2013.12.04
四季花草雕银壶	长16.7cm	46,000	北京匡时	2013.12.04
四世藏六造纯银菓子盆(十件)	高14cm	11,500	中国嘉德	2013.09.14
松梅纹银壶	高27cm	155,250	北京九歌	2013.06.28
松荣堂造纯银茶量	长7.1cm	17,250	中国嘉德	2013.09.14
松荣堂造南瓜形银壶连饮杯 (五件)	长18.2cm	55,200	北京匡时	2013.12.04
松荣堂制纯金、纯银瓜形壶 (两件)	尺寸不一	241,500	北京保利	2013.06.05
网银壶	宽17cm	51,750	北京保利	2013.04.28
吴杉堂造纯银槌目菓子盆(九件)	高17.4cm	11,500	中国嘉德	2013.09.14
五郎三郎作铜包银金银镶嵌建水	高10.6cm	46,000	北京匡时	2013.12.04
现代 纯银如意纹香薰	直径7.2cm	138,000	中国嘉德	2013.11.19
霰打银壶	高22cm	132,250	北京九歌	2013.06.28
霰形纯金金壶	高19cm	517,500	北京匡时	2013.12.04
霰形银壶	长22.5cm	28,750	北京匡时	2013.09.12
象牙侧把霰形纯金急须	高11.5cm	437,000	福建东南	2013.05.26
新罗时代 金饰件 (五套)	长7.6cm	124,420	纽约苏富比	2013.03.19
义香作花草雕嵌金银壶	长15.7cm	126,500	北京匡时	2013.12.04
银茶道灶具	长36cm	55,200	北京翰海	2013.06.02
银壶	宽17cm	80,500	北京保利	2013.04.28
银人物茶叶罐	直径10cm	11,500	北京保利	2013.07.28
银弦纹壶	宽22cm	13,800	北京保利	2013.04.28
银制茶壶	宽17.5cm	20,700	北京保利	2013.01.11
银制花卉纹壶	宽16cm	23,000	北京保利	2013.01.11
银制兽面壶	高38cm	135,520	日本童梦	2013.12.03
银制兽面纹龙钮壶	宽18cm	20,700	北京保利	2013.01.11
银质簪花咖啡壶 (三支)		17,250	北京保利	2013.10.27
约1880年制 法国 雕花水晶镶嵌银质纹饰酒器		28,750	北京保利	2013.10.27
约1880年制 法国 拿破仑风格银质雕花图案咖啡具 (四件套)		40,250	北京保利	2013.10.27
约1890年制 法国 路易十六风格银质雕花咖啡具 (五件套)		17,250	北京保利	2013.04.28
约1890年制 法国 银质雕花餐具一套(共一百件)		23,000	北京保利	2013.04.28
约1920年制 法国 ART DECO风格银质咖啡具 (五件套)		17,250	北京保利	2013.04.28
昭和初期 青凤作银制角型花鸟香炉	长12.5cm	34,500	长风拍卖	2013.06.17
昭和时期 篆雕纯银茶罐	长10.5cm	17,250	长风拍卖	2013.06.17

拍品名称	物品尺寸	成交价RMB	拍卖公司	拍卖日期
真锅静光制翠钮(双盖)银壶	高17cm	368,000	西泠拍卖	2013.07.12
正寿造雕银凤息梧桐吊香炉	直径14.5cm	161,000	北京匡时	2013.12.04
中川净益十世作龙凤纹兽口银壶(一对)	高23cm×2	207,000	北京匡时	2013.12.04
中川净益造 纯银建水 (一对)	高11cm	25,300	中国嘉德	2013.09.14
中川净益作嵌金龙纹香立	高4cm	51,750	北京匡时	2013.12.04
重光作桕目纹纯银茶具 (一组六件)	尺寸不一	109,250	北京匡时	2013.12.04
珐琅器				
摆件				
清乾隆 铜胎掐丝珐琅宫廷人物图屏心	高32.4cm	2,875,000	北京匡时	2013.06.05
清乾隆 掐丝珐琅瑞象 (一对)		4,829,589	伦敦佳士得	2013.05.14
清乾隆 掐丝珐琅福寿纹如意	长41cm	483,000	北京诚轩	2013.05.11
清乾隆 掐丝珐琅缠枝花卉纹如意	长37cm	690,000	北京匡时	2013.12.05
清嘉庆 铜鎏金掐丝珐琅云蝠纹御题诗纹如意	长38cm	293,250	北京华辰	2013.11.17
清 银胎珐琅仕女造像		17,250	北京翰海	2013.06.22
清 铜胎掐丝珐琅鸭 (一对)	高13cm	40,250	北京保利	2013.12.05
清 铜胎画珐琅西洋人物纹如意	长44.3cm	313,600	中都国际	2013.04.21
清 乾隆款掐丝珐琅鹦鹉摆件 (一对)	尺寸不一	1,337,772	澳门新亚太	2013.11.24
清 掐丝珐琅寿字纹如意	长43cm	138,000	北京翰海	2013.12.06
清 掐丝珐琅三镶珊瑚如意	长34cm	115,000	北京翰海	2013.12.06
清 掐丝珐琅如意	长42cm	55,200	北京保利	2013.07.27
清 掐丝珐琅嵌画珐琅西洋仕女图如意	长41.5cm	13,800	中国嘉德	2013.09.15
清 掐丝珐琅嵌宝石白玉如意	长48cm	368,000	翰风国际	2013.04.21
清 掐丝珐琅嵌百宝盆景	高34cm	23,000	中国嘉德	2013.06.15
清 掐丝珐琅嵌百宝盆景	高36cm	25,300	中国嘉德	2013.09.16
清 掐丝珐琅玛瑙盆景	高50cm	36,800	北京保利	2013.04.28
清 掐丝珐琅螭龙纹如意	长43.5cm	172,500	中国嘉德	2013.06.15
清 漆嵌珐琅仙鹿摆件	宽70cm	28,750	北京保利	2013.01.11
清 景泰蓝三镶如意	长48cm	126,500	北京保利	2013.04.27
清 景泰蓝嵌八宝如意	长44cm	17,250	北京保利	2013.10.28
清 景泰蓝盆景 (一对)	高52.5cm×2	59,800	北京传是	2013.06.15
清 景泰蓝角端	高46cm	345,000	北京保利	2013.10.26
清晚期 铜胎掐丝珐琅梅花鹿 (一对)	高15cm	172,500	北京保利	2013.12.05
清晚期 铜鎏金錾花填珐琅灵芝盆景(一对)	尺寸不一	460,000	中国嘉德	2013.03.25
清晚期 铜鎏金内填珐琅罗汉像	高17.5cm	92,000	北京保利	2013.12.05
清晚期 铜鎏金内填珐琅罗汉像	高16.5cm	69,000	北京保利	2013.12.05
掐丝珐琅青金石太平有象摆件	高40cm	28,750	中国嘉德	2013.09.15
掐丝珐琅碧玉宝象摆件	高85cm	253,000	北京保利	2013.04.28
碧玉掐丝珐琅太平有象摆件	高87cm	48,300	中国嘉德	2013.12.14
碧玉景泰蓝大象摆件	高72cm	80,500	北京保利	2013.01.11
20世纪 掐丝珐琅仕女像 (两件)	高73.5cm	11,500	中国嘉德	2013.09.15
20世纪 掐丝珐琅金陵十二钗像	尺寸不一	28,750	中国嘉德	2013.06.15
清 掐丝珐琅碧玉太平有象摆件	高35.2cm	28,750	中国嘉德	2013.09.15
18世纪/19世纪 鎏金掐丝珐琅海兽纹宝石兰花盆景	高37cm	198,868	纽约苏富比	2013.09.17
18世纪 錾胎珐琅玉石梅花盆景	高38.1cm	297,000	香港佳士得	2013.05.29
民国 掐丝珐琅嵌百宝盆景	高59cm	13,800	中国嘉德	2013.06.15
民国 掐丝珐琅盆景 (一对)	高40cm	34,500	北京保利	2013.07.27
民国 掐丝珐琅盆景 (一对)	高35cm	13,800	北京保利	2013.07.27
掐丝珐琅嵌百宝寿桃盆景	高68cm	10,350	中国嘉德	2013.09.15
1950年-1960年作 掐丝珐琅金陵十二钗	尺寸不一	69,000	中国嘉德	2013.03.24
20世纪 掐丝珐琅十二金钗	尺寸不一	13,800	中国嘉德	2013.09.15
碧玉嵌景泰蓝太平有象	高77cm	74,750	北京保利	2013.01.11
景泰蓝盆景	高36cm	11,500	北京保利	2013.07.28
景泰蓝嵌雕漆人物如意	长42cm	40,250	北京保利	2013.04.28
掐丝珐琅百宝葡萄盆景	高47cm	13,800	北京保利	2013.01.11
掐丝珐琅佛塔	高84cm	103,500	北京保利	2013.07.28

2013杂项拍卖成交汇总

(成交价RMB：1万元以上)

拍品名称	物品尺寸	成交价RMB	拍卖公司	拍卖日期
掐丝珐琅孔雀（一对）	长51cm	28,750	北京保利	2013.01.11
掐丝珐琅如意	长42cm	11,500	北京保利	2013.01.11
掐丝珐琅三镶玉诗文如意	长47cm	115,000	中国嘉德	2013.12.14
掐丝珐琅太平有象	高62cm	20,700	北京保利	2013.01.11
掐丝珐琅太平有象（一对）	高67cm	103,500	北京保利	2013.07.28
掐丝珐琅太平有象（一对）	高60cm	59,800	中国嘉德	2013.12.14
掐丝珐琅仙鹤（一对）	尺寸不一	40,250	北京保利	2013.01.11
生活用品				
明 掐丝珐琅穿花龙纹兽耳衔环方瓶（一对）	高22.7cm	46,000	中国嘉德	2013.09.16
明 铜胎掐丝珐琅梅瓶	高32.8cm	74,750	北京保利	2013.06.06
明末清初 掐丝珐琅花卉瓶	高33cm	11,500	北京保利	2013.07.28
明万历 铜胎掐丝珐琅莲花纹双龙耳瓶	高24.5cm	287,500	北京保利	2013.06.06
明早期 铜胎掐丝珐琅缠枝莲纹玉壶春瓶	高33.5cm	218,500	西泠拍卖	2013.07.12
清早期 铜胎掐丝珐琅缠枝莲净瓶	高25.2cm	161,000	北京保利	2013.06.06
清早期 铜胎掐丝珐琅缠枝花卉纹瓶	高40.5cm	103,500	北京中汉	2013.11.17
清早期 掐丝珐琅太平有象瓶	高32cm	40,250	北京保利	2013.07.27
清康熙–雍正 铜胎掐丝珐琅石榴寿桃纹抱月瓶	高26cm	161,000	北京保利	2013.12.05
清乾隆 铜胎掐丝珐琅象托宝瓶摆件	高20cm	103,500	北京保利	2013.12.05
清乾隆 铜胎掐丝珐琅夔龙团寿双狮耳方瓶	高23cm	414,000	北京保利	2013.06.06
清乾隆 铜胎掐丝珐琅开光勾莲纹瓶	高10.5cm	184,000	北京保利	2013.12.05
清乾隆 铜胎掐丝珐琅勾莲纹双耳瓶	高16cm	92,000	北京保利	2013.12.05
清乾隆 铜胎掐丝珐琅勾莲纹双耳瓶	高17cm	92,000	北京保利	2013.12.05
清乾隆 铜胎掐丝珐琅勾莲纹橄榄瓶（一对）	高36cm	1,380,000	北京保利	2013.12.05
清乾隆 铜胎掐丝珐琅缠枝莲纹瓶	高12cm	287,500	北京匡时	2013.06.05
清乾隆 铜胎画珐琅胭脂红地莲纹开光西洋山水人物图灯笼瓶	高18.6cm	48,300	北京永乐	2013.05.12
清乾隆 铜胎画珐琅西洋人物夔龙耳瓶	高18.5cm	198,000	香港佳士得	2013.05.29
清乾隆 铜胎画珐琅开光鸟蝶花果纹盖方瓶	高23.5cm	559,890	纽约苏富比	2013.03.19
清乾隆 铜胎珐琅直颈瓶	高15.4cm	287,500	上海道明	2013.04.29
清乾隆 掐丝珐琅英雄双耳瓶	高35.6cm	2,300,000	翰风国际	2013.04.21
清乾隆 掐丝珐琅山水图琮式瓶	高29.2cm	544,500	香港佳士得	2013.05.29
清乾隆 掐丝珐琅瓶形件（四件）	高8.6cm	66,098	纽约苏富比	2013.03.19
清乾隆 掐丝珐琅夔龙莲纹兽耳衔环云钮盖瓶		7,808,253	伦敦佳士得	2013.05.14
清乾隆 掐丝珐琅开光莲纹瓶	高10.1cm	237,600	香港佳士得	2013.05.29
清乾隆 掐丝珐琅花瓶	高14.3cm	184,000	中国嘉德	2013.05.11
清乾隆 掐丝珐琅缠枝莲纹小瓶	高12.3cm	237,600	香港佳士得	2013.05.29
清乾隆 掐丝珐琅缠枝莲纹瓶	高13.6cm	346,500	香港佳士得	2013.05.29
清乾隆 掐丝珐琅缠枝莲纹活环耳瓶	高35cm	495,000	香港佳士得	2013.05.29
清乾隆 掐丝珐琅缠枝花卉瓶	高10.9cm	172,500	北京翰海	2013.12.08
清乾隆 景泰蓝开光画珐琅抱月瓶（一对）	高29cm	598,000	远方拍卖	2013.06.06
清中期 铜胎掐丝珐琅折枝花卉如意耳葫芦瓶	高28cm	402,500	北京保利	2013.06.06
清中期 铜胎掐丝珐琅花蝶纹双龙耳抱月瓶（一对）	高30cm	172,500	北京保利	2013.12.05
清中期 铜鎏金錾胎内填珐琅百寿飞龙耳大瓶（一对）	高74cm	1,667,500	北京保利	2013.06.06
清中期 掐丝珐琅花卉双龙耳抱月瓶	高54.2cm	69,000	北京翰海	2013.06.02
清中期 景泰蓝抱月瓶（一对）	高54cm	253,000	北京保利	2013.04.28
清晚期 铜胎填珐琅缠枝莲纹葫芦瓶（一对）	高28.2cm	40,250	中国嘉德	2013.09.15
清晚期 铜胎掐丝珐琅开光花蝶纹抱月瓶（一对）	高29.5cm	138,000	北京保利	2013.12.05
清 铜胎掐丝珐琅饕餮纹瓶（一对）	高25.5cm	57,500	深圳市拍	2013.07.21
清 铜胎掐丝珐琅开光博古图双耳蒜头瓶	高30cm	161,000	北京华辰	2013.05.09
清 铜胎珐琅花鸟纹凤尾瓶	高47cm	10,916	香港华辉	2013.07.26
清 掐丝珐琅云龙纹方瓶（一对）	高51.2cm	86,250	中国嘉德	2013.06.15
清 掐丝珐琅一路连科图瓶	高28.1cm	13,800	中国嘉德	2013.06.15
清 掐丝珐琅双凤耳瓶	高26cm	11,500	北京保利	2013.07.28
清 掐丝珐琅双耳四羊花卉瓶	高32cm	43,700	北京保利	2013.07.28
清 掐丝珐琅兽面纹瓶	高17.6cm	32,200	中国嘉德	2013.06.15
清 掐丝珐琅嵌铜胎画珐琅西洋人物纹葫芦瓶（一对）	高27.8cm	34,500	中国嘉德	2013.12.14
清 掐丝珐琅龙纹双联瓶	高40cm	57,500	北京保利	2013.07.27
清 掐丝珐琅花卉纹瓶（一对）	高22.5cm	13,800	中国嘉德	2013.06.15
清 掐丝珐琅花卉龙纹抱月瓶	高38.8cm	40,250	中国嘉德	2013.03.24
清 掐丝珐琅花蝶纹瓶（一对）	高41cm	57,500	中国嘉德	2013.09.15
清 掐丝珐琅花蝶纹瓶	高24.6cm	20,700	中国嘉德	2013.06.15
清 掐丝珐琅缠枝莲纹锥把瓶（一对）	高21.7cm	20,700	中国嘉德	2013.06.15
清 掐丝珐琅缠枝莲纹蒜头瓶	高15.8cm	34,500	中国嘉德	2013.09.15
清 掐丝珐琅缠枝莲纹双联包袱瓶	高33.3cm	105,800	中国嘉德	2013.06.15
清 掐丝珐琅缠枝莲纹兽耳瓶	高27.5cm	28,750	中国嘉德	2013.12.14
清 掐丝珐琅博古双龙耳瓶	高25cm	126,500	北京保利	2013.04.28
清 掐丝珐琅抱月瓶（一对）	高39cm	36,800	北京保利	2013.10.28
清 景泰蓝双龙耳扁瓶	宽16cm	34,500	北京保利	2013.04.28
清 景泰蓝龙纹天球瓶（一对）	高45cm	11,500	北京保利	2013.04.28
清 景泰蓝龙纹花卉瓶（一对）	高21cm	11,500	北京保利	2013.01.11
清 景泰蓝六方花鸟瓶	高50cm	287,500	北京保利	2013.10.28
清 景泰蓝画珐琅西洋人物双耳瓶	高41cm	471,500	北京传是	2013.06.15
清 景泰蓝花卉瓶	高38cm	57,500	北京保利	2013.10.26
清 景泰蓝花卉瓶	高12.5cm	20,700	北京保利	2013.10.26
清 景泰蓝缠枝莲瓶（一对）	高20cm	11,500	北京保利	2013.01.11
清 景泰蓝博古双耳瓶	高25cm	34,500	北京保利	2013.01.11
清 掐丝珐琅贺寿纹抱月瓶	高25cm	25,300	中国嘉德	2013.09.15
清 掐丝珐琅龙凤纹方瓶（一对）	高32cm	28,750	中国嘉德	2013.09.15
16世纪 掐丝珐琅缠枝莲纹瓶	高22.2cm	152,975	纽约苏富比	2013.09.17
18世纪 铜胎掐丝珐琅砾石纹瓶	高16.5cm	95,470	伦敦苏富比	2013.05.15
19世纪（日本）银胎填珐琅百宝嵌花鸟方瓶	高35.8cm	172,500	北京保利	2013.06.06
近代 掐丝珐琅兽面出戟瓶	高48cm	17,250	北京保利	2013.10.28
近代 掐丝珐琅双耳瓶（一对）	高39cm	20,700	北京保利	2013.10.28
近代 掐丝珐琅双联包袱瓶	高33cm	17,250	北京保利	2013.10.28
景泰蓝–高颈瓶	高43cm	36,432	香港吉斋	2013.05.26
景泰蓝诗文山水方瓶	高34cm	40,250	北京保利	2013.07.28
民国 掐丝珐琅缠枝莲纹双联包袱瓶	高35.8cm	17,250	中国嘉德	2013.12.14
民国 掐丝珐琅龙凤纹螭耳衔环大瓶（一对）	高65cm	69,000	中国嘉德	2013.12.14
民国 掐丝珐琅云龙纹天球瓶（一对）	高62cm	34,500	中国嘉德	2013.12.14
民国 铜胎画珐琅八卦琮式瓶	高20cm	32,200	北京保利	2013.04.28
掐丝珐琅缠枝莲纹蟠龙瓶（一对）	高32.6cm	28,750	中国嘉德	2013.09.15
掐丝珐琅缠枝莲托八宝纹蟠龙蒜头瓶	高33.1cm	55,200	中国嘉德	2013.06.15
掐丝珐琅花卉瓶（一对）	高49cm	57,500	北京保利	2013.01.11
掐丝珐琅花卉瓶（一对）	高35cm	34,500	北京保利	2013.01.11
掐丝珐琅龙纹蒜头瓶	高32cm	20,700	北京保利	2013.07.28
掐丝珐琅嵌玉福庆连绵图葫芦瓶	高28cm	82,800	中国嘉德	2013.12.14
掐丝珐琅山水楼阁图方瓶（一对）	高32cm	48,300	中国嘉德	2013.12.14
掐丝珐琅兽面纹环耳瓶	高48cm	25,300	中国嘉德	2013.12.14
掐丝珐琅象耳瓶	高45cm	12,650	北京保利	2013.07.28
铜胎珐琅觚式瓶（一对）	高35cm	225,120	日本童梦	2013.12.03
明 掐丝珐琅三羊尊	高11cm	51,750	北京保利	2013.07.28
明末清初 铜胎掐丝珐琅方尊	高39cm	402,500	中国嘉德	2013.05.12
清康熙 铜胎掐丝珐琅花卉纹双陆尊	高9cm	172,500	北京保利	2013.12.05

(成交价RMB：1万元以上)

拍品名称	物品尺寸	成交价RMB	拍卖公司	拍卖日期
清康熙 掐丝珐琅缠枝莲双螭龙耳尊	高34cm	126,500	北京保利	2013.07.27
清乾隆 铜胎画珐琅牡丹纹鱼篓尊	高8cm	69,000	北京翰海	2013.12.06
清乾隆 铜鎏金掐丝珐琅缠枝莲纹摇铃尊	高16cm	1,088,820	保利香港	2013.10.07
清乾隆 掐丝珐琅缠枝花卉出戟尊	高26.3cm	2,114,640	香港佳士得	2013.05.29
清 景泰蓝宝鸭尊	高35cm	13,800	北京保利	2013.04.28
清 掐丝珐琅兽面纹出戟尊(一对)	高34.5cm	20,700	中国嘉德	2013.12.14
民国 掐丝珐琅鹤鹿同春图鹿头尊(一对)	高49.5cm	92,000	中国嘉德	2013.06.15
民国 掐丝珐琅缠枝莲兽面纹凤耳尊(一对)	高67.6cm	101,200	中国嘉德	2013.12.14
掐丝珐琅兽面纹方尊(一对)	高46.5cm	57,500	中国嘉德	2013.09.15
近代 掐丝珐琅百鹿尊(一对)	高55cm	69,000	北京保利	2013.10.28
清乾隆/嘉庆 铜胎掐丝珐琅锦纹地“拐子龙”纹出戟式方觚(一对)	高54.5cm	802,000	香港苏富比	2013.04.08
清乾隆 掐丝珐琅双龙捧寿夔耳方觚(一对)	高32cm	4,395,600	香港佳士得	2013.05.29
清乾隆 掐丝珐琅夔龙蕉叶纹小花觚(一对)	高9.9cm	594,000	香港佳士得	2013.05.29
清中期 掐丝珐琅花卉花觚(一对)	高35cm	32,200	北京保利	2013.07.27
清 掐丝珐琅兽面纹小花觚(一对)	高18.8cm	57,500	中国嘉德	2013.12.14
清 掐丝珐琅缠枝莲花觚(一对)	高35cm	48,300	中国嘉德	2013.12.14
清 掐丝珐琅缠枝莲御题诗文花觚(一对)	高28.8cm	28,750	中国嘉德	2013.09.15
清 掐丝珐琅缠枝莲御题诗文花觚(一对)	高28.8cm	25,300	中国嘉德	2013.09.15
清 掐丝珐琅缠枝莲纹花觚(一对)	高34.1cm	43,700	中国嘉德	2013.09.15
近代 掐丝珐琅花觚(一对)	高34cm	28,750	北京保利	2013.10.28
掐丝珐琅花觚(一对)	高68cm	86,250	北京保利	2013.07.28
掐丝珐琅花觚(一对)	高33cm	20,700	北京保利	2013.01.11
掐丝珐琅花觚(一对)	高24cm	17,250	北京保利	2013.04.28
17世纪 掐丝珐琅莲花纹方壶		76,488	纽约苏富比	2013.09.17
清康熙 掐丝珐琅松鼠葡萄纹铺首耳壶	盒高36cm	1,354,320	香港佳士得	2013.05.29
清乾隆 錾胎填珐琅兽面纹活环耳壶	高39.3cm	2,494,800	香港佳士得	2013.05.29
清乾隆 御制掐丝珐琅宝相莲纹扁壶	高38cm	1,610,000	北京保利	2013.12.04
清乾隆 掐丝珐琅团龙凤纹福寿如意壶	高39cm	689,040	香港佳士得	2013.05.29
清乾隆 掐丝珐琅莲蝠纹龙首活环耳壶	高41.3cm	1,544,400	香港佳士得	2013.05.29
清 铜胎掐丝珐琅花卉纹六棱执壶	高22cm	80,500	北京匡时	2013.06.05
清 铜胎画珐琅开光人物执壶	高15cm	48,300	北京保利	2013.07.28
民国 景泰蓝多穆壶	长66cm	25,300	北京保利	2013.07.28
18世纪 铜胎画广东珐琅“福寿双全”桃形茶壶	高14cm	1,475,680	香港苏富比	2013.04.08
掐丝珐琅缠枝莲纹贲巴壶(一对)	高35.2cm	25,300	中国嘉德	2013.09.15
清 掐丝珐琅开光仕女多穆壶(无图)	高15cm	111,550	太平洋	2013.09.16
民国 掐丝珐琅兽面纹提梁卣	高35cm	32,200	中国嘉德	2013.09.15
清乾隆 掐丝珐琅开光莲纹凤耳花盆	宽29.1cm	396,000	香港佳士得	2013.05.29
清中晚期 铜胎掐丝珐琅福禄寿花口盆	宽21cm	92,000	北京保利	2013.12.05
清中期 铜胎掐丝珐琅花盆	长18cm	57,500	北京华辰	2013.11.17
清中期 掐丝珐琅花卉倭角花盆	长26.2cm	276,000	北京翰海	2013.06.02
清中期 掐丝珐琅花卉夔龙六方花盆	长5.8cm	80,500	北京翰海	2013.06.02
清中期 掐丝珐琅花卉开光山水人物六方花盆	长28.3cm	103,500	北京翰海	2013.06.02
清中期 掐丝珐琅福寿纹海棠形花盆	长18cm	32,200	中国嘉德	2013.06.16
清 铜胎掐丝珐琅宝相花花盆	高11.5cm	17,250	北京传是	2013.12.12
清 掐丝珐琅双龙耳聚宝盆	宽48cm	13,800	北京保利	2013.10.28
景泰蓝嵌玉花盆	高60cm	51,750	北京保利	2013.04.28
清 铜胎画珐琅缠枝莲葵口花盆(一对)	直径24.5cm	46,000	北京传是	2013.12.12
清 景泰蓝缠枝莲花盆(一对)	宽16cm	184,000	北京保利	2013.10.26
清乾隆 铜胎掐丝珐琅兰花碧叶盆景	高37.3cm	345,000	北京匡时	2013.12.04
清 掐丝珐琅海棠盆配珊瑚	高15cm	28,750	北京保利	2013.07.27

拍品名称	物品尺寸	成交价RMB	拍卖公司	拍卖日期
明万历 铜胎掐丝珐琅花卉纹烛盘	直径18cm	977,500	北京匡时	2013.12.04
明景泰 铜胎掐丝珐琅西蕃莲纹盘	直径19.5cm	920,000	北京匡时	2013.12.04
清康熙 铜胎画珐琅人物故事图大盘	直径68cm	218,500	云南典藏	2013.10.26
清乾隆 掐丝珐琅勾莲纹葵瓣式盘	直径15.8cm	396,000	香港佳士得	2013.05.29
清中期 铜胎掐丝珐琅凤凰牡丹大盘	直径43.5cm	57,500	北京保利	2013.06.06
清光绪 铜胎画珐琅人物大盘	直径37cm	109,250	远方拍卖	2013.06.06
清 景泰蓝花卉纹盘	径23.5cm	34,500	北京传是	2013.06.15
18世纪 广东铜胎画珐琅黄地皮球花开光山水纹托盘	径26cm	62,210	纽约苏富比	2013.03.19
民国 银胎珐琅烟盘		10,350	北京翰海	2013.06.22
1955年 黑地掐丝珐琅花蝶大盘	直径36cm	34,500	北京保利	2013.06.06
清 铜胎画珐琅人物小盘(六件)	直径11cm	17,250	北京保利	2013.01.11
清乾隆 铜胎珐琅人物盘(一对)	直径37.5cm	345,000	上海道明	2013.04.29
清中期 铜胎掐丝珐琅花卉纹托盘(一对)	宽16.5cm	115,000	北京保利	2013.12.05
明中期 铜胎掐丝珐琅海马纹碗	直径22.5cm	575,000	北京匡时	2013.12.04
明中期 铜胎掐丝珐琅海八怪纹碗	直径22.5cm	575,000	北京匡时	2013.12.04
明万历 掐丝珐琅狮子戏球八吉祥纹碗	直径18.3cm	172,500	北京保利	2013.06.05
明嘉靖 万历 掐丝珐琅缠枝菊纹碗	直径21.8cm	86,250	北京诚轩	2013.05.11
清乾隆 铜胎掐丝珐琅缠枝莲双鱼耳盖碗	宽10.5cm	172,500	北京保利	2013.12.05
清乾隆 掐丝珐琅莲纹万寿无疆碗	直径9.6cm	198,000	香港佳士得	2013.05.29
清 掐丝珐琅八仙人物纹碗	直径18.8cm	13,800	中国嘉德	2013.06.15
民国 掐丝珐琅缠枝莲托八宝纹碗(四只)	直径9.3cm	40,250	中国嘉德	2013.12.14
清乾隆 掐丝珐琅万寿无疆碗(一对)	直径11cm	55,200	北京保利	2013.01.11
清 掐丝珐琅缠枝莲托八宝纹碗(一对)	直径9.5cm	32,200	中国嘉德	2013.06.15
近代 掐丝珐琅八宝纹碗(一组)	直径9cm	36,800	北京保利	2013.10.28
清 掐丝珐琅缠枝莲托八宝纹钵	直径27cm	34,500	中国嘉德	2013.06.15
16世纪 铜胎掐丝珐琅梵文缠枝蕃莲纹杯盏	高16.5cm	45,348	伦敦苏富比	2013.05.15
清乾隆 掐丝珐琅福寿花卉纹杯盏	长16.8cm	149,500	中国嘉德	2013.03.25
清康熙 铜胎掐丝珐琅缠枝莲纹酒杯	直径9.5cm	63,250	北京保利	2013.12.05
清乾隆 掐丝珐琅龙纹供杯	直径8cm	69,000	中国嘉德	2013.11.19
19世纪 铜胎画珐琅绿地莲花杯(一对)	长14.3cm	42,068	纽约苏富比	2013.09.17
清雍正 铜胎画珐琅黄地莲寿纹杯连托	直径15.2cm	974,160	香港佳士得	2013.05.29
19世纪 掐丝珐琅缠枝莲纹酒杯配温酒盏	高11.4cm	62,210	纽约苏富比	2013.03.19
清中期 掐丝珐琅花卉双龙耳杯托(一对)	宽10cm	34,500	北京保利	2013.04.28
明景泰 掐丝珐琅龙耳凤穿花纹象足炉	直径24cm	828,000	北京东正	2013.11.16
明15世纪 铜胎掐丝珐琅缠枝蕃莲纹三足炉	高33.3cm	940,380	伦敦苏富比	2013.05.15
明 铜胎掐丝珐琅三足小香炉	高6.7cm	368,000	北京匡时	2013.12.04
明 掐丝珐琅花纹炉	高34.3cm	57,500	中国嘉德	2013.03.25
明 掐丝珐琅缠枝莲纹狮耳三足炉		114,731	纽约苏富比	2013.09.17
清康熙 铜胎掐丝珐琅螭龙纹兽钮四足方炉	宽21.5cm	1,667,500	北京保利	2013.12.05
清康熙 掐丝珐琅莲花纹桃形三足炉	直径17.8cm	122,380	纽约苏富比	2013.09.17
清康熙 掐丝珐琅缠枝莲纹兽耳炉	高11cm	184,000	中国嘉德	2013.03.25
清乾隆 铜胎掐丝珐琅御制「四藏书屋」双龙耳象足大方炉	高66cm	2,875,000	北京保利	2013.12.05
清乾隆 铜胎掐丝珐琅山石花蝶双龙耳熏炉	高27.8cm	437,000	上海道明	2013.04.29
清乾隆 铜胎掐丝珐琅炉瓶盒三式	尺寸不一	1,437,500	北京匡时	2013.12.04
清乾隆 铜胎掐丝珐琅花卉炉	高11.2cm	920,000	北京保利	2013.06.04
清乾隆 铜胎掐丝珐琅花蝶纹海棠式手炉	宽18cm	805,000	北京保利	2013.12.05
清乾隆 铜胎掐丝珐琅荷塘莲纹海棠式手炉	宽18.5cm	1,150,000	北京保利	2013.12.05

2013杂项拍卖成交汇总

(成交价RMB：1万元以上)

拍品名称	物品尺寸	成交价RMB	拍卖公司	拍卖日期
清乾隆 铜胎掐丝珐琅勾莲纹三足微型炉	高4cm	920,000	北京保利	2013.12.05
清乾隆 铜胎掐丝珐琅缠枝花卉纹双如意耳炉	宽14cm	230,000	北京保利	2013.12.05
清乾隆 掐丝珐琅饕餮纹盖炉	高32.4cm	171,078	纽约苏富比	2013.03.19
清乾隆 掐丝珐琅狮钮方炉	高34cm	1,150,000	北京保利	2013.06.04
清乾隆 掐丝珐琅莲纹如意耳炉	宽8.6cm	445,500	香港佳士得	2013.05.29
清乾隆 掐丝珐琅菊花纹三足炉	宽13cm	445,500	香港佳士得	2013.05.29
清乾隆 掐丝珐琅簋式炉	长35.5cm	1,035,000	中国嘉德	2013.03.25
清乾隆 掐丝珐琅缠枝莲纹云耳炉	高12cm	396,000	香港佳士得	2013.05.29
清乾隆 掐丝珐琅缠枝莲纹三足炉	直径11cm	207,000	中国嘉德	2013.11.19
清乾隆 掐丝珐琅缠枝莲纹桥耳乳足炉	直径11cm	186,630	纽约佳士得	2013.03.21
清乾隆 掐丝珐琅缠枝莲托寿字如意耳炉	高51cm	713,000	中国嘉德	2013.03.25
清乾隆 掐丝珐琅缠枝莲托寿字如意耳炉	高53cm	632,500	中国嘉德	2013.03.25
清乾隆 景泰款铜胎掐丝珐琅缠枝莲纹双耳炉	高14.5cm	108,882	保利香港	2013.10.07
清中期 铜胎掐丝珐琅饕餮纹鼎式炉	高19.5cm	437,000	北京保利	2013.12.05
清中期 铜胎掐丝珐琅松鼠葡萄纹三足狮钮香炉	高23cm	230,000	北京保利	2013.12.05
清中期 铜胎掐丝珐琅花卉飞龙耳三足炉	高31.5cm	506,000	北京保利	2013.06.06
清中期 铜胎墨地掐丝珐琅双凤耳簋式炉	宽31cm	977,500	北京保利	2013.06.06
清中期 掐丝珐琅花卉双耳炉	宽38.5cm	46,000	北京保利	2013.10.26
清 铜胎掐丝珐琅西番莲纹冲耳炉	高12cm	115,000	远方拍卖	2013.06.06
清 掐丝珐琅双耳象足炉	高14.5cm	69,000	北京翰海	2013.06.02
清 掐丝珐琅兽面纹大炉	高96cm	89,700	中国嘉德	2013.09.15
清 掐丝珐琅龙耳三足炉	高55cm	92,000	北京保利	2013.10.28
清 掐丝珐琅花卉双狮耳炉	直径27cm	74,750	北京保利	2013.07.27
清 掐丝珐琅福寿纹方炉	长52.2cm	11,500	中国嘉德	2013.12.14
清 掐丝珐琅缠枝莲纹太平有象炉	高18cm	36,800	中国嘉德	2013.09.16
清 掐丝珐琅缠枝莲纹兽钮炉	高105cm	92,000	中国嘉德	2013.06.15
清 掐丝珐琅缠枝莲纹炉	高20.5cm	34,500	中国嘉德	2013.06.15
清 掐丝珐琅缠枝莲纹炉	高17cm	25,300	中国嘉德	2013.06.15
清 掐丝珐琅缠枝莲纹炉	高17cm	17,250	中国嘉德	2013.09.15
清 掐丝珐琅缠枝莲纹炉	高16cm	11,500	中国嘉德	2013.12.14
清 掐丝珐琅缠枝莲纹鼓式炉	高15.8cm	63,250	中国嘉德	2013.09.15
清 掐丝珐琅缠枝莲纹二龙戏珠炉	长48cm	82,800	中国嘉德	2013.03.24
清 掐丝珐琅"八征耄念之宝说"香炉	高21cm	17,250	北京保利	2013.01.11
清 景泰蓝双狮耳炉	宽13cm	20,700	北京保利	2013.10.28
清 景泰蓝三足炉	高61cm	69,000	北京保利	2013.10.26
清 掐丝珐琅兽面纹炉瓶(三式)	尺寸不一	11,500	中国嘉德	2013.09.15
18世纪 掐丝珐琅鸽式炉	高17.2cm	620,545	纽约佳士得	2013.03.21
19世纪 掐丝珐琅团花纹鼎式炉	高17cm	58,322	纽约佳士得	2013.03.21
19世纪 掐丝珐琅莲纹双螭耳三足炉	直径23cm	27,217	纽约佳士得	2013.03.21
民国 掐丝珐琅兽面纹鼎式炉	高91.7cm	74,750	中国嘉德	2013.12.14
民国 掐丝珐琅缠枝莲纹龙耳炉	高63cm	57,500	中国嘉德	2013.12.14
民国 掐丝珐琅缠枝莲开光花蝶纹如意耳炉	高55.5cm	51,750	中国嘉德	2013.09.15
珐琅花卉炉	直径57cm	20,700	北京翰海	2013.03.24
近代 掐丝珐琅兽面炉	高35cm	28,750	北京保利	2013.10.28
近代 掐丝珐琅云纹炉瓶盒	尺寸不一	25,300	北京保利	2013.10.28
掐丝珐琅缠枝花卉纹炉瓶三式	尺寸不一	10,350	中国嘉德	2013.12.14
掐丝珐琅蝉纹鼎式炉	高23cm	32,200	中国嘉德	2013.12.14
掐丝珐琅花卉纹兽足炉	高60cm	25,300	中国嘉德	2013.12.14
掐丝珐琅花卉香炉	高13cm	13,800	北京保利	2013.07.28
掐丝珐琅炉瓶盒三式	尺寸不一	11,500	北京保利	2013.04.28
掐丝珐琅兽面纹大炉	高163cm	66,700	中国嘉德	2013.12.14
掐丝珐琅双狮耳香炉	高28cm	11,500	北京保利	2013.07.28
16世纪 铜胎掐丝珐琅"缠枝蕃莲"图兽耳三足炉	高17.8cm	100,250	香港苏富比	2013.04.08
清 掐丝珐琅缠枝莲纹炉(五件)	尺寸不一	69,000	中国嘉德	2013.12.14
清 掐丝珐琅三足炉(一对)	直径54cm	57,500	北京保利	2013.04.27
清晚期 铜胎掐丝珐琅鹌鹑形熏炉(一对)	高15.5cm	92,000	北京保利	2013.12.05
清晚期 铜胎掐丝珐琅鹌鹑形熏炉(一对)	高14cm	34,500	北京保利	2013.12.05
清晚期 掐丝珐琅兽面纹鼎式炉(一对)	高18.5cm	28,750	中国嘉德	2013.03.25
民国 掐丝珐琅缠枝莲托寿字螭耳炉(一对)	高45cm	82,800	中国嘉德	2013.12.14
掐丝珐琅花卉香炉(一对)	高53cm	483,000	北京保利	2013.04.28
清 景泰蓝炉、瓶、盒(三件一组)	尺寸不一	23,000	北京保利	2013.01.11
景泰蓝炉、瓶、盒(一组)	尺寸不一	13,800	北京保利	2013.01.11
景泰蓝炉、瓶、盒(一组)	尺寸不一	11,500	北京保利	2013.04.28
掐丝珐琅缠枝莲纹炉、瓶(一套三件)	尺寸不一	32,200	中国嘉德	2013.12.14
掐丝珐琅炉、瓶盒三式	尺寸不一	20,700	北京保利	2013.07.28
掐丝珐琅香炉、笔杆、香铲(三件)	尺寸不一	47,150	北京保利	2013.07.28
掐丝珐琅缠枝莲纹三鹤炉带香几(一对)	高168cm	172,500	中国嘉德	2013.12.14
清乾隆 铜胎掐丝珐琅缠枝莲纹戟耳炉及座	宽16.5cm	4,657,500	北京保利	2013.12.05
清中期 铜胎掐丝珐琅缠枝花卉纹狮钮香薰	长44cm	253,000	北京保利	2013.12.05
清中期 景泰蓝缠枝莲香薰	高40cm	287,500	北京保利	2013.10.26
清 掐丝珐琅花卉香薰	高70cm	13,800	北京保利	2013.07.28
景泰蓝配碧玉龙纹香薰	高137cm	109,250	北京保利	2013.07.28
掐丝珐琅花卉开光云纹象足香薰	高100cm	94,300	中国嘉德	2013.12.14
掐丝珐琅嵌白玉帽架香薰(一对)	高31cm	109,250	北京保利	2013.04.28
清 掐丝珐琅象足香薰(一对)	高74cm	552,000	北京保利	2013.10.28
清 掐丝珐琅仙鹤香薰(一对)	高210cm	207,000	中国嘉德	2013.12.14
掐丝珐琅嵌玉螭龙纹大香薰(一对)	高220cm	322,000	中国嘉德	2013.09.15
掐丝珐琅双鹤香薰(一对)	高205cm	460,000	中国嘉德	2013.09.15
明 铜胎掐丝珐琅鹤鹿同春捧盒	直径36.5cm	368,000	北京匡时	2013.06.05
明 白玉雕龙纹珐琅盒	高14.4cm	162,400	天津文物	2013.05.24
清康熙 铜胎掐丝珐琅福禄寿龙纹项链盒	高17.1cm	143,205	伦敦苏富比	2013.05.15
清乾隆 铜胎掐丝珐琅回纹银锭式盒	宽10.7cm	172,500	北京匡时	2013.12.04
清乾隆 铜胎掐丝珐琅花卉纹圆盖盒	直径7.2cm	155,139	伦敦苏富比	2013.05.15
清乾隆 铜胎掐丝珐琅花卉纹套盒	宽11.2cm	103,500	北京匡时	2013.12.04
清乾隆 铜胎掐丝珐琅花卉蝙蝠纹盖盒	宽15cm	138,000	北京保利	2013.12.05
清乾隆 铜胎掐丝珐琅勾莲纹盖盒	宽8.5cm	172,500	北京保利	2013.12.05
清乾隆 铜胎掐丝珐琅春寿宝盒	直径20.5cm	6,497,500	北京保利	2013.12.05
清乾隆 铜胎画珐琅花卉福寿图四方小盒	高2.3cm	828,000	北京诚轩	2013.05.11
清乾隆 掐丝珐琅龙纹盖盒	高15.9cm	14,619,600	香港佳士得	2013.11.27
清乾隆 掐丝珐琅花卉圆盒	直径6cm	230,000	北京翰海	2013.12.08
清乾隆 掐丝珐琅花卉小盖盒	直径6cm	218,500	北京保利	2013.06.04
清乾隆 掐丝珐琅缠枝莲太极纹圆盖盒	盒直径17.5cm	544,500	香港佳士得	2013.05.29
清乾隆 金胎画珐琅西洋人物宝盒	直径5.9cm	908,500	北京翰海	2013.12.08
清中期 掐丝珐琅花卉圆盒	直径7.5cm	63,250	北京翰海	2013.12.08
清 铜胎珐琅花卉瓜棱式盖盒	长10.5cm	494,500	六朝艺宴	2013.07.07
清 掐丝珐琅福寿纹捧盒	直径25cm	32,200	中国嘉德	2013.09.15
清 掐丝珐琅福寿纹捧盒	直径25.2cm	25,300	中国嘉德	2013.12.14
清 掐丝珐琅春字盒	直径36cm	253,000	中国嘉德	2013.09.15
清 掐丝珐琅春寿捧盒	直径33cm	575,000	北京保利	2013.10.28
清 掐丝珐琅阿拉伯文香盒	直径9.5cm	23,000	北京保利	2013.12.06
清 景泰蓝狮耳瓶形盖盒	长16cm	32,200	北京保利	2013.04.28
清 景泰蓝花卉盖盒	直径14cm	69,000	北京保利	2013.04.27

拍品名称	物品尺寸	成交价RMB	拍卖公司	拍卖日期
清 广东铜胎画珐琅人物盖盒	宽38cm	46,000	北京保利	2013.01.11
清晚期 铜胎掐丝珐琅花卉纹五件套攒盒	尺寸不一	230,000	北京保利	2013.12.05
清晚期 景泰蓝开光山水捧盒	直径39cm	69,000	北京保利	2013.07.28
镀铜珐琅鸟鸣盒		46,000	中国嘉德	2013.11.18
近代 掐丝珐琅春寿宝盒	直径37cm	28,750	北京保利	2013.10.28
近代 掐丝珐琅手卷盒	长20cm	43,700	北京保利	2013.10.28
掐丝珐琅缠枝花卉纹手卷盒	长20cm	13,800	中国嘉德	2013.06.15
掐丝珐琅春字大捧盒	直径45cm	115,000	中国嘉德	2013.12.14
掐丝珐琅龙纹海棠形盖盒	宽10cm	17,250	北京保利	2013.04.28
铜镀金珐琅彩绘鸟鸣盒		115,000	中国嘉德	2013.11.18
清 掐丝珐琅嵌玉盖盒 (一对)	直径25cm	74,750	北京保利	2013.07.27
清 掐丝珐琅嵌碧玉缠枝花卉纹盒(一对)	长14.6cm	13,800	中国嘉德	2013.03.24
清 景泰蓝福寿盖盒 (一对)	直径25cm	23,000	北京保利	2013.01.11
精细及罕有，18K金及珐琅镶钻石盒子，配鸟鸣装置，约1840年制		275,100	香港佳士得	2013.11.27
清乾隆 铜胎掐丝珐琅缠枝莲纹小盖罐	高8cm	57,500	北京保利	2013.12.05
清 景泰蓝龙纹罐	直径33cm	149,500	北京保利	2013.10.26
清晚期 掐丝珐琅花鸟纹瓜棱大罐	直径31cm	11,500	中国嘉德	2013.09.15
掐丝珐琅缠枝莲纹小罐	高11cmcm	17,250	中国嘉德	2013.12.14
清 掐丝珐琅缠枝莲蝠纹八方围棋罐(一对)	高11cm	23,000	中国嘉德	2013.09.15
掐丝珐琅围棋罐 (一组)	尺寸不一	25,300	中国嘉德	2013.12.14
民国 掐丝珐琅花蝶纹缸 (一对)	直径26cm	28,750	中国嘉德	2013.12.14
民国 掐丝珐琅内鱼藻纹外荷塘图大缸	高90cm	57,500	中国嘉德	2013.09.15
掐丝珐琅内鱼藻纹外鹤鹿同春图大缸	直径69cm	74,750	中国嘉德	2013.09.15
20世纪 掐丝珐琅云龙纹大缸	直径124cm	103,500	中国嘉德	2013.12.14
掐丝珐琅九龙纹缸 (一对)	直径69cm	78,200	中国嘉德	2013.12.14
清早期 铜胎掐丝珐琅夔龙纹鼎	高28cm	1,150,000	北京匡时	2013.12.04
清乾隆 掐丝珐琅兽面纹文王鼎	高53cm	2,874,960	香港佳士得	2013.05.29
清乾隆 掐丝珐琅兽面纹文王鼎	高39cm	1,437,500	北京东正	2013.11.16
清乾隆 铜胎掐丝珐琅狮钮鼎式熏炉	高23.5cm	690,000	北京保利	2013.12.05
清雍正/乾隆 掐丝珐琅螭龙拱寿纹烛台(一对)	高37.5cm×2	311,050	纽约佳士得	2013.03.21
清乾隆 铜胎掐丝珐琅莲花烛台 (一对)	高35cm	690,000	北京保利	2013.12.05
清乾隆 铜胎掐丝珐琅缠枝花卉纹烛台(一对)	高44cm	805,000	北京保利	2013.12.05
清乾隆 掐丝珐琅花卉纹烛台 (一对)	高15cm	126,500	中国嘉德	2013.03.25
清乾隆 掐丝珐琅缠枝莲纹烛台 (一对)	高16.7cm	230,000	上海道明	2013.04.29
清 掐丝珐琅缠枝莲纹烛台 (一对)	高36.5cm	36,800	中国嘉德	2013.06.15
清 掐丝珐琅缠枝莲纹烛台 (一对)	高48cm	11,500	中国嘉德	2013.03.24
清 景泰蓝烛台 (一对)	高70cm	138,000	北京保利	2013.04.27
清 掐丝珐琅缠枝莲御题诗文烛台(一对)	高27.5cm	10,350	中国嘉德	2013.09.15
18世纪 铜胎画珐琅囍福有余烛台(一对)	高43.cm	475,200	香港佳士得	2013.05.29
19世纪 铜胎掐丝珐琅衔芝仙鹤烛台(一对)	高150cm	381,880	伦敦苏富比	2013.05.15
近代 景泰蓝烛台 (一对)	高40cm	20,700	北京保利	2013.10.28
近代 掐丝珐琅烛台 (一对)	高29cm	28,750	北京保利	2013.10.28
景泰蓝诗文烛台 (一对)	高31cm	20,700	北京保利	2013.07.20
掐丝珐琅碧玉喜字烛台 (一对)	高34.5cm	25,300	中国嘉德	2013.12.14
清 掐丝珐琅钟 烛台 (一套三件)	尺寸不一	25,300	中国嘉德	2013.03.24
掐丝珐琅钟 烛台 (一套三件)	尺寸不一	17,250	中国嘉德	2013.06.15
法琅钟、烛台 (一组)	尺寸不一	10,350	北京保利	2013.07.28
清末 铜鎏金画珐琅蜡台 (二件)	高79.5cm	138,000	北京翰海	2013.06.02
清乾隆 景泰蓝长柄勺	长42.5cm	1,917,840	香港佳士得	2013.11.27
清 铜胎掐丝珐琅缠枝莲方熏	高69cm	322,000	上海嘉泰	2013.07.05
18世纪 铜胎画珐琅黄地蝙蝠花卉纹冠架	高32.5cm	879,120	香港佳士得	2013.05.29

拍品名称	物品尺寸	成交价RMB	拍卖公司	拍卖日期
20世纪 掐丝珐琅兽面纹钟	高33cm	11,500	中国嘉德	2013.12.14
景泰蓝帽架	高29.7cm	31,050	北京匡时	2013.09.12
掐丝珐琅缠枝莲纹帽架 (一对)	高36.5cm	13,800	中国嘉德	2013.12.14
掐丝珐琅嵌碧玉缠枝莲纹帽架 (一对)	高31cm	10,350	中国嘉德	2013.12.14
掐丝珐琅嵌碧玉福寿花卉纹帽架	高31cm	23,000	中国嘉德	2013.09.15
清乾隆 铜胎掐丝珐琅缠枝莲纹花插	高13.5cm	1,495,000	北京匡时	2013.12.04
清乾隆 錾胎珐琅"佛手"花插 (一对)	长11.5cm	358,013	伦敦苏富比	2013.05.15
清乾隆/嘉庆 御制金胎画珐琅"缠枝花卉"纹盏托	高20.5cm	1,475,680	香港苏富比	2013.04.08
清乾隆 掐丝珐琅勾莲纹五孔笔插	宽7.1cm	257,400	香港佳士得	2013.05.29
民国 掐丝珐琅龙纹文房 (三件)	尺寸不一	13,800	中国嘉德	2013.12.14
清乾隆 掐丝珐琅云龙纹香亭	高93cm	1,150,000	中国嘉德	2013.03.25
清乾隆 掐丝珐琅缠枝莲兽面纹 (五供)	尺寸不一	943,000	中国嘉德	2013.03.25
清乾隆 景泰蓝缠枝莲座	直径8cm	11,500	北京保利	2013.04.27
清 银丝珐琅嵌白玉镜	长28.2cm	27,669	保利香港	2013.04.07
清 掐丝珐琅云龙纹佛龛	高56cm	80,500	中国嘉德	2013.06.15
清 掐丝珐琅龙纹双联香筒	高36.5cm	92,000	中国嘉德	2013.09.15
清 掐丝珐琅缠枝莲纹转经筒	高26.5cm	40,250	中国嘉德	2013.09.15
清 掐丝珐琅缠枝莲纹帽架 (一对)	高29cm	40,250	中国嘉德	2013.12.14
清晚期 掐丝珐琅太平有象配件 (三件)	尺寸不一	10,350	中国嘉德	2013.06.15
清晚期 掐丝珐琅花卉帽筒 (一对)	高32cm	13,800	北京保利	2013.10.28
18世纪上半叶 铜胎掐丝珐琅花卉纹卷书式座	高40.3cm	380,950	香港苏富比	2013.04.08
18世纪 鎏金铜嵌料石珐琅指南针	宽15cm	148,500	香港佳士得	2013.05.29
19世纪上半叶 掐丝珐琅宝塔式六方宫灯 (一对)	高56.5cm	1,441,717	纽约佳士得	2013.03.21
19世纪 掐丝珐琅嵌镂雕石牌塔式香筒(一对)	高90.7cm	911,731	纽约苏富比	2013.09.17
民国 铜胎画珐琅缠枝莲开光花鸟纹帽架	高40.8cm	28,750	中国嘉德	2013.12.14
20世纪 掐丝珐琅鸟笼	高52cm	20,700	中国嘉德	2013.06.15
20世纪 掐丝珐琅鸟笼	高44cm	25,300	中国嘉德	2013.12.14
景泰蓝龙纹鼓墩 (一对)	高45cm	51,750	北京保利	2013.04.28
掐丝珐琅"八征耄念之宝说"香筒	高20cm	94,300	中国嘉德	2013.06.15
掐丝珐琅龙凤纹鼓墩 (一对)	高44.5cm	34,500	中国嘉德	2013.12.14
清乾隆 铜胎掐丝珐琅夔凤纹香插	宽11.5cm	713,000	北京保利	2013.12.05
清乾隆 铜胎掐丝珐琅缠枝莲纹香插	高5.3cm	287,500	北京匡时	2013.06.05
清乾隆 铜胎掐丝珐琅缠枝莲纹器座	高14.5cm	126,500	北京匡时	2013.12.05
清乾隆 掐丝珐琅缠枝莲纹花篮 (一对)	高9cm	115,000	中国嘉德	2013.03.25
清乾隆 掐丝珐琅缠枝莲纹 (五供)	高38cm	1,740,325	纽约佳士得	2013.03.21
清乾隆 金胎嵌宝石点翠画珐琅斋戒牌	长7.8cm	402,500	中国嘉德	2013.05.12
清中期 铜胎掐丝珐琅寿字纹扳指	直径3cm	138,000	北京保利	2013.12.05
清中期 铜胎掐丝珐琅佛教八珍 (一组)	尺寸不一	437,000	北京保利	2013.12.05
清中期 铜鎏金画珐琅百寿五供 (一套)	尺寸不一	345,000	北京保利	2013.06.06
清中期 掐丝珐琅喜字宫灯罩 (一对)	高42.4cm	57,500	中国嘉德	2013.09.16
清晚期 铜胎掐丝珐琅袱系纹笔筒	高8.5cm	264,500	北京保利	2013.12.05
清 掐丝珐琅嵌青金石福寿花卉纹帽架	高31cm	13,800	中国嘉德	2013.12.14
清 掐丝珐琅缠枝莲纹香插	直径11.3cm	46,000	中国嘉德	2013.09.15
掐丝珐琅嵌百宝花篮 盆景 (三件)	尺寸不一	11,500	中国嘉德	2013.03.24
近代 景泰蓝团龙香插	直径11.5cm	11,500	北京保利	2013.10.28
鼻烟壶				
陶瓷类				
清雍正 青花马上封侯烟壶	高7.8cm	16,800	蓝天国拍	2013.07.26
清雍正 虎皮釉龙纹鼻烟壶	高7cm	34,500	北京保利	2013.04.28
清雍正 粉彩人物烟壶	高7cm	17,920	蓝天国拍	2013.07.26
清乾隆/嘉庆初年 炉钧釉葫芦鼻烟壶	高6.7cm	99,000	香港苏富比	2013.05.27
清乾隆/嘉庆 青花釉里红苍龙教子图鼻烟壶	高7.1cm	10,350	北京中汉	2013.03.27
清乾隆 御制粉彩西番莲纹烟壶	高7.3cm	540,500	中国嘉德	2013.11.16
清乾隆 御制粉彩福禄万代烟壶	高8cm	805,000	中国嘉德	2013.11.16

2013杂项拍卖成交汇总

(成交价RMB：1万元以上)

拍品名称	物品尺寸	成交价RMB	拍卖公司	拍卖日期
清乾隆 松石绿地粉彩开光山水人物纹鼻烟壶(一对)	长5.5cm	747,500	北京东正	2013.05.10
清乾隆 珊瑚红雕瓷八宝烟壶	高7cm	46,000	北京保利	2013.10.26
清乾隆 珊瑚红地洒金开光山水人物鼻烟壶	高6.4cm	575,000	北京翰海	2013.12.08
清乾隆 青花釉里红龙纹小瓶(一对)	高5cm	28,750	北京保利	2013.04.28
清乾隆 青花羲之爱鹅图鼻烟壶	高5.5cm	20,700	北京中汉	2013.03.27
清乾隆 青花红彩描金云龙纹烟壶	高5.3cm	287,500	中国嘉德	2013.11.16
清乾隆 青花瓜棱形鼻烟壶	高6cm	230,000	远方拍卖	2013.06.06
清乾隆 青花粉彩婴戏图烟壶	高6.4cm	23,000	中国嘉德	2013.09.17
清乾隆 青花矾红龙纹烟壶	高6.4cm	402,500	北京保利	2013.06.04
清乾隆 粉彩十二生肖烟壶	高8cm	34,500	北京保利	2013.04.28
清乾隆 粉彩罗汉图鼻烟壶	高5.1cm	23,000	北京中汉	2013.06.17
清乾隆 粉彩雕十八罗汉烟壶	高7cm	40,320	蓝天国拍	2013.01.18
清乾隆 粉彩百子图烟壶	高7.3cm	92,000	中国嘉德	2013.11.16
清乾隆 粉彩百子图鼻烟壶	高5.1cm	92,000	上海道明	2013.10.18
清乾隆 粉彩“百子图”鼻烟壶	高5.2cm	128,700	香港苏富比	2013.05.27
清乾隆 瓷胎料彩云龙纹烟壶	高6.5cm	690,000	中国嘉德	2013.11.16
清中期 釉里红龙纹鼻烟壶	高6.2cm	11,500	北京中汉	2013.06.17
清中期 松石绿地粉彩大吉图烟壶	高7cm	112,700	北京华辰	2013.11.17
清中期 青花十二生肖纹鼻烟壶	高7.5cm	20,700	北京中汉	2013.03.27
清中期 粉彩模印白蛇传烟壶	高7cm	20,700	北京华辰	2013.11.17
清中期 粉彩骏马图鼻烟壶	高5.8cm	74,750	北京中汉	2013.06.17
清中期 粉彩吉祥如意鼻烟壶	高8cm	212,750	北京九歌	2013.06.28
清中期 仿漆红雕瓷人物八吉祥纹鼻烟壶	高6.6cm	17,250	北京中汉	2013.06.17
清中期 本色堆泥绘山水纹鼻烟壶	高7.5cm	101,200	北京中汉	2013.11.17
清中期 白釉模印叶形鼻烟壶	高7.3cm	23,000	北京中汉	2013.06.17
清中期 白釉模印回纹树叶形鼻烟壶	高7.3cm	11,500	北京中汉	2013.03.27
清约1820-1860年 淡绿釉浮雕梅花鼻烟壶	高7.1cm	94,050	香港苏富比	2013.05.27
清嘉庆/道光 粉彩模印“瓜蝶绵绵”双联鼻烟壶	高8.5cm	37,620	香港苏富比	2013.05.27
清嘉庆/道光 粉彩缠枝花卉松石绿彩“寿”字鼻烟壶	高7.1cm	37,620	香港苏富比	2013.05.27
清嘉庆 御制松石绿地粉彩缠枝蕃莲葫芦鼻烟壶	高6.7cm	405,900	香港苏富比	2013.05.27
清嘉庆 御制青花开光粉彩西厢记人物图鼻烟壶 粉彩人物图烟碟	高6.1cm；直径4.5cm	62,210	纽约佳士得	2013.03.21
清嘉庆 御制模印粉彩九狮图鼻烟壶 矾红四字篆书款及粉彩花卉纹烟碟	高3.7cm	27,217	纽约佳士得	2013.03.21
清嘉庆 御制粉彩张骞乘槎图鼻烟壶	高6.4cm	93,315	纽约佳士得	2013.03.21
清嘉庆 黄地粉彩开光花卉纹海棠式鼻烟壶	高5.4cm	248,840	纽约佳士得	2013.03.21
清嘉庆 红彩苍龙教子纹烟壶	高4.3cm	23,000	中国嘉德	2013.11.16
清嘉庆 粉彩仙人乘槎海棠形鼻烟壶	高6.6cm	207,000	北京东正	2013.11.16
清嘉庆 粉彩开光麻姑献寿纹鼻烟壶	高6cm	230,000	北京东正	2013.05.10
清嘉庆 矾红龙纹烟壶	高4.5cm	25,300	北京保利	2013.10.26
清嘉庆 淡绿地矾红金彩“抱珠云龙”图鼻烟壶	高5.4cm	257,400	香港苏富比	2013.05.27
清嘉庆 白釉雕瓷狮子戏球烟壶	高5.5cm	32,200	北京保利	2013.10.26
清光绪 御制料彩五公图鼻烟壶	高5.9cm	77,763	纽约佳士得	2013.03.21
清道光至同治 青花釉里红“朝贡图”鼻烟壶	高8.4cm	23,760	香港苏富比	2013.05.27
清道光/咸丰 青花“婴戏图”鼻烟壶	高7.1cm	27,720	香港苏富比	2013.05.27
清道光 御制粉彩秋猎图鼻烟壶	高5.3cm	77,763	纽约佳士得	2013.03.21
清道光 御制粉彩蝈蝈纹鼻烟壶	高5.5cm	69,986	纽约佳士得	2013.03.21
清道光 御制粉彩蝈蝈纹鼻烟壶	高5.4cm	34,993	纽约佳士得	2013.03.21
清道光 胭脂红彩苍龙教子纹胆瓶形烟壶	高6.6cm	287,500	中国嘉德	2013.11.16

拍品名称	物品尺寸	成交价RMB	拍卖公司	拍卖日期
清道光 松石绿釉雕瓷龙凤纹烟壶	高7.2cm	195,500	六朝艺宴	2013.07.07
清道光 青花釉里红喜上眉梢纹鼻烟壶	高4.9cm	47,150	北京中汉	2013.06.17
清道光 青花釉里红苍龙教子图鼻烟壶	高8.2cm	24,150	北京中汉	2013.06.17
清道光 青花天鸡耳人物故事鼻烟壶(一对)	高6.5cm	138,000	北京东正	2013.11.16
清道光 青花龙纹烟壶(一对)	高5.5cm	460,000	中国嘉德	2013.11.16
清道光 青花矾红座龙云纹鼻烟壶(一对)	高7.3cm	345,000	北京东正	2013.11.16
清道光 青花百寿大烟壶	高15.5cm	11,500	北京保利	2013.04.28
清道光 墨彩四方鼻烟壶	高6.8cm	41,400	北京万隆	2013.06.04
清道光 红彩钟馗图烟壶	高7cm	28,750	中国嘉德	2013.11.16
清道光 粉彩蚱蜢鼻烟壶	高7.5cm	11,500	北京保利	2013.12.06
清道光 粉彩寻梅图鼻烟壶	高6.3cm	138,000	北京永乐	2013.05.12
清道光 粉彩蟋蟀纹烟壶	高6.4cm	32,200	中国嘉德	2013.06.15
清道光 粉彩双鸽图烟壶	高5.2cm	82,800	中国嘉德	2013.11.16
清道光 粉彩犬鸽纹烟壶	高6.5cm	13,800	中国嘉德	2013.06.16
清道光 粉彩描金“十八罗汉”图鼻烟壶	高5.7cm	257,400	香港苏富比	2013.05.27
清道光 粉彩花卉纹烟壶	高5.6cm	17,250	中国嘉德	2013.09.17
清道光 粉彩花卉蝈蝈图鼻烟壶	高6.7cm	28,750	北京中汉	2013.11.17
清道光 粉彩花卉草虫纹烟壶	高4.5cm	39,200	蓝天国拍	2013.07.26
清道光 粉彩寒江独钓图鼻烟壶	高6.9cm	20,700	北京中汉	2013.11.17
清道光 粉彩蝈蝈纹铺首烟壶	高6.4cm	25,300	中国嘉德	2013.09.17
清道光 粉彩蝈蝈花卉草虫鼻烟壶	高7cm	78,200	北京东正	2013.05.10
清道光 粉彩归牧图鼻烟壶	高6.5cm	57,500	北京永乐	2013.05.12
清道光 粉彩封候爵禄鼻烟壶	高5.7cm	201,600	东拍国际	2013.06.14
清道光 粉彩封侯图大鼻烟壶	高7.7cm	92,000	北京永乐	2013.05.12
清道光 粉彩刀马人烟壶	高5.8cm	71,300	中国嘉德	2013.11.16
清道光 粉彩虫纹鼻烟壶	高7.5cm	20,700	北京东正	2013.06.15
清道光 粉彩“文臣武将”图鼻烟壶	高6.2cm	64,350	香港苏富比	2013.05.27
清道光 粉彩“世代封侯”双铺首烟壶	高7cm	10,350	北京保利	2013.10.28
清道光 矾红彩“钟馗化身”图鼻烟壶	高8.4cm	17,820	香港苏富比	2013.05.27
清1820-1850年 瓷胎镂空八吉祥纹鼻烟壶	高6.3cm	18,357	纽约苏富比	2013.09.17
清 釉里红山水纹鼻烟壶	高6.5cm	25,300	北京华辰	2013.05.09
清 五彩双龙戏珠纹烟壶	高8cm	34,500	中国嘉德	2013.11.16
清 五彩龙纹烟壶	高7.8cm	23,000	中国嘉德	2013.11.16
清 青花云龙纹烟壶	高5.5cm	19,040	蓝天国拍	2013.01.18
清 青花云龙纹烟壶	高8cm	16,800	蓝天国拍	2013.01.18
清 青花云龙纹烟壶	高6.2cm	11,500	中国嘉德	2013.11.16
清 青花釉里红烟壶	高8.5cm	10,080	蓝天国拍	2013.07.26
清 青花釉里红相马图鼻烟壶	高7.8cm	40,250	西泠拍卖	2013.07.12
清 青花釉里红十二生肖纹烟壶	高12.5cm	44,800	蓝天国拍	2013.01.18
清 青花釉里红神仙人物纹 狩猎图烟壶(四件)	尺寸不一	32,200	中国嘉德	2013.09.17
清 青花釉里红山水人物纹烟壶(四件)	尺寸不一	28,750	中国嘉德	2013.09.17
清 青花釉里红人物故事纹烟壶	高7.5cm	11,200	蓝天国拍	2013.07.26
清 青花釉里红龙纹烟壶	高7cm	28,000	天津文物	2013.11.22
清 青花釉里红骏马图烟壶	高7cm	126,500	北京华辰	2013.11.17
清 青花釉里红花卉纹烟壶	高6.1cm	24,640	天津文物	2013.05.24
清 青花釉里红鼻烟壶	高8cm	20,700	北京九歌	2013.09.04
清 青花团龙纹烟壶	高5.5cm	17,250	中国嘉德	2013.11.16
清 青花双龙纹烟壶	高4cm	34,500	中国嘉德	2013.11.16
清 青花十二生肖烟壶	高6.8cm	17,250	中国嘉德	2013.11.16
清 青花十八学士烟壶	高8.9cm	51,520	蓝天国拍	2013.07.26
清 青花人物纹鼻烟壶	高7.9cm	13,800	北京中汉	2013.03.27
清 青花人物图烟壶(三件)	尺寸不一	13,800	北京保利	2013.10.28
清 青花人物故事图鼻烟壶	高8.3cm	17,250	北京中汉	2013.06.17
清 青花龙纹烟壶	高5.3cm	69,000	中国嘉德	2013.11.16
清 青花龙纹烟壶	高9cm	11,500	北京华辰	2013.11.1

拍品名称	物品尺寸	成交价RMB	拍卖公司	拍卖日期
清 青花九狮纹梅瓶烟壶	高6.5cm	17,250	中国嘉德	2013.11.16
清 青花加紫云龙纹烟壶	高11.5cm	11,500	北京翰海	2013.07.14
清 青花加紫十二生肖纹烟壶	高7.8cm	11,200	天津文物	2013.05.24
清 青花加紫狮子纹烟壶	高9cm	10,640	蓝天国拍	2013.07.26
清 青花加紫人物故事纹烟壶	高8cm	29,120	蓝天国拍	2013.01.18
清 青花加紫人物故事纹烟壶	高8cm	13,440	天津文物	2013.05.24
清 青花加紫鼻烟壶 (两件)		11,500	北京翰海	2013.07.14
清 青花福寿纹烟壶等	尺寸不一	22,400	天津文物	2013.05.24
清 青花二龙戏珠纹烟壶	高5cm	11,200	天津文物	2013.05.24
清 青花八骏图鼻烟壶	高6.5cm	23,000	北京华辰	2013.05.09
清 青花、青花釉里红山水纹 人物纹烟壶 (五件)	尺寸不一	28,750	中国嘉德	2013.09.17
清 青花、粉彩、松石绿釉烟壶 (十件)	尺寸不一	43,700	中国嘉德	2013.06.15
清 青花 釉里红 青花釉里红 粉彩 青金石烟壶 (八件)	尺寸不一	20,700	中国嘉德	2013.09.17
清 青花 青花釉里红瑞兽纹烟壶 (四件)	尺寸不一	20,700	中国嘉德	2013.09.17
清 青花 青花釉里红 釉里红 青花矾红云龙纹 海兽纹烟壶 (八件)	尺寸不一	34,500	中国嘉德	2013.09.17
清 泡沫地套五彩料清供纹鼻烟壶	高7.5cm	25,300	北京华辰	2013.05.09
清 涅白地套五彩花卉纹鼻烟壶	高7.3cm	32,200	北京华辰	2013.05.09
清 抹红龙纹烟壶	高5.7cm	35,840	天津文物	2013.11.22
清 料胎画珐琅花卉纹鼻烟壶	高6.3cm	55,200	北京华辰	2013.05.09
清 浆胎青花山水纹烟壶	高6.5cm	11,200	天津文物	2013.05.24
清 黄釉雕瓷山水楼阁鼻烟壶	高7cm	28,750	北京华辰	2013.05.09
清 黄地墨彩双喜图鼻烟壶	高7.5cm	17,250	北京华辰	2013.05.09
清 粉彩婴戏图鼻烟壶	高7cm	25,300	北京华辰	2013.05.09
清 粉彩英雄鼻烟壶	高7cm	51,750	北京九歌	2013.09.04
清 粉彩烟壶 (六件)	尺寸不一	13,800	中国嘉德	2013.09.17
清 粉彩松鹰纹烟壶	高9.5cm	39,200	蓝天国拍	2013.07.26
清 粉彩人物纹烟壶	高7cm	32,480	蓝天国拍	2013.01.18
清 粉彩人物故事纹烟壶	高6.2cm	123,200	天津文物	2013.05.24
清 粉彩人物故事图鼻烟壶 (两只)	高6.8cm; 高7.2cm	28,750	北京中汉	2013.06.17
清 粉彩平安图鼻烟壶	高6.5cm	17,250	北京华辰	2013.05.09
清 粉彩牛郎织女图烟壶	高9cm	36,800	北京华辰	2013.11.17
清 粉彩模印金玉满堂烟壶	高8.7cm	20,700	中国嘉德	2013.11.16
清 粉彩镂空双联人物烟壶	高6cm	32,200	北京保利	2013.04.28
清 粉彩莲塘鸳鸯纹烟壶	高6cm	13,440	蓝天国拍	2013.07.26
清 粉彩花鸟纹烟壶 (十两件)	高8.3cm	11,500	上海工美	2013.04.20
清 粉彩花鸟纹烟壶	高5.9cm	112,000	天津文物	2013.11.22
清 粉彩荷塘纹鼻烟壶	高7.5cm	34,500	北京华辰	2013.05.09
清 粉彩蝈蝈纹烟壶	高5.5cm	33,600	天津文物	2013.05.24
清 粉彩蝈蝈纹烟壶	高5.5cm	28,000	天津文物	2013.11.22
清 粉彩鸽犬图鼻烟壶	高7.5cm	48,300	北京九歌	2013.06.28
清 粉彩二龙戏珠纹烟壶	高7.8cm	11,200	天津文物	2013.05.24
清 粉彩丹凤朝阳纹鼻烟壶	高7cm	63,250	北京华辰	2013.05.09
清 粉彩大吉图烟壶	高8.2cm	16,800	天津文物	2013.11.22
清 粉彩瓷塑太平有象鼻烟壶	长5cm	23,000	北京华辰	2013.05.09
清 粉彩瓷塑人物鼻烟壶	高7cm	51,750	北京九歌	2013.06.28
清 粉彩鼻烟壶、书枕、盖盒 (三件)	尺寸不一	46,000	北京保利	2013.12.06
清 粉彩白菜蟋蟀图鼻烟壶	高7.5cm	17,250	北京华辰	2013.05.09
清 矾红九狮同居图鼻烟壶	高7.5cm	40,250	北京华辰	2013.05.09
清 雕瓷松鼠葡萄纹烟壶	长7.5cm	46,000	北京华辰	2013.11.17
清 瓷烟壶 (一组十件)	尺寸不一	32,200	北京保利	2013.04.28
清 瓷烟壶 (十件)	尺寸不一	36,800	中国嘉德	2013.09.17
清 瓷胎画珐琅金玉满堂鼻烟壶	高4.2cm	345,000	北京九歌	2013.06.28
清 瓷胎画珐琅蝈蝈纹鼻烟壶	高6.8cm	437,000	北京九歌	2013.06.28
清 瓷胎粉彩美人烟壶	高11.5cm	51,750	北京华辰	2013.11.17
清 茶叶末釉烟壶、烟碟	尺寸不一	69,440	天津文物	2013.05.24
清 白地粉彩春桃纹鼻烟壶	高7.5cm	66,700	北京华辰	2013.05.09

拍品名称	物品尺寸	成交价RMB	拍卖公司	拍卖日期
清 青花山水人物纹鼻烟壶	高7cm	23,000	北京中汉	2013.06.17
清 仿漆雕描金人物纹鼻烟壶	高7.3cm	11,500	北京中汉	2013.06.17
1740-1756年 御制粉彩开光婴戏图鼻烟壶	高6.4cm	544,338	纽约佳士得	2013.03.21
1770-1795年 粉彩花卉纹天圆地方鼻烟壶	高6.5cm	248,840	纽约佳士得	2013.03.21
1770-1795年 御制瓷胎画珐琅瓜瓞绵绵鼻烟壶	高5.4cm	37,326	纽约佳士得	2013.03.21
1780-1850年 宜兴加彩寿字纹方形鼻烟壶	高6cm	427,694	纽约佳士得	2013.03.21
1790-1810年 模印白釉狮戏绣球鼻烟壶	高6.6cm	24,884	纽约佳士得	2013.03.21
18世纪 黄釉雕瓷松鹤烟壶	高7.5cm	97,750	北京保利	2013.04.27
18世纪 青花人物山水纹烟壶	高9cm	17,250	北京华辰	2013.11.17
18世纪/19世纪 陶瓷鼻烟壶	高7.5cm	1,048,977	伦敦佳士得	2013.05.17
18世纪末/19世纪 青花"卧狮戏球"鼻烟壶	高7.1cm	12,870	香港苏富比	2013.05.27
18世纪末/19世纪初 粉彩"卧姿仕女"鼻烟壶	高9.8cm	99,000	香港苏富比	2013.05.27
18世纪末/19世纪初 粉彩描金人物立像鼻烟壶 (三件)	高7.2cm	1,647,360	香港苏富比	2013.05.27
19世纪 酱釉柳编纹皮囊式鼻烟壶	高6.8cm	39,600	香港苏富比	2013.05.27
19世纪 绿釉"青椒"鼻烟壶	高5.6cm	27,720	香港苏富比	2013.05.27
19世纪 青花五爪游龙"带子上潮"图鼻烟壶	高8.4cm	37,620	香港苏富比	2013.05.27
19世纪 青花釉里红"山水渔乐"图鼻烟壶	高6.9cm	29,700	香港苏富比	2013.05.27
19世纪 青花釉里红唐人诗意图鼻烟壶	高8.3cm	15,840	香港苏富比	2013.05.27
19世纪 扬州作粉彩"竹林七贤"图鼻烟壶	高7.9cm	18,810	香港苏富比	2013.05.27
19世纪/20世纪初 蓝赭釉"金鱼"鼻烟壶	高8.9cm	14,850	香港苏富比	2013.05.27
19世纪/20世纪初 五彩"戏曲人物"图鼻烟壶	高7.7cm	14,850	香港苏富比	2013.05.27
19世纪中叶 青花"江舟独钓"图鼻烟壶	高7cm	23,760	香港苏富比	2013.05.27
19世纪中叶/20世纪初 粉彩"五犬图"鼻烟壶	高7.4cm	27,720	香港苏富比	2013.05.27
清晚期 粉彩人物纹 花卉纹烟壶 (三件)	尺寸不一	10,350	中国嘉德	2013.03.24
清末/民初 淡绿釉浅浮雕"庭院山水"图鼻烟壶	高7.2cm	168,300	香港苏富比	2013.05.27
近代 瓷胎粉彩模制博古纹烟壶	高7cm	55,200	北京华辰	2013.11.17
民国 粉彩人物故事图长方鼻烟壶(一对)	高4.4cm; 高5.3cm	23,329	纽约佳士得	2013.03.21
内画类				
明 黄玉瑞兽纹烟壶	高7cm	277,760	天津文物	2013.11.22
清乾隆至道光 玛瑙鼻烟壶	高5.7cm	69,300	香港苏富比	2013.05.27
清乾隆/嘉庆初年 双铺首梅瓶式玉鼻烟壶	高5.3cm	12,870	香港苏富比	2013.05.27
清乾隆/嘉庆 玛瑙嵌百宝缠枝莲纹"婴戏图"鼻烟壶	高6.2cm	178,200	香港苏富比	2013.05.27
清乾隆/嘉庆 御制白玉柳编纹鼻烟壶	高5.4cm	495,000	香港苏富比	2013.05.27
清乾隆/嘉庆 御制白玉"玉兰"花蕾鼻烟壶 (一组六件)	高6.4cm	1,647,360	香港苏富比	2013.05.27
清乾隆/嘉庆 碧玉茄子鼻烟壶	高6cm	168,300	香港苏富比	2013.05.27
清乾隆/嘉庆 白玉莲瓣纹鼻烟壶	高5.4cm	148,500	香港苏富比	2013.05.27
清乾隆/嘉庆 白玉浮雕"螭龙逐珠"图盖瓶式鼻烟壶	高5.9cm	79,200	香港苏富比	2013.05.27
清乾隆/嘉庆 白玉"竹笋"鼻烟壶	高6.7cm	84,150	香港苏富比	2013.05.27
清乾隆 御制诗文玛瑙烟壶	高5.5cm	368,000	中国嘉德	2013.05.13

2013杂项拍卖成交汇总

(成交价RMB：1万元以上)

拍品名称	物品尺寸	成交价RMB	拍卖公司	拍卖日期
清乾隆 御制青白玉蟋蟀罐式“竹石”刻文鼻烟壶	高3.6cm	346,500	香港苏富比	2013.05.27
清乾隆 御制黄玉题诗“柳溪烟雨”鼻烟壶	高6.5cm	396,000	香港苏富比	2013.05.27
清乾隆 御制仿古玉雕“凤凰瑞兽”执壶式鼻烟壶	高5cm	376,200	香港苏富比	2013.05.27
清乾隆 羊脂白玉兰花纹烟壶	高5.6cm	287,500	中国嘉德	2013.11.16
清乾隆 苏作黑白玉雕泛舟图鼻烟壶	高7cm	368,000	远方拍卖	2013.06.06
清乾隆 松石绿地描金墨彩钟表纹鼻烟壶	高6cm	51,750	北京中汉	2013.06.17
清乾隆 珊瑚雕葫芦万代鼻烟壶	高6.8cm	138,000	北京东正	2013.11.16
清乾隆 青金石梅花御制诗文烟壶	高6cm	69,000	北京保利	2013.04.27
清乾隆 玛瑙水晶太平有象鼻烟壶	高7.5cm	287,500	北京东正	2013.05.10
清乾隆 玛瑙扁形烟壶	高5.5cm	80,500	中国嘉德	2013.05.13
清乾隆 蓝碧玺“喜鹊登梅”鼻烟壶	高6.5cm	345,000	远方拍卖	2013.06.06
清乾隆 黄玉留皮巧雕狩猎图鼻烟壶	高7cm	253,000	远方拍卖	2013.06.06
清乾隆 琥珀球形素鼻烟壶	高6.5cm	149,500	远方拍卖	2013.06.06
清乾隆 福寿双全翡翠鼻烟壶	高5cm	59,800	北京九歌	2013.06.28
清乾隆 芙蓉石多子多福鼻烟壶	高7.2cm	115,000	北京东正	2013.11.16
清乾隆 碧玉御题诗鼻烟壶	高6.6cm	184,000	北京东正	2013.11.16
清乾隆 白玉御题寿星赞烟壶	高5.7cm	575,000	中国嘉德	2013.05.13
清乾隆 白玉御题诗文烟壶	高6.8cm	437,000	中国嘉德	2013.05.13
清乾隆 白玉喜鹊登枝烟壶	高5cm	230,000	中国嘉德	2013.05.13
清乾隆 白玉西番莲纹鼻烟壶	高7.5cm	690,000	远方拍卖	2013.06.06
清乾隆 白玉桃形鼻烟壶	高6.5cm	28,750	北京保利	2013.04.28
清乾隆 白玉兽面纹瓜棱形烟壶	高4.8cm	230,000	中国嘉德	2013.05.13
清乾隆 白玉石榴形烟壶	高7.4cm	1,265,000	中国嘉德	2013.05.13
清乾隆 白玉青花料马上封侯鼻烟壶	高9cm	828,000	北京九歌	2013.06.28
清乾隆 白玉铺首烟壶	高6.5cm	57,500	中国嘉德	2013.12.14
清乾隆 白玉箮箩纹鼻烟壶	高6.2cm	161,000	远方拍卖	2013.06.06
清乾隆 白玉梅兰竹荷扁葫芦形烟壶	高5.2cm	138,000	中国嘉德	2013.11.16
清乾隆 白玉葫芦形烟壶	高6cm	207,000	中国嘉德	2013.11.16
清乾隆 白玉葫芦万代鼻烟壶	高6.5cm	212,750	北京东正	2013.11.16
清乾隆 白玉鹤衔灵芝寿桃烟壶	高9cm	667,000	北京保利	2013.04.27
清乾隆 白玉雕云座饕餮纹鼻烟壶	高7.5cm	178,250	北京东正	2013.05.10
清乾隆 白玉雕鼻烟壶	高6.8cm	69,000	北京东正	2013.05.10
清乾隆 白玉雕“子冈”款西厢故事图鼻烟壶	高6.5cm	552,000	远方拍卖	2013.06.06
清乾隆 白玉扁形烟壶	高5.9cm	82,800	中国嘉德	2013.05.13
清乾隆 白玉宝相花纹梅瓶形烟壶	高6cm	920,000	中国嘉德	2013.05.13
清乾隆 白玉包袱皮寿纹扁壶	高6.4cm	207,000	中国嘉德	2013.05.13
清道光 苏作人物巧色玛瑙鼻烟壶	高6cm	166,750	北京九歌	2013.06.28
清道光 玛瑙可追风烟壶	高6.1cm	82,800	中国嘉德	2013.05.13
清 紫晶瓜形仙鹤纹烟壶	高6.2cm	69,000	北京华辰	2013.11.17
清 紫晶雕夔龙纹烟壶	高5cm	57,500	中国嘉德	2013.05.13
清 籽玉随形带皮雕米芾拜石烟壶	高5.5cm	92,000	中国嘉德	2013.05.13
清 籽玉金蟾形烟壶	长5.5cm	149,500	中国嘉德	2013.05.13
清 籽玉雕虚中影物鼻烟壶	高6.8cm	126,500	北京东正	2013.11.16
清 指纹玛瑙素身鼻烟壶	高7.5cm	28,750	北京华辰	2013.05.09
清 玉雕花鸟烟壶	高6.5cm	17,250	北京保利	2013.04.28
清 玉雕痕都斯坦烟壶	高5cm	23,000	北京翰海	2013.09.15
清 玉带玛瑙烟壶	高5.4cm	43,700	中国嘉德	2013.05.13
清 玉带玛瑙烟壶	高5.3cm	34,500	中国嘉德	2013.11.16
清 玉螭龙烟壶	高5.3cm	34,500	中国嘉德	2013.11.16
清 玉扁壶形鼻烟壶	高6.5cm	25,300	北京九歌	2013.06.28
清 影子玛瑙鱼戏图素烟壶	高5.5cm	57,500	中国嘉德	2013.05.13
清 影子玛瑙烟壶	高6.1cm	30,229	易拍好台北	2013.04.14
清 影子玛瑙巧作夜游赤壁图烟壶	高6.8cm	322,000	中国嘉德	2013.05.13
清 影子玛瑙巧雕照夜白骏马图	带盖高6.5cm	172,500	西泠拍卖	2013.07.12
清 影子玛瑙巧雕月下松鹰图鼻烟壶	带盖高6.8cm	40,250	西泠拍卖	2013.07.12

拍品名称	物品尺寸	成交价RMB	拍卖公司	拍卖日期
清 影子玛瑙泛舟图鼻烟壶	高5.7cm	161,000	远方拍卖	2013.06.06
清 影子玛瑙雕仙人采芝图鼻烟壶	带盖高8.5cm	195,500	西泠拍卖	2013.07.12
清 影子玛瑙鼻烟壶	高6cm	25,300	北京歌德	2013.06.02
清 叶仲三画婴戏图鼻烟壶	高6.5cm	112,700	西泠拍卖	2013.07.12
清 叶仲三画花鸟鱼虫图鼻烟壶	高7cm	89,700	西泠拍卖	2013.07.12
清 叶仲三画荷塘清趣图鼻烟壶	高7.2cm	92,000	西泠拍卖	2013.07.12
清 叶仲三画荷塘清趣图鼻烟壶	高6.5cm	40,250	西泠拍卖	2013.07.12
清 羊肝玛瑙巧作虫草纹烟壶	高5.2cm	138,000	中国嘉德	2013.05.13
清 闫玉田画清溪翠鸟图鼻烟壶	高5.5cm	20,700	西泠拍卖	2013.07.12
清 西瓜碧玺金玉满堂烟壶	高7cm	55,200	北京华辰	2013.11.17
清 糖玉带皮双狮戏珠纹鼻烟壶	高7cm	74,750	北京华辰	2013.05.09
清 苏作俏色巧雕玛瑙鼻烟壶	高7cm	11,500	北京保利	2013.04.28
清 苏作玛瑙渔乐图烟壶	高4.8cm	402,500	中国嘉德	2013.05.13
清 苏作玛瑙雅赏幽香款烟壶	高4.5cm	138,000	中国嘉德	2013.05.13
清 苏作玛瑙俏色雕皇者之风图烟壶等(七件)	尺寸不一	4,025,000	中国嘉德	2013.05.13
清 苏作玛瑙封侯图烟壶	高4.5cm	172,500	中国嘉德	2013.05.13
清 水晶御制诗文方烟壶	高7.2cm	138,000	中国嘉德	2013.05.13
清 水晶素身子母瓶烟壶	高6cm	34,500	北京华辰	2013.11.17
清 水晶双佛手烟壶	高6cm	20,700	中国嘉德	2013.11.16
清 水晶诗文花卉鼻烟壶	高9cm	11,500	北京歌德	2013.06.02
清 水晶巧作马上封侯烟壶	高6.3cm	115,000	中国嘉德	2013.05.13
清 水晶巧作得利图烟壶	高5cm	71,300	中国嘉德	2013.05.13
清 水晶巧色花卉纹鼻烟壶	高7.2cm	25,300	北京歌德	2013.06.02
清 水晶铺首耳素身鼻烟壶	高7.5cm	25,300	北京华辰	2013.05.09
清 水晶马上封侯鼻烟壶	长5.5cm	13,800	北京歌德	2013.06.02
清 水晶龙凤烟壶	高6cm	11,500	北京翰海	2013.09.15
清 水晶莲瓣纹鼻烟壶	高7cm	11,500	北京华辰	2013.05.09
清 水晶画珐琅桃花纹鼻烟壶	高6cm	32,200	北京华辰	2013.05.09
清 水晶海螺鼻烟壶	长6cm	25,300	北京华辰	2013.05.09
清 水晶福寿纹鼻烟壶	高6.5cm	40,250	北京九歌	2013.06.28
清 水晶雕诗文图鼻烟壶	高5.5cm	172,500	远方拍卖	2013.12.01
清 水晶雕三羊开泰鼻烟壶	高4.5cm	23,000	西泠拍卖	2013.07.12
清 水晶八棱型鼻烟壶	高5.5cm	18,400	北京华辰	2013.05.09
清 水草玛瑙巧雕松石鼻烟壶	带盖高7.5cm	57,500	西泠拍卖	2013.07.12
清 石灰石化石鼻烟壶	高6cm	40,250	北京华辰	2013.05.09
清 珊瑚童子像鼻烟壶	高9.5cm	195,500	远方拍卖	2013.06.06
清 珊瑚花鸟烟壶	高6cm	17,250	北京保利	2013.04.27
清 珊瑚福寿烟壶	高6cm	63,250	北京保利	2013.04.27
清 珊瑚顶白玉素圆烟壶	高7cm	57,500	上海嘉泰	2013.07.0
清 珊瑚雕携琴访友图鼻烟壶	高7.3cm	138,000	北京华辰	2013.05.09
清 珊瑚雕寿星烟壶	高7.2cm	18,400	北京翰海	2013.07.14
清 珊瑚雕耄耋图鼻烟壶	高6.5cm	71,300	北京华辰	2013.05.09
清 珊瑚雕兰花图鼻烟壶	高5cm	28,750	北京华辰	2013.05.09
清 珊瑚雕九龙纹鼻烟壶	高7cm	69,000	北京华辰	2013.05.0
清 三色玉巧作人物故事烟壶	高6.2cm	253,000	中国嘉德	2013.05.1
清 青玉俏色雕蝴蝶烟壶	高6.5cm	57,500	北京华辰	2013.11.1
清 青玉带皮仙台楼阁鼻烟壶	高9cm	28,750	北京华辰	2013.05.0
清 青玉带皮福禄纹鼻烟壶	高7.5cm	17,250	北京华辰	2013.05.0
清 青金石玉兔图鼻烟壶	高6cm	17,250	北京华辰	2013.05.0
清 青金石精忠报国鼻烟壶	高7.5cm	11,500	北京华辰	2013.05.0
清 青金石高士图鼻烟壶	高7.5cm	17,250	北京华辰	2013.05.0
清 青金石雕佛山寿海烟壶	高5.5cm	11,500	北京翰海	2013.07.1
清 青白玉双瓜蝠纹烟壶	高6cm	13,800	北京保利	2013.04.2
清 青白玉如意纹烟壶	高5.1cm	10,350	中国嘉德	2013.06.1
清 皮影玛瑙巧色英雄独立图鼻烟壶	高7cm	28,750	北京华辰	2013.05.0
清 南红玛瑙双螭烟壶	长6cm	10,350	北京保利	2013.07.2
清 南红玛瑙瓜蝶烟壶	高7cm	11,500	北京保利	2013.04.2
清 南红玛瑙雕人物鼻烟壶	高5.7cm	80,500	六朝艺宴	2013.07.0
清 墨玉雕松下对弈图鼻烟壶	高8cm	66,700	北京华辰	2013.05.0

拍品名称	物品尺寸	成交价RMB	拍卖公司	拍卖日期
清 墨玉雕四君子开光烟壶	高6.8cm	172,500	北京华辰	2013.11.17
清 蜜蜡素烟壶	高6.8cm	57,500	中国嘉德	2013.11.16
清 蜜蜡素身鼻烟壶	高6cm	40,250	北京华辰	2013.05.09
清 蜜蜡素面烟壶	高7cm	43,700	北京华辰	2013.11.17
清 蜜蜡福寿烟壶	高7.5cm	43,700	北京保利	2013.10.28
清 蜜蜡佛手烟壶	高6cm	11,500	北京保利	2013.04.28
清 蜜蜡鼻烟壶	高6.8cm	28,750	北京中汉	2013.06.17
清 蜜蜡鼻烟壶	高6.5cm	34,500	北京歌德	2013.06.02
清 煤晶石葫芦形烟壶	高6cm	28,750	中国嘉德	2013.11.16
清 玛瑙云蝠纹烟壶	高4.9cm	115,000	中国嘉德	2013.05.13
清 玛瑙玉带纹鼻烟壶	高5.5cm	32,200	北京华辰	2013.05.09
清 玛瑙玉带纹鼻烟壶	高7.5cm	17,250	北京华辰	2013.05.09
清 玛瑙英雄烟壶	高5cm	11,500	北京保利	2013.10.26
清 玛瑙英雄独立图烟壶	高5.7cm	57,500	中国嘉德	2013.05.13
清 玛瑙烟壶	高7.2cm	29,900	上海工美	2013.04.20
清 玛瑙烟壶	高6cm	17,250	北京保利	2013.04.28
清 玛瑙素身烟壶	高6cm	23,000	北京华辰	2013.05.09
清 玛瑙苏作弥猴献寿烟壶	高5.5cm	322,000	中国嘉德	2013.05.13
清 玛瑙双辅首长颈瓶烟壶	高7cm	55,200	中国嘉德	2013.05.13
清 玛瑙兽面纹鼻烟壶	高7cm	17,250	北京华辰	2013.05.09
清 玛瑙兽耳烟壶	高6.5cm	28,000	天津文物	2013.11.22
清 玛瑙石纹鼻烟壶	高7cm	11,500	北京保利	2013.04.28
清 玛瑙人物鼻烟壶	高5cm	46,000	北京九歌	2013.09.04
清 玛瑙人物、凤纹等烟壶(三件)	尺寸不一	40,250	北京保利	2013.04.28
清 玛瑙俏色渔归途烟壶	高6.3cm	46,000	北京华辰	2013.11.17
清 玛瑙俏色松鼠鼻烟壶	高6cm	40,250	北京九歌	2013.06.28
清 玛瑙俏色人物图烟壶	高5.8cm	115,000	中国嘉德	2013.11.16
清 玛瑙俏雕春郊放马图烟壶	高7cm	23,000	北京华辰	2013.11.17
清 玛瑙巧做烟壶	高8cm	28,000	蓝天国拍	2013.07.26
清 玛瑙巧作雅赏款辅首耳烟壶	高5.2cm	69,000	中国嘉德	2013.05.13
清 玛瑙巧作人物故事烟壶	高5.5cm	82,800	中国嘉德	2013.05.13
清 玛瑙巧作虎纹烟壶	高6cm	149,500	中国嘉德	2013.05.13
清 玛瑙巧色喜鹊登梅图鼻烟壶	高6cm	20,700	北京华辰	2013.05.09
清 玛瑙巧色双狮图鼻烟壶	高6cm	19,550	北京华辰	2013.05.09
清 玛瑙巧色狮子图鼻烟壶	高9cm	126,500	北京华辰	2013.05.09
清 玛瑙巧色三羊开泰图鼻烟壶	高7.5cm	23,000	北京华辰	2013.05.09
清 玛瑙巧色人物故事鼻烟壶	高6cm	43,700	北京华辰	2013.05.09
清 玛瑙巧色马上封侯图鼻烟壶	高7.5cm	101,200	北京华辰	2013.05.09
清 玛瑙巧色刘海戏金蟾纹鼻烟壶	高6.5cm	12,650	北京华辰	2013.05.09
清 玛瑙巧色骏马图鼻烟壶	高6.5cm	28,750	北京华辰	2013.05.09
清 玛瑙巧色金乌图鼻烟壶	高6cm	34,500	北京华辰	2013.05.09
清 玛瑙巧色花鸟纹鼻烟壶	高6.8cm	28,750	北京歌德	2013.06.02
清 玛瑙巧色东坡泛舟鼻烟壶	高6cm	57,500	北京华辰	2013.05.09
清 玛瑙巧色雕喜上眉梢鼻烟壶	高7.2cm	46,000	西泠拍卖	2013.07.12
清 玛瑙巧色春郊放马图鼻烟壶	高7cm	48,300	北京华辰	2013.05.09
清 玛瑙巧色"一团和气"图鼻烟壶	高7cm	46,000	北京华辰	2013.05.09
清 玛瑙巧雕钟馗烟壶	高5cm	34,500	北京保利	2013.04.28
清 玛瑙巧雕喜鹊登梅鼻烟壶	高10.5cm	10,640	未来四方	2013.06.08
清 玛瑙巧雕石榴鼻烟壶	高8.5cm	43,700	北京华辰	2013.05.09
清 玛瑙巧雕人物烟壶	高6.5cm	23,000	北京保利	2013.04.28
清 玛瑙巧雕螃蟹图烟壶	高6.2cm	34,500	北京华辰	2013.11.17
清 玛瑙巧雕耄耋鼻烟壶	带盖高7.5cm	69,000	西泠拍卖	2013.07.12
清 玛瑙巧雕灵芝鼻烟壶	带盖高9cm	86,250	西泠拍卖	2013.07.12
清 玛瑙巧雕连年有余扁烟壶	高6cm	69,000	中国嘉德	2013.05.13
清 玛瑙巧雕接福老人烟壶	高6.5cm	34,500	北京华辰	2013.11.17
清 玛瑙巧雕花鸟烟壶	高8cm	51,750	北京保利	2013.04.28
清 玛瑙巧雕鼻烟壶	高6.8cm	40,250	北京匡时	2013.12.05
清 玛瑙嵌百宝花卉琉球壶	高5.5cm	55,200	中国嘉德	2013.05.13
清 玛瑙嵌八宝采莲图鼻烟壶	高5.5cm	575,000	远方拍卖	2013.06.06
清 玛瑙牧牛图鼻烟壶	高6.5cm	40,250	北京华辰	2013.05.09

拍品名称	物品尺寸	成交价RMB	拍卖公司	拍卖日期
清 玛瑙吉庆满堂烟壶	高6.2cm	80,500	中国嘉德	2013.05.13
清 玛瑙福寿纹烟壶	高5.5cm	36,800	中国嘉德	2013.05.13
清 玛瑙丰收图鼻烟壶	高7cm	34,500	北京九歌	2013.09.04
清 玛瑙多子多福鼻烟壶	高8cm	36,800	北京九歌	2013.06.28
清 玛瑙雕素身鼻烟壶	带盖高6.8cm	11,500	西泠拍卖	2013.07.12
清 玛瑙雕三羊开泰鼻烟壶	高6.5cm	34,500	北京华辰	2013.05.09
清 玛瑙雕蜜枣纹烟壶	高6cm	138,000	北京华辰	2013.11.17
清 玛瑙雕龙纹鼻烟壶	高9.8cm	322,000	六朝艺宴	2013.07.07
清 玛瑙雕六猴祝寿图烟壶	高6.6cm	71,300	北京华辰	2013.11.17
清 玛瑙雕连年有余烟壶	高6.5cm	11,500	北京华辰	2013.11.17
清 玛瑙雕独立朝纲纹烟壶	高4.9cm	42,560	天津文物	2013.11.22
清 玛瑙雕倒垂莲包型烟壶	高5cm	23,000	北京华辰	2013.11.17
清 玛瑙袋子式素烟壶	高5.8cm	46,000	中国嘉德	2013.05.13
清 玛瑙带肩饰绳纹口扁烟壶	高5.1cm	172,500	中国嘉德	2013.05.13
清 玛瑙鼻烟壶	高5cm	21,850	北京歌德	2013.06.02
清 玛瑙鼻烟壶	高6m	12,650	北京九歌	2013.06.28
清 玛瑙鼻烟壶	高6.5cm	10,350	南京经典	2013.01.25
清 玛瑙鼻烟壶	高6.3cm	32,200	北京匡时	2013.12.05
清 马少宣书诗文鼻烟壶	高8.5cm	112,700	西泠拍卖	2013.07.12
清 马少宣画锦灰堆图鼻烟壶	高7.8cm	138,000	西泠拍卖	2013.07.12
清 马少宣画欢天喜地图鼻烟壶	高8.5cm	115,000	西泠拍卖	2013.07.12
清 绿松石太平有象鼻烟壶	高6cm	14,950	北京华辰	2013.05.09
清 绿松石素身鼻烟壶	高4cm	20,700	北京华辰	2013.05.09
清 绿松石雕螭龙纹烟壶	高7cm	34,500	北京华辰	2013.11.17
清 蓝珀烟壶	高7.1cm	23,000	中国嘉德	2013.06.16
清 蓝碧玺素烟壶	高5.5cm	92,000	中国嘉德	2013.11.16
清 京作白玉起边棱素烟壶	高4.8cm	138,000	中国嘉德	2013.05.13
清 京作白玉花卉纹烟壶	高5cm	172,500	中国嘉德	2013.05.13
清 京作白玉雕鹤鹿同春鼻烟壶	高6cm	299,000	六朝艺宴	2013.07.07
清 黄玉延年益寿烟壶	高6.5cm	86,250	北京保利	2013.04.28
清 黄玉烟壶	高6.2cm	23,000	中国嘉德	2013.12.14
清 黄玉髓制佛手鼻烟壶	直径7cm	23,000	北京华辰	2013.05.09
清 黄玉松下对弈烟壶	高6cm	172,500	中国嘉德	2013.05.13
清 黄玉巧雕葫芦鼻烟壶	带盖高7.1cm	230,000	西泠拍卖	2013.07.12
清 黄玉牛形烟壶	长7cm	517,500	中国嘉德	2013.05.13
清 黄玉瓜棱烟壶	高5.6cm	36,800	中国嘉德	2013.11.19
清 黄玉雕素面鼻烟壶	高7.2cm	368,000	六朝艺宴	2013.07.07
清 黄玉雕兽耳烟壶	高7.8cm	47,040	天津文物	2013.11.22
清 黄玉带皮葫芦形烟壶	高6.5cm	57,500	北京华辰	2013.11.17
清 黄玉扁形烟壶	高6.4cm	105,800	中国嘉德	2013.05.13
清 黄玉鼻烟壶	高4.7cm	34,500	北京保利	2013.04.28
清 琥珀婴戏烟壶	高6.5cm	80,500	北京保利	2013.04.27
清 琥珀四方鼻烟壶	高7.4cm	69,000	北京中汉	2013.06.17
清 琥珀双龙捧寿纹烟壶	高6.2cm	20,700	中国嘉德	2013.06.16
清 琥珀人物鼻烟壶	高6.5cm	55,200	北京九歌	2013.06.28
清 琥珀嵌百宝婴戏鼻烟壶	高7.6cm	195,500	六朝艺宴	2013.07.07
清 琥珀花鸟烟壶	高6cm	34,500	北京保利	2013.10.26
清 琥珀花卉纹烟壶	高6.4cm	13,800	中国嘉德	2013.06.16
清 琥珀蝠纹烟壶	高7.5cm	17,250	北京保利	2013.04.28
清 琥珀佛手烟壶	高4.2cm	13,800	北京翰海	2013.07.14
清 琥珀雕鹰熊铺首烟壶	高5.5cm	57,500	六朝艺宴	2013.07.07
清 琥珀雕喜鹊登梅鼻烟壶	高8.8cm	253,000	六朝艺宴	2013.07.07
清 琥珀雕金蟾鼻烟壶	长5.2cm	86,250	六朝艺宴	2013.07.07
清 琥珀雕花鸟纹鼻烟壶	高7cm	51,750	六朝艺宴	2013.07.07
清 琥珀雕仿树节诗文烟壶	高7.5cm	149,500	北京华辰	2013.11.17
清 黑白玉双狮耳烟壶	高8cm	11,500	北京保利	2013.04.28
清 黑白玉巧雕高士烟壶	高7.5cm	80,500	北京保利	2013.04.27
清 黑白玉留皮渔藻纹烟壶	高7.5cm	10,350	北京保利	2013.04.27
清 和田白玉茄形鼻烟壶	高6cm	86,250	北京九歌	2013.06.28
清 和田白玉鼻烟壶(雕竹)	高8cm	45,425	澳门中信	2013.06.23

2013杂项拍卖成交汇总

(成交价RMB：1万元以上)

拍品名称	物品尺寸	成交价RMB	拍卖公司	拍卖日期
清 和田白玉鼻烟壶(雕梅花)	高7.3cm	45,425	澳门中信	2013.06.23
清 和田白玉鼻烟壶(雕兰花)	高7.3cm	45,425	澳门中信	2013.06.23
清 行有恒堂定制冰糖玛瑙鼻烟壶	高6cm	402,500	西泠拍卖	2013.07.12
清 海蓝宝松鼠抱瓜图鼻烟壶	高4.5cm	103,500	远方拍卖	2013.06.06
清 海蓝宝石雕和合二仙鼻烟壶	高6.5cm	28,750	北京华辰	2013.05.09
清 海蓝宝雕仕人执扇烟壶	高6.5cm	71,300	北京华辰	2013.11.17
清 翡翠烟壶、烟碟(两件)	烟壶高6.3cm；烟碟直径4.2cm	97,750	北京保利	2013.06.06
清 翡翠烟壶(一对)	高4.6cm×2	193,683	香港淳浩	2013.04.05
清 翡翠烟壶	高5cm	32,200	北京华辰	2013.11.17
清 翡翠素烟壶	高5.5cm	299,000	中国嘉德	2013.05.13
清 翡翠素烟壶	高6cm	138,000	上海嘉泰	2013.07.05
清 翡翠素烟壶	高6.5cm	69,000	中国嘉德	2013.11.16
清 翡翠双鱼圆形烟壶	高5.2cm	115,000	中国嘉德	2013.05.13
清 翡翠双铺手耳鼻烟壶	高6cm	115,000	远方拍卖	2013.06.06
清 翡翠寿字纹烟壶	高4.8cm	105,800	中国嘉德	2013.05.13
清 翡翠巧雕水仙画图鼻烟壶	高7cm	11,500	西泠拍卖	2013.07.12
清 翡翠铺首鼻烟壶	高6.5cm	402,500	北京东正	2013.05.10
清 翡翠光素鼻烟壶	高5.5cm	51,750	北京九歌	2013.06.28
清 翡翠勾连云纹烟壶	高5.3cm	115,000	中国嘉德	2013.05.13
清 翡翠浮雕云蝠纹烟壶	高6.3cm	115,000	六朝艺宴	2013.07.07
清 翡翠雕素身酒坛式烟壶	高6cm	402,500	北京华辰	2013.11.17
清 翡翠雕兽首衔环耳烟壶	高5.8cm	89,700	北京华辰	2013.11.17
清 翡翠雕兽面纹鼻烟壶	高6.5cm	17,250	西泠拍卖	2013.07.12
清 翡翠雕钱币纹烟壶	高6.5cm	71,300	北京华辰	2013.11.17
清 翡翠雕麻姑献寿纹烟壶	高5.5cm	287,500	中国嘉德	2013.05.13
清 翡翠雕花卉纹鼻烟壶	高6cm	1,035,000	六朝艺宴	2013.07.07
清 翡翠雕鼻烟壶	高6.1cm	1,322,500	六朝艺宴	2013.07.07
清 翡翠雕“一团和气”鼻烟壶	高5.5cm	874,000	远方拍卖	2013.06.06
清 翡翠螭龙纹烟壶	高6cm	172,500	中国嘉德	2013.11.16
清 翡翠鼻烟壶	高6.7cm	37,964	大唐香港	2013.11.28
清 仿珊瑚料狮子戏球烟壶	高7.3cm	35,269	易拍好台北	2013.04.14
清 仿玛瑙螭纹鼻烟壶	高5.5cm	16,100	北京华辰	2013.05.09
清 发晶素身鼻烟壶	高7cm	32,200	北京华辰	2013.05.09
清 发晶素面鼻烟壶	高7cm	28,750	北京华辰	2013.05.09
清 蛋白石制灵猴接福烟壶	高8cm	34,500	北京华辰	2013.11.17
清 翠玉巧雕茄子烟壶	高9cm	184,000	北京华辰	2013.11.17
清 翠雕烟壶(一对)	高6.5cm	575,000	北京保利	2013.04.27
清 翠雕兽耳烟壶	高5cm	39,200	天津文物	2013.05.24
清 翠雕兽耳烟壶	高6.5cm	44,800	天津文物	2013.11.22
清 翠雕花鸟烟壶	高6cm	17,250	北京保利	2013.10.28
清 翠雕花鸟鼻烟壶	高7.5cm	20,700	北京保利	2013.10.28
清 橙玛瑙雕素身烟壶	带盖高6cm	51,750	西泠拍卖	2013.07.12
清 缠丝玛瑙鼻烟壶	高6cm	11,500	北京歌德	2013.06.02
清 茶晶松亭远帆图鼻烟壶	高7.5cm	18,400	北京华辰	2013.05.09
清 茶晶双螭龙耳鼻烟壶	高7cm	20,700	北京华辰	2013.05.09
清 茶晶拨花喜鹊登梅鼻烟壶	高6.8cm	46,000	北京歌德	2013.06.02
清 布丁石素身烟壶	高6cm	23,000	北京华辰	2013.11.17
清 冰糖玛瑙素烟壶	高5.8cm	92,000	中国嘉德	2013.05.13
清 冰糖玛瑙素烟壶	高6cm	66,700	中国嘉德	2013.05.13
清 冰糖玛瑙素身烟壶	高6.8cm	34,500	北京华辰	2013.11.17
清 冰糖玛瑙俏雕松鼠葡萄纹鼻烟壶	高6.5cm	43,700	西泠拍卖	2013.07.12
清 冰糖玛瑙刻马上封猴图鼻烟壶	高6cm	43,700	西泠拍卖	2013.07.12
清 冰糖玛瑙方形烟壶	高5.4cm	55,200	中国嘉德	2013.05.13
清 冰糖玛瑙雕连中三元图鼻烟壶	带盖高9cm	195,500	西泠拍卖	2013.07.12
清 碧玉雕“包袱纹”鼻烟壶	高6.8cm	51,750	北京匡时	2013.12.05
清 碧玺山水烟壶	高3cm	13,800	北京保利	2013.04.27
清 碧玺刘海戏金蟾烟壶	高6.5cm	46,000	北京保利	2013.04.27
清 碧玺伏虎罗汉纹鼻烟壶	高5.5cm	92,000	北京华辰	2013.05.09
清 碧玺雕猴桃鼻烟壶	连座高4.5cm	253,000	六朝艺宴	2013.07.07

拍品名称	物品尺寸	成交价RMB	拍卖公司	拍卖日期
清 毕荣九画山水清音图鼻烟壶	高7cm	25,300	西泠拍卖	2013.07.12
清 白玉琢寿字纹烟壶	高5.5cm	109,760	天津文物	2013.11.22
清 白玉篆字诗文鼻烟壶	高6cm	92,000	西泠拍卖	2013.07.12
清 白玉制云蝠纹鼻烟壶	高6cm	89,700	北京华辰	2013.05.09
清 白玉制铺首耳素身鼻烟壶	高6.5cm	43,700	北京华辰	2013.05.09
清 白玉制绘梅花图鼻烟壶	高6cm	138,000	北京华辰	2013.05.09
清 白玉折方寿纹烟壶	高5.5cm	207,000	中国嘉德	2013.05.13
清 白玉折方诗文烟壶	高5.2cm	253,000	中国嘉德	2013.05.13
清 白玉折方鼻烟壶	高5.5cm	149,500	远方拍卖	2013.12.01
清 白玉圆柱形烟壶	高4.2cm	92,000	中国嘉德	2013.05.13
清 白玉御题诗文烟壶	高6.6cm	17,250	中国嘉德	2013.12.14
清 白玉玉兰烟壶	高6.5cm	80,500	中国嘉德	2013.05.13
清 白玉鱼形烟壶	长8cm	287,500	远方拍卖	2013.12.01
清 白玉鱼化龙纹烟壶	高7.9cm	460,000	中国嘉德	2013.05.13
清 白玉烟壶(一对)	高7.5cm	253,000	北京保利	2013.04.27
清 白玉烟壶	高6.5cm	80,640	天津文物	2013.05.24
清 白玉献寿烟壶	高5cm	17,250	北京保利	2013.04.28
清 白玉喜鹊纹烟壶	高7.5cm	80,500	北京保利	2013.04.27
清 白玉羲之爱鹅图烟壶	高6cm	115,000	中国嘉德	2013.05.13
清 白玉西番莲纹烟壶	高5.4cm	230,000	中国嘉德	2013.11.16
清 白玉兔形烟壶	高6cm	23,000	北京保利	2013.04.28
清 白玉套雕茄形鼻烟壶	高6.6cm	92,000	西泠拍卖	2013.07.12
清 白玉桃形、双禄烟壶(两件)	高4.5cm；高4cm	11,500	北京保利	2013.04.28
清 白玉随形烟壶	高9cm	86,250	北京保利	2013.04.28
清 白玉随形烟壶	长8.5cm	20,700	中国嘉德	2013.03.24
清 白玉素圆筒壶	高5cm	138,000	中国嘉德	2013.05.13
清 白玉素烟壶	高7cm	55,200	北京保利	2013.10.28
清 白玉素身鼻烟壶及玉山子摆件	高5.8cm；高3.2cm	46,000	西泠拍卖	2013.07.12
清 白玉素面烟壶、螭龙烟壶(两件)	高6.5cm；高7cm	115,000	北京保利	2013.04.28
清 白玉素面烟壶	高6cm	11,500	北京保利	2013.04.27
清 白玉素面形鼻烟壶	高5cm	23,000	西泠拍卖	2013.07.12
清 白玉素鼻烟壶	高7cm	43,700	北京翰海	2013.12.06
清 白玉双狮耳烟壶	高5.5cm	55,200	北京保利	2013.04.28
清 白玉双联鼻烟壶	高5cm	529,000	远方拍卖	2013.06.06
清 白玉鼠形烟壶	高7cm	92,000	中国嘉德	2013.11.16
清 白玉兽头烟壶	高8cm	13,800	北京保利	2013.07.28
清 白玉诗文烟壶	高5cm	34,500	上海嘉泰	2013.07.05
清 白玉诗文烟壶	高6cm	23,000	北京保利	2013.04.27
清 白玉珊瑚顶素圆烟壶	高6cm	74,750	上海嘉泰	2013.07.05
清 白玉山水诗文烟壶	高5cm	69,000	北京保利	2013.04.27
清 白玉沁色雕福纹喜字烟壶	高4.8cm	78,400	天津文物	2013.11.22
清 白玉巧雕人物、螭龙纹烟壶(三件)	尺寸不一	57,500	北京保利	2013.04.28
清 白玉巧雕鸣蝉瓜叶纹烟壶	高11cm	218,500	北京华辰	2013.11.17
清 白玉嵌螺钿人物纹兽耳烟壶	高6.8cm	61,600	天津文物	2013.11.22
清 白玉嵌百宝人物故事铺首鼻烟壶	高6.7cm	276,000	六朝艺宴	2013.07.07
清 白玉牧牛烟壶	高7cm	34,500	北京保利	2013.04.27
清 白玉龙凤纹烟壶(一件)	高5.9cm	112,000	上海国拍	2013.12.08
清 白玉六方鼻烟壶	高6.6cm	37,788	易拍好台北	2013.04.14
清 白玉留皮烟壶(两件)	高5.5cm	207,000	北京保利	2013.04.27
清 白玉留皮烟壶	高5.8cm	134,400	天津文物	2013.05.24
清 白玉留皮烟壶	高5cm	20,700	北京保利	2013.04.28
清 白玉留皮桃形烟壶	高8cm	345,000	北京保利	2013.04.27
清 白玉留皮随形鼻烟壶	高6cm	126,500	远方拍卖	2013.06.06
清 白玉留皮福寿烟壶、留皮扳指(两件)	高6.5cm；宽3cm	230,000	北京保利	2013.04.27
清 白玉留皮雕随形烟壶	高5cm	31,360	天津文物	2013.11.22
清 白玉留皮雕金玉满堂纹烟壶	高7.4cm	56,000	天津文物	2013.11.22

拍品名称	物品尺寸	成交价RMB	拍卖公司	拍卖日期
清 白玉留皮雕单凤朝阳纹随形烟壶	高6.5cm	134,400	天津文物	2013.11.22
清 白玉孔雀尾纹烟壶	高6.1cm	78,200	中国嘉德	2013.05.13
清 白玉开光渔乐双龙耳诗文烟壶	高7cm	287,500	北京保利	2013.04.27
清 白玉开光喜字烟壶	高4.8cm	23,000	上海道明	2013.04.29
清 白玉花草纹鼻烟壶	高6cm	46,000	北京匡时	2013.06.05
清 白玉葫芦型烟壶	高6.5cm	36,800	北京华辰	2013.11.17
清 白玉葫芦形烟壶	高7.5cm	23,000	北京保利	2013.04.28
清 白玉葫芦万代烟壶	高6cm	126,500	中国嘉德	2013.05.13
清 白玉光素烟壶	高6cm	195,500	中国嘉德	2013.05.13
清 白玉瓜棱形烟壶	高5.2cm	80,500	中国嘉德	2013.11.16
清 白玉瓜迭连绵烟壶	高5.6cm	195,500	中国嘉德	2013.05.13
清 白玉蝠纹烟壶	高7cm	36,800	北京翰海	2013.07.14
清 白玉凤耳烟壶	高7.5cm	13,800	北京保利	2013.07.28
清 白玉方形鼻烟壶	高5.5cm	11,500	北京中汉	2013.06.17
清 白玉雕玉兰花鼻烟壶	高5.4cm	28,750	西泠拍卖	2013.07.12
清 白玉雕喜字纹烟壶	高4.7cm	31,360	天津文物	2013.05.24
清 白玉雕喜得贵子烟壶	高5cm	172,500	中国嘉德	2013.05.13
清 白玉雕西番莲纹图鼻烟壶	高6.2cm	138,000	西泠拍卖	2013.07.12
清 白玉雕岁岁有余鼻烟壶	高8cm	690,000	六朝艺宴	2013.07.07
清 白玉雕素身鼻烟壶	带盖高6.5cm	46,000	西泠拍卖	2013.07.12
清 白玉雕素面鼻烟壶	高10.4cm	1,265,000	六朝艺宴	2013.07.07
清 白玉雕素面鼻烟壶	长7.3cm	74,750	六朝艺宴	2013.07.07
清 白玉雕双龙烟壶	高7.5cm	74,750	北京保利	2013.04.28
清 白玉雕兽耳方形烟壶	高5.5cm	61,600	天津文物	2013.05.24
清 白玉雕狮耳鼻烟壶	高6.8cm	51,750	西泠拍卖	2013.07.12
清 白玉雕人物纹烟壶	高6.3cm	162,702	澳门新亚太	2013.11.24
清 白玉雕人物诗文烟壶	高5.3cm	268,800	天津文物	2013.05.24
清 白玉雕笸箩纹烟壶	高5cm	112,000	天津文物	2013.11.22
清 白玉雕留皮兽耳烟壶	高7cm	47,040	天津文物	2013.11.22
清 白玉雕兰石图鼻烟壶	带盖高8cm	80,500	西泠拍卖	2013.07.12
清 白玉雕夔龙纹烟壶	高6.3cm	161,000	中国嘉德	2013.05.13
清 白玉雕葫芦形烟壶	高7.7cm	80,640	天津文物	2013.05.24
清 白玉雕葫芦形烟壶	高6cm	29,120	天津文物	2013.05.24
清 白玉雕葫芦万代鼻烟壶	高9.2cm	126,500	六朝艺宴	2013.07.07
清 白玉雕葫芦万代鼻烟壶	高6.5cm	109,250	六朝艺宴	2013.07.07
清 白玉雕瓜果草虫纹烟壶	高6.8cm	173,600	天津文物	2013.11.22
清 白玉雕瓜瓞绵绵纹烟壶	高6.5cm	56,000	天津文物	2013.11.22
清 白玉雕福瓜烟壶	高7cm	25,300	北京传是	2013.12.12
清 白玉雕赤壁图烟壶	高7.3cm	138,000	北京华辰	2013.11.17
清 白玉雕簸箩纹鼻烟壶	带盖高7.8cm	80,500	西泠拍卖	2013.07.12
清 白玉雕包袱团寿纹鼻烟壶	高6.8cm	23,000	西泠拍卖	2013.07.12
清 白玉雕暗八仙鼻烟壶	带座高7.6cm	25,300	西泠拍卖	2013.07.12
清 白玉雕“福寿”图鼻烟壶	高6cm	138,000	远方拍卖	2013.06.06
清 白玉带皮鱼形鼻烟壶	长6cm	19,550	北京华辰	2013.05.09
清 白玉带皮烟壶	高7.8cm	287,500	北京华辰	2013.11.17
清 白玉带皮随形烟壶	高7cm	184,000	中国嘉德	2013.05.13
清 白玉带皮随形小鼻烟壶	高6cm	40,250	北京保利	2013.06.06
清 白玉带皮随形鼻烟壶	高8.5cm	11,500	北京保利	2013.06.06
清 白玉带皮素烟壶	高6.2cm	172,500	北京匡时	2013.12.05
清 白玉带皮雕弥勒鼻烟壶	高7cm	48,300	北京华辰	2013.05.09
清 白玉带皮茶壶型烟壶	高6.5cm	57,500	北京华辰	2013.11.17
清 白玉带红皮籽料随形烟壶	高5.1cm	138,000	六朝艺宴	2013.07.07
清 白玉螭龙纹烟壶	高6.7cm	20,700	中国嘉德	2013.12.14
清 白玉螭龙纹辅首耳烟壶	高5.8cm	115,000	中国嘉德	2013.05.13
清 白玉螭耳烟壶	高6.5cm	57,500	上海嘉泰	2013.07.05
清 白玉扁形鼻烟壶	高6cm	11,500	西泠拍卖	2013.07.12
清 白玉包袱纹百寿图烟壶	高5.8cm	101,200	中国嘉德	2013.05.13
清 白玉百寿图圆烟壶	高5.2cm	115,000	中国嘉德	2013.05.13
清 白玉“鱼跃图”鼻烟壶	高5.3cm	126,500	远方拍卖	2013.12.01
清 白玉“松下高士图”鼻烟壶	高5.8cm	138,000	远方拍卖	2013.12.01

拍品名称	物品尺寸	成交价RMB	拍卖公司	拍卖日期
清 白玉“福寿”纹鼻烟壶	高5.5cm	230,000	远方拍卖	2013.12.01
清 白玉“福寿”带烟碟鼻烟壶	高6cm	115,000	远方拍卖	2013.06.06
清 白玉、黄玉烟壶 (两件)	高7cm	34,500	北京保利	2013.04.27
清 安居乐业烟壶	高5.5cm	23,000	北京保利	2013.10.26
清同治 巧色玛瑙浅浮雕“达摩”图鼻烟壶	高5.1cm	198,000	香港苏富比	2013.05.27
清早期 白玉夔龙纹小扁壶	高4.5cm	172,500	中国嘉德	2013.05.13
清中期 白玉包袱形烟壶 (三件)	尺寸不一	184,000	北京保利	2013.04.27
清中期 白玉草虫纹烟壶	长8cm	57,500	中国嘉德	2013.03.25
清中期 白玉带皮巧作龙纹鼻烟壶	高8.0cm	138,000	北京东正	2013.11.16
清中期 白玉雕高士鼻烟壶	高8cm	74,750	北京保利	2013.10.28
清中期 白玉雕诗文鼻烟壶	高6.5cm	299,000	北京东正	2013.05.10
清中期 白玉鼓形烟壶	高6cm	43,700	北京保利	2013.10.28
清中期 白玉光素圆形烟壶	高5.3cm	92,000	中国嘉德	2013.05.13
清中期 白玉葫芦形烟壶	高5.5cm	28,750	北京保利	2013.10.28
清中期 白玉留皮螭龙烟壶	高6.1cm	184,000	中国嘉德	2013.11.19
清中期 白玉留皮瓜瓞绵绵烟壶	高5cm	17,250	北京保利	2013.10.28
清中期 白玉留皮童子持荷叶鼻烟壶	高8.7cm	115,000	北京保利	2013.06.06
清中期 白玉留皮烟壶	高6.7cm	80,500	上海道明	2013.04.29
清中期 白玉洒金烟壶	高6.5cm	195,500	北京翰海	2013.06.02
清中期 白玉双螭龙耳鼻烟壶	高8.5cm	207,000	远方拍卖	2013.06.06
清中期 白玉双辅首耳烟壶	高7cm	74,750	北京保利	2013.10.28
清中期 白玉双辅首耳烟壶	高5.5cm	25,300	北京保利	2013.10.28
清中期 白玉双鹤纹鼻烟壶	高5.2cm	82,800	北京九歌	2013.06.28
清中期 白玉双骏烟壶	高7.5cm	34,500	北京保利	2013.04.27
清中期 白玉双兽耳烟壶	高6cm	36,800	北京保利	2013.10.28
清中期 白玉素鼻烟壶	高5.3cm	46,000	北京东正	2013.05.10
清中期 白玉烟壶	高6.5cm	92,000	北京翰海	2013.06.02
清中期 白玉烟壶	高7.2cm	69,000	北京匡时	2013.09.12
清中期 翡翠扁圆素烟壶	高5.3cm	138,000	中国嘉德	2013.05.13
清中期 福报百寿白玉扁鼻烟壶	高8.2cm	287,500	北京东正	2013.11.16
清中期 琥珀雕猪形鼻烟壶	长7.6cm	115,000	北京东正	2013.05.10
清中期 琥珀蝠形鼻烟壶	长5.3cm	103,500	北京东正	2013.05.10
清中期 黄玉带皮巧作和合二仙鼻烟壶	高8.0cm	115,000	北京东正	2013.11.16
清中期 黄玉素面烟壶	高8.5cm	276,000	北京保利	2013.04.27
清中期 黄玉素烟壶	高6cm	92,000	中国嘉德	2013.11.16
清中期 火烧玉鼻烟壶	高6cm	115,000	北京东正	2013.05.10
清中期 玛瑙封侯图烟壶	高6.2cm	78,200	中国嘉德	2013.05.13
清中期 玛瑙俏色冠上加冠图烟壶	高7.4cm	23,000	中国嘉德	2013.03.25
清中期 玛瑙人物纹鼻烟壶	高7.5cm	50,850	广东省拍	2013.11.17
清中期 三色玉巧雕山水人物纹鼻烟壶	高6.3cm	115,000	北京东正	2013.11.16
清中期 珊瑚携琴访友鼻烟壶	高7.2cm	207,000	北京东正	2013.11.16
清中期 水晶雕荷塘鸳鸯纹鼻烟壶	高8.2cm	43,700	北京中汉	2013.11.17
清中期 苏作玛瑙人物故事鼻烟壶	高5.5cm	356,500	北京东正	2013.11.16
清中期 苏作三色玉雕刘海戏金蟾鼻烟壶	高8.7cm	1,265,000	北京东正	2013.11.16
清中期 苏作糖玉采芝图鼻烟壶	高5.3cm	379,500	北京东正	2013.11.16
清中期 羊肝玛瑙鼻烟壶	高6.5cm	23,000	北京东正	2013.05.10
清中期 影子玛瑙水月松风鼻烟壶	高7.2cm	253,000	北京东正	2013.11.16
清 周乐元内画四王山水鼻烟壶	高7.3cm	155,250	北京东正	2013.11.16
清 叶仲三内画彭海秋西湖夜舟图烟壶	高7.4cm	195,500	北京华辰	2013.11.17
清 水晶内画八破鼻烟壶	高6.5cm	34,500	北京翰海	2013.09.15
清 马少宣内画婴戏图烟壶	高7cm	126,500	北京华辰	2013.11.17
清 丁二仲内画山水图烟壶	高7cm	368,000	北京华辰	2013.11.17
民国 内画翊宸先生像烟壶	高7cm	161,000	中国嘉德	2013.09.16
民国 马少宣款内画花卉诗文双联烟壶	高5.7cm	23,000	中国嘉德	2013.09.16
民国 马光甲内画人物肖像图烟壶	高7.5cm	115,000	北京华辰	2013.11.17
近代 王习三内画香妃戎装像诗文烟壶	高6.3cm	322,000	北京华辰	2013.11.17
马少宣作 1896年 玻璃内画杏林春燕鼻烟壶	高6cm	91,785	纽约苏富比	2013.09.17

拍品名称	物品尺寸	成交价RMB	拍卖公司	拍卖日期
叶仲三作 约1900年 玻璃内画聊斋志异鼻烟壶	高6.4cm	34,419	纽约苏富比	2013.09.17
叶仲三作水晶内画人物故事纹烟壶		17,250	北京中汉	2013.11.17
20世纪 孟子受水晶内画刀马人烟壶	高7.7cm	126,500	中国嘉德	2013.11.16
20世纪 刘守本内画豹、斑马纹玛瑙烟壶	高6.2cm	46,000	中国嘉德	2013.11.16
玉石类				
17世纪末至19世纪 白玉鼻烟壶	高5.9cm	99,000	香港苏富比	2013.05.27
请中期 苏作玛瑙人物图佩	高5.3cm	344,194	纽约苏富比	2013.09.17
清乾隆 御制红绿双色碧玺连年富贵螭龙纹鼻烟壶	高5.2cm	1,068,457	纽约佳士得	2013.03.21
请中期 苏作白玉雕炼丹图鼻烟壶	高6.4cm	620,545	纽约佳士得	2013.03.21
请中期 白玉铺首衔环耳长方鼻烟壶	高7cm	248,840	纽约佳士得	2013.03.21
请中期 白玉长方鼻烟壶	高5.5cm	54,434	纽约佳士得	2013.03.21
请中期 玛瑙爵禄封侯鼻烟壶	高6.7cm	108,868	纽约佳士得	2013.03.21
18世纪 白玉雕鱼形鼻烟壶	长6.5cm	32,200	北京东正	2013.06.15
18世纪 白玉“耄耋”鼻烟壶	高5.3cm	35,801	伦敦苏富比	2013.05.15
18世纪 白玉雕葫芦形鼻烟壶	高6cm	115,000	北京东正	2013.05.10
18世纪 白玉雕事事如意鼻烟壶	高7.5cm	207,000	北京东正	2013.05.10
18世纪 白玉雕素身鼻烟壶	高6cm	82,800	北京东正	2013.05.10
18世纪 白玉雕素身小鼻烟壶	高4cm	28,750	北京东正	2013.05.10
18世纪 白玉雕岁岁平安鼻烟壶	高6.5cm	143,750	北京东正	2013.05.10
18世纪 白玉苏作代代封侯鼻烟壶	高9cm	172,500	北京东正	2013.05.10
18世纪 翠烟壶	高6cm	195,500	北京保利	2013.04.27
18世纪 翡翠雕鼻烟壶	高5.2cm	230,000	北京东正	2013.05.10
18世纪 褐皮黄玉“瓜瓞绵绵”纹鼻烟壶	高7.2cm	59,669	伦敦苏富比	2013.05.15
18世纪 琥珀雕佛手形鼻烟壶	长8cm	115,000	北京东正	2013.05.10
18世纪 黄玉鼻烟壶	高4.9cm	64,350	香港苏富比	2013.05.27
18世纪 绿松石蟾蜍形鼻烟壶	长5cm	172,500	北京东正	2013.05.10
18世纪 玛瑙巧雕双骏烟壶	高7cm	149,500	北京保利	2013.04.27
18世纪 玛瑙象生烟壶	高5.5cm	57,500	北京保利	2013.04.27
18世纪 蜜蜡烟壶	高6.5cm	97,750	北京保利	2013.04.27
18世纪 珊瑚雕十二生肖鼻烟壶	高7cm	402,500	北京东正	2013.05.10
18世纪 水晶磨棱花卉寿字烟壶	高6cm	115,000	北京保利	2013.04.27
18世纪 水晶磨棱花卉烟壶	高6.5cm	69,000	北京保利	2013.04.27
18世纪 羊脂白玉素鼻烟壶	高6.5cm	115,000	北京东正	2013.05.10
清中期 白玉鼻烟壶	高6.4cm	99,000	香港佳士得	2013.05.29
清中期 白玉带皮男孩鼻烟壶	高5.4cm	417,681	伦敦佳士得	2013.05.14
清中期 白玉莲蓬鼻烟壶	高5.5cm	143,205	伦敦佳士得	2013.05.14
清中期 白玉卵石鼻烟壶	高6.4cm	74,250	香港佳士得	2013.05.29
清中期 缟玛瑙小鼻烟壶	高3.7cm	39,600	香港苏富比	2013.05.27
清中期 黄玉鼻烟壶	高6.3cm	155,139	伦敦佳士得	2013.05.14
清中期 巧色白玉“四君子”图鼻烟壶	高6.7cm	376,200	香港苏富比	2013.05.27
清中期 巧色玛瑙铺兽首鼻烟壶	高5.8cm	69,300	香港苏富比	2013.05.27
清中期 珊瑚鼻烟壶	高5.7cm	143,205	伦敦佳士得	2013.05.14
清中期 珊瑚浮雕“云蝠”图鼻烟壶	高7.4cm	188,100	香港苏富比	2013.05.27
清中期 珊瑚浮雕“云蝠”图鼻烟壶	高5.8cm	49,500	香港苏富比	2013.05.27
清中期 水晶浅浮雕“双蝠”图瓶式鼻烟壶	高5.5cm	29,700	香港苏富比	2013.05.27
清中期 水晶双联瓶式鼻烟壶	高5.4cm	59,400	香港苏富比	2013.05.27
请中期 白玉雕“玉兰”鼻烟壶	高7.2cm	237,600	香港苏富比	2013.05.27
请中期 白玉金鱼形鼻烟壶	高7.1cm	138,600	香港苏富比	2013.05.27
请中期 端石刻文“苍龙教子”图鼻烟壶	高5.6cm	37,620	香港苏富比	2013.05.27
请中期 巧色玉雕螭龙纹鼻烟壶	高5.9cm	108,900	香港苏富比	2013.05.27
请中期 水晶葫芦鼻烟壶	高6.2cm	44,550	香港苏富比	2013.05.27
请中期 发晶鼻烟壶	高8.1cm	23,760	香港苏富比	2013.05.27
请中期 巧色玛瑙“宝鸭”图鼻烟壶	高6.9cm	198,000	香港苏富比	2013.05.27
请中期 巧色玛瑙“浮槎”图鼻烟壶	高4.6cm	69,300	香港苏富比	2013.05.27

拍品名称	物品尺寸	成交价RMB	拍卖公司	拍卖日期
请中期 巧色玛瑙“秀石佳木”图鼻烟壶	高5.4cm	15,840	香港苏富比	2013.05.27
请中期 巧色玛瑙浅浮雕“松下采芝”图鼻烟壶	高5cm	693,000	香港苏富比	2013.05.27
请中期 端石“黄甲传胪”图刻文鼻烟壶	高6.5cm	69,300	香港苏富比	2013.05.27
请中期 巧色玛瑙“佩璧人物”图鼻烟壶	高5.6cm	198,000	香港苏富比	2013.05.27
请中期 巧色玛瑙“鱼跃”图鼻烟壶	高6.5cm	89,100	香港苏富比	2013.05.27
请中期 玛瑙鼻烟壶	高5.7cm	59,400	香港苏富比	2013.05.27
请中期 玛瑙柳编纹鼻烟壶	高6.2cm	49,500	香港苏富比	2013.05.27
请中期 巧色碧石“莲塘蛙鸣”图鼻烟壶	高5.6cm	128,700	香港苏富比	2013.05.27
请中期 留皮玉浮雕“东方朔盗桃”鼻烟壶	高5.6cm	99,000	香港苏富比	2013.05.27
请中期 玛瑙红枣花生“早生贵子”图鼻烟壶	高6.4cm	31,680	香港苏富比	2013.05.27
请中期 巧色碧石小鼻烟壶	高3.7cm	47,520	香港苏富比	2013.05.27
请中期 玉铺兽首鼻烟壶	高5.8cm	15,840	香港苏富比	2013.05.27
请中期 白玉仿古“夔龙”纹鼻烟壶	高6.5cm	316,800	香港苏富比	2013.05.27
请中期 白珊瑚鼻烟壶	高5.2cm	49,500	香港苏富比	2013.05.27
请中期 白玉“瑞蝠”鼻烟壶	高5.7cm	79,200	香港苏富比	2013.05.27
请中期 白玉鲤鱼形鼻烟壶	高6.4cm	99,000	香港苏富比	2013.05.27
请中期 褐斑玉雕“瑞兽”鼻烟壶	高5.5cm	316,800	香港苏富比	2013.05.27
请中期 黄玉留皮雕“五猴捧桃”图铺首鼻烟壶	高6.3cm	277,200	香港苏富比	2013.05.27
请中期 巧色黑白玉“降龙罗汉”图鼻烟壶	高5.7cm	346,500	香港苏富比	2013.05.27
请中期 巧色玛瑙“伯鼎”图刻文鼻烟壶	高5.7cm	178,200	香港苏富比	2013.05.27
请中期 巧色玛瑙“和合二仙”图鼻烟壶	高5.8cm	178,200	香港苏富比	2013.05.27
请中期 巧色玛瑙“锦鲤”图鼻烟壶	高5.5cm	138,600	香港苏富比	2013.05.27
请中期 巧色玛瑙“马上封侯”图鼻烟壶	高5.8cm	376,200	香港苏富比	2013.05.27
请中期 巧色玛瑙“双骏”图鼻烟壶	高7.5cm	297,000	香港苏富比	2013.05.27
请中期 巧色玛瑙浅浮雕“渔翁得利”图鼻烟壶	高6.1cm	99,000	香港苏富比	2013.05.27
请中期 巧色青白玉“伏虎罗汉”图鼻烟壶	高7.5cm	84,150	香港苏富比	2013.05.27
请中期 巧色石英铺兽首鼻烟壶	高5.7cm	84,150	香港苏富比	2013.05.27
1905年前后 马少宣作水晶内画百岁图鼻烟壶	高5.8cm	248,840	纽约佳士得	2013.03.21
19世纪 白玉鼻烟壶	高6cm	453,244	伦敦佳士得	2013.05.14
19世纪 白玉葫芦烟壶	高7.5cm	184,000	北京保利	2013.04.27
19世纪 白玉开光一鹭连科烟壶	高6cm	230,000	北京保利	2013.04.27
19世纪 翠雕河趣烟壶	高6cm	184,000	北京保利	2013.04.27
19世纪 仿玛瑙巧雕喜上梅梢烟壶	高6.5cm	69,000	北京保利	2013.04.27
19世纪 黑发晶烟壶	高7.5cm	73,600	北京保利	2013.04.27
19世纪 黑发晶烟壶	高7cm	17,250	北京保利	2013.10.28
19世纪 琥珀刻“前赤壁赋”随形鼻烟壶	高5.4cm	643,500	香港苏富比	2013.05.27
19世纪 黄玉葫芦万代烟壶	高8cm	368,000	北京保利	2013.04.27
19世纪 绿松石鼻烟壶 及 玉鼻烟壶三件	高7.3cm	107,404	伦敦苏富比	2013.05.15
19世纪 玛瑙雕采芝献寿鼻烟壶	高7cm	36,800	北京东正	2013.05.10
19世纪 玛瑙巧雕骏马诗文烟壶	高7.5cm	287,500	北京保利	2013.04.27
19世纪 玛瑙巧雕骏马烟壶	高6.5cm	57,500	北京保利	2013.04.27
19世纪 玛瑙巧雕三狮烟壶	高6cm	57,500	北京保利	2013.04.27
19世纪 珊瑚松间明月诗文烟壶	高6.5cm	299,000	北京保利	2013.04.27

拍品名称	物品尺寸	成交价RMB	拍卖公司	拍卖日期
19世纪 水晶江村月明烟壶	高7cm	57,500	北京保利	2013.04.27
19世纪 水晶巧雕香流芠畹烟壶	高7.5cm	23,000	北京保利	2013.10.28
19世纪 水晶诗文双狮耳烟壶	高7.5cm	138,000	北京保利	2013.04.27
19世纪 苏作玛瑙雕人物诗文烟壶	高6.5cm	368,000	北京保利	2013.04.27
白玉雕人物鼻烟壶	高6.5cm	23,000	北京保利	2013.04.28
白玉佛手鼻烟壶	高8cm	11,500	北京保利	2013.04.28
白玉活环兽面烟壶	高6cm	10,350	北京保利	2013.07.28
近代 白玉素烟壶	高7cm	17,250	北京保利	2013.10.28
玛瑙嵌宝人物图鼻烟壶	高5.3cm	73,874	纽约佳士得	2013.03.21
民国 白玉山水烟壶	高5cm	13,800	北京保利	2013.04.27
民国 白玉诗文烟壶	高5.5cm	23,000	北京保利	2013.04.27
民国 碧玺刘海烟壶	长7cm	32,200	北京保利	2013.10.26
民国 冰糖玛瑙巧雕童子捧寿鼻烟壶	高5cm	86,250	北京保利	2013.12.06
民国 和田玉鼻烟壶	高6.5cm	34,500	北京艺融	2013.11.28
民国 珊瑚婴戏烟壶	高6.5cm	51,750	北京保利	2013.04.27
倪伟滨、易少勇 故着琅玕 白玉鼻烟壶		575,000	西泠拍卖	2013.07.14
天然翡翠配珊瑚鼻烟壶		46,000	北京保利	2013.01.20
杨光 青玉鼻烟壶		34,500	北京博观	2013.04.21
杨光 如梦情怀 墨玉鼻烟壶		20,700	西泠拍卖	2013.07.14
内画类				
1807年(画) 水晶内画“兰菊竹莲”图题诗鼻烟壶	高6cm	118,800	香港苏富比	2013.05.27
1809年(画) 水晶内画“人物山水”图题诗葫芦鼻烟壶	高6.9cm	99,000	香港苏富比	2013.05.27
1887年 料胎内画“山水幼雏”图鼻烟壶	高6.3cm	79,200	香港苏富比	2013.05.27
1890年 料胎内画“山水楼榭”图鼻烟壶	高6.9cm	79,200	香港苏富比	2013.05.27
1891年 水晶内画“草虫鱼塘”图鼻烟壶	高4.7cm	59,400	香港苏富比	2013.05.27
1892年 料胎内画“福在眼前”图鼻烟壶	高6.4cm	31,680	香港苏富比	2013.05.27
1894年 料胎内画“山水双燕”图鼻烟壶	高6.4cm	69,300	香港苏富比	2013.05.27
1895年 料胎内画“春风得意”图鼻烟壶	高6.1cm	44,550	香港苏富比	2013.05.27
1895年 料胎内画“仕女清供”图鼻烟壶	高6cm	148,500	香港苏富比	2013.05.27
1899-1909年(画) 水晶内画“人物图”题诗鼻烟壶	高6.2cm	445,500	香港苏富比	2013.05.27
1899年 料胎内画“瑞鹤寿鹿”图鼻烟壶	高5.8cm	99,000	香港苏富比	2013.05.27
1902年 料胎内画“人物图”题字鼻烟壶	高6cm	297,000	香港苏富比	2013.05.27
1903年 料胎内画“聊斋刘姓”图鼻烟壶	高6.3cm	25,740	香港苏富比	2013.05.27
1927年(画) 水晶内画“人物图”鼻烟壶	高4.4cm	31,680	香港苏富比	2013.05.27
1928年(画) 水晶内画“山水清供”图鼻烟壶	高6.4cm	39,600	香港苏富比	2013.05.27
1938年(画) 玛瑙内画“山水人物”图鼻烟壶	高5.4cm	49,500	香港苏富比	2013.05.27
民国 叶仲三内画玻璃鼻烟壶	高6.5cm	51,750	北京九歌	2013.06.28
民国 叶仲三内画仕女鼻烟壶	高7.5cm	59,800	北京九歌	2013.06.28
内画草虫烟壶	高5.5cm	11,500	北京保利	2013.04.28
内画诗文烟壶	高6.5cm	11,500	北京保利	2013.04.28
清 琥珀内画松鹰图烟壶	高7.2cm	69,000	北京翰海	2013.06.02
清 马少宣款爱菊图鼻烟壶	高7cm	71,300	北京华辰	2013.05.09
清 马少宣款贩花图鼻烟壶	高6.5cm	115,000	北京华辰	2013.05.09
清 马少宣款山水人物纹鼻烟壶	高6.5cm	40,250	北京华辰	2013.05.09
清 马少宣内画仕女诗文烟壶	高7cm	69,000	北京保利	2013.04.27
清 闫玉田款山水人物鼻烟壶	高7.5cm	34,500	北京华辰	2013.05.09
清叶仲三花鸟虫草内画烟壶(一组四件)	高6cm	28,750	上海嘉泰	2013.07.05
清 叶仲三款内画人物故事纹烟壶	高6cm	33,600	天津文物	2013.05.24
清 佚名内画耄耋图鼻烟壶	高7.5cm	28,750	北京华辰	2013.05.09
清 周乐元绘花鸟鼻烟壶	高7.2cm	161,000	北京华辰	2013.05.09
清 周乐元制山水清供水晶内画鼻烟壶	带盖高6.7cm	86,250	西泠拍卖	2013.07.12
1894-1940年 料胎内画通景“山水”图鼻烟壶	高6.4cm	51,480	香港苏富比	2013.05.27
清晚期 马少宣内画鼻烟壶	高7.2cm	63,250	北京保利	2013.06.06
王习三内画人物鼻烟壶	高9cm	207,000	北京九歌	2013.06.28
料器类				
清早期 仿雄黄料鼻烟壶	高7.4cm	44,550	香港苏富比	2013.05.27
清乾隆 半透褐色料内模印螭龙鼻烟壶	高5.4cm	11,880	香港苏富比	2013.05.27
清乾隆 宝蓝色料器鼻烟壶	高4.5cm	16,100	北京九歌	2013.06.28
清乾隆 宝石红料仿古“夔龙”纹鼻烟壶	高6.6cm	59,400	香港苏富比	2013.05.27
清乾隆 宝石红料磨棱鼻烟壶	高5.5cm	218,500	远方拍卖	2013.06.06
清乾隆 宝石蓝料鱼篓尊形鼻烟壶	高3.5cm	218,500	远方拍卖	2013.06.06
清乾隆 涵远斋款黑料画珐琅福寿双星鼻烟壶	高6.8cm	82,800	北京九歌	2013.06.28
清乾隆 红料雕太阳花鼻烟壶	高5cm	138,000	远方拍卖	2013.06.06
清乾隆 红料龙纹双耳烟壶	高6.5cm	69,000	北京保利	2013.04.27
清乾隆 琥珀料圆形烟壶	高5.2cm	23,000	中国嘉德	2013.11.16
清乾隆 黄地套蓝料龙纹烟壶	高6.5cm	166,750	北京保利	2013.04.27
清乾隆 金星料鼻烟壶	高7.5cm	18,400	北京九歌	2013.06.28
清乾隆 料仿松石雕太阳花鼻烟壶	高5cm	138,000	远方拍卖	2013.06.06
清乾隆 料仿松石勾云纹鼻烟壶	高5cm	368,000	远方拍卖	2013.06.06
清乾隆 料仿玉茄形鼻烟壶	高5cm	12,650	北京九歌	2013.06.28
清乾隆 料胎画珐琅苍鹰图鼻烟壶	高6.9cm	517,500	北京匡时	2013.06.05
清乾隆 料制螭龙纹鼻烟壶	高7.5cm	55,200	北京东正	2013.05.10
清乾隆 涅白地套褐料岁岁平安猫蝶图鼻烟壶	高6.5cm	20,700	北京九歌	2013.06.28
清乾隆 涅白地套红料“八桃”鼻烟壶	高4cm	44,550	香港苏富比	2013.05.27
清乾隆 涅白地套红料英雄独立鼻烟壶	高6.2cm	51,750	北京九歌	2013.06.28
清乾隆 青白料铺兽首鼻烟壶	高4.6cm	47,520	香港苏富比	2013.05.27
清乾隆 雪地套红料“荷塘竹韵”图鼻烟壶	高8.5cm；水彩 40.7×33.6cm	64,350	香港苏富比	2013.05.27
清乾隆 雪地套红料仿古鼻烟壶	高6.6cm	89,100	香港苏富比	2013.05.27
清乾隆 雪地套五色料莲塘“喜上眉梢”图鼻烟壶	高6.4cm	128,700	香港苏富比	2013.05.27
清乾隆 扬州作蓝料胎画珐琅“宝鹅”图鼻烟壶	高5cm	138,600	香港苏富比	2013.05.27
清乾隆 鱼形红料鼻烟壶	高9cm	11,500	北京九歌	2013.06.28
清乾隆 御制白地套蓝料“群芳祝寿”图鼻烟壶	高4.6cm；水彩 40.7×33.6cm	158,400	香港苏富比	2013.05.27
清乾隆 御制蓝地套白料“团龙”鼻烟壶	高5.9cm；水彩 40.7×33.6cm	99,000	香港苏富比	2013.05.27
清乾隆 御制蓝料胎画珐琅“一路连科”图题诗鼻烟壶	高5.3cm	59,400	香港苏富比	2013.05.27
清乾隆 御制料胎画北京珐琅菊竹鹌鹑“安居图”鼻烟壶	高5.7cm	346,500	香港苏富比	2013.05.27
清乾隆 御制料胎画珐琅“花篮式”鼻烟壶	高5.9cm	2,122,560	香港苏富比	2013.05.27
清乾隆 御制料胎画珐琅“莲塘蛙鸣”图鼻烟壶	高5.6cm	128,700	香港苏富比	2013.05.27
清乾隆/嘉庆 白地套多色料“螭龙图”鼻烟壶	高5.3cm	54,450	香港苏富比	2013.05.27
清乾隆/嘉庆 白地套红料“九螭”图鼻烟壶	高5.8cm	138,600	香港苏富比	2013.05.27

2013杂项拍卖成交汇总

(成交价RMB：1万元以上)

拍品名称	物品尺寸	成交价RMB	拍卖公司	拍卖日期
清乾隆/嘉庆 白地套五色料福寿“岁寒三友”图鼻烟壶	高5.8cm	207,900	香港苏富比	2013.05.27
清乾隆/嘉庆 粉红地套白料“庭院婴戏”图鼻烟壶	高6cm	128,700	香港苏富比	2013.05.27
清乾隆/嘉庆 料胎画珐琅“耕织图”鼻烟壶	高3.9cm	44,550	香港苏富比	2013.05.27
清乾隆/嘉庆 涅白料镶碧玉“茄子”鼻烟壶	高8.6cm	74,250	香港苏富比	2013.05.27
清乾隆/嘉庆 透明地套红料“螭龙”图鼻烟壶	高5.1cm	17,820	香港苏富比	2013.05.27
清乾隆/嘉庆 雪地套蓝料“梅花图”鼻烟壶	高7.5cm	39,600	香港苏富比	2013.05.27
清乾隆/嘉庆 御制橘色地套黄料“牡丹寒梅”花篮式鼻烟壶	高5.8cm	118,800	香港苏富比	2013.05.27
清乾隆/嘉庆初年 洒金宝石绿料椭圆鼻烟壶	高4.9cm	158,400	香港苏富比	2013.05.27
清乾隆末年/嘉庆 青花仿料“秀石花卉”图鼻烟壶	高6.9cm	12,870	香港苏富比	2013.05.27
清约1861-1883年 扬州作涅白地套红褐料“泛舟”图鼻烟壶	高6cm	217,800	香港苏富比	2013.05.27
清中期 白套红料万蝠双狮耳烟壶	高6.5cm	46,000	北京保利	2013.04.27
清中期 霏雪地套红玻璃骏马图鼻烟壶	高7.1cm	109,250	北京东正	2013.11.16
清中期 粉料鼻烟壶	高5.3cm	20,700	北京九歌	2013.06.28
清中期 红料雕双龙戏珠鼻烟壶	带盖高8cm	57,500	西泠拍卖	2013.07.12
清中期 蓝料彩苍龙教子图鼻烟壶	高7.2cm	17,250	北京中汉	2013.06.17
清中期 蓝料开光矾红描金模印狮子纹鼻烟壶	高4.2cm	11,500	北京中汉	2013.06.17
清中期 料嵌玉扳指婴戏图烟壶	高5.4cm	80,500	北京翰海	2013.06.02
清中期 料胎鱼纹鼻烟壶	高7.3cm	80,500	北京匡时	2013.12.04
清中期 料制鼻烟壶	高6.5cm	17,250	北京东正	2013.05.10
清中期 涅白料画珐琅山水纹鼻烟壶	高6cm	51,750	北京九歌	2013.06.28
清中期 涅白套红玻璃海屋添筹鼻烟壶	高6.0cm	172,500	北京东正	2013.11.16
清中期 藕地套五色料山水鸟纹烟壶	高6.5cm	115,000	北京保利	2013.04.27
清中期 透明料画珐琅猫蝶纹鼻烟壶	高6cm	82,800	北京九歌	2013.06.28
清中期 雪地套三层料渔家乐烟壶	高7cm	80,500	北京保利	2013.04.27
清 白地套料、人物烟壶 (三件)	尺寸不一	10,350	北京保利	2013.01.11
清 白地套五彩料果蔬鸣虫纹鼻烟壶	高8cm	25,300	北京华辰	2013.05.09
清 白料持荷童子鼻烟壶	高7cm	19,550	北京华辰	2013.05.09
清 白套绿料鼻烟壶	高6cm	59,800	北京九歌	2013.06.28
清 宝石红料蝈蝈葫芦形鼻烟壶	高5.5cm	40,250	北京匡时	2013.06.05
清 宝石红料铺首耳鼻烟壶	高7.5cm	11,500	北京华辰	2013.05.09
清 宝石红料蕖花纹鼻烟壶	高4.5cm	17,250	北京华辰	2013.05.09
清 宝石红料玉兰形鼻烟壶	高7.5cm	23,000	北京歌德	2013.06.02
清 宝石蓝地套白料花鸟纹鼻烟壶	高6.5cm	40,250	北京华辰	2013.05.09
清 豆绿料素身鼻烟壶	高7cm	18,400	北京华辰	2013.05.09
清 多色套料螭纹花卉天球型烟壶	高5.5cm	34,500	北京华辰	2013.11.17
清 多色套料人物故事图烟壶	高7.5cm	92,000	北京华辰	2013.11.17
清 仿翡翠料鼻烟壶	高7cm	17,250	北京歌德	2013.06.02
清 仿漆器料鼻烟壶	高6.5cm	17,250	北京歌德	2013.06.02
清 仿珊瑚料荷塘清趣鼻烟壶	高7.5cm	28,750	北京华辰	2013.05.09
清 仿水晶地套五彩花果纹鼻烟壶	高7cm	34,500	北京华辰	2013.05.09
清 仿雄黄连年有余鼻烟壶	高7cm	36,800	北京华辰	2013.05.09
清 粉地套黑料国香秋虫图烟壶	高7cm	103,500	北京华辰	2013.11.17
清 粉地套黄料梅花纹鼻烟壶	高6.5cm	34,500	北京华辰	2013.05.09
清 粉地套墨料八吉祥图鼻烟壶	高7.5cm	28,750	北京华辰	2013.05.09
清 粉地套墨料龙纹鼻烟壶	高6cm	20,700	北京华辰	2013.05.09
清 粉红 涅白双色料撒桃花烟壶	高6.8cm	28,750	北京华辰	2013.11.17
清 粉红、涅白双色搅料素身鼻烟壶	高7cm	23,000	北京华辰	2013.05.09
清 粉红料倒垂莲包式烟壶	高6cm	34,500	北京华辰	2013.11.17
清 粉红料雕灵猴献寿图鼻烟壶	高6.5cm	28,750	北京华辰	2013.05.09

拍品名称	物品尺寸	成交价RMB	拍卖公司	拍卖日期
清 各式色料盖碗式鼻烟壶 (四只)	尺寸不一	34,500	北京歌德	2013.06.02
清 瓜棱绿料鼻烟壶	高6cm	23,000	北京歌德	2013.06.02
清 褐地套绿料国香松菊兰烟壶	高7cm	34,500	北京华辰	2013.11.17
清 褐地套绿料荷塘清趣图鼻烟壶	高7cm	17,250	北京华辰	2013.05.09
清 黑斑黄料素身鼻烟壶	高6.2cm	13,800	北京华辰	2013.05.09
清 黑料套漆红牡丹菊花鼻烟壶	高7cm	103,500	北京九歌	2013.06.28
清 红地套绿料吉祥纹烟壶	高6cm	40,250	北京华辰	2013.11.17
清 红料太平有象鼻烟壶	高7.3cm	28,750	北京华辰	2013.05.09
清 红料套白料花卉纹垂胆型烟壶	高8cm	80,500	北京华辰	2013.11.17
清 红料套黄料南瓜形鼻烟壶	高6cm	20,700	北京华辰	2013.05.09
清 红料烟壶	高5cm	11,500	北京保利	2013.07.28
清 红料烟壶	高6cm	33,600	天津文物	2013.11.22
清 红套料龙纹烟壶	高7.2cm	56,000	天津文物	2013.11.22
清 琥珀地套黄料福寿纹鼻烟壶	高7cm	34,500	北京华辰	2013.05.09
清 琥珀料鼻烟壶	高7.5cm	20,700	北京歌德	2013.06.02
清 琥珀料仿水晶双螭耳鼻烟壶	高7cm	13,800	北京华辰	2013.05.09
清 琥珀料磨棱鼻烟壶	高5.8cm	20,700	北京歌德	2013.06.02
清 黄玻璃钟鼎文鼻烟壶	高7.5cm	17,250	北京翰海	2013.07.14
清 黄地墨彩独钓图鼻烟壶	高7cm	23,000	北京华辰	2013.05.09
清 黄地套红料拜师图鼻烟壶	高4.5cm	32,200	北京歌德	2013.06.02
清 黄地套绿料螭龙纹鼻烟壶	高5.5cm	34,500	北京华辰	2013.05.09
清 黄地套绿料团凤纹鼻烟壶	高7.5cm	41,400	北京歌德	2013.06.02
清 黄地套五彩料耄耋图鼻烟壶	高7cm	43,700	北京华辰	2013.05.09
清 黄料鼻烟壶	高7.5cm	34,500	北京歌德	2013.06.02
清 黄料雕年年有余烟壶	高6.9cm	34,500	北京华辰	2013.11.17
清 黄料仿茶盏鼻烟壶	高6cm	25,300	北京华辰	2013.05.09
清 黄料素身鼻烟壶	高6cm	25,300	北京华辰	2013.05.09
清 鸡油黄料雕素身鼻烟壶	高6cm	34,500	西泠拍卖	2013.07.12
清 鸡油黄料龙纹烟壶	高7cm	34,500	北京保利	2013.04.27
清 娇黄料葫芦形鼻烟壶	高7cm	34,500	北京华辰	2013.05.09
清 搅胎料洒金葫芦形鼻烟壶	高5.5cm	28,750	北京华辰	2013.05.09
清 搅胎料素身鼻烟壶	高6.5cm	43,700	北京华辰	2013.05.09
清 搅胎料套蓝料酒坛式烟壶	高5.5cm	48,300	北京华辰	2013.11.17
清 孔雀蓝套山楂红料蟋蟀纹鼻烟壶	高8cm	14,950	北京华辰	2013.05.09
清 蓝地套粉料花卉鼻烟壶	高6.5cm	16,100	北京华辰	2013.05.09
清 蓝地套黄料福禄纹鼻烟壶	高7cm	25,300	北京华辰	2013.05.09
清 蓝料鼻烟壶	高6.9cm	74,750	六朝艺宴	2013.07.07
清 蓝料彩隐士诗意图鼻烟壶	高7cm	11,500	北京华辰	2013.05.09
清 蓝料画珐琅双开光山水图烟壶	高7cm	103,500	北京华辰	2013.11.17
清 蓝料搅胎鼻烟壶	高7.5cm	23,000	北京华辰	2013.05.09
清 蓝料洒金星烟壶	高8.1cm	46,000	北京华辰	2013.11.17
清 蓝料双螭纹鼻烟壶	高6.5cm	25,300	北京华辰	2013.05.09
清 蓝料胎画珐琅一路连科烟壶	高6.5cm	55,200	北京华辰	2013.11.17
清 蓝料云蝠纹烟壶	高7cm	69,000	北京保利	2013.04.27
清 料仿白玉双螭纹烟壶	高7.8cm	34,500	北京华辰	2013.11.17
清 料仿白玉素身鼻烟壶	高8cm	18,400	北京华辰	2013.05.09
清 料仿琥珀福在眼前烟壶	高7cm	34,500	北京华辰	2013.11.17
清 料仿琥珀瓜瓞绵延鼻烟壶	高5cm	13,800	北京华辰	2013.05.09
清 料仿绿松石勾云纹烟壶	高5cm	20,700	北京华辰	2013.11.17
清 料仿雄晶素身烟壶	高7.1cm	20,700	北京华辰	2013.11.17
清 料画珐琅花鸟烟壶	高7cm	13,800	北京保利	2013.10.26
清 料胎珐琅彩开光花卉纹鼻烟壶	高6cm	276,000	六朝艺宴	2013.07.07
清 料胎画珐琅富贵牡丹纹烟壶	高5.5cm	86,250	北京华辰	2013.11.17
清 料胎画珐琅花卉诗文烟壶	高6.5cm	103,500	北京华辰	2013.11.17
清 料胎画珐琅花鸟纹烟壶	高5.5cm	34,500	北京华辰	2013.11.17
清 料胎画珐琅花鸟烟瓶 (三件)	尺寸不一	11,500	上海嘉泰	2013.07.05
清 料胎画珐琅双寿鼻烟壶	高6.2cm	32,200	北京华辰	2013.05.09
清 料胎画珐琅四季花卉方形烟壶	高7.5cm	69,000	北京华辰	2013.11.17
清 料套雕花卉纹鼻烟壶	高5.8cm	11,500	北京东正	2013.06.15
清 料烟壶 (2件)	尺寸不一	11,500	北京翰海	2013.03.24

拍品名称	物品尺寸	成交价RMB	拍卖公司	拍卖日期
清 料制葫芦形鼻烟壶	高6.8cm	17,250	北京东正	2013.06.15
清 绿料雕吉字纹烟壶	高6.4cm	28,750	北京华辰	2013.11.17
清 绿料莲花纹鼻烟壶	高4.5cm	11,500	北京华辰	2013.05.09
清 绿料磨棱式鼻烟壶	高4cm	20,700	北京歌德	2013.06.02
清 绿料蕉花纹六方鼻烟壶	高5.5cm	32,200	北京华辰	2013.05.09
清 绿料素身八角形烟壶	高6.5cm	46,000	北京华辰	2013.11.17
清 绿料透雕仿花卉鼻烟壶	高7.5cm	13,800	北京华辰	2013.05.09
清 满套红料长颈瓶式鼻烟壶	高7.5cm	17,250	北京歌德	2013.06.02
清 涅白地三色套料一路荣华烟壶	高7cm	55,200	北京华辰	2013.11.17
清 涅白地套粉红料福山寿海鼻烟壶	高6cm	20,700	北京华辰	2013.05.09
清 涅白地套粉红料人物故事图鼻烟壶	高7cm	25,300	北京华辰	2013.05.09
清 涅白地套粉红料五福捧寿鼻烟壶	高7.5cm	17,250	北京华辰	2013.05.09
清 涅白地套褐料人物故事图鼻烟壶	高7cm	25,300	北京华辰	2013.05.09
清 涅白地套黑料清供耄耋图烟壶	高6cm	43,700	北京华辰	2013.11.17
清 涅白地套红料福寿纹鼻烟壶	高5cm	17,250	北京华辰	2013.05.09
清 涅白地套红料竹石诗文烟壶	高6cm	46,000	北京华辰	2013.11.17
清 涅白地套红料子孙万代烟壶	高4.5cm	51,750	北京华辰	2013.11.17
清 涅白地套红一路连科图鼻烟壶	高6cm	34,500	北京华辰	2013.05.09
清 涅白地套黄料螭龙纹烟壶	高8cm	32,200	北京华辰	2013.11.17
清 涅白地套蓝料八卦纹烟壶	高6.5cm	34,500	北京华辰	2013.11.17
清 涅白地套蓝料三阳开泰图烟壶	高6.8cm	34,500	北京华辰	2013.11.17
清 涅白地套绿料福禄纹鼻烟壶	高7cm	28,750	北京华辰	2013.05.09
清 涅白地套墨料博古图鼻烟壶	高7cm	13,800	北京华辰	2013.05.09
清 涅白地套墨料二甲传胪纹鼻烟壶	高5.5cm	14,950	北京华辰	2013.05.09
清 涅白地套墨料龙纹鼻烟壶	高9cm	21,850	北京华辰	2013.05.09
清 涅白地套五彩料鼻烟壶	高8cm	36,800	北京华辰	2013.05.09
清 涅白地套五彩料博古图鼻烟壶	高6.5cm	32,200	北京华辰	2013.05.09
清 涅白地套五色料螭纹烟壶	高6.5cm	34,500	北京华辰	2013.11.17
清 泡沫地堆蓝白料山水纹鼻烟壶	高8.5cm	36,800	北京华辰	2013.05.09
清 泡沫地三色套料螭虎纹烟壶	高7cm	34,500	北京华辰	2013.11.17
清 泡沫地套红料鹤鹿同春纹鼻烟壶	高6cm	43,700	北京华辰	2013.05.09
清 泡沫地套蓝料螭龙纹烟壶	高8.5cm	34,500	北京华辰	2013.11.17
清 泡沫地套绿料花卉鼻烟壶	高6cm	25,300	北京华辰	2013.05.09
清 泡沫地套绿料喜鹊登梅图鼻烟壶	高9cm	17,250	北京华辰	2013.05.09
清 泡沫地套绿料携琴访友图鼻烟壶	高6.5cm	23,000	北京华辰	2013.05.09
清 泡沫地套五彩料福寿图鼻烟壶	高7.5cm	28,750	北京华辰	2013.05.09
清 茄皮紫料蝈蝈纹烟壶	高6.5cm	46,000	北京华辰	2013.11.17
清 三色套料桑蚕纹烟壶	高7.5cm	126,500	北京华辰	2013.11.17
清 山楂料刻西番莲纹鼻烟壶	高8cm	20,700	北京歌德	2013.06.02
清 深红地套蓝料灵蝠献寿图烟壶	高7cm	28,750	北京华辰	2013.11.17
清 水晶地套红料蝉纹鼻烟壶	高6.5cm	23,000	北京华辰	2013.05.09
清 四色套料芙蓉锦鸡图烟壶	高4.5cm	32,200	北京华辰	2013.11.17
清 套红料海屋添筹鼻烟壶	高9cm	17,250	北京歌德	2013.06.02
清 套红料花卉竹纹鼻烟壶	高6cm	20,700	北京歌德	2013.06.02
清 套红料瑞兽图鼻烟壶	高7cm	20,700	北京歌德	2013.06.02
清 套红料松下良驹图鼻烟壶	高6.6cm	34,500	西泠拍卖	2013.07.12
清 套红料团寿纹鼻烟壶	高5.5cm	28,750	北京歌德	2013.06.02
清 套红料仙人祝寿图鼻烟壶	高7.5cm	23,000	北京歌德	2013.06.02
清 套红料一鹭连科鼻烟壶	高7cm	20,700	北京歌德	2013.06.02
清 套蓝料赶珠龙纹鼻烟壶	高7cm	34,500	北京歌德	2013.06.02
清 套蓝料高仕图鼻烟壶	高7cm	23,000	北京歌德	2013.06.02
清 套蓝料荷塘纹鼻烟壶	高5cm	25,300	北京歌德	2013.06.02
清 套蓝料兽面纹鼻烟壶	高7.2cm	40,250	西泠拍卖	2013.07.12
清 套蓝料香草龙式鼻烟壶	高6.5cm	28,750	北京歌德	2013.06.02
清 套蓝料枝叶纹鼻烟壶	高7.5cm	20,700	北京歌德	2013.06.02
清 套料雕博古纹鼻烟壶	高6.2cm	32,200	北京东正	2013.06.15
清 套料烟壶 (四件)		13,800	北京翰海	2013.07.14
清 套双色料蝈蝈白菜鼻烟壶	高6.7cm	23,000	北京歌德	2013.06.02
清 透明蓝料点金素身鼻烟壶	高8cm	34,500	北京华辰	2013.05.09
清 透明料画珐琅梅花牡丹图烟壶	高5.5cm	115,000	中国嘉德	2013.11.16

拍品名称	物品尺寸	成交价RMB	拍卖公司	拍卖日期
清 倭瓜料鼻烟壶	高8.5cm	28,750	北京歌德	2013.06.02
清 倭瓜料烟壶	高6.7cm	11,200	天津文物	2013.05.24
清 倭瓜料烟壶	高5.5cm	28,000	天津文物	2013.11.22
清 雪霏地套红料螭龙纹鼻烟壶	高6.5cm	51,750	北京华辰	2013.05.09
清 雪霏地套红料连年有余烟壶	高7cm	28,750	北京华辰	2013.11.17
清 雪霏地套红料年年有余图烟壶	高7.5cm	66,700	北京华辰	2013.11.17
清 雪霏地套红料宣仲纹鼻烟壶	高7.5cm	23,000	北京华辰	2013.05.09
清 雪霏地套红料英雄独立烟壶	高6cm	48,300	北京华辰	2013.11.17
清 雪霏地套红料云蝠纹鼻烟壶	高7.5cm	36,800	北京华辰	2013.05.09
清 雪霏地套红料钟馗出行图烟壶	高7.7cm	46,000	北京华辰	2013.11.17
清 雪霏地套蓝料钟表纹烟壶	高6.5cm	43,700	北京华辰	2013.11.17
清 雪霏地套绿料螭龙纹鼻烟壶	高7cm	28,750	北京华辰	2013.05.09
清 雪霏地套绿料双寿纹鼻烟壶	高6cm	25,300	北京华辰	2013.05.09
清 胭脂红地套绿料人物故事烟壶	高7cm	63,250	北京华辰	2013.11.17
清 扬州料清供图鼻烟壶	高7cm	32,200	北京歌德	2013.06.02
清 珍珠地套蓝料童子祝寿图铺首耳烟壶	高7cm	23,000	北京华辰	2013.11.17
清 紫褐玻璃七棱如意纹烟壶	高6.5cm	59,800	北京华辰	2013.11.17
清 紫料太极八卦纹鼻烟壶	高6.5cm	25,300	北京华辰	2013.05.09
清/民初 柠檬黄料小鼻烟壶	高3.3cm	19,800	香港苏富比	2013.05.27
请中期 御制黑料搅色鼻烟壶	高5.4cm	21,774	纽约佳士得	2013.03.21
请中期 御制黄料瓶式鼻烟壶	尺寸不一	29,550	纽约佳士得	2013.03.21
请中期 御制浅藕料搅色鼻烟壶	高6.2cm	66,098	纽约佳士得	2013.03.21
请中期 御制透明绿料洒金星鼻烟壶	高5.3cm	24,884	纽约佳士得	2013.03.21
请中期 御制半透明涅白料搅色鼻烟壶	高5.4cm	37,326	纽约佳士得	2013.03.21
请中期 御制仿雄黄料金玉满堂鼻烟壶	高6.3cm	27,217	纽约佳士得	2013.03.21
请中期 粉红地套白料莲瓣纹鼻烟壶	高7cm	202,183	纽约佳士得	2013.03.21
请中期 透明绿料洒金鼻烟壶	高5.8cm	54,434	纽约佳士得	2013.03.21
请中期 御制涅白地套红料博古图鼻烟壶	高6.1cm	108,868	纽约佳士得	2013.03.21
请中期 透明淡蓝料螭龙纹鼻烟壶	5.9cm	31,105	纽约佳士得	2013.03.21
请中期 透明红料镶镂空银壳鼻烟壶	高5.8cm	116,644	纽约佳士得	2013.03.21
请中期 御制透明绿料粉彩花卉纹鼻烟壶	高5.9cm	116,644	纽约佳士得	2013.03.21
请中期 透明地套红绿双色料博古图鼻烟壶	高5.3cm	27,217	纽约佳士得	2013.03.21
请中期 涅白地套蓝料游龙戏珠纹鼻烟壶	高5.4cm	29,550	纽约佳士得	2013.03.21
请中期 御制涅白料浮雕粉彩丹凤朝阳图鼻烟壶	高6.4cm	1,516,369	纽约佳士得	2013.03.21
请中期 雪霏地套红料花鸟纹鼻烟壶	高5.9cm	24,884	纽约佳士得	2013.03.21
请中期 涅白地套多色料花卉纹鼻烟壶	高6.2cm	42,769	纽约佳士得	2013.03.21
18世纪 白地套三色料龙凤烟壶	高6.5cm	69,000	北京保利	2013.04.27
18世纪 白地套双色料猫蝶烟壶	高6cm	253,000	北京保利	2013.04.27
18世纪 白地套四色料三多烟壶	高6cm	69,000	北京保利	2013.04.27
18世纪 粉红料双狮耳烟壶	高6cm	34,500	北京保利	2013.04.27
18世纪 粉红料璎珞纹烟壶	高6cm	103,500	北京保利	2013.04.27
18世纪 绞胎料葫芦形烟壶	高6.5cm	57,500	北京保利	2013.04.27
18世纪 蓝料点金烟壶	高6.5cm	34,500	北京保利	2013.04.27
18世纪 蓝料点金烟壶	高6cm	34,500	北京保利	2013.04.27
18世纪 料仿水晶磨棱花卉烟壶	高6.5cm	69,000	北京保利	2013.04.27
18世纪 料器素身鼻烟壶	高6cm	57,500	北京东正	2013.05.10
18世纪 料制白菜形鼻烟壶	高6.5cm	115,000	北京东正	2013.05.10
18世纪 料制松竹梅纹鼻烟壶	高7cm	92,000	北京东正	2013.05.10
18世纪 绿料点金烟壶	高6.5cm	46,000	北京保利	2013.04.27
18世纪 涅白料鼻烟壶	高5.6cm	24,750	香港苏富比	2013.05.27
18世纪 苏作套料戏马纹鼻烟壶	高7.2cm	92,000	北京东正	2013.05.10
18世纪 套红料花卉烟壶	高6.5cm	115,000	北京保利	2013.04.27
18世纪 套绿料二甲传胪烟壶	高6.5cm	63,250	北京保利	2013.04.27
18世纪 套绿料花卉烟壶	高6.5cm	57,500	北京保利	2013.04.27

2013杂项拍卖成交汇总

(成交价RMB：1万元以上)

拍品名称	物品尺寸	成交价RMB	拍卖公司	拍卖日期
18世纪 透明孔雀蓝料鼻烟壶	高4.4cm	31,680	香港苏富比	2013.05.27
18世纪 雪地套六色料花卉烟壶	高7.5cm	184,000	北京保利	2013.04.27
18世纪 御制松石绿料多棱鼻烟壶	高3.6cm	84,150	香港苏富比	2013.05.27
18世纪 紫料花卉烟壶	高6cm	74,750	北京保利	2013.04.27
清中期 白夹粉红料"莲瓣"鼻烟壶	高5.7cm	138,600	香港苏富比	2013.05.27
清中期 透明娇黄料鼻烟壶	高5.2cm	69,300	香港苏富比	2013.05.27
清中期 蓝白搅料鼻烟壶	高6.5cm	37,620	香港苏富比	2013.05.27
清中期 涅赭地套绿料"荔枝"鼻烟壶	高5.8cm	39,600	香港苏富比	2013.05.27
清中期 涅白料浅浮雕"山水庭阁"图鼻烟壶	高5.9cm	27,720	香港苏富比	2013.05.27
清中期 涅蓝料浅浮雕"山水人物"图鼻烟壶	高5.1cm	54,450	香港苏富比	2013.05.27
清中期 蓝白搅料洒金"蜀葵"鼻烟壶	高5.5cm	74,250	香港苏富比	2013.05.27
清中期 蓝料浅浮雕"五狮戏球"图鼻烟壶	高5.7cm	79,200	香港苏富比	2013.05.27
清中期 涅白地套五彩料螭龙"寿字"鼻烟壶	高5.8cm	79,200	香港苏富比	2013.05.27
清中期 仿绿松石料鼻烟壶	高3.5cm	11,880	香港苏富比	2013.05.27
清中期 涅白搅料仿文石鼻烟壶	高5.5cm	31,680	香港苏富比	2013.05.27
清中期 涅青白料"螭龙"图鼻烟壶	高7.4cm	34,650	香港苏富比	2013.05.27
清中期 透明蓝料双联瓶式鼻烟壶	高5.1cm	18,810	香港苏富比	2013.05.27
1932-1963年 叶葎祺作料胎画珐琅花鸟图鼻烟壶	高5.4cm	202,183	纽约佳士得	2013.03.21
19世纪 白地套红料寿山福海烟壶	高8cm	172,500	北京保利	2013.04.27
19世纪 白地套绿料福寿烟壶	高6cm	57,500	北京保利	2013.04.27
19世纪 白地套双层料渔乐烟壶	高7cm	218,500	北京保利	2013.04.27
19世纪 白料白菜烟壶	高7.5cm	41,400	北京保利	2013.04.27
19世纪 粉地套双色料渔家乐烟壶	高6.5cm	333,500	北京保利	2013.04.27
19世纪 粉地套四色料蚕纹烟壶	高6.5cm	126,500	北京保利	2013.04.27
19世纪 褐地套橘色料"螭龙"图鼻烟壶	高4.3cm	19,800	香港苏富比	2013.05.27
19世纪 鸡油黄料梅花烟壶	高6cm	46,000	北京保利	2013.04.27
19世纪 料仿雄黄烟壶	高7cm	34,500	北京保利	2013.04.27
19世纪 涅白地套粉蓝料"芳兰图"鼻烟壶	高6.9cm	59,400	香港苏富比	2013.05.27
19世纪 浅蓝料铺兽首鼻烟壶	高6cm	19,800	香港苏富比	2013.05.27
19世纪 透明地套红料龙纹烟壶	高7.7cm	57,500	北京保利	2013.04.27
民国 料胎画珐琅花鸟纹烟壶	高5.3cm	17,250	中国嘉德	2013.03.25
鼻烟壶其它类				
清康熙 铜胎掐丝珐琅花卉勾莲纹鼻烟壶	高5.5cm	115,000	北京保利	2013.12.05
清乾隆 沉香雕携琴访友纹鼻烟壶	高5.8cm	138,000	北京东正	2013.05.10
清乾隆 段泥印花加彩云龙纹烟壶	高4.8cm	149,500	中国嘉德	2013.05.14
清乾隆 仿白玉玻璃鼻烟壶	高6.3cm	172,500	北京东正	2013.11.16
清乾隆 金制福耳观音瓶形鼻烟壶	高5.8cm	89,600	六朝艺宴	2013.07.07
清乾隆 景泰蓝御制诗背壶式鼻烟壶	高5.5cm	149,500	远方拍卖	2013.06.06
清乾隆 螺钿山水人物鼻烟壶	高9cm	57,500	北京东正	2013.05.10
清乾隆 掐丝珐琅花鸟烟壶	高6.6cm	92,000	北京翰海	2013.06.02
清乾隆 铜鎏金庭院婴戏纹鼻烟壶	高6.0cm	517,500	北京东正	2013.11.16
清乾隆 铜胎画珐琅仕女鼻烟壶	高5.2cm	80,500	北京九歌	2013.06.28
清乾隆 透明地画珐琅花鸟纹鼻烟壶	高6cm	51,750	北京九歌	2013.06.28
清乾隆 王字款簪花鎏金西番莲纹鼻烟壶	高6.6cm	322,000	北京东正	2013.11.16
清乾隆 银鎏金锦地花卉纹鼻烟壶	高6cm	575,000	北京东正	2013.05.10
清乾隆 御制画珐琅鱼跃龙门鼻烟壶	高5.2cm	155,250	北京九歌	2013.06.28
清乾隆 御制鎏金铜胎画广东珐琅开光式"西洋母子"图鼻烟壶	高4.9cm	198,000	香港苏富比	2013.05.27
清乾隆 御制掐丝珐琅颂菊鼻烟壶	高6.2cm	35,000	北京九歌	2013.06.28
清乾隆 御制铜胎画北京珐琅"铁拐李引蝠"图鼻烟壶	高4.9cm	643,500	香港苏富比	2013.05.27

拍品名称	物品尺寸	成交价RMB	拍卖公司	拍卖日期
清乾隆 御制铜胎画北京珐琅"月季锦鸡"花鸟图鼻烟壶	高5.9cm	693,000	香港苏富比	2013.05.27
清乾隆 御制铜胎画北京珐琅通景"山水人物"图鼻烟壶	高5.3cm	792,000	香港苏富比	2013.05.27
清乾隆 御制文竹龙纹鼻烟壶	高5.5cm	51,750	北京九歌	2013.06.28
清乾隆 钟表图鼻烟壶	高6.7cm	437,000	北京东正	2013.05.10
清乾隆至道光 橘皮模印诗文鼻烟壶	高5.1cm	34,650	香港苏富比	2013.05.27
清雍正 御制铜胎画广东珐琅黄地"福寿双全"图花卉纹鼻烟壶	高4.6cm	1,362,240	香港苏富比	2013.05.27
清中期 核雕花卉诗文烟壶(两件)	高3.4cm	13,800	北京翰海	2013.06.02
清中期 涅白玻璃画珐琅葫芦万代鼻烟壶	高6.5cm	126,500	北京东正	2013.11.16
清中期 掐丝珐琅双联鼻烟壶	高8cm	138,000	北京九歌	2013.06.28
清中期 御制铜胎雕漆人物故事鼻烟壶连盖	高7.6cm	230,000	北京东正	2013.11.16
清中期 紫砂刻诗文烟壶	高7.5cm	92,000	北京中汉	2013.05.13
清中期 紫泥黄泥绘六棱鼻烟壶	高4.4cm	28,750	西泠拍卖	2013.07.12
清嘉庆/道光 紫泥粉彩花鸟图鼻烟壶	高4.8cm	11,500	西泠拍卖	2013.07.12
清道光 椰壳雕山居秋瞑诗文鼻烟壶	高8.2cm	166,750	北京东正	2013.11.16
清道光 御制模印葫芦诗文鼻烟壶	高8.2cm	59,400	香港苏富比	2013.05.27
清光绪 瘿木鼻烟壶	高8cm	35,640	香港苏富比	2013.05.27
清中期 御制剔红婴戏图鼻烟壶	高6.4cm	186,630	纽约佳士得	2013.03.21
清中期 广州作铜胎画珐琅缠枝牡丹纹鼻烟壶	高5.1cm	20,218	纽约佳士得	2013.03.21
清中期 御制透明宝石红料磨花鼻烟壶	高5.1cm	62,210	纽约佳士得	2013.03.21
清中期 御制仿玳瑁透明黄料搅色鼻烟壶	高5.4cm	155,525	纽约佳士得	2013.03.21
清中期 御制透明宝石红料磨花八角鼻烟壶	高3.8cm	32,660	纽约佳士得	2013.03.21
清中期 福州朱漆螭龙纹鼻烟壶	尺寸不一	31,105	纽约佳士得	2013.03.21
清中期 仿海蓝宝石料如意莲瓣纹鼻烟壶	高5.2cm	66,098	纽约佳士得	2013.03.21
清中期 宜兴紫砂堆料山水图六方鼻烟壶	高6.6cm	186,630	纽约佳士得	2013.03.21
清晚期 刻花玻璃鼻烟壶	高6.6cm	66,098	纽约佳士得	2013.03.21
清晚期 日本制剔红辩经图鼻烟壶	高5.8cm	38,881	纽约佳士得	2013.03.21
18世纪 贴竹簧福寿烟壶	高5.5cm	184,000	北京保利	2013.04.27
18世纪初 铜胎画广东珐琅"山水"图鼻烟壶	高6.9cm	59,400	香港苏富比	2013.05.27
清中期 桃核雕缠枝花卉佛手蝠纹小鼻烟壶	高3cm	23,760	香港苏富比	2013.05.27
清中期 象牙鼻烟壶	高5.9cm	19,800	香港苏富比	2013.05.27
清中期 鹤顶红开光式"捕鸟图"螭龙纹鼻烟壶	高6.4cm	217,800	香港苏富比	2013.05.27
清中期 宜兴紫砂胎画珐琅"阴阳八卦"图鼻烟壶	高5cm	41,580	香港苏富比	2013.05.27
清中期 海象牙雕"葫芦"鼻烟壶 连烟碟	高4.8cm	27,720	香港苏富比	2013.05.27
19世纪 蓝地画珐琅花卉烟壶	高6cm	184,000	北京保利	2013.04.27
19世纪 蓝地画珐琅花卉烟壶	高6.5cm	28,750	北京保利	2013.10.28
19世纪 紫砂加彩太狮图烟壶	高7cm	34,500	北京保利	2013.04.27
19世纪/20世纪初 榄核雕"八仙过海"图鼻烟壶	高3.9cm	19,800	香港苏富比	2013.05.27
清 白地画珐琅花卉烟壶	高6.5cm	138,000	北京保利	2013.04.27
清 匏制压花烟壶	高6.5cm	23,000	上海嘉泰	2013.07.05
清 沉香山水人物鼻烟壶	高5.5cm	172,500	北京东正	2013.11.16
清 纯金胎开光珐琅西洋人物烟壶	高6.6cm	310,500	上海嘉泰	2013.07.05
清 仿水晶料鼻烟壶	长12.5cm	36,800	北京保利	2013.06.06
清 粉彩仕女形鼻烟壶，料仿琥珀鼻烟壶	长9.1cm	34,500	西泠拍卖	2013.07.12

拍品名称	物品尺寸	成交价RMB	拍卖公司	拍卖日期
清 核桃形烧蓝嵌宝鼻烟壶	高10.7cm	10,350	北京匡时	2013.09.12
清 鹤顶红鼻烟壶	高6.3cm	103,500	北京九歌	2013.06.28
清 鹤顶红雕仿古纹烟壶	高6.8cm	92,000	北京华辰	2013.11.17
清 金胎画珐琅西洋人物纹烟壶	高6.8cm	34,500	中国嘉德	2013.09.15
清 绿端双铺首耳福字烟壶	高6cm	36,800	北京华辰	2013.11.17
清 绿釉竹纹烟壶	高7.5cm	20,700	北京保利	2013.04.28
清 玛瑙龙纹、套红料烟壶(两件)	高6cm	17,250	北京保利	2013.04.28
清 涅白玻璃画珐琅虞美人图鼻烟壶	高6.5cm	172,500	北京东正	2013.11.16
清 牛血红涅玻璃鹤鹿同春鼻烟壶	高5.5cm	138,000	北京东正	2013.11.16
清 匏器子孙万代鼻烟壶	直径5.5cm	13,800	北京华辰	2013.05.09
清 匏制山水纹鼻烟壶	高7.5cm	28,750	北京华辰	2013.05.09
清 掐丝珐琅皮球花烟壶	高6.5cm	63,250	北京保利	2013.10.26
清 嵌螺钿烟壶	高6cm	44,800	天津文物	2013.11.22
清 秋概荷包形烟壶	高6cm	59,800	北京华辰	2013.11.17
清 剔红花鸟纹鼻烟壶	高7cm	26,347	香港普艺	2013.08.31
清 剔红罗汉图烟壶	高8cm	46,000	北京华辰	2013.11.17
清 剔红人物故事纹烟壶	高6.8cm	11,500	上海工美	2013.04.20
清 铜鎏金海龙戏珠纹烟壶	高6.5cm	57,500	北京华辰	2013.11.17
清 铜胎画珐琅花卉纹鼻烟壶	高5.5cm	17,250	北京华辰	2013.05.09
清 铜胎画珐琅西洋人物鼻烟壶	高6.3cm	43,700	西泠拍卖	2013.07.12
清 铜胎画珐琅西洋人物纹烟壶	高5.5cm	184,000	北京华辰	2013.11.17
清 铜胎掐丝珐琅西番莲纹烟壶	6cm	11,500	中国嘉德	2013.11.16
清 铜胎掐丝珐琅烟壶	高6.5cm	11,500	北京华辰	2013.11.17
清 铜制描金四方人物鼻烟壶	高4cm	28,750	北京华辰	2013.05.09
清 象牙雕采莲图鼻烟壶	高10cm	437,000	北京华辰	2013.05.09
清 象牙嵌椰壳诗文烟壶	高5cm	115,000	北京华辰	2013.11.17
清 牙雕彩绘吉庆有余鼻烟壶	高8.8cm	80,500	六朝艺宴	2013.07.07
清 牙雕四方鼻烟壶	高7cm	20,700	北京九歌	2013.06.28
清 牙加彩镂雕人物相连鼻烟壶	高7cm	36,340	香港普艺	2013.08.31
清 椰壳刻诗文鼻烟壶	高5.5cm	11,500	北京歌德	2013.06.02
清 椰壳嵌银连年有余图鼻烟壶	高7.5cm	11,500	北京华辰	2013.05.09
清 宜兴彩绘山水人物纹烟壶	高6.8cm	36,800	北京华辰	2013.11.17
清 竹雕刘海戏金蟾烟壶	高6.7cm	17,250	中国嘉德	2013.03.25
清 竹雕西番莲纹烟壶	高6.9cm	94,300	北京华辰	2013.11.17
清 紫砂鼻烟壶(一组三件)	尺寸不一	138,000	上海春秋堂	2013.04.28
清 紫砂堆白泥山水纹鼻烟壶	高7.5cm	17,250	北京华辰	2013.05.09
清 紫砂画珐琅山水烟壶	高6.5cm	10,350	北京翰海	2013.09.15
清 紫砂开光戏猴图烟壶	高7.5cm	34,500	北京华辰	2013.11.17
檀木雕八宝如意鼻烟壶收藏盒连十六只鼻烟壶		10,916	书画艺拍	2013.07.27
晚清 “风景依稀似去年”山水纹鼻烟壶	高8.6cm	138,000	中国嘉德	2013.11.17
鹤顶红鼻烟壶	高6.5cm	11,500	北京匡时	2013.09.12
金胎画珐琅西洋人物鼻烟壶	高6.5cm	483,000	北京东正	2013.11.16
近代 银制錾刻铺首耳开光烟壶	高5.5cm	20,700	北京华辰	2013.11.17
民国 白地画珐琅开光山水烟壶	高6.5cm	46,000	北京保利	2013.04.27
民国 于硕微雕鼻烟壶	高8.0cm	115,000	北京东正	2013.11.16
翡翠珠宝(成交价RMB50万元以上)				
陈设件				
清乾隆 翡翠雕福寿纹如意		1,035,000	北京匡时	2013.12.05
清乾隆 铜鎏嵌翡翠荷花纹如意		862,500	北京匡时	2013.12.05
清 翡翠观音摆件		2,127,500	翰风国际	2013.04.21
清光绪 翡翠、碧玺雕“国泰民安”摆件		3,450,000	北京保利	2013.12.04
清晚期 翡翠圆雕龙龟驮瓶摆件		1,035,000	北京匡时	2013.06.05
翡翠摆件		2,875,000	北京九歌	2013.06.28
翡翠老子出山摆件		2,268,375	澳门中信	2013.10.27
翡翠龙宝宝	高7.4cm	6,670,000	北京传是	2013.06.15
翡翠弥勒佛摆件		6,622,500	上海佳士得	2013.09.26
缅甸天然翡翠观音摆件		544,500	香港佳士得	2013.05.28

拍品名称	物品尺寸	成交价RMB	拍卖公司	拍卖日期
如意灵芝摆件		897,000	北京传是	2013.06.15
天然紫翡翠观音摆件		1,641,120	香港苏富比	2013.10.07
天然紫翡翠及翡翠丰收年年摆件		1,120,380	香港苏富比	2013.10.07
清 翡翠持卷观音坐像		805,000	北京匡时	2013.12.04
清 翡翠带背光佛像		862,500	北京保利	2013.06.06
清 翡翠雕“持莲观音”立像		4,715,000	远方拍卖	2013.06.06
清 翡翠雕观音像		3,136,000	天津文物	2013.05.24
晚清 翠玉雕麻姑献寿立像	高30cm	2,874,960	香港佳士得	2013.05.29
翡翠雕观音立像	高29.0cm	1,881,600	未来四方	2013.06.16
翡翠佛像挂件		1,008,000	迦南国拍	2013.06.11
翡翠观音立像		6,900,000	北京艺融	2013.11.28
冰种三彩翡翠雕山水人物纹山子		1,425,600	中信国际	2013.05.28
清 翡翠白菜花插		943,000	北京翰海	2013.12.06
佩玩件				
清中期 翡翠阳绿翎管		920,000	北京保利	2013.06.04
清 翠玉双桃珮		690,375	香港苏富比	2013.10.08
AU750 翡翠项坠	重10.81克。	896,000	北京盈冲	2013.11.17
必福珮		1,092,500	北京传是	2013.06.15
冰种带色桃形翡翠挂饰		1,380,000	远方拍卖	2013.12.02
冰种翡翠坐佛挂坠		575,000	北京艺融	2013.11.28
冰种满绿翡翠观音挂坠		3,047,500	北京艺融	2013.11.28
玻璃种蛋面挂坠		805,000	北京传是	2013.12.11
玻璃种翡翠吊坠		10,350,000	北京九歌	2013.06.28
玻璃种翡翠观音挂件		977,500	北京艺融	2013.11.28
玻璃种飘花翡翠佛挂坠		575,000	北京艺融	2013.11.28
螭虎龙戏珠		1,322,500	北京传是	2013.06.15
穿雕龙凤珮		862,500	北京传是	2013.06.15
翡翠福豆挂件		7,820,000	福建东南	2013.10.28
翡翠挂件		26,313,150	澳门中信	2013.10.27
翡翠挂件		22,683,750	澳门中信	2013.10.27
翡翠挂件		14,517,600	澳门中信	2013.10.27
翡翠挂件		10,888,200	澳门中信	2013.10.27
翡翠节节高挂坠		1,840,000	北京传是	2013.12.11
翡翠龙凤圆牌		3,450,000	北京艺融	2013.11.28
翡翠弥勒挂坠		1,380,000	北京九歌	2013.06.28
翡翠平安扣吊坠		1,265,460	大唐香港	2013.11.28
翡翠三彩大平安扣		1,840,000	北京传是	2013.12.11
翡翠香囊		3,584,000	迦南国拍	2013.06.11
翡翠叶挂坠		1,657,600	迦南国拍	2013.06.11
翡翠玉椒吊坠		1,355,850	大唐香港	2013.11.28
高冰种翡翠观音挂件		977,500	北京艺融	2013.11.28
观音		1,127,000	北京传是	2013.06.15
节节高升珮		977,500	北京传是	2013.06.15
老坑玻璃种观音		24,150,000	北京九歌	2013.06.28
流光溢彩珮		736,000	北京传是	2013.06.15
龙鱼如意观音佩		977,500	北京传是	2013.06.15
绿水战龙珮		3,105,000	北京传是	2013.06.15
满绿镶钻弥勒佛挂坠		828,000	北京艺融	2013.11.28
缅甸天然翡翠弥勒佛吊坠项链		784,080	香港佳士得	2013.05.28
飘花翡翠如意雲牌		529,000	北京艺融	2013.11.28
平安扣		575,000	北京传是	2013.06.15
天然冰种翡翠“观音”挂坠		737,840	保利香港	2013.04.06
大然冰种阳绿翡翠佛手吊坠		4,025,000	银座国际	2013.12.02
天然冰种阳绿翡翠竹节吊坠		3,220,000	银座国际	2013.12.02
天然玻璃种翡翠弥勒佛吊坠		862,500	银座国际	2013.12.02
天然翡翠“平安扣”配钻石吊坠(一对)		1,090,720	香港苏富比	2013.04.08
天然翡翠雕“佛手果”配钻石吊坠		7,250,080	香港苏富比	2013.04.08
天然翡翠雕“观音”配钻石吊坠		551,375	香港苏富比	2013.04.08
天然翡翠雕观音配钻石吊坠		2,493,240	香港苏富比	2013.10.07

2013杂项拍卖成交汇总

(成交价RMB：1万元以上)

拍品名称	物品尺寸	成交价RMB	拍卖公司	拍卖日期
天然翡翠雕欢天喜地配钻石吊坠		641,063	香港苏富比	2013.10.07
天然翡翠雕兰豆配黄色钻石及钻石吊坠		978,360	香港苏富比	2013.10.07
天然翡翠雕弥勒佛配钻石吊坠		690,375	香港苏富比	2013.10.07
天然翡翠雕万寿桃配钻石吊坠		3,629,400	香港苏富比	2013.10.07
天然翡翠雕叶子配钻石吊坠		3,440,040	香港苏富比	2013.10.07
天然翡翠龙牌 (一对)		575,000	北京保利	2013.06.05
天然翡翠弥勒佛配钻石吊坠		1,546,440	香港苏富比	2013.10.07
天然翡翠配钻石“发财”吊坠项链		2,149,360	香港苏富比	2013.04.08
天然翡翠配钻石挂坠，戒指两用挂件		1,905,435	保利香港	2013.10.06
天然翡翠配钻石弥勒佛吊坠		805,000	北京传是	2013.12.11
天然翡翠叶形挂件		5,175,000	北京保利	2013.06.05
天然满绿翡翠配钻石吊坠		2,760,000	银座国际	2013.12.02
晚清 粉红色璧玺雕岁寒三友配养殖珍珠吊坠		611,475	香港苏富比	2013.10.07
王俊懿 天然玻璃种翡翠药师琉璃光宝宝佛珮		13,800,000	北京保利	2013.12.05
祥云翻花龙定乾坤坠		1,955,000	北京传是	2013.06.15
幸福美满珮		529,000	北京传是	2013.06.15
一夜成龙		517,500	北京传是	2013.06.15
珍珠耳饰、链牌 (一套)		1,955,000	北京九歌	2013.06.28
紫罗兰翡翠吊坠		8,050,000	北京九歌	2013.06.28
180克拉哥伦比亚祖母绿吊坠(兼胸针)		896,000	北京荣宝	2013.06.23
18K白金镶嵌103.5克拉天然坦桑石配钻石吊坠		552,000	北京保利	2013.07.28
玻璃种翡翠吊坠式戒指两用		1,955,000	北京九歌	2013.06.28
翡翠吊坠、耳饰 (一套)		6,670,000	北京九歌	2013.06.28
约30.00克拉枕形斯里兰卡天然蓝宝石吊坠		1,829,520	香港佳士得	2013.05.28
翠玉螭龙衔灵芝带扣		784,080	香港佳士得	2013.05.29
天然翡翠配钻石发簪		876,185	保利香港	2013.04.06
生活用品				
清中期 翡翠朝天耳三足鼎		1,012,000	北京翰海	2013.12.06
清中期 翡翠巧雕寿桃草虫盖盒		1,380,000	北京保利	2013.12.04
清 翡翠代代平安花插瓶		1,150,000	北京匡时	2013.12.05
清 翡翠素笔筒		1,380,000	北京匡时	2013.12.04
清 翡翠婴戏炉		690,000	北京保利	2013.12.06
清光绪 翡翠雕西番莲纹香筒 (一对)		1,150,000	北京保利	2013.06.04
清末 翡翠浮雕“饕餮”纹双龙耳活环狮钮盖炉	高21.5cm	4,651,600	香港苏富比	2013.04.08
清乾隆 翡翠镂雕花卉纹狮钮双联瓶		2,530,000	北京匡时	2013.06.05
19世纪 翡翠浮雕“缠枝花卉”纹炉瓶盒 (一套三件)	宽18.7cm	1,379,440	香港苏富比	2013.04.08
19世纪末 翠玉浮雕饕餮纹双龙耳瓶	高15.8cm	2,114,520	香港苏富比	2013.10.08
19世纪末/20世纪 翡翠瓜棱式双龙耳活环三足狮钮盖炉	宽16.5cm	8,212,480	香港苏富比	2013.04.08
手镯				
D/IF钻石手镯 (三只)		1,259,280	香港佳士得	2013.05.28
冰种满绿翡翠手镯		3,910,000	北京艺融	2013.11.28
冰种飘花翡翠手镯		5,750,000	北京艺融	2013.11.28
翡翠冰种满绿手镯		23,000,000	北京传是	2013.12.11
翡翠贵妃手镯		2,070,000	福建东南	2013.10.28
翡翠满绿手镯	口径：7cm	1,840,000	北京九歌	2013.06.28
翡翠手镯		2,070,000	北京九歌	2013.06.28
翡翠手镯		1,725,000	中国嘉德	2013.05.12
翡翠手镯	直径6.7cm	1,610,000	北京九歌	2013.06.28
翡翠手镯	总重52.461g	1,955,000	远方拍卖	2013.12.02
翡翠手镯 (一对)		1,000,500	中国嘉德	2013.05.12
高冰翡翠贵妃手镯		1,012,000	北京艺融	2013.11.28
黄加绿翡翠手镯		1,610,000	北京艺融	2013.11.28

拍品名称	物品尺寸	成交价RMB	拍卖公司	拍卖日期
辣绿手镯 (一对)		1,150,000	北京传是	2013.06.15
满绿翡翠手镯		5,175,000	北京艺融	2013.11.28
满绿翡翠手镯 (一对)		1,495,000	北京艺融	2013.11.28
缅甸天然翡翠手镯		1,829,520	香港佳士得	2013.05.28
三彩双龙手镯		1,495,000	北京传是	2013.06.15
天然冰种翡翠手镯		512,850	香港苏富比	2013.10.07
天然冰种飘花翡翠手镯		517,500	北京保利	2013.06.05
天然玻璃种翡翠手镯		920,000	北京保利	2013.12.05
天然翡翠手镯		1,610,000	北京保利	2013.06.05
天然翡翠手镯		898,240	香港苏富比	2013.04.08
天然翡翠手镯		4,008,120	香港苏富比	2013.10.07
天然翡翠手镯		977,500	北京传是	2013.12.11
天然翡翠手镯 (一对)		2,760,000	银座国际	2013.12.02
天然翡翠手镯 (一对)		1,380,000	北京传是	2013.12.11
天然飘花翡翠手镯 (一对)		1,610,000	银座国际	2013.12.02
天然紫翡翠手镯		5,712,360	香港苏富比	2013.10.07
细糯种翡翠手镯 (一对)	内径5.8cm	667,000	北京传是	2013.06.15
圆条手镯 (一对)		701,500	北京传是	2013.06.15
约1960年 法琅彩、宝石配钻石“蛇”手镯，BULGARI		701,750	香港苏富比	2013.04.08
紫罗兰翡翠手镯		828,000	北京九歌	2013.06.28
钻石手链		1,840,000	北京艺融	2013.11.28
戒指				
‘克什米尔珍宝’极其罕有10.88克拉克什米尔蓝宝石配钻石戒指-未经热处理		5,625,570	保利香港	2013.10.06
“阿盖尔”顶级克拉粉钻窗花对戒		10,695,000	银座国际	2013.12.02
1.16克拉梨形鲜彩蓝色IF内无暇钻石戒指		8,222,500	北京保利	2013.06.05
1.27克拉浓彩粉红色钻石戒指		2,702,500	北京保利	2013.11.30
1.56克拉长方形VVS2粉红钻石配钻石戒指 附GIA证书		518,760	罗芙奥	2013.11.26
1.92克拉马眼形彩紫粉色钻石戒指		2,242,500	北京保利	2013.12.05
10.23克拉缅甸天然星光红宝石戒指		594,000	香港佳士得	2013.05.28
10.26克拉彩黄色无暇钻石戒指		1,955,000	北京保利	2013.12.05
11.07克拉枕型斯里兰卡蓝宝石配钻石戒指 附GRS证书		565,920	罗芙奥	2013.11.26
11.18克拉克什米尔天然蓝宝石及钻石戒指		10,222,500	上海佳士得	2013.09.26
11.60克拉天然浓彩无瑕黄色钻石戒指		2,932,500	北京保利	2013.12.05
11.78克拉梨形彩棕黄色SI1钻石戒指		1,069,200	香港佳士得	2013.05.28
12.45克拉长方形H/IF钻石戒指		3,635,280	香港佳士得	2013.05.28
12.86克拉圆形U-V/VVS2钻石戒指		1,069,200	香港佳士得	2013.05.28
15.48克拉天然哥伦比亚祖母绿戒指		954,500	北京保利	2013.11.30
17.06克拉长方形淡彩黄棕色VVS1钻石戒指		1,734,480	香港佳士得	2013.05.28
18K白金翡翠蛋面戒指		969,623	香港拍得高	2013.01.26
18K白金绿宝石戒指(无处理)		1,060,645	香港拍得高	2013.04.06
18K白金天然梨形粉红钻石戒指		698,660	香港拍得高	2013.09.21
18K白金镶钻石翡翠戒指		4,338,720	大唐香港	2013.11.28
18K金镶满绿翡翠戒指		575,000	北京博观	2013.07.28
2.73克拉天然祖母绿配镶钻石戒指		575,000	北京保利	2013.12.05
20.02克拉天然缅甸红宝石配镶钻石戒指		1,242,000	北京保利	2013.12.05
20.06克拉彩黄钻石戒指		6,095,000	银座国际	2013.12.02
21.88克拉糖果形哥伦比亚天然祖母绿配镶钻石戒指		920,000	北京保利	2013.06.05
23.93克拉缅甸天然皇家蓝蓝宝石配钻石戒指-未经热处理		3,629,400	保利香港	2013.10.06
25.34克拉正方形彩黄色SI2钻石戒指		2,209,680	香港佳士得	2013.05.28
3.01克拉圆形钻石戒指		540,500	北京保利	2013.12.05

拍品名称	物品尺寸	成交价RMB	拍卖公司	拍卖日期
3.06克拉梨形D/VVS1钻石戒指		936,144	香港佳士得	2013.05.28
3.09克拉榄尖形E/VVS1(可成完美)钻石戒指		784,080	香港佳士得	2013.05.28
3.42克拉圆形D/IF(极优打磨及比例)钻石戒指		2,019,600	香港佳士得	2013.05.28
3.56克拉圆形E/VVS2钻石戒指		879,120	香港佳士得	2013.05.28
30.14克拉榄尖形深彩橙棕色VVS2(极优打磨)钻石戒指		7,436,880	香港佳士得	2013.05.28
30.20克拉天然金绿猫眼配镶钻石戒指未经热处理		644,000	北京保利	2013.06.05
30.68克拉天然缅甸星光蓝宝石戒指 未经加热处理		2,760,000	北京保利	2013.11.30
4.3克拉圆形浓彩黄色钻石戒指		1,265,000	北京保利	2013.06.05
4.80克拉无瑕彩粉色钻石戒指		12,075,000	北京保利	2013.12.05
4.88克拉哥伦比亚天然祖母绿配钻石戒指		598,000	北京保利	2013.06.05
4.88克拉钻石戒指		861,983	保利香港	2013.10.06
41.08克拉天然浓彩黄色钻石戒指		15,243,480	保利香港	2013.10.06
5.05克拉矩形彩黄色钻石戒指		598,000	北京保利	2013.12.05
5.09克拉梨形E色VS2净度钻石戒指		1,568,000	北京荣宝	2013.06.23
5.32克拉缅甸天然鸽血红红宝石配钻石戒指-未经热处理		771,248	保利香港	2013.10.06
6.04克拉 枕形戈尔康达D/IF Type IIa 钻石戒指		4,965,840	香港佳士得	2013.05.28
7.00克拉天然鸽血红红宝石配钻石戒指-未经热处理		8,166,150	保利香港	2013.10.06
8.85克拉哥伦比亚天然祖母绿戒指-未经注油		725,880	保利香港	2013.10.06
Harry Winston亚历山大变石嵌钻方戒		1,725,000	上海嘉泰	2013.07.04
玻璃种翡翠戒指		1,725,000	北京九歌	2013.06.28
彩橙粉红色钻石配钻石戒指		6,287,680	香港苏富比	2013.04.08
彩黄色钻石配钻石戒指		3,785,440	香港苏富比	2013.04.08
彩黄色钻石配钻石戒指		1,090,720	香港苏富比	2013.04.08
彩黄色钻石配钻石戒指		641,063	香港苏富比	2013.10.07
彩黄棕色钻石配钻石戒指		1,860,640	香港苏富比	2013.04.08
彩浓紫粉钻石戒指		897,000	银座国际	2013.12.02
彩色钻石戒指		30,025,200	香港佳士得	2013.11.26
彩艳黄钻戒指		782,000	银座国际	2013.12.02
橙粉红色刚玉配钻石戒指		1,186,960	香港苏富比	2013.04.08
橙色海螺珠配钻石戒指		641,063	香港苏富比	2013.10.07
淡彩粉红色钻石配钻石戒指		2,726,800	香港苏富比	2013.04.08
淡彩棕粉红色钻石配钻石戒指		1,475,680	香港苏富比	2013.04.08
淡粉红色钻石配钻石戒指，卡地亚(CARTIER)		9,026,160	香港苏富比	2013.10.07
淡黄色钻石配钻石戒指		601,500	香港苏富比	2013.04.08
淡蓝色钻石配淡彩粉红色钻石及钻石戒指		1,451,760	香港苏富比	2013.10.07
翡翠戒指		1,610,000	北京九歌	2013.06.28
翡翠钻石戒指		552,000	中国嘉德	2013.11.18
翡翠钻石戒指		517,500	中国嘉德	2013.11.18
粉红色刚玉配钻石戒指，PAOLO COSTAGLI		542,438	香港苏富比	2013.10.07
粉红色星光刚玉配黄色钻石及钻石戒指		501,250	香港苏富比	2013.04.08
国色天香-翡翠戒指		4,370,000	北京艺融	2013.11.28
红宝石戒指		23,862,960	香港佳士得	2013.11.26
红宝石配钻石花戒指，JAMES W. CURRENS FOR FAIDEE		978,360	香港苏富比	2013.10.07
红宝石配钻石戒指		4,362,880	香港苏富比	2013.04.08
红宝石配钻石戒指		946,360	香港苏富比	2013.04.08
红宝石配钻石戒指，赵心绮		23,512,200	香港苏富比	2013.10.07
红宝石钻石戒指		36,187,440	香港佳士得	2013.11.26
黄色钻石戒指		1,380,000	北京九歌	2013.06.28
黄色钻石戒指		552,000	北京九歌	2013.06.28
黄钻花戒		1,150,000	上海嘉泰	2013.07.04
金绿猫眼钻戒		713,000	上海嘉泰	2013.07.04
祖母绿配钻石戒指		12,062,080	香港苏富比	2013.04.08
祖母绿配钻石戒指		3,061,320	香港苏富比	2013.10.07
祖母绿配钻石戒指		978,360	香港苏富比	2013.10.07
蓝宝石配黄色钻石及钻石戒指，卡地亚(CARTIER)		641,063	香港苏富比	2013.10.07
蓝宝石配钻石戒指		5,806,480	香港苏富比	2013.04.08
蓝宝石配钻石戒指		2,823,040	香港苏富比	2013.04.08
蓝宝石配钻石戒指		651,625	香港苏富比	2013.04.08
蓝宝石配钻石戒指		11,393,160	香港苏富比	2013.10.07
蓝宝石配钻石戒指		4,292,160	香港苏富比	2013.10.07
蓝宝石配钻石戒指，梵克雅宝镶嵌		1,571,920	香港苏富比	2013.04.08
蓝宝石配钻石戒指，海瑞温斯顿		5,806,480	香港苏富比	2013.04.08
蓝宝石配钻石戒指，卡地亚（CARTIER）镶嵌		1,186,960	香港苏富比	2013.04.08
蓝色钻石戒指		5,175,000	北京九歌	2013.06.28
满绿翡翠配镶钻石戒指		540,500	北京保利	2013.12.05
锰铝榴石配粉红色尖晶石及钻石戒指,IVY		542,438	香港苏富比	2013.10.07
缅甸天然翡翠蛋面戒指		15,863,760	香港佳士得	2013.05.28
缅甸天然翡翠蛋面戒指		1,924,560	香港佳士得	2013.05.28
缅甸天然翡翠蛋面配钻石戒指		2,452,320	罗芙奥	2013.11.26
浓彩黄色钻石配钻石戒指，蒂芙尼(TIFFANY & CO.)		917,488	香港苏富比	2013.04.08
浓彩蓝色钻石配粉红色钻石及钻石戒指		13,505,680	香港苏富比	2013.04.08
青蛙王子珍珠戒指		517,500	北京九歌	2013.06.28
轻淡粉红色钻石配钻石戒指		994,480	香港苏富比	2013.04.08
沙弗来石配钻石戒指, IVY		611,475	香港苏富比	2013.10.07
深彩棕黄色钻石配钻石戒指		883,680	香港苏富比	2013.10.07
天鹅绒矢车菊蓝宝石戒指		2,415,000	上海嘉泰	2013.07.04
天然玻璃种满绿翡翠配镶钻石心形戒指		632,500	北京保利	2013.06.05
天然翡翠马鞍配钻石戒指		501,250	香港苏富比	2013.04.08
天然翡翠配红宝石及钻石戒指		3,345,360	香港苏富比	2013.10.07
天然翡翠配钻石戒指		2,149,360	香港苏富比	2013.04.08
天然老坑玻璃种帝王绿翡翠戒指		1,035,000	北京保利	2013.12.05
天然满绿翡翠配镶黄色钻石及钻石戒指		1,725,000	北京保利	2013.12.05
大然满绿翡翠配镶钻石戒指		5,290,000	北京保利	2013.12.05
天然满绿翡翠配钻石戒指/吊坠		5,520,000	华艺国际	2013.05.05
天然满色蛋面翡翠钻戒		575,000	银座国际	2013.12.02
天然紫翡翠配钻石戒指		789,000	香港苏富比	2013.10.07
鲜彩黄色钻石配粉红色钻石及钻石戒指		6,576,400	香港苏富比	2013.04.08
鲜彩黄色钻石配钻石戒指		2,029,060	保利香港	2013.04.06
鲜彩黄色钻石配钻石戒指		6,848,520	香港苏富比	2013.10.07
鲜彩黄色钻石配钻石戒指		4,576,200	香港苏富比	2013.10.07
星光蓝宝石戒指		575,000	北京九歌	2013.06.28
约10.12克拉长方形H/VS1钻石戒指		2,684,880	香港佳士得	2013.05.28
约13.52克拉缅甸天然星光红宝石戒指		1,449,360	香港佳士得	2013.05.28
约14.49克拉枕形斯里兰卡天然蓝宝石戒指		3,350,160	香港佳士得	2013.05.28
约15.02克拉八角形斯里兰卡天然亚历山大石戒指		974,160	香港佳士得	2013.05.28

2013杂项拍卖成交汇总

(成交价RMB：1万元以上)

拍品名称	物品尺寸	成交价RMB	拍卖公司	拍卖日期
约15.02克拉长方形彩黄色VS2钻石戒指		2,019,600	香港佳士得	2013.05.28
约15.67克拉哥伦比亚锥形天然祖母绿戒指		2,970,000	香港佳士得	2013.05.28
约19.38克拉椭圆形斯里兰卡天然粉红色蓝宝石戒指		2,399,760	香港佳士得	2013.05.28
约2.02克拉长方形深彩橙黄色SI2钻石戒指		1,164,240	香港佳士得	2013.05.28
约23.86克拉枕形缅甸天然蓝宝石戒指		3,065,040	香港佳士得	2013.05.28
约26.56克拉斯里兰卡猫眼石戒指		784,080	香港佳士得	2013.05.28
约29.56克拉梨形彩棕黄色VVS2钻石戒指		4,015,440	香港佳士得	2013.05.28
约3.31克拉长方形D/IF钻石戒指		974,160	香港佳士得	2013.05.28
约3.68克拉长方形淡彩橙粉红色VS1(可成完美)钻石戒指		1,354,320	香港佳士得	2013.05.28
约3.80克拉圆形H/VVS1钻石戒指		594,000	香港佳士得	2013.05.28
约4.02克拉枕形鲜彩黄色VS1钻石戒指		784,080	香港佳士得	2013.05.28
约4.07克拉圆形G/VS2钻石戒指		784,080	香港佳士得	2013.05.28
约5.17克拉枕形哥伦比亚祖母绿及约5.03克拉枕形G/SI1 钻石戒指		1,544,400	香港佳士得	2013.05.28
约5.42克拉枕形缅甸天然鸽血红红宝石戒指		3,540,240	香港佳士得	2013.05.28
约6.03克拉圆形F/VVS1(极优打磨)钻石戒指		2,874,960	香港佳士得	2013.05.28
约7.25克拉椭圆形缅甸天然红宝石戒指		3,255,120	香港佳士得	2013.05.28
约7.56克拉枕形克什米尔天然蓝宝石戒指		3,635,280	香港佳士得	2013.05.28
约8.00克拉八角形哥伦比亚祖母绿戒指		974,160	香港佳士得	2013.05.28
约8.40克拉天然星光红宝石配钻石戒指－未经热处理		1,270,290	保利香港	2013.10.06
约8.52克拉梨形D/VVS2钻石戒指		2,304,720	香港佳士得	2013.05.28
约8.82克拉缅甸天然鸽血红红宝石戒指		3,065,040	香港佳士得	2013.05.28
约8.88克拉椭圆形缅甸天然鸽血红红宝石戒指		17,637,840	香港佳士得	2013.05.28
足色全美钻石戒指		9,848,560	香港苏富比	2013.04.08
足色全美钻石戒指		17,768,280	香港苏富比	2013.10.07
足色全美钻石戒指		12,339,960	香港苏富比	2013.10.07
足色全美钻石戒指，梵克雅宝		6,961,360	香港苏富比	2013.04.08
祖母绿宝石戒指、耳钉 (一套三件)		621,000	北京九歌	2013.06.28
钻石戒指		16,713,680	香港苏富比	2013.04.08
钻石戒指		22,102,320	香港佳士得	2013.11.26
钻石戒指，梵克雅宝(VAN CLEEF & ARPELS)		978,360	香港苏富比	2013.10.07
钻石配祖母绿及缟玛瑙“FELINE”戒指，卡地亚(CARTIER)		551,375	香港苏富比	2013.04.08
钻石配祖母绿戒指，梵克雅宝(VAN CLEEF & ARPELS)		789,000	香港苏富比	2013.10.07
项链				
10.16克拉心形D/IF Type IIa (极优打磨)钻石项链		7,626,960	香港佳士得	2013.05.28
154.34克拉天然坦桑石配镶钻石项链		667,000	北京保利	2013.12.05
18K白金绿宝石颈炼		544,157	香港拍得高	2013.04.06
18K白金镶钻石翡翠项链		2,664,540	香港富得	2013.11.30
25.87克拉天然钻石吊坠及项链		897,000	北京保利	2013.11.30
3.06克拉梨形D/IF Type IIa (极优打磨)钻石及0.56克拉浓彩蓝色IF Type IIb 钻石吊坠项链		1,639,440	香港佳士得	2013.05.28
75.36克拉水滴形D/IF Type IIa (极优打磨)钻石吊坠项链		68,199,120	香港佳士得	2013.05.28
宝格丽 18k黄金镶嵌天然蓝宝石，祖母绿配钻石项链		635,145	保利香港	2013.10.06
缤纷彩钻项链		1,092,500	银座国际	2013.12.02
冰种翡翠项链		2,990,000	北京九歌	2013.06.28
玻璃种翡翠蛋面项链		36,800,000	北京艺融	2013.11.28
彩黄色钻石配钻石项链		3,015,520	香港苏富比	2013.04.08
彩色钻石配钻石项链		4,074,160	香港苏富比	2013.04.08
彩色钻石项链		22,102,320	香港佳士得	2013.11.26
陈世英作品御前赛宝项链		3,629,400	保利香港	2013.10.06
淡粉红色钻石配钻石吊坠项链		1,451,760	香港苏富比	2013.10.07
淡棕色配钻石吊坠项链		501,250	香港苏富比	2013.04.08
蒂芙尼 直径22.31mm重约102克拉天然美乐珠配钻石项链		952,718	保利香港	2013.10.06
翡翠蛋面项链	长45cm	1,344,000	上海联合	2013.11.03
翡翠塔链		805,000	北京传是	2013.12.11
翡翠套链		1,380,000	北京传是	2013.12.11
翡翠项链		40,830,750	澳门中信	2013.10.27
翡翠项链		560,418	大唐香港	2013.11.28
翡翠钻石项链		17,700,720	香港佳士得	2013.11.26
粉红色海螺珠配粉红棕色钻石及钻石项链		551,375	香港苏富比	2013.04.08
哥伦比亚祖母绿及钻石项链		34,935,120	香港佳士得	2013.05.28
共36.50克拉缅甸天然鸽血红红宝石项链 未经热处理		5,980,000	北京保利	2013.12.05
共67.30克拉天然哥伦比亚祖母绿配镶钻石项链		1,035,000	北京保利	2013.06.05
古董钻石项链		10,618,480	香港苏富比	2013.04.08
红宝石配钻石“花”项链		1,571,920	香港苏富比	2013.04.08
红宝石配钻石项链		1,262,400	香港苏富比	2013.10.07
红宝石配钻石项链		789,000	香港苏富比	2013.10.07
红宝石配钻石项链		754,560	罗芙奥	2013.11.26
红宝石钻石项链		38,828,400	香港佳士得	2013.11.26
红宝石钻石项链		22,982,640	香港佳士得	2013.11.26
黄金镶彩色宝石项链，Cartier		1,150,000	银座国际	2013.12.02
黄色钻石配钻石项链		1,641,120	香港苏富比	2013.10.07
祖母绿配钻石、缟玛瑙及小珍珠吊坠项链		1,546,440	香港苏富比	2013.10.07
祖母绿配钻石项链		1,167,720	香港苏富比	2013.10.07
祖母绿配钻石项链/手链，梵克雅宝(VAN CLEEF & ARPELS)		670,650	香港苏富比	2013.10.07
绝世名伶 PT850铂金镶钻石项链 绝世名伶		747,500	江苏九德	2013.08.24
蓝宝石项链		641,063	香港苏富比	2013.10.07
满绿镶钻翡翠项链		40,250,000	北京艺融	2013.11.28
缅甸天然冰种翡翠辣椒吊坠项链		879,120	香港佳士得	2013.05.28
缅甸天然冰种翡翠珠项链		574,200	香港佳士得	2013.05.28
缅甸天然翡翠蛋面配钻石项链		1,886,400	罗芙奥	2013.11.26
缅甸天然翡翠蛋面配钻石项链		1,603,440	罗芙奥	2013.11.26
缅甸天然翡翠珠链		11,947,200	罗芙奥	2013.11.26
缅甸天然翡翠珠项链		974,160	香港佳士得	2013.05.28
缅甸天然翡翠珠项链 (三条)		4,015,440	香港佳士得	2013.05.28
缅甸天然翡蛋面吊坠项链		3,635,280	香港佳士得	2013.05.28
缅甸天然鸽血红红宝石及钻石蝴蝶项链		20,942,500	上海佳士得	2013.09.26
缅甸天然蓝宝石项链		926,640	香港佳士得	2013.05.28
民国时期 天然翡翠珠项链 (两条)		33,674,520	香港苏富比	2013.10.07
天然玻璃种翡翠配钻石项链		5,405,000	银座国际	2013.12.02
天然翡翠配镶钻石珠链		8,625,000	北京保利	2013.06.05

拍品名称	物品尺寸	成交价RMB	拍卖公司	拍卖日期
天然翡翠配钻石项链		4,266,640	香港苏富比	2013.04.08
天然翡翠配钻石项链		2,760,000	华艺国际	2013.05.05
天然翡翠配钻石项链		2,714,000	华艺国际	2013.05.05
天然翡翠配钻石项链		20,419,320	香港苏富比	2013.10.07
天然翡翠平安扣配钻石吊坠项链		670,650	香港苏富比	2013.10.07
天然海螺珍珠项链		3,160,080	香港佳士得	2013.05.28
天然海螺珍珠项链		641,520	香港佳士得	2013.05.28
天然红碧玺白金项链		768,315	澳门新亚太	2013.11.24
天然红碧玺吊坠项链		1,196,000	华艺国际	2013.05.05
天然满绿翡翠配镶钻石项链		1,150,000	北京保利	2013.06.05
天然满绿翡翠配钻石项链		1,265,000	银座国际	2013.12.02
天然满绿翡翠珠链		11,845,000	北京保利	2013.12.05
天然珍珠配钻石吊坠项链		1,956,880	香港苏富比	2013.04.08
天然珍珠配钻石项链		8,693,680	香港苏富比	2013.04.08
天然珍珠项链		14,976,720	香港佳士得	2013.05.28
天然珍珠项链		2,684,880	香港佳士得	2013.05.28
天然紫翡翠配钻石项链		1,830,480	香港苏富比	2013.10.07
天然紫罗兰翡翠珠链		805,000	北京保利	2013.06.05
项链		18,524,880	香港佳士得	2013.05.28
炫彩世界 18K金镶彩色钻石项链		2,185,000	江苏九德	2013.08.24
亚历山大变色石配钻石吊坠项链		1,186,960	香港苏富比	2013.04.08
亚历山大变色石配钻石吊坠项链		542,438	香港苏富比	2013.10.07
约17.59克拉梨形浓彩黄色VS2钻石项链		4,110,480	香港佳士得	2013.05.28
约1930年 蓝宝石配钻石项链，卡地亚（CARTIER NEW YORK）		850,120	香港苏富比	2013.04.08
约2.29克拉枕形浓彩紫粉红色钻石项链		1,924,560	香港佳士得	2013.05.28
约2.70克拉梨形鲜彩蓝色VS1(极优打磨)钻石吊坠项链		13,646,160	香港佳士得	2013.05.28
约44.53克拉缅甸天然蓝宝石项链		17,194,320	香港佳士得	2013.05.28
约8.29克拉圆形戈尔康达D/VVS1 Type IIa钻石及天然珍珠吊坠项链		11,960,784	香港佳士得	2013.05.28
足色全美钻石配粉红色钻石吊坠项链		2,303,880	香港苏富比	2013.10.07
钻石吊坠项链		21,222,000	香港佳士得	2013.11.26
钻石吊坠项链		591,750	香港苏富比	2013.10.07
钻石及蓝宝石“Panth è re”吊坠项链		3,825,360	香港佳士得	2013.05.28
钻石项链		5,916,240	香港佳士得	2013.05.28
钻石项链		1,639,440	香港佳士得	2013.05.28
钻石项链		49,392,240	香港佳士得	2013.11.26
钻石项链		30,905,520	香港佳士得	2013.11.26
钻石项链		5,062,500	上海佳士得	2013.09.26
钻石项链		1,925,160	香港苏富比	2013.10.07
钻石项链，海瑞温斯顿(HARRY WINSTON)		789,000	香港苏富比	2013.10.07
朝珠 提珠				
玻璃种翡翠朝珠		5,262,630	澳门中信	2013.10.27
手链				
浓彩粉红或紫粉红色VS1-SI1钻石手链		1,734,480	香港佳士得	2013.05.28
D/IF钻石手链		1,734,480	香港佳士得	2013.05.28
钻石手链		1,354,320	香港佳士得	2013.05.28
D-G/IF-SI1钻石手链		1,354,320	香港佳士得	2013.05.28
天然珍珠、珍珠及钻石手链		594,000	香港佳士得	2013.05.28
共12.39克拉天然祖母绿配镶钻石手链		1,506,500	北京保利	2013.06.05
炫彩世界 18K金镶彩色钻石手链		1,092,500	江苏九德	2013.08.24
钻石手链		551,375	香港苏富比	2013.04.08
红宝石配钻石手链		5,325,280	香港苏富比	2013.04.08
红宝石配钻石手链		850,120	香港苏富比	2013.04.08

拍品名称	物品尺寸	成交价RMB	拍卖公司	拍卖日期
胸针				
19世纪末 天然珍珠配红宝石及钻石“蝴蝶”别针		1,186,960	香港苏富比	2013.04.08
红宝石配钻石孔雀别针，卡地亚(CARTIER)		5,333,640	香港苏富比	2013.10.07
蓝宝石配钻石别针，梵克雅宝(VAN CLEEF & ARPELS)		561,400	香港苏富比	2013.04.08
蓝宝胸针		552,000	北京九歌	2013.06.28
缅甸天然红宝石及钻石胸针		641,520	香港佳士得	2013.05.28
天然翡翠配钻石别针		1,073,040	香港苏富比	2013.10.07
天然海螺珠配钻石及祖母绿红鹤别针		572,025	香港苏富比	2013.10.07
天然珍珠及钻石胸针		670,032	香港佳士得	2013.05.28
鲜彩黄色钻石配钻石茶花别针，梵克雅宝(VAN CLEEF & ARPELS)		670,650	香港苏富比	2013.10.07
约1910年 天然珍珠配钻石别针		1,379,440	香港苏富比	2013.04.08
约1960年 蓝玉髓配钻石及蓝宝石“芭蕾女舞者”别针，梵克雅宝(VAN CLEEF & ARPELS)		917,488	香港苏富比	2013.04.08
钻石别针，梵克雅宝(VAN CLEEF & ARPELS)		739,688	香港苏富比	2013.10.07
钻石后冠/胸针		784,080	香港佳士得	2013.05.28
钻石胸针		690,000	北京九歌	2013.06.28
耳饰				
26.10克拉天然哥伦比亚祖母绿耳环		1,380,000	北京保利	2013.11.30
3.94克拉及4.04克拉哥伦比亚天然祖母绿配钻石耳环		1,291,220	保利香港	2013.04.06
4.02克拉及3.92克拉梨形鲜彩黄色钻石耳环		4,025,000	北京保利	2013.11.30
4.18及4.15克拉圆形D/IF Type IIa(极优切割、打磨及比例)钻石耳环		6,201,360	香港佳士得	2013.05.28
5.31克拉浓彩黄色及5.28克拉鲜彩黄色IF内无暇梨形钻石耳环 (一对)		4,945,000	北京保利	2013.06.05
5.52及5.37克拉梨形D/IF Type IIa钻石耳坠		7,151,760	香港佳士得	2013.05.28
5.65及5.46克拉圆形 I/VS1(极优切割、打磨及比例)钻石耳环		1,924,560	香港佳士得	2013.05.28
白金镶蓝宝石及钻石耳坠，BVLGARI		1,725,000	银座国际	2013.12.02
玻璃种翡翠耳饰		16,100,000	北京九歌	2013.06.28
玻璃种翡翠耳饰		6,900,000	北京九歌	2013.06.28
彩黄色钻石配钻石吊耳环 (一对)		1,283,200	香港苏富比	2013.04.08
彩黄色钻石配钻石耳环 (一对)		2,871,960	香港苏富比	2013.10.07
彩黄钻石与钻石耳坠		613,080	罗芙奥	2013.11.26
彩色钻石配钻石吊耳环 (一对)		542,438	香港苏富比	2013.10.07
粉红色钻石配钻石吊耳环 (一对)		2,114,520	香港苏富比	2013.10.07
哥伦比亚天然祖母绿配钻石耳坠		660,240	罗芙奥	2013.11.26
共6.05克拉天然哥伦比亚祖母绿配镶钻石耳环 (一对)		540,500	北京保利	2013.12.05
共6.51克拉天然缅甸鸽血红红宝石配镶钻石耳钉 (一对)		736,000	北京保利	2013.12.05
红宝石配钻石吊耳环，卡地亚(CARTIER) (一对)		739,688	香港苏富比	2013.10.07
红宝石配钻石耳环		3,496,720	香港苏富比	2013.04.08
红宝石钻石耳坠 (一对)		11,349,840	香港佳士得	2013.11.26
祖母绿配天然珍珠耳环 (一对)		5,998,960	香港苏富比	2013.04.08
祖母绿配钻石吊耳环 (一对)		4,555,360	香港苏富比	2013.04.08
祖母绿配钻石耳环 (一对)		551,375	香港苏富比	2013.04.08
蓝宝石配钻石吊耳环 (一对)		1,186,960	香港苏富比	2013.04.08
蓝宝石配钻石吊耳环 (一对)		551,375	香港苏富比	2013.04.08
缅甸天然翡翠蛋面耳环		1,164,240	香港佳士得	2013.05.28

2013杂项拍卖成交汇总

(成交价RMB：1万元以上)

拍品名称	物品尺寸	成交价RMB	拍卖公司	拍卖日期
缅甸天然翡翠蛋面耳坠		641,520	香港佳士得	2013.05.28
缅甸天然翡翠豆荚耳坠		2,779,920	香港佳士得	2013.05.28
缅甸天然翡翠豆荚耳坠		784,080	香港佳士得	2013.05.28
缅甸天然翡翠佛手瓜配钻石耳坠		518,760	罗芙奥	2013.11.26
缅甸天然翡翠珠耳坠		641,520	香港佳士得	2013.05.28
浓彩黄色钻石配粉红色钻石及钻石耳环(一对)		7,731,280	香港苏富比	2013.04.08
浓彩黄色钻石配足色全美钻石吊耳环(一对)		3,345,360	香港苏富比	2013.10.07
轻淡粉红色钻石耳环(一对)		769,275	香港苏富比	2013.10.07
天然翡翠雕“兰豆”配钻石吊耳环(一对)		701,750	香港苏富比	2013.04.08
天然翡翠雕叶子配钻石耳环(一对)		1,451,760	香港苏富比	2013.10.07
天然翡翠配钻石吊耳环(一对)		3,111,760	香港苏富比	2013.04.08
天然翡翠配钻石吊耳环(一对)		1,186,960	香港苏富比	2013.04.08
天然翡翠配钻石吊耳环(一对)		701,750	香港苏富比	2013.04.08
天然翡翠配钻石吊耳环(一对)		789,000	香港苏富比	2013.10.07
天然翡翠配钻石耳环(一对)		11,393,160	香港苏富比	2013.10.07
天然翡翠配钻石耳环(一对)		6,659,160	香港苏富比	2013.10.07
天然翡翠配钻石耳环，戒指套装		1,798,485	保利香港	2013.04.06
天然珍珠耳坠		2,304,720	香港佳士得	2013.05.28
天然珍珠耳坠		784,080	香港佳士得	2013.05.28
天然珍珠配钻石吊耳环(一对)		2,966,640	香港苏富比	2013.10.07
天然珍珠钻石耳坠		20,341,680	香港佳士得	2013.11.26
鲜彩黄色钻石配钻石吊耳环，NIRAV MODI(一对)		1,262,400	香港苏富比	2013.10.07
约10.03及10.01克拉锥形缅甸天然鸽血红红宝石耳环		3,065,040	香港佳士得	2013.05.28
约12.61及12.56克拉椭圆形浓彩黄色VVS1-VS1钻石耳环		5,250,960	香港佳士得	2013.05.28
约2.49及2.25克拉椭圆形缅甸天然红宝石耳环		1,544,400	香港佳士得	2013.05.28
约28.65及28.27克拉梨形彩棕黄色VS1 Type IIa钻石耳坠		11,872,080	香港佳士得	2013.05.28
约3.04、3.03、1.12及1.11克拉梨形E-F/VS1-VS2钻石耳坠		1,164,240	香港佳士得	2013.05.28
约3.82及3.81克拉梨形哥伦比亚祖母绿耳坠		544,500	香港佳士得	2013.05.28
约5.16及5.06克拉圆形I/VS1-VS2(极优切割、打磨及比例)钻石耳坠		1,734,480	香港佳士得	2013.05.28
约6.03及5.00克拉缅甸天然鸽血红红宝石耳坠		23,847,120	香港佳士得	2013.05.28
约6.43及6.23克拉枕形戈尔康达D/IF Type IIa钻石耳坠		14,089,680	香港佳士得	2013.05.28
约8.96及7.88克拉枕形哥伦比亚天然祖母绿耳坠		5,726,160	香港佳士得	2013.05.28
约9.45及8.09克拉椭圆形天然蓝宝石耳坠		1,164,240	香港佳士得	2013.05.28
赞比亚祖母绿耳坠		879,120	香港佳士得	2013.05.28
足色全美FOREVERMARK钻石耳环(一对)		10,618,480	香港苏富比	2013.04.08
足色全美钻石“花”耳环(一对)		1,475,680	香港苏富比	2013.04.08
足色全美钻石吊耳环(一对)		17,611,920	香港苏富比	2013.04.08
足色全美钻石吊耳环(一对)		24,837,720	香港苏富比	2013.10.07
足色全美钻石耳环(一对)		9,026,160	香港苏富比	2013.10.07
足色全美钻石配黄色钻石“蜜蜂”耳环(一对)		850,120	香港苏富比	2013.04.08
钻石吊耳环(一对)		1,571,920	香港苏富比	2013.04.08
钻石吊耳环，梵克雅宝(VAN CLEEF & ARPELS)(一对)		3,534,720	香港苏富比	2013.10.07

拍品名称	物品尺寸	成交价RMB	拍卖公司	拍卖日期
钻石吊耳环一对，MARTIN KATZ		601,500	香港苏富比	2013.04.08
钻石吊耳环一对，NIRAV MODI		6,576,400	香港苏富比	2013.04.08
钻石吊耳环一对，海瑞温斯顿(HARRY WINSTON)		2,630,560	香港苏富比	2013.04.08
钻石耳环(一对)		2,726,800	香港苏富比	2013.04.08
钻石耳环(一对)		1,090,720	香港苏富比	2013.04.08
钻石耳环(一对)		2,777,280	香港苏富比	2013.10.07
钻石耳环，卡地亚(CARTIER)(一对)		2,019,840	香港苏富比	2013.10.07
钻石配粉红色钻石吊耳环(三枚)		978,360	香港苏富比	2013.10.07
钻石配天然珍珠吊耳环(三枚)		836,340	香港苏富比	2013.10.07
套装				
共54.96克拉黄钻镶嵌38.18克拉天然坦桑石项链及共2.08克拉古垫形彩黄色钻石耳环套装		1,150,000	北京保利	2013.06.05
共约37.54克拉缅甸天然鸽血红红宝石配镶钻石项链及耳环套装		3,933,000	北京保利	2013.06.05
红宝石配钻石项链及耳环套装		898,240	香港苏富比	2013.04.08
缅甸天然冰种翡翠蛋面吊坠、戒指及耳坠套装		594,000	香港佳士得	2013.05.28
缅甸天然冰种翡翠蛋面戒指及耳坠套装		879,120	香港佳士得	2013.05.28
缅甸天然翡翠蛋面耳环及戒指套装		594,000	香港佳士得	2013.05.28
缅甸天然翡翠蛋面戒指及耳环套装		1,924,560	香港佳士得	2013.05.28
坦桑石项链、戒指、耳钉(一套)		4,600,000	北京九歌	2013.06.28
天然翡翠配钻石戒指及耳环套装		10,137,280	香港苏富比	2013.04.08
天然翡翠配钻石戒指及耳环套装		4,074,160	香港苏富比	2013.04.08
天然翡翠配钻石珠宝套装		830,070	保利香港	2013.04.06
天然珍珠项链及耳坠套装		6,011,280	香港佳士得	2013.05.28
天然紫翡翠配钻石戒指及耳环套装		898,240	香港苏富比	2013.04.08
天然祖母绿配钻石珠宝套组		7,839,550	保利香港	2013.04.06
约17.95克拉八角形斯里兰卡天然蓝宝石项链/胸针		3,825,360	香港佳士得	2013.05.28
约45.82克拉枕形斯里兰卡天然蓝宝石项链/胸针		7,246,800	香港佳士得	2013.05.28
约共重10.43克拉缅甸天然蛋面鸽血红红宝石戒指及耳环套装，配以红宝石，钻石及黄钻 未经热处理		783,955	保利香港	2013.04.06
枕形斯里兰卡天然蓝宝石耳坠及戒指套装		1,069,200	香港佳士得	2013.05.28
钻石项链及手链套装，卡地亚(CARTIER)		898,240	香港苏富比	2013.04.08
红宝石配钻石项链及耳环套装		11,582,520	香港苏富比	2013.10.07
祖母绿配钻石戒指及吊耳环套装		6,280,440	香港苏富比	2013.10.07
18K黄金镶嵌150.05克拉彩黄色钻石配10.29克拉白色钻石项链及戒指耳环套装，戒指吊坠两用		5,175,000	北京保利	2013.11.30
翡翠蛋面戒指及耳环套装		4,942,500	上海佳士得	2013.09.26
18K白金镶嵌73.85克拉天然缅甸皇家蓝蓝宝石配钻石项链耳环套装 未经加热处理		4,370,000	北京保利	2013.11.30
天然翡翠蛋面配钻石戒指，耳环套装		3,175,725	保利香港	2013.10.06
天然翡翠蛋面配钻石项链，耳环，戒指套装		2,903,520	保利香港	2013.10.06
翡翠蛋面套件		1,725,000	福建东南	2013.10.28
白金镶碧玺及钻石戒指套件(可拆分)，Dylis'		1,667,500	银座国际	2013.12.02
钻石配珠母贝ROMANTIC FLOWERS套装，梵克雅宝(VAN CLEEF & ARPELS)		1,641,120	香港苏富比	2013.10.07
彩浓黄钻项链与耳坠套装		1,610,000	银座国际	2013.12.02
南洋金色珍珠(三件套)		1,380,000	北京艺融	2013.11.28

拍品名称	物品尺寸	成交价RMB	拍卖公司	拍卖日期
共16.71克拉梨形天然祖母绿宝石配共约29克拉钻石项链、耳环套装		1,265,000	北京保利	2013.12.05
白金镶钻石项链(可拆卸为手链)及白金镶祖母绿钻石吊坠(可拆卸为戒指)套件，Dylis'		1,127,000	银座国际	2013.12.02
翡翠钻石项链及耳环 (一套三件)		813,510	大唐香港	2013.11.28
18K黄金镶嵌1057克拉天然祖母绿项链耳环套装		782,000	北京保利	2013.11.30
蓝宝石配红宝石项链及吊耳环套装		739,688	香港苏富比	2013.10.07
钻石吊坠项链及吊耳环套装		650,925	香港苏富比	2013.10.07
天然珍珠配钻石戒指及吊耳环套装		591,750	香港苏富比	2013.10.07
粉红色蛋白石配钻石项链及吊耳环套装，梵克雅宝(VAN CLEEF & ARPELS)		591,750	香港苏富比	2013.10.07
钻石配粉红色钻石吊坠项链及耳环套装		591,750	香港苏富比	2013.10.07
裸钻				
0.83克拉方形彩蓝钻 0.25心形彩粉钻(一对)		1,092,500	银座国际	2013.12.02
1.00克拉方形彩浓紫粉钻		747,500	银座国际	2013.12.02
1.00克拉心形彩浓紫粉钻		747,500	银座国际	2013.12.02
28.86克拉圆形足色全美钻石		43,211,760	香港苏富比	2013.04.08
3.31克拉及3.21克拉足色全美钻石(一对)		3,689,200	香港苏富比	2013.04.08
4.02克拉方形中彩黄钻，净度VVS1 4.08克拉方形中彩黄钻，净度IF		747,500	银座国际	2013.12.02
5.05克拉、5.05克拉裸钻 (一对)		2,530,000	北京传是	2013.06.15
5.50及5.22克拉圆形D/FL Type IIa (极优切割、打磨及比例)钻石		10,002,960	香港佳士得	2013.05.28
6.06克拉、6.05克拉裸钻 (一对)		1,092,500	北京传是	2013.06.15
7.02克拉I色圆形白钻		1,437,500	银座国际	2013.12.02
7.03克拉裸钻 (一颗)		1,092,500	北京传是	2013.06.15
TYPE LLA 6.28克拉及6.25克拉无瑕圆形D色全美钻石 (一对)		11,528,750	保利香港	2013.04.06
十全十美10.10克拉方形彩粉钻		39,100,000	银座国际	2013.12.02
显赫夺目的足色全美巨钻 D色无瑕(Flawless)净度	重118.28卡拉	188,318,520	香港苏富比	2013.10.07
足色全美钻石		24,837,720	香港苏富比	2013.10.07
裸钻		20,341,680	香港佳士得	2013.11.26
袖扣				
红宝石配钻石及黄色钻石袖扣 (一对)		551,375	香港苏富比	2013.04.08
其他物品				
天然珍珠、钻石及玳瑁壳后冠	尺寸不一	544,500	香港佳士得	2013.05.28
清中期 翡翠螭龙带扣 (一对)	长9.5cm；长10cm	1,150,000	北京保利	2013.12.04
天然南洋珍珠虎头首饰		1,380,000	北京艺融	2013.11.28
天然橙色海螺珠配钻石发饰，卡地亚(CARTIER)		1,262,400	香港苏富比	2013.10.07
古典家具				
床				
明 黄花梨架子床	长234cm	2,898,000	翰风国际	2013.04.20
明 黄花梨六柱架子床	长220cm	2,070,000	北京传是	2013.12.12
明17世纪 黄花梨龙纹床	宽224.5cm	1,205,443	纽约苏富比	2013.09.17
明末 三屏风独板围子罗汉床	长196cm	1,150,000	广东崇正	2013.06.13
17世纪 楠木嵌黄花梨罗汉床	宽208cm	611,900	纽约苏富比	2013.09.17
清早期 黄花梨有束腰三弯腿螭龙纹六柱式架子床	长226.7cm	4,370,000	中国嘉德	2013.05.11
清早期 黄花梨簇云纹马蹄腿六柱式架子床	长219cm	3,320,280	中国嘉德	2013.04.05
清乾隆 紫檀松寿齐天架子床	长235cm	9,200,000	北京保利	2013.12.04
清中期 紫檀有束腰马蹄腿三屏风式罗汉床		3,810,870	中国嘉德	2013.10.05
清中期 紫檀及黄杨嵌五彩花卉图瓷板罗汉床	长176cm	5,290,000	中国嘉德	2013.05.11
清中期 鸂鶒(鸡翅)木镶嵌六柱架子床	长248cm	2,070,000	广东崇正	2013.06.13
清中期 楠木攒灯笼锦拔步床	长270cm	253,000	中国嘉德	2013.09.14
清中期 榉木拐子纹六柱式架子床	长223cm	40,250	中国嘉德	2013.09.14
清中期 红木有束腰三弯腿六柱式架子床	长218cm	425,500	中国嘉德	2013.03.23
清晚期 酸枝喜鹊登梅镶云石罗汉床	长183cm	189,819	大唐香港	2013.11.28
清末 红木大开门银箔画麒麟送子床	长248cm	690,000	广东崇正	2013.06.13
清嘉庆 鸡翅木嵌黄杨架子床	长215cm	345,000	北京保利	2013.06.06
清 榆木有束腰剑腿罗汉床	长210cm	138,000	中国嘉德	2013.03.23
清 酸枝镶云石罗汉床	长193cm	271,170	大唐香港	2013.11.28
清 酸枝嵌白石罗汉床	长180cm	145,544	香港淳浩	2013.07.27
清 榉木三弯腿罗汉床	长197cm	69,000	中国嘉德	2013.03.23
清 黄花梨高浮雕狮纹罗汉床	长224cm	784,000	北京中嘉	2013.07.07
清 红木嵌大理石罗汉床	长200cm	109,250	北京传是	2013.12.12
清 红木嵌大理石罗汉床	长225cm	23,000	北京翰海	2013.09.14
清 红木罗汉床	长190cm	97,750	中国嘉德	2013.09.14
清 拐子纹罗汉床	长195cm	112,700	北京传是	2013.06.15
民国 红木高浮雕狮纹罗汉床	长225cm	224,000	北京中嘉	2013.07.07
民国 红木嵌黄杨木雕罗汉床	长224cm	51,750	北京翰海	2013.06.23
民国 红木曲尺纹罗汉床	长212cm	29,900	北京翰海	2013.09.14
2013年 大叶紫檀七屏风式罗汉床	宽213cm	2,990,000	中国嘉德	2013.05.11
当代 明式楠木有束腰马蹄腿独板围子罗汉床	长205cm	1,035,000	中国嘉德	2013.11.17
当代 明式楠木有束腰三弯腿攒斗双月洞门架子床	长237cm	5,060,000	中国嘉德	2013.11.17
黑檀嵌花梨木嵌黄杨木兰草罗汉床	长208cm	74,750	北京传是	2013.06.15
花梨木有束腰马蹄腿罗汉床及炕桌	尺寸不一	69,000	中国嘉德	2013.03.23
铁梨木有束腰马蹄腿罗汉床	长202cm	48,300	中国嘉德	2013.03.23
现代 紫檀雕福寿架子床	长234cm	63,250	北京翰海	2013.06.23
榻				
清早期 黄花梨凉榻	长160cm	149,500	中国嘉德	2013.09.14
清早期 榆木三弯腿凉榻	长215cm	34,500	中国嘉德	2013.09.14
清中期 红木有束腰三弯腿雕龙纹榻	长207cm	94,300	中国嘉德	2013.09.14
清 红木博古纹美人榻	直径194cm	322,000	南京经典	2013.07.28
清 红木嵌云石美人榻	长173cm	149,500	南京经典	2013.01.25
清晚期 榆木嵌竹折叠凉榻	长152cm	59,800	中国嘉德	2013.03.23
现代 红木嵌大理石罗汉榻	长200cm	20,700	北京翰海	2013.06.23
现代 红木嵌影木雕螭龙罗汉榻	长201cm	25,300	北京翰海	2013.06.23
现代 花梨木明式罗汉榻 (两件)	长209.5cm	34,500	北京翰海	2013.09.14
现代 花梨木网纹罗汉榻 (3件)	长208cm	19,550	北京翰海	2013.09.14
2011年 花梨木罗锅枨大榻	宽260cm	690,000	中国嘉德	2013.05.11
红木雕花卉罗汉榻	长238cm	23,000	北京翰海	2013.03.24
红木明式罗汉榻	长198cm	23,000	北京翰海	2013.03.24
红木嵌大理石贵妃榻	长190cm	23,000	北京翰海	2013.03.24
刘传生 2013年 卷球足榻	长211cm	402,500	北京保利	2013.12.02
柜				
明 黑漆雕花二门佛柜	高112cm	11,500	中国嘉德	2013.03.23
明 黑漆有柜膛圆角柜	高208cm	20,700	中国嘉德	2013.03.23
明 黄花梨无柜膛小圆角柜	高167cm	862,500	北京保利	2013.07.27
明 黄花梨有框膛方角柜	高200cm	2,530,000	北京保利	2013.07.27
明 杉木雕花佛柜	高177.5cm	17,250	中国嘉德	2013.09.14
明17世纪 楠木嵌黄花梨黄杨木四件柜(一对)	高277cm	1,939,723	纽约苏富比	2013.09.17
明末清初 黄花梨亮格柜 (一对)	高160cm	3,680,000	北京宝笈轩	2013.03.10
明末清初 黄花梨龙凤纹上格券口带栏杆亮格柜	高192cm	8,280,000	中国嘉德	2013.05.11

2013杂项拍卖成交汇总

(成交价RMB：1万元以上)

拍品名称	物品尺寸	成交价RMB	拍卖公司	拍卖日期
明末清初 黄花梨嵌百宝花鸟纹方角柜	高130cm	2,766,900	中国嘉德	2013.04.05
明末清初 黄花梨小方角柜	高76cm	322,000	中国嘉德	2013.03.23
明末清初 黄花梨圆角柜	高120cm	1,633,230	中国嘉德	2013.10.06
明末清初 黄花梨圆角柜	高232cm	402,500	北京传是	2013.12.12
明末清初 黄花梨圆角柜(一对)	高110cm	1,035,000	北京宝笈轩	2013.03.10
明晚期 黄花梨座式小柜	高67cm	713,000	北京保利	2013.12.05
明晚期 铁制錾花人物小方角柜	高39cm	345,000	中国嘉德	2013.11.17
明晚期 犀皮漆小方角柜	高30.5cm	632,500	中国嘉德	2013.11.17
明中期 杉木红漆二门斗拱小柜	高112cm	11,500	中国嘉德	2013.09.14
清早期 黄花梨包镶嵌螺钿山水纹大四件柜	高273cm	126,500	中国嘉德	2013.09.14
清早期 黄花梨带闩杆有柜膛圆角柜	高140cm	922,300	中国嘉德	2013.04.05
清早期 黄花梨上格券口亮格柜	高190.5cm	3,689,200	中国嘉德	2013.04.05
清早期 黄花梨小方角柜成对	高101.5cm	5,520,000	中国嘉德	2013.05.11
清早期 黄花梨小方角书柜成对	高48.5cm	599,495	中国嘉德	2013.04.05
清早期 榉木方脚柜带座	高197cm	43,700	中国嘉德	2013.09.14
清康熙 红漆加彩描金四件柜(一对)	高250.5cm	688,388	纽约苏富比	2013.09.17
清乾隆 剔红庆寿图柜(一对)	高57.5cm	667,000	中国嘉德	2013.03.25
清乾隆 御制楠木雕云龙纹顶箱柜门(一对)	高147cm	782,000	北京保利	2013.12.04
清乾隆 紫檀高浮雕九龙西番莲纹顶箱式大四件柜	高325cm	93,150,000	北京保利	2013.06.04
清乾隆 紫檀文房顶箱柜(一对)	高57.8cm	806,400	六朝艺宴	2013.07.07
清乾隆 紫檀镶金丝楠小柜	高119cm	828,000	北京传是	2013.12.12
清晚期 擦漆四件柜	高267cm	48,300	中国嘉德	2013.09.14
清晚期 红木带玻璃二门书柜	高210cm	28,750	中国嘉德	2013.03.23
清晚期 红木雕龙纹松竹梅书柜	高192cm	92,000	北京传是	2013.12.12
清晚期 黄花梨及楠木六件书柜成对	高216cm	345,000	中国嘉德	2013.09.14
清中期 红木大四件柜成对	高296.5cm	4,370,000	中国嘉德	2013.11.17
清中期 红木龙纹小衣柜	高122cm	103,500	中国嘉德	2013.03.23
清中期 红漆描金小柜	高68cm	34,500	中国嘉德	2013.11.17
清中期 鸡翅木嵌黄杨多宝柜	高143cm	23,000	北京保利	2013.12.06
清中期 榉木八件柜成对	高214cm	71,300	中国嘉德	2013.09.14
清中期 楠木圆角柜	高200cm	25,300	中国嘉德	2013.09.14
清中期 紫檀嵌花梨多宝柜	高106cm	322,000	北京保利	2013.04.27
清中晚期 黄花梨大方角柜	高184.5cm	828,000	中国嘉德	2013.03.23
清 红木大柜	高218cm	97,750	北京翰海	2013.09.14
清 红木龙纹柜(一对)	高183cm	94,300	北京保利	2013.07.27
清 红木小柜	高122cm	13,800	北京保利	2013.07.27
清 黄花梨大圆角柜	高200cm	402,500	中投嘉艺	2013.01.26
清 黄花梨小柜	高88cm	345,000	北京传是	2013.12.12
清 黄花梨小万历柜(一对)	高53cm	63,250	北京传是	2013.12.12
清 榉木瓜棱腿圆角柜	高175cm	25,300	中国嘉德	2013.03.23
清 榉木亮格书柜	高177cm	17,250	中国嘉德	2013.03.23
清 榉木小柜(一对)	高100cm	28,750	北京保利	2013.07.27
清 酸枝东青花高装柜	高196c	135,585	大唐香港	2013.11.28
清 紫檀博古柜	高118cm	40,250	北京保利	2013.04.27
18世纪 黄花梨圆角柜(一对)	高145cm	1,398,636	伦敦苏富比	2013.05.15
18世纪 紫檀嵌鸡翅木行柜		107,083	纽约苏富比	2013.09.17
18世纪末 意大利核桃木雕四季人物柜	高240cm	184,000	广东崇正	2013.06.13
19世纪 法国　拿破仑三世玳瑁鎏金布勒柜	高105cm	44,800	北京荣宝	2013.06.23
19世纪 硬木描金嵌玉牌小柜(一对)	高61cm	108,868	纽约苏富比	2013.03.19
19世纪初 法国路易十六陈列柜	高250cm	230,000	广东崇正	2013.06.13
19世纪初 英国桃花芯木爱德时代陈列柜	高148cm	230,000	广东崇正	2013.06.13
19世纪末 法国核桃木大型玄关柜	高257cm	218,500	广东崇正	2013.06.13
19世纪中 英国爱德华时代Edward & Robert落款陈列柜	高221cm	253,000	广东崇正	2013.06.13
民国 红木雕吉庆纹酒柜	高200cm	12,650	北京翰海	2013.09.14
民国 红木雕吉庆展示柜(两件)	高210cm	18,400	北京翰海	2013.03.24
民国 红木嵌大理石大柜	高229cm	23,000	北京翰海	2013.09.14
民国 红木书柜(两件)	高189cm	32,200	北京翰海	2013.03.24
民国 红木双门衣柜	高195cm	92,000	北京翰海	2013.06.23
民国 红木万历柜(两件)	高178cm	36,800	北京翰海	2013.03.24
民国 红木万历柜(一对)	高183cm	34,500	北京传是	2013.06.15
民国 红木万历柜(一对)	高190cm×2	55,200	北京传是	2013.12.12
民国 红木五屉柜	高111cm	25,300	北京翰海	2013.03.24
民国 红木转角酒柜	高186cm	17,250	北京翰海	2013.03.24
民国 花梨木雕云龙顶箱大柜(两件)	高240cm	46,000	北京翰海	2013.03.24
2013年 石大宇 柜茗器	高132.5cm	51,750	北京保利	2013.12.02
彩绘摩羯鱼纹藏柜 19世纪	高45cm	10,350	北京翰海	2013.03.24
彩绘织锦纹藏柜 18世纪	高77cm	17,250	北京翰海	2013.03.24
当代 明式楠木大四件柜成对	高258cm	5,520,000	中国嘉德	2013.11.17
当代 明式楠木有闩杆圆角柜成对	高135cm	2,070,000	中国嘉德	2013.11.17
当代 硬木云龙纹柜(一对)	高86.2cm	17,250	中国嘉德	2013.06.15
法国 腰果型客厅小立柜(一对)	高75cm	51,750	北京保利	2013.12.05
红木鼻烟壶柜	高71cm	34,500	中国嘉德	2013.05.13
红木雕凤穿花纹方角柜	高166cm	48,300	北京华辰	2013.11.17
红木荷叶纹圆角柜(一对)	高150cm	71,300	北京华辰	2013.05.09
花梨木方角柜	高124cm	10,350	中国嘉德	2013.09.14
黄花梨茶柜	高43cm	20,700	北京匡时	2013.12.04
黄花梨螭龙独板圆角柜	高165cm	2,645,000	北京传是	2013.06.15
近代 红木龙纹多宝柜	高48cm	11,500	北京保利	2013.10.26
近代 黄花梨带座方角柜	高186.5cm	287,500	北京传是	2013.12.12
近代 黄花梨菱花纹小顶箱柜(一对)	高198cm×2	2,300,000	北京传是	2013.12.12
近代 黄花梨拼花龟背纹方角柜(一对)	高108cm×2	322,000	北京传是	2013.12.12
近代 黄花梨小顶箱柜(一对)	高159.5cm×2	253,000	北京传是	2013.12.12
近代 黄花梨圆角梳子柜	高173cm	345,000	北京传是	2013.12.12
铁力书柜(一对)	高200cm	48,300	北京传是	2013.06.15
现代 红木雕夔龙闷柜(两件)	高180cm	34,500	北京翰海	2013.06.23
现代 红木五屉柜	高112cm	20,700	北京翰海	2013.06.23
现代金丝楠木嵌影木四平顶箱柜(两件)	高240cm	69,000	北京翰海	2013.09.14
现代 欧式雕花卉酒柜	高240cm	34,500	北京翰海	2013.06.23
现代 紫檀明式书柜(两件)	高200cm	57,500	北京翰海	2013.09.14
湘妃竹冰裂纹小柜	高50.2cm	55,200	中国嘉德	2013.12.14
新古典主义风格铜鎏金鹤伴挂叶饰陈列柜(一对)	高156cm	102,960	中信国际	2013.05.28
约1830至1855年 法国 拿破仑三世时期布尔风格玳瑁细镶嵌铜丝单门柜	高127cm	109,250	北京保利	2013.12.05
约1840至1870年 法国 拿破仑三世时期细木镶嵌边柜	高114cm	299,000	北京保利	2013.12.05
约1850至1860年 法国 拿破仑三世时期布尔玳瑁细镶嵌铜丝双门柜	高152cm	402,500	北京保利	2013.12.05
约1850至1880年 法国 路易十六风格细木镶嵌铜鎏金边柜	高162cm	345,000	北京保利	2013.12.05
约1850至1880年 法国 拿破仑三世时期布尔风格细镶铜丝双门边柜	高122cm	517,500	北京保利	2013.12.05
约1850至1880年 法国 拿破仑三世时期路易十五风格单门柜	高117cm	149,500	北京保利	2013.12.05
约1860至1880年 法国 拿破仑三世时期细木镶嵌边柜	高85cm	17,250	北京保利	2013.12.05
约1875年 法国 FRANCOIS LINKE制作路易十六风格铜鎏金镶嵌细工拼镶两屉柜	高202cm	1,380,000	北京保利	2013.06.04
约1880至1890年 法国 路易十六风格细镶嵌铜丝屉柜	高142cm	598,000	北京保利	2013.12.05
约19世纪初期 意大利 玳瑁镶嵌象牙及铜鎏金陈列柜	高243cm	172,500	北京保利	2013.12.05

(成交价RMB：1万元以上)

拍品名称	物品尺寸	成交价RMB	拍卖公司	拍卖日期
紫檀明式书柜 (两件)	高186cm	48,300	北京翰海	2013.03.24
紫檀小博古柜 (一对)	高76cm	138,000	福建东南	2013.10.28
紫檀云龙文玩柜 (一对)	高80cm	34,500	北京保利	2013.01.11
紫檀云龙纹柜 (一对)	高85cm	17,250	中国嘉德	2013.09.17
橱				
清早期 黄花梨花鸟纹联三橱	高184cm	830,070	中国嘉德	2013.04.05
清早期 黄花梨炕闷	高48cm	207,000	北京保利	2013.10.28
清早期 黄花梨联三闷户橱	高163cm	2,185,000	中国嘉德	2013.05.11
清早期 黄花梨小万历橱	高66.5cm	448,500	北京匡时	2013.06.05
清 黄花梨闷户橱	高147cm	1,150,000	南京经典	2013.01.25
清 黄花梨三闷橱	高162cm	115,000	中投嘉艺	2013.01.26
约1640年至1680年 法国 文艺复兴风格乌木雕花多屉高橱	高189cm	862,500	北京保利	2013.12.05
约1850年至1875年 法国 拿破仑三世时期布尔风格铜鎏金嵌蓝色大理石立橱	高110cm	138,000	北京保利	2013.06.04
约1850至1880年 德国 手绘梅森陶瓷装饰嵌板立橱	高187cm	920,000	北京保利	2013.12.05
1860、1870年制 法国 拿破仑三世风格布尔风格玳瑁细镶嵌铜丝立橱	高112cm	34,500	北京保利	2013.04.28
19世纪末 法国路易十五两抽橱 (三件套)	尺寸不一	483,000	广东崇正	2013.06.13
19世纪中 法国拿破仑三世橱	高158cm	138,000	广东崇正	2013.06.13
黄花梨万历橱 (一对)	高190cm	140,300	上海嘉泰	2013.07.05
格				
明 黄花梨三层架格	高172cm	805,000	北京保利	2013.07.27
清乾隆 黑漆描金皮球花多宝格	长97cm	115,000	北京保利	2013.12.04
清早期 黄花梨书格 (一对)	高189cm	8,050,000	北京宝笈轩	2013.03.10
清 红木鼻烟壶多宝阁	长79.5cm	11,500	中国嘉德	2013.11.16
清 花梨木鼻烟壶多宝阁	长85.5cm	11,500	中国嘉德	2013.11.16
清 湘妃竹描金山水多宝阁	高52cm	103,500	北京保利	2013.10.26
清 小叶紫檀百宝阁 (一对)	高180cm×2	1,380,000	北京艺融	2013.11.28
清 紫檀雕大理石小多宝格 (两件)	高85cm	21,850	北京翰海	2013.09.14
清 紫檀雕夔龙寿字小多宝格 (一对)	高68.5cm×2	1,106,760	保利香港	2013.04.07
2003年 大叶紫檀书格成对	高194cm	1,840,000	中国嘉德	2013.05.11
红木雕宝相花多宝阁	高172cm	55,200	北京华辰	2013.11.17
红木雕竹节多宝格 (两件)	高186cm	17,250	北京翰海	2013.03.24
红木多宝格 (两件)	高195cm	36,800	北京翰海	2013.03.24
红木多宝格 (一对)	高195cm	34,500	北京华辰	2013.05.09
民国 红木多宝阁	高105cm	17,250	北京保利	2013.10.26
民国 红木多宝格	高109cm	18,400	北京保利	2013.07.27
民国 红木嵌黄杨木雕花鸟多宝格 (两件)	高122cm	48,300	北京翰海	2013.09.14
民国 花梨龙纹多宝阁	高132cm	28,750	北京保利	2013.10.26
现代 红木雕吉庆多宝格 (两件)	高200cm	32,200	北京翰海	2013.06.23
现代 红木雕吉庆多宝格 (两件)	高200cm	18,400	北京翰海	2013.09.14
现代 红木雕四君子多宝格 (两件)	高194cm	29,900	北京翰海	2013.09.14
现代 红木小多宝格 (两件)	高86cm	18,400	北京翰海	2013.09.14
现代 紫檀雕多宝格 (两件)	高172cm	74,750	北京翰海	2013.09.14
现代 紫檀雕吉庆多宝格 (两件)	高141cm	51,750	北京翰海	2013.06.23
现代 紫檀雕夔凤多宝格	高108cm	51,750	北京翰海	2013.09.14
现代 紫檀雕云福多宝格 (两件)	高198cm	97,750	北京翰海	2013.06.23
现代 紫檀嵌黄杨木雕花卉多宝格 (两件)	高175cm	71,300	北京翰海	2013.06.23
香妃竹茶棚	高46cm	115,000	北京匡时	2013.12.04
香妃竹红漆茶棚	高60cm	126,500	北京匡时	2013.12.04
紫檀雕夔龙多宝格	高95cm	63,250	北京翰海	2013.03.24
紫檀雕夔龙多宝格 (两件)	高169cm	86,250	北京翰海	2013.03.24
紫檀雕竹纹小多宝格 (两件)	高116cm	40,250	北京翰海	2013.03.24
紫檀西风纹多宝格	高95cm	57,500	北京华辰	2013.05.09

拍品名称	物品尺寸	成交价RMB	拍卖公司	拍卖日期
紫檀描金龙纹百宝格 (一对)	高96cm	59,800	北京保利	2013.01.11
桌				
13世纪/14世纪 彩绘卷云纹折叠桌	长46cm	17,250	北京翰海	2013.03.24
14世纪/15世纪 藏式条桌	长60cm	16,100	北京翰海	2013.03.24
明 黄花梨半桌	长109cm	1,610,000	北京宝笈轩	2013.03.10
明 黄花梨雕龙八仙桌	长87cm	2,875,000	翰风国际	2013.04.20
明 黄花梨多层棋桌	长84cm	2,070,000	南京经典	2013.01.25
明 黄花梨仿竹六仙桌	长84cm	1,495,000	北京保利	2013.07.27
明 黄花梨卷草纹条桌	长120cm	1,437,500	翰风国际	2013.04.20
明 黄花梨卡子花条桌	长165cm	437,000	南京经典	2013.01.25
明 黄花梨炕桌	长77cm	437,000	北京保利	2013.07.27
明 黄花梨束腰马蹄足带套环卡子花桌	长173cm	805,000	北京保利	2013.07.27
明 黄花梨四拼面黄杨边书桌	长90cm	25,300	北京保利	2013.10.28
明 黄花梨圆包圆条桌	长146cm	575,000	翰风国际	2013.04.20
明 黄花梨展腿八仙桌	长98cm	2,898,000	翰风国际	2013.04.20
明 黄花梨展腿八仙桌	长98cm	2,070,000	翰风国际	2013.04.20
明 金丝楠木方桌	长95cm	11,500	北京保利	2013.10.28
明 紫檀夹头榫酒桌	长81.5cm	115,000	北京保利	2013.06.06
明末 填彩漆双龙赶珠纹案桌	宽188.6cm	1,001,581	纽约苏富比	2013.03.19
明末清初 黄花梨独板束腰书桌	长114cm	977,500	北京保利	2013.07.27
明末清初 黄花梨炕桌	长127cm	195,500	北京保利	2013.06.06
明末清初 黄花梨小条桌	长102cm	218,500	北京传是	2013.12.12
明末清初 黄花梨有束腰马蹄腿小翘头桌	长53.5cm	828,000	中国嘉德	2013.11.17
明末清初 榆木联二橱及酒桌	尺寸不一	17,250	中国嘉德	2013.09.14
明晚期 黄花梨有束腰应龙纹可折叠炕桌	长75.5cm	1,495,000	中国嘉德	2013.05.11
明晚期 黄花梨圆包圆画桌	长150cm	2,242,500	北京保利	2013.12.05
明晚期 黄花梨折腿方桌	长97.2cm	2,582,440	中国嘉德	2013.04.05
明晚期17世纪 黄花梨炕桌	宽94cm	688,388	纽约苏富比	2013.09.17
17世纪 彩绘雕双狮图折叠桌	长37cm	11,500	北京翰海	2013.03.24
17世纪 黄花梨长方炕桌	宽98cm	267,706	纽约苏富比	2013.09.17
清早期 黄花梨半桌	长120cm	276,000	北京保利	2013.10.28
清早期 黄花梨三弯腿螭龙纹炕桌	长96cm	460,000	中国嘉德	2013.11.17
清早期 黄花梨书桌	长100cm	920,000	南京经典	2013.01.25
清早期 黄花梨有束腰霸王枨展腿雕龙纹方桌	长87cm	1,840,000	中国嘉德	2013.05.11
清早期 黄花梨有束腰顶牙罗锅枨大方桌	长100cm	747,500	中国嘉德	2013.11.17
清早期 黄花梨有束腰罗锅枨马蹄腿方桌	长97cm	1,678,598	中国嘉德	2013.10.06
清早期 黄花梨有束腰罗锅枨马蹄腿长条桌	长179cm	1,725,000	中国嘉德	2013.11.17
清早期 黄花梨有束腰罗锅枨展腿方桌	长87cm	1,844,600	中国嘉德	2013.04.05
清早期 黄花梨有束腰马蹄腿罗锅枨四屉方桌	长86cm	2,760,000	中国嘉德	2013.05.11
清早期 黄花梨有束腰三弯腿大炕桌	长104cm	861,983	中国嘉德	2013.10.06
清早期 黄花梨有束腰三弯腿炕桌	长97cm	805,000	中国嘉德	2013.05.11
清早期 黄花梨有束腰直腿打洼条桌	长105cm	691,725	中国嘉德	2013.04.05
清早期 榉木有束腰马蹄腿霸王枨方桌	长81cm	13,800	中国嘉德	2013.09.14
清早期 铁梨木联三屉抽屉桌	长184cm	25,300	中国嘉德	2013.03.23
清早期 铁梨木有束腰螭龙纹马蹄腿画桌	长153cm	40,250	中国嘉德	2013.09.14
清早期 铁梨木有束腰罗锅枨马蹄腿方桌	长86cm	57,500	中国嘉德	2013.09.14
清早期 紫檀画桌	长82cm	46,000	北京保利	2013.10.28
清早期 紫檀有束腰马蹄腿带托泥小桌	长34cm	115,000	中国嘉德	2013.05.11
清乾隆 黄花梨拐子龙画桌	长173cm	2,990,000	北京保利	2013.12.04
清乾隆 清紫檀万字纹斗料面心条桌	长133cm	4,338,720	罗芙奥	2013.11.24
清乾隆 紫檀雕龙纹供桌	长90cm	460,000	北京保利	2013.12.04

2013杂项拍卖成交汇总

(成交价RMB：1万元以上)

拍品名称	物品尺寸	成交价RMB	拍卖公司	拍卖日期
清乾隆 紫檀雕云蝠展腿如意纹四抽炕桌	长107cm	1,603,440	罗芙奥	2013.11.24
清乾隆 紫檀花卉炕桌	长107cm	287,500	北京传是	2013.06.15
清乾隆 紫檀束腰小三弯腿炕桌	长67cm	660,240	罗芙奥	2013.11.24
清乾隆 紫檀有束腰带管脚枨雕龙纹六方桌	高83cm	2,990,000	中国嘉德	2013.11.17
清乾隆 紫檀有束腰裹腿作马蹄腿万字纹条桌	长115.5cm	1,840,000	中国嘉德	2013.05.11
清乾隆 紫檀有束腰莲纹条桌	长191cm	2,951,360	中国嘉德	2013.04.05
清乾隆 紫檀有束腰马蹄腿拐子纹镶鎏金铜抱角炕桌	长103cm	1,567,910	中国嘉德	2013.04.05
清乾隆/嘉庆 御制紫檀雕兽面龙纹条桌(一对)	宽270cm	30,056,400	香港佳士得	2013.05.29
清中期 红木螭龙纹方桌	长84cm	28,750	中国嘉德	2013.09.14
清中期 红木雕龙腿铜面猎桌	高76cm	92,000	北京传是	2013.06.15
清中期 红木有束腰顶牙罗锅枨回纹马蹄腿方桌	长88.5cm	32,200	中国嘉德	2013.09.14
清中期 红木有束腰回纹马蹄腿拐子纹地桌	长91cm	17,250	中国嘉德	2013.09.14
清中期 红木有束腰三弯腿小炕桌	长74cm	11,500	中国嘉德	2013.09.14
清中期 黄花梨大画桌	长200cm	184,000	北京保利	2013.10.28
清中期 紫檀卷草纹八仙桌(一对)	高87cm；高87.5cm	7,151,760	香港佳士得	2013.05.29
清中期 紫檀圆裹腿带矮老方桌	高82.5cm	2,300,000	中国嘉德	2013.11.17
清 黑漆嵌螺钿人物纹炕桌	长59.5cm	13,800	中国嘉德	2013.03.24
清 黑漆嵌螺钿人物桌	长90cm	25,300	北京保利	2013.10.26
清 红木草龙霸王枨半桌	长80cm	12,650	北京传是	2013.06.15
清 红木螭龙方桌	长100cm	40,250	北京传是	2013.12.12
清 红木雕草花方桌	长86cm	12,650	北京翰海	2013.09.14
清 红木雕草花方桌	长87cm	12,650	北京翰海	2013.09.14
清 红木雕草花方桌	长86cm	11,500	北京翰海	2013.09.14
清 红木雕草龙方桌	长83cm	43,700	北京翰海	2013.09.14
清 红木雕草龙方桌	长87cm	11,500	北京翰海	2013.09.14
清 红木雕花方桌	长85cm	10,350	北京翰海	2013.03.24
清 红木雕花卉半桌	长92cm	17,250	北京翰海	2013.03.24
清 红木雕夔龙方桌	长81cm	25,300	北京翰海	2013.06.23
清 红木雕团寿半桌	长85cm	11,500	北京翰海	2013.06.23
清 红木雕喜字半桌	长86cm	11,500	北京翰海	2013.06.23
清 红木雕竹节条桌	长80cm	20,700	北京翰海	2013.03.24
清 红木方桌	长92cm	747,500	北京歌德	2013.06.02
清 红木方桌	长79cm	17,250	北京保利	2013.07.27
清 红木回纹方桌	长83cm	40,250	北京翰海	2013.06.23
清 红木卷草纹八仙桌	高86cm	11,500	北京华辰	2013.05.09
清 红木卷云纹霸王枨方桌	长87cm	46,000	北京传是	2013.12.12
清 红木炕桌	长120cm	20,700	北京保利	2013.07.27
清 红木炕桌	长76cm	17,250	北京保利	2013.07.27
清 红木炕桌	长63cm	13,800	北京保利	2013.04.27
清 红木炕桌	长91cm	11,500	北京保利	2013.10.26
清 红木炕桌	长76cm	10,350	北京传是	2013.12.12
清 红木框黄花梨面板八仙桌	长96cm	322,000	广东崇正	2013.06.13
清 红木拉钱方桌	长82cm	36,800	北京翰海	2013.03.24
清 红木拉线八仙桌	长83.5cm	126,500	北京传是	2013.06.15
清 红木棋牌桌	长83cm	43,700	北京传是	2013.12.12
清 红木嵌大理石炕桌	长51cm	13,800	北京传是	2013.12.12
清 红木嵌大理石绳纹圆桌(6件)	尺寸不一	34,500	北京翰海	2013.09.14
清 红木嵌大理石圆桌	长79cm	25,300	北京翰海	2013.06.23
清 红木嵌大理石圆桌	长81cm	11,500	北京翰海	2013.06.23
清 红木嵌金丝楠明式条桌	长160cm	25,300	北京翰海	2013.06.23
清 红木嵌楠木花卉地桌	长87cm	17,250	北京保利	2013.10.26
清 红木嵌瘿木琴桌	长115cm	34,500	北京保利	2013.07.27
清 红木绳纹条桌	长100cm	17,250	北京传是	2013.12.12
清 红木饕餮纹海棠形双拼桌	长85cm	82,800	北京传是	2013.12.12
清 红木条桌	长116cm	10,350	北京翰海	2013.06.23
清 红木弯腿洒桌	长90cm	10,350	北京传是	2013.06.15
清 红木小酒桌	长79cm	16,100	北京传是	2013.12.12
清 黄花梨雕祥云纹画桌	长167cm	2,534,400	中信国际	2013.05.28
清 黄花梨方桌	长55cm	92,000	北京保利	2013.07.27
清 黄花梨方桌	长93cm	253,000	北京传是	2013.12.12
清 黄花梨方桌+黄花梨方凳四张	尺寸不一	4,140,000	北京宝笈轩	2013.03.10
清 黄花梨夹头榫酒桌	长82cm	690,000	南京经典	2013.01.25
清 黄花梨六棱桌连四椅	长104cm×4	514,800	中信国际	2013.05.28
清 黄花梨龙纹方桌	长85cm	230,000	北京传是	2013.12.12
清 黄花梨罗锅枨炕桌	长83cm	299,000	北京传是	2013.12.12
清 黄花梨罗锅枨条桌	长152.5cm	230,000	北京传是	2013.06.15
清 黄花梨面大漆腿方桌	长87cm	172,500	北京传是	2013.12.12
清 黄花梨条桌	长106cm	782,000	翰风国际	2013.04.20
清 黄花梨象鼻纹画桌	长170cm	690,000	南京经典	2013.01.25
清 黄花梨有束腰罗锅杖画桌	长120cm	725,880	保利香港	2013.10.07
清 黄花梨长方桌	长104cm	435,600	中信国际	2013.05.28
清 酸枝拐子半桌	长190cm	253,000	广东崇正	2013.06.13
清 酸枝长条桌	长224cm	153,663	香港淳浩	2013.11.30
清 一腿三牙直枨方桌	长68cm	253,000	中国嘉德	2013.11.17
清 紫檀雕如意纹条桌	长128cm	34,500	北京翰海	2013.06.23
清 紫檀半桌	长100cm	115,000	中投嘉艺	2013.01.26
清 紫檀木炕桌	长61cm	690,000	翰风国际	2013.04.20
清 紫檀嵌黄杨条桌	长113cm	172,500	中投嘉艺	2013.01.26
清 紫檀条桌	长170cm	115,000	北京保利	2013.10.28
清 紫檀小画桌	长78cm	2,472,500	翰风国际	2013.04.20
清 紫檀圆腿条桌	长134.5cm	138,000	北京传是	2013.06.15
清晚期 红木拐子纹下卷琴桌成对	长84cm	59,800	中国嘉德	2013.09.14
清晚期 红木嵌螺钿方桌一件及方凳四件	尺寸不一	23,000	中国嘉德	2013.09.14
清晚期 红木嵌螺钿下卷琴桌	长106cm	71,300	中国嘉德	2013.09.14
清晚期 红木嵌螺钿圆桌	长90cm	13,800	中国嘉德	2013.09.14
清晚期 红木嵌有束腰嵌螺钿月牙桌	长104cm	20,700	中国嘉德	2013.09.14
清晚期 黄花梨瘿木面下卷琴桌	长84cm	57,500	中国嘉德	2013.09.14
清晚期 榉木拐子纹画桌	长147cm	34,500	中国嘉德	2013.09.14
清晚期 民国 红木有束腰马蹄腿霸王枨画桌	长188cm	57,500	中国嘉德	2013.03.23
清晚期 民国 楠木画桌	长154cm	32,200	中国嘉德	2013.09.14
清晚期/民国 红木嵌瘿木面无束腰小画桌	长104cm	25,300	中国嘉德	2013.03.23
1860-1880年制 法国 拿破仑三世风格布尔风格玳瑁细镶嵌铜丝折迭扑克桌	长100cm	37,950	北京保利	2013.04.28
18世纪 彩绘藏式经桌	长99cm	43,700	北京翰海	2013.03.24
18世纪 彩绘雕饕餮纹折叠桌	长56cm	20,700	北京翰海	2013.03.24
18世纪 彩绘兽面纹藏桌一对	长98cm	11,500	北京翰海	2013.03.24
18世纪 黄花梨霸王枨螭龙方桌	长88cm	828,000	北京传是	2013.06.15
18世纪 黄花梨乔治二世棋桌	高73.6cm	248,840	纽约苏富比	2013.03.19
18世纪 紫檀条桌	宽137cm	688,388	纽约苏富比	2013.09.17
18世纪/19世纪 藏式条桌	长86cm	25,300	北京翰海	2013.03.24
18世纪/19世纪 红木方桌	宽94.6cm	49,717	纽约苏富比	2013.09.17
19世纪 彩绘飞龙纹长条矮桌	长158cm	29,900	北京翰海	2013.03.24
19世纪 嵌瓷花卉草虫图方桌	高66cm；高78.5cm	736,560	香港佳士得	2013.05.29
19世纪/20世纪 彩绘藏式长条矮桌	长112cm	23,000	北京翰海	2013.03.24
19世纪/20世纪 彩绘雕如意纹藏桌	长64cm	14,950	北京翰海	2013.03.24
19世纪制 法国 布勒风格黑檀木金属镶嵌可折叠扑克桌	长78cm	23,000	北京保利	2013.07.28

(成交价RMB：1万元以上)

拍品名称	物品尺寸	成交价RMB	拍卖公司	拍卖日期
2012年 刘传生 霸王枨托泥茶桌	长200cm	189,750	北京保利	2013.12.02
2012年 朱小杰 茶桌	长200cm	40,250	北京保利	2013.12.02
2013年 陈燕飞 灞桥桌	长200cm	23,000	北京保利	2013.12.02
2013年 石大宇 桌品茗	长192cm	34,500	北京保利	2013.12.02
当代 金丝楠茶桌	长220cm	632,500	北京艺融	2013.11.28
缟玛瑙制桌＆烟具套(四件)	尺寸不一	392,530	日本伊斯特	2013.05.03
梗木嵌景泰蓝琴桌(一张)	宽133cm	10,847	香港富得	2013.11.29
红木板足下卷琴桌	长100m	36,800	中国嘉德	2013.09.14
红木大理石面圆转桌	直径78cm	16,100	北京保利	2013.01.11
红木雕蝠半圆桌(八件)	尺寸不一	36,800	北京翰海	2013.03.24
红木雕花卉方桌	长98cm	25,300	北京翰海	2013.03.24
红木雕花卉方桌	长87cm	20,700	北京翰海	2013.03.24
红木雕花卉供桌	长97cm	18,400	北京翰海	2013.03.24
红木雕回纹条桌	长168cm	23,000	北京翰海	2013.03.24
红木雕夔龙圆桌(六件)	尺寸不一	28,750	北京翰海	2013.03.24
红木雕云纹圆桌(六件)	尺寸不一	36,800	北京翰海	2013.03.24
红木鼓式圆桌(六件)	尺寸不一	40,250	北京翰海	2013.03.24
红木回纹条桌	长176cm	32,200	北京翰海	2013.03.24
红木锦纹条桌	长139cm	17,250	北京翰海	2013.03.24
红木拉钱八仙桌	长97cm	11,500	北京保利	2013.01.11
红木拉线半桌	长82cm	13,800	北京传是	2013.06.15
红木罗锅枨矮老条桌	长206cm	28,750	北京传是	2013.06.15
红木明式半桌	长80cm	13,800	北京翰海	2013.03.24
红木明式条桌	长157cm	29,900	北京翰海	2013.03.24
红木起线条桌	长196cm	40,250	北京华辰	2013.11.17
红木嵌瓷板圆转桌	长81cm	28,750	北京翰海	2013.03.24
红木嵌大理石半圆桌	长86cm	18,400	北京翰海	2013.03.24
红木嵌金丝楠木明式条桌	长160cm	32,200	北京翰海	2013.03.24
红木嵌金丝楠木条桌	长139cm	36,800	北京翰海	2013.03.24
红木嵌影木回纹圆桌(六件)	尺寸不一	25,300	北京翰海	2013.03.24
红木书桌	长146cm	28,750	北京保利	2013.07.28
红木下卷琴桌	长112cm	18,400	北京翰海	2013.03.24
花梨木马蹄腿条桌成对	长78cm	11,500	中国嘉德	2013.03.23
花梨木明式方桌	长86cm	20,700	北京翰海	2013.03.24
黄花梨剑脸条桌	长138cm	155,250	北京传是	2013.06.15
黄花梨木霸王拐对桌(两件)	长80cm	138,000	北京华辰	2013.11.17
黄花梨棋牌桌	长82cm	690,000	北京传是	2013.06.15
黄花梨小洒桌	长81cm	149,500	北京传是	2013.06.15
金漆莲花纹经桌 十九至二十世纪	长80cm	10,350	北京翰海	2013.03.24
近代 黄花梨霸王枨方桌	长81cm	115,000	北京传是	2013.12.12
近代 黄花梨霸王长条桌	长222cm	103,500	北京保利	2013.10.28
近代 黄花梨浮雕螭龙兽足炕桌	径110cm	172,500	北京传是	2013.12.12
近代 黄花梨罗锅枨方桌	长82cm	103,500	北京传是	2013.12.12
近代 黄花梨缩腰内翻马蹄独板条桌	长169.5cm	207,000	北京传是	2013.12.12
近代 黄花梨小酒桌	长90cm	92,000	北京传是	2013.12.12
近代 黄花梨圆腿独板刀牙板小条桌	长102.5cm	115,000	北京传是	2013.12.12
近代 嵌百宝博古纹桌	长104cm	23,000	北京保利	2013.10.26
近代 紫檀螭龙方桌	长98cm	345,000	北京传是	2013.12.12
罗伯托·拉泽罗尼 2013年 阅读角落桌、椅、镜子	尺寸不一	943,000	中国嘉德	2013.11.16
民国 白石西洋葡萄纹石桌	宽90cm	345,000	北京保利	2013.12.05
民国 红木八仙桌	长83cm	80,500	北京传是	2013.12.12
民国 红木雕花鸟牌桌	长81cm	20,700	北京翰海	2013.03.24
民国 红木雕夔龙半桌	长86cm	18,400	北京翰海	2013.09.14
民国 红木雕灵芝牌桌	长84cm	18,400	北京翰海	2013.09.14
民国 红木雕葡萄纹圆桌	长72cm	11,500	北京翰海	2013.03.24
民国 红木雕喜鹊登梅方桌	长79cm	28,750	北京翰海	2013.03.24
民国 红木方桌	长92.5cm	13,800	北京翰海	2013.06.23
民国 红木嵌螺钿雕博古半圆桌	长82cm	23,000	北京翰海	2013.03.24
民国 [illegible]	[illegible]	[illegible]	北京翰海	2013.06.23
民国 红木条桌	长145cm	34,500	北京传是	2013.12.12
民国 红木弯腿半桌	长80cm	25,300	北京传是	2013.12.12
民国 红木圆桌(一套)	尺寸不一	115,000	北京传是	2013.12.12
民国 红木云龙炕桌	长97cm	17,250	北京保利	2013.10.26
民国 黄花梨半桌	长158cm	57,500	北京翰海	2013.03.24
民国 黄花梨供桌	长92cm	575,000	南京经典	2013.01.25
民国 紫红木嵌云石方桌	尺寸不一	402,500	南京经典	2013.07.28
掐丝珐琅围棋罐一组带黄花梨棋桌	尺寸不一	23,000	北京保利	2013.04.28
酸枝带束腰罗锅枨八仙桌	长96cm	517,500	广东崇正	2013.06.13
酸枝琴桌(一张)	高82.5cm	11,751	香港富得	2013.11.29
铁梨木出戟供桌	长162cm	17,250	中国嘉德	2013.09.14
现代 红木霸王枨半桌	长106cm	17,250	北京翰海	2013.06.23
现代 红木半桌	长80cm	17,250	北京翰海	2013.06.23
现代 红木雕螭龙圆桌(6件)	尺寸不一	32,200	北京翰海	2013.06.23
现代 红木雕蝠纹条桌	长192cm	36,800	北京翰海	2013.06.23
现代 红木雕花卉圆桌(6件)	尺寸不一	25,300	北京翰海	2013.06.23
现代 红木雕回纹半桌	长176cm	18,400	北京翰海	2013.06.23
现代 红木雕夔龙条桌	长176cm	25,300	北京翰海	2013.06.23
现代 红木雕龙纹圆桌(6件)	尺寸不一	17,250	北京翰海	2013.09.14
现代 红木雕盘肠供桌	长99cm	18,400	北京翰海	2013.06.23
现代 红木雕团龙明式条桌	长201cm	36,800	北京翰海	2013.09.14
现代 红木雕团寿供桌	长99cm	25,300	北京翰海	2013.09.14
现代 红木拼台圆桌(6件)	尺寸不一	28,750	北京翰海	2013.06.23
现代 红木嵌瓷板条桌	长119cm	13,800	北京翰海	2013.09.14
现代 红木嵌瓷板圆桌	长81cm	28,750	北京翰海	2013.06.23
现代 红木嵌瓷板转圆桌	长82cm	11,500	北京翰海	2013.09.14
现代 红木嵌大理石雕竹节圆桌(5件)	尺寸不一	13,800	北京翰海	2013.09.14
现代 红木嵌大理石螺钿博古半桌	长94cm	13,800	北京翰海	2013.09.14
现代 红木嵌大理石绳纹方桌	长83cm	20,700	北京翰海	2013.06.23
现代 红木条桌	长176cm	20,700	北京翰海	2013.06.23
现代 花梨竹节纹长方桌	长91cm	13,800	北京翰海	2013.06.23
现代 黄花梨明式方桌	长86cm	25,300	北京翰海	2013.09.14
现代 紫檀半桌	长82cm	17,250	北京翰海	2013.06.23
现代 紫檀雕草龙条桌	长170cm	43,700	北京翰海	2013.06.23
现代 紫檀雕螭龙半桌	长119cm	32,200	北京翰海	2013.06.23
现代 紫檀雕花条桌	长160cm	41,400	北京翰海	2013.06.23
现代 紫檀雕夔龙半桌	长92cm	36,800	北京翰海	2013.06.23
现代 紫檀雕夔龙半桌	长117cm	32,200	北京翰海	2013.06.23
现代 紫檀雕夔龙半桌	长85cm	40,250	北京翰海	2013.09.14
现代 紫檀雕夔龙条桌	长86cm	36,800	北京翰海	2013.09.14
现代 紫檀雕龙纹条桌	长102cm	28,750	北京翰海	2013.06.23
现代 紫檀雕明式条桌	长83cm	43,700	北京翰海	2013.09.14
现代 紫檀条桌	长126cm	25,300	北京翰海	2013.06.23
银币桌椅一套		24,150	中国嘉德	2013.05.18
硬木琴桌	长117cm	78,200	中国嘉德	2013.03.23
约1840年至1880年 法国 路易飞利浦风格红木覆细工贴面餐桌	长185cm	74,750	北京保利	2013.06.04
约1850年至1880年 法国 拿破仑三世时期玳瑁细镶嵌铜丝扑克桌	长98cm	74,750	北京保利	2013.06.04
约1850年至1880年 法国 拿破仑三世时期细木拼镶可折叠餐桌	长115cm	36,800	北京保利	2013.06.04
约1850至1880年 法国 拿破仑三世时期玳瑁铜鎏金细镶嵌女士梳妆桌	长77cm	34,500	北京保利	2013.12.05
约1900至1930年 法国 帝政风格铜镀金圆桌	高84cm	109,250	北京保利	2013.12.05
云纹雕花红漆小桌 16世纪	长77.5cm	13,800	北京翰海	2013.03.24
紫檀半桌	长82cm	345,000	北京翰海	2013.03.24
紫檀雕草龙条桌	长172cm	40,250	北京翰海	2013.03.24
紫檀雕花条桌	长161cm	43,700	北京翰海	2013.03.24
紫檀雕夔龙半桌	长120cm	32,200	北京翰海	2013.03.24

拍品名称	物品尺寸	成交价RMB	拍卖公司	拍卖日期
紫檀雕如意条桌	长129cm	36,800	北京翰海	2013.03.24
紫檀雕团寿条桌	长168cm	126,500	北京翰海	2013.03.24
紫檀明式条桌	长179cm	36,800	北京翰海	2013.03.24
紫檀八仙桌	长81.5cm	253,000	福建东南	2013.05.26
紫檀雕回纹半桌	长97cm	172,500	北京华辰	2013.11.17
紫檀葡萄纹圆桌	宽113cm	105,280	日本童梦	2013.12.03
紫檀嵌大理石炕桌	长51cm	36,800	北京传是	2013.06.15
紫檀三弯腿缠枝莲条桌	长140cm	747,500	北京传是	2013.06.15
紫檀云龙纹六方桌	高87cm	805,000	北京传是	2013.12.11
台				
明 黄花梨螭龙纹镜台	长34cm	71,300	中国嘉德	2013.09.16
清早期 黄花梨五屏式镜台	长67cm	782,000	中国嘉德	2013.05.11
清早期 黄花梨五屏式云龙纹镜台	长63.5cm	690,000	中国嘉德	2013.11.17
清中期 红木八屉写字台	长168cm	89,700	中国嘉德	2013.03.23
清中期 红木四屉搭板写字台	长143cm	40,250	中国嘉德	2013.09.14
清 海南黄花梨木明式八仙台	长89cm	473,018	香港普艺	2013.07.27
清 海南黄花梨木明式八仙台	长92cm	336,571	香港普艺	2013.07.27
清 红木雕花六方花台 (两件)	长103cm	46,000	北京翰海	2013.03.24
清 红木雕灵芝花台 (两件)	长120cm	28,750	北京翰海	2013.03.24
清 红木镶黄杨木茶台	长16.5cm	28,750	北京保利	2013.06.06
清 花梨木雕螭花台 (两件)	长80cm	40,250	北京翰海	2013.03.24
清 酸枝桥台	长180cm	54,234	大唐香港	2013.11.28
清晚期 红木写字台	长168cm	48,300	中国嘉德	2013.09.14
18世纪 紫檀雕花插屏式镜台	长68.7cm	707,400	罗芙奥	2013.11.24
19世纪 唐木卷草纹茶道台	长56cm	42,550	北京华辰	2013.05.09
19世纪初 法国路易十五玄关台	长156cm	322,000	广东崇正	2013.06.13
19世纪末 法国拿破仑三世大将写字台	长150cm	402,500	广东崇正	2013.06.13
红木雕龙纹花台 (两件)	长96cm	16,100	北京翰海	2013.03.24
红木雕绳纹花台 (两件)	长95cm	28,750	北京翰海	2013.03.24
红木花台 (两件)	长97cm	14,950	北京翰海	2013.03.24
红木六方花台 (一对)	高103cm	43,700	北京华辰	2013.11.17
红木欧式咖啡台 (四件)		36,800	北京翰海	2013.03.24
红木狮纹花台 (一对)	高130cm	46,000	北京华辰	2013.05.09
民国 红木雕花卉圆花台 (两件)	长82cm	28,750	北京翰海	2013.03.24
民国 红木雕竹节花台 (两件)	长94cm	20,700	北京翰海	2013.06.23
民国 红木马鞍写字台	长113cm	20,700	北京翰海	2013.09.14
民国 红木嵌大理石写字台	长180cm	36,800	北京翰海	2013.09.14
民国 红木写字台	长138cm	23,000	北京翰海	2013.09.14
现代 红木雕螭花台 (两件)	长76cm	16,100	北京翰海	2013.09.14
现代 红木雕螭龙花台 (两件)	长90cm	11,500	北京翰海	2013.06.23
现代 红木雕花卉花台 (两件)	长108cm	20,700	北京翰海	2013.06.23
现代 红木雕夔龙花台 (两件)	长105cm	23,000	北京翰海	2013.06.23
现代 红木雕莲花写字台	长170cm	17,250	北京翰海	2013.09.14
现代 红木雕梅花六角花台 (两件)	长110cm	27,600	北京翰海	2013.09.14
现代 红木雕云龙花台 (两件)	长96cm	12,650	北京翰海	2013.09.14
现代 红木六角花台 (两件)	长103cm	28,750	北京翰海	2013.09.14
现代 黄花梨花台	长78cm	17,250	北京翰海	2013.06.23
现代 紫檀雕花卉六角花台 (两件)	长87cm	48,300	北京翰海	2013.06.23
现代 紫檀雕回纹花台 (两件)	长102cm	36,800	北京翰海	2013.09.14
现代 紫檀嵌大理石花台 (两件)	长102cm	55,200	北京翰海	2013.09.14
现代 紫檀嵌黄杨雕夔龙花台 (两件)	长101cm	32,200	北京翰海	2013.06.23
现代 紫檀嵌影木雕桃花台 (两件)	长102cm	29,900	北京翰海	2013.06.23
香妃竹红木香台	长51.4cm	57,500	北京匡时	2013.12.04
约1880年 瑞士 40曲交响音乐写字台	长125cm	437,000	北京保利	2013.12.05
约1880年 瑞士 六铃六锤三角铁48曲音乐写字台	长118cm	207,000	北京保利	2013.12.05
约19世纪中期 意大利 彩色大理石拼贴古物陈列台	长178cm	207,000	北京保利	2013.12.05
紫檀雕回纹花台 (两件)	长106cm	80,500	北京翰海	2013.03.24

拍品名称	物品尺寸	成交价RMB	拍卖公司	拍卖日期
紫檀雕夔龙花台 (两件)	长107cm	59,800	北京翰海	2013.03.24
紫檀雕团寿花台 (两件)	长102cm	126,500	北京翰海	2013.03.24
紫檀嵌大理石花台 (两件)	长97cm	59,800	北京翰海	2013.03.24
紫檀烛台 (两件)	长44cm	29,900	北京翰海	2013.03.24
椅				
17世纪 黄花梨圈椅	高99.1cm	1,374,841	纽约苏富比	2013.03.19
17世纪 黄花梨圈椅	高101cm	985,159	纽约苏富比	2013.09.17
17世纪 黄花梨圈椅 (一对)	高92.7cm	1,449,493	纽约苏富比	2013.03.19
17世纪 黄花梨四出头官帽椅 (一对)	高110.5cm	726,631	纽约苏富比	2013.09.17
明 黄花梨矮靠背官帽椅	高95cm	667,000	北京保利	2013.07.27
明 黄花梨官帽椅	高107cm	1,380,000	北京传是	2013.12.12
明 黄花梨圈椅	高98cm	575,000	北京保利	2013.07.27
明 黄花梨四出头官帽椅 (一对)	高124cm	2,300,000	北京宝笈轩	2013.03.10
明 紫檀梳背椅 (一对)	高99cm	3,220,000	北京宝笈轩	2013.03.10
明末 黄花梨南官帽椅 (一对)	高115cm	852,277	纽约苏富比	2013.03.19
明末清初 黄花梨四出头官帽椅成对	高95cm	2,397,980	中国嘉德	2013.04.05
明末清初 黄花梨四出头官帽椅成对	高114cm	2,070,000	中国嘉德	2013.11.17
明晚期 黄花梨灯挂椅	高91cm	632,500	北京保利	2013.12.05
明晚期 黄花梨南官帽椅成对	高118.1cm	3,810,870	中国嘉德	2013.10.06
明晚期 黄花梨四出头官帽椅 (一对)	高108cm	2,875,000	北京保利	2013.12.05
清初期 花梨木灯挂椅 (两件)	高118cm	184,000	北京翰海	2013.03.24
清康熙 漆砂嵌螺钿花鸟纹扶手椅 (一对)	高97cm×2	553,380	保利香港	2013.04.07
清乾隆 紫檀雕福寿纹椅 (一对)	高108.3cm	2,415,000	北京匡时	2013.12.05
清乾隆 紫檀有束腰三弯腿带托泥西番莲纹大扶手椅	高112cm	2,766,900	中国嘉德	2013.04.05
清早期 大漆彩绘绣墩	高高54cm	322,000	中国嘉德	2013.11.17
清早期 黑漆官帽椅 (两对)	尺寸不一	40,250	中国嘉德	2013.09.14
清早期 红木花卉纹靠背椅 (四只)	高90cm	32,200	中国嘉德	2013.09.14
清早期 黄花梨雕螭龙纹南官帽椅	高91.5cm	368,000	中国嘉德	2013.05.11
清早期 黄花梨雕圈椅 (一只)	高99cm	414,000	北京保利	2013.06.06
清早期 黄花梨官帽椅 (一对)	高85cm	28,750	北京保利	2013.10.28
清早期 黄花梨六角梳背椅	高81.5cm	943,000	北京匡时	2013.06.05
清早期 黄花梨圈椅	高95cm	783,955	中国嘉德	2013.04.05
清早期 黄花梨圈椅	高98cm	1,179,555	中国嘉德	2013.10.06
清早期 黄花梨圈椅 (一对)	高98cm	690,000	北京保利	2013.06.06
清早期 黄花梨梳背椅成对	高85.5cm	2,582,440	中国嘉德	2013.04.05
清早期 黄花梨双螭捧寿玫瑰椅 (一对)	高91cm	920,000	北京传是	2013.06.15
清早期 黄花梨四出头官帽椅 (一对)	高117cm	1,092,500	北京保利	2013.07.27
清早期 楠木螭龙纹玫瑰椅	高82.5cm	36,800	中国嘉德	2013.03.23
清早期 榆木黑漆圈椅 (两对)	尺寸不一	40,250	中国嘉德	2013.09.14
清早期 榆木黑漆圈椅成对	高103cm	23,000	中国嘉德	2013.09.14
清早期 柞榛木躺椅	高109cm	74,750	北京保利	2013.07.27
清中期 大漆描金扶手椅 (一对)	高95.2cm×2	195,500	北京匡时	2013.09.12
清中期 黑漆四出头官帽椅成对	高102.5cm	13,800	中国嘉德	2013.03.23
清中期 红木宝珠纹圈椅成对	高99cm	55,200	中国嘉德	2013.09.14
清中期 红木雕寿字宝珠纹圈椅	高91cm	34,500	中国嘉德	2013.03.23
清中期 红木拐子靠背椅成对	高94cm	10,350	中国嘉德	2013.09.14
清中期 红木圈椅 (一对)	高96cm×2	92,000	北京传是	2013.12.12
清中期 红木有束腰马蹄腿嵌大理石靠背椅	高88cm	11,500	中国嘉德	2013.09.14
清中期 红木攒拐子纹扶手椅成对	高97cm	25,300	中国嘉德	2013.03.23
清中期 花梨雕灵芝纹扶手椅	高91cm	654,969	易拍好台北	2013.04.14
清中期 黄花梨出头螭龙纹南官帽椅	高94.5cm	287,500	北京传是	2013.12.12
清中期 黄花梨素面圈椅 (一只)	高163.5cm	322,000	北京保利	2013.06.06
清中期 龙眼木螭龙拐子纹圈椅成对	高99cm	59,800	中国嘉德	2013.03.23
清中期 剔红云龙四出头官帽椅 (一对)	高121cm×2	876,185	保利香港	2013.04.07
清中期 铁梨木花卉纹靠背椅 (四只)	高91cm	11,500	中国嘉德	2013.09.14
清中期 榆木变体南官帽椅及花几	高165cm	25,300	中国嘉德	2013.09.14

(成交价RMB：1万元以上)

拍品名称	物品尺寸	成交价RMB	拍卖公司	拍卖日期
清中期 榆木南官帽椅 (两对)	尺寸不一	36,800	中国嘉德	2013.09.14
晚清 梳背玫瑰椅 (四张)	高89cm	495,000	香港佳士得	2013.05.29
清 红木雕蚕纹苏做扶手椅 (四件)	高94cm	138,000	北京翰海	2013.03.24
清 红木雕福寿靠背椅 (6件)	尺寸不一	32,200	北京翰海	2013.09.14
清 红木灵芝纹扶手椅	高98cm	17,250	中国嘉德	2013.03.23
清 红木嵌大理石扶手椅 (一对)	高98cm×2	51,750	北京传是	2013.12.12
清 红木嵌大理石灵芝纹太师椅	高110cm	51,750	北京保利	2013.07.27
清 红木嵌大理石灵芝纹太师椅 (四件)	高100cm	207,000	北京保利	2013.07.27
清 红木嵌影木椅子 (四件)	高97cm	126,500	北京保利	2013.10.28
清 红木嵌瘿木大理石二人椅	高103cm	57,500	北京传是	2013.06.15
清 红木嵌瘿木玫瑰椅 (一对)	高90cm×2	43,700	北京传是	2013.12.12
清 红木圈椅 (一对)	高102cm×2	80,500	北京传是	2013.12.12
清 红木圈椅成对	高99cm	51,750	中国嘉德	2013.03.23
清 红木梳背椅	高92cm	17,250	北京翰海	2013.06.23
清 红木镶云石太师椅 (一对)	高114cm	552,000	广东崇正	2013.06.13
清 花梨木雕团寿圈椅 (两件)	高103cm	13,800	北京翰海	2013.06.23
清 花梨折叠椅 (四件)	高51cm	43,700	北京保利	2013.10.26
清 黄花梨螭龙南官帽椅 (一对)	高102cm×2	598,000	北京传是	2013.12.12
清 黄花梨官帽椅	高100cm	63,250	北京保利	2013.04.27
清 黄花梨吉庆有余官帽椅	高110cm	138,000	北京传是	2013.12.12
清 黄花梨吉庆有余椅 (一对)	高106cm	92,000	北京保利	2013.10.26
清 黄花梨靠背椅 (两件)	高86cm	41,400	北京翰海	2013.06.23
清 黄花梨玫瑰椅	高88cm	1,150,000	南京经典	2013.01.25
清 黄花梨玫瑰椅 (一对)	高87cm	40,250	北京保利	2013.10.28
清 黄花梨南官帽椅	高94cm	184,000	北京传是	2013.06.15
清 黄花梨南官帽椅	高95cm	138,000	北京传是	2013.06.15
清 黄花梨圈椅 (一对)	高103cm×2	667,000	南京经典	2013.01.25
清 黄花梨四出头官帽椅 (一对)	高116cm	632,500	南京经典	2013.07.28
清 黄花梨四出头椅 (一对)	高116cm×2	184,000	北京传是	2013.12.12
清 黄花梨圆后背交椅	高100cm	117,507	大唐香港	2013.11.28
清 黄杨木玫瑰椅 (一对)	高84cm	39,100	北京保利	2013.07.27
清 酸枝席面圈椅 (一对)	高100cm	207,000	广东崇正	2013.06.13
清 酸枝镶云石背椅	高118cm	90,390	大唐香港	2013.11.28
清 酸枝镶云石背椅 (一对)	高182cm	361,560	大唐香港	2013.11.28
清 酸枝镶云石花形背椅	高128cm	85,871	大唐香港	2013.11.28
清 榆木梳背椅 (四只)	高74cm	345,000	中国嘉德	2013.11.17
清 紫檀雕花卉圈椅 (两件)	高101cm	51,750	北京翰海	2013.09.14
清 紫檀圈椅 (一对)	高102cm×2	690,000	南京经典	2013.01.25
17世纪/18世纪 黄花梨仿竹南官帽椅	高107cm	1,225,537	纽约苏富比	2013.03.19
17世纪/18世纪 黄花梨圈椅 (一对)	高99cm	1,225,537	纽约苏富比	2013.03.19
17世纪/18世纪 黄花梨四出头官帽椅	高112.6cm	1,225,537	纽约苏富比	2013.03.19
18世纪 白木交椅	高104.1cm	194,406	纽约苏富比	2013.03.19
18世纪 核桃木圈椅 (一对)		53,541	纽约苏富比	2013.09.17
18世纪/19世纪 红木寿字太师椅 (一套四件)	高103cm	402,500	北京保利	2013.06.06
清晚期 红木雕花镶大理石扶手椅 (四只)	高107cm	59,800	中国嘉德	2013.09.14
清晚期 红木拐子龙扶手椅 (一对)	高99cm	33,350	北京传是	2013.06.15
清晚期 红木嵌大理石如意纹太师椅 (一套)	高107cm	35,650	北京传是	2013.06.15
清晚期 红木嵌螺钿镶大理石长椅成对	高189.5cm	149,500	中国嘉德	2013.09.14
清晚期 红木躺椅	高101cm	10,350	中国嘉德	2013.09.14
清晚期 柚木欧式扶手椅成对 红木嵌理石扶手椅成对	尺寸不一	13,800	中国嘉德	2013.09.14
民国 红木雕博古花卉三人椅	高180cm	40,250	北京翰海	2013.03.24
民国 红木雕夔龙太师椅 (两件)	高100cm	36,800	北京翰海	2013.06.23
民国 红木灵芝纹嵌云石太师椅 (两椅一几)	尺寸不一	207,000	南京经典	2013.07.28
民国 红木欧式椅 (3件)	尺寸不一	43,700	北京翰海	2013.09.14

拍品名称	物品尺寸	成交价RMB	拍卖公司	拍卖日期
民国 红木嵌大理石扶手椅 (4件)	高101cm	57,500	北京翰海	2013.09.14
民国 红木嵌大理石灵芝椅 (两件)	高104cm	57,500	北京翰海	2013.03.24
民国 红木嵌螺钿人物三人椅	高178cm	29,900	北京翰海	2013.03.24
民国 红木嵌螺钿延年益寿太师椅 (两件)	高98cm	40,250	北京翰海	2013.03.24
民国 红木嵌影木扶手椅 (两件)	高107cm	16,100	北京翰海	2013.03.24
民国 红木嵌瘿木绣墩 (一对)	高48cm	40,250	北京保利	2013.10.26
民国 红木三人椅	高181cm	20,700	北京翰海	2013.06.23
民国 红木书卷椅 (一对)	高104cm×2	46,000	北京传是	2013.12.12
民国 红木躺椅	高102cm	36,800	北京翰海	2013.03.24
民国 黄杨圈椅 (一对)	高92cm	34,500	北京保利	2013.10.26
1998年制作 小叶紫檀罗锅枨扇面扶手椅	高109cm	1,840,000	中国嘉德	2013.05.11
陈燕飞 2012年 云摇椅	高83cm	17,250	北京保利	2013.12.02
当代 清式 楠木竹节纹圈椅成对	高94.5cm	322,000	中国嘉德	2013.11.17
当代 金丝楠圈椅	高99cm×4	483,000	北京艺融	2013.11.28
当代 明式楠木攒靠背板嵌石大四出头官帽椅成对	高119cm	1,437,500	中国嘉德	2013.11.17
法国 新古典主义风格沙发座椅 (五件套)	尺寸不一	57,500	北京保利	2013.12.05
黑檀禅椅 (一套)	尺寸不一	63,250	北京传是	2013.06.15
黑檀嵌黄杨木诗文四出头椅 (一套)	尺寸不一	48,300	北京传是	2013.06.15
红木雕福庆纹圈椅	高99cm	36,800	北京华辰	2013.11.17
红木雕夔龙官帽椅 (三件)	尺寸不一	18,400	北京翰海	2013.03.24
红木雕山水太师椅	高114cm	23,000	北京翰海	2013.03.24
红木南官帽椅 (一套)	高115cm	17,250	北京传是	2013.06.15
红木欧式扶手椅	尺寸不一	25,300	北京翰海	2013.03.24
黄花梨灯挂椅 (一对)	高108cm	494,500	北京传是	2013.06.15
黄花梨木下卷式琴椅	高107cm	66,700	北京华辰	2013.11.17
刘传生 2012年 大禅椅	高77cm	46,000	北京保利	2013.12.02
现代 黄花梨雕麒麟圈椅 (两件)	高107cm	51,750	北京翰海	2013.09.14
现代 紫檀雕花扶手椅 (3件)	尺寸不一	25,300	北京翰海	2013.06.23
现代 紫檀雕夔龙多宝椅 (两件)	高168cm	69,000	北京翰海	2013.06.23
现代 紫檀明式圈椅 (3件)	尺寸不一	69,000	北京翰海	2013.09.14
现代 紫檀嵌黄杨木玫瑰椅 (3件)	尺寸不一	40,250	北京翰海	2013.09.14
越南黄花梨圈椅 (一对)	尺寸不一	437,000	福建东南	2013.05.26
紫檀雕夔龙官帽椅 (三件)	尺寸不一	43,700	北京翰海	2013.03.24
紫檀莲纹扶手椅 (一对)	高99.1cm×2	769,849	纽约佳士得	2013.03.21
紫檀麒麟纹圈椅	高105cm	172,500	北京华辰	2013.05.09
紫檀嵌影木苏式扶手椅 (3件)	尺寸不一	41,400	北京翰海	2013.03.24
紫檀太师椅 (一对)	高118cm	1,265,000	广东崇正	2013.06.13
紫檀席面南官帽椅 (一对)	高92cm	69,000	北京华辰	2013.11.17
凳				
明 黄花梨大禅凳	长47.5cm	1,150,000	翰风国际	2013.04.20
明 黄花梨大方凳	宽64cm	253,000	北京保利	2013.07.27
明 黄花梨方禅凳	长49.3cm	368,000	北京匡时	2013.06.05
明 黄花梨方凳	长52cm	57,500	翰风国际	2013.04.20
明 黄花梨束腰马蹄足方凳	宽51cm	345,000	北京保利	2013.07.27
明 紫檀禅凳	长45cm	264,500	北京传是	2013.12.12
明末清初 黄花梨滚脚凳	长77cm	97,750	北京保利	2013.07.27
明末清初 黄花梨圆裹腿大禅凳成对	长63cm	1,198,990	中国嘉德	2013.04.05
明末清初 黄花梨圆腿直枨长方凳	长43cm	350,474	中国嘉德	2013.04.05
17世纪 黄花梨方凳		305,950	纽约苏富比	2013.09.17
清乾隆 紫檀大方凳	长52.5cm	552,000	北京保利	2013.12.04
清乾隆/嘉庆 紫檀雕夔纹方凳 (一对)	高60cm; 高51cm	1,259,280	香港佳士得	2013.05.29
清早期 柞榆夹头榫小凳	长15.2cm	207,000	中国嘉德	2013.11.17
清早期 黄花梨有束腰攒拐子枨直腿大方凳	长49.5cm	368,000	中国嘉德	2013.05.11
清中期 红木有束腰马蹄腿直枨方凳	长55cm	200,000	中国嘉德	2013.11.17

2013杂项拍卖成交汇总

（成交价RMB：1万元以上）

拍品名称	物品尺寸	成交价RMB	拍卖公司	拍卖日期
清中期 花梨无束腰罗锅枨带矮老圆腿禅凳	长52cm	345,000	中国嘉德	2013.11.17
清晚期 红木方凳（四件）	长50cm	20,700	中国嘉德	2013.09.14
清晚期 红木鼓凳及红木嵌粉彩瓷板花几	高48cm；高77cm	51,750	中国嘉德	2013.09.14
清晚期 黄花梨有束腰罗锅枨马蹄腿方凳成对	长52cm	25,300	中国嘉德	2013.09.14
清 红木禅凳（四只）	长46cm×4	138,000	北京歌德	2013.06.02
清 红木打洼霸王枨凳（四只）	长46cm	36,800	北京传是	2013.06.15
清 红木鼓凳（四件）	长50cm	109,250	北京保利	2013.07.27
清 红木鼓腿方凳（一对）	长51cm×2	23,000	北京传是	2013.12.12
清 红木嵌瘿木鼓凳（四件）	长50cm	69,000	北京保利	2013.07.27
清 花梨禅凳（两件）	长52cm	25,300	北京翰海	2013.06.23
清 黄花梨禅凳	长86cm	23,000	北京保利	2013.07.28
清 青花八角形鼓樽（一对）	高48cm×2	138,345	香港淳浩	2013.04.05
清 紫檀双面交兀	长61cm	8,855,000	翰风国际	2013.04.20
18世纪 黄花梨方凳	高50.8cm	132,196	纽约苏富比	2013.03.19
当代 明式楠木无束腰带倭角挖缺作琴桌及楠木有束腰马蹄足琴凳	长128cm；长50cm	483,000	中国嘉德	2013.11.17
红木大禅凳	长50cm	32,200	北京翰海	2013.03.24
红木嵌影木鼓凳（两件）	长51cm	28,750	北京翰海	2013.03.24
黄花梨禅凳	宽87cm	23,000	北京保利	2013.04.28
黄花梨方凳（四只）	长47cm	345,000	北京传是	2013.06.15
黄花梨圆裹腿方凳成对	长49cm	55,200	中国嘉德	2013.09.14
近代 榆木夹头榫长方凳成对	长55cm	59,800	中国嘉德	2013.11.17
六足大禅墩	宽93cm	690,000	中国嘉德	2013.05.11
民国 紫檀镶木如意脚圆柗 连凳（一套七件）	尺寸不一	545,790	香港华辉	2013.07.26
现代 红木禅凳（两件）	长50cm	17,250	北京翰海	2013.06.23
硬木圆裹圆带矮老罗锅枨方凳（四只）	长51cm	20,700	中国嘉德	2013.03.23
朱小杰 2012年 茶凳	长154cm	14,950	北京保利	2013.12.02
紫檀螭龙纹凳（一对）	高47.6cm	172,500	中国嘉德	2013.09.17
宝座				
清 黄花梨龙纹宝座	长106cm	1,840,000	南京经典	2013.01.25
清 刻瓦当纹云石面紫檀宝座	长106cm	225,975	香港淳浩	2013.11.30
清早期 红木赏石座	长53.5cm	115,000	中国嘉德	2013.11.19
清中期 铁梨木有束腰马蹄腿三屏风式宝座	长100cm	109,250	中国嘉德	2013.09.14
清中期 紫檀六方座	长18cm	57,500	中国嘉德	2013.09.16
19世纪 胡桃木雕“灵芝游龙”图宝座	长111cm	401,000	香港苏富比	2013.04.08
红木雕夔龙宝座	长117cm	36,800	北京翰海	2013.03.24
红木嵌大理石小宝座	长110cm	18,400	北京翰海	2013.03.24
近代 红木雕博古纹宝座	长128cm	71,300	北京传是	2013.12.12
近代 小叶紫檀宝座	高95cm	1,092,500	北京艺融	2013.11.28
民国 鸡翅木宝座	长105cm	13,800	北京翰海	2013.06.23
现代 红木雕福寿宝座	长115cm	17,250	北京翰海	2013.09.14
现代 红木雕狮纹宝座（两件）	长120cm	20,700	北京翰海	2013.09.14
现代 红木嵌大理石雕勾莲宝座	长119cm	32,200	北京翰海	2013.06.23
现代 红木嵌大理石小宝座	长111cm	10,350	北京翰海	2013.09.14
紫檀云龙宝座	高100cm	25,300	北京保利	2013.01.11
紫檀云龙宝座	长110cm	172,500	上海嘉泰	2013.07.05
案				
明 黄花梨画案	长122cm	483,000	北京保利	2013.07.27
明 黄花梨夹头榫平头案	长123.8cm	1,840,000	北京匡时	2013.06.05
明 黄花梨夹头榫平头案	长103cm	690,000	北京保利	2013.07.27
明 黄花梨灵芝纹翘头案	长222cm	2,185,000	北京保利	2013.06.04
明 黄花梨嵌瘿木头案	长83cm	805,000	北京保利	2013.07.27
明 黄花梨翘头案	长181cm	6,785,000	翰风国际	2013.04.20
明 黄花梨条案	长172cm	977,500	北京保利	2013.10.27
明 黄花梨圆腿刀子牙板平头案	长152cm	4,025,000	翰风国际	2013.04.20

拍品名称	物品尺寸	成交价RMB	拍卖公司	拍卖日期
明 黄花梨云头牙板平头案	长216.5cm	3,105,000	翰风国际	2013.04.20
明 黄花梨云头牙板香案	长102cm	3,105,000	翰风国际	2013.04.20
明 金丝楠架几案	长318cm	31,360,000	北京中嘉	2013.07.07
明 紫檀夔凤纹翘头案	长223cm	2,760,000	北京宝笈轩	2013.03.10
明 紫檀平头案	长198cm	2,760,000	北京宝笈轩	2013.03.10
明嘉靖/万历 黑漆嵌螺钿盆花图条案	长158.8cm	1,546,440	香港苏富比	2013.10.08
明末/18世纪 黄花梨架几案	高92.7cm	56,510,009	纽约佳士得	2013.03.21
明末/清初 黄花梨雕螭龙衔灵芝纹翘头案	宽182cm	1,924,560	香港佳士得	2013.05.29
明末清初 黄花梨夹头榫带屉板小平头案	长89cm	998,085	保利香港	2013.10.07
明末清初 黄花梨瓜纹平头案	长115cm	1,840,000	南京经典	2013.01.25
明末清初 黄花梨平头案	长164.7cm	2,070,000	北京宝笈轩	2013.03.10
明末清初 黄花梨翘头大画案	长165cm	3,320,280	中国嘉德	2013.04.05
明末清初 黄花梨琴案	长159cm	5,175,000	中国嘉德	2013.11.17
明末清初 黄花梨圆腿云头牙板直枨带屉小案	长75cm	1,383,450	中国嘉德	2013.04.05
明末清初 铁梨木独板螭龙纹大翘头案	长315cm	437,000	中国嘉德	2013.03.23
明末清初 紫檀螭龙纹小翘头案	长38.5cm	97,750	中国嘉德	2013.05.11
明晚期 铁梨木夹头榫小平头案	长98cm	51,750	中国嘉德	2013.09.14
明晚期 紫檀夹头榫带托泥翘头小案	宽38.5cm	782,000	中国嘉德	2013.11.17
明早期 剑腿大漆画案	长193cm	43,700	北京保利	2013.10.28
明中期 黄花梨“活拆”云纹平头案	长158cm	1,725,000	北京保利	2013.12.05
清初 黄花梨小案	长33.5cm	207,000	远方拍卖	2013.12.01
清早期 黄花梨带屉夹头榫小香案	长71.5cm	771,248	中国嘉德	2013.10.06
清早期 黄花梨夹头榫画案	长139.5cm	744,027	中国嘉德	2013.10.06
清早期 黄花梨瘿木面无束腰刀牙板直枨圆腿小香案	长74.5cm	876,185	中国嘉德	2013.04.05
清早期 鸡翅木螭龙纹独板翘头案	长179.3cm	3,220,000	中国嘉德	2013.05.11
清早期 榉木小平头案	长126cm	20,700	中国嘉德	2013.09.14
清早期 榉木圆腿平头案	长193cm	17,250	中国嘉德	2013.03.23
清早期 榆木螭龙纹带托泥大翘头案	长293cm	46,000	中国嘉德	2013.09.14
清早期 榆木灵芝纹翘头案		25,300	中国嘉德	2013.09.14
清早期 紫檀螭龙纹小翘头案	长38.5cm	58,978	中国嘉德	2013.10.06
清早期 紫檀龙纹翘头案	长220cm	402,500	北京保利	2013.06.06
清早期 紫檀小翘头案	长37cm	112,700	中国嘉德	2013.05.11
清康熙 红漆加彩描金条案	宽140cm	198,868	纽约苏富比	2013.09.17
清康熙 黄花梨独板架几案	长305.2cm	18,907,150	中国嘉德	2013.04.05
清康熙 硬木嵌黄杨木平头案	宽199.7cm	244,760	纽约苏富比	2013.09.17
清乾隆 紫檀雕蕉叶纹小条案	长129cm	1,380,000	北京匡时	2013.12.05
清乾隆 紫檀木卷草牡丹纹平头案（一对）	长231cm	14,233,560	香港苏富比	2013.10.08
清中期 核桃木夹头榫云头牙板带屉小案	长50cm	86,250	中国嘉德	2013.11.17
清中期 黑漆描金花卉三弯腿翘头案	长242cm	36,800	中国嘉德	2013.09.14
清中期 黑漆寿字纹翘头案	长281cm	17,250	中国嘉德	2013.09.14
清中期 红木博古纹小案	长1052cm	32,200	中国嘉德	2013.09.14
清中期 榆木螭龙纹带托泥平头案	长264cm	11,500	中国嘉德	2013.03.23
清中期 榆木带托泥花卉纹大翘头案	长360cm	48,300	中国嘉德	2013.09.14
清中期 榆木黑漆带屉三弯腿大翘头案	长336cm	20,700	中国嘉德	2013.09.14
清中期 榆木夹头榫平头案	长225cm	17,250	中国嘉德	2013.09.14
清中期 榆木灵芝纹翘头案	长263cm	20,700	中国嘉德	2013.09.14
清中期 紫檀拐子龙纹大翘头案	长200cm	4,830,000	南京经典	2013.01.25
清 包镶黄花梨云头条案	长256cm	805,000	广东崇正	2013.06.13
清 红木博古平头案	长253cm	43,700	北京翰海	2013.06.23
清 红木大画案	长160cm	51,750	北京传是	2013.12.12
清 红木雕螭龙翘头案	长1493cm	19,550	北京翰海	2013.09.14
清 红木雕花果条案	长208cm	20,700	北京翰海	2013.06.23
清 红木雕花卉条案	长244cm	138,000	北京翰海	2013.03.24
清 红木雕夔龙翘头案	长260cm	40,250	北京翰海	2013.03.24
清 红木拐子龙平头案	长182cm	89,700	北京传是	2013.12.12

拍品名称	物品尺寸	成交价RMB	拍卖公司	拍卖日期
清 花梨明式翘头案	长203cm	690,000	北京翰海	2013.06.23
清 黄花梨如意云纹书案	直径90cm	414,000	南京经典	2013.07.28
清 黄花梨攒框独板刀牙板翘头案	长167cm	460,000	北京传是	2013.12.12
清 夔凤纹翘头案	长190cm	667,000	广东崇正	2013.06.13
清 龙眼木翘头案	长287cm	43,700	北京保利	2013.07.27
清 楠木架几案	长326cm	34,500	中国嘉德	2013.09.14
清 漆点金彩大贡案	长214cm	40,250	北京保利	2013.10.28
清 酸枝大画案	长196cm	239,798	香港淳浩	2013.04.05
清 酸枝云纹平头案	长160cm	172,500	广东崇正	2013.06.13
清 酸枝长案	长275cm	180,780	大唐香港	2013.11.28
清 铁梨木小案子	长87cm	115,000	翰风国际	2013.04.20
清 铁力木雕夔龙翘头案	长229cm	28,750	北京翰海	2013.06.23
清 铁力木雕夔龙翘头案	长235cm	40,250	北京翰海	2013.09.14
清 铁力木罗锅枨带霸王枨画案	长181cm	35,650	北京传是	2013.06.15
清 铁力木明式翘头案	长227cm	17,250	北京翰海	2013.03.24
清 铁力木明式翘头案	长226cm	26,450	北京翰海	2013.09.14
清 湘妃竹条案	长92.5cm	218,500	中国嘉德	2013.09.17
清 小叶紫檀翘头案	长190cm	1,380,000	北京艺融	2013.11.28
清 榆木雕花架几案	长264cm	20,700	北京翰海	2013.03.24
清 紫檀刀牙板平头案	长147cm	276,000	北京传是	2013.06.15
清 紫檀画案	长146cm	345,000	北京保利	2013.10.28
清 紫檀龙纹翘头案	长164cm	1,150,000	南京经典	2013.01.25
晚清 紫檀如意博古纹平头案	长144cm	322,000	南京经典	2013.01.25
17世纪 黄花梨小翘头案	宽48.6cm	1,262,400	香港苏富比	2013.10.08
17世纪/18世纪 黄花梨平头案	宽170.18cm	2,457,295	纽约苏富比	2013.03.19
17世纪/18世纪 黄花梨平头案	宽212cm	1,719,439	纽约苏富比	2013.09.17
17世纪/18世纪 鸡翅木平头案	宽148cm	91,785	纽约苏富比	2013.09.17
18世纪/19世纪 紫檀炕案	长69.5cm	256,425	香港苏富比	2013.10.08
18世纪初 黄花梨翘头案	长175.1cm	1,742,328	伦敦苏富比	2013.05.15
19世纪 黄花梨龙凤呈祥翘头案		1,048,977	伦敦佳士得	2013.05.14
清晚期 红木带屉夹头榫小案	长85cm	36,800	中国嘉德	2013.09.14
清晚期 黄花梨翘头案	长133cm	414,000	北京保利	2013.07.27
2009年 架墩式雕回纹架几案	宽353cm	2,415,000	中国嘉德	2013.05.11
2013年 花梨木罗锅枨双墩大画案	宽322cm	920,000	中国嘉德	2013.05.11
20世纪 紫檀大平头案	长260cm	483,000	南京经典	2013.01.25
当代 金丝楠翘头案	长169cm	299,000	北京艺融	2013.11.28
当代 明式楠木夹头榫香炉腿大画案	长236cm	2,760,000	中国嘉德	2013.11.17
当代 明式楠木夹头榫云头牙板长条案	长210cm	1,495,000	中国嘉德	2013.11.17
裹腿条案	宽170cm	483,000	中国嘉德	2013.05.11
红木雕花卉翘头案	长257cm	34,500	北京翰海	2013.03.24
红木雕双鹿下卷案	长234cm	29,900	北京翰海	2013.03.24
红木回纹双鹿下卷条案	长235cm	69,000	北京华辰	2013.05.09
红木嵌金丝楠明式画案	长156cm	32,200	北京华辰	2013.11.17
红木兽面平头案	长163cm	23,000	北京传是	2013.06.15
花梨木独板案	长270cm	26,450	北京翰海	2013.03.24
花梨木独板条案配供石山子	宽35cm	402,500	北京保利	2013.06.06
花梨木明式翘头案	长130cm	18,400	北京翰海	2013.03.24
花梨木条案	长145cm	13,800	北京翰海	2013.03.24
黄花梨明式翘头案	高85cm	115,000	北京华辰	2013.05.09
近代 花梨木独板大画案、脚踏及桌上小案	尺寸不一	12,650,000	中国嘉德	2013.11.17
近代 黄花梨带屉画案	长110cm	92,000	北京传是	2013.12.12
近代 黄花梨带屉内翻马蹄腿大画案	长174.5cm	402,500	北京传是	2013.12.12
近代 黄花梨独板条案	长217cm	3,450,000	北京传是	2013.12.12
近代 黄花梨架几书案	长164.8cm	172,500	北京传是	2013.12.12
近代 黄花梨斩腿画案	长194cm	1,725,000	北京传是	2013.12.12
刘传生 2013年 机关案	长105.5cm	115,000	北京保利	2013.12.02
民国 红木狮纹画案	长200cm	71,300	北京翰海	2013.03.24
民国 紫檀高缩腰霸王枨条案	长85cm	92,000	北京传是	2013.12.12

拍品名称	物品尺寸	成交价RMB	拍卖公司	拍卖日期
民国 紫檀明式翘头案	长129cm	20,700	北京翰海	2013.03.24
民国 紫檀卍字纹平头案	长125cm	207,000	北京保利	2013.10.28
铁力木博古图架几案	长338cm	287,500	广东崇正	2013.06.13
现代 花梨木雕龙纹翘头案	长185.5cm	97,750	北京翰海	2013.09.14
现代 黄花梨明式平头案	长170.5cm	172,500	北京翰海	2013.09.14
现代 黄杨木嵌金丝楠木明式条案	长144cm	12,650	北京翰海	2013.09.14
现代 鸡翅木独板案	长277cm	57,500	北京翰海	2013.06.23
现代 铁力木雕螭龙卷书案	长221cm	34,500	北京翰海	2013.06.23
现代 紫檀雕花卉画案	长200cm	126,500	北京翰海	2013.09.14
现代 紫檀雕夔龙翘头案	长168cm	172,500	北京翰海	2013.09.14
现代 紫檀雕夔龙条案	长128cm	32,200	北京翰海	2013.09.14
现代 紫檀雕灵芝架几案	长219cm	43,700	北京翰海	2013.06.23
现代 紫檀雕如意小画案	长150cm	230,000	北京翰海	2013.09.14
现代 紫檀明式条案	长116cm	32,200	北京翰海	2013.06.23
现代 紫檀明式条案	长108cm	28,750	北京翰海	2013.06.23
香妃竹条案	长92cm	149,500	北京匡时	2013.12.04
云头小案	高81cm	195,500	中国嘉德	2013.05.11
紫檀雕花画案	长172cm	59,800	北京翰海	2013.03.24
紫檀雕花卉画案	长173cm	66,700	北京翰海	2013.03.24
紫檀雕龙纹翘头案	长128cm	36,800	北京翰海	2013.03.24
紫檀明式条案	长115cm	161,000	北京翰海	2013.03.24
紫檀明式条案	长179cm	46,000	北京翰海	2013.03.24
紫檀明式小条案	长99cm	23,000	北京翰海	2013.03.24
紫檀木雕云纹案	长150cm	207,000	北京华辰	2013.11.17
紫檀云头圆腿小条案	宽120cm	690,000	中国嘉德	2013.05.11
几				
17世纪 黑漆嵌螺钿人物图长方几	长55.5cm	262,543	伦敦苏富比	2013.05.15
明 黑漆螺钿梅花月影四方几	长30cm	86,250	北京保利	2013.06.06
明 黑漆嵌螺钿群仙贺寿四足几	长63.5cm	230,000	北京保利	2013.06.05
明 黄花梨雕龙纹几	长90cm	690,000	翰风国际	2013.04.20
明 漆嵌螺钿出巡图霸王枨方炕几	长75.3cm	115,000	北京保利	2013.12.05
明末 黄花梨有束腰炕几	长95.5cm	2,177,640	保利香港	2013.10.07
明万历 绘漆花鸟龙纹高束腰香几	长54cm	931,020	香港苏富比	2013.10.08
明中期 剔黑双凤牡丹方几	长68cm	517,500	北京保利	2013.12.05
清早期 黄花梨雕卷草纹花几	长79.5cm	690,000	北京匡时	2013.06.05
清早期 黄花梨嵌松花石小方几	宽13cm	32,200	北京保利	2013.04.27
清早期 黄花梨小几	长40.5cm	1,127,000	中国嘉德	2013.11.17
清早期 铜胎掐丝珐琅博古纹书卷式几	长40.5cm	690,000	北京保利	2013.12.05
清康熙 黑漆嵌螺钿山水楼阁图香几	径39.4cm	345,188	香港苏富比	2013.10.08
清雍正/乾隆 御制黑漆描金莲纹四足花几(一对)	高78.7cm	1,603,440	罗芙奥	2013.11.24
清乾隆 曹秋舫铭 紫檀香几	高81.9cm	3,795,000	北京保利	2013.06.04
清乾隆 红木嵌粉彩山水花鸟纹瓷板小几	长69.7cm	402,500	北京中汉	2013.05.13
清乾隆 黄花梨有束腰马蹄腿带托泥小几	长34.5cm	40,250	中国嘉德	2013.03.23
清乾隆 紫檀有束腰展腿雕龙纹带托泥方几	高85cm	3,220,000	中国嘉德	2013.11.17
清乾隆 紫檀展腿式特高束腰雕拐子纹带托泥香几	高90cm	2,300,000	中国嘉德	2013.11.17
清乾隆 紫檀长方小炕几	长86.7cm	287,500	北京匡时	2013.12.05
清中期 红木有束腰马蹄腿拐子纹花几	长89cm	11,500	中国嘉德	2013.09.14
清中期 红木长方几	长25.2cm	13,800	中国嘉德	2013.03.25
清中期 黄杨木随形香几	长31.3cm	126,500	中国嘉德	2013.05.11
清中期 紫檀回纹小几	长24.5cm	34,500	北京传是	2013.12.12
清中期 紫檀嵌玉小方几	长17.8cm	13,800	北京匡时	2013.09.12
清中期 紫檀嵌云石方几	长17cm	172,500	中国嘉德	2013.11.19
清中期 紫檀有束腰三弯腿带托泥石面小几	高17.5cm	57,500	中国嘉德	2013.03.23

2013杂项拍卖成交汇总

(成交价RMB：1万元以上)

拍品名称	物品尺寸	成交价RMB	拍卖公司	拍卖日期
清晚期 红木镶大理石花几及红木镶理石面三层花几	尺寸不一	17,250	中国嘉德	2013.09.14
清 大理石面红木六方几	高53.8cm	126,500	北京亨申	2013.06.06
清 根雕几	高34cm	13,800	北京保利	2013.10.26
清 黑漆螺钿人物几	长70cm	11,500	北京保利	2013.10.28
清 黑漆嵌螺钿人物几	长32cm	13,800	北京保利	2013.10.26
清 红木根随形几	长82cm	46,000	北京保利	2013.06.06
清 红木拐子花几 (一对)	长96cm	18,400	北京传是	2013.06.15
清 红木花几	长79cm	25,300	北京保利	2013.04.28
清 红木镂雕小几	长46cm	63,250	北京保利	2013.04.28
清 红木嵌大理石如意纹小几	长35cm	13,800	北京保利	2013.04.27
清 红木嵌瘿木高低几	长46cm	11,500	北京保利	2013.07.27
清 红木嵌瘿木花卉小几	长24cm	17,250	北京保利	2013.07.27
清 红木嵌瘿木香几	高42cm	13,800	南京经典	2013.07.28
清 红木下卷	长50cm	20,700	北京保利	2013.10.26
清 红木云霄纹花几	长58cm	63,250	北京保利	2013.04.28
清 黄花梨六角卷叶香几 (一对)	高58cm	517,500	南京经典	2013.07.28
清 黄花梨嵌大理石长方几	长32cm	17,250	中国嘉德	2013.09.16
清 黄花梨小几	长33cm	13,800	北京保利	2013.04.28
清 黄花梨小炕几	长96.7cm	207,000	北京匡时	2013.12.05
清 黄花梨有束腰马蹄腿带托泥嵌云石小几	长34.5cm	32,200	中国嘉德	2013.09.14
清 黄杨木雕小花几	高42cm	43,700	北京保利	2013.04.27
清 黄杨木嵌瘿木面花几 (一对)	高26.5cm	11,500	中国嘉德	2013.12.14
清 黄杨木随形花几	高48cm	184,000	远方拍卖	2013.12.01
清 黄杨嵌红木几	长62cm	50,600	北京保利	2013.07.27
清 黄杨嵌红木小几	长54cm	13,800	北京保利	2013.07.27
清 黄杨嵌瘿木随形几	长56cm	51,750	北京保利	2013.07.27
清 黄杨嵌瘿木小花几 (一对)	长30cm	25,300	北京保利	2013.04.27
清 黄杨随形几	宽39cm	28,750	北京保利	2013.04.27
清 京作紫檀嵌云石带托泥座书几	长20.7cm	161,000	六朝艺宴	2013.07.07
清 漆嵌螺钿人物山水几	长80cm	34,500	北京保利	2013.04.27
清 漆嵌螺钿三国人物几	长50cm	11,500	北京保利	2013.04.27
清 漆嵌螺钿司马光砸缸小几	宽34cm	10,350	北京保利	2013.04.27
清 奇木雕随形香几	长58cm	109,250	西泠拍卖	2013.07.12
清 树根随形几	长136cm	103,500	六朝艺宴	2013.07.07
清 剔红螭龙香几	高37cm	20,700	北京翰海	2013.07.14
清 湘妃竹小几	长61cm	40,250	北京保利	2013.10.26
清 紫檀方几 (两件)	高22cm	34,500	北京翰海	2013.06.02
清 紫檀拐子嵌瘿木花几 (一对)	长51.5cm	23,000	北京传是	2013.12.12
清 紫檀花卉几	直径27cm	13,800	北京保利	2013.07.27
清 紫檀花几 (一对)	高42cm	322,000	北京宝笈轩	2013.03.10
清 紫檀嵌大理石佛座、小几 (两件)	长16cm；长31cm	17,250	北京保利	2013.04.27
清 紫檀嵌大理石小几	长23.5cm	13,800	北京保利	2013.04.27
清 紫檀嵌螺钿"喜上眉梢"图长方几	长35cm	271,200	远方拍卖	2013.06.06
清 紫檀嵌影木小案几	长81cm	11,500	北京保利	2013.10.28
清 紫檀嵌瘿木圆形几	宽25cm	25,300	北京保利	2013.04.27
清 紫檀三弯腿小香几	长14.5cm	25,300	北京传是	2013.12.12
清 紫檀石面方几	高95cm	92,000	北京保利	2013.07.28
清 紫檀镶理石案几	高34cm	20,700	北京翰海	2013.11.17
1860-1880年制 法国 拿破仑三世风格布尔风格贴木细镶嵌铜丝小茶几 大理石桌面	长84cm	32,200	北京保利	2013.04.28
18世纪/19世纪 紫檀炕几	宽96.2cm	388,813	纽约佳士得	2013.03.21
19世纪 黄花梨长方几 (一对)	长79cm	202,874	伦敦苏富比	2013.05.15
民国 大漆描金嵌宝库形几	长27cm	23,000	北京传是	2013.12.12
民国 红木勾云纹花几 (一对)	高88cm×2	36,800	北京传是	2013.12.12
民国 红木三弯腿花几 (一对)	高83cm×2	18,400	北京传是	2013.12.12
民国 红木圆形花几 (一对)	高100cm×2	19,550	北京传是	2013.12.12

拍品名称	物品尺寸	成交价RMB	拍卖公司	拍卖日期
民国 灵芝云石红木八椅四几	椅长107cm；几长74cm	690,000	北京保利	2013.12.06
民国 紫檀文房小几 (两只)	尺寸不一	13,800	北京传是	2013.12.12
2001年 小叶紫檀板足琴几	高68cm	2,070,000	中国嘉德	2013.05.11
2009年 小叶紫檀高足香几	高118cm	253,000	中国嘉德	2013.05.11
2013年 陈燕飞 海棠架几	长180cm	25,300	北京保利	2013.12.02
2013年 陈燕飞 海棠香几	长80cm	10,350	北京保利	2013.12.02
当代 金丝楠花几 (一对)	高108cm	126,500	北京艺融	2013.11.28
当代 明式楠木有束腰挖缺作带托泥倭角方香几	长84cm	529,000	中国嘉德	2013.11.17
当代 明式楠木有束腰五足内卷圆香几	长86cm	575,000	中国嘉德	2013.11.17
芙蓉花龙纹高几		20,000	北京保利	2013.01.20
红木雕回纹长方几	长86cm	10,350	北京翰海	2013.03.24
红木龙纹四方花几 (一对)	高96cm	36,800	北京华辰	2013.11.17
红木梅花形香几 (一对)	高104cm	57,500	北京传是	2013.06.15
红木嵌瓷面五足香几	高103cm	82,800	北京华辰	2013.11.17
红木镶大理石花几及红木三层花几	尺寸不一	13,800	中国嘉德	2013.09.14
黄花梨花几 (一对)	长90cm	241,500	北京传是	2013.06.15
黄花梨镶红石板足开光条几	长124cm	805,000	广东崇正	2013.06.13
近代 黄花梨香几 (一对)	长67cm×2	101,200	北京传是	2013.12.12
近代 黄杨嵌紫檀面小几	长60cm	25,300	北京保利	2013.10.28
现代 红木雕双龙琴几	长130cm	11,500	北京翰海	2013.06.23
紫檀六角花几 (一对)	长97cm	264,500	福建东南	2013.10.28
紫檀圈椅一对及茶几	高90cm；高70cm	414,000	北京艺融	2013.11.28
紫檀条几配供石山子	高45cm	166,750	北京保利	2013.06.06
紫檀小长条几	长33cm	11,500	北京保利	2013.04.28
架				
17世纪 黄花梨小方镜架	宽28cm	198,868	纽约苏富比	2013.09.17
明 黄花梨六足高面盆架	高183cm	2,760,000	北京宝笈轩	2013.03.10
明末清初 黄花梨盆架	长68cm	103,500	南京经典	2013.01.25
明末清初 黄花梨贴架	长37.2cm	195,500	中国嘉德	2013.11.17
明末清初 黄花梨云头纹盆架	高176cm	184,000	北京保利	2013.06.06
清早 黄花梨龙纹盆架	长177cm	575,000	南京经典	2013.01.25
清早期 黄花梨镜架	长32.8cm	74,750	北京保利	2013.06.06
清 红木博古架	高69cm	26,450	北京保利	2013.07.27
清 红木雕花鸟多宝架	长122cm	17,250	北京翰海	2013.06.23
清 红木凤头衣架	长179cm	46,000	北京保利	2013.07.27
清 红木衣架	长169cm	46,000	中国嘉德	2013.03.23
清 黄花梨镜架	长27cm	23,000	北京保利	2013.10.28
清 黄花梨明式书架 (两件)	长186cm	46,000	北京翰海	2013.09.14
清 黄花梨帖架	长32.5cm	34,500	中国嘉德	2013.09.16
清 紫檀文房博古架 (一对)	高50cm	230,000	北京宝笈轩	2013.03.10
清晚期 红木小博古架	长123cm	34,500	中国嘉德	2013.09.14
清晚期至民国 红木花卉纹两层博古架	长191cm	51,750	中国嘉德	2013.09.14
当代 金丝楠书架 (一对)	高200cm×2	253,000	北京艺融	2013.11.28
当代 明式楠木板足格架成对	长190cm	517,500	中国嘉德	2013.11.17
当代 明式楠木有束腰三弯腿带托泥螭龙纹火盆架	长37.5cm	55,200	中国嘉德	2013.11.17
裹腿屏风架	宽283cm	437,000	中国嘉德	2013.05.11
红木明式书架 (两件)	长190cm	48,300	北京翰海	2013.03.24
黄花梨龙纹盆架	高178.5cm	138,000	北京传是	2013.06.15
黄花梨木明式架搁	高197cm	74,750	北京华辰	2013.11.17
近代 黄花梨带屉书架	长185cm×2	437,000	北京传是	2013.12.12
近代 黄花梨衣架	高191cm	230,000	北京传是	2013.12.12
刘传生 2013年 归朴- 衣搭	长168cm	43,700	北京保利	2013.12.02
民国 红木雕花鸟多宝架	长122cm	13,800	北京翰海	2013.03.24
民国 木雕灯架 (一对)	长148cm	46,000	北京保利	2013.07.28

拍品名称	物品尺寸	成交价RMB	拍卖公司	拍卖日期
石大宇 2013年 架册	长190cm	40,250	北京保利	2013.12.02
现代 红木明式书架 (两件)	长186cm	17,250	北京翰海	2013.06.23
现代 红木明式书架 (两件)	长190cm	40,250	北京翰海	2013.09.14
现代 黄花梨明式书架 (两件)	长198cm	32,200	北京翰海	2013.06.23
现代 紫檀雕夔龙书架 (两件)	长169cm	55,200	北京翰海	2013.06.23
现代 紫檀雕人物花架	长124cm	59,800	北京翰海	2013.09.14
香妃竹博古架	长81.4cm	264,500	北京匡时	2013.12.04
小书架及田家青著作	宽65cm	69,000	中国嘉德	2013.05.11
紫檀雕夔龙盆架 (两件)	长41cm	18,400	北京翰海	2013.03.24
紫檀嵌百宝博古架	长39cm	805,000	北京匡时	2013.12.04
紫檀嵌香妃竹博古架 (一对)	长90cm	184,000	福建东南	2013.05.26
箱				
南宋 朱漆戗金刻凤凰莲花纹大经箱	长84cm	4,446,015	保利香港	2013.10.07
明 黄花梨宝顶官皮箱	长32cm	253,000	翰风国际	2013.04.20
明代 御制红漆描金龙纹衣箱一对	长57cm	1,131,840	罗芙奥	2013.11.24
明末清初 红漆彩绘龙纹官皮箱	长47.5cm	402,500	中国嘉德	2013.11.17
明末清初 黄花梨大书箱	长49cm	460,000	中国嘉德	2013.11.17
明末清初 黄花梨双门药箱	长35cm	1,361,025	中国嘉德	2013.10.06
清乾隆 高浮雕红木龙纹箱 (一对)	长28.5cm	1,603,440	罗芙奥	2013.11.24
清乾隆 花梨木云蝠纹大储箱	长178.5cm	920,000	北京保利	2013.06.06
清乾隆 紫檀浮雕九龙图提箱	长24cm	1,073,040	香港苏富比	2013.10.08
清早期 黄花梨二屉小药箱	长16cm	25,300	中国嘉德	2013.03.23
清早期 黄花梨双门五屉药箱	长34cm	92,000	中国嘉德	2013.11.17
清中期 黄花梨轿箱	长71.6cm	57,500	北京翰海	2013.06.02
清中期 紫檀提箱	长35cm	94,300	中国嘉德	2013.09.16
清 雕填漆龙凤纹宝箱	长85.5cm	115,000	远方拍卖	2013.12.01
清 黄花梨官皮箱	长58cm	20,700	北京翰海	2013.06.02
清 黄花梨官皮箱	长35cm	230,000	翰风国际	2013.04.20
清 黄花梨轿箱	长75.7cm	529,000	北京匡时	2013.06.05
清 黄花梨嵌瘿木轿箱	长76cm	20,700	中国嘉德	2013.09.14
清 紫檀箱	长36.5cm	25,300	中国嘉德	2013.09.17
16世纪 彩绘藏式木箱	长79cm	17,250	北京翰海	2013.03.24
16世纪 彩绘丹凤图木箱	长109cm	32,200	北京翰海	2013.03.24
16世纪 彩绘黄财神图木箱	长88cm	11,500	北京翰海	2013.03.24
16世纪 彩绘双狮图木箱	长99cm	55,200	北京翰海	2013.03.24
16世纪/17世纪 藏式皮箱	长82.5cm	23,000	北京翰海	2013.03.24
17世纪 彩绘宝相花织锦纹木箱	长102cm	41,400	北京翰海	2013.03.24
17世纪 彩绘双龙戏珠纹木箱	长138cm	32,200	北京翰海	2013.03.24
17世纪 藏式皮箱	长84cm	34,500	北京翰海	2013.03.24
17世纪 黄花梨大箱	宽47.6cm	61,190	纽约苏富比	2013.09.17
17世纪 黄花梨官皮箱	高38.1cm	233,288	纽约苏富比	2013.03.19
17世纪/18世纪 黄花梨长方小箱	宽35.2cm	122,380	纽约苏富比	2013.09.17
18世纪 彩绘龙纹木箱	长130cm	46,000	北京翰海	2013.03.24
18世纪 彩绘龙纹木箱一对	长96cm	28,750	北京翰海	2013.03.24
18世纪 彩绘双雉图木箱	长97cm	32,200	北京翰海	2013.03.24
18世纪 彩绘团龙纹木箱	长106cm	28,750	北京翰海	2013.03.24
18世纪 紫檀官皮箱		382,438	纽约苏富比	2013.09.17
18世纪/19世纪 彩绘虎纹木箱	长112cm	20,700	北京翰海	2013.03.24
18世纪/19世纪 彩绘饕餮纹木箱	长93cm	11,500	北京翰海	2013.03.24
18世纪/19世纪 红木双龙赶珠纹箱	宽48.4cm	38,244	纽约苏富比	2013.09.17
19世纪 彩绘虎皮纹木箱	长102cm	59,800	北京翰海	2013.03.24
19世纪/20世纪 彩绘双虎图木箱	长85cm	43,700	北京翰海	2013.03.24
民国 红木嵌黄杨木龙凤纹箱	长43cm	17,250	中国嘉德	2013.06.15
香妃竹器局	长37.2cm	63,250	北京匡时	2013.12.04
紫檀龙凤纹箱	长49.5cm	36,800	中国嘉德	2013.09.17
盒				
17世纪 黄花梨提盒		152,975	纽约苏富比	2013.09.17
17世纪 黄花梨印盒	高8.3cm	61,190	纽约苏富比	2013.09.17
清 红木雕"双龙棒寿"纹经书盒	长59cm	299,000	远方拍卖	2013.06.06
清 红木经卷盒	长61cm	10,350	北京传是	2013.12.12
清 黄花梨大提盒	长53.2cm	92,000	中国嘉德	2013.09.17
清 黄花梨龙首大提盒	长52cm	80,500	北京传是	2013.06.15
清 紫檀木提盒	长18cm	82,800	翰风国际	2013.04.20
清 紫檀嵌百宝人物纹盒	长58cm	48,300	中国嘉德	2013.12.14
清 紫檀乌木系子提盒	长38cm	402,500	翰风国际	2013.04.20
紫檀嵌玉蝙蝠盒	长16cm	120,960	日本童梦	2013.12.03
屏				
明 黑漆嵌螺钿题诗庭园高士图插屏	长72cm	493,125	香港苏富比	2013.10.08
明 青花人物纹插屏	高58.8cm	149,500	中国嘉德	2013.03.24
明17世纪 黑漆嵌螺钿敬祭图插屏	长39.5cm	276,150	香港苏富比	2013.10.08
明末清初 黄花梨绿端石面案屏	长58.5cm	575,000	中国嘉德	2013.11.17
明末清初 象牙雕人物插屏	高30.5cm	161,000	古天一	2013.12.05
明-清 黄花梨雕青白玉镶嵌云龙座屏	宽289cm	794,376	日本伊斯特	2013.05.26
清康熙"百子图"十二扇屏风	长128cm	334,145	伦敦苏富比	2013.05.15
清康熙 庚辰年(1700年)款彩"羣仙祝寿"图十二扇屏风	长540cm	358,013	伦敦苏富比	2013.05.15
清康熙 柞晶木瘿木人物图六扇屏风		334,145	伦敦佳士得	2013.05.14
清末 "于硕" 款象牙微雕罗汉插屏	直径7.8cm	115,000	古天一	2013.12.05
清乾隆 白玉插屏	高24cm	322,000	六朝艺宴	2013.07.07
清乾隆 白玉松下人物梅花诗文插屏	高31.7cm	276,000	北京翰海	2013.12.08
清乾隆 碧玉描金御题诗罗汉座屏	长21.7cm	575,000	中国嘉德	2013.11.19
清乾隆 粉彩洞石花蝶御制诗文插屏	高87.3cm	517,500	北京中汉	2013.11.17
清乾隆 粉彩花卉书卷挂屏	高29cm	287,500	翰风国际	2013.04.21
清乾隆 红木雕西番莲纹大座屏	长168cm	112,700	中国嘉德	2013.09.14
清乾隆 红木框漆地角雕嵌玉山水人物大挂屏	长119cm	1,840,000	北京保利	2013.06.04
清乾隆 金丝楠木雕松鼠葡萄落地罩(一组)	尺寸不一	920,000	北京保利	2013.12.04
清乾隆 青白玉雕仙人祝寿纹圆插屏	直径21.8cm	4,025,000	中国嘉德	2013.05.12
清乾隆 青白玉御题诗纹山水插屏	长15cm	2,875,000	北京华辰	2013.11.17
清乾隆 青金石雕赤壁怀古插屏	高24cm	805,000	北京保利	2013.12.04
清乾隆 剔彩渔樵耕读大挂屏	长90cm	1,725,000	北京保利	2013.06.04
清乾隆 剔红嵌玉石瓜瓞连绵"大吉"葫芦形挂屏	带架高127.5cm	1,610,000	北京诚轩	2013.05.11
清乾隆 玉雕百子御题诗座屏	高51cm	115,000	北京保利	2013.10.27
清乾隆 御题紫檀框白玉诗文挂屏(一对)	长87cm	2,875,000	六朝艺宴	2013.07.07
清乾隆 御制白玉"三星赞"御制诗文紫檀插屏	长29cm	4,370,000	北京保利	2013.12.04
清乾隆 御制白玉十六应真罗汉插屏	长21.7cm	9,085,000	北京保利	2013.06.04
清乾隆 御制松花石三多九如御制诗文插屏	长75cm	3,450,000	北京保利	2013.12.04
清乾隆 御制紫檀木嵌后刻御制诗古玉璧插屏	高29cm	7,250,080	香港苏富比	2013.04.08
清乾隆 紫檀百宝嵌御题诗吉庆有余、太平有象座屏	高71.2cm	1,897,500	北京保利	2013.06.04
清乾隆 紫檀雕变体螭龙纹大插屏	长62cm	828,000	北京匡时	2013.12.05
清乾隆 紫檀雕花卉纹插屏	长23cm	862,500	北京匡时	2013.12.05
清乾隆 紫檀雕回纹小插屏	长20.3cm	598,000	北京匡时	2013.12.05
清乾隆 紫檀雕龙纹玉璧小插屏	高28cm	1,035,000	北京匡时	2013.06.05
清乾隆 紫檀雕山水人物"御制三星赞"诗文插屏	长35.2cm	1,265,000	北京匡时	2013.12.05
清乾隆 紫檀雕云雷纹小插屏	高20cm	287,500	北京匡时	2013.06.05
清乾隆 紫檀挂屏 (一套四件)	长120cm	575,000	远方拍卖	2013.06.06
清乾隆 紫檀梅兰竹纹座屏	长58.5cm	660,240	罗芙奥	2013.11.24
清乾隆 紫檀嵌白玉描金花卉小插屏	高25cm	609,500	北京匡时	2013.06.05
清乾隆 紫檀嵌理石大座屏	宽108cm	8,970,000	中国嘉德	2013.11.17
清乾隆 紫檀嵌玉诗文双面挂屏(一对)	长90cm	1,320,480	罗芙奥	2013.11.24

2013杂项拍卖成交汇总

(成交价RMB：1万元以上)

拍品名称	物品尺寸	成交价RMB	拍卖公司	拍卖日期
清乾隆 紫檀万寿锦地嵌百宝大挂屏	宽141cm	10,925,000	中国嘉德	2013.11.17
清乾隆 紫檀五福插屏	长70.5cm	1,380,000	北京匡时	2013.06.05
清乾隆 紫檀座黄花梨框嵌乌木山水人物御制诗文插屏	长32.9cm	5,520,000	北京匡时	2013.06.05
清晚期 黄花梨嵌银丝小桌屏	高19.5cm	168,000	北京荣宝	2013.03.31
清雍正 黑漆泥金贴鸡翅木玻璃炕屏	宽215.2cm	9,052,560	香港佳士得	2013.05.29
清早期 黄花梨螭龙纹插屏	长43cm	253,000	中国嘉德	2013.05.11
清早期 黄花梨雕螭龙庆寿纹十二扇屏风(一组)	高331cm×12	5,533,800	保利香港	2013.04.07
清早期 黄花梨座屏	长96cm	425,500	北京保利	2013.06.06
清早期 紫檀鱼龙变化图插屏	高42.5cm	437,000	中国嘉德	2013.11.17
清中期 白玉插屏(一对)	长13cm	632,500	北京保利	2013.06.06
清中期 白玉山水双骏御题诗文插屏	长17.8cm	333,500	北京翰海	2013.05.31
清中期沉香木山水人物插屏(紫檀底座)	高36cm	322,000	古天一	2013.12.05
清中期 雕漆山水人物座屏	高53cm	506,000	北京保利	2013.04.27
清中期 珐琅彩事事如意、福寿长春大座屏	高250cm	598,000	北京保利	2013.04.27
清中期 翡翠雕仙人雅集御制诗座屏(一对)	长26cm	437,000	北京保利	2013.04.27
清中期 红木嵌百宝大座屏	高200cm	287,500	北京保利	2013.04.27
清中期 红木嵌云石麒趾献瑞插屏	高50cm	138,000	北京翰海	2013.06.02
清中期 黄地嵌百宝喜上眉梢挂屏	长100cm	632,500	北京匡时	2013.12.05
清中期 黄花梨及红木人物花鸟瑞兽纹隔扇(十二件)	长315cm	2,582,440	中国嘉德	2013.04.05
清中期 黄漆地嵌百宝瓶花插屏	高56cm	230,000	北京保利	2013.06.04
清中期 木嵌元钧瓷片挂屏(两件)	高99.6cm	241,500	北京翰海	2013.06.02
清中期 青玉刻文字屏	长17.7cm	172,500	北京翰海	2013.12.08
清中期 玉雕填金山水人物图插屏	长33cm	690,000	中国嘉德	2013.05.13
清中期 紫檀雕螭龙纹画框成对	宽138cm	368,000	中国嘉德	2013.11.17
清中期 紫檀框黄漆地百宝嵌博古图挂屏(一对)	长110cm	1,840,000	北京保利	2013.12.04
清中期 紫檀龙纹大插屏	长96cm	115,000	北京保利	2013.10.28
清中期 紫檀嵌百宝座屏	高50cm	552,000	北京保利	2013.10.26
清中期 紫檀嵌牙山水人物大地屏	长201cm	5,257,110	中国嘉德	2013.04.05
清中期 紫檀嵌紫石雕山水人物插屏	高53cm	575,000	北京翰海	2013.06.02
清 黄地云锦五龙图挂屏	长144cm	276,000	中国嘉德	2013.09.15
“百寿”紫檀插屏	长69cm	230,000	福建东南	2013.10.28
17世纪 缂丝百子图大挂屏	高225cm	420,681	纽约苏富比	2013.09.17
17世纪/18世纪 黄花梨大理石小座屏	高58cm	594,000	香港佳士得	2013.05.29
17世纪/18世纪 黄花梨座屏	高214.7cm	2,494,800	香港佳士得	2013.05.29
17世纪/18世纪 硬木嵌百宝诗句仙人图插屏(一对)	高22.9cm	116,644	纽约苏富比	2013.03.19
18世纪 刺绣博古图挂屏(一对)	高114.3cm	330,491	纽约苏富比	2013.03.19
18世纪 黑漆地嵌白瓷书法挂屏(一对)	长161cm	4,775,760	香港佳士得	2013.05.29
18世纪 黑漆加彩西湖十景图十二扇屏风		305,950	纽约苏富比	2013.09.17
18世纪 美人图五扇屏风	高228.7cm	852,277	纽约苏富比	2013.03.19
18世纪 剔红嵌百宝挂屏(一对)	长120cm×2	1,012,000	北京东正	2013.11.16
18世纪 御制缂丝龙凤纹门帘	高137.1cm	122,380	纽约苏富比	2013.09.17
18世纪/19世纪 漆地百宝嵌博古图葫芦式挂屏(一对)	高110cm	3,350,160	香港佳士得	2013.05.29
18世纪/19世纪 青白玉雕寿星献寿图插屏	高20.7cm	852,277	纽约苏富比	2013.03.19
18世纪/19世纪 丝织庭院人物挂屏(两件)	高162.6cm	101,091	纽约苏富比	2013.03.19
1937至39年作 山水花鸟 颖拓彝器(九帧)(八帧)	长20.1cm	1,073,040	香港苏富比	2013.10.07
19世纪 硬木黄漆嵌百宝文人摆件图挂屏(两件)	高59.6cm；长58.5cm	145,326	纽约苏富比	2013.09.17
19世纪末/20世纪初 翠玉雕荷塘美人图插屏(一对)	高15.2cm	116,644	纽约苏富比	2013.03.19
19世纪晚期 黑漆嵌掐丝珐琅花鸟图六扇屏风		344,194	纽约苏富比	2013.09.17
清 白玉八仙座屏	高26cm	517,500	北京保利	2013.04.27
清 百宝嵌仙人祝寿屏风	长147.5cm	172,500	北京保利	2013.12.06
清 碧玉嵌百宝凤凰纹紫檀插屏	长83cm	712,800	中信国际	2013.05.28
清 大理石山水纹插屏	高86cm	172,500	北京翰海	2013.12.06
清 大漆福寿挂屏(一对)	长113cm	460,000	北京传是	2013.12.12
清 点翠安居乐业座屏	高89cm	149,500	北京保利	2013.10.26
清 点翠山水诗文挂屏(一对)	高104cm	109,250	北京保利	2013.07.27
清 翡翠雕婴戏图插屏	高22.5cm	1,725,000	北京华辰	2013.11.17
清 黑漆描金山水插屏	长158cm	138,000	翰风国际	2013.04.20
清 红木刻山水纹落地插屏	长100cm	161,000	北京匡时	2013.09.12
清 红木框黄地嵌百宝大挂屏	长103cm	109,250	北京保利	2013.12.06
清 红木框嵌云石“寒岭夕照”挂屏	长90cm	149,500	北京保利	2013.12.06
清 红木漆器插屏(一对)	长116cm×2	184,000	南京经典	2013.01.25
清 红木嵌百宝博古插屏	高98cm	161,000	上海嘉泰	2013.07.05
清 红木嵌黄杨灵芝仙草图插屏	长53cm	560,000	天津文物	2013.11.22
清 红木嵌云石春夏秋冬四条屏	高144cm	537,600	六朝艺宴	2013.07.07
清 黄花梨嵌百宝挂屏	长102cm	253,000	北京匡时	2013.12.05
清 黄花梨十二扇屏风		6,900,000	翰风国际	2013.04.20
清 金士松款青斤石山水诗文插屏(一对)	高35.8cm	451,950	澳门新亚太	2013.11.24
清 缂丝“西王母献寿”挂屏	长128.8cm	460,000	北京匡时	2013.06.05
清 林有信作青田石雕羲之爱鹅图小插屏	长13cm	138,000	北京匡时	2013.06.05
清 木雕屏风谦益斋铭	高256cm	392,000	东拍国际	2013.06.14
清 漆地贴簧嵌象牙 沉香松兰长青挂屏	长64.8cm	207,000	北京匡时	2013.06.05
清 漆螺钿地嵌竹山水挂屏	长48.8cm	195,500	北京匡时	2013.12.05
清 祁阳石二甲传胪座屏	长104cm	253,000	北京保利	2013.10.27
清 祁阳石竹石花鸟插屏	高114cm	483,000	翰风国际	2013.04.20
清 乾隆款铜鎏金掐丝珐琅插屏	高72cm	1,699,332	澳门新亚太	2013.11.24
清 阮元、王杰款嵌云石红木挂屏各一	宽98cm；宽34.5cm	690,000	西泠拍卖	2013.07.12
清 阮元铭层峦峻秀图理石座屏	长93cm	280,000	天津文物	2013.11.22
清 太湖石刻诗文座屏	高87cm	195,500	北京保利	2013.12.05
清 通草画屏风	高129cm	115,000	华艺国际	2013.08.03
清 镶道教人物挂屏(一对)	长140cm×2	332,028	香港淳浩	2013.04.05
清 镶嵌博古图七扇屏风	高274.3cm	622,100	纽约苏富比	2013.03.19
清 硬木十二扇屏	长296cm	172,500	北京保利	2013.06.06
清 玉雕双面描金小插屏	长8.5cm	103,500	北京保利	2013.12.06
清 粤秀四季花鸟挂屏(四片)	高135cm	207,000	远方拍卖	2013.12.01
清 粤绣潘秋云制官上加冠插屏	高77cm	316,400	广东省拍	2013.11.17
清 粤绣人物纹挂屏	长236cm	115,000	中国嘉德	2013.12.14
清 紫檀螭龙纹座屏	高106cm	632,500	远方拍卖	2013.12.01
清 紫檀带彩绘插屏	高40cm	103,500	北京歌德	2013.06.02
清 紫檀雕山水挂屏	长159cm	920,000	北京翰海	2013.06.02
清 紫檀嵌百宝插屏	长50cm	207,000	南京经典	2013.01.25
清 紫檀嵌景泰蓝插屏	长74.5cm	437,000	北京保利	2013.06.06
清 紫檀嵌木诗文屏风	高162cm	575,000	北京保利	2013.07.27
清 紫檀嵌祁阳石雕山水楼阁插屏	长68cm	172,500	北京传是	2013.06.15
清 紫檀镶八宝蒲藻还香插屏	长59cm	109,250	中信国际	2013.07.21
清 紫檀镶八宝清供纹 背面青绿山水纹插屏	长53cm	118,800	中信国际	2013.05.28
清 紫檀镶云石插屏	长81cm	118,800	中信国际	2013.05.28
清代 象牙雕彩绘人物插屏(一对)	高27cm	138,000	古天一	2013.12.05
20世纪 陆光正黄杨木雕梅兰竹菊挂屏(四件)	径30cm×4	138,000	上海嘉泰	2013.07.05

拍品名称	物品尺寸	成交价RMB	拍卖公司	拍卖日期
20世纪早期 木镂雕镶青花耕织图花鸟纹瓷板八扇屏风	高217cm	369,372	纽约苏富比	2013.03.19
民国 (1934年) 黄昏浅绛彩山水瓷板四屏	长82cm	801,504	香港拍得高	2013.05.27
民国 毕渊明制虎啸山林瓷板画屏风	高58cm	115,000	西泠拍卖	2013.07.12
民国 雕漆嵌百宝人物故事屏风	高191cm	207,000	北京保利	2013.10.26
民国 段子安 毕渊明 魏墉生 熊梦亭 粉彩山水 人物 花鸟图挂屏 (一套)	长23.5cm×4	977,500	北京匡时	2013.06.05
民国 段子安 粉彩罗汉图挂屏 (一对)	长25cm×2	287,500	北京匡时	2013.06.05
民国 段子安 粉彩山水图挂屏 (一对)	长38.5cm	287,500	北京匡时	2013.06.05
民国 何许人 粉彩五伦图座屏 (一套)	尺寸不一	2,300,000	北京匡时	2013.06.05
民国 何许人粉彩山水雪景图瓷板插屏	高32.5cm	345,000	北京保利	2013.06.06
民国 何许人作粉彩“寒江独钓”桌屏	高18.7cm	583,219	纽约佳士得	2013.03.21
民国 黑地刻漆百子图八扇屏风	长340cm	230,575	香港淳浩	2013.04.05
民国 黑地刻漆郭子仪上寿图八扇屏风	长340cm	184,460	香港淳浩	2013.04.05
民国 黑漆木描金祥云嵌玉石屏风	高183cm	127,351	宝源国际	2013.07.25
民国 红地刻漆郭子仪上寿图八扇屏风	长340cm	142,957	香港淳浩	2013.04.05
民国 鸡翅木嵌大理石诗文座屏	长77cm	575,000	北京保利	2013.10.27
民国 庞仲经刻陈去病上款银杏木插屏	高64.2cm	207,000	西泠拍卖	2013.07.12
民国 漆木镶骨庭院仕女纹六扇屏风	长219cm	405,812	香港淳浩	2013.04.05
民国 汪晓棠 粉彩四季高士图瓷板册页挂屏 (一套)	长20cm×4	2,530,000	北京保利	2013.06.05
民国 汪野亭仿白石笔山水大中堂挂屏	高75.5cm	2,070,000	北京匡时	2013.12.04
民国 汪野亭粉彩山水插屏	高46.5cm	1,150,000	北京匡时	2013.12.04
民国 王琦山鬼瓷板挂屏	长52cm	276,000	上海嘉泰	2013.07.05
民国 玉插屏 (一对)	长29cm	460,000	朵云轩	2013.07.07
民国 邹文侯、李明亮等名家合作 花鸟集锦册页瓷板插屏 (四件)	长20cm×4	264,500	北京保利	2013.06.05
民国二十一年(1932年) 徐仲南 粉彩拟古山水瓷板册页挂屏 (一套)	长21cm×4	1,380,000	北京保利	2013.06.05
戴荣华 “四美图”粉彩双面釉瓷板屏风	高91cm	12,320,000	景德镇华艺	2013.10.20
当代 金丝楠木四季挂屏	长106cm	6,900,000	北京翰海	2013.06.02
何许人 岁暮嗟风雪 墨彩插屏	长46cm	552,000	中国嘉德	2013.05.13
黄淬锋 罗利香 黄淬锋 西施双面全异绣摆件	直径40cm	920,000	保利香港	2013.06.20
黄昏 粉彩雪景山水瓷版挂屏	长37.5cm	122,492	香港拍得高	2013.10.07
近代 百宝嵌人物故事屏风	高173cm	115,000	北京保利	2013.10.26
近代 邓肖禹 粉彩竹石图坐屏	长30cm×4	178,250	北京匡时	2013.06.05
李方膺、李鱓、罗聘等 扬州八怪泼墨图双面绣四页屏风	长119cm×4	322,000	保利香港	2013.06.20
李艳 陈爱华 陶小艳 鹤影潋滟双面绣座屏	长121cm	517,500	保利香港	2013.06.20
李艳 马国纯 金龙双面绣座屏	长98cm	253,000	保利香港	2013.06.20
李艳 熊正炎 畲利纯 山兽之君双面绣座屏	长103cm	2,530,000	保利香港	2013.06.20
三屏式屏风	宽172cm	115,000	中国嘉德	2013.05.11
三色翡翠鹤鹿同春插屏		108,640	中联环球	2013.07.28
石愚 王小辉 王爱玲 王利恒等 婀娜单面绣座屏	长165cm	437,000	保利香港	2013.06.20
晚清 粉彩花鸟图瓷屏风	高185cm	943,200	罗芙奥	2013.11.26
汪平孙 天圆地方粉彩青花四季山水挂屏 (一组四件)	直径30cm×4	287,500	中国嘉德	2013.05.13
王少维 松猿图浅绛彩瓷板座屏	长41cm	184,000	中国嘉德	2013.05.13
王云泉《江南小影》瓷板插屏	长32cm	126,500	中贸圣佳	2013.06.22
王芝文 微书“唐诗选”插屏	长40.0cm	667,000	上海泓盛	2013.07.07
现代 任淦庭徐秀棠合制段泥大跃进支农图挂屏	版心宽35.5cm	184,000	西泠拍卖	2013.07.12
姚俊 陆士仁 钱贡 张凤翼 杜大绶 薛明益 文先 陆士仁 周天球 文伯仁 叶岷 文从龙 张瑞图等屏风六扇	尺寸不一	2,530,000	东方大观	2013.05.14

拍品名称	物品尺寸	成交价RMB	拍卖公司	拍卖日期
佚名 博古印锦三围屏	长200cm	483,000	福建静轩	2013.06.06
硬木镶大理石屏风	高97cm	100,062	宝源国际	2013.07.25
约1900年 漆木嵌百宝博古纹六扇屏风		290,653	纽约苏富比	2013.09.17
张松茂 蔡文姬 粉彩瓷板	长49cm	897,000	中国嘉德	2013.11.20
张松茂 粉彩瓷板	长79cm	598,000	中国嘉德	2013.11.20
紫檀大插屏座	宽64cm	109,250	北京保利	2013.04.28
紫檀框漆嵌百宝博古图挂屏	长118cm	115,000	中国嘉德	2013.09.17
匾、联				
清乾隆 缂丝御笔“观妙”匾额	长129.5cm	1,259,280	香港佳士得	2013.05.29
清雍正 粘砂地堆塑嵌天蓝釉瓷字七言对联	高133.8cm	437,000	翰风国际	2013.04.20
清中期 郭尚先款对匾	长125cm	195,500	六朝艺宴	2013.07.07
清 翁方纲 顾文彬款“石听琴室”楠木匾	长106.5cm	34,500	中国嘉德	2013.09.15
清 大漆螺钿“留远”匾	宽62cm	46,000	北京保利	2013.04.28
清 枫原学人款黑漆嵌白瓷诗文对联	长140cm	25,300	中国嘉德	2013.03.24
清 满工雕紫檀八宝花卉纹书法对联	长195cm	158,400	中信国际	2013.05.28
清 木雕大漆文房匾	高140cm	17,250	北京保利	2013.04.28
清 祁寯藻款楠木七言对联匾	长124cm×2	46,000	北京匡时	2013.06.05
清 祁寯藻楠木匾额	长184.5cm	23,000	北京匡时	2013.12.05
清 香妃竹茶籯	长45.6cm	105,800	北京保利	2013.06.05
黑漆“芸白”匾	长178.5cm	20,700	中国嘉德	2013.03.24
民国 红木嵌楠木福寿匾 (两件)	长111cm	17,250	北京翰海	2013.03.24
民国 李叔同款“戒定慧”匾	长84.5cm	32,200	中国嘉德	2013.03.24
吴昌硕款“芷兰书屋”木匾	宽165cm	11,500	北京保利	2013.07.28
张伯英款红木诗文对联	长83.5cm	20,700	中国嘉德	2013.09.17
其他器物				
明永乐 朱漆戗金经文板	长73cm	115,000	北京保利	2013.06.05
明末清初 黄花梨香橼	直径24.3cm	46,000	中国嘉德	2013.03.23
17世纪 黄花梨茶罐	高16.8cm	152,975	纽约苏富比	2013.09.17
清早期 黄花梨拜匣	长31.5cm	17,250	中国嘉德	2013.09.16
清早期 黄花梨无束腰马蹄腿无束腰脚踏	长61cm	230,000	中国嘉德	2013.05.11
清乾隆 清宫花梨木雕花鸟纹落地罩	宽403cm	39,100,000	北京保利	2013.06.04
清中期 红木雕螭龙纹佛龛	长65cm	11,500	中国嘉德	2013.09.14
清中期 紫檀画框	长116cm	43,700	中国嘉德	2013.09.14
清 雕花红木框	高107cm	14,950	北京保利	2013.01.11
清 红木高束腰凉蹬	长108cm	18,400	北京传是	2013.06.15
清 红木框	高156cm	10,350	北京保利	2013.01.11
清 黄花梨嵌竹凉枕	长106cm	43,700	北京传是	2013.12.12
清 黄花梨枕	长52.6cm	112,700	北京匡时	2013.06.05
清 鸡翅木雕夔龙佛龛	长110cm	40,250	北京翰海	2013.03.24
清 香妃竹门帘	长114cm	276,000	北京保利	2013.04.27
清 香妃竹镶红木扇形茶托盘	长67.5cm	126,500	北京保利	2013.06.05
清 湘妃竹茶围	长120cm	34,500	北京保利	2013.06.06
清 瘿木茶盘	长120cm	28,750	北京保利	2013.07.27
清 紫檀宫灯	高90cm	13,800	中国嘉德	2013.09.17
清 紫檀黄花梨家具模型 (一组十三件)	尺寸不一	57,500	北京保利	2013.12.06
清 紫檀木大画框	长141cm	713,000	翰风国际	2013.04.20
清晚期 红木凉踏	长204.5cm	57,500	北京传是	2013.12.12
1850年-1880年制 法国 拿破仑三世风格布尔风格玳瑁细镶嵌铜丝	长130cm	103,500	北京保利	2013.04.28
18世纪 黄花梨茶桶	高24cm	168,273	纽约苏富比	2013.09.17
18世纪 紫檀方盘	宽31cm	30,595	纽约苏富比	2013.09.17
19世纪初 英国爱德华时代客厅系列	尺寸不一	149,500	广东崇正	2013.06.13
海南黄花梨料	长283cm	195,500	北京保利	2013.04.28
花窗 (七扇)	尺寸不一	34,500	中国嘉德	2013.03.23
花梨木镜框	长155cm	36,800	北京翰海	2013.03.24
黄花梨轿厢	长75cm	55,200	北京翰海	2013.03.24
黄花梨木	长187cm	55,200	北京保利	2013.04.28

拍品名称	物品尺寸	成交价RMB	拍卖公司	拍卖日期
黄花梨原木摆件	长191cm	92,000	北京保利	2013.04.28
民国 红木雕博古狮纹地镜	长203cm	23,000	北京翰海	2013.03.24
民国 红木雕花卉穿衣镜	长193cm	25,300	北京翰海	2013.06.23
民国 红木框(一对)	长160cm	13,800	北京保利	2013.04.27
木家具配件(无图)		128,700	香港佳士得	2013.05.29
沈宝宏 2013年 "庭风同茶"组合(一套十三件)	尺寸不一	322,000	北京保利	2013.12.02
香妃竹蕉叶形茶盘	长67cm	34,500	北京匡时	2013.12.04
紫檀宫灯(一对)	高80cm	32,200	北京保利	2013.07.28
当代 明式楠木有束腰三弯腿带托泥围棋盘	长53cm	86,250	中国嘉德	2013.11.17
佛教文物				
佛像				
北齐 大理石弥勒佛残件	高33.3cm	152,975	纽约苏富比	2013.09.17
北齐/唐 鎏金铜弥勒佛坐像	高14cm	466,575	纽约佳士得	2013.03.21
隋/唐 鎏金铜菩萨像三尊隋 铜菩萨立像	尺寸不一	248,840	纽约佳士得	2013.03.21
隋大业6年 鎏金铜菩萨立像	高17.7cm	272,169	纽约佳士得	2013.03.21
唐 青铜鎏金释迦牟尼佛像	高9.4cm	51,750	北京匡时	2013.06.04
唐 砂岩雕菩萨立像	高105.4cm	1,939,723	纽约苏富比	2013.09.17
唐 石灰岩雕菩萨头像	高21.6cm	229,463	纽约苏富比	2013.09.17
唐 铜鎏金观音像	高14cm	108,882	保利香港	2013.10.07
唐人写佛说阿弥陀佛像	高30cm	149,500	云南典藏	2013.10.19
8世纪 唐铜鎏金菩萨立像		838,303	纽约苏富比	2013.09.17
9世纪 金刚手菩萨佛像	高10cm	184,000	北京翰海	2013.06.02
9世纪/10世纪 铜鎏金观音像	高14cm	326,646	保利香港	2013.10.07
10世纪 观音菩萨像	高11cm	34,500	北京翰海	2013.03.24
10世纪 菩萨像	高14cm	189,750	北京翰海	2013.12.08
10世纪/11世纪 克什米尔或藏西风格观音菩萨同侍从组像	高15.1cm	644,000	中国嘉德	2013.05.13
10至11世纪 金刚手菩萨佛像	高28.5cm	713,000	北京翰海	2013.06.02
11世纪 无量寿佛像	高15.6cm	632,500	北京翰海	2013.06.02
11世纪 西藏铜鎏金阿弥陀佛像	高41cm	149,500	远方拍卖	2013.12.02
11世纪 中原铜佛像	高10cm	195,500	中国嘉德	2013.11.16
11世纪 中原铜佛像	高12.8cm	74,750	中国嘉德	2013.11.16
11世纪 中原铜佛像	高13.5cm	66,700	中国嘉德	2013.11.16
11世纪 中原铜佛像	高10.2cm	51,750	中国嘉德	2013.11.16
11世纪 中原铜佛像	高7.8cm	46,000	中国嘉德	2013.11.16
11世纪 中原铜佛像	高10cm	36,800	中国嘉德	2013.11.16
11世纪/12世纪 东北印度或西藏铜合金六臂金刚文殊菩萨像	高11.4cm	920,000	中国嘉德	2013.11.16
11世纪/12世纪 东印度黄铜弥勒菩萨像	高8.7cm	103,500	远方拍卖	2013.12.02
11世纪/12世纪 二臂大黑天佛像	高12.5cm	1,115,500	北京翰海	2013.06.02
11世纪/12世纪 莲花手观音像	高12cm	63,250	北京翰海	2013.09.14
11世纪/12世纪 四臂菩萨像	高82cm	3,018,240	罗芙奥	2013.11.26
11世纪-12世纪 西藏释迦牟尼佛像	高13.5cm	32,200	中国嘉德	2013.05.13
12世纪 大理国铜鎏金杨柳观音坐像	高31.7cm	2,086,579	纽约苏富比	2013.09.17
12世纪 东北印度或西藏铜合金四臂观音像	高8.5cm	43,700	中国嘉德	2013.11.16
12世纪 东北印度铜合金大自在天像	高14.2cm	92,000	中国嘉德	2013.11.16
12世纪 观音菩萨像	高14cm	253,000	北京翰海	2013.06.02
12世纪 菩萨立像	高20cm	460,000	北京翰海	2013.06.02
12世纪 释迦牟尼佛像	高18.5cm	218,500	北京翰海	2013.06.02
12世纪/13世纪 内地铜泥金罗汉像	高23cm	230,000	远方拍卖	2013.12.02
12世纪/13世纪 菩萨立像	高54cm	4,140,000	北京翰海	2013.12.08
12世纪/13世纪 释迦牟尼佛像	高21.5cm	368,000	北京保利	2013.06.05
12世纪/13世纪 西藏铜不动明王佛像	高12cm	299,000	中国嘉德	2013.05.13
12世纪/14世纪 鎏金铜十一面观音菩萨坐像	高18cm	1,964,281	纽约佳士得	2013.03.21
南宋 鎏金观音菩萨像	含座高40.5cm	1,964,913	易拍好台北	2013.04.14

拍品名称	物品尺寸	成交价RMB	拍卖公司	拍卖日期
宋 苏频陀尊者像	高78cm	19,780,000	北京翰海	2013.06.02
宋 自在观音菩萨像	高103cm	253,000	北京翰海	2013.06.02
宋/元 木雕彩塑目连尊者坐像	高140cm	5,537,695	纽约苏富比	2013.09.17
宋/元 注荼半托迦尊者像	高80cm	11,500,000	北京翰海	2013.12.08
大理国 铜漆金观音菩萨立像	高53.3cm	1,068,457	纽约佳士得	2013.03.21
辽 铜观音立像	高30cm	2,812,785	保利香港	2013.10.07
元 漆金铜佛坐像	高28.5cm	77,418	大唐香港	2013.05.28
元 铜鎏金阿閦佛像	高11.3cm	483,000	北京诚轩	2013.11.17
元 铜鎏金宝冠释迦牟尼佛	高30.2cm	1,633,230	保利香港	2013.10.07
元 铜鎏金水月观音像	高15cm	80,500	北京匡时	2013.12.04
元 铜雪山大士像	高22cm	226,838	保利香港	2013.10.07
元 铜真武大帝像	高47.5cm	2,070,000	北京匡时	2013.12.04
元 银雕观音像	高11cm	57,500	北京保利	2013.12.06
元/明 铜鎏金雪山大士像	高20cm	1,955,000	中国嘉德	2013.11.19
元初 铜鎏金罗汉像	高14.5cm	345,000	北京九歌	2013.09.04
元初 铜鎏金罗汉像	高6.5cm	345,000	北京九歌	2013.09.04
元初 铜鎏金释迦牟尼像	高9cm	218,500	北京九歌	2013.09.04
元末明初 铜鎏金金刚持佛像	高47cm	3,565,000	北京匡时	2013.06.04
元末明初 铜鎏金释迦牟尼佛像	高23cm	1,380,000	北京匡时	2013.06.04
元末明初 铜鎏金释迦牟尼佛像	高12.9cm	55,200	中国嘉德	2013.03.24
13世纪-14世纪 西藏铜鎏金四臂观音像	高41.2cm	4,025,000	中国嘉德	2013.11.16
13世纪 宝冠释迦牟尼佛像	高16.1cm	57,500	北京翰海	2013.03.24
13世纪 不空成就佛像	高17cm	212,800	天津文物	2013.11.22
13世纪 金刚持像	高13cm	115,000	北京保利	2013.12.05
13世纪 金刚亥母佛像	高11cm	655,500	北京翰海	2013.06.02
13世纪 立姿菩萨像	高60cm	848,880	罗芙奥	2013.11.26
13世纪 莲花手观音像	高14.5cm	74,750	北京保利	2013.12.05
13世纪 莲花手菩萨像	高21.5cm	840,000	天津文物	2013.11.22
13世纪 玛吉拉准、四臂观音菩萨和金刚瑜伽母像	高11cm	322,000	北京翰海	2013.06.02
13世纪 尼泊尔或西藏铜鎏金观音像	高16.3cm	66,700	中国嘉德	2013.11.16
13世纪 上师像	高4.6cm	80,500	北京翰海	2013.09.14
13世纪 十一面观音菩萨像	高42cm	230,000	北京翰海	2013.06.02
13世纪 释迦牟尼像	高20cm	593,600	天津文物	2013.11.22
13世纪 四臂不动明王佛像	高13cm	322,000	北京翰海	2013.06.02
13世纪 四臂观音菩萨像	高16.7cm	63,250	北京翰海	2013.03.24
13世纪 铜弥勒菩萨佛像	高28cm	1,725,000	北京匡时	2013.06.04
13世纪 西藏四臂观音菩萨像残件	高32.5cm	138,000	中国嘉德	2013.05.13
13世纪 西藏铜宝生佛像	高32.5cm	287,500	中国嘉德	2013.11.16
13世纪 西藏铜长寿佛	高23cm	184,000	中国嘉德	2013.11.16
13世纪/14世纪 财宝天王像	高9cm	138,000	北京翰海	2013.12.08
13世纪/14世纪 藏西释迦牟尼佛像	高22cm	345,000	远方拍卖	2013.12.02
13世纪/14世纪 金刚萨埵佛像	高36cm	2,760,000	北京保利	2013.06.05
13世纪/14世纪 尼泊尔或西藏铜鎏金释迦牟尼像	高13.7cm	184,000	中国嘉德	2013.11.16
13世纪/14世纪(迦舍末罗王朝) 骑象护法佛像	高13cm	241,500	北京翰海	2013.06.02
13世纪/15世纪 西藏铜鎏金释迦牟尼佛坐像	高17.5cm	229,463	纽约苏富比	2013.09.17
14世纪 宝冠释迦牟尼佛像	高13.2cm	195,500	北京翰海	2013.03.24
14世纪 不动明王佛像	高13.5cm	322,000	北京保利	2013.06.05
14世纪 度母坐像	高43.5cm	1,725,000	北京翰海	2013.06.02
14世纪 黑财神像	高4.1cm	207,000	北京翰海	2013.09.14
14世纪 金刚手忿怒像	高13.6cm	80,500	北京翰海	2013.03.24
14世纪 金刚手佛像	高16cm	172,500	北京翰海	2013.06.02
14世纪 喇嘛像	高11cm	161,000	北京保利	2013.12.05
14世纪 罗汉像	高28.5cm	6,152,500	北京翰海	2013.06.02
14世纪 绿度母佛像	高16.2cm	287,500	北京翰海	2013.06.02
14世纪 上师佛像	高9.8cm	34,500	北京翰海	2013.03.24

拍品名称	物品尺寸	成交价RMB	拍卖公司	拍卖日期
14世纪 上师像	高11.1cm	48,300	北京翰海	2013.09.14
14世纪 释迦牟尼佛像	高14.3cm	207,000	北京翰海	2013.06.02
14世纪 释迦牟尼佛像	高12.8cm	97,750	北京翰海	2013.03.24
14世纪 释迦牟尼像	高33.5cm	483,000	北京翰海	2013.12.08
14世纪 释迦牟尼像	高15.3cm	149,500	北京保利	2013.12.05
14世纪 四臂佛母像	高12.5cm	78,400	天津文物	2013.05.24
14世纪 四臂观音菩萨像	高14.5cm	44,800	天津文物	2013.05.24
14世纪 速勇佛母像	高17.5cm	44,800	天津文物	2013.05.24
14世纪 铜鎏金绿度母佛像	高18cm	701,500	六朝艺宴	2013.07.07
14世纪 铜鎏金释迦牟尼佛像	高18cm	172,500	华艺国际	2013.05.05
14世纪 铜鎏金释迦牟尼佛坐像	高11.3cm	172,500	上海泓盛	2013.07.07
14世纪 无量光佛像	高15.5cm	299,000	北京翰海	2013.06.02
14世纪 西藏合金铜嵌宝石黄财神像	高5.5cm	57,500	中国嘉德	2013.11.16
14世纪 西藏黑财神嘎鸣像	高4.5cm	379,500	中国嘉德	2013.11.16
14世纪 西藏释迦牟尼佛像	高10cm	172,500	远方拍卖	2013.12.02
14世纪 西藏铜错金银弥勒佛像	高12.8cm	149,500	中国嘉德	2013.11.16
14世纪 西藏铜镀金上师像	高8.5cm	126,500	远方拍卖	2013.12.02
14世纪 西藏铜噶举派上师佛像	高11.6cm	126,500	中国嘉德	2013.05.13
14世纪 西藏铜鎏金宝冠如来佛像	高6.7cm	66,700	中国嘉德	2013.05.13
14世纪 西藏铜鎏金财神像	高9.4cm	368,000	中国嘉德	2013.11.16
14世纪 西藏铜鎏金释迦牟尼佛像	高26.5cm	4,370,000	中国嘉德	2013.05.13
14世纪 西藏铜鎏金站相观音菩萨像	高28cm	1,840,000	中国嘉德	2013.05.13
14世纪 西藏铜质喇嘛佛像	高7.8cm	46,000	中国嘉德	2013.05.13
14世纪/15世纪 财续佛母像	高19.5cm	184,000	北京翰海	2013.03.24
14世纪/15世纪 甘达巴佛像	高23.5cm	1,150,000	北京翰海	2013.06.02
14世纪/15世纪 金刚萨埵佛像	高18cm	253,000	北京翰海	2013.06.02
14世纪/15世纪 金刚总持像	高17.5cm	517,500	北京翰海	2013.12.08
14世纪/15世纪 尼泊尔或西藏铜鎏金嵌宝石金刚萨埵像	高16.1cm	460,000	中国嘉德	2013.11.16
14世纪/15世纪 尼泊尔铜鎏金绿度母像	高10.3cm	86,250	中国嘉德	2013.11.16
14世纪/15世纪 上乐金刚佛像	高27cm	5,750,000	北京翰海	2013.06.02
14世纪/15世纪 上乐金刚像	高6cm	224,250	北京翰海	2013.12.08
14世纪/15世纪 释迦牟尼佛像	高26.5cm	667,000	北京保利	2013.06.05
14世纪/15世纪 释迦牟尼像	高24cm	379,500	北京翰海	2013.12.08
14世纪/15世纪 铜鎏金财神佛像	高9.5cm	230,575	中国嘉德	2013.04.05
14世纪/15世纪 铜鎏金药师佛坐像	高18.0cm	1,437,500	上海泓盛	2013.07.07
14世纪/15世纪 铜四臂观音菩萨像	高17cm	103,500	北京匡时	2013.12.04
14世纪/15世纪 无量寿佛像	高19.5cm	552,000	北京保利	2013.06.05
14世纪/15世纪 西藏大成就者佛像	高12.4cm	345,000	中国嘉德	2013.05.13
14世纪/15世纪 西藏绿度母佛像	高18cm	195,500	中国嘉德	2013.05.13
14世纪/15世纪 西藏铜鎏金释迦牟尼像	高15cm	112,700	中国嘉德	2013.11.16
14世纪/15世纪 西藏铜鎏金文殊菩萨像	高9.4cm	230,000	中国嘉德	2013.11.16
14世纪/15世纪 西藏铜嵌银黄财神像	高8cm	195,500	远方拍卖	2013.12.02
14世纪/15世纪 药师佛像	高16cm	172,500	北京保利	2013.06.05
15世纪 阿閦佛像	高15cm	87,360	天津文物	2013.05.24
15世纪 阿閦佛像	高18cm	112,000	天津文物	2013.11.22
15世纪 阿氏多尊者	高11cm	94,300	北京翰海	2013.06.02
15世纪 宝冠释迦牟尼像	高15cm	253,000	北京保利	2013.12.05
15世纪 不动明王像	高19.5cm	287,500	北京保利	2013.12.05
15世纪 不空成就佛像	高21.5cm	460,000	北京保利	2013.06.05
15世纪 不空成就佛像	高12.5cm	80,640	天津文物	2013.11.22
15世纪 大持金刚佛像	高15cm	67,200	天津文物	2013.05.24
15世纪 大日如来佛像	高16.2cm	40,250	北京翰海	2013.03.24
15世纪 地藏菩萨像	高18cm	134,400	天津文物	2013.11.22
15世纪 汉藏释迦牟尼佛像	高34.5cm	920,000	中国嘉德	2013.05.13
15世纪 汉藏铜鎏金释迦牟尼佛	高35cm	1,380,000	中国嘉德	2013.11.16
15世纪 汉藏铜鎏金释迦牟尼佛像	高41.5cm	2,070,000	中国嘉德	2013.11.16
15世纪 汉藏铜鎏金释迦牟尼像	高18.2cm	253,000	中国嘉德	2013.11.16
15世纪 金刚持佛像	高18.6cm	690,000	北京翰海	2013.06.02
15世纪 金刚萨埵像	高12cm	138,000	北京保利	2013.12.05

拍品名称	物品尺寸	成交价RMB	拍卖公司	拍卖日期
15世纪 金刚总持像	高18cm	201,600	天津文物	2013.11.22
15世纪 莲花生佛像	高20.2cm	897,000	北京翰海	2013.06.02
15世纪 莲花生及弟子像	高20.5cm	483,000	北京保利	2013.12.05
15世纪 绿度母佛像	高21cm	483,000	北京保利	2013.06.05
15世纪 绿度母佛像	高13cm	172,500	北京保利	2013.06.05
15世纪 绿度母佛像	高11.7cm	57,500	北京翰海	2013.03.24
15世纪 绿度母佛像	高18cm	117,600	天津文物	2013.05.24
15世纪 绿度母像	高15.1cm	57,500	北京翰海	2013.09.14
15世纪 玛吉拉准佛像	高10.5cm	101,200	北京翰海	2013.03.24
15世纪 弥勒佛像	高58cm	1,380,000	北京保利	2013.06.05
15世纪 弥勒菩萨像	高23cm	515,200	天津文物	2013.11.22
15世纪 弥勒菩萨像	高47.9cm	437,000	北京翰海	2013.12.08
15世纪 密集金刚佛像	高18.5cm	322,000	北京翰海	2013.06.02
15世纪 密集金刚像	高14cm	168,000	天津文物	2013.11.22
15世纪 明铜鎏金加漆药师佛坐像	高33.5cm	229,463	纽约苏富比	2013.09.17
15世纪 上师佛像	高18.8cm	218,500	北京保利	2013.06.05
15世纪 上师佛像	高17.6cm	161,000	北京翰海	2013.06.02
15世纪 胜乐金刚佛像	高14.5cm	67,200	天津文物	2013.05.24
15世纪 释迦牟尼佛像	高27cm	483,000	北京保利	2013.06.05
15世纪 释迦牟尼佛像	高23.2cm	460,000	北京保利	2013.06.05
15世纪 释迦牟尼佛像	高15.5cm	299,000	北京保利	2013.06.05
15世纪 释迦牟尼佛像	高18cm	138,000	北京保利	2013.06.05
15世纪 释迦牟尼佛像	高19cm	667,000	北京翰海	2013.06.02
15世纪 释迦牟尼佛像	高18.5cm	195,500	北京翰海	2013.03.24
15世纪 释迦牟尼像	高20cm	253,000	北京保利	2013.12.05
15世纪 释迦牟尼像	高17.5cm	56,000	天津文物	2013.11.22
15世纪 双身金刚萨埵像	高27cm	560,000	天津文物	2013.11.22
15世纪 四臂观音像	高13.5cm	168,000	天津文物	2013.11.22
15世纪 铜鎏金镶嵌绿松石菩萨立像	高47.3cm	690,000	上海泓盛	2013.07.07
15世纪 铜鎏金药师佛像	高28cm	690,000	北京东正	2013.05.10
15世纪 铜鎏金站相观音像	高33.7cm	1,840,000	中国嘉德	2013.11.16
15世纪 托塔天王佛像	高25.6cm	920,000	北京翰海	2013.06.02
15世纪 文殊菩萨佛像	高12.2cm	92,000	北京翰海	2013.03.24
15世纪 无量光佛像	高13.5cm	322,000	北京翰海	2013.06.02
15世纪 无量寿佛像	高14cm	55,200	北京翰海	2013.03.24
15世纪 无量寿佛像	高19.5cm	403,200	天津文物	2013.05.24
15世纪 无量寿佛像	高25cm	218,500	北京翰海	2013.09.14
15世纪 无我佛母像	高28cm	89,600	天津文物	2013.11.22
15世纪 西藏弥勒佛像	高14.5cm	345,000	远方拍卖	2013.12.02
15世纪 西藏嵌银四臂观音菩萨像	高27cm	575,000	中国嘉德	2013.05.13
15世纪 西藏释迦牟尼佛像	高11.5cm	66,700	中国嘉德	2013.05.13
15世纪 西藏铜镀金释迦牟尼佛像	高17cm	172,500	远方拍卖	2013.12.02
15世纪 西藏铜合金金刚持像	高12.3cm	46,000	中国嘉德	2013.11.16
15世纪 西藏铜鎏金阿弥陀佛像	高24cm	402,500	中国嘉德	2013.11.16
15世纪 西藏铜鎏金度母像	高18.3cm	195,500	中国嘉德	2013.11.16
15世纪 西藏铜鎏金佛背光像	高50cm	195,500	中国嘉德	2013.11.16
15世纪 西藏铜鎏金绿度母佛像	高14cm	115,000	中国嘉德	2013.05.13
15世纪 西藏铜鎏金弥勒像	高16.7cm	172,500	中国嘉德	2013.11.16
15世纪 西藏铜鎏金坛城杜	高23.5cm	92,000	中国嘉德	2013.11.16
15世纪 西藏铜鎏金文殊菩萨像	高28.8cm	782,000	中国嘉德	2013.11.16
15世纪 西藏铜鎏金镶宝石持铃金刚像	高25.2cm	1,265,000	中国嘉德	2013.11.16
15世纪 喜金刚佛像	高15.5cm	224,000	天津文物	2013.05.24
15世纪 药师佛像	高20cm	280,000	天津文物	2013.05.24
15世纪 宗喀巴佛像	高16cm	218,500	北京翰海	2013.06.02
15世纪/16世纪 不动佛像	高11.5cm	299,000	北京保利	2013.06.05
15世纪/16世纪 不动佛像	高19.5cm	103,500	北京翰海	2013.03.24
15世纪/16世纪 弥勒菩萨像	高22.5cm	632,500	北京翰海	2013.12.08
15世纪/16世纪 明铜观世音菩萨像	高37cm	207,000	北京匡时	2013.12.04
15世纪/16世纪 释迦牟尼佛像	高17.5cm	345,000	北京保利	2013.06.05
15世纪/16世纪 释迦牟尼佛像	高15.5cm	115,000	北京保利	2013.06.05

2013杂项拍卖成交汇总

(成交价RMB：1万元以上)

拍品名称	物品尺寸	成交价RMB	拍卖公司	拍卖日期
15世纪/16世纪 释迦牟尼佛像	高12.5cm	43,700	北京翰海	2013.03.24
15世纪/16世纪 西藏护经板(释迦)	高70.5cm	97,750	中国嘉德	2013.11.16
15世纪/16世纪 西藏鎏金铜弥勒菩萨佛坐像	高22.8cm	358,013	伦敦苏富比	2013.05.15
15世纪/16世纪 西藏上师像	高16cm	517,500	远方拍卖	2013.12.02
15世纪/16世纪 西藏铜合金莲花生像	高7.5cm	55,200	中国嘉德	2013.11.16
15世纪/16世纪 西藏铜合金马头金刚像	高12.4cm	89,700	中国嘉德	2013.11.16
15世纪/16世纪 西藏铜鎏金捶碟护法佛像	高46.2cm	184,000	中国嘉德	2013.05.13
15世纪/16世纪 西藏铜鎏金捶碟护法佛组像	高45cm	161,000	中国嘉德	2013.05.13
15世纪/16世纪 西藏铜鎏金捶碟释迦牟尼佛及侍从像	高54cm	80,500	中国嘉德	2013.05.13
15世纪/16世纪 西藏铜鎏金密集金刚像	高22cm	1,840,000	中国嘉德	2013.11.16
15世纪/16世纪 西藏铜鎏金释迦牟尼佛像	高18cm	207,000	中国嘉德	2013.05.13
15世纪/16世纪 西藏铜鎏金象鼻佛残板	高59cm	63,250	中国嘉德	2013.05.13
15世纪/18世纪 阿弥陀佛像、金刚总持像、日光菩萨像、白度母像	尺寸不一	117,600	天津文物	2013.11.22
16世纪 阿閦佛像	高17cm	201,600	天津文物	2013.05.24
16世纪 阿閦佛像	高16cm	112,000	天津文物	2013.05.24
16世纪 白不动明王像	高11.5cm	368,000	北京翰海	2013.12.08
16世纪 白度母像	高20.5cm	156,800	天津文物	2013.11.22
16世纪 苯教辛饶米沃佛像	高11.5cm	86,250	北京保利	2013.06.05
16世纪 不空羂索观音像	高15cm	322,000	北京保利	2013.12.05
16世纪 财神像	高7.1cm	103,500	北京翰海	2013.09.14
16世纪 大宝法王像	高11cm	92,000	北京保利	2013.12.05
16世纪 大成就者像	高19cm	632,500	北京保利	2013.12.05
16世纪 大成就者像	高10cm	172,500	北京翰海	2013.12.08
16世纪 大肚弥勒佛像	高29cm	391,000	北京翰海	2013.06.02
16世纪 大日如来像	高22.5cm	230,000	北京保利	2013.12.05
16世纪 第十四任甘丹赤巴仁钦威色佛像	高27.5cm	690,000	北京翰海	2013.06.02
16世纪 观音菩萨及明妃像	高18.3cm	287,500	北京翰海	2013.06.02
16世纪 广目天王佛像	高27cm	506,000	北京翰海	2013.06.02
16世纪 汉藏四臂观音菩萨像	高18.5cm	172,500	中国嘉德	2013.05.13
16世纪 黄财神佛像	高10.3cm	34,500	北京翰海	2013.03.24
16世纪 金刚萨埵佛像	高20cm	690,000	北京保利	2013.06.05
16世纪 局部鎏金铜达摩立像	高48.7cm	701,750	香港苏富比	2013.04.08
16世纪 莲花生佛像	高29cm	345,000	北京翰海	2013.06.02
16世纪 莲花手观音像	高14cm	78,200	北京翰海	2013.09.14
16世纪 绿度母像	高12cm	67,200	天津文物	2013.11.22
16世纪 绿度母像与救八难度母像	高29.5cm	1,840,000	北京保利	2013.12.05
16世纪 密集金刚佛像	高12.5cm	391,000	北京保利	2013.06.05
16世纪 那若空行母像	高16cm	161,000	北京保利	2013.12.05
16世纪 宁玛派上师像	高19cm	179,200	天津文物	2013.11.22
16世纪 毗卢遮那佛像	高17.3cm	241,500	北京保利	2013.12.05
16世纪 萨迦班智达	高16cm	134,400	天津文物	2013.05.24
16世纪 三世噶玛巴让迥多杰像	高13cm	86,250	北京保利	2013.12.05
16世纪 上师佛像	高7.7cm	71,300	北京翰海	2013.06.02
16世纪 胜乐金刚像	高18cm	67,200	天津文物	2013.11.22
16世纪 释迦牟尼佛诞生像	高24.9cm	32,200	北京翰海	2013.03.24
16世纪 双身马头明王像	高20cm	44,800	天津文物	2013.11.22
16世纪 四臂佛母像	高18.5cm	287,500	北京保利	2013.12.05
16世纪 四臂观音像	高18cm	78,400	天津文物	2013.11.22
16世纪 铜鎏金噶玛巴像	高13.4cm	48,300	中国嘉德	2013.09.16
16世纪 铜鎏金观音菩萨像	高11.7cm	138,000	北京东正	2013.05.10
16世纪 无量寿佛像	高10cm	57,500	北京保利	2013.06.05
16世纪 无量寿佛像	高15.5cm	43,700	北京翰海	2013.03.24
16世纪 无量寿佛像	高23cm	230,000	北京保利	2013.12.05

拍品名称	物品尺寸	成交价RMB	拍卖公司	拍卖日期
16世纪 西藏苯教无量寿佛像	高14.5cm	51,750	中国嘉德	2013.05.13
16世纪 西藏铜镀金不动佛像	高19.5cm	207,000	远方拍卖	2013.12.02
16世纪 西藏铜鎏金大日如来像	高18.2cm	149,500	中国嘉德	2013.11.16
16世纪 西藏铜鎏金莲花生像	高19.2cm	126,500	中国嘉德	2013.11.16
16世纪 西藏铜鎏金弥勒像	高15.6cm	103,500	中国嘉德	2013.11.16
16世纪 西藏铜鎏金琵琶天王像	高12.8cm	195,500	中国嘉德	2013.11.16
16世纪 西藏铜鎏金萨班・贡噶坚赞像	高22.5cm	149,500	中国嘉德	2013.05.13
16世纪 西藏铜鎏金上乐金刚像	高20.7cm	575,000	中国嘉德	2013.11.16
16世纪 西藏铜鎏金上乐金刚像	高29.8cm	287,500	中国嘉德	2013.11.16
16世纪 西藏铜鎏金上师像	高15.9cm	115,000	中国嘉德	2013.05.13
16世纪 西藏铜鎏金上师像	高11.5cm	51,750	中国嘉德	2013.11.16
16世纪 西藏铜鎏金宗喀巴佛像	高15cm	184,000	中国嘉德	2013.05.13
16世纪 西方广目天王像	高9cm	57,500	北京保利	2013.12.05
16世纪 夏吾巴・贡噶坚参佛像	高17cm	437,000	北京翰海	2013.06.02
16世纪 印度论师像	高15.5cm	552,000	北京翰海	2013.12.08
16世纪 中原释迦佛像	高38cm	862,500	远方拍卖	2013.12.02
16世纪 中原释迦摩尼佛像	高43cm	287,500	远方拍卖	2013.12.02
16世纪 中原铜鎏金观音菩萨坐像	高17cm	356,500	中国嘉德	2013.05.13
16世纪 中原铜漆金观音菩萨坐像	高64cm	1,322,500	远方拍卖	2013.12.02
16世纪 宗喀巴佛像	高17cm	132,250	北京翰海	2013.03.24
明或更早 金佛像	高2.7cm	126,500	六朝艺宴	2013.07.07
明洪武 铜鎏金吉祥如来像 (两尊)	高5.6cm；高5.7cm	163,323	保利香港	2013.10.07
明中期 中原铜释迦牟尼佛坐像	高32.5cm	471,500	中国嘉德	2013.05.13
明中期 铜文殊菩萨佛像	高36.5cm	287,500	北京匡时	2013.06.04
明中期 铜鎏金宗喀巴像	高19.5cm	199,617	保利香港	2013.10.07
明中期 铜鎏金双身十二臂上乐金刚像	高16.4cm	230,000	北京诚轩	2013.11.17
明中期 铜鎏金嵌银上师像	高12.5cm	99,809	保利香港	2013.10.07
明中期 铜鎏金嵌宝石上师像	高12cm	99,809	保利香港	2013.10.07
明中期 铜鎏金能食空行像	高8.3cm	54,441	保利香港	2013.10.07
明中期 铜鎏金金刚持像	高23cm	635,145	保利香港	2013.10.07
明中期 铜鎏金大日如来像	高12.6cm	126,500	北京诚轩	2013.11.17
明中期 铜鎏金八思巴法王像	高16cm	272,205	保利香港	2013.10.07
明中期 铜地藏王菩萨像	高26cm	136,103	保利香港	2013.10.07
明中期 释迦牟尼佛像	高13cm	230,000	北京保利	2013.06.05
明中期 黄铜上师像	高26cm	199,617	保利香港	2013.10.07
明正统 普贤菩萨像	高29cm	2,875,000	北京保利	2013.12.05
明正德10年 铜漆金释迦牟尼佛像佛坐像	高41.9cm	202,183	纽约苏富比	2013.03.19
明正德 无量寿佛像	高10cm	276,000	北京保利	2013.12.05
明早期 铜鎏金嵌宝石绿度母像	高12.2cm	145,176	保利香港	2013.10.07
明永乐 紫铜三世佛像 (三尊)	高33.5cm	313,600	北京中嘉	2013.07.07
明永乐 增禄佛母像	高18.2cm	14,260,000	北京翰海	2013.12.08
明永乐 文殊菩萨像	高25cm	9,085,000	北京保利	2013.12.05
明永乐 文殊菩萨像	高19.5cm	5,290,000	北京保利	2013.12.05
明永乐 铜鎏金绿度母像	高15cm	3,680,000	北京匡时	2013.12.04
明永乐 铜鎏金金刚萨菩萨像	高21.5cm	8,625,000	北京匡时	2013.12.04
明永乐 铜鎏金金刚萨埵佛像	高25cm	12,650,000	北京九歌	2013.06.28
明永乐 弥勒菩萨佛像	高21cm	5,750,000	北京保利	2013.06.05
明永乐 鎏金铜释迦牟尼佛坐像	高54.5cm	186,551,160	香港苏富比	2013.10.08
明永乐 鎏金地藏王菩萨佛像	高21.5cm	12,650,000	中国嘉德	2013.05.13
明永乐 金刚手菩萨佛像	高15cm	1,495,000	北京翰海	2013.06.02
明永乐 宫廷铜鎏金四臂观音菩萨像	高10.5cm	1,265,000	中国嘉德	2013.05.13
明永乐 阿弥陀佛像	高11.8cm	2,645,000	北京翰海	2013.06.02
明宣德 铜鎏金文殊菩萨佛像	高25.5cm	9,200,000	北京匡时	2013.06.04
明宣德 铜鎏金绿度母像	高25cm	5,750,000	北京匡时	2013.12.04
明宣德 铜鎏金黄财神像	高6.2cm	184,000	北京诚轩	2013.11.17
明万历7年 药师佛像	高32cm	89,600	天津文物	2013.05.24
明万历 铜漆金达摩坐像	高33.5cm	138,000	北京保利	2013.06.06
明晚期 铜漆金药师佛像	高18cm	34,500	北京保利	2013.04.28

拍品名称	物品尺寸	成交价RMB	拍卖公司	拍卖日期
明晚期 石叟款铜观音菩萨像	高19.5cm	552,000	北京保利	2013.06.05
明天顺元年 鎏金铜真武大帝坐像	高30.5cm	596,688	伦敦苏富比	2013.05.15
明嘉靖 铜关公像	高38cm	46,000	北京保利	2013.04.28
明代 铜弥勒佛像	高73cm	4,255,000	古天一	2013.12.05
明代 铜鎏金善财童女像	高18.8cm	253,000	中国嘉德	2013.11.16
明代 铜鎏金菩萨像	高20cm	32,200	中国嘉德	2013.11.16
明代 铜鎏金观音像	高33.5cm	287,500	古天一	2013.12.05
明代 铜鎏金碧霞元君像	高15.4cm	51,750	中国嘉德	2013.11.16
明代 铜观音像	高77cm	805,000	中国嘉德	2013.11.16
明代 木胎漆金男像观音像	高22cm	460,000	中国嘉德	2013.11.16
明初 镶银眼合金铜造像	高18cm	207,000	远方拍卖	2013.06.06
明初 合金铜释迦牟尼佛像	高20.5cm	230,000	远方拍卖	2013.06.06
明成化 铜漆金观音像	高29cm	345,000	古天一	2013.12.05
明15世紀 铜莲花手观音菩萨坐像	高55cm	3,772,800	罗芙奥	2013.11.24
明15世纪 鎏金铜观音菩萨坐像	高26.5cm	179,006	伦敦苏富比	2013.05.15
明 真武大帝像	高31cm	161,000	凤凰拍卖	2013.07.21
明 御制铜鎏金广目天王立像	高111cm	18,400,000	北京保利	2013.06.05
明 药师佛像	高58cm	1,030,400	天津文物	2013.05.24
明 药师佛像	高34cm	621,000	北京翰海	2013.12.08
明 观音菩萨像	高47cm	2,300,000	北京翰海	2013.06.02
明 镶松石铜鎏金无量寿佛坐像	高18.3cm	276,000	西泠拍卖	2013.07.12
明 西藏铜鎏金释迦牟尼佛像	高16.5cm	207,000	中国嘉德	2013.05.13
明 文官像	高36cm	36,800	北京翰海	2013.03.24
明 韦陀像	高19cm	64,960	天津文物	2013.05.24
明 韦陀像	高65cm	425,600	天津文物	2013.11.22
明 王世襄旧藏弥勒佛铜坐像	高9.2cm	32,200	北京匡时	2013.12.05
明 铜尊胜佛母像	高32cm	46,000	北京保利	2013.07.27
明 铜准提佛母像	高51cm	506,000	云南典藏	2013.10.19
明 铜铸自在观音菩萨像	高11.9cm	253,000	六朝艺宴	2013.07.07
明 铜制释迦牟尼佛像	高33cm	511,750	北京华辰	2013.05.09
明 铜站像释迦牟尼佛像	高22.5cm	322,000	远方拍卖	2013.06.06
明 铜药师佛像	高29cm	34,500	中国嘉德	2013.09.16
明 铜文殊菩萨佛像	高23cm	828,000	北京九歌	2013.06.28
明 铜送子观音像	高60cm	287,500	北京保利	2013.12.06
明 铜四臂观音像	高25.5cm	460,000	云南典藏	2013.10.19
明 铜四臂观音像	高23cm	161,000	云南典藏	2013.10.19
明 铜释迦牟尼像	高45.5cm	598,000	云南典藏	2013.10.19
明 铜释迦牟尼佛像	高22cm	51,750	北京保利	2013.07.27
明 铜释迦牟尼佛像	高10.5cm	32,200	北京保利	2013.04.28
明 铜释迦牟尼佛像	高61cm	460,000	中国嘉德	2013.06.15
明 铜释迦牟尼佛像	高27.5cm	92,000	中国嘉德	2013.06.15
明 铜上师像	高10cm	51,750	北京匡时	2013.12.04
明 铜嵌银丝观音坐像	高20.5cm	497,145	澳门新亚太	2013.11.24
明 铜骑羊护法佛像	高33.9cm	69,000	中国嘉德	2013.03.24
明 铜漆金雪山大师佛像	高20cm	575,000	翰风国际	2013.04.21
明 铜漆金天王佛像	高38cm	115,000	北京保利	2013.07.27
明 铜漆金瘦骨罗汉像	高10cm	51,750	北京保利	2013.04.28
明 铜漆金释迦像	高23cm	172,500	北京保利	2013.10.28
明 铜漆金释迦像	高15cm	69,000	北京保利	2013.10.28
明 铜漆金释迦像	高19.5cm	43,700	北京保利	2013.10.26
明 铜漆金释迦牟尼像	高42cm	172,500	北京保利	2013.10.28
明 铜漆金释迦牟尼佛坐像	高33cm	483,000	远方拍卖	2013.06.06
明 铜漆金释迦牟尼佛像	高29cm	80,500	中国嘉德	2013.03.25
明 铜漆金释迦牟尼佛像	高22cm	195,500	云南典藏	2013.10.19
明 铜漆金普贤观音菩萨像	高39.5cm	395,500	远方拍卖	2013.06.06
明 铜漆金吕洞宾像	高25.1cm	55,200	西泠拍卖	2013.07.12
明 铜漆金观音像	高46.7cm	362,940	保利香港	2013.10.07
明 铜漆金观音菩萨坐像	高16.5cm	253,000	北京中汉	2013.05.13
明 铜漆金观音菩萨像	高13.5cm	40,250	北京保利	2013.04.28
明 铜漆金道教神明立像	高30.8cm	91,785	纽约苏富比	2013.09.17

拍品名称	物品尺寸	成交价RMB	拍卖公司	拍卖日期
明 铜菩萨像	高35cm	103,500	云南典藏	2013.10.19
明 铜妙音佛母像	高11.6cm	49,904	保利香港	2013.10.07
明 铜罗汉尊者坐像	高41cm	149,500	古天一	2013.06.04
明 铜鎏文殊菩萨像	高15cm	172,500	北京匡时	2013.12.04
明 铜鎏天官坐像	高69cm	3,105,000	翰风国际	2013.04.21
明 铜鎏金宗喀巴像	高14.5cm	34,500	北京保利	2013.04.28
明 铜鎏金准提佛母像	高23cm	253,000	中国嘉德	2013.05.13
明 铜鎏金周仓像	高32.5cm	207,000	中国嘉德	2013.05.13
明 铜鎏金仲敦巴像	高11.7cm	253,000	北京匡时	2013.06.04
明 铜鎏金镶宝石释迦牟尼佛坐像	高21.5cm	136,448	宝源国际	2013.07.25
明 铜鎏金喜金刚佛像	高17.8cm	667,000	中国嘉德	2013.05.13
明 铜鎏金无量寿佛像	高14.8cm	97,750	西泠拍卖	2013.07.12
明 铜鎏金无量寿佛像	高20cm	172,500	云南典藏	2013.10.19
明 铜鎏金文殊菩萨佛像	高17.5cm	161,000	北京保利	2013.04.28
明 铜鎏金文殊菩萨佛像	高13cm	86,250	北京保利	2013.04.28
明 铜鎏金文殊菩萨佛像	高22.8cm	92,000	西泠拍卖	2013.07.12
明 铜鎏金韦陀像	高47cm	713,000	北京东正	2013.05.10
明 铜鎏金童子像	高15.7cm	253,000	中国嘉德	2013.06.15
明 铜鎏金铁拐李像	高16cm	51,750	北京九歌	2013.09.04
明 铜鎏金天冠弥勒佛像	高29.5cm	575,000	北京保利	2013.04.28
明 铜鎏金天冠弥勒佛像	高23cm	287,500	北京保利	2013.04.28
明 铜鎏金思维菩萨像	高14cm	92,000	北京保利	2013.10.28
明 铜鎏金双修不动明王像	高7.6cm	49,904	保利香港	2013.10.07
明 铜鎏金释迦坐像	高27.6cm	343,482	大唐香港	2013.11.28
明 铜鎏金释迦像	高30cm	149,500	北京保利	2013.10.26
明 铜鎏金释迦像	高16.5cm	71,300	中国嘉德	2013.09.16
明 铜鎏金释迦像	高22cm	57,500	北京保利	2013.10.28
明 铜鎏金释迦牟尼像	高11cm	344,793	保利香港	2013.10.07
明 铜鎏金释迦牟尼像	高15.5cm	195,500	云南典藏	2013.10.19
明 铜鎏金释迦牟尼像	高15cm	109,250	云南典藏	2013.10.19
明 铜鎏金释迦牟尼佛坐像	高15.2cm	161,000	六朝艺宴	2013.07.07
明 铜鎏金释迦牟尼佛像木彩绘底座	高45m	230,000	古天一	2013.06.04
明 铜鎏金释迦牟尼佛像	高13cm	40,250	北京保利	2013.04.28
明 铜鎏金释迦牟尼佛像	高38.5cm	690,000	北京东正	2013.05.10
明 铜鎏金释迦牟尼佛像	高20cm	126,500	北京东正	2013.06.15
明 铜鎏金释迦牟尼佛像	高33cm	582,912	大唐香港	2013.05.28
明 铜鎏金释迦牟尼佛像	高16cm	437,000	六朝艺宴	2013.07.07
明 铜鎏金释迦牟尼佛像	高33.6cm	138,000	中国嘉德	2013.06.15
明 铜鎏金释迦牟尼佛像	高23cm	94,300	中国嘉德	2013.06.15
明 铜鎏金释迦牟尼佛像	高34cm	230,000	北京匡时	2013.12.04
明 铜鎏金释迦牟尼佛像	高9.5cm	46,000	北京匡时	2013.12.04
明 铜鎏金狮吼观音像	高32cm	598,000	中国嘉德	2013.09.16
明 铜鎏金摩诃迦叶尊者像	高54.5cm	897,000	北京匡时	2013.12.04
明 铜鎏金弥勒菩萨佛像	高24.3cm	402,500	西泠拍卖	2013.07.12
明 铜鎏金弥勒佛像	高17.6cm	192,100	远方拍卖	2013.06.06
明 铜鎏金弥勒佛像	高37.5cm	69,000	中国嘉德	2013.06.15
明 铜鎏金绿度母像	高12.2cm	149,500	北京匡时	2013.12.04
明 铜鎏金金刚亥母像	高31cm	1,322,500	云南典藏	2013.10.19
明 铜鎏金金刚持佛像	高17cm	46,000	北京保利	2013.04.28
明 铜鎏金观音坐像	高82cm	2,350,140	大唐香港	2013.11.28
明 铜鎏金观音像	高18.3cm	77,125	保利香港	2013.10.07
明 铜鎏金观音菩萨坐像	高33cm	318,780	大唐香港	2013.05.28
明 铜鎏金观音菩萨坐像	高22.5cm	598,000	华艺国际	2013.05.05
明 铜鎏金观音菩萨像	高16.8cm	207,000	中国嘉德	2013.06.15
明 铜鎏金观音菩萨像	高27.5cm	517,500	北京匡时	2013.12.04
明 铜鎏金关平像	高32.5cm	172,500	中国嘉德	2013.05.13
明 铜鎏金关公像	高45cm	805,000	中国嘉德	2013.06.15
明 铜鎏金供养菩萨像	高17cm	1,840,000	北京保利	2013.12.05
明 铜鎏金供养菩萨	高20cm	32,200	北京保利	2013.04.28
明 铜鎏金佛像	高18cm	500,940	大唐香港	2013.05.28

2013杂项拍卖成交汇总

(成交价RMB：1万元以上)

拍品名称	物品尺寸	成交价RMB	拍卖公司	拍卖日期
明 铜鎏金度母像	高12.3cm	138,000	西泠拍卖	2013.07.12
明 铜鎏金道教神官像	高32.5cm	109,250	中国嘉德	2013.05.13
明 铜鎏金道教神官像	高32.5cm	94,300	中国嘉德	2013.05.13
明 铜鎏金大鹏金翅鸟像	高8.3cm	54,441	保利香港	2013.10.07
明 铜鎏金大持金刚佛像	高17cm	48,300	北京保利	2013.04.28
明 铜关平立像	高48.2cm	152,975	纽约苏富比	2013.09.17
明 铜雕菩萨头像	高46cm	690,000	北京保利	2013.12.05
明 铜点金汉钟离立像	高29.5cm	92,000	北京匡时	2013.12.04
明 铜地藏菩萨佛像	高28cm	126,500	远方拍卖	2013.06.06
明 铜碧霞元君像	高26cm	40,250	北京保利	2013.04.28
明 铜 雷震子像	高16cm	126,500	中国嘉德	2013.05.13
明 天王像(一对)	高41cm；高40cm	1,265,000	北京翰海	2013.12.08
明 水月观音像	高16cm	437,000	北京翰海	2013.12.08
明 释迦牟尼像及阿难、迦叶像	尺寸不一	1,092,500	北京翰海	2013.12.08
明 释迦牟尼像	高24.5cm	402,500	北京保利	2013.12.05
明 释迦牟尼佛像	高29.5cm	184,000	北京翰海	2013.03.24
明 清 铜鎏金黑财神像 铜鎏金红财神像 铜鎏金黄财神像 铜鎏金白财神像	尺寸不一	54,441	保利香港	2013.10.07
明 骑犼观音像	高33cm	287,500	北京九歌	2013.09.04
明 漆金铜神像	高66cm	264,393	纽约佳士得	2013.03.21
明 漆金铜菩萨立像(一对)	高147.3cm×2	7,488,529	纽约佳士得	2013.03.21
明 菩萨像	高6.5cm	69,000	北京保利	2013.06.05
明 弥勒像	高24cm	201,600	天津文物	2013.11.22
明 吕洞宾像	高50.5cm	287,500	北京翰海	2013.12.08
明 鎏金铜菩萨坐像	高49.2cm	883,098	伦敦苏富比	2013.05.15
明 鎏金铜碧霞元君像	高58.5cm	404,365	纽约佳士得	2013.03.21
明 金观音与善财龙女像	高15.8cm	345,000	中国嘉德	2013.11.19
明 夹纻漆金大日如来佛像	高46cm	172,500	北京东正	2013.05.10
明 合金铜释迦牟尼佛像	高23cm	230,000	远方拍卖	2013.06.06
明 汉藏燃灯佛像	高25.1cm	632,500	中国嘉德	2013.05.13
明 观音像	高19cm	224,000	天津文物	2013.11.22
明 观音像	高16cm	166,750	北京翰海	2013.09.14
明 观音菩萨像	高24.5cm	207,000	北京翰海	2013.03.24
明 观音菩萨像	高40cm	575,000	北京翰海	2013.12.08
明 观音菩萨像	高27cm	172,500	北京翰海	2013.12.08
明 观音菩萨像	高19cm	86,250	北京翰海	2013.12.08
明 观音菩萨立像	高76cm	2,300,000	北京翰海	2013.06.02
明 关公像	高121cm	2,990,000	北京翰海	2013.06.02
明 关公像	高28cm	97,750	北京翰海	2013.12.08
明 供养菩萨像	高20cm	322,000	北京翰海	2013.12.08
明 地藏菩萨像	高42cm	529,000	北京翰海	2013.09.14
明 道教天官像	高31cm	43,700	北京翰海	2013.03.24
明 大势至菩萨像	高82cm	4,197,500	北京翰海	2013.12.08
明 大势至菩萨	高19cm	145,600	天津文物	2013.05.24
明 大肚弥勒佛像	高30cm	322,000	北京翰海	2013.03.24
明 大肚弥勒佛像	高32cm	207,000	北京翰海	2013.03.24
明 大肚弥勒佛像	高13.3cm	32,200	北京翰海	2013.03.24
明 财神佛像	高10.5cm	322,000	北京保利	2013.06.05
明 阿难佛像	高34cm	34,500	北京翰海	2013.03.24
明 阿弥陀佛像	高32cm	506,000	北京翰海	2013.06.02
明 阿弥陀佛像	高55cm	280,000	天津文物	2013.05.24
明 阿弥陀佛像	高95cm	1,035,000	北京翰海	2013.12.08
明 阿弥陀佛像	高20cm	179,200	天津文物	2013.11.22
明 阿弥陀佛像	高42cm	89,600	天津文物	2013.11.22
明 阿弥陀佛立像	高39cm	287,500	北京九歌	2013.09.04
明 阿閦佛像	高40.5cm	207,000	北京翰海	2013.12.08
明 "石叟"制铜错银观音像	高17cm	862,500	远方拍卖	2013.12.01
明末清初 中原铜大肚弥勒佛像	高16.8cm	71,300	中国嘉德	2013.05.13
明末清初 铜鎏金宗喀巴像	高11.1cm	69,000	北京诚轩	2013.11.17
明末清初 铜鎏金观音菩萨像	高14cm；宽8.3cm	115,000	广东古今	2013.07.28
明末清初 铜持卷观音像	高23cm	46,000	中国嘉德	2013.09.16
明末/18世纪 铜错银观音菩萨坐像	高22.2cm	505,456	纽约佳士得	2013.03.21
明末 铜鎏金释迦牟尼像	高15cm	163,323	保利香港	2013.10.07
明末 铜阿弥陀佛像	高52cm	460,000	北京匡时	2013.06.04
明末 鎏金髹漆铜碧霞元君坐像	高81.9cm	477,350	伦敦苏富比	2013.05.15
明晚期 局部鎏金铜佛像陀坐像	高48.3cm	466,575	纽约佳士得	2013.03.21
明晚期 鎏金铜观音菩萨坐像	高25.5cm	62,210	纽约佳士得	2013.03.21
明晚期 漆金铜真武大帝坐像	高37cm	73,874	纽约佳士得	2013.03.21
16世纪/17世纪 持经观音菩萨像	高19.5cm	460,000	北京翰海	2013.06.02
16世纪/17世纪 佛海观世音像	高17cm	690,000	北京翰海	2013.12.08
16世纪/17世纪 汉藏铜鎏金四世班禅像	高22.1cm	747,500	中国嘉德	2013.11.16
16世纪/17世纪 六世黑帽噶玛巴·同瓦顿丹像	高11cm	1,667,500	北京翰海	2013.06.02
16世纪/17世纪 明铜佛坐像	高55.2cm	764,875	纽约苏富比	2013.09.17
16世纪/17世纪 漆金铜多闻天立像	高46.3cm	248,840	纽约佳士得	2013.03.21
16世纪/17世纪 十一面观音像	高27cm	74,750	北京翰海	2013.12.08
16世纪/17世纪 铜漆金碧霞元君坐像	高54.7cm	93,315	纽约苏富比	2013.03.19
16世纪/17世纪 童子拜观音菩萨像	高21.5cm	391,000	北京翰海	2013.06.02
16世纪/17世纪 西藏铜鎏金上师佛像	高15cm	89,700	中国嘉德	2013.05.13
16世纪/17世纪 西藏铜鎏金上师像	高23cm	92,000	中国嘉德	2013.11.16
16世纪/17世纪 喜金刚佛像	高13cm	230,000	北京翰海	2013.03.24
17世纪 白度母像	高12.2cm	230,000	北京翰海	2013.12.08
17世纪 不丹铜鎏金白度母佛像	高16.5cm	149,500	中国嘉德	2013.05.13
17世纪 藏王佛像	高18.3cm	299,000	北京保利	2013.06.05
17世纪 藏王像	高13.5cm	145,600	天津文物	2013.11.22
17世纪 噶举派上师像	高61cm	161,000	北京翰海	2013.12.08
17世纪 噶玛巴喇嘛	高29cm	460,000	北京翰海	2013.06.02
17世纪 汉藏铜鎏金阿弥陀佛像	高15.2cm	207,000	中国嘉德	2013.11.16
17世纪 汉藏铜鎏金自在观音像	高17.7cm	575,000	中国嘉德	2013.11.16
17世纪 莲花手菩萨像	高20cm	69,000	北京翰海	2013.09.14
17世纪 莲花王像	高11cm	207,000	北京翰海	2013.12.08
17世纪 绿度母像	高17.5cm	95,200	天津文物	2013.11.22
17世纪 绿度母像	高16.5cm	86,250	北京翰海	2013.09.14
17世纪 弥勒佛像	高12cm	97,750	北京翰海	2013.12.08
17世纪 弥勒菩萨像	高16cm	123,200	天津文物	2013.11.22
17世纪 那波巴像	高16cm	179,200	天津文物	2013.11.22
17世纪 宁玛派上师旺青让迦像	佛高7.5cm；盒高11cm	138,000	北京保利	2013.12.05
17世纪 上师佛像	高18cm	57,500	北京翰海	2013.03.24
17世纪 上师像	高34.3cm	322,000	北京翰海	2013.12.08
17世纪 上师像	高11.2cm	103,500	北京翰海	2013.09.14
17世纪 释迦牟尼佛像	高15.3cm	322,000	北京翰海	2013.06.02
17世纪 释迦牟尼像	高19cm	345,000	北京翰海	2013.12.08
17世纪 释迦牟尼像	高37cm	230,000	北京翰海	2013.12.08
17世纪 释迦牟尼像	高21cm	207,000	北京保利	2013.12.05
17世纪 释迦牟尼像	高16cm	161,000	北京保利	2013.12.05
17世纪 四臂观音像	高18cm	100,800	天津文物	2013.11.22
17世纪 四臂观音像	高20cm	80,500	北京翰海	2013.09.14
17世纪 铜鎏金藏王像	高18cm	402,500	北京保利	2013.04.28
17世纪 铜鎏金噶举派上师佛像	高24.5cm	207,000	北京保利	2013.04.28
17世纪 铜鎏金黄财神佛像	高16.6cm	322,000	北京东正	2013.05.10
17世纪 铜鎏金弥勒佛像	高25cm	437,000	北京保利	2013.04.28
17世纪 铜鎏金释迦牟尼佛像	高16cm	253,000	北京东正	2013.05.10
17世纪 铜鎏金杨柳观音坐像	高38cm	168,273	纽约苏富比	2013.09.17
17世纪 铜鎏金药师佛坐像	高27.5cm	264,500	上海泓盛	2013.07.07
17世纪 铜鎏金长寿佛坐像	高23.3cm	264,500	上海泓盛	2013.07.07
17世纪 铜鎏金自在观音像	高27cm	345,000	中国嘉德	2013.09.16
17世纪 托塔天王像	高20.2cm	69,000	北京翰海	2013.09.14

拍品名称	物品尺寸	成交价RMB	拍卖公司	拍卖日期
17世纪 文殊菩萨佛像	高17cm	89,600	天津文物	2013.05.24
17世纪 文殊菩萨像	高17.3cm	253,000	北京翰海	2013.09.14
17世纪 无量寿佛像	高11.5cm	253,000	北京翰海	2013.06.02
17世纪 西藏独雄大威德金刚像	高29cm	1,265,000	中国嘉德	2013.11.16
17世纪 西藏合金铜嵌银度母佛像(莲座鎏金)	高8.8cm	713,000	中国嘉德	2013.05.13
17世纪 西藏铜财宝天王佛像	高15cm	126,500	中国嘉德	2013.05.13
17世纪 西藏铜合金上师像	高9.6cm	63,250	中国嘉德	2013.11.16
17世纪 西藏铜合金释迦像	高20.3cm	598,000	中国嘉德	2013.11.16
17世纪 西藏铜合金无量寿佛像	高13.3cm	57,500	中国嘉德	2013.05.13
17世纪 西藏铜莲花手菩萨像	高19cm	195,500	中国嘉德	2013.11.16
17世纪 西藏铜鎏金波罗那多	高27.8cm	138,000	中国嘉德	2013.05.13
17世纪 西藏铜鎏金财神像	高15.1cm	437,000	中国嘉德	2013.11.16
17世纪 西藏铜鎏金上乐金刚像	高18.2cm	126,500	中国嘉德	2013.11.16
17世纪 西藏铜鎏金释迦牟尼佛像	高21.8cm	69,000	中国嘉德	2013.11.16
17世纪 西藏铜鎏金无量寿像	高20.3cm	66,700	中国嘉德	2013.11.16
17世纪 西藏铜密集金刚像	高17.8cm	345,000	中国嘉德	2013.11.16
17世纪 西藏铜妙音佛母像	高17.4cm	138,000	中国嘉德	2013.11.16
17世纪 西藏铜长寿佛像	高23.8cm	230,000	中国嘉德	2013.11.16
17世纪 印度教湿婆双身像	高24cm	109,250	北京翰海	2013.09.14
17世纪 宗喀巴佛像	高16.5cm	98,560	天津文物	2013.05.24
清初 铜鎏金释迦牟尼佛坐像	高8.2cm	46,000	北京诚轩	2013.11.17
清初 铜嵌银丝石叟款观音菩萨像	高17cm	345,000	远方拍卖	2013.06.06
清早期 铜胎观音像	高12.2cm	1,996,170	澳门中信	2013.10.27
清早期 铜释迦像	高40cm	63,250	北京保利	2013.10.26
清早期 铜弥勒尊者佛像	高22cm	109,250	北京保利	2013.04.28
清早期 铜弥勒佛像	高34.5cm	345,000	翰风国际	2013.04.21
清早期 铜六臂玛哈噶拉像	高29.3cm	345,000	北京匡时	2013.06.04
清早期 铜鎏金思维罗汉像	高29.7cm	230,000	中国嘉德	2013.09.16
清早期 铜鎏金释迦牟尼佛像说法像	高22.8cm	586,500	六朝艺宴	2013.07.07
清早期 铜鎏金释迦牟尼佛像	高19.5cm	109,760	东拍国际	2013.06.14
清早期 铜鎏金男相观音像	高23cm	713,000	北京匡时	2013.12.04
清早期 铜鎏金喀尔喀蒙古四臂观音菩萨像	高19cm	667,000	六朝艺宴	2013.07.07
清早期 铜鎏金喀尔喀蒙古四臂观音菩萨像	高14.5cm	345,000	六朝艺宴	2013.07.07
清早期 铜鎏金观音菩萨像	高50cm	598,000	北京保利	2013.07.27
清早期 铜鎏金观音菩萨像	高17.3cm	161,000	北京匡时	2013.12.04
清早期 铜鎏金渡母像	高18cm	46,000	北京保利	2013.10.28
清早期 铜鎏金大红司令像	高11.3cm	45,368	保利香港	2013.10.07
清早期 铜观音座像	高14cm	149,500	中国嘉德	2013.11.19
清早期 铜达摩坐像	高14cm	40,250	北京保利	2013.07.28
清早期 铜白度母像	高18.8cm	63,250	北京匡时	2013.12.04
清早期 黄铜银绿度母像	高11cm	145,176	保利香港	2013.10.07
清早期 汉藏铜鎏金观音菩萨像	高12cm	59,800	中国嘉德	2013.05.13
清早期 喀尔喀蒙古(扎那巴扎尔风格)铜鎏金金刚持像	高19cm	517,500	北京匡时	2013.12.04
清康熙 宗喀巴像	高16cm	345,000	北京翰海	2013.12.08
清康熙 月光菩萨	高10.5cm	190,400	天津文物	2013.05.24
清康熙 无量寿佛像	高41.8cm	5,520,000	北京翰海	2013.12.08
清康熙 铜鎏金药师佛像	高22cm	2,300,000	六朝艺宴	2013.07.07
清康熙 铜鎏金无量寿像	高20cm	437,000	中国嘉德	2013.11.16
清康熙 铜鎏金无量寿佛坐像	高10cm	57,500	北京诚轩	2013.05.11
清康熙 铜鎏金无量寿佛像	高40.5cm	4,611,500	保利香港	2013.04.07
清康熙 铜鎏金无量寿佛像	高19cm	667,000	六朝艺宴	2013.07.07
清康熙 铜鎏金无量寿佛像	高15.9cm	333,500	中国嘉德	2013.05.13
清康熙 铜鎏金无量寿佛像	高10.5cm	57,500	北京诚轩	2013.11.17
清康熙 铜鎏金文殊菩萨佛像	高15.6cm	368,000	中国嘉德	2013.05.13
清康熙 铜鎏金文殊菩萨佛像	高16.5cm	230,000	中国嘉德	2013.05.13
清康熙 铜鎏金文殊菩萨佛像	高10.5cm	143,750	中国嘉德	2013.05.13

拍品名称	物品尺寸	成交价RMB	拍卖公司	拍卖日期
清康熙 铜鎏金四臂观音像	高34.5cm	5,175,000	中国嘉德	2013.11.16
清康熙 铜鎏金四臂观音菩萨像	高33cm	4,830,000	北京匡时	2013.06.04
清康熙 铜鎏金四臂观音菩萨像	高16cm	805,000	北京匡时	2013.06.04
清康熙 铜鎏金四臂观音菩萨像	高16.5cm	322,000	华艺国际	2013.05.05
清康熙 铜鎏金四臂观音菩萨嵌宝石像	高15.5cm	230,000	中国嘉德	2013.05.13
清康熙 铜鎏金水月观音菩萨像	高18cm	172,500	北京东正	2013.05.10
清康熙 铜鎏金释迦牟尼佛像	高21cm	460,000	翰风国际	2013.04.21
清康熙 铜鎏金嵌宝无量寿佛像	高43cm	6,440,000	北京保利	2013.12.04
清康熙 铜鎏金菩萨像	高14.8cm	391,000	中国嘉德	2013.05.13
清康熙 铜鎏金弥勒菩萨佛像	高15.7cm	368,000	中国嘉德	2013.05.13
清康熙 铜鎏金绿度母佛像	高12.5cm	115,000	北京保利	2013.04.28
清康熙 铜鎏金绿度母佛像	高32cm	1,667,500	北京匡时	2013.06.04
清康熙 铜鎏金绿度母佛像	高13cm	161,000	中国嘉德	2013.05.13
清康熙 铜鎏金黄财神佛像	高13cm	253,000	中国嘉德	2013.05.13
清康熙 铜鎏金观音菩萨像	高16.3cm	1,265,000	六朝艺宴	2013.07.07
清康熙 铜鎏金观音菩萨像	高14.2cm	368,000	六朝艺宴	2013.07.07
清康熙 铜鎏金关公坐像	高12.5cm	460,000	北京诚轩	2013.11.17
清康熙 铜鎏金除盖障菩萨像	高21.3cm	598,000	中国嘉德	2013.11.16
清康熙 铜鎏金宝瓶观音像	高18cm	299,000	北京保利	2013.10.28
清康熙 铜鎏金白度母佛像	高15.6cm	230,000	中国嘉德	2013.05.13
清康熙 铜合金释迦牟尼佛像	高14.5cm	195,500	中国嘉德	2013.05.13
清康熙 四臂观音菩萨像	高17.5cm	264,500	北京翰海	2013.03.24
清康熙 四臂观音菩萨像	高20cm	179,200	天津文物	2013.05.24
清康熙 释迦牟尼像	高32cm	4,600,000	北京保利	2013.12.05
清康熙 释迦牟尼佛像	高44.5cm	9,890,000	北京保利	2013.06.05
清康熙 释迦牟尼佛像	高16cm	230,000	北京保利	2013.06.05
清康熙 弥勒菩萨像	高50cm	6,670,000	北京翰海	2013.12.08
清康熙 鎏金铜无量寿佛像 “七十六”番号		2,080,053	伦敦佳士得	2013.05.14
清康熙 莲花手菩萨像	高36cm	1,120,000	天津文物	2013.11.22
清康熙 红财神像	高13cm	1,380,000	北京翰海	2013.12.08
清康熙 汉藏铜鎏金文殊菩萨佛像	高24cm	575,000	中国嘉德	2013.05.13
清康熙 观音菩萨像	高13cm	156,800	天津文物	2013.05.24
清康熙 白哈尔佛像	高16cm	391,000	北京保利	2013.06.05
清康熙 白度母佛像	高15cm	134,400	天津文物	2013.05.24
清康熙 铜鎏金观音菩萨像	高18cm	546,480	大唐香港	2013.05.28
清雍正或清乾隆 大威德金刚佛像	高22.5cm	1,840,000	北京翰海	2013.06.02
清雍正/乾隆 铜泥金白度母坐像	高73cm	6,602,400	罗芙奥	2013.11.24
清雍正 铜鎏金无量寿佛像	高23.5cm	805,000	北京匡时	2013.12.04
清雍正 铜鎏金文殊菩萨佛像	高32cm	1,150,000	西泠拍卖	2013.07.12
清雍正 铜鎏金白度母坐像	高18.5cm	644,000	北京诚轩	2013.05.11
清乾隆 铜鎏金无量寿佛坐像	高21cm	61,190	纽约苏富比	2013.09.17
清乾隆 尊胜佛母像	高11cm	126,500	北京保利	2013.06.05
清乾隆 尊胜佛母像	高17cm	537,600	天津文物	2013.05.24
清乾隆 紫檀重檐楼阁式佛龛	高72cm	667,000	古天一	2013.12.05
清乾隆 银黄财神像	高9.3cm	90,735	保利香港	2013.10.07
清乾隆 药师佛像	高17cm	460,000	北京翰海	2013.12.08
清乾隆 阎魔敌佛像	高4.2cm	713,000	北京翰海	2013.06.02
清乾隆 五世达赖	高17cm	448,000	天津文物	2013.05.24
清乾隆 无量寿佛像	高11cm	138,000	北京保利	2013.06.05
清乾隆 无量寿佛像	高16cm	747,500	北京翰海	2013.06.02
清乾隆 无量寿佛像	高17cm	168,000	天津文物	2013.05.24
清乾隆 无量寿佛像	高21cm	61,600	天津文物	2013.05.24
清乾隆 无量寿佛像	高32cm	1,680,000	天津文物	2013.11.22
清乾隆 无量寿佛像	高21.5cm	380,800	天津文物	2013.11.22
清乾隆 无量寿佛像	高18cm	184,800	天津文物	2013.11.22
清乾隆 无量寿佛像	高20.5cm	103,500	北京保利	2013.12.05
清乾隆 无量寿佛像	高21cm	86,250	北京保利	2013.12.05
清乾隆 文殊菩萨佛像	高18cm	156,800	天津文物	2013.05.24
清乾隆 铜制玛哈嘎拉像	高16.4cm	138,000	西泠拍卖	2013.07.12

2013杂项拍卖成交汇总

(成交价RMB：1万元以上)

拍品名称	物品尺寸	成交价RMB	拍卖公司	拍卖日期
清乾隆 铜嵌银自在观音像	高18.3cm	345,000	中国嘉德	2013.09.16
清乾隆 铜漆金罗汉坐像(两尊)	高15.2cm×2	207,000	北京诚轩	2013.05.11
清乾隆 铜漆金关公坐像	高18.5cm	575,000	北京诚轩	2013.11.17
清乾隆 铜能食空行金刚佛像	高10.5cm	598,000	远方拍卖	2013.06.06
清乾隆 铜鎏金尊胜佛母像	高26cm	1,092,500	六朝艺宴	2013.07.07
清乾隆 铜鎏金尊胜佛母像	高11cm	92,000	北京保利	2013.10.28
清乾隆 铜鎏金尊胜佛母像	高10.5cm	89,700	北京匡时	2013.12.04
清乾隆 铜鎏金尊胜佛母像	高20cm	48,300	北京保利	2013.10.26
清乾隆 铜鎏金智行佛母像	高29.5cm	690,000	北京保利	2013.04.28
清乾隆 铜鎏金阎摩天像	高25cm	368,000	北京东正	2013.05.10
清乾隆 铜鎏金镶宝石加彩吉祥天母佛像	高18cm	1,265,000	六朝艺宴	2013.07.07
清乾隆 铜鎏金无量寿佛像	高14cm	126,500	北京保利	2013.04.28
清乾隆 铜鎏金无量寿佛像	高16.5cm	46,000	北京保利	2013.04.28
清乾隆 铜鎏金无量寿佛像	高19cm	40,250	北京保利	2013.04.28
清乾隆 铜鎏金无量寿佛像	高20.5cm	218,500	北京匡时	2013.06.04
清乾隆 铜鎏金无量寿佛像	高21.2cm	138,000	北京匡时	2013.06.04
清乾隆 铜鎏金无量寿佛像	高19.8cm	115,000	北京匡时	2013.06.04
清乾隆 铜鎏金无量寿佛像	高20cm	115,000	北京匡时	2013.06.04
清乾隆 铜鎏金无量寿佛像	高19.2cm	92,000	北京匡时	2013.06.04
清乾隆 铜鎏金无量寿佛像	高20.8cm	92,000	上海道明	2013.04.29
清乾隆 铜鎏金无量寿佛像	高18cm	175,237	中国嘉德	2013.04.05
清乾隆 铜鎏金无量寿佛像	高18.8cm	103,500	中国嘉德	2013.05.13
清乾隆 铜鎏金无量寿佛像	高10.5cm	184,000	中国嘉德	2013.09.16
清乾隆 铜鎏金无量寿佛像	高18cm	109,250	北京保利	2013.10.28
清乾隆 铜鎏金无量寿佛像	高10.5cm	34,500	北京诚轩	2013.11.17
清乾隆 铜鎏金无量寿佛二尊	高11.5cm；高11cm	90,735	保利香港	2013.10.07
清乾隆 铜鎏金文武关公财神像	高17cm	601,128	大唐香港	2013.05.28
清乾隆 铜鎏金文殊像	高17cm	46,000	北京保利	2013.10.26
清乾隆 铜鎏金文殊菩萨像	高23cm	690,000	北京匡时	2013.12.04
清乾隆 铜鎏金四臂观音像	高18cm	163,323	保利香港	2013.10.07
清乾隆 铜鎏金四臂观音菩萨像	高8.5cm	230,000	北京保利	2013.04.28
清乾隆 铜鎏金四臂观音菩萨像	高17.2cm	161,000	六朝艺宴	2013.07.07
清乾隆 铜鎏金释迦像	高16cm	161,000	北京保利	2013.10.28
清乾隆 铜鎏金释迦牟尼佛像	高17cm	92,000	北京保利	2013.04.28
清乾隆 铜鎏金十一面观音菩萨立像	高18cm	46,000	北京保利	2013.01.11
清乾隆 铜鎏金狮面空行母佛像	高18.4cm	552,000	六朝艺宴	2013.07.07
清乾隆 铜鎏金上师佛像	高9.5cm	92,000	北京保利	2013.06.06
清乾隆 铜鎏金三世章嘉像	高18.8cm	138,000	西泠拍卖	2013.07.12
清乾隆 铜鎏金三世佛像(一组三件)	高18cm	149,500	北京保利	2013.10.26
清乾隆 铜鎏金掐丝珐琅菩萨坐像	高13.9cm	311,050	纽约苏富比	2013.03.19
清乾隆 铜鎏金骑狮造像	高26cm	103,500	北京保利	2013.10.28
清乾隆 铜鎏金菩萨立像	高33cm	1,610,000	北京保利	2013.04.28
清乾隆 铜鎏金马头明王像	高12.5cm	54,441	保利香港	2013.10.07
清乾隆 铜鎏金绿度母像 铜鎏金白度母像	高10.6cm；高7.4cm	45,368	保利香港	2013.10.07
清乾隆 铜鎏金罗汉像、十一面观音像(两件)	高14.5cm；高16.5cm	57,500	北京保利	2013.10.28
清乾隆 铜鎏金罗汉像(一对)	高13.3cm	322,000	北京保利	2013.06.06
清乾隆 铜鎏金罗汉像(两件)	尺寸不一	69,000	中国嘉德	2013.11.16
清乾隆 铜鎏金六臂大黑天像	高11.7cm	36,294	保利香港	2013.10.07
清乾隆 铜鎏金金刚手像	高17cm	264,500	北京匡时	2013.12.04
清乾隆 铜鎏金金刚手佛像	高16.4cm	667,000	六朝艺宴	2013.07.07
清乾隆 铜鎏金加漆罗汉立像	高41cm	368,000	北京保利	2013.04.28
清乾隆 铜鎏金黄财神像	高10.3cm	226,838	保利香港	2013.10.07
清乾隆 铜鎏金黄财神像	高7.7cm	92,000	北京诚轩	2013.11.17
清乾隆 铜鎏金黄财神佛像	高9.6cm	172,500	西泠拍卖	2013.07.12
清乾隆 铜鎏金黄财神佛像	高9cm	92,000	中国嘉德	2013.03.24
清乾隆 铜鎏金佛坐像	高16cm	184,000	北京保利	2013.06.06

拍品名称	物品尺寸	成交价RMB	拍卖公司	拍卖日期
清乾隆 铜鎏金大日如来佛像	高16.7cm	253,000	西泠拍卖	2013.07.12
清乾隆 铜鎏金大红司命主像	高11.8cm	63,250	北京诚轩	2013.11.17
清乾隆 铜鎏金大梵天像	高13.2cm	69,000	中国嘉德	2013.09.16
清乾隆 铜鎏金茶桑佛像	高13.1cm	253,000	中国嘉德	2013.05.13
清乾隆 铜鎏金财宝天王像	高16.5cm	230,000	北京诚轩	2013.11.17
清乾隆 铜鎏金不空成就佛像	高16cm	310,500	古天一	2013.12.05
清乾隆 铜鎏金白玛哈嘎拉像	高13cm	46,000	中国嘉德	2013.09.16
清乾隆 铜鎏金白度母像	高17cm	138,000	北京匡时	2013.12.04
清乾隆 铜鎏金阿难尊者像	高16cm	138,000	北京匡时	2013.12.04
清乾隆 铜鎏金阿弥陀佛像	高17cm	149,500	北京保利	2013.04.28
清乾隆 铜鎏金阿弥陀佛像	高15cm	184,000	中国嘉德	2013.09.16
清乾隆 铜局部鎏金嵌金宗喀巴佛坐像	高19.3cm	1,598,797	纽约苏富比	2013.03.19
清乾隆 铜金刚空行母佛像	高27.5cm	644,000	六朝艺宴	2013.07.07
清乾隆 四臂观音像	高33cm	5,040,000	天津文物	2013.11.22
清乾隆 四臂观音菩萨像	高18cm	632,500	北京翰海	2013.06.02
清乾隆 释迦牟尼像	高20cm	1,792,000	天津文物	2013.11.22
清乾隆 释迦牟尼像	高17cm	224,000	天津文物	2013.11.22
清乾隆 释迦牟尼佛像	高16.5cm	268,800	天津文物	2013.05.24
清乾隆 内地宫廷铜泥金清净佛像	高19.5cm	1,150,000	北京匡时	2013.12.04
清乾隆 密集金刚佛像	高22.3cm	1,265,000	北京翰海	2013.06.02
清乾隆 弥勒菩萨像	高24cm	672,000	天津文物	2013.11.22
清乾隆 六品佛像楼 铜泥金持棒狱母佛像	高16cm	897,000	中国嘉德	2013.05.13
清乾隆 六品佛楼燃灯佛像	高20.5cm	1,035,000	北京保利	2013.12.05
清乾隆 六品佛楼金刚铃像	高16.5cm	920,000	北京保利	2013.12.05
清乾隆 六品佛楼高哩佛母像	高16.5cm	1,150,000	北京保利	2013.12.05
清乾隆 鎏金铜无量寿佛坐像	高20.3cm	58,322	纽约佳士得	2013.03.21
清乾隆 喀尔喀蒙古(扎那巴札尔风格)铜鎏金燃灯佛像	高25cm	805,000	北京匡时	2013.12.04
清乾隆 京造铜鎏金尊圣佛母像	高17.5cm	747,500	六朝艺宴	2013.07.07
清乾隆 京造铜鎏金阎摩天造像	高17.5cm	632,500	六朝艺宴	2013.07.07
清乾隆 京造铜鎏金四臂观音菩萨像	高16cm	448,000	六朝艺宴	2013.07.07
清乾隆 京造铜鎏金弥勒菩萨佛像	高16.5cm	218,500	六朝艺宴	2013.07.07
清乾隆 金刚笑菩萨佛像	高17cm	1,610,000	北京翰海	2013.06.02
清乾隆 降阎魔尊像	高16.5cm	392,000	天津文物	2013.11.22
清乾隆 黑财神像	高11cm	212,800	天津文物	2013.11.22
清乾隆 汉藏无量寿佛像	高16.3cm	89,700	中国嘉德	2013.05.13
清乾隆 汉藏无量寿佛像	高17.5cm	32,200	中国嘉德	2013.05.13
清乾隆 汉藏铜水月观音菩萨像	高16.2cm	218,500	中国嘉德	2013.05.13
清乾隆 汉藏铜泥金无量寿佛像	高18.2cm	195,500	中国嘉德	2013.05.13
清乾隆 汉藏铜鎏金尊胜佛母像	高17.5cm	207,000	中国嘉德	2013.05.13
清乾隆 汉藏铜鎏金宗喀巴佛像	高20.4cm	241,500	中国嘉德	2013.05.13
清乾隆 汉藏铜鎏金宗喀巴佛像	高15.5cm	126,500	中国嘉德	2013.05.13
清乾隆 汉藏铜鎏金药师佛像	高16cm	230,000	中国嘉德	2013.05.13
清乾隆 汉藏铜鎏金药师佛像	高16.5cm	112,700	中国嘉德	2013.05.13
清乾隆 汉藏铜鎏金无量寿佛像	高20.5cm	356,500	中国嘉德	2013.05.13
清乾隆 汉藏铜鎏金无量寿佛像	高20.3cm	138,000	中国嘉德	2013.05.13
清乾隆 汉藏铜鎏金无量寿佛像	高20.7cm	92,000	中国嘉德	2013.05.13
清乾隆 汉藏铜鎏金四臂观音菩萨像	高18cm	161,000	中国嘉德	2013.05.13
清乾隆 汉藏铜鎏金释迦牟尼佛像	高9.5cm	46,000	中国嘉德	2013.05.13
清乾隆 汉藏铜鎏金燃灯佛像	高15.6cm	112,700	中国嘉德	2013.05.13
清乾隆 汉藏铜鎏金燃灯佛像	高11.5cm	57,500	中国嘉德	2013.05.13
清乾隆 汉藏铜鎏金南方增长天王佛像	高10.6cm	66,700	中国嘉德	2013.05.13
清乾隆 汉藏铜鎏金龙尊王佛像	高19cm	299,000	中国嘉德	2013.05.13
清乾隆 汉藏铜鎏金莲花手菩萨佛像	高18.9cm	322,000	中国嘉德	2013.05.13
清乾隆 汉藏铜鎏金吉祥天母佛像	高18.8cm	437,000	中国嘉德	2013.05.13
清乾隆 汉藏铜鎏金黄财神佛像	高10.5cm	161,000	中国嘉德	2013.05.13
清乾隆 汉藏铜鎏金大持金刚佛像	高10cm	78,200	中国嘉德	2013.05.13
清乾隆 汉藏铜鎏金财宝天王佛像	高7cm	126,500	中国嘉德	2013.05.13
清乾隆 汉藏铜鎏金阿弥陀佛像	高16cm	112,700	中国嘉德	2013.05.13

拍品名称	物品尺寸	成交价RMB	拍卖公司	拍卖日期
清乾隆 汉藏铜合金具誓铁匠护法佛像	高14.5cm	59,800	中国嘉德	2013.05.13
清乾隆 汉藏铜锤碟鎏金释迦牟尼佛像	高35.7cm	368,000	中国嘉德	2013.05.13
清乾隆 汉藏骑马护法佛像	高16.5cm	138,000	中国嘉德	2013.05.13
清乾隆 汉藏局部泥金莲花生佛像	高8cm	43,700	中国嘉德	2013.05.13
清乾隆 汉藏金刚亥母佛像	高14cm	172,500	中国嘉德	2013.05.13
清乾隆 汉藏成就者佛像	高8.6cm	40,250	中国嘉德	2013.05.13
清乾隆 汉藏辫绥像	高11.5cm	230,000	中国嘉德	2013.05.13
清乾隆 观音菩萨像	高55cm	1,120,000	天津文物	2013.05.24
清乾隆 供养人像	高15cm	299,000	北京保利	2013.06.05
清乾隆 宫廷造铜鎏金白财神随身像	高7.2cm	138,000	北京永乐	2013.05.12
清乾隆 宫廷白马头金刚佛像	高37.5cm	6,670,000	中国嘉德	2013.05.13
清乾隆 粉彩无量寿佛像	高50cm	920,000	北京翰海	2013.06.02
清乾隆 粉彩鎏金无量寿佛像	高12cm	57,500	北京保利	2013.04.28
清乾隆 大红司命铜鎏金金刚勇护法佛像(一组三件)	尺寸不一	1,265,000	六朝艺宴	2013.07.07
清乾隆 大白伞盖佛母像	高13.5cm	87,360	天津文物	2013.11.22
清乾隆 持国天王像	高11.5cm	145,600	天津文物	2013.11.22
清乾隆 财宝天王佛像	高7cm	126,500	北京保利	2013.06.05
清乾隆 布达天像	高13.7cm	805,000	中国嘉德	2013.11.16
清乾隆 不空成就佛像	高40cm	2,760,000	北京保利	2013.06.05
清乾隆 碧霞元君	高19cm	95,200	天津文物	2013.05.24
清乾隆 般若佛母像	高13cm	78,400	天津文物	2013.11.22
清乾隆 白玉金装无量寿佛像錾银龛	高21cm	391,000	上海嘉泰	2013.07.05
清乾隆 白度母像	高18cm	246,400	天津文物	2013.11.22
清乾隆 跋陀罗尊者佛像	高9cm	58,240	天津文物	2013.05.24
清乾隆 阿弥陀佛像	高16cm	168,000	天津文物	2013.05.24
清乾隆 阿弥陀佛像	高17.5cm	145,600	天津文物	2013.05.24
清乾隆 铜鎏金五郎寿佛像	高20cm	180,780	大唐香港	2013.11.28
清乾隆 铜鎏金五郎寿佛像	高21cm	180,780	大唐香港	2013.11.28
清乾隆 铜鎏金释迦牟尼佛像	高47cm	2,003,760	大唐香港	2013.05.28
清中期 未来弥勒佛像	高36cm	713,000	北京保利	2013.06.05
清中期 铜鎏金旃檀佛像	高16.5cm	40,250	北京保利	2013.12.06
清中期 铜鎏金五吉祥佛像	尺寸不一	322,000	中国嘉德	2013.12.14
清中期 铜鎏金十一面观音像	高33cm	92,000	中国嘉德	2013.09.16
清中期 铜鎏金上师像	高15.7cm	34,500	中国嘉德	2013.09.16
清中期 铜鎏金菩萨像	高18cm	55,200	中国嘉德	2013.12.14
清中期 铜鎏金弥勒佛像	高15cm	126,500	北京保利	2013.06.06
清中期 铜鎏金六臂大黑天佛像	高18cm	138,000	中国嘉德	2013.06.15
清中期 铜鎏金金刚萨埵佛像	高17cm	161,000	华艺国际	2013.05.05
清中期 铜鎏金黄财神像	高12.5cm	181,470	保利香港	2013.10.07
清中期 铜鎏金观音像	高10cm	74,750	北京保利	2013.10.28
清中期 蒙古铜鎏金大红司命主像	高17cm	1,610,000	北京匡时	2013.12.04
清中期 汉藏铜鎏金弥勒佛像	高10.5cm	32,200	中国嘉德	2013.05.13
清中期 汉藏铜鎏金吉祥天母佛像	高16.3cm	218,500	中国嘉德	2013.05.13
清中期 北京铜鎏金叶衣佛母像	高33.5cm	3,105,000	北京匡时	2013.12.04
清中期 北京铜鎏金释迦牟尼成道像	高35.5cm	1,782,500	北京匡时	2013.12.04
清 无量寿佛像	高25cm	345,000	北京保利	2013.06.05
清 文殊菩萨佛像	高23cm	92,000	凤凰拍卖	2013.07.21
清 铜阎魔王佛像	高17.5cm	184,000	北京保利	2013.04.28
清 铜胎鎏金掐丝珐琅像	高38cm	129,122	香港佳富	2013.04.04
清 铜十一面观音菩萨像	高18cm	34,500	北京保利	2013.04.28
清 铜上师佛像	高14.5cm	43,700	北京保利	2013.04.28
清 铜人物坐像	高21cm	94,300	北京翰海	2013.09.15
清 铜能食空行佛像	高14.5cm	69,000	北京保利	2013.04.28
清 铜弥勒坐像	高31.5cm	80,500	北京匡时	2013.12.05
清 铜弥勒像	高32cm	78,200	北京保利	2013.10.28
清 铜弥勒佛像	高25cm	55,200	北京保利	2013.04.27
清 铜弥勒佛立像	高41.5cm	92,000	北京传是	2013.06.15
清 铜鎏上师像	高16.5cm	138,000	云南典藏	2013.10.19
清 铜鎏金尊胜佛母像	高17cm	31,360	盛大国拍	2013.07.26
清 铜鎏金尊胜佛母像	高17cm	172,500	云南典藏	2013.10.19
清 铜鎏金尊圣佛母像	高11cm	46,000	北京保利	2013.10.28
清 铜鎏金宗客巴佛像	高16cm	82,800	北京九歌	2013.09.04
清 铜鎏金宗客巴像	高24cm	1,437,500	北京九歌	2013.09.04
清 铜鎏金宗喀巴像	高13cm	40,250	北京保利	2013.07.28
清 铜鎏金宗喀巴大师坐像	高55cm	310,500	北京九歌	2013.06.28
清 铜鎏金自在观音菩萨像	高18cm	55,200	北京保利	2013.07.27
清 铜鎏金雪山大士像	高20cm	667,000	云南典藏	2013.10.19
清 铜鎏金无量寿佛像	高18cm	161,000	北京九歌	2013.09.04
清 铜鎏金无量寿佛像	高13cm	73,600	北京保利	2013.07.28
清 铜鎏金无量寿佛像	高19cm	218,500	西泠拍卖	2013.07.12
清 铜鎏金无量寿佛像	高11cm	135,585	大唐香港	2013.11.28
清 铜鎏金无量寿佛像	高18cm	101,200	云南典藏	2013.10.19
清 铜鎏金无量寿佛	高17cm	46,000	北京九歌	2013.09.04
清 铜鎏金文殊菩萨像	高27.7cm	135,585	大唐香港	2013.11.28
清 铜鎏金天王佛像	高26cm	253,000	北京保利	2013.04.28
清 铜鎏金掏耳罗汉像	高19cm	264,500	西泠拍卖	2013.07.12
清 铜鎏金双修佛像	高10cm	74,750	北京保利	2013.07.28
清 铜鎏金双身大威德佛像	高19cm	690,000	北京保利	2013.04.28
清 铜鎏金释迦像	高28cm	172,500	北京保利	2013.10.28
清 铜鎏金释迦像	高15cm	63,250	北京保利	2013.10.28
清 铜鎏金释迦像	高30cm	36,800	北京保利	2013.10.28
清 铜鎏金释迦牟尼像三尊	尺寸不一	72,588	保利香港	2013.10.07
清 铜鎏金释迦牟尼像	高16cm	356,500	北京九歌	2013.09.04
清 铜鎏金释迦牟尼佛像	高20cm	97,750	北京保利	2013.07.28
清 铜鎏金释迦牟尼佛像	高45cm	80,500	北京保利	2013.07.27
清 铜鎏金释迦牟尼佛像	高22cm	36,800	北京九歌	2013.06.28
清 铜鎏金释迦牟尼佛像	高10.2cm	51,750	北京匡时	2013.12.04
清 铜鎏金十一面观音像	高17.5cm	218,500	云南典藏	2013.10.19
清 铜鎏金十一面观音像	高22.5cm	149,500	云南典藏	2013.10.19
清 铜鎏金十一面观音像	高18cm	135,585	大唐香港	2013.11.28
清 铜鎏金胜乐金刚擦擦佛像	高7cm	48,300	中国嘉德	2013.03.24
清 铜鎏金上师佛像	高23cm	115,000	北京保利	2013.04.28
清 铜鎏金上师佛像	高14cm	51,750	北京保利	2013.04.28
清 铜鎏金上师佛像	高14.3cm	36,386	香港淳浩	2013.07.27
清 铜鎏金上师佛像	高21.5cm	782,000	远方拍卖	2013.06.06
清 铜鎏金上师佛像	高20cm	552,000	远方拍卖	2013.06.06
清 铜鎏金三面八臂观音像	高11cm	80,500	北京保利	2013.10.28
清 铜鎏金骑羊护法像	高15.5cm	43,700	北京保利	2013.10.26
清 铜鎏金菩萨像	高10.3cm	282,960	罗芙奥	2013.11.26
清 铜鎏金那迦犀那尊者像	高19cm	163,323	保利香港	2013.10.07
清 铜鎏金密聚金刚像	高18cm	322,000	北京九歌	2013.09.04
清 铜鎏金弥勒菩萨像	高23.5cm	184,000	北京匡时	2013.12.04
清 铜鎏金绿度母像	高26cm	5,175,000	北京九歌	2013.09.04
清 铜鎏金绿度母像	高15cm	253,000	北京九歌	2013.09.04
清 铜鎏金绿度母佛坐像	高18cm	195,500	上海嘉泰	2013.07.05
清 铜鎏金绿度母佛像	高15.5cm	43,700	北京保利	2013.04.28
清 铜鎏金绿度母佛像	高17.4cm	172,500	西泠拍卖	2013.07.12
清 铜鎏金罗汉像(一组)	尺寸不一	91,991	大唐香港	2013.05.28
清 铜鎏金罗汉像	高32cm	51,750	北京九歌	2013.06.28
清 铜鎏金六臂大黑天像	高57cm	207,000	云南典藏	2013.10.19
清 铜鎏金六臂大黑天佛像	高18cm	356,500	北京九歌	2013.06.28
清 铜鎏金六臂大黑天佛像	高16.5cm	57,500	中国嘉德	2013.03.24
清 铜鎏金净瓶观音菩萨像	高10cm	103,500	北京匡时	2013.12.04
清 铜鎏金金童玉女像(一对)	高23cm	406,755	大唐香港	2013.11.28
清 铜鎏金吉祥天母像	高25.5cm	408,308	保利香港	2013.10.07
清 铜鎏金吉祥天母佛像	高17cm	126,500	北京保利	2013.04.28
清 铜鎏金黄财神佛坐像	高15.5cm	92,000	西泠拍卖	2013.07.12
清 铜鎏金护法像	高15.5cm	34,500	中国嘉德	2013.12.14
清 铜鎏金黑天像	高17cm	34,500	北京保利	2013.10.26

2013杂项拍卖成交汇总

(成交价RMB：1万元以上)

拍品名称	物品尺寸	成交价RMB	拍卖公司	拍卖日期
清 铜鎏金观音菩萨像	高28cm	69,0 00	北京保利	2013.07.27
清 铜鎏金嘎呜像	高49.5cm	94,300	中国嘉德	2013.11.16
清 铜鎏金度母像	高30cm	1,840,000	北京九歌	2013.09.04
清 铜鎏金东方持国天王佛像	高10cm	184,000	北京保利	2013.04.28
清 铜鎏金大维德欢喜佛像	高22.1cm	460,000	翰风国际	2013.04.21
清 铜鎏金大威德金刚像	高23.5cm	414,000	北京匡时	2013.12.04
清 铜鎏金大威德金刚佛像	高29.5cm	195,500	西泠拍卖	2013.07.12
清 铜鎏金大威德金刚佛像	高31cm	460,000	远方拍卖	2013.06.06
清 铜鎏金大日如来佛像	高25.5cm	34,500	中国嘉德	2013.06.15
清 铜鎏金大红司命主像	高34cm	1,840,000	北京九歌	2013.09.04
清 铜鎏金大红司命佛像	高17.8cm	529,000	中国嘉德	2013.05.13
清 铜鎏金大成就者坐像	高27.5cm	92,000	北京传是	2013.06.15
清 铜鎏金大白伞盖佛母像	高16.5cm	149,500	北京匡时	2013.12.04
清 铜鎏金达赖像 铜鎏金达赖像 铜鎏金宗喀巴像 铜鎏金章嘉活佛像	尺寸不一	90,735	保利香港	2013.10.07
清 铜鎏金财神佛像	高110cm	184,000	北京保利	2013.07.27
清 铜鎏金财神佛像	高44cm	166,750	北京九歌	2013.06.28
清 铜鎏金财宝天王像	高18cm	126,500	北京匡时	2013.12.04
清 铜鎏金财宝天王像	高30cm	63,250	北京保利	2013.10.28
清 铜鎏金财宝天王佛像	高17.2cm	483,000	西泠拍卖	2013.07.12
清 铜鎏金宝生佛像	高28.5cm	172,500	云南典藏	2013.10.19
清 铜鎏金白哈尔佛像	高15cm	195,500	北京保利	2013.04.28
清 铜鎏金阿弥陀佛像	高18.5cm	51,750	中国嘉德	2013.09.17
清 铜金刚亥母佛像	高21cm	402,500	远方拍卖	2013.06.06
清 铜济公像	高16cm	78,200	北京翰海	2013.06.23
清 铜佛坐像	高30cm	34,500	北京翰海	2013.06.23
清 铜佛像 (两件)	高9.5cm	230,000	北京翰海	2013.06.23
清 铜佛像	高9.5cm	115,000	北京翰海	2013.06.23
清 铜佛像	高17cm	46,000	北京翰海	2013.06.23
清 铜度母像	高16cm	180,780	大唐香港	2013.11.28
清 铜大威德金刚像	高23.5cm	230,000	云南典藏	2013.10.19
清 铜大红司命主佛像	高12.7cm	80,500	中国嘉德	2013.03.24
清 铁拐李铜立像	高26.5cm	57,500	古天一	2013.06.04
清 青金石米拉日巴佛像	高9.8cm	82,800	中国嘉德	2013.05.13
清 鎏金座观音菩萨像 “大清乾隆庚寅年造”	高21cm	109,020	香港今是	2013.06.16
清 鎏金藏佛像	高44cm	144,624	大唐香港	2013.11.28
清 汉藏铜鎏金供养菩萨像	高10cm	126,500	中国嘉德	2013.05.13
清 观音菩萨坐像	高26cm	184,000	北京九歌	2013.09.04
清 观音菩萨像	高30cm	55,200	凤凰拍卖	2013.07.21
清 观音菩萨像	高17.5cm	89,600	天津文物	2013.05.24
清 嘎乌佛像	高6cm	195,500	北京保利	2013.06.05
清 “石叟”款铜嵌银丝观音菩萨像	高50cm	241,500	翰风国际	2013.04.21
17世纪/18世纪 阿弥陀佛像	高13.1cm	207,000	北京翰海	2013.06.02
17世纪/18世纪 白度母佛像	高20cm	115,000	北京翰海	2013.03.24
17世纪/18世纪 宝冠释迦牟尼佛像	高65cm	4,140,000	北京翰海	2013.12.08
17世纪/18世纪 汉藏合金铜无量寿佛像	高21.8cm	149,500	中国嘉德	2013.11.16
17世纪/18世纪 汉藏铜财神像	高16.2cm	1,840,000	中国嘉德	2013.11.16
17世纪/18世纪 汉藏铜黑财神像	高11.2cm	172,500	中国嘉德	2013.11.16
17世纪/18世纪 汉藏铜鎏金白度母像	高18.3cm	632,500	中国嘉德	2013.11.16
17世纪/18世纪 汉藏铜鎏金金刚手像	高16.8cm	437,000	中国嘉德	2013.11.16
17世纪/18世纪 汉藏铜鎏金绿度母像	高16cm	101,200	中国嘉德	2013.11.16
17世纪/18世纪 汉藏铜鎏金释迦牟尼佛像	高10.8cm	63,250	中国嘉德	2013.11.16
17世纪/18世纪 汉藏铜鎏金释迦牟尼佛像	高10.5cm	63,250	中国嘉德	2013.11.16
17世纪/18世纪 汉藏铜鎏金释迦牟尼佛像	高10.7cm	43,700	中国嘉德	2013.11.16
17世纪/18世纪 汉藏铜鎏金无量寿佛像	高16.5cm	149,500	中国嘉德	2013.11.16
17世纪/18世纪 汉藏铜鎏金无量寿佛像	高16cm	57,500	中国嘉德	2013.11.16

拍品名称	物品尺寸	成交价RMB	拍卖公司	拍卖日期
17世纪/18世纪 金刚萨埵像	高10.5cm	92,000	北京保利	2013.12.05
17世纪/18世纪 金刚手佛像	高16cm	69,000	北京保利	2013.06.05
17世纪/18世纪 鎏金铜普贤菩萨坐像	高17.9cm	334,145	伦敦苏富比	2013.05.15
17世纪/18世纪 玛哈嘎拉佛像	高14.5cm	92,000	北京保利	2013.06.05
17世纪/18世纪 蒙古弥勒菩萨像	高17.5cm	920,000	远方拍卖	2013.12.02
17世纪/18世纪 蒙古铜鎏金金刚手像	高22.2cm	552,000	中国嘉德	2013.11.16
17世纪/18世纪 释迦牟尼佛像	高22cm	2,185,000	北京翰海	2013.12.08
17世纪/18世纪 释迦牟尼佛像	高18.2cm	598,000	北京翰海	2013.12.08
17世纪/18世纪 铜鎏金财宝天王骑狮像	高22cm	202,183	纽约苏富比	2013.03.19
17世纪/18世纪 铜鎏金四臂文殊菩萨佛像	高12.5cm	103,500	北京东正	2013.05.10
17世纪/18世纪 铜罗汉坐像	高17.8cm	101,091	纽约苏富比	2013.03.19
17世纪/18世纪 西藏铜泥金释迦像	高11cm	94,300	中国嘉德	2013.11.16
17世纪晚期至18世纪早期 释迦牟尼佛像	高20.6cm	690,000	北京翰海	2013.06.02
18世纪 阿弥陀佛像	高12cm	32,200	北京翰海	2013.03.24
18世纪 阿弥陀佛像	高18.5cm	1,035,000	北京翰海	2013.12.08
18世纪 阿弥陀佛像	高14.5cm	310,500	北京保利	2013.12.05
18世纪 阿弥陀佛像	高16cm	184,000	北京保利	2013.12.05
18世纪 阿弥陀佛像	高16cm	72,800	天津文物	2013.11.22
18世纪 阿难尊者	高13.5cm	91,840	天津文物	2013.05.24
18世纪 阿氏多尊者像	高10cm	56,000	天津文物	2013.11.22
18世纪 八骏财神像	高15.5cm	402,500	北京保利	2013.12.05
18世纪 巴古拉尊者像	高10.7cm	74,750	北京翰海	2013.09.14
18世纪 白财神佛像	高13cm	69,440	天津文物	2013.05.24
18世纪 白财神像	高18cm	33,600	天津文物	2013.11.22
18世纪 白度母佛像	高16.5cm	149,500	北京保利	2013.06.05
18世纪 白度母佛像	高16.5cm	115,000	北京翰海	2013.03.24
18世纪 白度母佛像	高11cm	72,800	天津文物	2013.05.24
18世纪 白度母佛像	高17cm	67,200	天津文物	2013.05.24
18世纪 白度母像	高18cm	173,600	天津文物	2013.11.22
18世纪 白长寿佛像 (四件套)	尺寸不一	57,500	北京翰海	2013.09.14
18世纪 般若佛母像	高16cm	345,000	北京翰海	2013.12.08
18世纪 般若佛母像	高11cm	61,600	天津文物	2013.11.22
18世纪 不动明王佛像	高12.5cm	86,250	北京保利	2013.06.05
18世纪 不空成就佛像	高11cm	123,200	天津文物	2013.11.22
18世纪 财宝天王佛像	高16cm	322,000	北京保利	2013.06.05
18世纪 财宝天王佛像	高16.5cm	291,200	天津文物	2013.05.24
18世纪 财宝天王像	高11cm	253,000	北京翰海	2013.12.08
18世纪 财宝天王像	高18cm	100,800	天津文物	2013.11.22
18世纪 财神佛像	高12.3cm	299,000	北京翰海	2013.06.02
18世纪 财神立像	高10cm	46,000	北京翰海	2013.03.24
18世纪 持国天王像	高12cm	207,000	北京翰海	2013.12.08
18世纪 持涂佛母像	高17cm	138,000	北京保利	2013.12.05
18世纪 除盖障菩萨	高17cm	112,000	天津文物	2013.05.24
18世纪 除盖障菩萨像	高20cm	517,500	北京翰海	2013.12.08
18世纪 大白伞盖母佛像	高38.5cm	1,380,000	北京保利	2013.06.05
18世纪 大红司命	高18cm	207,000	北京翰海	2013.03.24
18世纪 大红司命主像	高19cm	345,000	北京翰海	2013.12.08
18世纪 大红司命主像	高3.6cm	138,000	北京翰海	2013.12.08
18世纪 大红司命主像	高13.2cm	36,800	北京翰海	2013.09.14
18世纪 大威德金刚佛像	高17cm	402,500	北京保利	2013.06.05
18世纪 大威德金刚佛像	高19cm	336,000	天津文物	2013.05.24
18世纪 大威德金刚像	高12.5cm	345,000	北京翰海	2013.12.08
18世纪 大威德金刚像	高12.5cm	322,000	北京保利	2013.12.05
18世纪 大威德金刚像	高22cm	253,000	北京保利	2013.12.05
18世纪 大威德金刚像、莲花手菩萨像	高11cm；高10.5cm	97,750	北京保利	2013.12.05
18世纪 第一世宗仁钦哲蒋扬钦哲旺波像	高33cm	92,000	北京翰海	2013.12.08

拍品名称	物品尺寸	成交价RMB	拍卖公司	拍卖日期
18世纪 独雄大威德金刚佛像	高20cm	103,500	北京翰海	2013.03.24
18世纪 冈波巴像	高9.5cm	64,960	天津文物	2013.11.22
18世纪 格鲁派上师像	高16.5cm	201,600	天津文物	2013.11.22
18世纪 格鲁派上师像	高12cm	56,000	天津文物	2013.11.22
18世纪 关帝像	高18cm	207,000	北京保利	2013.06.05
18世纪 汉藏狮面空行母佛像	高18cm	97,750	中国嘉德	2013.05.13
18世纪 汉藏铜鎏金白度母像	高18.2cm	82,800	中国嘉德	2013.11.16
18世纪 汉藏铜鎏金布顿上师像	高16.1cm	230,000	中国嘉德	2013.11.16
18世纪 汉藏铜鎏金财宝天王像	高26.3cm	1,380,000	中国嘉德	2013.11.16
18世纪 汉藏铜鎏金大威德金刚眷众像	高15.5cm	253,000	中国嘉德	2013.05.13
18世纪 汉藏铜鎏金地藏王菩萨像	高20.8cm	172,500	中国嘉德	2013.11.16
18世纪 汉藏铜鎏金吉祥天母像	高19cm	172,500	中国嘉德	2013.11.16
18世纪 汉藏铜鎏金金刚手佛立像	高33.8cm	97,750	中国嘉德	2013.05.13
18世纪 汉藏铜鎏金莲花生佛像	高16.8cm	172,500	中国嘉德	2013.05.13
18世纪 汉藏铜鎏金绿度母像	高17.2cm	89,700	中国嘉德	2013.11.16
18世纪 汉藏铜鎏金曼陀罗护法像	高9.2cm	80,500	中国嘉德	2013.11.16
18世纪 汉藏铜鎏金骑狼护法像	高15.3cm	59,800	中国嘉德	2013.11.16
18世纪 汉藏铜鎏金骑象护法像	高9.6cm	43,700	中国嘉德	2013.11.16
18世纪 汉藏铜鎏金释迦牟尼佛像	高16cm	115,000	中国嘉德	2013.05.13
18世纪 汉藏铜鎏金释迦牟尼像	高15.9cm	172,500	中国嘉德	2013.11.16
18世纪 汉藏铜鎏金释迦牟尼像	高16.7cm	138,000	中国嘉德	2013.11.16
18世纪 汉藏铜鎏金药师佛像	高19.6cm	69,000	中国嘉德	2013.11.16
18世纪 汉藏铜鎏金章嘉活佛像	高23.4cm	368,000	中国嘉德	2013.11.16
18世纪 汉藏铜鎏金尊胜佛母像	高16.4cm	103,500	中国嘉德	2013.05.13
18世纪 汉藏铜鎏金尊胜佛母像	高17cm	253,000	中国嘉德	2013.11.16
18世纪 黑财神佛像	高12cm	86,250	北京翰海	2013.03.24
18世纪 嘿噜嘎像	高20cm	46,000	北京翰海	2013.09.14
18世纪 红度母像	高13.2cm	322,000	北京翰海	2013.12.08
18世纪 胡人像	高25cm	345,000	北京保利	2013.12.05
18世纪 黄财神佛像	高20cm	156,800	天津文物	2013.05.24
18世纪 黄财神佛像	高10cm	112,000	天津文物	2013.05.24
18世纪 黄财神像	高10cm	287,500	北京翰海	2013.12.08
18世纪 黄财神像	高16cm	246,400	天津文物	2013.11.22
18世纪 吉祥天母佛像	高11.5cm	276,000	北京保利	2013.06.05
18世纪 吉祥天母佛像	高10cm	33,600	天津文物	2013.05.24
18世纪 吉祥天母像	高17.5cm	264,500	北京保利	2013.12.05
18世纪 吉祥天母像	高15.5cm	145,600	天津文物	2013.11.22
18世纪 迦诺迦跋黎堕阇尊者	高15cm	84,000	天津文物	2013.05.24
18世纪 金刚持双身佛像	高16.5cm	230,000	北京翰海	2013.03.24
18世纪 金刚手佛像	高16cm	235,200	天津文物	2013.05.24
18世纪 金刚手佛像	高17cm	98,560	天津文物	2013.05.24
18世纪 金刚手菩萨佛像	高18cm	190,400	天津文物	2013.05.24
18世纪 金刚手像	高19.5cm	287,500	北京翰海	2013.12.08
18世纪 金刚总持像	高22.8cm	632,500	北京翰海	2013.12.08
18世纪 局部鎏金铜罗汉坐像(一对)	高9.5cm；高10.2cm	77,763	纽约佳士得	2013.03.21
18世纪 莲花生佛像	高17.3cm	230,000	北京保利	2013.06.05
18世纪 莲花生像	高38cm	345,000	北京翰海	2013.12.08
18世纪 莲花手观音菩萨像	高25.3cm	126,500	北京保利	2013.06.05
18世纪 莲花手观音像	高17cm	207,000	北京翰海	2013.12.08
18世纪 莲花手观音像	高24.7cm	57,500	北京保利	2013.12.05
18世纪 莲花手菩萨	高31.5cm	115,000	北京保利	2013.06.05
18世纪 莲花手菩萨像	高16.5cm	46,000	北京翰海	2013.12.08
18世纪 莲花王佛像	高14.9cm	299,000	北京翰海	2013.06.02
18世纪 鎏金铜愤怒金刚佛像	高15.3cm	186,630	纽约佳士得	2013.03.21
18世纪 鎏金铜普贤菩萨像	高18.5cm	879,120	香港佳士得	2013.05.29
18世纪 鎏金铜尊胜佛母坐像	高17cm	768,534	伦敦苏富比	2013.05.15
18世纪 六臂白玛哈嘎拉像	高15cm	287,500	北京翰海	2013.12.08
18世纪 六臂大黑天佛像	高16.5cm	230,000	北京保利	2013.06.05
18世纪 六臂大黑天佛像	高11.5cm	161,000	北京保利	2013.06.05
18世纪 六臂大黑天像	高37cm	1,495,000	北京保利	2013.12.05
18世纪 六臂大黑天像	高17.5cm	115,000	北京保利	2013.12.05
18世纪 六臂玛哈嘎拉像	高15cm	87,360	天津文物	2013.11.22
18世纪 六臂玛哈嘎啦像	高18cm	168,000	天津文物	2013.11.22
18世纪 罗汉像	高9.5cm	92,000	北京翰海	2013.12.08
18世纪 绿度母佛像	高10.7cm	86,250	北京保利	2013.06.05
18世纪 绿度母佛像	高11cm	368,000	北京翰海	2013.06.02
18世纪 绿度母佛像	高10.5cm	34,500	北京翰海	2013.03.24
18世纪 绿度母佛像	高16.5cm	117,600	天津文物	2013.05.24
18世纪 绿度母像	高14cm	218,500	北京翰海	2013.12.08
18世纪 绿度母像	高17cm	172,500	北京翰海	2013.12.08
18世纪 绿度母像	高17cm	106,400	天津文物	2013.11.22
18世纪 绿度母像	高11cm	46,000	北京保利	2013.12.05
18世纪 绿度母像	高11.5cm	36,800	北京翰海	2013.09.14
18世纪 马头金刚佛像	高16.2cm	109,250	北京翰海	2013.03.24
18世纪 蒙古弥勒菩萨像	高25cm	322,000	远方拍卖	2013.12.02
18世纪 蒙古铜镀金金莲师忿怒金刚像	高17cm	115,000	远方拍卖	2013.12.02
18世纪 蒙古铜鎏金无量寿佛像	高21.3cm	287,500	中国嘉德	2013.05.13
18世纪 蒙古铜鎏金无量寿佛像	高21.5cm	207,000	中国嘉德	2013.05.13
18世纪 蒙古无量寿佛像	高19cm	690,000	远方拍卖	2013.12.02
18世纪 蒙古扎那巴札尔风格铜鎏金释迦牟尼佛坐像	高24cm	458,925	纽约苏富比	2013.09.17
18世纪 弥勒佛像	高16cm	179,200	天津文物	2013.05.24
18世纪 弥勒菩萨佛像	高16cm	145,600	天津文物	2013.05.24
18世纪 弥勒菩萨像	高17cm	448,000	天津文物	2013.11.22
18世纪 弥勒菩萨像	高15cm	345,000	北京翰海	2013.12.08
18世纪 弥勒菩萨像	高18cm	253,000	北京翰海	2013.12.08
18世纪 弥勒菩萨像	高20cm	89,600	天津文物	2013.11.22
18世纪 摩羯面空行母像	高17cm	230,000	北京保利	2013.12.05
18世纪 那如卡居空行母佛像	高15.5cm	31,360	天津文物	2013.05.24
18世纪 那若巴佛像	高14.3cm	874,000	北京翰海	2013.06.02
18世纪 内地地狱主像	高16cm	276,000	远方拍卖	2013.12.02
18世纪 内地六臂玛哈嘎拉像	高16.5cm	1,322,500	远方拍卖	2013.12.02
18世纪 内地绿度母像	高23cm	414,000	远方拍卖	2013.12.02
18世纪 内地摩羯宫主像	高13cm	253,000	远方拍卖	2013.12.02
18世纪 内地十一面八臂观音像	高26cm	333,500	远方拍卖	2013.12.02
18世纪 内地铜鎏金观音坐像	高23.5cm	207,000	远方拍卖	2013.12.02
18世纪 内地铜鎏金普贤菩萨像	高13cm	460,000	远方拍卖	2013.12.02
18世纪 内地铜鎏金贤者	高17cm	230,000	远方拍卖	2013.12.02
18世纪 内地无量寿佛像	高25cm	322,000	远方拍卖	2013.12.02
18世纪 能食空行佛像	高13cm	172,500	北京保利	2013.06.05
18世纪 能食空行金刚像	高12cm	313,600	天津文物	2013.11.22
18世纪 能食空行母像	高10.6cm	149,500	北京翰海	2013.12.08
18世纪 能食空行像	高7.2cm	115,000	北京保利	2013.12.05
18世纪 菩萨立像	高46cm	1,012,000	北京翰海	2013.06.02
18世纪 七世达赖	高7cm	56,000	天津文物	2013.05.24
18世纪 乞丑巴纳像	高16.5cm	95,200	天津文物	2013.11.22
18世纪 千手千眼观音像	高44.6cm	230,000	北京翰海	2013.12.08
18世纪 清 铜鎏金法界语自在文殊像	高21cm	437,000	北京匡时	2013.12.04
18世纪 清铜鎏金白哈尔像	高17.5cm	253,000	北京匡时	2013.12.04
18世纪 燃灯佛像	高21.5cm	299,000	北京翰海	2013.03.24
18世纪 燃灯佛像	高16cm	145,600	天津文物	2013.05.24
18世纪 燃灯佛像	高17cm	72,800	天津文物	2013.11.22
18世纪 瑞像	高20.5cm	71,300	北京翰海	2013.06.02
18世纪 三世章嘉像	高13cm	276,000	北京保利	2013.12.05
18世纪 三世章嘉像	高18cm	47,040	天津文物	2013.11.22
18世纪 上乐金刚像	高19cm	920,000	北京翰海	2013.12.08
18世纪 上师佛像	高16.1cm	356,500	北京翰海	2013.06.02
18世纪 上师像	高14cm	84,000	天津文物	2013.11.22
18世纪 舍利弗佛像	高16cm	138,000	北京翰海	2013.03.24

2013杂项拍卖成交汇总

(成交价RMB：1万元以上)

拍品名称	物品尺寸	成交价RMB	拍卖公司	拍卖日期
18世纪 胜乐金刚佛像	高19.5cm	168,000	天津文物	2013.05.24
18世纪 胜乐金刚像	高19cm	115,000	北京保利	2013.12.05
18世纪 狮面空行佛像	高16.5cm	172,500	北京保利	2013.06.05
18世纪 狮面空行母佛像	高9.5cm	46,000	北京翰海	2013.03.24
18世纪 十一面观音菩萨像	高27cm	299,000	北京保利	2013.06.05
18世纪 十一面观音菩萨像	高17cm	115,000	北京保利	2013.06.05
18世纪 十一面观音菩萨像	高55cm	931,500	北京翰海	2013.06.02
18世纪 十一面观音菩萨像	高19.2cm	126,500	北京翰海	2013.06.02
18世纪 十一面观音像	高44cm	667,000	北京保利	2013.12.05
18世纪 十一面观音像	高30cm	313,600	天津文物	2013.11.22
18世纪 十一面观音像	高18cm	89,600	天津文物	2013.11.22
18世纪 释迦牟尼佛像	高17.5cm	414,000	北京保利	2013.06.05
18世纪 释迦牟尼佛像	高17.5cm	207,000	北京翰海	2013.06.02
18世纪 释迦牟尼佛像	高16cm	123,200	天津文物	2013.05.24
18世纪 释迦牟尼佛像	高16cm	106,400	天津文物	2013.05.24
18世纪 释迦牟尼佛像	高17cm	56,000	天津文物	2013.05.24
18世纪 释迦牟尼及嘎乌像	高11cm	598,000	北京翰海	2013.12.08
18世纪 释迦牟尼像	高23cm	437,000	北京翰海	2013.12.08
18世纪 释迦牟尼像	高16cm	106,400	天津文物	2013.11.22
18世纪 释迦牟尼像	高14.2cm	89,700	北京保利	2013.12.05
18世纪 释迦牟尼像	高15cm	56,000	天津文物	2013.11.22
18世纪 双身金刚持佛像	高21cm	172,500	北京保利	2013.06.05
18世纪 双身金刚总持像	高17.5cm	168,000	天津文物	2013.11.22
18世纪 双身金刚总持像	高12.5cm	89,600	天津文物	2013.11.22
18世纪 四臂观音菩萨像	高22cm	713,000	北京保利	2013.06.05
18世纪 四臂观音菩萨像	高16.5cm	195,500	北京保利	2013.06.05
18世纪 四臂观音菩萨像	高18.5cm	78,400	天津文物	2013.05.24
18世纪 四臂观音像	高20.5cm	1,725,000	北京翰海	2013.12.08
18世纪 四臂观音像	高18cm	156,800	天津文物	2013.11.22
18世纪 四臂空行母佛像	高13.5cm	322,000	北京保利	2013.06.05
18世纪 铜鎏金大威德佛像	高20cm	207,000	北京东正	2013.05.10
18世纪 铜鎏金六臂大黑天佛像	高26cm	644,000	北京保利	2013.04.28
18世纪 铜鎏金罗汉坐像两尊	高9.2cm	93,315	纽约苏富比	2013.03.19
18世纪 铜鎏金释迦像	高10cm	69,000	北京保利	2013.10.28
18世纪 铜鎏金四臂观音菩萨像	高12.5cm	115,000	中国嘉德	2013.03.25
18世纪 铜鎏金无量寿佛像	高22cm	218,500	北京保利	2013.04.28
18世纪 铜鎏金无量寿佛像	高21cm	218,500	北京保利	2013.04.28
18世纪 铜鎏金宗喀巴佛坐像	高13cm	139,973	纽约苏富比	2013.03.19
18世纪 铜鎏金宗喀巴像	高17cm	92,000	北京保利	2013.04.28
18世纪 铜泥金燃灯佛像	高17cm	89,700	北京匡时	2013.12.04
18世纪 文殊菩萨佛像	高18.1cm	713,000	北京翰海	2013.06.02
18世纪 文殊菩萨佛像	高18.6cm	322,000	北京翰海	2013.06.02
18世纪 文殊菩萨佛像	高11cm	63,250	北京翰海	2013.03.24
18世纪 文殊菩萨佛像	高16.5cm	76,160	天津文物	2013.05.24
18世纪 文殊菩萨像	高33cm	1,725,000	北京保利	2013.12.05
18世纪 文殊菩萨像	高16cm	196,000	天津文物	2013.11.22
18世纪 文殊菩萨像、弥勒菩萨像	高4.8cm×2	1,955,000	北京保利	2013.12.05
18世纪 无量寿佛像	高16.5cm	92,000	北京保利	2013.06.05
18世纪 无量寿佛像	高23cm	201,600	天津文物	2013.05.24
18世纪 无量寿佛像	高23cm	179,200	天津文物	2013.05.24
18世纪 无量寿佛像	高20.5cm	72,800	天津文物	2013.05.24
18世纪 无量寿佛像	高17cm	72,800	天津文物	2013.05.24
18世纪 无量寿佛像	高13cm	345,000	北京保利	2013.12.05
18世纪 无量寿佛像	高21.5cm	201,600	天津文物	2013.11.22
18世纪 无量寿佛像	高21.5cm	190,400	天津文物	2013.11.22
18世纪 无量寿佛像	高18cm	128,800	天津文物	2013.11.22
18世纪 无量寿佛像	高12.5cm	74,750	北京保利	2013.12.05
18世纪 无量寿佛像	高16.6cm	63,250	北京翰海	2013.09.14
18世纪 西藏单金护法像	高26.5cm	552,000	远方拍卖	2013.12.02
18世纪 西藏时轮金刚像	高17.5cm	126,500	远方拍卖	2013.12.02

拍品名称	物品尺寸	成交价RMB	拍卖公司	拍卖日期
18世纪 西藏铜彩绘大成就者像	高14.8cm	32,200	中国嘉德	2013.11.16
18世纪 西藏铜鎏金莲花生佛像	高13.5cm	69,000	中国嘉德	2013.05.13
18世纪 西藏铜鎏金上师佛像	高17.9cm	184,000	中国嘉德	2013.05.13
18世纪 西藏铜文殊菩萨像	高18.3cm	34,500	中国嘉德	2013.11.16
18世纪 现无愚佛像	高16cm	39,200	天津文物	2013.05.24
18世纪 象面佛母像	高14cm	80,500	北京保利	2013.12.05
18世纪 象面空行母佛像	高14cm	92,000	北京翰海	2013.03.24
18世纪 阎魔佛像	高18.5cm	414,000	北京保利	2013.06.05
18世纪 阎魔天佛像	高18.5cm	322,000	北京保利	2013.06.05
18世纪 药师佛像	高17cm	58,240	天津文物	2013.05.24
18世纪 药师佛像	高15cm	42,560	天津文物	2013.05.24
18世纪 药师佛像	高17cm	89,600	天津文物	2013.11.22
18世纪 因竭陀尊者	高10.5cm	39,200	天津文物	2013.05.24
18世纪 增长天王佛像	高15cm	42,560	天津文物	2013.05.24
18世纪 旃檀佛像	高21.5cm	402,500	北京保利	2013.12.05
18世纪 旃檀佛像	高23.3cm	345,000	北京保利	2013.12.05
18世纪 中原阿弥陀佛像	高55cm	149,500	远方拍卖	2013.12.02
18世纪 诸天像	高11.5cm	115,000	北京保利	2013.12.05
18世纪 宗喀巴	高16.1cm	230,000	北京翰海	2013.06.02
18世纪 宗喀巴佛像	高15.8cm	425,500	北京翰海	2013.06.02
18世纪 宗喀巴佛像	高15.5cm	57,500	北京翰海	2013.03.24
18世纪 宗喀巴像	高23cm	112,000	天津文物	2013.11.22
18世纪 宗喀巴像	高16cm	100,800	天津文物	2013.11.22
18世纪 尊胜佛母像	高11.5cm	126,500	北京保利	2013.06.05
18世纪 尊胜佛母像	高18.5cm	138,000	北京翰海	2013.06.02
18世纪 尊胜佛母像	高20cm	212,800	天津文物	2013.05.24
18世纪 尊胜佛母像	高18cm	89,600	天津文物	2013.05.24
18世纪 尊胜佛母像	高8cm	230,000	北京翰海	2013.12.08
18世纪 尊胜佛母像	高19cm	151,200	天津文物	2013.11.22
18世纪 尊胜佛母像	高17cm	112,000	天津文物	2013.11.22
18世纪 尊胜佛母像	高17cm	84,000	天津文物	2013.11.22
18世纪 蒙古铜鎏金阿弥陀佛像	高15.8cm	253,000	中国嘉德	2013.05.13
18世纪/19世纪 汉藏大威德金刚及二护法佛像	高16.4cm	69,000	中国嘉德	2013.05.13
18世纪/19世纪 迦陵频伽	高14cm	59,800	北京翰海	2013.06.02
18世纪/19世纪 鎏金铜迦诺迦伐蹉尊者立像	高23cm	54,434	纽约佳士得	2013.03.21
18世纪/19世纪 鎏金铜菩萨坐像	高41.3cm	46,658	纽约佳士得	2013.03.21
18世纪/19世纪 尼泊尔绿度母佛像	高14.7cm	43,700	中国嘉德	2013.05.13
18世纪/19世纪 普巴金刚佛像附佛像龛	高6.3cm(佛);9.5cm(佛龛)	40,250	北京翰海	2013.06.02
18世纪/19世纪 西藏大成就者像	高8cm	109,250	远方拍卖	2013.12.02
18世纪/19世纪 西藏合金时轮金刚像	高31cm	149,500	远方拍卖	2013.12.02
19世纪 汉藏铜财神佛像	高9cm	59,800	中国嘉德	2013.05.13
19世纪 空行母佛像	高23cm	86,250	北京保利	2013.06.05
19世纪 铜鎏金八臂十一面观音菩萨像	高18.5cm	86,250	北京保利	2013.04.28
19世纪 铜鎏金大威德金刚佛像	高28cm	172,500	北京保利	2013.04.28
19世纪 铜鎏金加彩嵌宝石八臂十一面观音菩萨像	高16cm	69,000	北京保利	2013.04.28
19世纪 铜鎏金弥勒佛像	高31.5cm	92,000	北京保利	2013.04.28
19世纪 铜鎏金上师佛像	高15cm	172,500	北京保利	2013.04.28
19世纪 铜鎏金双身护法佛像	高18.5cm	80,500	北京保利	2013.04.28
19世纪 铜鎏金旃檀佛像	高10cm	40,250	北京保利	2013.04.28
清末 鎏金铜观音菩萨坐像	高16.6cm	69,228	日本伊斯特	2013.05.03
清末 鎏金铜佛坐像	高14.8cm	193,838	日本伊斯特	2013.05.03
清末 鎏金铜财宝天王佛坐像	高12.2cm	76,154	日本伊斯特	2013.05.03
近代 铜鎏金无量寿佛像	高43cm	40,250	北京保利	2013.10.28
鎏金释迦牟尼佛像	高22cm	149,500	凤凰拍卖	2013.07.21
上师佛像	高10.3cm	48,300	北京翰海	2013.03.24
释迦牟尼佛像	高20.7cm	51,750	北京翰海	2013.03.24

拍品名称	物品尺寸	成交价RMB	拍卖公司	拍卖日期
四臂观音天铁像	高5.8cm	184,000	北京保利	2013.12.05
四臂观音像	高20cm	97,750	北京翰海	2013.09.14
铜阿弥陀佛座像	高38cm	210,560	日本童梦	2013.12.03
铜鎏金佛像	高13.1cm	195,500	中国嘉德	2013.12.14
铜鎏金三世佛像	尺寸不一	115,000	中国嘉德	2013.09.17
铜鎏金无量寿佛像	高44cm	59,800	中国嘉德	2013.06.15
铜鎏金无量寿佛像	高17cm	276,000	云南典藏	2013.10.19
铜弥勒菩萨像	高81cm	2,070,000	云南典藏	2013.10.19
文殊菩萨像	高17cm	126,500	北京翰海	2013.09.14
新罗朝8世纪 铜鎏金佛立像	高7cm	186,630	纽约苏富比	2013.03.19
银鎏金上乐金刚佛像	高18cm	69,000	北京保利	2013.01.11
约1700年 蒙古局部鎏金铜八臂观音菩萨坐像	高52cm	594,000	香港佳士得	2013.05.29
法器				
金·元 纯金三佛钵	高5cm	2,300,000	北京翰海	2013.06.02
元 铜佛塔	高16cm	13,800	北京保利	2013.04.28
元/明 合金铜金刚橛	长29cm	117,956	保利香港	2013.10.07
明 铜鎏金普巴杵	长23.8cm	667,000	六朝艺宴	2013.07.07
明 铜鎏金坛云香插	长12.8cm	81,662	保利香港	2013.10.07
明 铜鎏金镶银金刚普巴杵	长18cm	161,000	六朝艺宴	2013.07.07
明15世纪 鎏金铜金刚杵	长18.2cm	69,986	纽约佳士得	2013.03.21
明永乐/明宣德 金刚铃	高22.7cm	207,000	北京翰海	2013.12.08
明早期 铜鎏金九股金刚杵	长18cm	161,000	六朝艺宴	2013.07.07
明晚期 钵式炉	宽13cm	1,035,000	北京保利	2013.12.05
13世纪 噶当塔	高15cm	115,000	北京翰海	2013.06.02
13世纪 噶当塔	高13.4cm	97,750	北京翰海	2013.06.02
13世纪 噶当塔	高15.5cm	109,250	北京翰海	2013.12.08
13世纪 噶当塔	长22cm	78,400	天津文物	2013.11.22
13世纪 西藏铜合金噶当塔	高29.6cm	92,000	中国嘉德	2013.11.16
13世纪/14世纪 西藏金刚橛	长24cm	322,000	远方拍卖	2013.12.02
15世纪 汉藏铜金刚铃	高30.4cm	40,250	中国嘉德	2013.11.16
15世纪 内地护摩法器	长89cm	724,500	远方拍卖	2013.12.02
16世纪 金刚钺刀	长19cm	345,000	北京翰海	2013.12.08
16世纪 骷髅三叉戟	高20.3cm	12,650	北京翰海	2013.09.14
16世纪/17世纪 金刚橛	长35.5cm	218,500	北京保利	2013.06.05
16世纪/17世纪 西藏铁鋄金银金刚杵	高22.6cm	287,500	中国嘉德	2013.11.16
17世纪 金刚铃、金刚杵	长18.8cm；长11.8cm	46,000	北京保利	2013.06.05
17世纪 金刚三叉戟	长69cm	28,750	北京翰海	2013.09.14
17世纪 铜鎏金嵌天铁金刚杵	高41.5cm	25,300	中国嘉德	2013.09.16
17世纪 西藏铜转经轮	高56cm	80,500	中国嘉德	2013.11.16
清早期 合金铜九股金刚杵	长14cm	23,000	北京匡时	2013.09.12
清早期 铜鎏金金刚普巴杵	长14.7cm	402,500	六朝艺宴	2013.07.07
清康熙 铜制七级宝塔	高24.5cm	483,000	六朝艺宴	2013.07.07
清乾隆 海螺法器	长16.8cm	293,800	六朝艺宴	2013.07.07
清乾隆 金彩佛塔	高43cm	1,495,000	北京翰海	2013.06.02
清乾隆 金刚铃和金刚杵	铃高18cm；杵长11.8cm	402,500	北京翰海	2013.06.02
清乾隆 料器五股金刚杵(一对)	长10.5cm；长10cm	368,000	六朝艺宴	2013.07.07
清乾隆 木胎金漆莲托宝伞 双鱼供器(一对)	高78.5cm	74,750	中国嘉德	2013.09.16
清乾隆 铜鎏金大威德金刚擦擦	高9cm	135,600	六朝艺宴	2013.07.07
清乾隆 铜鎏金佛塔	高73cm	920,000	六朝艺宴	2013.07.07
清乾隆 铜鎏金金刚橛	长28cm	862,500	六朝艺宴	2013.07.07
清乾隆 铜鎏金马头金刚橛	长18.5cm	126,500	六朝艺宴	2013.07.07
清乾隆 五股铜鎏金金刚杵	长11.7cm	235,200	六朝艺宴	2013.07.07
清中期 合金铜嵌红铜错银五股金刚铃杵(一套两件)	尺寸不一	28,750	北京匡时	2013.09.12
清中期 铜胎掐丝珐琅佛塔	高37cm	529,000	北京匡时	2013.06.05

拍品名称	物品尺寸	成交价RMB	拍卖公司	拍卖日期
清嘉庆 金釉描彩法轮	高27.4cm	667,000	上海道明	2013.04.29
"大清乾隆年敬造"金刚铃、金刚杵(一套)	尺寸不一	1,035,000	北京保利	2013.12.05
清 错金银铜制五股金刚杵	长19cm	713,000	六朝艺宴	2013.07.07
清 金刚橛	长24cm	20,700	北京保利	2013.04.28
清 金刚铃杵	铃高18.3cm；杵高12.2cm	34,500	北京翰海	2013.03.24
清 漆金塔	高26cm	69,000	北京保利	2013.10.26
清 天铁法器(一组六件)	尺寸不一	138,000	六朝艺宴	2013.07.07
清 铜九股金刚杵	长14.5cm	11,500	北京匡时	2013.09.12
清 铜鎏金佛供盘	高16.3cm	287,500	六朝艺宴	2013.07.07
清 铜鎏金佛塔	高17cm	80,500	北京保利	2013.07.28
清 铜鎏金佛塔	高18cm	23,000	北京保利	2013.07.27
清 铜鎏金双鹿法轮(一组)	高57cm；高40.5cm	414,000	六朝艺宴	2013.07.07
清 铜鎏金酥油铲	长89cm	598,000	六朝艺宴	2013.07.07
清 铜鎏金铁嵌铜法器(一对)	长21cm	92,000	北京永乐	2013.05.12
清 铜质金刚普巴杵	长9.2cm	109,250	六朝艺宴	2013.07.07
清 银佛杖	长50cm	13,800	北京保利	2013.04.28
清 左旋法螺	长18cm	40,250	中国嘉德	2013.03.24
18世纪 碧玉佛塔(一对)	高29cm	517,500	北京翰海	2013.12.08
18世纪 金刚杵	长22cm	253,000	北京保利	2013.12.05
18世纪 灵骨念珠	周长49cm	149,500	北京翰海	2013.12.08
18世纪 内地单面金刚橛	长35cm	276,000	远方拍卖	2013.12.02
18世纪 内地铜镀金单面金刚橛	长28cm	402,500	远方拍卖	2013.12.02
18世纪 菩提塔	高15.7cm	322,000	北京翰海	2013.06.02
18世纪 菩提塔	高20.5cm	460,000	北京翰海	2013.12.08
18世纪 紫檀手鼓	直径9.5cm	13,800	中国嘉德	2013.09.16
21世纪 右旋法螺	长13cm	57,500	北京翰海	2013.12.08
嘎巴拉念珠		598,000	北京保利	2013.12.05
铜鎏金嵌宝万寿佛塔	高75cm	23,000	北京保利	2013.07.28
铜嵌百宝佛塔	高71.5cm	13,800	中国嘉德	2013.12.14
现代 铜法器	高16.5cm	11,500	北京翰海	2013.06.23
右旋螺嵌珐琅法器	长22cm	17,250	北京保利	2013.04.28
左旋法螺	长17.3cm	20,700	中国嘉德	2013.03.24
唐卡				
13世纪 绿度母佛唐卡	长37cm	3,392,500	北京保利	2013.06.05
13世纪/14世纪 萨迦派祖师唐卡(一套)	长12.5cm	138,000	北京翰海	2013.09.14
13世纪/14世纪 上乐金刚坛城唐卡	长59cm	5,750,000	远方拍卖	2013.12.02
14世纪 金刚总持唐卡	长54cm	299,000	北京翰海	2013.12.08
14世纪/15世纪 喜金刚坛城	长67.5cm	2,070,000	北京保利	2013.12.05
15世纪/16世纪作 金刚萨埵唐卡	长59cm	402,500	远方拍卖	2013.06.06
16世纪 宾度罗跋罗堕尊者	长90cm	1,035,000	北京翰海	2013.12.08
16世纪/17世纪 萨迦·贡噶坚赞唐卡	长32cm	414,000	远方拍卖	2013.12.02
16世纪/17世纪 释迦牟尼佛唐卡	长83cm	471,500	远方拍卖	2013.12.02
16世纪/17世纪 西藏萨迦祖师论道唐卡	长151cm	40,250	中国嘉德	2013.11.16
16世纪作 宝生佛唐卡	长53cm	287,500	远方拍卖	2013.06.06
17世纪 财宝天王唐卡	长51cm	138,000	远方拍卖	2013.12.02
17世纪 大成就者比瓦巴唐卡	长82cm	805,000	远方拍卖	2013.12.02
17世纪 格萨尔王净土唐卡	长119cm	379,500	远方拍卖	2013.12.02
17世纪 四臂观音菩萨唐卡	长44cm	517,500	远方拍卖	2013.12.02
17世纪/18世纪 阿弥陀佛极乐世界净土、药师佛净琉璃净土、观世音菩萨普贤山净土、莲花生大师吉祥铜色山净土唐卡	尺寸不一	2,070,000	北京保利	2013.06.05
17世纪/18世纪 婆罗门大黑天唐卡	长45cm	184,000	远方拍卖	2013.12.02
17世纪/18世纪 释迦牟尼佛和十八罗汉唐卡	长102cm	690,000	远方拍卖	2013.12.02
17世纪/18世纪 释迦牟尼佛与十八罗汉唐卡	长32cm	126,500	远方拍卖	2013.12.02
17世纪/18世纪 药师佛唐卡	长57cm	287,500	远方拍卖	2013.12.02

2013杂项拍卖成交汇总

(成交价RMB：1万元以上)

拍品名称	物品尺寸	成交价RMB	拍卖公司	拍卖日期
17世纪/18世纪作 大宝法王得银协巴唐卡	长51cm	690,000	远方拍卖	2013.06.06
17世纪/18世纪作 拉隆·贝吉多杰喇嘛山洞修行唐卡	长49cm	2,070,000	远方拍卖	2013.06.06
17世纪/18世纪作 十三尊双身阎曼德迦唐卡	长63cm	460,000	远方拍卖	2013.06.06
17世纪/18世纪作 释迦牟尼佛唐卡	长54cm	172,500	远方拍卖	2013.06.06
17世纪/18世纪作 无量寿佛唐卡	长39cm	149,500	远方拍卖	2013.06.06
18世纪 上乐金刚唐卡	长70cm	69,000	北京翰海	2013.03.24
18世纪 阿底峡大师唐卡	长65cm	97,750	北京翰海	2013.03.24
18世纪 阿弥陀佛极乐世界唐卡	长60cm	644,000	远方拍卖	2013.12.02
18世纪 八十四大成就者唐卡	长59cm	1,265,000	北京保利	2013.06.05
18世纪 大成就者扎连达拉大师唐卡	长43cm	207,000	远方拍卖	2013.12.02
18世纪 大轮金刚手菩萨唐卡	长42cm	385,250	远方拍卖	2013.12.02
18世纪 大威德金刚唐卡	长59cm	172,500	北京保利	2013.06.05
18世纪 大夜叉王孜玛热唐卡	长35cm	172,500	北京保利	2013.06.05
18世纪 格鲁派皈依境唐卡	长82cm	155,250	远方拍卖	2013.12.02
18世纪 汉藏布袋和尚与天王唐卡	长113cm	172,500	中国嘉德	2013.11.16
18世纪 汉藏达摩多罗及天王唐卡	长113cm	138,000	中国嘉德	2013.11.16
18世纪 汉藏绿度母唐卡	长53.5cm	48,300	中国嘉德	2013.11.16
18世纪 汉藏释迦布道图唐卡	长80cm	253,000	中国嘉德	2013.11.16
18世纪 汉藏四臂观音唐卡	长61.5cm	57,500	中国嘉德	2013.11.16
18世纪 黑髦护法四法轮唐卡	长32cm	138,000	北京保利	2013.06.05
18世纪 黄度母唐卡	长44cm	299,000	远方拍卖	2013.12.02
18世纪 莲花生大师唐卡	长42cm	184,000	远方拍卖	2013.12.02
18世纪 莲花生唐卡	长64cm	43,700	北京翰海	2013.03.24
18世纪 莲花生唐卡	长95cm	69,000	北京翰海	2013.09.14
18世纪 莲师八变之狮子吼声	长56cm	552,000	北京保利	2013.12.05
18世纪 莲师愤怒金刚唐卡	长31cm	126,500	远方拍卖	2013.12.02
18世纪 龙钦饶绛巴唐卡	长34cm	149,500	远方拍卖	2013.12.02
18世纪 隆多喇嘛阿旺罗桑唐卡	长42cm	805,000	北京保利	2013.06.05
18世纪 绿度母唐卡	长96cm	12,650	北京翰海	2013.09.14
18世纪 宁玛派上师唐卡	长39cm	25,300	北京翰海	2013.09.14
18世纪 宁玛派修法唐卡 (一套21幅)	长12.5cm×21	287,500	远方拍卖	2013.12.02
18世纪 千手千眼观音菩萨唐卡	长52cm	126,500	远方拍卖	2013.12.02
18世纪 千手千眼面观音菩萨唐卡	长103cm	230,000	远方拍卖	2013.12.02
18世纪 三怙主唐卡	长72cm	287,500	远方拍卖	2013.12.02
18世纪 三罗汉唐卡	长60cm	241,500	远方拍卖	2013.12.02
18世纪 上师供养资粮田唐卡	长134cm	828,000	远方拍卖	2013.12.02
18世纪 上师唐卡	长58cm	713,000	北京翰海	2013.03.24
18世纪 十一面八臂观音菩萨唐卡	长25cm	345,000	远方拍卖	2013.12.02
18世纪 十一面观音菩萨唐卡	长45cm	299,000	远方拍卖	2013.12.02
18世纪 释迦牟尼唐卡	长74cm	230,000	北京翰海	2013.03.24
18世纪 释迦牟尼与十八罗汉唐卡	尺寸不一	2,415,000	北京保利	2013.06.05
18世纪 释迦牟尼与贤劫千佛唐卡	长48cm	115,000	北京保利	2013.06.05
18世纪 四罗汉唐卡	长54cm	126,500	远方拍卖	2013.12.02
18世纪 无量寿佛唐卡	长35cm	138,000	远方拍卖	2013.12.02
18世纪 西藏财宝天王唐卡	长90.5cm	71,300	中国嘉德	2013.11.16
18世纪 西藏大成就者(胜天论师)唐卡	长62.2cm	598,000	中国嘉德	2013.11.16
18世纪 西藏地母金刚(丹玛女神)唐卡	长39.6cm	23,000	中国嘉德	2013.11.16
18世纪 西藏释迦牟尼佛唐卡	长69cm	89,700	中国嘉德	2013.11.16
18世纪 西藏五世达赖唐卡	长56cm	69,000	中国嘉德	2013.11.16
18世纪 香巴拉王、跋陀罗尊者唐卡	长33cm	805,000	北京保利	2013.06.05
18世纪 象鼻财神唐卡	长29cm	212,750	远方拍卖	2013.12.02
18世纪 阎魔敌唐卡	长56cm	71,300	北京翰海	2013.09.14
18世纪 因揭陀尊者	长45cm	402,500	北京保利	2013.12.05
18世纪 印度大成就者唐卡	长42cm	437,000	远方拍卖	2013.12.02
18世纪 长寿三尊唐卡	长41cm	126,500	远方拍卖	2013.12.02
18世纪 宗喀巴大师五照见佛唐卡	长36cm	57,500	北京保利	2013.06.05
18世纪 宗喀巴上师供养资量田唐卡	长62cm	437,000	北京保利	2013.06.05

拍品名称	物品尺寸	成交价RMB	拍卖公司	拍卖日期
18世纪 宗喀巴唐卡	长43cm	184,000	北京翰海	2013.06.02
18世纪 宗喀巴唐卡	长65cm	391,000	远方拍卖	2013.12.02
18世纪 宗喀巴唐卡	长53cm	126,500	远方拍卖	2013.12.02
18世纪 尊胜佛母唐卡 (三幅)	尺寸不一	11,500	北京翰海	2013.09.14
18世纪/19世纪 蒙古六臂大黑天唐卡	长42.5cm	43,700	中国嘉德	2013.11.16
18世纪/19世纪 西藏白文殊唐卡	长28.3cm	78,200	中国嘉德	2013.11.16
18世纪/19世纪 西藏达摩多罗尊者及天王唐卡	长73.5cm	230,000	中国嘉德	2013.11.16
18世纪/19世纪 西藏千手观音唐卡	长62.5cm	172,500	中国嘉德	2013.11.16
18世纪/19世纪 西藏千手观音唐卡	长61cm	43,700	中国嘉德	2013.11.16
18世纪/19世纪 西藏四臂观音唐卡	长48.5cm	40,250	中国嘉德	2013.11.16
18世纪/19世纪 中阴文武百尊唐卡 (2幅)	长43cm×2	172,500	远方拍卖	2013.12.02
18世纪/19世纪作 黄财神唐卡	长74cm	184,000	远方拍卖	2013.06.06
18世纪/19世纪作 羯磨嘿噜嘎唐卡	长56cm	172,500	远方拍卖	2013.06.06
18世纪/19世纪作 金刚萨埵唐卡	长51cm	115,000	远方拍卖	2013.06.06
18世纪作 白度母唐卡	长43cm	115,000	远方拍卖	2013.06.06
18世纪作 藏王松赞干布唐卡	长59cm	713,000	远方拍卖	2013.06.06
18世纪作 二臂大黑天唐卡	长106cm	103,500	远方拍卖	2013.06.06
18世纪作 噶举派诸护法小唐卡 (一套二十二幅)	长12cm×22	621,000	远方拍卖	2013.06.06
18世纪作 噶玛拔希唐卡	长35cm	138,000	远方拍卖	2013.06.06
18世纪作 噶厦宣谕神巫拉穆吹忠唐卡	长62cm	103,960	远方拍卖	2013.06.06
18世纪作 格鲁派上师供养资粮田唐卡	长73cm	103,500	远方拍卖	2013.06.06
18世纪作 格鲁派上师唐卡	长42cm	115,000	远方拍卖	2013.06.06
18世纪作 黄财神唐卡	长28cm	101,200	远方拍卖	2013.06.06
18世纪作 救八难度母唐卡	长56cm	517,500	远方拍卖	2013.06.06
18世纪作 莲花生唐卡	长61cm	161,000	远方拍卖	2013.06.06
18世纪作 莲花生与大成就者唐卡	长50cm	759,000	远方拍卖	2013.06.06
18世纪作 六臂大黑天唐卡	长39cm	356,500	远方拍卖	2013.06.06
18世纪作 罗汉唐卡	长42cm	517,500	远方拍卖	2013.06.06
18世纪作 马头金刚双身唐卡	长65cm	287,500	远方拍卖	2013.06.06
18世纪作 弥勒菩萨唐卡	长48cm	345,000	远方拍卖	2013.06.06
18世纪作 宁玛派上师唐卡	长33cm	287,500	远方拍卖	2013.06.06
18世纪作 三十五佛唐卡	长51cm	161,000	远方拍卖	2013.06.06
18世纪作 三世章嘉活佛唐卡	长46cm	575,000	远方拍卖	2013.06.06
18世纪作 上乐金刚曼荼罗唐卡	长42cm	103,960	远方拍卖	2013.06.06
18世纪作 狮吼观音唐卡	长46cm	759,000	远方拍卖	2013.06.06
18世纪作 时轮金刚唐卡	长60cm	368,000	远方拍卖	2013.06.06
18世纪作 释迦牟尼佛唐卡	长52cm	483,000	远方拍卖	2013.06.06
18世纪作 释迦牟尼佛唐卡	长65cm	345,000	远方拍卖	2013.06.06
18世纪作 释迦牟尼佛与十八罗汉唐卡	长46cm	287,500	远方拍卖	2013.06.06
18世纪作 释迦牟尼佛与十八罗汉唐卡	长41cm	172,500	远方拍卖	2013.06.06
18世纪作 释迦牟尼佛与十八罗汉唐卡	长54cm	115,000	远方拍卖	2013.06.06
18世纪作 双身红色降阎摩敌唐卡	长30cm	169,500	远方拍卖	2013.06.06
18世纪作 文武百尊唐卡	长47cm	517,500	远方拍卖	2013.06.06
18世纪作 药师八如来唐卡	长44cm	169,500	远方拍卖	2013.06.06
18世纪作 一髻母唐卡	长49cm	402,500	远方拍卖	2013.06.06
19世纪 大红司命主唐卡	长42cm	36,800	北京翰海	2013.06.02
19世纪 多闻天王唐卡	长71cm	103,500	远方拍卖	2013.12.02
19世纪 二世多智钦仁波切晋美平措迥乃唐卡	长30cm	322,000	远方拍卖	2013.12.02
19世纪 忿怒莲师咕噜扎波唐卡	长177cm	207,000	远方拍卖	2013.12.02
19世纪 岗波巴与杜松钦巴	长254cm	1,092,500	北京保利	2013.12.05
19世纪 金刚橛会众唐卡	长230cm	149,500	远方拍卖	2013.12.02
19世纪 金刚镢唐卡	长103cm	184,000	中国嘉德	2013.05.13
19世纪 十一面观音	长46cm	23,000	北京翰海	2013.09.14
19世纪 四臂观音百尊唐卡	长125cm	149,500	远方拍卖	2013.12.02
19世纪 文成公主唐卡	长63cm	230,000	远方拍卖	2013.12.02

拍品名称	物品尺寸	成交价RMB	拍卖公司	拍卖日期
19世纪 香巴拉净土唐卡	长42cm	126,500	远方拍卖	2013.12.02
19世纪 宗喀巴上师供养资粮田唐卡	长53cm	149,500	远方拍卖	2013.12.02
19世纪 宗喀巴师徒三尊唐卡	长104cm	172,500	远方拍卖	2013.12.02
19世纪作 苯教护法神曼荼罗唐卡	长105cm	460,000	远方拍卖	2013.06.06
19世纪作 苯教护法神曼荼罗唐卡	长106cm	138,000	远方拍卖	2013.06.06
19世纪作 莲师愤怒金刚唐卡	长94cm	184,000	远方拍卖	2013.06.06
19世纪作 六道轮回图唐卡	长40cm	180,800	远方拍卖	2013.06.06
清早期 唐卡	长144cm	126,500	六朝艺宴	2013.07.07
清乾隆 千手观音唐卡	长122cm	598,000	北京翰海	2013.06.02
清乾隆 御制宾度罗跋罗堕尊者唐卡	高127cm	2,530,000	北京保利	2013.06.05
清乾隆 御制大乘和尚唐卡	高127cm	2,530,000	北京保利	2013.06.05
清 白度母唐卡	长66.5cm	80,500	北京匡时	2013.12.04
清 彩绣佛像唐卡	高108cm	207,000	中国嘉德	2013.05.12
清 彩绣唐卡	高92cm	17,250	中国嘉德	2013.05.12
清 宫廷刺绣唐卡	长90cm	109,250	六朝艺宴	2013.07.07
清 汉藏关公唐卡	长48cm	195,500	中国嘉德	2013.05.13
清 汉藏铜质唐卡	长30.6cm	80,500	中国嘉德	2013.05.13
清 释迦牟尼佛像唐卡	长66.5cm	34,500	北京保利	2013.01.11
清 释迦牟尼唐卡	长58cm	10,350	北京翰海	2013.07.14
清 释迦牟尼唐卡	长53cm	460,000	北京匡时	2013.12.04
清 释迦牟尼唐卡	长88cm	195,500	云南典藏	2013.10.19
清 四臂观音、双身莲师唐卡	长50cm	47,040	天津文物	2013.05.24
清 西藏大成就者唐卡	长62.5cm	402,500	中国嘉德	2013.05.13
清 西藏坛城唐卡	长35.5cm	115,000	中国嘉德	2013.05.13
清 尊胜佛母唐卡	长45cm	138,000	北京匡时	2013.12.04
清 罗汉唐卡	长118cm	207,000	北京翰海	2013.12.08
大白伞盖佛母唐卡	长193cm	23,000	北京翰海	2013.09.14
民国 班禅喇嘛源流-须菩提唐卡	长83cm	10,350	北京翰海	2013.03.24
民国 六世班禅唐卡	长71cm	115,000	北京翰海	2013.09.14
千手千眼观音唐卡	长105cm	89,600	未来四方	2013.06.16
十一面大悲观世音唐卡	长65.0cm	69,228	日本伊斯特	2013.05.03
释迦牟尼唐卡	长150cm	1,023,500	广东保利	2013.06.23
唐卡 阿弥陀佛	长44cm	10,350	北京保利	2013.04.28
唐卡 护法神曼陀罗唐卡	长50cm	17,250	北京保利	2013.04.28
唐卡 欢喜佛像	长76cm	25,300	北京保利	2013.10.27
唐卡 四臂观音	长99cm	112,000	北京荣宝	2013.09.07
唐卡大德威金刚	长108cm	1,035,000	广东保利	2013.06.23
现代 黄财神唐卡	长47cm	23,000	北京翰海	2013.07.14
现代 四臂观音唐卡	长48cm	20,700	北京翰海	2013.07.14
药师唐卡	长86cm	874,000	广东保利	2013.06.23
佚名 佛像	长90cm	80,500	北京保利	2013.04.28
佚名 佛像唐卡	长106cm	336,000	北京恒盛鼎	2013.07.26
佚名 水月观音唐卡	长218cm	425,500	北京保利	2013.04.28
佚名 唐卡(亲喀巴)	长53cm	28,750	北京保利	2013.07.28
佚名 知恩图报唐卡	长88.5cm	336,000	北京恒盛鼎	2013.07.26
织锦三度母唐卡	长75cm	13,645	香港淳浩	2013.07.27
其他佛教文物				
元 丹萨替铜鎏金宝瓶托莲花台柱	高36.7cm	145,176	保利香港	2013.10.07
13世纪 西藏铜共命鸟	长20cm	43,700	中国嘉德	2013.05.13
14世纪 经板	长76cm	345,000	北京保利	2013.12.05
14世纪/15世纪 西藏木质护经板	高72.2cm	230,000	中国嘉德	2013.05.13
15世纪 西藏木质护经板	高75.5cm	126,500	中国嘉德	2013.05.13
15世纪/16世纪 西藏铜鎏金宫廷碗套	直径17.8cm	184,000	中国嘉德	2013.11.16
16世纪 背光、台座	高25.5cm	138,000	北京保利	2013.06.05
18世纪 西藏铜鎏金门饰	高44.2cm	57,500	中国嘉德	2013.11.16
18世纪/19世纪 彩绘藏式佛龛	长62cm	34,500	北京翰海	2013.03.24
18世纪/19世纪 彩绘内供图佛龛	长100cm	126,500	北京翰海	2013.03.24
18世纪/19世纪 佛盒	长32cm	195,500	北京翰海	2013.12.08
19世纪 彩绘大黑天纹佛龛	长58cm	48,300	北京翰海	2013.03.24
19世纪 彩绘祭神图佛龛	长105cm	172,500	北京翰海	2013.03.24

拍品名称	物品尺寸	成交价RMB	拍卖公司	拍卖日期
19世纪 彩绘菩萨纹佛龛	长29cm	48,300	北京翰海	2013.03.24
明 铜佛牌	高27cm	46,000	北京保利	2013.10.28
清 嘎乌	高13.5cm	18,400	北京翰海	2013.03.24
清 铜鎏金财宝鼠	长10.4cm	18,147	保利香港	2013.10.07
清乾隆 嘎巴拉碗及碗托	直径13.7cm	253,000	北京翰海	2013.12.08
清早期 铜点金天鹭香熏	高30cm	322,000	翰风国际	2013.04.21
清早期 铜鎏金佛像背光	高49cm	207,000	上海嘉泰	2013.07.05
清中期 大漆单坡顶四柱式佛龛	长147cm	82,800	中国嘉德	2013.03.23
文房用品				
笔				
明 紫檀雕花卉笔	长23.5cm	57,500	北京保利	2013.06.06
明末清初 漆嵌螺钿锦纹毛笔	长22cm	17,250	中国嘉德	2013.09.16
清 翠雕笔	长19cm	17,250	北京保利	2013.10.26
清 雕漆花卉笔 竹刻寿字笔(两件)	长27cm；长24.5cm	34,500	北京保利	2013.06.06
清 剔红笔(两支)	尺寸不一	132,250	北京匡时	2013.06.04
清 铜胎掐丝珐琅花卉纹毛笔	长22.5cm	11,500	北京华辰	2013.05.09
清末 翡翠毛笔、小碟(两件)	刷子长34cm；盘子直径8.5cm	635,145	保利香港	2013.10.07
清乾隆 剔犀如意纹毛笔	长22.3cm	57,500	北京翰海	2013.12.08
万宝龙Mont Blanc限量生产墨水笔		20,700	中国嘉德	2013.11.18
万宝龙Mont Blanc限量生产墨水笔		14,950	中国嘉德	2013.11.18
现代 贺天健旧藏毛笔(二十一支)	尺寸不一	20,700	西泠拍卖	2013.07.12
竹雕留青抓笔笔管	高9.1cm	30,075	香港苏富比	2013.04.08
Montegrappa，银镀金及赛璐珞镶粉红色蓝宝石钢笔，"Red Sea"，限量生产，编号368/688，约1997年制		31,440	香港佳士得	2013.11.27
Montegrappa，银及赛璐珞镶蓝宝石钢笔，"Luxor Blue Nile"，限量生产，编号1288/1912，约2006年制		27,510	香港佳士得	2013.11.27
Omas限量生产墨水笔		14,950	中国嘉德	2013.11.18
Stipula意大利莳绘墨水笔		14,950	中国嘉德	2013.11.18
宝格丽 18k黄金钢笔，圆珠笔套装		18,147	保利香港	2013.10.06
卡地亚，罕有，镀金钢笔，"Crocodiles de Cartier"，限量生产，编号608/888，约2007年制		49,125	香港佳士得	2013.11.27
卡地亚Cartier限量生产附小钟及日历走珠笔		14,950	中国嘉德	2013.05.12
卡地亚限量金笔		11,500	北京保利	2013.10.27
美国制Michel Perchin限量生产墨水笔		18,400	中国嘉德	2013.05.12
笔筒				
明晚期 沉香雕山石水榭随形笔海	口径17.2cm	402,500	西泠拍卖	2013.07.12
清 沉香松石纹大笔海	高20cm	920,000	北京艺融	2013.11.28
16世纪/17世纪 朱漆描金嵌竹编倭角长方笔盆	长37.2cm	187,388	香港苏富比	2013.10.08
清 端石花卉诗文笔筒	高14cm	138,000	中国嘉德	2013.12.14
清 黄杨瘤根笔筒及文房书案(一组)	尺寸不一	57,500	北京保利	2013.12.06
料胎画珐琅开光西洋人物笔筒	高8.6cm	299,000	北京保利	2013.12.06
笔架				
元 铜龙笔架	长19cm	51,750	北京保利	2013.06.06
清早期 铜雕陆羽煮茶图笔搁摆件	长11cm	90,735	中国嘉德	2013.10.06
清早期 奚冈款黄杨木随形冬艳笔架	长24.2cm	39,100	北京匡时	2013.06.05
清早期 竹雕牧童骑牛笔架	长9.5cm	69,000	中国嘉德	2013.11.19
清早期 紫砂钱形笔架	宽18cm	97,750	北京保利	2013.04.27
清中期 红丝石笔架带紫檀座	长12.5cm	34,500	中国嘉德	2013.05.11
清中期 英石小笔架山	长12cm	69,000	中国嘉德	2013.05.11
清中期 竹圆雕东方朔偷桃图笔搁	长10.5cm	322,000	苏州东方	2013.09.28
清中期 紫砂仿灵璧石小笔架	宽7.3cm	36,800	北京保利	2013.06.05
明 清 随形笔架山(三件)	尺寸不一	23,000	西泠拍卖	2013.07.12
明 铜龙笔架	长16.7cm	32,200	北京翰海	2013.06.02
明 铜山形笔架	长14.6cm	103,500	苏州东方	2013.09.28
明 铜双螭笔架	长15cm	23,000	中国嘉德	2013.09.16
明 铜双螭笔架	长17.5cm	13,800	中国嘉德	2013.09.16

2013杂项拍卖成交汇总

(成交价RMB：1万元以上)

拍品名称	物品尺寸	成交价RMB	拍卖公司	拍卖日期
清 沉香笔架	长11.5cm	92,000	北京传是	2013.12.12
清 雕瓷笔山	长15cm	20,700	中国嘉德	2013.06.15
清 红木诗文笔搁	长21cm	13,800	中国嘉德	2013.03.23
清 黄杨木仿竹节蔓生笔架	长18cm	126,500	北京匡时	2013.06.05
清 角雕双龙抱珠纹笔架	长14cm	23,000	北京华辰	2013.11.17
清 角雕松下高士图笔架	长15cm	34,500	深圳市拍	2013.07.21
清 孔雀石龙纹笔山	长21cm	13,800	中国嘉德	2013.03.24
清 龙山福海笔架	长20.5cm	392,000	迦南国拍	2013.06.12
清 青金石笔山	高11cm	13,800	北京保利	2013.07.28
清 珊瑚雕竹节笔架	长7cm	19,550	北京翰海	2013.07.14
清 寿山笔架	宽12cm	11,500	北京保利	2013.04.27
清 铜九峰笔架	宽11cm	11,500	北京保利	2013.04.28
清 铜鎏金蝠形笔山	长15.5cm	11,500	中国嘉德	2013.09.16
清 铜骆驼笔架	长7.7cm	11,500	中国嘉德	2013.03.25
清 铜太平有象笔架	长5.9cm	25,300	中国嘉德	2013.03.25
清 犀角雕渔樵图笔架	长19cm	207,897	澳门新亚太	2013.11.24
清 宜钧五峰笔架	长15cm	126,500	远方拍卖	2013.12.02
清 竹雕刘海戏金蟾笔架	长9cm	172,500	北京匡时	2013.06.04
清 紫檀笔山 紫檀嵌玉寿字印盒 黄花梨笔筒各一件	尺寸不一	28,750	中国嘉德	2013.09.16
清 紫檀盖盒黄杨笔架(三件)	尺寸不一	28,750	北京保利	2013.10.26
清 紫檀铭文笔架	长15cm	138,000	北京保利	2013.12.05
清晚期 翡翠喜鹊登梅笔架	长11cm	103,500	北京传是	2013.06.15
近代 香港沉香笔挂	长86cm	138,000	北京传是	2013.12.12
民国 紫砂仿竹节笔架	长19cm	23,000	北京保利	2013.10.28
寿山芙蓉笔架	宽11cm	23,000	北京保利	2013.04.27
汪洵 竹刻和合二仙图笔搁	长17.8cm	14,000	上海驰翰	2013.10.22
浯溪 竹刻诗文笔搁	长29cm	14,000	上海驰翰	2013.10.22
现代 纯银如意云纹笔架	长20.5cm	101,200	中国嘉德	2013.11.19
现代 纯银山形笔架	长19.5cm	149,500	中国嘉德	2013.11.19
笔掭				
清早期 黄花梨花卉佛手笔掭	长24cm	17,250	北京保利	2013.04.27
清 仿竹节型诗文笔掭	直径9.2cm	138,000	中国嘉德	2013.05.12
清 仿生灵芝笔掭	长13.5cm	32,200	中国嘉德	2013.06.16
清 张燕昌铭竹根笔掭	长21.3cm	149,500	西泠拍卖	2013.07.12
清 澄泥树桩形笔掭	径5.6cm	40,250	北京传是	2013.06.15
清 端石笔掭	长6cm	17,250	北京保利	2013.04.27
清 翡翠雕荷叶笔掭	长10cm	63,250	北京翰海	2013.07.14
清 翡翠荷叶笔掭(一对)	尺寸不一	17,250	北京传是	2013.12.12
臂搁				
明 铜书卷形臂搁	长13cm	575,000	北京匡时	2013.12.04
清初 沉香木雕安居乐业臂搁	长12.1cm	40,250	北京翰海	2013.12.06
清初 沉香木雕松竹梅臂搁	长27.8cm	40,250	北京翰海	2013.12.06
清初 竹雕"和谐"图臂搁	长22.5cm	115,000	远方拍卖	2013.06.06
清康熙/雍正 紫檀错金银万福来朝纹臂搁	长26.3cm	333,500	北京诚轩	2013.05.11
清乾隆 青金石臂搁	高14.2cm	460,000	中国嘉德	2013.05.11
清雍正 漆仿竹树石臂搁	长17cm	36,800	北京保利	2013.04.27
清早期 斑竹臂搁	长15cm	69,000	北京保利	2013.04.27
清中期 竹刻花卉琴式臂搁	长21cm	11,500	北京翰海	2013.06.02
清中期 竹刻梅花诗文臂搁	长7.5cm	55,200	北京翰海	2013.06.02
清中期 竹刻诗文臂搁	长13.3cm	34,500	北京翰海	2013.06.02
清中期 竹刻文字臂搁	高25.8cm	23,000	北京翰海	2013.06.02
清中期 紫檀诗文臂搁	长5.3cm	74,750	北京翰海	2013.06.02
清中期 紫檀随形臂搁	长31.2cm	69,000	北京翰海	2013.06.02
清道光 沈振名款红木古泉纹臂搁	长27.5cm	23,000	中国嘉德	2013.03.25
清 恽寿平款竹雕臂搁	长34cm	25,300	北京翰海	2013.12.06
清 二松款竹雕李白诗臂搁	长23.3cm	20,700	西泠拍卖	2013.07.12
清 黄花梨灵芝草虫臂搁	长17.5cm	74,750	北京保利	2013.04.28
清 黄杨木雕竹形臂搁	长24cm	161,000	北京翰海	2013.12.06

拍品名称	物品尺寸	成交价RMB	拍卖公司	拍卖日期
清 铜胎掐丝珐琅花鸟"玉堂富贵"纹琴形臂搁	长34.2cm	119,338	伦敦苏富比	2013.05.15
清 王焕制竹雕山水臂搁	长19.5cm	43,700	西泠拍卖	2013.07.12
清 溪堂款竹雕兰草臂搁	长28.6cm	21,850	西泠拍卖	2013.07.12
清 象牙雕荷塘清趣臂搁(一对)	高25.5cm	322,000	古天一	2013.06.04
清 冶梅款竹雕梅花臂搁，紫檀雕竹节臂搁(两件)	尺寸不一	24,150	西泠拍卖	2013.07.12
清 竹雕臂搁	长28cm	115,000	北京匡时	2013.06.04
清 竹雕高士臂搁	长17cm	13,800	北京保利	2013.04.27
清 竹雕各式臂搁(三件)	尺寸不一	13,800	北京保利	2013.04.27
清 竹刻郭嵩寿铭文臂搁	长17cm	46,000	北京保利	2013.12.05
清 竹刻诗文臂搁	长26.2cm	57,500	北京保利	2013.06.06
清 竹留青山水诗文臂搁	长20.2cm	25,300	北京翰海	2013.03.24
清 竹贴竹黄诗文臂搁	长23.7cm	17,250	北京传是	2013.12.12
清 紫檀臂搁	宽14.5cm	17,250	北京保利	2013.04.28
清 紫檀雕臂搁	长19.5cm	126,500	六朝艺宴	2013.07.07
清 紫檀嵌银丝书卷形臂搁	长24cm	57,500	北京保利	2013.10.26
清 紫檀琴式臂搁	长31.5cm	23,000	北京匡时	2013.09.12
民国 贺天健旧藏吴华源画黄山泉刻竹雕臂搁	长27cm	207,000	西泠拍卖	2013.07.12
民国 贺天健旧藏张星阶画华睿刻竹雕臂搁	长42cm	138,000	西泠拍卖	2013.07.12
民国 盛丙云、唐云竹刻臂搁	长21.7cm	57,500	北京保利	2013.06.06
现代 徐秉方留青竹刻高瞻远瞩臂搁	长37.3cm	138,000	中国嘉德	2013.11.19
现代 紫檀臂搁	长21.7cm	26,450	北京翰海	2013.06.23
朱小华刻留青仕女图臂搁	长27.2cm	17,250	中国嘉德	2013.05.11
当代 谭文如刻留青第四尊臂搁	长32cm	82,800	北京匡时	2013.09.12
当代 谭文如刻留青菊花烂漫臂搁	长40.4cm	82,800	北京匡时	2013.09.12
当代 谭文如刻留青渔翁臂搁	长26.8cm	82,800	北京匡时	2013.09.12
盒				
明 雕漆罗汉印盒	直径4cm	20,700	北京保利	2013.07.27
明 龙纹嵌银丝紫檀笔架盒(一套)	长12.8cm；长16.9cm	517,500	翰风国际	2013.04.21
明 掐丝珐琅花卉印盒	直径7cm	69,000	北京翰海	2013.12.08
明 铜鎏金缠枝莲纹印盒	高3.6cm；宽5.50cm	287,500	北京匡时	2013.12.04
明 铜鎏金云龙小印盒	高3.7cm；宽5.40cm	253,000	北京匡时	2013.12.04
清早期 紫檀长方画盒	长43.8cm	74,750	中国嘉德	2013.05.11
19世纪 翡翠玉龙寿纹印盒(一对)	径5.7cm	155,525	纽约苏富比	2013.03.19
清中期 紫檀小文具盒	长17.5cm	13,800	北京保利	2013.04.27
清中期 铜胎掐丝珐琅缠枝莲纹小印盒	直径17cm	36,800	北京华辰	2013.05.09
清中期 清和堂制模印"丹凤朝阳"印盒	直径9.1cm	51,750	北京保利	2013.06.05
清中期 黄杨嵌瘿木刻诗文文具盒	长19cm	207,000	北京保利	2013.06.06
清乾隆 紫檀雕龙纹《御笔修德修刑论》画盒	长42cm	368,000	北京保利	2013.06.04
清乾隆 御制铜胎掐丝珐琅西蕃莲花印盒	高3.6cm；宽7cm	92,000	北京匡时	2013.12.04
清乾隆 铜鎏金錾花松鼠葡萄纹印盒	直径6.1cm	178,250	北京翰海	2013.06.02
清乾隆 剔彩龙纹印玺盒	高17.6cm	230,000	上海道明	2013.04.29
清乾隆 掐丝珐琅缠枝莲纹印盒	直径6cm	25,300	中国嘉德	2013.09.16
清乾隆 浮雕紫檀文具盒	宽23cm	1,437,500	北京保利	2013.06.04
清光绪 黄地刻双龙赶珠纹印盒	径7.2cm	108,868	纽约苏富比	2013.03.19
清晚期 赦权寅制紫泥椭圆形印盒	长6.4cm	40,250	北京保利	2013.06.05
清 紫檀文具盒	长34cm	13,800	北京保利	2013.04.28
清 紫檀雕长方形文具盒	长17.2cm	40,250	西泠拍卖	2013.07.12
清 松花石山水人物纹印盒	长11.5cm	78,200	中国嘉德	2013.09.15
清 寿山石雕山水印泥盒	高4cm	20,700	北京传是	2013.06.15
清 申锡款印泥盒	宽15cm	34,500	上海春秋堂	2013.04.28

(成交价RMB：1万元以上)

拍品名称	物品尺寸	成交价RMB	拍卖公司	拍卖日期
清 掐丝珐琅云龙纹印盒 水呈 笔山 (一套三件)	尺寸不一	17,250	中国嘉德	2013.06.15
清 掐丝珐琅桃形文房盒 (一对)	宽9cm	23,000	北京保利	2013.04.27
清 彭年铭诗文竹节随形印泥盒	长8.8cm	71,300	北京保利	2013.06.05
清 绿松石芭蕉纹文具盒	长14.6cm	46,000	中国嘉德	2013.06.15
清 均煦仁兄雅赏宝沅持赠段泥挂釉印盒、水洗 (两件)	直径12.7cm；直径12.2cm	34,500	北京保利	2013.12.04
清 景泰蓝花卉小印盒	直径4.5cm	11,500	北京保利	2013.04.28
清 红木书形文具盒	宽28cm	20,700	北京保利	2013.04.27
清 大漆百宝嵌书盒	长26cm	17,250	北京传是	2013.06.15
清 白铜嵌银满工前赤壁赋八方墨盒	宽6cm	115,000	北京保利	2013.06.06
民国 "三秋佳色" 泥印泥盒	长13cm×4	11,500	北京匡时	2013.06.04
民国 堆蓝料缠枝莲开光"东篱采菊图"印盒	宽10cm	18,193	香港华辉	2013.07.26
民国 兰亭集序和山水铭文铜墨盒 (两件)	长11cm	13,800	朵云轩	2013.07.07
民国 铜鎏金云龙纹印盒	高15.5cm	34,500	中国嘉德	2013.06.15
民国 铜墨盒 (三件)	尺寸不一	529,000	中国嘉德	2013.03.24
民国 王勋制贴竹黄文具盒	长32.5cm	97,750	西泠拍卖	2013.07.12
民国·段泥内上釉印泥盒	长12.2cm	17,250	西泠拍卖	2013.07.12
木雕福寿文具盒	长26.5cm	13,800	北京保利	2013.07.28
汪小亭 飞帆 墨彩山水印盒	直径6.8cm	66,700	中国嘉德	2013.05.13
紫檀文具盒	长20.5cm	13,800	北京翰海	2013.03.24
墨				
明 "大国香" 等墨 (四方)	尺寸不一	149,500	北京保利	2013.06.06
明 程君房百子图圆墨	直径11.7cm	149,500	北京保利	2013.06.06
明 程君房款东岳泰山图诗文墨	长13.5cm	69,000	中国嘉德	2013.06.16
明 程君房制"异鱼吐墨"墨	长14.3cm	299,000	北京保利	2013.06.06
明 各式墨 (七方)	尺寸不一	276,000	北京保利	2013.06.06
明 罗小华款垚香圆墨	直径8.5cm	55,200	中国嘉德	2013.09.15
明 玄冥云纹墨	长3.8cm	17,250	中国嘉德	2013.06.16
明 玉兔生香、龙门、太平有象、翠云圆墨 (四方)	尺寸不一	172,500	北京保利	2013.06.06
明/清 各式残墨一组	尺寸不一	23,000	中国嘉德	2013.06.16
明或更早 泰光墨宝墨	直径4.7cm	57,500	中国嘉德	2013.06.16
明晚期 程君房制春华秋实残墨	长6cm	13,800	中国嘉德	2013.06.16
明晚期 罗小华制古松心墨	长5.5cm	172,500	中国嘉德	2013.06.16
明晚期 汪鸿渐制湫金龙纹墨	长8.4cm	103,500	中国嘉德	2013.06.16
明万历 方于鲁制仿玉雕螭龙纹璧墨	直径5cm	59,800	中国嘉德	2013.06.16
清康熙 曹素功制焕若 荆璆墨 (一对)	长6.1cm	34,500	中国嘉德	2013.06.16
清康熙 瑞虹堂监制紫玉光墨	长8.3cm	80,500	中国嘉德	2013.12.14
清康熙 御制曹素功制耕织图墨 (一套十二件)	宽3cm×12	80,500	北京保利	2013.12.05
清康熙 朱砂龙纹御墨	径17cm	32,200	北京传是	2013.12.12
清乾隆 凤纹墨	长7.2cm	20,700	中国嘉德	2013.06.16
清乾隆 古华轩墨	长10.4cm	32,200	中国嘉德	2013.09.15
清乾隆 天保九如山水纹墨	直径11.2cm	17,250	中国嘉德	2013.06.16
清乾隆 汪节庵款唤卿呼子谓多事山水人物纹墨	长10.8cm	28,750	中国嘉德	2013.06.16
清乾隆 汪节庵制卷书墨 (两块)	长8cm×2	11,500	中国嘉德	2013.11.19
清乾隆 吴胜友制三泖渔庄松烟神品墨	长7.9cm	57,500	中国嘉德	2013.12.14
清乾隆 御制文津阁诗墨	长13.6cm	138,000	中国嘉德	2013.05.11
清乾隆 御制文渊阁诗墨	长17.4cm	20,700	中国嘉德	2013.09.15
清乾隆 紫阁铭勳墨	长7cm	40,250	中国嘉德	2013.09.15
清 百花图墨	径15cm	10,350	北京传是	2013.06.15
清 曹素功款二十八星宿墨 (一套)	长8cm	92,000	中国嘉德	2013.12.14
清 常云湄旧藏仿古藏烟墨	高9.9cm	74,750	西泠拍卖	2013.07.12
清 仿明方于鲁造九子墨 (三十块)	长10cm	86,250	北京华辰	2013.05.09
清 富贵寿考墨	长9.5cm	13,440	天津文物	2013.05.24
清 富贵寿考墨	长9.5cm	14,560	天津文物	2013.11.22
清 海军战舰图墨	长9cm	11,500	北京保利	2013.10.28
清 胡开文款越女墨	长6.8cm	13,800	中国嘉德	2013.06.16
清 胡开文五老图墨	尺寸不一	16,800	天津文物	2013.05.24
清 胡开文西湖十景墨	长7cm	16,800	天津文物	2013.05.24
清 胡子卿西湖十景墨	尺寸不一	22,400	天津文物	2013.05.24
清 黄山松烟墨 (八方)	长7.5cm	11,500	中国嘉德	2013.09.15
清 黄山图墨	长9cm	22,400	天津文物	2013.11.22
清 徽州胡秀文制黄山松烟墨 (十二块)	长10.5cm	43,700	北京华辰	2013.05.09
清 徽州老胡开文法制凤池云 凤凰云彩墨 (八块)	长6cm	27,600	北京华辰	2013.05.09
清 徽州休城胡开文造磨人墨	长8.5cm	13,800	北京华辰	2013.05.09
清 徽州詹大有制凤池春墨 (七块)	长9cm	25,300	北京华辰	2013.05.09
清 金壶汁墨	长6.2cm	22,400	天津文物	2013.11.22
清 金锡公制兰烟墨四方	长11.4cm	28,750	中国嘉德	2013.06.16
清 快雪堂记墨	径14.5cm	10,350	北京传是	2013.12.12
清 兰亭图墨	长19cm	80,500	北京保利	2013.06.06
清 龙纹御墨	径16cm	20,700	北京传是	2013.06.15
清 棉花图 耕织图等墨 (十四方)	尺寸不一	17,250	中国嘉德	2013.09.15
清 墨苑翠珍藏墨 (二十五块)	长13cm	69,000	北京华辰	2013.05.09
清 墨苑翠珍藏墨 (十六块)	长8cm	88,550	北京华辰	2013.05.09
清 千秋光铁如意御赐墨	尺寸不一	11,200	未来四方	2013.06.08
清 轻胶十万杵墨 (四方)	长8.5cm	20,700	中国嘉德	2013.12.14
清 洒金墨 (一组)	尺寸不一	12,650	北京传是	2013.12.12
清 手卷墨 (一套十方)	尺寸不一	17,250	中国嘉德	2013.12.14
清 天保九如御墨	长11.5cm	71,300	中国嘉德	2013.05.11
清 万年红朱砂墨 (两方)	长9.8cm；长6cm	13,800	中国嘉德	2013.09.15
清 汪近圣制御题关槐山水诗文墨	直径14cm	51,750	西泠拍卖	2013.07.12
清 一笏金等朱砂墨 (四方)	尺寸不一	17,250	中国嘉德	2013.09.15
清 榆木髹漆船形墨斗	长20cm	11,500	中国嘉德	2013.11.17
清 榆木髹漆履形墨斗	长22cm	11,500	中国嘉德	2013.11.17
清 玉虹楼清赏如意形墨	长22cm	14,950	北京传是	2013.06.15
清 御园图墨	尺寸不一	16,800	天津文物	2013.05.24
清 御制棉花图墨 (一组十六锭)	长10cm	11,500	北京保利	2013.10.28
清 詹成圭制拍板催歌墨	长9cm	20,700	中国嘉德	2013.06.16
清 詹大有款翰苑清赏墨 (八件)	长8cm	69,000	西泠拍卖	2013.07.12
清 詹大有制古喻麋墨 (七块)	长9cm	25,300	北京华辰	2013.05.09
清 詹大有制玉堂墨 (四块)	长8cm	18,400	北京华辰	2013.05.09
清 朱砂墨 (四锭)	高7.7cm	13,800	北京传是	2013.12.12
清 朱砂亭台楼阁墨	长12.5cm	25,300	北京保利	2013.04.28
清 状元对策之宝墨 (四方)	长6.5cm	32,200	中国嘉德	2013.12.14
清中期 胡学文制松鹤延年图鹤舫书画墨	长7.9cm	20,700	中国嘉德	2013.06.16
清中期 御制松烟墨	尺寸不一	172,500	北京匡时	2013.06.04
清道光 汪近圣款瀛洲仙品墨 (十方)	长6.3cm	94,300	中国嘉德	2013.06.16
清光绪 八宝五胆药墨 (一对)	长8.2cm	25,300	中国嘉德	2013.09.15
清光绪 龚氏藏墨 (一套十方)	长10.4cm	59,800	中国嘉德	2013.09.15
清晚期 曲园先生著书之墨 八骏图墨 蔡允恭墨各一方	尺寸不一	17,250	中国嘉德	2013.12.14
清晚期 同治十二年款铁如意墨	长12.6cm	25,300	中国嘉德	2013.05.11
清-现代 贺天健旧藏彩墨颜料 (一套)	尺寸不一	97,750	西泠拍卖	2013.07.12
清-现代 贺天健旧藏墨 (一套)	尺寸不一	69,000	西泠拍卖	2013.07.12
20世纪 各式墨 (十九方)	尺寸不一	20,700	中国嘉德	2013.09.15
百爵图墨	直径12.5cm	253,000	中国嘉德	2013.11.18
胡开文款五彩墨 (一套五方)	长8cm	23,000	中国嘉德	2013.09.15
旧墨 (两盒)	长16cm	29,900	朵云轩	2013.07.07
民国 张大千 张善孖铭云海归来墨 (一对)	长10cm；长9.7cm	10,350	中国嘉德	2013.09.15
民国 二十四功臣墨 (一套)	长8cm	28,750	中国嘉德	2013.09.15
民国 王寿彭制刻朱子家训铜墨盒	宽7.8cm	13,800	北京保利	2013.12.06

2013杂项拍卖成交汇总

(成交价RMB：1万元以上)

拍品名称	物品尺寸	成交价RMB	拍卖公司	拍卖日期
民国 柱状墨	长21.3cm	17,250	中国嘉德	2013.06.16
玉堂翰墨 (一套)	尺寸不一	46,000	凤凰拍卖	2013.07.21
墨床				
清早期 硬木嵌张希黄“松间对弈”墨床	长14.2cm	115,000	北京保利	2013.06.06
清乾隆 紫檀镂雕“吉磬”纹书卷形墨床	长18.7cm	86,250	北京匡时	2013.12.05
清中期 福州漆制墨床、印盒、水盂、笔筒	尺寸不一	23,000	中国嘉德	2013.05.11
清中期 紫檀墨床、印盒 (两件)	长13cm；长6cm	17,250	北京保利	2013.04.27
清中期 紫檀弦纹墨床	长15.6cm	55,200	北京匡时	2013.06.05
清 贺天健旧藏红木雕墨床、黄杨木雕素笔筒各一	尺寸不一	80,500	西泠拍卖	2013.07.12
清 黄杨木镂雕花卉墨床	长8.6cm	23,000	北京匡时	2013.06.05
清 墨床、紫檀尺、小砚 (三件)	尺寸不一	23,000	北京保利	2013.06.06
清 紫石螭龙墨床	长12cm	17,250	北京传是	2013.06.15
清 紫檀刻松干墨床	长14.5cm	138,000	北京保利	2013.12.05
清 紫檀镂雕花卉时清纹墨床	长20cm	20,700	北京匡时	2013.12.05
西安绿石墨床、印章两件，寿山水晶冻石水盂一件	尺寸不一	28,750	中国嘉德	2013.11.19
砚屏				
清早期 黑漆嵌百宝砚屏 (一对)	高27cm×2	1,475,680	保利香港	2013.04.07
清早期 施天章制竹刻留青砚屏	高27.5cm	690,000	北京保利	2013.12.05
18世纪/19世纪 云石天然泼墨“融峰午曜”山水图砚屏	长22cm	75,188	香港苏富比	2013.04.08
清 翡翠雕寿字纹砚屏	长16.3cm	63,250	西泠拍卖	2013.07.12
清 象牙雕刀马人物图砚屏	高29cm	138,000	古天一	2013.06.04
清 花梨木砚屏	高37cm	11,500	北京传是	2013.06.15
清 阮元铭 云石砚屏	高30.2cm	437,000	北京保利	2013.06.04
清 夔龙纹小砚屏	宽31cm	109,250	北京保利	2013.04.27
清 紫檀砚屏	宽24cm	32,200	北京保利	2013.04.28
水丞				
六朝 青铜辟邪水呈	长15.7cm；高6.2cm	181,470	保利香港	2013.10.07
明或更早 铜卧牛水丞	长10cm	138,000	六朝艺宴	2013.07.07
明或更早 王世襄旧藏“矶鹬”铜水注	长7.8cm；高4.6cm	40,250	北京匡时	2013.12.05
明末清初 铜鎏金如意流苏水呈	长5.7cm	28,750	中国嘉德	2013.03.25
清初 折枝梅椿竹水丞	长7.2cm	141,480	罗芙奥	2013.11.26
清乾隆 局部鎏金铜桃蝠葫芦水丞	长7cm	601,500	香港苏富比	2013.04.08
清乾隆 珊瑚红水丞(连勺)	长7.8cm	26,450	北京保利	2013.06.06
清乾隆 釉里红宝相花纹水丞	长7cm	1,259,280	香港佳士得	2013.05.29
清乾隆 御铭“时和笔畅”天然有洞水中丞	长12.5cm；高9.0cm	632,500	北京匡时	2013.12.05
清乾隆 紫檀花形水丞 兽面纹墨床各一件	长6.7cm；长6.7cm	10,350	中国嘉德	2013.12.14
清早期 “治同”款寿山石雕佛手水丞	高3.2cm；长9.5cm	414,000	古天一	2013.12.05
清早期 陈鸣远制紫砂“携子提孙”水丞	宽10cm	920,000	北京保利	2013.06.05
清早期 灵芝水呈	高8.6cm	11,500	中国嘉德	2013.03.25
清中期 琥珀水丞	长11cm	69,000	北京保利	2013.06.06
清 沉香松树水呈	长7.2cm	10,350	中国嘉德	2013.06.15
清 陈鸣远款葫芦水注	长11cm	408,308	保利香港	2013.10.07
清 料胎画珐琅四君子水呈	高2.2cm	207,000	北京翰海	2013.12.08
清 铜嵌银丝螭龙纹金蟾水丞	长7cm	32,200	中国嘉德	2013.09.16
清 铜水丞	直径6.9cm	43,700	中国嘉德	2013.09.16
清 铜水呈	直径7.7cm	13,800	中国嘉德	2013.03.24
清 宜钧釉水丞	长9cm	34,500	中国嘉德	2013.09.17
18世纪 翡翠瓜瓞金蝉水丞	长10.5cm；高7cm	1,610,000	北京传是	2013.12.12
18世纪 翡翠瓜瓞水丞	长9.3cm；高7.5cm	1,667,500	北京传是	2013.12.12
18世纪/19世纪 葫芦“柿子”水丞	高5.9cm	130,325	香港苏富比	2013.04.08
18世纪/19世纪 桃红斑涅白料套草绿料桃形水丞	直径5.7cm	139,973	纽约佳士得	2013.03.21
民国 紫檀树瘤水呈	高5.7cm	17,250	北京翰海	2013.12.08
水滴				
明 铜鎏金神兽砚滴	长9cm	184,000	北京保利	2013.06.06
明 铜鎏金翼兽砚滴	长12cm	86,250	中国嘉德	2013.03.25
明 铜嵌银丝瑞兽水滴	宽9cm	48,300	北京保利	2013.04.28
明 铜质兽形水滴	长12.5cm	103,500	北京匡时	2013.12.05
明早期 青铜瑞兽形砚滴	长17cm	414,000	中国嘉德	2013.11.19
清中期 铜瑞兽水滴	长9cm	11,500	北京保利	2013.04.27
清 沉香松树纹水滴	长6cm	28,750	中国嘉德	2013.03.24
清 陈鸣远款段泥点彩笋形水滴	长11cm	1,150,000	中国嘉德	2013.05.14
清 漆葫芦水滴	长8.2cm	13,800	中国嘉德	2013.03.25
清 铜制趴蝮衔水砚滴	高3cm；长7cm	13,800	西泠拍卖	2013.07.12
清 童子牧牛水滴	长15cm	28,750	北京传是	2013.06.15
清同治 玉成窑王东石段泥瓜形水滴	宽9cm	57,500	北京保利	2013.12.05
清晚期 胡公寿铭何心舟制“春水卷石”葫芦嘴水滴	宽9.7cm	253,000	北京保利	2013.06.05
蒋燕庭 东坡赏菊水滴	高8.5cm	85,000	上海驰翰	2013.04.25
民国 蒋彦亭段泥水滴	长11cm	25,300	北京保利	2013.12.05
水盂				
商晚期 公元前13至11世纪 青铜夔龙乳钉纹盂	高15.9cm；径24.8cm	466,575	纽约苏富比	2013.03.19
明 铜鎏金海水瑞兽纹水盂	直径7.8cm	345,000	北京匡时	2013.06.05
清早期 “三松”款竹雕枯松图诗文水盂	高6.4cm	92,000	中国嘉德	2013.05.11
清早期 沈存周锡制鹅形水盂	宽11.5cm	402,500	中国嘉德	2013.05.14
清中期 “玉堂清玩”款铜胎卷轴式水盂	长7cm	57,500	中国嘉德	2013.11.19
清康熙 常云湄旧藏豇豆红水盂	高3.1cm	92,000	西泠拍卖	2013.07.12
清乾隆 蓝料磨棱水盂	宽7.5cm	149,500	北京保利	2013.04.28
清乾隆 洒金料水盂	宽9.5cm	115,000	北京保利	2013.12.06
清 翡翠雕素水盂	高3cm	23,000	西泠拍卖	2013.07.12
清 翡翠水盂 (一对)	宽11cm	115,000	中国嘉德	2013.11.19
清 黄杨木雕素身水盂	高6cm；直径10cm	36,800	西泠拍卖	2013.07.12
清 莲瓣耳钵式水盂	高10cm；直径9cm	218,500	远方拍卖	2013.06.06
清 炉均釉方水盂	高4.4cm	36,800	西泠拍卖	2013.07.12
清 铜嵌银丝兽耳水盂	高4.5cm	34,500	北京传是	2013.12.12
清 铜桃形水盂	长10cm	20,700	北京传是	2013.12.12
清 玉成窑东石水盂	高4.5cm	99,440	远方拍卖	2013.06.06
清 紫金釉螭龙水盂	直径8cm	11,500	北京保利	2013.10.27
清嘉庆—道光 子冶制吉安款松干水盂	宽12cm	299,000	北京保利	2013.12.05
清晚期 何心舟 刻诗文水盂	直径13cm；高7.5cm	25,300	北京匡时	2013.06.04
水盂 (一对)	高4.2cm	207,000	广东保利	2013.11.29
紫檀笔筒、水盂	笔筒高8.8cm；水盂高2.8cm	23,000	朵云轩	2013.07.07
芙蓉石灵芝水盂	长10.3cm	17,250	北京保利	2013.12.04
芙蓉石水盂	长12.5cm	69,000	北京保利	2013.12.04
民国 刘希任无量寿佛水盂	高6.5cm	172,500	北京万隆	2013.06.04
笔洗				

拍品名称	物品尺寸	成交价RMB	拍卖公司	拍卖日期
汉 鎏金铜弦纹折沿洗	直径16.8cm	38,881	纽约佳士得	2013.03.21
明早期 剔红龙凤花卉三足洗(改制)	直径16.6cm	230,000	北京保利	2013.06.06
明 "云间胡文明制"錾花鎏金龙族海瑞纹洗	直径60cm	1,725,000	远方拍卖	2013.06.06
明 陈仲荷叶水洗	直径17cm	299,000	远方拍卖	2013.12.01
明 铜制海棠形鱼化龙笔洗	长14.7cm	138,000	六朝艺宴	2013.07.07
明景泰 铜铸双鱼花卉折沿洗	直径43.4cm	207,000	北京保利	2013.06.05
清早期 沉香雕荷塘春曲笔洗连紫檀随形座	长13.1cm	701,500	北京匡时	2013.06.05
清早期 寿山醉芙蓉石雕婴戏图笔洗	长11.7cm	32,200	北京诚轩	2013.11.17
清早期 铜鎏金錾刻花卉纹洗	直径7.5cm	425,500	中国嘉德	2013.11.19
清早期 朱泥桃形洗	长15.7cm	138,000	北京中汉	2013.11.17
清早期 竹根雕梅段洗	长7.7cm	230,000	北京诚轩	2013.11.17
清早期 紫砂竹笋笔洗	宽23cm	55,200	北京保利	2013.04.27
清康熙 掐丝珐琅龙纹洗	宽13cm	17,250	北京保利	2013.07.28
清乾隆 珐琅彩描金花卉龙纹高足水洗(一双)	高度14.3cm	1,792,000	香港嘉德利	2013.09.01
清乾隆 仿雕漆锦地海棠式洗	长17.5cm	115,000	北京翰海	2013.12.08
清乾隆 翡翠雕双龙捧寿蝠平菊花洗	长22cm	5,980,000	北京保利	2013.12.04
清乾隆 高凤翰款瓷仿英石水洗	长28cm	506,000	北京保利	2013.06.06
清乾隆 掐丝珐琅缠枝莲纹洗 小瓶各一件	直径14cm	28,750	中国嘉德	2013.09.16
清乾隆 青金石夔龙纹水洗	长18cm	172,500	北京翰海	2013.12.06
清乾隆 铜胎掐丝珐琅莲托八宝兽首衔环洗	直径26cm	230,000	北京保利	2013.12.05
清乾隆 宜钧釉螭龙方形小洗连硬木托座	宽5.5cm	48,300	中国嘉德	2013.11.20
清乾隆 紫泥桃形洗	宽15cm	69,000	北京保利	2013.06.05
清雍正 仿汝三足洗	直径21cm	1,207,500	翰风国际	2013.04.21
清中期 沉香木雕梅花笔洗	长11.5cm	41,400	北京翰海	2013.12.06
清中期 沉香木雕喜鹊登梅随形洗	长10.6cm	40,250	北京翰海	2013.06.02
清中期 铜鎏金桃形洗	长8.5cm	11,500	中国嘉德	2013.09.16
清中期 铜胎掐丝珐琅荷塘纹花口洗	直径28cm	172,500	北京保利	2013.12.05
清中期 紫砂梅花诗文笔洗	直径22.8cm	57,500	北京翰海	2013.12.08
清中期 紫檀荷叶洗	长19cm	17,250	北京保利	2013.04.27
清嘉庆 紫砂梅花诗文笔洗	直径21cm	172,500	北京保利	2013.04.28
清 沉香佛手蝙蝠洗	长15cm	253,000	中国嘉德	2013.11.19
清 陈光明制宜钧釉双螭龙洗	长17.5cm	230,000	北京保利	2013.12.04
清 陈鸣远制段泥桃形三足水洗	宽10.4cm	460,000	上海春秋堂	2013.04.28
清 纯金雕花鸟嵌宝石水洗	直径11cm	197,800	太平洋	2013.09.16
清 端石瑞兽纹洗 端石砚各一件	长18cm	17,250	中国嘉德	2013.12.14
清 翡翠凤纹洗	长16cm	17,250	北京保利	2013.04.28
清 翡翠龙纹洗	长21.5cm	322,000	翰风国际	2013.04.21
清 古蚌洗	长20.5cm	34,500	北京翰海	2013.07.14
清 黄杨木雕灵芝形笔洗	宽14cm	34,500	北京保利	2013.04.28
清 金制双鸟寿桃笔洗	长10.3cm	145,600	东拍国际	2013.06.14
清 景泰蓝五福捧寿六方洗	宽35cm	92,000	北京保利	2013.04.27
清 绿松石荷塘笔洗	高8.5cm	23,000	北京传是	2013.06.15
清 绿松石荷塘洗	长13cm	25,300	中国嘉德	2013.09.15
清 木金漆大笔洗	宽46cm	11,500	北京保利	2013.10.28
清 石湾窑叶形洗(两件)	长15.8cm；长21cm	13,800	中国嘉德	2013.03.24
清 天然石洗	直径22	51,750	中国嘉德	2013.03.23
清 铜龙纹洗	宽23cm	10,350	北京保利	2013.04.27
清 铜双螭龙四足洗	长25cm	74,750	北京保利	2013.10.28
清 徐扬款端石山水纹洗	长25.4cm	287,500	中国嘉德	2013.06.15
清 雪花釉大笔洗	宽27.5cm	142,957	香港淳浩	2013.04.05
清 瘿木海螺形洗	长24cm	161,000	中国嘉德	2013.06.16
清 竹雕松树洗	长14.5cm	23,000	北京翰海	2013.12.08
清 紫砂绿泥仿青铜洗	直径[illegible]	[illegible]	北京保利	2013.12.04

拍品名称	物品尺寸	成交价RMB	拍卖公司	拍卖日期
清 紫砂梅花诗文水洗	宽21cm	11,500	北京保利	2013.04.27
清 紫檀荷花洗	长12cm	13,800	中国嘉德	2013.12.14
18世纪 黄料荷叶卧蛙洗		167,663	香港苏富比	2013.10.08
18世纪/19世纪 椰壳雕"池鹭荷塘"图洗	长9.3cm	150,375	香港苏富比	2013.04.08
翡翠龙纹洗	宽27cm	11,500	北京保利	2013.07.28
景泰蓝双狮耳洗	宽14cm	17,250	北京保利	2013.04.28
民国 绿地凤穿牡丹水洗(一对)	径19cm	23,000	北京传是	2013.12.12
民国 浅绛彩山水人物水洗	直径10cm	10,350	中国嘉德	2013.06.15
民国 紫檀、洗、笔架(三件)	尺寸不一	43,700	北京保利	2013.10.26
民国·访雪道人款段泥内上釉大水洗	长21.5cm	25,300	西泠拍卖	2013.07.12
掐丝珐琅福寿纹桃形洗	长22.5cm	17,250	中国嘉德	2013.06.15
汝瓷 孔雀洗	长32.5cm	149,500	河南豫呈祥	2013.01.21
王翔 束云水洗	宽18.5cm	92,000	北京翰海	2013.05.31
邹跃君制荷叶青蛙水洗	宽12.9cm	103,500	上海春秋堂	2013.09.08
玺印				
清雍正 寿山石雕螭龙纹方玺"和硕怡亲王章"	长9.9cm	6,900,000	北京保利	2013.06.04
清 铜珐琅九龙玺	长23cm	1,188,000	中信国际	2013.05.28
清光绪 寿山石印玺(三枚)	尺寸不一	220,550	香港苏富比	2013.04.08
民国 寿山石雕瑞兽钮长方玺	高7.3cm	170,425	香港苏富比	2013.04.08
文具盘				
清早期 黄花梨文具盘	长39.8cm	43,700	中国嘉德	2013.05.11
清中期 宜兴加彩山水人物文具盘	长28.5cm	92,000	北京翰海	2013.06.02
清 黄花梨百宝嵌花卉文具盘	长30.5cm	17,250	北京传是	2013.06.15
清 紫檀螭龙文具盘	长33cm	55,200	北京保利	2013.04.27
清 红木竹纹嵌瘿木文具盘	长31.5cm	32,200	北京保利	2013.04.28
文具箱				
清早期 紫檀八屉文具箱	长31cm	258,244	中国嘉德	2013.04.05
清早期 黄花梨小书箱	长38cm	161,000	中国嘉德	2013.05.11
清早期 黄花梨大书箱	长52cm	156,791	中国嘉德	2013.04.05
清早期 紫檀小书箱	长37.5cm	105,800	中国嘉德	2013.05.11
清早期 黄花梨四屉小文具箱	长18cm	89,700	中国嘉德	2013.05.11
清早期 黄花梨文具箱	长34cm	64,561	中国嘉德	2013.04.05
清 紫檀文具箱	长37cm	57,500	西泠拍卖	2013.07.12
清 紫檀嵌瘿木文具箱	长21.3cm	92,000	北京保利	2013.06.06
清 黄花梨书箱	长56cm	92,000	北京保利	2013.07.27
清 黄花梨书箱	长55cm	69,000	北京保利	2013.04.27
清 红木文具箱	长34.5cm	17,250	北京保利	2013.04.28
清 剔红山水人物纹书箱(一对)	高33.5cm	57,500	中国嘉德	2013.03.24
砚台				
唐 三彩砚	长13.5cm	291,456	大唐香港	2013.05.28
唐 三足兽面石渠端砚	直径12cm	172,500	六朝艺宴	2013.07.07
唐 长沙窑羊尊砚	长14.5cm	113,000	六朝艺宴	2013.07.07
唐晚期 双柱足斧钺端砚	长33.4cm	207,000	六朝艺宴	2013.07.07
宋 端石兰亭修禊图砚	长28cm	491,250	香港佳士得	2013.11.27
宋 火珠纹端石抄手砚	长24cm	207,000	六朝艺宴	2013.07.07
宋 歙砚	长12.8cm	115,000	六朝艺宴	2013.07.07
宋/明 洮河石兰亭修禊图砚	长21cm	736,875	香港佳士得	2013.11.27
宋/明 洮河石兰亭修禊图砚	长24cm	589,500	香港佳士得	2013.11.27
南宋 直眉抄手歙砚	长24.1cm	253,000	六朝艺宴	2013.07.07
元 绿端兰亭砚	长20.5cm	69,000	北京华辰	2013.05.09
辽 三彩龙纹砚台及海棠形笔洗	尺寸不一	171,078	纽约苏富比	2013.03.19
明崇祯 海天旭日端砚	长16.5cm	460,000	六朝艺宴	2013.07.07
明或更早 红丝石砚	长15.8cm	322,000	北京中汉	2013.05.13
明嘉靖 文徵明书斋"停云馆"日月同辉双联歙砚	长13.2cm	43,700	北京匡时	2013.12.05
明早期 剔红人物故事芙蓉花砚屏	长30cm	1,437,500	北京保利	2013.12.05
明 "斗潢"款抄手端砚	长21.5cm	138,000	远方拍卖	2013.12.01
明 海屋添寿 洮河砚	长30cm	92,000	北京传是	2013.06.15

2013杂项拍卖成交汇总

(成交价RMB：1万元以上)

拍品名称	物品尺寸	成交价RMB	拍卖公司	拍卖日期
明 "文柟"款端砚	长10.3cm	63,250	北京匡时	2013.09.12
明 "五峰山人"小像端砚	长10.5cm	322,000	远方拍卖	2013.12.01
明 陈元素制澄江秋月端砚砚	长10cm	115,000	六朝艺宴	2013.07.07
明 澄泥夜鹰砚	长14.5cm	34,500	北京传是	2013.12.12
明 端石抄石《心经》砚	长20cm	138,000	北京保利	2013.12.05
明 端石虫蛀随型砚	长16cm	34,500	北京华辰	2013.05.09
明 端石凤纹随形砚	长43cm	786,000	香港佳士得	2013.11.27
明 端石福寿双全随形砚	长38cm	589,500	香港佳士得	2013.11.27
明 端石花卉纹抄手砚	长15.8cm	46,000	中国嘉德	2013.03.24
明 仿宋紫砂玉兔朝元澄泥砚	直径13cm	172,500	北京匡时	2013.06.04
明 何震、陈公密、怀米山房云纹砚云砚	长20.3cm	218,500	六朝艺宴	2013.07.07
明 黄公望、文徵明、徐元文款端砚	长25.5cm	90,385	中国嘉德	2013.04.05
明 立狮龙纹青石砚	长21.8cm	103,500	西泠拍卖	2013.07.12
明 洮河绿石砚	长17cm	184,000	北京匡时	2013.12.05
明 洮河石刻兰亭砚	长27.5cm	207,000	北京翰海	2013.06.02
明 屠隆、纬真旧藏 瓢箪式砚	长8.1cm	57,500	北京保利	2013.12.05
明 未央宫东阁瓦砚	长25.2cm	86,250	西泠拍卖	2013.07.12
明 吴昌硕 沈石友款端石龙纹抄手砚	长20.5cm	43,700	中国嘉德	2013.03.24
明 项元汴、刘基、高士奇铭汉瓦砚	长21cm	108,882	保利香港	2013.10.07
明 项子京铭箕形澄泥砚	长12.1cm	51,750	西泠拍卖	2013.07.12
明 邢侗、汤贻汾铭随形端砚	长18cm	402,500	六朝艺宴	2013.07.07
明 杨椒山铭凤尾歙砚	长14cm	138,000	北京翰海	2013.12.06
明 叶小鸾铭 水云明月砚	长8.8cm	57,500	北京保利	2013.12.05
明 叶形端砚	长23cm	51,750	西泠拍卖	2013.07.12
明 尤侗、朱彝尊款河图端砚	长21.5cm	224,000	六朝艺宴	2013.07.07
明 朱端铭虾头红澄泥砚	长13.3cm	74,750	西泠拍卖	2013.07.12
明16世纪/17世纪 洮河石镂雕螭龙衔灵芝纹砚	长26.3cm	147,375	香港佳士得	2013.11.27
清早期 澄泥铜雀砚(原包浆)	长15cm	112,700	中国嘉德	2013.05.11
清早期 端石三阳开泰砚配紫檀百宝嵌砚盒	长22cm	828,000	北京保利	2013.12.04
清早期 高浮雕云龙纹端砚	长22cm	230,000	北京诚轩	2013.05.11
清早期 云纹端石砚带黄花梨荷花纹盒	高26.2cm	287,500	中国嘉德	2013.05.11
清早期 紫砂团泥砚	长12.1cm	40,250	西泠拍卖	2013.07.12
清康熙 松花石伏虎砚	长8.7cm	51,750	中国嘉德	2013.03.25
清康熙 御铭鸾凤献寿松花石砚	长12.7cm	667,000	西泠拍卖	2013.07.12
清康熙 御制松花石括囊砚	长11.6cm	782,000	北京保利	2013.12.04
清康熙 端石北斗七星砚	长17.7cm	1,351,920	香港佳士得	2013.11.27
清康熙铭御赐砚	长14cm	172,500	远方拍卖	2013.06.06
清康熙 鉴湖铭 风字七眼砚	长13.5cm	483,000	北京保利	2013.06.04
清雍正 顾二娘铭安居乐业图松花砚	长10.5cm	291,200	天津文物	2013.11.22
清雍正 御铭辟邪古兽松花石砚	长13.5cm	112,000	天津文物	2013.11.22
清中期 仿宋天成风字歙砚	长11.5cm	40,250	北京保利	2013.12.05
清中期 老坑鼓腹端砚	长19.8cm	34,500	中国嘉德	2013.05.11
清中期 卢葵生制嵌百宝花鸟图漆砂砚	长11.8cm	230,000	中国嘉德	2013.05.11
清中期 溥儒铭一甲传胪端砚	长17cm	34,500	中国嘉德	2013.05.11
清中期 青田石龙纹砚	宽25cm	55,200	北京保利	2013.04.27
清中期 紫檀盒端石随形砚	长13.8cm	51,750	北京保利	2013.06.06
清乾隆 澄泥御题诗海天初月砚	长16cm	690,000	北京保利	2013.06.04
清乾隆 端石仿唐八棱澄泥砚	直径10.8cm	368,000	翰风国际	2013.04.20
清乾隆 仿汉辟雍澄泥砚	直径14.8cm	345,000	六朝艺宴	2013.07.07
清乾隆 浮云掩月端砚	长21.2cm	97,750	北京诚轩	2013.11.17
清乾隆 高凤翰铭云龙纹捶星抄手砚	长20.7cm	414,000	六朝艺宴	2013.07.07
清乾隆 潘西凤制安素轩藏"说法赐珠"砚	长25cm	460,000	中国嘉德	2013.03.24
清乾隆 乾隆御铭仿汉瓦形歙砚	长15cm	218,500	远方拍卖	2013.12.01
清乾隆 乾隆御铭歙石仿汉石渠瓦砚	长14.9cm	621,000	翰风国际	2013.04.20
清乾隆 乾隆御铭紫砂仿宋德寿犀纹砚	长13.5cm	805,000	中国嘉德	2013.03.24
清乾隆 松花石如意宝瓶砚	长13.5cm	1,058,000	北京保利	2013.12.04

拍品名称	物品尺寸	成交价RMB	拍卖公司	拍卖日期
清乾隆 剔红四美图砚屏	宽30.5cm	189,750	北京匡时	2013.12.04
清乾隆 铜错金银仿汉砚滴	长8.8cm	287,500	中国嘉德	2013.11.19
清乾隆 铜胎掐丝珐琅开光花卉纹砚盒	长11.2cm	230,000	北京保利	2013.12.05
清乾隆 于敏中款尼山石螭龙纹砚	长18cm	241,500	中国嘉德	2013.12.14
清乾隆 御铭仿青铜器端砚	长13.2cm	632,500	西泠拍卖	2013.07.12
清乾隆 御铭仿宋德寿殿犀纹澄泥砚	长15.8cm	322,000	北京保利	2013.12.04
清乾隆 御铭海天初月歙砚	长14.2cm	95,200	天津文物	2013.05.24
清乾隆 御铭井田歙砚	长15.8cm	115,000	西泠拍卖	2013.07.12
清乾隆 御铭松花石砚	长8.4cm	782,000	北京保利	2013.06.04
清乾隆 御铭天成风字澄泥砚	长13cm	89,600	天津文物	2013.11.22
清乾隆 御书房用朱批风字白端砚	长7.5cm	97,750	北京匡时	2013.12.05
清乾隆 御题端石罗汉渡海钟纹砚	长16cm	80,500	北京保利	2013.06.06
清乾隆 御题仿松花嵌宝漆砂砚	长17cm	207,000	上海嘉泰	2013.07.04
清乾隆 御题仿宋龙纹澄泥砚	长16.5cm	201,600	六朝艺宴	2013.07.07
清乾隆 御题石渠唐端砚	长13.5cm	784,000	六朝艺宴	2013.07.07
清乾隆 御题虾头红瓜藤纹澄泥砚	长18.5cm	392,000	六朝艺宴	2013.07.07
清乾隆 御制海兽蓬莱半边岩端砚	长26.5cm	212,800	六朝艺宴	2013.07.07
清乾隆 御制题诗八方"仿唐观象砚"	长14.7cm	1,090,720	香港苏富比	2013.04.08
清乾隆 云龙纹端砚	长19.5cm	74,750	中国嘉德	2013.11.19
清乾隆 紫砂椭圆形砚	长15.6cm	92,000	北京保利	2013.06.05
清乾隆 紫石雕二甲传胪配紫檀座砚屏	长25cm	453,675	中国嘉德	2013.10.06
清乾隆/嘉庆 端石螭吻砚	长31.2cm	471,600	香港佳士得	2013.11.27
清乾隆27年 端石「龙马」砚	长27.7cm	491,250	香港佳士得	2013.11.27
清乾隆 大西洞端石六吉砚	长12cm	48,300	中国嘉德	2013.09.15
清乾隆四十八年 郑乐圃铭 括囊砚	长15.1cm	230,000	北京保利	2013.06.04
清道光 行有恒堂款歙石云龙纹砚	长12.3cm	92,000	中国嘉德	2013.09.15
清道光 梁同书铭端石淌池砚	长11.4cm	34,500	北京保利	2013.12.05
清道光 张伯驹藏"退思堂"洮河回纹朱砂砚	长10.0cm	63,250	北京匡时	2013.12.05
清道光 卢葵生制百宝嵌漆砂砚	尺寸不一	552,000	北京诚轩	2013.11.17
清光绪 大西洞端石凤凰牡丹图砚(一对)	长18.1cm	101,200	中国嘉德	2013.09.15
清光绪 老坑端石大西洞砚板	长20cm	207,000	北京歌德	2013.06.02
清光绪 戴以恒书、周月甫润笔砚	长21.2cm	57,500	北京保利	2013.12.05
18世纪/19世纪 端砚石刻"梅花图"题诗长方洗	长12.6cm	701,750	香港苏富比	2013.04.08
18世纪/19世纪 琴式端砚	宽10cm	54,450	香港佳士得	2013.05.29
19世纪 端石刻文砚	长12cm	170,425	香港苏富比	2013.04.08
清 "丹凤朝阳"松花砚	长20.5cm	161,000	远方拍卖	2013.12.01
清 "董汉禹"款端砚	长23cm	181,600	中拍国际	2013.06.04
清 "莘田"款海天旭日端砚	长21.5cm	368,000	远方拍卖	2013.12.01
清 "莘田"款云纹随形端砚	长22cm	575,000	远方拍卖	2013.12.01
清 "石臣"款竹节形端砚	长19.5cm	253,000	远方拍卖	2013.12.01
清 "水竹村人"款澄泥砚	长20cm	172,500	远方拍卖	2013.12.01
清 百汉碑砚斋汉砖砚	长26.2cm	69,000	西泠拍卖	2013.07.12
清 宝瓶纹端砚	长16.2cm	32,200	中国嘉德	2013.11.19
清 毕秋帆铭回纹端砚	长7.3cm	39,200	天津文物	2013.11.22
清 擦擦范砚	长9.6cm	149,500	中国嘉德	2013.09.15
清 蔡载福铭、张辛刻瓜瓤端砚	长17.8cm	460,000	西泠拍卖	2013.07.12
清 仓陈汉砖砚	长18.5cm	31,360	天津文物	2013.11.22
清 岑仲陶铭 水岩天然砚 蔚詹寿星砚	尺寸不一	345,000	北京保利	2013.06.04
清 查士标铭钟形抄手端砚	长20.5cm	126,500	北京保利	2013.06.06
清 查士标人物砚	长9.7cm	57,500	北京保利	2013.12.05
清 陈端友款端石仿铜镜砚	长12.9cm	51,750	中国嘉德	2013.03.24
清 陈继儒款百老图砚形墨	长22.8cm	57,500	中国嘉德	2013.09.15
清 陈介祺铭海天旭日端砚	长14.3cm	78,200	北京保利	2013.12.05
清 陈勲铭九如随形端砚	长16.3cm	322,000	西泠拍卖	2013.07.12
清 程守谦铭心经淌池端砚	长29.9cm	57,500	西泠拍卖	2013.07.12
清 澄泥仿古铜砚	长13.7cm	46,000	北京翰海	2013.06.02
清 澄泥兰亭序砚	长21cm	32,200	北京保利	2013.07.27

拍品名称	物品尺寸	成交价RMB	拍卖公司	拍卖日期
清 澄泥龙纹砚	长21cm	51,750	中国嘉德	2013.03.24
清 澄泥树根形砚	长27.5cm；宽23cm	69,000	西泠拍卖	2013.07.12
清 澄泥未央宫东阁瓦砚	长22cm	48,300	北京保利	2013.06.06
清 澄泥犀纹御题诗文砚	长13.5cm	48,300	中国嘉德	2013.06.15
清 澄泥御题诗仿建安十五年瓦砚	长23.2cm	69,000	北京保利	2013.06.06
清 澄泥月兔铭文砚	直径10.5cm	43,700	北京保利	2013.01.11
清 澄泥制“和谐清廉”砚	长35cm	149,500	远方拍卖	2013.06.06
清 褚德彝铭诸乐三藏汉砖砚	长15.5cm	98,560	天津文物	2013.05.24
清 春江水暖漆砂砚	长14cm	34,500	北京保利	2013.06.06
清 大漆葫芦砚	长18cm	92,000	北京传是	2013.06.15
清 大西洞冰纹板砚	长22cm	230,000	西泠拍卖	2013.07.12
清 大西洞双面云蝠纹端砚	长19.3cm	80,500	北京保利	2013.06.06
清 大西洞岁寒三友南唐式砚	长18.3cm	74,750	西泠拍卖	2013.07.12
清 道光二十年 张廷济铭 素庵砚	纵13.3cm	402,500	北京保利	2013.06.04
清 邓奎款端石竹节砚	长12.2cm	59,800	中国嘉德	2013.06.15
清 端石板式砚	长20.6cm	51,750	中国嘉德	2013.09.15
清 端石板式砚	长15.5cm	46,000	中国嘉德	2013.03.24
清 端石螭龙纹石渠砚	长14.2cm	149,500	中国嘉德	2013.09.15
清 端石大溪冻随形砚板	长24cm	69,000	北京华辰	2013.05.09
清 端石带眼海水龙纹砚	长32cm	32,200	北京保利	2013.10.26
清 端石雕抱朴砚	长18cm	92,000	北京匡时	2013.12.05
清 端石雕海马纹砚并日出东方砚(两方)	长16cm	138,000	北京匡时	2013.12.05
清 端石雕海天旭日砚	长18cm	34,500	北京保利	2013.12.05
清 端石雕龙凤纹松下罗汉砚	长20cm	40,250	北京保利	2013.06.06
清 端石雕瑞兽诗文砚	长18cm	207,000	北京歌德	2013.06.02
清 端石雕兽足松鹿纹砚	长9.5cm	264,500	北京保利	2013.06.06
清 端石雕双面砚	长30cm	115,000	北京保利	2013.06.06
清 端石雕水月洞观画图大砚	长26.6cm	69,000	北京永乐	2013.05.12
清 端石丁敬先生像诗文板式砚	长21cm	40,250	中国嘉德	2013.03.24
清 端石方砚(一组两件)	长18.9cm×2	80,500	北京匡时	2013.06.05
清 端石仿唐观象砚	直径16cm	218,500	北京歌德	2013.06.02
清 端石高士人物砚	长19cm	57,500	北京保利	2013.12.05
清 端石高眼竹节砚	长14cm	34,500	北京华辰	2013.05.09
清 端石瓜瓞连绵砚	长24.5cm	34,500	北京传是	2013.12.12
清 端石圭璧砚	长19cm	34,500	北京传是	2013.12.12
清 端石海水云龙纹砚	长17cm	103,500	中国嘉德	2013.06.15
清 端石花鸟纹砚	长18.6cm	48,300	中国嘉德	2013.09.15
清 端石刻诗文淌池砚	长17cm	253,000	北京歌德	2013.06.02
清 端石龙凤纹砚	长31.5cm	109,250	北京传是	2013.12.12
清 端石镂雕和谐连理随形砚	长45.6cm	393,000	香港佳士得	2013.11.27
清 端石梅花砚	长15.5cm	43,700	北京传是	2013.06.15
清 端石鸲鹆铭文砚	长14.2cm	253,000	北京保利	2013.06.06
清 端石山水砚	长22cm	51,750	北京保利	2013.10.26
清 端石诗文对砚	长25cm	97,750	北京传是	2013.12.12
清 端石诗文砚	长23cm	149,500	北京保利	2013.10.26
清 端石寿山福海砚	长23cm	36,800	北京保利	2013.12.05
清 端石书卷纹暗八仙砚(一对)	长15.5cm	218,500	北京保利	2013.06.06
清 端石水鸟纹砚	长16cm	57,500	中国嘉德	2013.03.24
清 端石随形荷叶砚	长22cm	138,000	北京歌德	2013.06.02
清 端石随形砚	长15.5cm	40,250	中国嘉德	2013.03.24
清 端石椭圆形砚	长24cm	34,500	北京传是	2013.12.12
清 端石吴昌硕铭云松砚	长18.3cm	115,000	北京翰海	2013.06.02
清 端石御题风字砚	长12cm	46,000	北京传是	2013.12.12
清 端石云蝠书卷砚	长26cm	36,800	北京传是	2013.12.12
清 端石云蝠砚	长13.5cm	36,800	北京传是	2013.12.12
清 端石钟形砚	长15.5cm	172,500	北京歌德	2013.06.02
清 端石钟形砚	长11cm	32,200	北京传是	2013.06.15
清 端溪心友山人砚板	长23cm	138,000	北京匡时	2013.12.05

拍品名称	物品尺寸	成交价RMB	拍卖公司	拍卖日期
清 端砚(四件)	尺寸不一	48,300	中国嘉德	2013.11.19
清 端砚(一方)	长21cm	172,500	北京匡时	2013.12.05
清 端砚、水滴及剔红盒(一套)	尺寸不一	71,300	中国嘉德	2013.11.19
清 多子多福端砚	长18cm	115,000	北京保利	2013.06.06
清 鹅形歙砚	长18.3cm	92,000	北京匡时	2013.06.05
清 费丹旭款端石钱杜著书图砚	长16.5cm	36,800	中国嘉德	2013.06.15
清 冯誉骢藏夔龙纹三足圆形端砚	径11cm	230,000	西泠拍卖	2013.07.12
清 凤翰款荷叶形端砚	长15.5cm	63,250	北京匡时	2013.12.05
清 福厂王禔制大溪冻螭龙端砚	长16.5cm	172,500	北京华辰	2013.05.09
清 富美堂藏端石白菜砚	长19cm	57,500	北京华辰	2013.05.09
清 高凤翰澄泥缾砚	长12cm	437,000	西泠拍卖	2013.07.12
清 高凤翰款端石葫芦万代砚	长18.5cm	94,300	中国嘉德	2013.12.14
清 高垲款端石东方朔像螭龙纹砚	长18.2cm	94,300	中国嘉德	2013.03.24
清 高眼随形端砚	长16cm	36,800	西泠拍卖	2013.07.12
清 高野侯铭云纹端砚	长11.7cm	51,750	北京保利	2013.12.05
清 各式砚台文具(一组)	尺寸不一	34,500	北京保利	2013.10.26
清 耕墨长方歙砚	长15.7cm	36,800	西泠拍卖	2013.07.12
清 龚聘英铭长方歙砚	长10.5cm	34,500	西泠拍卖	2013.07.12
清 顾莼款鳝鱼黄澄泥麒麟图砚	长12.9cm	34,500	中国嘉德	2013.09.15
清 顾二娘款端砚	长15cm	207,000	北京匡时	2013.12.05
清 瓜蝶绵绵端砚	长9.7cm	36,800	北京匡时	2013.09.12
清 圭式残叶砚	长19.7cm	57,500	北京保利	2013.12.05
清 郭频伽铭荷叶蜻蜓端砚	长13.5cm	57,500	北京保利	2013.12.05
清 海马绿端砚	长12.5cm	34,500	北京保利	2013.10.26
清 海兽纹椭圆端砚	长15.8cm	43,700	西泠拍卖	2013.07.12
清 海水龙纹端砚	长19.5cm	32,200	北京保利	2013.10.26
清 汉砖砚	长16cm	517,500	六朝艺宴	2013.07.07
清 行有恒堂款云龙纹端砚	长25.2cm	48,300	西泠拍卖	2013.07.12
清 何焯藏井田端砚	长13.9cm	46,000	北京保利	2013.12.05
清 鹤啸九天老坑端砚	长15.3cm	64,960	天津文物	2013.11.22
清 红丝石纹砚	长18.5cm	36,800	北京保利	2013.10.26
清 侯官林佶制知足端砚	长14cm	184,000	北京保利	2013.06.06
清 胡公寿铭蝴蝶兰花图端砚	长22.3cm	201,600	六朝艺宴	2013.07.07
清 花中君子端砚	长22cm	34,500	北京保利	2013.06.06
清 黄任款竹节纹盖绿端砚	长18cm	207,000	北京匡时	2013.12.04
清 黄任铭端砚	长18.6cm	172,500	六朝艺宴	2013.07.07
清 箕形云纹端砚	长15.7cm	34,500	西泠拍卖	2013.07.12
清 江听香书赵次闲刻端石淌式砚	长16.2cm	276,000	中国嘉德	2013.09.15
清 蕉叶纹湘兰书画砚	长12.2cm	46,000	西泠拍卖	2013.07.12
清 金农款金星歙石荷叶砚	长17.5cm	218,500	中国嘉德	2013.06.15
清 金珮芬款端石榴开百子砚	长13.5cm	86,250	中国嘉德	2013.12.14
清 井田池眉纹歙砚	长16.5cm	34,500	西泠拍卖	2013.07.12
清 景庵铭瓜形小端砚	长12.8cm	69,000	西泠拍卖	2013.07.12
清 九龙出云纹双面端砚	长20.5cm	78,400	天津文物	2013.05.24
清 菊花石砚	长35.5cm	69,000	北京传是	2013.12.12
清 卷书式红丝石砚带黄花梨盒	长16.5cm	437,000	中国嘉德	2013.05.11
清 孔广陶铭九龙戏水端砚	长23.3cm	44,800	天津文物	2013.11.22
清 夔龙纹福禄寿端砚	长22.4cm	138,000	西泠拍卖	2013.07.12
清 兰亭端砚	长28.5cm	138,000	北京保利	2013.06.06
清 琅嬛馆作爻纹端砚	直径16cm	57,500	西泠拍卖	2013.07.12
清 老坑端石大砚板	长23.5cm	172,500	北京歌德	2013.06.02
清 老坑端石铭文砚	长21cm	575,000	北京歌德	2013.06.02
清 老坑平板端砚	长20.5cm	184,000	西泠拍卖	2013.07.12
清 老坑平板砚	高23.5cm	43,700	朵云轩	2013.07.07
清 李根、云谷铭 天然虫蚀砚	长18cm	97,750	北京保利	2013.12.05
清 李喆铭狮纹随形端砚	长12.7cm	55,200	西泠拍卖	2013.07.12
清 廉山铭端石岩崖砚	长19cm	78,200	中国嘉德	2013.11.19
清 梁山舟铭随形端砚	长12.6cm	35,840	天津文物	2013.11.22
清 林佶铭端石高士像双龙云纹砚	长17.8cm	69,000	北京保利	2013.06.06
清 林则徐款端石石鼓砚	直径13cm	48,300	中国嘉德	2013.12.14

2013杂项拍卖成交汇总

(成交价RMB：1万元以上)

拍品名称	物品尺寸	成交价RMB	拍卖公司	拍卖日期
清 灵璧石带漆盒随形砚	长16.5cm	155,250	远方拍卖	2013.06.06
清 刘墉铭仿唐八棱歙砚	宽9.8cm	89,700	北京保利	2013.12.05
清 六舟铭 十八应真砚	长21cm	1,725,000	北京保利	2013.06.04
清 龙纹太平有象端砚	长18.5cm	34,500	北京保利	2013.10.26
清 卢葵生制蝉形漆砂砚	长15.5cm	89,600	天津文物	2013.11.22
清 卢葵生制漆砂砚	长7.8cm	59,800	中国嘉德	2013.09.15
清 卢葵生制漆砂砚及文房用具(一套)	尺寸不一	172,500	西泠拍卖	2013.07.12
清 鹿纹钟形红丝砚	长16.8cm	94,300	北京保利	2013.12.05
清 萝卜纹砚	长14cm	63,250	中国嘉德	2013.03.24
清 吕西村 蓼菴款端石文星砚	长10.5cm	57,500	中国嘉德	2013.03.24
清 绿端雕十八罗汉椭圆形砚	长25.5cm	69,000	北京保利	2013.12.06
清 绿端三牛砚	长13.5cm	34,500	北京传是	2013.06.15
清 绿端石夔龙纹抄手砚	长20cm	92,000	北京翰海	2013.06.02
清 麻子坑平板大对砚	长29.9cm×2	184,000	西泠拍卖	2013.07.12
清 麻子坑平板端砚	长24.7cm	34,500	西泠拍卖	2013.07.12
清 眉子青砚	长16.7cm	149,500	中国嘉德	2013.11.19
清 梅花端砚	长13.5cm	32,200	北京保利	2013.10.26
清 梅纹月池端砚	长18.7cm	80,500	西泠拍卖	2013.07.12
清 铭文端砚	长19.5cm	51,750	北京保利	2013.10.26
清 潘仕成藏竹节双喜端砚	长21cm	109,250	北京保利	2013.06.06
清 钱泳款端石云龙纹砚	长15.5cm	34,500	中国嘉德	2013.09.15
清 秦炳文芭蕉绿端砚	长10cm	59,800	中国嘉德	2013.11.19
清 犬养毅铭 天官砚	长15.1cm	322,000	北京保利	2013.06.04
清 雀斋仔石砚	长23cm	184,000	北京匡时	2013.12.05
清 人物诗人端砚	长21cm	40,250	北京保利	2013.10.26
清 如意云纹端砚	长20cm	161,000	北京翰海	2013.12.06
清 阮元铭 翡翠池砚	长19cm	230,000	北京保利	2013.06.04
清 阮元铭 云石砚屏	高23cm	310,500	北京匡时	2013.12.04
清 山水梅纹端砚	长16cm	34,500	西泠拍卖	2013.07.12
清 山水纹端砚	长16cm	48,300	北京保利	2013.10.26
清 山水纹随形端砚	长14.4cm	40,250	西泠拍卖	2013.07.12
清 山水纹淌池端砚	长13.3cm	36,800	西泠拍卖	2013.07.12
清 山水纹圆形端砚	直径10cm	46,000	北京保利	2013.06.06
清 山子砚	长43cm	92,000	北京传是	2013.06.15
清 鳝鱼黄钟形池砚	长21.8cm	138,000	北京保利	2013.06.06
清 沈嘉林、叶志诜款端石罗汉图砚	长23.8cm	126,500	中国嘉德	2013.06.15
清 沈嘉林制鳝鱼黄太平有象澄泥砚	长15.3cm	34,500	西泠拍卖	2013.07.12
清 沈宗骞 胡蔚款端石叶形砚	长22.8cm	32,200	中国嘉德	2013.03.24
清 诗文端砚	长18cm	32,200	北京保利	2013.10.26
清 十八罗汉砚	长24cm	40,250	北京保利	2013.10.26
清 石雕龙纹砚	长37cm	92,000	北京传是	2013.06.15
清 石雕瑞兽砚	长30cm	59,800	中国嘉德	2013.03.24
清 释六舟铭琴形端砚	长17cm	33,600	天津文物	2013.05.24
清 寿山石巧雕松下高士小砚屏	高18.5cm	43,700	北京保利	2013.10.26
清 书卷式如意来福端砚	18.4cm	43,700	西泠拍卖	2013.07.12
清 松花石方砚、笔(两件)	长16.2cm	46,000	北京翰海	2013.06.02
清 松花石凤纹砚	长15.5cm	48,300	北京保利	2013.04.28
清 松花石夔凤纹砚	长11.8cm	34,500	中国嘉德	2013.06.16
清 松花石漆盒掌砚	长6cm	138,000	上海嘉泰	2013.07.05
清 松纹随形端砚	长17cm	51,750	西泠拍卖	2013.07.12
清 松纹随形老坑端砚	长14.7cm	55,200	西泠拍卖	2013.07.12
清 宋坑端石砚板	长17.5cm	138,000	北京歌德	2013.06.02
清 随形端砚	长23cm	43,700	西泠拍卖	2013.07.12
清 随形端砚	长18cm	34,500	西泠拍卖	2013.07.12
清 随形坑仔岩端砚	长18.5cm	55,200	西泠拍卖	2013.07.12
清 太平有象高眼端砚	长20.9cm	34,500	西泠拍卖	2013.07.12
清 太中道节旧藏端砚	长19.8cm	207,000	上海中汉	2013.10.17
清 唐翰题藏端石瓜叶砚	长19cm	63,250	中国嘉德	2013.12.14
清 唐翰题款端石鹿纹钟形砚	长16.5cm	46,000	中国嘉德	2013.06.15
清 洮河石天保九如诗文砚	长25cm	74,750	北京传是	2013.12.12
清 天禄古兽红丝石砚	长15.5cm	302,400	天津文物	2013.11.22
清 天然形九芝纹水洞端石砚	长12.8cm	120,750	翰风国际	2013.04.20
清 天圆地方随形双面端砚	长15.5cm	34,500	西泠拍卖	2013.07.12
清 铜鎏金伏虎砚	长15.7cm	40,250	中国嘉德	2013.03.24
清 瓦当砚	直径23cm	48,300	北京保利	2013.04.28
清 吴昌硕藏云龙纹砚	长33cm	40,250	北京传是	2013.06.15
清 吴昌硕铭如铁如潮瓦砚	长16.5cm	805,000	北京匡时	2013.06.04
清 吴兰修铭 碧天照水砚	长17.2cm	805,000	北京保利	2013.06.04
清 吴让之款端石海水龙纹砚	长21.7cm	32,200	中国嘉德	2013.06.15
清 吴云款端石苍龙教子图砚	长26.8cm	32,200	中国嘉德	2013.06.15
清 吴自肃藏王芑孙铭山水图红丝砚	长11.3cm	184,000	北京保利	2013.06.06
清 呉昌硕铭 河圆砚 石公制汉镜砚	径10.6cm；径10.9cm	437,000	北京保利	2013.06.04
清 梧桐砚	长18cm	115,000	北京匡时	2013.12.05
清 希黄制楼阁山水图端砚	长13.5cm	184,000	北京保利	2013.06.06
清 歙石雕双龙砚	长19cm	230,000	北京歌德	2013.06.02
清 歙石仿唐八棱砚	长11cm	109,250	远方拍卖	2013.12.01
清 歙石御题诗文仿唐观象砚	长15.6cm	92,000	中国嘉德	2013.09.15
清 喜蛛端砚	长24cm	34,500	北京保利	2013.10.26
清 相浦紫瑞藏钟形砚	长14cm	115,000	北京歌德	2013.06.02
清 杏邨铭青鸾献寿端砚	长19cm	31,360	天津文物	2013.05.24
清 徐渭仁铭随形竹节端砚	长17.2cm	46,000	西泠拍卖	2013.07.12
清 徐宗瀚铭端砚	长9.8cm	34,500	中国嘉德	2013.11.19
清 许均款端石仿未央宫东阁瓦砚	长17.5cm	207,000	北京匡时	2013.12.04
清 姚复铭随形端砚	长18.2cm	57,500	西泠拍卖	2013.07.12
清 伊秉绶铭 南雪齐砚	长16.5cm	3,680,000	北京保利	2013.06.04
清 永平纪年汉砖砚	长17cm	69,440	天津文物	2013.05.24
清 余甸款端石云纹砚	长17.5cm	48,300	中国嘉德	2013.09.15
清 鱼化龙图端砚、犀牛纹砚台、松石纹端砚(三件)	尺寸不一	36,800	北京翰海	2013.12.06
清 御铭仿唐观象端砚	直径16.7cm	828,000	北京匡时	2013.12.04
清 御铭云龙纹端砚	长17.5cm	920,000	北京匡时	2013.12.04
清 御题多柱抄手端砚	长16.7cm	69,000	北京保利	2013.12.05
清 袁枚款端石夔凤诗文砚	直径12.3cm	36,800	中国嘉德	2013.12.14
清 云龙纹端砚	长14.3cm	40,250	西泠拍卖	2013.07.12
清 云龙纹梅花坑端砚	长15.3cm	32,200	西泠拍卖	2013.07.12
清 云纹平板端砚	长18.3cm	42,560	天津文物	2013.05.24
清 云纹随形端砚	长18.5cm	32,200	西泠拍卖	2013.07.12
清 云月砚	长12.3cm	57,500	北京保利	2013.12.05
清 恽寿平 翁方纲等款端石砚	长19.7cm	184,000	中国嘉德	2013.09.15
清 张伯英端石诗文荷叶砚	长12.8cm	32,200	中国嘉德	2013.12.14
清 张定刻筱溪像平板高眼端砚	长18.4cm	69,000	西泠拍卖	2013.07.12
清 张锦芳藏端石芦雁图砚	长13.5cm	82,800	中国嘉德	2013.12.14
清 张廷济款方砚	长18cm	184,000	北京匡时	2013.12.05
清 张廷钰铭端石瓜形随形砚	长18.5cm	57,500	北京保利	2013.12.05
清 张熊款歙石山水纹砚	长14.8cm	57,500	中国嘉德	2013.03.24
清 张昀款端石犀牛望月图端砚	长19.2cm	55,200	中国嘉德	2013.03.24
清 张之万款端石板式砚	长17cm	34,500	中国嘉德	2013.03.24
清 张宗衡铭龙凤纹澄泥砚	长22.8cm	86,250	西泠拍卖	2013.07.12
清 张祖翼款端石凤纹砚	长17.6cm	32,200	中国嘉德	2013.09.15
清 长方淌池双面端砚	长17.3cm	34,500	西泠拍卖	2013.07.12
清 长眉纹双龙捧寿歙砚	长18.5cm	33,600	天津文物	2013.11.22
清 赵在田铭山水图平板端砚	长18.3cm	207,000	西泠拍卖	2013.07.12
清 郑板桥款随形青石砚	长23cm	86,250	西泠拍卖	2013.07.12
清 钟式精雕澄泥砚	长12.8cm	44,800	天津文物	2013.11.22
清 钟形端砚	长13.7cm	32,200	西泠拍卖	2013.07.12
清 周梦坡藏叶形端砚	长19.2cm	34,500	西泠拍卖	2013.07.12
清 周芷岩款山水砚盒平板端砚	长14.9cm	115,000	西泠拍卖	2013.07.12
清 朱鹤年铭平板砚	长16.5cm	94,300	北京匡时	2013.06.04
清 朱梅邨铭高节长年端砚	长16.5cm	34,500	北京保利	2013.12.05

拍品名称	物品尺寸	成交价RMB	拍卖公司	拍卖日期
清 朱旭制山水纹随形端砚	长13.8cm	32,200	西泠拍卖	2013.07.12
清 朱彝尊款端石马尾火捺砚	长13.5cm	55,200	中国嘉德	2013.03.24
清 朱彝尊铭长乐无极瓦当砚	长17.4cm	34,500	西泠拍卖	2013.07.12
清 竹节端砚	直径12.5cm	40,250	中国嘉德	2013.05.11
清 竹节随形端砚	长17.2cm	46,000	西泠拍卖	2013.07.12
清 紫端水中游龟砚	长18cm	73,784	中国嘉德	2013.04.05
清 紫袍玉带端砚	长17cm	172,500	中国嘉德	2013.11.19
清 紫砂葫芦砚	长12cm	69,000	北京传是	2013.06.15
清 紫砂加彩狮纹砚	长23cm	57,500	北京翰海	2013.12.08
清 紫石诗文砚	长18.5cm	34,500	北京传是	2013.12.12
清 紫檀螭龙砚屏	高30cm	32,200	北京传是	2013.12.12
清 紫檀盒嵌玉大端砚	长29cm	46,000	北京匡时	2013.09.12
清 紫檀花卉诗文砚	长15cm	184,000	北京保利	2013.04.27
清 紫檀嵌八宝盒抄手砚	长12cm	138,000	远方拍卖	2013.06.06
清 紫檀嵌银丝宝相花纹砚	长12.7cm	230,000	中国嘉德	2013.09.15
清 紫檀嵌银丝花卉诗文砚	长17cm	132,250	北京保利	2013.10.26
清18世纪 端石抄手砚	长26.5cm	589,500	香港佳士得	2013.11.27
清18世纪 端石瓜形砚	长19cm	343,875	香港佳士得	2013.11.27
清18世纪 端石云纹砚	长26cm	255,450	香港佳士得	2013.11.27
19世纪 洮河石十八罗汉图砚	高25.4cm	45,893	纽约苏富比	2013.09.17
清晚期 任伯年写陈允升像端砚带紫檀盒	长18cm	92,000	中国嘉德	2013.05.11
清晚期 王福厂铭双喜端砚	长11cm	94,300	中国嘉德	2013.11.19
清晚期 赵叔孺铭夔龙纹天圆地方端砚带紫檀盒	长12.3cm	92,000	中国嘉德	2013.05.11
寿石工款端石如意纹砚	长15.5cm	40,250	中国嘉德	2013.09.15
唐云款歙石板式砚	长20.6cm	48,300	中国嘉德	2013.09.15
"九思"款回纹歙砚	长17.8cm	115,000	宣石国际	2013.09.15
陈无异等铭，吴·天玺元年砖砚	长15.2cm	264,500	西泠拍卖	2013.07.12
当代 王羲之小像古琴形洮河砚	长23.6cm	414,000	远方拍卖	2013.12.01
端石断碑砚	长25.5cm	150,080	日本童梦	2013.12.03
端石随形诗文砚 白衣子铭砚	长29.5cm；长21cm	51,750	北京匡时	2013.09.12
顾二娘制竹箩筛小端砚	直径9.5cm	230,000	荣宝斋(上海)	2013.06.30
花池歙砚 端石小方砚 梁启超自用砚	尺寸不一	40,250	北京匡时	2013.09.12
纪氏阅微草堂制灵兽端砚	直径14cm	287,500	泰和嘉成	2013.05.26
夔龙御赏砚 端石雕麒麟送书砚 端石雕福在眼前诗文砚	尺寸不一	57,500	北京匡时	2013.09.12
李铁民作四灵套砚	长15.2cm×4	51,750	西泠拍卖	2013.07.12
莲花纹四足石砚	长28.0cm	56,000	未来四方	2013.06.16
林文举刻牡丹纹老坑端砚	长30.8cm	57,500	西泠拍卖	2013.07.12
刘演良 凝香老坑端砚	长15cm	30,000	上海驰翰	2013.04.25
陆鸣冈藏凤鸣高岗随形端砚	长29.5cm	34,500	西泠拍卖	2013.07.12
梅鹊纹老坑冰纹端砚	长23.5cm	36,800	西泠拍卖	2013.07.12
民国 陈端友制周宜尊壶端砚	长20cm	287,500	六朝艺宴	2013.07.07
民国 戴季陶款端石合璧砚	长20.5cm	46,000	中国嘉德	2013.06.15
民国 邓散木铭英雄独立图端砚	长21cm	46,000	北京保利	2013.06.06
民国 董作宾铭竹节瓦形澄泥砚	长18cm	57,500	北京保利	2013.12.05
民国 端石寿同金石砚	长23cm	43,700	北京保利	2013.10.26
民国 端石太狮少狮八吉祥长方砚	长26.8cm	92,000	北京翰海	2013.12.08
民国 翡翠斑端砚	长14.5cm	253,000	北京九歌	2013.06.28
民国 瞀目款歙石缠枝莲纹砚	长10.2cm	34,500	中国嘉德	2013.12.14
民国 金禹民款端石龙马精神砚	长15.7cm	34,500	中国嘉德	2013.06.15
民国 马公愚款端石圭形砚	长14.6cm	36,800	中国嘉德	2013.03.24
民国 马一浮铭凤吟云巢端砚	长13.5cm	63,250	北京保利	2013.12.05
民国 启功款端石灵芝诗文砚	长23cm	78,200	中国嘉德	2013.03.24
民国 沈觉初刻唐云画砚盒配狄葆贤旧藏歙石祥云纹砚	长12.4cm	46,000	北京永乐	2013.05.12
民国 随形端砚	长17cm	138,000	中国嘉德	2013.05.11

拍品名称	物品尺寸	成交价RMB	拍卖公司	拍卖日期
民国 谭延闿铭双龙戏珠纹瓦形端砚	长12.3cm	63,250	北京保利	2013.06.06
民国 唐云画沈觉初刻款端砚	长17cm	103,500	北京匡时	2013.12.04
民国 徐世昌款端石喜蛛砚	长21cm	32,200	中国嘉德	2013.12.14
民国 于右任铭松寿纹澄泥砚	长18cm	74,750	北京保利	2013.06.06
民国 于照铭竹桩端砚	长14.5cm	80,500	北京保利	2013.12.05
民国 余晋龢题赠大西洞蕉叶端砚	长20cm	103,500	北京保利	2013.06.06
民国 张景安制人物端砚	长12.5cm	47,040	天津文物	2013.11.22
民国 郑孝胥款端石云纹砚	长14.5cm	57,500	中国嘉德	2013.03.24
钱伊兰自用治印白端砚	长18.3cm	86,250	西泠拍卖	2013.07.12
石鲁款金砂水冲石砚	长18cm	138,000	北京匡时	2013.12.04
兽纹端砚	长23.5cm	42,940	天麒阁	2013.07.21
松花石花鸟砚	长13cm	112,700	北京保利	2013.07.27
松花石砚	长14cm	36,800	北京保利	2013.07.28
唐云款端石梅花纹砚 端石寿字砚各一方	长12cm；长9.2cm	74,750	中国嘉德	2013.09.15
晚清-民国 吴昌硕自用双眼残砚	长20.0cm	92,000	北京匡时	2013.12.05
吴似兰藏 清·吕留良铭团形端砚	长12cm	287,500	西泠拍卖	2013.07.12
现代 藏息铭瓦形歙砚	长30cm	2,415,000	中国嘉德	2013.11.19
现代 端石多眼石鼓形砚	直径61cm	126,500	北京歌德	2013.06.02
祥云纹随形老坑端砚	长18.3cm	40,250	西泠拍卖	2013.07.12
心太平斋主人铭随形端砚	长15.2cm	46,000	西泠拍卖	2013.07.12
徐霖、陈遇等铭仿瓦当形澄泥砚	径14.2cm	149,500	西泠拍卖	2013.07.12
云水纹随形对砚	长23cm×2	57,500	西泠拍卖	2013.07.12
云纹随形老坑端砚	长15cm	51,750	西泠拍卖	2013.07.12
太平有象对砚	长24.1cm	55,200	西泠拍卖	2013.07.12
张得一制兰花砚	长12.2cm	34,500	中国嘉德	2013.05.11
张得一制拟八大山人花鱼砚	长15.5cm	46,000	中国嘉德	2013.05.11
郑孝胥洮河纪念砚	径15.3cm	34,500	西泠拍卖	2013.07.12
印章				
明早期 铜鎏金藏文官印	高4cm	57,500	北京保利	2013.04.27
明永乐 铜印	高9cm	172,500	北京保利	2013.07.27
明末清初 周亮工篆刻闲章	长3.9cm	59,800	朵云轩	2013.07.07
明末清初 寿山石狮钮章	高9.5cm	13,800	中国嘉德	2013.06.16
明或更早 王世襄旧藏铜印章及铜笔枕(一组)	尺寸不一	17,250	北京匡时	2013.12.05
明/清乾隆 程公瑜 吴天章 彭元瑞等款各式残墨一组	尺寸不一cm	66,700	中国嘉德	2013.06.16
明 玉璇款瑞兽纽田黄	高3.5cm；重27克	1,035,000	北京匡时	2013.06.04
明 徐世章藏黄金黄田黄素章	重99g	5,060,000	翰风国际	2013.04.21
明 铜鎏金吉羊钮印	高4cm	28,750	北京保利	2013.07.27
明 贴金铜法印	高17.7cm	402,500	六朝艺宴	2013.07.07
明 "李流芳制"寿山石方印(四枚)	尺寸不一	172,500	远方拍卖	2013.12.01
清早期 竹根雕随形钮方章	高6.6cm	120,750	北京诚轩	2013.11.17
清早期 铜兽钮印	长7cm	138,000	北京保利	2013.10.26
清早期 铜方章	长5.3cm	115,000	中国嘉德	2013.06.16
清早期 田黄随形竹节式章	长3.8cm	690,000	北京保利	2013.06.04
清早期 田黄瑞兽钮长方章	长3.6cm	345,000	北京保利	2013.06.04
清早期 芙蓉太狮少狮大方章	长8.8cm	109,250	北京保利	2013.06.06
清初 周尚均刻博古钮章	长6.2cm	92,000	朵云轩	2013.07.07
清初 芙蓉三兽钮闲章	长4.3cm	57,500	朵云轩	2013.07.07
清康熙 周彬款瑞兽钮寿山石方章	高6.5cm	287,500	北京匡时	2013.12.04
清康熙 杨玉璇制白芙蓉狮钮章	高6.2cm	287,500	北京保利	2013.06.04
清康熙 铜印	高9.5cm	103,500	北京保利	2013.07.27
清康熙 寿山石双螭钮印		197,250	香港苏富比	2013.10.08
清康熙 德化窑兽纽印章(一对)	高8cm	184,000	远方拍卖	2013.06.06
清康熙 程邃治寿山随形方章	高6.2cm	322,000	北京匡时	2013.12.05
清康熙 白芙蓉兽钮章	高4cm	48,300	中国嘉德	2013.03.25
清乾隆 御制"养性殿"亮蓝玻璃料瓷钮玺	[illegible]	[illegible]	北京保利	2013.12.03

2013杂项拍卖成交汇总

(成交价RMB：1万元以上)

拍品名称	物品尺寸	成交价RMB	拍卖公司	拍卖日期
清乾隆 文房九宝乾隆书画工具印章等		14,336,000	香港嘉德利	2013.09.01
清乾隆 王世襄旧藏张鹤佺刻青田兽钮方印	高3.5cm	25,300	北京匡时	2013.12.05
清乾隆 田黄雕瑞兽钮腰圆形印章	高5cm	138,000	上海中汉	2013.10.17
清乾隆 寿山芙蓉雕九龙大印	高11.2cm	218,500	北京保利	2013.06.06
清乾隆 翡翠雕龙钮印章	高7.3cm	184,000	六朝艺宴	2013.07.07
清中期 竹雕印连盒 (一套五件)	尺寸不一	253,000	北京保利	2013.12.04
清中期 田黄冻兽钮方章	长2.2cm	299,000	朵云轩	2013.07.07
清中期 寿山石山水随形章	高6.7cm	17,250	北京翰海	2013.06.02
清中期 寿山石雕佛像印章	高9.4cm	57,500	北京保利	2013.06.06
清中期 黄寿山瑞兽钮大方章		195,500	北京保利	2013.06.06
清中期 高凤翰款“闲中日月长”随形印	高5.5cm	13,800	北京保利	2013.10.28
清中期 芙蓉石方章	高1.3cm	34,500	北京翰海	2013.12.08
清中期 次闲款云蝠浮雕章	长3.5cm	17,250	朵云轩	2013.07.07
清中期 陈曼生为陈秋堂作黄寿山章	高5.3cm	86,250	中国嘉德	2013.09.16
清中期 “钱坫”款竹根雕印 (四方)	尺寸不一	379,500	古天一	2013.12.05
清咸丰 御制“咸丰鉴赏”湖水绿料龟钮玺	长3.5cm	253,000	北京保利	2013.12.05
清晚期 胡匊邻为王麟书刻黄杨木云龙钮章	高5.5cm	40,250	中国嘉德	2013.03.25
清晚期 胡匊邻为钱耆孙刻寿山石方章	高5.1cm	34,500	中国嘉德	2013.03.25
清晚期 翠狮钮、犬钮印 (两方)	高2.8cm	13,800	北京保利	2013.04.28
清同治 (1873年)寿石工藏赵之谦为王懿荣刻寿山石方章	高3.7cm	71,300	中国嘉德	2013.03.25
17世纪/18世纪 石雕狮钮方印		641,063	香港苏富比	2013.10.08
清嘉庆 程庭鹭刻田黄薄意闲章	长4.3cm	598,000	北京保利	2013.12.04
清光绪 吴大澂款寿山梅花纽方章	高7.5cm	21,850	北京保利	2013.07.27
清光绪 田黄御赐李鸿章椭圆印	长5cm	310,500	北京保利	2013.06.04
清光绪 寿山石微雕随形章 (五方)	高1.5cm-3cm	57,500	北京翰海	2013.12.08
清光绪 红花芙蓉螭龙纹方印	长6.5cm	172,500	北京保利	2013.06.06
清光绪 杜陵石长方章	高5cm	237,600	香港佳士得	2013.05.29
清光绪 (1907年)胡匊邻为钱耆孙刻寿山石方章	高4.9cm	34,500	中国嘉德	2013.03.25
清光绪 (1888年)赵仲穆刻寿山石方章	高3.9cm	17,250	中国嘉德	2013.03.25
清道光 寿山石雕龙钮印	长5.5cm	74,750	北京保利	2013.04.27
清18世纪(印钮) / 19世纪(印面) 象牙雕「双龙钮」圆印		394,500	香港苏富比	2013.10.08
清18世纪 象牙雕双兽面钮方印		295,875	香港苏富比	2013.10.08
清18世纪 田黄龙钮椭圆印		147,938	香港苏富比	2013.10.08
清・赵之谦刻寿山芙蓉石钱式自用印	长2.5cm	598,000	西泠拍卖	2013.07.13
清・赵之琛刻寿山石赵光自用印	长5cm	97,750	西泠拍卖	2013.07.13
清・吴让之刻寿山石古兽钮汪鋆自用印	长8.2cm	345,000	西泠拍卖	2013.07.13
清・吴让之刻寿山芙蓉石岑镕自用印	长3.8cm	977,500	西泠拍卖	2013.07.13
清・吴让之刻青田石姚正镛自用印	长4.3cm	644,000	西泠拍卖	2013.07.13
清・吴昌硕刻寿山石自用印	长2.3cm	414,000	西泠拍卖	2013.07.13
清・吴昌硕刻寿山芙蓉石张静江自用印	长4.3cm	253,000	西泠拍卖	2013.07.13
清・吴昌硕刻寿山芙蓉石吴榖祥自用印	长2.6cm	287,500	西泠拍卖	2013.07.13
清・吴昌硕刻寿山芙蓉石沈瑞麟自用印	长3.2cm	126,500	西泠拍卖	2013.07.13
清・吴昌硕刻青田石闵泳翊自用印	长5.8cm	218,500	西泠拍卖	2013.07.13
清・黄士陵刻青田石梁鼎芬自用印	长3.2cm	425,500	西泠拍卖	2013.07.13
清・丁敬刻寿山石王德溥自用印	长2.6cm	1,380,000	西泠拍卖	2013.07.13
清/民国 竹雕印章 臂搁 镇尺 (一组四件)	尺寸不一	385,900	中拍国际	2013.06.04
清 邹一桂自用青田石印章	高4.9cm	17,250	北京匡时	2013.12.05
清 紫砂曼生印章	高3cm	253,000	远方拍卖	2013.12.01
清 朱彪刻印章 (三方)	尺寸不一	17,250	西泠拍卖	2013.07.13
清 钟以敬篆刻闲章	长5.3cm	13,800	朵云轩	2013.07.07
清 赵之琛(1799年)刻青田石闲章	长3.3cm	529,000	西泠拍卖	2013.07.13
清 赵叔孺(1895年)刻连江黄石方章	长2.6cm	23,000	北京匡时	2013.06.04
清 赵次闲款芙蓉石太狮少狮钮章	高8.9cm	11,500	中国嘉德	2013.06.15
清 章太炎铭双龙纹端砚	长19.2cm	24,640	天津文物	2013.05.24
清 印章五件 钱瘦铁题成扇一件	尺寸不一	69,000	中国嘉德	2013.05.11
清 杨玉璇款田黄雕瑞兽钮方章	高4cm	920,000	北京匡时	2013.06.05
清 杨辛庵刻寿山芙蓉石古兽钮章	长7cm	40,250	西泠拍卖	2013.07.13
清 杨谦刻田黄石吴绍涝自用印	长3.5cm	322,000	西泠拍卖	2013.07.13
清 严坤刻寿山芙蓉石瓦钮章	长4.1cm	40,250	西泠拍卖	2013.07.13
清 徐三庚刻田黄石龙凤钮椭圆章	长5.1cm	782,000	西泠拍卖	2013.07.13
清 徐康(1840年)为徐渭仁刻牛骨对章	长5.3cm×2	230,000	北京匡时	2013.06.04
清 徐鄂为次山先生制田黄瑞兽钮方章	长5cm	1,725,000	北京匡时	2013.12.05
清 象牙狮象钮印	高5.5cm	218,500	古天一	2013.12.05
清 吴咨、杨辛庵(1849年)刻寿山石章(二方)	长5.3cm；长3.3cm	23,000	西泠拍卖	2013.07.13
清 吴文征(1809年)刻田黄石素方章	长2.8cm	1,782,500	西泠拍卖	2013.07.13
清 吴让之刻寿山石章 (二方)	长6.2cm；长3.6cm	230,000	西泠拍卖	2013.07.13
清 吴让之刻寿山石张树伯自用对章	长3.5cm×2	1,058,000	西泠拍卖	2013.07.13
清 吴昌硕刻竹根翁同龢自用章	高9.2cm	184,000	荣宝斋(上海)	2013.06.30
清 吴昌硕刻寿山石闲章	长4.3cm	195,500	西泠拍卖	2013.07.13
清 吴昌硕刻寿山芙蓉石章	长4.6cm	207,000	西泠拍卖	2013.07.13
清 吴昌硕刻寿山芙蓉石螭钮章	长3.6cm	218,500	西泠拍卖	2013.07.13
清 吴昌硕刻老坑青田石方章	高4.5cm	287,500	荣宝斋(上海)	2013.06.30
清 吴昌硕刻黄芙蓉石方印章	长3.5cm	109,158	香港富得	2013.07.28
清 吴昌硕刻 滋园芙蓉章	高10.4cm	1,265,000	北京保利	2013.06.04
清 吴昌硕刻 来修齐田黄章	高10.4cm	13,800,000	北京保利	2013.06.04
清 吴昌硕(1916年)刻寿山石方章	长5.2cm	1,265,000	北京匡时	2013.06.04
清 吴昌硕(1915年)刻田黄石章	长5.6cm	368,000	西泠拍卖	2013.07.13
清 吴昌硕(1887年)刻寿山杜陵石龚心钊自用对章	长7.5cm×2	690,000	西泠拍卖	2013.07.13
清 吴昌硕(1886年)刻寿山芙蓉石对章	长3.6cm×2	322,000	西泠拍卖	2013.07.13
清 文彭款青田方章	长2.5cm	11,500	北京保利	2013.10.28
清 王褆(1918年)刻田黄石方章	长3.9cm	57,500	西泠拍卖	2013.07.13
清 铜印 (两件)	宽3cm	63,676	香港华辉	2013.07.26
清 铜套印 (一组)	长3.5cm	172,500	北京匡时	2013.06.05
清 铜四方印	长3cm	69,000	北京保利	2013.10.26
清 铜山水、瑞兽钮印、瓶 (三件)	尺寸不一	32,200	北京保利	2013.10.26
清 铜马钮章	高5.5cm	13,800	北京翰海	2013.06.23
清 铜龙钮印	高4cm	10,350	北京保利	2013.04.27
清 铜鎏金兽钮印	高9.5cm	13,800	北京保利	2013.04.27
清 铜八卦印	宽8cm	13,800	北京保利	2013.04.28
清 田黄章 (一组九件)	尺寸不一	103,500	翰风国际	2013.04.21
清 田黄小长方章	高4cm	609,500	北京匡时	2013.06.04
清 田黄小方章	长3.6cm	32,200	北京保利	2013.12.05
清 田黄象钮方章	高3.8cm	57,500	北京翰海	2013.06.02
清 田黄天禄钮方章	高4.3cm	230,000	北京翰海	2013.06.02
清 田黄天禄钮方章	高2.6cm	172,500	北京翰海	2013.06.02
清 田黄随形章 (二方)	高2.6-2.4cm	345,000	北京翰海	2013.06.02
清 田黄随形椭圆章	重40g	1,782,500	翰风国际	2013.04.21
清 田黄随形博古纹菱形章	重25.2g	126,500	翰风国际	2013.04.21
清 田黄素方章	高2.5cm	230,000	北京保利	2013.04.28
清 田黄兽钮章	高4.6cm	101,200	中国嘉德	2013.03.25
清 田黄兽钮方章	高6.5cm	920,000	北京翰海	2013.06.02
清 田黄石祥云纹方章	长5.7cm	2,530,000	西泠拍卖	2013.07.13
清 田黄石随形章	长7cm	575,000	北京保利	2013.12.04
清 田黄石随形连珠方章	长3.2cm	109,250	北京保利	2013.12.04
清 田黄石素方章 (一对)	长2.9cm×2	1,610,000	西泠拍卖	2013.07.13

拍品名称	物品尺寸	成交价RMB	拍卖公司	拍卖日期
清 田黄石素方章	长6cm	1,437,500	西泠拍卖	2013.07.13
清 田黄石松下高士薄意章	长5.4cm	747,500	西泠拍卖	2013.07.13
清 田黄石山水薄意章	长8.4cm	805,000	西泠拍卖	2013.07.13
清 田黄石瑞兽钮方章	重64g	1,725,000	翰风国际	2013.04.21
清 田黄石马钮方章	长3.9cm	126,500	西泠拍卖	2013.07.13
清 田黄石甪端钮椭圆章	长2.9cm	109,250	西泠拍卖	2013.07.13
清 田黄石龙钮、兽钮、蝉钮小章(三件)	尺寸不一	414,000	北京保利	2013.12.04
清 田黄石灵芝纹薄意扁章	重35g	1,035,000	翰风国际	2013.04.21
清 田黄石古兽钮章	长3.6cm	1,265,000	西泠拍卖	2013.07.13
清 田黄石古兽钮扁方章	长4.4cm	115,000	西泠拍卖	2013.07.13
清 田黄石螭龙瓦钮扁方章	长2.8cm	345,000	西泠拍卖	2013.07.13
清 田黄石薄意方章	1长4.4cm	126,500	西泠拍卖	2013.07.13
清 田黄石、青田石印章(一组三件)	尺寸不一	345,000	北京匡时	2013.12.05
清 田黄瑞兽钮扁方章	重61g	3,565,000	翰风国际	2013.04.21
清 田黄梅花章	高3.5cm	230,000	北京保利	2013.04.28
清 田黄马钮长方章	高8.7cm	517,500	北京翰海	2013.06.02
清 田黄甪瑞钮椭圆章	重14g	218,500	翰风国际	2013.04.21
清 田黄留皮竹节章	长3.8cm	920,000	北京保利	2013.06.06
清 田黄黑田石子母钮方章	重66.4g	172,500	翰风国际	2013.04.21
清 田黄高浮雕菊石纹方圆双联章	重49g	2,185,000	翰风国际	2013.04.21
清 田黄凤钮章	高7.4cm	635,145	保利香港	2013.10.07
清 田黄方章	高4cm；重29.7g	138,000	中国嘉德	2013.03.25
清 田黄冻石太平景象钮章	高3.6cm；重39.5克	3,220,000	北京匡时	2013.06.04
清 田黄雕竹纹梅花章	高4cm	747,500	北京保利	2013.04.28
清 田黄螭钮三层台方章	重24g	1,955,000	翰风国际	2013.04.21
清 田黄博古夔龙纹方章	重27.9g	287,500	翰风国际	2013.04.21
清 田黄扁方章	高6cm	138,000	北京诚轩	2013.05.11
清 田黄薄意一鹭连科章	高7.1cm	680,513	保利香港	2013.10.07
清 田黄薄意山水人物随形章	重113g	460,000	翰风国际	2013.04.21
清 田黄薄意山水人物故事方章	长5.2cm	1,725,000	北京匡时	2013.12.05
清 田黄薄意雕山水人物方章	高5.8cm	460,000	远方拍卖	2013.06.06
清 田黄薄意雕福海寿山纹印章	重80g	1,265,000	翰风国际	2013.04.21
清 天蓝冻八兽钮套章(八方)	尺寸不一	172,500	北京保利	2013.06.06
清 太狮少狮钮田黄方章	高5.2cm	2,875,000	北京匡时	2013.12.04
清 素田黄方章	高4.8cm	5,175,000	北京匡时	2013.12.04
清 四宜堂涅白料画珐琅花鸟章	高4cm	161,000	上海嘉泰	2013.07.05
清 寿山桃花芙蓉章	长9.5cm	149,500	翰风国际	2013.04.21
清 寿山石太狮少狮印章(一对)	高20cm	18,400	北京保利	2013.10.26
清 寿山石随形诗文章	高5.7cm	28,750	北京翰海	2013.06.02
清 寿山石兽钮印章	高4.3cm	17,250	北京传是	2013.12.12
清 寿山石兽钮印	高5cm	13,800	北京保利	2013.07.28
清 寿山石狮钮章	高4.5cm	28,750	中国嘉德	2013.12.14
清 寿山石三螭钮章	长9.2cm	17,250	西泠拍卖	2013.07.13
清 寿山石古兽钮章	长4.9cm	63,250	西泠拍卖	2013.07.13
清 寿山石各式印章(共九件)	尺寸不一	63,250	北京保利	2013.10.28
清 寿山石雕兽钮章	长3cm	13,800	北京翰海	2013.09.15
清 寿山石雕龙纹印	高6cm	46,000	北京保利	2013.04.27
清 寿山石雕螭龙钮“继序其皇”文方章	长2.8cm	517,500	北京匡时	2013.12.05
清 寿山石螭龙、少狮太狮、罗汉渡海印章(共三件)	尺寸不一	230,000	北京保利	2013.10.28
清 寿山石、木章(七方)	高2.7-5.1cm	12,650	北京翰海	2013.06.02
清 寿山老印章(三方)	尺寸不一	23,000	朵云轩	2013.07.07
清 寿山芙蓉石三狮钮对章	长9.2cm×2	69,000	西泠拍卖	2013.07.13
清 寿山芙蓉石古兽钮章	长6cm	55,200	西泠拍卖	2013.07.13
清 寿山雕钮老印章(五方)	尺寸不一	32,200	朵云轩	2013.07.07
清 虾钮“长干满七尺”黄寿山冻石印	高3cm	13,800	北京保利	2013.10.28

拍品名称	物品尺寸	成交价RMB	拍卖公司	拍卖日期
清 沈兼雕商山四皓随行章	长7cm	34,500	朵云轩	2013.07.07
清 沈秉成进有虞十二章纹歙石贡砚	长15.5cm	44,800	天津文物	2013.05.24
清 如意钮翡翠方章	高3.1cm	28,750	北京匡时	2013.12.05
清 巧色高山水禽钮章	长10.5cm	63,250	朵云轩	2013.07.07
清 乔林刻寿山石闲章(一对)	长7.2cm×2	36,800	西泠拍卖	2013.07.13
清 钱松(1849年)刻青田石方章	长5cm	1,265,000	北京匡时	2013.06.04
清 濮森刻寿山石古兽钮章	长5.6cm	63,250	西泠拍卖	2013.07.13
清 潘西凤刻竹根联珠章	长3.5cm	48,300	西泠拍卖	2013.07.13
清 陆廷黻自用兽钮对章	长6.7cm×2	43,700	西泠拍卖	2013.07.13
清 老岭人物钮对章		23,000	朵云轩	2013.07.07
清 夔龙钮随形大印	高7cm	48,300	北京保利	2013.10.28
清 坑头冻狮钮对章	长6cm	22,400	天津文物	2013.11.22
清 金珀方章	高3.6cm	46,000	北京诚轩	2013.05.11
清 金城(1913年)刻田黄扁方章	高4.6cm	241,500	北京匡时	2013.06.04
清 角雕三面雕印	高3cm	10,350	北京九歌	2013.09.04
清 将军洞白芙蓉闲章	长5.3cm	25,300	朵云轩	2013.07.07
清 鸡血石印章(三方)	尺寸不一	149,500	北京保利	2013.06.06
清 灰芙蓉山水浮雕章	长5.5cm	17,250	朵云轩	2013.07.07
清 黄云纪(1911年)刻寿山芙蓉石瑞兽钮章	长6.6cm	36,800	西泠拍卖	2013.07.13
清 黄寿山瑞兽扁方章	高4cm	32,200	北京保利	2013.01.11
清 黄士陵刻昌化石章	长5.1cm	115,000	西泠拍卖	2013.07.13
清 黄士陵(1900年)刻青田石俞旦自用闲章	长2.4cm	575,000	西泠拍卖	2013.07.13
清 黄士陵(1897年)刻芙蓉石狮钮方章	长5.4cm	690,000	北京匡时	2013.06.04
清 黄牧甫篆刻闲章	长3.5cm	86,250	朵云轩	2013.07.07
清 华复(1860年)刻青田石闲章	长3.8cm	109,250	西泠拍卖	2013.07.13
清 韩天衡篆刻瑞兽纽田黄方章	长5.3cm	4,025,000	北京保利	2013.06.04
清 韩蛟门雕年年有余钮章	长3.3cm	69,000	朵云轩	2013.07.07
清 古工高山马钮章	长4.8cm	13,800	朵云轩	2013.07.07
清 各式印章一组连原装盒	尺寸不一	80,500	北京匡时	2013.12.05
清 各式印章(十七方)	尺寸不一	11,500	中国嘉德	2013.03.24
清 高络园田黄自用印	长2.4cm	287,500	朵云轩	2013.07.07
清 芙蓉石雕瑞兽印章	高6.5cm	13,800	北京保利	2013.04.28
清 芙蓉胡菊邻刻方章	长4.5cm	57,500	北京保利	2013.12.05
清 芙蓉古兽钮章(椭圆)	长6.8cm	34,500	朵云轩	2013.07.07
清 翡翠狮钮印(一对)	高3.5cm	345,000	古天一	2013.12.05
清 翡翠狮钮一张(一组两枚)	高3.1cm；高2.8cm	57,500	北京匡时	2013.12.05
清 翡翠龙钮印	高7cm	172,500	远方拍卖	2013.12.01
清 尔佐款寿山芙蓉石幽兰薄意章	长5.3cm	34,500	西泠拍卖	2013.07.13
清 碓下黄薄意对章	长9.5cm×2	17,250	朵云轩	2013.07.07
清 定亲王府藏德化“猪油白”狮钮瓷章(两方)	高7.4cm	299,000	北京匡时	2013.12.05
清 丁二仲(1916年)刻芙蓉石方章	长5.6cm	71,300	北京匡时	2013.06.04
清 德化瑞兽钮印章 铜猫钮印章(两件)	尺寸不一	46,000	北京保利	2013.06.06
清 翠雕狮钮印(一对)	高6cm	51,750	北京保利	2013.04.28
清 瓷质印章(一组两件)	尺寸不一	46,000	北京匡时	2013.12.05
清 陈炼(1769年)刻寿山石古兽钮章	长5.5cm	40,250	西泠拍卖	2013.07.13
清 陈鸿寿刻鸡血石印章(三方)	尺寸不一	345,000	北京保利	2013.06.06
清 陈半丁刻田黄竹节小方章	长3.7cm	69,000	北京保利	2013.06.04
清 沉香“幽居不用名”随形印	长4cm	17,250	北京保利	2013.10.28
清 昌化鸡血“郑克柔”款印章	高2.5cm	287,500	远方拍卖	2013.06.06
清 白田黄石薄意雕凤纹头方章	重50g	1,840,000	翰风国际	2013.04.21
清 白芙蓉云纹随形对章	7cm	72,800	天津文物	2013.11.22
清 白芙蓉太狮少狮钮	长5.8cm	94,300	朵云轩	2013.07.07
清 白芙蓉兽钮章(四方)	尺寸不一	20,700	朵云轩	2013.07.07
清 白芙蓉石雕随形章	长7.3cm	48,300	北京永乐	2013.05.12
清 白芙蓉瑞兽钮方章	高5.5cm	23,000	北京保利	2013.04.28
清 白芙蓉海水纹扁方章	高8.5cm	11,500	北京保利	2013.07.28

2013杂项拍卖成交汇总

(成交价RMB：1万元以上)

拍品名称	物品尺寸	成交价RMB	拍卖公司	拍卖日期
清 1833 年作 赵之琛刻田黄石李联琇自用印	长3.1cm	977,500	西泠拍卖	2013.07.13
清 "竹垞"款随形薄意乡趣图文田黄印	长:9.6cm	3,680,000	北京匡时	2013.12.04
清"五经萃室"寿山石方章	长5.4cm	1,127,000	北京匡时	2013.06.05
清末-民国 王福厂等人刻寿荪自用印(一组)	尺寸不一	112,000	北京荣宝	2013.09.08
清末-民国 寿山石印章(四方)	尺寸不一	11,200	北京荣宝	2013.09.08
17世纪 狮钮印章	高7.5cm	172,500	北京翰海	2013.12.08
17世纪至18世纪 狮钮印章	长4cm	97,750	北京翰海	2013.12.08
1803年作 清·陈鸿寿刻青田石张青选自用印	长3.8cm	920,000	西泠拍卖	2013.07.13
1863年作 赵之谦刻封门青自用印	长cm	1,610,000	北京匡时	2013.12.04
1867年作 清·何屿刻青田石沈树镛藏书印	长3.7cm	92,000	西泠拍卖	2013.07.13
1872年作 清·何屿刻寿山芙蓉石何维朴自用印	长3.2cm	23,000	西泠拍卖	2013.07.13
1881年作 清·吴昌硕刻青田石杨岘自用印	长6.4cm	736,000	西泠拍卖	2013.07.13
1885年作 吴昌硕为杨岘刻寿山石方章	长7.6cm	506,000	北京匡时	2013.12.04
1898年作 吴昌硕刻芙蓉石兽钮方章	长3.3cm	25,300	北京匡时	2013.12.04
1906年作 吴昌硕刻芙蓉石兽钮方章	长3.1cm	31,050	北京匡时	2013.12.04
1910年作 徐新周为邓实刻寿山石方章	长3.9cm	55,200	北京匡时	2013.12.04
1911年作 金城刻昌化、田黄印(两方)	长5.6cm；高2.3cm	34,500	北京匡时	2013.06.04
1914年作 谭锡瓒刻袁克文自用印(四方)	尺寸不一	109,250	西泠拍卖	2013.07.13
1914年作 谭锡瓒刻袁心武自用印(三方)	尺寸不一	28,750	西泠拍卖	2013.07.13
1921年、1937年作 钱瘦铁刻贺天健自用印(五方)	尺寸不一	34,500	西泠拍卖	2013.07.13
1922年作 吴臧龛刻青田石王震自用印	长5.5cm	46,000	西泠拍卖	2013.07.13
1928年作 钱瘦铁刻寿山石贺天健自用印(六方)	长4cm；长6.4cm	115,000	西泠拍卖	2013.07.13
1930、1933、1935年作 高兆明、何秋江、英超、陶厚等刻贺天健自用印(五方)	尺寸不一	23,000	西泠拍卖	2013.07.13
1930、1935、1962年作 吴姚华、唐鍊百、陶寿伯、张克龢等刻贺天健自用印(四方)	尺寸不一	25,300	西泠拍卖	2013.07.13
1930年作 朱其石、王个簃刻贺天健自用印	尺寸不一	17,250	西泠拍卖	2013.07.13
1931 1936 1947年作 邓散木等刻朱馨谷自用印(十方)	尺寸不一	74,750	西泠拍卖	2013.07.13
1932、1962年作 钱倚兰等刻吴似兰自用印及藏印(共十二方)	尺寸不一	20,700	西泠拍卖	2013.07.13
1932年作 齐白石为陆质雅刻寿山芙蓉石兽钮方章	长5.9cm	253,000	北京匡时	2013.12.04
1933、1947年作 陶飞声等刻贺天健自用印(十四方)	尺寸不一	63,250	西泠拍卖	2013.07.13
1933年作 来楚生、朱复戡等刻寿山、青田石贺天健自用印(五方)	尺寸不一	40,250	西泠拍卖	2013.07.13
1934年作 周康元为徐世昌刻青田石兽钮方章	长9.5cm	172,500	北京匡时	2013.12.04
1935年、1948年作 王禔刻寿山石孙正刚自用印(二方)	长4.8cm；长3cm	69,000	西泠拍卖	2013.07.13
1936年作 1938年作 叶潞渊 邓散木 叶舟刻寿山石印章(四方)	尺寸不一	34,500	北京匡时	2013.12.04
1936年作 钱瘦铁刻寿山石自用章	长3.4cm	48,300	北京匡时	2013.12.04
1938年作 齐白石为陆质雅刻寿山石龙凤呈祥钮印	长10.8cm	345,000	北京匡时	2013.06.04

拍品名称	物品尺寸	成交价RMB	拍卖公司	拍卖日期
1939、1940、1941年作 邓散木刻贺天健自用印(四方)	尺寸不一	138,000	西泠拍卖	2013.07.13
1939年作 1941年作 金禹民 胡然等刻寿山石印章(四方)	尺寸不一	32,200	北京匡时	2013.12.04
1939年作 邓散木刻青田石贺天健自用印	长3.3cm	115,000	西泠拍卖	2013.07.13
1939年作 韩登安刻青田、寿山石孙正刚自用印(四方)	尺寸不一	86,250	西泠拍卖	2013.07.13
1939年作 杨仲子、陈半丁、谢梅奴刻孙正刚自用印(四方)	尺寸不一	40,250	西泠拍卖	2013.07.13
1941、1939年作 邓散木刻贺天健自用印(三方)	尺寸不一	69,000	西泠拍卖	2013.07.13
1942年作 邓散木 来楚生刻寿山石 青田石印章(两方)	长5.5cm；长4.5cm	28,750	北京匡时	2013.12.04
1946、1947年作 陈巨来、堆如等刻吴似兰夫妇用印(十二方)	尺寸不一	55,200	西泠拍卖	2013.07.13
1947年作 韩登安 张志鱼 经亨颐等刻寿山石印章	尺寸不一	63,250	北京匡时	2013.12.04
1947年作 唐醉石刻寿山石孙正刚自用印(三方)	尺寸不一	46,000	西泠拍卖	2013.07.13
1948、1963、1961年作 钱瘦竹刻寿山、青田石等贺天健自用印(四方)	尺寸不一	46,000	西泠拍卖	2013.07.13
1951年刻 吴朴刻寿山石孙正刚自用印(三方)	尺寸不一	230,000	西泠拍卖	2013.07.13
1953年作 1975年作 1970年作 1974年作 韩登安刻寿山石 青田石印章(四方)	尺寸不一	28,750	北京匡时	2013.12.04
1953年作 寿石工、钱君匋刻寿山、青田石贺天健自用印(三方)	尺寸不一	20,700	西泠拍卖	2013.07.13
1958年作 陈巨来刻青田石贺天健自用印	长5.1cm	69,000	西泠拍卖	2013.07.13
1960年作 张寒月、沙曼翁等刻吴似兰自用印及藏印(共七方)	尺寸不一	36,800	西泠拍卖	2013.07.13
1963年作 方介堪刻青田石孙正刚自用印(三方)	尺寸不一	86,250	西泠拍卖	2013.07.13
1963年作 方介堪刻青田石孙正刚自用印(三方)	长8.7cm×2	63,250	西泠拍卖	2013.07.13
1964、1960、1961年作 吴似兰自用印十方并印拓成扇一件	尺寸不一	17,250	西泠拍卖	2013.07.13
1974、1975、1978年作 徐暇龄刻孙正刚等自用印(十六方)	尺寸不一	25,300	西泠拍卖	2013.07.13
19世纪 盛本刻鹿目方章	高5.5cm	415,800	香港佳士得	2013.05.29
19世纪 铜太狮少狮钮偈语章(一套七方)	高12.7cm	272,169	纽约苏富比	2013.03.19
艾叶绿博古对章	长5cm×2	48,300	北京匡时	2013.06.04
巴林白玉地鸡血石章(二方)	长7.8cm×2	172,500	西泠拍卖	2013.07.13
巴林福黄石瑞兽钮方章	长8.9cm	17,250	北京匡时	2013.12.04
巴林鸡血石 秋枫 圆章	高9.7cm	74,750	北京匡时	2013.12.04
巴林鸡血石薄意方章	长5.7cm	149,500	中国嘉德	2013.11.19
巴林鸡血石对章	长8.5cm×2	379,500	北京匡时	2013.06.04
巴林鸡血石对章	长7.7cm×2	287,500	中国嘉德	2013.11.19
巴林鸡血石对章	长7.9cm×2	149,500	中国嘉德	2013.11.19
巴林鸡血石对章	长6.2cm×2	138,000	中国嘉德	2013.11.19
巴林鸡血石对章	长7.8cm×2	138,000	中国嘉德	2013.11.19
巴林鸡血石对章	长7cm×2	112,700	中国嘉德	2013.11.19
巴林鸡血石对章	长8.1cm×2	80,500	中国嘉德	2013.11.19
巴林鸡血石对章	长6.5cm；长6.2cm	46,000	中国嘉德	2013.11.19
巴林鸡血石对章	长7.4cm；长7.6cm	40,250	中国嘉德	2013.11.19
巴林鸡血石对章	长6.9cm×2	13,800	中国嘉德	2013.11.19

拍品名称	物品尺寸	成交价RMB	拍卖公司	拍卖日期
巴林鸡血石方章	长13.3cm	805,000	中国嘉德	2013.05.11
巴林鸡血石方章	长9.4cm	218,500	中国嘉德	2013.05.11
巴林鸡血石方章	长8.5cm	218,500	中国嘉德	2013.05.11
巴林鸡血石方章	长12.4cm	138,000	中国嘉德	2013.05.11
巴林鸡血石方章	长14.3cm	805,000	中国嘉德	2013.11.19
巴林鸡血石方章	长8.3cm	575,000	中国嘉德	2013.11.19
巴林鸡血石方章	长8.1cm	195,500	中国嘉德	2013.11.19
巴林鸡血石方章	长5.9cm	184,000	中国嘉德	2013.11.19
巴林鸡血石方章(两件)	长8.7cm×2	287,500	中国嘉德	2013.05.11
巴林鸡血石方章(两件)	长7.2cm；长7.6cm	126,500	中国嘉德	2013.05.11
巴林鸡血石方章(一组二方)	长8.5cm；长7.5cm	92,000	中国嘉德	2013.11.19
巴林鸡血石兽钮对章	长6.9cm×2	287,500	中国嘉德	2013.11.19
巴林鸡血石双兽钮方章	长11cm	368,000	北京匡时	2013.06.04
巴林鸡血石印章	长7.7cm	103,500	中国嘉德	2013.11.19
巴林鸡血石印章(一组五方)	尺寸不一	59,800	中国嘉德	2013.11.19
巴林鸡血石章	长14.3cm	11,500	西泠拍卖	2013.07.13
巴林石 古韵 博古钮方章	长8cm	11,500	北京匡时	2013.12.04
巴林石 夷人驭象 方章	长15.1cm	43,700	北京匡时	2013.12.04
巴林石鸡血狮钮对章	长8.2cm×2	345,000	中国嘉德	2013.05.11
巴林石母子情深扁章	长11cm	34,500	北京保利	2013.12.04
巴林石瑞兽钮方章	长6.8cm	69,000	中国嘉德	2013.05.11
巴林石狮钮方章	长13cm	36,800	中国嘉德	2013.05.11
巴林石双角甪端钮方章	长8.2cm	11,500	北京匡时	2013.12.04
巴林石素方章	长8.4cm	59,800	中国嘉德	2013.05.11
巴林石太狮少狮钮方章	长10.5cm	101,200	中国嘉德	2013.11.19
白地鸡血章	高14.6cm	287,500	宣石国际	2013.09.15
白地鸡血章	高14cm	149,500	宣石国际	2013.09.15
白高山瑞兽钮园章	长4.7cm	13,800	朵云轩	2013.07.07
白荔枝冻石素章	长11.3cm	713,000	都市联盟	2013.11.19
白荔枝洞素方章	长5cm	57,500	朵云轩	2013.07.07
白寿山狮钮方章	高6.2cm	20,700	北京保利	2013.12.03
白书章制，李研吾自用白菜形眉纹歙砚	长21cm	184,000	西泠拍卖	2013.07.12
白田薄意印	长11.5cm	9,430,000	河南豫呈祥	2013.01.22
博古印对章	长10.5cm×2	287,500	河南豫呈祥	2013.01.22
蔡国声篆刻闲章	长10cm	11,500	朵云轩	2013.07.07
蔡国声篆刻闲章	长10.5cm	11,500	朵云轩	2013.07.07
仓硕制老寿山石方印	长3.2cm	20,700	荣宝斋(上海)	2013.06.30
昌化、巴林鸡血石章(一组四方)	尺寸不一	109,250	中国嘉德	2013.11.19
昌化、寿山石章(五方)	尺寸不一	23,000	西泠拍卖	2013.07.13
昌化大红袍鸡血石方章	长9.8cm	3,680,000	北京九歌	2013.06.28
昌化灰冻鸡血石印	长14cm	450,000	上海驰翰	2013.04.25
昌化鸡血(藕粉地)印面料	高7.8cm	272,550	澳门中信	2013.06.23
昌化鸡血冻石对章	长9.8cm×2	109,250	中国嘉德	2013.11.19
昌化鸡血石 彤云流霞 对章	长6.9cm×2	80,500	北京匡时	2013.12.04
昌化鸡血石博古钮印章	长10.6cm	149,500	中国嘉德	2013.11.19
昌化鸡血石大红袍素方章	长11.4cm	690,000	西泠拍卖	2013.07.13
昌化鸡血石对章	长11cm×2	218,500	北京匡时	2013.06.04
昌化鸡血石对章	长7.3cm×2	402,500	中国嘉德	2013.11.19
昌化鸡血石对章	长9.8cm	138,000	中国嘉德	2013.11.19
昌化鸡血石对章	长8cm×2	63,250	中国嘉德	2013.11.19
昌化鸡血石方章	长8.2cm	437,000	中国嘉德	2013.05.11
昌化鸡血石方章	长8.4cm	862,500	中国嘉德	2013.11.19
昌化鸡血石方章	长7.1cm	138,000	中国嘉德	2013.11.19
昌化鸡血石方章	长8.7cm	94,300	中国嘉德	2013.11.19
昌化鸡血石方章	长11.7cm	82,800	中国嘉德	2013.11.19
昌化鸡血石素方章	长16.5cm	1,725,000	北京匡时	2013.06.04
昌化鸡血石素方章	长11.7cm	747,500	北京匡时	2013.06.04

拍品名称	物品尺寸	成交价RMB	拍卖公司	拍卖日期
昌化鸡血石素方章	长11.6cm	529,000	北京匡时	2013.06.04
昌化鸡血石素方章	长12.4cm	402,500	北京匡时	2013.06.04
昌化鸡血石素方章	长9.5cm	66,700	北京匡时	2013.06.04
昌化鸡血石章(二方)	长6cm；长8.9cm	40,250	西泠拍卖	2013.07.13
昌化鸡血石章(十五件)	尺寸不一	66,700	中国嘉德	2013.05.11
昌化鸡血石章(五件)	尺寸不一	92,000	中国嘉德	2013.05.11
昌化鸡血石长方章	长7.1cm	23,000	北京保利	2013.12.04
昌化鸡血素方章	长7.3cm	10,350	朵云轩	2013.07.07
昌化牛角冻鸡血石方章	高10.5cm	632,500	荣宝斋(上海)	2013.06.30
昌化牛角冻鸡血石方章	长6.3cm	34,500	中国嘉德	2013.11.19
昌化藕粉冻鸡血石对章	长10.5cm×2	1,552,500	北京九歌	2013.06.28
昌化藕粉冻鸡血石方章(二十二方)	尺寸不一	3,795,000	北京九歌	2013.06.28
陈半丁 1924年 刻昌化石卓定谋自用对章	长5.2cm×2	17,250	西泠拍卖	2013.07.13
陈达题芙蓉石双环钮兽面纹博古扁章	长13cm	103,500	福建东南	2013.05.26
陈达作 芙蓉石博古文字方章	长9cm	149,500	福建东南	2013.10.27
陈达作 山秀园石博古方章	长6.2cm	115,000	福建东南	2013.10.27
陈达作芙蓉石《如梦》薄意扁章	长12.7cm	437,000	福建东南	2013.10.27
陈达作芙蓉石博古文字对章	长8.1cm	287,500	福建东南	2013.05.26
陈达作芙蓉石博古文字方章	长9.8cm	126,500	福建东南	2013.05.26
陈达作荔枝冻石《花开富贵》钮章	长11.5cm	460,000	都市联盟	2013.11.19
陈达作荔枝洞石博古文字方章	长10.2cm	805,000	福建东南	2013.05.26
陈达作汶洋石《如形》薄意方章	长10.1cm	460,000	福建东南	2013.10.27
陈巨来(1933年)为孙璞刻昌化石对章	长4.3cm×2	57,500	北京匡时	2013.06.04
陈巨来 (1934年)刻寿山芙蓉石古兽钮章	长5.3cm	86,250	西泠拍卖	2013.07.13
陈巨来(1934年)为孙璞刻昌化石对章	长5.5cm×2	65,550	北京匡时	2013.06.04
陈巨来(1935年)为孙璞刻寿山石方章	长4.3cm	109,250	北京匡时	2013.06.04
陈巨来 (1965年)刻青田石贺天健夫妇自用对章	长6cm×2	51,750	西泠拍卖	2013.07.13
陈巨来 芙蓉石雕螭钮方章	长5.3cm	25,300	北京保利	2013.06.06
陈巨来 钱瘦铁等 为钱化佛治印68枚	尺寸不一	644,000	北京匡时	2013.12.05
陈巨来、钱君匋、徐璞生、刘一闻等刻余舟自用印(十方)	尺寸不一	34,500	西泠拍卖	2013.07.13
陈巨来、徐康、金龙源刻 印章(三方)	尺寸不一	13,800	中国嘉德	2013.11.19
陈巨来等刻吴似兰夫妇自用印(五方)	尺寸不一	40,250	西泠拍卖	2013.07.13
陈巨来刻 芙蓉石古兽方章	长4.3cm	138,000	福建东南	2013.10.28
陈巨来刻 芙蓉石兽钮方章	长6.1cm	207,000	福建东南	2013.10.28
陈巨来刻白芙蓉石日章	高5cm	36,800	荣宝斋(上海)	2013.06.30
陈巨来刻高山薄意章	长9.2cm	97,750	北京保利	2013.12.05
陈巨来刻青田闲章	长6cm	32,200	北京保利	2013.06.03
陈巨来刻寿山芙蓉石雕狮钮印章	高5cm	28,750	荣宝斋(上海)	2013.06.30
陈巨来刻寿山石(三方)	尺寸不一	115,000	北京保利	2013.06.06
陈巨来刻寿山石兽钮方章	长4cm	20,700	北京匡时	2013.06.04
陈巨来为孙璞刻寿山石方章	长2.8cm	36,800	北京匡时	2013.06.04
陈巨来篆刻闲章	长4.9cm	16,100	朵云轩	2013.07.07
陈巨来篆刻章(二方)	尺寸不一	48,300	朵云轩	2013.07.07
陈茗屋篆刻闲章	长4cm	25,300	朵云轩	2013.07.07
陈茗屋篆刻闲章	长3.6cm	19,550	朵云轩	2013.07.07
陈茗屋篆刻闲章	长7.8cm	13,800	朵云轩	2013.07.07
陈身道篆刻闲章	长10cm	23,000	朵云轩	2013.07.07
陈身道篆刻闲章	长5.5cm	23,000	朵云轩	2013.07.07
陈身道篆刻闲章	长4.3cm	23,000	朵云轩	2013.07.07
陈为新、姚仲达作黄巢洞石、芙蓉石螭虎穿环套章	长7.5cm；长8.4cm	149,500	福建东南	2013.10.27
陈为新刻钮 陈达题字 古兽随形章	长8.8cm	149,500	福建东南	2013.10.27
陈为新作芙蓉石《古兽》扁章	长10cm	322,000	都市联盟	2013.11.19
陈为新作水洞高山石母子情钮章	长5.7cm	345,000	福建东南	2013.10.27
陈祥清 芙蓉双狮活环钮对章	长5cm	17,250	北京保利	2013.06.06

2013杂项拍卖成交汇总

(成交价RMB：1万元以上)

拍品名称	物品尺寸	成交价RMB	拍卖公司	拍卖日期
陈祥清刻杜凌石龙钮对章	长7.7cm×2	23,000	北京匡时	2013.06.04
陈由义作寿山杜陵石陶潜归隐图薄意章	长13.7cm	57,500	西泠拍卖	2013.07.13
陈之初款 青田石印章	长6.5cm	36,800	中国嘉德	2013.05.11
陈子奋刻 寿山水洞桃花印章	长5cm	28,750	中国嘉德	2013.05.11
陈子奋为刘平刻 善伯洞石印章	长4.3cm	109,250	福建东南	2013.10.28
螭龙戏水 寿山高山石章	长6.8cm	43,700	中国嘉德	2013.05.11
楚石夔龙博古钮对章	长5.7cm	28,750	北京匡时	2013.12.04
楚石狮钮方章(一对)	长6.1cm×2	28,750	中国嘉德	2013.05.11
褚德彝、胡镬刻 寿山石印章	长5cm；长4.9cm	34,500	中国嘉德	2013.05.11
春江水暖 田黄石薄意章	高4.5cm	23,000	中国嘉德	2013.11.19
翠玉福寿双全印	长3cm	124,420	纽约佳士得	2013.03.21
戴笠自用牛骨方章(一对)	长3.7cm×2	253,000	北京匡时	2013.06.04
当代 昌化鸡血石印章(一对)	长12cm×2	161,000	北京匡时	2013.09.12
当代 昌化鸡血石印章(一对)	长15.5cm×2	103,500	北京匡时	2013.09.12
当代 昌化鸡血石印章(一方)	长9.8cm	1,380,000	北京匡时	2013.09.12
当代 昌化鸡血石印章(一方)	长7.8cm	517,500	北京匡时	2013.09.12
当代 昌化鸡血石印章(一方)	长8.6cm	517,500	北京匡时	2013.09.12
当代 昌化鸡血石印章(一方)	长7.6cm	310,500	北京匡时	2013.09.12
当代 昌化鸡血石印章(一方)	长9.9cm	184,000	北京匡时	2013.09.12
当代 昌化鸡血石印章(一方)	长11.2cm	161,000	北京匡时	2013.09.12
当代 昌化鸡血石印章(一方)	长7.8cm	149,500	北京匡时	2013.09.12
当代 鸡血石	长11cm	678,500	凤凰拍卖	2013.07.21
邓传密刻 印章	长5.1cm	13,800	中国嘉德	2013.05.11
邓尔疋篆刻闲章	长4.6cm	32,200	朵云轩	2013.07.07
邓尔雅(1920年)刻寿山、青田石章(二方)	长6.9cm；长3.1cm	69,000	西泠拍卖	2013.07.13
邓散木 陈巨来刻 寿山石印章(两件)	长4cm；长3.8cm	55,200	中国嘉德	2013.05.11
邓散木刻 对章	长4.5cm×2	46,000	中国嘉德	2013.05.11
邓散木刻 寿山田黄石印章	长4.1cm	34,500	中国嘉德	2013.05.11
邓散木刻芙蓉石狮钮方章	长5.7cm	36,800	北京匡时	2013.06.04
邓散木篆刻闲章	长5.3cm	17,250	朵云轩	2013.07.07
丁二仲、韩登安等(1931年)刻印章(二方)	长5.2cm；长3.8cm	20,700	西泠拍卖	2013.07.13
丁二仲刻 寿山石狮钮印章	长12.5cm	23,000	中国嘉德	2013.11.19
丁二仲刻 象牙章(六件)	尺寸不一	36,800	中国嘉德	2013.05.11
丁佛言刻 寿山石印章	长3.2cm	23,000	中国嘉德	2013.11.19
丁辅之 任小田刻寿山石印章(二方)	长7.3cm；长5.9cm	23,000	西泠拍卖	2013.07.13
丁吉甫、朱复戡刻孙正刚自用印(四方)	尺寸不一	20,700	西泠拍卖	2013.07.13
董六妹 高山石薄意花香蝶来扁章	长10.1cm	17,250	北京保利	2013.12.04
董念棻、张寒月 1879、1960年作 刻印章(二方)	长4.9cm；长1.5cm	13,800	西泠拍卖	2013.07.13
都成坑石博古诗文章	长13.1cm	25,300	北京保利	2013.12.04
都成坑石花卉薄意对章	长7.2cm	103,500	福建东南	2013.10.27
都成坑石母子情方章	长9.7cm	46,000	北京保利	2013.12.04
杜陵、芙蓉等品种石(六方)	尺寸不一	63,250	朵云轩	2013.07.07
杜陵云蝠钮扁方章	长10.4cm	34,500	北京保利	2013.06.06
碓下黄浮雕对章(四方)	尺寸不一	17,250	朵云轩	2013.07.07
顿立夫刻 寿山石印章	长4.5cm	28,750	中国嘉德	2013.05.11
顿立夫刻白芙蓉双螭钮章	长3.2cm	17,250	北京保利	2013.12.05
顿立夫刻高山太狮少狮钮对章	长9cm	23,000	北京保利	2013.06.06
顿立夫款坑头牛角冻辟邪钮章	高4cm	25,300	中国嘉德	2013.03.24
二号矿石 立钮狮方章	高13cm	24,592	香港吉斋	2013.05.26
二号矿石母子情方章	长8.6cm	17,250	北京保利	2013.12.04
二号矿石兽钮日字章	长8.2cm	126,500	福建东南	2013.05.26
方介堪(1936年)刻寿山石连年有鱼钮常云湄自用对章	长4.4cm×2	74,750	西泠拍卖	2013.07.13
方介堪、邓散木等(1946年)刻印章(两方)	长6.6cm；长4.8cm	32,200	西泠拍卖	2013.07.13
方介堪、童大年、陶寿伯刻寿山、青田石章(三方)	尺寸不一	28,750	西泠拍卖	2013.07.13
方介堪刻 印章	长2.8cm	25,300	中国嘉德	2013.05.11
方介堪刻高山朱砂冻博古钮章	长7cm	23,000	北京保利	2013.12.05
方介堪刻寿山芙蓉石椭圆章	长4.6cm	36,800	西泠拍卖	2013.07.13
方介堪刻寿山高山石兽钮方章	长4.2cm	49,450	北京匡时	2013.12.04
方介堪刻寿山石博古钮贺天健自用印	长4.2cm	23,000	西泠拍卖	2013.07.13
方介堪刻兽纽田黄章连漆雕盒	长3cm	1,380,000	荣宝斋(上海)	2013.06.30
方介堪款寿山石龙钮章	高7.3cm	13,800	中国嘉德	2013.12.14
方介堪款田黄薄意章	高4.1cm	105,800	中国嘉德	2013.09.16
方介堪篆刻闲章	长6.8cm	138,000	朵云轩	2013.07.07
方岩 赵书孺 陈巨来款寿山石章各一方	尺寸不一	17,250	中国嘉德	2013.03.25
费名瑶 青田石方印	高7.9cm	28,750	荣宝斋(上海)	2013.06.30
费名瑶 青田石方印	高11cm	23,000	荣宝斋(上海)	2013.06.30
粉地鸡血对章(两方)	高8cm	345,000	宣石国际	2013.09.15
封门黑素方章	长11.7cm	11,500	朵云轩	2013.07.07
封门蓝素方章	长9.3cm	33,350	朵云轩	2013.07.07
封门青龙钮方章	长10.5cm	13,800	朵云轩	2013.07.07
封门青素方章(十五方)	长4.0cm×15	48,300	朵云轩	2013.07.07
封门鱼子冻	长10.6cm	17,250	朵云轩	2013.07.07
冯康侯刻 印章(一对)	长4.7cm×2	92,000	中国嘉德	2013.11.19
冯康侯款寿山石薄意凤纹章(一对)	高8.5cm	28,750	中国嘉德	2013.09.16
冯康侯篆刻闲章	长4.2cm	23,000	朵云轩	2013.07.07
冯志杰作善伯洞石祖孙乐人物钮方章	长15.5cm	437,000	福建东南	2013.05.26
芙蓉博古钮对章	长9cm×2	13,800	朵云轩	2013.07.07
芙蓉龙龟钮方章	长6.5cm	32,200	朵云轩	2013.07.07
芙蓉石博古套章(二十件)	尺寸不一	17,250	北京保利	2013.12.04
芙蓉石方章(一对)	长7.1cm×2	63,250	北京匡时	2013.06.04
芙蓉石古兽套章(九件)	尺寸不一	11,500	北京保利	2013.12.04
芙蓉石古兽套章(三件)	尺寸不一	20,700	北京保利	2013.12.04
芙蓉石和合二仙扁章	长6.9cm	23,000	北京保利	2013.12.04
芙蓉石和鸣扁章	长7.4cm	17,250	北京保利	2013.12.04
芙蓉石龙钮章	长9.3cm	20,700	北京保利	2013.12.04
芙蓉石马钮章	长9.4cm	17,250	北京保利	2013.12.04
芙蓉石弥勒钮章	长14cm	109,250	福建东南	2013.05.26
芙蓉石狮钮对章	长7.7cm×2	46,000	北京匡时	2013.06.04
芙蓉石兽钮扁方章	长6.8cm	23,000	北京保利	2013.12.04
芙蓉石兽钮套章(四件)	尺寸不一	20,700	北京保利	2013.12.04
芙蓉石兽钮章(一组五方)	尺寸不一	43,700	中国嘉德	2013.11.19
芙蓉石双螭钮章	长10.3cm	32,200	北京保利	2013.12.04
芙蓉石双螭钮章	长4.1cm	10,350	北京保利	2013.12.04
芙蓉石双龙钮章	长8cm	126,500	福建东南	2013.05.26
芙蓉石松下访友椭圆章	长8.6cm	36,800	北京保利	2013.12.04
芙蓉石素套章(三件套)	尺寸不一	126,500	福建东南	2013.10.27
芙蓉石素章	长7.1cm	115,000	福建东南	2013.05.26
芙蓉石太平有象扁章	长7.1cm	17,250	北京保利	2013.12.04
芙蓉石象钮对章(两件)	长7.1cm；7.6cm	74,750	北京保利	2013.12.04
芙蓉石鱼跃龙门椭圆章	长7.3cm	46,000	北京保利	2013.12.04
福禄寿喜翡翠印章(一组)	尺寸不一	103,500	北京传是	2013.06.15
福寿图 寿山水洞高山石薄意方章	长9.1cm	55,200	中国嘉德	2013.11.19
福至眼前 寿山田黄石薄意方章	长2.7cm	89,700	中国嘉德	2013.05.11
傅抱石刻 寿山高山石薄意方章	长4.9cm	2,645,000	中国嘉德	2013.11.19
高山晶三螭钮对章	长5.8cm×2	63,250	朵云轩	2013.07.07
高山石、巴林石太平有象套章(三件)	尺寸不一	17,250	北京保利	2013.12.04
高山石兽钮小章(三件)	尺寸不一	13,800	北京保利	2013.12.04
高山桃花洞石素对章	长8.7cm	103,500	福建东南	2013.05.26
高山印章(一套九件)	尺寸不一	20,700	北京保利	2013.06.06

拍品名称	物品尺寸	成交价RMB	拍卖公司	拍卖日期
高式熊、单晓天 (1988年作 1987年)刻印章 (两方)	长9.3cm；高3cm	25,300	北京匡时	2013.06.04
高式熊刻 寿山石对章	长4.4cm×2	40,250	中国嘉德	2013.05.11
高式熊篆刻闲章	长5.3cm	18,400	朵云轩	2013.07.07
高式熊篆刻闲章	长7cm	18,400	朵云轩	2013.07.07
高式熊篆刻章	长8cm	10,350	朵云轩	2013.07.07
高野侯刻 青田石瓦钮对章	长5.7cm	51,750	中国嘉德	2013.11.19
高野侯为方节厂刻 芙蓉石螭虎钮对章	长6.8cm；长7cm	517,500	福建东南	2013.10.28
戈革、卢静安、蓝云、李骆公、汪星伯、齐治源等刻孙正刚自用印(二十一方)	尺寸不一	34,500	西泠拍卖	2013.07.13
拱北刻 寿山石芙蓉石方章 (一对)	长5.9cm×2	46,000	中国嘉德	2013.05.11
管凌篆刻闲章	长5cm	18,400	朵云轩	2013.07.07
管凌篆刻闲章	长4cm	11,500	朵云轩	2013.07.07
广东绿狮钮方章	长4.7cm	20,700	北京匡时	2013.12.04
广东绿石对章	长9cm×2	23,000	西泠拍卖	2013.07.13
郭功森作 都成坑石罗汉钮章	长13.9cm	103,500	福建东南	2013.10.27
郭功森作汶洋石龙凤呈祥章	长9cm	299,000	福建东南	2013.10.27
郭懋介刻田黄"岁寒三友"薄意随形章	高6.2cm	1,380,000	北京匡时	2013.06.04
郭懋介刻田黄冻石山居即景薄意扁方章	长4.5cm	2,645,000	北京匡时	2013.06.04
郭祥忍作 荔枝洞石古兽方章	长7.8cm	218,500	福建东南	2013.10.27
郭祥忍作芙蓉石双龙戏水扁章	长8cm	172,500	福建东南	2013.05.26
郭祥忍作黄荔枝冻石《螭虎》扁章	长9cm	1,035,000	都市联盟	2013.11.19
郭祥忍作荔枝石《神兽春秋》方章	长8.5cm	828,000	都市联盟	2013.11.19
郭祥忍作善伯洞石云环双螭钮章	长5.5cm	368,000	福建东南	2013.05.26
郭祥忍作水洞高山桃花冻石双兔钮扁章	长4.7cm	402,500	福建东南	2013.05.26
郭祥忍作元和洞杜陵晶石松鼠钮对章	长4.3cm	437,000	福建东南	2013.05.26
郭祥雄雕五螭钮章	长10.2cm	23,000	朵云轩	2013.07.07
郭祥雄作 荔枝洞石古兽方章	长8.9cm	207,000	福建东南	2013.10.27
郭祥雄作 荔枝洞石古兽方章	长8.2cm	195,500	福建东南	2013.10.27
郭祥雄作都成坑石麒麟负书钮对章	长5.6cm	126,500	福建东南	2013.05.26
郭祥雄作荔枝洞石凤钮日字章	长5.3cm	437,000	福建东南	2013.10.27
郭子伯 三色高山冻薄意雕秋意印	2长9.8cm	140,000	上海驰翰	2013.04.25
韩登安 (1965年)刻寿山石兽钮方章	长4.5cm	86,250	北京匡时	2013.06.04
韩登安刻昌化鸡血石章 (一对)	长9.2cm	25,300	北京保利	2013.06.06
韩天衡 寿山石圆雕猴钮方章	长8.8cm	50,000	上海驰翰	2013.04.25
韩天衡 寿山石圆雕灵芝钮方章	长6.9cm	28,000	上海驰翰	2013.04.25
韩天衡刻印田白方章	长6.2cm	575,000	中国嘉德	2013.05.11
韩天衡篆刻闲章	长7.8cm	322,000	朵云轩	2013.07.07
韩天衡篆刻闲章	长8.3cm	115,000	朵云轩	2013.07.07
韩天衡篆刻闲章	长5.5cm	34,500	朵云轩	2013.07.07
何昆玉刻 寿山芙蓉石夔龙钮印章	长4.1cm	126,500	中国嘉德	2013.11.19
何昆玉刻 寿山石牛钮印章	长4.5cm	109,250	中国嘉德	2013.05.11
何昆玉为蕴刻青田石素方章	长5.4cm	13,800	北京匡时	2013.06.04
弘一法师李叔同刻"丰园"印章	高5.3cm	287,500	北京匡时	2013.12.05
弘一法师李叔同刻"真我"印章	高7.0cm	368,000	北京匡时	2013.12.05
弘一法师李叔同刻随形印章	高4.3cm	253,000	北京匡时	2013.12.05
红黄荔枝石人物钮章	长12.5cm	1,058,000	中国嘉德	2013.11.19
红黄荔枝石双螭穿环钮章	长10.7cm	920,000	中国嘉德	2013.11.19
洪鸽作善伯洞石《灵螭神兽》方章	长9cm	632,500	都市联盟	2013.11.19
洪建国作 鸡母窝石老少同乐人物钮方章	长8.8cm	109,250	福建东南	2013.10.27
鸿运当头 寿山芙蓉石章 (两件)	长5.4cm；长7.2cm	59,800	中国嘉德	2013.05.11
鲎箕石群螭戏珠钮章	长7.2cm	161,000	福建东南	2013.10.27
胡镢刻 寿山石印章	长5.7cm	74,750	中国嘉德	2013.05.11
胡祥翰刻田黄石兽钮方章	长2.2cm	138,000	北京匡时	2013.12.04
黄白巧色荔枝石人物钮章	长14.1cm	862,500	中国嘉德	2013.11.19
黄宾虹刻青田石邓实自用印	长4cm	80,500	西泠拍卖	2013.07.13
黄福海纹章	高5.5cm	483,000	北京保利	2013.12.03
黄建林 芙蓉石母子情椭圆章	长5.2cm	34,500	北京保利	2013.12.04
黄建林作田黄石螭钮日字章	长2.9cm	230,000	福建东南	2013.05.26
黄金黄田黄石太狮少狮钮方章	长5.2cm	11,155,000	中国嘉德	2013.11.19
黄牧甫刻 兽钮印章	长6.9cm	69,000	中国嘉德	2013.11.19
黄牧甫为汪国钧刻寿山石方章	长5.8cm	253,000	北京匡时	2013.12.04
黄善伯洞山水薄意方章	长7.2cm	17,250	朵云轩	2013.07.07
黄少牧等刻印章 (四方)	尺寸不一	34,500	西泠拍卖	2013.07.13
黄少牧刻 印章	长8.9cm	17,250	中国嘉德	2013.05.11
黄士陵刻寿山石伍德彝自用印	长4.7cm	471,500	西泠拍卖	2013.07.13
黄寿山薄意山水方章	长4.8cm	80,500	北京保利	2013.06.06
黄寿山石太狮少狮钮章 (一组三方)	尺寸不一	57,500	中国嘉德	2013.11.19
黄忠忠 水洞高山石童趣扁章	长8.5cm	43,700	北京保利	2013.12.04
鸡血石大红袍印章	长5cm	46,115	香港佳富	2013.04.04
鸡血石对章	高13.5cm	470,400	未来四方	2013.06.16
鸡血石对章	高13.7cm	313,600	未来四方	2013.06.16
鸡血石对章	高10.7cm	201,600	未来四方	2013.06.16
鸡血石方章	高8cm	34,500	中国嘉德	2013.09.16
鸡血石小方章	长6.6cm	23,000	北京保利	2013.06.06
鸡血石印章	高4.5cm	14,950	北京保利	2013.07.28
鸡血石印章 (一对)	高14cm	10,350	北京保利	2013.04.27
鸡血石长型印章	长11cm	22,135	香港佳富	2013.04.04
鸡血章	高16.8cm	115,000	宣石国际	2013.09.15
寄滋刻美意延年章	长4.8cm	11,500	西泠拍卖	2013.07.13
简经伦、经亨颐、郭兰枝、胡佩珩刻寿山石等章 (四方)	尺寸不一	32,200	西泠拍卖	2013.07.13
江信军作寿山芙蓉石钮章等 (七方)	尺寸不一	97,750	西泠拍卖	2013.07.13
江秀影作田黄石《得渔沽酒》薄意随形章	长7cm	1,092,500	福建东南	2013.05.26
蒋仁、吴让之、戴熙、周芬、花榜、吴咨、李文田等名家石印章 (四十枚)	尺寸不一	147,568	香港普艺	2013.04.06
酱油青田素方章	长5.5cm	74,750	朵云轩	2013.07.07
节节高升 寿山芙蓉石章 (十二件)	尺寸不一	103,500	中国嘉德	2013.05.11
结晶性芙蓉鳌龙钮扁章	长6.5cm	10,350	朵云轩	2013.07.07
结晶性芙蓉龙钮章	长5.9cm	17,250	朵云轩	2013.07.07
结晶性芙蓉甪端钮扁章	长7.0cm	13,800	朵云轩	2013.07.07
捷报丰收 寿山高山石方章	长9.5cm	184,000	中国嘉德	2013.05.11
芥子园藏印 (三方)	尺寸不一	17,250	西泠拍卖	2013.07.13
金包银田黄雕双羊钮方章	高8.2cm	690,000	上海中汉	2013.10.17
金良良篆刻对章	长6.5cm×2	16,100	朵云轩	2013.07.07
金田黄兽钮竹节方章	高7.5cm	103,500	北京九歌	2013.06.28
金西厓刻 西厓自用印	长3.5cm	115,000	泰和嘉成	2013.05.26
金银田田黄石云蝠纹薄意方章	长4.6cm	103,500	西泠拍卖	2013.07.13
金禹民、张牧石刻孙正刚自用印(五方)	尺寸不一	25,300	西泠拍卖	2013.07.13
近代 方介堪刻白高山石兽钮闲章	长6cm	17,250	北京保利	2013.12.05
近代 韩登安为胡铁生刻毛主席诗词闲章	长3.9cm	97,750	北京保利	2013.12.05
近代 韩天衡刻杜陵石闲章	长10.2cm	184,000	北京保利	2013.12.05
近代 鸡血、寿山石雕各式印章(共十六件)	尺寸不一	92,000	北京保利	2013.10.28
近代 寿山黄芙蓉狮钮章	高3cm	13,800	北京翰海	2013.09.15
近代 双雨山馆藏印 (一套二十六方)	尺寸不一	6,210,000	朵云轩	2013.07.06
近代 乌鸦皮田黄陈巨来刻溥心畬自用印	长4.5cm	460,000	北京保利	2013.12.04
近代 赵鹤琴刻小薄意花鸟印 (一对)	长9cm	34,500	北京保利	2013.10.28
近现代 陈巨来篆刻周节之用印 (二方)	尺寸不一	23,000	朵云轩	2013.07.07

2013杂项拍卖成交汇总

(成交价RMB：1万元以上)

拍品名称	物品尺寸	成交价RMB	拍卖公司	拍卖日期
近现代 金禹民等篆刻李家耀用印(四方)	尺寸不一	36,800	朵云轩	2013.07.07
近现代 陶寿伯篆刻李家耀用印(三方)	尺寸不一	11,500	朵云轩	2013.07.07
旧铜印章(一组三方)	尺寸不一	11,500	荣宝斋(上海)	2013.06.30
掘性黄杜陵竹节章	长5cm	46,000	朵云轩	2013.07.07
柯铭骧作高山石静瓶观音钮方章	长8.5cm	103,500	福建东南	2013.05.26
坑头晶等兽钮章(三方)	尺寸不一	28,750	朵云轩	2013.07.07
坑头石古兽方章	长10cm	11,500	北京保利	2013.12.04
孔千秋刻 寿山芙蓉石狮钮印章	长4.4cm	11,500	中国嘉德	2013.11.19
来楚生(1946年)作寿山石古兽钮章	长6.3cm	48,300	西泠拍卖	2013.07.13
来楚生刻 寿山石牛钮生肖印章	长4.1cm	115,000	中国嘉德	2013.05.11
来楚生刻贺天健自用印	长5.8cm	74,750	西泠拍卖	2013.07.13
来楚生刻贺天健自用印(二方)	长4.3cm；长7.1cm	103,500	西泠拍卖	2013.07.13
来楚生刻青田石闲章	长3cm	126,500	西泠拍卖	2013.07.13
蓝玉崧刻寿山石 青田石章(十五方)	尺寸不一	20,700	中国嘉德	2013.03.25
烂柯山樵刻 昌化鸡血石印章	长7.3cm	34,500	中国嘉德	2013.05.11
李昊篆刻闲章	长9cm	55,200	朵云轩	2013.07.07
李昊篆刻闲章	长7.3cm	51,750	朵云轩	2013.07.07
李来仪作高山桃花洞石虎啸天下方章	长8.3cm	184,000	福建东南	2013.05.26
李叔同刻青田扁方章	长3cm	11,500	北京保利	2013.12.05
李燕生刻 田黄石牧鹅图随形章	长3.8cm	230,000	福建东南	2013.10.28
李早刻 印章一方、章建平刻 印章一方	长8.3cm×2	17,250	中国嘉德	2013.11.19
荔枝冻狮钮方章	长8cm	59,800	北京匡时	2013.06.04
荔枝冻石方章(两方)	长7.4cm；长9.4cm	74,750	北京匡时	2013.06.04
荔枝冻素方章	长5cm	47,150	朵云轩	2013.07.07
荔枝冻素方章	长5cm	17,250	朵云轩	2013.07.07
荔枝冻印章	高6.5cm	10,350	北京保利	2013.04.27
荔枝洞 石章	高8.5cm	13,662	香港吉斋	2013.05.26
荔枝洞石安居乐业钮方章	长10.2cm	552,000	福建东南	2013.10.27
荔枝洞石博古方章	长8.5cm	138,000	福建东南	2013.10.27
荔枝洞石博古方章	长8.7cm	126,500	福建东南	2013.10.27
荔枝洞石螭钮方章	长9cm	103,500	福建东南	2013.05.26
荔枝洞石古兽方章	长8.6cm	103,500	福建东南	2013.10.27
荔枝洞石古兽钮椭圆章	长6.1cm	149,500	福建东南	2013.05.26
荔枝洞石群螭戏钱方章	长7.2cm	805,000	福建东南	2013.10.27
荔枝洞石群狮戏球方章	长10.7cm	253,000	福建东南	2013.10.27
荔枝洞石素方章	长9.6cm	747,500	福建东南	2013.05.26
荔枝洞石素方章	长8.2cm	368,000	福建东南	2013.05.26
荔枝洞石素章	长7.9cm	92,000	北京保利	2013.12.04
荔枝洞石童子拜观音方章	长11.6cm	138,000	福建东南	2013.05.26
荔枝洞素方章	长6cm	34,500	朵云轩	2013.07.07
廖德良作荷钮套章	长7.3cm；长5.6cm	103,500	福建东南	2013.05.26
廖一刀 汶洋石古兽方章	长6.9cm	172,500	北京保利	2013.12.04
林碧英作三色荔枝石《松鼠》方章	长10cm	2,070,000	都市联盟	2013.11.19
林碧英作善伯石《一家亲》方章	长10cm	575,000	都市联盟	2013.11.19
林炳生雕人物钮章	长11cm	25,300	朵云轩	2013.07.07
林炳生作寿山水坑石荷塘双鸳薄意章	长8cm	32,200	西泠拍卖	2013.07.13
林国俤作李红善伯洞石夔龙纹博古对章	长11.4cm	253,000	福建东南	2013.05.26
林亨云(2003年)作寿山芙蓉石熊钮章	长13.5cm	287,500	西泠拍卖	2013.07.13
林亨云作 焓红石母子情方章	长10.7cm	207,000	福建东南	2013.10.27
林亨云作 焓红石一家亲方章	长13.1cm	322,000	福建东南	2013.10.27
林剑丹篆刻闲章	长6.8cm	17,250	朵云轩	2013.07.07
林健篆刻闲章	长6.3cm	23,000	朵云轩	2013.07.07
林钧刻 芙蓉石秋菊海棠薄意方章	长5.8cm	126,500	福建东南	2013.10.28
林平作高山石《古兽》长方章	长10.5cm	724,500	都市联盟	2013.11.19
林其俤作寿山坑头晶薄意随形章	长7.3cm	23,000	西泠拍卖	2013.07.13
林千石刻 鸡血石对章	长5.8cm×2	17,000	上海驰翰	2013.03.16
林千石刻 寿山白芙蓉石印章	长6.4cm	34,500	中国嘉德	2013.05.11
林清卿风格寿山薄意花卉对章	长8.4cm	92,000	北京保利	2013.06.06
林寿煁 田黄石留皮松下高士随形章	高5.5cm	977,500	北京保利	2013.12.04
林文举 鸡母窝石布袋和尚薄扁章	长7.6cm	46,000	北京保利	2013.12.04
林文举双色荔枝冻薄意桃李夜宴图方印材	高10cm	690,000	荣宝斋(上海)	2013.06.30
林文举作 高山石薄意套章(三件套)	尺寸不一	195,500	福建东南	2013.10.27
林文举作 高山太极冻石福禄寿薄意方章	长13.7cm	322,000	福建东南	2013.10.27
林文举作 荔枝洞石采菊薄意方章	长8.9cm	218,500	福建东南	2013.10.27
林文举作 善伯洞石达摩渡江薄意章	长10.5cm	109,250	福建东南	2013.10.27
林文举作都成坑石薄意扁章	长11.4cm	287,500	福建东南	2013.05.26
林文举作荔枝洞石梅花薄意方章	长4.7cm	195,500	福建东南	2013.05.26
林文举作水洞高山石《福至心灵》薄意随形章	长8.4cm	126,500	福建东南	2013.05.26
林文举作水洞高山石云蝠薄意方章	长7.5cm	109,250	福建东南	2013.05.26
林文举作田黄石《福至心灵》薄意随形章	高3.8cm	368,000	福建东南	2013.05.26
林文举作田黄石《岁寒三友》薄意随形章	长4cm	8,050,000	福建东南	2013.05.26
林文举作田黄石弥勒达摩人物薄意扁章	长5.6cm	4,600,000	福建东南	2013.05.26
林文举作乌鸦皮田黄石《风雪夜归人》薄意章	长4.6cm	517,500	福建东南	2013.05.26
林依友刻马背石刘海戏蟾钮	长8.9cm	17,250	北京匡时	2013.06.04
林友枝作寿山石云龙薄意套章(三方)	尺寸不一	40,250	西泠拍卖	2013.07.13
刘爱珠作田黄石刘海戏蟾扁章	长5cm	195,500	福建东南	2013.05.26
刘北山 白芙蓉石荷花钮日字章	长9.5cm	57,500	北京匡时	2013.06.04
刘北山 白芙蓉石罗汉形章(两件)	长10.5cm；长9.5cm	51,750	北京匡时	2013.06.04
刘北山 芙蓉如意钮日字章(三件一套)	尺寸不一	126,500	北京匡时	2013.06.04
刘北山 芙蓉石鳌龙钮印章	长7.9cm	74,750	北京匡时	2013.06.04
刘北山 芙蓉石铺首日字章	长6.6cm	333,500	北京匡时	2013.06.04
刘北山 芙蓉石三连章	尺寸不一	43,700	北京匡时	2013.06.04
刘北山 芙蓉石三阳开泰钮方章	长7.6cm	149,500	北京匡时	2013.06.04
刘北山 芙蓉石唐马钮日字章	长7.1cm	230,000	北京匡时	2013.06.04
刘北山 芙蓉石鱼化龙日字章	长6.6cm	105,800	北京匡时	2013.06.04
刘北山 红白芙蓉石山水对章	长5.7cm；长5.9cm	86,250	北京匡时	2013.06.04
刘北山 黄白芙蓉石如意钮日字章	长7.2cm	92,000	北京匡时	2013.06.04
刘北山 黄芙蓉椭圆对章	长10cm×2	105,800	北京匡时	2013.06.04
刘北山 坤银洞杜陵素章(一对)	长3.1cm；长5.9cm	57,500	北京匡时	2013.06.04
刘北山 巧色芙蓉石山水日字章	长7.8cm	55,200	北京匡时	2013.06.04
刘北山 巧色桃花芙蓉石富贵当头方章	长13.5cm	379,500	北京匡时	2013.06.04
刘北山 三色芙蓉石寿桃钮日字章(三件一套)	尺寸不一	425,500	北京匡时	2013.06.04
刘北山 山秀园瓦钮方章	长5.8cm	80,500	北京匡时	2013.06.04
刘北山 上洞芙蓉石牡丹钮日字章	长7.3cm	126,500	北京匡时	2013.06.04
刘北山 纹洋石螭虎钮日字章	长5.8cm	74,750	北京匡时	2013.06.04
刘北山 纹洋石葡萄钮日字章	长14cm	1,782,500	北京匡时	2013.06.04
刘北山 纹洋石云纹龟龙日字章	长9.5cm	59,800	北京匡时	2013.06.04
刘海戏蟾 寿山田黄石随形章	长3.3cm	86,250	中国嘉德	2013.11.19
刘江刻 青田石印章	长4.7cm	25,300	中国嘉德	2013.11.19
刘奎龄自用木印	长10.5cm	11,500	西泠拍卖	2013.07.13
刘明亮作芙蓉石文字对章	长8.2cm	126,500	福建东南	2013.10.27
刘一闻篆刻闲章	长5.5cm	276,000	朵云轩	2013.07.07
刘一闻篆刻闲章	长6.5cm	184,000	朵云轩	2013.07.07
柳晓康篆刻闲章	长9.8cm	18,400	朵云轩	2013.07.07

拍品名称	物品尺寸	成交价RMB	拍卖公司	拍卖日期
柳晓康篆刻闲章	长7.8cm	18,400	朵云轩	2013.07.07
柳晓康篆刻闲章	长8.7cm	18,400	朵云轩	2013.07.07
龙生九子 巴林石方章(一组)	尺寸不一	66,700	中国嘉德	2013.11.19
龙生九子 寿山芙蓉石章(九件)	尺寸不一	51,750	中国嘉德	2013.05.11
龙生九子 寿山汶洋石印章(一组)	尺寸不一	48,300	中国嘉德	2013.11.19
龙腾虎跃 水洞高山石钮章	长8.4cm	920,000	中国嘉德	2013.11.19
龙腾祥云 昌化老坑鸡血石方章	长11cm	2,127,500	北京九歌	2013.06.28
陆康篆刻闲章	长6cm	59,800	朵云轩	2013.07.07
陆康篆刻闲章	长8.5cm	59,800	朵云轩	2013.07.07
陆康篆刻闲章	长6cm	55,200	朵云轩	2013.07.07
鹿目格薄意随行章(两方)	高3.8cm×2	11,500	北京匡时	2013.06.04
鹿目田黄薄意山水随形章	长6.9cm	368,000	北京保利	2013.06.06
吕少华篆刻闲章	长5cm	11,500	朵云轩	2013.07.07
吕少华篆刻闲章	长5.9cm	11,500	朵云轩	2013.07.07
吕少华篆刻闲章	长4.8cm	11,500	朵云轩	2013.07.07
马公愚、徐璞生篆刻李家耀用印(四方)	尺寸不一	23,000	朵云轩	2013.07.07
茅大容篆刻闲章	长12.8cm	20,700	朵云轩	2013.07.07
梅柳渡江春 红花醉芙蓉石薄意钮章	长8.7cm	92,000	中国嘉德	2013.11.19
梦渔、林千石等刻印章(三方)	尺寸不一	32,200	中国嘉德	2013.11.19
民国“齐璜”款龙纽四方大印章	高12cm	172,500	远方拍卖	2013.12.01
民国 常云湄旧藏徐正厂制十色印泥	直径5.7cm	43,700	西泠拍卖	2013.07.12
民国 陈巨来花芙蓉瑞兽方章	长4.4cm	32,200	北京保利	2013.06.06
民国 陈巨来刻白芙蓉薄意章	长7.8cm	39,200	天津文物	2013.05.24
民国 陈巨来刻芙蓉云龙钮方章	长4cm	184,000	北京保利	2013.12.05
民国 陈巨来刻坑头环冻云钮章	长4.5cm	47,040	天津文物	2013.11.22
民国 陈巨来篆刻龚心钊用印	长4.6cm	115,000	朵云轩	2013.07.07
民国 陈巨来篆刻田黄冻林清卿风格薄意云纹钮方章	长5.8cm	4,485,000	北京保利	2013.12.04
民国 陈子奋篆刻章	长4.7cm	17,250	朵云轩	2013.07.07
民国 都兰桂刻松鹤延年核雕印章	高1.5cm	32,200	西泠拍卖	2013.07.12
民国 杜陵坑、白高山兽钮章(三方)	尺寸不一	59,800	朵云轩	2013.07.07
民国 顿立夫刻白芙蓉狮钮章	长5.5cm	13,440	天津文物	2013.05.24
民国 顿立夫刻红花芙蓉金蟾钮章	长6cm	11,200	天津文物	2013.11.22
民国 方介堪刻白芙蓉盘螭钮章	长4.3cm	16,800	天津文物	2013.05.24
民国 芙蓉古兽钮章(二方)	尺寸不一	24,150	朵云轩	2013.07.07
民国 高山螭钮章(二方)	尺寸不一	23,000	朵云轩	2013.07.07
民国 高山冻龙钮对章	长8cm×2	149,500	朵云轩	2013.07.07
民国 各式印章(一组二十七件)	尺寸不一	92,000	北京保利	2013.10.28
民国 古移堂刻田黄狮钮印章	长5cm	221,760	中信国际	2013.05.28
民国 黄杜陵古工钮章(二方)	尺寸不一	34,500	朵云轩	2013.07.07
民国 鸡血章料(一对)	高8cm	13,800	北京保利	2013.04.28
民国 金砂地善伯瓦钮对章	长5cm×2	17,250	朵云轩	2013.07.07
民国 坑头牛角冻松鼠葡萄钮章	长4.6cm	11,500	朵云轩	2013.07.07
民国 李尹桑刻芙蓉双螭钮章	长6.8cm	17,250	北京保利	2013.12.05
民国 李尹桑刻赵叔孺用印	长5cm	92,000	朵云轩	2013.07.07
民国 林清卿雕山水薄意章	长5cm	34,500	朵云轩	2013.07.07
民国 林文宝·三龙戏珠田黄	高6cm；重66克	667,000	北京匡时	2013.06.04
民国 林文宝雕云龙钮章	长7.2cm	32,200	朵云轩	2013.07.07
民国 林元珠雕螭虎穿壁钮章	长7cm	66,700	朵云轩	2013.07.07
民国 林元珠雕三螭穿圈钮章	长6.6cm	149,500	朵云轩	2013.07.07
民国 柳坪紫荷花钮三排章	长6cm×3	13,800	朵云轩	2013.07.07
民国 楼辛壶刻鹿目格随形章	长6cm	11,200	天津文物	2013.05.24
民国 迷翠寮、芙蓉钮章(二方)	尺寸不一	20,700	朵云轩	2013.07.07
民国 齐白石刻尼姑楼石双凤钮章	长9.7cm	161,000	北京保利	2013.12.05
民国 齐白石刻青田石章	长5cm	31,360	天津文物	2013.11.22
民国 齐白石为豹文斋治印	高4.5cm	103,500	北京匡时	2013.12.05
民国 奇艮丹凤献瑞浮雕对章	长6.5cm×2	17,250	朵云轩	2013.07.07
民国 钱君匋刻红高山三联章	长7cm	13,440	天津文物	2013.05.24
民国 钱瘦铁篆刻对章	长5cm×2	23,000	朵云轩	2013.07.07
民国 善伯洞云纹薄意章	长8.8cm	25,300	朵云轩	2013.07.07
民国 十八应真连江黄寿山石章	长10cm	22,400	天津文物	2013.05.24
民国 寿山石人物印章	高7.5cm	13,800	北京保利	2013.07.27
民国 寿山印章(三方)	尺寸不一	13,800	北京保利	2013.04.28
民国 寿石工为王正廷刻虬珏染绿方章	高2.3cm	28,750	北京匡时	2013.12.05
民国 寿石工自用及为周肇祥 谭令柔蓝玉崧等刻寿山石章(五方)	尺寸不一	34,500	中国嘉德	2013.03.25
民国 唐醉石刻青田石对章	长5cm	22,400	天津文物	2013.05.24
民国 田黄薄意雕松下高士图印章	长3.2cm	132,250	苏州东方	2013.09.28
民国 田黄林清卿风格薄意方章(一对)	长5.3cm；长5.2cm	598,000	北京保利	2013.06.04
民国 童大年刻芙蓉螭钮章	长8cm	28,750	北京保利	2013.12.05
民国 童大年刻寿山石椭圆章	长4cm	16,100	北京九歌	2013.06.28
民国 汪大铁篆刻闲章	长7.1cm	18,400	朵云轩	2013.07.07
民国 王福庵刻陈夔龙用印	长5.8cm	97,750	朵云轩	2013.07.07
民国 王福庵刻芙蓉太狮少狮钮章	长7.5cm	33,600	天津文物	2013.05.24
民国 王提刻巧色寿山石章	长5.8cm	20,160	天津文物	2013.11.22
民国 吴昌硕款田黄方章	长4.5cm	1,437,500	北京保利	2013.12.04
民国 吴朴堂刻红芙蓉螭龙钮章	长9cm	13,440	天津文物	2013.11.22
民国 余仲嘉篆刻自用印	长2.5cm	12,650	朵云轩	2013.07.07
民国 赵古泥篆刻闲章	长6.9cm	80,500	朵云轩	2013.07.07
民国 赵叔儒刻红花芙蓉羊钮章	长4.8cm	20,700	北京保利	2013.12.05
民国 赵遂之治冻地芙蓉三面印	高3.8cm	46,000	北京匡时	2013.12.05
民国 周康元为徐世章刻寿山石方章	高3.1cm	40,250	中国嘉德	2013.03.25
民国 猪油白高山象钮对章	长5.7cm×2	69,000	朵云轩	2013.07.07
民国二十七年(1938年) 周康元为徐世章刻寿山石方章	高5.6cm	20,700	中国嘉德	2013.03.25
民国三十年(1941年) 傅大卣为徐世章刻寿山石方章(一对)	高3.5cm	34,500	中国嘉德	2013.03.25
民国四年(1915年) 寿石工自用寿山冻石章(三方)	尺寸不一	57,500	中国嘉德	2013.03.25
民国四年(1915年) 周康元为徐世章刻寿山石方章	高3.3cm	36,800	中国嘉德	2013.03.25
名家篆刻闲章(九方)	尺寸不一	287,500	朵云轩	2013.07.07
母子情深 寿山焓红旗降石方章	长9.5cm	59,800	中国嘉德	2013.05.11
尼姑楼小对章	长4.6cm×2	23,000	朵云轩	2013.07.07
牛角地鸡血章	高13.5cm	218,500	宣石国际	2013.09.15
牛角冻狮钮对章	长7.2cm×2	34,500	北京匡时	2013.06.04
牛角鸡血对章(两方)	尺寸不一	161,000	宣石国际	2013.09.15
欧彦恩 巴林石古兽钮套章(三件)	尺寸不一	172,500	北京保利	2013.12.04
潘惊石作高山石古兽方章	长6.5cm	345,000	福建东南	2013.10.27
潘惊石作高山石古兽钮印章	长6.1cm	172,500	福建东南	2013.05.26
潘惊石作坑头晶石古兽钮印章	长2.9cm	287,500	福建东南	2013.05.26
潘惊石作荔枝洞石古兽钮方章	长6.6cm	368,000	福建东南	2013.10.27
潘惊石作荔枝洞石朱雀博古扁章	长7cm	207,000	福建东南	2013.10.27
潘惊石作寿山芙蓉石古兽钮章	长8.8cm	43,700	西泠拍卖	2013.07.13
潘惊石作寿山石“昆虫记”方章(十二方)	尺寸不一	1,380,000	西泠拍卖	2013.07.13
潘泗生 昌化鸡血石牛角冻底圆雕兽钮章	长7.2cm	65,000	上海驰翰	2013.04.25
潘泗生作寿山荔枝冻石薄意扁方章	长9cm	402,500	西泠拍卖	2013.07.13
潘主兰、容庚篆刻章(二方)	尺寸不一	36,800	朵云轩	2013.07.07
盘龙纹对章	长11.5cm×2	207,000	河南豫呈祥	2013.01.22
濮森刻田黄石印章	长3.2cm	897,000	北京匡时	2013.12.04
齐白石 (1936年)为余舒刻芙蓉石螭钮章	长7cm	253,000	北京匡时	2013.06.04
齐白石 (1936年)为余舒刻芙蓉石兽钮方章	长5cm	345,000	北京匡时	2013.06.04

2013杂项拍卖成交汇总

(成交价RMB：1万元以上)

拍品名称	物品尺寸	成交价RMB	拍卖公司	拍卖日期
齐白石 (1946年)为张镇刻寿山石狮钮方章	长7.2cm	322,000	北京匡时	2013.06.04
齐白石刻 寿山芙蓉石印章	长5.3cm	287,500	中国嘉德	2013.11.19
齐白石刻 寿山石古兽钮方章	长5.2cm	207,000	中国嘉德	2013.11.19
齐白石刻 寿山石印章	长5.3cm	701,500	中国嘉德	2013.05.11
齐白石刻 寿山石印章	长3.9cm	322,000	中国嘉德	2013.11.19
齐白石刻 昌化石蟾蜍钮方章	长4.5cm	115,000	中国嘉德	2013.05.11
齐白石刻“狗子”印章	高3.0cm	230,000	北京匡时	2013.12.05
齐白石刻“壶中盦”狮钮印章	高8.4cm	184,000	北京匡时	2013.12.05
齐白石刻“三复白圭”巧雕梅花印章	高9.6cm	115,000	北京匡时	2013.12.05
齐白石刻“无所不能	高6.5cm	230,000	北京匡时	2013.12.05
齐白石刻昌化石方章	长6cm	184,000	北京匡时	2013.06.04
齐白石刻青田石方印章	长3.5cm	136,448	香港富得	2013.07.28
齐白石刻寿山芙蓉石兽钮方章	长6.8cm	218,500	北京匡时	2013.12.04
齐白石刻寿山芙蓉石孙正刚自用印	长6.3cm	230,000	西泠拍卖	2013.07.13
齐白石刻寿山石孙正刚自用印	长6.8cm	172,500	西泠拍卖	2013.07.13
齐白石款 寿山田黄石狮钮方章	长4.2cm	4,600,000	中国嘉德	2013.11.19
齐白石款昌化鸡血石印章	长5.5cm	78,200	中国嘉德	2013.05.11
齐白石款青田石印章	长7.5cm	11,500	中国嘉德	2013.05.11
齐白石款寿山杜陵石螭钮印章	长4.4cm	23,000	中国嘉德	2013.05.11
齐白石款寿山杜陵石印章	长10.3cm	23,000	中国嘉德	2013.05.11
齐白石款寿山芙蓉石狮钮印章	长6.3cm	40,250	中国嘉德	2013.05.11
齐白石款寿山高山石狮钮印章	长7.5cm	34,500	中国嘉德	2013.05.11
齐白石款寿山石方章	高6.5cm	57,500	中国嘉德	2013.09.16
齐白石为曹锟刻寿山石狮钮方章	长7cm	368,000	北京匡时	2013.06.04
齐白石为胡佩衡刻芙蓉石扁章	长7.5cm	517,500	北京匡时	2013.06.04
齐白石为陆质雅刻寿山芙蓉石兽钮方章	长6cm	287,500	北京匡时	2013.12.04
齐白石为陆质雅刻寿山石方章	长8.3cm	287,500	北京匡时	2013.06.04
齐白石为齐良已刻青田石印章(一组十一枚)	尺寸不一	575,000	荣宝斋(上海)	2013.06.30
齐白石为寿石工刻艾叶绿方章	长2.7cm	345,000	北京匡时	2013.12.04
齐白石为王缵绪刻青田石方章	长7.1cm	322,000	北京匡时	2013.06.04
齐白石为王缵绪刻寿山石方章	长5cm	368,000	北京匡时	2013.06.04
齐白石为张镇刻青田石对章	长6cm×2	253,000	北京匡时	2013.06.04
齐白石篆刻闲章	长8cm	575,000	朵云轩	2013.07.07
齐白石篆刻闲章	长6.5cm	287,500	朵云轩	2013.07.07
琪源洞杜陵石素章	长8.6cm	690,000	河南豫呈祥	2013.01.22
钱君匋 (1976、1968年)刻寿山石章(三方)	尺寸不一	69,000	西泠拍卖	2013.07.13
钱君匋刻 寿山高山石对章	长7.5cm；长7.6cm	55,200	中国嘉德	2013.11.19
钱君匋刻 寿山石印章一方，张寒月刻寿山石、巴林石印章三方	尺寸不一	17,250	中国嘉德	2013.11.19
钱君匋刻 昌化鸡血石印章	长7cm	20,700	中国嘉德	2013.05.11
钱君匋刻黄寿山薄意章	长4.2cm	17,250	北京保利	2013.06.06
钱瘦铁、田叔达刻田黄石陈石濑自用印(二方)	长2.4cm；长2.2cm	115,000	西泠拍卖	2013.07.13
钱瘦铁、徐松安等刻 印章(五件)	尺寸不一	48,300	中国嘉德	2013.05.11
钱瘦铁刻 青田石印章	长5.8cm	23,000	中国嘉德	2013.05.11
钱瘦铁刻 寿山石狮钮方章(一对)	长6.5cm×2	89,700	中国嘉德	2013.05.11
钱瘦铁刻老寿山石雕狮钮日章	高5cm	20,700	荣宝斋(上海)	2013.06.30
乾隆年 乾隆御笔太子书八册八印		11,810,500	澳门中信	2013.06.23
巧色巴林石兽钮方章	长12.9cm	40,250	中国嘉德	2013.11.19
巧色芙蓉弥勒佛浮雕章	长7.5cm	10,350	朵云轩	2013.07.07
巧色芙蓉石莲花钮对章	长6.4cm；长6.3cm	115,000	中国嘉德	2013.11.19
巧色芙蓉石熊钮方章	长11.7cm	2,012,500	中国嘉德	2013.11.19
巧色芙蓉石英雄钮印章	长5.9cm	195,500	中国嘉德	2013.11.19
巧色芙蓉子孙万代钮章	长12.3cm	18,400	朵云轩	2013.07.07
巧色高山双螭钮长方章	长7cm	25,300	北京保利	2013.06.06
巧色荔枝石瓜果钮方章	长14.8cm	977,500	中国嘉德	2013.11.19
巧色善伯洞兽纽方章	长3.3cm	12,650	朵云轩	2013.07.07
巧色水洞高山龙钮章	长5.5cm	57,500	朵云轩	2013.07.07
巧色汶洋竹节套章(三方)	尺寸不一	13,800	朵云轩	2013.07.07
青山农刻 寿山杜陵石对章	长6.6cm×2	69,000	中国嘉德	2013.11.19
青山石雕瑞兽钮方章	高4cm	34,500	北京保利	2013.04.28
青田封门青荷叶钮方章	长5.1cm	59,800	中国嘉德	2013.11.19
青田封门青石博古钮章	长10.5cm	97,750	西泠拍卖	2013.07.13
青田封门青石博古钮章	长13.4cm	97,750	西泠拍卖	2013.07.13
青田封门青石博古钮章	长9.5cm	92,000	西泠拍卖	2013.07.13
青田封门青石博古钮章	长10cm	86,250	西泠拍卖	2013.07.13
青田封门青石博古钮章	长10.4cm	74,750	西泠拍卖	2013.07.13
青田封门青石古兽钮章	长8.5cm	17,250	西泠拍卖	2013.07.13
青田封门青石子母兽钮方章	长14.2cm	207,000	西泠拍卖	2013.07.13
青田长方对章	高7cm	36,800	北京保利	2013.12.03
瑞屿祥云 寿山水晶冻石方章(一对)	长8cm×2	402,500	中国嘉德	2013.05.11
三彩水洞高山石素方章	长9.1cm	690,000	福建东南	2013.05.26
三联章鸡血(三方)	尺寸不一	287,500	宣石国际	2013.09.15
三色芙蓉骑象钮章	长8.3cm	51,750	朵云轩	2013.07.07
三色芙蓉石太狮少狮钮方章	长12.7cm	253,000	中国嘉德	2013.11.19
三色荔枝洞龙钮章	长6.8cm	34,500	朵云轩	2013.07.07
三色水洞高山石印章	长8.6cm	437,000	中国嘉德	2013.11.19
三羊开泰 寿山芙蓉石钮章	长7.5cm	69,000	中国嘉德	2013.11.19
三羊开泰、卧马 寿山芙蓉石钮章(两件)	长7.4cm；长7.3cm	51,750	中国嘉德	2013.05.11
桑名铁成刻 寿山岱下黄石兽钮印章	长4.5cm	51,750	中国嘉德	2013.05.11
沙曼翁刻青田石闲章(三方)	尺寸不一	46,000	西泠拍卖	2013.07.13
沙孟海刻寿山石朱祖谋自用印	长2.9cm	322,000	西泠拍卖	2013.07.13
善伯洞石《古兽》方章	长6.5cm	230,000	都市联盟	2013.11.19
善伯洞石螭钮方章	长13.5cm	34,500	北京保利	2013.12.04
善伯洞石素对章	长5.7cm	149,500	福建东南	2013.05.26
上洞芙蓉石玄鸟瓦钮方章	长9.7cm	161,000	福建东南	2013.10.27
深山寻幽 寿山田黄石薄意章	长4.3cm	89,700	中国嘉德	2013.05.11
沈鼎雍刻佛像印	长5.1cm	13,800	朵云轩	2013.07.07
沈鼎雍刻佛像印	长6.1cm	10,350	朵云轩	2013.07.07
狮钮方章	高6cm	17,250	北京保利	2013.12.03
狮钮闲章	长11.2cm	46,000	西泠拍卖	2013.07.13
十二生肖 寿山结晶芙蓉石章(十二件)	尺寸不一	195,500	中国嘉德	2013.05.11
石开篆刻闲章	长7.5cm	138,000	朵云轩	2013.07.07
石强作白田石观瀑图薄意扁章	重60g	517,500	都市联盟	2013.11.19
石强作寿山石花开四季四件套组章	尺寸不一	2,070,000	都市联盟	2013.11.19
石卿刻 昌化羊脂冻地鸡血石薄意随形章(一对)	长11.7cm；长11.2cm	8,970,000	北京九歌	2013.06.28
石祥霖刻鸡血石方章	高6.1cm	46,000	北京保利	2013.12.03
石秀作田黄石龙钮扁方章	长3.6cm	172,500	西泠拍卖	2013.07.13
寿山艾叶绿石 惊起一滩鸥鹭 对章	长6.4cm；长6.3cm	20,700	北京匡时	2013.12.04
寿山白芙蓉石方章	长5.6cm	48,300	中国嘉德	2013.11.19
寿山白芙蓉石兽钮章	长7.4cm	172,500	中国嘉德	2013.11.19
寿山豆耿石熊钮印章	长7.2cm	97,750	中国嘉德	2013.11.19
寿山杜陵石 荷塘清色 钮章	长8.8cm	40,250	北京匡时	2013.12.04
寿山杜陵石 龙腾虎跃 扁章	长8.5cm	66,700	北京匡时	2013.12.04
寿山杜陵石秋菊薄意对章	长9.6cm×2	40,250	西泠拍卖	2013.07.13
寿山碓下黄云龙纹薄意方章	长9cm	34,500	西泠拍卖	2013.07.13
寿山二号矿石 一江秋色 薄意方章	长6.3cm	36,800	北京匡时	2013.12.04
寿山芙蓉冻石雕狮钮日章	高7.1cm	21,850	荣宝斋(上海)	2013.06.30
寿山芙蓉狮钮方章(一对)	长8.2cm；长8.4cm	115,000	中国嘉德	2013.05.11
寿山芙蓉石 爱鹅 方章	长7.9cm	51,750	北京匡时	2013.12.04

拍品名称	物品尺寸	成交价RMB	拍卖公司	拍卖日期
寿山芙蓉石 高山石双角甪端钮章(两件)	长3cm；长2.8cm	23,000	北京匡时	2013.12.04
寿山芙蓉石 夷人牧象 方章	长9.4cm	92,000	北京匡时	2013.12.04
寿山芙蓉石雕钮章(两方)	长5.9cm；长4.9cm	97,750	中国嘉德	2013.11.19
寿山芙蓉石对章	长6.2cm×2	17,250	中国嘉德	2013.11.19
寿山芙蓉石古兽钮扁方章	长3.8cm	11,500	西泠拍卖	2013.07.13
寿山芙蓉石古兽钮对章	长7.4cm；长7cm	25,300	西泠拍卖	2013.07.13
寿山芙蓉石古兽钮方章(两件)	长4.3cm；长5.1cm	43,700	北京匡时	2013.12.04
寿山芙蓉石龙钮方章	长6.7cm	23,000	中国嘉德	2013.11.19
寿山芙蓉石钮章(二方)	长5.8cm；长5.8cm	17,250	西泠拍卖	2013.07.13
寿山芙蓉石山水薄意古兽钮章	长8.8cm	25,300	西泠拍卖	2013.07.13
寿山芙蓉石狮钮对章	长10.1cm×2	71,300	中国嘉德	2013.05.11
寿山芙蓉石狮钮方章(一对)	长7.9cm×2	34,500	中国嘉德	2013.05.11
寿山芙蓉石兽钮方章	长6.2cm	11,500	中国嘉德	2013.11.19
寿山芙蓉石双螭对章、古兽钮章(三方)	长7.1cm×2；长6.4cm	92,000	西泠拍卖	2013.07.13
寿山芙蓉石双螭钮对章	长4.9cm×2	69,000	西泠拍卖	2013.07.13
寿山芙蓉石太狮少狮钮方章	长17.7cm	161,000	中国嘉德	2013.11.19
寿山芙蓉石戏龙钮章	长6.5cm	31,050	北京匡时	2013.12.04
寿山芙蓉石熊钮印章(一组二方)	长8.6cm；长11.7cm	92,000	中国嘉德	2013.11.19
寿山芙蓉石竹报平安钮章	长9.8cm	13,800	西泠拍卖	2013.07.13
寿山高山冻石印章(一组二方)	长5.7cm；长3.3cm	55,200	中国嘉德	2013.11.19
寿山高山石 舐犊情深 方章	长7.5cm	28,750	北京匡时	2013.12.04
寿山高山石雕钮印章(两方)	长5.5cm；长7.5cm	34,500	中国嘉德	2013.11.19
寿山高山石方章(一对)	长7.4cm×2	36,800	中国嘉德	2013.05.11
寿山高山石钮章(三件)	尺寸不一	40,250	中国嘉德	2013.05.11
寿山高山石巧色双螭钮对章	长9.9cm×2	74,750	西泠拍卖	2013.07.13
寿山高山石狮钮对章	长7cm；长6.6cm	172,500	北京匡时	2013.06.04
寿山高山石兽钮对章	长9.2cm×2	48,300	中国嘉德	2013.11.19
寿山高山石松鼠葡萄钮章、平头章(二方)	长8.1cm；长7.1cm	40,250	西泠拍卖	2013.07.13
寿山高山石太狮少狮钮方章	长8.4cm	11,500	中国嘉德	2013.11.19
寿山高山石象钮对章	长6.5cm×2	138,000	中国嘉德	2013.11.19
寿山高山石象钮方章	长10cm	17,250	中国嘉德	2013.05.11
寿山高山石云蝠钮对章	长12.8cm×2	48,300	中国嘉德	2013.11.19
寿山高山石章(三件)	长8cm；长6.7cm×2	28,750	中国嘉德	2013.05.11
寿山高山桃花石对章(二对)	长11cm×2；长9.8cm×2	207,000	西泠拍卖	2013.07.13
寿山高山朱砂石薄意对章	长6.8cm；长6.5cm	11,500	西泠拍卖	2013.07.13
寿山古工云龙浮雕章	长7cm	17,250	朵云轩	2013.07.07
寿山焓红石白熊钮方章	长14cm	195,500	北京匡时	2013.12.04
寿山红善伯石狮钮对章	长9.6cm×2	23,000	中国嘉德	2013.11.19
寿山黄芙蓉石螭钮章	长6.4cm	51,750	西泠拍卖	2013.07.13
寿山黄芙蓉石狮钮方章	长10.4cm	51,750	中国嘉德	2013.05.11
寿山鸡母窝石 螭虎戏金泉 方章	长7cm	48,300	北京匡时	2013.12.04
寿山结晶芙蓉石寿桃印章	长4cm	109,250	中国嘉德	2013.11.19
寿山金砂善伯石兽钮对章	长4.2cm×2	82,800	中国嘉德	2013.11.19
寿山坑头石薄意方章	长4.2cm	13,800	中国嘉德	2013.05.11
寿山荔枝冻石古兽钮扁方章	长6.9cm	46,000	西泠拍卖	2013.07.13
寿山荔枝冻石古兽钮章	长6.4cm	308,000	西泠拍卖	2013.07.13

拍品名称	物品尺寸	成交价RMB	拍卖公司	拍卖日期
寿山荔枝冻石古兽钮章	长12.5cm	333,500	西泠拍卖	2013.07.13
寿山荔枝冻石葫芦钮对章	长8.5cm；长7.9cm	109,250	中国嘉德	2013.11.19
寿山荔枝冻石罗汉钮章	长9.5cm	115,000	西泠拍卖	2013.07.13
寿山荔枝冻石钮章(二方)	长3.7cm；长2.3cm	43,700	西泠拍卖	2013.07.13
寿山荔枝冻石瑞兽钮章	长10.3cm	11,500	西泠拍卖	2013.07.13
寿山荔枝冻石兽钮方章	长8.8cm	345,000	中国嘉德	2013.11.19
寿山荔枝冻石素方章	长6.4cm	25,300	西泠拍卖	2013.07.13
寿山荔枝石 风雪无阻 薄意方章	长12.7cm	97,750	北京匡时	2013.12.04
寿山荔枝石博古钮方章	长8.9cm	78,200	中国嘉德	2013.11.19
寿山荔枝石熊钮方章	长10.1cm	40,250	中国嘉德	2013.11.19
寿山连江黄龙钮方章(一对)	长9.8cm×2	25,300	中国嘉德	2013.05.11
寿山龙纹印章	高9cm	11,500	北京保利	2013.04.27
寿山鹿目田薄意方章	长9.7cm	46,000	中国嘉德	2013.05.11
寿山玛瑙冻石荷塘清趣薄意对章	长11.4cm	69,000	西泠拍卖	2013.07.13
寿山尼姑楼石 莲红雁归时 薄意方章	长6.5cm	74,750	北京匡时	2013.12.04
寿山旗降石瑞兽钮方章(一对)	长10.3cm×2	55,200	中国嘉德	2013.05.11
寿山旗降石双螭钮章	长10.6cm	36,800	西泠拍卖	2013.07.13
寿山青芙蓉石印章	长6cm	43,700	中国嘉德	2013.11.19
寿山三色芙蓉石兽钮扁章(二方)	长7.5cm；长10.5cm	40,250	西泠拍卖	2013.07.13
寿山善伯冻石博古钮方章	长10.6cm	126,500	中国嘉德	2013.11.19
寿山善伯洞石古兽钮章	长5.3cm	17,250	西泠拍卖	2013.07.13
寿山善伯石马钮、羊钮印章(二方)	长6.9cm；长7cm	71,300	中国嘉德	2013.11.19
寿山善伯石狮钮对章	长6.7cm×2	184,000	中国嘉德	2013.05.11
寿山石 昌化鸡血石方章(五件)	尺寸不一	207,000	北京匡时	2013.12.04
寿山石薄意方章(一对)	长4.6cm×2	78,200	中国嘉德	2013.11.19
寿山石薄意山水、花鸟章(两方)	长4.5cm；长3.5cm	92,000	中国嘉德	2013.11.19
寿山石薄意随形章	高5.2cm	92,000	北京匡时	2013.06.04
寿山石薄意随形章	长4.3cm	32,200	中国嘉德	2013.11.19
寿山石扁方章	长6.9cm	13,800	北京保利	2013.06.06
寿山石雕螭虎戏金钱钮方章	高8cm	977,500	北京九歌	2013.06.28
寿山石雕人物山水纹章	高19.8cm	50,400	未来四方	2013.06.16
寿山石高山玛瑙冻石雕狮钮椭圆印	高9cm	10,350	荣宝斋(上海)	2013.06.30
寿山石古兽钮章	长5.2cm	13,800	西泠拍卖	2013.07.13
寿山石刻素面章	长6.7cm×2	25,000	上海驰翰	2013.03.16
寿山石夔凤钮对章	长6cm×2	69,000	中国嘉德	2013.11.19
寿山石瑞兽钮印章(一对)	长9cm×2	28,750	中国嘉德	2013.05.11
寿山石山水薄意章	长8.7cm	172,500	西泠拍卖	2013.07.13
寿山石狮钮方章	长4.5cm	59,800	中国嘉德	2013.05.11
寿山石狮钮方章	长4.5cm	36,800	北京匡时	2013.06.04
寿山石狮钮方章 韩天衡款寿山石狮钮方章各一方	高8cm；高4.3cm	25,300	中国嘉德	2013.12.14
寿山石狮钮印	高8cm	11,500	北京保利	2013.04.28
寿山石寿星钮椭圆章	长5.7cm	11,500	中国嘉德	2013.05.11
寿山石兽钮方章	长5.9cm	57,500	中国嘉德	2013.11.19
寿山石双龙戏珠钮印章	长7.5cm	18,446	香港佳富	2013.04.04
寿山石鱼化龙钮扁方章	长4.3cm	345,000	西泠拍卖	2013.07.13
寿山水洞高山方章(两件)	长8.8cm；长10.4cm	287,500	中国嘉德	2013.05.11
寿山水洞高山石 旭日东升 薄意印章	长6.5cm	34,500	北京匡时	2013.12.04
寿山水洞高山石薄意方章	长11.2cm	55,200	中国嘉德	2013.11.19
寿山水坑石、水洞高山石印章(一组两方)	长12.2cm；长10.5cm	43,700	中国嘉德	2013.11.19
寿山水坑石荷塘清趣薄意方章	长5.2cm	161,000	西泠拍卖	2013.07.13
寿山桃花冻石瑞兽钮方章	长8.5cm	287,500	北京匡时	2013.12.04
寿山田白石薄意钮印章(两方)	高3.9c	138,000	中国嘉德	2013.11.19

2013杂项拍卖成交汇总

(成交价RMB：1万元以上)

拍品名称	物品尺寸	成交价RMB	拍卖公司	拍卖日期
寿山田黄石 梅花报喜 薄意方章	长3.5cm；重29g	46,000	北京匡时	2013.12.04
寿山田黄石薄意花鸟随形章(两方)	长4cm；长2.9cm	89,700	中国嘉德	2013.11.19
寿山田黄石薄意山水方章	长4.1cm	97,750	中国嘉德	2013.11.19
寿山田黄石薄意山水随形章	长4.4cm	34,500	中国嘉德	2013.11.19
寿山田黄石薄意山水随形章(两方)	长3.3cm；长3.2cm	92,000	中国嘉德	2013.11.19
寿山田黄石薄意山水随形章(两方)	长2.9cm；长3.2cm	92,000	中国嘉德	2013.11.19
寿山田黄石螭虎钮椭圆印章	长4.3cm；重21g	172,500	北京匡时	2013.12.04
寿山田黄石雕卧兽钮章	高2cm	207,000	荣宝斋(上海)	2013.06.30
寿山田黄石方章	长5.5cm	13,225,000	中国嘉德	2013.05.11
寿山田黄石方章	长4.3cm	172,500	中国嘉德	2013.11.19
寿山田黄石方章	长5.6cm	71,300	中国嘉德	2013.11.19
寿山田黄石方章(三件)	尺寸不一	126,500	中国嘉德	2013.05.11
寿山田黄石方章、黄寿山石兽钮印章	长5.2cm；长4.5cm	126,500	中国嘉德	2013.11.19
寿山田黄石龚照瑗自用章	长4.7cm	1,725,000	中国嘉德	2013.05.11
寿山田黄石古兽钮方章	长3.5cm	690,000	中国嘉德	2013.05.11
寿山田黄石钮章两方，善伯洞石古兽钮章(一方)	尺寸不一	34,500	西泠拍卖	2013.07.13
寿山田黄石平钮方章	长7.7cm	8,050,000	中国嘉德	2013.11.19
寿山田黄石人物、云蝠随形章(两方)	长3.2cm；长2.8cm	161,000	中国嘉德	2013.11.19
寿山田黄石山水薄意方章	长6.1cm	1,265,000	中国嘉德	2013.11.19
寿山田黄石山水人物随形章(四方)	尺寸不一	17,250	中国嘉德	2013.11.19
寿山田黄石兽钮方章(两件)	长3.7cm；长3.4cm	46,000	中国嘉德	2013.05.11
寿山田黄石兽钮印章	长4.1cm	713,000	中国嘉德	2013.11.19
寿山田黄石兽钮印章(一组五方)	尺寸不一	34,500	中国嘉德	2013.11.19
寿山田黄石随形章(三方)	尺寸不一	57,500	中国嘉德	2013.11.19
寿山田黄石印章(两方)	长3cm；长3.6cm	149,500	中国嘉德	2013.11.19
寿山田黄石印章(一组三方)	尺寸不一	112,700	中国嘉德	2013.11.19
寿山田黄石云纹扁方章	长5.5cm	437,000	中国嘉德	2013.05.11
寿山田黄石章(共四件)		149,500	中国嘉德	2013.05.11
寿山田黄石章(两件)	长3.5cm；长2.2cm	97,750	中国嘉德	2013.05.11
寿山田黄石竹节印章	长4.4cm	43,700	中国嘉德	2013.05.11
寿山汶洋石 暮秋 方章	长12cm	40,250	北京匡时	2013.12.04
寿山汶洋石、芙蓉石章(一组二方)	长7.8cm；长6.9cm	46,000	中国嘉德	2013.11.19
寿山汶洋石博古钮方章/寿山汶洋石狮钮对章	长6.5cm；长7.4cm	80,500	中国嘉德	2013.05.11
寿山汶洋石方章(两件)	长5.7cm；长5.3cm	55,200	北京匡时	2013.12.04
寿山汶洋石方章(三件)	尺寸不一	66,700	中国嘉德	2013.05.11
寿山汶洋石龙钮方章	长13cm	48,300	中国嘉德	2013.05.11
寿山汶洋石钮章(三方)	尺寸不一	69,000	西泠拍卖	2013.07.13
寿山汶洋石钮章(三方)	尺寸不一	40,250	西泠拍卖	2013.07.13
寿山汶洋石钮章(四方)	尺寸不一	51,750	西泠拍卖	2013.07.13
寿山汶洋石貔貅钮章(两件)	长8cm；长7.5cm	63,250	中国嘉德	2013.05.11
寿山汶洋石巧色牡丹钮章	长7.9cm	40,250	西泠拍卖	2013.07.13
寿山汶洋石狮钮方章	长7.6cm	57,500	中国嘉德	2013.11.19
寿山汶洋石兽钮方章(两件)	尺寸不一	20,700	北京匡时	2013.12.04
寿山汶洋石中国结钮章(二方)	长3.9cm；长5.8cm	11,500	西泠拍卖	2013.07.13

拍品名称	物品尺寸	成交价RMB	拍卖公司	拍卖日期
寿山乌鸦皮田黄冻石随形章	长5.6cm	1,127,000	中国嘉德	2013.11.19
寿山乌鸦皮田黄石薄意随形章	长3.4cm	34,500	中国嘉德	2013.11.19
寿石工、陈半丁刻 寿山田黄石印章(两方)	长2.8cm；长2.5cm	598,000	中国嘉德	2013.11.19
寿石工、石潜等刻 寿山石印章(四件)	尺寸不一	59,800	中国嘉德	2013.05.11
寿石工等刻 寿山芙蓉石、高山石印章(四件)	尺寸不一	20,700	中国嘉德	2013.05.11
寿石工刻 寿山红花芙蓉石貔貅钮印章	长5.8cm	26,450	中国嘉德	2013.05.11
寿石工刻白芙蓉平方章	长3.2cm	23,000	北京保利	2013.06.06
寿石工刻寿山石孙正刚自用印(四方)	尺寸不一	63,250	西泠拍卖	2013.07.13
寿石工刻孙正刚自用印(三方)	尺寸不一	32,200	西泠拍卖	2013.07.13
兽钮方章(一对)	高7.7cm	126,500	北京保利	2013.12.03
瘦铁刻 寿山石刻素面对章	长6.4cm×2	13,000	上海驰翰	2013.03.16
双龙磬天 巧色荔枝石钮章	长9.9cm	356,500	中国嘉德	2013.11.19
双龙戏珠 巧色荔枝石方章	长13.4cm	1,782,500	中国嘉德	2013.11.19
双色芙蓉鲤钮扁方章	长6.8cm	23,000	朵云轩	2013.07.07
水冻高山朱砂红圆雕达摩立像、浮雕祥云纹印	高8.8cm；长7.4cm	25,000	上海驰翰	2013.04.25
水洞高山石螭虎对章	长8.4cm	172,500	福建东南	2013.05.26
水洞高山石双螭方章	长9.3cm	40,250	北京保利	2013.12.04
水洞高山石松鼠葡萄钮章	长5.7cm	109,250	福建东南	2013.05.26
水洞高山石素方章	长10cm	345,000	福建东南	2013.05.26
水洞高山石素方章	长8.2cm	322,000	福建东南	2013.10.27
水洞高山石太平喜象钮对章	长7.4cm×2	13,800	中国嘉德	2013.11.19
水洞高山石太平有象钮方章	长6.1cm	126,500	福建东南	2013.10.27
水洞高山石象钮对章、水洞高山石狮钮对章	长8.3cm×2；长8.4cm×2	97,750	中国嘉德	2013.11.19
水洞高山桃花冻石素章	长7.9cm	322,000	福建东南	2013.05.26
硕果累累对章	长11cm；长10.8cm	230,000	河南豫呈祥	2013.01.22
四股四高山石瓜鼠钮方章	长3.9cm	126,500	福建东南	2013.10.27
四股四高山石素方章	长7.4cm	126,500	福建东南	2013.10.27
松柏岭石太平锦象方章	长9.1cm	40,250	北京保利	2013.12.04
孙洁鸣 老性芙蓉雕祥云纹印	长2.2cm	50,000	上海驰翰	2013.04.25
孙洁鸣作 巴林福黄石博古方章	长4.3cm	230,000	福建东南	2013.10.27
孙洁鸣作荔枝洞石马钮方章	长8.2cm	1,265,000	福建东南	2013.10.27
孙慰祖篆刻闲章	长9.3cm	138,000	朵云轩	2013.07.07
孙慰祖篆刻闲章	长11.6cm	138,000	朵云轩	2013.07.07
太平喜象 巴林粉冻石方章	长10.4cm	40,250	中国嘉德	2013.11.19
太平喜象 寿山荔枝石方章	长5.1cm	101,200	中国嘉德	2013.11.19
太平有象、云龙戏珠 寿山芙蓉石印章(二方)	长10.1cm；长9.3cm	48,300	中国嘉德	2013.11.19
汤安刻 印章(五件)	尺寸不一	28,750	中国嘉德	2013.05.11
唐存才篆刻闲章	长2.8cm	25,300	朵云轩	2013.07.07
唐存才篆刻闲章	长6.7cm	25,300	朵云轩	2013.07.07
唐醉石 1950年刻寿山石章	长8cm	17,250	西泠拍卖	2013.07.1
桃花冻兽钮印章	高10cm	11,500	北京保利	2013.04.2
陶寿伯等刻李家耀用印(九方)	尺寸不一	28,750	朵云轩	2013.07.0
天机不可泄露 巴林鸡血石方章	长13.7cm	138,000	中国嘉德	2013.11.1
天然翡翠印章	高4.5cm	115,000	北京传是	2013.12.1
田黄薄意随形章	高7cm	690,000	北京匡时	2013.06.0
田黄薄意印章	长7.2cm	322,000	上海泓盛	2013.07.0
田黄蝉方章	长4.1cm	402,500	北京匡时	2013.06.0
田黄雕瑞兽钮方章	长4.6cm	713,000	北京匡时	2013.06.0
田黄雕瑞兽钮方章	重14g	230,000	北京匡时	2013.06.0
田黄雕瑞兽钮方章	长3.4cm	230,000	北京匡时	2013.06.0
田黄冻石童子运财薄意扁方章	长5.4cm	2,415,000	西泠拍卖	2013.07.1
田黄留皮薄意竹纹随形章	高7.5cm	299,000	北京保利	2013.06.0
田黄留皮松鼠葡萄随形章	高4.5cm	69,000	北京保利	2013.04.2
田黄留皮子母兽扁章	长4.5cm	184,000	北京保利	2013.06.0

拍品名称	物品尺寸	成交价RMB	拍卖公司	拍卖日期
田黄山水薄意章	长5.5cm	115,000	朵云轩	2013.07.07
田黄石《达摩渡江》薄意扁章	长6cm	1,035,000	都市联盟	2013.11.19
田黄石《狮子》方章	长5cm	138,000	都市联盟	2013.11.19
田黄石《五福呈祥》随形章	长5cm	402,500	福建东南	2013.05.26
田黄石螭虎钮方章	长2.2cm	345,000	福建东南	2013.10.27
田黄石螭龙穿环细钮扁方章	长5.1cm	230,000	西泠拍卖	2013.07.13
田黄石螭龙钮章	长3.1cm	86,250	西泠拍卖	2013.07.13
田黄石古兽、狮钮小章(两件)	长2.7cm；长3.7cm	149,500	北京保利	2013.12.04
田黄石古兽钮章(三方)	尺寸不一	69,000	西泠拍卖	2013.07.13
田黄石古兽章	长4.1cm	862,500	福建东南	2013.10.27
田黄石古兽章	长3.6cm	402,500	福建东南	2013.10.27
田黄石花鸟纹薄意随形章	长5cm	1,058,000	西泠拍卖	2013.07.13
田黄石龙钮方章	长5.8cm	253,000	福建东南	2013.05.26
田黄石牛钮方章	长3.3cm	207,000	福建东南	2013.10.27
田黄石秋香竹韵薄意章	长5cm	460,000	西泠拍卖	2013.07.13
田黄石秋韵薄意方章	高4.2cm	195,500	福建东南	2013.10.27
田黄石群螭戏宝章	长4.7cm	552,000	北京保利	2013.12.04
田黄石三螭拱钱钮方章	长3.7cm	287,500	西泠拍卖	2013.07.13
田黄石山水人物随形章	长3.6cm	149,500	福建东南	2013.05.26
田黄石双螭钮扁方章	长3.9cm	253,000	西泠拍卖	2013.07.13
田黄石双角瑞兽章	长7.4cm	4,025,000	福建东南	2013.10.28
田黄石素章	长5.7cm	1,840,000	北京保利	2013.12.04
田黄石印章(一方)	长5.9cm	184,000	福建东南	2013.10.28
田黄石幽崖灵菊章	高4.6cm	575,000	北京保利	2013.12.04
田黄石云龙纹章	长3.6cm	230,000	福建东南	2013.10.27
田黄石云纹方章	长2.7cm	138,000	福建东南	2013.10.27
田黄兽钮章	高4.5cm	97,750	北京保利	2013.07.28
田黄双鼠钮方章	重54g	230,000	北京匡时	2013.06.04
田黄素方章	长3.6cm	218,500	朵云轩	2013.07.07
田黄随形扁方章	长5.6cm	3,450,000	北京匡时	2013.06.04
田黄随形扁方章	长4.8cm	299,000	北京匡时	2013.06.04
田黄随形椭圆章	高4.8cm	977,500	北京匡时	2013.06.04
田黄随形章	高4.7cm	218,500	北京匡时	2013.06.04
田黄印章	高3.5cm	74,750	北京保利	2013.04.27
田黄印章	高6.5cm	32,200	北京保利	2013.04.27
田黄云龙薄意方章	长4.2cm	126,500	北京匡时	2013.06.04
田黄云纹方章	高3.5cm	57,500	北京保利	2013.07.28
田黄子母狮钮方章	重97.9g	1,840,000	北京匡时	2013.06.04
童大年、陈巨来刻 寿山高山石、青田石印章(两件)	长3.2cm；长6.2cm	26,450	中国嘉德	2013.05.11
童大年、张越丞刻寿山石对章	长4.9cm×2	48,300	西泠拍卖	2013.07.13
童大年刻寿山芙蓉石观鱼钮章	长5.5cm	43,700	西泠拍卖	2013.07.13
童大年刻寿山石对章	长5.5cm	17,250	西泠拍卖	2013.07.13
童衍方刻 芙蓉石古兽章	长8.3cm	172,500	福建东南	2013.10.28
童衍方刻寿山芙蓉石古兽钮章	长6.5cm	184,000	西泠拍卖	2013.07.13
童衍方刻寿山石三螭兽钮章	长5.1cm	86,250	西泠拍卖	2013.07.13
童衍方篆刻闲章	长7.5cm	356,500	朵云轩	2013.07.07
童衍方篆刻闲章	长5cm	207,000	朵云轩	2013.07.07
晚清/民国 田黄雕节节高纹印章	高7.8cm	1,150,000	北京东正	2013.05.10
王世杰作 田黄石古兽方章	长4.9cm	322,000	福建东南	2013.10.27
王世杰作田黄石瑞兽钮方章	长4.8cm	402,500	西泠拍卖	2013.07.13
王斌刻寿山芙蓉石钮章(十二方)	尺寸不一	575,000	西泠拍卖	2013.07.13
王大炘刻 寿山石、昌化石印章(三方)	尺寸不一	23,000	中国嘉德	2013.11.19
王冬龄刻 寿山石印章	长5cm	17,250	中国嘉德	2013.11.19
王福庵、陈巨来刻 寿山芙蓉石印章(三件)	尺寸不一	253,000	中国嘉德	2013.05.11
王福庵刻 寿山田黄石平钮方章	长4.5cm	80,500	中国嘉德	2013.11.19
王雷庭作寿山鲎箕田石山水薄意随形章	长4.3cm	92,000	西泠拍卖	2013.07.13
王雷霆雕牡丹薄意章	通高3.8cm	32,200	朵云轩	2013.07.07
王仁甫刻鸡血方章(一对)	高7.5cm	57,500	北京保利	2013.12.03
王孝前 芙蓉石寿星方章	长8.7cm	34,500	北京保利	2013.12.04
王新元 青田石南无阿弥陀佛印章	长6.8cm	16,100	荣宝斋(上海)	2013.06.30
王新元 寿山石无量寿印章	长6cm	13,800	荣宝斋(上海)	2013.06.30
王炎铨作芙蓉石三狮戏珠钮方章	长10.9cm	115,000	福建东南	2013.05.26
王炎铨作水洞高山石群狮戏球方章	长10.2cm	632,500	福建东南	2013.10.27
王钊 1927、1905年刻寿山石章(二方)	长5.8cm；长5cm	57,500	西泠拍卖	2013.07.13
王禔(1931年)刻白芙蓉兽钮方章	长4.5cm	82,800	北京匡时	2013.06.04
王禔(1945年)刻寿山石龙钮章	长6.7cm	55,200	西泠拍卖	2013.07.13
王禔(1945年)刻寿山石太狮少狮钮章	长4cm	57,500	西泠拍卖	2013.07.13
王禔(1924年)刻寿山石薄意章	长6.5cm	34,500	西泠拍卖	2013.07.13
王禔等为吴颂平刻印(十一方)	尺寸不一	632,500	北京匡时	2013.06.04
汶洋石、山秀元古兽套章(两件)	尺寸不一	34,500	北京保利	2013.12.04
汶洋石蝌蚪方章	长9.4cm	40,250	北京保利	2013.12.04
汶洋石素章	长11.3cm	161,000	福建东南	2013.10.27
乌鸦皮田黄薄意牧牛随形章	高7.5cm	218,500	北京保利	2013.06.06
乌鸦皮田黄石梅兰薄意章	长4cm	138,000	西泠拍卖	2013.07.13
乌鸦皮田黄云纹小方章	高5cm	172,500	北京保利	2013.12.05
吴昌硕刻 将军洞芙蓉石太平有象钮章	长5.2cm	1,104,000	福建东南	2013.10.28
吴昌硕刻 寿山石平钮印章	长2.6cm	552,000	中国嘉德	2013.11.19
吴昌硕刻 寿山田黄石平钮方章	长4.6cm	3,277,500	中国嘉德	2013.11.19
吴昌硕刻青田石“翔卢珍藏”印	高3cm	230,000	荣宝斋(上海)	2013.06.30
吴昌硕刻青田石方印	高6.3cm	34,500	荣宝斋(上海)	2013.06.30
吴昌硕刻印(三方)	尺寸不一	57,500	北京保利	2013.12.05
吴昌硕款兽钮章 另小章(两方)	高6cm；高1.8cm	46,000	中国嘉德	2013.09.16
吴昌硕为高邕刻“李盦”青田平头方章	高5.3cm	115,000	北京匡时	2013.12.05
吴承斌篆刻闲章	长7cm	11,500	朵云轩	2013.07.07
吴涵 1915年刻芙蓉石兽钮方章	长6.2cm	17,250	北京匡时	2013.06.04
吴隽为沈树镛刻青田石方章	长5cm	20,700	北京匡时	2013.06.04
吴朴刻寿山石薄意随形章	长4.1cm	34,500	西泠拍卖	2013.07.13
吴让之刻 青田石平钮印章	长7.4cm	1,150,000	中国嘉德	2013.11.19
吴让之刻 青田石印章	长3.5cm	563,500	中国嘉德	2013.05.11
吴让之刻寿山石双面自用印	长3.2cm	1,782,500	北京匡时	2013.06.04
吴让之款寿山石鹅形章	长3.5cm	17,250	中国嘉德	2013.03.24
吴天祥篆刻闲章	长6.6cm	17,250	朵云轩	2013.07.07
吴天祥篆刻闲章	长8cm	17,250	朵云轩	2013.07.07
吴一峰刻 印章(两件)	长5.3cm；长7.6cm	23,000	中国嘉德	2013.05.11
吴颐人篆刻闲章	长11cm	17,250	朵云轩	2013.07.07
吴隐刻 寿山高山石印章	长6.3cm	17,250	中国嘉德	2013.05.11
吴隐刻寿山石闲章(二方)	长3.6cm；长5.9cm	20,700	西泠拍卖	2013.07.13
吴振华刻 寿山石、青田石印章两方，陈左夫刻 青田石印章一方	尺寸不一	20,700	中国嘉德	2013.11.19
吴子建刻寿山石章(五方)	尺寸不一	82,800	中国嘉德	2013.09.16
吴子建篆刻闲章	长6.2cm	69,000	朵云轩	2013.07.07
吴子建篆刻闲章	长6.5cm	63,250	朵云轩	2013.07.07
吴子健刻 汶洋石古兽章	长8.3cm	109,250	福建东南	2013.10.28
吴子健刻印章(两方)	长5.9cm；长2.1cm	55,200	北京保利	2013.06.06
五福临门 寿山田黄石印章	长5.3cm	115,000	中国嘉德	2013.11.19
武锺临(1931年)刻昌化、青田石章(二方)	长5.5cm；长6.2cm	55,200	西泠拍卖	2013.07.13
奚冈刻 青田石平钮印章	长3cm	3,105,000	中国嘉德	2013.11.19
羲之爱鹅 巧色荔枝石方章	长13.6cm	1,840,000	中国嘉德	2013.11.19
[illegible]刻田黄石瑞兽钮章	长4.3cm	517,500	西泠拍卖	2013.07.13

2013杂项拍卖成交汇总

(成交价RMB：1万元以上)

拍品名称	物品尺寸	成交价RMB	拍卖公司	拍卖日期
笑弥勒 寿山白荔枝石方章	长13.2cm	9,890,000	中国嘉德	2013.11.19
谢畊石 金禹民刻青田石印章(两方)	尺寸不一	23,000	北京匡时	2013.12.04
谢麟作 水洞高山石兽钮对章	长11.5cm	322,000	福建东南	2013.10.27
熊伯齐篆刻闲章	长11.3cm	17,250	朵云轩	2013.07.07
徐庆华篆刻闲章	长4.4cm	126,500	朵云轩	2013.07.07
徐仁魁杜陵坑六方钮印	尺寸不一	92,000	北京保利	2013.07.28
徐三庚刻 青田石印章	长5.1cm	115,000	中国嘉德	2013.05.11
徐三庚刻 寿山石马钮章	长6.6cm	207,000	中国嘉德	2013.11.19
徐三庚刻 寿山石松鼠钮印章	长5.9cm	46,000	中国嘉德	2013.11.19
徐三庚刻 寿山白芙蓉石狮钮方章	长6.9cm	115,000	中国嘉德	2013.05.11
徐三庚刻芙蓉石薄意随形章	长6.2cm	598,000	北京匡时	2013.06.04
徐三庚为延龛仁兄刻老坑寿山石方印	长5cm	28,750	荣宝斋(上海)	2013.06.30
徐世章自用章(二十一件)	尺寸不一	138,000	中国嘉德	2013.05.11
徐新周、李伊桑、杨其光、萧退闇等刻蔡哲夫、张倾城夫妇自用印(十五方)	尺寸不一	172,500	西泠拍卖	2013.07.13
徐新周刻 昌化石方章	长7.6cm	20,700	中国嘉德	2013.11.19
徐新周刻 青田石方章	长3.3cm	101,200	中国嘉德	2013.05.11
徐新周刻 青田石印章	长3.9cm	20,700	中国嘉德	2013.05.11
徐星周刻 芙蓉石狮钮方章	长4.8cm	138,000	福建东南	2013.10.28
徐毅行刻寿山石方章(一对)	高7.2cm；高7.4cm	25,300	中国嘉德	2013.03.25
徐之麐篆刻闲章	长8.5cm	63,250	朵云轩	2013.07.07
薛成荣刻芙蓉石方章	长4.9cm	55,200	北京匡时	2013.06.04
薛平南为张瑞德刻 高山桃花冻石瑞兽钮方章	长8.8cm	287,500	福建东南	2013.10.28
薛平南篆荔枝洞石古兽方章	长2.4cm	253,000	福建东南	2013.05.26
寻梅图/访友图 寿山田黄石薄意章(两方)	高4.9cm；高4.2cm	13,800	中国嘉德	2013.11.19
雅安绿兽纽扁章	长4.2cm	11,500	朵云轩	2013.07.07
杨传烈 瓷白芙蓉宝鼎钮套章(五方)	尺寸不一	13,800	北京保利	2013.06.06
杨留海作水洞高山石戏狮罗汉方章	长8.5cm	299,000	福建东南	2013.10.27
杨明作 荔枝洞石笑佛钮方章	长9.8cm	437,000	福建东南	2013.10.27
杨千里、方介堪刻寿山石常云湄自用印(两方)	长4.2cm；长4cm	36,800	西泠拍卖	2013.07.13
杨澥刻 寿山石印章	长4.2cm	48,300	中国嘉德	2013.05.11
杨玉璇刻 寿山田黄石兽钮方章	长5.7cm	6,900,000	中国嘉德	2013.11.19
杨祖柏篆刻闲章	长4.9cm	11,500	朵云轩	2013.07.07
姚仲达 芙蓉石凤钮椭圆章	长9cm	57,500	北京保利	2013.12.04
姚仲达作 芙蓉石瑞兽钮对章	长7.2cm	103,500	福建东南	2013.10.27
姚仲达作 高山晶石母子情椭圆章	长8cm	149,500	福建东南	2013.10.27
姚仲达作芙蓉石《古兽》方章	长8.5cm	322,000	都市联盟	2013.11.19
姚仲达作高山牛角冻石双螭钮日字章	长5.3cm	161,000	福建东南	2013.05.26
姚仲达作水洞高山石睡狮钮方章	长7.5cm	862,500	福建东南	2013.10.27
姚仲达作汶洋石《古兽》扁章	长10.5cm	517,500	都市联盟	2013.11.19
姚仲炬作寿山双色芙蓉石古兽钮章	长7.8cm	92,000	西泠拍卖	2013.07.13
叶潞渊、楼辛壶、张寒月、单晓天、高甜心等刻印章(七方)	尺寸不一	34,500	西泠拍卖	2013.07.13
叶潞渊刻青田石贺天健自用对章	长5.5cm×2	25,300	西泠拍卖	2013.07.13
叶潞渊刻青田石随形章	长6cm	13,800	北京保利	2013.06.06
叶潞渊款芙蓉石双螭钮章	高3cm	25,300	中国嘉德	2013.03.24
叶为铭刻 寿山石狮钮对章	长8.5cm	25,300	中国嘉德	2013.11.19
叶为铭刻 印章	长6cm	28,750	中国嘉德	2013.05.11
叶子贤 旗降石、芙蓉石罗汉套章(两件)	长6.1cm；长7.7cm	92,000	北京保利	2013.12.04
叶子贤作田黄石《刘海戏金蟾》随形章	长3.5cm	345,000	福建东南	2013.05.26
一品清莲 寿山芙蓉石对章	长14.3cm×2	69,000	中国嘉德	2013.05.11
一品清莲 寿山芙蓉石章(十三件)	尺寸不一	51,750	中国嘉德	2013.05.11
印章(一组七方)	尺寸不一	32,200	西泠拍卖	2013.07.13
游赤壁 寿山田黄石薄意随形章	高4.9cm	78,200	中国嘉德	2013.05.11

拍品名称	物品尺寸	成交价RMB	拍卖公司	拍卖日期
余任天(1949年)刻青田石龟钮闲章	长8.3cm	43,700	西泠拍卖	2013.07.13
余正刻 青田石古兽扁章	长7.9cm	115,000	福建东南	2013.10.28
渔樵耕读 寿山田黄石印章	高3.9cm	51,750	中国嘉德	2013.11.19
袁慧敏篆刻闲章	长4.3cm	92,000	朵云轩	2013.07.07
袁慧敏篆刻闲章	长6cm	57,500	朵云轩	2013.07.07
詹可树 都成坑石薄意竹木笑傲方章	长5.6cm	28,750	北京保利	2013.12.04
詹可树 旗降石薄意梅花方章	长10.9cm	28,750	北京保利	2013.12.04
张伯亭刻山水方章	高7.9cm	10,350	北京保利	2013.12.03
张根源刻 青田石印章、钱大礼刻 青田石印章	尺寸不一	17,250	中国嘉德	2013.11.19
张寒月、沙曼翁等刻吴似兰自用印(八方)	尺寸不一	32,200	西泠拍卖	2013.07.13
张遴骏篆刻闲章	长10.8cm	25,300	朵云轩	2013.07.07
张遴骏篆刻闲章	长9cm	13,800	朵云轩	2013.07.07
张祥凝(1934年)为孙璞刻寿山石兽钮方章	长4cm	28,750	北京匡时	2013.06.04
张祥凝(1943年)为吴铁城刻寿山石方章	长2cm	10,350	北京匡时	2013.06.04
张祥凝(1946年)为孙璞刻寿山石方章(三方)	尺寸不一	34,500	北京匡时	2013.06.04
张奕辰篆刻闲章	长10cm	18,400	朵云轩	2013.07.07
张奕辰篆刻闲章	长10.5cm	13,800	朵云轩	2013.07.07
张奕辰篆刻闲章	长11cm	13,800	朵云轩	2013.07.07
张用博篆刻闲章	长12.8cm	17,250	朵云轩	2013.07.07
张用博篆刻闲章	长12.5cm	11,500	朵云轩	2013.07.07
张樾丞刻 巧色芙蓉石兽钮对章	长6.7cm×2	57,500	中国嘉德	2013.11.19
赵古泥 1928年为汪大铁刻寿山石对章	长4.1cm×2	20,700	北京匡时	2013.06.04
赵古泥刻 寿山仙草冻石兽钮印章	长4.6cm	161,000	中国嘉德	2013.11.19
赵古泥刻"鸳鸯七志斋"寿山石印章	长6cm	138,000	荣宝斋(上海)	2013.06.30
赵鹤琴刻 高山石印章	长8.5cm	23,000	中国嘉德	2013.05.11
赵鹤琴刻寿山石赵敬予自用印	长3.5cm	13,800	西泠拍卖	2013.07.13
赵叔孺(1939年)刻寿山石闲章	长3.2cm	69,000	西泠拍卖	2013.07.13
赵叔孺刻 芙蓉石古兽钮印章	长4.1cm	48,300	中国嘉德	2013.11.19
赵叔孺篆刻闲章(二方)	尺寸不一	63,250	朵云轩	2013.07.07
赵之琛、桂馥、吴昌硕、王大炘、潘天寿、唐醉石等名家石印章(四十枚)	尺寸不一	119,899	香港普艺	2013.04.06
赵之琛刻 昌化鸡血石印章(两件)	长5.5cm；长3.6cm	322,000	中国嘉德	2013.05.11
赵之琛刻 青田石平钮章	长3.4cm	184,000	中国嘉德	2013.11.19
赵之琛刻 青田石平钮章	长6.6cm	115,000	中国嘉德	2013.11.19
赵之琛刻 青田石印章	长6.1cm	414,000	中国嘉德	2013.05.11
赵之琛刻芙蓉石瑞兽钮方章	长8.2cm	184,000	北京匡时	2013.06.04
赵之谦刻 青田石方章	长4.6cm	1,127,000	中国嘉德	2013.11.19
赵之谦刻 青田石印章	长3.6cm	632,500	福建东南	2013.10.28
赵之谦刻 寿山芙蓉石印章	长1.7cm	575,000	中国嘉德	2013.05.11
浙江龙旦石钮章(一组六方)	尺寸不一	20,700	中国嘉德	2013.11.19
郑明 老性芙蓉雕麒麟、布袋和尚钮印(各一枚)	长8.8cm；长7.8cm	75,000	上海驰翰	2013.04.2
郑世斌作 巴林石云纹章	长8.1cm	356,500	福建东南	2013.10.2
郑世斌作彩虹旗降石云蝠方章	长8.7cm	207,000	福建东南	2013.10.27
郑世斌作荔枝洞石云纹钮方章	长9.6cm	253,000	福建东南	2013.05.2
郑幼林作白荔枝冻石《弥勒》方章	长9cm	575,000	都市联盟	2013.11.1
钟权刻 青田石印章	长5.7cm	11,500	中国嘉德	2013.05.1
钟以敬、王福庵等篆刻章(八方)	尺寸不一	17,250	朵云轩	2013.07.0
周宝庭雕古兽对章	长8cm×2	13,800	朵云轩	2013.07.0
周亮工款青田石多字印	长.4cm	59,800	北京匡时	2013.12.0
周尚均刻 寿山田黄石博古钮方章	长5cm	1,380,000	中国嘉德	2013.11.1
周尚均款 将军洞芙蓉石母子情方章	长6.6cm	207,000	福建东南	2013.10.2
周棠刻田黄冻石骑马兽罗汉钮方章	长6.4cm	1,380,000	北京匡时	2013.06.0
周振刻月尾石薄意方章	长8cm	20,700	北京匡时	2013.12.0

拍品名称	物品尺寸	成交价RMB	拍卖公司	拍卖日期
朱复戡、王个簃刻 青田石印章(四件)	尺寸不一	48,300	中国嘉德	2013.05.11
朱关田篆刻闲章	长10.2cm	17,250	朵云轩	2013.07.07
祝遂之刻 寿山石印章一方，余正刻 寿山石、巴林石印章三方	尺寸不一	40,250	中国嘉德	2013.11.19
祝竹篆刻闲章	长4.5cm	11,500	朵云轩	2013.07.07
铸斋刻 寿山田黄石方章	长4cm	94,300	中国嘉德	2013.11.19
田黄兽钮章	高3.6cm	59,800	中国嘉德	2013.09.15
"根不十年读书"印章(一方)		517,500	中国嘉德	2013.05.10
"药堂"印章(一方)		575,000	中国嘉德	2013.05.10
"知堂"印章(一方)		322,000	中国嘉德	2013.05.10
纸镇				
汉 铜鎏金螭龙形席镇	径7cm	155,525	纽约苏富比	2013.03.19
汉 铜鎏金虎形席镇	径5.7cm	93,315	纽约苏富比	2013.03.19
汉 铜貔貅镇纸	高5.8cm	181,470	保利香港	2013.10.07
明 鎏金铜卧兽镇纸	长7.1cm	830,872	香港苏富比	2013.04.08
明 鎏金铜坐狮镇纸	长6.8cm	350,875	香港苏富比	2013.04.08
明 铜鎏金瑞鹿纸镇	长9.3cm	115,000	六朝艺宴	2013.07.07
明 铜鎏金瑞兽纸镇	长5.5cm	32,200	北京保利	2013.07.27
明 铜辟邪纸镇	高4.8cm；长6cm	109,250	六朝艺宴	2013.07.07
明 铜麒麟镇纸	长16cm	103,500	远方拍卖	2013.12.02
明 铜四不像纸镇	长6.5cm	28,750	中国嘉德	2013.09.16
明 铜童子牧牛纸镇	长6.5cm	34,500	北京翰海	2013.12.06
明 铜卧羊纸镇	长5.5cm	161,000	六朝艺宴	2013.07.07
明 铜雪山大士纸镇	高4.5cm	55,338	保利香港	2013.04.07
明 铜英雄纸镇	长5.5cm	36,800	中国嘉德	2013.03.25
明 卧羊文镇	长8cm	56,000	天津文物	2013.05.24
明 紫檀木雕龙纹镇纸	长27cm	69,000	西泠拍卖	2013.07.12
明或更早 铜熊形纸镇	长12.5cm	109,250	六朝艺宴	2013.07.07
明末 贴鎏金铜螭龙花地铁压尺	长16.2cm	150,375	香港苏富比	2013.04.08
明末清初 铜"运财童子"图镇纸	高4.8cm	50,125	香港苏富比	2013.04.08
明以前 铜虎符镇纸	长8.5cm	299,000	苏州东方	2013.09.28
明早期 铜鎏金辟邪纸镇	长6.5cm；高5.6cm	460,000	中国嘉德	2013.05.11
明早期 宣铜卧虎镇	长6.4cm	63,250	北京匡时	2013.12.05
清初 牛角冻寿山石瑞兽镇纸	长15cm	218,500	远方拍卖	2013.06.06
清早期 青石雕银象镇纸	高13.5cm	51,750	西泠拍卖	2013.07.12
清早期 铜狮戏图纸镇	长6cm	55,200	北京翰海	2013.12.06
清早期 铜狮子纸镇	长5cm	51,750	中国嘉德	2013.09.16
清早期 铜太师少师鼓形纸镇	直径6.2cm；高6.2cm	207,000	北京匡时	2013.06.05
清早期 乌木山水诗文镇	长21cm	34,500	北京保利	2013.04.27
清早期 雪居款紫檀镇纸	长24cm	23,000	中国嘉德	2013.09.14
清嘉庆 黑寿山石雕琴式镇纸	长15.1cm	50,125	香港苏富比	2013.04.08
清乾隆 鸡翅木镶嵌万字纹手卷镇	长24cm×2	414,000	北京诚轩	2013.11.17
清乾隆 松枝铜纸镇	长6.5cm；宽3cm	552,000	中国嘉德	2013.05.11
清中期 铜甪端纸镇	高4.5cm	34,500	北京翰海	2013.12.06
清 "张熊"款红木梅花诗文镇纸	长28.3cm	23,000	北京匡时	2013.06.05
清白芙蓉刻乾隆御制贤政要览序龙凤纹文镇	长12.9cm	368,000	中国嘉德	2013.09.15
清 黄花梨琴形纸镇	长33cm	36,800	北京翰海	2013.12.06
清 珊瑚雕竹节喜蛛镇	长5.2cm	46,000	北京永乐	2013.05.12
清 寿山石雕太狮少狮镇纸	长11.2cm	253,000	北京匡时	2013.06.05
清 铜"太平有象"镇纸	高13cm	253,000	远方拍卖	2013.12.02
清 铜胡人戏狮瑞兽纸镇(三件)	尺寸不一	20,700	北京保利	2013.04.28
清 铜虎纸镇	高5.7cm	11,500	中国嘉德	2013.06.16
清 铜鎏金纸镇	长13cm	12,650	北京翰海	2013.06.23
清 铜牧牛童子镇纸	长7cm	11,500	北京传是	2013.06.15
清 铜钱纸镇(两件)	直径8cm；直径10cm	46,000	北京保利	2013.10.26

拍品名称	物品尺寸	成交价RMB	拍卖公司	拍卖日期
清 铜瑞兽镇纸	高5cm	28,750	北京传是	2013.06.15
清 铜瑞兽纸镇	长6.5cm	11,500	中国嘉德	2013.12.14
清 铜狮子纸镇	长10cm	17,250	北京传是	2013.12.12
清 铜兽钮纸镇	高5cm	34,500	北京翰海	2013.12.06
清 铜狻猊纸镇	高4.5cm	17,250	中国嘉德	2013.06.16
清 铜兔形纸镇	长5.5cm	36,800	北京保利	2013.12.05
清 铜兔子纸镇	高14.7cm	11,500	中国嘉德	2013.09.17
清 铜修庸铭纸镇	长10.6cm	207,000	六朝艺宴	2013.07.07
清 铜制瑞兽权形镇纸，铜制狮子镇纸	尺寸不一	23,000	西泠拍卖	2013.07.12
清 紫砂狮球纹镇尺	长15.7cm	80,500	中国嘉德	2013.06.16
清 紫檀嵌螺钿琴形镇尺	长31cm	11,500	中国嘉德	2013.12.14
清 紫檀琴形镇纸	长31.5cm	25,300	北京保利	2013.04.28
清 紫檀诗文镇尺	长32cm	11,500	北京传是	2013.12.12
19世纪 黑檀木刻"梅花图"描金压尺(一对)	长31.4cm	100,250	香港苏富比	2013.04.08
陈达作芙蓉石《如影》文镇	长4.1cm	517,500	福建东南	2013.10.27
陈达作汶洋石《如雪》文镇	长7.2cm	402,500	福建东南	2013.10.27
近代 镇纸	长28cm	36,800	中国嘉德	2013.11.17
民国 红木嵌竹诗文镇纸一对 竹纹臂搁一件	长27.5cm；长18cm	11,500	北京保利	2013.04.27
民国 寿山石雕夜游赤壁镇	宽8.5cm	11,500	北京保利	2013.04.27
民国 唐云画符骥良刻山水人物铜镇纸	高0.6cm；边长4.5cm	230,000	西泠拍卖	2013.07.12
民国 紫檀嵌百宝花鸟纹琴形镇尺	长33cm	11,500	中国嘉德	2013.09.17
民国 紫檀嵌银线题诗压尺(一对)	长25cm	110,275	香港苏富比	2013.04.08
瑞兽辟邪文镇		61,600	北京荣宝	2013.03.31
寿山杜陵石雕牧童纸镇	长5cm	126,500	北京匡时	2013.06.04
寿山芙蓉石 汶洋石纸镇(两件)	尺寸不一	32,200	北京匡时	2013.12.04
宋 仿汉母子熊纸镇	宽5.8cm；高4cm	163,323	保利香港	2013.10.07
翁燕作荔枝洞石《一纸镇江山》文玩镇纸	长12cm	1,265,000	福建东南	2013.05.26
吴昌硕款高山朱砂随形镇	长6.5cm	115,000	北京匡时	2013.12.05
紫檀木雕古琴形镇尺、沉香木雕"吉祥如意"摆件	长29cm；长9cm	20,160	北京荣宝	2013.03.31
纸张				
清乾隆 红地金彩绘龙纹宫纸(一百张)	长65cm	2,070,000	北京翰海	2013.06.02
清乾隆/嘉庆 芦葵生仿宣和砂砚	直径15cm	276,000	朵云轩	2013.07.07
清 五色描金笺纸一箱约一千张	长40cm	207,000	北京保利	2013.04.28
清 宣纸(十册)	长53.5cm	43,700	北京保利	2013.10.28
清 宣纸十封	宽54cm	10,350	中国嘉德	2013.06.15
清-民国 贺天健旧藏宣纸七卷	尺寸不一	109,250	西泠拍卖	2013.07.12
1972年产红星牌棉料四尺夹宣	长139cm	23,000	荣宝斋(上海)	2013.03.17
1974年产红星牌棉料四尺单宣	长138cm	10,350	荣宝斋(上海)	2013.03.17
1975年产红星牌六尺二层夹宣	长180cm	23,000	荣宝斋(上海)	2013.03.17
1976年产红旗牌棉料四尺单宣	长139cm	11,500	荣宝斋(上海)	2013.03.17
1977年产红旗牌棉料四尺单宣	长138cm	10,350	荣宝斋(上海)	2013.03.17
1979年产红星副牌棉料四尺二层夹宣	长138cm	16,100	荣宝斋(上海)	2013.03.17
1979年产红星牌净皮四尺宣纸		12,650	荣宝斋(上海)	2013.03.17
1979年产红星牌棉料四尺单宣	长139cm	23,000	荣宝斋(上海)	2013.03.17
1981年产双鹿牌棉料五尺单宣	长153cm	10,350	荣宝斋(上海)	2013.03.17
1982年产红旗牌净皮六尺宣纸		17,250	荣宝斋(上海)	2013.03.17
1984年产红星牌净皮四尺单宣	长139cm	10,350	荣宝斋(上海)	2013.03.17
1987年产红星牌棉料四尺单宣		12,650	荣宝斋(上海)	2013.03.17
1988年产红旗牌净皮四尺单宣		10,350	荣宝斋(上海)	2013.03.17
1988年产汪六吉棉料四尺单宣		57,500	荣宝斋(上海)	2013.03.17
1989年产红星牌净皮四尺单宣	长138cm	20,700	荣宝斋(上海)	2013.03.17
1989年产红星牌净皮四尺宣纸	长139cm	10,350	荣宝斋(上海)	2013.03.17
1990年产红星牌棉料三尺单宣		10,350	荣宝斋(上海)	2013.03.17
1990年产红星牌棉料四尺单宣	长138cm	92,000	荣宝斋(上海)	2013.03.17

2013杂项拍卖成交汇总

(成交价RMB：1万元以上)

拍品名称	物品尺寸	成交价RMB	拍卖公司	拍卖日期
1991年产红星牌棉料四尺单宣	长138cm	11,500	荣宝斋(上海)	2013.03.17
1994年产红星牌特级棉料四尺螺纹		63,250	荣宝斋(上海)	2013.03.17
1998年产红星牌特皮棉料两层夹宣	长183cm	39,100	荣宝斋(上海)	2013.03.17
84年红星龟纹净皮宣纸(十刀)		207,000	上海嘉泰	2013.07.04
86年红星罗汉净皮宣纸(十刀)		138,000	上海嘉泰	2013.07.04
安徽红星宣纸六尺棉料夹宣		13,800	北京保利	2013.12.03
安徽红星宣纸六尺三层棉料夹宣		11,500	北京保利	2013.12.03
安徽红星宣纸四尺净皮单宣		13,800	北京保利	2013.12.03
安徽红星宣纸四尺净皮单宣		13,800	北京保利	2013.12.03
安徽红星宣纸四尺棉料夹宣		11,500	北京保利	2013.12.03
安徽红星宣纸四尺棉料棉连宣		11,500	北京保利	2013.12.03
安徽红星宣纸四尺棉料重单宣		11,500	北京保利	2013.12.03
八十年代六尺老皮纸 一卷	长1000cm	20,700	北京匡时	2013.06.06
出口日本棉料重单宣纸		172,500	宣石国际	2013.09.15
各式笺纸一组		34,500	中国嘉德	2013.03.24
红星83年四尺玉版棉连(三刀)		43,700	北京华辰	2013.11.15
红星84年四尺玉版棉料单宣(二刀)		25,300	北京华辰	2013.11.15
红星85年四尺棉料玉版单宣(二刀)		25,300	北京华辰	2013.11.15
红星86年、89年四尺玉版棉料(二刀)		25,300	北京华辰	2013.11.15
红星94年超级棉料四尺单宣(二刀)		13,800	北京华辰	2013.11.15
红星94年尺八屏洁白玉版棉料(二刀)		16,100	北京华辰	2013.11.15
红星六尺夹宣(附产品卡)(一刀)		12,650	朵云轩	2013.05.23
红星棉料四尺宣(五捆)		16,100	朵云轩	2013.05.23
红星五尺特净皮(一刀)		11,500	朵云轩	2013.05.23
笺纸		25,300	中国嘉德	2013.03.23
近代旧宣纸一组		13,800	北京保利	2013.12.03
九十年代红星棉料 五刀	长136cm	17,250	北京匡时	2013.06.06
旧皮纸十捆		11,500	朵云轩	2013.09.26
旧宣纸(五捆)		10,350	朵云轩	2013.05.23
旧宣纸三捆		10,350	朵云轩	2013.09.26
刻画双龙戏珠旧宣纸(五张)	长127cm	17,250	北京保利	2013.06.03
空白扇面(十五张)		46,000	上海工美	2013.04.20
六六年红星(附产品卡)(一刀)		16,100	朵云轩	2013.05.23
六十年代荣宝斋兰竹画宣 五卷	长68cm	32,200	北京匡时	2013.06.06
龙记六尺特净皮三捆		14,950	朵云轩	2013.09.26
落霞笺纸		14,950	北京保利	2013.12.03
民国 汪六吉款六尺宣纸(五十张)	宽97cm	10,350	中国嘉德	2013.09.15
民国 汪六吉款六尺宣纸五十张	宽97cm	11,500	中国嘉德	2013.06.15
民国虎皮宣		28,750	北京保利	2013.12.03
民国荣宝斋苏九华宣纸二捆		10,350	朵云轩	2013.09.26
泥金、洒金空白扇面(十三张)		63,250	上海工美	2013.04.20
七子武经		13,800	北京保利	2013.12.03
荣宝斋笺纸一组	尺寸不一	20,700	中国嘉德	2013.03.24
洒金笺本空白轴	长131.5cm	17,250	上海工美	2013.04.20
师牛堂李可染专用纸(附产品卡)(一刀)		13,800	朵云轩	2013.05.23
五六十年代三尺宣纸		23,000	北京保利	2013.12.03
五十年代夹层宣(二刀)		12,650	朵云轩	2013.05.23
小刀头 一尺一 十刀	长40cm	13,800	北京匡时	2013.06.06
愚翎草堂定制四尺宣(三捆)		19,550	朵云轩	2013.05.23
其他文房用品				
明 黑漆嵌螺钿高士人物文具五层盒	长24cm	345,000	北京保利	2013.12.05
明 黄花梨字画匣	长70cm	195,500	北京保利	2013.07.27
明 黄花梨字画匣	长70cm	184,000	北京保利	2013.07.27
明嘉靖 文徵明“停云馆”三峰楠木架阁	长10.5cm	20,700	北京匡时	2013.12.05
明嘉靖 文徵明自用紫芝文房(两件)	高7.7cm；高5.8cm	28,750	北京匡时	2013.12.05
明末清初 黄花梨书匣	长21.5cm	81,162	中国嘉德	2013.04.05
清早期 黄花梨书箱	长24cm	72,588	中国嘉德	2013.10.06
清早期 黄花梨文具箱	高18.3cm	51,750	中国嘉德	2013.09.16

拍品名称	物品尺寸	成交价RMB	拍卖公司	拍卖日期
清早期 紫檀文具箱	长27.5cm	55,200	北京诚轩	2013.11.17
清中期 红木嵌螺钿龙纹文具盘	长33cm	43,700	北京保利	2013.10.27
清乾隆 紫檀“丙”字款罄架	高53.5cm	253,000	北京匡时	2013.06.05
清乾隆 紫檀雕双龙纹罄架	高45cm	97,750	北京匡时	2013.06.05
清晚期 日本莳绘改多宝文具匣内呈文房(十四件)	尺寸不一	43,700	北京匡时	2013.12.05
清 各式紫檀文房小品(一组六件)	尺寸不一	287,500	北京匡时	2013.12.05
清 观我生斋途次文房(一套)	尺寸不一	13,800	中国嘉德	2013.09.15
清 贺天健旧藏文房(七件)	尺寸不一	17,250	西泠拍卖	2013.07.12
清 贺天健旧藏文房(三件)	尺寸不一	32,200	西泠拍卖	2013.07.12
清 红木画盒(五件)	尺寸不一	23,000	中国嘉德	2013.09.15
清 红木帖架	长24cm	172,500	中国嘉德	2013.09.15
清 花梨木小书箱成对	长40cm	287,500	中国嘉德	2013.11.17
清 黄花梨书盒	长51.5cm	17,250	北京传是	2013.12.12
清 黄花梨书盒	长36.5cm	105,800	中国嘉德	2013.11.17
清 黄花梨文具盘	径30cm	13,800	北京传是	2013.12.12
清 九屉文具箱成对	长62cm	195,500	中国嘉德	2013.11.17
清 银鎏金玉柄文具刀	长23cm	11,500	北京保利	2013.01.11
清 玉成窑文房(一组)	尺寸不一	138,000	上海春秋堂	2013.04.28
清 紫檀画盒	长39cm	23,000	北京传是	2013.12.12
清 紫檀文房用具(一组)	尺寸不一	25,300	北京传是	2013.12.12
清 紫檀文房用具(一组)	尺寸不一	10,350	北京传是	2013.12.12
清 紫檀文房用具(一组)	尺寸不一	10,350	北京传是	2013.12.12
清 紫檀文具箱	长40.5cm	69,000	中国嘉德	2013.09.16
清-民国 瓷文房(二十七件)	尺寸不一	20,700	中国嘉德	2013.09.17
70年代作 近代 腐蚀金彩绘人物图案文具(一套)	尺寸不一	126,500	北京匡时	2013.12.03
陈达作荔枝洞石《如幻》文玩	长10cm	437,000	福建东南	2013.10.27
端石茶海	长78cm	115,000	中国嘉德	2013.03.24
民国 贺天健旧藏文房(一组四件)	尺寸不一	48,300	西泠拍卖	2013.07.12
民国 李明亮文房(一套四件)	尺寸不一	287,500	北京万隆	2013.06.04
民国 谭文卿文房(一套五件)	尺寸不一	126,500	北京万隆	2013.06.04
民国 铜胎画珐琅文具(一组两件)	尺寸不一	69,000	北京匡时	2013.06.05
民国 张鲁盦自用刻刀印床	尺寸不一	46,000	西泠拍卖	2013.07.12
民国 紫檀文具箱	长43cm	17,250	中国嘉德	2013.12.14
明式 当代 楠木带铜包角小书箱	长38cm	48,300	中国嘉德	2013.11.17
木质文房(一组)	尺寸不一	184,000	北京匡时	2013.12.05
文房(一组六件)	尺寸不一	35,840	北京荣宝	2013.06.23
文房(一组四件)	尺寸不一	33,600	北京荣宝	2013.03.31
文具：二十世纪玉饰：十七至十九世纪 金属鎏金卷草吉祥纹案套装文具(八件)		130,029	纽约苏富比	2013.09.17
银御制「花朝词」盘	长16cm	244,760	纽约苏富比	2013.09.17
紫檀嵌黄杨福寿纹文具箱(一对)	长43cm	34,500	中国嘉德	2013.09.17
紫檀文房(十八件)	尺寸不一	32,200	中国嘉德	2013.06.15
钱币邮品				
铜币				
春秋“安藏”空首布一枚		23,000	朵云轩	2013.07.08
春秋“八”字空首布一枚		25,300	朵云轩	2013.07.08
春秋“八”字空首布一枚		16,100	朵云轩	2013.07.08
春秋“公”字空首布一枚		13,800	朵云轩	2013.07.08
春秋“君”字空首布一枚		13,800	朵云轩	2013.07.08
春秋“室”字空首布一枚		18,400	朵云轩	2013.07.08
春秋“土”字空首布一枚		11,500	朵云轩	2013.07.08
春秋“武”字空首布一枚		11,500	朵云轩	2013.07.08
春秋“武”字空首布一枚		10,350	朵云轩	2013.07.08
春秋“子”字空首布一枚		20,700	朵云轩	2013.07.08
春秋“午”(传形)字空首布一枚		16,100	朵云轩	2013.07.08
春秋·晋 大型无文耸肩尖足空首布	通长14.93cm	21,850	中国嘉德	2013.05.17
春秋·晋 大型无文耸肩尖足空首布	通长13.96cm	19,550	中国嘉德	2013.05.17

拍品名称	物品尺寸	成交价RMB	拍卖公司	拍卖日期
春秋·王畿 "安臧"小型平肩弧裆空首布	通长7.5cm	36,800	中国嘉德	2013.05.17
春秋·王畿 "八"大型平肩弧裆空首布	通长10cm	28,750	中国嘉德	2013.11.23
春秋·王畿 "八"大型平肩弧裆空首布	通长10.1cm	10,580	中国嘉德	2013.11.23
春秋·王畿 "虫"大型平肩弧裆空首布	通长9.8cm	11,500	中国嘉德	2013.11.23
春秋·王畿 "官市"小型平肩弧裆空首布	通长7.2cm	112,700	中国嘉德	2013.05.17
春秋·王畿 "井"大型平肩弧裆空首布	通长10.3cm	11,500	中国嘉德	2013.11.23
春秋·王畿 "卢氏"斜肩弧裆空首布	通长8.7cm	36,800	中国嘉德	2013.05.17
春秋·王畿 "卯"大型平肩弧裆空首布	通长10.3cm	48,300	中国嘉德	2013.05.17
春秋·王畿 "七"大型平肩弧裆空首布	通长10.1cm	17,250	中国嘉德	2013.11.23
春秋·王畿 "三川新"大型斜肩弧裆空首布	通长9.2cm	13,800	中国嘉德	2013.11.23
春秋·王畿 "三川新"斜肩弧裆空首布	通长8.9cm	57,500	中国嘉德	2013.05.17
春秋·王畿 "室"、"帝"、"室"大型平肩弧裆空首布一组三枚	通长9.5cm；通长9.7cm；通长9.6cm	92,000	中国嘉德	2013.05.17
春秋·王畿 "武"大型斜肩弧裆空首布	通长9.07cm	10,120	中国嘉德	2013.05.17
春秋·王畿 "武"大型斜肩弧裆空首布	通长8.55cm	13,800	中国嘉德	2013.11.23
春秋·王畿 "喜"大型平肩弧裆空首布	通长9.7cm	19,550	中国嘉德	2013.11.23
春秋·王畿 "下"大型平肩弧裆空首布	通长10.3cm	11,500	中国嘉德	2013.11.23
春秋·王畿 "羊"大型平肩弧裆空首布	通长10.04cm	26,450	中国嘉德	2013.05.17
春秋·王畿 "冶"大型平肩弧裆空首布	通长9.6cm	24,150	中国嘉德	2013.05.17
春秋·王畿 "贞"大型平肩弧裆空首布	通长9.8cm	13,800	中国嘉德	2013.05.17
春秋·王畿 "征"大型平肩弧裆空首布	通长10.3cm	43,700	中国嘉德	2013.05.17
春秋·王畿 "智"大型平肩弧裆空首布	通长9.6cm	66,700	中国嘉德	2013.05.17
春秋·王畿 "智"大型平肩弧裆空首布	通长10cm	10,350	中国嘉德	2013.11.23
春秋·鲜虞 "鼓"大型尖首刀	通长17.3cm	14,950	中国嘉德	2013.11.23
春秋战国("柳"疑"■")字空首布一枚		57,500	朵云轩	2013.07.08
春秋战国("武"省笔)字空首布一枚		16,100	朵云轩	2013.07.08
春秋战国 "囗"字空首布一枚		52,900	朵云轩	2013.07.08
春秋战国 "安"字空首布一枚		13,800	朵云轩	2013.07.08
春秋战国 "柳"春秋战国 "柳"(疑"■")字空首布一枚		50,600	朵云轩	2013.07.08
春秋战国 "午"字空首布一枚		11,500	朵云轩	2013.07.08
春秋战国 "贞"字空首布一枚		46,000	朵云轩	2013.07.08
春秋战国 "贞"字空首布一枚		17,250	朵云轩	2013.07.08
春秋战国 大型原始布一枚	高16.3cm；宽9.9cm	37,950	北京诚轩	2013.05.18
战国 "安藏"平肩弧足空首布一枚	高7.0cm	17,250	北京诚轩	2013.05.18
战国 "安阳"背"十二朱"小型三孔布一枚	长2.7cm	184,000	北京诚轩	2013.05.18
战国 "安阳"方足布第二十六枚		[illegible]	朵云轩	2013.07.08

拍品名称	物品尺寸	成交价RMB	拍卖公司	拍卖日期
战国 "成"、"伐"、"智"、"共"平肩弧足空首布一组四枚	尺寸不一	212,750	北京诚轩	2013.05.18
战国 "共"字圜钱一枚	直径45mm	12,650	北京诚轩	2013.05.18
战国 "共"字圜钱一枚		12,650	朵云轩	2013.07.08
战国 "共"字圜钱一枚	直径4.3cm	11,500	北京诚轩	2013.05.18
战国 "共"字圜钱一枚	直径4.5cm	11,500	北京诚轩	2013.05.18
战国 "济阴"圜钱一枚		115,000	朵云轩	2013.07.08
战国 "梁正尚新当寽"桥裆布一枚	高5.8cm	20,700	北京诚轩	2013.05.18
战国 "蔺"圆肩圆足布一枚	高6.8cm	14,950	北京诚轩	2013.05.18
战国 "蔺"字方足布等三十枚		24,150	朵云轩	2013.07.08
战国 "齐法化"、明刀各一枚；；针首刀一枚；"化"尖首刀一枚	尺寸不一	69,000	北京诚轩	2013.05.18
战国 "祁"方足布一枚	高4.5cm	11,500	北京诚轩	2013.05.18
战国 "三川新"平肩弧足空首布一枚	高8.2cm	18,400	北京诚轩	2013.05.18
战国 "三川新"斜肩空首布一枚	高8.9cm	18,400	北京诚轩	2013.05.18
战国 "三川新"斜肩空首布一枚	高8.5cm	11,500	北京诚轩	2013.05.18
战国 "少曲市南"平肩弧足空首布一枚	高9.2cm	132,250	北京诚轩	2013.05.18
战国 "武"斜肩空首布一枚	高8.9cm	13,800	北京诚轩	2013.05.18
战国 "益"平肩弧足空首布一枚	高9.7cm	143,750	北京诚轩	2013.05.18
战国 "虞一新"桥裆方足布一枚	高5.5cm	12,650	北京诚轩	2013.05.18
战国 "郙"背"廿一·十二朱"三孔布一枚	高5.3cm	1,495,000	北京诚轩	2013.05.18
战国 "长垣一新"圜钱一枚		25,300	朵云轩	2013.07.08
战国 "长垣一新"圜钱一枚		23,000	朵云轩	2013.07.08
战国 "长垣一新"圜钱一枚		13,800	朵云轩	2013.07.08
战国 齐国"安阳之法化"背"中"五字刀一枚	高18.6cm	94,300	北京诚轩	2013.05.18
战国 齐国"节墨之法化"背"大行"五字刀一枚	高18.5cm	112,700	北京诚轩	2013.05.18
战国 齐国"节墨之法化"背"日"五字刀一枚	高18cm	17,250	北京诚轩	2013.05.18
战国 齐国"齐法化"背"■"三字刀一枚	高183.8mm	20,700	北京诚轩	2013.05.18
战国 齐国"齐法化"背"中"三字刀一枚	高18.1cm	20,700	北京诚轩	2013.05.18
战国 齐国"齐法化"背"日"三字刀一枚	高18.4cm	28,750	北京诚轩	2013.05.18
战国 齐国"齐法化"背"日"三字刀一枚	高18.4cm	21,850	北京诚轩	2013.05.18
战国 齐国"齐法化"背"上"三字刀、"齐之法化"背"上"四字刀、"节墨法化"小型四字刀、"安阳之法化"背"化"五字刀、"节墨之法化"背"安邦"五字刀、"齐返邦长法化"背"日"六字刀各一枚	高18.7cm	1,058,000	北京诚轩	2013.05.18
战国 齐国"齐法化"背"上"三字刀一枚	高18.4cm	28,750	北京诚轩	2013.05.18
战国 齐国"齐之法化"背"日"四字刀一枚	高18.5cm	109,250	北京诚轩	2013.05.18
战国 小型"武"字平肩弧足空首布一枚	高7.8cm	34,500	北京诚轩	2013.05.18
战国 针首刀一枚	高14.7cm	12,650	北京诚轩	2013.05.18
战国 "半两"44克权重钱	直径4.2cm	69,000	北京翰海	2013.06.22
战国 "北九门·十二铢"三孔布	高5.5cm	230,000	北京翰海	2013.06.22
战国 "三字·四字·五字"刀币一组三枚	高18cm	230,000	北京翰海	2013.06.22
战国 "节墨之法化"背"工"五字刀一枚	高18.3cm	55,200	北京诚轩	2013.11.20
战国 "节墨之法化"背"十"五字刀一枚	高18.6cm	103,500	北京诚轩	2013.11.20

2013杂项拍卖成交汇总

(成交价RMB：1万元以上)

拍品名称	物品尺寸	成交价RMB	拍卖公司	拍卖日期
战国“晋阳一釿”桥裆方足布一枚	高5.9cm	10,350	北京诚轩	2013.11.20
战国“蔺”字圆足布一枚	高7.5cm	23,000	北京诚轩	2013.11.20
战国“涅金”锐角布一枚	高6.95cm	34,500	北京诚轩	2013.11.20
战国“齐法化”背“吉”三字刀一枚	高18.4cm	25,300	北京诚轩	2013.11.20
战国“阴晋一釿”桥裆方足布一枚	高5.5cm	17,250	北京诚轩	2013.11.20
战国·楚“梠比当釿”背“七偵”一组三枚		19,550	中国嘉德	2013.11.23
战国·韩小型“铸邑”方足布	通长4.87cm	82,800	中国嘉德	2013.11.23
战国·齐“安阳之大刀”背“上”五字刀	通长18.4cm	46,000	中国嘉德	2013.05.17
战国·齐“节墨大刀”背“可”四字刀	通长15.6cm	40,250	中国嘉德	2013.11.23
战国·齐“节墨大刀”四字刀	通长15.6cm	57,500	中国嘉德	2013.11.23
战国·齐“节墨之大刀”背“辟封”五字刀	通长18.75cm	494,500	中国嘉德	2013.11.23
战国·齐“齐大刀”背“安”三字刀	通长18.61cm	20,700	中国嘉德	2013.11.23
战国·齐“齐大刀”背“匕”三字刀	通长18.2cm	26,450	中国嘉德	2013.05.17
战国·齐“齐大刀”背“卜”三字刀	通长18.1cm	23,000	中国嘉德	2013.05.17
战国·楚“齐大刀”背“卜”三字刀	通长18.6cm	48,300	中国嘉德	2013.11.23
战国·齐“齐大刀”背“草”三字刀	通长18.3cm	27,600	中国嘉德	2013.05.17
战国·齐“齐之刀”背“草”三字刀	通长18.3cm	24,150	中国嘉德	2013.05.17
战国·齐“齐大刀”背“草”三字刀	通长18.8cm	21,850	中国嘉德	2013.05.17
战国·齐“齐大刀”背“昌”三字刀	通长18.3cm	20,700	中国嘉德	2013.11.23
战国·齐“齐大刀”背“大”三字刀	通长18.1cm	21,850	中国嘉德	2013.05.17
战国·齐“齐大刀”背“大”三字刀	通长18.3cm	17,250	中国嘉德	2013.05.17
战国·齐“齐大刀”背“大”三字刀	通长18.52cm	28,750	中国嘉德	2013.11.23
战国·齐“齐大刀”背“甘”三字刀	通长18.2cm	27,600	中国嘉德	2013.05.17
战国·齐“齐大刀”背“工”三字刀	通长17.9cm	21,850	中国嘉德	2013.05.17
战国·齐“齐大刀”背“工”三字刀	通长18.16cm	21,850	中国嘉德	2013.11.23
战国·齐“齐大刀”背“行”三字刀	通长18.5cm	20,700	中国嘉德	2013.05.17
战国·齐“齐大刀”背“禾”三字刀	通长17.6cm	21,850	中国嘉德	2013.05.17
战国·齐“齐大刀”背“吉”三字刀	通长17.6cm	25,300	中国嘉德	2013.05.17
战国·齐“齐大刀”背“吉”三字刀	通长18.3cm	19,550	中国嘉德	2013.05.17
战国·齐“齐大刀”背“可”三字刀	通长18.3cm	34,500	中国嘉德	2013.05.17
战国·齐“齐大刀”背“日”三字刀	通长18.4cm	28,750	中国嘉德	2013.05.17
战国·齐“齐大刀”背“日”三字刀	通长18.9cm	14,950	中国嘉德	2013.05.17
战国·齐“齐大刀”背“上”三字刀	通长18.3cm	26,450	中国嘉德	2013.05.17
战国·齐“齐大刀”背“上”三字刀	通长18.1cm	20,700	中国嘉德	2013.05.17
战国·齐“齐大刀”背“生”三字刀	通长18.2cm	20,700	中国嘉德	2013.05.17
战国·齐“齐大刀”背“田”三字刀	通长18.3cm	20,700	中国嘉德	2013.05.17
战国·齐“齐大刀”背“土”三字刀	通长18.34cm	24,150	中国嘉德	2013.05.17
战国·齐“齐大刀”背“土”三字刀	通长18cm	23,000	中国嘉德	2013.05.17
战国·齐“齐大刀”背“土”三字刀	通长18.1cm	20,700	中国嘉德	2013.11.23
战国·齐“齐大刀”背“阳”三字刀	通长18cm	29,900	中国嘉德	2013.05.17
战国·齐“齐大刀”背“正”三字刀	通长18.1cm	31,050	中国嘉德	2013.05.17
战国·齐“齐大刀”背“至”、“央”、“可”三字刀一组三枚	通长18.1cm；通长18.1cm；通长18.1cm	59,800	中国嘉德	2013.05.17
战国·齐“齐大刀”背“至”三字刀	通长18.2cm	24,150	中国嘉德	2013.05.17
战国·齐“齐大刀”背“至”三字刀	通长18.1cm	23,000	中国嘉德	2013.05.17
战国·齐“齐之大刀”背“日”四字刀	通长18.52cm	126,500	中国嘉德	2013.05.17
战国·齐“齐之大刀”背“日”四字刀	通长18.22cm	35,650	中国嘉德	2013.05.17
战国·齐“齐之大刀”背“上”四字刀	通长18.7cm	97,750	中国嘉德	2013.05.17
战国·秦“半两”	直径3.38cm；重18.1g	11,500	中国嘉德	2013.05.17
战国·秦“半两”	直径3.28cm	19,550	中国嘉德	2013.11.23
战国·秦“长垣一釿”圆钱	直径3.76cm	18,400	中国嘉德	2013.11.23
战国·戎“西刀”尖首刀	通长11.83cm	161,000	中国嘉德	2013.11.23

拍品名称	物品尺寸	成交价RMB	拍卖公司	拍卖日期
战国·魏“北屈”小型方足布	通长4.75cm	34,500	中国嘉德	2013.05.17
战国·魏“丰子”、“王均”方足布一组两枚	通长4.5cm；通长4.63cm	34,500	中国嘉德	2013.05.17
战国·魏“共”圜钱	直径4.58cm	18,400	中国嘉德	2013.05.17
战国·魏“共”圜钱	直径4.5cm	12,650	中国嘉德	2013.05.17
战国·魏“共”圜钱	直径4.32cm	11,500	中国嘉德	2013.05.17
战国·魏“共”圜钱	直径4.55cm	11,270	中国嘉德	2013.05.17
战国·魏“共半釿”桥裆布	通长4.79cm	184,000	中国嘉德	2013.05.17
战国·魏“济阴”圜钱	直径4.01cm	103,500	中国嘉德	2013.05.17
战国·魏“京一釿”桥裆布	通长5.55cm	36,800	中国嘉德	2013.05.17
战国·魏“咎如”小型方足布	通长4.66cm	27,600	中国嘉德	2013.05.17
战国·魏“梁一釿”桥裆布	通长5.55cm	18,400	中国嘉德	2013.05.17
战国·魏“梁一釿”桥裆布	通长5.6cm	13,800	中国嘉德	2013.05.17
战国·魏“氏半釿”桥裆布	通长4.12cm	287,500	中国嘉德	2013.05.17
战国·魏“阴晋半釿”桥裆布	通长4.12cm	10,350	中国嘉德	2013.11.23
战国·魏“阴晋一釿”桥裆布	通长5.54cm	36,800	中国嘉德	2013.05.17
战国·魏“阴晋一釿”桥裆布	通长5.55cm	43,700	中国嘉德	2013.11.23
战国·魏“圁阳一釿”桥裆布	通长5.79cm	48,300	中国嘉德	2013.05.17
战国·魏“虞半釿”桥裆布	通长4.72cm	552,000	中国嘉德	2013.05.17
战国·魏“虞一釿”桥裆布	通长5.57cm	12,650	中国嘉德	2013.11.23
战国·魏“垣”圜钱一组十枚		20,700	中国嘉德	2013.05.17
战国·魏“长垣一釿”圜钱	直径3.76cm	19,550	中国嘉德	2013.05.17
战国·魏“长垣一釿”圜钱	直径3.79cm	18,400	中国嘉德	2013.05.17
战国·魏“长垣一釿”圜钱	直径3.85cm	16,100	中国嘉德	2013.05.17
战国·魏“垚”小型方足布	通长4.7cm	25,300	中国嘉德	2013.05.17
战国·魏小型“高都”方足布	通长4.7cm	11,500	中国嘉德	2013.11.23
战国·魏小型“高都”方足布	通长4.75cm	11,500	中国嘉德	2013.11.23
战国·魏小型“奇氏”方足布	通长4.73cm	41,400	中国嘉德	2013.11.23
战国·赵“离石”大型圆足布	通长7.23cm	55,200	中国嘉德	2013.05.17
战国·赵“蔺”类圆足布	通长5.5cm	80,500	中国嘉德	2013.05.17
战国·赵“蔺半”小型尖足布	通长5.77cm	16,100	中国嘉德	2013.05.17
战国·赵“阳邑”小型方足布	通长4.41cm	20,700	中国嘉德	2013.05.17
战国·赵“兹氏”类圆足布	通长5.66cm	12,650	中国嘉德	2013.05.17
战国·赵大型“蔺”圆足布	通长7.41cm	20,700	中国嘉德	2013.11.23
战国·赵大型“蔺”圆足布	通长7.69cm	12,650	中国嘉德	2013.11.23
战国·赵小型“大阴”尖足布	通长5.5cm	28,750	中国嘉德	2013.11.23
战国·赵小型“大阴”尖足布	通长5.51cm	13,800	中国嘉德	2013.11.23
战国·赵小型“蔺半”尖足布	通长5.74cm	13,800	中国嘉德	2013.11.23
战国·赵小型“虑虒半”尖足布	通长5.42cm	10,120	中国嘉德	2013.11.23
战国·赵小型“马雍”方足布	通长4.65cm	13,800	中国嘉德	2013.11.23
战国·赵小型“马雍”方足布	通长4.84cm	13,800	中国嘉德	2013.11.23
战国·赵小型“马雍”方足布	通长4.75cm	11,500	中国嘉德	2013.11.23
战国·赵小型“马雍”方足布	通长4.92cm	10,925	中国嘉德	2013.11.23
战国·赵小型“平州”尖足布	通长5.64cm	17,250	中国嘉德	2013.11.23
战国·赵小型“五陉”背“十二朱”三孔布	通长5.52cm；重量8.23g	1,437,500	中国嘉德	2013.11.23
战国·赵小型“兹氏半”尖足布	通长5.6cm	11,500	中国嘉德	2013.11.23
战国·赵折二“戈邑”方足布一组二枚	通长5.23cm	57,500	中国嘉德	2013.11.23
战国·中山“城白”圆首刀	通长13.6cm	34,500	中国嘉德	2013.11.23
战国·中山“城白”圆首刀	通长13.8cm	23,000	中国嘉德	2013.11.23
战国·“安阴二“桥足布		32,200	西泠拍卖	2013.07.12
战国·“虑虎“尖足布		10,350	西泠拍卖	2013.07.12
战国·“长垣一釿”圜钱		11,500	西泠拍卖	2013.07.12
战国·桥足布一组二枚		10,350	西泠拍卖	2013.07.12
战国·桥足布一组两枚		11,500	西泠拍卖	2013.07.12
战国·桥足布一组三枚		32,200	西泠拍卖	2013.07.12
战国·魏“梁充釿百当寽”桥裆布一枚		23,000	朵云轩	2013.07.08
战国–明·铜钱一组五枚		13,800	西泠拍卖	2013.07.12

拍品名称	物品尺寸	成交价RMB	拍卖公司	拍卖日期
战国秦“一铢重一两十四”圆钱一枚	直径3.8cm	17,250	北京诚轩	2013.11.20
战国至民国 老做玩钱一组十四枚		32,200	中国嘉德	2013.11.23
秦“两甾”圆钱	直径31mm	36,800	北京翰海	2013.06.22
西汉 白金三品之龟币	通长4.15cm	10,580	中国嘉德	2013.05.17
汉“次布九百”石质祖范残件，方地山旧藏，带原装木盒，美品		36,800	朵云轩	2013.07.08
汉“大胜”龙虎花钱	直径3.52cm	10,350	中国嘉德	2013.11.23
汉“货布”背“双龙”一枚		13,800	朵云轩	2013.07.08
汉“日入千金”背“长勿相忘”挂钱	通长4.66cm	14,950	中国嘉德	2013.05.17
汉“日入千金”背“长勿相忘”挂钱	通长4.67cm	11,270	中国嘉德	2013.05.17
汉“五铢”铜范，内含“7.6五铢”铜范十枚	边长19×7cm	46,000	中国嘉德	2013.11.23
汉 大布黄千一组20枚	高5.5cm	13,800	北京翰海	2013.06.22
汉“太和”五铢二枚，“卍”字五铢一枚	直径2.4cm	10,350	北京诚轩	2013.05.18
汉“五铢”一枚	直径2.5cm	12,650	北京诚轩	2013.05.18
南北朝“孝建四铢”二十九枚		10,925	朵云轩	2013.07.08
南北朝“永安五铢”一组六十七枚		23,000	中国嘉德	2013.11.23
南明“弘光通宝”背“贰”	直径2.82cm	13,800	中国嘉德	2013.11.23
南明“裕民通宝”背“浙一钱”一枚		11,500	朵云轩	2013.07.08
六朝“永安五男”背四灵	直径5.03cm	23,000	中国嘉德	2013.11.23
六朝 大型“永安五男”背四灵花钱	直径5.65cm	18,400	中国嘉德	2013.11.23
隋唐“日入千万”背龙虎花钱	直径4.54cm	103,500	中国嘉德	2013.11.23
唐“得壹元宝”背上月	直径3.65cm	46,000	中国嘉德	2013.05.17
唐“得壹元宝”背上月	直径3.64cm	40,250	中国嘉德	2013.05.17
唐“得壹元宝”背上月	直径3.75cm	36,800	中国嘉德	2013.05.17
唐“顺天元宝”背上月、“得壹元宝”背上月一组两枚	直径3.63cm；直径3.59cm	59,800	中国嘉德	2013.05.17
唐“长命富贵”背“无诸灾鄣”鎏金供养花钱	直径3.45cm	25,300	中国嘉德	2013.05.17
唐 金陵女钱		48,300	西泠拍卖	2013.07.12
唐 撒马尔罕王朝“开元通宝”背粟特文	直径2.4cm	23,000	中国嘉德	2013.11.23
唐代“得壹元宝”背上月一枚	直径3.5cm	10,925	北京诚轩	2013.11.20
北宋“崇宁通宝”大系		1,725,000	中国嘉德	2013.05.17
北宋“崇宁通宝”母钱	直径3.47cm	13,800	中国嘉德	2013.11.23
北宋“崇宁通宝”铁母	直径3.4cm	23,000	中国嘉德	2013.11.23
北宋“崇宁通宝”折十母钱	直径3.58cm	13,800	中国嘉德	2013.05.17
北宋“崇宁通宝”折十母钱	直径3.46cm	10,580	中国嘉德	2013.05.17
北宋“崇宁重宝”母钱	直径3.53cm	13,800	中国嘉德	2013.11.23
北宋“淳化元宝”铁母	直径2.57cm	11,500	中国嘉德	2013.11.23
北宋“大观通宝”折三铁母	直径3.36cm	14,950	中国嘉德	2013.05.17
北宋“靖康通宝”折二宽缘小字版一枚		23,000	朵云轩	2013.07.08
北宋“靖康元宝”折二篆书、隶书各一枚		10,350	朵云轩	2013.07.08
北宋“庆历重宝”折三铁母	直径3.42cm	34,500	中国嘉德	2013.05.17
北宋“熙宁通宝”折三铁母	直径3.46cm	21,850	中国嘉德	2013.05.17
北宋“祥符元宝”折三铁母	直径3.43cm	40,250	中国嘉德	2013.05.17
北宋“宣和通宝”背“陕”铁母	直径2.54cm	28,750	中国嘉德	2013.11.23
北宋“宣和通宝”背“陕”铁母	直径2.55cm	18,400	中国嘉德	2013.11.23
北宋“宣和元宝”真书、篆书一组两枚	直径2.39cm；直径2.4cm	14,950	中国嘉德	2013.05.17
北宋“政和通宝”隶书折三铁母	直径3.28cm	55,200	中国嘉德	2013.05.17
北宋“政和通宝”篆书广穿折三铁母	直径3.31cm	40,250	中国嘉德	2013.05.17
北宋“政和通宝”篆书折三铁母	直径3.19cm	36,800	中国嘉德	2013.05.17
北宋“重和通宝”真书、篆书一组两枚	直径2.56cm；直径2.58cm	36,800	中国嘉德	2013.05.17
北宋 特大型“咸平元宝”饼钱	直径4.67cm；重70.0g	17,250	中国嘉德	2013.11.23

拍品名称	物品尺寸	成交价RMB	拍卖公司	拍卖日期
北宋 折二真书、篆书“靖康元宝”一组二枚	直径3.06cm；直径3.03cm	27,600	中国嘉德	2013.11.23
北宋 折二真书“靖康元宝”	直径3.09cm	12,650	中国嘉德	2013.11.23
北宋 折三“政和重宝”铁母	直径3.16cm	218,500	中国嘉德	2013.11.23
北宋 折三“政和重宝”铁母	直径3.13cm	115,000	中国嘉德	2013.11.23
北宋 折三篆书“绍圣元宝”铁母	直径3.4cm	43,700	中国嘉德	2013.11.23
北宋 折三篆书“元丰通宝”铁母	直径3.2cm	11,500	中国嘉德	2013.11.23
北宋 折三篆书“政和通宝”铁母	直径3.2cm	46,000	中国嘉德	2013.11.23
北宋 折三篆书“政和通宝”铁母	直径3.18cm	28,750	中国嘉德	2013.11.23
北宋 真书、篆书“宣和元宝”一组两枚	直径2.4cm；直径2.37cm	21,850	中国嘉德	2013.11.23
北宋 真书“重和通宝”	直径2.52cm	19,550	中国嘉德	2013.11.23
南宋“淳熙元宝”背大“泉”母钱	直径2.93cm	17,250	中国嘉德	2013.11.23
南宋“淳佑通宝”小平	直径2.5cm	23,000	中国嘉德	2013.05.17
南宋“端平元宝”背“定五北上”折五铁母	直径3.58cm	51,750	中国嘉德	2013.05.17
南宋“端平重宝”	直径3.34cm	32,200	中国嘉德	2013.05.17
南宋“嘉定元宝”背“利壹五”折三铁母	直径3.31cm	24,150	中国嘉德	2013.05.17
南宋“嘉定元宝”背“折十”	直径5.33cm	12,650	中国嘉德	2013.05.17
南宋“嘉定元宝”背“折十”	直径5.34cm	40,250	中国嘉德	2013.11.23
南宋“嘉泰通宝”背“春二”折二铁母	直径2.9cm	34,500	中国嘉德	2013.05.17
南宋“建炎重宝”	直径3.32cm	10,120	中国嘉德	2013.05.17
南宋“建炎重宝”	直径3.34cm	13,800	中国嘉德	2013.11.23
南宋“绍熙元宝”背“四九”仰月双星铁母	直径3.16cm	23,000	中国嘉德	2013.11.23
南宋 端平铜钱一组十二枚		51,750	西泠拍卖	2013.07.12
南宋·周元通宝铜钱		13,800	西泠拍卖	2013.07.12
宋“十二生肖”背“花枝”大花钱一枚		11,500	朵云轩	2013.07.08
宋“唐将尉迟”马钱	直径3.3cm	20,700	中国嘉德	2013.05.17
宋“田真哭荆”背“花前月下”人物故事花钱	直径4.84cm	16,100	中国嘉德	2013.11.23
宋“万国佛陀”背本命星官生肖鸡花钱	直径4.35cm	12,650	中国嘉德	2013.11.23
宋“长命富贵”背星月大型花钱	直径7.35cm	69,000	中国嘉德	2013.05.17
宋 本命星官背十二生肖花钱	直径5.8cm	43,700	中国嘉德	2013.05.17
宋 本命星官花钱一组六枚		17,250	中国嘉德	2013.05.17
宋 本命星官生肖马背大刀斩鬼花钱	直径5.16cm	12,650	中国嘉德	2013.05.17
宋 大型“龟鹤齐寿”花钱	直径6.01cm	10,925	中国嘉德	2013.11.23
宋 大型松下童子背十二生肖花钱	直径7.23cm	19,550	中国嘉德	2013.11.23
宋 二郎星君背十二生肖雕花花钱	直径5.9cm	34,500	中国嘉德	2013.11.23
宋 神怪花钱一组五枚		12,650	中国嘉德	2013.05.17
宋 十二生肖花钱一组十三枚		23,000	中国嘉德	2013.05.17
宋 太上咒玄武花钱	直径6.02cm	40,250	中国嘉德	2013.05.17
宋 小型十二生肖花钱一组十一枚		57,500	中国嘉德	2013.11.23
宋 钟馗捉鬼符文神怪花钱	直径5.5cm	26,450	中国嘉德	2013.11.23
宋“崇宁元宝”银钱	直径2.2cm	23,000	北京翰海	2013.06.22
宋元 秘戏纹花钱	直径4.88cm	69,000	中国嘉德	2013.11.23
宋至清 小型花钱一组十四枚		86,250	中国嘉德	2013.05.17
太平天国“太平天国”背“圣宝”楷书当五十	直径4.86cm	11,500	中国嘉德	2013.05.17
太平天国“天国”背“圣宝”折十	直径3.97cm	10,350	中国嘉德	2013.05.17
王莽时期“第布八百”一枚	高54.5mm	28,750	北京诚轩	2013.05.18
王莽时期“中布六百”一枚	高5.0cm	10,350	北京诚轩	2013.05.18
五代“永通泉货”背双凤花钱	直径3.25cm	17,250	中国嘉德	2013.11.23
五代-清 花钱一组二十九枚		25,300	西泠拍卖	2013.07.12
五代十国“大蜀通宝”一枚	直径22.8mm	46,000	北京诚轩	2013.05.18
五代十国·南唐“永通泉货”	直径3.97cm	105,800	中国嘉德	2013.05.17

2013杂项拍卖成交汇总

(成交价RMB：1万元以上)

拍品名称	物品尺寸	成交价RMB	拍卖公司	拍卖日期
五代十国-楚马殷"天策府宝"	直径4.15cm	322,000	中国嘉德	2013.11.23
五代十国-后蜀"广政通宝"铁母	直径2.42cm	20,700	中国嘉德	2013.11.23
五代十国-南唐 折十"唐国通宝"篆书	直径3.19cm	46,000	中国嘉德	2013.11.23
西夏"福圣宝钱"	直径2.45cm	14,950	中国嘉德	2013.11.23
西夏"福圣宝钱"小平钱一枚		23,000	朵云轩	2013.07.08
西夏"乾佑元宝"	直径2.46cm	10,120	中国嘉德	2013.11.23
西夏"乾佑元宝"行书小宝	直径2.46cm	18,400	中国嘉德	2013.05.17
西夏"乾佑元宝"小平钱一枚		14,950	朵云轩	2013.07.08
西夏"元德通宝"	直径2.35cm	33,350	中国嘉德	2013.11.23
西夏 折二型"元德重宝"	直径2.74cm	920,000	中国嘉德	2013.05.17
西周 鱼币、磬形币一组五十九枚		23,000	西泠拍卖	2013.07.12
斜肩弧足空首布"官考"一枚		207,000	北京保利	2013.12.04
新莽"差布五百"	通长4.33cm	17,250	中国嘉德	2013.11.23
新莽"差布五百"不通顶版	通长4.37cm	40,250	中国嘉德	2013.05.17
新莽"差布五百"不通顶版	通长4.28cm	33,350	中国嘉德	2013.05.17
新莽"差布五百"不通顶版	通长4.42cm	25,300	中国嘉德	2013.05.17
新莽 "大泉五十"背"秩二千石"花钱	直径2.52cm	27,600	中国嘉德	2013.11.23
新莽"第布八百"不通顶版	通长5.21cm	138,000	中国嘉德	2013.05.17
新莽"货泉"背"常乐未央"花钱	直径2.31cm	28,750	中国嘉德	2013.11.23
新莽"契刀五百"	通长7.43cm	26,450	中国嘉德	2013.11.23
新莽"契刀五百"一组两枚	通长7.34cm；通长7.36cm	17,250	中国嘉德	2013.05.17
新莽"小泉直一"、"幺泉一十"、"幼泉二十"、"中泉三十"、"壮泉四十"、"大泉五十"一组六枚	尺寸不一	333,500	中国嘉德	2013.05.17
新莽"序布四百"通顶版	通长4.08cm	19,550	中国嘉德	2013.05.17
新莽"幺布二百"不通顶版	通长3.82cm	40,250	中国嘉德	2013.05.17
新莽"幺布二百"特小样	通长3.58cm	40,250	中国嘉德	2013.05.17
新莽"一刀平五千"	通长7.5cm	34,500	中国嘉德	2013.11.23
新莽"一刀平五千"	通长7.33cm	28,750	中国嘉德	2013.11.23
新莽"一刀平五千"	通长7.42cm	27,600	中国嘉德	2013.11.23
新莽"幼布三百"不通顶版	通长3.8cm	25,300	中国嘉德	2013.05.17
新莽"中布六百"不通顶版	通长4.47cm	27,600	中国嘉德	2013.05.17
新莽"壮布七百"不通顶版	通长4.89cm	46,000	中国嘉德	2013.05.17
新莽 六泉十布		51,750	中国嘉德	2013.11.23
新莽 中泉三十一枚		36,800	北京保利	2013.12.04
新莽序布四百一枚		55,200	北京保利	2013.12.04
新莽一刀平五千、契刀五百各一枚		32,200	北京保利	2013.12.04
金"阜昌通宝"楷书折二、篆书折二一组两枚	直径2.97cm；直径2.99cm	101,200	中国嘉德	2013.05.17
金"阜昌通宝"篆书折二	直径2.98cm	69,000	中国嘉德	2013.05.17
金"泰和通宝"折二一枚		11,500	朵云轩	2013.07.08
金"泰和重宝"	直径4.53cm	66,700	中国嘉德	2013.05.17
金"泰和重宝"	直径4.54cm	17,250	中国嘉德	2013.05.17
金"泰和重宝"	直径4.55cm	57,500	中国嘉德	2013.11.23
金"泰和重宝"	直径4.53cm	48,300	中国嘉德	2013.11.23
金"泰和重宝"	直径4.48cm	46,000	中国嘉德	2013.11.23
金"泰和重宝"	直径4.43cm	11,500	中国嘉德	2013.11.23
金"正隆元宝"	直径2.49cm	18,400	中国嘉德	2013.11.23
金"正隆元宝"大字行元	直径2.5cm	23,000	中国嘉德	2013.05.17
金 大型"泰和重宝"	直径5.37cm	34,500	中国嘉德	2013.11.23
金 真书折二型"天眷通宝"	直径3cm	2,415,000	中国嘉德	2013.05.17
金·阜昌通宝折三铜钱		25,300	西泠拍卖	2013.07.12
金代"阜昌重宝"一枚	直径34mm	28,750	北京诚轩	2013.05.18
金元"长命富贵"背大仰月	直径5.39cm	24,150	中国嘉德	2013.05.17
辽"百年长寿"背上月吉语花钱	直径5.05cm	34,500	中国嘉德	2013.11.23
辽"龟龄鹤算"花钱一组二枚	直径4.29cm；直径4.39cm	14,950	中国嘉德	2013.05.17
辽"龟龄鹤算"吉语花钱	直径4.24cm	34,500	中国嘉德	2013.11.23

拍品名称	物品尺寸	成交价RMB	拍卖公司	拍卖日期
辽"皇帝万岁"一组二枚	直径4.26cm；直径4.28cm	11,500	中国嘉德	2013.11.23
辽"天赞通宝"背上仰月	直径2.4cm	48,300	中国嘉德	2013.05.17
辽"天赞通宝"背双月	直径2.39cm	12,650	中国嘉德	2013.11.23
辽"统和元宝"背右上月	直径2.49cm	11,500	中国嘉德	2013.11.23
元"泰定通宝"等供养钱五枚		17,250	朵云轩	2013.07.08
元"泰和重宝"背"火"	直径4.38cm	11,500	中国嘉德	2013.11.23
元"泰和重宝"合背	直径4.48cm	10,580	中国嘉德	2013.05.17
元"至正通宝"背"三"试铸	直径3.58cm	16,100	中国嘉德	2013.05.17
元"至正通宝"背"寅"折三	直径3.24cm	11,500	中国嘉德	2013.05.17
元"至正通宝"等十枚		13,800	朵云轩	2013.07.08
元"至正之宝"背"吉 权钞 贰钱伍分"	直径6.85cm	97,750	中国嘉德	2013.05.17
元"至正之宝"背"吉权钞一钱五分"一枚		51,750	朵云轩	2013.07.08
元"至治元年"、"至顺元宝"供养钱各一枚		10,350	朵云轩	2013.07.08
元"致和元宝"等供养钱五枚		13,800	朵云轩	2013.07.08
元 八思巴文"至元通宝"	直径2.8cm	10,120	中国嘉德	2013.11.23
元 大型"开元通宝"花钱	直径4.33cm	11,270	中国嘉德	2013.11.23
元 天启通宝折二铜钱(徐天启楷书)		43,700	西泠拍卖	2013.07.12
元 小平"元贞通宝"	直径2.5cm	11,500	中国嘉德	2013.11.23
元 小平"至元通宝"	直径2.26cm	16,100	中国嘉德	2013.11.23
元"至元通宝"蒙文折二	直径3cm	17,250	北京翰海	2013.06.22
元·明 特大型"龟鹤齐寿"吉语花钱	直径7.54cm	29,900	中国嘉德	2013.11.23
元末"大义通宝"小平折二、折三二套		10,350	朵云轩	2013.07.08
元末"龙凤通宝"小平、折二、折三一套		43,700	朵云轩	2013.07.08
元末"天佑通宝"背"五"一枚		11,500	朵云轩	2013.07.08
元末 韩林儿"龙凤通宝"折三	直径3.49cm	11,270	中国嘉德	2013.05.17
元末 徐寿辉"天启通宝"折三	直径3.31cm	34,500	中国嘉德	2013.05.17
元末 徐寿辉"天启通宝"折三	直径3.4cm	21,850	中国嘉德	2013.05.17
元末 张士诚"天佑通宝"背"三"	直径3.36cm	13,800	中国嘉德	2013.05.17
元末"天启通宝"小平一枚	直径2.3cm	13,800	北京诚轩	2013.05.18
元末"天启通宝"折二一枚	直径2.8cm	46,000	北京诚轩	2013.05.18
元末"天启通宝"折二一枚	直径2.9cm	36,800	北京诚轩	2013.05.18
元末·韩林儿 折二小样"龙凤通宝"	直径2.84cm	80,500	中国嘉德	2013.11.23
元末·韩林儿 折三"龙凤通宝"	直径3.43cm	36,800	中国嘉德	2013.11.23
元末·张士诚"天佑通宝"背"贰"	直径2.9cm	29,900	中国嘉德	2013.11.23
元末·张士诚"天佑通宝"背"贰"	直径2.9cm	28,750	中国嘉德	2013.11.23
元末明初朱元璋"大中通宝"背"广五"一枚	直径3.8cm	23,000	北京诚轩	2013.05.18
早期"龟鹤齐寿"大钱一枚		13,680	上海崇源	2013.06.07
明"崇祯通宝"背工五一枚		17,250	朵云轩	2013.07.08
明"崇祯通宝"小平背"四手"	直径2.75cm	14,950	中国嘉德	2013.05.17
明"崇祯通宝"折十光背	直径4.44cm	46,000	中国嘉德	2013.05.17
明"大中通宝"背"鄂"折三	直径3.43cm	43,700	中国嘉德	2013.05.17
明"大中通宝"背"鄂十"	直径4.68cm	14,950	中国嘉德	2013.05.17
明"大中通宝"背"广五"	直径4.2cm	23,000	中国嘉德	2013.05.17
明"洪武通宝"背"二福"	直径2.82cm	40,250	中国嘉德	2013.05.17
明"洪武通宝"背"三福"	直径3.49cm	36,800	中国嘉德	2013.05.17
明"洪武通宝"背"十福"	直径4.64cm	34,500	中国嘉德	2013.05.17
明"洪武通宝"背"五福"	直径4.02cm	34,500	中国嘉德	2013.05.17
明"洪武通宝"折三光背	直径3.34cm	33,350	中国嘉德	2013.05.17
明"嘉靖通宝"背"十一两"	直径4.42cm	46,000	中国嘉德	2013.11.23
明"嘉靖通宝"背"十一两"小字版	直径4.43cm	345,000	中国嘉德	2013.05.17
明"平安吉庆"背"日充斗金"暗八仙花钱一枚		14,950	朵云轩	2013.07.08
明"太平通宝"背"和合二仙"一枚		17,250	朵云轩	2013.07.08

拍品名称	物品尺寸	成交价RMB	拍卖公司	拍卖日期
明“天启通宝”背“府”	直径4.64cm	13,800	中国嘉德	2013.05.17
明“天启通宝”背“府”折十一枚		17,250	朵云轩	2013.07.08
明“天启通宝”背“密十一两”	直径4.77cm	28,750	中国嘉德	2013.11.23
明“天启通宝”背“密十一两”一枚		55,200	朵云轩	2013.07.08
明“天启通宝”背“一钱二分”	直径2.52cm	10,580	中国嘉德	2013.11.23
明“天启通宝”背“镇十”一枚		34,500	朵云轩	2013.07.08
明“天启通宝”折五光背	直径3.36cm	11,500	中国嘉德	2013.05.17
明“万历通宝”背“矿银”银钱一枚		23,000	朵云轩	2013.07.08
明“长命富贵”背“金玉满堂”大型吉语花钱	直径8.14cm	10,350	中国嘉德	2013.05.17
明货布背葵花刻纹花钱	通长5.8cm	10,120	中国嘉德	2013.11.23
明天启通宝铜钱一组二十二枚		23,000	西泠拍卖	2013.07.12
明铜钱一组七枚		13,800	西泠拍卖	2013.07.12
明折三“洪武通宝”背“桂三”	直径3.39cm	23,000	中国嘉德	2013.11.23
明折三“洪武通宝”背“三福”	直径3.42cm	23,000	中国嘉德	2013.11.23
明折十“崇祯通宝”	直径4.42cm	40,250	中国嘉德	2013.11.23
明折十“崇祯通宝”	直径4.43cm	34,500	中国嘉德	2013.11.23
明折五“大中通宝”背“鄂”	直径4.2cm	71,300	中国嘉德	2013.11.23
明折五“洪武通宝”背“京”	直径3.96cm	40,250	中国嘉德	2013.11.23
明折五“洪武通宝”背“五”	直径3.83cm	12,650	中国嘉德	2013.11.23
明“弘治通宝”样钱	直径2.4cm	11,500	北京翰海	2013.06.22
明“洪武通宝”背“豫”折三	直径3.4cm	17,250	北京翰海	2013.06.22
明代“崇祯通宝”折十大钱一枚		47,880	上海崇源	2013.06.07
明-清·花钱一组二十八枚		13,800	西泠拍卖	2013.07.12
清“宝源局造”背“镇库”	直径11.52cm；重837.3g	2,530,000	中国嘉德	2013.05.17
清“大清镇库”背“祺祥重宝”一枚	直径10.1cm；底径0.47cm	4,542,500	澳门中信	2013.06.23
清“道光通宝”宝泉局宫钱母钱一枚	直径3.0cm	25,300	北京诚轩	2013.05.18
清“道光通宝”背“天下太平”宫钱	直径3.78cm	48,300	中国嘉德	2013.11.23
清“道光通宝”背“天下太平”宫钱	直径3.77cm	11,500	中国嘉德	2013.11.23
清“道光通宝”背“天下太平”宫钱母钱	直径3.83cm	40,250	中国嘉德	2013.11.23
清“福禄寿喜”背“吉庆平安”吉语花钱	直径3.89cm	10,120	中国嘉德	2013.05.17
清“福禄寿喜”背“龙凤”花钱一枚		14,950	朵云轩	2013.07.08
清“福如东海”背“寿比南山”吉语花钱	直径5.43cm	10,925	中国嘉德	2013.11.23
清“福寿康宁”背“一品当朝”大型吉语花钱	直径1cm	43,700	中国嘉德	2013.05.17
清“福寿康宁”背八卦纹花钱	直径5.43cm	17,250	中国嘉德	2013.05.17
清“光绪通宝”宝蓟小平雕母一枚		57,000	上海崇源	2013.06.07
清“光绪通宝”宝津局小平红铜机打夹心母钱一枚		52,440	上海崇源	2013.06.07
清“光绪通宝”背“奉天机器局造十文”等铜元二枚		25,300	朵云轩	2013.07.08
清“光绪通宝”背“天下太平”宫钱	直径4.68cm	258,750	中国嘉德	2013.11.23
清“光绪通宝”背“天下太平”宫钱	直径4.65cm	59,800	中国嘉德	2013.11.23
清“光绪通宝”背“天下太平”宫钱	直径4.69cm	21,850	中国嘉德	2013.11.23
清“光绪通宝”背“天下太平”宫钱一枚		94,300	朵云轩	2013.07.08
清“光绪通宝”背“天下太平”宫钱一枚		37,620	上海崇源	2013.06.07
清“光绪通宝”背“长命富贵”宫钱一枚		18,400	朵云轩	2013.07.08
清“鸿案齐眉”背“佳偶”一枚		10,350	朵云轩	2013.07.08
清“嘉庆通宝”背“天下太平”宫钱	直径3.59cm	34,500	中国嘉德	2013.11.23
清“康熙通宝”背宝桂罗汉套子钱	直径2.6cm	10,925	中国嘉德	2013.05.17
清“康熙通宝”背宝源局花钱	直径4.79cm	23,000	中国嘉德	2013.05.17
清“康熙重宝”背宝泉龙凤花钱	直径5.95cm	13,800	中国嘉德	2013.05.17
清“平安吉庆”、“招财进宝”挂花钱一组两枚	通长6.57cm；直径6.54cm	36,800	中国嘉德	2013.11.23
清“平安吉庆”浙炉花钱	直径5.3cm	17,250	中国嘉德	2013.11.23
清“祺祥通宝”背“宝泉”小平	直径2.82cm	218,500	中国嘉德	2013.05.17
清“乾隆通宝”、“嘉庆通宝”、“道光通宝”、“咸丰通宝”宝苏局宽缘大样一组十枚		43,700	中国嘉德	2013.05.17
清“乾隆通宝”背“天下太平”宫钱	直径3.64cm	36,800	中国嘉德	2013.05.17
清“乾隆通宝”背“天下太平”宫钱	直径3.56cm	17,250	中国嘉德	2013.11.23
清“乾隆重宝”背宝泉龙凤花钱	直径5.14cm	10,120	中国嘉德	2013.11.23
清“寿”字吉语花钱	直径6.07cm	18,400	中国嘉德	2013.05.17
清“顺治通宝”背左“延”、右“延”一组两枚	直径2.51；直径2.51cm	32,200	中国嘉德	2013.05.17
清“天聪汉钱”	直径4.38cm	11,500	中国嘉德	2013.11.23
清“天聪汗钱”	直径4.44cm	57,500	中国嘉德	2013.05.17
清“天聪汗钱”	直径4.49cm	13,800	中国嘉德	2013.05.17
清“天官赐福”背“指日高升”浙炉吉语花钱	直径5.22cm	23,000	中国嘉德	2013.11.23
清“天国圣宝”手雕银钱		20,700	西泠拍卖	2013.07.12
清“天下太平”背满文阴刻鎏金宫钱	直径6.1cm	149,500	中国嘉德	2013.05.17
清“天下太平”宫钱	直径3.2cm	48,300	中国嘉德	2013.11.23
清“天下太平”合背	直径4.7cm	40,250	中国嘉德	2013.11.23
清“同治通宝”背“天下太平”宫钱	直径4.25cm	18,400	中国嘉德	2013.05.17
清“同治通宝”背“天下太平”宫钱	直径4.38cm	94,300	中国嘉德	2013.11.23
清“同治通宝”背“天下太平”宫钱	直径4.33cm	34,500	中国嘉德	2013.11.23
清“同治通宝”背“天下太平”宫钱	直径4.21cm	28,750	中国嘉德	2013.11.23
清“同治通宝”背“天下太平”宫钱	直径4.31cm	23,000	中国嘉德	2013.11.23
清“同治通宝”背八卦纹宫钱	直径4.4cm	40,250	中国嘉德	2013.05.17
清“同治通宝”背满汉文“台”套子钱	直径2.67cm	12,650	中国嘉德	2013.11.23
清“同治重宝”背“宝源当十”母钱	直径3.15cm	10,580	中国嘉德	2013.05.17
清“同治重宝”背“宝源当十”母钱	直径3.59cm	28,750	中国嘉德	2013.11.23
清“五子登科”背文武星官浙炉花钱	直径4.61cm	13,800	中国嘉德	2013.11.23
清“五子登科”吉语花钱	直径3.77cm	10,925	中国嘉德	2013.11.23
清“咸丰通宝”宝福局当一百试铸样钱一枚		342,000	上海崇源	2013.06.07
清“咸丰通宝”背“宝福二十”，“咸丰通宝”背“宝福一十”各一枚	直径4.77cm；直径3.77cm	31,050	中国嘉德	2013.11.23
清“咸丰通宝”背“宝福二十”、“宝福五十”、“宝福一百”一组三枚	尺寸不一	13,800	中国嘉德	2013.05.17
清“咸丰通宝”背“宝福二十”大耳福小通	直径4.68cm	80,500	中国嘉德	2013.05.17
清“咸丰通宝”背“宝福二十”短通样钱	直径4.95cm	48,300	中国嘉德	2013.05.17
清“咸丰通宝”背“宝福一百”	直径7.24cm	46,000	中国嘉德	2013.05.17
清“咸丰通宝”背“宝福一百”	直径7.19cm	18,400	中国嘉德	2013.05.17
清“咸丰通宝”背“宝福一百”	直径7.2cm	13,800	中国嘉德	2013.05.17
清“咸丰通宝”背“宝福一百”	直径7.19cm	20,700	中国嘉德	2013.11.23
清“咸丰通宝”背“宝福一百”	直径7.17cm	17,250	中国嘉德	2013.11.23
清“咸丰通宝”背“宝福一百”	直径7.14cm	17,250	中国嘉德	2013.11.23
清“咸丰通宝”背“宝福一百”	直径7.1cm	14,950	中国嘉德	2013.11.23
清“咸丰通宝”背“宝福一百”、“咸丰重宝”背“宝福一百”一组两枚	直径7.1cm；直径7.1cm	33,350	中国嘉德	2013.05.17
清“咸丰通宝”背“宝福一百”母钱	直径7.2cm	69,000	中国嘉德	2013.11.23
清“咸丰通宝”背“宝泉”戴书小平铁母	直径2.35cm	46,000	中国嘉德	2013.05.17
清“咸丰通宝”背“宝苏当五”	直径3.06cm	69,000	中国嘉德	2013.05.17
清“咸丰通宝”背“天下太平”宫钱	直径4.54cm	11,500	中国嘉德	2013.05.17
清“咸丰通宝”背“天下太平”宫钱	直径4.56cm	166,750	中国嘉德	2013.11.23
清“咸丰通宝”背“天下太平”宫钱	直径4.5cm	78,200	中国嘉德	2013.11.23
清“咸丰通宝”背“天下太平”宫钱	直径4.21cm	34,500	中国嘉德	2013.11.23

2013杂项拍卖成交汇总

(成交价RMB：1万元以上)

拍品名称	物品尺寸	成交价RMB	拍卖公司	拍卖日期
清"咸丰通宝"背"天下太平"宫钱	直径4.37cm	12,650	中国嘉德	2013.11.23
清"咸丰辛亥福州重建"背"圣庙正殿上梁用"刀型上梁钱	通长6.97cm	29,900	中国嘉德	2013.05.17
清"咸丰元宝"宝泉局戴书当十铁母一枚		52,440	上海崇源	2013.06.07
清"咸丰元宝"宝泉局当五百一枚		11,400	上海崇源	2013.06.07
清"咸丰元宝"背"宝巩当千"宽缘版样钱	直径6.73cm	460,000	中国嘉德	2013.05.17
清"咸丰元宝"背"宝济当百"	直径5.82cm	10,925	中国嘉德	2013.05.17
清"咸丰元宝"背"宝泉当百"	直径5.5cm	16,100	中国嘉德	2013.05.17
清"咸丰元宝"背"宝泉当百"雕花钱	直径4.85cm	97,750	中国嘉德	2013.11.23
清"咸丰元宝"背"宝泉当百"母钱	直径5.4cm	17,250	中国嘉德	2013.05.17
清"咸丰元宝"背"宝泉当千"	直径6.37cm	57,500	中国嘉德	2013.05.17
清"咸丰元宝"背"宝泉当千"	直径6.8cm	32,200	中国嘉德	2013.05.17
清"咸丰元宝"背"宝泉当千"	直径6.37cm	31,050	中国嘉德	2013.05.17
清"咸丰元宝"背"宝泉当千"	直径6.04cm	26,450	中国嘉德	2013.05.17
清"咸丰元宝"背"宝泉当千"	直径6.05cm	63,250	中国嘉德	2013.11.23
清"咸丰元宝"背"宝泉当千"	直径6.45cm	25,300	中国嘉德	2013.11.23
清"咸丰元宝"背"宝泉当千"	直径6.35cm	23,000	中国嘉德	2013.11.23
清"咸丰元宝"背"宝泉当千"样钱	直径6.46cm	172,500	中国嘉德	2013.11.23
清"咸丰元宝"背"宝泉当千"一枚	直径6.12cm	17,250	朵云轩	2013.07.08
清"咸丰元宝"背"宝泉当五百"	直径5.8cm	13,800	中国嘉德	2013.05.17
清"咸丰元宝"背"宝泉当五百"	直径5.7cm	13,800	中国嘉德	2013.05.17
清"咸丰元宝"背"宝泉当五百"	直径5.71cm	12,650	中国嘉德	2013.05.17
清"咸丰元宝"背"宝泉当五百"	直径5.91cm	26,450	中国嘉德	2013.11.23
清"咸丰元宝"背"宝泉当五百"	直径5.7cm	24,150	中国嘉德	2013.11.23
清"咸丰元宝"背"宝泉当五百"	直径5.91cm	10,120	中国嘉德	2013.11.23
清"咸丰元宝"背"宝泉当五百"雕母	直径6.04cm	2,185,000	中国嘉德	2013.11.23
清"咸丰元宝"背"宝苏当百"	直径6.05cm	23,000	中国嘉德	2013.05.17
清"咸丰元宝"背"宝苏当百"	直径6.18cm	14,950	中国嘉德	2013.05.17
清"咸丰元宝"背"宝苏当百"一组三枚	尺寸不一	11,270	中国嘉德	2013.05.17
清"咸丰元宝"背"宝源当千"	直径6.04cm	25,300	中国嘉德	2013.05.17
清"咸丰元宝"背"宝源当千"母钱	直径6.34cm	86,250	中国嘉德	2013.05.17
清"咸丰元宝"背"宝直当百"	直径4.9cm	21,850	中国嘉德	2013.05.17
清"咸丰元宝"克勤郡王当五百	直径5.47cm	26,450	中国嘉德	2013.05.17
清"咸丰重宝"宝苏局当十阔缘试铸样钱一枚		43,320	上海崇源	2013.06.07
清"咸丰重宝"背"宝福当五"，边记重"二钱五分"母钱	直径3.16cm	149,500	中国嘉德	2013.11.23
清"咸丰重宝"背"宝福当一十文七钱五分"	直径4.25cm	46,000	中国嘉德	2013.05.17
清"咸丰重宝"背"宝福一十"外记重母钱	直径3.76cm	59,800	中国嘉德	2013.05.17
清"咸丰重宝"背"宝巩当五"样钱	直径2.93cm	172,500	中国嘉德	2013.11.23
清"咸丰重宝"背"宝济当十"	直径3.71cm	13,800	中国嘉德	2013.11.23
清"咸丰重宝"背"宝济当五十"	直径4.36cm	11,270	中国嘉德	2013.11.23
清"咸丰重宝"背"宝泉当十"母钱	直径3.56cm	21,850	中国嘉德	2013.05.17
清"咸丰重宝"背"宝泉当十"母钱	直径3.5cm	31,050	中国嘉德	2013.11.23
清"咸丰重宝"背"宝泉当十"三点宝铁母	直径3.84cm	82,800	中国嘉德	2013.05.17
清"咸丰重宝"背"宝泉当十"三点宝铁母	直径3.88cm	57,500	中国嘉德	2013.05.17
清"咸丰重宝"背"宝泉当十"试铸铁母	直径3.85cm	19,550	中国嘉德	2013.11.23
清"咸丰重宝"背"宝泉当十"铁母	直径3.81cm	17,250	中国嘉德	2013.11.23
清"咸丰重宝"背"宝泉当十"珍字宝铁母	直径3.79cm	16,100	中国嘉德	2013.05.17

拍品名称	物品尺寸	成交价RMB	拍卖公司	拍卖日期
清"咸丰重宝"背"宝泉当五十"雕母	直径5.85cm	805,000	中国嘉德	2013.11.23
清"咸丰重宝"背"宝泉当五十"样钱	直径5.75cm	23,000	中国嘉德	2013.11.23
清"咸丰重宝"背"宝陕当十"	直径3.78cm	16,100	中国嘉德	2013.11.23
清"咸丰重宝"背"宝苏当二十"、"宝苏当三十"一组两枚	直径4.08cm；直径4.57cm	10,120	中国嘉德	2013.05.17
清"咸丰重宝"背"宝苏当十"雕花钱一枚		10,350	朵云轩	2013.07.08
清"咸丰重宝"背"宝苏当五十"部颁样钱	直径6.12cm	36,800	中国嘉德	2013.05.17
清"咸丰重宝"背"宝苏当五十"宽缘样钱	直径5.46cm	80,500	中国嘉德	2013.05.17
清"咸丰重宝"背"宝苏当五十"一组两枚	直径5.07cm；直径5.04cm	11,500	中国嘉德	2013.05.17
清"咸丰重宝"背"宝苏当五十"一组十一枚		31,050	中国嘉德	2013.05.17
清"咸丰重宝"背"宝源当五十"母钱	直径4.48cm	13,800	中国嘉德	2013.05.17
清"咸丰重宝"背"大清宝福一百"铜币	直径6.66cm；底径0.47cm	2,543,800	澳门中信	2013.06.23
清"咸丰重宝"戴书咸丰当十一枚	直径3.8cm	78,200	北京诚轩	2013.05.18
清"咸丰重宝"戴书咸丰当五一枚	直径3.0cm	28,750	北京诚轩	2013.05.18
清"宣统通宝"小平母钱	直径1.94cm	86,250	中国嘉德	2013.05.17
清"一本万利"背顺风大吉浙炉吉语花钱	直径5.3cm	46,000	中国嘉德	2013.11.23
清"一统万年 江南试造"当十制钱铜圆一枚		228,000	上海崇源	2013.06.07
清"雍正通宝"背"龙凤"花钱一枚		11,500	朵云轩	2013.07.08
清"咏絮铭树"背龙凤纹花钱	直径5.92cm	12,650	中国嘉德	2013.05.17
清"状元及第 一品当朝"背魁星点斗苏炉花钱一组四枚		11,500	中国嘉德	2013.11.23
清"紫电青霜"背"腾蛟起凤"花钱	直径5.24cm	31,050	中国嘉德	2013.05.17
清八边"桂子兰孙"背八卦花钱	直径4.35cm	21,850	中国嘉德	2013.11.23
清宝德局"咸丰元宝"当百	直径4.9cm	17,250	北京翰海	2013.06.22
清宝巩局"咸丰重宝"背"当五十"母钱	直径5.0cm	126,500	北京翰海	2013.06.22
清宝蓟局"咸丰元宝"当百母钱	直径5.3cm	345,000	北京翰海	2013.06.22
清宝南局"咸丰重宝"当十一枚	直径3.7cm	59,800	北京诚轩	2013.05.18
清宝泉局"咸丰元宝"当五百	直径5.5cm	17,250	北京翰海	2013.06.22
清宝泉局"咸丰元宝"星月当千母钱		437,000	北京翰海	2013.06.22
清宝苏局"咸丰元宝"当百花钱	直径7cm	11,500	北京翰海	2013.06.22
清宝源局"咸丰重宝"当十三枚、当五一枚；宝源局"同治通宝"小平一枚；宝源局"光绪重宝"当十一枚；宝源局"光绪通宝"小平小字一枚；宝源局"咸丰通宝"小平一枚；宝泉局"光绪通宝"小平不同版，二枚		12,650	北京诚轩	2013.05.18
清宝直局部颁样钱一组二枚	直径2.53cm；直径3.44cm	24,150	中国嘉德	2013.11.23
清川炉筹码钱一组七枚		18,240	上海崇源	2013.06.07
清大型"道光通宝"背"天下太平"	直径4.58cm	36,800	中国嘉德	2013.11.23
清大样"宣统通宝"背"宝泉"母钱	直径2.46cm	89,700	中国嘉德	2013.11.23
清光绪通宝川铸二十局套子钱一套		32,200	中国嘉德	2013.05.17
清吉语花钱一组二枚	直径3.75cm；直径3.73cm	10,580	中国嘉德	2013.11.23
清神怪花钱一组二枚	直径5.13cm；直径4.94cm	10,580	中国嘉德	2013.11.23
清双龙单凤苏炉花钱		17,250	西泠拍卖	2013.07.12
清苏炉花钱一组七枚		11,500	中国嘉德	2013.05.17
清苏炉花钱一组三枚		14,950	中国嘉德	2013.05.17

拍品名称	物品尺寸	成交价RMB	拍卖公司	拍卖日期
清 苏炉吉语花钱一组二枚	直径5.19cm；直径5.12cm	11,500	中国嘉德	2013.11.23
清 苏炉吉语花钱一组六枚		29,900	中国嘉德	2013.11.23
清 苏炉吉语花钱一组五枚		10,120	中国嘉德	2013.11.23
清 特大型“连生贵子”背龙凤纹手雕花钱	直径13.6cm	34,500	中国嘉德	2013.11.23
清 天地会“洪武天下太平”背“圣旨午人存日月明”花钱	直径2.7cm	31,050	中国嘉德	2013.05.17
清 咸丰通宝背一百铜钱		20,700	西泠拍卖	2013.07.12
清 咸丰铜钱一组六十五枚		32,200	西泠拍卖	2013.07.12
清 咸丰霞浦顺天“圣母”上梁钱一枚	高6.1cm	69,000	北京诚轩	2013.05.18
清 咸丰元宝背当千星月手雕花钱		69,000	西泠拍卖	2013.07.12
清 咸丰重宝宝苏当五十铜钱		20,700	西泠拍卖	2013.07.12
清 小平“道光通宝”背“宝源”雕母	直径2.57cm	172,500	中国嘉德	2013.11.23
清 小平“光绪通宝”背“宝泉”雕母	直径2.36cm	241,500	中国嘉德	2013.11.23
清 小平“光绪通宝”背“宝泉”雕母	直径2.58cm	80,500	中国嘉德	2013.11.23
清 小平“嘉庆通宝”背“宝泉”母钱	直径2.59cm	24,150	中国嘉德	2013.11.23
清 小平“乾隆通宝”背“宝源”雕母	直径2.68cm	195,500	中国嘉德	2013.11.23
清 小平“咸丰通宝”背“宝直”铁母	直径2.43cm	16,100	中国嘉德	2013.11.23
清 小平大样“乾隆通宝”背“宝泉”雕母	直径2.7cm	115,000	中国嘉德	2013.11.23
清 小型花钱一组五枚		13,800	中国嘉德	2013.11.23
清 指日高升鲤鱼跃龙门手雕花钱		32,200	西泠拍卖	2013.07.12
清 “咸丰重宝”宝福二十边计重一两母钱	直径4.5cm	46,000	北京翰海	2013.06.22
清代“百福”、“百寿”花钱一枚	直径5.3cm	10,350	北京诚轩	2013.11.20
清代“同治通宝”背“天下太平”宫钱一枚	直径4.3cm	26,450	北京诚轩	2013.11.20
清代初期 靖南王耿精忠“裕民通宝”背“浙一钱”	直径3.75cm	11,500	中国嘉德	2013.11.23
清代改刻“齐大刀”背“日”三字刀	通长18.34cm	17,250	中国嘉德	2013.11.23
清江南省造光绪元宝库平一钱四分四厘，无纪年银币铜样一枚		20,520	上海崇源	2013.06.07
清末・天地会 宋体当十“太平天国”背“圣宝”	直径4.22cm	32,200	中国嘉德	2013.11.23
清末民初江西“江西足宝”四戳五十两方宝一枚	重1804.2g	425,500	北京诚轩	2013.05.18
清早期 “福寿康宁”背“吉祥如意”特大吉语花钱	直径12.2cm	460,000	北京翰海	2013.06.22
(清)孟麟编《泉布统志》十一卷32册全		48,300	中国嘉德	2013.05.17
“节墨之法化”五字刀一枚		69,000	北京保利	2013.12.04
“齐法化”三字刀一枚		25,300	北京保利	2013.12.04
“齐法化”三字刀一枚		16,100	北京保利	2013.12.04
“祺祥重宝”背“阿克苏当十”	直径3.44cm	17,250	中国嘉德	2013.11.23
“殊布当釿背十货”一枚		18,400	北京保利	2013.12.04
“武”斜肩弧足空首布一枚		19,550	北京保利	2013.06.02
“武”斜肩弧足空首布一枚		10,120	北京保利	2013.06.02
“元佑通宝”背“陕“小平钱一枚		11,400	上海崇源	2013.06.07
1897年无纪年江南省造光绪元宝库平七钱二分银币铜质样币一枚		747,500	北京诚轩	2013.05.17
1898年四川省造光绪元宝库平七分二厘银币铜质样币一枚		13,800	北京诚轩	2013.05.17
1901年福建官局造光绪元宝二十文铜币一枚		34,500	北京诚轩	2013.11.20
1901年福建官局造光绪元宝二十文铜币一枚		34,500	北京诚轩	2013.11.20
1901年福建官局造光绪元宝二十文铜币一枚		32,200	北京诚轩	2013.11.20
1901年福建官局造光绪元宝十文铜币一枚		40,250	北京诚轩	2013.11.20

拍品名称	物品尺寸	成交价RMB	拍卖公司	拍卖日期
1902年安徽省造光绪元宝二十文铜币一枚		51,750	北京诚轩	2013.11.20
1902年吉林省造光绪元宝二十文铜币一枚		23,000	北京诚轩	2013.11.20
1902年江苏省造光绪元宝二十文铜币一枚		48,300	北京诚轩	2013.11.20
1902年江西省造光绪元宝十文铜币一枚		21,850	北京诚轩	2013.11.20
1903年癸卯奉天省造光绪元宝二十文黄铜币一枚		25,300	北京诚轩	2013.11.20
1903年癸卯奉天省造光绪元宝库平七钱二分一枚		20,700	北京保利	2013.12.04
1903年癸卯奉天省造光绪元宝十文黄铜币一枚		14,950	北京诚轩	2013.11.20
1903年四川官局造光绪元宝二十文铜币一枚		12,650	北京诚轩	2013.11.20
1905年吉林省造乙巳光绪元宝库平七钱二分一枚		11,500	北京保利	2013.12.04
1905年吉林省造乙巳光绪元宝库平七钱二分一枚		10,925	北京保利	2013.12.04
1906年丙午户部大清铜币中心“川滇”十文一枚		32,200	北京诚轩	2013.11.20
1906年户部丙午大清铜币中心“川”二十文一枚		14,950	北京诚轩	2013.11.20
1906年户部丙午大清铜币中心“滇”二十文黄铜币一枚		69,000	北京诚轩	2013.11.20
1906年户部丙午大清铜币中心“滇”二十文一枚		28,750	北京诚轩	2013.11.20
1906年户部丙午大清铜币中心“鄂”二文一枚		16,100	北京诚轩	2013.05.17
1906年户部丙午大清铜币中心“闽”二文黄铜币一枚		28,750	北京诚轩	2013.05.17
1906年户部丙午大清铜币中心“苏”五文一枚		11,500	北京诚轩	2013.11.20
1906年户部丙午大清铜币中心“皖”二十文一枚		230,000	北京诚轩	2013.11.20
1909年己酉大清铜币十文一枚		11,500	北京诚轩	2013.11.20
1909年己酉大清铜币中心“吉”二十文一枚		11,500	北京诚轩	2013.11.20
1909年宣统年造己酉大清铜币十文一枚		40,250	北京诚轩	2013.05.17
1910年西藏铜质样币一枚		13,800	北京保利	2013.12.05
1912年中华铜币左右“山西”十文铜币一枚		46,000	北京诚轩	2013.05.17
1922年湖南省宪成立纪念十文铜币一枚		13,800	北京诚轩	2013.11.20
1922年中华铜币双旗背嘉禾十文一枚		19,550	北京诚轩	2013.05.17
1928年河南省造百文铜币一枚		14,950	北京诚轩	2013.11.20
1932年中华苏维埃共和国五分铜币		10,580	中国嘉德	2013.05.18
1980年中国奥林匹克委员会纪念铜币“古代足球”、“古代马术”、“古代射艺”各五十枚		92,000	北京诚轩	2013.05.17
1992年中华人民共和国宪法颁布十周年流通纪念币样币三枚		11,500	北京诚轩	2013.11.20
保宁通宝一枚		23,000	北京保利	2013.12.04
大中通宝背五福		17,250	北京保利	2013.12.04
得壹元宝背月一枚		11,500	北京保利	2013.12.04
方足布“■氏”一枚		16,100	北京保利	2013.12.04
方足布“皮氏”一枚		11,500	北京保利	2013.12.04
风调雨顺花钱一枚		23,000	北京保利	2013.12.04

2013杂项拍卖成交汇总

(成交价RMB：1万元以上)

拍品名称	物品尺寸	成交价RMB	拍卖公司	拍卖日期
奉天省造癸卯光绪元宝当制钱十文铜圆一枚		13,680	上海崇源	2013.06.07
福建省造光绪元宝五文铜币一枚		12,540	上海崇源	2013.06.07
阜昌通宝折二篆书一枚		57,500	北京保利	2013.12.04
光绪年造丙午户部中心“浙”大清铜币当制钱二十文铜币一枚		21,660	上海崇源	2013.06.07
光绪三十三年(1907年)江南裕宁官银钱局当十铜元一组三张		51,750	中国嘉德	2013.05.17
光绪三十一年(1905年)北洋银元局当十铜元伍百枚		69,000	中国嘉德	2013.05.17
光绪三十一年(1905年)北洋银元局当十铜元壹百枚		97,750	中国嘉德	2013.05.17
光绪三十一年(1905年)户部大清铜币十文		27,600	中国嘉德	2013.05.18
癸卯(1903年)奉天省造光绪元宝二十文铜币		28,750	中国嘉德	2013.11.24
癸卯(1903年)奉天省造光绪元宝十文红铜样币		11,500	中国嘉德	2013.05.18
国外回流古钱币一组1447枚		23,000	北京翰海	2013.06.22
吉林省戊申光绪元宝库平三钱六分一枚		41,400	北京保利	2013.12.04
吉林省造光绪元宝二十个铜币		18,400	中国嘉德	2013.05.18
甲辰、乙巳、丙午、癸卯奉天省造光绪元宝十文铜币各一枚		18,400	中国嘉德	2013.05.18
江南飞龙十文合面铜币		16,100	中国嘉德	2013.05.18
江南水龙十文合面铜币		16,100	中国嘉德	2013.05.18
江苏省造光绪元宝每元当钱五文铜币一枚		11,400	上海崇源	2013.06.07
江苏省造光绪元宝每元当制钱二十文铜币一枚		11,400	上海崇源	2013.06.07
类方足布“兹城”一枚		11,500	北京保利	2013.12.04
民国 大头鹰边壹圆铜样		17,250	北京翰海	2013.06.22
民国 故事绘钱一枚		21,850	朵云轩	2013.07.08
民国二十八年 五月黄伟存刻财政部中央造币厂桂林分厂周年纪念红铜章一枚		22,800	上海崇源	2013.06.07
民国二十年河南省造嘉禾百文铜币一枚		32,200	北京诚轩	2013.05.17
民国二十五年 蒋介石正面像背古布宪政纪念币一枚		570,000	上海崇源	2013.06.07
民国二十五年广东省造五羊图壹仙铜币样币一枚	直径2.4cm	460,000	北京诚轩	2013.11.20
民国二十一年 (1932年)孙中山像金本位币壹圆银币铜样		414,000	中国嘉德	2013.05.18
民国二十一年 云南省造贰仙铜币一枚		78,200	北京诚轩	2013.05.17
民国二十一年 云南省造伍仙黄铜币一枚		32,200	北京诚轩	2013.05.17
民国二十一年云南省造贰仙铜币一枚		25,300	北京诚轩	2013.11.20
民国二十一年云南省造伍仙铜币一枚		46,000	北京诚轩	2013.11.20
民国湖南洪宪元年开国纪念当十铜圆一枚		36,480	上海崇源	2013.06.07
民国三年广东省造壹仙铜币一枚		12,650	北京诚轩	2013.11.20
民国三十八年绥远省白塔背布图一分铜币一枚		11,500	北京诚轩	2013.05.17
民国三十二年 孙像古布半圆镍币黄铜试铸样币一枚		36,480	上海崇源	2013.06.07
民国三十年 孙像古布十分镍币黄铜试铸样币一枚		26,220	上海崇源	2013.06.07
民国三十一年、三十二年孙像合背红铜试铸样币一枚		19,380	上海崇源	2013.06.07
民国十年 (1921年)徐世昌像同登仁寿纪念币(LM864)		37,950	中国嘉德	2013.05.18
民国十七年 (1928年)孙中山像伍枚铜币		34,500	中国嘉德	2013.05.18
民国十七年 甘肃省造孙中山像伍枚铜币一枚		36,800	北京诚轩	2013.05.17
民国时期四川马兰钱		29,900	中国嘉德	2013.11.24
民国时期中央造币厂布图半两厂条一枚	重0.5007两	13,800	北京诚轩	2013.05.18
民国四年广东省造壹仙铜币一枚		12,650	北京诚轩	2013.11.20
民国一十九年 边铸中心“川”每枚当一百文铜圆一枚		23,940	上海崇源	2013.06.07
民国元年四川省造醒狮双旗五文型铜币一枚		40,250	北京诚轩	2013.11.20
民国元年四川省造醒狮双旗五文型铜币一枚		10,925	北京诚轩	2013.11.20
民国元年四川省造醒狮双旗五文型铜币一枚		10,925	北京诚轩	2013.11.20
平肩空首布“皿”一枚		11,500	北京保利	2013.12.04
平肩空首布“喜”一枚		17,250	北京保利	2013.12.04
平肩桥档布“京一釿”一枚		11,500	北京保利	2013.12.04
宣和通宝行书折二式样母钱一枚		1,380,000	北京保利	2013.12.04
宣统二年大清铜币一分试铸样币一枚		48,300	北京诚轩	2013.05.17
宣统二年大清铜币一厘铜币一枚		26,220	上海崇源	2013.06.07
宣统年造大清铜币二分试铸样币一枚		218,500	北京诚轩	2013.05.17
宣统年造大清铜币二文红铜样币一枚		34,200	上海崇源	2013.06.07
宣统年造大清铜币二文黄铜样币一枚		119,700	上海崇源	2013.06.07
宣统年造大清铜币五厘试铸样币一枚		138,000	北京诚轩	2013.05.17
宣统年造大清铜币一分试铸样币一枚		92,000	北京诚轩	2013.05.17
宣统年造大清铜币一分样币		23,000	中国嘉德	2013.05.18
宣统年造己酉度支部大清铜币中心“川”二十文一枚		13,800	北京诚轩	2013.05.17
宣统年造己酉中心“奉”大清铜币当制钱五文铜币一枚		12,540	上海崇源	2013.06.07
宣统三年 大清铜币十文铜币一枚		13,680	上海崇源	2013.06.07
应暦通宝一枚		23,000	北京保利	2013.12.04
浙江省造光绪元宝当二十铜圆一枚		25,080	上海崇源	2013.06.07
浙江十文合面铜币		17,250	中国嘉德	2013.05.18
至元通宝小平一枚		172,500	北京保利	2013.12.04
中央银行当拾铜元伍拾枚		13,800	中国嘉德	2013.05.17
金币				
战国·楚“郢爰”金版	通长2.35cm；重17.2g	46,000	中国嘉德	2013.05.17
战国·楚“郢爰”金版一联半	通长2.6cm；重25g	63,250	中国嘉德	2013.05.17
汉“V”字金饼	重248g	92,000	北京翰海	2013.06.22
汉“长兴千金”吉语花钱	直径2.43cm	11,500	中国嘉德	2013.11.23
汉“V”字金饼	重247.8g	103,500	北京翰海	2013.06.22
唐“开元通宝”金质赏钱一枚		46,000	朵云轩	2013.07.08
唐 丝路五世纪人像金币一组四枚	重13.9g	13,800	北京翰海	2013.06.22
北宋“淳化元宝”金质供养钱	直径2.34cm	115,000	中国嘉德	2013.05.17
北宋“十分王宝”一两金条一枚	重37.9g	59,800	北京诚轩	2013.05.18
南宋‘天水桥东 周五郎铺’一两金叶子	重37g	120,750	中国嘉德	2013.05.18
南宋“天水桥东 周五郎铺”一两金叶子	重36.9g	115,000	中国嘉德	2013.11.24
南宋“相五郎 重贰拾伍两 十分金”二十五两金铤		2,127,500	西泠拍卖	2013.07.12
南宋 天水桥东周五郎铺金叶子十片一件		92,000	北京保利	2013.06.02
南宋“陈二郎 十分金 铁线巷”一两金铤一枚	重37.22g	46,000	北京诚轩	2013.11.20

(成交价RMB：1万元以上)

拍品名称	物品尺寸	成交价RMB	拍卖公司	拍卖日期
南宋“陈二郎”、“十分金”一两金条一枚	重37.2g	25,300	北京诚轩	2013.05.18
南宋“刘顺造”一两金条一枚	重36.99g	51,750	北京诚轩	2013.05.18
明 束腰三两金锭	重95.3g	57,500	北京翰海	2013.06.22
明治三十年大日本二十元金币一枚		11,500	北京保利	2013.12.05
明治五年(1872年)日本五圆金币		16,100	中国嘉德	2013.11.24
1887年英国维多利亚像马剑5索维林金币一枚	重39.9g	17,250	北京诚轩	2013.11.20
1897年－1900年俄罗斯沙皇统治时期沙皇尼古拉斯二世像金币一组五枚	重量不一	16,100	北京诚轩	2013.05.17
1903年四川省造光绪像1/4卢比金质样币一枚		36,800	北京诚轩	2013.11.20
1903年四川省造光绪像一卢比金质样币一枚		253,000	北京诚轩	2013.11.20
1906年大清金币库平一两纯金币		273,240	书画艺拍	2013.05.25
1907年新疆省造饷金一钱金币一枚	直径1.9cm；重3.8g	28,750	北京诚轩	2013.05.17
1913年美国自由女神1盎司金币		13,800	中国嘉德	2013.05.18
1915年奥匈帝国弗朗茨·约瑟夫一世像100克朗金币一枚	重33.92g	10,350	北京诚轩	2013.05.17
1916年唐继尧正面像拥护共和纪念拾圆金币一枚		36,800	北京保利	2013.12.05
1916年唐继尧正面像拥护共和纪念伍圆金币一枚		18,400	北京诚轩	2013.05.17
1916年袁世凯像中华帝国洪宪纪元飞龙金质样币一枚	直径3.9cm；重40.9g	115,000	北京诚轩	2013.11.20
1916年云南唐继尧正面像拥护共和纪念当银币伍圆金币一枚		29,640	上海崇源	2013.06.07
1919年唐继尧像拥护共和纪念金币当银币伍圆(LM1058)		40,250	中国嘉德	2013.05.18
1919年西藏色章果木一枚		36,800	北京诚轩	2013.11.20
1919年西藏色章果木一枚		23,000	北京诚轩	2013.11.20
1920年色章果木金币一枚		75,900	北京保利	2013.12.05
1928年四川省造双旗背嘉禾图壹圆合金样币一枚		74,750	北京诚轩	2013.11.20
1932年伪满洲国“寿”字一两金币一枚		94,300	北京诚轩	2013.11.20
1965年孙中山百年诞辰纪念金币二枚	重15.5g；重29.8g	17,250	北京诚轩	2013.05.17
1979年国际儿童年金银币一套二枚		20,700	西泠拍卖	2013.07.12
1979年中华人民共和国成立30周年金币一套四枚		36,800	西泠拍卖	2013.07.12
1979年中华人民共和国成立三十周年纪念金币一组四枚全		29,900	北京保利	2013.06.02
1981年8克辛酉鸡纪念金币		12,650	朵云轩	2013.07.09
1982年熊猫纪念金币四枚全套		71,300	北京诚轩	2013.05.17
1982年熊猫纪念金币一枚		29,900	北京诚轩	2013.05.17
1983年熊猫金币一套五枚		43,700	西泠拍卖	2013.07.12
1984年12盎司大熊猫纪念金币		310,500	西泠拍卖	2013.07.12
1984年中国人民银行发行熊猫纪念金币	重12盎司	184,000	中国嘉德	2013.05.18
1986年熊猫精制金币一套五枚		32,200	西泠拍卖	2013.07.12
1987年熊猫精制金币一套五枚		28,750	西泠拍卖	2013.07.12
1987年中国人民银行发行熊猫精制纪念金币壹套5枚		26,450	中国嘉德	2013.11.24
1988年第24届奥运会纪念金银币全套5枚		16,100	朵云轩	2013.07.09
1988年龙年纪念币为中华人民共和国法定货币		40,250	北京保利	2013.06.02
1988年中国人民银行发行熊猫纪念金币一套五枚	重量丁	[illegible]	中国嘉德	[illegible]

拍品名称	物品尺寸	成交价RMB	拍卖公司	拍卖日期
1988年中国人民银行发行熊猫精制纪念金币壹套5枚		28,750	中国嘉德	2013.11.24
1988年中国人民银行发行中国戊辰(龙)年生肖纪念白金币	重1盎司	29,900	中国嘉德	2013.05.18
1989年1盎司熊猫精制铂币		18,400	朵云轩	2013.07.09
1989年观音菩萨像5盎司金章		207,000	西泠拍卖	2013.07.12
1989年己巳(蛇)年5盎司纪念金币		161,000	西泠拍卖	2013.07.12
1989年熊猫1盎司铂金币		32,200	西泠拍卖	2013.07.12
1989年招财进宝刘海戏金蟾5盎司金章		207,000	西泠拍卖	2013.07.12
1989年中国人民银行发行熊猫精制纪念金币壹套5枚		29,900	中国嘉德	2013.11.24
1990年20盎司龙凤纪念金币		1,092,500	西泠拍卖	2013.07.12
1990年中国庚午(马)年生肖金币		161,000	西泠拍卖	2013.07.12
1990年中国人民银行发行套装白金熊猫纪念币一套三枚	重1/2、1/4、1/10盎司	17,250	中国嘉德	2013.05.18
1990年中国人民银行发行熊猫纪念金币	重1盎司	12,650	中国嘉德	2013.05.18
1990年中国人民银行发行熊猫精制纪念金币壹套5枚		29,900	中国嘉德	2013.11.24
1990年中国人民银行发行中国庚午(马)年生肖纪念白金币	重1盎司	24,150	中国嘉德	2013.05.18
1991年2盎司澳大利亚红袋鼠金币		20,700	朵云轩	2013.07.09
1991年辛未(羊)年纪念币		80,500	北京保利	2013.06.02
1992年12盎司壬申(猴)年纪念金币为中华人民共和国法定货币		460,000	北京保利	2013.06.02
1992年壬申(猴)年纪念币		184,000	北京保利	2013.06.02
1992年熊猫纪念金币一枚		13,800	北京诚轩	2013.05.17
1993年鸡年一盎司纪念币全套3枚		93,150	北京保利	2013.12.05
1993年中国名画系列纪念币孔雀开屏纪念金银币一套三枚		126,500	西泠拍卖	2013.07.12
1993年中国人民银行发行中国古代科技发明发现第二组纪念金币	重1/2盎司	12,650	中国嘉德	2013.05.18
1995年中国抗日战争胜利50周年纪念金币(1盎司)一套二枚		149,500	西泠拍卖	2013.07.12
1997年熊猫纪念金币一枚		13,800	北京诚轩	2013.05.17
1998年戊寅(虎)年纪念金币、银币一组		12,650	北京保利	2013.06.02
1998年熊猫纪念金币一枚		24,150	北京诚轩	2013.05.17
1999年熊猫纪念金币一枚		14,375	北京诚轩	2013.05.17
19世纪俄罗斯沙皇统治时期金币一组六枚	总重25.63g	10,350	北京诚轩	2013.05.17
19世纪末至20世纪初奥匈帝国金币一组七枚	重量不一	12,650	北京诚轩	2013.05.17
19世纪中期至20世纪中后期外国金币一组九枚	重量不一	16,100	北京诚轩	2013.05.17
2000年1/2盎司庚辰龙年生肖扇形金币		18,400	朵云轩	2013.07.09
2000年龙年1/2盎司梅花金币，2/3盎司梅花银币一组2枚		25,300	北京保利	2013.12.05
2000年熊猫纪念金币一枚		17,825	北京诚轩	2013.05.17
2000年中国人民银行发行中国古典文学名著《红楼梦》第一组彩色纪念金银币一组六枚	重量不一	17,250	中国嘉德	2013.05.18
2001年中国人民银行发行中国辛巳(蛇)年生肖梅花形纪念金币	重1/2盎司	14,950	中国嘉德	2013.05.18
2002年熊猫纪念金币一枚		12,650	北京诚轩	2013.05.17
2010年1/2盎司朝鲜高丽青瓷精制金币		18,400	朵云轩	2013.07.09
20世纪初英国“马剑”金币一组六枚	重7.98g－8.04g；总重47.99g	14,950	北京诚轩	2013.05.17
澳门回归祖国纪念金银币三组六枚		17,250	西泠拍卖	2013.07.12
古代丝绸之路杳罕杰，国王金狮金币一枚		[illegible]	北京保利	[illegible]

2013杂项拍卖成交汇总

(成交价RMB：1万元以上)

拍品名称	物品尺寸	成交价RMB	拍卖公司	拍卖日期
古代丝绸之路哈散札剌汗国王金币一组五枚		40,250	北京保利	2013.12.05
古代丝绸之路后希腊时代，阿尔忒弥斯是希腊话中月神，掌管狩猎金币一枚		74,750	北京保利	2013.12.05
古代丝绸之路吉拉热王朝金币一组五枚		34,500	北京保利	2013.12.05
古代丝绸之路克塞尔王国及海达尔·阿里金币一组4枚		17,250	北京保利	2013.12.05
古代丝绸之路卢里答汗王朝金币一组五枚		36,800	北京保利	2013.12.05
古代丝绸之路蒙古帝国成吉思汗东征金币一枚		23,000	北京保利	2013.12.05
古代丝绸之路蒙古帝国成吉思汗铭文“公正的大汗，成吉思汗”，金币、银币一组二枚		23,000	北京保利	2013.12.05
古代丝绸之路蒙古帝国成吉思汗西征金币一枚		23,000	北京保利	2013.12.05
古代丝绸之路那罗新哈金币一枚“骑战马像”		59,800	北京保利	2013.12.05
古代丝绸之路热合金币二枚		13,800	北京保利	2013.12.05
古代丝绸之路兀洼思汗国王金币一组五枚		40,250	北京保利	2013.12.05
古代丝绸之路伊萨者呵护尔金币一枚		17,250	北京保利	2013.12.05
古代丝绸之路札兰丁达末国王金币一组五枚		36,800	北京保利	2013.12.05
光绪丙午年造大清金币库平一两金币一枚		1,150,000	北京保利	2013.12.04
光绪丙午年造大清金币库平一两样币一枚	重37.41g	736,000	北京诚轩	2013.05.17
光绪丙午年造大清金币库平壹两一枚		736,000	北京保利	2013.06.02
皇家铸币厂制十二生肖22k金章(十一个)		175,456	香港拍得高	2013.01.26
金饼	直径6.36cm；重240g	115,000	中国嘉德	2013.11.23
金饼一枚		161,000	北京保利	2013.12.04
近代 1994年1盎司白金狗纪念币	重1盎司	115,000	北京翰海	2013.06.22
近代 澳门天盛金铺一两金饼	重37.6g	19,550	北京翰海	2013.06.22
近代 广东福字一两金饼	重37.8g	23,000	北京翰海	2013.06.22
近代 广东银号金条	重37.8g	19,550	北京翰海	2013.06.22
近代 广州天茂半两金块	重18.8g	10,350	北京翰海	2013.06.22
近代 金三角金叶子一套	重37.78g	23,000	北京翰海	2013.06.22
近代 金三角金叶子一套	重37.88g	23,000	北京翰海	2013.06.22
近代 香港利昌金铺一两金饼	重37.6g	19,550	北京翰海	2013.06.22
民国 “广州市东盛加炼足金”伍钱金锭	重18.8g	17,250	中国嘉德	2013.11.24
民国 “济南 老凤祥”、“足赤 足赤”一两金锭一枚	重31.10g	18,400	北京诚轩	2013.05.18
民国 “寿”字一两吉语金锭	重31.2g	60,950	中国嘉德	2013.05.18
民国 “天津 正阳 赤金”一两金锭	重31.3g	29,900	中国嘉德	2013.05.18
民国 “香港文咸东街八十一号季记金铺”一两金锭一枚	重37.51g	14,950	北京诚轩	2013.05.18
民国 “中央造币厂造”一两金条	重31.3g	23,000	中国嘉德	2013.05.18
民国 “中央造币厂造”一两金条	重31.2g	24,150	中国嘉德	2013.11.24
民国 “中央造币厂造”一两金条	重31g	17,250	中国嘉德	2013.11.24
民国 “中央造币厂制”十两金条	重315g	253,000	中国嘉德	2013.11.24
民国 “中央造币厂制”五两金条	重157g	115,000	中国嘉德	2013.11.24
民国 “中央造币厂制”五两金条	重157g	103,500	中国嘉德	2013.11.24
民国 “中央造币厂制”五两金条	重155g	86,250	中国嘉德	2013.11.24
民国 安徽“黟县 宝泰银楼”“三元及第”一两金饼一枚	重31.24g	34,500	北京诚轩	2013.05.18
民国 澳门一两金饼	重37.5g	19,550	北京翰海	2013.06.22

拍品名称	物品尺寸	成交价RMB	拍卖公司	拍卖日期
民国 北京西直门外干丰银号伍钱金章		23,000	中国嘉德	2013.05.18
民国 成都庆记天一福金号金章		21,850	中国嘉德	2013.05.18
民国 成都庆记天一福金号狮子宝塔图壹两金币一枚	重31.27g	17,250	北京诚轩	2013.05.17
民国 广州国生老金铺背龙凤金饼	重37.4g	23,000	北京翰海	2013.06.22
民国 华俄银行金元宝	重24.5g	23,000	北京翰海	2013.06.22
民国 金币壹百圆		48,300	中国嘉德	2013.05.17
民国 南京裘天宝裕记金章		14,950	中国嘉德	2013.05.18
民国 上海“方九霞·囍·天足赤”金锭一组两枚	重31g；重31.2g	46,000	北京翰海	2013.06.22
民国 沈阳“沈阳鸿兴加炼赤金”一两金锭	重31g	16,100	中国嘉德	2013.11.24
民国 台湾“寅”字一两金条	重37g	17,250	中国嘉德	2013.11.24
民国 天津“天津天华加炼十足叶金”一两金锭	重32g	16,100	中国嘉德	2013.11.24
民国 天津“天津正阳足赤”一两金锭	重31g	21,850	中国嘉德	2013.11.24
民国 天津“同丰赤金”一两金锭一枚	重31.26g	14,950	北京诚轩	2013.05.18
民国 中央厂五两布币图金条	重156g	92,000	北京翰海	2013.06.22
民国 中央厂五两人头像金条	重156g	89,700	北京翰海	2013.06.22
民国 中央厂五两饰金原料金条	重156g	69,000	北京翰海	2013.06.22
民国 中央造币厂布图壹两小金砖一枚		15,960	上海崇源	2013.06.07
民国 中央造币厂台银十两金条一件	重10.014市两	161,000	北京诚轩	2013.05.18
民国 中央造币厂五两金条		115,000	西泠拍卖	2013.07.12
民国 中央造币厂五两金条		115,000	西泠拍卖	2013.07.12
民国 中央造币厂一两金条	重31.5g	25,300	北京翰海	2013.06.22
民国 中央造币厂制五两金条	重157.8g	230,000	中国嘉德	2013.05.18
民国 “天津庆阳·加炼·金料”一两金锭	重31.2g	17,250	北京翰海	2013.06.22
民国 “中央造币厂铸”三两金条	重92.4g	57,500	北京翰海	2013.06.22
民国 “中央造币厂铸”一两金条	重30.7g	32,200	北京翰海	2013.06.22
民国 “中央造币厂铸”壹两金锭	重30.5g	23,000	北京翰海	2013.06.22
民国八年 袁世凯像贰拾圆金币一枚		74,100	上海崇源	2013.06.07
民国八年袁世凯像贰拾圆金币一枚		94,300	北京保利	2013.12.05
民国时期香港永隆银楼十两金条一枚	重374.4g	138,000	北京诚轩	2013.11.20
清 “宝庆福十足金叶福”一两金锭一组二枚		20,700	西泠拍卖	2013.07.12
清 “黄金万两、招财进宝”，“天官赐福、指日高升”吉语花钱一组二枚	直径5.21cm；直径4.88cm	10,580	中国嘉德	2013.05.17
清 “兰州永庆丰”一两三钱金锭		34,500	西泠拍卖	2013.07.12
清 “甬方聚元天足赤福”一两金锭一组二枚		55,200	西泠拍卖	2013.07.12
清代山东“黄金万两 招财童子至 利市仙官来”五十两吉语锭一枚	重1858.6g	322,000	北京诚轩	2013.11.20
清末民初“沈阳 东经 足赤”二两金锭一枚	重61.9g	29,900	北京诚轩	2013.11.20
四川省造光绪像卢比金币一枚		34,500	北京保利	2013.12.04
西藏1552色章果木金币一枚		28,750	北京保利	2013.12.05
现代 上海老凤祥元宝金锭	重28.4g	23,000	北京翰海	2013.06.22
香港“汇丰银行千足黄金”一两金锭	重37.5g	19,550	中国嘉德	2013.11.24
银币				
战国 郢爰六枚连一件	长4.6cm	17,250	北京诚轩	2013.05.18
北宋 银质“大观通宝”，“宣和元宝”一组二枚	直径2.24cm；直径2.23cm	17,250	中国嘉德	2013.11.23
北宋 银质“政和通宝”	直径2.24cm	21,850	中国嘉德	2013.11.23
南宋 “京销铤银 吴铺 重贰拾伍两”六排戳银铤		97,750	西泠拍卖	2013.07.12
南宋 “京销铤银”四排戳二十五两银铤	重1046g	69,000	中国嘉德	2013.11.24
南宋 “盛沈铺”十二两半六排戳银铤		36,800	西泠拍卖	2013.07.12

拍品名称	物品尺寸	成交价RMB	拍卖公司	拍卖日期
南宋“铁线巷 陈二郎 重贰拾伍两”六排戳银铤		126,500	西泠拍卖	2013.07.12
南宋“武冈军经总银”五十两银铤	重2000g	460,000	中国嘉德	2013.05.18
南宋 徐宅二十五两银铤	重959g	59,800	中国嘉德	2013.05.18
宋代 银钱一组五枚	直径23-25mm	10,925	北京诚轩	2013.05.18
金 贰拾肆两壹钱中型银铤		1,150,000	西泠拍卖	2013.07.12
元 “张千八记”十二两半银铤	重523.6g	23,000	北京翰海	2013.06.22
元代三排字十二两铤		23,000	北京保利	2013.12.04
明 山东“章丘县”五十两银锭	重1848g	356,500	北京翰海	2013.06.22
明 四川“崇祯二十三年”五十两银锭	重1849.2g	126,500	北京翰海	2013.06.22
明 素面三两银锭一组十六枚		51,750	西泠拍卖	2013.07.12
明代“金花银”十两银锭	重347g	51,750	中国嘉德	2013.11.24
明代“金花银”十两银锭一枚		22,800	上海崇源	2013.06.07
明代“休宁县 修城银”阴刻五两银锭一枚	重184.0g	20,700	北京诚轩	2013.05.18
明末 山东“益都县”五十两银锭	重1866g	230,000	北京翰海	2013.06.22
北洋天津银号李鸿章像库平足银叁两		28,750	中国嘉德	2013.11.23
北洋天津银号李鸿章像库平足银拾两		66,700	中国嘉德	2013.11.23
北洋天津银号李鸿章像库平足银伍两		32,200	中国嘉德	2013.11.23
北洋天津银号李鸿章像叁两		28,750	中国嘉德	2013.11.23
北洋天津银号李鸿章像叁圆		28,750	中国嘉德	2013.11.23
北洋天津银号李鸿章像叁圆		28,750	中国嘉德	2013.11.23
北洋天津银号李鸿章像壹圆		25,300	中国嘉德	2013.11.23
“民国年月日 京都 天福记字号”五十两银锭一枚	重1797.8g	115,000	北京诚轩	2013.05.18
“民国壬戌年 新疆伊宁 玉甡祥银局”五十两银锭一枚	重1724.1g	132,250	北京诚轩	2013.05.18
“田”特大翅五十两船型锭		207,000	北京保利	2013.12.04
1837年-1845年台湾寿星银饼(LM320)		172,500	中国嘉德	2013.05.18
1838年—1850年台湾寿星银饼(老公银币)(LM319)		34,500	中国嘉德	2013.11.24
1841-1850年台湾道光年铸足纹银饼库平柒贰老公银饼一枚		55,200	北京保利	2013.12.04
1844年漳州军饷足纹通行银币(LM290)		80,500	中国嘉德	2013.05.18
1853年台湾府库军饷六八足纹如意银饼一枚		149,500	北京诚轩	2013.05.17
1853年台湾如意军饷银饼一枚		23,000	北京诚轩	2013.11.20
1886－1921年银楼打制金章一枚		36,800	中国嘉德	2013.11.24
1889年广东省造光绪元宝“反版”一钱四分六厘银币样币一枚		184,000	北京诚轩	2013.05.17
1889年广东省造光绪元宝库平一钱四分六厘、七分三厘银币试铸样币各一枚		713,000	北京诚轩	2013.11.20
1890年广东省造光绪元宝库平三钱六分银币一枚		92,000	北京诚轩	2013.11.20
1890年台湾制造光绪元宝七分二厘银币(LM328)		11,500	中国嘉德	2013.11.24
1890年台湾制造光绪元宝三分六厘银币(LM329)		32,200	中国嘉德	2013.05.18
1890年喜敦版广东省造光绪元宝库平七钱二分银币一枚		29,900	北京诚轩	2013.11.20
1890年喜敦版广东省造光绪元宝库平七钱二分银币一枚		13,800	北京诚轩	2013.11.20
1890年喜顿版广东省造光绪元宝库平七钱二分银币一枚		36,800	北京诚轩	2013.11.20
1891年广东省造光绪元宝七分二厘银币(LM136)		28,750	中国嘉德	2013.05.18
1891年广东省造光绪元宝七钱二分银币(LM133)		25,300	中国嘉德	2013.05.18
1892年大朝鲜开国五百一年五两银币一枚		18,400	北京诚轩	2013.05.17
1893年台湾制造光绪元宝库平七分二厘银币一枚		10,925	北京诚轩	2013.05.17
1895年湖北省造光绪元宝库平七分二厘银币一枚		11,500	北京诚轩	2013.05.17
1895年湖北省造光绪元宝库平七钱二分银币一枚		18,400	北京诚轩	2013.11.20
1895年湖北省造光绪元宝库平三分六厘银币一枚		10,925	北京诚轩	2013.11.20
1895年湖北省造光绪元宝库平三钱六分银币一枚		51,750	北京诚轩	2013.05.17
1895年湖北省造光绪元宝库平三钱六分银币一枚		25,300	北京诚轩	2013.05.17
1895年湖北省造光绪元宝七分二厘银币(LM185)		63,250	中国嘉德	2013.05.18
1895年湖北省造光绪元宝三分六厘银币(LM186)		11,500	中国嘉德	2013.05.18
1896年福建官局造光绪元宝库平七分二厘银币一枚		35,650	北京诚轩	2013.05.17
1896年福建官局造光绪元宝库平三分六厘银币一枚		20,700	北京诚轩	2013.05.17
1896年李鸿章像中堂驾游汉伯克镌刻敬献章		25,300	中国嘉德	2013.11.24
1897年－1930年香港“站人”壹圆银币一组十七枚		16,100	北京诚轩	2013.05.17
1897年江南省造光绪元宝七分二厘银币(LM213A)		10,120	中国嘉德	2013.05.18
1897年江南省造光绪元宝七钱二分银币(LM210A)		189,750	中国嘉德	2013.05.18
1897年江南省造光绪元宝七钱二分银币(LM210A)		23,000	中国嘉德	2013.11.24
1897年无纪年安徽省造光绪元宝库平七钱二分银币一枚		21,850	北京诚轩	2013.11.20
1897年无纪年安徽省造光绪元宝库平七钱二分银币一枚		17,250	北京诚轩	2013.11.20
1897年无纪年江南省造光绪元宝库平七分二厘银币一枚		75,900	北京诚轩	2013.05.17
1897年无纪年江南省造光绪元宝库平七钱二分银币一枚		66,700	北京诚轩	2013.05.17
1897年无纪年江南省造光绪元宝库平七钱二分银币一枚		31,050	北京诚轩	2013.05.17
1897年无纪年江南省造光绪元宝库平七钱二分银币一枚		63,250	北京保利	2013.12.04
1897年无纪年江南省造光绪元宝库平一钱四分四厘银币一枚		51,750	北京诚轩	2013.05.17
1898年吉林省造光绪元宝库平三分六厘银币一枚		18,400	北京保利	2013.12.04
1898年吉林省造光绪元宝七钱二分银币(LM516)		66,700	中国嘉德	2013.05.18
1898年吉林省造中心“花篮”光绪元宝库平七钱二分银币一枚		41,400	北京保利	2013.12.05
1898年四川省造光绪元宝库平七分二厘银币一枚		11,500	北京诚轩	2013.05.17
1898年四川省造光绪元宝库平七钱二分银币二枚		12,650	北京诚轩	2013.11.20
1898年四川省造光绪元宝库平七钱二分银币三枚		57,500	北京诚轩	2013.11.20
1898年四川省造光绪元宝库平七钱二分银币一枚		48,300	北京诚轩	2013.05.17
1898年四川省造光绪元宝库平七钱二分银币一枚		40,000	北京诚轩	2013.05.17

2013杂项拍卖成交汇总

(成交价RMB：1万元以上)

拍品名称	物品尺寸	成交价RMB	拍卖公司	拍卖日期
1898年四川省造光绪元宝库平七钱二分银币一枚		27,600	北京诚轩	2013.05.17
1898年四川省造光绪元宝库平七钱二分银币一枚		32,200	北京诚轩	2013.11.20
1898年四川省造光绪元宝库平七钱二分银币一组十枚		20,700	北京诚轩	2013.05.17
1898年四川省造光绪元宝库平三分六厘银币一枚		23,000	北京诚轩	2013.05.17
1898年四川省造光绪元宝库平三分六厘银币一枚		23,000	北京诚轩	2013.05.17
1898年四川省造光绪元宝库平三分六厘银币一枚		19,550	北京诚轩	2013.11.20
1898年四川省造光绪元宝库平三钱六分银币一枚		19,550	北京诚轩	2013.05.17
1898年四川省造光绪元宝库平三钱六分银币一枚		13,800	北京诚轩	2013.05.17
1898年四川省造光绪元宝七钱二分银币(LM345A)		13,800	中国嘉德	2013.05.18
1898年四川省造光绪元宝七钱二分银币(LM346)		23,000	中国嘉德	2013.11.24
1898年无纪年吉林省造光绪元宝库平七钱二分银币一枚		29,900	北京诚轩	2013.05.17
1898年无纪年吉林省造光绪元宝库平七钱二分银币一枚		23,000	北京诚轩	2013.11.20
1898年无纪年吉林省造光绪元宝库平一钱四分四厘银币一枚		11,500	北京诚轩	2013.11.20
1898年无纪年江南省造光绪元宝库平七分二厘银币一枚		52,900	北京诚轩	2013.11.20
1898年无纪年江南省造光绪元宝库平七钱二分银币一枚		34,500	北京诚轩	2013.11.20
1898年无纪年江南省造光绪元宝库平七钱二分银币一枚		28,750	北京诚轩	2013.11.20
1898年无纪年江南省造光绪元宝库平七钱二分银币一枚		25,300	北京诚轩	2013.11.20
1898年无纪年江南省造光绪元宝库平三分六厘银币一枚		24,150	北京诚轩	2013.11.20
1898年无纪年江南省造光绪元宝库平三分六厘银币一枚		20,700	北京诚轩	2013.11.20
1898年无纪年江南省造光绪元宝库平三分六厘银币一枚		13,800	北京诚轩	2013.11.20
1898年戊戌安徽省造光绪元宝库平七钱二分银币一枚		10,925	北京诚轩	2013.05.17
1898年戊戌江南省造光绪元宝库平七分二厘小英文版银币一枚		11,500	北京诚轩	2013.11.20
1898年戊戌江南省造光绪元宝库平七钱二分银币一枚		23,000	北京诚轩	2013.05.17
1898年戊戌江南省造光绪元宝库平一钱四分四厘银币一枚		48,300	北京诚轩	2013.11.20
1898年戊戌江南省造光绪元宝库平一钱四分四厘银币一枚		23,000	北京诚轩	2013.11.20
1899年己亥江南省造光绪元宝库平七钱二分银币六枚		36,800	北京诚轩	2013.05.17
1899年己亥江南省造光绪元宝库平七钱二分银币一枚		27,600	北京诚轩	2013.05.17
1899年己亥江南省造光绪元宝库平七钱二分银币一枚		16,100	北京诚轩	2013.05.17
1899年己亥江南省造光绪元宝库平七钱二分银币一枚		11,500	北京诚轩	2013.05.17
1899年己亥江南省造光绪元宝库平七钱二分银币一枚		11,500	北京诚轩	2013.11.20
1899年己亥江南省造光绪元宝库平三分六厘银币一枚		92,000	北京诚轩	2013.05.17
1899年己亥江南省造光绪元宝库平一钱四分四厘银币一枚		16,100	北京诚轩	2013.05.17
1899年己亥江南省造光绪元宝库平一钱四分四厘银币一枚		11,500	北京诚轩	2013.05.17
1899年己亥江南省造光绪元宝库平一钱四分四厘银币一枚		43,700	北京诚轩	2013.11.20
1899年己亥江南省造光绪元宝库平一钱四分四厘银币一枚		11,500	北京诚轩	2013.11.20
1900年庚子吉林省造光绪元宝库平七钱二分银币一枚		18,400	北京诚轩	2013.05.17
1900年庚子吉林省造光绪元宝库平三钱六分银币一枚		58,650	北京诚轩	2013.11.20
1900年庚子吉林省造光绪元宝三钱六分银币一枚		41,400	北京诚轩	2013.11.20
1900年庚子江南省造光绪元宝库平七钱二分银币三枚		13,800	北京诚轩	2013.05.17
1900年庚子江南省造光绪元宝库平一钱四分四厘银币一枚		26,450	北京诚轩	2013.11.20
1901年吉林省造丁未光绪元宝库平七分二厘银币一枚		34,500	北京保利	2013.12.04
1901年辛丑吉林省造光绪元宝库平七钱二分银币一枚		19,550	北京诚轩	2013.05.17
1901年辛丑吉林省造光绪元宝库平七钱二分银币一枚		10,925	北京诚轩	2013.05.17
1901年辛丑吉林省造光绪元宝库平七钱二分银币一枚		10,350	北京诚轩	2013.05.17
1901年辛丑吉林省造光绪元宝库平七钱二分银币一枚		20,700	北京诚轩	2013.11.20
1901年辛丑吉林省造光绪元宝库平七钱二分银币一枚		13,800	北京保利	2013.12.04
1901年辛丑吉林省造光绪元宝库平三钱六分银币一枚		19,550	北京诚轩	2013.11.20
1901年辛丑吉林省造光绪元宝库平三钱六分银币一枚		18,400	北京诚轩	2013.11.20
1901年辛丑吉林省造光绪元宝库平三钱六分银币一枚		10,350	北京保利	2013.12.04
1901年辛丑江南省造光绪元宝库平七钱二分银币五枚		18,400	北京诚轩	2013.05.17
1901年辛丑江南省造光绪元宝库平七钱二分银币一枚		23,000	北京诚轩	2013.05.17
1901年辛丑江南省造光绪元宝库平七钱二分银币一枚		11,500	北京诚轩	2013.05.17
1901年辛丑江南省造光绪元宝库平三分六厘银币一枚		103,500	北京诚轩	2013.11.20
1902年壬寅吉林省造光绪元宝库平七钱二分银币一枚		92,000	北京诚轩	2013.05.17
1902壬寅江南省造光绪元宝库平七钱二分银币一枚		20,700	北京诚轩	2013.05.17
1903年福建省造光绪元宝库平一钱四分四厘银币一枚		14,950	北京诚轩	2013.11.20
1903年癸卯奉天省造光绪元宝库平七钱二分银币一枚		437,000	北京诚轩	2013.05.17
1903年癸卯奉天省造光绪元宝库平七钱二分银币一枚		48,300	北京诚轩	2013.05.17
1903年癸卯奉天省造光绪元宝库平七钱二分银币一枚		34,500	北京诚轩	2013.05.17
1903年癸卯奉天省造光绪元宝库平七钱二分银币一枚		55,200	北京诚轩	2013.11.20

拍品名称	物品尺寸	成交价RMB	拍卖公司	拍卖日期
1903年癸卯奉天省造光绪元宝库平七钱二分银币一枚		40,250	北京保利	2013.12.04
1903年癸卯奉天省造光绪元宝库平七钱二分银币一枚		23,000	北京诚轩	2013.11.20
1903年癸卯吉林省造光绪元宝库平七钱二分银币一枚		13,800	北京诚轩	2013.05.17
1903年癸卯吉林省造光绪元宝库平七钱二分银币一枚		149,500	北京诚轩	2013.11.20
1903年癸卯吉林省造光绪元宝库平七钱二分银币一枚		26,450	北京诚轩	2013.11.20
1903年癸卯吉林省造光绪元宝库平一钱四分四厘银币一枚		13,800	北京保利	2013.12.05
1903年癸卯江南省造光绪元宝库平七钱二分银币一枚		46,000	北京诚轩	2013.11.20
1903年癸卯江南省造光绪元宝库平七钱二分银币一枚		20,700	北京诚轩	2013.11.20
1903年癸卯江南省造光绪元宝库平七钱二分银币一枚		12,650	北京诚轩	2013.11.20
1903年户部光绪元宝库平一两银币样币一枚		287,500	北京诚轩	2013.05.17
1903年四川省造光绪像一卢比银币一枚		20,700	北京诚轩	2013.05.17
1904年甲辰吉林省造光绪元宝库平七钱二分银币一枚		28,750	北京保利	2013.12.04
1904年甲辰吉林省造光绪元宝库平七钱二分银币一枚		23,000	北京诚轩	2013.11.20
1904年甲辰吉林省造光绪元宝库平三钱六分银币一枚		12,650	北京诚轩	2013.11.20
1904年甲辰吉林省造光绪元宝库平三钱六分银币一枚		10,350	北京保利	2013.12.04
1904年甲辰江南省造光绪元宝库平七钱二分银币一枚		55,200	北京诚轩	2013.05.17
1904年甲辰江南省造光绪元宝库平七钱二分银币一枚		20,700	北京诚轩	2013.05.17
1904年甲辰江南省造光绪元宝库平七钱二分银币一枚		16,100	北京诚轩	2013.05.17
1904年甲辰江南省造光绪元宝库平七钱二分银币一枚		23,000	北京诚轩	2013.11.20
1904年甲辰江南省造光绪元宝库平七钱二分银币一枚		13,800	北京诚轩	2013.11.20
1904年甲辰江南省造光绪元宝库平七钱二分银币一枚		10,350	北京保利	2013.12.04
1905年新疆省造饷银一两银币一枚		17,250	北京诚轩	2013.05.17
1905年新疆省造饷银一两银币一枚		17,250	北京诚轩	2013.05.17
1905年乙巳吉林省造光绪元宝库平七钱二分银币一枚		20,700	北京诚轩	2013.05.17
1905年乙巳吉林省造光绪元宝库平七钱二分银币一枚		18,400	北京诚轩	2013.05.17
1905年乙巳吉林省造光绪元宝库平七钱二分银币一枚		18,400	北京诚轩	2013.11.20
1905年乙巳吉林省造光绪元宝库平七钱二分银币一枚		11,500	北京诚轩	2013.11.20
1905年乙巳吉林省造光绪元宝库平三钱六分银币一枚		21,850	北京诚轩	2013.11.20
1905年乙巳江南省造光绪元宝库平七分二厘银币一枚		80,500	北京诚轩	2013.11.20
1905年乙巳吉林省造光绪元宝库平七钱二分银币一枚		13,800	北京诚轩	2013.11.20
1906年丙午吉林省造光绪元宝库平七钱二分银币一枚		25,300	北京诚轩	2013.11.20
1906年丙午吉林省造光绪元宝库平三钱六分银币一枚		54,050	北京诚轩	2013.11.20
1906年丙午吉林省造光绪元宝库平三钱六分银币一枚		18,400	北京保利	2013.12.04
1906年丙午吉林省造中心“花篮”光绪元宝库平七钱二分银币一枚		34,500	北京保利	2013.12.05
1906年湖南阜南官局背省平足纹壹两银币(LM386)		63,250	中国嘉德	2013.05.18
1906年湖南阜南官局背省平足纹壹两银币(LM386)		34,500	中国嘉德	2013.11.24
1906年湖南阜南官局省平足纹壹两银饼一枚		11,500	北京诚轩	2013.05.17
1907年德华银行京平足银伍两		34,500	中国嘉德	2013.11.23
1907年丁未吉林省造光绪元宝库平三钱六分银币一枚		11,500	北京诚轩	2013.05.17
1907年丁未吉林省造光绪元宝库平三钱六分银币一枚		20,700	北京保利	2013.12.04
1907年东三省造光绪元宝库平七分二厘银币一枚		48,300	北京诚轩	2013.05.17
1907年东三省造光绪元宝库平七分二厘银币一枚		23,000	北京诚轩	2013.05.17
1907年东三省造光绪元宝库平七分二厘银币一枚		20,700	北京诚轩	2013.11.20
1907年东三省造光绪元宝库平七钱二分、三钱六分银币各一枚		20,700	北京诚轩	2013.11.20
1907年东三省造光绪元宝三钱六分银币(LM488)		218,500	中国嘉德	2013.05.18
1907年喀什大清银币湘平壹两(LM744)		32,200	中国嘉德	2013.05.18
1907年云南省造光绪元宝(老云南)七钱二分银币(LM418)		92,000	中国嘉德	2013.05.18
1907年云南省造光绪元宝库平七钱二分银币一枚		41,400	北京诚轩	2013.11.20
1907年云南省造光绪元宝库平七钱二分银币一枚		16,100	北京诚轩	2013.11.20
1907年云南省造光绪元宝库平三钱六分银币一枚		11,500	北京诚轩	2013.11.20
1908年湖南阜南官局省平足纹五钱银饼一枚		43,700	北京诚轩	2013.11.20
1908年湖南长沙乾益字号省平足纹柒钱银饼一枚		48,300	北京诚轩	2013.11.20
1908年戊申吉林省造光绪元宝中心满文库平三钱六分银币一枚		287,500	北京诚轩	2013.11.20
1908年戊申吉林省造光绪元宝中心满文库平一钱四分四厘银币一枚		11,500	北京诚轩	2013.11.20
1908年戊申吉林造光绪元宝中心“11”库平七钱二分银币一枚		862,500	北京诚轩	2013.05.17
1908年造币总厂光绪元宝库平七分二厘银币一枚		59,800	北京诚轩	2013.11.20
1908年造币总厂光绪元宝库平七分二厘银币一枚		16,100	北京诚轩	2013.11.20
1908年造币总厂光绪元宝库平七钱二分银币一枚		69,000	北京诚轩	2013.05.17
1908年造币总厂光绪元宝库平七钱二分银币一枚		23,000	北京诚轩	2013.11.20
1908年造币总厂光绪元宝库平一钱四分四厘银币一枚		138,000	北京诚轩	2013.05.17
1908年造币总厂光绪元宝库平一钱四分四厘银币一枚		50,600	北京诚轩	2013.05.17

2013杂项拍卖成交汇总

(成交价RMB：1万元以上)

拍品名称	物品尺寸	成交价RMB	拍卖公司	拍卖日期
1908年造币总厂光绪元宝库平一钱四分四厘银币一枚		71,300	北京诚轩	2013.11.20
1908年造币总厂光绪元宝库平一钱四分四厘银币一枚		69,000	北京诚轩	2013.11.20
1908年造币总厂光绪元宝七钱二分银币(LM11)		74,750	中国嘉德	2013.05.18
1908年造币总厂光绪元宝七钱二分银币(LM11)		10,350	中国嘉德	2013.11.24
1908年造币总厂光绪元宝一钱四分四厘银币(LM12)		12,650	中国嘉德	2013.05.18
1909年广东省造宣统元宝库平七钱二分银币一枚		43,700	北京诚轩	2013.05.17
1909年广东省造宣统元宝库平七钱二分银币一枚		16,100	北京诚轩	2013.05.17
1909年湖北省造宣统元宝库平七钱二分银币一枚		32,200	北京诚轩	2013.05.17
1909年湖北省造宣统元宝库平七钱二分银币一枚		33,350	北京诚轩	2013.11.20
1909年湖北省造宣统元宝库平一钱四分四厘银币一枚		782,000	北京诚轩	2013.05.17
1909年桑康果木银币一枚		27,600	北京保利	2013.12.05
1909年山西省造宣统元宝库平一钱四分四厘银币一枚		25,300	北京诚轩	2013.11.20
1909年四川省造宣统元宝库平七钱二分银币一枚		10,925	北京诚轩	2013.11.20
1909年四川省造宣统元宝库平三钱六分银币一枚		34,500	北京诚轩	2013.05.17
1909年西藏一两银币(LM657)		13,800	中国嘉德	2013.05.18
1909年宣统桑康果木银币一枚		23,000	北京保利	2013.12.05
1909年造币分厂宣统元宝中心“吉”库平一钱四分四厘银币一枚		20,700	北京诚轩	2013.11.20
1910年大清银币贰角伍分银质样币(LM26)		103,500	中国嘉德	2013.05.18
1910年大清银币伍角银质样币(LM25)		11,500	中国嘉德	2013.05.18
1910年大清银币壹角银质样币(LM27)		74,750	中国嘉德	2013.05.18
1910年大清银币壹圆银质样币(LM24)		218,500	中国嘉德	2013.05.18
1910年新疆省造饷银一两银币一枚		10,925	北京诚轩	2013.05.17
1910年新疆省造饷银一两银币正回文、背回文各一枚		23,000	北京诚轩	2013.05.17
1910年新疆饷银五钱(LM819)		17,250	中国嘉德	2013.05.18
1910年宣统年造大清银币伍角银质样币(LM25)		20,700	中国嘉德	2013.05.18
1911年江南省造宣统元宝库平七分二厘银币一枚		25,300	北京诚轩	2013.11.20
1911年江南省造宣统元宝七分二厘银币(LM268)		21,850	中国嘉德	2013.11.24
1911年新版云南省造光绪元宝库平七钱二分银币一枚		13,800	北京诚轩	2013.05.17
1911年新版云南省造光绪元宝库平一钱四分四厘银币一枚		11,500	北京诚轩	2013.05.17
1911年新疆省造银圆叁钱银币一枚		10,925	北京诚轩	2013.05.17
1911年新疆银圆叁钱银币一枚		11,500	北京诚轩	2013.11.20
1912年戴帽黎元洪像开国纪念壹圆银币一枚		51,300	上海崇源	2013.06.07
1912年福建银币厂造中华元宝库平七分二厘银币一枚		12,650	北京诚轩	2013.11.20
1912年黎元洪光头像中华民国开国纪念币壹圆银币一枚		52,440	上海崇源	2013.06.07
1912年黎元洪像(戴帽)中华民国开国纪念币壹圆银币(LM43)		59,800	中国嘉德	2013.05.18
1912年黎元洪像(戴帽)中华民国开国纪念币壹圆银币(LM43)		23,000	中国嘉德	2013.05.18
1912年黎元洪像(戴帽)中华民国开国纪念币壹圆银币(LM43)		46,000	中国嘉德	2013.11.24
1912年黎元洪像(戴帽)中华民国开国纪念币壹圆银币(LM43)		41,400	中国嘉德	2013.11.24
1912年黎元洪像(无帽)中华民国开国纪念币壹圆银币(LM45)		10,350	中国嘉德	2013.05.18
1912年黎元洪像带帽开国纪念壹圆银币一枚		55,200	北京保利	2013.12.05
1912年黎元洪像戴帽开国纪念壹圆银币一枚		74,750	北京诚轩	2013.05.17
1912年黎元洪像戴帽开国纪念壹圆银币一枚		48,300	北京诚轩	2013.05.17
1912年黎元洪像无帽开国纪念壹圆银币一枚		48,300	北京诚轩	2013.05.17
1912年黎元洪像无帽开国纪念壹圆银币一枚		28,750	北京诚轩	2013.05.17
1912年黎元洪像无帽开国纪念壹圆银币一枚		57,500	北京诚轩	2013.11.20
1912年黎元洪像无帽开国纪念壹圆银币一枚		49,450	北京保利	2013.12.05
1912年黎元洪像无帽开国纪念壹圆银币一枚		18,400	北京诚轩	2013.11.20
1912年黎元洪像无帽开国纪念壹圆银币一枚		13,800	北京诚轩	2013.11.20
1912年黎元洪像中华民国开国纪念壹圆银币一枚		12,650	北京保利	2013.12.05
1912年孙中山像开国纪念上五星版壹圆银币一枚		23,000	北京诚轩	2013.11.20
1912年孙中山像开国纪念壹圆银币一枚		64,400	北京诚轩	2013.05.17
1912年孙中山像开国纪念壹圆银币一枚		39,100	北京诚轩	2013.05.17
1912年孙中山像开国纪念壹圆银币一枚		16,100	北京诚轩	2013.05.17
1912年孙中山像开国纪念壹圆银币一枚		11,500	北京诚轩	2013.05.17
1912年孙中山像开国纪念壹圆银币一枚		50,600	北京诚轩	2013.11.20
1912年孙中山像开国纪念圆银币一枚		11,500	北京诚轩	2013.05.17
1912年孙中山像中华民国开国纪念币壹圆银币(LM42)		20,700	中国嘉德	2013.05.18
1912年孙中山像中华民国开国纪念币壹圆银币(LM42)		36,800	中国嘉德	2013.11.24
1912年孙中山像中华民国开国纪念贰角银币一枚		14,820	上海崇源	2013.06.07
1912年孙中山像中华民国开国纪念壹圆银币一枚		68,400	上海崇源	2013.06.07
1912年无帽黎元洪像开国纪念壹圆银币一枚		136,800	上海崇源	2013.06.07
1912年西藏双章嘎银币一枚		20,700	北京保利	2013.12.04
1913年东三省造宣统元宝库平一钱四分四厘银币一枚		10,925	北京诚轩	2013.05.17
1914年袁世凯像共和纪念“L.Giorgi”签字版壹圆银币样币一枚		241,500	北京诚轩	2013.11.20
1914年袁世凯像共和纪念“L.Giorgi”签字版壹圆银币样币一枚		115,000	北京诚轩	2013.11.20
1914年袁世凯像共和纪念“L.Giorgi”签字版壹圆银币一枚		69,000	北京诚轩	2013.11.20

(成交价RMB：1万元以上)

拍品名称	物品尺寸	成交价RMB	拍卖公司	拍卖日期
1914年袁世凯像共和纪念壹圆银币		29,900	北京诚轩	2013.11.20
1914年袁世凯像共和纪念壹圆银币一枚		34,500	北京诚轩	2013.05.17
1914年袁世凯像共和纪念壹圆银币一枚		34,500	北京诚轩	2013.05.17
1914年袁世凯像共和纪念壹圆银币一枚		32,200	北京诚轩	2013.05.17
1914年袁世凯像共和纪念壹圆银币一枚		28,750	北京诚轩	2013.05.17
1914年袁世凯像共和纪念壹圆银币一枚		23,000	北京诚轩	2013.05.17
1914年袁世凯像共和纪念壹圆银币一枚		97,750	北京诚轩	2013.11.20
1914年袁世凯像共和纪念壹圆银币一枚		63,250	北京诚轩	2013.11.20
1914年袁世凯像共和纪念壹圆银币一枚		32,200	北京诚轩	2013.11.20
1914年袁世凯像共和纪念壹圆银币一枚		27,600	北京诚轩	2013.11.20
1914年袁世凯像共和纪念壹圆银币一枚		23,000	北京保利	2013.12.05
1914年袁世凯像共和纪念壹圆银币一枚		20,700	北京诚轩	2013.11.20
1914年袁世凯像共和纪念壹圆银币一枚		19,550	北京保利	2013.12.05
1914年袁世凯像共和纪念壹圆银币一枚		17,250	北京诚轩	2013.11.20
1914年袁世凯像共和纪念壹圆银币一枚		17,250	北京诚轩	2013.11.20
1914年袁世凯像中华民国共和纪念币壹圆银币(LM858)		36,800	中国嘉德	2013.05.18
1914年袁世凯像中华民国共和纪念币壹圆银币(LM858)		27,600	中国嘉德	2013.11.24
1914年袁世凯像中华民国共和纪念币壹圆银币(LM858)		26,450	中国嘉德	2013.11.24
1914年袁世凯像中华民国共和纪念币壹圆银质样币(LM859)		138,000	中国嘉德	2013.11.24
1914年袁世凯羽冠像背共和纪念壹圆银币一枚		142,500	上海崇源	2013.06.07
1914年袁世凯羽冠像洪宪纪元飞龙银币一枚		82,080	上海崇源	2013.06.07
1914年袁世凯羽冠像洪宪纪元飞龙银币一枚		29,640	上海崇源	2013.06.07
1914年袁世凯羽冠像中华民国共和纪念币壹圆银币一枚		28,500	上海崇源	2013.06.07
1916年唐继尧正面像拥护共和纪念三钱六分银币一枚		78,200	北京诚轩	2013.05.17
1916年袁世凯像洪宪纪元飞龙纪念银币一枚		46,000	北京诚轩	2013.11.20
1916年袁世凯像洪宪纪元飞龙纪念银币一枚		43,700	北京诚轩	2013.11.20
1916年袁世凯像洪宪纪元飞龙纪念银币一枚		43,700	北京诚轩	2013.11.20
1916年袁世凯像洪宪纪元飞龙纪念银币一枚		23,000	北京诚轩	2013.11.20
1916年袁世凯像中华帝国红宪纪元飞龙银币一枚		28,750	北京保利	2013.12.05
1916年袁世凯像中华帝国红宪纪元飞龙银币一枚		23,000	北京保利	2013.12.05
1916年袁世凯像中华帝国洪宪纪元飞龙纪念银章(LM942)		36,800	中国嘉德	2013.11.24
1916年袁世凯像中华帝国洪宪纪元飞龙纪念银章(LM942)		33,350	中国嘉德	2013.11.24
1916年袁世凯像中华帝国洪宪纪元飞龙纪念银章(LM942)		26,450	中国嘉德	2013.11.24
1916年袁世凯像中华帝国洪宪纪元飞龙银币一枚		138,000	北京诚轩	2013.05.17
1916年袁世凯像中华帝国洪宪纪元飞龙银币一枚		71,300	北京诚轩	2013.05.17
1916年袁世凯像中华帝国洪宪纪元飞龙银币一枚		43,700	北京诚轩	2013.05.17
1916年袁世凯像中华帝国洪宪纪元飞龙银币一枚		36,800	北京诚轩	2013.05.17
1916年袁世凯像中华帝国洪宪纪元飞龙银币一枚		34,500	北京诚轩	2013.05.17
1917年横滨正金银行汉口通用银圆拾圆		57,500	中国嘉德	2013.11.23
1917年银雪阿银币一枚		14,950	北京保利	2013.12.05
1919年唐继尧像(正面)拥护共和纪念三钱六分银币(LM863)		12,650	中国嘉德	2013.11.24
1919年唐继尧像拥护共和纪念金币当银币拾圆(LM1056)		18,400	中国嘉德	2013.05.18
1921年徐世昌像仁寿同登纪念银币一枚		80,500	北京诚轩	2013.11.20
1921年徐世昌像仁寿同登纪念银币一枚		69,000	北京诚轩	2013.11.20
1921年徐世昌像仁寿同登纪念银币一枚		36,800	北京保利	2013.12.05
1923年曹锟(文装)宪法成立纪念银章(LM958)		26,450	中国嘉德	2013.11.24
1923年曹锟戎装像纪念银币一枚		28,750	北京保利	2013.12.05
1923年曹锟戎装像小型纪念银章(LM960)		11,500	中国嘉德	2013.11.24
1923年曹锟文装像宪法成立纪念银币一枚		171,000	上海崇源	2013.06.07
1923年曹锟文装像宪法成立纪念银币一枚		40,250	北京诚轩	2013.05.17
1923年曹锟文装像宪法成立纪念银币一枚		34,500	北京诚轩	2013.05.17
1923年曹锟文装像宪法成立纪念银币一枚		32,200	北京诚轩	2013.05.17
1923年曹锟文装像宪法成立纪念银币一枚		32,200	北京诚轩	2013.11.20
1923年曹锟文装像宪法成立纪念银币一枚		29,900	北京保利	2013.12.05
1923年曹锟文装像宪法成立纪念银币一枚		28,750	北京诚轩	2013.11.20
1923年曹锟文装像宪法成立纪念银币一枚		23,000	北京保利	2013.12.05
1923年曹锟武装像宪法成立纪念银币一枚		176,700	上海崇源	2013.06.07
1923年曹锟武装像宪法成立纪念银币一枚		36,800	北京诚轩	2013.05.17
1923年曹锟武装像宪法成立纪念银币一枚		74,750	北京诚轩	2013.11.20
1923年曹锟武装像宪法成立纪念银币一枚		43,700	北京诚轩	2013.11.20
1923年曹锟武装像宪法成立纪念银币一枚		34,500	北京保利	2013.12.05
1924年曹锟(戎装)宪法成立纪念银章(LM959)		37,300	中国嘉德	2013.11.24

2013杂项拍卖成交汇总

(成交价RMB：1万元以上)

拍品名称	物品尺寸	成交价RMB	拍卖公司	拍卖日期
1924年曹锟(戎装)宪法成立纪念银章(LM959)		32,200	中国嘉德	2013.11.24
1924年曹锟(戎装)宪法成立纪念银章(LM959)		31,050	中国嘉德	2013.11.24
1924年段祺瑞像“和平”中华民国执政纪念币一枚		32,200	北京保利	2013.12.05
1924年段祺瑞像中华民国执政纪念币银章(LM865)		48,300	中国嘉德	2013.11.24
1924年段祺瑞像中华民国执政纪念纪念银币一枚		34,500	北京诚轩	2013.11.20
1924年段祺瑞像中华民国执政纪念银币一枚		48,300	北京诚轩	2013.05.17
1924年段祺瑞像中华民国执政纪念银币一枚		40,250	北京诚轩	2013.05.17
1924年段祺瑞像中华民国执政纪念银币一枚		36,800	北京诚轩	2013.05.17
1924年段祺瑞像中华民国执政纪念银币一枚		80,500	北京诚轩	2013.11.20
1924年段祺瑞像中华民国执政纪念银币一枚		47,150	北京诚轩	2013.11.20
1924年段祺瑞像中华民国执政纪念银币一枚		34,500	北京诚轩	2013.11.20
1924年段祺瑞像中华民国执政纪念银币一枚		28,750	北京诚轩	2013.11.20
1924年段祺瑞像中华民国执政纪念银币一枚		25,300	北京诚轩	2013.11.20
1924年段祺瑞像中华民国执政纪念银币一枚		25,300	北京诚轩	2013.11.20
1924年段祺瑞执政纪念背和平银币一枚		23,940	上海崇源	2013.06.07
1924年段祺瑞执政纪念银币一枚		27,600	北京保利	2013.12.05
1924年段祺瑞执政纪念银币一枚		11,500	北京保利	2013.12.05
1927年孙中山像开国纪念壹圆银币二十枚		18,400	北京诚轩	2013.11.20
1927年孙中山像开国纪念壹圆银币一枚		17,250	北京诚轩	2013.05.17
1928年孙中山像中华民国开国纪念币壹圆银币(LM49)		11,500	中国嘉德	2013.05.18
1932年鄂豫皖省苏维埃政府造工农银行壹圆银币(LM888)		80,500	中国嘉德	2013.11.24
1932年中华苏维埃共和国铜鎏银贰角硬币三枚		18,400	北京诚轩	2013.11.20
1933年中华苏维埃共和国贰角银币一枚		10,350	北京保利	2013.12.05
1934年川陕省造币厂造中华苏维埃共和国壹圆银币(LM889)		66,700	中国嘉德	2013.11.24
1934年川陕省造币厂造中华苏维埃共和国壹圆银币(LM891)		46,000	中国嘉德	2013.05.18
1934年中华苏维埃共和国川陕省造币厂造壹圆银币一枚		52,900	北京诚轩	2013.05.17
1934年中华苏维埃共和国川陕省造币厂造壹圆银币一枚		34,500	北京诚轩	2013.11.20
1943年云南“富’字半两(LM434)		14,950	中国嘉德	2013.05.18
1943年云南“富”字半两正银银币一枚		12,650	北京诚轩	2013.05.17
1943年云南“富”字一两正银银币一枚		10,350	北京诚轩	2013.05.17
1943年云南“富”字一两正银银币一枚		16,100	北京保利	2013.12.05
1943年云南大鹿头正银一两银币(LM436)		69,000	中国嘉德	2013.11.24
1943年云南大鹿头正银一两银币一枚		13,800	北京保利	2013.12.05
1943年云南省造“富”字一两正银银币一枚		34,500	北京诚轩	2013.11.20
1943年云南省造“小鹿头”正银一两银币一枚		18,400	北京诚轩	2013.11.20
1949年新版云南省造光绪元宝库平七分二厘银币一枚		10,350	北京诚轩	2013.05.17
1949年新疆省造币厂铸壹圆银币一枚		92,000	北京诚轩	2013.11.20
1986年国际和平年纪念银币一枚	重27g	11,500	北京诚轩	2013.05.17
1987年中国人民银行发行詹天佑诞辰125周年纪念银币	重12盎司	10,580	中国嘉德	2013.05.18
1988年龙年12盎司生肖纪念银币一枚		10,350	北京保利	2013.12.05
1990年马年100圆12oz银币一枚		11,500	北京保利	2013.12.05
1992年中国人民银行发行中国壬申(猴)年生肖纪念银币	重5盎司	18,400	中国嘉德	2013.05.18
1993年珍稀动物第四组棕熊5盎司纪念银币		43,700	西泠拍卖	2013.07.12
1993年中国人民银行发行熊猫纪念银币	重12盎司	18,400	中国嘉德	2013.05.18
1993年中国人民银行发行熊猫精制纪念银币	重5盎司	10,580	中国嘉德	2013.05.18
1994年20盎司麒麟纪念银币		69,000	西泠拍卖	2013.07.12
1994年中国人民银行发行中国甲戌(狗)年生肖纪念银币	重12盎司	46,000	中国嘉德	2013.05.18
1995年古典文学名著三国演义特种纪念银币刘备、关羽、张飞、诸葛亮一套四枚	每枚重27g	13,800	北京诚轩	2013.05.17
2000年中国人民银行发行熊猫银币重1公斤	重2公斤	19,550	中国嘉德	2013.11.24
2000年中国人民银行发行熊猫银币重1公斤	重3公斤	18,400	中国嘉德	2013.11.24
2004年生肖猴年、2005年生肖鸡年、2006年生肖狗年康银阁册装贺岁精制流通纪念币各五十册(无图)		103,500	北京诚轩	2013.11.20
2008年中国戊子(鼠)年生肖纪念银币(长方形)一枚		10,350	北京诚轩	2013.05.17
光绪25年北洋造光绪元宝库平七钱二分银币一枚		57,500	北京保利	2013.12.04
光绪8年(1902年)吉林省造光绪元宝三钱六分银币(LM543)		13,800	中国嘉德	2013.05.18
光绪二十八年(1903年)江南省造光绪元宝七钱二分银币二枚		27,600	中国嘉德	2013.05.18
光绪二十八年(1903年)江南省造光绪元宝一钱四分四厘银币(LM253)		172,500	中国嘉德	2013.05.18
光绪二十二年 北洋机器局造壹圆银币一枚		125,400	上海崇源	2013.06.07
光绪二十二年北洋机器局造半角银币一枚		46,000	北京诚轩	2013.11.20
光绪二十二年北洋机器局造二角银币一枚		11,500	北京诚轩	2013.11.20
光绪二十九年(1903年)户部光绪元宝二钱银质样币(LM2)		126,500	中国嘉德	2013.05.18
光绪二十九年北洋造光绪元宝库平七钱二分银币一枚		43,700	北京诚轩	2013.11.20
光绪二十九年北洋造光绪元宝库平七钱二分银币一枚		36,800	北京诚轩	2013.11.20
光绪二十九年户部光绪元宝库平一钱银币样币一枚		105,800	北京诚轩	2013.11.20
光绪二十六年 北洋造光绪元宝库平七钱二分银币一枚		13,680	上海崇源	2013.06.07
光绪二十六年 北洋造光绪元宝库平七钱二分银币一枚		11,500	北京诚轩	2013.05.17

拍品名称	物品尺寸	成交价RMB	拍卖公司	拍卖日期
光绪二十六年(1900年)江南省造光绪元宝七分二厘银币(LM235)		14,950	中国嘉德	2013.05.18
光绪二十六年北洋造光绪元宝库平七钱二分银币一枚		218,500	北京诚轩	2013.11.20
光绪二十六年北洋造光绪元宝库平七钱二分银币一枚		18,400	北京诚轩	2013.11.20
光绪二十三年 北洋机器局造伍角银币一枚		61,560	上海崇源	2013.06.07
光绪二十三年 北洋机器局造壹圆银币一枚		36,800	北京诚轩	2013.05.17
光绪二十三年 北洋机器局造壹圆银币一枚		11,500	北京诚轩	2013.05.17
光绪二十三年(1897年)北洋机器局造壹圆银币(LM444)		23,000	中国嘉德	2013.11.24
光绪二十三年北洋机器局造五角银币一枚		51,750	北京诚轩	2013.11.20
光绪二十三年北洋机器局造壹圆银币一枚		18,400	北京保利	2013.12.04
光绪二十三年北洋机器局造壹圆银币一枚		14,950	北京诚轩	2013.11.20
光绪二十三年北洋机械局造壹元银币一枚		80,500	北京保利	2013.12.04
光绪二十四年 安徽省造光绪元宝A.S.T.C库平七分二厘银币一枚		11,400	上海崇源	2013.06.07
光绪二十四年 安徽省造光绪元宝库平七钱二分银币一枚		107,160	上海崇源	2013.06.07
光绪二十四年(1898年)安徽省造光绪元宝七分二厘银币(LM208)		27,600	中国嘉德	2013.05.18
光绪二十四年(1898年)安徽省造光绪元宝七钱二分银币(LM207)		16,100	中国嘉德	2013.05.18
光绪二十四年(1898年)安徽省造光绪元宝七钱二分银币(LM207)		10,580	中国嘉德	2013.05.18
光绪二十四年(1898年)北洋机器局造五角银币(LM450)		10,925	中国嘉德	2013.05.18
光绪二十四年(1898年)北洋机器局造五角银币(LM450)		34,500	中国嘉德	2013.11.24
光绪二十四年(1898年)北洋机器局造壹圆银币(LM449)		59,800	中国嘉德	2013.11.24
光绪二十四年(1898年)北洋机器局造壹圆银币(LM449)		24,150	中国嘉德	2013.11.24
光绪二十四年(1898年)奉天机器局造一圆银币(LM471)		43,700	中国嘉德	2013.05.18
光绪二十四年(1898年)奉天机器局造一圆银币(LM471)		10,580	中国嘉德	2013.05.18
光绪二十四年(1898年)奉天机器局造一圆银币(LM471)		63,250	中国嘉德	2013.11.24
光绪二十四年(1898年)奉天机器局造一圆银币(LM471)		14,950	中国嘉德	2013.11.24
光绪二十四年安徽省造光绪元宝A.S.T.C.库平七钱二分银币一枚		46,000	北京诚轩	2013.11.20
光绪二十四年安徽省造光绪元宝A.S.T.C.库平七钱二分银币一枚		13,800	北京诚轩	2013.11.20
光绪二十四年安徽省造光绪元宝A.S.T.C.库平一钱四分四厘银币一枚		29,900	北京诚轩	2013.05.17
光绪二十四年安徽省造光绪元宝A.S.T.C.库平一钱四分四厘银币一枚		51,750	北京诚轩	2013.11.20
光绪二十四年安徽省造光绪元宝库平一钱四分四厘银币一枚		27,600	北京诚轩	2013.11.20
光绪二十四年北洋机器局造壹圆银币一枚		13,800	北京诚轩	2013.05.17
光绪二十四年北洋机器局造壹圆银币一枚		74,750	北京保利	2013.12.04
光绪二十四年北洋机械局造壹元银币一枚		18,400	北京保利	2013.12.04
光绪二十四年奉天机器局造五角银币一枚		25,300	北京诚轩	2013.05.17
光绪二十四年奉天机器局造一圆银币一枚		21,850	北京诚轩	2013.05.17
光绪二十四年奉天机器局造一圆银币一枚		71,300	北京诚轩	2013.11.20
光绪二十四年奉天机器局造一圆银币一枚		13,800	北京诚轩	2013.11.20
光绪二十四年奉天机器局造壹圆银币一枚		21,660	上海崇源	2013.06.07
光绪二十四年奉天机器局造壹圆银币一枚		48,300	北京保利	2013.12.04
光绪二十五年 安徽省造光绪元宝库平三分六厘银币一枚		27,600	北京诚轩	2013.05.17
光绪二十五年 北洋造光绪元宝库平七钱二分银币一枚		28,500	上海崇源	2013.06.07
光绪二十五年 北洋造光绪元宝库平一钱四分四厘银币一枚		19,550	北京诚轩	2013.05.17
光绪二十五年 奉天机器局造一圆银币一枚		55,200	北京诚轩	2013.05.17
光绪二十五年(1899年)奉天机器局造一圆银币(LM478)		55,200	中国嘉德	2013.05.18
光绪二十五年(1899年)吉林省造光绪元宝七钱二分银币(LM521)		11,500	中国嘉德	2013.05.18
光绪二十五年(1899年)江南省造光绪元宝七钱二分银币(LM222)		11,500	中国嘉德	2013.05.18
光绪二十五年安徽省造光绪元宝库平三分六厘银币一枚		32,200	北京诚轩	2013.11.20
光绪二十五年安徽省造光绪元宝库平三分六厘银币一枚		11,500	北京诚轩	2013.11.20
光绪二十五年北洋造光绪元宝库平三分六厘银币一枚		52,900	北京诚轩	2013.11.20
光绪二十五年奉天机器局造一圆银币一枚		103,500	北京诚轩	2013.11.20
光绪二十五年奉天机器局造一圆银币一枚		16,100	北京诚轩	2013.11.20
光绪年造丁未大清银币贰角样币一枚		71,300	北京诚轩	2013.05.17
光绪年造丁未大清银币壹圆样币一枚		80,500	北京诚轩	2013.05.17
光绪年造丁未大清银币壹圆样币一枚		78,200	北京诚轩	2013.05.17
光绪年造丁未大清银币壹圆样币一枚		126,500	北京诚轩	2013.11.20
光绪年造丁未大清银币壹圆样币一枚		80,500	北京诚轩	2013.11.20
光绪年造丁未大清银币壹圆一枚		80,500	北京保利	2013.06.02
光绪年造户部丙午大清银币“中”字伍钱样币一枚		92,000	北京诚轩	2013.11.20
光绪年造户部丙午大清银币“中”字壹两样币一枚		287,500	北京诚轩	2013.11.20
光绪三十二年 户部丙午大清银币“中”字贰钱样币一枚		46,000	北京诚轩	2013.05.17
光绪三十二年 户部丙午大清银币“中”字贰钱样币一枚		42,550	北京诚轩	2013.05.17
光绪三十二年 户部丙午大清银币“中”字伍钱样币一枚		126,500	北京诚轩	2013.05.17
光绪三十二年 户部丙午大清银币“中”字壹两样币一枚		414,000	北京诚轩	2013.05.17
光绪三十二年 户部丙午人清银币“中”字壹钱样币一枚		59,800	北京诚轩	2013.05.17

(成交价RMB：1万元以上)

拍品名称	物品尺寸	成交价RMB	拍卖公司	拍卖日期
光绪三十二年 户部丙午大清银币“中”字壹钱样币一枚		57,500	北京诚轩	2013.05.17
光绪三十二年 户部丙午大清银币“中”字壹钱样币一枚		57,500	北京诚轩	2013.05.17
光绪三十二年(1906年)户部大清银币“中”字五钱银质样币(LM17)		287,500	中国嘉德	2013.05.18
光绪三十二年(1906年)户部大清银币“中”字壹钱银质样币(LM19)		101,200	中国嘉德	2013.05.18
光绪三十二年(1906年)吉林省造光绪元宝七钱二分银币(LM562)		17,250	中国嘉德	2013.05.18
光绪三十年 湖北省造大清银币库平一两一枚		126,500	北京诚轩	2013.05.17
光绪三十年 湖北省造大清银币库平一两银币一枚		172,500	北京诚轩	2013.05.17
光绪三十年(1904年)湖北省造大清银币一两(LM180)		94,300	中国嘉德	2013.11.24
光绪三十年(1904年)湖北省造双龙大清银币一两(LM181)		57,500	中国嘉德	2013.05.18
光绪三十年(1904年)江南省造光绪元宝七分二厘银币(LM261)		13,800	中国嘉德	2013.05.18
光绪三十年(1904年)江南省造光绪元宝七钱二分银币(LM257)		12,650	中国嘉德	2013.05.18
光绪三十年湖北省造大清银币库平一两(小字版)一枚		109,250	北京保利	2013.12.04
光绪三十年湖北省造大清银币库平一两一枚		161,000	北京诚轩	2013.11.20
光绪三十年湖北省造大清银币库平一两一枚		97,750	北京诚轩	2013.11.20
光绪三十年湖北省造大清银币库平一两一枚		57,500	北京诚轩	2013.11.20
光绪三十年湖北省造大清银币库平一两银币一枚		34,500	北京保利	2013.12.04
光绪三十年湖北省造大清银币双龙壹两银币一枚		16,100	北京保利	2013.12.04
光绪三十三年 北洋造光绪元宝库平七钱二分银币一枚		10,350	北京诚轩	2013.05.17
光绪三十三年(1907年)大清银币壹圆银质样币(LM20)		207,000	中国嘉德	2013.05.18
光绪三十三年(1907年)华商上海信成银行上海通用银元壹元		17,250	中国嘉德	2013.11.23
光绪三十三年北洋造光绪元宝库平七钱二分银币一枚		41,400	北京诚轩	2013.11.20
光绪三十四年 北洋造光绪元宝库平七钱二分银币一枚		20,520	上海崇源	2013.06.07
光绪三十四年 北洋造光绪元宝库平七钱二分银币一枚		20,520	上海崇源	2013.06.07
光绪三十四年 北洋造光绪元宝库平七钱二分银币一枚		241,500	北京诚轩	2013.05.17
光绪三十四年 北洋造光绪元宝库平七钱二分银币一枚		29,900	北京诚轩	2013.05.17
光绪三十四年 北洋造光绪元宝库平七钱二分银币一枚		20,700	北京诚轩	2013.05.17
光绪三十四年 北洋造光绪元宝库平七钱二分银币一枚		11,500	北京诚轩	2013.05.17
光绪三十四年(1908年)吉林造光绪元宝一钱四分四厘银币(LM578)		21,850	中国嘉德	2013.05.18
光绪三十四年北洋造光绪元宝库平七钱二分银币二十枚		34,500	北京诚轩	2013.11.20
光绪三十四年北洋造光绪元宝库平七钱二分银币一枚		12,650	北京诚轩	2013.11.20

拍品名称	物品尺寸	成交价RMB	拍卖公司	拍卖日期
光绪三十四年北洋造光绪元宝库平七钱二分银币一枚		10,350	北京诚轩	2013.11.20
光绪三十四年上海和兰银行通用银元票伍元一枚		80,500	北京诚轩	2013.11.21
光绪三十一年(1905年)江南省造光绪元宝七钱二分银币(LM262)		23,000	中国嘉德	2013.05.18
光绪三十一年(1905年)江南省造光绪元宝一钱四分四厘银币(LM264)		13,800	中国嘉德	2013.05.18
光绪三十一年广东省造光绪元宝银元票拾元一枚		80,500	北京诚轩	2013.11.21
光绪叁拾年(1904年)江省广信公司银元钱壹吊		172,500	上海泓盛	2013.09.12
光绪十年吉林机器官局监制厂平七钱银币一枚		207,000	北京诚轩	2013.11.20
广东省造光绪元宝七钱二分银币二枚		74,750	北京保利	2013.06.02
广东省造宣统元宝库平七钱二分银币一枚		13,800	北京保利	2013.12.04
广东省造宣统元宝库平七钱二分银币一枚		11,500	北京保利	2013.12.04
癸卯(1903年)奉天省造光绪元宝七钱二分银币(LM483)		18,400	中国嘉德	2013.11.24
癸卯(1903年)吉林省造光绪元宝七钱二分银币(LM547)		16,100	中国嘉德	2013.11.24
癸卯(1903年)吉林省造光绪元宝七钱二分银币(LM547)		11,500	中国嘉德	2013.11.24
癸卯(1903年)江南省造光绪元宝七钱二分银币(LM251)		34,500	中国嘉德	2013.11.24
湖北省造光绪元宝库平七钱二分银币一枚		25,080	上海崇源	2013.06.07
湖北省造宣统元宝库平七钱二分银币一枚		36,800	北京保利	2013.12.04
吉林省造戊申中心花篮光绪元宝库平一钱四分四厘银币一枚		16,100	北京保利	2013.12.04
江南省造庚子光绪元宝库平一钱四分四厘银币一枚		14,950	北京保利	2013.12.05
乾隆五十八年一钱五分宝藏银币一枚		10,925	北京保利	2013.12.05
清 广东“粤海关 光绪十三年 九月张和盛”三戳十两砝码锭	重380g	40,250	中国嘉德	2013.05.18
清 河南“光绪年月 河南德顺炉”五十两银锭	重1874g	80,500	中国嘉德	2013.05.18
清 湖北“湖北省造 光绪元宝”五十两银锭	重1866g	105,800	中国嘉德	2013.05.18
清 吉林“匠高明 光绪三十一年 宽城同顺成”五十两大翅银锭	重1922g	126,500	中国嘉德	2013.05.18
清 吉林“匠高明 光绪三十一年 宽城同顺成”五十两大翅银锭	重1454g	97,750	中国嘉德	2013.05.18
清 山东“福山 同升银炉”三戳十两银锭	重302g	25,300	中国嘉德	2013.05.18
清 山东“青城县 咸丰年月 荣庆号”五十两银锭	重1853g	115,000	中国嘉德	2013.05.18
清 山东“清平县 咸丰年月日 银匠谢祥”五十两银锭	重1889g	132,250	中国嘉德	2013.05.18
清 山东“泰峰峻 十足色”双排戳十两锭	重384g	34,500	中国嘉德	2013.05.18
清 山西“光绪年吉月 太谷县 源丰厚”五十两银锭	重1846g	138,000	中国嘉德	2013.05.18
清 陕西“二十八年 长安刘长”五两槽锭	重164g	11,500	中国嘉德	2013.05.18
清 陕西“郿县刘义，会镇锦顺，礼泉陈玉，礼泉县王来以，王福”槽锭一组五枚	重量不一	29,900	中国嘉德	2013.05.18

拍品名称	物品尺寸	成交价RMB	拍卖公司	拍卖日期
清 陕西"三原富秦公估，三顺原兴银楼"五两槽锭一组二枚	重174g；重151g	18,400	中国嘉德	2013.05.18
清 陕西"司库王成"四两槽锭	重154g	57,500	中国嘉德	2013.05.18
清 陕西"辛亥白水郭复，辛亥年白水郭复"五两槽锭一组二枚	重114g；重143g	20,700	中国嘉德	2013.05.18
清 陕西"元年咸宁乔杰，元年富平刘和，己亥韩成任轩，乙未朝邑刘同"五两槽锭一组四枚	重量不一	40,250	中国嘉德	2013.05.18
清 上海"秦泰昌记"五十两银锭	重1836g	126,500	中国嘉德	2013.05.18
清 四川"大竹县 光绪二十二年 匠裕国泉"三排戳十两锭	重371g	26,450	中国嘉德	2013.05.18
清 四川"绵州 宣统二年 匠涂裕盛"三排戳十两锭	重364g	18,400	中国嘉德	2013.05.18
清 四川"三台县 二十七年捐输 匠恒足生"三排戳十两锭	重309g	20,700	中国嘉德	2013.05.18
清 四川少数民族地区十两银锭	重361g	17,250	中国嘉德	2013.05.18
清 云南"建水县"二两单槽锭	重86g	12,650	中国嘉德	2013.05.18
清 云南"乙巳年份"三两单槽锭	重104g	13,800	中国嘉德	2013.05.18
清 云南"应宝刘记 足色课银"五两牌坊锭	重155g	14,950	中国嘉德	2013.05.18
清 "福"、"禄"、"寿"、"喜"、"囍"吉语小锭一套五枚	重量不一	36,800	北京诚轩	2013.05.18
清 "光绪年月 丰茂仁" 双排戳五十两银锭	重：1866g	92,000	西泠拍卖	2013.07.12
清 "三元及第"一两吉语小圆锭一枚	重34.1g	11,500	北京诚轩	2013.05.18
清 安徽"淮厘张祥泰 淮厘张祥泰"双排戳伍拾两银锭一枚	重1857.1g	253,000	北京诚轩	2013.05.18
清 安徽"南陵县 咸丰年月 郑祥兴"五十两银锭一枚		136,800	上海崇源	2013.06.07
清 道光年台湾府铸库平七二"卍"字寿星银饼一枚		132,250	北京诚轩	2013.05.17
清东三省宣统元宝库平一钱四分厘银币一册		82,080	上海崇源	2013.06.07
清 二等第二御赐双龙宝星银质勋章		57,500	中国嘉德	2013.05.18
清 奉天省造癸卯光绪元宝库平七钱二分银币一枚		54,720	上海崇源	2013.06.07
清 奉天省造癸卯光绪元宝库平七钱二分银币一枚		29,640	上海崇源	2013.06.07
清 甘肃"光绪十年 天水县 晋吉"五十两银锭一枚	重1852.5g	460,000	北京诚轩	2013.05.18
清 甘肃"陇西董国泰"叁两花生银锭	重70.9g	51,750	北京翰海	2013.06.22
清 甘肃"宁州·王维泰"叁两花生锭	重86.9g	34,500	北京翰海	2013.06.22
清 官银匠、贺定一拾两槽锭一枚		51,750	北京保利	2013.06.02
清 光绪、宣统元宝库平七钱二分银币一组五枚		10,925	北京诚轩	2013.05.17
清 光绪丁未年造大清银币壹圆银币		184,000	西泠拍卖	2013.07.12
清 广东"道光二十三年 州山 十二月厚隆"十两砝码锭一枚	重363.1g	11,500	北京诚轩	2013.05.18
清 广东"高要县"十两砝码锭	重368g	34,500	北京翰海	2013.06.22
清 广东"光绪十四年 南海县 三月银匠冼名华"十两砝码锭一枚	重377.9g	13,800	北京诚轩	2013.05.18
清 广东"光绪元年 南海县 二月冼名华"十两砝码锭一枚	重344.9g	13,800	北京诚轩	2013.05.18
清 广东"饶平县"十两砝码锭	重380g	40,250	北京翰海	2013.06.22
清 广东"香山县 咸丰二年 三月银匠江广源"十两砝码锭一枚	重373.5g	59,800	北京诚轩	2013.05.18
清 广东"宣统二年 灵山县 五月银匠谢宝源"十两砝码锭一枚	重352.9g	34,500	北京诚轩	2013.05.18
清 广东省造光绪元宝库平三分六厘银币一枚		11,400	上海崇源	2013.06.07
清 广东省造宣统光绪元宝库平七钱二分银币一枚		17,860	上海崇源	2013.06.07

拍品名称	物品尺寸	成交价RMB	拍卖公司	拍卖日期
清 广东省造宣统元宝库平七钱二分银币一枚		39,900	上海崇源	2013.06.07
清 广西"光绪廿七年 十月日 思恩县李瑞和 库银"十两砝码锭一枚	重369.6g	63,250	北京诚轩	2013.05.18
清 广西"陆川县 道光四年 道光四年"十两砝码锭一枚	重343.9g	17,250	北京诚轩	2013.05.18
清 贵州"安顺府"四两单槽锭一枚	重148.1g	20,700	北京诚轩	2013.05.18
清 贵州"黎平官钱分局"一两银锭一枚	重34.2g	172,500	北京诚轩	2013.05.18
清 贵州"遵义丁粮 官匠刘真"双戳十两圆锭一枚	重378g	253,000	北京诚轩	2013.05.18
清 河北"公十足·祥瑞兴"十两银锭	重377.5g	23,000	北京翰海	2013.06.22
清 河北"蔚州·升恒泰·光绪年苏贵月"五十两银锭	重1894.3g	166,750	北京翰海	2013.06.22
清 河南"光绪年月 河南德顺炉"五十两银锭一枚	重1816.4g	138,000	北京诚轩	2013.05.18
清 河南"俊和银局·光绪年月"五十两银锭	重1855.5g	115,000	北京翰海	2013.06.22
清 河南"睿县·王工"阴刻五十两银锭	重1880g	126,500	北京翰海	2013.06.22
清 湖北"江汉 关·光绪八年·有成号·匠罗芝"五十两银锭	重1860.9g	414,000	北京翰海	2013.06.22
清 湖北"圻水县"五十两银锭	重1767g	166,750	北京翰海	2013.06.22
清 湖北省造光绪元宝库平三钱六分银币一枚		18,240	上海崇源	2013.06.07
清 湖北省造宣统元宝库平七钱二分银币一枚		46,740	上海崇源	2013.06.07
清 湖北宣统贰角银币		552,000	北京翰海	2013.06.22
清 湖南"傅聚顺号"双戳五十两银锭一枚	重1869.3g	195,500	北京诚轩	2013.05.18
清 湖南"衡阳县沈致和"十两砝码锭一枚	重358.6g	32,200	北京诚轩	2013.05.18
清 湖南阜南官局背"省平足纹五钱"银饼一枚		46,000	朵云轩	2013.07.08
清 湖南官局钱造背"省平足纹一两"银饼一枚		14,950	朵云轩	2013.07.08
清 吉林省造光绪元宝丙午中心花篮库平七钱二分银币一枚		14,820	上海崇源	2013.06.07
清 吉林省造光绪元宝庚子中心太极库平七钱二分银币一枚		57,000	上海崇源	2013.06.07
清 吉林省造光绪元宝癸卯中心太极库平七钱二分银币一枚		68,400	上海崇源	2013.06.07
清 吉林省造己亥光绪元宝库平七钱二分银币一枚		59,280	上海崇源	2013.06.07
清 吉林省造己亥光绪元宝库平一钱四分四银币一枚		23,940	上海崇源	2013.06.07
清 吉林省造辛丑光绪元宝库平七钱二分银币一枚		18,240	上海崇源	2013.06.07
清 吉林省造辛丑光绪元宝库平七钱二分银币一枚		10,260	上海崇源	2013.06.07
清 吉林省造乙巳光绪元宝库平七钱二分银币一枚		13,680	上海崇源	2013.06.07
清 吉林省造乙巳光绪元宝库平三钱六分银币一枚		12,540	上海崇源	2013.06.07
清 江南省造庚子光绪元宝库平一钱四分四厘银币一枚		11,400	上海崇源	2013.06.07
清 江南省造庚子库平七钱二分银币一枚		38,760	上海崇源	2013.06.07
清 江南省造庚子库平七钱二分银币一枚		36,480	上海崇源	2013.06.07

2013杂项拍卖成交汇总

(成交价RMB：1万元以上)

拍品名称	物品尺寸	成交价RMB	拍卖公司	拍卖日期
清 江南省造光绪元宝库平七钱二分银币一枚		61,560	上海崇源	2013.06.07
清 江南省造光绪元宝库平七钱二分银元一枚		171,000	上海崇源	2013.06.07
清 江南省造癸卯光绪元宝库平七钱二分银币一枚		27,360	上海崇源	2013.06.07
清 江南省造己亥光绪元宝库平七钱二分银币一枚		10,830	上海崇源	2013.06.07
清 江南省造甲辰光绪元宝库平七钱二分银币一枚		38,760	上海崇源	2013.06.07
清 江南省造甲辰光绪元宝库平七钱二分银币一枚		12,540	上海崇源	2013.06.07
清 江南省造壬寅光绪元宝库平七钱二分银币一枚		13,680	上海崇源	2013.06.07
清 江南省造戊戌光绪元宝库平七分二厘银币一枚		21,660	上海崇源	2013.06.07
清 江南省造戊戌光绪元宝库平七钱二分银币一枚		45,600	上海崇源	2013.06.07
清 江南省造戊戌光绪元宝库平七钱二分银币一枚		22,800	上海崇源	2013.06.07
清 江南省造戊戌光绪元宝库平七钱二分银币一枚		20,520	上海崇源	2013.06.07
清 江南省造戊戌光绪元宝库平七钱二分银币一枚		13,680	上海崇源	2013.06.07
清 江南省造戊戌光绪元宝库平七钱二分银币一枚		11,400	上海崇源	2013.06.07
清 江南省造乙巳光绪元宝库平七钱二分银币一枚		29,640	上海崇源	2013.06.07
清 江南辛丑光绪元宝银币一组二枚		207,000	西泠拍卖	2013.07.12
清 江南乙巳库平七分二厘银币		17,250	西泠拍卖	2013.07.12
清 江南造光绪元宝己亥年库平三分六厘银角一枚		48,300	朵云轩	2013.07.08
清 江西"光绪叁拾贰年正月万安县江西官银号伍拾两"方宝一枚	重1877.6g	299,000	北京诚轩	2013.05.18
清 江西"光绪十六年正月 万载县 伍拾两匠刘春"五十两方宝一枚	重1877.9g	230,000	北京诚轩	2013.05.18
清 江西"举案齐眉 囍"五两方锭一枚		23,940	上海崇源	2013.06.07
清 江西"叁月 危兴 安 囍"四戳十两镜面吉语锭一枚	重393.6g	16,100	北京诚轩	2013.05.18
清 江西"寿"字一两小方锭一枚	重35.7g	23,000	北京诚轩	2013.05.18
清 江西"万年县 光绪拾玖年陆月 伍拾两 匠余顺"五十两方锭		333,500	西泠拍卖	2013.07.12
清 江西"万年县"五十两方宝	重1877.5g	218,500	北京翰海	2013.06.22
清 江西"万载县 光绪式拾柒年正月伍拾两 匠刘德"方宝一枚	重1873.2g	230,000	北京诚轩	2013.05.18
清 江西"喜"字贰两方形吉语锭	重74.1g	23,000	北京翰海	2013.06.22
清 江西"新关 光绪三十四年 八月分"五两圆锭一枚	重186.1g	11,500	北京诚轩	2013.05.18
清 江西"一本万利 生财是用 裕国便民"五两方锭一枚		19,380	上海崇源	2013.06.07
清 蒙古"光绪年月 归化城 天盛玉"五十两银锭一枚	重1865.1g	149,500	北京诚轩	2013.05.18
清 钦差北洋大臣工艺银质奖章一枚		17,250	北京诚轩	2013.05.17
清 山东"朝城县·道光廿七年月·闫兰桂"三戳记五十两银锭	重1885g	184,000	北京翰海	2013.06.22
清 山东"朝城县·光绪年月·光绪年月"三戳记五十两银锭	重1827g	126,500	北京翰海	2013.06.22
清 山东"东海关·光绪年月·匠鲁协中"三戳记五十两银锭	重1858.5g	230,000	北京翰海	2013.06.22
清 山东"福生炉·宣统年月·宣统年月"三戳记十两银锭	重379.4g	28,750	北京翰海	2013.06.22
清 山东"福源炉"五十两银锭	重1831g	86,250	北京翰海	2013.06.22
清 山东"光绪二年诸城县范春塘"十两银锭一枚	重284.9g	82,800	北京诚轩	2013.05.18
清 山东"光绪年月 历城县"三排戳十两银锭		10,350	西泠拍卖	2013.07.12
清 山东"光绪年月 莘县 德盛炉"十两官锭一枚	重368.3g	92,000	北京诚轩	2013.05.18
清 山东"惠民县·福顺昌炉"二戳记十两银锭	重410.8g	51,750	北京翰海	2013.06.22
清 山东"历城·同昌银炉·同昌银炉"三戳记十两银锭	重371.8g	25,300	北京翰海	2013.06.22
清 山东"临淄县"五两、十两、五十两银锭一组	重量不一	598,000	北京翰海	2013.06.22
清 山东"日进斗金·招财童子·利市仙官"三戳记五十两银锭	重1876g	345,000	北京翰海	2013.06.22
清 山东"滕县·匠同利元·匠同利元"三戳记五十两银锭	重1877g	149,500	北京翰海	2013.06.22
清 山东"信记"十两银锭	重367.5g	34,500	北京翰海	2013.06.22
清 山东"宣统年月 德州"三排戳五十两银锭	重：1872g	43,700	西泠拍卖	2013.07.12
清 山东"一本万利"五十两吉语锭	重1901g	287,500	北京翰海	2013.06.22
清 山东"益都·光绪年月·王和兴"十两银锭	重381.8g	28,750	北京翰海	2013.06.22
清 山东三排"济宁州·济宁州"二戳记十两银锭	重362.3g	51,750	北京翰海	2013.06.22
清 山东双排"匠高元吉·匠高元吉"二戳记十两银锭	重372.7g	23,000	北京翰海	2013.06.22
清 山西"道光三十年月 汾阳县 匠王炳"五十两银锭一枚	重1875.6g	138,000	北京诚轩	2013.05.18
清 山西"光绪□年正月 太谷县 天长得"五十两官锭一枚	重1862g	161,000	北京诚轩	2013.05.18
清山西"光绪年月"双排戳五十两银锭	重：1879g	89,700	西泠拍卖	2013.07.12
清 山西"山西德荣"五两银锭	重184g	17,250	北京翰海	2013.06.22
清 山西"山西德荣"五两银锭	重177.5g	17,250	北京翰海	2013.06.22
清 山西"太谷县"五十两银锭	重1869.8g	149,500	北京翰海	2013.06.22
清 山西"孝义县"五十两银锭	重1877g	149,500	北京翰海	2013.06.22
清 陕槽一组五枚		23,000	北京翰海	2013.06.22
清 陕西"富平差徭"五两银锭一枚		34,200	上海崇源	2013.06.07
清 陕西"泾阳万年"五两银锭一枚		11,400	上海崇源	2013.06.07
清 陕西"囍"字五两槽锭一枚	重112.2g	39,100	北京诚轩	2013.05.18
清 上海"光绪念六年 道胜升记 俄国道胜银行""十"五十两夷场新一枚	重1864.6g	184,000	北京诚轩	2013.05.18
清 上海"光绪念五年 俄国道胜银行生源"五十两银锭		402,500	西泠拍卖	2013.07.12
清 上海"生源 囍"字五十两夷场新一枚	重1826.2g	103,500	北京诚轩	2013.05.18
清上海"同源"五十两银锭	重1882.2g	46,000	北京翰海	2013.06.22
清 四川"道光三年 足色纹银"方戳十两圆锭一枚	重339.1g	17,250	北京诚轩	2013.05.18
清 四川"二年匠兴隆永捐输"十两双戳圆锭一枚	重356.2g	39,100	北京诚轩	2013.05.18
清 四川"光绪二十年 温江县 匠张恒益"三排戳十两银锭	重：377g	20,700	西泠拍卖	2013.07.12
清 四川"光绪年·兴隆和"十两银锭	重355.5g	12,650	北京翰海	2013.06.22
清 四川"光绪廿七年通省盐课匠信义全"三戳十两圆锭一枚	重353.1g	126,500	北京诚轩	2013.05.18
清 四川"光绪三十一年 渠县 匠兴顺源"三排戳十两银锭	重：347.8g	20,700	西泠拍卖	2013.07.12

拍品名称	物品尺寸	成交价RMB	拍卖公司	拍卖日期
清 四川“光绪十九年 威远县 匠源义和”三排戳十两银锭	重：335.5g	11,500	西泠拍卖	2013.07.12
清 四川“汉源 王宝兴”三排戳十两银锭	重：328.9g	20,700	西泠拍卖	2013.07.12
清 四川“坤甡昌”十两银锭	重347.4g	11,500	北京翰海	2013.06.22
清 四川“雷波厅”双排戳十两银锭	重：356.7g	20,700	西泠拍卖	2013.07.12
清 四川“荣县 足色纹银”十两双戳圆锭一枚	重335g	10,350	北京诚轩	2013.05.18
清 四川“荣兴楼”双排戳十两银锭	重：341.8g	11,500	西泠拍卖	2013.07.12
清 四川“荣兴楼”双排戳十两银锭	重：348.4g	11,500	西泠拍卖	2013.07.12
清 四川“荣兴楼”双排戳十两银锭	重：348.1g	11,500	西泠拍卖	2013.07.12
清 四川“三台县 二十七年捐输 匠恒足生”三排戳十两银锭	重：323g	13,800	西泠拍卖	2013.07.12
清 四川“双流县”十两银锭	重：344g	20,700	西泠拍卖	2013.07.12
清 四川“宣统二年 德阳县 匠恒足生”十两银锭	重：347.4g	20,700	西泠拍卖	2013.07.12
清 四川“渝盐厘”十两圆锭一枚	重386.5g	43,700	北京诚轩	2013.05.18
清 四川“裕国通商”十两银锭	重：339.7g	20,700	西泠拍卖	2013.07.12
清 四川省造光绪元宝库平三分六厘银币一枚		27,360	上海崇源	2013.06.07
清 四川双“福”五两吉语银锭	重：161.9g	13,800	西泠拍卖	2013.07.12
清 四川素面十两银锭	重：356.3g	20,700	西泠拍卖	2013.07.12
清 四川彝文锭两排戳十两银锭	重288g	10,350	北京翰海	2013.06.22
清 镶“囍”字一两银锭银盘		13,800	西泠拍卖	2013.07.12
清 新疆“伊宁”五十两银锭	重1794.5g	80,500	北京翰海	2013.06.22
清 新疆饷银五钱银币一枚		20,520	上海崇源	2013.06.07
清 银条一组四枚		109,250	北京翰海	2013.06.22
清 云南“范镕丰号 汇号纹银 元”，“范镕丰号 汇号纹银 户”，“方永源号 汇号纹银 总”五两牌坊锭各一枚	重量不一	23,000	北京诚轩	2013.05.18
清 云南“光绪七年 世有汇银”三两牌坊锭		11,500	西泠拍卖	2013.07.12
清 云南“光绪四年 宝铨字号”三两牌坊锭		11,500	西泠拍卖	2013.07.12
清 云南“恒益字号”五两三槽银锭	重97.5g	11,500	北京翰海	2013.06.22
清 云南“鸿裕字号”五两三槽锭一枚	重195.9g	13,800	北京诚轩	2013.05.18
清 云南“嘉庆十六年”二两单槽银锭一枚	重66.1g	18,400	北京诚轩	2013.05.18
清 云南“庆盛余记 捌月纹银”五两牌坊锭一枚	重166.2g	11,500	北京诚轩	2013.05.18
清 云南“童福盛号 玖月纹银”五两牌坊锭一枚	重176.2g	13,800	北京诚轩	2013.05.18
清 云南“永北所”加盖“周兴东”五两双槽锭一枚	重176.4g	11,500	北京诚轩	2013.05.18
清 云南“永裕马记 正月纹银”五两牌坊锭		13,800	西泠拍卖	2013.07.12
清 云南“元吉祥记 汇号纹银”五两牌坊锭		10,350	西泠拍卖	2013.07.12
清 云南记月牌坊锭一组十二枚		345,000	北京翰海	2013.06.22
清 云南省造光绪元宝库平三钱六分银币一枚		15,960	上海崇源	2013.06.07
清 云南省造宣统元宝库平七钱二分银币一枚		15,960	上海崇源	2013.06.07
清 浙江“嘉兴 嘉兴”双戳五两圆锭一枚	重177.7g	34,500	北京诚轩	2013.05.18
清 浙江“九年 桐乡 振元”十两圆形锭一枚		27,360	上海崇源	2013.06.07
清 浙江“玖年 嘉善 振元”三戳五两圆锭一枚	重180.8g	11,500	北京诚轩	2013.05.18
清 浙江“六年 德清 乙号”三戳五两圆锭		23,000	西泠拍卖	2013.07.12

拍品名称	物品尺寸	成交价RMB	拍卖公司	拍卖日期
清 浙江“六年 六年 上虞”三戳五两圆锭一枚	重183.7g	46,000	北京诚轩	2013.05.18
清 浙江“廿九年 乐清 振元”三戳五两圆锭一枚	重180.4g	66,700	北京诚轩	2013.05.18
清 浙江“廿一年 石门 永信”三戳五两圆锭一枚	重167g	57,500	北京诚轩	2013.05.18
清 浙江“念八年”、“海盐”及画押符三戳五两圆锭一枚	重171.5g	29,900	北京诚轩	2013.05.18
清 浙江“念四年 兰豀 协丰”三戳五两圆锭一枚	重177.7g	25,300	北京诚轩	2013.05.18
清 浙江“念四年 临安 復成”三戳五两圆锭一枚	重175g	50,600	北京诚轩	2013.05.18
清 浙江“念四年 长兴 公和”三戳五两圆锭一枚	重177.8g	36,800	北京诚轩	2013.05.18
清 浙江“柒年 上虞 合盛”三戳五两圆锭一枚	重189g	20,700	北京诚轩	2013.05.18
清 浙江“柒年 温卫 敦裕”三戳五两圆锭一枚	重185.5g	62,100	北京诚轩	2013.05.18
清 浙江“叁年 金华 裕通”三戳五两圆锭一枚	重193.8g	43,700	北京诚轩	2013.05.18
清 浙江“叁拾年 慈豀 李成”三戳五两圆锭一枚	重175.5g	25,300	北京诚轩	2013.05.18
清 浙江“十六年 桐乡 裕成”三戳五两圆锭一枚	重180.9g	48,300	北京诚轩	2013.05.18
清 浙江“十七年四月 会稽 沈仁”三戳五两圆锭一枚	重180.2g	23,000	北京诚轩	2013.05.18
清 浙江“拾二年 寿昌 敦裕”三戳五两圆锭一枚	重184.2g	41,400	北京诚轩	2013.05.18
清 浙江“拾弍年 方太”三排戳五两圆锭		28,750	西泠拍卖	2013.07.12
清 浙江“拾九年 分水 裕通”三戳五两圆锭一枚	重177.9g	34,500	北京诚轩	2013.05.18
清 浙江“拾九年 石门 永信”三戳五两圆锭一枚	重170.3g	25,300	北京诚轩	2013.05.18
清 浙江“拾六年 余杭 万和”三戳五两圆锭一枚	重184.8g	48,300	北京诚轩	2013.05.18
清 浙江“拾年 象山 正昌”三戳五两圆锭一枚	重175.6g	80,500	北京诚轩	2013.05.18
清 浙江“拾三年 鄞县 林惠”三戳五两圆锭一枚	重185.3g	36,800	北京诚轩	2013.05.18
清 浙江“拾肆年 长兴 恒升”三戳五两圆锭一枚	重187.5g	33,350	北京诚轩	2013.05.18
清 浙江“拾伍年 兰豀 方太”三戳五两圆锭一枚	重179.6g	34,500	北京诚轩	2013.05.18
清 浙江“拾一年 平湖 振昌”三戳五两圆锭一枚	重185.5g	27,600	北京诚轩	2013.05.18
清 浙江“五年 山阴 宝盛”三戳五两圆锭一枚	重181.9g	23,000	北京诚轩	2013.05.18
清 浙江“伍年 慈溪 孙沛”三戳五两圆锭一枚	重177.9g	11,500	北京诚轩	2013.05.18
清浙江“秀水 秀水”双戳五两圆锭一枚	重177.9g	18,400	北京诚轩	2013.05.18
清 浙江“盐饷 广裕”双戳五两圆锭一枚	重192g	89,700	北京诚轩	2013.05.18
清 浙江“义乌”三戳五两圆锭一枚	重178.3g	50,600	北京诚轩	2013.05.18
清 浙江“元年 淳安 李成”三戳五两圆锭一枚	重180.2g	51,750	北京诚轩	2013.05.18
清 浙江“元年 归安 汪东来”三戳五两圆锭一枚	重168.3g	23,000	北京诚轩	2013.05.18
清 浙江“元年 海宁州 永利”三戳五两圆锭一枚	重170.1g	23,000	北京诚轩	2013.05.18

2013杂项拍卖成交汇总

(成交价RMB：1万元以上)

拍品名称	物品尺寸	成交价RMB	拍卖公司	拍卖日期
清 浙江“元年 西安 李成”三戳五两圆锭一枚	重171.3g	28,750	北京诚轩	2013.05.18
清 浙江“元年 肖山 李成”三戳五两圆锭一枚	重190.9g	18,400	北京诚轩	2013.05.18
清 “湖北省造·永成记·道光元年”十两银锭	重366g	34,500	北京翰海	2013.06.22
清 “湖北省造光绪元宝”五十两银锭	重1885g	241,500	北京翰海	2013.06.22
清 “湖南阜南官局”背“省平足纹壹两”壹两银饼	重35.7g	11,500	北京翰海	2013.06.22
清 “华俄银行·库平五钱”壹两银锭	重18.4g	23,000	北京翰海	2013.06.22
清 “闽县·二年九月”十两银锭	重337g	69,000	北京翰海	2013.06.22
清 “思安县·福生”十两吉语锭	重358g	23,000	北京翰海	2013.06.22
清 “天官赐福”五十两吉语锭	重1888g	281,750	北京翰海	2013.06.22
清 “西宁县”五十两银锭	重1877.6g	181,700	北京翰海	2013.06.22
清代 “华俄银行 库平壹两 十足色”一两银锭	重38g	34,500	中国嘉德	2013.11.24
清代 “囍”一两吉语方锭	重36.7g	20,700	中国嘉德	2013.11.24
清代 安徽“凤台县 永合顺”五十两银锭	重1827g	97,750	中国嘉德	2013.11.24
清代 广东“祥珍”十两砝码锭	重380g	12,650	中国嘉德	2013.11.24
清代 广西“黄宝丰”一两砝码锭	重53.1g	11,500	中国嘉德	2013.11.24
清代 河北“匠恒丰 十足色”十两银锭	重382g	21,850	中国嘉德	2013.11.24
清代 河北“益泰源 十足色”十两银锭	重371g	12,650	中国嘉德	2013.11.24
清代 陕西“凤翔厘局”五两槽锭	重118g	11,500	中国嘉德	2013.11.24
清代 四川“镒源号”单排戳十两银锭	重354g	12,650	中国嘉德	2013.11.24
清代、民国、外国银币一册三十枚(无图)		29,900	北京诚轩	2013.11.20
清代、民国多个省份铸造银辅币一组一百一十枚(无图)		28,750	北京诚轩	2013.11.20
清代、民国机制银币一组二十六枚		20,700	北京诚轩	2013.11.20
清代、民国银币一组十二枚(无图)		17,250	北京诚轩	2013.11.20
清代“天顺祥”十两银锭		11,500	北京保利	2013.12.04
清代北洋天津银号李鸿章像叁圆一枚		25,300	北京保利	2013.12.03
清代广东“南海县 光绪十四年 四月银匠冼名华”十两砝码锭一枚	重373.4g	18,400	北京诚轩	2013.11.20
清代广西“祥珍 祥珍”十两银锭一枚	重381.4g	10,925	北京诚轩	2013.11.20
清代河北“富兴源 十足色”十两银锭一枚	重373g	20,700	北京诚轩	2013.11.20
清代河北“光绪年月 东口 三义永”五十两银锭一枚	重1879.9g	172,500	北京诚轩	2013.11.20
清代河北“同元兴 十足色”十两银锭一枚	重370.4g	13,800	北京诚轩	2013.11.20
清代湖北“江陵 谦吉”五两圆锭一枚	重158.6g	23,000	北京诚轩	2013.11.20
清代湖南“光绪三十年 玖月 巴陵县熊新盛”五十两龟宝一枚	重1862.7g	460,000	北京诚轩	2013.11.20
清代江苏“咸丰七年 江海关 江海关”五十两银锭一枚	重1867.7g	1,012,000	北京诚轩	2013.11.20
清代江西“赣县 广义”直戳十两砝码锭一枚	重365.8g	89,700	北京诚轩	2013.11.20
清代辽宁“光绪二十八年 复州 复聚炉”五十两银锭一枚	重1958.5g	115,000	北京诚轩	2013.11.20
清代民国银圆一组44枚		24,150	北京保利	2013.12.05
清代山东“光绪年月 胶州 匠张在辰”十两银锭一枚	重373.6g	51,750	北京诚轩	2013.11.20
清代山东“山东盐课 李金城”十两银锭一枚	重366.5g	40,250	北京诚轩	2013.11.20
清代四川“富顺县 足色纹银”双戳十两圆锭一枚	重322.7g	36,800	北京诚轩	2013.11.20
清代四川“光绪八年捐输 铜梁县 匠恒泰裕”三戳十两圆锭一枚	重374.7g	28,750	北京诚轩	2013.11.20
清代四川“光绪二十年 汉州厘局龚 泰昌永匠”三戳十两圆锭一枚	重359.2g	59,800	北京诚轩	2013.11.20
清代四川“犍乐盐厘”双戳五两圆锭一枚	重165.8g	32,200	北京诚轩	2013.11.20
清代四川“綦岸天全 五年盐课 綦岸天全”三戳十两圆锭一枚	重398.2g	36,800	北京诚轩	2013.11.20
清代四川“全盛昌”十两商号锭一枚	重337.5g	10,350	北京诚轩	2013.11.20
清代四川“宣统元年 泸州 匠张恒益”十两圆锭一枚	重360.2g	32,200	北京诚轩	2013.11.20
清代四川“足色地丁 盐课”双戳十两圆锭一枚	重336.3g	57,500	北京诚轩	2013.11.20
清代四川素面十两圆锭一枚	重335.8g	13,800	北京诚轩	2013.11.20
清代云南“辛亥元年”五两单槽锭一枚	重169.4g	18,400	北京诚轩	2013.11.20
清代云南记月牌坊锭十二枚全套	总重2088.7g	172,500	北京诚轩	2013.11.20
清代浙江“念七年 钱塘 振元”五两杭锭一枚	重185.3g	23,000	北京诚轩	2013.11.20
清代浙江“五十三年 兰豁 道源”五两杭锭一枚	重187.3g	69,000	北京诚轩	2013.11.20
清代浙江乾隆“拾八年 杭卫 恒丰”三戳五两圆锭一枚	重176.6g	89,700	北京诚轩	2013.11.20
清代浙江五两官锭、商号锭、吉语锭一组不同品种九枚	总重1647.8g	218,500	北京诚轩	2013.11.20
清道光年间台湾府铸库平七二寿星银饼一枚		115,000	北京诚轩	2013.11.20
清道光年间台湾府铸库平七二寿星银饼一枚		28,750	北京诚轩	2013.11.20
清末 西北地区“亨”十两银锭	重370g	10,350	中国嘉德	2013.11.24
清末民初“状元”款二两马蹄形银锭一枚		23,000	北京诚轩	2013.05.18
清末民初 山东“福”字一两小锭一枚	重36.2g	20,700	北京诚轩	2013.05.18
清末民初 双蝠献寿刻花一两束腰银锭一枚	重36.5g	31,050	北京诚轩	2013.05.18
清末民初乙巳甘肃省造光绪银币龙马图一两臆造银币		46,000	中国嘉德	2013.11.24
清戊戌 安徽省造光绪元宝库平七钱二分银币一枚		26,220	上海崇源	2013.06.07
清早期 安徽“休宁县 程长兴”双排戳十两砝码锭	重368g	12,650	中国嘉德	2013.05.18
请 江南省造甲辰光绪元宝库平七钱二分银币一枚		11,400	上海崇源	2013.06.07
三十三年(1907年)北洋造光绪元宝七钱二分银币(LM464)		13,800	中国嘉德	2013.11.24
三十三年(1907年)东三省造光绪元宝七分二厘银币(LM490)		14,950	中国嘉德	2013.11.24
三十三年(1907年)东三省造光绪元宝七钱二分银币(LM487)		43,700	中国嘉德	2013.11.24
三十四年(1908年)北洋造光绪元宝七钱二分银币(LM465)		12,650	中国嘉德	2013.11.24
陕西省造光绪元宝库平七钱二分臆造银币一枚		57,500	北京诚轩	2013.05.17
四川省造光绪元宝库平三钱六分银币一枚		43,700	北京保利	2013.12.04
孙像开国纪念币、黎元洪开国纪念币、民三大头各一枚		20,700	北京保利	2013.06.02
同治年月伍拾两银锭一枚		69,000	北京保利	2013.06.02
伪满 哈尔滨“匠高明 大同年月日 滨江同泰昌”五十两大翅银锭	重1467g	143,750	中国嘉德	2013.05.18
戊申(1908年)吉林省造光绪元宝三钱六分银币(LM573)		26,450	中国嘉德	2013.11.24

(成交价RMB：1万元以上)

拍品名称	物品尺寸	成交价RMB	拍卖公司	拍卖日期
戊戌(1898年)江南省造光绪元宝一钱四分四厘银币(LM218)		25,300	中国嘉德	2013.11.24
西藏15-54色章果木银样币一枚		46,000	北京保利	2013.12.05
西藏嘉庆元年宝藏银币一枚		10,350	北京保利	2013.12.05
西藏乾隆五十八年五分宝藏银币一枚		20,700	北京保利	2013.12.05
西藏乾隆五十八年五分银币一枚		25,300	北京保利	2013.12.05
西藏宣统桑康果木银币一枚		69,000	北京保利	2013.12.05
咸丰六年(1856年)上海县号商经正记足纹银饼背朱源裕监倾曹平实重五钱银匠万全造半两银币(LM593)		46,000	中国嘉德	2013.05.18
辛丑(1901年)吉林省造光绪元宝七钱二分银币(LM536)		46,000	中国嘉德	2013.11.24
新疆喀什光绪元宝壹两臆造银币一枚		34,500	北京诚轩	2013.05.17
新疆饷银五钱银币一枚		12,650	北京保利	2013.12.04
宣统年造(1910年)大清银币壹角银质样币(LM27)		59,800	中国嘉德	2013.11.24
宣统年造大清银币＄1壹圆样币一枚		51,750	北京诚轩	2013.11.20
宣统年造大清银币$1壹圆一枚		264,500	北京诚轩	2013.11.20
宣统年造大清银币"＄1"壹圆样币一枚		126,500	北京诚轩	2013.05.17
宣统年造大清银币"$1"壹圆样币一枚		71,300	北京诚轩	2013.05.17
宣统年造大清银币"1/2Dol."伍角银币一枚		13,800	北京诚轩	2013.05.17
宣统年造大清银币"1/4Dol."贰角伍分样币一枚		69,000	北京诚轩	2013.05.17
宣统年造大清银币1/2DOL.伍角样币一枚		27,600	北京诚轩	2013.11.20
宣统年造大清银币贰角伍分银币一枚		97,750	北京保利	2013.12.04
宣统年造大清银币壹圆银质样币(LM24)		57,500	中国嘉德	2013.11.24
宣统年造壹圆大清银币一枚		142,500	上海崇源	2013.06.07
宣统三年(1911年)大清银币贰角(LM40)		195,500	中国嘉德	2013.05.18
宣统三年(1911年)大清银币壹角(LM41)		24,150	中国嘉德	2013.05.18
宣统三年(1911年)大清银币壹圆六枚		13,800	中国嘉德	2013.05.18
宣统三年 大清银币"反龙"版壹圆样币一枚		460,000	北京诚轩	2013.05.17
宣统三年 大清银币"反龙"版壹圆银币样币一枚		575,000	北京保利	2013.06.02
宣统三年 大清银币"长须龙"版壹圆样币一枚		506,000	北京诚轩	2013.05.17
宣统三年 大清银币壹角、贰角各一枚		17,250	北京诚轩	2013.05.17
宣统三年 大清银币壹角一枚		82,800	北京诚轩	2013.05.17
宣统三年 大清银币壹角一枚		13,800	北京诚轩	2013.05.17
宣统三年 大清银币壹圆一枚		18,400	北京诚轩	2013.05.17
宣统三年 三月山西"太平县 王良辅"五十两银锭一枚	重1880.5g	161,000	北京诚轩	2013.05.18
宣统三年 壹圆大清银币一枚		28,500	上海崇源	2013.06.07
宣统三年(1911年)大清银币伍角银质样币(LM39)		989,000	中国嘉德	2013.05.18
宣统三年(1911年)大清银币壹角银币(LM41)		10,925	中国嘉德	2013.11.24
宣统三年大清银币壹角一枚		33,350	北京诚轩	2013.11.20
宣统三年大清银币壹圆"DOLLAR"后带点版一枚		18,400	北京诚轩	2013.11.20
宣统三年大清银币壹圆一枚		82,800	北京诚轩	2013.11.20
宣统三年大清银币壹圆一枚		34,500	北京诚轩	2013.11.20
宣统三年大清银币壹圆一枚		18,400	北京诚轩	2013.11.20
宣统三年大清银币壹圆一枚		14,950	北京诚轩	2013.11.20
宣统三年大清银币壹圆一枚		11,500	北京诚轩	2013.11.20
宣统三年大清银币壹圆长须龙版样币一枚		425,500	北京诚轩	2013.11.20
宣统一钱宝藏错版银币一枚		23,000	北京保利	2013.12.05
宣统元年(1909年)东三省官银号伍拾角		48,300	中国嘉德	2013.11.23
近代 宝生银行银条一组两枚	重756.2g	10,350	北京翰海	2013.06.22
民国 "上海 增记 春□"五十两夷场新一枚	重1829.6g	69,000	北京诚轩	2013.05.18
民国 "天宝炉匠全佐"五十两银锭	长10.2cm	1,817,000	澳门中信	2013.06.23
民国 "中华帝国·洪宪纪元"飞龙壹圆银币		57,500	北京翰海	2013.06.22
民国 四川"民国一十九年 西康 扶康钱庄"三排戳十两银锭	重：357.7g	20,700	西泠拍卖	2013.07.12
民国 香港宝生银行十两银条一组四枚	重376g	11,500	中国嘉德	2013.11.24
民国 袁像壹圆银币一组六枚		11,500	西泠拍卖	2013.07.12
民国 浙江"浙绍复裕银炉·民国元年月日"五十两银锭	重1840g	195,500	北京翰海	2013.06.22
民国16年总理纪念币贰角银币一枚		10,350	北京保利	2013.12.05
民国八年 袁世凯像壹圆银币一枚		28,750	北京诚轩	2013.05.17
民国八年 袁世凯像壹圆银币一枚		28,750	北京诚轩	2013.05.17
民国八年 袁世凯像壹圆银币一枚		23,000	北京诚轩	2013.05.17
民国八年 袁世凯像壹圆银币一枚		17,250	北京诚轩	2013.05.17
民国八年(1919年)袁世凯像壹圆银币十三枚		24,150	中国嘉德	2013.05.18
民国八年袁世凯像壹圆银币一枚		23,000	北京诚轩	2013.11.20
民国八年袁世凯像壹圆银币一枚		20,700	北京诚轩	2013.11.20
民国二十八年(1939年)中央造币厂桂林分厂代制		10,925	中国嘉德	2013.11.24
民国二十二年 孙中山像背帆船壹圆银币一枚；23年孙中山像背帆船壹圆银币一组二十一枚；民国元年军政府造四川银币壹圆一枚		36,800	北京诚轩	2013.05.17
民国二十二年(1933年)孙中山像壹圆银币(LM109)		17,250	中国嘉德	2013.05.18
民国二十九年(1940年)布币图十分银质样币		11,500	中国嘉德	2013.11.24
民国二十三年(1934年)孙中山像壹圆银币八枚		17,250	中国嘉德	2013.05.18
民国二十三年(1934年)孙中山像壹圆银币二十枚		21,850	中国嘉德	2013.05.18
民国二十三年(1934年)孙中山像壹圆银币五枚		12,650	中国嘉德	2013.05.18
民国二十三年孙中山像背帆船壹圆银币二十六枚		17,250	北京诚轩	2013.11.20
民国二十三年孙中山像背帆船壹圆银币一枚		20,700	北京诚轩	2013.05.17
民国二十三年孙中山像背帆船壹圆银币一枚		14,950	北京诚轩	2013.05.17
民国二十三年孙中山像背帆船壹圆银币一枚		11,500	北京诚轩	2013.05.17
民国二十三年孙中山像背帆船壹圆银币一枚		11,500	北京诚轩	2013.05.17
民国二十五年孙中山像背帆船中圆小型银币样币一枚	直径2.5cm	690,000	北京诚轩	2013.11.20
民国二十一年(1932年)孙中山像"三鸟"壹圆银币(LM108)		33,350	中国嘉德	2013.05.18
民国二十一年(1932年)孙中山像"三鸟"壹圆银币(LM108)		20,700	中国嘉德	2013.05.18
民国二十一年(1932年)孙中山像三鸟壹圆银币(LM108)		35,650	中国嘉德	2013.11.24
民国二十一年(1932年)孙中山像三鸟壹圆银币(LM108)		23,000	中国嘉德	2013.11.24
民国二十一年(1932年)孙中山像三鸟壹圆银币(LM108)		20,700	中国嘉德	2013.11.24

2013杂项拍卖成交汇总

(成交价RMB：1万元以上)

拍品名称	物品尺寸	成交价RMB	拍卖公司	拍卖日期
民国二十一年(1932年)孙中山像三鸟壹圆银币(LM108)		16,100	中国嘉德	2013.11.24
民国二十一年(1932年)孙中山像三鸟壹圆银币(LM108)		12,650	中国嘉德	2013.11.24
民国二十一年福建省造一角银币一枚		17,250	北京保利	2013.12.05
民国二十一年孙中山像背帆船三鸟壹圆银币一枚		36,800	北京诚轩	2013.05.17
民国二十一年孙中山像背帆船三鸟壹圆银币一枚		20,700	北京诚轩	2013.05.17
民国二十一年孙中山像背帆船三鸟壹圆银币一枚		13,800	北京诚轩	2013.05.17
民国二十一年孙中山像背帆船三鸟壹圆银币一枚		13,800	北京诚轩	2013.05.17
民国二十一年孙中山像背帆船三鸟壹圆银币一枚		57,500	北京诚轩	2013.11.20
民国二十一年孙中山像背帆船三鸟壹圆银币一枚		46,000	北京诚轩	2013.11.20
民国二十一年孙中山像背帆船三鸟壹圆银币一枚		28,750	北京诚轩	2013.11.20
民国二十一年孙中山像背帆船三鸟壹圆银币一枚		27,600	北京诚轩	2013.11.20
民国二十一年孙中山像背帆船三鸟壹圆银币一枚		18,400	北京诚轩	2013.11.20
民国二十一年孙中山像背帆船三鸟壹圆银币一枚		11,500	北京诚轩	2013.11.20
民国二十一年孙中山像背三鸟帆船壹圆银币一枚		23,940	上海崇源	2013.06.07
民国二十一年孙中山像二帆三鸟壹圆银币一枚		23,000	北京保利	2013.12.05
民国二十一年孙中山像两帆三鸟壹圆银币一枚		19,550	北京保利	2013.12.05
民国二十一年云南省造双旗贰角银币一枚		17,250	北京诚轩	2013.05.17
民国二十一年云南省造双旗贰角银币一枚		10,925	北京诚轩	2013.05.17
民国九年 安庆造币厂造倪嗣冲像银质纪念章一枚		23,000	北京诚轩	2013.05.17
民国九年(1920年)袁世凯像鄂造贰角银币(LM191)		18,400	中国嘉德	2013.11.24
民国九年(1920年)袁世凯像壹圆银币(LM77)		40,250	中国嘉德	2013.05.18
民国九年(1920年)袁世凯像壹圆银币八枚		16,100	中国嘉德	2013.05.18
民国九年鄂造袁世凯像贰角银币一枚		13,800	北京保利	2013.12.05
民国九年袁世凯像“鄂造”贰角银币一枚		12,650	北京诚轩	2013.05.17
民国九年袁世凯像壹圆银币二枚		10,350	北京诚轩	2013.05.17
民国九年袁世凯像壹圆银币四枚		10,350	北京诚轩	2013.11.20
民国九年袁世凯像壹圆银币一枚		69,000	北京诚轩	2013.05.17
民国九年袁世凯像壹圆银币一枚		20,700	北京诚轩	2013.05.17
民国九年袁世凯像壹圆银币一枚		13,800	北京诚轩	2013.05.17
民国九年袁世凯像壹圆银币一枚		12,650	北京诚轩	2013.05.17
民国九年袁世凯像壹圆银币一枚		11,400	上海崇源	2013.06.07
民国九年袁世凯像壹圆银币一枚		48,300	北京诚轩	2013.11.20
民国九年袁世凯像壹圆银币一枚		29,900	北京诚轩	2013.11.20
民国九年袁世凯像壹圆银币一组五枚		12,650	北京诚轩	2013.05.17
民国六年迪化银圆局造壹两银币一枚		18,400	北京诚轩	2013.11.20
民国七年 广东督军莫荣新赠“护法”纪念银质奖章一枚		12,650	北京诚轩	2013.05.17
民国七年迪化银圆局造壹两银币一枚		20,700	北京诚轩	2013.11.20

拍品名称	物品尺寸	成交价RMB	拍卖公司	拍卖日期
民国三年 (1914年)袁世凯像甘肃壹圆银币(LM617)		40,250	中国嘉德	2013.05.18
民国三年 袁世凯像“甘肃”壹圆银币一枚		78,200	北京诚轩	2013.05.17
民国三年 袁世凯像壹角、贰角银币各一枚		10,925	北京诚轩	2013.05.17
民国三年 袁世凯像壹角银币一枚		34,200	上海崇源	2013.06.07
民国三年 袁世凯像壹角银币一枚		11,500	北京诚轩	2013.05.17
民国三年 袁世凯像壹圆试铸银币一枚	直径4.2cm	36,800	北京诚轩	2013.05.17
民国三年 袁世凯像壹圆银币一枚		59,800	北京诚轩	2013.05.17
民国三年 袁世凯像壹圆银币一枚		57,500	北京诚轩	2013.05.17
民国三年 袁世凯像壹圆银币一枚		57,500	北京诚轩	2013.05.17
民国三年 袁世凯像壹圆银币一枚		31,920	上海崇源	2013.06.07
民国三年 袁世凯像壹圆银币一枚		28,750	北京诚轩	2013.05.17
民国三年 袁世凯像壹圆银币一枚		25,300	北京诚轩	2013.05.17
民国三年 袁世凯像壹圆银币一枚		20,700	北京诚轩	2013.05.17
民国三年 袁世凯像壹圆银币一枚		18,400	北京诚轩	2013.05.17
民国三年 袁世凯像壹圆银币一枚		16,100	北京诚轩	2013.05.17
民国三年 袁世凯像壹圆银币一枚		11,500	北京诚轩	2013.05.17
民国三年 袁世凯像壹圆银币一枚		10,350	北京诚轩	2013.05.17
民国三年 袁世凯像中圆“L.GIORGI”签字版银质样币一枚		172,500	北京诚轩	2013.05.17
民国三年 袁世凯像中圆银币一枚		109,440	上海崇源	2013.06.07
民国三年 袁世凯像中圆银币一枚		26,450	北京诚轩	2013.05.17
民国三年(1914年)袁世凯像甘肃壹圆银币(LM617)		57,500	中国嘉德	2013.11.24
民国三年、九年、十年袁世凯像壹圆银币一组二十五枚		20,700	北京诚轩	2013.11.20
民国三年袁世凯像背龙凤贰角造币厂戏铸银币一枚		69,000	北京诚轩	2013.11.20
民国三年袁世凯像贰角银币一枚		12,650	北京诚轩	2013.11.20
民国三年袁世凯像贰角银币一枚		12,650	北京诚轩	2013.11.20
民国三年袁世凯像甘肃加字壹圆银币一枚		40,250	北京保利	2013.12.05
民国三年袁世凯像甘肃壹圆银币一枚		41,400	北京诚轩	2013.11.20
民国三年袁世凯像甘肃壹圆银币一枚		13,800	北京诚轩	2013.11.20
民国三年袁世凯像壹角银币一枚		17,250	北京诚轩	2013.11.20
民国三年袁世凯像壹圆银币一枚		48,300	北京诚轩	2013.11.20
民国三年袁世凯像壹圆银币一枚		10,925	北京诚轩	2013.11.20
民国三年袁世凯像壹圆银币一组二十七枚(无图)		17,250	北京诚轩	2013.11.20
民国三年袁世凯像壹圆银币一组三十枚(无图)		19,550	北京诚轩	2013.11.20
民国三年袁世凯像中圆银币一枚		27,600	北京诚轩	2013.11.20
民国三十八年 (1949年)贵州省造二十分银币(LM616)		21,850	中国嘉德	2013.05.18
民国三十八年 广西省造贰角银币背象鼻山一枚		57,500	北京诚轩	2013.05.17
民国三十八年(1949年)广西省造贰角银币(LM176)		23,000	中国嘉德	2013.11.24
民国三十八年广西省造“象鼻山”贰角银币一枚		13,800	北京诚轩	2013.11.20
民国三十二年(1943年)中央造币厂桂林分厂铸		25,300	中国嘉德	2013.11.24
民国三十九年 孙中山像背台湾省地图壹圆银质样币一枚		19,380	上海崇源	2013.06.07
民国三十年 孙像古布十分镍币银质试铸样币一枚		13,680	上海崇源	2013.06.07
民国三十四年淮北地方银号毛泽东像抗币伍圆一枚		51,750	北京诚轩	2013.11.21

拍品名称	物品尺寸	成交价RMB	拍卖公司	拍卖日期
民国十八年 孙中山像背帆船壹元银样币一枚		85,500	上海崇源	2013.06.07
民国十八年 孙中山像背帆船壹元银样币一枚		79,800	上海崇源	2013.06.07
民国十八年 孙中山像背帆船壹元银样币一枚		62,700	上海崇源	2013.06.07
民国十八年 孙中山像背三帆船奥地利版壹圆银币样币一枚		44,850	北京诚轩	2013.05.17
民国十八年 英国版孙中山像背三帆船壹圆银币样币一枚		46,000	北京诚轩	2013.05.17
民国十八年(1929年)东三省官银号壹百圆		14,950	中国嘉德	2013.11.23
民国十八年(1929年)孙中山像壹元银质样币(LM95)		71,300	中国嘉德	2013.11.24
民国十八年(1929年)孙中山像壹元银质样币(LM97)		34,500	中国嘉德	2013.05.18
民国十八年(1929年)孙中山像壹元银质样币(LM97)		55,200	中国嘉德	2013.11.24
民国十八年(1929年)孙中山像壹元银质样币(LM97)		36,800	中国嘉德	2013.11.24
民国十八年孙中山像三帆壹圆银币样币一枚		23,000	北京保利	2013.12.05
民国十二年 龙凤壹圆银币一枚		345,000	北京诚轩	2013.05.17
民国十二年 龙凤壹圆银币一枚		228,000	上海崇源	2013.06.07
民国十二年 龙凤壹圆银币一枚		172,500	北京诚轩	2013.05.17
民国十二年 龙凤壹圆银币一枚		92,000	北京诚轩	2013.05.17
民国十二年 龙凤壹圆银币一枚		92,000	北京诚轩	2013.05.17
民国十二年 龙凤壹圆银币一枚		55,200	北京诚轩	2013.05.17
民国十二年(1923年)龙凤壹圆银质样币(LM80)		149,500	中国嘉德	2013.05.18
民国十二年(1923年)龙凤壹圆银质样币(LM80)		115,000	中国嘉德	2013.11.24
民国十二年(1923年)龙凤壹圆银质样币(LM81)		89,700	中国嘉德	2013.05.18
民国十二年(1923年)龙凤壹圆银质样币(LM81)		71,300	中国嘉德	2013.05.18
民国十二年(1923年)龙凤壹圆银质样币(LM81)		51,750	中国嘉德	2013.11.24
民国十二年造“龙凤”壹圆银币一枚		57,500	北京保利	2013.12.05
民国十二年造龙凤壹圆银币一枚		161,000	北京诚轩	2013.11.20
民国十六年 孙中山像陵墓壹圆银币样币一枚		437,000	北京诚轩	2013.05.17
民国十六年(1927年)国民政府革命军北伐胜利纪念贰毫银币(LM846)		97,750	中国嘉德	2013.05.18
民国十六年(1927年)孙中山像“陵墓”壹圆银质样币(LM85)		161,000	中国嘉德	2013.05.18
民国十六年(1927年)孙中山像“陵墓”壹圆银质样币(LM85)		184,000	中国嘉德	2013.11.24
民国十年 徐世昌像仁寿同登纪念银币一枚		59,800	北京诚轩	2013.05.17
民国十年 徐世昌像仁寿同登纪念银币一枚		47,880	上海崇源	2013.06.07
民国十年 徐世昌像仁寿同登纪念银币一枚		46,000	北京诚轩	2013.05.17
民国十年 徐世昌像仁寿同登纪念银币一枚		43,700	北京诚轩	2013.05.17
民国十年 袁世凯像壹圆银币一枚		82,800	北京诚轩	2013.05.17
民国十年 袁世凯像壹圆银币一枚		71,300	北京诚轩	2013.05.17
民国十年 袁世凯像壹圆银币一枚		29,900	北京诚轩	2013.05.17
民国十年 袁世凯像壹圆银币一枚		12,650	北京诚轩	2013.05.17

拍品名称	物品尺寸	成交价RMB	拍卖公司	拍卖日期
民国十年 袁世凯像壹圆银币一枚		11,500	北京诚轩	2013.05.17
民国十年 袁世凯像壹圆银币一枚		11,500	北京诚轩	2013.05.17
民国十年 袁世凯像壹圆银币一枚		10,350	北京诚轩	2013.05.17
民国十年 袁世凯像壹圆银币一枚		10,260	上海崇源	2013.06.07
民国十年(1921年)徐世昌像仁寿同登纪念币银章(LM864)		172,500	中国嘉德	2013.11.24
民国十年(1921年)徐世昌像仁寿同登纪念币银章(LM864)		36,800	中国嘉德	2013.11.24
民国十年(1921年)徐世昌像仁寿同登纪念币银章(LM864)		40,250	中国嘉德	2013.11.24
民国十年(1921年)徐世昌像仁寿同登纪念币银章(LM864)		17,250	中国嘉德	2013.11.24
民国十年(1921年)徐世昌像同登仁寿纪念币(LM864)		34,500	中国嘉德	2013.05.18
民国十年(1921年)徐世昌像同登仁寿纪念币(LM864)		31,050	中国嘉德	2013.05.18
民国十年徐世昌纪念银币一枚		51,750	北京保利	2013.12.05
民国十年袁世凯像壹圆银币一枚		28,750	北京诚轩	2013.11.20
民国十年袁世凯像壹圆银币一枚		23,000	北京诚轩	2013.11.20
民国十七年 甘肃省造孙中山像背党徽壹圆银币一枚		149,500	北京诚轩	2013.05.17
民国十七年 贵州省政府造壹圆银币一枚		40,250	北京诚轩	2013.05.17
民国十七年 贵州省政府造壹圆银币一枚		32,200	北京诚轩	2013.05.17
民国十七年 贵州政府造汽车币壹圆银币一枚		57,000	上海崇源	2013.06.07
民国十七年(1928年)甘肃省造孙中山像壹圆银币(LM618)		112,700	中国嘉德	2013.11.24
民国十七年(1928年)贵州省政府造壹圆银币(LM609)		29,900	中国嘉德	2013.11.24
民国十七年(1928年)贵州省政府造壹圆银币(LM609)		29,900	中国嘉德	2013.11.24
民国十七年(1928年)贵州省政府造壹圆银币(LM609)		28,750	中国嘉德	2013.11.24
民国十七年贵州省政府造壹圆银币一枚		34,500	北京诚轩	2013.11.20
民国十七年孙中山像背嘉禾图四川壹圆银币一枚		36,800	北京诚轩	2013.11.20
民国十七年张作霖像大元帅纪念银币样币一枚		1,495,000	北京诚轩	2013.11.20
民国十五年 龙凤贰角银币一枚		10,260	上海崇源	2013.06.07
民国十五年 龙凤壹角银币一枚		22,800	上海崇源	2013.06.07
民国十五年龙凤壹角银币一枚		12,650	北京诚轩	2013.11.20
民国十一年 (1922年)湖南省宪成立纪念壹圆银币(LM867)		43,700	中国嘉德	2013.05.18
民国十一年 (1922年)湖南省宪成立纪念壹圆银币(LM867)		32,200	中国嘉德	2013.05.18
民国十一年 (1922年)中华国宝银行上海伍拾圆单正、反试样票各一张		20,700	中国嘉德	2013.05.17
民国十一年 湖南省宪成立纪念壹圆银币一枚		161,000	北京诚轩	2013.05.17
民国十一年 湖南省宪成立纪念壹圆银币一枚		32,200	北京诚轩	2013.05.17
民国十一年 湖南省宪成立纪念壹圆银币一枚		25,300	北京诚轩	2013.05.17
民国十一年(1922年)湖南省宪成立纪念币壹圆银币(LM867)		36,800	中国嘉德	2013.11.24
民国十一年湖南省宪成立纪念壹圆银币一枚		149,500	北京诚轩	2013.11.20

2013杂项拍卖成交汇总

(成交价RMB：1万元以上)

拍品名称	物品尺寸	成交价RMB	拍卖公司	拍卖日期
民国十一年湖南省宪成立纪念壹圆银币一枚		69,000	北京诚轩	2013.11.20
民国十一年湖南省宪成立纪念壹圆银币一枚		19,550	北京诚轩	2013.11.20
民国时期各类银币一组九十二枚		55,200	北京诚轩	2013.05.17
民国时期各类银币一组三十六枚(无图)		20,700	北京诚轩	2013.11.20
民国时期上海“同源治记”、“上海”、“肆”五十两夷场新一枚		149,500	北京诚轩	2013.11.20
民国时期唐继尧像拥护共和纪念七钱二分臆造银币		16,100	中国嘉德	2013.11.24
民国时期新疆省造银币一组九枚		10,350	北京诚轩	2013.11.20
民国五年(1916年)黑龙江官银号江省通用拾角		14,950	中国嘉德	2013.11.23
民国五年袁世凯像贰角银币一枚		24,150	北京诚轩	2013.11.20
民国新疆“伊宁 民国年月 玉泰银局”五十两锭		82,800	北京保利	2013.12.04
民国元年(1912年)军政府造四川银币五角(LM367)		11,500	中国嘉德	2013.05.18
民国元年军政府造汉字四川银币壹圆银币一枚		19,380	上海崇源	2013.06.07
民国元年军政府造四川银币二角一枚		16,100	北京诚轩	2013.05.17
民国元年军政府造四川银币壹圆一枚		18,400	北京诚轩	2013.05.17
民国元年军政府造四川银币壹圆一枚		12,650	北京诚轩	2013.11.20
民国元年军政府造四川银币壹圆一枚		11,500	北京诚轩	2013.11.20
民国元年新疆壬子饷银一两银币一枚		18,400	北京诚轩	2013.11.20
丙午(1906年)吉林省造光绪元宝七钱二分银币(LM562)		55,200	中国嘉德	2013.11.24
从兴号、面钟剪拾两圆锭一枚		23,000	北京保利	2013.06.02
大头一本24枚		19,550	北京保利	2013.12.05
大头一本36枚		64,400	北京保利	2013.12.05
丁未(1907年)吉林省造光绪元宝三钱六分银币(LM568)		40,250	中国嘉德	2013.11.24
二十五年(1899年)北洋造光绪元宝七钱二分银币(Lm454)		18,400	中国嘉德	2013.11.24
古代丝绸之路达里克力斯，西里波库银币组四枚		18,400	北京保利	2013.12.05
古代丝绸之路腓尼基，巴尔夏利姆二世及吐库尔巴依及昔兰尼银币一组三枚		32,200	北京保利	2013.12.05
古代丝绸之路古斯里发巨型银币及阿里扎拉银币及白匈奴银币一组八枚		12,650	北京保利	2013.12.05
古代丝绸之路吕底亚王国克诺伊斯王银币一组三枚		11,500	北京保利	2013.12.05
古代丝绸之路吐撒德可汗，阿尔萨依汗银币一组十枚		11,500	北京保利	2013.12.05
古代丝绸之路托勒密王朝，菲斯塞斯，狄纳里银币一组四枚		20,700	北京保利	2013.12.05
云南省造光绪元宝库平七钱二分银币一枚		10,120	北京保利	2013.06.02
造币总厂光绪元宝库平七钱二分银币一枚		13,800	北京保利	2013.12.04
中华民国黎元洪像开国纪念币壹圆一枚		12,650	北京保利	2013.06.02
中华民国三年 袁世凯像壹圆银币正面钢模一件		115,000	北京保利	2013.06.02
中外银币一册四十四枚(无图)		11,500	北京诚轩	2013.11.20
中外银元评级币一盒20枚		17,250	北京保利	2013.12.05
纸币				
元 至元通行宝钞贰贯		425,500	中国嘉德	2013.05.17
“大明通行宝钞叁拾文”铜钞版	长2.15cm	3,910,000	中国嘉德	2013.05.17
大明通行宝钞壹贯	长34cm	23,000	中国嘉德	2013.11.23
大明通行宝钞壹贯	长34cm	23,000	中国嘉德	2013.11.23
大明通行宝钞壹贯	长33.5cm	17,250	中国嘉德	2013.11.23
大明通行宝钞壹贯一枚		18,400	北京保利	2013.12.03
明 大明通行宝钞壹贯一枚	长33.5cm	25,300	朵云轩	2013.07.08
明 大明通行宝钞壹贯一枚		34,500	北京保利	2013.06.02
明 大明通行宝钞壹贯一枚		23,000	北京保利	2013.06.02
明 大明通行宝钞壹贯一枚		19,550	北京保利	2013.06.02
明 大明通行宝钞壹贯一枚		40,250	中国嘉德	2013.05.17
明 大明通行宝钞壹贯一枚		29,900	中国嘉德	2013.05.17
明 大明通行宝钞壹贯一枚		23,000	北京保利	2013.06.02
明 洪武大明通行宝钞壹贯一枚		46,000	北京诚轩	2013.05.16
明 洪武大明通行宝钞壹贯一枚		34,500	北京诚轩	2013.05.16
明 洪武大明通行宝钞壹贯一枚		19,550	北京诚轩	2013.05.16
明 洪武大明通行宝钞壹贯一枚		10,350	北京诚轩	2013.05.16
明治十年大日本帝国第十五国立银行纸币五圆一枚		11,500	北京诚轩	2013.11.21
清 “户部乾丰官号”官票叁仟文一枚		11,500	北京诚轩	2013.05.16
清 大清国南洋劝业会公债		23,000	北京翰海	2013.06.22
清 道光年间宏顺行钱庄票木刻钞版一件		14,950	北京诚轩	2013.05.16
清 美国造币厂代铸光绪像保皇会同志纪念章一枚		10,350	北京诚轩	2013.05.17
大清银行兑换券载沣像百元单正面样票		36,800	中国嘉德	2013.05.17
大清银行兑换券载沣像拾元单正面样票		25,300	中国嘉德	2013.05.17
大清银行兑换券载沣像拾圆样票		36,800	中国嘉德	2013.05.17
大清银行兑换券载沣像伍元单正面样票		33,350	中国嘉德	2013.05.17
大清银行兑换券载沣像壹元单正面样票		25,300	中国嘉德	2013.05.17
大同元年(1932年)满洲中央银行改造券拾圆		966,000	中国嘉德	2013.11.23
道光26年(1846年)通彩(高记)壹拾千文		19,550	中国嘉德	2013.05.17
1895年天津华俄道胜银行银两票伍两样票一枚		82,800	北京诚轩	2013.11.21
1895年天津华俄道胜银行银两票壹百两一枚		40,250	北京诚轩	2013.11.21
1900年英国伯明翰造币厂铸卢丰乐大使纪念银章一枚		13,800	北京诚轩	2013.05.17
1902年开平矿物有限公司通行银行壹元十二枚连号		25,300	中国嘉德	2013.05.17
1902年开平矿物有限公司壹元四枚		10,350	中国嘉德	2013.11.23
1907年德华银行上海贰拾伍圆样票		97,750	中国嘉德	2013.11.23
1907年德华银行上海伍拾圆样票		86,250	中国嘉德	2013.11.23
1907年德华银行银元票北京伍圆一枚		23,000	北京诚轩	2013.11.21
1907年德华银行银元票青岛伍圆一枚		80,500	北京诚轩	2013.11.21
1907年香港上海汇丰银行拾圆		48,300	中国嘉德	2013.05.17
1909年上海四明银行银元票壹圆一枚		34,500	北京诚轩	2013.11.21
1910年天津改哈尔滨华俄道胜银行银两流通票伍百两一枚		80,500	北京诚轩	2013.11.21
1910年天津改哈尔滨华俄道胜银行银两流通票伍拾两一枚		55,200	北京诚轩	2013.11.21
1911年中华民国金币券壹拾员一枚		12,650	北京诚轩	2013.05.16
1911年中华民国军用钞票上海通用银圆拾元		10,350	中国嘉德	2013.05.17
1913年浙江地方银行伍圆单背面样票		34,500	中国嘉德	2013.05.17
1914年中法实业银行北京拾圆		59,800	中国嘉德	2013.11.2
1914年中法实业银行龙银票拾圆一枚		48,300	北京诚轩	2013.11.2
1914年中法实业银行壹圆样票一枚		23,000	北京诚轩	2013.05.16

拍品名称	物品尺寸	成交价RMB	拍卖公司	拍卖日期
1918年横滨正金银行天津通用银圆壹百圆样票		26,450	中国嘉德	2013.11.23
1918年横滨正金银行天津壹百圆样票		18,400	中国嘉德	2013.05.17
1918年横滨正金银行银元票天津壹百圆样票一枚		32,200	北京诚轩	2013.05.16
1918年美商花旗银行天津拾圆		13,800	中国嘉德	2013.05.17
1920年美商花旗银行哈尔滨壹圆、伍圆、拾圆样票各一枚		43,700	中国嘉德	2013.05.17
1920年英商香港上海汇丰银行银元票拾圆样票一枚		28,750	北京诚轩	2013.11.21
1922年福建美丰银行银元票福州壹圆、拾圆各一枚		10,925	北京诚轩	2013.05.16
1922年香港上海汇丰银行烟台支取壹圆、伍圆、拾圆样票各一枚		69,000	北京诚轩	2013.05.16
1930年印度新金山中国麦加利银行天津伍佰圆样票		69,000	中国嘉德	2013.05.17
1930年印度新金山中国麦加利银行天津伍圆、拾圆样票各一枚		40,250	中国嘉德	2013.05.17
1932年鄂豫皖省苏维埃政府工农银行造壹圆银币一枚		80,500	北京诚轩	2013.11.20
1932年赣东北省苏维埃银行闽北分行壹角、贰角、伍角共3种		115,000	上海泓盛	2013.09.12
1932年伪满洲中央银行纸币甲号五角一枚		19,550	北京诚轩	2013.11.21
1933年闽浙赣省苏维埃银行壹圆二枚		16,100	中国嘉德	2013.05.17
1934年香港印度新金山中国渣打银行纸币香港伍拾圆一枚		32,200	北京诚轩	2013.11.21
1935年英国站人像贸易银壹圆		43,700	中国嘉德	2013.05.18
1944年中央银行壹佰圆单正、反样票各一张		28,750	中国嘉德	2013.11.23
1945年日据台湾时期日本银行兑换券加盖"台湾银行"千圆样票一枚		34,500	北京诚轩	2013.11.21
1945年日据台湾时期日本银行兑换券加盖"台湾银行"千圆一枚		51,750	北京诚轩	2013.11.21
1946年广西省辅币流通券壹角、贰角、伍角、拾角、伍拾角全套五枚		40,250	北京诚轩	2013.05.16
1948年第一版人民币贰拾圆"驴子与火车"一枚		10,925	北京诚轩	2013.11.21
1948年第一版人民币伍拾圆"驴子与矿车"一枚		43,700	北京诚轩	2013.11.21
1948年第一版人民币壹佰圆"汽车与火车"、壹佰圆"红工厂"各一枚		13,800	北京诚轩	2013.05.16
1948年第一版人民币壹佰圆"汽车与火车"一枚		23,000	北京诚轩	2013.05.16
1948年第一版人民币壹佰圆"汽车与火车"一枚		12,650	北京诚轩	2013.11.21
1948年第一版人民币壹佰圆"万寿山"一枚		12,650	北京诚轩	2013.11.21
1948年第一版人民币壹仟圆狭长版"双马耕地"一枚		14,950	北京诚轩	2013.05.16
1948年第一版人民币壹仟圆狭长版"双马耕地"一枚		10,350	北京诚轩	2013.05.16
1948年第一版人民币壹仟圆狭长版"双马耕地"一枚		20,700	北京诚轩	2013.11.21
1949年第一版人民币贰佰圆"收割"一枚		26,450	北京诚轩	2013.11.21
1949年第一版人民币贰佰圆"颐和园"一枚		34,500	北京诚轩	2013.05.16
1949年第一版人民币贰拾圆"帆船与铁路"一枚		28,750	北京诚轩	2013.05.16

拍品名称	物品尺寸	成交价RMB	拍卖公司	拍卖日期
1949年第一版人民币贰拾圆"帆船与铁路"一枚		13,800	北京诚轩	2013.11.21
1949年第一版人民币贰拾圆"帆船与铁路"一枚		11,500	北京诚轩	2013.11.21
1949年第一版人民币贰拾圆"立交桥"五枚连号		18,400	北京诚轩	2013.11.21
1949年第一版人民币贰拾圆"六和塔"紫面一枚		13,800	北京诚轩	2013.05.16
1949年第一版人民币贰拾圆"六和塔"紫面一枚		10,925	北京诚轩	2013.11.21
1949年第一版人民币伍佰圆"耕地机"十枚连号		24,150	北京诚轩	2013.05.16
1949年第一版人民币伍佰圆"耕地机"十枚连号		23,000	北京诚轩	2013.05.16
1949年第一版人民币伍佰圆"耕地机"十枚连号		23,000	北京诚轩	2013.05.16
1949年第一版人民币伍佰圆"耕地机"五枚连号		11,500	北京诚轩	2013.05.16
1949年第一版人民币伍佰圆"收割机"五枚连号		17,250	北京诚轩	2013.11.21
1949年第一版人民币伍佰圆"收割机"一枚		41,400	北京诚轩	2013.05.16
1949年第一版人民币伍佰圆"正阳门"一枚		17,250	北京诚轩	2013.11.21
1949年第一版人民币伍佰圆"种地"一枚		11,500	北京诚轩	2013.05.16
1949年第一版人民币伍佰圆"种地"一枚		10,350	北京诚轩	2013.11.21
1949年第一版人民币伍拾圆"红火车"一枚		46,000	北京诚轩	2013.11.21
1949年第一版人民币伍拾圆"红火车"一枚		40,250	北京诚轩	2013.11.21
1949年第一版人民币伍拾圆"红火车"一枚		34,500	北京诚轩	2013.11.21
1949年第一版人民币伍拾圆"蓝火车"、"红火车"各一枚		66,700	北京诚轩	2013.05.16
1949年第一版人民币伍拾圆"蓝火车"一枚		17,250	北京诚轩	2013.05.16
1949年第一版人民币伍拾圆"铁路"一枚		11,500	北京诚轩	2013.05.16
1949年第一版人民币伍拾圆"压道机"一枚		12,650	北京诚轩	2013.05.16
1949年第一版人民币伍拾圆"压道机"一枚		10,350	北京诚轩	2013.11.21
1949年第一版人民币伍圆"水牛"一枚		80,500	北京诚轩	2013.11.21
1949年第一版人民币伍圆"水牛"一枚		23,000	北京诚轩	2013.11.21
1949年第一版人民币壹佰圆"北海与角楼"蓝面一枚		25,300	北京诚轩	2013.05.16
1949年第一版人民币壹佰圆"红工厂"一枚		10,925	北京诚轩	2013.11.21
1949年第一版人民币壹仟圆狭长版"双马耕地"一枚		18,400	北京诚轩	2013.11.21
1949年第一版人民币壹圆至壹万圆一组十三枚		32,200	北京诚轩	2013.05.16
1949年南方人民银行贰角		40,250	中国嘉德	2013.11.23
1949年新疆省银行省票陆拾亿圆一枚		12,650	北京诚轩	2013.05.16
1949年中央银行金圆券伍百万圆		19,550	中国嘉德	2013.11.23
1949年中央银行金圆券伍百万圆		16,100	中国嘉德	2013.11.23

2013杂项拍卖成交汇总

(成交价RMB：1万元以上)

拍品名称	物品尺寸	成交价RMB	拍卖公司	拍卖日期
1949年中央银行金圆券伍佰万圆		23,000	中国嘉德	2013.05.17
1949年中央银行金圆券伍拾万圆单正、反试样票各一张		57,500	中国嘉德	2013.05.17
1949年中央银行金圆券伍拾万圆单正、反样票各一张		17,250	中国嘉德	2013.05.17
1949年中央银行金圆券壹佰万圆、伍佰万圆各一枚		16,100	中国嘉德	2013.11.23
1949年中央银行银元辅币券重庆壹分、伍分、壹角、贰角、伍角各一枚		25,300	北京诚轩	2013.05.16
1949年中央银行银元券一组三枚		13,800	中国嘉德	2013.11.23
1950年第一版人民币伍万圆"收割机"一枚		86,250	北京诚轩	2013.11.21
1950年第一版人民币伍万圆"新华门"一枚		48,300	北京诚轩	2013.05.16
1951年第一版人民币伍仟圆"蒙古包"正、反单面样票各一枚		161,000	北京诚轩	2013.05.16
1951年第一版人民币伍仟圆"蒙古包"正、反单面样票各一枚		115,000	北京诚轩	2013.11.21
1951年第一版人民币伍仟圆"牧羊"一枚		115,000	北京诚轩	2013.11.21
1951年第一版人民币壹仟圆"马饮水"正、反单面样票各一枚		23,000	北京诚轩	2013.11.21
1951年第一版人民币壹万圆"骆驼队"正、反单面样票各一枚		40,250	北京诚轩	2013.11.21
1951年第一版人民币壹万圆"牧马"正、反单面印刷样票各一枚		241,500	北京诚轩	2013.05.16
1952年中央人民政府财政部回乡转业建设军人资助粮兑换现金券主粮伍斤、拾斤、伍拾斤、壹佰斤、叁佰斤正、反单面样票各一枚		10,350	北京诚轩	2013.05.16
1953年第二版人民币贰圆"宝塔山"二十枚连号		36,800	北京诚轩	2013.11.21
1953年第二版人民币贰圆"宝塔山"三枚连号		23,000	北京诚轩	2013.11.21
1953年第二版人民币贰圆"宝塔山"十二枚连号		32,200	北京诚轩	2013.11.21
1953年第二版人民币贰圆"宝塔山"五枚连号		18,400	北京诚轩	2013.05.16
1953年第二版人民币贰圆"宝塔山"五枚连号		19,550	北京诚轩	2013.11.21
1953年第二版人民币叁圆、伍圆样票各一枚		28,750	北京诚轩	2013.11.21
1953年第二版人民币叁圆二枚连号		51,750	北京诚轩	2013.11.21
1953年第二版人民币叁圆一枚		31,050	北京诚轩	2013.05.16
1953年第二版人民币叁圆一枚		28,750	北京诚轩	2013.05.16
1953年第二版人民币拾圆一枚		264,500	北京诚轩	2013.11.21
1953年第二版人民币伍圆红色一枚		17,250	北京诚轩	2013.05.16
1953年第二版人民币伍圆一枚		103,500	北京诚轩	2013.05.16
1953年第二版人民币伍圆一枚		21,850	北京诚轩	2013.11.21
1953年第一版人民币伍仟圆"渭河大桥"一枚		17,250	北京诚轩	2013.11.21
1953年至1972年第三版人民币壹分、贰分、伍分、壹角、贰角、伍角、壹圆、贰圆、伍圆、拾圆各十一枚		18,400	北京诚轩	2013.11.21
1956年第二版人民币黑壹圆十枚连号		23,000	北京诚轩	2013.05.16
1956年第二版人民币壹分至拾圆样票十三枚大全套		138,000	北京诚轩	2013.11.21
1960年第三版人民币壹圆、伍圆连号各一百枚		23,000	北京诚轩	2013.11.21
1962年第三版人民币壹角至拾圆样票九枚全套		80,500	北京诚轩	2013.11.21
1969年第二版人民币未采用稿试铸样币1分、2分、5分硬分币各一枚		460,000	北京诚轩	2013.11.20
1969年香港上海汇丰银行香港伍百圆二枚连号		10,350	中国嘉德	2013.05.17
1979年—1988年中国银行外汇兑换券壹百圆各一枚		13,800	北京诚轩	2013.05.16
1979年至1988年中国银行外汇兑换券一组四枚		21,850	北京诚轩	2013.05.16
1979年中国银行外汇兑换券5角1000张连号原包		17,250	朵云轩	2013.07.08
1979年中国银行外汇兑换券样票一套七枚		20,700	北京诚轩	2013.05.16
1980年-1996年第四版人民币全套连体钞四连张珍藏册一册		12,650	北京诚轩	2013.05.16
1981年-1997年不同种类国库券样票七十八枚大全套		483,000	北京诚轩	2013.05.16
1981年中华人民共和国国库券拾圆、壹佰圆、壹仟圆、壹万圆、拾万圆样票五枚全套		184,000	北京诚轩	2013.11.21
1988年中国人民银行成立四十周年流通纪念币样币一枚		10,925	北京诚轩	2013.11.20
1989年中华人民共和国保值公债贰拾圆、伍拾圆、壹佰圆、伍仟圆样票四枚全套		17,250	北京诚轩	2013.11.21
1995年中华人民共和国第一期国库券壹佰圆、壹仟圆、伍仟圆样票各一枚		18,400	北京诚轩	2013.05.16
1995年中华人民共和国国库券壹仟圆一枚		11,500	北京诚轩	2013.11.21
2001年中国人民银行发行中国石窟艺术		11,500	中国嘉德	2013.11.24
2006年康银阁册装贺岁生肖狗年精制流通纪念币二十枚		18,400	北京诚轩	2013.05.17
保商银行伍圆		11,500	中国嘉德	2013.05.17
第二版人民币1953年伍圆样票		16,100	中国嘉德	2013.11.23
第二版人民币大全套收藏册		207,000	中国嘉德	2013.05.17
第二版人民币贰角十枚连号		18,400	北京保利	2013.12.03
第二版人民币全套		207,000	中国嘉德	2013.11.23
第二版人民币叁圆一枚		12,650	北京保利	2013.12.03
第二版人民币伍角百枚连号		21,850	中国嘉德	2013.05.17
第二版人民币伍角水坝九十九枚		12,650	北京保利	2013.12.03
第二版人民币伍圆一枚		10,350	北京保利	2013.12.03
第二版人民币一组七枚		13,800	西泠拍卖	2013.07.12
第二版人民币一组四枚		10,580	中国嘉德	2013.11.23
第二版人民币一组五枚		172,500	中国嘉德	2013.05.17
第三版人民币1962年壹角(背绿水印)		33,350	中国嘉德	2013.11.23
第三版人民币1962年壹角(背绿水印)二枚连号		75,900	中国嘉德	2013.11.2
第三版人民币1962年壹角(背绿水印)二枚连号		74,750	中国嘉德	2013.11.2
第三版人民币背绿水印壹角		32,200	西泠拍卖	2013.07.12
第三版人民币背绿壹角水印壹角一组两枚		86,250	西泠拍卖	2013.07.12
第三版人民币贰圆"车工"十枚连号		13,800	中国嘉德	2013.11.2
第三版人民币贰圆"车工"五十枚连号		74,750	中国嘉德	2013.05.1
第三版人民币拾圆百枚连号		25,300	中国嘉德	2013.05.1
第三版人民币壹角(背绿水印)二枚连号		80,500	中国嘉德	2013.05.1
第三版人民币壹角(背绿水印)二枚连号		78,200	中国嘉德	2013.05.1
第三版中国联合准备银行样票册		10,580	中国嘉德	2013.11.2
第四版人民币连体钞八连张珍藏册		19,550	中国嘉德	2013.05.1
第四版人民币整版连体钞装帧套		212,750	中国嘉德	2013.05.1
第四套人民币大全套连体钞四连张珍藏册一件		13,800	朵云轩	2013.07.0
第一版人民币贰佰圆收割		86,250	中国嘉德	2013.05.1

拍品名称	物品尺寸	成交价RMB	拍卖公司	拍卖日期
第一版人民币光华版“水牛图”伍圆		105,800	上海泓盛	2013.09.12
第一版人民币伍佰圆三枚		23,000	中国嘉德	2013.11.23
第一版人民币伍佰圆正阳门		36,800	中国嘉德	2013.05.17
第一版人民币伍仟圆耕地机二枚连号		18,400	中国嘉德	2013.05.17
第一版人民币伍仟圆一组二枚		11,500	中国嘉德	2013.11.23
第一版人民币伍拾圆工农(6位号码)		11,500	中国嘉德	2013.05.17
第一版人民币伍万圆收割机正、反单面样票各一枚		11,500	北京保利	2013.12.03
第一版人民币伍圆水牛		17,250	中国嘉德	2013.05.17
第一版人民币一组八枚		25,300	西泠拍卖	2013.07.12
第一版人民币一组八枚		12,650	中国嘉德	2013.11.23
第一版人民币一组九枚		13,800	中国嘉德	2013.11.23
第一版人民币一组六枚		12,650	中国嘉德	2013.11.23
第一版人民币一组三枚		11,500	中国嘉德	2013.11.23
第一版人民币一组三十二枚		23,000	北京保利	2013.06.02
第一版人民币一组四枚		31,050	中国嘉德	2013.11.23
第一版人民币一组五十五枚		253,000	西泠拍卖	2013.07.12
第一版人民币壹佰圆北海角楼(蓝面)		18,400	中国嘉德	2013.05.17
第一版人民币壹佰圆北海角楼(蓝面)三枚		20,700	中国嘉德	2013.11.23
第一版人民币壹佰圆帆船		78,200	中国嘉德	2013.05.17
第一版人民币壹仟圆三个拖拉机		17,250	中国嘉德	2013.05.17
第一版人民币壹仟圆四枚		51,750	中国嘉德	2013.11.23
第一版人民币壹仟圆狭长版双马耕地一枚		23,000	北京保利	2013.12.03
光绪丁未年(1907年)安徽裕皖官钱局伍圆		17,250	中国嘉德	2013.11.23
光绪丁未年(1907年)安徽裕皖官钱局银元伍圆		29,900	中国嘉德	2013.05.17
光绪丁未年(1907年)安徽裕皖官钱局银元伍圆		25,300	中国嘉德	2013.05.17
光绪丁未年安徽裕皖官钱局银元票伍圆一枚		34,500	北京诚轩	2013.05.16
光绪丁未年安徽裕皖官钱局银元票伍圆一枚		57,500	北京诚轩	2013.11.21
光绪二十八年 (1902年)横滨正金银行牛庄拾圆		11,500	中国嘉德	2013.05.17
光绪二十八年 横滨正金银行银元票牛庄伍圆一枚		14,950	北京诚轩	2013.05.16
光绪二十八年 横滨正金银行银元票牛庄壹圆一枚		11,500	北京诚轩	2013.05.16
光绪二十八年 横滨正金银行银元票天津拾圆一枚		57,500	北京诚轩	2013.05.16
光绪二十八年 横滨正金银行银元票天津伍圆一枚		34,500	北京诚轩	2013.05.16
光绪二十九年 江苏海门其昌庄银圆票壹圆一枚		23,000	北京保利	2013.06.02
光绪二十四年山海关内外铁路局银元票壹圆样票一枚		18,400	北京诚轩	2013.11.21
光绪二十四年中国通商银行京平足银银两票壹两一枚		32,200	北京诚轩	2013.11.21
光绪二十四年中国通商银行上海通用银两票拾两样票一枚		34,500	北京诚轩	2013.11.21
光绪二十四年中国通商银行上海通用银元票拾圆样票一枚		43,700	北京诚轩	2013.11.21
光绪二十四年中国通商银行银两票五钱一枚		17,250	北京保利	2013.12.03
光绪二十五年 潮州汕头揭阳太古庄银票拾圆、贰拾伍圆、伍拾圆、壹佰圆各一枚		103,500	北京诚轩	2013.05.16
光绪二十一年 护理台南府正堂忠台南官银票伍大员一枚		10,350	北京诚轩	2013.05.16
光绪二十一年(1895年)官银钱票总局台南官银票伍大员		13,800	中国嘉德	2013.11.23
光绪二十一年护理台南府正堂忠台南官银票伍大员一枚		14,950	北京诚轩	2013.11.21
光绪二十一年台湾护理台南府正堂忠台南官银票拾大员一枚		48,300	北京诚轩	2013.11.21
光绪甲辰年湖南官钱局制钱票紫龙壹串文一枚		23,000	北京诚轩	2013.05.16
光绪年间吉林官钱局银元票龙洋壹圆一枚		701,500	北京保利	2013.12.03
光绪卅一年(1905年)中国商务公司股票，股五份银壹百圆		149,500	上海泓盛	2013.09.10
光绪三十二年 (1906年)安徽裕皖官钱局铜元壹千文		55,200	中国嘉德	2013.05.17
光绪三十二年 (1906年)安徽裕皖官钱局铜元壹千文		36,800	中国嘉德	2013.05.17
光绪三十二年 (1906年)安徽裕皖官钱局铜元壹千文		13,800	中国嘉德	2013.05.17
光绪三十二年 (1906年)大清户部银行兑换券天津伍圆样票		11,500	中国嘉德	2013.05.17
光绪三十二年 大清户部银行兑换券汉口壹圆一枚		16,100	北京诚轩	2013.05.16
光绪三十二年 大清户部银行兑换券天津改开封通用银圆拾圆一枚		13,800	北京保利	2013.06.02
光绪三十二年 大清户部银行兑换券天津改开封通用银圆伍圆一枚		10,350	北京保利	2013.06.02
光绪三十二年(1906年)大清户部银行兑换券张家口改云南拾圆		230,000	中国嘉德	2013.11.23
光绪三十二年(1906年)奉天官银号银元票拾角		115,000	上海泓盛	2013.09.11
光绪三十二年大清户部银行兑换券汉口壹圆一枚		48,300	北京诚轩	2013.11.21
光绪三十年 湖北官钱局端方、张之洞像拾两银票样票一枚		253,000	北京诚轩	2013.05.16
光绪三十年 湖北官钱局银元票壹大元一枚		23,000	北京诚轩	2013.05.16
光绪三十年 中国通商银行财神像上海通用银元票伍圆样票一枚		46,000	北京诚轩	2013.05.16
光绪三十年(1904年)中国通商银行上海拾元样票		48,300	中国嘉德	2013.11.23
光绪三十年(1904年)中国通商银行上海伍拾元单正、反样票		92,000	中国嘉德	2013.11.23
光绪三十三年 (1907年)大清户部银行兑换券库伦拾圆		71,300	中国嘉德	2013.05.17
光绪三十三年 (1907年)大清户部银行兑换券库伦壹圆样票		40,250	中国嘉德	2013.05.17
光绪三十三年 (1907年)华商上海信成银行上海通用银元伍元		66,700	中国嘉德	2013.05.17
光绪三十三年 (1907年)江省卜魁广信公司银元钱伍吊		23,000	中国嘉德	2013.05.17
光绪三十三年 大清户部银行兑换券汉口壹圆一枚		12,650	北京诚轩	2013.05.16
光绪三十三年 大清银行兑换券汉口通用银圆壹圆一枚		13,800	北京保利	2013.06.02
光绪三十三年 华商上海信成银行通用银元票壹圆一枚		29,900	北京诚轩	2013.05.16
光绪三十三年 吉林永衡官钱局永衡官帖叁吊一枚		48,300	北京诚轩	2013.05.16
光绪三十三年 江西官银钱总号银两票拾两一枚		322,000	北京保利	2013.06.02

2013杂项拍卖成交汇总

(成交价RMB：1万元以上)

拍品名称	物品尺寸	成交价RMB	拍卖公司	拍卖日期
光绪三十三年(1907年)永济号铜元壹伯枚		10,580	中国嘉德	2013.11.23
光绪三十三年安徽裕皖官钱局银元票壹圆一枚		11,500	北京诚轩	2013.11.21
光绪三十三年大清银行兑换券汉口壹圆一枚		17,250	北京诚轩	2013.11.21
光绪三十三年大清银行兑换券汉口壹圆一枚		10,350	北京诚轩	2013.11.21
光绪三十三年华商上海信成银行银元票壹元、伍元、拾元各一枚		92,000	北京诚轩	2013.11.21
光绪三十四年 (1908年)上海和兰银行伍元		17,250	中国嘉德	2013.05.17
光绪三十四年 (1908年)天津银号京平银伍两		264,500	中国嘉德	2013.05.17
光绪三十四年 (1908年)信义工商储蓄银行汉口壹圆		36,800	中国嘉德	2013.05.17
光绪三十四年 黑龙江官银分号付小银元票伍角一枚		287,500	北京诚轩	2013.05.16
光绪三十四年(1908年)信义工商储蓄银行芜湖壹圆		28,750	中国嘉德	2013.11.23
光绪三十四年黑龙江官银分号小银圆票拾角一枚		149,500	北京保利	2013.12.03
光绪三十四年上海和兰银行银元票拾元样票一枚		36,800	北京诚轩	2013.11.21
光绪三十四年信义工商储蓄银行银元票壹圆一枚		40,250	北京诚轩	2013.11.21
光绪三十一年 奉天官银号小银元票奉天伍圆一枚		46,000	北京诚轩	2013.05.16
光绪三十一年 奉天官银号小银元票奉天伍圆一枚		17,250	北京诚轩	2013.05.16
光绪三十一年北洋银元局铜元票伍百枚一枚		78,200	北京诚轩	2013.11.21
光绪三十一年奉天官银号东钱票壹吊一枚		92,000	北京诚轩	2013.11.21
光绪三十一年广东省光绪元宝银圆券壹元一枚		17,250	北京保利	2013.12.03
光绪三十一年江南裕宁官银钱局银元钞票壹圆一枚		82,800	北京诚轩	2013.11.21
光绪戊申年新疆官钱总局红钱肆百文一枚		253,000	北京诚轩	2013.05.16
光绪乙巳年吉林永衡官钱局永衡官帖伍吊一枚		20,700	北京诚轩	2013.05.16
洪武大明通行宝钞壹贯一枚		23,000	北京诚轩	2013.11.21
洪武大明通行宝钞壹贯一枚		18,400	北京诚轩	2013.11.21
洪武大明通行宝钞壹贯一枚		13,800	北京诚轩	2013.11.21
冀东银行拾圆		86,250	中国嘉德	2013.05.17
冀东银行伍圆		69,000	中国嘉德	2013.05.17
建国联军第二军行军通用储蓄券拾圆		17,250	中国嘉德	2013.11.23
交通银行黑河伍分		11,500	中国嘉德	2013.11.23
浏东生产贩卖合作社常洋贰圆		103,500	中国嘉德	2013.11.23
满洲中央银行百圆十枚连号		12,650	中国嘉德	2013.05.17
满洲中央银行五角		20,700	中国嘉德	2013.11.23
满洲中央银行五色旗壹百圆		18,400	中国嘉德	2013.11.23
蒙疆银行五角样票		33,350	中国嘉德	2013.11.23
民国 钱庄票一组十一枚		27,600	中国嘉德	2013.05.17
民国 中央银行肆佰圆		13,800	北京翰海	2013.06.22
民国4年 中国银行黄帝像小银元券壹圆、伍圆、拾圆正反单面样票共六枚		149,500	北京保利	2013.06.02
民国5年 李鸿章像北洋天津银号银元票伍圆加盖“直隶省银行”一枚		115,000	北京诚轩	2013.05.16
民国6年 云南靖国军军用银行兑换券壹圆、伍圆各一枚		13,800	北京诚轩	2013.05.16
民国6年 中国银行兑换券国币辅币壹角一枚		23,000	北京诚轩	2013.05.16
民国6年 中国银行兑换券国币辅币壹角一枚		13,800	北京诚轩	2013.05.16
民国八年 黑龙江广信公司兑换券大洋壹圆一枚		13,800	北京诚轩	2013.05.16
民国八年 交通银行国币券壹圆样票一枚		10,925	北京诚轩	2013.05.16
民国八年 山西省银行银元票伍拾圆样票一枚		195,500	北京诚轩	2013.05.16
民国八年 中国银行财政部版国币券拾圆一枚		20,700	北京诚轩	2013.05.16
民国八年中国银行国币券壹圆试模样票一枚		18,400	北京诚轩	2013.11.21
民国二年 (1913年)交通银行北京拾圆		69,000	中国嘉德	2013.05.17
民国二年 (1913年)交通银行重庆壹圆		34,500	中国嘉德	2013.05.17
民国二年 (1913年)陕西秦丰银行兑换券拾两		20,700	中国嘉德	2013.05.17
民国二年 (1913年)中国银行兑换券黄帝像壹百圆单正、反样票各一枚		12,650	中国嘉德	2013.05.17
民国二年 奉天兴业总银行银元票拾圆一枚		12,650	北京诚轩	2013.05.16
民国二年 交通银行美钞版银元票壹圆、伍圆、拾圆、伍拾圆、壹百圆样票全套五枚		71,300	北京诚轩	2013.05.16
民国二年 交通银行美钞版银元票壹圆一枚		25,300	北京诚轩	2013.05.16
民国二年 交通银行小洋改大洋券壹圆一枚		23,000	北京诚轩	2013.05.16
民国二年 交通银行银元票伍拾圆流通票改作样票一枚		184,000	北京诚轩	2013.05.16
民国二年 交通银行银元票壹百元圆流通票改作样票一枚		172,500	北京诚轩	2013.05.16
民国二年 交通银行银元票壹圆流通票改作样票一枚		48,300	北京诚轩	2013.05.16
民国二年(1913年)交通银行样票一组五枚		63,250	中国嘉德	2013.11.23
民国二年奉天兴业总银行银元票壹圆一枚		13,800	北京诚轩	2013.11.21
民国二年黄帝像中国银行兑换券壹圆样票一枚		11,500	北京诚轩	2013.11.21
民国二年交通银行小洋银元票壹圆一枚		17,250	北京诚轩	2013.11.21
民国二年交通银行银元票伍圆流通票改样票一枚		34,500	北京诚轩	2013.11.21
民国二年云南富滇银行银元票拾圆一枚		23,000	北京诚轩	2013.11.21
民国二十八年 (1939年)浙江地方银行壹圆十枚连号		13,800	西泠拍卖	2013.07.12
民国二十八年 西康省银行藏币半圆一枚		13,800	北京诚轩	2013.05.16
民国二十八年 西康省银行藏币壹圆一枚		13,800	北京诚轩	2013.05.16
民国二十二年黑龙江省饶河县流通救济券伍圆一枚		23,000	北京诚轩	2013.11.21
民国二十九年 中央造币厂桂林分厂二周年纪念章一枚		12,650	北京诚轩	2013.05.17
民国二十六年四川省政府建设库券改中国农民银行重庆壹百圆样票一枚		11,500	北京诚轩	2013.11.21

拍品名称	物品尺寸	成交价RMB	拍卖公司	拍卖日期
民国二十年 中国实业银行美钞版国币券壹圆、伍圆、拾圆正、反单面试模票各一枚		11,500	北京诚轩	2013.05.16
民国二十年(1931年)广东省银行银毫券伍毫百枚连号		13,800	中国嘉德	2013.11.23
民国二十年中国垦业银行国币券上海拾圆一枚		25,300	北京诚轩	2013.11.21
民国二十年中国实业银行国币券伍圆、拾圆样票各一枚		10,925	北京诚轩	2013.11.21
民国二十七年 中国联合准备银行大龙票壹百圆一枚		13,800	北京诚轩	2013.05.16
民国二十七年(1938年)晋察冀边区银行贰角		115,000	中国嘉德	2013.05.17
民国二十七年(1938年)中国联合准备银行拾圆		17,250	中国嘉德	2013.11.23
民国二十三年 四川开江農(农)村银行通用钞票辅币券贰角一枚		16,100	北京诚轩	2013.05.16
民国二十三年中国银行国币券山东壹圆、伍圆试色样票各一枚		69,000	北京诚轩	2013.11.21
民国二十四年 (1935年)中央银行四川兑换券壹圆		13,800	西泠拍卖	2013.07.12
民国二十四年 广州市市立银行银毫票伍拾圆一枚		34,500	北京诚轩	2013.05.16
民国二十四年 中央银行四川兑换券壹圆、伍圆、拾圆各一枚		11,500	北京诚轩	2013.05.16
民国二十四年 中央银行四川兑换券重庆拾圆一枚		13,800	北京诚轩	2013.05.16
民国二十五年 (1936年)中央银行“红牌坊”壹圆		103,500	中国嘉德	2013.05.17
民国二十五年 (1936年)中央银行“红牌坊”壹圆		10,120	中国嘉德	2013.05.17
民国二十五年 (1936年)中央银行壹百圆样票、流通票各一枚		32,200	中国嘉德	2013.05.17
民国二十五年 中央银行华德路版法币券伍百圆一枚		14,950	北京诚轩	2013.05.16
民国二十五年(1936年)中央银行壹圆“红牌坊”		71,300	中国嘉德	2013.11.23
民国二十五年(1936年)中央银行壹圆“红牌坊”		19,550	中国嘉德	2013.11.23
民国二十五年中央银行华德路版法币券伍拾圆一枚		11,500	北京诚轩	2013.11.21
民国二十一年 浙江地方银行国币辅币券壹角、贰角各一枚		10,925	北京诚轩	2013.05.16
民国二十一年 浙江地方银行国币券杭州壹圆、伍圆、拾圆各一枚		23,000	北京诚轩	2013.05.16
民国交通银行纸币一组二枚		29,900	中国嘉德	2013.11.23
民国九年 (1920年)中国通商银行上海拾圆		18,400	中国嘉德	2013.05.17
民国九年 (1920年)中国通商银行上海通用银两伍两样票		10,925	中国嘉德	2013.05.17
民国九年 (1920年)中国通商银行上海伍拾圆样票		18,400	中国嘉德	2013.05.17
民国九年 (1920年)中华茂业银行山东壹圆		115,000	中国嘉德	2013.05.17
民国九年中国通商银行银元票上海拾圆一枚		28,750	北京诚轩	2013.11.21
民国九年中国通商银行银元票上海拾圆一枚		10,350	北京诚轩	2013.11.21
民国九年中国通商银行银圆票上海壹圆一枚		13,800	北京保利	2013.12.03
民国七年 (1918年)吉林永衡官银钱号大洋、小洋壹圆各一枚		14,950	中国嘉德	2013.05.17
民国七年 (1918年)裕湘银行银元伍圆		32,200	中国嘉德	2013.05.17
民国七年黑龙江官银号钱帖铜元贰伯枚、江钱陆吊肆百文一枚		14,950	北京诚轩	2013.11.21
民国七年湖南银行广州城华商石印局版银元票伍圆一枚		25,300	北京诚轩	2013.11.21
民国七年中国银行国币券青岛伍圆、拾圆各一枚		16,100	北京保利	2013.12.03
民国三年 (1914年)交通银行北京壹圆		23,000	中国嘉德	2013.05.17
民国三年 (1914年)交通银行上海拾圆		16,100	中国嘉德	2013.05.17
民国三年 (1914年)交通银行天津伍拾圆样票		36,800	中国嘉德	2013.05.17
民国三年 (1914年)交通银行天津样票一组三枚		40,250	中国嘉德	2013.05.17
民国三年 (1914年)交通银行天津壹百圆样票		51,750	中国嘉德	2013.05.17
民国三年 (1914年)中国银行袁世凯像伍圆		46,000	中国嘉德	2013.05.17
民国三年 (1914年)中国银行袁世凯像伍圆		34,500	中国嘉德	2013.05.17
民国三年 袁世凯像中国银行美钞版国币券拾圆一枚		46,000	北京诚轩	2013.05.16
民国三年 袁世凯像中国银行美钞版国币券伍圆一枚		28,750	北京诚轩	2013.05.16
民国三年 袁世凯像中国银行美钞版国币券壹圆一枚		20,700	北京诚轩	2013.05.16
民国三年 袁世凯像中国银行美钞版国币券壹圆一枚		19,550	北京诚轩	2013.05.16
民国三年 中国银行袁世凯像国币伍圆一枚		40,250	北京诚轩	2013.05.16
民国三年(1914年)交通银行天津壹百圆		34,500	中国嘉德	2013.11.23
民国三年(1914年)中国银行袁世凯像壹圆		32,200	中国嘉德	2013.11.23
民国三年交通银行国币券南京拾圆样票一枚		39,100	北京诚轩	2013.11.21
民国三年交通银行国币券上海伍拾圆、壹百圆各一枚		10,350	北京诚轩	2013.11.21
民国三年中国银行袁世凯像国币券拾圆一枚		36,800	北京诚轩	2013.11.21
民国三年中国银行袁世凯像国币券拾圆一枚		29,900	北京诚轩	2013.11.21
民国三年中国银行袁世凯像国币券伍圆一枚		48,300	北京诚轩	2013.11.21
民国三十八年湖南省银行银元辅币券伍角一枚		12,650	北京诚轩	2013.11.21
民国三十八年江西省银行辅币券壹角、贰角、伍角各一百枚连号，计三百枚		16,100	北京保利	2013.12.03
民国三十八年中国人民银行江西省分行临时流通券伍圆、拾圆、贰拾圆各一枚		11,500	北京保利	2013.12.03
民国三十八年中央银行中华书局版金圆券伍佰万圆一枚		16,100	北京诚轩	2013.11.21
民国三十二年 (1943年)中央银行伍拾圆单正面未完成票		24,150	中国嘉德	2013.05.17
民国三十二年 中央造币厂桂林分厂赠“桂林中国工程师学会第十二届年会”纪念银章一枚		11,500	北京诚轩	2013.05.17
民国三十六年 东北银行地方流通券伍百圆三枚连号		35,650	北京诚轩	2013.05.16

(成交价RMB：1万元以上)

拍品名称	物品尺寸	成交价RMB	拍卖公司	拍卖日期
民国三十六年 中央银行中华书局版关金券伍仟圆一百零六枚		14,950	北京诚轩	2013.05.16
民国三十六年 中央银行中央版关金券伍仟圆八十七枚		23,000	北京诚轩	2013.05.16
民国三十六年 中央银行中央版关金券伍仟圆四百枚		172,500	北京诚轩	2013.05.16
民国三十六年(1947年)东北银行地方流通券伍百圆二枚		10,925	中国嘉德	2013.11.23
民国三十年 (1941年)中央银行贰圆(岳阳楼)		74,750	中国嘉德	2013.05.17
民国三十年 (1941年)中央银行贰圆(岳阳楼)		69,000	中国嘉德	2013.05.17
民国三十年 中央银行美商保安版法币券壹佰圆一百枚连号		10,580	北京诚轩	2013.05.16
民国三十年(1941年)豫鄂边区建设银行伍角		10,350	中国嘉德	2013.11.23
民国三十年(1941年)中国银行壹百圆		11,500	中国嘉德	2013.11.23
民国三十年(1941年)中央银行贰圆“岳阳楼”单正、反样票各一张		46,000	中国嘉德	2013.11.23
民国三十年交通银行法币券伍佰圆一枚		13,800	北京诚轩	2013.11.21
民国三十年交通银行法币券伍圆一百枚连号		18,400	北京诚轩	2013.11.21
民国三十年中国农民银行国币券壹圆一百枚连号		10,350	北京保利	2013.12.03
民国三十七年 (1948年)中央银行关金贰拾伍万圆单正、反样票各一张		11,500	中国嘉德	2013.05.17
民国三十七年 中央银行中央版关金券贰仟伍佰圆二百零五枚		29,900	北京诚轩	2013.05.16
民国三十三年 (1944年)中央银行壹百圆		43,700	中国嘉德	2013.05.17
民国三十三年 鲁西银行湖西拾圆正、反连印未裁切样票一枚		35,650	北京诚轩	2013.05.16
民国三十三年 中央银行中信版法币券军用票壹仟圆、三十四年中央版贰仟圆各一枚		10,580	北京诚轩	2013.05.16
民国三十三年(1944年)中央银行伍佰圆样票		11,500	中国嘉德	2013.11.23
民国三十三年(1944年)中央银行壹百圆		33,350	中国嘉德	2013.11.23
民国三十三年北海银行纸币拾圆一枚		20,700	北京诚轩	2013.11.21
民国三十三年中央银行大业版法币券肆百圆二枚连号		13,800	北京诚轩	2013.11.21
民国三十三年中央银行大业版法币券肆百圆一枚		19,550	北京诚轩	2013.11.21
民国三十四年 (1945年)中央储备银行拾万圆		46,000	中国嘉德	2013.05.17
民国三十四年 中央储备银行国币券拾万圆一枚		18,400	北京诚轩	2013.05.16
民国三十四年 中央银行中央版新疆省流通券伍拾圆一枚		103,500	北京诚轩	2013.05.16
民国三十四年(1945年)中央储备银行拾万圆		13,800	中国嘉德	2013.11.23
民国三十四年(1945年)中央储备银行拾万圆单正面样票		16,100	中国嘉德	2013.11.23
民国三十四年(1945年)中央储备银行拾万圆样票		11,500	中国嘉德	2013.11.23
民国三十四年(1945年)中央储备银行拾万圆样票		11,500	中国嘉德	2013.11.23
民国三十四年(1945年)中央银行伍佰圆		21,850	中国嘉德	2013.11.23
民国三十四年中央银行百城版壹仟圆一枚		13,800	北京保利	2013.12.03
民国三十五年 交通银行本票国币壹仟圆一枚		11,500	北京诚轩	2013.05.16
民国三十五年晋察冀边区银行纸币冀热辽拾圆一枚、伍佰圆一枚		11,500	北京诚轩	2013.11.21
民国三十一年 中央银行福建百城版法币券壹百圆一枚		13,800	北京诚轩	2013.05.16
民国三十一年中国银行美钞版法币券壹仟圆一枚		13,800	北京诚轩	2013.11.21
民国上海美丰银行上海试模样票一组四张		16,100	中国嘉德	2013.05.17
民国十八年 (1929年)中国通商银行上海壹圆		28,750	中国嘉德	2013.05.17
民国十八年 (1929年)中国通商银行上海壹圆		10,350	中国嘉德	2013.05.17
民国十八年 河北省编遣欠饷定期库券壹圆、伍圆、拾圆各一枚		10,925	北京诚轩	2013.05.16
民国十八年 河南农工银行铜元票河南贰拾枚一枚		11,500	北京诚轩	2013.05.16
民国十八年 中国通商银行财神像银元票上海壹圆一枚		23,000	北京诚轩	2013.05.16
民国十八年中国通商银行上海通用银元票壹圆一枚		25,300	北京诚轩	2013.11.21
民国十二年 (1923年)交通银行奉天试模样票一组六张		18,400	中国嘉德	2013.05.17
民国十二年 (1923年)浙兴兴业银行兑换券壹圆		10,350	西泠拍卖	2013.07.12
民国十二年 (1923年)中央银行梅菉壹百圆样票		11,500	中国嘉德	2013.05.17
民国十二年 (1923年)中央银行壹百圆样票		10,120	中国嘉德	2013.05.17
民国十二年 (1923年)中央银行壹圆、伍圆、拾圆样票各二枚		18,400	中国嘉德	2013.05.17
民国十二年 交通银行美钞版国币券奉天壹圆、伍圆、拾圆样票各一枚		34,500	北京诚轩	2013.05.16
民国十二年 交通银行美钞版银元票奉天伍圆一枚		11,500	北京诚轩	2013.05.16
民国十二年 浙江兴业银行兑换券国币拾圆样票一枚		10,925	北京诚轩	2013.05.16
民国十二年 浙江兴业银行兑换券国币伍圆样票一枚		23,000	北京诚轩	2013.05.16
民国十二年 中央银行美钞版银元票伍拾圆一枚		149,500	北京诚轩	2013.05.16
民国十二年(1923年)中央银行黑色壹圆		112,700	上海泓盛	2013.09.12
民国十二年浙江兴业银行兑换券拾圆一枚		46,000	北京诚轩	2013.11.21
民国十二年中央银行通用货币拾圆一枚		11,500	北京保利	2013.12.03
民国十九年 湖南省银行辅币券伍角一枚		46,000	北京保利	2013.06.02
民国十九年湖南省银行银元辅币券壹角、贰角、伍角各一枚		16,100	北京诚轩	2013.11.21
民国十九年中央银行关金券上海壹百圆一百枚连号		13,800	北京保利	2013.12.03
民国十九年中央银行上海关金券壹圆七十余枚		10,925	北京保利	2013.12.03
民国十六年 交通银行国币券天津拾圆四枚连号		14,950	北京诚轩	2013.05.16
民国十六年(1927年)察哈尔兴业银行张家口壹圆		11,270	中国嘉德	2013.11.23
民国十六年(1927年)绥远平市官钱局贰角样票		78,200	中国嘉德	2013.11.23

拍品名称	物品尺寸	成交价RMB	拍卖公司	拍卖日期
民国十六年湖南省金库券壹圆一枚		36,800	北京诚轩	2013.11.21
民国十六年中央银行辅币券伍角一枚		13,800	北京诚轩	2013.11.21
民国十年 东三省银行国币券哈尔滨壹圆、伍圆、拾圆正、反单面印刷样票各一枚		24,150	北京诚轩	2013.05.16
民国十年 吉林永衡官银钱号大洋票壹圆、伍圆、拾圆样票各一枚		14,950	北京诚轩	2013.05.16
民国十年 吉林永衡官银钱号铜元票伍枚、拾枚、贰拾枚、伍拾枚、壹佰枚样票全套五枚		23,000	北京诚轩	2013.05.16
民国十年(1921年)劝业银行上海样票一组三张		40,250	中国嘉德	2013.11.23
民国十年(1921年)梧州市立银行伍圆		11,500	中国嘉德	2013.11.23
民国十年(1921年)徐世昌像仁寿同登银章(LM956)		105,800	中国嘉德	2013.11.24
民国十年富滇银行美钞版银元票壹圆、伍圆、拾圆、伍拾圆、壹佰圆正、反单面试模样票各一枚		18,400	北京诚轩	2013.11.21
民国十年上海四明银行通用银元券壹圆一枚		46,000	北京保利	2013.12.03
民国十七年 东南银行银元票福建伍圆一枚		62,100	北京诚轩	2013.05.16
民国十七年 东南银行银元票福建壹圆一枚		36,800	北京诚轩	2013.05.16
民国十七年(1928年)绥远平市官钱局绥远贰角		172,500	中国嘉德	2013.11.23
民国十七年(1928年)绥远平市官钱局绥远伍角		287,500	中国嘉德	2013.11.23
民国十三年 东三省官银号汇兑券壹圆、伍圆、拾圆、伍拾圆、壹百圆全套五枚		32,200	北京诚轩	2013.05.16
民国十三年 青岛地方银行改青岛市农工银行铜元票拾枚一枚		11,500	北京诚轩	2013.05.16
民国十三年 浙江金库兑换券壹元一枚		276,000	北京诚轩	2013.05.16
民国十三年 中国实业银行美钞版国币券壹圆一枚		20,700	北京诚轩	2013.05.16
民国十三年(1924年)东三省官银号汇兑券壹百圆		11,270	中国嘉德	2013.11.23
民国十三年(1924年)香港国民商业储蓄银行有限公司汉口拾圆		13,800	中国嘉德	2013.11.23
民国十三年天津美丰银行银元票天津伍圆一枚		14,950	北京诚轩	2013.11.21
民国十三年中国实业银行国币券上海壹圆一枚		12,650	北京保利	2013.12.03
民国十四年 边业银行国币券天津壹圆、伍圆、拾圆正、反单面印刷样票各一枚		18,400	北京诚轩	2013.05.16
民国十四年 边业银行国币券伍拾圆、壹百圆样票各一枚		17,250	北京诚轩	2013.05.16
民国十四年 山东省银行国币券壹圆、伍圆、拾圆样票各一枚		13,800	北京诚轩	2013.05.16
民国十四年 山东省银行国币券壹圆、伍圆各一枚		12,650	北京保利	2013.06.02
民国十四年 西北银行铜元票拾枚“张家口”、“张家口丰镇”各一枚；贰拾枚“张家口丰镇”一枚；伍拾枚、壹百枚“张家口”各一枚		11,500	北京诚轩	2013.05.16
民国十四年(1925年)陇南平市官钱局壹圆		46,000	中国嘉德	2013.11.23
民国十四年(1925年)绥远平市官钱局壹圆、伍圆、拾圆共3枚全套样本券		103,500	上海泓盛	2013.09.12
民国十四年山东省银行国币券济南伍拾圆正、反单面样票各一枚		23,000	北京诚轩	2013.11.21
民国十四年山东省银行国币券济南壹百圆正、反单面样票各一枚		23,000	北京诚轩	2013.11.21
民国十四年山西国民军兑换券拾圆一枚		36,800	北京诚轩	2013.11.21
民国十四年四明银行通用银元票上海拾圆一枚		34,500	北京保利	2013.12.03
民国十四年四明银行通用银元票上海壹圆一枚		40,250	北京保利	2013.12.03
民国十四年四明银行通用银元券上海壹圆一枚		32,200	北京保利	2013.12.03
民国十五年 (1926年)中国通商银行上海伍圆		29,900	中国嘉德	2013.05.17
民国十五年 改民国十八年 热河兴业银行国币券热河壹圆一枚		12,650	北京诚轩	2013.05.16
民国十五年 吉林永衡官银钱号大洋券壹圆、伍圆、拾圆正、反单面印刷样票各一枚		16,100	北京诚轩	2013.05.16
民国十五年 山东省金库券壹圆十枚连号		11,500	北京诚轩	2013.05.16
民国十五年 中央银行美钞版大洋券壹圆一枚		149,500	北京诚轩	2013.05.16
民国十五年(1926年)华大汇兑局大洋支票涵江伍角		21,850	中国嘉德	2013.11.23
民国十五年(1926年)吉林永衡官银钱号大洋壹圆、伍圆、拾圆样票各一枚		10,120	中国嘉德	2013.11.23
民国十五年改民国十八年热河兴业银行热河国币券拾圆一枚		13,800	北京诚轩	2013.11.21
民国十一年 广西军用钞票壹圆一枚		23,000	北京诚轩	2013.05.16
民国十一年福建银行台伏票番银贰拾圆一枚		69,000	北京诚轩	2013.11.21
民国十一年福建银行台伏票壹百员一枚		138,000	北京诚轩	2013.11.21
民国十一年广西军用钞票伍角一枚		11,500	北京诚轩	2013.11.21
民国十一年河南省银行壹圆、伍圆、拾圆各一枚		11,500	北京保利	2013.12.03
民国时期财政部平市官钱局铜元票一组八枚		11,500	北京诚轩	2013.05.16
民国时期湖南省银行国币、银元辅币券一组八枚		17,250	北京诚轩	2013.11.21
民国时期江西万载县银行临时小票金圆券壹角正一枚		10,925	北京诚轩	2013.05.16
民国时期无年份富滇银行银元票壹圆、十年伍拾圆各一枚		10,925	北京诚轩	2013.05.16
民国时期无年份湖南银行银元票壹圆一枚		27,600	北京诚轩	2013.11.21
民国时期无年份江西银行国币券壹圆、伍圆、拾圆各一枚		18,400	北京诚轩	2013.05.16
民国时期无年份中央银行中华书局版国币券贰角伍分、伍角各一枚		10,925	北京诚轩	2013.11.21
民国时期中国联合准备银行百圆一百枚		34,500	北京保利	2013.12.03
民国时期中央银行法币券一组九枚		13,800	北京诚轩	2013.05.16
民国四年交通银行银元辅币券伍角、拾角、伍拾角、壹百角样票各一枚		17,250	北京诚轩	2013.11.21
民国四年十一月二十三日(1915年)中国银行有限公司股票，伍股共洋伍百圆		552,000	上海泓盛	2013.09.10
民国四年四川川源官银行银元票壹圆一枚		18,400	北京诚轩	2013.11.21
民国五年湖南实业银行神农图银元票壹圆一枚		17,250	北京诚轩	2013.11.21
民国样票一组二枚		25,300	中国嘉德	2013.05.17
民国元年(1912年)大清银行兑换券改中国银行北京壹圆		299,000	中国嘉德	2013.05.17
民国元年(1912年)交通银行拾圆样票		149,500	中国嘉德	2013.05.17
民国元年(1912年)交通银行伍圆样票		184,000	中国嘉德	2013.05.17

2013杂项拍卖成交汇总

(成交价RMB：1万元以上)

拍品名称	物品尺寸	成交价RMB	拍卖公司	拍卖日期
民国元年(1912年)陕西秦丰银行兑换券伍两样票		34,500	中国嘉德	2013.05.17
民国元年(1912年)中国银行兑换券黄帝像四川壹圆		13,800	中国嘉德	2013.11.23
民国元年(1912年)中国银行兑换券壹圆		10,350	西泠拍卖	2013.07.12
民国元年(1912年)中国银行兑换券云南伍圆		11,500	中国嘉德	2013.11.23
民国元年(1912年)中华民国军需公债一组四件		10,120	中国嘉德	2013.11.23
民国元年北京交通银行通用龙元壹圆正面单面印刷试印样票一枚		218,500	北京诚轩	2013.05.16
民国元年赣省民国银行当十铜元票拾枚一枚		28,750	北京保利	2013.06.02
民国元年黄帝像中国银行兑换券拾圆一枚		59,800	北京诚轩	2013.05.16
民国元年黄帝像中国银行兑换券拾圆一枚		17,250	北京诚轩	2013.05.16
民国元年黄帝像中国银行兑换券拾圆一枚		13,800	北京诚轩	2013.05.16
民国元年黄帝像中国银行兑换券拾圆一枚		28,750	北京诚轩	2013.11.21
民国元年黄帝像中国银行兑换券伍圆一枚		16,100	北京诚轩	2013.05.16
民国元年黄帝像中国银行兑换券伍圆一枚		21,850	北京诚轩	2013.11.21
民国元年黄帝像中国银行兑换券壹圆一枚		66,700	北京诚轩	2013.05.16
民国元年黄帝像中国银行兑换券壹圆一枚		11,500	北京诚轩	2013.05.16
民国元年黄帝像中国银行兑换券壹圆一枚		10,925	北京诚轩	2013.05.16
民国元年交通银行通用银圆票天津拾圆一枚		94,300	北京保利	2013.12.03
民国元年交通银行小洋票伍拾角一枚		41,400	北京诚轩	2013.05.16
民国元年李鸿章像大清银行兑换券改中国银行兑换券壹圆流通票改作样票一枚		101,200	北京诚轩	2013.05.16
民国元年陆军部发行军事用票壹圆一枚		80,500	北京诚轩	2013.11.21
民国中央银行纸币一组五枚		14,950	中国嘉德	2013.11.23
日本帝国政府壹仟元样票二种		16,100	中国嘉德	2013.11.23
日本银行兑换券千圆		13,800	中国嘉德	2013.05.17
日本银行兑换券拾圆		13,800	中国嘉德	2013.05.17
天津改哈尔滨华俄道胜银行伍拾两改伍拾圆一枚		28,750	北京保利	2013.12.03
天津改哈尔滨华俄道胜银行壹百两改壹百圆一枚		25,300	北京保利	2013.12.03
咸丰八年 (1858年)大清宝钞贰千文二枚连号		10,120	中国嘉德	2013.05.17
咸丰八年 (1858年)大清宝钞贰千文四枚连号		29,900	中国嘉德	2013.05.17
咸丰八年 (1858年)大清宝钞拾千文		17,250	中国嘉德	2013.05.17
咸丰八年 (1858年)大清宝钞拾千文		17,250	中国嘉德	2013.05.17
咸丰八年 (1858年)大清宝钞伍拾千文		57,500	中国嘉德	2013.05.17
咸丰八年 (1858年)大清宝钞伍拾千文		57,500	中国嘉德	2013.05.17
咸丰八年 大清宝钞百千文一枚		115,000	北京保利	2013.06.02
咸丰八年 大清宝钞拾千文一枚		20,700	北京诚轩	2013.05.16
咸丰八年 大清宝钞伍千文一枚		23,000	北京诚轩	2013.05.16
咸丰八年(1858)大清宝钞拾千文	长25cm	19,550	中国嘉德	2013.11.23
咸丰八年(1858)大清宝钞拾千文	长25.1cm	19,550	中国嘉德	2013.11.23
咸丰八年(1858)大清宝钞拾千文	长24.6cm	19,550	中国嘉德	2013.11.23
咸丰八年大清宝钞百千文一枚		172,500	北京诚轩	2013.11.21
咸丰八年大清宝钞拾千文一枚		28,750	北京诚轩	2013.11.21
咸丰八年大清宝钞拾千文一枚		17,250	北京诚轩	2013.11.21
咸丰八年大清宝钞伍千文一枚		20,700	北京诚轩	2013.11.21
咸丰八年大清宝钞伍拾千文一枚		63,250	北京诚轩	2013.11.21
咸丰八年大清宝钞伍拾千文一枚		57,500	北京诚轩	2013.11.21
咸丰捌年(1858年)永丰官局·凭票支钱壹千文		402,500	上海泓盛	2013.09.11
咸丰九年 大清宝钞贰千文五枚连号		19,550	北京保利	2013.06.02
咸丰六年 (1856年)大清宝钞伍百文		29,900	中国嘉德	2013.05.17
咸丰六年 (1856年)户部官票壹两		25,300	中国嘉德	2013.05.17
咸丰六年 户部官票伍两一枚		71,300	北京诚轩	2013.05.16
咸丰六年 户部官票壹两一枚		18,400	北京保利	2013.06.02
咸丰六年 户部官票壹两一枚		17,250	北京保利	2013.06.02
咸丰六年 户部官票壹两一枚		11,500	北京保利	2013.06.02
咸丰六年(1856年)大清宝钞伍百文	长24.4cm	34,500	中国嘉德	2013.11.23
咸丰六年户部官票壹两一枚		18,400	北京诚轩	2013.11.21
咸丰七年 (1857年)大清宝钞贰千文二枚连号		10,350	中国嘉德	2013.05.17
咸丰七年 (1857年)大清宝钞壹千文二枚连号		10,580	中国嘉德	2013.05.17
咸丰七年 户部官票伍两一枚		59,800	北京保利	2013.06.02
咸丰三年 (1853年)户部官票拾两		43,700	中国嘉德	2013.05.17
咸丰三年 户部官票伍拾两一枚		253,000	北京诚轩	2013.05.16
咸丰三年 户部官票壹两一枚		17,250	北京保利	2013.06.02
咸丰三年大清宝钞壹千文一枚		27,600	北京诚轩	2013.11.21
咸丰三年大清宝钞壹千文一枚		19,550	北京保利	2013.12.03
咸丰三年户部官票手写伍两一枚		713,000	北京诚轩	2013.11.21
咸丰四年 (1854)大清宝钞壹千文		14,950	中国嘉德	2013.05.17
咸丰四年 (1854年)大清宝钞贰千文		13,800	中国嘉德	2013.05.17
咸丰四年 (1854年)大清宝钞壹千文		46,000	中国嘉德	2013.05.17
咸丰四年 大清宝钞壹仟伍百文一枚		19,550	北京诚轩	2013.05.16
咸丰四年 大清宝钞壹仟伍百文一枚		18,400	北京诚轩	2013.05.16
咸丰四年 大清宝钞壹仟伍百文一枚		17,250	北京诚轩	2013.05.16
咸丰四年 大清宝钞壹仟伍百文一枚		12,650	北京保利	2013.06.02
咸丰四年 户部官票叁两一枚		46,000	北京保利	2013.06.02
咸丰四年 户部官票拾两一枚		20,700	北京保利	2013.06.02
咸丰四年 户部官票拾两一枚		17,250	北京诚轩	2013.05.16
咸丰四年 户部官票壹两一枚		16,100	北京诚轩	2013.05.16
咸丰四年(1854年)大清宝钞贰千文二枚连号	长23cm；长22.9cm	13,800	中国嘉德	2013.11.23
咸丰四年(1854年)大清宝钞壹千伍百文	长23.3cm	12,650	中国嘉德	2013.11.23
咸丰四年(1854年)户部官票叁两	长24.5cm	29,900	中国嘉德	2013.11.23
咸丰四年(1854年)户部官票叁两	长25cm	20,700	中国嘉德	2013.11.23
咸丰四年(1854年)户部官票拾两	长32.5cm	25,300	中国嘉德	2013.11.23
咸丰四年(1854年)户部官票拾两	长31.5cm	17,250	中国嘉德	2013.11.23
咸丰四年(1854年)户部官票伍两	长25.2cm	29,900	中国嘉德	2013.11.23
咸丰四年大清宝钞壹千文一枚		11,500	北京诚轩	2013.11.21
咸丰四年户部官票叁两一枚		32,200	北京诚轩	2013.11.21
咸丰四年户部官票拾两一枚		25,300	北京诚轩	2013.11.21
咸丰四年户部官票伍两一枚		63,250	北京诚轩	2013.11.21
咸丰四年户部官票壹两一枚		17,250	北京诚轩	2013.11.21
咸丰五年 (1855年)户部官票叁两		28,750	中国嘉德	2013.05.17
咸丰五年 (1855年)户部官票叁两		23,000	中国嘉德	2013.05.17
咸丰五年 (1855年)户部官票拾两		32,200	中国嘉德	2013.05.17
咸丰五年 大清宝钞伍百文一枚		10,350	北京诚轩	2013.05.16
咸丰五年 户部官票叁两一枚		48,300	北京诚轩	2013.05.16
咸丰五年 户部官票叁两一枚		32,200	北京保利	2013.06.02

拍品名称	物品尺寸	成交价RMB	拍卖公司	拍卖日期
咸丰五年 户部官票叁两一枚		23,000	北京诚轩	2013.05.16
咸丰五年 户部官票叁两一枚		20,700	北京诚轩	2013.05.16
咸丰五年 户部官票拾两一枚		28,750	北京诚轩	2013.05.16
咸丰五年 户部官票壹两一枚		16,100	北京保利	2013.06.02
咸丰五年(1855年)户部官票拾两	长31.4cm	25,300	中国嘉德	2013.11.23
咸丰五年(1855年)户部官票拾两	长30.9cm	11,500	中国嘉德	2013.11.23
咸丰五年(1855年)户部官票拾两三枚连号	长31.1cm×3	74,750	中国嘉德	2013.11.23
咸丰五年(1855年)户部官票伍两	长24.5cm	34,500	中国嘉德	2013.11.23
咸丰五年(1855年)户部官票壹两	长24.8cm	16,100	中国嘉德	2013.11.23
咸丰五年奉谕和泰制钱票弍百文一枚		13,800	北京诚轩	2013.11.21
咸丰五年户部官票叁两一枚		27,600	北京诚轩	2013.11.21
咸丰五年户部官票叁两一枚		25,300	北京诚轩	2013.11.21
咸丰五年户部官票叁两一枚		23,000	北京保利	2013.12.03
咸丰五年户部官票壹两一枚		18,400	北京诚轩	2013.11.21
咸丰五年户部官票壹两一枚		17,250	北京保利	2013.12.03
现代 三版大团结百张连号		23,000	北京翰海	2013.06.22
现代 四版人民币90年贰元一千张		41,400	北京翰海	2013.06.22
现代 五版壹佰圆百张连号		17,250	北京翰海	2013.06.22
香港"汇丰银行千足黄金"一两金锭	重37.5g	17,250	中国嘉德	2013.11.24
香港上海汇理银行(英商汇丰银行)上海纹银壹两		57,500	中国嘉德	2013.05.17
宣统2年 (1910年)天津德和钱号壹圆		13,800	中国嘉德	2013.05.17
宣统年北津保商银行壹圆、伍圆、拾圆样票各一枚		287,500	中国嘉德	2013.05.17
宣统年间天津宝邑南街德玉成钱票肆吊、陆吊未流通票各一枚；陆吊流通票一枚		17,250	北京诚轩	2013.05.16
宣统元年(1909年)百川通记兑票松江银伍拾两		55,200	中国嘉德	2013.05.17
宣统元年(1909年)大清银行兑换券改中国银行东三省壹圆		276,000	中国嘉德	2013.05.17
宣统元年(1909年)鼓楼北大街华德银号通用银元壹圆		23,000	中国嘉德	2013.05.17
宣统元年(1909年)交通银行广东伍圆		14,950	中国嘉德	2013.05.17
宣统元年(1909年)交通银行广东伍圆		10,120	中国嘉德	2013.05.17
宣统元年(1909年)交通银行广东伍圆		11,500	中国嘉德	2013.11.23
宣统元年(1909年)交通银行广东壹圆		11,500	中国嘉德	2013.05.17
宣统元年(1909年)交通银行广东壹圆		10,925	中国嘉德	2013.05.17
宣统元年(1909年)交通银行上海壹圆单正、反样票各一张		66,700	中国嘉德	2013.11.23
宣统元年(1909年)交通银行营口拾角		115,000	中国嘉德	2013.05.17
宣统元年(1909年)交通银行营口伍拾角		23,000	中国嘉德	2013.05.17
宣统元年东三省官银号小银元票拾角一枚		13,800	北京诚轩	2013.05.16
宣统元年交通银行银元票广东伍圆一枚		13,800	北京诚轩	2013.05.16
宣统元年交通银行银元票广东壹圆一枚		11,500	北京诚轩	2013.05.16
宣统元年交通银行银圆券广东壹圆一枚		11,500	北京保利	2013.12.03
一九五零年东北银行地方流通券拾万圆正、反单面样票各一枚		17,250	北京保利	2013.12.03
一九五三年第一版人民币伍仟圆渭河桥一枚		12,650	北京保利	2013.12.03
直隶财政部平市官钱局当拾铜圆伍拾枚样票		172,500	中国嘉德	2013.11.23
纸币一组一百四十枚		10,120	中国嘉德	2013.11.23
中国联合准备银行贰角单正面试样样本		18,400	中国嘉德	2013.11.23
中华苏维埃共和国国家银行西北分行壹圆布币		[illegible]	中国嘉德	2013.11.23

拍品名称	物品尺寸	成交价RMB	拍卖公司	拍卖日期
中华苏维埃共和国国家银行纸币一组五枚		25,300	中国嘉德	2013.11.23
中央银行伍佰圆单正、反试色样票各一张		51,750	中国嘉德	2013.05.17
证章				
1910—1911年华洋义赈会(Central China Famine Relief)铜质奖章一枚		25,300	北京诚轩	2013.11.20
1916年袁世凯像中华帝国洪宪纪元飞龙纪念银章(LM942)		40,250	中国嘉德	2013.05.18
1916年袁世凯像中华帝国洪宪纪元飞龙纪念银章(LM942)		33,350	中国嘉德	2013.05.18
1916年袁世凯像中华帝国洪宪纪元飞龙纪念银章(LM942)		31,050	中国嘉德	2013.05.18
1916年袁世凯像中华帝国洪宪纪元飞龙纪念银章(LM942)		29,900	中国嘉德	2013.05.18
1916年袁世凯像中华帝国洪宪纪元飞龙纪念银章(LM942)		13,800	中国嘉德	2013.05.18
1923年曹锟(文装)宪法成立纪念章(LM958)		33,350	中国嘉德	2013.05.18
1924年曹锟(戎装)纪念银章(LM959)		36,800	中国嘉德	2013.05.18
1924年曹锟(戎装)纪念银章(LM959)		32,200	中国嘉德	2013.05.18
1988年汉城奥运会奖牌三枚		46,000	中国嘉德	2013.05.18
2013年第二届《中国历代纸币展·天津》纪念铜章一对		11,500	北京诚轩	2013.11.21
第一版一等三级"御赐双龙宝星"勋章		230,000	中国嘉德	2013.05.18
民国九年 (1920年)倪嗣冲像安庆造币厂纪念银章(LM954)		55,200	中国嘉德	2013.05.18
民国三十二年 五月中央造币厂桂林分厂狮子地球五周年纪念章一枚		11,400	上海崇源	2013.06.07
民国十八年(1929年)孙中山像奉安纪念铜章		12,650	中国嘉德	2013.11.24
民国十三年 (1924年)曹锟(戎装)宪法成立纪念银章(LM959)		34,500	中国嘉德	2013.05.18
民国时期黑龙江都督吴俊生奖章一枚		34,500	中国嘉德	2013.05.18
民国时期倪嗣冲像安武军纪念铜章一枚		161,000	北京诚轩	2013.11.20
清代钦差大臣赏给功牌一枚		41,400	北京诚轩	2013.11.20
伪满洲国"勋三位景云章"勋功旌章一枚		32,200	北京诚轩	2013.11.20
伪满洲国一等柱国勋章		230,000	中国嘉德	2013.05.18
钱币其他				
西汉 "邯郸四朱"砝码	通长0.95cm	24,150	中国嘉德	2013.05.17
西汉 "五铢"面四决铜范	通长25cm	115,000	中国嘉德	2013.05.17
西汉 "一两"、"十二朱"砝码一组两枚	通长1.8cm；通长1.89cm	13,800	中国嘉德	2013.05.17
三国·"大泉当千"钱树		28,750	西泠拍卖	2013.07.12
五代"永通泉货"铁母版	直径38mm	32,200	北京翰海	2013.06.22
汉"大泉五十"铜母范 件		57,500	朵云轩	2013.07.08
汉"大泉五十"铜母范一件		34,500	朵云轩	2013.07.08
汉"第十五"酒筹	直径3.62cm	13,800	中国嘉德	2013.05.17
汉"货泉"六枚铜钱范一件		132,250	朵云轩	2013.07.08
汉"货泉"四枚铜钱范一件		32,200	朵云轩	2013.07.08
汉"货泉"铜母范一件		51,750	朵云轩	2013.07.08
汉"货泉"铜母范一件，		36,800	朵云轩	2013.07.08
汉"鸡目五铢"钱范一枚		67,850	朵云轩	2013.07.08
汉"鸡目五铢"石质母范残件		28,750	朵云轩	2013.07.08
汉"五铢"铜范，内含"五铢"钱范十二枚	长24.6cm	149,500	中国嘉德	2013.11.23
汉"五铢"铜范，内含"五铢"铜范十二枚	长[illegible]	[illegible]	中国嘉德	[illegible]

2013杂项拍卖成交汇总

(成交价RMB：1万元以上)

拍品名称	物品尺寸	成交价RMB	拍卖公司	拍卖日期
汉“五铢”铜钱范一件		48,300	朵云轩	2013.07.08
汉“五铢”铜钱母范一件		57,500	朵云轩	2013.07.08
汉“五铢”铜钱母范一件		40,250	朵云轩	2013.07.08
汉 吉语背四灵印钮挂花	通长3.92cm	25,300	中国嘉德	2013.11.23
汉“大泉五十”铜范		92,000	北京翰海	2013.06.22
东汉·建武“五铢”铜母范一件		28,750	朵云轩	2013.07.08
北宋“宣和通宝”背“陕”铁母	直径2.56cm	25,300	中国嘉德	2013.05.17
南宋“临安府行用准贰拾文省”铅制钱牌		25,300	西泠拍卖	2013.07.12
南宋 十二两半银铤模具		32,200	西泠拍卖	2013.07.12
南宋“临安府行用准贰拾文省”铅制钱牌一枚		44,460	上海崇源	2013.06.07
新莽“大布黄千”铜母范	通长9.5cm	264,500	中国嘉德	2013.05.17
新莽“大泉五十”铜母范	通长12.6cm	322,000	中国嘉德	2013.05.17
新莽“大泉五十”铜母范	通长8.7cm	74,750	中国嘉德	2013.05.17
新莽“货泉”铜母范	通长11.5cm	195,500	中国嘉德	2013.05.17
宋“龟龄鹤算”背“长命富贵”吉语挂牌	通长7.94cm	23,000	中国嘉德	2013.05.17
宋“棋仙”选仙诗文钱牌	直径3.7cm	11,500	中国嘉德	2013.11.23
清 光绪通宝福局花钱钱树一枝	通长44.6cm	97,750	中国嘉德	2013.05.17
清 户部干丰官号钱帖一组二枚		17,250	中国嘉德	2013.05.17
清 户部天贞银钱号钱帖一组二枚		34,500	中国嘉德	2013.05.17
清 康熙年“江南苏州府正堂曹”抽拉式壹两、贰两、叁两铜砝码一组		17,250	北京诚轩	2013.05.18
清 钱树一枝	通长50.5cm	695,750	中国嘉德	2013.05.17
清 钱树一枝	通长57.1cm	678,500	中国嘉德	2013.05.17
清 钱树一枝	通长50cm	540,500	中国嘉德	2013.05.17
清 钱树一枝	通长66.8cm	488,750	中国嘉德	2013.05.17
清 钱树一枝	通长61.8cm	379,500	中国嘉德	2013.05.17
清 钱树一枝	通长66.8cm	368,000	中国嘉德	2013.05.17
清 钱树一枝	通长62cm	184,000	中国嘉德	2013.05.17
清 钱树一枝	通长63.8cm	184,000	中国嘉德	2013.05.17
清 钱树一枝	通长62cm	184,000	中国嘉德	2013.05.17
清 钱树一枝	通长56cm	172,500	中国嘉德	2013.05.17
清 钱树一枝	通长54cm	161,000	中国嘉德	2013.05.17
清 钱树一枝	通长58cm	126,500	中国嘉德	2013.05.17
清 钱树一枝	通长54.2cm	115,000	中国嘉德	2013.05.17
清 钱树一枝	通长65.5cm	105,800	中国嘉德	2013.05.17
清 钱树一枝	通长64.8cm	103,500	中国嘉德	2013.05.17
清 钱树一枝	通长63.2cm	97,750	中国嘉德	2013.05.17
清 钱树一枝	通长64cm	92,000	中国嘉德	2013.05.17
清 钱树一枝	通长63.5cm	71,300	中国嘉德	2013.05.17
清 钱树一枝	通长61.3cm	71,300	中国嘉德	2013.05.17
清 钱树一枝	通长59.7cm	69,000	中国嘉德	2013.05.17
清 钱树一株		77,050	朵云轩	2013.07.08
清 钱帖一组四枚		115,000	中国嘉德	2013.05.17
清 孙伯澂手拓古钱		18,400	中国嘉德	2013.11.23
清 咸丰年天贞银号钱帖		460,000	中国嘉德	2013.05.17
清代钱帖一组二枚		20,700	中国嘉德	2013.11.23
清代钱帖一组二枚		17,250	中国嘉德	2013.11.23
清末民初称银砝码一组六十五枚		115,000	北京诚轩	2013.05.18
清末民初称银砝码壹分至伍拾两全套二十七枚		69,000	北京诚轩	2013.05.18
清末民初时期民信局木质招牌一件		16,100	中国嘉德	2013.05.18
1909年青岛大德国宝伍分镍币一枚		13,800	北京诚轩	2013.11.20
1980年装帧流通硬币套币二十五件原封整盒		92,000	北京诚轩	2013.05.17
1985年西藏自治区成立二十周年流通纪念币样币二枚		25,300	北京诚轩	2013.11.20
1985年新疆维吾尔自治区成立三十周年流通纪念币样币二枚		19,550	北京诚轩	2013.11.20

拍品名称	物品尺寸	成交价RMB	拍卖公司	拍卖日期
1988年陈鸿彬著《树荫堂收藏元宝千种图录》一册		13,800	中国嘉德	2013.11.24
1988年中国人民银行成立四十周年纪念样币一枚	重9.32g	13,800	北京诚轩	2013.05.17
1990年第十一届亚洲运动会流通纪念币样币全套二枚二套		12,650	北京诚轩	2013.11.20
1991年全国义务植树运动十周年流通纪念币样币全套三枚三套		14,950	北京诚轩	2013.11.20
1991年新版硬币流通币样币全套三枚		13,800	北京诚轩	2013.11.20
1994年中国电信通用电话磁卡50元地图试机卡一组10枚		34,500	北京保利	2013.12.03
1994年中国电信通用电话磁卡50元地图试机卡一组10枚		34,500	北京保利	2013.12.03
1994年中国电信通用电话磁卡50元地图试机卡一组4枚		14,950	北京保利	2013.12.03
1994年中国电信通用电话磁卡50元地图试机卡一组5枚		17,250	北京保利	2013.12.03
1994年中国电信通用电话磁卡50元地图试机卡一组8枚		27,600	北京保利	2013.12.03
1998年刘少奇诞辰一百年周年流通纪念币样币二枚		10,350	北京诚轩	2013.11.20
1999年壹角兰花铝制流通币样币一枚		13,800	北京诚轩	2013.11.20
1999年壹圆菊花合金流通币样币一枚		11,500	北京诚轩	2013.11.20
2002年中央文献出版社《中国金融珍贵文物档案大典》图册九册		10,350	北京诚轩	2013.11.20
2003年世界文化遗产(第二组)曲阜孔庙孔林孔府、明清故宫流通纪念币样币一套二枚		25,300	北京诚轩	2013.11.20
2003年中国宝岛台湾(第一组)朝天宫、赤嵌楼流通纪念币样币一套二枚		23,000	北京诚轩	2013.11.20
2005年康银阁册装贺岁生肖鸡年精制流通纪念币五十枚		28,750	北京诚轩	2013.05.17
当代《先秦货币彙览·方足布卷》		11,500	中国嘉德	2013.11.23
各类钱币一册，约六十枚(无图)		10,260	上海崇源	2013.06.07
各类债券一组十六枚		57,500	中国嘉德	2013.05.17
古代丝绸之路货币一册一百二十枚		94,300	北京保利	2013.12.05
古代丝绸之路钱币册一百二十枚		97,750	北京保利	2013.12.05
古代丝绸之路钱币珊一百二十枚		97,750	北京保利	2013.12.05
古代丝绸之路钱币一册一百二十枚		86,250	北京保利	2013.12.05
古钱大辞典上、下编十二册及古钱大辞典拾遗一册		20,700	朵云轩	2013.07.08
古泉汇		57,500	朵云轩	2013.07.08
光绪三十三年(1907年)陆军部奏底一册		10,350	中国嘉德	2013.11.24
醴原古泉拓本		115,000	朵云轩	2013.07.08
历代古钱图说		28,750	朵云轩	2013.07.08
历代货币范珍赏		28,750	朵云轩	2013.07.08
历代珍钱、珍范原拓一箱		575,000	朵云轩	2013.07.08
蒙疆银行纸币(乙号拾圆券)样本册		18,400	中国嘉德	2013.11.23
民国二十五年 (1936年)孙中山像二十分、十分、五分镍币各一枚		23,000	中国嘉德	2013.05.18
民国三年 袁世凯像五分镍质样币一枚		59,280	上海崇源	2013.06.07
民国三年袁世凯像伍分镍质样币一枚		80,500	北京诚轩	2013.11.20
民国十二年 龙凤壹圆一枚		75,900	北京诚轩	2013.05.17
四川卢比一本66枚		28,750	北京保利	2013.12.04
咸丰十一年(1861年)祥丰钱帖一枚		17,250	中国嘉德	2013.11.23
宣统二年(1910年)榆林府府谷县造赉驿站钱粮交代册一本		11,500	中国嘉德	2013.11.24
邮票				
《解放区邮票中的毛泽东像》四框邮集一部，共64片		57,500	北京保利	2013.12.03
○ 红印花加盖暂作邮票大字1元一枚		18,400	中国嘉德	2013.05.18

拍品名称	物品尺寸	成交价RMB	拍卖公司	拍卖日期
○ 鲁山版毛泽东像邮票2元5角六方连		11,500	中国嘉德	2013.05.18
○ 鲁山版毛泽东像邮票5元十方连		23,000	中国嘉德	2013.05.18
○ 全国山河一片红(撤销发行)邮票一枚		345,000	中国嘉德	2013.05.18
○ 全国山河一片红(撤销发行)邮票一枚		391,000	中国嘉德	2013.11.24
○ 文革及编号邮票大全套		28,750	中国嘉德	2013.11.24
○1878－1883年大龙薄纸、阔边、厚纸邮票3分银二十五枚		34,500	北京诚轩	2013.11.22
○1878-1883年大龙邮票三枚全		18,400	北京诚轩	2013.05.19
○1878年大龙薄纸邮票三枚全		13,800	北京诚轩	2013.11.22
○1878年大龙薄纸邮票三枚全		13,800	北京诚轩	2013.11.22
○1878年大龙薄纸邮票三枚全		13,800	北京诚轩	2013.11.22
○1878年大龙薄纸邮票三枚全横双连		34,500	北京诚轩	2013.05.19
○1882年大龙阔边邮票5分银四方连		57,500	北京诚轩	2013.05.19
○1897年红印花加盖暂作邮票大字当壹圆一枚		14,950	北京诚轩	2013.05.19
○1897年红印花加盖暂作邮票大字当壹圆一枚		12,650	北京诚轩	2013.05.19
○1901－1910年伦敦版蟠龙邮票七百四十余枚(无图)		19,550	北京诚轩	2013.05.19
○1938年抗日战争时期晋察冀边区唐县临时邮政邮票1分一枚(Yang NC81)		74,750	北京诚轩	2013.11.22
○1962年纪92邮票4分蔡伦“公元前”一枚		20,700	北京诚轩	2013.05.19
○清末民初蟠龙、蟠龙加盖“中华民国”邮票一册计八百八十余枚(无图)		18,400	北京诚轩	2013.05.19
★ 1949-1955年纪、特邮票一册(无图)		66,700	中国嘉德	2013.05.18
★ 1949-1966年纪、特邮票大全套		207,000	中国嘉德	2013.05.18
★ 1952年特4(原版)邮票四十枚全三十六套		690,000	东方大观	2013.05.15
★ 1953年黄军邮九方连		28,750	中国嘉德	2013.05.18
★ 1953年黄军邮九十枚全张		667,000	中国嘉德	2013.05.18
★ 1953年黄军邮六方连		10,120	中国嘉德	2013.11.24
★ 1953年黄军邮四方连		17,250	中国嘉德	2013.05.18
★ 1953年黄军邮四方连		16,100	中国嘉德	2013.05.18
★ 1953年紫军邮横双连		80,500	中国嘉德	2013.05.18
★ 1953年紫军邮四方连		172,500	中国嘉德	2013.05.18
★ 1974-1982年J、T邮票大全套		115,000	中国嘉德	2013.05.18
★ J6第三届全运会邮票四十枚全张七全		16,100	中国嘉德	2013.05.18
★ J7全国农业学大寨会议邮票四十枚全张三全		10,120	中国嘉德	2013.05.18
★ T44齐白石作品选邮票五十枚全张十六全		43,700	中国嘉德	2013.05.18
★ T46庚申年(猴)		16,100	中国嘉德	2013.11.24
★ T46庚申年(猴)二枚		23,000	中国嘉德	2013.05.18
★ T46庚申年(猴)四方连		103,500	中国嘉德	2013.11.24
★ T46庚申年(猴)一枚		24,150	中国嘉德	2013.05.18
★ T46猴-T159羊第一轮生肖邮票十二枚全		12,650	中国嘉德	2013.05.18
★ T58辛酉年(鸡)邮票八十枚全张		14,950	中国嘉德	2013.05.18
★ T8批林批孔邮票五十枚全张四全		40,250	中国嘉德	2013.05.18
★ 北京二版帆船加盖“限吉黑贴用”邮票四方连二十全		25,300	中国嘉德	2013.05.18
★ 北京一版帆船加盖“限新省贴用”邮票二十二枚全		19,550	中国嘉德	2013.05.18
★ 编号邮票大全套		28,750	中国嘉德	2013.11.24
★ 编号邮票大全套		14,950	中国嘉德	2013.11.24
★ 编号邮票大全套(无图)		37,950	中国嘉德	2013.11.24
★ 编号邮票大全套(无图)		17,250	中国嘉德	2013.11.24
★ 编号邮票四方连大全套		103,500	中国嘉德	2013.11.24
★ 变体邮票一组八枚		18,400	中国嘉德	2013.05.18
★ 东北区通化版毛泽东像邮票5元横双连		18,400	中国嘉德	2013.05.18
★ 改10邮票50元/50元直双连		28,750	中国嘉德	2013.11.24
★ 航1邮票1000元横五连		11,500	中国嘉德	2013.05.18
★ 航2邮票八方连四全		10,350	中国嘉德	2013.05.18
★ 航2邮票三十方连四全		11,500	中国嘉德	2013.11.24
★红印花加盖暂作邮票大字1元横双连		172,500	中国嘉德	2013.05.18
★ 红印花加盖暂作邮票大字1元一枚		23,000	中国嘉德	2013.05.18
★红印花加盖暂作邮票小字2分四方连		39,100	中国嘉德	2013.05.18
★ 纪、特、编号、J、T邮票一组七十余套(无图)		16,100	中国嘉德	2013.05.18
★ 纪、特邮票四套		13,800	中国嘉德	2013.05.18
★ 纪10和平鸽原版邮票400元、1000元横双连各一件		11,500	中国嘉德	2013.05.18
★ 纪116二运会十一枚全		18,400	中国嘉德	2013.11.24
★ 纪118三五计划邮票四方连二全		12,650	中国嘉德	2013.05.18
★ 纪122鲁迅四方连三全		11,500	中国嘉德	2013.11.24
★ 纪12太平天国原版邮票五十枚全张四全		24,150	中国嘉德	2013.05.18
★ 纪2政协会议原版邮票五十枚全张四全		12,650	中国嘉德	2013.11.24
★ 纪2政协会议原版邮票五十枚全张四全二组		29,900	中国嘉德	2013.05.18
★ 纪33中国古代科学家邮票九十六枚全张四全		34,500	中国嘉德	2013.11.24
★ 纪4开国纪念原版票四方连四全		17,250	中国嘉德	2013.11.24
★ 纪5保卫世界和平原版邮票五十枚全张三全		21,850	中国嘉德	2013.05.18
★ 纪6开国一周年原版票四方连五全		10,925	中国嘉德	2013.11.24
★ 纪7邮政会议原版邮票五十枚全张二全		23,000	中国嘉德	2013.05.18
★ 纪94梅兰芳舞台艺术无齿邮票八枚全		36,800	中国嘉德	2013.05.18
★ 纪94梅兰芳舞台艺术邮票八枚全		31,050	中国嘉德	2013.11.24
★ 纪9中国共产党三十周年纪念原版邮票六十枚全张三全		23,000	中国嘉德	2013.05.18
★ 纪9中国共产党三十周年纪念再版邮票一百二十套		18,400	中国嘉德	2013.05.18
★ 纪东3世界工联会议原版邮票三枚全		43,700	中国嘉德	2013.11.24
★ 纪东4开国纪念东北贴用原版票四方连四全		57,500	中国嘉德	2013.11.24
★ 纪东5保卫世界和平东北贴用原版邮票五十枚全张三全		24,150	中国嘉德	2013.05.18
★ 纪东6开国一周年东北贴用原版八方连五全		94,300	中国嘉德	2013.11.24
★ 纪特邮票七套(无图)		10,925	中国嘉德	2013.11.24
★ 伦敦版帆船邮票十九枚全		25,300	中国嘉德	2013.05.18
★ 蟠龙低值邮票一百六十余枚		10,925	中国嘉德	2013.11.24
★ 蟠龙加盖楷体“中华民国”邮票十五枚全		18,400	中国嘉德	2013.05.18
★ 蟠龙加盖宋体“中华民国”邮票2元四方连		34,500	中国嘉德	2013.05.18
★ 蟠龙加盖西藏贴用邮票十一枚全		25,300	中国嘉德	2013.05.18
★ 蟠龙楷字“中华民国”加盖邮票十五枚全		11,500	中国嘉德	2013.11.24
★ 蟠龙有水印邮票十二枚全		11,270	中国嘉德	2013.05.18
★ 普东2邮票5000元一百枚全张		86,250	中国嘉德	2013.05.18
★ 普东2邮票5000元直双连		23,000	中国嘉德	2013.05.18
★ 全国山河一片红(撤销发行)邮票直双连		2,300,000	中国嘉德	2013.05.18

2013杂项拍卖成交汇总

(成交价RMB：1万元以上)

拍品名称	物品尺寸	成交价RMB	拍卖公司	拍卖日期
★ 日本版蟠龙邮票十二枚全		34,500	中国嘉德	2013.05.18
★ 日本版蟠龙邮票十二枚全		28,750	中国嘉德	2013.11.24
★ 山东渤海邮政毛泽东像加盖“渤”改值邮票500元/5元七十二方连		24,150	中国嘉德	2013.05.18
★ 山东渤海邮政毛泽东像加盖“渤”改值邮票500元/5元三百六十余枚		57,500	中国嘉德	2013.05.18
★ 山东渤海邮政朱德像加盖“渤”改值邮票800元/10元二百五十枚		40,250	中国嘉德	2013.05.18
★ 山东渤海邮政朱德像加盖“渤”改值邮票800元/10元二百五十枚		36,800	中国嘉德	2013.05.18
★ 山东邮政青州一版毛泽东像邮票10元四百一十余枚		21,850	中国嘉德	2013.05.18
★ 山东邮政青州一版毛泽东像邮票50元二百一十余枚		11,500	中国嘉德	2013.05.18
★ 十二生肖邮票册一册		57,500	中国嘉德	2013.11.24
★ 苏皖边区第一版、第二版火车图邮票十九枚		16,100	中国嘉德	2013.05.18
★ 苏皖边区第一版毛泽东像邮票一组三十六枚		11,500	中国嘉德	2013.05.18
★ 特13一五计划邮票五十六枚全张十八全		40,250	中国嘉德	2013.11.24
★ 特43爱国卫生运动邮票一百枚全张五全		161,000	中国嘉德	2013.05.18
★ 特4广播体操原版邮票横四连四十全		43,700	中国嘉德	2013.11.24
★ 特4再版邮票后四枚票一百四十四枚全张		132,250	中国嘉德	2013.05.18
★ 特54儿童无齿邮票五套		10,580	中国嘉德	2013.11.24
★ 特63 殷代铜器邮票十五方连八全		19,550	中国嘉德	2013.05.18
★ 特74解放军四方连八全		13,800	中国嘉德	2013.11.24
★ 文10毛主席语录五枚全连票		43,700	中国嘉德	2013.11.24
★ 文11林彪题词邮票五十枚全张		59,800	中国嘉德	2013.05.18
★ 文12毛主席去安源邮票二十五枚全张		230,000	中国嘉德	2013.05.18
★ 文18第一枚“刺刀漏色”九方连		18,400	中国嘉德	2013.11.24
★ 文1毛主席万岁连票十一枚全		51,750	中国嘉德	2013.11.24
★ 文1毛主席万岁邮票十套全张四件连号		1,805,500	中国嘉德	2013.11.24
★ 文1毛主席万岁邮票十一枚全连票		31,050	中国嘉德	2013.05.18
★ 文1毛主席语录连票十一枚全		12,650	中国嘉德	2013.11.24
★ 文2毛主席万岁八枚全		43,700	中国嘉德	2013.11.24
★ 文3“要使文艺……”邮票五十枚全张		86,250	中国嘉德	2013.11.24
★ 文5“娘子军”“白毛女”各一枚		18,400	中国嘉德	2013.11.24
★ 文6毛主席与世界人民四方连二全		12,650	中国嘉德	2013.11.24
★ 文7“满江红”邮票三十五枚全张		13,800	中国嘉德	2013.05.18
★ 文7“满江红”邮票三十五枚全张		12,650	中国嘉德	2013.11.24
★ 文7“沁园春”邮票五十枚全张		66,700	中国嘉德	2013.11.24
★ 文7“天高”邮票四十五枚全张		23,000	中国嘉德	2013.05.18
★ 文7“西风”十二枚		41,400	中国嘉德	2013.05.18
★ 文7“西风”直双连两件		13,800	中国嘉德	2013.11.24
★ 文7“长征”邮票四十五枚全张		21,850	中国嘉德	2013.11.24
★ 文7毛主席诗词邮票十四枚全		19,550	中国嘉德	2013.05.18
★ 文8林彪题词邮票七十枚全张		24,150	中国嘉德	2013.05.18
★ 文8林彪题词邮票七十枚全张		17,250	中国嘉德	2013.11.24
★ 文9“抗暴”邮票三十五枚全张		115,000	中国嘉德	2013.05.18
★ 文革邮票大全套		74,750	中国嘉德	2013.05.18
★ 文革邮票大全套		138,000	中国嘉德	2013.11.24
★ 文革邮票大全套		59,800	中国嘉德	2013.11.24
★ 文革邮票三套		10,580	中国嘉德	2013.05.18
★ 文革邮票四套		18,400	中国嘉德	2013.05.18
★ 文革邮票一组六十余枚		11,500	中国嘉德	2013.11.24

拍品名称	物品尺寸	成交价RMB	拍卖公司	拍卖日期
★ 无产阶级文化大革命的全面胜利万岁(未发行)邮票四方连		6,670,000	中国嘉德	2013.05.18
★ 小龙加盖大字改值邮票(北海票)三枚全		10,350	中国嘉德	2013.05.18
★ 新疆伊塔阿劳动人民图邮票500元横双连、直双连各一件		12,650	中国嘉德	2013.11.24
★ 中华民国光复、共和纪念邮票十二枚全各一套		21,850	中国嘉德	2013.05.18
★○ 苏皖边区第一版火车图邮票一百三十余枚		33,350	中国嘉德	2013.05.18
★○ 苏皖边区第一版毛泽东像邮票三十六枚		10,350	中国嘉德	2013.05.18
★○ 苏皖边区毛泽东像邮票加盖“简邮改作”、“暂售”改值邮票五十枚		34,500	中国嘉德	2013.05.18
★○苏皖边区毛泽东像邮票一百七十枚		33,350	中国嘉德	2013.05.18
★○ 文革邮票二套		11,500	中国嘉德	2013.05.18
★○ 文革邮票六套		18,400	中国嘉德	2013.05.18
★○1878－1883年大龙薄纸、阔边、厚纸邮票1分银二十七枚		64,400	北京诚轩	2013.11.22
★○1878－1883年大龙薄纸、阔边、厚纸邮票5分银二十四枚		39,100	北京诚轩	2013.11.22
★○1897年慈禧寿辰纪念再版大字长距改值邮票九枚全		10,350	北京诚轩	2013.11.22
★○1967-1973年文革、编号邮票一组四百五十余枚		13,800	北京诚轩	2013.05.19
★○1982年广州邮票分公司发行《广州邮票展览》(第2次)邮折一件		11,500	北京诚轩	2013.11.22
★○民国时期东北地区伪满洲国邮票加盖“中华邮政 暂作”、“中华邮政暂用”等一批约九百六十余枚		18,400	北京诚轩	2013.11.22
★★ 1878年大龙薄纸邮票1分银二十五枚全张		345,000	东方大观	2013.05.15
★★ 1878年大龙薄纸邮票3分银二十五枚全张		368,000	东方大观	2013.05.15
★★ 1897年红印花加盖暂作邮票小字当壹圆新票(Scott #83)		5,773,000	东方大观	2013.05.15
★★ 1967年文1邮票十一枚全连票三套		138,000	东方大观	2013.11.21
★★1897年红印花加盖暂作邮票当壹分横三连		18,400	北京诚轩	2013.05.19
★★1897年红印花加盖暂作邮票小字2分直三连		28,750	北京诚轩	2013.05.19
★★1897年穆麟德版慈禧寿辰纪念邮票九枚全		59,800	北京诚轩	2013.05.19
★★1897年穆麟德版慈禧寿辰纪念邮票九枚全		46,000	北京诚轩	2013.05.19
★★1962年纪94“梅兰芳舞台艺术”无齿邮票八枚全		138,000	北京诚轩	2013.05.19
★★1962年纪94“梅兰芳舞台艺术”无齿邮票八枚全		48,300	北京诚轩	2013.05.19
★★1962年纪94“梅兰芳舞台艺术”无齿邮票八枚全		46,000	北京诚轩	2013.11.22
★★1962年纪94“梅兰芳舞台艺术”有齿邮票八枚全		10,350	北京诚轩	2013.11.22
★★1965年特72“少年儿童体育运动”邮票八枚全五十套		12,650	北京诚轩	2013.05.19
★★1966年特75“服务行业中的妇女”邮票十枚全五十套		11,500	北京诚轩	2013.05.19
★★1967年文2邮票八枚全		10,350	北京诚轩	2013.05.19
★★1967年文7邮票10分“满江红·和郭沫若”三十五枚全张		13,800	北京诚轩	2013.05.19

拍品名称	物品尺寸	成交价RMB	拍卖公司	拍卖日期
★★1967年文7邮票4分“清平乐·六盘山”四十五枚全张		23,000	北京诚轩	2013.05.19
★★1967年文7邮票十四枚全四方连		201,250	北京诚轩	2013.05.19
★★1968年文10邮票五枚全连票		42,550	北京诚轩	2013.11.22
★★1968年文13邮票八方连两件		16,100	北京诚轩	2013.05.19
★★1968年文13邮票十方连		11,500	北京诚轩	2013.11.22
★★1968年文5邮票8分“毛主席的革命文艺路线胜利万岁”二十五枚全张三件		46,000	北京诚轩	2013.11.22
★★1968年文5邮票九枚全双连		19,550	北京诚轩	2013.11.22
★★1970—1973年编号邮票定位册一册		109,250	北京诚轩	2013.11.22
★★1970—1973年编号邮票定位册一册		14,950	北京诚轩	2013.11.22
★★1970年编号1—5“智取威虎山”邮票八十七枚		13,800	北京诚轩	2013.11.22
★★1970年编号1—5“智取威虎山”邮票五枚十五套		12,650	北京诚轩	2013.11.22
★★1970年编号1—5“智取威虎山”邮票五枚十五套		12,650	北京诚轩	2013.11.22
★★1970年编号1—6“智取威虎山”邮票六枚全五十套		55,200	北京诚轩	2013.11.22
★★1971年编号8—11“巴黎公社”邮票四枚全六方连		13,800	北京诚轩	2013.11.22
★★1973年T.1“体操运动”邮票六枚全五十套		32,200	北京诚轩	2013.05.19
★★1974—1991年JT邮票大全套		16,100	北京诚轩	2013.11.22
★★1977—1983年J.21“伟大的领袖和导师毛泽东主席逝世一周年”邮票六枚全四十套		16,100	北京诚轩	2013.05.19
★★1979年J.46“国歌”邮票二十八枚全张四件		11,500	北京诚轩	2013.05.19
★★1979年T.44“齐白石作品选”邮票十六枚全五十套		46,000	北京诚轩	2013.05.19
★★1980—1991年第一轮生肖邮票十二件		29,900	北京诚轩	2013.11.22
★★1980—1991年第一轮生肖邮票十二枚全		12,650	北京诚轩	2013.05.19
★★1980—1991年第一轮生肖邮票十二枚全		17,250	北京诚轩	2013.11.22
★★1980—1991年第一轮生肖邮票十二枚全		16,100	北京诚轩	2013.11.22
★★1980—1991年第一轮生肖邮票十二枚全		13,800	北京诚轩	2013.11.22
★★1981年T.58“辛酉鸡”邮票八十枚全张		13,800	北京诚轩	2013.05.19
★★1981年T.60“宫灯”邮票20分“草花灯”四十枚全张		10,350	北京诚轩	2013.05.19
★1878年大龙薄纸邮票三枚全		13,800	北京诚轩	2013.05.19
★1878年大龙薄纸邮票三枚全		12,650	北京诚轩	2013.05.19
★1878年大龙薄纸邮票三枚全		12,650	北京诚轩	2013.05.19
★1878年大龙薄纸邮票三枚全		11,500	北京诚轩	2013.05.19
★1878年大龙薄纸邮票三枚全		11,500	北京诚轩	2013.05.19
★1878年大龙薄纸邮票三枚全		11,500	北京诚轩	2013.05.19
★1878年大龙薄纸邮票三枚全		13,800	北京诚轩	2013.11.22
★1878年大龙薄纸邮票三枚全		11,500	北京诚轩	2013.11.22
★1878年大龙厚纸邮票三枚全		12,650	北京诚轩	2013.05.19
★1883年大龙厚纸毛齿邮票三枚全		11,500	北京诚轩	2013.11.22
★1888年大清台湾邮政局龙马邮票改作车票二枚全		10,925	北京诚轩	2013.11.22
★1888年小龙光齿邮票1分银、3分银四方连各一件		10,350	北京诚轩	2013.11.22
★1888年小龙加盖“台湾邮票”未发行无齿样票二枚全		17,250	北京诚轩	2013.05.19

拍品名称	物品尺寸	成交价RMB	拍卖公司	拍卖日期
★1894年慈禧寿辰初版纪念邮票9分银对倒直双连		10,925	北京诚轩	2013.05.19
★1894年慈禧寿辰初版纪念邮票九枚全		13,800	北京诚轩	2013.05.19
★1894年慈禧寿辰纪念初版邮票九枚全		12,650	北京诚轩	2013.05.19
★1894年慈禧寿辰纪念初版邮票九枚全		10,925	北京诚轩	2013.11.22
★1895—1896年芜湖商埠第二次改作欠资加盖“P.P.C.”邮票十枚全		17,250	北京诚轩	2013.11.22
★1897年慈禧寿辰(改版)大字短距改值邮票2分/2分银四方连、八方连各一件		23,000	北京诚轩	2013.05.19
★1897年慈禧寿辰纪念初版小字改值邮票1分/1分银二十方连		13,800	北京诚轩	2013.11.22
★1897年慈禧寿辰纪念初版小字改值邮票8分/6分银横双连(Chan 42aj)		34,500	北京诚轩	2013.11.22
★1897年慈禧寿辰纪念初版小字加盖改值邮票十枚全		13,800	北京诚轩	2013.05.19
★1897年慈禧寿辰纪念再版大字长距改值邮票九枚全		14,950	北京诚轩	2013.11.22
★1897年红印花加盖暂作邮票大字当壹圆一枚		40,250	北京诚轩	2013.05.19
★1897年红印花加盖暂作邮票大字当壹圆一枚		34,500	北京诚轩	2013.05.19
★1897年红印花加盖暂作邮票大字当壹圆一枚		34,500	北京诚轩	2013.05.19
★1897年红印花加盖暂作邮票大字当壹圆一枚		34,500	北京诚轩	2013.05.19
★1897年红印花加盖暂作邮票大字当壹圆一枚		40,250	北京诚轩	2013.11.22
★1897年红印花加盖暂作邮票大字当壹圆一枚		13,800	北京诚轩	2013.11.22
★1897年红印花加盖暂作邮票小字2分横双连		16,100	北京诚轩	2013.05.19
★1897年红印花加盖暂作邮票小字2分横双连		14,950	北京诚轩	2013.05.19
★1897年红印花加盖暂作邮票小字2分横双连		10,580	北京诚轩	2013.05.19
★1897年红印花加盖暂作邮票小字2分十方连		66,700	北京诚轩	2013.11.22
★1897年穆麟德版慈禧寿辰纪念邮票九枚全		39,100	北京诚轩	2013.11.22
★1897年日本版蟠龙邮票十二枚全		28,750	北京诚轩	2013.05.19
★1897年日本版蟠龙邮票十二枚全		28,750	北京诚轩	2013.11.22
★1897年日本版蟠龙邮票十二枚全		23,000	北京诚轩	2013.11.22
★1897年日本版蟠龙邮票十二枚全		16,100	北京诚轩	2013.11.22
★1898年伦敦版蟠龙邮票十二枚全		11,500	北京诚轩	2013.05.19
★1900—1918年日本在华邮局太子结婚纪念加盖“支那”邮票一枚全、旧高额毛纸加盖“支那”邮票二枚全		12,650	北京诚轩	2013.11.22
★1901—1910年伦敦版蟠龙邮票二十枚全		13,800	北京诚轩	2013.11.22
★1901—1910年伦敦版蟠龙邮票二十枚全		11,500	北京诚轩	2013.11.22
★1901年法属安南在华邮局安南航海商务神像加盖“HOI HAO”(琼州)邮票十五枚全		17,250	北京诚轩	2013.11.22
★1904年伦敦版第一次欠资邮票半分二百枚全张		13,800	北京诚轩	2013.05.19
★1904年伦敦版蟠龙改作欠资邮票1分二十枚四全格		17,250	北京诚轩	2013.05.19
★1911年伦敦版蟠龙加盖西藏贴用邮票十一枚全		19,550	北京诚轩	2013.11.22
★1912年光复、共和纪念邮票二十四枚全		[illegible]	北京诚轩	2013.05.19

(成交价RMB：1万元以上)

拍品名称	物品尺寸	成交价RMB	拍卖公司	拍卖日期
★1912年伦敦版蟠龙加盖楷字“中华民国”邮票十五枚全		11,500	北京诚轩	2013.11.22
★1912年伦敦版蟠龙加盖宋字“中华民国”邮票半分、16分、30分、50分、1元四方连各一件；另有1分四方连两件、散票十九枚		10,350	北京诚轩	2013.05.19
★1912年伦敦版蟠龙加盖宋字“中华民国”邮票十五枚全		10,350	北京诚轩	2013.05.19
★1913年伦敦版帆船邮票十九枚全四方连		172,500	北京诚轩	2013.11.22
★1923－1933年北京二版帆船邮票二十四枚全		10,925	北京诚轩	2013.11.22
★1932-1945年伪满洲国邮票贴票册一册		20,700	北京诚轩	2013.05.19
★1932年苏维埃邮票深绿色3分一枚(Yang SP6)		43,700	北京诚轩	2013.05.19
★1932年苏维埃邮票棕色半分一枚(Yang SP2)		57,500	北京诚轩	2013.05.19
★1932年新疆“限新省贴用”木戳手盖“航空”邮票四枚全(Chan PSA1－4)		51,750	北京诚轩	2013.11.22
★1941年香港版孙中山像、烈士像加盖“限鲁省贴用”邮票十六枚全(Chan JNU35-50)		14,950	北京诚轩	2013.05.19
★1943年华中淮南区五角星图邮票20分一枚		11,500	北京诚轩	2013.05.19
★1943年晋冀鲁豫边区交通徽地球图“分”单位邮票七枚全		17,250	北京诚轩	2013.11.22
★1943年孙中山像烈士像湖南加盖“改作贰角”邮票九枚全		23,000	北京诚轩	2013.05.19
★1945年苏中五分区无面值邮票二枚全(Yang EC301、302)		94,300	北京诚轩	2013.05.19
★1945年伪满洲国未发行航空附加邮票3分、6分横双连各一件(Chan Mku2)		63,250	北京诚轩	2013.11.22
★1945年伪满洲国未发行航空附加邮票3分横双连(Chan Mku2)		34,500	北京诚轩	2013.05.19
★1947年晋冀鲁豫边区毛泽东像邮票双连十二件		18,400	北京诚轩	2013.05.19
★1949年西北区变体邮票一组		10,350	北京诚轩	2013.11.22
★1949年中南区江西加盖“江西人民邮政 改作”改值邮票3元/30元、60元/50元一百枚全张各十件		28,750	北京诚轩	2013.05.19
★1950年改3邮票十四枚全二十方连		51,750	北京诚轩	2013.05.19
★1950年改3邮票一组四百二十四枚		64,400	北京诚轩	2013.11.22
★1950年纪2原版邮票四枚全五十套		13,800	北京诚轩	2013.05.19
★1950年纪2原版邮票四枚全五十套		11,500	北京诚轩	2013.11.22
★1950年纪7原版东北贴用邮票二枚全五十套		23,000	北京诚轩	2013.05.19
★1953年纪20“伟大的苏联十月革命三十五周年纪念”撤销发行邮票四枚全		230,000	北京诚轩	2013.05.19
★1953年纪20“伟大的苏联十月革命三十五周年纪念”撤销发行邮票四枚全		178,250	北京诚轩	2013.11.22
★1953年军人贴用邮票“黄军邮”、“紫军邮”各一枚		20,700	北京诚轩	2013.11.22
★1953年军人贴用邮票“黄军邮”四方连		12,650	北京诚轩	2013.05.19
★1953年军人贴用邮票“紫军邮”四方连		138,000	北京诚轩	2013.05.19
★1953年军人贴用邮票“紫军邮”一枚		21,850	北京诚轩	2013.05.19
★1955年特13“努力完成第一个五年建设计划”邮票十八枚全五十六套		28,750	北京诚轩	2013.11.22
★1958年特21“中国古塔建筑艺术”邮票四枚全九十九套		10,925	北京诚轩	2013.05.19

拍品名称	物品尺寸	成交价RMB	拍卖公司	拍卖日期
★1960年特38“金鱼”邮票十二枚全四方连		50,600	北京诚轩	2013.11.22
★1962年纪94“梅兰芳舞台艺术”无齿邮票八枚全		34,500	北京诚轩	2013.11.22
★1963年特54“儿童”无齿邮票十二枚全四方连		39,100	北京诚轩	2013.05.19
★1967年文7邮票十四枚全		24,150	北京诚轩	2013.05.19
★1967年文7邮票十四枚全		25,300	北京诚轩	2013.11.22
★1967年文7邮票十四枚全(无图)		23,000	北京诚轩	2013.05.19
★1967年文7邮票十四枚全(无图)		23,000	北京诚轩	2013.05.19
★1967年文7邮票十四枚全(无图)		25,300	北京诚轩	2013.11.22
★1967年文7邮票十四枚全(无图)		24,150	北京诚轩	2013.11.22
★1967年文7邮票十四枚全(无图)		24,150	北京诚轩	2013.11.22
★1970－1973年编号邮票九十五枚大全套(无图)		18,400	北京诚轩	2013.11.22
★1970－1973年编号邮票九十五枚大全套(无图)		14,950	北京诚轩	2013.11.22
★解放区邮票一组二千余枚(无图)		13,800	北京诚轩	2013.05.19
1878年薄纸大龙新票全套三枚		11,500	北京保利	2013.12.03
1878年薄纸大龙新票全套三枚		11,500	北京保利	2013.12.03
1878年大龙薄纸邮票新三枚全		10,350	朵云轩	2013.07.09
1894年慈寿初版加盖小字改值邮票新十枚全		11,500	朵云轩	2013.07.09
1894年慈寿初版新九枚全		11,500	朵云轩	2013.07.09
1894年慈寿纪念邮票新九枚全		11,040	朵云轩	2013.07.09
1894年莫伦道夫版慈寿邮票新九枚全		29,900	朵云轩	2013.07.09
1897年慈寿初版大字长距改值邮票新八枚		13,800	朵云轩	2013.07.09
1897年慈寿初版大字长距改值邮票新九枚全		10,350	朵云轩	2013.07.09
1897年慈寿初版加盖小字改值邮票新十枚全		11,500	朵云轩	2013.07.09
1897年慈寿纪念邮票加盖小字新十枚全		11,500	朵云轩	2013.07.09
1897年红印花3分新票一枚		287,500	北京保利	2013.12.03
1897年红印花加盖小字2分新票一枚		23,000	北京保利	2013.12.03
1897年石印蟠龙邮票新十二枚全		26,450	朵云轩	2013.07.09
1902-1910年伦敦版蟠龙邮票新十二枚		13,800	朵云轩	2013.07.09
1909年宣统纪念邮票新票全套100套整版		74,750	朵云轩	2013.07.09
1912年光复共和纪念新票各一套共二十四枚		18,400	北京保利	2013.12.03
1912年加盖宋体字“中华民国”邮票新十五枚全		11,500	朵云轩	2013.07.09
1912年蟠龙加盖楷体字“中华民国”邮票，新十四枚		10,350	朵云轩	2013.07.09
1916-1919年北京一版帆船邮票新二十二枚全		40,250	朵云轩	2013.07.09
1916年北京一版帆船“限新省贴用”邮票销迪化戳二十二枚全		11,500	朵云轩	2013.07.09
1932年至1934年苏维埃纸币一组十四枚		20,700	北京诚轩	2013.05.16
1934年伪满登基纪念小版张全套四枚		18,400	北京保利	2013.12.03
1940年代日本内阁印刷所印制溥仪样票一枚		92,000	北京保利	2013.12.03
1940年代日本内阁印刷所印制张景惠样票一枚		57,500	北京保利	2013.12.03
1945年伪满”飞机献纳“未发行邮票新票全套四枚双连		575,000	北京保利	2013.12.03
1949年纪东3世界工联亚洲工会会议纪念原版新票全套三枚		34,500	北京保利	2013.12.03

拍品名称	物品尺寸	成交价RMB	拍卖公司	拍卖日期
1950年改2华东生产图改值连新票直三连		13,800	北京保利	2013.12.03
1950年纪东2中国人民政治协商会议纪念原版新票全套四枚版张，共50套		115,000	北京保利	2013.12.03
1950年普3天安门200元新票横三连大折白变异		32,200	北京保利	2013.12.03
1951年纪9中国共产党三十周年纪念原版新票全套版张，共50套		17,250	北京保利	2013.12.03
1952年香港政府纸币壹圆一枚		13,800	北京诚轩	2013.05.16
1953年紫军邮新票双连		71,300	北京保利	2013.12.03
1953年紫军邮新票四方连		172,500	北京保利	2013.12.03
1953年紫军邮新一枚		18,400	朵云轩	2013.07.09
1960年特44菊花新票十八枚全四方连		46,000	北京保利	2013.12.03
1962年纪94梅兰芳舞台艺术无齿新票全套八枚		78,200	北京保利	2013.12.03
1962年纪94梅兰芳舞台艺术无齿邮票新八枚全		34,500	朵云轩	2013.07.09
1962年纪94梅兰芳舞台艺术小型张新一枚		115,000	北京保利	2013.12.03
1962年纪94梅兰芳舞台艺术小型张新一枚		82,800	北京保利	2013.12.03
1963年特59熊猫无齿新票全套十方连		27,600	北京保利	2013.12.03
1963年特60金丝猴无齿新票全套四方连		10,350	北京保利	2013.12.03
1964年特61牡丹小型张新一枚		16,100	北京保利	2013.12.03
1964年特61牡丹新票全套四方连		23,000	北京保利	2013.12.03
1965年特70中国登山运动新票全套版张，共50套		18,400	北京保利	2013.12.03
1967年文1毛主席语录新票全套十一枚		43,700	北京保利	2013.12.03
1967年文2毛主席万岁新票全套八枚		41,400	北京保利	2013.12.03
1967年文4毛主席万寿无疆新票全套四方连		32,200	北京保利	2013.12.03
1967年文7毛主席诗词新票全套十四枚		149,500	北京保利	2013.12.03
1967年文7毛主席诗词新票全套十四枚		29,900	北京保利	2013.12.03
1968年“全国山河一片红”撤销发行邮票一枚		414,000	东方大观	2013.05.15
1968年全国山河一片红新票一枚		667,000	北京保利	2013.12.03
1968年文15热烈欢呼党的八届十二中全会公报发表新票版张50枚		27,600	北京保利	2013.12.03
1968年文5革命文艺路线《沙家浜》新票版张28枚		19,550	北京保利	2013.12.03
1968年文5革命现代京剧新票九枚全四方连		46,000	北京保利	2013.12.03
1968年文5革命现代京剧新票全套九枚		41,400	北京保利	2013.12.03
1969年文17知识青年在农村4分漏钮扣变异新票五版		11,500	北京保利	2013.12.03
1970-1973年编号邮票整套全		23,000	北京保利	2013.06.02
1970-1974年编号新票大全套		16,100	朵云轩	2013.07.09
1970-1974年带厂铭编号新票大全套		26,450	朵云轩	2013.07.09
1971-74年编号新票大全套		18,400	北京保利	2013.12.03
1971-74年编号新票大全套		16,100	北京保利	2013.12.03
1979年T41从小爱科学小型张新一枚		10,925	北京保利	2013.12.03
1980-90年第一轮生肖邮票四方连		40,250	北京保利	2013.12.03
1980-92年第一轮生肖一组含T46猴票一枚		10,925	北京保利	2013.12.03
1980-92年第一轮生肖邮票十二枚全一册		10,350	北京保利	2013.12.03
1980-92生肖猴至羊新票十二枚		10,925	北京保利	2013.12.03
1980年中国集邮公司T46“庚申猴”邮票首日封一件		26,450	朵云轩	2013.07.09

拍品名称	物品尺寸	成交价RMB	拍卖公司	拍卖日期
1984年T89仕女图小型张新一组十七枚		16,100	北京保利	2013.12.03
COL 1895－1896年厦门商埠邮票贴片二十一页		34,500	北京诚轩	2013.11.22
COL 1932－1945年伪满洲国邮票大全套		28,750	北京诚轩	2013.11.22
COL 1949年华中区毛泽东像邮票及剪片一组二百四十余枚		51,750	北京诚轩	2013.11.22
COL 1952－1967年纪特盖销邮票大全集一部		126,500	北京诚轩	2013.11.22
COL 1967－1970年文革邮票大全套		103,500	北京诚轩	2013.11.22
COL 1967－1970年文革邮票大全套		71,300	北京诚轩	2013.11.22
COL 纪特邮票定位册一册(无图)		28,750	中国嘉德	2013.11.24
COL 解放区邮票一册		28,750	中国嘉德	2013.11.24
COL 解放区邮票一册		23,000	中国嘉德	2013.11.24
COL 解放区邮票一册		10,580	中国嘉德	2013.11.24
COL 老纪特邮票五册(无图)		28,750	中国嘉德	2013.11.24
COL 民国时期邮票收藏集二册		16,100	北京诚轩	2013.11.22
COL 新中国JT邮票一组(无图)		32,200	中国嘉德	2013.11.24
COL 新中国纪、特、文、编号、J、T邮票六册(无图)		71,300	中国嘉德	2013.11.24
COL 新中国纪、特、文、编邮票八册(无图)		20,700	中国嘉德	2013.11.24
COL 新中国普票一册		13,800	中国嘉德	2013.11.24
COL 新中国新旧币面值邮票混贴实寄封邮集一部		89,700	中国嘉德	2013.11.24
COL 新中国邮票四册(无图)		13,800	中国嘉德	2013.11.24
COL 新中国邮票一组		14,950	中国嘉德	2013.11.24
J8胜利完成第四个五年计划新票十方连全套		11,500	朵云轩	2013.07.09
M/S 1962年纪94M“梅兰芳舞台艺术”小型张一枚		138,000	北京诚轩	2013.05.19
M/S 1962年纪94M“梅兰芳舞台艺术”小型张一枚		126,500	北京诚轩	2013.05.19
M/S 1962年纪94M“梅兰芳舞台艺术”小型张一枚		103,500	北京诚轩	2013.05.19
M/S 1962年纪94M“梅兰芳舞台艺术”小型张一枚		80,500	北京诚轩	2013.05.19
M/S 1962年纪94M“梅兰芳舞台艺术”小型张一枚		119,600	北京诚轩	2013.11.22
M/S 1962年纪94M“梅兰芳舞台艺术”小型张一枚		115,000	北京诚轩	2013.11.22
M/S 1964年纪106M“中华人民共和国成立十五周年”小全张一枚		13,800	北京诚轩	2013.05.19
M/S 1979年T.41M“从小爱科学”小型张一枚		12,075	北京诚轩	2013.05.19
M/S 1983年T.88M“秦始皇陵兵马俑”小型张五十九枚		18,400	北京诚轩	2013.11.22
M/S J、T小型张一组二十八枚		17,250	中国嘉德	2013.05.18
M/S T41M从小爱科学小型张新一枚		12,650	中国嘉德	2013.11.24
M/S T41M从小爱科学小型张新一枚		11,270	中国嘉德	2013.11.24
M/S 纪94M梅兰芳舞台艺术小型张新一枚		89,700	中国嘉德	2013.05.18
M/S 纪94梅兰芳舞台艺术小型张新一枚		172,500	中国嘉德	2013.11.24
M/S 特61牡丹小型张新一枚		13,800	中国嘉德	2013.05.18
N12-20庆祝中国共产党成立五十周年新票带厂铭四方连全套		14,950	朵云轩	2013.07.09
N25-28阿党新票全套50套整版		34,500	朵云轩	2013.07.09
PR 1897年日本版蟠龙邮票未采用试印样票1分一枚		17,250	北京诚轩	2013.05.19

2013杂项拍卖成交汇总

(成交价RMB：1万元以上)

拍品名称	物品尺寸	成交价RMB	拍卖公司	拍卖日期
PR 1940年香港大东版孙中山像邮票50分试模样票一枚		11,500	北京诚轩	2013.11.22
PR T46庚申年(猴)雕刻版印样		11,500	中国嘉德	2013.05.18
PR 红灯记国产邮票机试印样票七十枚全张		57,500	中国嘉德	2013.05.18
PR 文4祝毛主席万寿无疆雕刻版印样		43,700	中国嘉德	2013.05.18
PS 1909年大清邮政第四次快信邮票三联		27,600	北京诚轩	2013.05.19
PS 1970－2010年编号邮票实寄封大全套九十五件		11,500	北京诚轩	2013.11.22
PZ 民国纪念邮票邮折四件		18,400	中国嘉德	2013.05.18
PZ 中华民国光复、共和纪念邮册各一册		43,700	中国嘉德	2013.05.18
S 1888年大清台湾邮政局龙马邮票样票二枚全		13,800	北京诚轩	2013.11.22
S 1912年《交通部中华民国共和纪念邮票式样》样票册一册		34,500	北京诚轩	2013.05.19
S 1912年《交通部中华民国光复纪念邮票式样》样票册一册		34,500	北京诚轩	2013.05.19
S 1912年中华民国共和纪念"大中华民国地图"玉版宣纸无齿试印样票十三枚全		667,000	北京诚轩	2013.11.22
S 1912年中华民国孙中山像光复纪念邮票试模样票十二枚全		460,000	北京诚轩	2013.05.19
S 1912年中华民国袁世凯像光复纪念邮票试模样票十二枚全		368,000	北京诚轩	2013.05.19
S 1914–1919年北京一版帆船邮票黑色试印样张一组四枚		172,500	北京诚轩	2013.05.19
S 北京一版帆船加盖"限新省贴用"样票二十二枚全		18,400	中国嘉德	2013.05.18
S 中华帝国开国纪盛加盖"限新省贴用"样票三枚全		12,650	中国嘉德	2013.05.18
T124戊辰年(龙)新票全套800套十整版		11,500	朵云轩	2013.07.09
T3(6–2)户县农民画高原打井原画一件		19,550	中国嘉德	2013.05.18
T41M从小爱科学小型张新一枚		12,650	朵云轩	2013.07.09
T46第一轮生肖猴四方连一件		46,000	北京保利	2013.06.02
T46第一轮生肖猴四方连一件		41,400	北京保利	2013.06.02
T46第一轮生肖猴新票80套整版		966,000	朵云轩	2013.07.09
T46庚申猴等第一、二、三轮生肖票新一组		13,800	朵云轩	2013.07.09
T46庚申猴票新一枚		10,925	朵云轩	2013.07.09
T46庚申猴四方连新一件		48,300	朵云轩	2013.07.09
T46庚申年猴票四方连		47,150	朵云轩	2013.07.09
编号票新票一组九十五枚大全套		14,950	朵云轩	2013.07.09
第一轮十二生肖新票一组		13,800	朵云轩	2013.07.09
红印花加盖暂作大字当壹圆邮票一枚		18,400	北京保利	2013.06.02
红印花加盖暂作邮票大壹圆新一枚		11,500	朵云轩	2013.07.09
红印花加盖暂作邮票大字当壹圆旧一枚		11,500	朵云轩	2013.07.09
红印花加盖暂作邮票大字当壹圆新一枚		23,000	朵云轩	2013.07.09
红印花加盖暂作邮票小字2分旧四方连		16,100	朵云轩	2013.07.09
红印花加盖暂作邮票小字2分新一枚		10,120	朵云轩	2013.07.09
纪106中华人民共和国成立五十周年小型张新一枚		17,250	朵云轩	2013.07.09
纪20"伟大的苏联十月革命三十五周年纪念"未发行邮票新四枚全		218,500	朵云轩	2013.07.09
纪94梅兰芳舞台艺术小型张新一枚		218,500	朵云轩	2013.07.09
民国三十二年 陕甘宁边区银行纸币壹仟圆一枚		18,400	北京诚轩	2013.05.16
民国三十三年 江淮银行改华中银行纸币毛主席像伍拾圆一枚		13,800	北京诚轩	2013.05.16

拍品名称	物品尺寸	成交价RMB	拍卖公司	拍卖日期
民国十八年 、二十六年四川银行改中国农民银行中农纸币伍圆一枚、拾圆二枚、重庆壹百圆一枚		18,400	北京诚轩	2013.05.16
民国时期无年份保商银行纸币拾圆试印样票一枚		41,400	北京诚轩	2013.05.16
民国时期无年份保商银行纸币壹佰圆样票一枚		126,500	北京诚轩	2013.05.16
民国时期纸币一组一百零八枚(无图)		13,800	北京诚轩	2013.05.16
民国邮票、税票新旧邮集一本		20,700	朵云轩	2013.07.09
普20北京风景图案普通邮票画稿三件		51,750	中国嘉德	2013.05.18
清代，民国，解放区邮集一部，约新旧邮票数千枚		16,100	北京保利	2013.12.03
清代、民国时期邮票一册约七百枚		13,800	北京诚轩	2013.11.22
清代早期海关等戳一组18枚		12,650	北京保利	2013.12.03
上海邮票公司制作十二生肖邮票册		23,000	中国嘉德	2013.11.24
特54(12–6)儿童邮票画稿一件		40,250	中国嘉德	2013.05.18
特57黄山风景30分新票40枚半版		11,500	朵云轩	2013.07.09
特61牡丹小型张新一枚		17,250	朵云轩	2013.07.09
贴纪4中华人民共和国开国纪念邮票实寄封收藏集一部		115,000	北京保利	2013.12.04
文1毛泽东思想、文10最新指示新票各一套		23,000	朵云轩	2013.07.09
文1至文19邮票整套全		36,800	北京保利	2013.06.02
文4祝毛主席万寿无疆53分新票70枚整版		14,950	朵云轩	2013.07.09
文4祝毛主席万寿无疆新票六方连全套		18,400	朵云轩	2013.07.09
文7邮票10分"满江红和郭沫若同志"新票35枚整版		11,500	朵云轩	2013.07.09
文7邮票10分"沁园春·长沙"新票35枚整版		19,550	朵云轩	2013.07.09
文7邮票4分"清平乐·六盘山"新票45枚整版		18,400	朵云轩	2013.07.09
现代 四方联"顾景舟提璧壶"邮票一版(五十枚)	长4cm×50	241,500	北京匡时	2013.06.04
新中国JT小型张新一组		12,650	朵云轩	2013.07.09
新中国JT新票邮册六本		14,950	朵云轩	2013.07.09
新中国N，T，J小型张新票大方连及小版张一册		23,000	北京保利	2013.12.03
中国木版年画邮票原画三件		14,950	中国嘉德	2013.05.18
中央银行纸币一组三枚		12,650	中国嘉德	2013.05.17
邮品				
■1901年吉林宽城子寄山东黄邑红条封		10,350	北京诚轩	2013.05.19
■1915年迪化府寄吐鲁番公文封		10,925	北京诚轩	2013.05.19
■1950年广州寄北京挂号封		25,300	北京诚轩	2013.05.19
■民国时期谭延闿等书信信封一组十九件		57,500	北京诚轩	2013.05.19
1 1949年甘肃武都寄上海报值挂号中式封		287,500	东方大观	2013.05.15
1 清末民初东北"吉林公署提调处"寄黑龙江省"虎林厅"红条公文封		230,000	东方大观	2013.05.15
1879年天津华洋书信馆寄北京中式美术封		209,300	东方大观	2013.11.21
1898年重庆寄法国西式封一件		34,500	北京保利	2013.12.04
1902年4月16日郑州寄北京双挂号明信片一件		20,700	北京保利	2013.12.04
1902年上海寄德国汉堡挂号封一件		23,000	北京保利	2013.12.04
1903年清代试投封一件		23,000	北京保利	2013.12.04
1905年龙州寄河内实寄封一件		10,350	北京保利	2013.12.04
1907年11月26日武昌寄本埠双挂号超重红条封一件		10,350	北京保利	2013.12.04

(成交价RMB：1万元以上)

拍品名称	物品尺寸	成交价RMB	拍卖公司	拍卖日期
1908年8月20日奉天寄天津挂号红条封一件		10,350	北京保利	2013.12.04
1909年11月1日上海寄古北口挂号超重大型红条封一件		10,925	北京保利	2013.12.04
1912年3月14日深圳寄德国巴登平信一件		10,350	北京保利	2013.12.04
1912年中华民国共和纪念册一本		18,400	朵云轩	2013.07.09
1913年7月15日福建寄印度尼西亚挂号回执封一件		20,700	北京保利	2013.12.04
1913年哈尔滨寄美国双挂号封一件		10,925	北京保利	2013.12.04
1913年新疆古城寄北京挂号红条封一件		74,750	北京保利	2013.12.04
1915年恰克图地区寄山西汾州三泉镇红条封		195,500	东方大观	2013.11.21
1917年7月28日济南寄章邱挂号回执红条封一件		25,300	北京保利	2013.12.04
1921年10月22日安徽芜湖长街寄浙江金华平信一件		55,200	北京保利	2013.12.04
1927年2月22日山西猗氏寄瑞典厄勒布鲁超重封一件		23,000	北京保利	2013.12.04
1929年12月16日林西县寄山西定襄平信一件		11,500	北京保利	2013.12.04
1939年8月乐山寄崇宁平信一件		14,950	北京保利	2013.12.04
1948年成都寄美国航空挂号封一件		13,800	北京保利	2013.12.04
1949年汕头捷成批局寄沙捞越南市宝行航空侨批总包一件		23,000	北京保利	2013.12.04
1949年上海邮电管理局邮资券样张一件		115,000	中国嘉德	2013.05.18
1950-90年普票新大全		23,000	北京保利	2013.12.03
1950年2月23日鞍山寄北京普东1天安门图新春贺年邮简一件		97,750	北京保利	2013.12.04
1950年富平寄北京西北区报值封		55,200	北京保利	2013.12.04
1950年锦州寄沈阳挂号封一件		11,500	北京保利	2013.12.04
1950年沈阳本埠东北人民政府公函封，背面贴普东1邮票500元五枚		23,000	北京保利	2013.12.04
1953年普4天安门"独舞"剪纸邮简江苏门村挂号寄上海一件		17,250	北京保利	2013.12.04
1955年6月25日上海寄德国首日封一件		16,100	北京保利	2013.12.04
1957年西康磨西面寄乐山普9美术封8-1957号短加盖		82,800	北京保利	2013.12.04
1957年重庆寄贵州丹寨包裹详情单一件		17,250	北京保利	2013.12.04
1959年纪72第一届全国运动会中国集邮公司发行首日封一套四件		10,350	北京保利	2013.12.04
1962年纪94梅兰芳舞台艺术日本邮趣协会发行首日封一套四件		59,800	北京保利	2013.12.04
1963年特54儿童无齿中国集邮公司发行首日封一套三件		57,500	北京保利	2013.12.04
1963年特57黄山风景中国集邮公司发行首日封一套四件		12,650	北京保利	2013.12.04
1994年中国电信通用电话磁卡CNT－3梅兰芳诞辰100周年纪念全套5枚		13,800	北京保利	2013.12.03
1996-2013年中国嘉德国际拍卖有限公司邮品拍卖目录一套三十六册		11,500	中国嘉德	2013.11.24
C 1882年库伦寄北京外馆红条封		23,000	中国嘉德	2013.05.18
C 1892年天津寄福州封		29,900	中国嘉德	2013.05.18
C 1894年天津寄北京挂号红条封		12,650	中国嘉德	2013.11.24
C 1895年台南寄厦门红条封		12,650	中国嘉德	2013.05.18
C 1896年上海寄美国封		35,650	中国嘉德	2013.05.18
C 1896年镇江寄美国封		138,000	中国嘉德	2013.05.18

拍品名称	物品尺寸	成交价RMB	拍卖公司	拍卖日期
C 1899年广州寄梧州红条封		13,800	中国嘉德	2013.05.18
C 1899年广州寄梧州中式美术封		11,500	中国嘉德	2013.05.18
C 1900年广州寄宁波挂号红条封		25,300	中国嘉德	2013.05.18
C 1900年胶州寄德国挂号封		36,800	中国嘉德	2013.05.18
C 1901年北京寄天津红条封		48,300	中国嘉德	2013.05.18
C 1901年常州寄北京红条封		178,250	中国嘉德	2013.05.18
C 1902年安徽宿迁寄北京红条封		20,700	中国嘉德	2013.05.18
C 1902年常州寄北京美术封		55,200	中国嘉德	2013.05.18
C 1902年胶州寄德国挂号封		97,750	中国嘉德	2013.05.18
C 1902年上海寄德国挂号封		32,200	中国嘉德	2013.05.18
C 1902年徐州寄北京挂号红条封		17,250	中国嘉德	2013.05.18
C 1903年清江浦寄北京红条封		13,800	中国嘉德	2013.05.18
C 1903年山西太原寄北京红条封		18,400	中国嘉德	2013.05.18
C 1903年四川自流井寄北京挂号红条封		69,000	中国嘉德	2013.05.18
C 1903年松江寄北京美术封		12,650	中国嘉德	2013.05.18
C 1903年天津寄德国挂号封		11,500	中国嘉德	2013.11.24
C 1906年重庆寄北京双挂号红条封		23,000	中国嘉德	2013.05.18
C 1907年北京寄天津快信封		11,500	中国嘉德	2013.05.18
C 1908年北京本埠第二版大清邮政信笺封面		36,800	中国嘉德	2013.05.18
C 1908年蒙古恰克图寄莫斯科红条封		36,800	中国嘉德	2013.05.18
C 1909年吉林寄天津挂号红条封		11,500	中国嘉德	2013.05.18
C 1909年四川自流井寄北京挂号红条封		63,250	中国嘉德	2013.05.18
C 1910年成都寄江安红条封		17,250	中国嘉德	2013.05.18
C 1910年南京寄北京挂号红条封		55,200	中国嘉德	2013.05.18
C 1911年福州寄厦门公函封		18,400	中国嘉德	2013.11.24
C 1911年杭州寄宁波红条封		12,650	中国嘉德	2013.05.18
C 1911年贴蟠龙邮票红条封四件		20,700	中国嘉德	2013.05.18
C 1913年湖北广水寄北京陆军部火车邮局红框封		43,700	中国嘉德	2013.11.24
C 1916年吉林寄北京手递洪宪公文封		11,500	中国嘉德	2013.11.24
C 1922年哈尔滨寄北京火车邮局封		34,500	中国嘉德	2013.11.24
C 1925年乌兰巴托寄北京外馆欠资红条封		18,400	中国嘉德	2013.11.24
C 1927年库伦寄北京红框封		12,650	中国嘉德	2013.05.18
C 1927年蒙古公佈寄北京红条封		43,700	中国嘉德	2013.05.18
C 1931年乌兰巴托寄张家口红框欠资封		21,850	中国嘉德	2013.05.18
C 1932年兰州寄迪化航空空难封		34,500	中国嘉德	2013.05.18
C 1934年阿勒坦布拉格寄张家口挂号红条欠资封		172,500	中国嘉德	2013.05.18
C 1934年库伦寄张家口欠资封		57,500	中国嘉德	2013.05.18
C 1934年恰克图寄张家口红框欠资封		21,850	中国嘉德	2013.05.18
C 1934年恰克图寄张家口红条欠资封		21,850	中国嘉德	2013.05.18
C 1938年河南彰德(安阳)寄河南汲县红条封		17,250	中国嘉德	2013.05.18
C 1940-1942年宁夏寄瑞典封两件		16,100	中国嘉德	2013.11.24
C 1941年北京寄日本挂号快递封		18,400	中国嘉德	2013.05.18
C 1943年上海本埠封		18,400	中国嘉德	2013.05.18
C 1945年山东威海寄文登小型战邮封		57,500	中国嘉德	2013.11.24
C 1945年山东威海寄文登小型战邮封		46,000	中国嘉德	2013.11.24
C 1945年天津寄南京挂号快递封		24,150	中国嘉德	2013.05.18
C 1946年晋察冀满城寄张家口双挂号封		322,000	中国嘉德	2013.11.24
C 1946年山东栖霞裸寄育黎区新华社胶东分社《通讯工作》第29期一册		23,000	中国嘉德	2013.11.24
C 1949年广西郁林本埠挂号航空邮简		460,000	中国嘉德	2013.05.18
C 1950年东川化龙桥寄小龙坎挂号封		10,120	中国嘉德	2013.05.18
C 1950年哈尔滨寄美国航空挂号封		34,500	中国嘉德	2013.05.18

2013杂项拍卖成交汇总

(成交价RMB：1万元以上)

拍品名称	物品尺寸	成交价RMB	拍卖公司	拍卖日期
C 1954年广州寄四川长寿欠资印刷品		23,000	中国嘉德	2013.05.18
C 1955年北京寄捷克航空封		34,500	中国嘉德	2013.11.24
C 1955年上海寄德国航空封		12,650	中国嘉德	2013.11.24
C 1955年天津寄瑞士航空封		14,950	中国嘉德	2013.11.24
C 1956年北京寄捷克航空封		12,650	中国嘉德	2013.11.24
C 1956年广州寄捷克航空封		11,500	中国嘉德	2013.11.24
C 1956年山东青岛寄苏联封		23,000	中国嘉德	2013.11.24
C 1956年上海寄德国航空封		14,950	中国嘉德	2013.11.24
C 1956年上海寄瑞士大型航空封		18,400	中国嘉德	2013.11.24
C 1956年上海寄瑞士航空封		10,925	中国嘉德	2013.11.24
C 1956年西藏波密寄北京航空挂号封		43,700	中国嘉德	2013.05.18
C 1956年西藏太昭寄北京航空挂号封		36,800	中国嘉德	2013.05.18
C 1968年北京寄河北唐山封		24,150	中国嘉德	2013.05.18
C 1969年广东开平寄美国航空邮简		28,750	中国嘉德	2013.05.18
C 1974年上海寄德国挂号封十二件		115,000	中国嘉德	2013.05.18
C 1980年上海本埠封		23,000	中国嘉德	2013.11.24
C 1982年天津市集邮协会成立纪念封		10,120	中国嘉德	2013.05.18
C 北京本埠红条封七件		23,000	中国嘉德	2013.05.18
C 从库伦寄出或寄至之红条封五件		16,100	中国嘉德	2013.11.24
C 第二十三届奥运会中国冠军运动会签名纪念封十二件		11,500	中国嘉德	2013.11.24
C 光绪二十二年钦命宁古塔副都统署珲春副统大型官封		21,850	中国嘉德	2013.05.18
C 光绪三年(1877)七月陕甘总督左宗棠由甘肃肃州大营寄科布多参赞大臣驿站公文封		97,750	中国嘉德	2013.11.24
C 光绪十四年(1888年)福建台湾巡抚兼督海关学政寄双溪抚垦局驿站封		59,800	中国嘉德	2013.11.24
C 民国销火车邮局戳之实寄封十二件		21,850	中国嘉德	2013.11.24
C 清民时期蒙古库伦寄山西汾阳三泉镇手递封三件		14,950	中国嘉德	2013.11.24
C 清民时期蒙古库伦寄山西三泉镇手递封红条封五件		12,650	中国嘉德	2013.11.24
C 宣统二年(1910年)福建汀州寄厦门双挂号公函封		23,000	中国嘉德	2013.11.24
C 中国杰出妇女签名封片二十件		55,200	中国嘉德	2013.11.24
C 中国女排签名封六件		10,120	中国嘉德	2013.11.24
COL《二战时期苏联军邮》邮集一部		126,500	中国嘉德	2013.05.18
COL《新中国欠资邮集》一部		69,000	中国嘉德	2013.05.18
COL《中国人民邮政航空邮票》一框邮集一部		23,000	中国嘉德	2013.05.18
COL 1897-1945年邮票集一册(无图)		23,000	北京诚轩	2013.05.19
COL 1937-1948年法币时期国际航空实寄封一组一百二十八件		32,200	北京诚轩	2013.05.19
COL 1948-1949年贴孙中山像金圆加盖改值邮票实寄封收藏集一部		23,000	北京诚轩	2013.05.19
COL 1949年华东区交通工具图邮票收藏集一部		29,900	北京诚轩	2013.05.19
COL 1970-1988年邮票集一册		28,750	北京诚轩	2013.05.19
COL 1981-1988年逄增圣(圣艺)先生自制手绘极限明信片邮集一部		126,500	北京诚轩	2013.05.19
COL 1988-1997年逄增圣(圣艺)先生自制手绘首日封邮集一部		82,800	北京诚轩	2013.11.22
COL 民国、解放区、新中国印花税票邮集一部		20,700	北京诚轩	2013.05.19
COL 世界各国及地区邮票二箱(无图)		16,100	北京诚轩	2013.05.19
COL《大清邮驿》邮集一部		943,000	中国嘉德	2013.05.18
FDC 1957-1966年纪、特邮票中国集邮公司发行首日封大全套		253,000	中国嘉德	2013.05.18
FDC 1960年特38金鱼中国集邮公司首日实寄封三全		11,500	中国嘉德	2013.05.18
FDC 1960年特44菊花中国集邮公司首日封六全		10,120	中国嘉德	2013.05.18
FDC 1960年特44菊花中国集邮公司首日实寄封六全		10,350	中国嘉德	2013.11.24
FDC 1961年纪86M第二十六届世乒赛小全张中国集邮公司首日封		14,950	中国嘉德	2013.05.18
FDC 1962年纪94M"梅兰芳舞台艺术"小型张首日实寄封		115,000	东方大观	2013.05.15
FDC 1962年纪94M梅兰芳舞台艺术小型张中国集邮公司首日实寄封		207,000	中国嘉德	2013.05.18
FDC 1962年纪94梅兰芳舞台艺术无齿邮票中国集邮公司首日封		71,300	中国嘉德	2013.11.24
FDC 1963年特54儿童无齿中国集邮公司首日实寄封三全		10,350	中国嘉德	2013.05.18
FDC 1964年纪106M建国十五周年小全张中国集邮公司首日实寄封		23,000	中国嘉德	2013.05.18
FDC 1964年特61M牡丹小型张中国集邮公司首日封		14,950	中国嘉德	2013.05.18
FDC 1974-1982 J、T邮票及小型张中国集邮公司发行首日封大全套		74,750	中国嘉德	2013.05.18
FDC 1978年中国邮票出口公司发行T28奔马邮票首日封三全		16,100	中国嘉德	2013.05.18
FDC 1980年T46庚申年(猴)北京市邮票公司首日实寄封		11,500	中国嘉德	2013.11.24
FDC 1980年T46庚申年(猴)美国万国首日封公司首日封		10,925	中国嘉德	2013.05.18
FDC 1980年T46庚申年(猴)中国邮票公司首日封		10,350	中国嘉德	2013.05.18
FDC 1980年T46庚申年(猴)中国邮票公司首日实寄封		13,800	中国嘉德	2013.11.24
FDC 1980年北京寄美国航空印刷品挂号封		21,850	中国嘉德	2013.11.24
FDC 台湾蒋夫人山水画首日封四全		23,000	中国嘉德	2013.05.18
FDC 邮票设计者及原画作者签名首日封五十九件		11,270	中国嘉德	2013.11.24
FDC 中国集邮公司为日本邮趣协会制作纪、特邮票首日封大全套		805,000	中国嘉德	2013.05.18
PPC 1909年广州寄丹麦挂号明信片		12,650	中国嘉德	2013.05.18
PPC 民国名人明信片八件		12,650	中国嘉德	2013.11.24
PS 1900年山东济宁寄青岛明信片		46,000	中国嘉德	2013.05.18
PS 1901年威海卫寄澳大利亚挂号明信片		36,800	中国嘉德	2013.05.18
PS 1908年广西桂林寄日本明信片		36,800	中国嘉德	2013.05.18
PS 1912年由京奉火车寄天津明信片		10,350	中国嘉德	2013.11.24
PS 1913年新城寄德国挂号明信片		23,000	中国嘉德	2013.05.18
PS 1916年北京寄美国明信片		10,580	中国嘉德	2013.11.24
PS 1919年北京西苑收容所寄奥地利明信片两件		10,925	中国嘉德	2013.11.24
PS 1919年蒙古库伦寄日本明信片		1,357,000	中国嘉德	2013.05.18
PS 1940年上海寄瑞士航空挂号孙中山像邮资明信片		17,250	北京诚轩	2013.11.22
PS 1942年青岛寄山西太原挂号邮简		48,300	中国嘉德	2013.05.18
PS 1947年太原寄日本东京都战俘明信片		40,250	中国嘉德	2013.11.24
PS 1948年北平寄瑞典航空挂号明信片		16,100	中国嘉德	2013.05.18
PS 1949年东北解放区发行加盖"人民邮政"邮资明信片"外加纸费五百元"一件		402,500	东方大观	2013.05.15
PS 1952年黑龙江明水寄上海挂号邮简		17,250	中国嘉德	2013.11.24
PS 1952年长春寄云南个旧邮简		63,250	中国嘉德	2013.05.18
PS 1953年4月赴朝慰问团赠送之志愿军卫生邮简十三件		24,150	中国嘉德	2013.11.24

拍品名称	物品尺寸	成交价RMB	拍卖公司	拍卖日期
PS 1953年江苏涟水寄上海挂号邮简		20,700	中国嘉德	2013.11.24
PS 1954年江西弋阳挂号寄上海普4型天安门剪纸图邮简“赶骡/努力建设”一件		13,800	北京诚轩	2013.11.22
PS 1956年青海诺木洪寄河南唐河欠资邮简		42,550	中国嘉德	2013.11.24
PS 1970年广西融水寄天津封		19,550	中国嘉德	2013.11.24
PS 胶州寄荷兰铁路火车邮局中转明信片		16,100	中国嘉德	2013.11.24
PS 普9天安门图美术邮资封实寄十件		14,950	中国嘉德	2013.05.18
PS 普东2天安门图(彩图)邮资邮简		10,580	中国嘉德	2013.05.18
PS 普东2天安门图(绿色)优军(未发行)邮资邮简		59,800	中国嘉德	2013.05.18
PS 清代一次邮资明信片七件		40,250	中国嘉德	2013.11.24
PS 清代一次邮资明信片十一件		48,300	中国嘉德	2013.11.24
PS 清三次邮资明信片五件		18,400	中国嘉德	2013.11.24
PS 清四次邮资明信片实寄两件		10,580	中国嘉德	2013.11.24
PS 文革红绿木刻邮资封		36,800	中国嘉德	2013.11.24
PS 榆平火车邮局实寄明信片两件		11,500	中国嘉德	2013.11.24
PZ 1949年11月中国人民共和国邮电部邮政总局制赠册一册		46,000	中国嘉德	2013.05.18
爱尔兰文学家萧伯纳(George Bernard Shaw)1901年亲署照片		27,600	中国嘉德	2013.05.18
爱尔兰文学家萧伯纳(George Bernard Shaw)1946年致国际新闻图片社工作人员的亲笔信件		402,500	中国嘉德	2013.05.18
当代 宜兴紫砂首日封邮票纪念册一套		368,000	北京匡时	2013.06.04
德国作曲家理查德·施特劳斯(Richard Strauss)亲谱歌剧《埃及的海伦》(<The Egyptian Helen>)乐谱手稿(部分)		368,000	中国嘉德	2013.05.18
邓小平、赵紫阳亲笔签名贺年卡各一件		25,300	中国嘉德	2013.05.18
法国雕塑家奥古斯特·罗丹(Auguste Rodin)致友人亲笔签名信件		276,000	中国嘉德	2013.05.18
法兰西第一帝国皇帝拿破仑·波拿巴(Napol é on Bonaparte)1806年给其子尤金王子亲笔信		3,047,500	中国嘉德	2013.05.18
工部局、洋商客邮一组六十余片		11,500	北京保利	2013.06.02
光绪三十二年(1906年)大清户部银行兑换券天津改开封拾圆		11,270	中国嘉德	2013.11.23
光绪三十二年大清户部银行兑换券天津改开封伍圆一枚		16,100	北京诚轩	2013.11.21
光绪三十年 总邮政司署总办监发《大清邮政各类邮件寄费清单》		24,150	中国嘉德	2013.05.18
光绪三十四年(1908年)黑龙江公署寄北京外务部大型红条公文封		333,500	东方大观	2013.11.21
光绪三十一年(1905年)科布多办事大臣致军机处呈资一件		40,250	中国嘉德	2013.11.24
光绪十年(1884年)从翼城寄出之驿递排单一件		69,000	中国嘉德	2013.11.24
洪宪元年时期，外蒙恰克图寄山西红条封两件		2,242,500	北京保利	2013.12.04
黄兴 致章士钊明信片	长20cm	48,300	北京传是	2013.06.16
美国道格拉斯·麦克阿瑟将军(Gen. MacArthur Douglas)1950年亲笔签名极限明信片一件		23,000	中国嘉德	2013.05.18
美国道格拉斯·麦克阿瑟将军(Gen. MacArthur Douglas)给少年西奥多·皮特(Theodore K.Pitt)的回信一件		55,200	中国嘉德	2013.05.18
美国动画大师华特·迪士尼(Walter Elias Disney)黑白签名照片		25,300	中国嘉德	2013.05.18
美国发明家托马斯·爱迪生(Thomas Alva Edison)1881年致其研究助理法布里(E.P.Fabbri)的亲笔留言条		78,200	中国嘉德	2013.05.18
美国总统 罗纳德·里根(Ronald Reagan)1981年寄自白宫的总统及第一夫人联名签署连任感谢卡一件		48,300	中国嘉德	2013.05.18
美国总统德怀特·戴维·艾森豪威尔(Dwight David Eisenhower)1964年致友人理查德·埃利斯(Richard T.Ellis)亲笔信函		55,200	中国嘉德	2013.05.18

拍品名称	物品尺寸	成交价RMB	拍卖公司	拍卖日期
美国总统哈里·杜鲁门(Harry S Truman)1971年致友人米歇尔·康尼克(Michael Konnick)的亲笔信函		66,700	中国嘉德	2013.05.18
美国总统西奥多·罗斯福(TheodorE Roosevelt)1913年致友人亲署信件一件		80,500	中国嘉德	2013.05.18
民国美女照片明信片一册约95枚		25,300	北京保利	2013.12.04
普4天安门图普通邮资明信片一框邮集一部16贴片		34,500	北京保利	2013.12.04
乾隆三年(1738年)总督云南等处地方军务大臣为“奏缴邮符事”之揭帖一件		10,925	中国嘉德	2013.11.24
清 海关总税务司赫德爵士(Sir Robert Hart)1887年信笺		40,250	中国嘉德	2013.05.18
清 户部钱帖一组二枚		21,850	中国嘉德	2013.05.17
清 钱帖一组二枚		23,000	中国嘉德	2013.05.17
清代、民国、解放区及新中国各地各类税票收藏集一部		74,750	北京保利	2013.12.03
清代钱庄、商铺用大型立式银两称重天平架一件		109,250	北京诚轩	2013.11.20
清代同治，光绪江苏布政使司及总督公文封套5件		12,650	北京保利	2013.12.04
清二次片1906年蒙自挂号寄德国一件		23,000	北京保利	2013.12.04
清二次片加盖深红色华德路WATERLOO SPECIMEN样张一件		138,000	北京保利	2013.12.04
清末民初钱庄用银两称重天平一件		71,300	北京诚轩	2013.11.20
清末民初钱庄用银两称重天枰一件		57,500	中国嘉德	2013.11.24
外地寄新加坡华人通信5框邮集一部80贴片		19,550	北京保利	2013.12.04
新中国邮政用品一组五百余件		14,950	北京诚轩	2013.05.19
新中国中国集邮公司发行老纪特首日封一组共20套		12,650	北京保利	2013.12.04
新中国中国集邮公司发行老纪特首日实寄封一组18套，共20件		14,950	北京保利	2013.12.04
英国 蒙哥马利元帅(Marshal Viscount Montgomery)1947年致安德生女士(Lady Anderson)亲笔信函一件		59,800	中国嘉德	2013.05.18
英国影星奥黛丽·赫本(Audrey Hepburn)亲笔签名照片一件		57,500	中国嘉德	2013.05.18
英国影星费雯·丽(Vivien Leigh)1961年予友人乔伊斯·哈德尔特(Joyce Huddart)女士的亲笔回信		19,550	中国嘉德	2013.05.18
中华邮政交寄国内包裹详情单		69,000	中国嘉德	2013.11.24
周作人 致鲍耀明贺年卡 (一件)	长37.2cm	23,000	中国嘉德	2013.11.18
著名科学家阿尔伯特·爱因斯坦(Albert Einstein)1954年2月20日致友人鲍里斯·施维茨(Boris Schwarz)的亲笔信函		92,000	中国嘉德	2013.05.18
著名科学家阿尔伯特·爱因斯坦(Albert Einstein)手书明信片		218,500	中国嘉德	2013.11.24
古籍善本				
写本写经				
“冶春后社”诗员奉和丁立鋆(鉴堂)先生怀述诗文一组		55,200	北京保利	2013.12.03
《金石索》共24册		55,200	中国嘉德	2013.05.17
1148年作 佚名 写经		103,500	西泠拍卖	2013.07.14
13世纪至14世纪 经书		552,000	北京翰海	2013.06.02
1612年作 董其昌 楷书束皙补亡诗(六页)		1,472,000	西泠拍卖	2013.07.14
1627年作 张瑞图 行书·节录山栖志、寻山志 (二十七页)		6,670,000	西泠拍卖	2013.07.14
1676、1681年作 李赞元、慕天颜、秦松龄等十九家 题杨忠愍公梅花诗册(八十六页)		287,500	西泠拍卖	2013.07.14
1690年作 查升 楷书诗册 (八页)		63,250	西泠拍卖	2013.07.14
1726年作 李世倬 临古册 (八页)		345,000	西泠拍卖	2013.07.14
1741年作 金农 漆书友论 (二十页，另[illegible]页)		[illegible]	西泠拍卖	2013.07.14

2013杂项拍卖成交汇总

(成交价RMB：1万元以上)

拍品名称	物品尺寸	成交价RMB	拍卖公司	拍卖日期
1795年作 乐宫谱 莲隐图赋册 (十七页)		109,250	西泠拍卖	2013.07.14
1833年作 朱为弼 颐斋诗册 (十二页)		97,750	西泠拍卖	2013.07.14
1841年作 钱泳 行书临苏帖 (八十页)		322,000	西泠拍卖	2013.07.14
1846年作 王素 仕女册 (八页)		138,000	西泠拍卖	2013.07.14
1886年作 吴大澄 篆书说文解字叙(二十四页)		632,500	西泠拍卖	2013.07.14
1912、1923、1926、1927、1932年 严范孙、华世奎等十九家 诗稿册		89,700	西泠拍卖	2013.07.13
1921年 胡适《道德教育》稿本		138,000	西泠拍卖	2013.07.13
1926年作 吴昌硕 诗稿 (三帧)		195,500	西泠拍卖	2013.07.13
奥地利著名音乐家小约翰·施特劳斯(Johann Strauss)写给其挚友舒斯伯格(Schosberg)的亲笔信函		253,000	中国嘉德	2013.11.24
般若波罗蜜多心经		149,500	泰和嘉成	2013.11.18
包栋 侍女册 (十二帧)		184,000	西泠拍卖	2013.07.14
碧岫簃专用笺纸及底稿		212,750	西泠拍卖	2013.07.12
曾国藩 书《曾氏家训》		2,300,000	中国嘉德	2013.05.10
曾国藩家书		3,565,000	中国嘉德	2013.05.10
陈淏子 辑 花镜图说卷五		598,000	中国嘉德	2013.05.10
陈继儒 梅花册 (十六页)		28,980,000	西泠拍卖	2013.07.14
陈毅 诗稿《陪尼泊尔贵宾游长城》		230,000	北京华辰	2013.11.15
陈毅 诗稿十二页		977,500	北京华辰	2013.11.15
陈寅恪 批注《武则天与唐代文化之关系》		276,000	中国嘉德	2013.11.18
陈垣编徐文定公集未刊稿		345,000	泰和嘉成	2013.11.18
陈占鳌、胡御琦等 古诗文册 (十四页)		149,500	西泠拍卖	2013.07.14
成亲王 楷书册 (一册)		126,500	中国嘉德	2013.09.14
成亲王 临米帖		172,500	泰和嘉成	2013.05.26
吹万楼诗集十八卷(丁洵华手抄出版誊稿)		126,500	北京保利	2013.06.03
纯朝万寿诗		149,500	泰和嘉成	2013.11.18
大般涅盘经梵行品		3,047,500	泰和嘉成	2013.11.18
大般涅盘经卷第十二		1,150,000	北京保利	2013.12.03
大般涅盘经卷第十七		2,300,000	北京保利	2013.12.03
大般若波罗密多经卷第三百二		575,000	北京保利	2013.12.03
大般若波罗密多经卷第三百五十八		483,000	北京保利	2013.06.03
大般若波罗蜜多经卷第四百卌四 (唐)三藏法师译		172,500	北京卓德	2013.05.28
大般若波罗密多经卷第四十一至四十二(唐)三藏法师译		759,000	北京卓德	2013.05.28
大般若波罗蜜多经卷第一百六十九		132,250	上海工美	2013.07.08
大清国台湾府海陆部防全图		218,500	泰和嘉成	2013.11.18
道教古《灵宝经》残卷		253,000	中国嘉德	2013.05.10
德国著名作家歌德(Johann Wolfgang von Goethe)亲笔信函		71,300	中国嘉德	2013.11.24
董作宾 周金文中生霸死霸考		86,250	西泠拍卖	2013.07.13
敦煌石经唐人写法华经		1,265,000	北京保利	2013.12.03
敦煌写经残纸		115,000	北京卓德	2013.05.28
恩封六品阿什坦之父母敕命		69,000	北京保利	2013.12.03
法国短篇小说家莫泊桑(Maupassant)致文坛巨匠大仲马(Alexandre Dumas)亲笔电报函		184,000	中国嘉德	2013.11.24
法国文学家、诺贝尔文学奖得主罗曼·罗兰(Romain Rolland)1926年3月5日写给他的一个朋友的亲笔信函		59,800	中国嘉德	2013.11.24
法国文学家佐拉(Emile Zola)亲笔信函		69,000	中国嘉德	2013.11.24
法国著名小说家阿尔封斯·都德(Alphonse Daudet)有关论述小说家保罗·艾尔维厄(Paul Hervieu)的亲笔信函		55,200	中国嘉德	2013.11.24
法国著名作家福楼拜(Gustave Flaubert)写给其友著名雕塑家艾里尔·拉伯尔特(Emile Laporte)的亲笔信函		105,800	中国嘉德	2013.11.24
法国著名作家小仲马(Alexandre Dumasfils)致大仲马亲笔信函		391,000	中国嘉德	2013.11.24
法国总统戴高乐(Charles de Gaulle)致贝松先生的亲笔信		94,300	中国嘉德	2013.11.24
法国作家维克多·雨果(Victor Hogo)写给某市长的亲笔信函		276,000	中国嘉德	2013.11.24
樊樊山诗汇草稿本		92,000	北京保利	2013.12.03
樊樊山文汇稿		138,000	北京保利	2013.12.03
樊增祥诗汇草(清秘阁笺纸本)		103,500	北京保利	2013.12.03
方若 药雨谈画		460,000	中国嘉德	2013.11.17
佛母大孔雀明王经(附原轴)		437,000	北京保利	2013.06.03
傅增湘 诗文手卷		57,500	中国嘉德	2013.11.18
高简 仿诸家山水册 (十页)		517,500	西泠拍卖	2013.07.14
顾炎武 书 五台山记		31,625,000	中国嘉德	2013.05.10
观象玩占		172,500	泰和嘉成	2013.05.26
汉文乾隆六十年分四柱黄册		207,000	泰和嘉成	2013.11.18
杭世骏 全韵梅花诗精品册 (三十一页)		207,000	西泠拍卖	2013.07.14
何绍基 手稿 (五开)		169,500	四川德轩	2013.03.18
何绍基日记		2,086,579	纽约苏富比	2013.09.19
何绍基日记		1,425,727	纽约苏富比	2013.09.19
弘一手批《四分律册及藏本华严经卷》、《大方广佛华严经卷》等自藏佛经		1,725,000	西泠拍卖	2013.07.13
弘一书朱笔金刚经		782,000	泰和嘉成	2013.05.26
红情言两卷		112,700	北京卓德	2013.05.28
皇上七旬万寿颂		460,000	泰和嘉成	2013.11.18
黄侃 丙寅(1926)京居日记		402,500	中国嘉德	2013.11.18
黄侃 丁卯日抄		138,000	中国嘉德	2013.11.18
黄侃 读《广雅疏证》识语		138,000	中国嘉德	2013.11.18
黄小松汉碑文字		345,000	北京翰海	2013.12.07
黄兴致孙中山总理述革命计划书		16,000,000	上海驰翰	2013.04.25
黄易 书 黄易隶书书册		483,000	中国嘉德	2013.05.10
贾似道撰 促织经		195,500	中国嘉德	2013.11.17
江西府治全图		115,000	北京翰海	2013.12.07
金刚般若波罗蜜经		94,300	北京翰海	2013.06.01
金刚般若波罗蜜经		368,000	泰和嘉成	2013.11.18
金光明经卷第四		437,000	北京保利	2013.06.03
谨拟修建颐和园、万寿山、中御路大宫门前牌楼图样等三张		253,000	中国嘉德	2013.03.23
晋书卷七十二至七十四		437,000	泰和嘉成	2013.11.18
靳辅撰 靳文襄公治河书五卷		63,250	中国嘉德	2013.11.18
净名经关中疏卷上		2,990,000	北京保利	2013.06.03
康生 批示手稿		120,750	北京传是	2013.06.16
坤舆图说(存卷上)		51,750	北京保利	2013.12.03
兰蕙同心录		51,750	北京保利	2013.06.03
礼记疏 清精抄本		414,000	中国嘉德	2013.11.18
李光炘 著 群玉山房诗集		690,000	中国嘉德	2013.11.18
李桦《木刻制作法》手稿上下两篇		2,127,500	北京鸿正	2013.05.05
李文安传一卷		126,500	北京保利	2013.06.03
历代帝王名臣像		552,000	泰和嘉成	2013.11.18
梁启超 1914年作《欧洲战役史论第一编》手稿		4,715,000	北京匡时	2013.06.06
梁启勋等三人诗词墨迹		57,500	中国嘉德	2013.03.23
梁同书 唐孺人传 (八页，另题跋二页)		310,500	西泠拍卖	2013.07.14
量守庐 遗著之一		126,500	中国嘉德	2013.11.18
林语堂致鲍耀明题词		126,500	中国嘉德	2013.05.10
刘世珩影钞宋版文选卷十三至十六		333,500	泰和嘉成	2013.11.18
柳诒征 日记1册		57,500	北京传是	2013.12.12
六书正讹 (元)周伯琦编注，(明)胡正言订篆		126,500	西泠拍卖	2013.07.12
鲁迅 书《古小说钩沈》手稿		6,900,000	中国嘉德	2013.05.10
陆润庠 陆氏家谱前编·苏州陆氏本支世系 (五十一页)		345,000	西泠拍卖	2013.07.14

拍品名称	物品尺寸	成交价RMB	拍卖公司	拍卖日期
罗振玉 手稿		59,800	北京传是	2013.06.16
马衡题太平天国印玺		207,000	北京保利	2013.06.03
满洲正白旗和珅(音译)佐领下族长占泰图记		51,750	北京保利	2013.12.03
毛周 花鸟册(十二页)		92,000	西泠拍卖	2013.07.14
美国著名作家马克·吐温(Mark Twain)亲笔信函		172,500	中国嘉德	2013.11.24
美国总统林肯(Abraham Lincoln)官方签名文件		149,500	中国嘉德	2013.11.24
苗族生活俚俗图		138,000	泰和嘉成	2013.11.18
明·徐初撰 榕阴新检		368,000	中国嘉德	2013.11.17
明或更早 佛经手卷		172,500	六朝艺宴	2013.07.07
摩柯般若波罗蜜经第十四卷		63,250	北京保利	2013.06.03
南曲精选		425,500	泰和嘉成	2013.05.26
泥金写本金刚经		230,000	北京翰海	2013.12.07
葩经精义集成不分卷(清)会稽诸林撰		115,000	西泠拍卖	2013.07.12
潘景郑《佣书日录》手稿 (民国)潘景郑撰		74,750	西泠拍卖	2013.07.12
潘重规 国立第四中山大学(国立中央大学,今南京大学)试卷		78,200	中国嘉德	2013.11.18
庞薰琹、关良 庞薰琹-手稿文章《再论工艺美术》附复写 庞薰琹《论工艺美术》关良《简谈我的水墨画戏的过程》		63,250	荣宝斋(上海)	2013.03.17
评鉴阐要六卷		115,000	北京翰海	2013.12.07
钱陈群等人行书诗册		345,000	泰和嘉成	2013.11.18
乔耿甫 书 乔耿甫行书书谱		126,500	中国嘉德	2013.05.10
清·毛庆臻撰 一亭考古杂记		109,250	中国嘉德	2013.11.17
清·沈宗骞撰 芥舟学画编		149,500	中国嘉德	2013.11.17
清·王谔撰 今画偶录		51,750	中国嘉德	2013.11.17
清·英和、黄钺等编 秘殿珠林石渠宝笈三编存目		230,000	中国嘉德	2013.11.17
清·迮朗撰 绘事琐言		218,500	中国嘉德	2013.11.17
清代《金刚经》赤金册页		368,000	古天一	2013.12.05
清代 描金十六应真册页		138,000	古天一	2013.12.05
清东陵图、清西陵图		747,500	北京保利	2013.12.03
裘曰修 书 千山诗册		92,000	中国嘉德	2013.05.10
阮太傅书论稿		132,250	北京翰海	2013.12.07
沙孟海 钢笔手写稿22张		952,000	浙江汇通	2013.12.07
善耆 肃忠亲王遗墨		101,200	中国嘉德	2013.11.18
沈从文《论文盲》稿		55,200	北京保利	2013.12.03
沈尹默论"如何临习碑帖"		138,000	北京保利	2013.06.03
圣祖北征行在述略等书札		161,000	中国嘉德	2013.11.17
十八罗汉拜观音		310,500	北京卓德	2013.05.28
史照资治通鉴释文		345,000	泰和嘉成	2013.11.18
手稿文章(版画家)(7份)		74,750	北京翰海	2013.12.07
四书图说孟子第五册		287,500	泰和嘉成	2013.11.18
涘翁寓意编等		483,000	中国嘉德	2013.11.17
孙中山 三民主义手稿五组		57,500	北京保利	2013.06.02
孙中山等像册 任命书		138,000	中国嘉德	2013.11.18
唐人写经 大佛顶万行首楞严经卷第四		1,437,500	西泠拍卖	2013.07.14
田汉先生手迹		172,500	北京翰海	2013.06.01
铁保 草书节临怀素千字文(六页)		55,200	西泠拍卖	2013.07.14
铁保 临颜鲁公争座位帖		299,000	泰和嘉成	2013.05.26
投笔集(明末清初)钱谦益撰		161,000	西泠拍卖	2013.07.12
晚清漠南蒙古东土默特部王公部族谱系		51,750	北京保利	2013.12.03
晚清时期名人书迹等三册		391,000	朵云轩	2013.07.08
汪由敦 1740年作 道德经(二十一开)		460,000	北京翰海	2013.05.31
汪原放、汪孟邹日记		103,500	北京保利	2013.06.03
王伯群 王伯群日记手稿		1,782,500	朵云轩	2013.07.06
王昌龄集上下卷		126,500	泰和嘉成	2013.11.18
王世襄抄 已抄诸书		80,500	中国嘉德	2013.11.17
吴昌硕 诗稿(八帧)		230,000	西泠拍卖	2013.07.13
吴昌硕 诗稿(二帧)		172,500	西泠拍卖	2013.07.13
吴昌硕 诗稿(二帧)		149,500	西泠拍卖	2013.07.13
吴昌硕 诗稿(九帧)		253,000	西泠拍卖	2013.07.13
吴昌硕 诗稿(六帧)		253,000	西泠拍卖	2013.07.13
吴昌硕 诗稿(七帧)		345,000	西泠拍卖	2013.07.13
吴昌硕 诗稿(三帧)		253,000	西泠拍卖	2013.07.13
吴昌硕 诗稿(三帧)		207,000	西泠拍卖	2013.07.13
吴昌硕 诗稿(五帧)		287,500	西泠拍卖	2013.07.13
吴昌硕 自编小曲		172,500	中国嘉德	2013.11.18
吴冠中 手稿文章《踏花坝上马蹄香》(5帧) 手稿《1999吴冠中艺术展·自序·奉献人民》(1帧) 手稿《1999吴冠中艺术展·请柬部分名单》(3帧)		69,000	北京翰海	2013.12.07
吴冠中手稿		184,000	北京保利	2013.06.03
吴冠中手稿《肥瘦之间》		59,800	北京保利	2013.06.03
吴儁 绘制 暴书图		138,000	中国嘉德	2013.11.18
吴作人、萧淑芳作品展序		57,500	北京翰海	2013.12.07
惜抱轩集十卷(莫友芝藏书)		69,000	北京保利	2013.06.03
新出三体石经考		115,000	北京翰海	2013.12.07
兴京等处副都统业普肯巴图鲁宗室同吉等贺折		86,250	北京保利	2013.12.03
许伯健 潭影春痕		145,600	东拍国际	2013.06.14
杨沂孙 书 杨沂孙书法册		184,000	中国嘉德	2013.05.10
叶道芬抄 古今画法		126,500	中国嘉德	2013.11.17
伊秉绶 等 名贤手帖集锦		483,000	泰和嘉成	2013.05.26
奕墨		57,500	北京保利	2013.06.03
意大利作曲家 威尔第(Giuseppe Verdi)1860年2月3日致友人巴拉斯特拉(Ercolano Balestra)亲笔信函		115,000	中国嘉德	2013.11.24
吟窗小会抄本		322,000	北京翰海	2013.12.07
印度著名诗人泰戈尔(Rabindranath Tagore)亲笔信函		57,500	中国嘉德	2013.11.24
英国小说家狄更斯(Charles Dickens)亲笔信函		149,500	中国嘉德	2013.11.24
英国著名发明家詹姆斯·瓦特(James Watt)亲笔信函		207,000	中国嘉德	2013.11.24
英国著名生物学家查尔斯·达尔文(Charles Darwin)亲笔信函		82,800	中国嘉德	2013.11.24
营造学社图书目录		218,500	中国嘉德	2013.11.17
游寿 稿本《周诗及诗学提纲等》一册		115,000	北京传是	2013.12.12
有竹斋藏鉩印稿本		149,500	泰和嘉成	2013.11.18
俞平伯手迹1两件		134,400	北京荣宝	2013.03.30
俞寿璋 沈铭昌 起草 撰 青岛问题所发要电		230,000	中国嘉德	2013.11.18
元·饶自然辑 山水家法		51,750	中国嘉德	2013.11.17
元·吴镇 梅道人遗墨二卷		126,500	中国嘉德	2013.11.17
恽寿平 十万图册(十页)		6,670,000	西泠拍卖	2013.07.14
恽寿平(款) 花卉册(十页,另题跋二页)		4,600,000	西泠拍卖	2013.07.14
詹景凤撰 詹东图玄览编		57,500	中国嘉德	2013.11.17
张伯驹笔谈录、手稿等		82,800	北京保利	2013.06.03
张大千 书法手稿(三幅)		471,600	香港佳士得	2013.11.25
张大千 书法手稿(四幅)		736,875	香港佳士得	2013.11.25
张即之 阁环帖		805,000	泰和嘉成	2013.11.18
张之洞抱ance堂稿(施蛰存旧藏)		57,500	北京保利	2013.12.03
张宗祥《论书绝句》《与吴敬生兄论书》清稿本·行书《兰亭序》		97,750	西泠拍卖	2013.07.13
赵秉冲 御制乐寿堂诗(八页)		402,500	西泠拍卖	2013.07.14
赵孟頫 拜表帖		931,500	泰和嘉成	2013.11.18
[illegible]		126,500	北京华辰	2013.11.15

2013杂项拍卖成交汇总

(成交价RMB：1万元以上)

拍品名称	物品尺寸	成交价RMB	拍卖公司	拍卖日期
赵朴初 书 华严经		115,000	中国嘉德	2013.11.18
赵朴初 书 吉祥经		218,500	中国嘉德	2013.11.18
赵朴初诗文手卷		782,000	中国嘉德	2013.05.10
郑学士夹漈先生六经奥论		115,000	泰和嘉成	2013.11.18
致杨慰农附书等书札		126,500	中国嘉德	2013.11.17
周作人 行书诗稿		218,500	中国嘉德	2013.11.18
周作人 书 苦茶庵诗		253,000	中国嘉德	2013.05.10
周作人 书 知堂诗抄		667,000	中国嘉德	2013.05.10
诸星母陀罗尼经一卷		414,000	北京卓德	2013.05.28
祝允明行草文章、诗稿		5,170,555	纽约苏富比	2013.09.19
宗室王公章京世袭爵秩		253,000	泰和嘉成	2013.11.18
历代刻本				
《经颐渊金石诗书画合集》等四种		80,500	西泠拍卖	2013.07.12
《宋元宝绘》、《宋元宝绘 增刊》全套2册		63,250	长风拍卖	2013.06.17
《纂组英华》全套2册		552,000	长风拍卖	2013.06.17
■斋文集八卷诗集四卷		71,300	北京翰海	2013.06.01
八千卷楼旧藏、吴焯批校跋本《唐大诏令集一百三十卷》		1,610,000	西泠拍卖	2013.07.12
巴黎茶花女遗事		287,500	北京保利	2013.06.03
白石印草		126,500	泰和嘉成	2013.05.26
百川书屋丛书·续编		184,000	泰和嘉成	2013.05.26
百花诗笺谱		59,800	中国嘉德	2013.11.17
班马字类 卷上		138,000	泰和嘉成	2013.05.26
北京笺谱		55,200	中国嘉德	2013.09.14
北平荣宝斋诗笺谱		207,000	泰和嘉成	2013.11.18
北史		51,750	北京九歌	2013.06.28
本事诗十二卷		57,500	北京保利	2013.06.03
驳吕留良书四书讲义		138,000	北京保利	2013.12.03
布颜图著 画学心法		92,000	中国嘉德	2013.11.17
曹子建集		126,500	泰和嘉成	2013.05.26
草窗韵语		120,750	泰和嘉成	2013.05.26
曾文正公全集		138,000	北京保利	2013.06.03
曾文正公手书日记		51,750	北京保利	2013.06.03
陈老莲博古牌册页28开		92,000	北京传是	2013.12.12
陈孝逸 撰 癡山集		55,200	中国嘉德	2013.05.10
陈耀文 辑 花草粹编十二卷		112,700	中国嘉德	2013.05.10
成亲王 临敦化阁		414,000	北京翰海	2013.09.14
成哲亲王遗翰		103,500	泰和嘉成	2013.11.18
敕苦救难灵感观世音宝卷二卷		63,250	北京保利	2013.12.03
初刻本《桐荫论画》等重要古代书画著录类书籍 5套		66,700	长风拍卖	2013.06.17
初潭集三十集		86,250	北京保利	2013.12.03
春秋经传集解卷第六		3,450,000	中国嘉德	2013.05.10
春秋三十卷		92,000	北京保利	2013.12.03
春秋左传		172,500	中国嘉德	2013.09.14
春秋左传十五卷		172,500	北京保利	2013.12.03
大般若波罗密多经卷第二百二十一		126,500	泰和嘉成	2013.05.26
大般若波罗密多经卷第四百十六第四百三十九第四百四十八 (唐)三藏法师译		224,250	北京卓德	2013.05.28
大般若波罗密多经卷七十一之八十		230,000	泰和嘉成	2013.05.26
大般若波罗密多经卷三百四十九		264,500	泰和嘉成	2013.11.18
大般若波罗蜜多经存卷第一百九十二		270,250	北京卓德	2013.05.28
大般若波罗蜜多经第四百五十八卷		218,500	上海工美	2013.07.08
大般若波罗蜜经第五百六十三卷		322,000	上海工美	2013.07.08
大村西厓图本丛刊十二种		494,500	泰和嘉成	2013.05.26
大方广佛华严经八十卷		172,500	北京卓德	2013.05.28
大佛顶如来密因修证了义诸菩萨万行楞严经卷八		759,000	泰和嘉成	2013.11.18
大清十朝皇帝圣训		138,000	朵云轩	2013.07.08
邓实、黄宾虹编纂 美术丛书		59,800	中国嘉德	2013.11.17
邓印存真		59,800	北京匡时	2013.06.04
丁度 等 奉敕撰《礼部韵略》五卷		29,900,000	北京匡时	2013.12.04
东莱先生史记详节二十卷		287,500	北京翰海	2013.12.07
东坡文选二十卷		172,500	泰和嘉成	2013.05.26
东游纪略二卷		230,000	泰和嘉成	2013.05.26
冬心斋研铭		667,000	泰和嘉成	2013.05.26
赌棋山庄所著书五十九卷 (清)谢章铤撰		51,750	西泠拍卖	2013.07.12
杜甫 撰 集千家注杜工部诗集二十卷文集二卷		89,700	中国嘉德	2013.05.10
杜工部集二十卷		86,250	北京保利	2013.06.03
杜工部集二十卷		51,750	北京保利	2013.12.03
杜工部集二十卷 卷首一卷 (唐)杜甫撰		149,500	西泠拍卖	2013.07.12
杜工部集二十卷卷首一卷		55,200	北京保利	2013.12.03
二经同函		195,500	北京保利	2013.12.03
二经同卷		598,000	泰和嘉成	2013.11.18
二十二经同函		322,000	北京卓德	2013.05.28
二十四史		1,035,000	泰和嘉成	2013.05.26
二十四史		103,500	朵云轩	2013.07.08
范晔 后汉书		92,000	北京九歌	2013.06.28
方氏批校楚辞灯		109,250	泰和嘉成	2013.05.26
飞鸿堂印谱三集本		460,000	泰和嘉成	2013.11.18
飞鸿堂印人传八卷		207,000	朵云轩	2013.07.07
冯云鹏 冯云鹓 辑 金石索		66,700	中国嘉德	2013.11.18
佛顶心大陀罗尼经		517,500	泰和嘉成	2013.11.18
佛顶心大陀罗尼经		356,500	泰和嘉成	2013.11.18
佛顶心大陀罗尼经		258,750	泰和嘉成	2013.11.18
佛顶心观世音菩萨救难神验经插图		207,000	泰和嘉成	2013.11.18
佛说大集会正法经卷第二 (宋)施护译		103,500	北京卓德	2013.05.28
佛说随求即得大自在罗尼神咒经		1,380,000	北京翰海	2013.12.07
佛祖统系道景		71,300	中国嘉德	2013.11.17
缶庐印存		230,000	北京匡时	2013.06.04
伏庐藏印		126,500	泰和嘉成	2013.05.26
簠斋所用印册		115,000	中国嘉德	2013.11.18
覆宋淳佑本四书		402,500	中国嘉德	2013.03.23
覆元刊金刚般若波罗蜜经		575,000	泰和嘉成	2013.11.18
改琦 绘 红楼梦图咏		94,300	中国嘉德	2013.03.23
溉堂集		172,500	泰和嘉成	2013.05.26
皋鹤堂批评第一奇书金瓶梅一百回		138,000	北京保利	2013.12.03
皋鹤堂批评第一奇书金瓶梅一百回		103,500	北京保利	2013.12.03
高山寺旧藏《辩非集》(宋)善喜 叙		4,772,500	西泠拍卖	2013.07.12
高宗钦定五洲同文二十四史		230,000	中国嘉德	2013.09.14
古今诗范十六卷		89,700	北京翰海	2013.06.01
古今图书集成零种		230,000	泰和嘉成	2013.05.26
古文辞类纂七十五卷 (清)姚鼐辑		126,500	西泠拍卖	2013.07.12
古逸丛书初编		345,000	泰和嘉成	2013.11.18
故宫博物院藏印集		51,750	北京匡时	2013.06.04
顾野王 撰 大广益会玉篇三十卷		1,380,000	中国嘉德	2013.05.10
观楞伽阿跋多罗宝经记四卷略科一卷		97,750	北京保利	2013.12.03
观音像		109,250	泰和嘉成	2013.11.18
观自得斋印集		115,000	北京匡时	2013.06.04
归有光 撰 震川先生集三十卷 别集十卷		59,800	中国嘉德	2013.05.10
归震川、钱牧斋先生尺牍		138,000	泰和嘉成	2013.05.26
桂馥 撰 桂未谷晚学斋碑跋二卷		71,300	中国嘉德	2013.03.23
海仙画谱等		51,750	中国嘉德	2013.11.17
寒松堂全集十二卷 年谱一卷(清)魏象枢著		92,000	西泠拍卖	2013.07.12
汉书·后汉书		230,000	泰和嘉成	2013.11.18

(成交价RMB：1万元以上)

拍品名称	物品尺寸	成交价RMB	拍卖公司	拍卖日期
河东先生集四十五卷外集二卷龙城录二卷附录二卷传一卷(缺)		74,750	北京保利	2013.12.03
洪迈 赵宧光 选 编定 万首唐人绝句四十卷		471,500	中国嘉德	2013.05.10
洪迈 撰 容斋随笔		57,500	中国嘉德	2013.11.18
洪适 撰 隶释二十七卷 隶续二十一卷附汪本隶释刊误一卷		57,500	中国嘉德	2013.03.23
鸿雪因缘图记		345,000	泰和嘉成	2013.05.26
鸿雪因缘图记		368,000	泰和嘉成	2013.11.18
鸿雪因缘图记初集、二集、三集 (清)麟庆著		322,000	西泠拍卖	2013.07.12
后蜀·赵崇祚编 花间集		138,000	中国嘉德	2013.11.17
胡广 纂 新刻九我李太史校正大方性理全书七十卷		78,200	中国嘉德	2013.05.10
华严一乘分齐章义苑疏卷第四		287,500	北京卓德	2013.05.28
华贞固先生虑得集		552,000	泰和嘉成	2013.05.26
皇朝名臣言行别录十三卷(存卷七至卷十三)		69,000	北京保利	2013.06.03
皇朝续文献通考(出版校样一批)		66,700	北京保利	2013.06.03
皇清百名家诗选		69,000	北京翰海	2013.12.07
黄宾虹、邓秋枚编著 神州国光集		80,500	中国嘉德	2013.11.17
黄帝周书秘奥十二卷		575,000	北京卓德	2013.05.28
黄凤池 辑 新镌五言唐诗画谱		138,000	中国嘉德	2013.05.10
黄裳题跋《七录斋论略二卷》(明)张溥著		80,500	西泠拍卖	2013.07.12
黄图珌 撰 梦钗缘二卷		105,800	中国嘉德	2013.03.23
晦庵先生朱文公文集 卷三十二		460,000	北京翰海	2013.06.01
晦庵先生朱文公文集卷七十		138,000	泰和嘉成	2013.05.26
晦庵先生朱文公文集一百卷(缺)		109,250	北京保利	2013.06.03
嵇含 撰 南方草木状三卷		172,500	中国嘉德	2013.03.23
汲古阁刻宋六十家词三种全(吴湖帆题藏本)		51,750	北京保利	2013.06.03
姜白石诗词合集十五卷		74,750	北京保利	2013.12.03
焦秉贞 朱圭 梅裕凤 绘 刻 耕织图		207,000	中国嘉德	2013.03.23
焦竑 撰 养正图解不分卷		253,000	中国嘉德	2013.03.23
金城 王世襄 撰 整理 竹刻小言		69,000	中国嘉德	2013.11.18
金刚般若波罗蜜经		51,750	北京保利	2013.06.03
金刚恐怖集会方广仪轨观自在菩萨三世最胜心明王经		2,070,000	泰和嘉成	2013.11.18
金光明经文句并记六卷		172,500	北京保利	2013.12.03
金光明最胜王经		805,000	泰和嘉成	2013.11.18
金光明最胜王经十卷		207,000	上海工美	2013.07.08
金山志十卷续志二卷(一岷藏书)		103,500	北京保利	2013.12.03
金绍坊撰 刻竹小言		66,700	中国嘉德	2013.11.17
金石例十卷 墓铭举例四卷 金石要例一卷 金石例补二卷		1,725,000	中国嘉德	2013.05.10
金石全例十种		80,500	北京保利	2013.06.03
金石索十二卷		69,000	北京保利	2013.12.03
金史		80,500	北京九歌	2013.06.28
金史一百三十五卷目录二卷		184,000	北京保利	2013.06.03
金粟影庵词初稿		80,500	北京保利	2013.06.03
金元钰、褚德彝等撰 竹人录等		80,500	中国嘉德	2013.11.17
金章 濠梁知乐集		241,500	中国嘉德	2013.11.17
近光集二十八卷		69,000	北京翰海	2013.12.07
晋书		460,000	北京九歌	2013.06.28
经史证类大观本草三十一卷		218,500	泰和嘉成	2013.05.26
景汲古阁钞宋金词七种		74,750	中国嘉德	2013.03.23
景刊宋金元明本词八种		55,200	中国嘉德	2013.03.23
景刊宋元明本词四种		57,500	西泠拍卖	2013.07.12
九经同函		655,500	泰和嘉成	2013.05.26
九经五十一卷附三种四卷		632,500	北京保利	2013.12.03
康熙刻本《金瓶梅》		55,200	北京匡时	2013.09.12
珂罗版《黄庭坚书松风阁诗》		402,500	北京传是	2013.06.16
珂罗版《清朝六大画家》书画集(四王吴恽名画集)		57,500	长风拍卖	2013.06.17
珂罗版线装《百爵斋藏历代名人法书》全套1函3册		69,000	长风拍卖	2013.06.17
珂罗版线装《海粟丛刊》全套9册		66,700	长风拍卖	2013.06.17
珂罗版线装《考盘社支那名画选集》全套3函3册		86,250	长风拍卖	2013.06.17
珂罗版线装《郎世宁画册》全套5册		57,500	长风拍卖	2013.06.17
珂罗版线装《名笔集胜》1函5册全		55,200	长风拍卖	2013.06.17
珂罗版线装《明清画苑尺牍》全套6册		103,500	长风拍卖	2013.06.17
珂罗版线装《南宗名画苑》5函25册全		109,250	长风拍卖	2013.06.17
珂罗版线装《清朝书画谱》、《新安画派》2册		55,200	长风拍卖	2013.06.17
珂罗版线装《天隐堂名画选》限量三百部 1册		66,700	长风拍卖	2013.06.17
珂罗版线装《文人画选》第一辑、第二辑全套17册		120,750	长风拍卖	2013.06.17
珂罗版线装《吴昌硕书画册》、《吴昌硕书法集》2册		57,500	长风拍卖	2013.06.17
珂罗版线装带函套《明四大家画谱》、《明贤尺牍》2册		69,000	长风拍卖	2013.06.17
珂罗版线装原函《四王吴恽》、《四王吴恽画册》2册		57,500	长风拍卖	2013.06.17
珂罗版原函线装《美展特刊》全套1函2册		69,000	长风拍卖	2013.06.17
乐善堂全集四十卷目录四卷(缺)		80,500	北京保利	2013.12.03
楞伽阿跋多罗宝经四卷 宋三藏法师天竺沙门求那跋陀罗译		112,700	北京卓德	2013.05.28
李光地 等撰 御纂周易折中二十二卷卷首一卷		253,000	中国嘉德	2013.03.23
李士实撰 世史积疑		287,500	中国嘉德	2013.11.17
李太白文集三十卷		69,000	北京保利	2013.12.03
李义山诗集十六卷		57,500	北京保利	2013.12.03
李长蘅先生之艺术思想		66,700	中国嘉德	2013.11.17
李贽 王世贞 袁黄 辑 批 孙子参同五卷		230,000	中国嘉德	2013.05.10
李佐贤 书画鉴影		80,500	中国嘉德	2013.11.17
历代帝王法帖释文考异十卷		126,500	北京保利	2013.12.03
隶辨八卷		97,750	北京保利	2013.12.03
廉泉编辑 扇面大观		80,500	中国嘉德	2013.11.17
梁清标 允禄 等编 钦定西清古鉴		322,000	中国嘉德	2013.11.18
两汉策要		828,000	泰和嘉成	2013.11.18
两汉记		149,500	泰和嘉成	2013.11.18
两汉隽言十六卷		138,000	泰和嘉成	2013.05.26
聊斋志异评注十六卷		51,750	北京保利	2013.12.03
列朝诗集		126,500	泰和嘉成	2013.11.18
列女传十六卷		287,500	北京保利	2013.12.03
列子冲虚真经八卷附音义一卷		92,000	西泠拍卖	2013.07.12
麟庆 编撰 鸿雪因缘图记		161,000	中国嘉德	2013.11.18
麟庆 汪春泉 撰 等绘图 鸿雪因缘图记		276,000	中国嘉德	2013.05.10
麟庆 撰 鸿雪因缘图记		253,000	中国嘉德	2013.03.23
聆风簃诗八卷附聆风簃词一卷 (民国)黄浚著		126,500	西泠拍卖	2013.07.12
令狐德棻 等编 周书五十卷		460,000	中国嘉德	2013.05.10
刘茂榕 辑 卷勺园集三卷		78,200	中国嘉德	2013.05.10
刘世儒 刘雪湖梅谱		78,200	中国嘉德	2013.11.17
刘昫 撰 旧唐书		161,000	北京九歌	2013.06.28

2013杂项拍卖成交汇总

(成交价RMB：1万元以上)

拍品名称	物品尺寸	成交价RMB	拍卖公司	拍卖日期
刘勰著 梅庆生音注 注 评 杨开庵先生文心雕龙十卷		55,200	中国嘉德	2013.03.23
柳宗元 撰 河东先生集四十五卷 外集上下卷		713,000	中国嘉德	2013.05.10
六朝文絜四卷		103,500	朵云轩	2013.07.08
六壬毕法·毕法赋		105,800	泰和嘉成	2013.11.18
陆贽 撰 唐陆宣公集二十二卷		97,750	中国嘉德	2013.09.14
罗振玉批部亭知见传本书目		155,250	泰和嘉成	2013.11.18
罗祖五部经		184,000	北京保利	2013.12.03
吕氏春秋二十六卷		736,000	中国嘉德	2013.05.10
吕氏春秋二十六卷		368,000	北京保利	2013.06.03
律话 三卷		109,250	泰和嘉成	2013.05.26
满文御制清文鉴		299,000	泰和嘉成	2013.11.18
茅坤 选 韩文公文钞十六卷		115,000	中国嘉德	2013.11.18
茅鹿门先生唐宋八大家文钞一百四十四卷		138,000	上海工美	2013.07.08
梅村家藏稿五十八卷 补一卷 年谱四卷(明)吴伟业撰		345,000	西泠拍卖	2013.07.12
梅花喜神谱		109,250	泰和嘉成	2013.05.26
梅景画笈一集二集		55,200	北京保利	2013.06.03
密韵楼七种		1,058,000	泰和嘉成	2013.05.26
妙法莲华经七卷 姚秦三藏法师鸠摩罗什译		184,000	北京卓德	2013.05.28
民国《默盦集锦》全套3册、《伊墨卿先生真迹》		161,000	长风拍卖	2013.06.17
民国《西厓刻竹》、《嚼雪庐自玩竹刻》2册		97,750	长风拍卖	2013.06.17
民国6年(1917)年　小万柳堂藏本《名人书画扇集》全套六十册		517,500	北京保利	2013.06.03
民国年出版珂罗版画册一批		138,000	北京保利	2013.06.03
民国小万柳堂《名人书画扇集》1函4册(40册合订本)		86,250	长风拍卖	2013.06.17
闵景贤 何伟然 撰 订 快书五十卷		207,000	中国嘉德	2013.05.10
闽词征六卷 (民国)林葆恒辑		74,750	西泠拍卖	2013.07.12
明·方以智撰 通雅		149,500	中国嘉德	2013.11.17
明·李流芳撰 檀园集		345,000	中国嘉德	2013.11.17
明·王象晋著 汪灏等修订 广群芳谱		80,500	中国嘉德	2013.11.17
明·张丑著 清河书画舫		57,500	中国嘉德	2013.11.17
明版佛经		138,000	北京卓德	2013.05.28
明版佛经		105,800	北京卓德	2013.05.28
明史		207,000	北京九歌	2013.06.28
墨海六卷		115,000	北京翰海	2013.12.07
墨薮四卷		230,000	北京翰海	2013.06.01
南史		51,750	北京九歌	2013.06.28
南巡盛典 一百二十卷		2,070,000	泰和嘉成	2013.05.26
鉨苑二卷 (民国)田焕编集		69,000	西泠拍卖	2013.07.12
农政全书六十卷		92,000	北京保利	2013.12.03
欧阳文忠公全集一百五十三卷 首一卷附录五卷		109,250	北京翰海	2013.12.07
欧阳修、宋祁 撰 新唐书		149,500	北京九歌	2013.06.28
坡仙集十六卷		69,000	北京翰海	2013.12.07
溥心畬藏并手题金石资料一批		391,000	北京保利	2013.06.03
齐鲁古印攈、续齐鲁古印攈		345,000	北京匡时	2013.06.04
前四史		74,750	西泠拍卖	2013.07.12
钱谦益 辑 列朝诗集		115,000	中国嘉德	2013.03.23
乾隆年仿澄心堂手绘笺纸		368,000	中国嘉德	2013.09.14
峤雅二卷首一卷		207,000	上海工美	2013.07.08
钦定书经图说		230,000	泰和嘉成	2013.05.26
钦定书经图说五十卷		253,000	北京保利	2013.06.03
秦淮八艳图咏等二种		103,500	上海工美	2013.07.08

拍品名称	物品尺寸	成交价RMB	拍卖公司	拍卖日期
青山集		345,000	泰和嘉成	2013.11.18
清·卞永誉著录 书画汇考		57,500	中国嘉德	2013.11.17
清·陈焯辑 湘管斋寓赏续编		322,000	中国嘉德	2013.11.17
清·戴熙撰 习苦斋画絮		57,500	中国嘉德	2013.11.17
清·方浚颐 梦园书画录		82,800	中国嘉德	2013.11.17
清·富察敦崇撰 燕京岁时记等		78,200	中国嘉德	2013.11.17
清·高秉撰 指头画说		80,500	中国嘉德	2013.11.17
清·高凤翰撰 南阜山人诗集类稿		74,750	中国嘉德	2013.11.17
清·高士奇 江村销夏录		74,750	中国嘉德	2013.11.17
清·顾文彬撰 过云楼书画记		105,800	中国嘉德	2013.11.17
清·姜绍书著 无声诗史		69,000	中国嘉德	2013.11.17
清·金凤清撰 桐园卧游录		55,200	中国嘉德	2013.11.17
清·李若昌绘 盼云轩画传		55,200	中国嘉德	2013.11.17
清·陆时化撰 吴越所见书画录		101,200	中国嘉德	2013.11.17
清·庞元济撰 虚斋名画录		115,000	中国嘉德	2013.11.17
清·庞元济撰 虚斋名画续录		51,750	中国嘉德	2013.11.17
清·阮元撰 石渠随笔		55,200	中国嘉德	2013.11.17
清·孙承泽撰 庚子销夏记		59,800	中国嘉德	2013.11.17
清·汪立铭辑 唐四家诗		59,800	中国嘉德	2013.11.17
清·王概、王蓍、王臬绘 芥子园画传二集		51,750	中国嘉德	2013.11.17
清·王概绘 芥子园画传初集		149,500	中国嘉德	2013.11.17
清·王杰、董诰、彭元瑞、金士松等编 秘殿珠林石渠宝笈续编		82,800	中国嘉德	2013.11.17
清·吴钺辑 竹炉图咏		195,500	中国嘉德	2013.11.17
清·谢堃撰 春草堂三种		57,500	中国嘉德	2013.11.17
清·恽格寿平撰 南田诗钞		80,500	中国嘉德	2013.11.17
清·张大镛辑 自怡悦斋书画录		51,750	中国嘉德	2013.11.17
清·郑绩撰 梦幻居画学简明		92,000	中国嘉德	2013.11.17
清高宗弘历 刘统勋 撰 等纂 评鉴阐要十卷		82,800	中国嘉德	2013.05.10
清宫珍宝皕美图		126,500	泰和嘉成	2013.11.18
清乾隆 董诰〈御制山庄荷花诗〉册		6,602,400	罗芙奥	2013.11.24
全唐诗九百卷 (清)曹寅、彭定求等奉敕编纂		345,000	西泠拍卖	2013.07.12
全像注释玉簪记		287,500	泰和嘉成	2013.11.18
泉布统志九卷附录一卷		149,500	北京保利	2013.12.03
日本珂罗版线装原函《支那墨宝集》全套1函2册		86,250	长风拍卖	2013.06.17
日本刻成唯识论第二卷		178,250	朵云轩	2013.07.08
容斋五笔七十四卷		80,500	北京保利	2013.06.03
肉蒲团四卷 (明)步月主人订		63,250	西泠拍卖	2013.07.12
三经同函		207,000	北京卓德	2013.09.07
三十二篆体金刚般若波罗蜜经		345,000	泰和嘉成	2013.11.18
三十二篆体金刚般若波罗蜜经		195,500	泰和嘉成	2013.11.18
三十二篆体金刚般若波罗蜜经		172,500	泰和嘉成	2013.11.18
三馀印可四卷		55,200	北京翰海	2013.12.07
山谷诗集注二十卷、山谷外集诗注十七卷、山谷别集二卷		69,000	北京保利	2013.12.03
山阴县志三十八卷存三十五卷 (清)高登先、沈麟趾纂修		189,750	西泠拍卖	2013.07.12
少微家塾点校附音通鉴节要卷十		55,200	北京翰海	2013.06.01
涉园墨萃零种		57,500	北京保利	2013.12.03
沈万钶 辑 诗经类考三十卷		92,000	中国嘉德	2013.05.10
沈约 撰 宋书		92,000	北京九歌	2013.06.28
頣寿堂印品二卷		63,250	北京保利	2013.12.03
圣谕像解二十卷		402,500	泰和嘉成	2013.05.26
盛明杂剧 三十卷		184,000	泰和嘉成	2013.05.26
诗所五十六卷历代名氏爵里一卷		517,500	北京翰海	2013.12.07
十三经注疏三百八十四卷		2,771,500	上海工美	2013.07.08

拍品名称	物品尺寸	成交价RMB	拍卖公司	拍卖日期
十三经注疏四百十五卷校勘记四百十五卷		149,500	上海工美	2013.07.08
十竹斋笺谱		63,250	北京保利	2013.12.03
十竹斋笺谱(郑振铎签赠本)		57,500	北京保利	2013.06.03
石柱记 五卷		103,500	泰和嘉成	2013.05.26
史记		207,000	泰和嘉成	2013.11.18
史记一百三十卷		517,500	泰和嘉成	2013.05.26
世说新语补二十卷附释名说一卷		207,000	北京保利	2013.06.03
世宗宪皇帝御制文集		103,500	泰和嘉成	2013.11.18
释迦说法图		126,500	泰和嘉成	2013.11.18
书画类丛书		69,000	中国嘉德	2013.11.17
述本堂集		184,000	泰和嘉成	2013.05.26
水经注释四十卷卷首一卷附录二卷、水经注笺刊误十二卷		63,250	北京保利	2013.12.03
四部丛刊初编		1,092,500	泰和嘉成	2013.05.26
宋・陈旸撰 陈氏乐书		51,750	中国嘉德	2013.11.17
宋・李诫编修 李明仲营造法式		897,000	中国嘉德	2013.11.17
宋・米芾 邓椿著 画史 画继		138,000	中国嘉德	2013.11.17
宋・苏轼撰 东坡先生诗集注		138,000	中国嘉德	2013.11.17
宋・朱长文撰 墨池编		80,500	中国嘉德	2013.11.17
宋濂 撰 元史		184,000	北京九歌	2013.06.28
宋史		345,000	北京九歌	2013.06.28
苏老泉先生全集二十卷附录二卷		69,000	北京保利	2013.06.03
苏洵 撰 重刊嘉佑集十五卷		402,500	中国嘉德	2013.05.10
素园石谱		793,500	泰和嘉成	2013.05.26
孙承泽 撰 古香斋鉴赏袖珍春明梦余录七十卷		63,250	中国嘉德	2013.03.23
太平寰宇记二百卷		69,000	北京保利	2013.12.03
太平御览一千卷目录十五卷		517,500	北京保利	2013.06.03
汤斌 撰 汤子遗书十卷 附录一卷		74,750	中国嘉德	2013.05.10
唐 菩提流志 译 不空羂索神变真言经		299,000	中国嘉德	2013.05.10
唐 释不空 译 雷峰塔藏《一切如来心秘密全身舍利宝箧印陀罗尼经》残卷		333,500	中国嘉德	2013.05.10
唐 释不空 译 雷峰塔藏《一切如来心秘密全身舍利宝箧印陀罗尼经》经卷		598,000	中国嘉德	2013.05.10
唐 释道世 集 《法苑珠林》卷第五十二		1,207,500	中国嘉德	2013.05.10
唐 玄奘 译 大般若波罗密多经卷第四百四十六		230,000	中国嘉德	2013.05.10
唐・杜甫撰 杜工部集		55,200	中国嘉德	2013.11.17
唐・杜甫撰 钱牧斋笺注杜工部集		66,700	中国嘉德	2013.11.17
唐・玄奘 译 大般若波罗蜜多经卷第四百二十八卷		103,500	中国嘉德	2013.11.18
唐・玄奘 译 大般若波罗蜜多经卷第四百一十五卷		184,000	中国嘉德	2013.11.18
唐陆宣公集二十二卷 (唐)陆贽撰 (清)年羹尧重订		126,500	西泠拍卖	2013.07.12
唐书二百卷(守雅堂、旧山楼、丁申递藏本)		747,500	北京保利	2013.12.03
唐宋书丛九十种三百二十一卷(存二十五种全、杭州王氏九峰旧庐藏书)		69,000	北京保利	2013.12.03
唐玄奘 译 大般若波罗密多经卷第一百八十一		253,000	中国嘉德	2013.05.10
天工开物三卷		74,750	北京保利	2013.12.03
听秋轩诗集三卷 (清)骆绮兰撰		55,200	西泠拍卖	2013.07.12
听松庵竹炉图咏四卷		207,000	泰和嘉成	2013.05.26
托跋廛丛刻		276,000	泰和嘉成	2013.05.26
宛陵先生全集六十卷		552,000	泰和嘉成	2013.05.26
汪氏鉴古斋墨薮四卷附录一卷 (清)汪近圣撰		166,750	西泠拍卖	2013.07.12

拍品名称	物品尺寸	成交价RMB	拍卖公司	拍卖日期
王荆文公诗五十卷		63,250	北京保利	2013.12.03
王肯堂 编纂 证治准绳六集		115,000	中国嘉德	2013.11.18
王圻 撰 王思义续三才图会		57,500	中国嘉德	2013.09.14
王世襄撰 中国画论研究		138,000	中国嘉德	2013.11.17
王世襄撰 中国画论研究		112,700	中国嘉德	2013.11.17
王祖梅 辑 自铟明月种梅花小影题辞		92,000	中国嘉德	2013.03.23
巍巍不动太山深根结果宝卷		69,000	北京保利	2013.12.03
韦应物 撰 韦苏州集十卷		230,000	中国嘉德	2013.03.23
韦应物 撰 韦苏州集十卷拾遗一卷		126,500	中国嘉德	2013.09.14
魏征 撰 隋书		57,500	北京九歌	2013.06.28
文昌帝君阴骘文		74,750	北京保利	2013.12.03
文美斋诗笺谱		92,000	朵云轩	2013.07.08
文献通考三百四十八卷(元)马端临撰		195,500	北京卓德	2013.09.07
文心雕龙等三种		149,500	朵云轩	2013.07.06
文选		115,000	中国嘉德	2013.11.17
文选六十卷		287,500	北京保利	2013.06.03
文选六十卷附考异十卷		51,750	北京保利	2013.12.03
文苑春秋		1,207,500	泰和嘉成	2013.05.26
无声诗史七卷		230,000	泰和嘉成	2013.05.26
吴郡图经续记		115,000	泰和嘉成	2013.05.26
吴让之印存		74,750	北京保利	2013.12.03
吴式棻 考藏 双虞壶斋印存八卷		103,500	中国嘉德	2013.11.18
五朝名臣言行录后集十四卷(存卷一至卷五)		80,500	北京保利	2013.06.03
五朝名臣言行录前集十卷(存卷六至卷十)		69,000	北京保利	2013.06.03
五灯会元二十卷		759,000	西泠拍卖	2013.07.12
五登会元二十八之三十七		287,500	泰和嘉成	2013.05.26
五十三参观音像		805,000	泰和嘉成	2013.11.18
西湖志四十八卷		230,000	上海工美	2013.07.08
西泠四家印谱坿存三家		230,000	西泠拍卖	2013.07.12
喜咏轩丛书四编		747,500	北京保利	2013.12.03
先秦 庄周 撰 南华真经		138,000	中国嘉德	2013.05.10
限量250部《宋元名画集》正续编11辑全		103,500	长风拍卖	2013.06.17
限量版《宋元名画》全套3册		69,000	长风拍卖	2013.06.17
相台五经		57,500	中国嘉德	2013.09.14
萧统 何焯 辑 评 重刻昭明文选六十卷		103,500	中国嘉德	2013.11.18
小万柳堂藏本《名人书画扇集》全套(60册)		184,000	北京华辰	2013.11.15
谢无量 郑笺评谱(五十二开)		345,000	广东保利	2013.06.23
新刻金瓶梅词话百回附图		115,000	北京保利	2013.12.03
新刻临川王介甫先生诗文集一百卷目录二卷		57,500	北京保利	2013.12.03
新刻逸田叟女仙外史大奇书一百回		138,000	北京保利	2013.12.03
新五代史		92,000	北京九歌	2013.06.28
新纂门目五臣音注扬子法言十卷		57,500	北京保利	2013.12.03
醒园录		241,500	泰和嘉成	2013.05.26
徐鈗 撰 南州草堂集十一卷		57,500	中国嘉德	2013.09.14
徐世昌 著 海西草堂集二十七卷		94,300	中国嘉德	2013.05.10
许琏 辑 六朝文絜四卷		126,500	中国嘉德	2013.09.14
续古逸丛书		207,000	泰和嘉成	2013.11.18
续资治通鉴二百二十卷		97,750	北京保利	2013.12.03
荀况 扬倞 撰注 纂图分门类题音注荀子		3,220,000	中国嘉德	2013.05.10
扬州休园志八卷		287,500	北京保利	2013.12.03
杨方达 撰 周易辑说存正十二卷 易说通旨略一卷		69,000	中国嘉德	2013.05.10
尧山堂外纪一百卷(徐世昌复耕堂藏书)		287,500	北京保利	2013.12.03
姚秦 三藏法师鸠摩罗什 译 妙法莲华经观世音菩萨普门品		747,500	中国嘉德	2013.05.10

2013杂项拍卖成交汇总

(成交价RMB：1万元以上)

拍品名称	物品尺寸	成交价RMB	拍卖公司	拍卖日期
姚铉 撰 重校正唐文粹一百卷		460,000	中国嘉德	2013.05.10
伊川击壤集二十卷		69,000	北京翰海	2013.12.07
亦政堂重修博古图		138,000	泰和嘉成	2013.11.18
益州李氏丛刻		55,200	中国嘉德	2013.11.17
英和、黄钺、姚文田、吴其彦等奉敕编 石渠宝集三编目录		66,700	中国嘉德	2013.11.17
营造法式三十四卷		103,500	上海工美	2013.07.08
瀛奎律髓四十九卷		74,750	北京保利	2013.06.03
渔洋山人精华录		138,000	泰和嘉成	2013.05.26
渔洋山人全集		264,500	北京保利	2013.12.03
玉函山房辑佚书六百八十二卷补遗二十一卷附目耕帖三十一卷		103,500	上海工美	2013.07.08
御定历代题画诗类一百二十卷 (清)陈邦彦编		172,500	北京卓德	2013.05.28
御选唐宋诗醇四十七卷目录二卷		322,000	北京保利	2013.12.03
御选唐宋文醇五十八卷		437,000	北京保利	2013.12.03
御制历象考成		310,500	北京翰海	2013.12.07
御制全韵诗五卷		115,000	上海工美	2013.07.08
御制铁券诗一卷、唐赐铁券考一卷、金涂铜塔考一卷		74,750	北京保利	2013.12.03
御制资政要览		172,500	泰和嘉成	2013.11.18
御制资政要览三卷		161,000	北京卓德	2013.09.07
御制资政要览三卷附后序一卷		230,000	北京保利	2013.12.03
御注道德经		368,000	中国嘉德	2013.05.10
御纂性理精义十二卷		253,000	北京保利	2013.12.03
御纂性理精义十二卷		63,250	北京保利	2013.12.03
御纂周易折中二十二卷首一卷		264,500	上海工美	2013.07.08
渊涵鉴类四百五十卷目录四卷(存零册)		69,000	北京保利	2013.12.03
渊鉴类函		368,000	泰和嘉成	2013.11.18
渊鉴类函		212,750	北京卓德	2013.09.07
元好问 辑 中州集十卷		63,250	中国嘉德	2013.05.10
月旦堂仙佛奇踪合刻八卷		74,750	北京保利	2013.12.03
悦亭诗稿初集二卷 (清)李豫撰		92,000	西泠拍卖	2013.07.12
增刊校正王状元集注分类东坡先生诗二十五卷(存卷五卷六)		218,500	北京保利	2013.06.03
增壹阿含经卷		149,500	北京保利	2013.06.03
战国策存魏卷第七		115,000	上海工美	2013.07.08
战国策十二卷元本目录一卷		437,000	北京保利	2013.06.03
张百熙 等 纂辑 钦定书经图说五十卷		230,000	中国嘉德	2013.09.14
张伯驹 著 丛碧词上下卷		89,700	中国嘉德	2013.09.14
张伯驹撰 丛碧词		103,500	中国嘉德	2013.11.17
张潮 撰 奚囊寸锦		82,800	中国嘉德	2013.05.10
张大千、傅申题《大千摹韩干圉人呈马图》印本		218,500	中国嘉德	2013.11.16
张淏 撰 会稽续志七卷		690,000	中国嘉德	2013.05.10
张佳胤 撰 居来先生集二十九卷 目录三卷		80,500	中国嘉德	2013.05.10
张九成 撰 横浦先生文集二十卷		86,250	中国嘉德	2013.05.10
张廉卿 等 批注 曾文正公集		57,500	中国嘉德	2013.11.18
张元济 辑 四部丛刊		517,500	中国嘉德	2013.03.23
章氏丛书续编七种全(黄侃题本)		195,500	北京保利	2013.06.03
昭代词选三十八卷 (清)蒋重光选辑		55,200	西泠拍卖	2013.07.12
真德秀 撰 心经 政经		126,500	中国嘉德	2013.03.23
正信除疑无修证自在宝卷		51,750	北京保利	2013.12.03
支那古铜精华		253,000	北京保利	2013.12.03
支那文化史迹		109,250	北京卓德	2013.09.07
芝庭诗稿十卷 (清)彭启丰著		63,250	西泠拍卖	2013.07.12
沚斋诗钞二卷		59,800	北京翰海	2013.12.07
致福丰祥		51,750	北京保利	2013.12.03
中国版画史图录		97,750	北京保利	2013.12.03
中国名画集一至八集		120,750	朵云轩	2013.07.08
中庸章句大全一卷、中庸或问一卷		80,500	北京保利	2013.12.03
种榆仙馆诗钞二卷 (清)钱塘陈鸿寿撰		63,250	西泠拍卖	2013.07.12
种榆仙馆印谱(清)陈鸿寿篆刻，郭宗泰辑		57,500	西泠拍卖	2013.07.12
重镌绣像西游真诠一百回		51,750	北京保利	2013.06.03
重刊分类补注李诗全集二十五卷、重刊分类编次李太白文集五卷		747,500	北京保利	2013.06.03
重校正唐文粹一百卷 (宋)姚铉纂		195,500	西泠拍卖	2013.07.12
周礼疏五十卷		138,000	上海工美	2013.07.08
朱存理 集录 铁网珊瑚书品十卷 画品六卷		172,500	中国嘉德	2013.11.18
朱鹤龄 笺释 杜工部诗集二十卷		230,000	中国嘉德	2013.03.23
朱文公校昌黎先生文集四十卷外集十卷集传遗文各一卷		460,000	上海工美	2013.07.08
朱文治 辑 文字会宝		105,800	中国嘉德	2013.03.23
朱彝尊 录 明诗综一百卷		101,200	中国嘉德	2013.03.23
诸葛亮集		74,750	北京保利	2013.12.03
竹懒画賸不分卷 闲者轩帖考不分卷 (明)李日华著 (清)孙承泽述		86,250	西泠拍卖	2013.07.12
资治通鉴		345,000	泰和嘉成	2013.05.26
资治通鉴二百九十四卷附释文辨误十二卷		402,500	北京保利	2013.06.03
资治通鉴二百九十四卷释文辨误十二卷(宋)司马光撰		207,000	北京卓德	2013.09.07
子汇		126,500	中国嘉德	2013.05.10
紫阳文公年谱五卷		287,500	北京翰海	2013.12.07
宗室王公世职章京爵秩袭次全表		149,500	泰和嘉成	2013.11.18
尊者法救集 法集要颂经卷第三		218,500	中国嘉德	2013.11.18
碑帖印谱				
《悲盦印賸》三册		57,500	中国嘉德	2013.05.11
《邓印存真》两册		126,500	中国嘉德	2013.05.11
《遯盦秦汉古铜印谱》八册		55,200	中国嘉德	2013.11.19
《吉金斋古铜印谱》一函十一册		59,800	中国嘉德	2013.11.19
《集前人刻印》一册		57,500	中国嘉德	2013.05.11
《龙泓居士刻印集》一册		149,500	中国嘉德	2013.05.11
《双虞壶斋印存》十一册		89,700	中国嘉德	2013.11.19
《吴让之先生印存》一函八册		66,700	中国嘉德	2013.11.19
1885年作 杨岘 题汉高君阙画像拓片		69,000	西泠拍卖	2013.07.13
1892年作 张祖翼 古籀汉碑数种(三十二页，另题跋一页)		161,000	西泠拍卖	2013.07.14
1955年作 溥儒 行书题“传祚无穷”瓦当拓片		230,000	北京保利	2013.12.02
2010年作 金锋 为人民服务		690,000	元亨利贞	2013.07.28
百印图		63,250	北京匡时	2013.12.05
北海相景君碑(翁同书考证、翁同龢跋)		460,000	北京保利	2013.12.03
北宋嘉佑二体石经周礼残石拓本		57,500	西泠拍卖	2013.07.12
北魏冯邕妻元氏墓志并盖拓本		218,500	泰和嘉成	2013.11.18
宾鸿堂藏印十二卷 朱鸿达辑		138,000	西泠拍卖	2013.07.13
曹全碑		57,500	北京保利	2013.12.03
常云湄旧藏碑拓一组		57,500	西泠拍卖	2013.07.12
陈介祺旧藏曹望憘造像拓片		184,000	山东恒昌	2013.12.06
陈介祺旧藏秦诏量铭文拓本		115,000	山东恒昌	2013.12.06
陈介祺旧藏秦诏瓦量拓片		115,000	山东恒昌	2013.12.06
陈介祺旧藏十钟山房藏钟拓片		143,750	山东恒昌	2013.12.06
陈介祺旧藏矢朐盘图拓片		1,058,000	山东恒昌	2013.12.06
成亲王题跋宋拓本右军十七帖		149,500	泰和嘉成	2013.05.26
赤壁赋		126,500	中国嘉德	2013.11.17
淳化阁帖		241,500	中国嘉德	2013.09.14
淳化阁帖十卷		74,750	朵云轩	2013.07.08

拍品名称	物品尺寸	成交价RMB	拍卖公司	拍卖日期
淳化秘阁帖		115,000	泰和嘉成	2013.11.18
大克鼎·大盂鼎全形拓		747,500	泰和嘉成	2013.11.18
大克鼎拓本		1,380,000	泰和嘉成	2013.05.26
丁丙 辑 西泠八家印选		414,000	中国嘉德	2013.05.10
东京精华砚谱 东京精华真宝		57,500	北京保利	2013.01.20
端方等四家题 朱拓杨叔恭残碑		322,000	泰和嘉成	2013.05.26
端方旧藏初拓封龙山颂		598,000	泰和嘉成	2013.05.26
端方旧藏汉故衡府君之碑		460,000	泰和嘉成	2013.05.26
端方旧藏明拓史晨碑		460,000	泰和嘉成	2013.05.26
端方旧藏明拓史晨飨孔庙碑		575,000	泰和嘉成	2013.05.26
二百竟斋古镜拓本(陈介祺题并拓、叶恭绰、张纲伯、褚德彝、方若、丁辅之、郑孝胥、吴郁生等名家题跋本)		2,530,000	北京保利	2013.12.03
范曾 画像石拓片题跋		161,000	东方大观	2013.05.14
缶庐印集 吴昌硕刻印		115,000	西泠拍卖	2013.07.13
缶庐印集 吴昌硕刻印		92,000	西泠拍卖	2013.07.13
伏庐考藏鉨印		138,000	北京保利	2013.12.03
符骥良旧藏张迁碑		299,000	西泠拍卖	2013.07.12
符骥良手拓黄牧甫印谱		57,500	西泠拍卖	2013.07.13
郙阁颂拓片		115,000	朵云轩	2013.07.06
簠斋藏千货范拓本(陈介祺拓赠、吴湖帆题跋本)		632,500	北京保利	2013.12.03
簠斋藏瓦当拓本		178,250	西泠拍卖	2013.07.12
簠斋陈氏传古碎金集		59,800	朵云轩	2013.07.08
高凤翰刻印二册		1,380,000	琴岛荣德	2013.12.08
龚心钊 辑 瞻麓斋古印徵		78,200	中国嘉德	2013.05.10
古名砚拓片		172,500	北京卓德	2013.05.28
古泉集拓		207,000	北京卓德	2013.09.07
关百益 辑拓 殷虚文字存真初集		51,750	中国嘉德	2013.11.18
汉曹景完碑		86,250	中国嘉德	2013.11.17
汉曹全碑		552,000	中国嘉德	2013.05.10
汉画像砖拓片		57,500	北京翰海	2013.05.31
汉孔褒碑拓本		287,500	泰和嘉成	2013.11.18
汉梁山第五铜鋗拓本		82,800	朵云轩	2013.07.08
汉刘熊碑		3,680,000	朵云轩	2013.07.06
汉三阙(嵩岳太室 少室石阙铭 岳母庙阙铭)		115,000	北京卓德	2013.05.28
汉史晨前碑		184,000	中国嘉德	2013.05.10
汉嵩山三阙		460,000	朵云轩	2013.07.06
汉魏石刻十三品		86,250	北京保利	2013.12.03
汉武梁祠题签		368,000	中国嘉德	2013.05.10
汉鲜于璜碑		253,000	中国嘉德	2013.05.10
何绍基、许松如题宋拓东方画赞碑		402,500	西泠拍卖	2013.07.12
何遂 藏瓦当文字拓片		598,000	北京匡时	2013.12.03
怀仁集王羲之书圣教序		80,500	西泠拍卖	2013.07.12
黄士陵题鼎彝拓片		51,750	北京保利	2013.06.03
急就章		828,000	中国嘉德	2013.05.10
纪泰山铭		207,000	北京卓德	2013.05.28
交泰殿宝谱		57,500	北京翰海	2013.09.14
焦循批跋思古斋黄庭经·兰亭序		115,000	泰和嘉成	2013.11.17
金刚般若波罗蜜经拓本		189,750	泰和嘉成	2013.11.18
金文集拓		126,500	中国嘉德	2013.05.10
近代旧拓名碑一批		103,500	北京保利	2013.06.03
晋祠之铭并序		115,000	西泠拍卖	2013.07.12
晋兰亭序三种		55,200	中国嘉德	2013.03.23
晋周孝侯碑		74,750	北京保利	2013.06.03
精拓龙门五十品(陈镇东题藏本)		241,500	北京保利	2013.12.03
九成宫醴泉铭(吴湖帆藏本)		184,000	北京保利	2013.06.03
旧拓兜沙经		97,750	西泠拍卖	2013.07.12
旧拓玉版十三行		161,000	中国嘉德	2013.05.10
康熙御笔石刻		172,500	泰和嘉成	2013.05.26

拍品名称	物品尺寸	成交价RMB	拍卖公司	拍卖日期
孔褒碑		115,000	朵云轩	2013.07.06
坤皋铁笔		195,500	朵云轩	2013.07.07
兰亭拓本二十七种		701,500	中国嘉德	2013.03.23
李鸿裔、赵烈文等题破邪论序		195,500	西泠拍卖	2013.07.12
李苦禅 跋汉代碑拓《第百上石》		63,250	北京传是	2013.06.16
陆和九批校汉武梁祠画像古拓三卷		920,000	朵云轩	2013.07.06
绿庄严馆古泉拓		322,000	中国嘉德	2013.05.10
马起凤拓鲁候角		138,000	泰和嘉成	2013.05.26
毛公鼎初拓本		862,500	北京卓德	2013.05.28
毛公鼎拓片		287,500	山东恒昌	2013.12.06
麋研斋印存重辑本 王禔刻印		80,500	西泠拍卖	2013.07.13
明 拓绍兴米帖		217,800	香港佳士得	2013.05.27
明拓淳化阁法帖		322,000	泰和嘉成	2013.11.18
明拓云麾将军李思训碑		287,500	上海国拍	2013.12.08
南北朝隋唐墓志造像一批		115,000	北京保利	2013.06.03
倪璐 辑 天倪阁古泉拓本		80,500	中国嘉德	2013.11.18
拟山园帖		57,500	中国嘉德	2013.03.23
潘祖荫 集拓并释 滂喜斋吉金文字册		690,000	中国嘉德	2013.11.18
攀古楼彝器款识·清爱堂钟鼎彝器法帖		1,092,500	泰和嘉成	2013.11.18
裴景福鉴定 壮陶阁帖		126,500	中国嘉德	2013.11.17
蒲华题钟鼎拓片		85,100	中国嘉德	2013.09.14
乾隆御笔心经		218,500	泰和嘉成	2013.11.18
秦诏量		126,500	山东恒昌	2013.12.06
清 墨拓隋唐砖铭		2,874,960	香港佳士得	2013.05.27
清初《东坡黄州词翰》拓本		207,000	远方拍卖	2013.06.06
清宫皇帝皇后宝谱拓		195,500	北京保利	2013.06.03
清拓《文殊经碑》		368,000	北京匡时	2013.09.12
清治官印集		69,000	北京保利	2013.06.03
泉范拓本册页		140,300	山东恒昌	2013.12.06
商承祚藏 契斋古印存		126,500	中国嘉德	2013.03.23
沈树镛旧藏并题旧拓石门铭		437,000	西泠拍卖	2013.07.12
圣教序		230,000	北京中汉	2013.05.13
石鼓文		218,500	北京卓德	2013.05.28
石鼓文		115,000	中国嘉德	2013.05.10
石鼓文		80,500	中国嘉德	2013.05.10
石门铭等汉魏拓本八种		54,050	朵云轩	2013.07.08
史树青拓画像砖		218,500	中国嘉德	2013.11.17
首都博物馆藏砚拓片册		80,500	北京保利	2013.06.06
宋拓定武兰亭序卷		4,370,000	泰和嘉成	2013.11.17
宋拓郭氏家庙碑		207,000	中国嘉德	2013.12.15
宋拓化度寺碑		3,220,000	北京匡时	2013.06.04
宋拓姚恭公墓志		69,000	朵云轩	2013.07.06
隋陈叔毅修孔子庙碑		57,500	西泠拍卖	2013.07.12
隋龙藏寺碑		115,000	中国嘉德	2013.05.10
隋张通妻陶贵墓志拓本		218,500	泰和嘉成	2013.11.18
泰山经石峪金刚经		736,000	北京中汉	2013.11.19
唐道因法师碑		333,500	中国嘉德	2013.05.10
唐九成宫醴泉铭		460,000	西泠拍卖	2013.07.12
唐温彦博碑		115,000	北京翰海	2013.12.07
唐云题时大彬壶旧拓片楠木板册页		345,000	北京保利	2013.06.05
题宋拓道因法师碑		149,500	中国嘉德	2013.11.18
停云馆帖十二卷		92,000	西泠拍卖	2013.07.12
童子雕琢		63,250	朵云轩	2013.07.07
晚清“紫砂精拓”墨拓本册		220,550	香港苏富比	2013.04.08
王右军圣教序		69,000	北京保利	2013.06.03
魏李苞阁道题字摩崖		92,000	朵云轩	2013.07.06
魏马鸣寺根法师碑		322,000	北京卓德	2013.05.28
魏墓志二十种		57,500	中国嘉德	2013.03.23
魏文周隋历代墓志集		189,750	北京卓德	2013.05.28

2013杂项拍卖成交汇总

(成交价RMB：1万元以上)

拍品名称	物品尺寸	成交价RMB	拍卖公司	拍卖日期
魏司马景和妻墓志		598,000	中国嘉德	2013.05.10
魏锡曾辑印谱		126,500	西泠拍卖	2013.07.13
魏钟繇书五种		195,500	西泠拍卖	2013.07.12
文鱼印稿		57,500	朵云轩	2013.07.07
翁方纲、张埙等 天井题名碑歌拓本及题跋		368,000	西泠拍卖	2013.07.14
吴昌硕 题《古瓦当文存》原稿(133帧)		460,000	北京匡时	2013.12.03
吴昌硕、王震题跋爨龙颜碑		126,500	西泠拍卖	2013.07.12
吴昌硕等题 齐侯罍拓本		1,495,000	朵云轩	2013.07.06
吴昌硕等题 齐侯罍拓本		1,150,000	朵云轩	2013.07.06
吴昌硕旧藏齐侯壶铭文旧拓		1,058,000	北京匡时	2013.12.03
吴大澂 辑拓 恪斋古吉金册		667,000	中国嘉德	2013.11.18
吴大澄 汉铜镜手拓本(六页)		97,750	西泠拍卖	2013.07.14
吴大澄 拓注金石各器屏		862,500	西泠拍卖	2013.07.14
吴东发、张鸣珂等五家题跋唐颜真卿争坐位帖		345,000	西泠拍卖	2013.07.12
吴让之 刻 吴让之印存		69,000	中国嘉德	2013.03.23
吴式芬 海丰吴氏双虞壶印存斋		575,000	山东恒昌	2013.12.06
吴天发神识碑		437,000	琴岛荣德	2013.12.08
吴云 辑 二百兰亭斋古铜印存		195,500	中国嘉德	2013.03.23
吴云跋、徐渭仁摹刻并藏定武兰亭序		80,500	西泠拍卖	2013.07.12
西汉西安降命刻石拓片名人墨迹		103,500	琴岛荣德	2013.12.08
西泠四家印谱附存四家		80,500	西泠拍卖	2013.07.13
锡金识小录十二卷(清)黄印辑		115,000	西泠拍卖	2013.07.12
熹平石经《周易》残石		57,500	西泠拍卖	2013.07.12
戏鸿堂法帖十六卷		63,250	北京保利	2013.06.03
新莽衡杆墨拓新莽铜杖朱拓		241,500	北京卓德	2013.05.28
星凤楼帖		138,000	北京翰海	2013.12.07
徐士恺 辑 观自得斋苍石印谱		66,700	中国嘉德	2013.05.10
学山堂印谱八卷本		2,300,000	泰和嘉成	2013.11.18
姚华弥勒造像		52,000	上海驰翰	2013.04.25
姚华摹拓富古阁张氏集古图青铜器		402,500	北京保利	2013.06.03
佚名 手拓汉魏造象		63,250	北京翰海	2013.05.31
瘗鹤铭		101,200	北京卓德	2013.05.28
殷墟文字存真		368,000	泰和嘉成	2013.05.26
游寿藏各式拓片七册		115,000	北京传是	2013.12.12
有邻馆古印存		57,500	朵云轩	2013.07.07
玉版十三行拓本		57,500	中国嘉德	2013.11.18
御赐散氏盘全形拓		575,000	泰和嘉成	2013.11.18
御刻三希堂法帖		253,000	北京保利	2013.06.03
御刻三希堂石渠宝笈法帖(吴湖帆旧藏有题)		103,500	北京保利	2013.12.03
御制三希堂法帖		414,000	泰和嘉成	2013.05.26
御制三希堂法帖		368,000	泰和嘉成	2013.05.26
云峰山刻石		132,250	北京卓德	2013.05.28
云峰山石刻		287,500	北京保利	2013.12.03
张祖翼旧藏石鼓文拓片、书法及自用印		126,500	西泠拍卖	2013.07.12
赵撝叔印谱(清)赵之谦刻印		184,000	西泠拍卖	2013.07.13
赵撝叔印谱初集二集		103,500	北京保利	2013.06.03
争座位帖		69,000	朵云轩	2013.07.06
钟鼎款识		59,800	北京翰海	2013.06.01
钟鼎拓片		57,500	中国嘉德	2013.03.23
朱鸿达辑宾鸿堂藏印一函十二册		115,000	北京匡时	2013.12.04
朱拓六朝墓铭志		575,000	北京保利	2013.06.03
书札文牍				
《朝鲜战争》三任元帅，麦克阿瑟(Douglas MacArthur)，李奇微(Mathew Ridgway)，克拉克(Mark Clark)亲署信三件，签名照两件，签名书，朝鲜战争照片一组与布里斯科上将签名照，共八件		57,500	北京保利	2013.12.03

拍品名称	物品尺寸	成交价RMB	拍卖公司	拍卖日期
《登入月球第一人》阿姆斯特朗(Neil Alden Armstrong)1976年信扎与带到《月球的美国国旗》由沃尔登(Alfred Merrill Worden)亲笔认证各一件		115,000	北京保利	2013.12.03
《法兰西第一帝国皇帝》拿破仑.波拿巴(Napol é on Bonaparte)指挥各国军队的信一件(签名Nap)		69,000	北京保利	2013.12.03
《法西斯建立者》墨索里尼(Benito Mussolin)亲笔签名文件两件，签名照一件		57,500	北京保利	2013.12.03
《圆舞曲之王》小约翰·施特劳斯(Johann Strauβ)《蓝色多瑙河》亲笔乐谱一件		126,500	北京保利	2013.12.03
1761年作 乾隆诰命		80,500	中国嘉德	2013.06.16
1761年作 圣旨陈氏勅命		57,500	中国嘉德	2013.03.25
1845年作 清道光·宁夏将军舒伦保之夫人诰命		115,000	西泠拍卖	2013.07.14
1922、1933年 陈少白等 致陈德芸信札		63,250	西泠拍卖	2013.07.13
1932年 冯玉祥书札		57,500	北京翰海	2013.06.01
1940年 蒋介石 致叶楚伧及陈诚公文		437,000	西泠拍卖	2013.07.13
1942年作 徐悲鸿 致黄养辉信札一通		126,500	上海嘉禾	2013.06.23
1944年作 蒋中正 于右任等 王伯群先生逝世祭吊人士签名录		74,750	朵云轩	2013.07.06
1949年作 顾颉刚为恢复禹贡事致范文澜信札		1,115,500	泰和嘉成	2013.05.26
1957年 陆小曼《徐志摩诗集》未刊序言稿及致卞之琳信札		345,000	西泠拍卖	2013.07.13
1957年水利部副部长李葆华致周恩来请示报告之批示页		230,000	中国嘉德	2013.05.18
1963年/1972年 林语堂 致霍尔泽夫妇信札明信片十五通		862,500	西泠拍卖	2013.07.13
1964年 茅盾 致吴海法信札		241,500	西泠拍卖	2013.07.13
1964年政协全国委员会文史资料研究委员会稿件处理单		52,900	中国嘉德	2013.11.24
1973年作 沈从文 与施蛰存信札一通		103,500	中国嘉德	2013.06.15
1977年作 李可染 致余白墅信札一通		494,500	西泠拍卖	2013.07.13
1977年作 赵朴初 致周克、丁瑜信札		172,500	西泠拍卖	2013.07.13
SHUNZHI PERIOD, DATED TO 1661 AND OF THE PERIOD AN IMPERIAL EDICT		196,500	香港佳士得	2013.11.27
阿波罗11号(Apollo 11)飞船发射倒计时手册		92,000	北京保利	2013.12.03
八大山人(款)行书手札		97,750	北京保利	2013.04.28
巴金《随想录》相关三种		218,500	北京匡时	2013.12.03
巴金《我仍在思考、仍在探索、仍在追求》手稿		94,300	中国嘉德	2013.11.18
巴金 致夏宗禹信札2通2纸		172,500	北京匡时	2013.12.03
巴金 致袁鹰信札(附艾青签名卡)		299,000	北京华辰	2013.11.15
班禅额尔德尼信札4页		345,000	北京传是	2013.12.12
包世臣、孟兆祥、王章等七家 信札(二十九页)		57,500	西泠拍卖	2013.07.14
宝熙 傅增湘 等 书札册		86,250	中国嘉德	2013.11.18
冰心 致袁鹰信札(附诗稿)		172,500	北京华辰	2013.11.15
曹禺 致英若诚书札		241,500	中国嘉德	2013.11.18
曾国藩 行书批李榕书牍		287,500	北京匡时	2013.06.04
曾国藩 手札		540,500	中国嘉德	2013.05.13
曾国藩 信札		985,159	纽约苏富比	2013.09.19
曾国藩、曾国荃、左宗棠、胡林翼手札		171,078	纽约苏富比	2013.03.21
曾国荃 张之洞 袁克文 陈宝箴 杨岘 高邕 俞樾等 近人手札册		529,000	北京保利	2013.07.27
曾纪芬 聂其杰 等 晚清民国书札册		126,500	中国嘉德	2013.11.18
查士标 手稿、信札		192,950	四川德轩	2013.07.17
陈独秀 致何遂信札一通		1,610,000	北京匡时	2013.12.03

拍品名称	物品尺寸	成交价RMB	拍卖公司	拍卖日期
陈独秀 致陶亢德书札		2,300,000	中国嘉德	2013.11.18
陈官俊 信札册页		115,000	山东恒昌	2013.12.06
陈果夫、陈立夫 致张继信札		74,750	西泠拍卖	2013.07.13
陈鸿寿 信札		598,000	中国嘉德	2013.05.13
陈秋草 裘柱常 陈大羽 杨仁凯 方成 承名世 沈柔坚 程亚君 方增先 白杨 李平凡 伍霖生 凌虚 陈衍宁 杨可扬 黄纯尧 任重 等 致余白墅信札三百余通		126,500	西泠拍卖	2013.07.13
陈毅 致杜冰坡信札		161,000	北京传是	2013.06.16
陈毅 致人民日报编辑部信札		264,500	北京华辰	2013.11.15
陈毅 致人民日报编辑部信札		230,000	北京华辰	2013.11.15
陈毅 致人民日报副刊文艺编辑部信札		471,500	北京华辰	2013.11.15
陈垣 致陈德芸信札		195,500	西泠拍卖	2013.07.13
陈垣先生重要著作及稿本		7,130,000	广东崇正	2013.06.13
程十发 致吴寿松书札		51,750	中国嘉德	2013.11.18
崇厚奏折		69,000	中国嘉德	2013.03.23
笪重光家书尺牍等		911,731	纽约苏富比	2013.09.19
邓颖超 致胡绩伟信札		132,250	北京华辰	2013.11.15
董必武 致谢觉哉书札		241,500	中国嘉德	2013.11.18
董其昌 手札		1,374,841	纽约苏富比	2013.03.21
董其昌 手札		63,863	香港佳士得	2013.11.25
董其昌 信札册		290,000	上海驰翰	2013.03.16
董其昌信札		650,144	纽约苏富比	2013.09.19
恩封和素本身及妻室诰命		207,000	北京保利	2013.12.03
恩封和素本身及妻室诰命		195,500	北京保利	2013.12.03
恩封和素父母诰命		195,500	北京保利	2013.12.03
恩封和素父母诰命		184,000	北京保利	2013.12.03
恩封河南南阳完颜岱本身及妻室诰命		207,000	北京保利	2013.12.03
恩封前任浙江温州廷鏴生母诰命		184,000	北京保利	2013.12.03
恩封三品义州城守尉义秀祖父诰命		63,250	北京保利	2013.12.03
恩封一等卫白衣保父母诰命		195,500	北京保利	2013.12.03
恩封一等卫白衣保祖父母诰命		195,500	北京保利	2013.12.03
方薰 奚冈 信札三通		126,500	中国嘉德	2013.11.19
丰子恺 致夏宗禹信札1通1纸2面钢笔		172,500	北京匡时	2013.12.03
丰子恺 致夏宗禹信札1通3纸		276,000	北京匡时	2013.12.03
丰子恺 致夏宗禹信札1通3纸		253,000	北京匡时	2013.12.03
丰子恺 致夏宗禹信札1通5纸		218,500	北京匡时	2013.12.03
丰子恺 致夏宗禹信札1通6纸		345,000	北京匡时	2013.12.03
丰子恺 致夏宗禹信札2通2纸		103,500	北京匡时	2013.12.03
丰子恺 致夏宗禹信札2通2纸3面		126,500	北京匡时	2013.12.03
丰子恺 致夏宗禹信札2通3纸4面		103,500	北京匡时	2013.12.03
丰子恺 致夏宗禹信札3通3纸		115,000	北京匡时	2013.12.03
丰子恺 致夏宗禹信札4通6纸		253,000	北京匡时	2013.12.03
丰子恺 致夏宗禹信札5通6纸		299,000	北京匡时	2013.12.03
丰子恺 致夏宗禹信札5通8纸		276,000	北京匡时	2013.12.03
封辅国公法尔珊夫人诰命		92,000	中国嘉德	2013.11.18
冯其庸 致沈大德、吴廷嘉书札		51,750	中国嘉德	2013.11.18
傅抱石 信札		189,750	六朝艺宴	2013.01.06
傅抱石 信札		172,500	六朝艺宴	2013.01.06
傅抱石 信札		172,500	六朝艺宴	2013.01.06
傅抱石 信札		115,000	六朝艺宴	2013.01.06
傅抱石 信札		109,250	六朝艺宴	2013.01.06
傅抱石 致田宜生信札		276,000	北京传是	2013.06.16
傅斯年 钱穆书札		103,500	中国嘉德	2013.05.10
傅斯年、陈立夫 致张其昀信札		161,000	西泠拍卖	2013.07.13
高二适 书札		310,500	南京经典	2013.07.28
高二适 信札		115,000	江苏九德	2013.01.12
高二适　致章士钊信札		322,000	南京经典	2013.01.25
高二适、沈尹默、章士钊 书信		184,000	凤凰拍卖	2013.07.20
高凤翰 1738年作 诗歌信札		57,500	北京匡时	2013.09.12
高拱 圣旨		908,000	四川德轩	2013.07.17

拍品名称	物品尺寸	成交价RMB	拍卖公司	拍卖日期
高垲、周闲、杨澥、简经纶等十七家清篆刻家信札（二十八页）		126,500	西泠拍卖	2013.07.14
庚申(1980年)作 张大千 致何海霞手札		253,000	中国嘉德	2013.11.16
庚申(1980年)作 张大千 致胡爽庵手札		253,000	中国嘉德	2013.11.16
郭沫若《牡丹、芍药、春兰》原稿		103,500	中国嘉德	2013.11.18
郭沫若 致唐弢书札		71,300	中国嘉德	2013.11.18
郭沫若 致夏宗禹信札3通3纸		230,000	北京匡时	2013.12.03
何绍基 致黄宗汉手札五通		713,000	中国嘉德	2013.05.13
贺龙致杨立三信札一通三页		287,500	中国嘉德	2013.11.24
弘一 行书信札		230,000	上海工美	2013.07.08
弘一、马一浮 信札		828,000	西泠拍卖	2013.07.13
弘一信札二通		494,500	北京中汉	2013.05.13
胡林翼 曾国藩等书札		322,000	中国嘉德	2013.05.10
胡适 致史树青书札及公函		97,750	中国嘉德	2013.11.18
胡适 致伍光健书札		63,250	中国嘉德	2013.11.18
胡适 撰并书 胡适书札		66,700	中国嘉德	2013.05.10
黄宾虹 1955年作 致郑轶甫信札一通		207,000	北京匡时	2013.06.06
黄宾虹 王献唐 姜忠奎 顾随 等 致张海清信札四十六通		724,500	北京匡时	2013.09.12
黄宾虹 信札		115,000	六朝艺宴	2013.01.06
黄宾虹 致陈柱信札		713,000	北京匡时	2013.06.06
黄宾虹 致陈柱信札		701,500	北京匡时	2013.06.06
黄宾虹 致陈柱信札		506,000	北京匡时	2013.06.06
黄宾虹 致陈柱信札		471,500	北京匡时	2013.06.06
黄宾虹 致陈柱信札		460,000	北京匡时	2013.06.06
黄宾虹 致陈柱信札		356,500	北京匡时	2013.06.06
黄宾虹 致陈柱信札		345,000	北京匡时	2013.06.06
黄宾虹 致陈柱信札		322,000	北京匡时	2013.06.06
黄宾虹 致陈柱信札		195,500	北京匡时	2013.06.06
黄宾虹 致陈柱信札一通		218,500	北京匡时	2013.06.06
黄宾虹 致陆丹林信札		280,700	香港苏富比	2013.04.05
黄宾虹 致帅铭初信札		207,000	北京传是	2013.12.12
黄宾虹 致朱砚因信札		184,000	西泠拍卖	2013.07.15
黄宾虹 致朱砚因信札		126,500	西泠拍卖	2013.07.15
黄宾虹 致朱砚因信札（八通）		1,035,000	北京匡时	2013.06.06
黄君璧等书札		55,200	中国嘉德	2013.05.10
黄士陵 致王秉恩信札（十四页）		414,000	西泠拍卖	2013.07.14
黄兴 信札1页		230,000	北京传是	2013.06.16
黄永玉 致毛君炎信札		57,500	西泠拍卖	2013.07.13
黄胄 致刘墨信札2页		109,250	北京传是	2013.12.12
黄胄 致詹忠效书札		115,000	中国嘉德	2013.11.18
嘉庆帝 诰命		57,500	北京翰海	2013.06.22
蒋经国 陈诚 陈立夫书札		63,250	中国嘉德	2013.05.10
蒋维崧 书法		160,000	琴岛荣德	2013.07.28
蒋兆和 致詹忠效书札		126,500	中国嘉德	2013.11.18
蒋中正 致李君志手书		333,500	北京保利	2013.10.26
蒋中正 致张有谷信札一通		115,000	北京匡时	2013.06.06
解缙 尺牍		69,000	中国嘉德	2013.09.14
金农 信札一通		149,500	中国嘉德	2013.11.19
居正 孔祥熙信札 提案		109,250	西泠拍卖	2013.07.13
康生 书法手札		152,550	河南鸿远	2013.06.20
康熙三十六年圣旨		103,500	北京传是	2013.12.12
康有为 书札		632,500	中国嘉德	2013.09.14
赖少其 黄养辉 致余白墅信札三通		51,750	西泠拍卖	2013.07.13
赖少其 信札十六开		230,000	广东崇正	2013.06.13
赖少其 致李平凡书札		57,500	中国嘉德	2013.11.18
赖少其 致余白墅信札二通		74,750	西泠拍卖	2013.07.13
赖少其、沙孟海等 致富华信札		57,500	西泠拍卖	2013.07.13
李大钊 致吴若男(章士钊夫人)书札		4,140,000	中国嘉德	2013.11.18
李鸿章 家书册（二十页）		57,500	西泠拍卖	2013.07.14

2013杂项拍卖成交汇总

(成交价RMB：1万元以上)

拍品名称	物品尺寸	成交价RMB	拍卖公司	拍卖日期
李鸿章、李宗羲 信札		420,681	纽约苏富比	2013.09.19
李鸿章、沈葆桢、孙诒经致春帆信札等		101,200	北京保利	2013.06.03
李苦禅 致陈寿荣信札		57,500	北京传是	2013.06.16
李苦禅 致吴白涛书札		230,000	中国嘉德	2013.11.18
李应桢 信札		115,000	上海嘉泰	2013.07.04
李应祯 行书信札一通		632,500	北京匡时	2013.12.03
李应祯 行书致沈周信札		1,840,000	北京匡时	2013.06.04
李应祯尺牍		1,205,443	纽约苏富比	2013.09.19
梁漱溟 致梁焕章书札		149,500	中国嘉德	2013.11.18
梁同书、褚廷璋、何琪等 信札卷		138,000	西泠拍卖	2013.07.14
林散之 信札(四帧)		115,000	广州皇玛	2013.03.17
林散之致倪鹤笙信札附实寄封		63,250	北京保利	2013.12.03
林则徐 致冯笏軿手札		287,500	翰风国际	2013.04.20
林则徐书札册		379,500	北京保利	2013.12.03
刘伯承致丁芒信札一通一页		69,000	中国嘉德	2013.11.24
刘春霖 致李致道书二封		195,500	北京保利	2013.10.26
刘春霖 致李致道书二封		126,500	北京保利	2013.10.26
刘春霖 致李致道书二封		92,000	北京保利	2013.10.26
刘春霖 致李致道书二封		51,750	北京保利	2013.10.26
刘春霖 致李致道书三纸		345,000	北京保利	2013.10.26
刘春霖 致李致道书三纸		51,750	北京保利	2013.10.26
刘春霖、汤泽清 致李致道书二封		92,000	北京保利	2013.10.26
刘春霖、汤泽清 致李致道书二封		57,500	北京保利	2013.10.26
刘春霖、汤泽清 致李致道书三封		149,500	北京保利	2013.10.26
刘春霖、汤泽清 致李致道书三封		109,250	北京保利	2013.10.26
刘春霖、汤泽清 致李致道书三封		86,250	北京保利	2013.10.26
刘春霖、汤泽清 致李致道书三封		63,250	北京保利	2013.10.26
刘春霖、汤泽清 致李致道书三封		51,750	北京保利	2013.10.26
刘大櫆、姚文田、姚元之、朱为弼等十六家 往来信札 (八十一页选登五十六)		253,000	西泠拍卖	2013.07.14
刘燕庭旧藏《雁荡山能仁寺铁浴镬题字》附梁章巨信札		55,200	西泠拍卖	2013.07.12
刘墉(古)吴锡麒 周升恒 为定轩作书三通		74,750	中国嘉德	2013.11.19
刘墉(古) 信札 (十七通)		138,000	翰风国际	2013.04.20
刘钰 俞樾等书札		59,800	中国嘉德	2013.05.10
柳亚子 信札12页 纸本 信札		115,000	北京传是	2013.12.12
卢嘉锡 为中国化学学会题词		57,500	中国嘉德	2013.11.18
鲁迅 手札		55,000	北京旷深	2013.04.21
鲁迅 致陶亢德信札		6,555,000	中国嘉德	2013.11.18
陆澄原 书札		172,500	泰和嘉成	2013.11.18
罗振玉 信札2页		59,800	北京传是	2013.12.12
罗振玉信札		379,500	泰和嘉成	2013.05.26
马君武 金仲荪 谢无量 时贤手札册		207,000	朵云轩	2013.07.06
马愈、刘珏致启南贤亲等尺牍		267,706	纽约苏富比	2013.09.19
马占山等 致陈立夫信札		97,750	西泠拍卖	2013.07.13
满文世袭诰命		184,000	北京保利	2013.12.03
毛泽东亲笔致傅宜生(傅作义)、薄一波手递中式公函封		6,555,000	中国嘉德	2013.11.24
茅盾《二十四分干劲、十二分措施、六分指标》手稿、附记		92,000	中国嘉德	2013.11.18
茅盾《评〈姑娘的心事〉》手稿		345,000	中国嘉德	2013.11.18
茅盾 致陈梦熊信札		178,250	西泠拍卖	2013.07.13
茅盾 致李鲁歌、江晖书札		322,000	中国嘉德	2013.11.18
茅盾 致李鲁歌、江晖书札		126,500	中国嘉德	2013.11.18
美防长致王宠惠信		57,500	北京翰海	2013.06.01
民国名人政要、抗战事件名人及抗战名将、国际事务名人及驻外使节、迁台后各界名流往来信札、民国37年国民党中执会政委会第42次会议名录、缪培基大使藏1945年“中国驻德国联管会军事代表团”相关照片等计11册四百余件		1,207,500	西泠拍卖	2013.07.13
民国名士至董作宾信札		55,200	北京保利	2013.06.03
明 清 近代名人诗文书札墨宝集		368,000	泰和嘉成	2013.05.26
明嘉靖 敕命		287,500	西泠拍卖	2013.07.14
明万历四十一年褒奖周敬止父母之敕命		115,000	北京保利	2013.06.03
莫绳孙 杨复等书札		57,500	中国嘉德	2013.05.10
莫是龙 信札		103,500	上海嘉泰	2013.07.04
倪瓒(款) 楷书手札		184,000	中国嘉德	2013.09.17
潘天寿 陈秋草 阮性山 等 致黄西爽信札五通		224,250	北京匡时	2013.06.06
潘天寿 黄胄 吴冠中 吴作人 赖少其 费新我 等 上海人民美术出版社出版合同及往来信件		322,000	北京匡时	2013.12.05
潘振镛、张鸣珂 吴征等十二家 往来信札		86,250	西泠拍卖	2013.07.13
潘祖荫 信札		122,380	纽约苏富比	2013.09.19
潘祖荫 致王懿荣等信札26通		253,000	北京匡时	2013.06.04
彭玉麟 信札		137,678	纽约苏富比	2013.09.19
溥儒 致陈巨来信札		216,975	香港苏富比	2013.10.07
溥儒 致刘播质信札		103,500	北京中汉	2013.11.18
齐白石 信札		200,500	香港苏富比	2013.04.05
齐白石 信札二通		184,000	北京保利	2013.06.04
齐白石 信札一通		207,000	北京保利	2013.06.04
齐白石 信札一通		172,500	北京保利	2013.06.04
齐白石 致桥川时雄书札		184,000	中国嘉德	2013.11.18
齐白石 致邱石冥信札一通		172,500	北京匡时	2013.06.05
齐白石 致杨泊庐信札		92,000	北京传是	2013.12.12
齐白石、雪庵 手札三通		138,000	北京保利	2013.06.04
启功 书札		82,800	中国嘉德	2013.03.23
启功 致李铁铮书札		80,500	中国嘉德	2013.11.18
启功、国伟 致陈璧子手札二通		69,000	北京保利	2013.07.27
钱沣致大嫂等家书		838,303	纽约苏富比	2013.09.19
钱穆与张其昀往来信札稿		253,000	北京保利	2013.06.03
钱钟书 致袁鹰信札		115,000	北京华辰	2013.11.15
钱钟书 自作诗笺		161,000	北京歌德	2013.06.01
乾隆帝 诰命		333,500	北京翰海	2013.03.23
乾隆时期引见折		92,000	中国嘉德	2013.11.24
清 赵尚仁 乾隆十六年诰命		92,000	上海驰翰	2013.04.25
清代 嘉庆六年诰命		115,000	古天一	2013.12.05
清代山东名贤尺牍两册		138,000	山东恒昌	2013.12.06
清道光 织锦加官封冕圣旨		108,488	香港苏富比	2013.10.08
清道人、何维朴、伊立勋、曾熙等致少甫先生书札册		195,500	北京保利	2013.12.03
清光绪年三品衔河南候补知府加三级王国佐之祖父母、父母、本身及妻室诰命(有原轴头)		138,000	北京保利	2013.06.03
清嘉庆 诰命一卷		195,500	北京保利	2013.06.06
清嘉庆、道光、同治、光绪四朝诰命敕命		149,500	北京保利	2013.06.03
清嘉庆年十四年山东兖州府教谕张自任敕命		51,750	北京保利	2013.06.03
清康熙二十三年沙喇哈番马三奇诰命		253,000	中国嘉德	2013.03.23
清名家手札墨迹		172,500	北京匡时	2013.06.04
清末学者致宫岛书札		195,500	中国嘉德	2013.05.10
清乾嘉学人书札		483,000	中国嘉德	2013.05.10
清乾隆 诰命一卷		184,000	北京保利	2013.06.06
清乾隆 刘墉奏折一封		86,250	北京保利	2013.12.04
清乾隆 正黄旗汉军佐领兼印务章京加一级圣旨		552,000	北京保利	2013.06.06
清顺治 织锦加官封冕圣旨		280,700	香港苏富比	2013.04.08
清顺治至康熙年恩封车尔布家族诰命		345,000	北京保利	2013.06.03
清信札及拓片4册		57,500	北京传是	2013.06.16

拍品名称	物品尺寸	成交价RMB	拍卖公司	拍卖日期
三等男那达纳及族人世袭诰命		218,500	北京保利	2013.12.03
沈曾植 信札九通		805,000	上海工美	2013.07.08
沈从文 致王根林信札		69,000	西泠拍卖	2013.07.13
沈从文 致杨忏如信札2通 叶圣陶1通		143,750	北京传是	2013.12.12
沈尹默 撰 致陈公博书札 附李大钊墓志		126,500	中国嘉德	2013.11.18
石鲁致亚明信一通一页		80,500	荣宝斋(上海)	2013.06.30
顺治玖年诰命		138,000	北京传是	2013.12.12
顺治十四年诰命一件		172,500	中国嘉德	2013.11.24
宋庆龄 致周恩来信札		230,000	西泠拍卖	2013.07.13
孙尔准 陈文述 顾光旭 陆恭 信札五通		184,000	中国嘉德	2013.11.19
孙星衍、铁保、王芑孙等十九家 往来信札 (五十八页		287,500	西泠拍卖	2013.07.14
陶行知 致商务印书馆信札		51,750	北京传是	2013.06.16
陶行知 致吴国桢书札		51,750	中国嘉德	2013.11.18
陶孟和 致董作宾信札		55,200	西泠拍卖	2013.07.13
同治十三年满汉文黄绫封面奏折		66,700	中国嘉德	2013.11.24
晚清民国名人手札		86,250	北京保利	2013.12.03
晚清名家尺牍		1,495,000	北京保利	2013.07.27
王铎 诗稿册		8,740,000	中国嘉德	2013.11.19
王国维 罗振玉 等 书札册		483,000	中国嘉德	2013.11.18
王国维 名刺		149,500	泰和嘉成	2013.11.17
王国维 信札两通两页		483,000	泰和嘉成	2013.11.17
王国维、陈宝琛 柯劭忞、罗振玉等 居易堂师友尺牍		552,000	西泠拍卖	2013.07.13
王杰 信札册 (三十六页)		172,500	西泠拍卖	2013.07.14
王蘧常 致郑逸梅信札一通		74,750	北京匡时	2013.09.12
王时敏 信札		2,086,579	纽约苏富比	2013.09.19
王世襄，竺可桢等到刘国宝信札手稿等，柯灵，纸本二十三页(四个信封)		253,000	北京保利	2013.12.04
王守仁 信札		109,250	上海嘉泰	2013.07.04
王韬 冯桂芬 德祥 李鸿裔 叶衍兰 至丁日昌信札册		109,250	泰和嘉成	2013.11.17
王文治 信札		437,000	中国嘉德	2013.05.13
王文治致二林居士等尺牍		183,570	纽约苏富比	2013.09.19
王懿荣 手札		368,000	中国嘉德	2013.11.19
王穉登 查士标 等 信札八通		94,300	中国嘉德	2013.03.25
委员长亲批侍从室公文		1,552,500	北京中汉	2013.05.13
文徵明等 书法诗札		920,000	广东保利	2013.06.23
翁同龢 手札二通		57,500	中国嘉德	2013.11.19
翁同龢 信札两通		80,500	中国嘉德	2013.09.17
翁同龢 俞樾 张之洞等 致藩伯寅书		575,000	中国嘉德	2013.11.19
翁同龢 致惠夫侄孙家书		99,434	纽约苏富比	2013.09.19
吴保初书札		253,000	中国嘉德	2013.05.10
吴昌硕致简翁信札		264,500	北京诚轩	2013.11.15
吴纯泰 书 吴纯泰书札		138,000	中国嘉德	2013.05.10
吴大澂 致运斋手札		264,500	中国嘉德	2013.11.19
吴宽 信札		115,000	上海嘉泰	2013.07.04
吴宽致范庵先生尺牍		1,646,011	纽约苏富比	2013.09.19
吴锡麒致雪舫仁兄先生等尺牍、行书杜甫诗		122,380	纽约苏富比	2013.09.19
吴云 1881年作 致陆心源信札		220,550	香港苏富比	2013.04.05
吴作人 萧淑芳 叶浅予 刘勃舒 贾又福 张步等 信札		80,500	北京保利	2013.10.27
夏衍 致刘白羽、宋之的书札		82,800	中国嘉德	2013.11.18
夏衍 致袁鹰信札/文稿		264,500	北京华辰	2013.11.15
萧显尺牍		611,900	纽约苏富比	2013.09.19
谢觉哉 致夏宗禹信札3通4纸		86,250	北京匡时	2013.12.03
谢觉哉 致张平化书札		59,800	中国嘉德	2013.11.18
谢振定 苏廷煜 陆恭 信札六通		195,500	中国嘉德	2013.11.19

拍品名称	物品尺寸	成交价RMB	拍卖公司	拍卖日期
谢稚柳、王世襄、姜亮夫等 致谢巍信札		92,000	西泠拍卖	2013.07.13
辛酉(1981年)作 张大千 致张丽诚手札		184,000	中国嘉德	2013.11.16
辛酉(1981年)作 张大千 致张文修手札		207,000	中国嘉德	2013.11.16
信札(11份)		55,200	北京翰海	2013.12.07
徐悲鸿 致黄养辉信札		126,500	上海泓盛	2013.07.08
徐悲鸿 行书信札		230,000	北京翰海	2013.05.31
徐悲鸿 吴作人 等 便条及中央美院资料一批		82,800	中国嘉德	2013.11.18
徐悲鸿 信札		391,000	六朝艺宴	2013.01.06
徐悲鸿 致吕霞光信札二封(连信封)		217,764	保利香港	2013.10.06
徐悲鸿 致张安治书札		345,000	中国嘉德	2013.11.18
徐悲鸿致李宗仁信札		80,500	北京保利	2013.06.03
徐悲鸿致仲子书札		59,800	北京翰海	2013.06.01
徐溥 李东阳 手札		86,250	中国嘉德	2013.11.19
徐桐、盛宣怀 恽毓鼎、吴荫培 华世芳等 致陆尔昭等信札信笺 51通101页		69,000	西泠拍卖	2013.07.13
徐永昌珍藏抗战史料册		368,000	北京中汉	2013.05.13
徐志摩 信札一通		218,500	中国嘉德	2013.12.14
徐志摩 撰并书 徐志摩书札		230,000	中国嘉德	2013.05.10
徐致祥、许其光、端方等致筱琴信札		57,500	北京传是	2013.12.12
许伯健 商承祚 潭影春痕手札册		69,000	北京保利	2013.07.27
姚广孝 信札		172,500	上海嘉泰	2013.07.04
姚华 行书尺牍		322,000	朵云轩	2013.07.06
叶恭绰《纳词楹帖》序言手稿		51,750	中国嘉德	2013.11.18
叶恭绰 致俞诚之信札		218,500	西泠拍卖	2013.07.13
叶浅予 李可染 黄苗子 吴作人 信札		218,500	六朝艺宴	2013.01.06
叶圣陶《艺苑炳日星》手稿		57,500	中国嘉德	2013.11.18
叶圣陶 致方去疾书札		149,500	中国嘉德	2013.11.18
伊秉绶信札		74,750	北京保利	2013.06.03
英和 家书册		69,000	中国嘉德	2013.11.18
于右任 蔡元培等 时贤书札		632,500	朵云轩	2013.07.06
于右任等人书法信札及信封		241,500	泰和嘉成	2013.05.26
于右任信札一通		109,250	北京保利	2013.12.03
俞平伯 致知堂书札		115,000	中国嘉德	2013.11.18
俞樾等书札册		115,000	中国嘉德	2013.05.10
袁■、陈宝琛、陈三立、谭泽闿诗稿、尺牍		57,366	纽约苏富比	2013.09.19
袁世凯 致赵尔巽信札一通		69,000	北京匡时	2013.06.06
越南大南国阮朝成泰帝敕河内省敕命(附原盒)		57,500	北京保利	2013.06.03
恽向、恽寿平 信札		2,967,715	纽约苏富比	2013.09.19
臧克家 莫言 王世襄 等 名家题字簿		169,500	河南鸿远	2013.06.20
张伯驹 书赠张牧石小秦王两阙		105,800	泰和嘉成	2013.05.26
张大千 信札		172,500	泰和嘉成	2013.11.18
张大千 信札		124,300	华夏典藏	2013.10.07
张大千 致萧建初书札		149,500	中国嘉德	2013.11.18
张大千 致萧允中信札 (两帧)		149,500	北京诚轩	2013.05.12
张大千 致徐伯郊手札		552,000	中国嘉德	2013.11.16
张大千 致徐伯郊手札		483,000	中国嘉德	2013.11.16
张大千 致徐伯郊手札		437,000	中国嘉德	2013.11.16
张大千 致徐伯郊手札		425,500	中国嘉德	2013.11.16
张大千 致徐伯郊手札		414,000	中国嘉德	2013.11.16
张大千 致徐伯郊手札		402,500	中国嘉德	2013.11.16
张大千 致徐伯郊手札		345,000	中国嘉德	2013.11.16
张大千 致徐伯郊手札		333,500	中国嘉德	2013.11.16
张大千 致徐伯郊手札		276,000	中国嘉德	2013.11.16
张大千 致徐伯郊手札		264,500	中国嘉德	2013.11.16
张大千 致徐伯郊手札		218,500	中国嘉德	2013.11.16
张大千 致徐伯郊手札		161,000	中国嘉德	2013.11.16

2013杂项拍卖成交汇总

(成交价RMB：1万元以上)

拍品名称	物品尺寸	成交价RMB	拍卖公司	拍卖日期
张大千 致徐伯郊手札		149,500	中国嘉德	2013.11.16
张大千 致徐伯郊手札		138,000	中国嘉德	2013.11.16
张大千 致徐伯郊手札		126,500	中国嘉德	2013.11.16
张大千 致张伯驹手札		460,000	中国嘉德	2013.11.16
张大千 致张心素手札		253,000	中国嘉德	2013.11.16
张大千 致张心义手札		161,000	中国嘉德	2013.11.16
张群 信札一通		57,500	中国嘉德	2013.09.16
张学良 信札一通		161,000	中国嘉德	2013.12.14
张之洞 张佩纶等 手札		368,000	中国嘉德	2013.11.19
张之洞 致吴大澂一通		161,000	北京匡时	2013.06.04
张之洞、翁同龢信札册		112,700	北京保利	2013.06.03
章炳麟至张溥泉(张继)札		63,250	北京翰海	2013.12.07
赵丹 致彭冲书札		78,200	中国嘉德	2013.11.18
赵孟頫 书法·信札		1,380,000	江苏九德	2013.08.24
赵朴初 致明旸法师书札		391,000	中国嘉德	2013.11.18
赵朴初 致夏宗禹信札1通2纸		172,500	北京匡时	2013.12.03
赵朴初 致袁鹰信札		230,000	北京华辰	2013.11.15
赵朴初 致袁鹰信札		184,000	北京华辰	2013.11.15
赵朴初、致袁鹰信札/诗稿《毛主席挽诗》		230,000	北京华辰	2013.11.15
赵之谦 行书信札		172,500	朵云轩	2013.07.06
赵之谦 李慈铭 胡澍 陶浚宣 致何竟山手札册		184,000	上海道明	2013.04.29
赵之谦 书札册		57,500	中国嘉德	2013.11.18
赵之谦 信札		195,500	北京保利	2013.04.28
赵之谦 致魏稼孙信札(两通)		443,813	香港苏富比	2013.10.07
赵之谦书札		57,500	北京翰海	2013.06.01
浙江湖州府知府善庆之父母诰命		184,000	中国嘉德	2013.11.18
正德七年敕命		161,000	北京匡时	2013.06.04
郑孝胥与日俄战争相关信札·电奏稿·地图等		161,000	西泠拍卖	2013.07.13
郑振铎 致夏宗禹信札3通3纸		69,000	北京匡时	2013.12.03
致任伯年、顾潞信札		805,000	西泠拍卖	2013.07.13
中训团学员通讯报告七册		575,000	北京中汉	2013.05.13
周作人 胡适 致胡适信札一通 手录《陈独秀致陶孟和信》		506,000	北京匡时	2013.06.06
周作人 致江绍原书札		172,500	中国嘉德	2013.11.18
周作人(苦雨斋)致徐耀辰先生书札		74,750	北京保利	2013.12.03
周作人等三十九位名人致中华书局总编辑舒新城信札		552,000	北京翰海	2013.06.01
周作人致徐祖正信札附实寄封		97,750	北京保利	2013.12.03
朱国祯 信札两通		690,000	北京匡时	2013.06.04
朱彝尊 尤侗等 清初名人尺牍		828,000	中国嘉德	2013.11.19
竺可桢 致钟心煊书札		161,000	中国嘉德	2013.11.18
祝允明致钱太常等尺牍		1,352,299	纽约苏富比	2013.09.19
左宗棠 致史致锷手札		345,000	中国嘉德	2013.11.19
近代书刊				
《1972-2012年埃斯肯纳茨中国艺术品展览图录》52册		80,500	长风拍卖	2013.06.17
《波士顿博物馆藏唐宋元名品集》、《美国波士顿美术馆藏元明清画帖》全套2函2册		55,200	长风拍卖	2013.06.17
《故宫藏画大系》16册		57,500	长风拍卖	2013.06.17
《故宫历代法书全集》30册		56,350	长风拍卖	2013.06.17
《教育部第二次全国美术展览会专集》全套 3册		89,700	长风拍卖	2013.06.17
《茗壶图录》奥玄宝著一函两册		63,250	北京保利	2013.06.05
《南岭济阳堂藏镜拓》一函上、下二册		69,000	北京保利	2013.12.04
《齐白石画集》等(共47册)		115,000	北京华辰	2013.05.09
《齐白石作品集》三册全、《齐白石作品选集》及《齐白石画册》(共5册)		138,000	北京华辰	2013.05.09

拍品名称	物品尺寸	成交价RMB	拍卖公司	拍卖日期
《青山庄清赏》日本根津美术馆藏中国古代书画，青铜器及东洋艺术品		224,250	长风拍卖	2013.06.17
《宋人画册》全套5函5册、《宋人法书》全套1函5册		57,500	长风拍卖	2013.06.17
《张大千书画集》七册全		51,750	北京匡时	2013.06.06
《赵之谦悲庵胜墨》十册全		59,800	北京匡时	2013.06.06
1911年 限量编号精装《中国瓷器与玉石》二卷全		77,763	纽约佳士得	2013.03.21
1915年(大正四年) 山中商会藏书一套三本		57,500	北京保利	2013.12.06
1934年 大维德爵士著《中国陶瓷图录》精装签名版		102,150	中拍国际	2013.06.04
1960年-1998年作 佳士得、苏富比中国艺术品拍卖图录一百卅四册		138,000	北京永乐	2013.05.12
1961-1969年 精装《故宫藏瓷》三十三册全		139,973	纽约佳士得	2013.03.21
1962年版原函精装《故宫藏瓷》三十三册全		316,800	香港佳士得	2013.05.29
1968a年-1981年日本学习研究社 国立故宫博物《宋瓷名品图录》、《明瓷名品图录》、《故宫清瓷图录》三套九册全		115,000	北京东正	2013.05.10
1972-2012 J.J.Lally、Eskenazi图录		63,250	北京保利	2013.06.06
1973-1980年作《故宫藏瓷图录》全九册		184,000	北京东正	2013.11.16
1973-2010年《溥儒书画全集》等18种共24册		483,000	北京中汉	2013.11.18
1973年-1980年 原盒原函精装《宋瓷名品图录》《明瓷名品图录》《清瓷名品图录》三套九卷全		103,500	北京中汉	2013.06.17
1975-2004 苏富比、佳士得重要私人收藏专拍图录		74,750	北京保利	2013.06.06
1980年-2010年《苏富比 佳士得中国书画》历年图录 大套236本		218,500	长风拍卖	2013.06.17
1993年作《故宫藏画大系》十六册(一套)		92,000	北京东正	2013.11.16
A GROUP OF AUCTION CATALOGUES		98,250	香港佳士得	2013.11.27
百花齐放		333,500	泰和嘉成	2013.05.26
鼻烟壶拍卖图录选萃		54,434	纽约佳士得	2013.03.21
大成(148册158期)		103,500	北京保利	2013.01.20
大人(全套附特载)		80,500	北京保利	2013.06.03
大型珂罗版线装《支那南画大成》二十三册		57,500	北京匡时	2013.06.06
当代 紫砂图录一组		71,300	中国嘉德	2013.05.14
当代 紫砂文献一套		51,750	中国嘉德	2013.11.20
董寿平、黄胄等北方画派精美画集53册		54,050	长风拍卖	2013.06.17
法国枫丹白露皇宫巨幅版画集		51,750	北京保利	2013.12.03
弗农赠大英艺术馆藏英国艺术巨幅版画集		55,200	北京保利	2013.12.03
傅申珍藏张大千画展图册(八册)		172,500	中国嘉德	2013.11.16
傅申珍藏张大千画展图册(六册)		138,000	中国嘉德	2013.11.16
古罗马建筑巨幅版画集		57,500	北京保利	2013.12.03
古吴轩《当代名家中国画全集》全套50册		59,800	长风拍卖	2013.06.17
故宫藏瓷 CAFA COMPANY，LTD OF HONG KONG		97,750	北京保利	2013.06.03
海外藏中国古代春宫图画册		52,900	北京保利	2013.06.03
集古斋展销画册(40册)		97,750	北京保利	2013.01.20
佳士得拍卖目录1973-2007(约363册)		69,000	北京保利	2013.12.06
蒋中正、居正、戴傅贤 中华革命党民国三年十七次会议纪要		2,000,000	上海驰翰	2013.04.25

拍品名称	物品尺寸	成交价RMB	拍卖公司	拍卖日期
近代书刊 限量原函豪华精装《欧米搜储支那古铜精华》七册全		158,900	雍和嘉诚	2013.06.01
精装《艺苑遗珍》七册全		55,200	北京匡时	2013.06.06
康生批中国古代社会研究		126,500	中国嘉德	2013.05.10
珂罗版山水画册 四十册		149,500	北京匡时	2013.06.06
克里亚米战争巨幅彩色版画集		57,500	北京保利	2013.12.03
鲁迅全集		280,000	北京荣宝	2013.09.07
伦勃朗巨幅版画集		57,500	北京保利	2013.12.03
芒洛冢墓遗文三卷 续编三卷 补遗一卷 续补一卷 三编一卷 四编六卷 四编补遗一卷(民国)罗振玉校录		57,500	西泠拍卖	2013.07.12
民国《阳羡名陶录》等古籍一组		138,000	中国嘉德	2013.11.20
民国二十年作(1931年作)《校注项氏历代名瓷图谱》		55,200	中国嘉德	2013.12.14
民国卢芹斋出版《管复初鉴定古画留真》精装1册全		63,250	长风拍卖	2013.06.17
民国小万柳堂藏画集《小万柳堂剧迹》、《小万柳堂藏扇面萃珍》、《王建章扇面》3册		102,350	长风拍卖	2013.06.17
墨巢藏画《墨巢秘玩宋人画册》1册、《墨巢秘籍藏影》全套3册		63,250	长风拍卖	2013.06.17
齐白石画册		57,500	北京传是	2013.06.16
齐白石早期展览画册 12册		69,000	长风拍卖	2013.06.17
清 菩提叶画十八罗汉图		138,000	北京保利	2013.04.28
清六家画集		55,200	北京保利	2013.06.03
任伯年早期精品画集 13册		52,900	长风拍卖	2013.06.17
日本《白鹤帖》白鹤美术馆藏中国古代书画，青铜器及东洋艺术品 全套5函6册		57,500	长风拍卖	2013.06.17
日本《程十发作品展》等程十发精美画集 20册		57,500	长风拍卖	2013.06.17
日本《吴昌硕画集》等吴昌硕精美画集 18册		51,750	长风拍卖	2013.06.17
日本东京大学早期《中国绘画总合图录》全套9函9册		138,000	长风拍卖	2013.06.17
日本限量编号原函精装《古名砚》全套5函 5卷		54,050	长风拍卖	2013.06.17
日本有邻馆《有邻大观》全套 6函6册		115,000	长风拍卖	2013.06.17
日本早期《山中商会古美术展览会》重要展览画册 18册		138,000	长风拍卖	2013.06.17
日韩《中国绘画大观》全套25册		69,000	长风拍卖	2013.06.17
山中商会拍卖图录 十四册		55,200	北京匡时	2013.06.06
山中商会限量照片集《世界古美术展览会写真集》一函70张全		253,000	长风拍卖	2013.06.17
手绘索尔比英国植物学		89,700	北京保利	2013.06.03
司马迁 撰 史记七十卷		218,500	中国嘉德	2013.05.10
宋画精华(全3函)		51,750	北京保利	2013.01.20
苏富比拍卖目录1973-2007(约480册)		115,000	北京保利	2013.12.06
苏富比与佳士得中国艺术品图录(88册)		69,000	北京保利	2013.12.06
孙文 手稿三十八件		3,000,000	上海驰翰	2013.04.25
台湾《故宫书画录》、《故宫瓷器录》、《故宫铜器图录》全套10册		74,750	长风拍卖	2013.06.17
台湾早期《中国近现代名家画集》全套20册		51,750	长风拍卖	2013.06.17
晚清民国《清河书画舫》等重要古代书画著录类书籍 5套		51,750	长风拍卖	2013.06.17
文人画粹编		55,200	北京保利	2013.01.20
吴发祥 编 萝轩变古笺谱		172,500	中国嘉德	2013.05.10
武百货名家展销画册		57,500	北京保利	2013.01.20
限量300套 张珩编《宋人书翰》全套1函2册		63,250	长风拍卖	2013.06.17
线装《宋元宝绘》一册		59,800	北京匡时	2013.06.06

拍品名称	物品尺寸	成交价RMB	拍卖公司	拍卖日期
香港开发出版社《扬州八怪书画集》全套8册		57,500	长风拍卖	2013.06.17
香港早期《名家翰墨》大全套113册		51,750	长风拍卖	2013.06.17
校注项氏历代名瓷图谱		63,250	北京保利	2013.12.03
校注项氏历代名瓷图谱 (民国)郭宝昌校注，(美洲)福开森参订		57,500	西泠拍卖	2013.07.12
英国古典庄园彩色版画集		218,500	北京保利	2013.06.03
原函精装《日本搜储支那古铜精华》六册全		295,498	纽约佳士得	2013.03.21
原函线装《澄怀堂书画目录》十二册全		126,500	北京匡时	2013.06.06
原函线装《支那名画集》二册		57,500	北京匡时	2013.06.06
原盒原函精装《宋瓷名品图录》、《明瓷名品图录》、《故宫清瓷图录》三套九卷全		230,000	北京匡时	2013.06.06
张大千合集		120,750	北京保利	2013.06.03
张大千早期展览画集 12册		81,650	长风拍卖	2013.06.17
张大千展览画册一组 十八册		55,200	北京匡时	2013.06.06
张大千作品集1—7集等六种		50,000	上海驰翰	2013.04.25
昭和7年(1932年) 日本东京出版 限量版《支那工艺图鉴》1-5册浅野总一郎收藏中国瓷器图录(约1922年)		376,200	香港佳士得	2013.05.29
中国瓷器及玉器出版物11(套)册		92,230	保利香港	2013.04.07
中国瓷器与玉石两本		57,500	北京保利	2013.01.11
中国建筑美		55,200	北京保利	2013.12.03
重要拍卖图录及艺术刊物共77册		54,450	香港佳士得	2013.05.29
著名古董商图录共114册		89,100	香港佳士得	2013.05.29
印刷文物				
上帝之城 Augustinus奥古斯丁		517,500	北京保利	2013.06.03
1873年-1874年作 CHINA AND ITS PEOPLE《中国及它的臣民》		287,500	北京保利	2013.06.03
清 五色腊笺纸 六张		115,000	北京匡时	2013.06.06
徐霞客游记二十卷补一卷		149,500	上海工美	2013.07.08
人民美术出版社 新中国首张彩印毛泽东、刘少奇标准像印样		57,500	西泠拍卖	2013.07.13
临安县志八卷首一卷末一卷 存八卷 (清)彭循尧修，董运昌等撰		55,200	西泠拍卖	2013.07.12
清·陈洪绶撰 宝纶堂集		74,750	中国嘉德	2013.11.17
舆图照片				
《纳粹德国领导人》希特勒(Adolf Hitler)亲笔签名卡片一件		230,000	北京保利	2013.12.03
《苏联总书记》戈尔巴乔夫(Mihail SergeevichGorbachev)与毛主席，福特总统签名照各一件		97,750	北京保利	2013.12.03
1880年代上海公泰照相馆所摄外滩全景照长卷一件		230,000	上海泓盛	2013.09.12
1929年 上海美专学生留影		74,750	西泠拍卖	2013.07.13
1984年 邓丽君 赠千爹签名照		368,000	西泠拍卖	2013.07.13
P 1957年"驻法大使馆"上款蒋中正肖像照片一张		74,750	北京诚轩	2013.11.22
北京、上海等地照片集		207,000	中国嘉德	2013.03.23
曹锟 银盐签名照片 一张		63,250	北京传是	2013.12.11
胡适、章士钊 银盐题跋照片 一张		690,000	北京传是	2013.12.11
蒋中正、蒋经国等民国政要签名照等		51,750	北京保利	2013.12.03
李鸿章等老相片		97,750	北京保利	2013.12.03
林森 银盐签名照片 一张		50,600	北京传是	2013.12.11
美国现任总统贝拉克·侯赛因·奥巴马二世(Barack Hussein Obama II)签名照片		82,800	中国嘉德	2013.11.24
美国音乐天王迈克尔·杰克逊(Michael Jackson)签名照片		74,750	中国嘉德	2013.11.24
齐白石 银盐照片 一张		207,000	北京传是	2013.12.11
清代英国驻华外交官查尔诺·阿拉巴斯特1850-1890年代个人影集一册		322,000	上海泓盛	2013.09.12

2013杂项拍卖成交汇总

(成交价RMB：1万元以上)

拍品名称	物品尺寸	成交价RMB	拍卖公司	拍卖日期
庆贺协约国战胜写真册		356,500	中国嘉德	2013.05.10
瞿鸿禨 王闿运 王先谦等人照片		69,000	中国嘉德	2013.11.18
日清战况写真		402,500	中国嘉德	2013.05.10
萨镇冰 银盐照片一张		57,500	北京传是	2013.12.11
王伯群、保志宁结婚照等		69,000	朵云轩	2013.07.06
英国前首相撒切尔夫人(Margaret Hilda Thatcher)签名照片		218,500	中国嘉德	2013.11.24
英国影星奥黛丽·赫本(Audrey Hepburn)签名照片		80,500	中国嘉德	2013.11.24
于右任 八轶晋五华诞影集		287,500	西泠拍卖	2013.07.13
张作霖 银盐签名照片一张		55,200	北京传是	2013.12.11
长江大观		57,500	北京保利	2013.06.03
古籍善本其他				
旧物一组		460,000	北京保利	2013.06.04
方人定 照片十六张、资料连封五十八张		172,500	广州银通	2013.05.18
清乾隆 御制南巡记		1,106,259	伦敦佳士得	2013.05.14
齐白石绘画展览会资料		517,500	中国嘉德	2013.05.10
清《西厢记》嵌八宝双层春宫册页		907,350	保利香港	2013.10.07
1912年美国旧金山发行之中文版《中西日报(CHUNG SAI YAT PO)》合订本		92,000	中国嘉德	2013.11.24
1919年美国旧金山发行之中文版《中西日报(CHUNG SAI YAT PO)》合订本		74,750	中国嘉德	2013.11.24
乐 器				
战国 错金镶嵌宝石琴扭(一套)	高5cm	346,104	大唐香港	2013.05.28
1871年作 施坦威古典方型钢琴	长213108cm	411,840	中信国际	2013.05.28
1924年作 施坦威路易十五世风格外壳M型号三角琴	长148187cm	213,840	中信国际	2013.05.28
1906年 英国 RARE AUTOPHONE 十三轴手摇风琴	长60cm	92,000	北京保利	2013.12.05
1840年至1845年 英国 布洛德伍德(J. BROADWOOD) 豪华镶嵌三角钢琴 英王维多利亚御用 全球唯一	长253cm	5,520,000	北京保利	2013.12.05
19世纪作 德国小提琴	长59.5cm	50,400	未来四方	2013.06.08
藏 酒				
1979年八大名酒套装 (8瓶)	540ml/瓶；500ml/瓶	2,990,000	北京翰海	2013.06.02
60年代-80年代贵州老八大名酒 (8瓶)	500ml/瓶	920,000	西泠拍卖	2013.07.12
1986年酱茅茅台 (2瓶)	540ml/瓶	143,750	北京翰海	2013.06.02
1959年五星牌茅台 (1瓶)	540ml/瓶	494,500	北京翰海	2013.06.02
1960年代陈年茅台 (1瓶)	500ml/瓶	287,500	北京翰海	2013.06.02
1980年黄酱飞天茅台 (1瓶)	540ml/瓶	161,000	北京翰海	2013.06.02
1973年三大革命茅台 (2瓶)	540ml/瓶	138,000	北京翰海	2013.06.02
1989年飞天茅台 (6瓶)	500ml/瓶	97,750	北京翰海	2013.06.02
上世纪70年代末小葵花茅台 (2瓶)	270ml/瓶	78,200	北京翰海	2013.06.02
2000年黑标飞天茅台 (12瓶)		63,250	北京翰海	2013.06.02
1994年铁盖五星茅台 (6瓶)		50,600	北京翰海	2013.06.02
1986年产五星牌酱色茅台 (2瓶)		172,500	长风拍卖	2013.06.17
1994年产五星牌茅台 (6瓶)		43,700	长风拍卖	2013.06.17
60年代产陈年茅台 (1瓶)		218,500	长风拍卖	2013.06.17
1971年产葵花牌茅台 (1瓶)		115,000	长风拍卖	2013.06.17
1999年国庆50周年盛典茅台酒 (1瓶)		172,500	北京翰海	2013.06.02
2002年十五周年茅台酒 (2瓶)		16,100	北京翰海	2013.06.02
1983年贵州茅台酒(地方国营) (6瓶)		138,000	北京保利	2013.06.05
2004年青铜器茅台酒 (一套10瓶)		897,000	北京翰海	2013.06.02
贵州茅台世博大全套酒		4,025,000	北京传是	2013.12.11
1985年9月28日产原箱五星牌黑酱茅台酒		1,150,000	北京翰海	2013.12.07
1966年产飞天牌茅台酒		805,000	北京翰海	2013.12.07
茅台纪念酒 (一组十二瓶)		690,000	北京翰海	2013.12.07

拍品名称	物品尺寸	成交价RMB	拍卖公司	拍卖日期
1980年塑盖麦穗五粮液		80,500	北京翰海	2013.06.02
1974年长江大桥五粮液		74,750	北京翰海	2013.06.02
1990年萝卜瓶五粮液		64,400	北京翰海	2013.06.02
90年代初产优质牌铁盖五粮液		460,000	北京翰海	2013.12.07
1972年产红旗牌五粮液		322,000	北京翰海	2013.12.07
武威白酒 (10坛)	千克/坛	1,568,000	未来四方	2013.06.16
1984年11月15日塑盖董酒 (20瓶)		103,500	北京翰海	2013.06.02
1970年代红城董酒 (2瓶)		51,750	北京翰海	2013.06.02
上世纪80年代初产红城牌红城董酒 (12瓶)		322,000	北京翰海	2013.12.07
红星牌二锅头典藏纪念酒 (1瓶)	6斤装	28,750	北京保利	2013.04.29
1993年古井贡酒 (12瓶)		17,250	北京保利	2013.12.06
1991年汾酒 (20瓶)		40,250	北京保利	2013.04.29
上世纪80年代贵州大曲 (40瓶)		241,500	北京翰海	2013.06.02
1990年8月4日尖庄酒(20瓶)		28,750	西泠拍卖	2013.07.12
上世纪80年代剑南春 (8瓶)	250ml/瓶	17,250	北京翰海	2013.06.02
上世纪90年代中后期剑南春 (100瓶)	500ml/瓶	230,000	北京歌德	2013.06.01
口子窖典藏纪念酒 (1瓶)	6斤装	28,750	北京保利	2013.06.05
上世纪80年代初产郎酒 (10瓶)		36,800	长风拍卖	2013.06.17
上世纪90年代泸州老窖特曲 (12瓶)		25,300	北京保利	2013.04.29
1993年全兴大曲 (12瓶)	500ml/瓶	25,300	北京保利	2013.04.29
80年代双勾大曲 (8瓶)	540ml/瓶	23,000	西泠拍卖	2013.07.12
1990年6月22日瓷瓶四特酒(20瓶)	500ml/瓶	32,200	西泠拍卖	2013.07.12
太平猴魁	2500g	103,500	北京翰海	2013.06.02
1991年文君酒 (12瓶)		17,250	北京翰海	2013.06.02
1980年代鸭溪窖 (20瓶)	500ml/瓶	46,000	北京翰海	2013.06.02
上世纪70年代竹叶青 (2瓶)	500ml/瓶	34,500	北京翰海	2013.06.02
国窖·1573典藏纪念酒 (1瓶)	6斤装	40,250	北京保利	2013.04.29
1993年宋河粮液(24瓶)	500ml/瓶	23,000	西泠拍卖	2013.07.12
1988年12月9日洋河佳酿 (20瓶)	500ml/瓶	46,000	北京翰海	2013.06.02
1979年11月25日古井酒 (1瓶)	500ml/瓶	207,000	北京歌德	2013.06.01
1988年1月12日贵阳大曲(24瓶)	500ml/瓶	46,000	西泠拍卖	2013.07.12
1993年4月24日匀酒(40瓶)	500ml/瓶	36,800	西泠拍卖	2013.07.12
1992年3月1日黔安窖酒(24瓶)	500ml/瓶	32,200	西泠拍卖	2013.07.12
局方至宝丹(京药牌) (2盒20丸)		230,000	北京歌德	2013.06.01
1994年9月30日同仁堂琼浆药酒(20瓶)	504ml/瓶	94,300	西泠拍卖	2013.07.12
1996年4月30日同仁堂护骨药酒(24瓶)		184,000	西泠拍卖	2013.07.12
2009年埃斯图耐尔(12瓶)	750ml/瓶	51,750	北京保利	2013.06.06
1995年奥比昂使命(12瓶)	750ml/瓶	48,300	北京保利	2013.06.06
S Bang 套装星期斗 (7瓶)		172,500	北京歌德	2013.06.02
比奈·卡斯蒂干邑(Pinet Castillon Cognac)(1瓶)		112,700	北京歌德	2013.06.01
1998年柏翠(1瓶)	750ml/瓶	39,100	北京保利	2013.06.06
1982年宝嘉龙(12瓶)	750ml/瓶	37,950	北京保利	2013.06.06
1996年宝泽珠贝格(24瓶)	750ml/瓶	21,850	北京保利	2013.06.06
2008年碧尚巴雄(24瓶)	750ml/瓶	43,700	北京保利	2013.06.06
1998年富尔泰(24瓶)	750ml/瓶	28,750	北京保利	2013.06.06
2000年拉菲(12瓶)	750ml/瓶	299,000	北京保利	2013.06.06
1995年拉菲(12瓶)	750ml/瓶	161,000	北京保利	2013.06.06
2000年史密斯拉菲特(6瓶)	1500ml/瓶	19,550	北京保利	2013.06.06
1998年鲁臣世家(无图)		28,750	北京保利	2013.06.06
上世纪50年代至60年代产白头路易十三 (两瓶)		86,250	长风拍卖	2013.06.17
2004年山玫瑰(6瓶)	1500ml/瓶	13,800	北京保利	2013.06.06
上世纪80年代至90年代产马爹利XO (五瓶)		20,700	长风拍卖	2013.06.17
玛高1982(12瓶)		207,000	华艺国际	2013.01.04
1998年玛歌(12瓶)	750ml/瓶	57,500	北京保利	2013.06.06
2000年骑士红(无图)		21,850	北京保利	2013.06.06
1996年雄狮(12瓶)	750ml/瓶	60,950	北京保利	2013.06.06

拍品名称	物品尺寸	成交价RMB	拍卖公司	拍卖日期
上世纪80年代至90年代产轩尼诗XO(5瓶)		27,600	长风拍卖	2013.06.17
2005年拉·塔希(1瓶)	750ml/瓶	33,350	北京保利	2013.06.06
1983年宝马(12瓶)	750ml/瓶	56,350	北京保利	2013.06.06
茶 品				
洞庭东壹碧螺春		17,250	北京翰海	2013.06.02
50年代作 五十年代六堡茶		172,500	北京翰海	2013.06.02
1953年作 五三年千两茶		172,500	北京翰海	2013.06.02
陈年武夷岩茶		143,750	北京翰海	2013.06.02
50年代作 五十年代蓝铁生茶		138,000	北京翰海	2013.06.02
1988年作 精装重庆沱茶		115,000	北京翰海	2013.06.02
陈年龙珠茶	特级2500g	69,000	北京翰海	2013.06.02
陈年龙珠茶	特级2500g	69,000	北京翰海	2013.06.02
陈年龙珠茶	特级1000g	32,200	北京翰海	2013.06.02
80年代作 80年代小黄印生茶		32,200	北京翰海	2013.06.02
陈年武夷岩茶		28,750	北京翰海	2013.06.02
广云贡普洱茶		28,750	北京翰海	2013.06.02
陈年龙珠茶		27,600	北京翰海	2013.06.02
1998年作 九八年7542生茶		20,700	北京翰海	2013.06.02
祁门红茶		20,700	北京翰海	2013.06.02
水仙岩茶		20,125	北京翰海	2013.06.02
水仙岩茶		20,125	北京翰海	2013.06.02
台湾文山包种茶		18,975	北京翰海	2013.06.02
台湾文山包种茶		18,975	北京翰海	2013.06.02
陈年龙珠茶		18,400	北京翰海	2013.06.02
雨前金萱茶		14,375	北京翰海	2013.06.02
安吉白茶		14,375	北京翰海	2013.06.02
信阳红茶		14,375	北京翰海	2013.06.02
台湾大禹岭高冷茶		13,800	北京翰海	2013.06.02
日照绿茶		11,500	北京翰海	2013.06.02
上世纪80年代 7542 圆茶		40,934	香港华辉	2013.07.26
上世纪80年代中期 8582 圆茶		40,934	香港华辉	2013.07.26
上世纪90年代早期 8582 圆茶		36,386	香港华辉	2013.07.26
上世纪90年代 橙印圆茶		16,374	香港华辉	2013.07.26
收藏版经典下关甲级沱茶		56,000	北京荣宝	2013.03.31
下关宝焰紧茶		28,000	北京荣宝	2013.03.31
马帮进贡茶		22,400	北京荣宝	2013.03.31
上世纪80年代 88青圆茶(7饼)	直径19cm	103,500	华艺国际	2013.05.05
1920年以前 百年双狮同庆圆茶(1饼)	直径20cm	805,000	华艺国际	2013.05.05
50年代 早期红印圆茶(1饼)	直径20cm	402,500	华艺国际	2013.05.05
1940年 敬昌号圆茶(1饼)	直径20.3cm	345,000	华艺国际	2013.05.05
约80年以前 大票敬昌号圆茶(1饼)	直径20cm	322,000	华艺国际	2013.05.05
1937年以前 江城号圆茶(1饼)	直径19.8cm	218,500	华艺国际	2013.05.05
1937年以前 鼎兴号圆茶(1饼)	直径20cm	184,000	华艺国际	2013.05.05
50年代 大字绿印圆茶(1饼)	直径20cm	161,000	华艺国际	2013.05.05
私房茶(安溪铁观音)		28,750	北京翰海	2013.06.02
1920年以前 百年陈云号圆茶(绿票)(1饼)	直径20cm	575,000	华艺国际	2013.05.05
古乔甘露金茶(云南大叶种)		48,300	北京翰海	2013.06.02
1975年作 湖北赵李桥茶厂青砖		115,000	北京翰海	2013.06.02
69年 普洱茶散装		10,916	香港华辉	2013.07.26
大红袍		23,000	北京翰海	2013.06.02
1959年作 机压茯砖(第一片)		1,265,000	北京翰海	2013.06.02
1959年作 机压茯砖(第一片)		1,150,000	北京翰海	2013.06.02
1958年作 手筑茯砖		897,000	北京翰海	2013.06.02
1975年作 茯砖(样板)		276,000	北京翰海	2013.06.02
1991年作 茯砖(No.1000)		32,200	北京翰海	2013.06.02
1993年作 茯砖		17,250	北京翰海	2013.06.02
1992年作 茯砖		17,250	北京翰海	2013.06.02
九曲红梅		18,400	北京翰海	2013.06.02

拍品名称	物品尺寸	成交价RMB	拍卖公司	拍卖日期
九曲红梅		14,950	北京翰海	2013.06.02
西湖龙井		11,500	北京翰海	2013.06.02
2003年作 零三年勐海茶厂五星班章		96,600	北京翰海	2013.06.02
2002年作 零二年勐海茶厂精品班章		78,890	北京翰海	2013.06.02
勐海熟饼(1993年)		24,640	北京荣宝	2013.03.31
勐海茶厂88青(7542) (一筒七片)		136,448	香港华辉	2013.07.26
勐海茶厂88青(7542) (一筒七片)		136,448	香港华辉	2013.07.26
80年代 勐海茶厂圆茶(7542) (一筒七片)		45,483	香港华辉	2013.07.26
80年代 勐海茶厂圆茶(7542) (一筒七片)		45,483	香港华辉	2013.07.26
上世纪80年代作 勐海7572熟饼		11,500	北京翰海	2013.06.02
上世纪80年代早期 7572 生熟饼		18,193	香港华辉	2013.07.26
上世纪80年代早期 7572 生熟饼		18,193	香港华辉	2013.07.26
信阳毛尖	特级2500g	21,850	北京翰海	2013.06.02
1958年作 花砖茶		690,000	北京翰海	2013.06.02
1958年作 安化黑砖		598,000	北京翰海	2013.06.02
1968年作 下关大青砖(试制品)		230,000	北京翰海	2013.06.02
君山银针	老君眉级600g	24,840	北京翰海	2013.06.02
黄山毛峰	状元级500g	14,950	北京翰海	2013.06.02
蒙顶黄芽	特级2500g	14,375	北京翰海	2013.06.02
陈年奇种	一级2500g	14,375	北京翰海	2013.06.02
福元昌圆茶 (一桶)	直径20.5cm×7	10,350,000	中国嘉德	2013.11.19
九十年代 云南金瓜贡茶 (一组五件)	重4751.2g	264,500	北京匡时	2013.12.04
1989年 云南凤凰普洱沱茶 (一组六件)	重597g	172,500	北京匡时	2013.12.04
勐海茶厂80年代薄纸7542	重338.6g/片	126,500	上海春秋堂	2013.11.24
荣宝斋(香港)2013年开业纪念饼 (6饼)	1785g	53,760	北京荣宝	2013.09.08
黄鉴作青泉石上茶具 (一组八件)	尺寸不一	43,700	北京匡时	2013.12.04
茶具 (一组十六件)	尺寸不一	32,200	北京匡时	2013.12.04
帕沙古茶山 帕真古茶山	直径37cm；直径38cm	28,980	广东保利	2013.11.29
南糯古茶山 贺开古茶山	直径48cm；直径30cm	22,885	广东保利	2013.11.29
老散茶		22,400	北京荣宝	2013.09.08
1961年 红中红圆茶 (三片)	直径18cm	20,700	北京保利	2013.10.28
茶香道具 (一组四件)	尺寸不一	20,700	北京匡时	2013.12.04
帕沙古茶山	直径30cm	18,170	广东保利	2013.11.29
南糯古茶山 贺开古茶山	直径36cm；直径30cm	18,170	广东保利	2013.11.29
乙酉年 老班章茶皇 (两片)	直径19.5cm	17,250	北京保利	2013.10.28
南糯古茶山 贺开古茶山	直径51cm；直径40cm	16,790	广东保利	2013.11.29
1953年 雪山古树大茶砖	长30.5cm	13,800	北京保利	2013.10.28
1976年 普洱茶砖 (两块)	长15cm	13,800	北京保利	2013.10.28
1963年 普洱茶柱	长28cm	13,800	北京保利	2013.10.28
1985年 野生茶王 (两块)	长16cm	13,800	北京保利	2013.10.28
1921年 鸿昌老茶饼 (一片)	直径34cm	11,500	北京保利	2013.10.28
1955年 野生乔木古树普洱	长26cm	11,500	北京保利	2013.10.28
兵 器				
弩机		20,000	北京保利	2013.01.20
维多利亚，公爵宝剑	100cm	184,000	南京经典	2013.01.25
维多利亚，皇家宝剑	98.5cm	115,000	南京经典	2013.01.25
清中期 银鎏金玉把牙鞘宝剑	长72cm	287,500	六朝艺宴	2013.07.07
陈道明饰汉王刘邦用铜制雕花长剑		200,000	北京保利	2013.01.20
龙且用剑		30,000	北京保利	2013.01.20
木鞘剑为刘邦下属用剑		20,000	北京保利	2013.01.20
日本刀	长105cm	13,800	中国嘉德	2013.03.24
日本刀	长104cm	13,800	中国嘉德	2013.03.24
清乾隆 痕都斯坦式玉柄弯刀	长85cm	115,000	远方拍卖	2013.06.06
鲨鱼皮鞘刀	长88cm	28,750	中国嘉德	2013.03.24
清乾隆 御用鎏金嵌宝石腰刀	长28cm	1,012,000	中国嘉德	2013.05.12

2013杂项拍卖成交汇总

(成交价RMB：1万元以上)

拍品名称	物品尺寸	成交价RMB	拍卖公司	拍卖日期
日本刀 (一套三把)	尺寸不一	92,000	中国嘉德	2013.03.24
御赐一品刀	长97cm	48,300	中国嘉德	2013.03.24
清 铜鎏金嵌宝八宝纹短刀	长35.5cm	43,700	中国嘉德	2013.03.24
碧玉柄桃木鞘刀 (一把)	长92cm	69,000	北京保利	2013.01.11
清 金桃皮“秋霜”腰刀	长90cm	17,250	北京保利	2013.01.11
日本战刀 (两把)	长110cm；另长91cm	13,800	北京传是	2013.06.15
日本刀 (一组三件)	尺寸不一	51,750	北京保利	2013.01.11
清 军刀 (两件)		11,500	北京翰海	2013.06.23
十八般兵器 (一组)	尺寸不一	20,700	中国嘉德	2013.12.14
宝剑		46,000	广东保利	2013.11.29
清 铜鎏金皮套腰刀	长48.5cm	57,500	北京传是	2013.12.12
近代 天字二十六号玉柄腰刀	长91cm	34,500	北京传是	2013.12.12
近代 胡桃木鞘玉柄腰刀	长94cm	11,500	北京传是	2013.12.12
清(1644-1911) 福寿纹钺刀	长64cm	437,000	北京翰海	2013.12.08
十九世纪 痕都斯坦青玉镶宝石刀	长33cm	42,068	纽约苏富比	2013.09.17
清 铜鎏金柄玉刀	长42cm	23,000	中国嘉德	2013.09.15
竹黄裁纸刀 (两把)	长33.8cm；长33.5cm	11,500	中国嘉德	2013.12.14
摄影器材				
24K黄金版徕卡R4		39,100	北京保利	2013.06.04
24K黄金版徕卡R4		34,500	北京保利	2013.12.06
24K黄金纪念版徕卡 R3 ELECTRONIC		40,250	北京保利	2013.06.04
24K黄金纪念版徕卡 R3 ELECTRONIC		36,800	北京保利	2013.12.06
Linhof 70 6 x 9 with 3 lens 连原装铝盒		13,645	香港华辉	2013.07.26
M1橄榄绿联邦资产版军用套机		115,000	北京保利	2013.06.04
M3黑漆版		80,500	北京保利	2013.06.04
M6光学技术纪念白金机		345,000	北京保利	2013.06.04
M7 钛版		126,500	北京保利	2013.06.04
M9-P白色配银色镜头 (一套)		287,500	北京保利	2013.06.04
M9-P维也纳限量版		322,000	北京保利	2013.06.04
MP(0.72)银色机身版		28,750	北京保利	2013.06.04
Reid IIIa		28,750	北京保利	2013.06.04
RollieFX双反		28,750	北京保利	2013.06.04
第一代SUMMILUX-M 35MM/F1.4银色钢制镜头		57,500	北京保利	2013.06.04
电影镜头 法国爱展能镜头 S5柯达版 50mm/F1.5 索尼E口		103,500	北京保利	2013.06.04
电影镜头 法国爱展能镜头 型号S21 50mm/F1.5 徕卡M口		103,500	北京保利	2013.06.04
电影镜头 法国爱展能镜头S5型 焦距50mm/F1.5 徕卡M口		109,250	北京保利	2013.06.04
东风20相机		862,500	北京保利	2013.06.04
哈苏500C/M配镜头 (一组)		115,000	北京保利	2013.06.04
红旗20相机		195,500	北京保利	2013.06.04
纪念香港回归R6.2		92,000	北京保利	2013.06.04
康泰时RTS金机特别版相机		28,750	北京保利	2013.06.04
徕卡250GG配祖玛50mm/F2镜头		89,700	北京保利	2013.12.06
徕卡Ia旅行装备 (一套)		16,100	北京保利	2013.06.04
徕卡Ia旅行装备 (一套)		11,500	北京保利	2013.12.06
徕卡If配镜头 (一套)		17,250	北京保利	2013.06.04
徕卡If配镜头 (一套)		11,500	北京保利	2013.12.06
徕卡IIIg 瑞典三冠版及瑞典IIIf (一套)		632,500	北京保利	2013.06.04
徕卡IIIg配镜头 (一套)		17,250	北京保利	2013.06.04
徕卡KE-7A军用版套装		138,000	北京保利	2013.06.04
徕卡M1 橄榄绿色军用相机		155,250	北京保利	2013.06.04
徕卡M1 橄榄绿色军用相机		155,250	北京保利	2013.12.06
徕卡M2-R和M3 (一套)		40,250	北京保利	2013.06.04
徕卡M2机身		48,300	北京保利	2013.06.04
徕卡M2机身		57,500	北京保利	2013.12.06

拍品名称	物品尺寸	成交价RMB	拍卖公司	拍卖日期
徕卡M2配镜头 (一套)		20,700	北京保利	2013.06.04
徕卡M2配镜头 (一套)		13,800	北京保利	2013.12.06
徕卡M2配有马达 (一套)		149,500	北京保利	2013.06.04
徕卡M3黑漆版		115,000	北京保利	2013.06.04
徕卡M3相机		11,500	北京保利	2013.12.06
徕卡M4 LACK机身		32,200	北京保利	2013.06.04
徕卡M4 LACK机身		25,300	北京保利	2013.12.06
徕卡M4-P机身		13,800	北京保利	2013.06.04
徕卡M4-P机身		13,800	北京保利	2013.12.06
徕卡M4机身		13,800	北京保利	2013.06.04
徕卡M4配镜头 (一套)		36,800	北京保利	2013.06.04
徕卡M6 75周年白金机纪念版		48,300	北京保利	2013.06.04
徕卡M6 TTL红色蜥皮定制版机身		20,700	北京保利	2013.06.04
徕卡M6 TTL红色蜥皮定制版机身		23,000	北京保利	2013.12.06
徕卡M6 TTL配镜头 (一套)		63,250	北京保利	2013.06.04
徕卡M6-A机身		86,250	北京保利	2013.06.04
徕卡M6J全套 M系列诞生40周年纪念版		48,300	北京保利	2013.06.04
徕卡M6J全套 M系列诞生40周年纪念版		46,000	北京保利	2013.06.04
徕卡M6机身		32,200	北京保利	2013.06.04
徕卡M6机身		25,300	北京保利	2013.06.04
徕卡M6机身		11,500	北京保利	2013.06.04
徕卡M6机身		20,700	北京保利	2013.12.06
徕卡M6机身		11,500	北京保利	2013.12.06
徕卡M6精美旅行箱限量套装		51,750	北京保利	2013.06.04
徕卡M7爱马仕橙色套机		299,000	北京保利	2013.06.04
徕卡M7辛亥革命限量版相机		115,000	北京保利	2013.06.04
徕卡M8原型机		66,700	北京保利	2013.06.04
徕卡MP-3限量版相机		149,500	北京保利	2013.06.04
徕卡MP爱马仕版配有35mm/F2非球面镜头 (一套)		126,500	北京保利	2013.06.04
徕卡MP及徕卡III (一套)		20,700	北京保利	2013.12.06
徕卡R9机身		13,800	北京保利	2013.06.04
徕卡艾尔玛(TELE-ELMAR)长焦镜头 135mm/F4		17,250	北京保利	2013.06.04
徕卡艾尔玛M型(ELMAR-M)镜头 50mm/F2.8		13,800	北京保利	2013.06.04
徕卡艾尔玛M型(TRI-ELMAR-M)多焦距非球面镜头 变焦28-35-50mm/F4		40,250	北京保利	2013.06.04
徕卡艾玛瑞特M型(ELMARIT-M)非球面镜头 24mm/F2.8		32,200	北京保利	2013.06.04
徕卡艾玛瑞特R系列(ELMARIT-R)镜头 180mm/F2.8		14,950	北京保利	2013.12.06
徕卡艾玛瑞特R型(ELMARTI-R)镜头 28mm/F2.8		11,500	北京保利	2013.06.04
徕卡标准版(Standard)机身配镜头(一套)		11,500	北京保利	2013.12.06
徕卡橄榄绿联邦资产版M3		109,250	北京保利	2013.06.04
徕卡黑色M6 TTL机身配镜头 (一套)		147,200	北京保利	2013.06.04
徕卡红金龙		63,250	北京保利	2013.06.04
徕卡纪念奥斯卡·巴纳德诞辰100周年M4-2镀金纪念版		74,750	北京保利	2013.06.04
徕卡美国军用ELCAN-R 180mm/F3.4		207,000	北京保利	2013.06.04
徕卡诺提拉克斯M型(NOCTILUX-M)镜头 50mm/F1		80,500	北京保利	2013.06.04
徕卡诺提拉克斯M型(NOCTILUX-M)镜头 50mm/F1		57,500	北京保利	2013.12.06
徕卡三焦段Tri-Elmar-M 16-18-21mm/F4 ASPH.镜头(含通用型广角观景器)		40,250	北京保利	2013.06.04
徕卡索米克朗(SUMMICRON)镜头 50mm/F2		13,800	北京保利	2013.06.04

拍品名称	物品尺寸	成交价RMB	拍卖公司	拍卖日期
徕卡索米拉克斯M型(SUMMILUX-M)镜头 75mm/F1.4		32,200	北京保利	2013.06.04
徕卡索米拉克斯M型(SUMMILUX-M)双非球面镜头 35mm/F1.4		126,500	北京保利	2013.06.04
徕卡祖玛朗(SUMMARON)镜头35mm/F2.8		17,250	北京保利	2013.06.04
徕卡祖玛朗(SUMMARON)镜头 35mm/F2.8		11,500	北京保利	2013.12.06
禄来2.8GX 75周年限量版		32,200	北京保利	2013.06.04
禄来35纪念版		36,800	北京保利	2013.06.04
禄来35纪念版		36,800	北京保利	2013.06.04
禄来双反老相机		25,300	北京保利	2013.06.04
美国陆军军用“KE-7A”		253,000	北京保利	2013.06.04
全新MP0.72阿拉卡黑色定制版机身		36,800	北京保利	2013.06.04
全新阿尔帕SWA配有飞思P65数码后背		287,500	北京保利	2013.06.04
全新爱马仕三头M9P限量版套机		575,000	北京保利	2013.06.04
全新哈苏500CM限量版金机 (一套)		32,200	北京保利	2013.06.04
全新哈苏503CW机身及后备		20,700	北京保利	2013.06.04
全新哈苏905SWC		86,250	北京保利	2013.06.04
全新徕卡 10×50HD望远镜		11,500	北京保利	2013.06.04
全新徕卡10+15×50 绿色望远镜		13,800	北京保利	2013.06.04
全新徕卡APO-Summicron-M 90mm/F2 ASPH.		20,700	北京保利	2013.06.04
全新徕卡M7中国摄影家协会50周年“1956-2006”纪念版		151,800	北京保利	2013.06.04
全新徕卡M9P爱马士一头限量版相机(一套)		166,750	北京保利	2013.06.04
全新徕卡M9钛金限量版相机		212,750	北京保利	2013.06.04
全新徕卡M-Monochrome 黑白机		48,300	北京保利	2013.06.04
全新徕卡MP0.72阿拉卡红色定制版全套		36,800	北京保利	2013.06.04
全新徕卡X1 F1赛车限量版		13,800	北京保利	2013.06.04
全新徕卡丹麦皇家婚礼M6纪念版套机		36,800	北京保利	2013.06.04
全新徕卡诺提拉克斯M型(NOCTILUX-M) 50mm/F0.95 ASPH.		64,400	北京保利	2013.06.04
全新徕卡索米拉克斯M型(SUMMILUX-M)镜头 21mm/F1.4		57,500	北京保利	2013.06.04
全新徕卡索米拉克斯M型(SUMMILUX-M)镜头 21mm/F1.4		43,700	北京保利	2013.12.06
全新徕卡索米卢克斯(SUMMILUX-M 35mm/F1.4 ASPH.		32,200	北京保利	2013.06.04
全新徕卡索米卢克斯(SUMMILUX-M) 21mm/F1.4		40,250	北京保利	2013.06.04
全新禄来(Rollei)35型 75周年金钻限量版相机		28,750	北京保利	2013.06.04
全新禄来(Rollei)35型 75周年金钻限量版相机		23,000	北京保利	2013.06.04
施华洛世奇单筒望远镜 (一套)		46,000	北京保利	2013.06.04
限量版徕卡M7 TITAN 配镜头 (一套)		103,500	北京保利	2013.06.04
音盒				
1850年 瑞士LECOULTRE BRECHET “女王委约”棘滚藏铃音乐盒	长57cm	74,750	北京保利	2013.12.05
1908年 德国 CHORDEPHON 20英寸大盘投币式自动齐特琴音乐盒	长188cm	345,000	北京保利	2013.12.05
19世纪 瑞士 八音盒	长75cm	67,200	北京荣宝	2013.06.23
19世纪制 瑞士 大型棘滚拨片式八音盒，附四只棘滚	长688cm	40,250	北京保利	2013.07.28
Jacot&Son胡桃木古典音乐盒	尺寸不一	241,500	北京保利	2013.06.04
JEAN & PIERRE BELLIN，PARIS“魔幻音乐宝盒” 法国珠宝大师精致特别罕有博物馆级别黄金镶钻石，红宝石，祖母绿，蓝宝石，珠母贝，粉红石英，彩色硬石及珐琅八音盒备六个人偶，年份约1990。	高32.5cm	6,576,400	香港苏富比	2013.04.07

拍品名称	物品尺寸	成交价RMB	拍卖公司	拍卖日期
NICOLE FRERES八音盒		28,750	北京保利	2013.01.20
Stella桃花心木圆筒音乐盒	长110cm	97,750	北京保利	2013.06.04
瑞士制 名贵欧洲古典黑漆音乐盒	尺寸不一	287,500	北京保利	2013.06.04
桃花心木立式音乐盒	长171cm	304,750	北京保利	2013.06.04
约1870年 瑞士 自动风琴音乐盒	长57cm	126,500	北京保利	2013.12.05
约1890年 英国 珐琅蝴蝶锤六铃八曲木质音乐盒	长43cm	92,000	北京保利	2013.12.05
约1894至1896年 美国 F.G. OTTO AND SONS “袖筒轴”(CUFF)大型手工音乐盒	长70cm	69,000	北京保利	2013.12.05
约1900年至1910年 瑞士 珐琅蝴蝶锤三铃十曲目八音盒	长47cm	34,500	北京保利	2013.06.04
约1915年 美国 REGINA STYLE 33 自动换盘大型盘片式音乐盒	长170cm	402,500	北京保利	2013.12.05
约1980年制 REUGE 纯手工5滚15首音乐盒	长24cm	46,000	北京保利	2013.06.04
约19世纪制 瑞士 台式拨璜九曲目八音盒	长66cm	48,300	北京保利	2013.04.28
盆景树				
盆景树-大阪松	长90cm	130,000	上海驰翰	2013.04.25
盆景树-真柏	长57cm	60,000	上海驰翰	2013.04.25
盆景树-大阪松	长85cm	43,000	上海驰翰	2013.04.25
盆景树-五针松	长75cm	42,000	上海驰翰	2013.04.25
盆景树-小盆景组合	长80cm	36,000	上海驰翰	2013.04.25
盆景树-真柏	长50cm	35,000	上海驰翰	2013.04.25
盆景树-真柏	长78cm	32,000	上海驰翰	2013.04.25
盆景树-丛林杜鹃(一本多杆)	长90cm	31,000	上海驰翰	2013.04.25
盆景树-槭树	长65cm	30,000	上海驰翰	2013.04.25
盆景树-五针松	长105cm	26,000	上海驰翰	2013.04.25
盆景树-红枫	长80cm	25,000	上海驰翰	2013.04.25
盆景树-五针松	长76cm	25,000	上海驰翰	2013.04.25
盆景树-五针松(一本三杆)	长78cm	23,000	上海驰翰	2013.04.25
盆景树-真柏	长88cm	22,000	上海驰翰	2013.04.25
盆景树-石榴	长63cm	21,000	上海驰翰	2013.04.25
盆景树-黑松	长50cm	20,000	上海驰翰	2013.04.25
盆景树-赤松	长56cm	20,000	上海驰翰	2013.04.25
盆景树-红杜鹃	长66cm	19,000	上海驰翰	2013.04.25
盆景树-真柏	长82cm	19,000	上海驰翰	2013.04.25
盆景树-真柏	长80cm	19,000	上海驰翰	2013.04.25
盆景树-真柏	长70cm	17,000	上海驰翰	2013.04.25
盆景树-杜鹃	长84cm	16,000	上海驰翰	2013.04.25
盆景树-三角枫	长88cm	15,000	上海驰翰	2013.04.25
盆景树-黑松	长59cm	14,000	上海驰翰	2013.04.25
盆景树-黑松	长62cm	11,000	上海驰翰	2013.04.25
树种/罗汉松	长100cm	90,000	上海驰翰	2013.10.21
树种/真柏	长90cm	90,000	上海驰翰	2013.10.21
树种/罗汉松	长115cm	72,000	上海驰翰	2013.10.21
树种/黄杨	长110cm	62,000	上海驰翰	2013.10.21
树种/黑松	长70cm	62,000	上海驰翰	2013.10.21
树种/榕树	长140cm	52,000	上海驰翰	2013.10.21
树种/真柏	长70cm	45,000	上海驰翰	2013.10.21
树种/黑松	长80cm	45,000	上海驰翰	2013.10.21
树种/榕树	长125cm	45,000	上海驰翰	2013.10.21
树种/红枫(出猩猩)	长90cm	38,000	上海驰翰	2013.10.21
树种/槭树(栩)	长80cm	35,000	上海驰翰	2013.10.21
树种/黄杨	长80cm	35,000	上海驰翰	2013.10.21
树种/刺柏	长105cm	35,000	上海驰翰	2013.10.21
树种/罗汉松	长78cm	35,000	上海驰翰	2013.10.21
树种/罗汉松	长75cm	35,000	上海驰翰	2013.10.21
树种/五针松(丛林)	长110cm	30,000	上海驰翰	2013.10.21
树种/福建茶(夏雪)	长120cm	28,000	上海驰翰	2013.10.21

2013杂项拍卖成交汇总

(成交价RMB：1万元以上)

拍品名称	物品尺寸	成交价RMB	拍卖公司	拍卖日期
树种/黑松	长70cm	19,000	上海驰翰	2013.10.21
树种/真柏	长65cm	10,000	上海驰翰	2013.10.21
其他艺术品				
爱马仕CLUB系列 35CM拼色蜥蜴皮玫瑰金扣铂金包 全球限量150只		138,000	北京保利	2013.06.05
爱马仕CLUB系列35CM拼色蜥蜴皮限量版铂金包 全球限量150只		110,400	北京保利	2013.01.20
爱马仕KELLY系列 35CM TOGO皮深蓝色金扣皮包		101,200	北京保利	2013.06.05
当代 爱马仕 古董超大款50cm Haut A Courroies(HAC)旅行包		51,750	北京匡时	2013.09.12
鳄鱼皮公文包	长44cm	168,000	北京盈冲	2013.11.17
Anne Julie 粉蓝柄鲜花烟斗		112,000	北京荣宝	2013.06.23
Teddy Knudsen “银色男孩”烟斗		100,800	北京荣宝	2013.06.23
POUL ILSTED多面体手工石楠根雕刻烟斗		46,000	北京保利	2013.01.20
吉象 手工石楠根雕刻烟斗		17,250	北京保利	2013.01.20
S.BANG丹麦烟斗		10,350	北京保利	2013.01.20
WOTARSEN丹麦烟斗 (两只)		11,500	北京保利	2013.01.20
清 白玉翡翠烟嘴 (各一件)	尺寸不一	10,350	深圳市拍	2013.07.21
纤维玉雕 圣观音	长209cm	3,680,000	广东保利	2013.06.23
纤维玉雕 圣观音	长108cm	1,380,000	广东保利	2013.06.23
2000年作 庄则栋 签名球拍“剑者国之神”		35,840	北京荣宝	2013.09.07
2008年作 庄则栋 签名球拍“曾因百战”		14,560	北京荣宝	2013.09.07
Royal Diamond沙漏时计		40,250	中国嘉德	2013.11.18
“Paul”签名版OCC橘郡机车		1,265,000	北京保利	2013.12.06
Vertu手机		433,872	澳门新亚太	2013.11.24
清 翡翠打火机烟盒 (一套)	宽26cm；长6cm	172,500	北京保利	2013.10.27
清 珊瑚顶翡翠翎管官帽	直径31cm	34,500	北京保利	2013.10.28
近代 各质扳指 (一组五件)	尺寸不一	25,300	北京保利	2013.10.28
18K白金镶嵌彩色宝石及钻石放大镜		115,000	北京保利	2013.11.30
18K白金镶嵌红宝石钻石香水瓶		115,000	北京保利	2013.11.30
明 兔形香熏	高16cm	230,000	北京保利	2013.12.04
约1840年至1880年 英国 WEDGWOOD韦奇伍德硬质瓷配铜鎏金花熏 (一对)	长62cmm	92,000	北京保利	2013.12.05
19世纪 日本制瘿木围棋台、莳绘围棋罐及玛瑙棋子 (一套)	尺寸不一	66,700	北京保利	2013.12.05
清中期 黄地金线绣龙纹包袱皮	长109cm	46,000	北京保利	2013.12.05
约1880年 法国 路易十六风格铜鎏金镶嵌巴卡拉水晶瓶 (一对)	长82cm	43,700	北京保利	2013.12.05
约1860年至1880年 法国 路易十六风格铜鎏金座架镶嵌巴卡拉水晶双耳瓶 (一对)	长46cm	20,700	北京保利	2013.12.05
电影镜头 雨果梅耶镜头HUGO MEYER		23,000	北京保利	2013.12.06
纪念香港回归R6.2		69,000	北京保利	2013.12.06
武士铠甲全套		13,800	北京保利	2013.12.06
1916款哈雷戴维森复刻版机车		460,000	北京保利	2013.12.06
德国金刚狼“致敬阿斯顿马丁”限量珍藏版高速改装车		2,300,000	北京保利	2013.12.06
“龙版”OCC橘郡机车		2,300,000	北京保利	2013.12.06
国内首辆私人订制红色劳斯莱斯Corniche Ⅳ敞篷跑车		2,990,000	北京保利	2013.12.06
国内首批紫红色劳斯莱斯Silver SpurⅢ加长房车		2,300,000	北京保利	2013.12.06
白色劳斯莱斯Silver SpurⅡ房车		920,000	北京保利	2013.12.06
1986年北京中药厂(现北京同仁堂)阿胶(5盒)		28,750	北京保利	2013.12.06

拍品名称	物品尺寸	成交价RMB	拍卖公司	拍卖日期
野生紫灵芝		23,000	北京保利	2013.12.06
1980年代伊春市天然滋补厂红参		11,500	北京保利	2013.12.06
1987年韩国正官庄高丽参 (10盒)	600g	667,000	北京保利	2013.12.06
那曲冬虫夏草 (精选800条/斤)	500g	287,500	北京保利	2013.12.06
纯正野山参		80,500	北京保利	2013.12.06
百年纯正野山参		1,265,000	北京保利	2013.12.06
清 紫檀镶玉画扠	长52cm	43,700	北京诚轩	2013.11.17
清水晶顶吉服冠一件	高15cm	18,400	北京诚轩	2013.11.20
北宋 磁州窑刻牡丹花纹枕	长22.5cm	183,570	纽约苏富比	2013.09.17
南宋 吉州剪纸梅花纹盌	直径11.7cm	130,029	纽约苏富比	2013.09.17
中原16世纪 琉璃彩阿弥陀佛	高46cm	345,000	远方拍卖	2013.12.02
清至民国 硬木杆秤 (六杆)	尺寸不一	25,300	中国嘉德	2013.09.14
LV皮箱	长80cm	23,000	中国嘉德	2013.09.14
清 铜竹节香插 紫檀瘿瘤香插各一件	高12cm	11,500	中国嘉德	2013.09.15
商 甲骨文	长12.5cm	83,476	中国嘉德	2013.10.06
2013年 薄涛 岁朝村庆图		184,000	中国嘉德	2013.11.16
2013年 李薇 清·远·静		172,500	中国嘉德	2013.11.16
2013年 吕越 中国印		172,500	中国嘉德	2013.11.16
2013年 孟蒙 复古与激情	车体长100cm	101,200	中国嘉德	2013.11.16
2013年 沈淑萍 深衣之一	长70cm	55,200	中国嘉德	2013.11.16
2013年 赵卉洲「自然」空间		55,200	中国嘉德	2013.11.16
2013年 王永刚 宅衣 (三件)		37,950	中国嘉德	2013.11.16
2013年 徐松涛 蜕变		32,200	中国嘉德	2013.11.16
2013年 武学伟 和合		29,900	中国嘉德	2013.11.16
2013年 王文娟 怒放		23,000	中国嘉德	2013.11.16
清 鞲鹰十二旋	尺寸不一	632,500	中国嘉德	2013.11.17
清 赵子玉盆、枣花过笼及蛐蛐水槽	直径11.5cm	287,500	中国嘉德	2013.11.17
清康熙 “康熙甲子敬信主人”盆、枣花过笼及蛐蛐水槽	直径11.7cm	287,500	中国嘉德	2013.11.17
明 万礼张盆、枣花过笼及蛐蛐水槽	直径12.7cm	253,000	中国嘉德	2013.11.17
卡地亚黄金钻石古董烟盒		80,500	中国嘉德	2013.11.18
老花镜 (一副)	长12.5cm	11,500	中国嘉德	2013.11.18
此球鞋为泰戈·伍兹亲笔签名NIKE球鞋一双		69,000	中国嘉德	2013.11.24
美国篮球之神迈克尔·乔丹(Michael Jordan)签名篮球		41,400	中国嘉德	2013.11.24
美国职业篮球联盟(NBA)球星勒布朗·詹姆斯(Lebron James)签名篮球		19,550	中国嘉德	2013.11.24